2014
中国饲料工业年鉴

全国饲料工作办公室
中国饲料工业协会 编

中国农业出版社

《中国饲料工业年鉴》（2014）编辑委员会

2013年4月19日，由中国饲料工业协会和全国畜牧总站联合主办的“2013中国饲料工业展览会暨畜牧业科技成果推介会”在成都举行。农业部副部长、中国饲料工业协会会长高鸿宾，四川省人民政府副秘书长赵学谦，全国畜牧总站站长、中国饲料工业协会常务副会长兼秘书长李希荣，农业部畜牧业司副司长王宗礼等领导及特邀嘉宾出席了开幕式。

2013年3月29日，农业部畜牧业司在武汉召开饲料质量安全监管工作座谈会，会议总结2012年工作经验，研讨饲料法规实施过程中遇到的问题，部署2013年饲料质量安全监管工作。

2013年4月19日，在四川成都举行的“2013年中国饲料工业展览会暨畜牧业科技成果推介会”上，农业部副部长、中国饲料工业协会会长高鸿宾（左3）来到唐人神集团股份有限公司展馆参观，详细听取了陶一山董事长（左1）对生猪全产业链发展情况的汇报，并称赞唐人神生猪全产业链发展战略再次冲上了行业发展的新高度。

2013年4月19～20日，在“2013中国饲料工业展览会暨畜牧业科技成果推介会”上，农业部副部长、中国饲料工业协会会长高鸿宾（左2）参观了四川铁骑力士实业有限公司展台。铁骑力士集团董事长雷文勇（左3）与工作人员向高鸿宾会长现场示范通过手机扫描圣迪乐村蛋品条形码进行追溯查询。

2013年9月3日，农业部副部长于康震（左3）在广西水产畜牧兽医局局长梁雨祥 (左5)、副局长王强（左1），广西扬翔股份有限公司董事长黄定寿（左4）的陪同下到扬翔集团参观指导。

2013年4月21日，农业部副部长、中国饲料工业协会会长高鸿宾(左3)等领导在正邦集团有限公司董事长林印孙（左4）陪同下参观了四川彭山正邦饲料厂。

2013年4月18日，由中国饲料工业协会和大连商品交易所共同举办的“中国饲料工业协会饲料原料专业委员会成立会议暨2013中国饲料行业发展高峰论坛”在成都举行。全国畜牧总站站长、中国饲料工业协会常务副会长兼秘书长李希荣、中国饲料工业协会副秘书长沙玉圣、国务院发展研究中心学术委员会秘书长程国强、国家粮油信息中心主任尚强民、大连商品交易所副总经理朱丽红等领导专家和企业家出席会议。

2013年4月17日，由中国饲料工业协会主办、玛氏食品（中国）有限公司协办的“2013年宠物饲料（食品）国际研讨会暨宠物营养论坛”在成都举办，研讨会以“宠物营养与健康”为主题。全国畜牧总站站长、中国饲料工业协会常务副会长兼秘书长李希荣，全国畜牧总站副站长、中国饲料工业协会副秘书长沙玉圣以及国内外近百名宠物饲料企业代表参加了会议。

2013年9月15日，全国畜牧总站站长、中国饲料工业协会常务副会长兼秘书长李希荣（左1）参观了美国伊利诺伊州储运企业，实地考察了美国饲料原料生产基地及原料收储、转运情况。

2013年9月11～18日，在全国畜牧总站站长、中国饲料工业协会常务副会长兼秘书长李希荣（后排左2）带领下，中国饲料工业协会代表团一行参观了美国的诺伟司蛋氨酸生产公司实验室。

2013年9月26日，由大连商品交易所和中国饲料工业协会联合主办的“第六届国际玉米产业大会”在江西南昌举行。大会以“新形势下饲料原料风险管理之道”为主题，如何提高玉米产业界利用期货市场风险管理水平，如何提升期货行业服务玉米产业的能力成为关注、研讨的焦点。国家统计局原总经济师、国务院参事室特约研究员姚景源，全国畜牧总站站长、中国饲料工业协会常务副会长兼秘书长李希荣，中国玉米网总裁冯利臣，江西正邦集团董事长林印孙，来自玉米深加工、饲料和贸易产业链企业以及相关政府部门、行业协会、金融及信息机构等近600名产业代表参加了大会。

2013年4月9～12日，全国畜牧总站党委书记、中国饲料工业协会副秘书长何新天（左4）率团参加了由国际饲料工业联合会(IFIF)在南非召开的“第六届全球饲料监管大会和第四届全球饲料及食品大会”。会议主题是面对日益增长的全球人口，如何满足人们对食物的需求，并实现饲料工业的可持续发展。来自美国、欧盟、加拿大、巴西以及非洲等国饲料管理部门、行业协会、科研单位的60余名代表参加了会议。

2013年12月15～22日，全国畜牧总站副站长、中国饲料工业协会副秘书长沙玉圣（左2）率团访问阿根廷，与阿根廷农业部国务秘书劳伦斯・巴索（左8）、玉米种植者协会、大豆产业链协会、饲料工业协会代表就两国饲料原料情况开展了交流。

2013年12月15～22日，全国畜牧总站副站长、中国饲料工业协会副秘书长沙玉圣（左4）率团参观了阿根廷罗萨里奥农产品贸易港口、粮食交易所及检验实验室等地。

2013年9月8日，全国畜牧总站副站长、中国饲料工业协会副秘书长沙玉圣（左6）一行在山东省昌乐县畜牧兽医局局长王心彪的陪同下到山东亚太中慧集团有限公司指导工作。沙玉圣一行到车间、原料、成品库中调查了解，并与中慧农牧股份有限公司负责人就当前饲料产销情况进行了座谈，对山东亚太中慧饲料事业的快速发展表示赞赏，对中慧狠抓产品质量、大户联盟的做法给予肯定。

2013年8月 28日，农业部畜牧业司副司长王宗礼（前排左2）率领专家组在环山集团有限公司副总裁连俊杰（前排左1）的陪同下对《饲料质量安全管理规范》试点企业—文登环山饲料有限公司进行了初步审核验收。

2013年6月18日，2013年上半年饲料生产形势分析会在北京召开。农业部畜牧业司（全国饲料工作办公室）饲料处处长王晓红、监测分析处处长辛国昌，全国畜牧总站、中国饲料工业协会信息中心主任闫奎友，国家粮油信息中心市场监测处处长王晓辉以及黑龙江、江苏、山东、河南、湖北、四川饲料工作办公室负责人和饲料企业代表等参加会议。会议深入分析了2013年上半年全国饲料工业总体发展形势，对下半年饲料行业发展走势进行研判，并提出今后工作重点。

2013年9月5日，农业部2014年秸秆养畜项目申报培训班在石家庄举办。农业部畜牧业司饲料处处长王晓红、副处长李大鹏，农业部发展计划司工程师宋杨，农业部工程建设服务中心高级工程师黄洁，河北省畜牧兽医局副局长张强，河北省畜牧兽医局饲料处副处长檀苍中等出席了培训班。主要对秸秆养畜项目申报工作具体内容进行了培训，并强调申报编写可行性研究报告过程中的注意事项。

2013年4月2日，全国畜牧总站、中国饲料工业协会饲料评审处处长王黎文等一行4人组成专家组，考察了英联集团哈尔滨马利酵母公司。重点考察了酵母糖蜜浓缩液的生产流程与质量控制，并听取了哈尔滨马利酵母公司运营副总经理贾运林及英联集团有关人员关于产品生产工艺、标准、安全生产等方面的情况介绍，对生产酵母的原料、酵母的生产流程与质量控制关键点进行了饲料安全评估，同时也提出了改进的意见。

2013年3月12日，农业部畜牧业司饲料处副处长李大鹏（左2），全国畜牧总站、中国饲料工业协会饲料行业指导处处长胡广东（左3）以及山东省畜牧兽医局饲料处等领导一行到山东亚太中慧集团有限公司指导工作。

2013年6月28日，由农业部畜牧业司（全国饲料工作办公室）主办，中国饲料工业协会信息中心承办的全国饲料工业统计培训班在山东青岛召开。此次培训旨在提高统计工作质量，提升统计工作人员对统计制度和统计报表的理解和操作能力。

2013年4月18日，由中国农业大学动物科技学院副研究员曹云鹤牵头负责的“十二五”国家科技支撑计划“安全高效饲料添加剂创制与应用”项目推介会在北京召开，会议主题为通过项目实施，创制一批新型生物饲料添加剂产品，提高饲料利用效率、拓展饲料原料资源，提高动物健康水平。国家饲料工程技术研究中心常务副主任谯仕彦、农业部饲料工业中心副主任牛爽以及项目各承担单位科研人员80余人参加了会议。

2013年4月24～26日，由中国毒理学会饲料毒理学专业委员会主办的“2013年饲料毒理学术报告会暨饲料毒理学专业委员会第五届全国代表大会”在北京举行，会议主题为毒素与饲料质量安全，来自全国饲料毒理学专业委员会的会员代表110余人参加了会议。会议产生了新一届饲料毒理学专业委员会。

2013年6月8日，古巴农业部部长古斯塔沃·罗德里格兹·罗莱罗一行在中国农业科学院国际合作局处长徐明、中国农业科学院饲料研究所党委书记康威、科研处副处长赵利华的陪同下到中国农业科学院饲料研究所调研。

2013年8月11～12日，由中国农业大学牵头承担的国家973计划项目“猪肌纤维发育与肌内脂肪沉积的机制与营养调控”中期总结会在北京召开，中华人民共和国科学技术部、教育部和农业部的相关领导专家50余人参加了会议。

2013年8月23～25日，由国家饲料质量监督检验中心（北京）主办的“2013年度违禁药物检测能力人员比对总结大会”在北京召开，大会旨在监测全国各省级检测机构的违禁药物检测能力比对，全国35家饲料质检机构参与了现场考核工作。

2013年8月25～26日，由国家饲料质量监督检验中心（北京）举办的“2013年饲料及畜产品质量安全学术报告会”在北京召开，会议主题为饲料及畜产品质量安全分析检测新技术、新方法和新装备，共有110人参加了会议。

2013年8月26～30日，国家饲料质量监督检验中心（北京）为跟踪了解国内“瘦肉精”免疫速测产品性能，开展“瘦肉精”免疫速测产品评价。经专家组对企业申报技术材料审核，共有22家国内外企业的26种酶联免疫试剂盒和60种胶体金试纸条产品参评。

2013年10月31日，中国农业科学院党组书记陈萌山（左2）在中国农业科学院饲料研究所所长齐广海（左3）、中国农业科学院饲料研究所研究员王建华（左1）的陪同下实地考察了水产营养与饲料研究室和基因工程研究室，并与中国农业科学院饲料所领导班子座谈。

2013年11月27～29日，国家饲料质量监督检验中心（北京）举办了“全国饲料质检体系实验室质量控制培训班”，旨在提高全国各饲料所的实验室管理水平和技术能力，培养符合要求的内审员，并对已获证内审员进行岗位培训。来自全国饲料质量监督检验体系26家单位的124名业务和技术人员参加了培训班。

2013年12月13日，由国家饲料质量监督检验中心（北京）承担的二噁英实验室建设项目正式竣工，完成了二噁英检测实验室的基础改造、仪器设备购置招标等工作。二噁英检测实验室的建成提升我国在饲料和农产品中二噁英的检测能力，拓展饲料及农产品中有毒有害物质的检测领域，实现政府对二噁英的监控，促进我国饲料工业和动物养殖业的健康发展，维护我国动物产品在国际贸易中的合法权益具有非常重要的意义。

2013年3月18日，为探索饲料企业健康、可持续发展道路，河北省召开了以“聚焦·突破·创新·发展”为主题的“2013河北省饲料工业发展峰会暨河北省饲料工业协会第五次会员代表大会”，河北省畜牧兽医局副局长张强，全国畜牧总站、中国饲料工业协会信息中心主任闫奎友，河北省畜牧兽医局饲料处副处长檀苍中，河北省饲料工业协会秘书长白亮亮等领导和嘉宾共1 200人出席了此次会议。

2013年3月26日，吉林省《饲料和饲料添加剂管理条例》及其配套规章培训班在长春举办。培训班总结了吉林省饲料工业发展形势，并结合新修订的《饲料和饲料添加剂管理条例》及其配套规章，分析了吉林省饲料工业发展所面临的机遇和挑战，同时对2013年吉林省饲料重点工作进行部署。吉林省各市、州、县（市、区）饲料工作办公室负责人和部分县（市）从事饲料质量安全监管的负责人参加了培训。

2013年6月22日，黑龙江省畜牧兽医局在双城市开展“黑龙江省放心饲料兽药下乡进村暨质量安全宣传周专家讲座”，主题为“放心饲料兽药下乡，推进健康科学养殖”。黑龙江省畜牧兽医局副局长洪英华，黑龙江省政府食安办处长战志刚，哈尔滨市畜牧兽医局副局长李才以及从事饲料兽药畜产品安全监管的负责人、专家和省内13家大型饲料兽药企业的相关人员、当地养殖场户代表共200多人参加了讲座。

2013年9月27日，甘肃省饲料工作办公室在兰州举办“全省饲料行政执法培训班”。甘肃省兽药饲料监察所、全省14个市（州）饲料管理部门、兽药饲料监察所及26个县（区）饲料管理部门的饲料行政执法工作人员参加了培训。

2013年12月18日，2013年湖南省饲料工业协会年会在长沙召开，会议总结了2013年湖南省饲料工业协会的主要工作,深入分析了湖南省落实饲料新政后的饲料工业生产形势，提出了加快推进企业转型升级的新要求，并部署了2014年湖南省饲料工业协会的工作。中国饲料工业协会副会长、湖南正虹科技股份有限公司董事长夏壮华，湖南省饲料工业协会会长余英生，湖南省各市州饲料工业协会、饲料工业办公室负责人以及湖南省协会全体会员单位、个人代表等500余人参加了年会。

2013年1月7日，由四川省畜科饲料有限公司承办的“四川省畜牧业协会年会暨饲料高效利用与健康养殖研讨会”在成都举行。四川省畜科饲料有限公司董事长邝声耀（左2）及省内外有关知名科研院所和农牧饲料企业负责人专家360多人参加了会议。

2013年2月25日，由福建天马科技集团有限公司、上海海洋大学共同组建的“博士后科研流动站工作基地”和“国家水生动物病原库研究生培养基地”揭牌仪式在天马集团举行。天马集团董事长陈庆堂（左3）与上海海洋大学教授杨先乐（左4）出席了揭牌仪式。

2013年2月25日，湖南省饲料工业办公室主任陈志军（左1）一行到湖南正虹科技发展有限公司调研，湖南正虹集团董事长夏壮华（左2）汇报了公司发展情况。

2013年3月8日，湖南正虹科技发展股份有限公司举办第一届“规模化猪场科学养殖技术研讨会”，会议以“规模猪场管理与养殖服务价值体系构建”为主题。

2013年3月27日，上海新农饲料有限公司投资的新农学院揭牌仪式在上海举行，上海新农饲料有限公司董事长杨瑞生（左3）出席揭牌仪式。

2013年4月11日，由福建天马科技集团股份有限公司和集美大学共同组建的“鳗鲡现代产业技术教育部工程研究中心”揭牌仪式在天马集团举行。集团董事长陈庆堂（左3）与集美大学党委常委、副校长关瑞章（左2）出席了揭牌仪式。

2013年4月19日，通威股份有限公司在成都举办了主题为“变革与可持续发展”的行业科技盛会——2013通威水产科技论坛，主要讨论了“水产行业变革和可持续发展之道”。

2013年4月19日，江苏正昌集团在四川省成都举行了“天目湖论坛官网上线仪式”，正大集团资深副董事长姚民仆（左1）、饲料工业专家曹康（左2）、正昌集团董事长郝波（左3）共同按亮象征着“天目湖官网上线”的巨大鼠标灯。

2013年4月20日，通威股份有限公司董事长刘汉元（左5），中国科学院院士朱作言（左2），中国工程院院士林浩然（左1）、麦康森（左6）为通威研究院揭牌。研究院主要负责企业重大技术创新、技术改造、产学研合作项目实施方案的审定，研究开发项目建设方案、先进仪器设备选购方案的评估审定。

2013年4月25日，中粮饲料有限公司与荷兰帝斯曼皇家集团在中粮福临门大厦五层会议室联合举办中粮动物营养沙龙，来自中牧股份有限公司、新希望六和饲料有限公司以及荷兰泰高集团的技术人员针对评估、使用酶制剂等问题进行了充分交流。

2013年5月21～23日，布勒（常州）机械有限公司在宁夏银川组办了“2013清洁安全饲料加工新技术研讨会”，以“清洁、安全饲料生产”为主题，来自扬翔、雏鹰、禾丰、天康等多家饲料加工企业的行业精英参加了研讨会。

2013年5月22日，北京化工大学–新和成专项奖学金颁奖仪式在北京化工大学举行，“新和成”奖学金体现出浙江新和成股份有限公司办企业不忘回馈社会的经营理念。

2013年5月25～26日，由山东亚太中慧集团有限公司组织举办的首届（根源）农村创新“不其论见”在青岛农业大学举行，来自中华人民共和国科学技术部、中华人民共和国农业部、国务院发展研究中心、中国社会科学院、中国农业科学院、中国农业大学等单位的权威专家、学者，以及宁波天邦股份有限公司、江苏三森食品有限公司、桂林力源集团等国内知名农牧企业家代表齐聚一堂，论剑中国农牧业发展大势，为创新与农业企业现代化献计献策。

2013年6月，美国大豆出口协会组织中国企业赴美考察。

2013年8月5日，在四川省现代农业重大科技成果转化对接推进会上，四川省畜科饲料有限公司挂牌四川省饲料产业技术研究院。四川省畜科饲料有限公司公司董事长邝声耀（左1）、四川省委常委李昌平（左2）、四川农业大学动物营养研究所所长吴德（左3）出席了授牌仪式。

2013年8月8日，广东海大集团股份有限公司—埃森哲（AC）合作签约仪式暨“优化管理能力，实现卓越运营”主题研讨会在广州举行，双方就动态供应链管理、业务流程重组、组织与人才绩效管理、客户关系管理方面进行了讨论。广东海大集团股份有限公司董事长薛华与埃森哲大中华区主席李钢在会上共同签订了《海大集团——埃森哲合作框架协议》。

2013年8月18日，江苏正昌集团投资建设的“烘储运保”一体化江苏国粮仓储工程有限公司举行揭牌仪式。

2013年9月10日，由北京大北农科技集团股份有限公司董事长邵根伙出资5 000万元设立的“大北农教育基金”奖励仪式在中国农业大学举行。旨在推动我国农业科技发展和科技创新，助力青年教师科研能力的提升。

2013年9月23～26日，荷兰德赫斯公司动物营养专家Peter（左1）、Jan（左2）与辽宁禾丰牧业股份有限公司技术专家甘在红（左3）、岳隆耀（左5）在禾丰集团就猪饲料原料的应用、数据库的完善、理想工厂模型等方面展开深入讨论。

2013年10月17日，赢创工业集团在第11届世界畜产大会(WCAP)上举办了“饲料到食品链可持续发展解决方案”的专题研讨会，来自中外畜牧行业300余人参加了研讨会，并推出AMINOFootprint®和AMINOProx®两项新技术服务中国用户。

2013年11月5日，江苏正昌集团被国家工商总局评为“守合同重信用企业”。江苏正昌集团多年来以“人和于心，诚信负责，团结共搏，做客户价值，在结果上积累”作为自己的核心价值观，凭借自身的综合实力和品牌声誉，通过了国家工商总局的严格评审。

2013年11月18～19日，新希望六和饲料股份有限公司"技术服务能力体系提升培训"在青岛举行，同时全面启动"福达计划"。"福达计划"旨在打造新希望六和农牧食品技术能力体系，将分步完成研发一体化，饲料市场技术、农场养殖的标准化流程及技术支持，食品生产标准化和QA的5大体系与平台建设。

2013年12月7日，新希望六和饲料股份有限公司与广东温氏食品集团股份有限公司共同开发上海市场"冷鲜禽"项目，新希望六和股份有限公司联席董事长兼CEO陈春花（左3）出席了签约仪式。

2013年12月10日，浙江新和成股份有限公司总部大楼暨研发中心落成启用仪式在浙江新昌举行，集团董事长胡柏藩（左1）、总裁胡柏剡（左2）参加了启动仪式。

2013年12月19日，新希望六和饲料股份有限公司联席董事长兼CEO陈春花（左2）和青岛蔚蓝生物股份有限公司董事长贾德强（左1）出席了“山东青岛联合动保实验室揭牌仪式”，标志着动物保护体系建设项目正式启动，动保实验室“云系统”雏形形成。

2002—2013年全国饲料总产量增长图（万t）

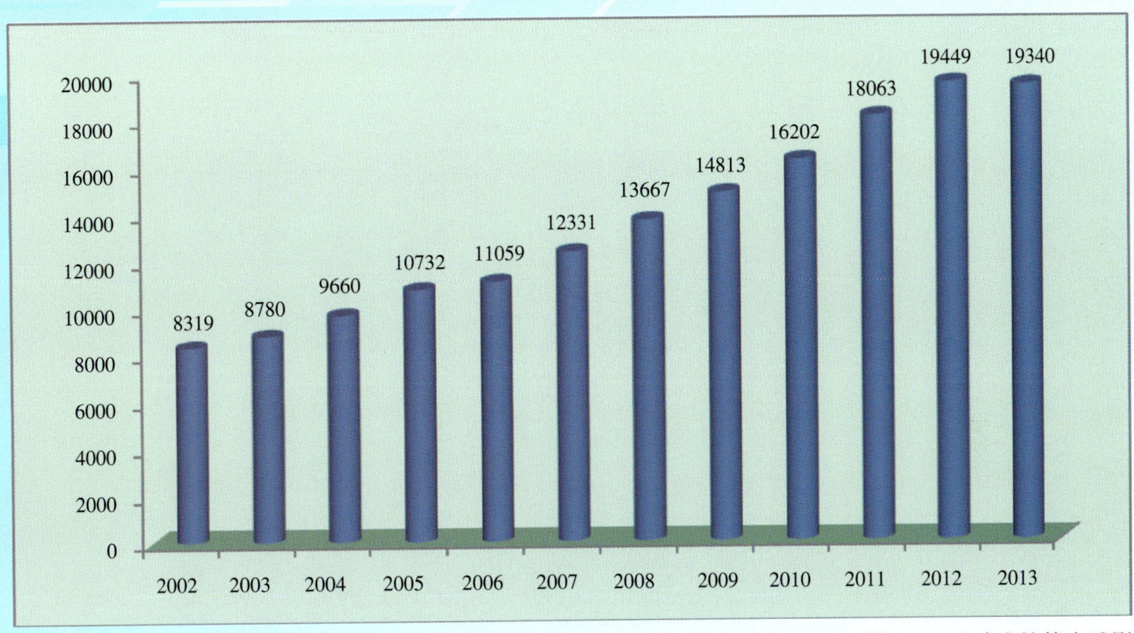

2013年，我国饲料行业受2012年年底“速成鸡”及2013年“黄浦江死猪”、人感染H7N9流感疫情等多重影响，生猪、禽肉等等主要畜产品消费低迷，饲料市场需求不旺，饲料总产量自2002年以来首次出现下滑，同比下降0.6%。

1980—2013年中国人均粮食、肉类、饲料占有量增长曲线图

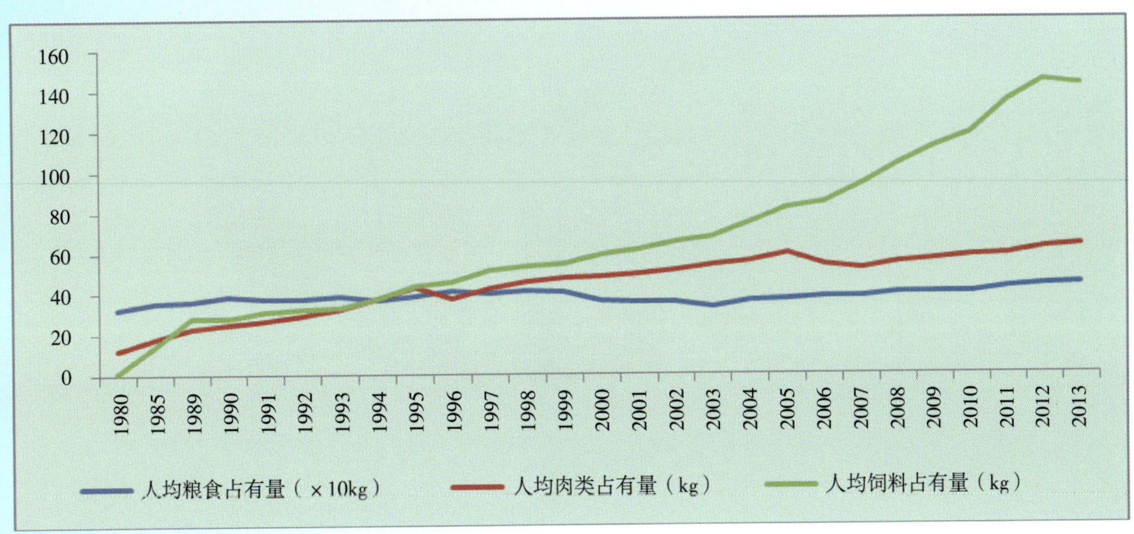

2013年，中国粮食产量实现10连增，人均粮食占有量再创新高，达到442kg/人。2013年工业饲料产量略有下降，饲料人均占有量达142kg。肉类人均消费量达到63kg/人，同比人均增长1kg。

我国配合饲料总体合格率曲线图（%）

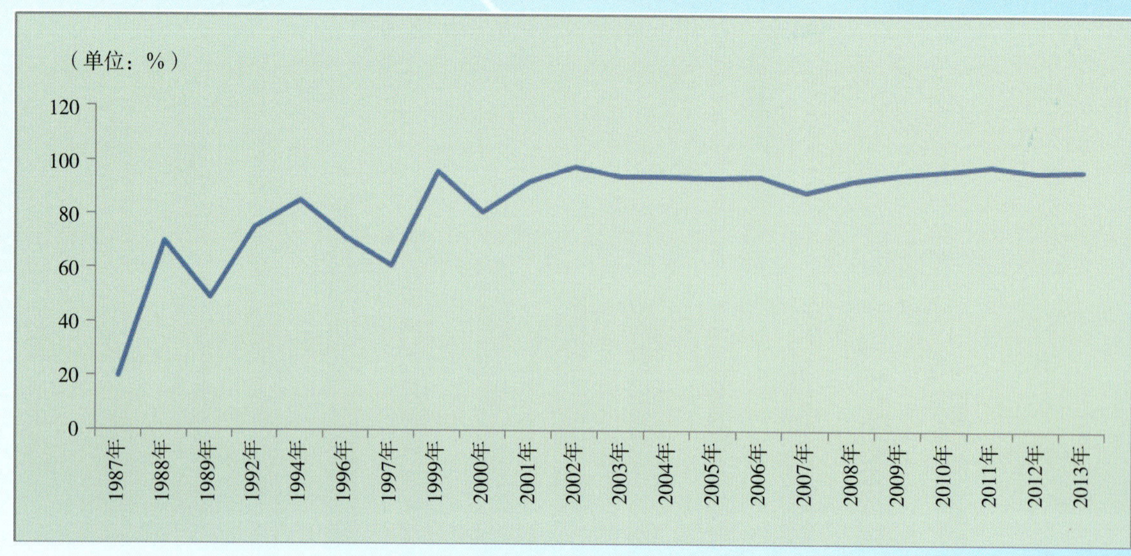

饲料质量逐年提高。2013年配合饲料合格率为96.2%，比2012年度合格率上升了2个百分点。

2013年配合饲料结构图

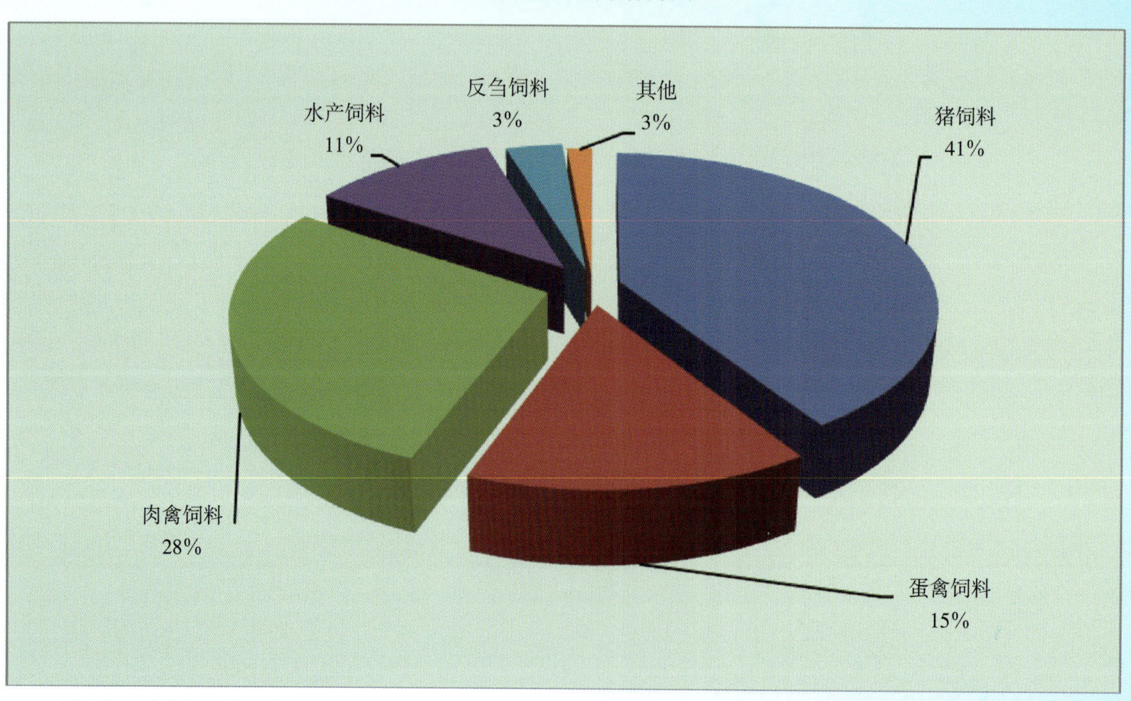

饲料生产结构与市场变化息息相关。2013年配合饲料中，猪饲料和其他饲料所占比重有所增长，水产饲料和反刍饲料基本持平，蛋禽饲料和肉禽饲料下降。其中，猪饲料所占比重仍处首位为41%，比2012年增长4个百分点；其次是肉禽饲料，占比28%，下降了3个百分点；蛋禽饲料占比下降了1个百分点；其他饲料占比提升了1个百分点。

全国饲料工作办公室、全国畜牧总站/中国饲料工业协会

单位		电话	传真	地址	E-mail
全国饲料工作办公室	综合处	(010) 59193390 59193361	(010) 59192869	北京市朝阳区农展馆南里11号(100125)	
	饲料处	(010) 59192872 59193306 59193213 59192882	(010) 59192848		xmjslch@agri.gov.cn
全国畜牧总站/中国饲料工业协会	办公室	(010) 59194778 59194608 59194609	(010) 59194611	北京市朝阳区麦子店街20号楼(100125)	
	人事处(党委办公室)	(010) 59194589 59194597	(010) 59194611		
	财务处	(010) 59194792 59194689 59194583	(010) 59194611		
	项目与资产管理处	(010) 59194581 59194620 59195113	(010) 59194611		
	国际合作处	(010) 59194595 59194753	(010) 59194611		
	行业统计分析处	(010) 59194369 59194643 59194624	(010) 59194611		
	体系建设与推广处	(010) 59194431 59194606 59194618	(010) 59194611		
	质量标准与认证处(无公害畜产品认证中心)	(010) 59194779 59194646 59191485	(010) 59194779		

（续）

单　位		电　话	传　真	地　址	E－mail
全国畜牧总站/中国饲料工业协会	牧业发展处	（010）59194610 59194622	（010） 59194611	北京市朝阳区麦子店街20号楼（100125）	
	草业处（全国草品种审定委员会办公室）	（010）59194616 59194688 59194616	（010） 59194611		
	饲料行业指导处	（010）59194582 59194591 59194594	（010） 59194591		
	奶业与畜产品加工处	（010）59194419 59194420	（010） 59194611		
	协会工作处	（010）59194789 59194592 59194586	（010） 59194611		
	饲料评审处（全国饲料评审委员会办公室）	（010）59194650 59194438 59194584	（010） 59194584		
	畜禽资源处（国家畜禽遗传资源委员会办公室）	（010）59194754 59194625	（010） 59194375		
	信息中心	（010）62145459 62136584 62174303	（010） 62172155		
	农业部全国草产品质量监督检验测试中心	（010）60480233 60481123 60480226	（010） 60480301		
	农业部种畜品质监督检验测试中心	（010）62817223 62814021 60487810	（010） 62894803	北京市海淀区圆明园西路2号中国农科院畜牧所院内（100094）	

质量监督与检测机构

单　位	负责人	电　话	传　真	地　址	E－mail
国家饲料质量监督检验中心（北京）	苏晓鸥	（010）82106291	（010）68975906	北京市海淀区中关村南大街12号（100081）	feedgujun-hua@sina.com
农业部饲料质量监督检验测试中心（呼和浩特）	杨红东	（0471）4910905	（0471）4910905	内蒙古呼和浩特市赛罕区昭乌达路新希望街（010020）	hmhx100@163.com
农业部饲料质量监督检验测试中心（沈阳）	李延山	（024）24145538	（024）24145538	沈阳市沈河区小南街281号（110016）	—
农业部饲料质量监督检验测试中心（南京）	姜加华	（025）86263659	（025）86263656	南京市草场门大街124号江苏农业检测大楼（210036）	jsxcp@126.com
农业部饲料质量监督检验测试中心（南昌）	余祥健	（0791）8102073	（0791）81076711	南昌市南京东路181－1号（330029）	jxsyjcs@163.com
农业部饲料质量监督检验测试中心（济南）	李祥明	（0531）87198033	（0531）87198033	济南市槐村街68号（250022）	lisdjs@163.com
农业部饲料质量监督检验测试中心（广州）	李小云	（020）34280305	（020）34280305	广州市万寿路113号（510230）	—
农业部饲料质量监督检验测试中心（南宁）	唐呈明	（0771）3121062	（0771）3942564	南宁市友爱北路51号（530001）	meidongxie @sina.com
农业部饲料质量监督检验测试中心（成都）	柏　凡	（028）85583643 85598229	（028）85548413	成都市武侯祠大街3号（610041）	liyun _ 1111 @163. com
农业部饲料质量监督检验测试中心（昆明）	张应国	（0871）63648224	（0871）63648224	昆明市华山东路43号（650021）	ynsysls@163.com
农业部饲料质量监督检验测试中心（西安）	西　学	（029）86254586	（029）86254586	西安市未央路28号（710016）	siliaosuo @ sina.com

科研与教育机构

单　位	负责人	电　话	传　真	地　址	网　址	E-mail
中国农业科学院饲料研究所	齐广海	(010) 82107317	(010) 82106054	北京市海淀区中关村南大街 12 号(100081)	www. caasfri. com. cn	zonghechu@caas. cn
农业部饲料工业中心	李德发	(010) 62733583	(010) 62733688	北京市海淀区圆明园西路 2 号(100094)	www. mafic. ac. cn	tuzh@mafic. ac. cr
国家饲料工程技术研究中心	李德发	(010) 62133466 62829803	(010) 62731456		www. nferc. org	nferc@nferc. org
中国农业科学院北京畜牧兽医研究所动物营养与饲料学科群	佟建明	(010) 62816061 62815851	(010) 62819257	北京市海淀区圆明园西路 2 号(100094)	—	tjm606@263. net

前 言

《中国饲料工业年鉴》客观记载了我国饲料工业发展的历史进程，展现了各地饲料工作取得的新成就、新经验、新亮点，搭建了权威的饲料工业信息和数据交流平台，为正确把握饲料工业发展规律，科学制定饲料工业发展规划和发展战略提供了翔实资料，是一件非常有意义的工作。

2013 年，饲料行业经历了宏观经济下行压力加大、畜产品消费需求不振、H7N9 流感疫情连续冲击等诸多困难，在行业管理各项新制度新要求的推动下，全行业转型提升步伐明显加快，饲料企业管理水平明显改善，饲料行业按照“提高门槛，减少数量；加强监管，保证安全；转变方式，增加效益”的总体要求，保持了持续稳定发展。

2013 年全国商品饲料总产量 19 340 万 t，同比下降 0.6%。其中，配合饲料产量为 16 308 万 t，同比下降 0.3%；浓缩饲料产量为 2 398 万 t，同比下降 2.8%；添加剂预混合饲料产量为 634 万 t，同比增长 2.3%。广东、山东、河南、辽宁、河北、湖南、四川、广西等 8 个省区饲料产量突破千万吨大关。以上 8 省产量 11 157 万 t，占全国总产量 57.7%。

根据各省（自治区、直辖市）统计数据来看，2013 年全国饲料工业总产值和总营业收入分别为 7 381 亿元、7 158 亿元，同比分别增长 4.4%、4.2%；其中，商品饲料工业总产值 6 784 亿元，同比增长 5.0%；饲料添加剂总产值 534 亿元，同比下降 3.3%；饲料机械设备总产值 62 亿元，同比增长 9.0%。商品饲料工业总营业收入 6 587 亿元，同比增长 4.9%；饲料添加剂总营业收入 507 亿元，同比下降 5.4%；饲料机械设备总营业收入 64 亿元，同比增长 14.6%。

《2014 中国饲料工业年鉴》（以下简称《年鉴》）比较详实地记录了 2013 年我国饲料工业及其相关行业的发展情况。

《年鉴》全文主要包括七个部分，即综合篇、专题篇、地方篇、企业篇、统计资料和大事记。在正文之前以图文并茂的形式介绍了领导视察、行业发展、企业采风等；综合篇主要包括 2013 年发布的政策法规、通知、领导讲话等；专题篇主要包括 2013 年饲料加工工业概况、主要饲料产品及原料工业情况、饲料添加剂工业、饲料机械制造工业、秸秆养畜、饲料工业许可证管理、饲料安全管理、饲料质量监督与检测、科技与推广、饲料行业职业技能鉴定、饲料工业标准化、饲料工业质量认证、饲料工业行业信息体系；地方篇包括了除香港、澳门、台湾以外的全国所有省（市、区）饲料工业概况；企业篇包括重点企业经验介绍和主要添加剂企业简介；统计资料包括全国饲料工业统计资料、全国畜牧业统计资料、全国水产养殖业统计资料；大事记主要包括全国饲料工作办公室、中国饲料工业协会以及各地饲料工作办公室、饲料工业协会在2013年的主要工作与取得的成绩。

《年鉴》图片部分从不同侧面反映了行业的发展。本《年鉴》文字内容丰富，覆盖面广，史实性强，是饲料行业行政事业单位、检测机构、科研机构等单位所必备的工具书。《年鉴》的专题篇和地方篇撰稿人主要是各饲料行业主管部门和行业相关专家学者。

《年鉴》反映的各省（区、市）和有关企业等文字材料及图片部分，只要涉及排序，都按全国省份的行政区划顺序排列；全国饲料工作办公室、中国饲料工业协会和各省（区、市）提供的大事记，除上述相应的排序外，都按时间排序。

《中国饲料工业年鉴》编辑部

2014年9月19日

目 录

前言

综 合 篇

2013年中国饲料工业发展概况 …………………… 3
政策法规 …………………………………………… 5
农业部办公厅关于印发《饲料和饲料添加剂生产企业从业人员法规考核试题》的通知 农办牧［2013］2号 …………………………… 5
中华人民共和国农业部公告 第1935号 ………………………………………… 17
中华人民共和国农业部公告 第1954号 ………………………………………… 18
农业部办公厅关于饲料添加剂和添加剂预混合饲料生产企业审批下放的工作通知 农办牧［2013］38号 ………………………… 22
中华人民共和国农业部公告 第2045号 ………………………………………… 23
领导讲话 …………………………………………… 29
在全国畜禽标准化规模养殖暨秸秆养畜现场会上的讲话 于康震　农业部副部长 …………………… 29
全面落实新制度新要求　努力确保饲料质量安全——在湖北省武汉市饲料质量安全监管工作座谈会上的讲话 王宗礼　农业部畜牧业司副司长 …………… 33
饲料行业组织机构 ………………………………… 36
全国各省、区、市、计划单列市饲料工业（工作）办公室组织机构一览表 ……………… 36
全国各省、自治区、直辖市、计划单列市饲料工业协会组织机构一览表 …………………… 40

专 题 篇

饲料加工工业概况 ………………………………… 47
主要饲料产品概述 ………………………………… 57
猪饲料 …………………………………………… 57
家禽饲料 ………………………………………… 59
水产饲料 ………………………………………… 62
反刍动物饲料 …………………………………… 65
特种动物饲料 …………………………………… 67
饲料原料工业概况 ………………………………… 70
玉米生产、贸易与市场情况 ……………………… 70
大豆和豆粕生产、贸易与市场情况 ……………… 75
鱼粉生产、贸易与市场情况 ……………………… 83
饲料添加剂工业概况 ……………………………… 90
中国主要饲料添加剂产量分布与概述 …………… 90
饲料级氨基酸 …………………………………… 93
饲料级维生素 …………………………………… 103
微量元素氨基酸螯合物的应用研究 ……………… 111
黏结剂 …………………………………………… 115
抗结块剂 ………………………………………… 117
乳化剂 …………………………………………… 117
抗氧化剂 ………………………………………… 118
防霉剂 …………………………………………… 118
酸度调节剂 ……………………………………… 119
药物饲料添加剂 ………………………………… 120
饲料酶制剂 ……………………………………… 124
饲用酵母 ………………………………………… 125
益生素应用研究进展 …………………………… 128
寡糖 ……………………………………………… 136
有机酸对猪生长性能及养分消化率的影响 ……… 140
饲料机械制造工业概况 …………………………… 145
饲料机械制造工业 ……………………………… 145
牧草机械与秸秆饲料加工机械发展概况 ………… 147
秸秆养畜 …………………………………………… 153
饲料工业法制建设 ………………………………… 154
原料专业委员会、宠物饲料专业委员会主要工作 …………………………………… 155
饲料添加剂和预混合饲料生产许可证管理 ……… 156
进口饲料和饲料添加剂管理 ……………………… 166
新饲料和新饲料添加剂评审工作内容 …………… 248
饲料安全监管 ……………………………………… 250

"瘦肉精"专项整治 …………………………………… 251
饲料质量监督与检测…………………………………… 252
科技与推广……………………………………………… 260
饲料行业职业技能鉴定………………………………… 265
饲料工业标准化………………………………………… 266
饲料行业质量认证……………………………………… 267
国际交流与合作………………………………………… 273

地 方 篇

北京市饲料工业………………………………………… 277
天津市饲料工业………………………………………… 279
河北省饲料工业………………………………………… 281
山西省饲料工业………………………………………… 283
内蒙古自治区饲料工业………………………………… 285
辽宁省饲料工业………………………………………… 287
吉林省饲料工业………………………………………… 290
黑龙江省饲料工业……………………………………… 292
上海市饲料工业………………………………………… 294
江苏省饲料工业………………………………………… 296
浙江省饲料工业………………………………………… 298
安徽省饲料工业………………………………………… 300
福建省饲料工业………………………………………… 302
江西省饲料工业………………………………………… 304
山东省饲料工业………………………………………… 306
河南省饲料工业………………………………………… 308
湖北省饲料工业………………………………………… 312
湖南省饲料工业………………………………………… 314
广东省饲料工业………………………………………… 317
广西壮族自治区饲料工业……………………………… 319
海南省饲料工业………………………………………… 321
重庆市饲料工业………………………………………… 323
四川省饲料工业………………………………………… 325
贵州省饲料工业………………………………………… 328
云南省饲料工业………………………………………… 331
陕西省饲料工业………………………………………… 333
甘肃省饲料工业………………………………………… 336
青海省饲料工业………………………………………… 338
宁夏回族自治区饲料工业……………………………… 340
新疆维吾尔自治区饲料工业…………………………… 343
大连市饲料工业………………………………………… 345
青岛市饲料工业………………………………………… 347
宁波市饲料工业………………………………………… 349
深圳市饲料工业………………………………………… 351
厦门市饲料工业………………………………………… 352

企 业 篇

重点企业经验介绍……………………………………… 357
资源整合和创新驱动　大北农迎来高速发展时代
——北京大北农科技集团股份有限公司…… 357
创新管理模式　做实产业链
——北京九州大地生物技术集团股份有限公司……………………………………… 358
不断创新　勇于进取
——大成万达（天津）有限公司……………… 359
以技术为核心　以人才为战略　不断发展壮大
——河北大午农牧集团饲料有限公司……… 360
变废为宝　专注酵母产业十四载
——唐山拓普生物科技有限公司……………… 361
通力合作　打造高品质服务
——山西大象农牧集团有限公司……………… 362
完善基地布点　加快产业布局
——山西汇福科技发展有限公司……………… 364
确保安全　争做一流品质的饲料
——内蒙古正大有限公司……………………… 366
夯实基础　突出产业
——内蒙古蒙泰大地生物技术发展有限责任公司……………………………………… 367
立足国内　布局全球
——辽宁禾丰牧业股份有限公司……………… 368
整合资源　优化产业链
——铁岭东大集团……………………………… 370
定制"健康"与"财富"
——辽宁华达牧业有限公司…………………… 372
采用前沿技术　推行独特企业文化
——吉林正大实业有限公司…………………… 373
强化采购优势　提升生产效率
——长春谷实饲料有限公司…………………… 374
扬帆起锚　开启特种养殖航程
——哈尔滨华隆饲料开发有限公司…………… 375
学习、创新、提升企业竞争力
——金富康农牧企业集团……………………… 376
务实、创新　管理体系严谨高效
——谷实农牧集团股份有限公司……………… 377
精于营养　让动物更健康　食品更安全
——上海富朗特动物保健有限公司…………… 378
严格质量管理　打造卓越产品
——帝斯曼维生素（上海）有限公司………… 380
踏实　专业　忠诚　创新
——上海新农饲料股份有限公司……………… 381
努力成为全球幼畜料及低碳农牧产业领导品牌
——安佑生物科技集团有限公司……………… 383
质量驱动　科技助推　促进企业健康快速发展
——江苏天成科技集团有限公司　…………… 384

中粮饲料梦　江苏启航
——中粮东海粮油工业（张家港）有限公司 …… 385
打造绿色健康包膜
——杭州康德权科技有限公司 …… 386
科学管理　服务万民
——浙江科盛饲料股份有限公司 …… 387
立足“六”字理念　促进企业发展
——安徽广通生物科技有限公司 …… 388
科技为本　合作共赢
——安徽华亿科技发展有限公司 …… 390
技术领先　打造局域市场
——漳州日高饲料有限公司 …… 391
探索饲料企业服务猪场的新模式大北农（沙县）模式
——三明大北农农牧科技有限公司 …… 391
打造全产业链　实现“千亿工程”
——江西正邦集团有限公司 …… 392
厚积薄发　不断进取
——潍坊中基饲料有限公司 …… 394
立足猪料　扬帆起航
——山东华有农牧科技有限公司 …… 395
专注于生物饲料系列产品的研发与推广
——河南牧鹤实业集团 …… 396
做好猪饲料　雄峰天下
——河南雄峰科技有限公司 …… 397
创新带动发展　科技改变未来
——武汉新华扬生物集团公司 …… 397
百姓襄大　百年襄大
——宜城市襄大农牧有限公司 …… 399
创新健康生活
——安琪酵母股份有限公司 …… 399
合作联盟、共图大业，至诚至信、一言九鼎
——湖南九鼎科技（集团）有限公司 …… 400
合作创新　厚积薄发
——湖南百宜饲料科技有限公司 …… 401
共筑平台　赢在战略
——湖南帝亿生物科技有限公司 …… 402
“技术+服务”——不断创新型的商业模式
——广东海大集团股份有限公司 …… 403
自主创新　努力开拓　面向全球
——广州巨元生化有限公司 …… 405
争做全国无抗生素安全饲料的排头兵
——金银卡（广州）生物科技有限公司 …… 406
携手农户　共同富裕
——广西扬翔饲料有限公司 …… 406
以创新谋发展，实现新的腾飞
——南宁漓源粮油饲料有限公司 …… 408
加强质量安全管理　实现企业稳步发展
——广西华港农牧发展有限公司 …… 409
提升服务　让利农户
——海口双胞胎饲料有限公司 …… 410
重长效　严管理　打造远洋新特色
——海南远生渔业有限公司 …… 410
以品质成就品牌，执行严格的品质管理体系
——广汉安佑饲料有限公司 …… 411
依托新技术　快速发展
——重庆民泰香料化工有限责任公司 …… 412
提升技术水平　增强硬实力
——重庆开洲九鼎牧业科技开发有限公司 …… 412
为养殖户创造价值，为社会创造财富
——贵阳双胞胎饲料有限公司 …… 413
营造正向文化氛围　提升质量管理水平
——贵阳新希望农业科技有限公司 …… 414
专业致力于磷矿生产
——贵州川恒化工有限责任公司 …… 415
专注反刍动物饲料　走特色之路
——云南龙谷生物科技有限公司 …… 415
新技术　新成果　扎根高原农业
——云南云岭广大农牧集团有限公司 …… 416
依托科技创新　努力打造高质产品
——安康阳晨生物饲料科技有限公司 …… 417
加强技术合作　增强整体竞争力
——西安禾丰饲料科技有限公司 …… 418
夯实品牌优势　做大做强区域企业
——兰州正大有限公司 …… 419
加快农牧业产业化发展　实现企业持续成长
——青海乐都恒源饲料有限公司 …… 419
保障清真品牌　做好做大产业
——宁夏杨哈吉清真农牧产业发展有限公司 …… 420
服务生态养殖　造福人类健康
——宁夏正旺农牧科技有限公司 …… 422
走健康创新发展之路
——昌吉市昌鼎工贸有限公司 …… 423
强强合作　助推区域全球经济发展
——乌鲁木齐正大畜牧有限公司 …… 424
严守质量　加强创新　整合资源　服务提升
——新疆天康饲料科技有限公司 …… 424
服务客户　加速发展
——嘉吉饲料（新疆）有限公司 …… 426
以质量求生存　以信誉求发展
——青岛江大饲料开发有限公司 …… 427

品质立足　谋永续经营
——青岛统一饲料农牧有限公司…………… 427
科技立业　致力于打造天然生物产品
——大连赛姆生物工程技术有限公司……… 428
生产安全饲料　打造放心食品
——大连成三畜牧业有限公司……………… 430
以服务求发展　打造优质品牌
——艾地盟动物保健及营养（大连）
有限公司…………………………………… 430
企业简介……………………………………… 432
北京市…………………………………………… 432
天津市…………………………………………… 433
河北省…………………………………………… 434
山西省…………………………………………… 435
内蒙古自治区…………………………………… 436
辽宁省…………………………………………… 437
吉林省…………………………………………… 438
黑龙江省………………………………………… 439
上海市…………………………………………… 440
江苏省…………………………………………… 442
浙江省…………………………………………… 443
安徽省…………………………………………… 444
福建省…………………………………………… 445
江西省…………………………………………… 446
山东省…………………………………………… 447
河南省…………………………………………… 448
湖北省…………………………………………… 449
湖南省…………………………………………… 450
广东省…………………………………………… 451
广西壮族自治区………………………………… 453
海南省…………………………………………… 454
重庆市…………………………………………… 455
四川省…………………………………………… 456
贵州省…………………………………………… 457
云南省…………………………………………… 458
陕西省…………………………………………… 459
甘肃省…………………………………………… 460
青海省…………………………………………… 461
宁夏回族自治区………………………………… 461
新疆维吾尔自治区……………………………… 463
青岛市…………………………………………… 464
大连市…………………………………………… 466

统计资料

中国饲料工业统计资料……………………………… 469
2013 年全国饲料产量 ……………………………… 469
2013 年全国配合饲料产量 ………………………… 470
2013 年全国浓缩饲料产量 ………………………… 471
2013 年全国添加剂预混合饲料产量 ……………… 472
2013 年全国饲料工业总产值和营业
收入基本情况 ……………………………… 473
2013 年全国饲料加工企业基本情况 ……………… 474
2013 年全国饲料加工企业职工情况 ……………… 475
主要饲料原料进出口情况………………………… 476
2013 年主要饲料原料进出口情况 ………………… 476
2013 年各月度玉米进出口情况 …………………… 476
2013 年各月度大豆进出口情况 …………………… 477
2013 年各月度豆粕进出口情况 …………………… 477
2013 年各月度饲料用鱼粉进出口情况 …………… 478
2013 年各月度蛋氨酸进出口情况 ………………… 478
2013 年各月度赖氨酸进出口情况 ………………… 479

大事记

农业部畜牧业司…………………………………… 483
中国饲料工业协会………………………………… 485
天津市……………………………………………… 485
河北省……………………………………………… 485
内蒙古自治区……………………………………… 486
黑龙江省…………………………………………… 486
上海市……………………………………………… 486
河南省……………………………………………… 487
湖南省……………………………………………… 487
广东省……………………………………………… 488
海南省……………………………………………… 488

综合篇

2013年中国饲料工业发展概况

2013年，饲料行业经历了宏观经济下行压力加大、畜产品消费需求不振、H7N9流感疫情连续冲击等诸多困难，在行业管理各项新制度新要求的推动下，全行业转型提升步伐明显加快，饲料企业管理水平明显改善，饲料行业按照“提高门槛，减少数量；加强监管，保证安全；转变方式，增加效益”的总体要求，保持了持续稳定发展。

一、全国商品饲料总产量保持稳定

从1992年至2012年20年间，我国饲料产量年均增长率为8.5%，2013年全国商品饲料总产量19 340万t，同比下降0.6%，呈现30年来首次下降。其中，配合饲料产量为16 308万t，同比下降0.3%；浓缩饲料产量为2 398万t，同比下降2.8%；添加剂预混合饲料产量为634万t，同比增长2.3%。

二、饲料工业产值、营业收入增速放缓

2013年，全国饲料工业总产值和总营业收入分别为7 381亿元和7 158亿元，同比分别增长4.4%和4.2%；2012年同比增长幅度分别为11.4%和11.9%；2011年增长幅度均为17.3%。其中，商品饲料工业总产值6 784亿元，同比增长5.0%；饲料添加剂总产值535亿元，同比下降3.3%；饲料机械设备总产值62亿元，同比增长9.0%。商品饲料工业总营业收入6 587亿元，同比增长4.9%；饲料添加剂总营业收入507亿元，同比下降5.4%；饲料机械设备总营业收入64亿元，同比增长14.6%。

三、猪饲料、反刍饲料是主要增长点

2013年，受H7N9流感疫情影响，家禽养殖行情低迷，禽类饲料产量同比下降幅度较大；生猪养殖深度调整，牛羊养殖行情向好，猪饲料和反刍饲料成为2013年饲料增长的亮点。猪饲料产量8 411万t，同比增长8.9%；蛋禽饲料产量3 035万t，同比下降6.0%；肉禽饲料产量4 947万t，同比下降10.3%；水产饲料产量1 864万t，同比下降1.5%；反刍动物饲料产量795万t，同比增长2.6%；其他饲料产量288万t，同比下降9.2%。

四、产业集中度持续提高

2013年，东部地区饲料总产量为9 943万t，占全国饲料总产量的51.4%；中部地区饲料总产量为5 582万t，占全国饲料总产量的28.9%；西部地区饲料总产量为3 816万t，占全国饲料总产量的19.7%。与2012年相比，东部地区下降2.7%，中部地区增长1.4%，西部地区增长2.2%。我国饲料产量超过千万吨的省份已达8个，分别为广东、山东、河南、辽宁、河北、湖南、四川、广西，产量达11 156万t，占全国总产量的57.7%。

五、饲料添加剂产量小幅增长

2013年，饲料添加剂产品总量798.9万t，同比增长4.0%，其中，原饲料添加剂Ⅰ型758.5万t，同比增长7.4%；Ⅱ型34.8万t，同比下降43.0%。主要饲料添加剂品种中，氨基酸总产量150.4万t，同比增长12.8%；维生素总产量73.9万t，同比下降6.6%；矿物元素及其络合物总产量460.6万t，同比下降5.7%；酶制剂总产量9.1万t，同比增长14.1%。

六、饲料机械设备生产总量增长，单机增长突出

2013 年，饲料加工机械设备生产总量为 28 142 台套，同比增加 1 316 台套，增长 4.9%。其中，成套机组 1 636 台套，同比减少 270 台套，下降幅度为 14.2%；单机 26 506 台，同比增加 1 586 台，增长幅度为 6.4%。

七、饲料行业从业人数继续下降

2013 年，饲料企业年末职工人数为 61.4 万人，同比下降 8.1%。大专以上学历的职工数为 23.4 万人，占职工总人数的 38.1%，其中，博士 1 966 人，同比下降 4.5%；硕士 8 279 人，同比下降 0.3%；大学本科 79 694 人，同比增长 5.0%；大学专科 144 473 人，同比下降 15.4%；其他学历 379 599 人，同比下降 5.7%。技术工种 65 981 人，同比下降 4.6%。

（王晓红　闫奎友）

政 策 法 规

农业部办公厅关于印发《饲料和饲料添加剂生产企业从业人员法规考核试题》的通知

农办牧［2013］2号

各省、自治区、直辖市饲料工作（工业）办公室：

为进一步加强饲料和饲料添加剂生产许可管理，严格生产许可现场审核，根据《饲料和饲料添加剂管理条例》及其配套规章规定，我部制定了《饲料和饲料添加剂生产企业从业人员法规考核试题》（以下简称《试题》），现印发你们参考执行。各省级饲料管理部门应当根据实际，进一步完善《试题》并及时向生产许可申请企业公布，严格按照现场审核程序和要求开展考核工作。

农业部办公厅

2013年1月17日

附件：

饲料和饲料添加剂生产企业从业人员法规考核试题

一、判断题

1. 饲料原料、浓缩饲料、配合饲料和精料补充料生产许可证由省级饲料管理部门核发。

2. 饲料、饲料添加剂生产企业销售的饲料、饲料添加剂未附具产品质量检验合格证或者包装、标签不符合规定的，由县级以上地方人民政府饲料管理部门责令改正；情节严重的，没收违法所得和违法销售的产品，可以处违法销售的产品货值金额30%以下罚款。

3. 营养性饲料添加剂，是指为补充饲料营养成分而掺入饲料中的少量或者微量物质。

4. 复合预混合饲料在配合饲料、精料补充料或动物饮用水中的添加量不低于1%且不高于10%。

5. 国务院农业行政主管部门和省级饲料管理部门可以公布具有不良记录的饲料、饲料添加剂生产企业名单。

6. 饲料原料目录和饲料添加剂品种目录由全国饲料工作办公室制定公布。

7. 添加剂预混合饲料包括两类产品，微量元素预混合饲料和维生素预混合饲料。

8. 饲料、饲料添加剂生产企业出厂销售的饲料、饲料添加剂应当包装。

9. 饲料添加剂生产企业生产场所迁址的，应当向省级饲料管理部门提出生产地址名称变更的申请。

10. 任何组织或者个人有权举报在饲料、饲料添加剂生产过程中违反《饲料和饲料添加剂管理条例》的行为。

11. 饲料、饲料添加剂生产企业发现其生产的饲料、饲料添加剂对养殖动物、人体健康有害或者存在其他安全隐患的，应当通知经营者、使用者，并向饲料管理部门报告。

12. 国务院农业行政主管部门和县级以上地方人民政府饲料管理部门在监督检查中，可以查封违法生产饲料、饲料添加剂的场所。

13. 抗生素滤渣富含蛋白质，又含有微量抗生素成分，对动物有一定的促生长作用，可以作为饲料原料使用。

14.《饲料标签》是推荐性国家标准，企业可以参照执行。

15. 饲料、饲料添加剂的包装物上应当附具标签，但是生产方和使用方另有约定的除外。

16. 配合饲料、浓缩饲料和添加剂预混合饲料生产许可证由省级饲料管理部门核发。

17. 饲料、饲料添加剂经营者对饲料、饲料添加剂进行再加工或者添加物质的，由县级人民政府饲料管理部门责令改正，没收违法所得和违法经营的产品，违法经营的产品货值金额不足1万元的，并处2 000元以上2万元以下罚款，货值金额1万元以上的，并处货值金额2倍以上5倍以下罚款；情节严重的，责令停止经营，并通知工商行政管理部门，由工商行政管理部门吊销营业执照；构成犯罪的，依法追究刑事责任。

18. 饲料、饲料添加剂生产企业发现其生产的饲料、饲料添加剂对养殖动物、人体健康有害或者存在其他安全隐患的，应当在调查、取样、检验的基础上，经董事会研究决定是否停止生产。

19.《饲料和饲料添加剂管理条例》（国务院令第609号）自2012年5月1日起施行。

20. 定制产品可以不附具饲料标签。

21. 饲料、饲料添加剂生产企业应当对其生产的饲料、饲料添加剂的质量安全负责。

22. 饲料和饲料添加剂企业生产的产品，应当经过质量负责人的批准或者出厂检验，方可销售。

23. 饲料、饲料添加剂生产企业应当有与生产饲料、饲料添加剂相适应的专职或兼职技术人员。

24. 饲料生产企业召回的产品，应当在企业质量机构负责人的监督下予以无害化处理或者销毁。

25. 饲料、饲料添加剂生产企业停产两年以上的，由发证机关吊销生产许可证。

26. 在生产过程中，以非饲料、非饲料添加剂冒充饲料、饲料添加剂或者以此种饲料、饲料添加剂冒充他种饲料、饲料添加剂，情节严重的，由发证机关吊销、撤销相关许可证明文件；构成犯罪的，依法追究刑事责任。

27. 任何组织或者个人有权对饲料、饲料添加剂监督管理工作提出意见和建议。

28. 以欺骗方式取得许可证明文件给他人造成损失的，依法承担赔偿责任。

29. 国务院农业行政主管部门和省、自治区、直辖市人民政府饲料管理部门应当按照职责权限公布监督抽查结果。

30. 浓缩饲料、配合饲料、精料补充料生产企业的反刍动物饲料生产线应当单独设立，生产线设备不得与其他非反刍动物饲料产品共用。

31. 研制新饲料、新饲料添加剂，应当遵循科学、安全、高效、环保的原则。

32. 饲料、饲料添加剂生产过程中不遵守国务院农业行政主管部门制定的饲料、饲料添加剂质量安全管理规范，情节严重的，由县级以上人民政府饲料管理部门责令停止生产，可以由发证机关吊销、撤销相关许可证明文件。

33. 定制产品应当用于定制企业自用或销售给合同用户。

34. 饲料、饲料添加剂生产企业不依照《饲料和饲料添加剂管理条例》规定实行采购、生产、销售记录制度或者产品留样观察制度的，由县级以上地方人民政府饲料管理部门责令改正，处1万元以上2万元以下罚款。

35. 除《饲料原料目录》之外的物质用作饲料原料，应当经过科学评价并由农业部公告列入目录后方可使用。

36. 使用国务院农业行政主管部门公布的饲料原料目录、饲料添加剂品种目录和药物饲料添加剂品种目录以外的物质生产饲料，由县级以上地方人民政府饲料管理部门责令改正，没收违法所得、违法生产的产品，并处货值金额5倍以上10倍以下罚款；情节严重的，由发证机关吊销、撤销相关许可证明文件，生产企业的主要负责人和直接负责的主管人员3年内不得从事饲料、饲料添加剂生产、经营活动。

37. 县级以上饲料检验机构，应当根据需要定期或者不定期组织实施饲料、饲料添加剂监督抽查，饲料生产企业应当缴纳检验费。

38. 饲料、饲料添加剂生产企业委托其他饲料、饲料添加剂企业生产的，仅需向受托方所在地省级饲料管理部门备案。

39. 研制的新饲料、新饲料添加剂投入生产前，研制者或者生产企业应当向省级以上饲料管理部门提出审定申请。

40. 假冒许可证明文件的，由国务院农业行政主管部门或者县级以上地方人民政府饲料管理部门按照职责权限收缴或者吊销、撤销相关许可证明文件。

41.《饲料添加剂安全使用规范》中“在配合饲料或全混合日粮中的最高限量”为强制性指标，饲料企业和养殖单位应严格遵照执行。

42. 国务院农业行政主管部门和县级以上地方人民政府饲料管理部门在监督检查中，可以查封、扣押有证据证明用于违法生产饲料的原料，用于违法生产的工具、设施，违法生产的饲料、饲料添加剂。

43.《饲料卫生标准》是强制性国家标准，企业必须遵照执行。

44. 配合饲料生产企业应当在每年2月底前填写备案表，将上一年度的生产经营情况报企业所在地省级饲料管理部门备案。

45. 饲料生产企业使用饲料罐装车直接销售给养

殖者的，应当随罐装车附具符合规定的饲料标签。

46. 添加剂预混合饲料生产企业的检验化验员，应当取得农业部职业技能鉴定机构颁发的饲料检验化验员职业资格证书或与生产产品相关的省级以上医药、化工、食品行业管理部门核发的检验类职业资格证书。

47. 首次向中国出口饲料、饲料添加剂的境外生产企业，应当委托中国境内代理机构向全国饲料评审委员会申请登记。

48. 饲料、饲料添加剂生产企业应当按照饲料添加剂安全使用规范组织生产。

49. 饲料、饲料添加剂生产企业应当实行生产记录和产品留样观察制度。

50. 未取得生产许可证生产饲料、饲料添加剂的，在由县级以上地方人民政府饲料管理部门按照《饲料和饲料添加剂管理条例》处罚后，可以继续生产。

51. 饲料、饲料添加剂检验不合格的，不得出厂销售。

52. 境外企业可以直接在中国销售饲料、饲料添加剂。

53. 饲料添加剂生产企业注册地址变更的，应当按照企业设立程序重新办理生产许可证。

54.《饲料和饲料添加剂管理条例》所称饲料添加剂，包括营养性添加剂和非营养性添加剂。

55. 任何单位和个人有权举报生产许可过程中的违法行为，农业部和省级饲料管理部门应当依照权限核实、处理。

56.《饲料和饲料添加剂管理条例》所称饲料，包括单一饲料、添加剂预混合饲料、浓缩饲料、配合饲料、精料补充料和青贮饲料。

57. 添加剂预混合饲料生产企业应当在每年 2 月底前填写备案表，将上一年度的生产经营情况报农业部备案。

58. 新饲料、新饲料添加剂证书由省级以上饲料管理部门核发。

59. 饲料添加剂生产企业申请注销的，由企业所在地省级饲料管理部门注销生产许可证。

60. 饲料原料，是指来源于动物、植物、微生物或者矿物质，用于加工制作饲料但不属于饲料添加剂的饲用物质。

61. 设立混合型饲料添加剂、添加剂预混合饲料、浓缩饲料、配合饲料和精料补充料生产企业应当符合农业部发布的许可条件的要求。

62. 饲料添加剂、添加剂预混合饲料生产企业为其他饲料、饲料添加剂生产企业生产定制产品的，定制产品应当办理产品批准文号。

63. 国务院农业行政主管部门和县级以上地方人民政府饲料管理部门实施的饲料、饲料添加剂监督抽查，不得向企业收费。

64. 禁止使用国务院农业行政主管部门公布的饲料原料目录以外的任何物质生产饲料。

65. 出厂销售记录的保存期限不得少于 2 年。

66. 新饲料、新饲料添加剂的监测期为 6 年。

67. 复合预混合饲料生产企业的设计生产能力不小于 2.5t/h，混合机容积不小于 $0.5m^3$。

68.《饲料原料目录》中质量要求或卫生特征指标为强制性标识要求，应在原料标签的分析保证值等项目中列出。

69. 新饲料、新饲料添加剂处于监测期的，不受理其他就该新饲料、新饲料添加剂的生产申请和进口登记申请，但超过 1 年不投入生产的除外。

70. 饲料添加剂、添加剂预混合饲料生产企业可以向大型养殖场销售定制产品。

71. 生产未取得新饲料、新饲料添加剂证书的新饲料、新饲料添加剂或者禁用的饲料、饲料添加剂，由县级以上地方人民政府饲料管理部门责令改正并进行处罚；情节严重的，由发证机关吊销、撤销相关许可证明文件，生产企业的主要负责人和直接负责的主管人员 10 年内不得从事饲料、饲料添加剂生产、经营活动；构成犯罪的，依法追究刑事责任。

72. 生产无产品质量标准或者不符合产品质量标准的饲料、饲料添加剂，由县级以上地方人民政府饲料管理部门责令停止生产、经营，没收违法所得和违法生产、经营的产品，违法生产、经营的产品货值金额不足 1 万元的，并处 2 000 元以上 2 万元以下罚款，货值金额 1 万元以上的，并处货值金额 2 倍以上 5 倍以下罚款；构成犯罪的，依法追究刑事责任。

73. 微量元素预混合饲料生产企业的设计生产能力不小于 2.5t/h，混合机容积不小于 $0.5m^3$。

74. 生产禁用的饲料、饲料添加剂，构成犯罪的，依法追究刑事责任。

75. 对应当召回的饲料、饲料添加剂，生产企业不主动召回的，由县级以上地方人民政府饲料管理部门责令召回，并监督生产企业对召回的产品予以无害化处理或者销毁。

76. 饲料、饲料添加剂生产企业委托其他饲料、饲料添加剂企业生产的，委托方和受托方对委托生产的饲料、饲料添加剂质量安全承担连带责任。

77. 饲料、饲料添加剂生产企业不按照国务院农业行政主管部门的规定和有关标准对采购的原料进行查验或者检验的，由县级以上地方人民政府饲料管理部门责令改正并处 1 万元以上 2 万元以下罚款；拒不改正的，没收违法所得、违法生产的产品和用于违法生产的相关原料，并处5万元以上10万元以下罚款。

78. 液态添加剂预混合饲料生产企业的生产线由包括原料前处理、称量、配液、过滤、灌装等工序的成套设备组成。

79. 生产企业对召回的产品不予以无害化处理或者销毁的，由县级人民政府饲料管理部门代为销毁，所需费用由生产企业承担。

80. 定制产品附具的标签应标明“定制产品”字样和定制企业的名称、地址及其生产许可证编号。

81. 伪造许可证明文件，构成犯罪的，依法追究刑事责任。

82. 饲料生产企业直接销售给经营者的饲料可以使用罐装车运输。

83. 维生素类饲料添加剂是营养性物质，企业可以自行决定其在产品中的用量。

84. 浓缩饲料，是指主要由蛋白质、矿物质和饲料添加剂按照一定比例配制的饲料。

85. 盐酸克伦特罗、沙丁胺醇、莱克多巴胺、苯乙醇胺A等兴奋剂类物质禁止在饲料中添加使用。

86. 研制者或者生产企业研制的新饲料、新饲料添加剂，只要经动物饲喂试验和质量检验证明安全有效的，就可以投入生产和使用。

87. 饲料、饲料添加剂生产企业应当有与生产饲料、饲料添加剂相适应的厂房、设备和仓储设施。

88. 饲料、饲料添加剂生产企业应当有必要的产品质量检验机构、人员、设施和质量管理制度。

89. 混合型饲料添加剂是指由两种或两种以上饲料添加剂与载体或稀释剂按一定比例混合，但不属于添加剂预混合饲料的饲料添加剂产品。

90. 饲料添加剂、添加剂预混合饲料定制企业可以向合同养殖者销售定制产品。

91. 饲料、饲料添加剂生产企业，应当有符合国家规定的安全、卫生要求的生产环境。

92. 复合预混合饲料，是指以矿物质微量元素、维生素、氨基酸中的任何一种营养性饲料添加剂为主，与其他饲料添加剂、载体和或稀释剂按一定比例配制的均匀混合物。

93. 省级饲料管理部门可以委托下级饲料管理部门承担单一饲料、浓缩饲料、配合饲料和精料补充料生产许可申请的受理工作。

94. 维生素预混合饲料生产企业的设计生产能力不小于1t/h，混合机容积不小于0.25m^3。

95. 以欺骗、贿赂等不正当手段取得生产许可证的，由发证机关撤销生产许可证，申请人在三年内不得再次申请生产许可。

96. 生产的饲料、饲料添加剂与标签标示的内容不一致，由县级以上地方人民政府饲料管理部门责令停止生产、经营，没收违法所得和违法生产、经营的产品，违法生产、经营的产品货值金额不足1万元的，并处2 000元以上2万元以下罚款，货值金额1万元以上的，并处货值金额2倍以上5倍以下罚款，构成犯罪的，依法追究刑事责任。

97. 饲料添加剂、添加剂预混合饲料生产企业向定制企业以外的其他饲料、饲料添加剂生产企业、经营者或养殖者销售定制产品的，应当依照《饲料和饲料添加剂管理条例》处罚。

98. 饲料生产企业规模较小或者人数较少的，技术、生产、质量机构负责人原则上可以互相兼任。

99. 国务院农业行政主管部门和县级以上地方人民政府饲料管理部门在监督检查中可以对饲料、饲料添加剂生产场所实施现场检查。

100. 使用限制使用的饲料原料、单一饲料、饲料添加剂、药物饲料添加剂、添加剂预混合饲料生产饲料，不遵守国务院农业行政主管部门的限制性规定，情节严重的，由发证机关吊销、撤销相关许可证明文件，生产企业的主要负责人和直接负责的主管人员10年内不得从事饲料、饲料添加剂生产活动；构成犯罪的，依法追究刑事责任。

101. 混合型饲料添加剂生产企业应当配备二台以上混合机。

102. 配合饲料，是指根据养殖动物营养需要，将多种饲料原料和饲料添加剂按照一定比例配制的饲料。

103. 企业应当至少配备1名专职饲料检验化验员。

104. 省级饲料管理部门可以委托下级饲料管理部门承担单一饲料、浓缩饲料、配合饲料和精料补充料生产许可证的核发工作。

105. 饲料添加剂和添加剂预混合饲料产品批准文号有效期为5年。

106. 饲料、饲料添加剂生产企业应当对生产的饲料、饲料添加剂进行产品质量检验。

107. 浓缩饲料、配合饲料、精料补充料生产企业的配料、混合工段应当采用计算机自动化控制系统。

108. 饲料、饲料添加剂生产企业更换生产线的，不必重新办理生产许可证。

109. 禁止生产、使用未取得新饲料、新饲料添加剂证书的新饲料、新饲料添加剂以及禁用的饲料、饲料添加剂。

110. 非蛋白氮类饲料添加剂适用于反刍动物和皮毛动物。

111. 饲料、饲料添加剂生产企业生产条件发生变化，可能影响产品质量安全的，企业应当经所在地县级饲料管理部门报告县级人民政府备案。

112. 申请设立饲料、饲料添加剂生产企业，申请人应当向生产地省级饲料管理部门提出申请，并提交农业部规定的申请材料。

113. 混合型饲料添加剂生产企业的设计生产能力不小于1t/h，混合机容积不小于0.25m^3。

114. 饲料、饲料添加剂生产企业发现其生产的饲料、饲料添加剂对养殖动物、人体健康有害或者存在其他安全隐患的，应当根据饲料管理部门或者客户的要求召回产品。

115. 微量元素预混合饲料，是指两种或两种以上矿物质微量元素与载体和或稀释剂按一定比例配制的均匀混合物。

116. 采购原料的记录保存期限不得少于1年。

117. 混合型饲料添加剂产品配方中含有添加比例小于0.2%的原料的，企业应当再单独配备一台不锈钢制造的混合机，用于原料的预混合。

118. 饲料、饲料添加剂生产企业生产许可证有效期届满未按规定续展，由发证机关吊销生产许可证。

119. 对应当召回的饲料、饲料添加剂，生产企业不主动召回，情节严重的，由县级以上地方人民政府饲料管理部门没收违法所得，并处应召回的产品货值金额1倍以上3倍以下罚款，可以由发证机关吊销、撤销相关许可证明文件。

120. 饲料添加剂生产许可证损毁的，应当在15日内向全国饲料工作办公室申请补发生产许可证。

121. 企业应当在厂区内独立设置检验化验室，并与生产车间和仓储区域分离。

122. 易燃或者其他特殊的饲料、饲料添加剂的包装应当有警示标志或者说明，并注明储运注意事项。

123. 饲料、饲料添加剂生产企业委托其他饲料、饲料添加剂企业生产的，委托生产的产品标签应当同时标明委托企业和受托企业的名称、注册地址、许可证编号。

124. 饲料、饲料添加剂生产企业发现其生产的饲料、饲料添加剂对养殖动物、人体健康有害或者存在其他安全隐患的，应当立即停止生产。

125. 提供虚假的资料、样品或者采取其他欺骗方式取得许可证明文件的，由发证机关撤销相关许可证明文件，处5万元以上10万元以下罚款，申请人3年内不得就同一事项申请行政许可。

126. 混合型饲料添加剂生产企业除配备常规检验仪器外，还应当配备能够满足产品主成分检验需要的专用检验仪器。

127. 配合饲料生产许可证遗失的，应当在15日内向省级饲料管理部门申请补发生产许可证。

128. 维生素预混合饲料生产企业应当配备高效液相色谱仪配备紫外检测器。

129. 未取得生产许可证生产饲料、饲料添加剂，情节严重的，由县级以上地方人民政府饲料管理部门没收其生产设备，生产企业的主要负责人和直接负责的主管人员10年内不得从事饲料、饲料添加剂生产活动。

130. 精料补充料，是指为补充养殖动物的营养，将多种饲料原料和饲料添加剂按照一定比例配制的饲料。

131. 饲料、饲料添加剂生产企业应当有符合国家环境保护要求的污染防治措施。

132. 以欺骗方式取得生产许可证，构成犯罪的，依法移送司法机关追究刑事责任。

133. 新饲料、新饲料添加剂生产企业应当收集处于监测期的新饲料、新饲料添加剂的质量稳定性及其对动物产品质量安全的影响等信息，并向国务院农业行政主管部门报告。

134. 首次向中国出口饲料、饲料添加剂的，应当向国务院农业行政主管部门提出申请，获得饲料、饲料添加剂进口登记证。

135.《饲料原料目录》之外的物质用作饲料原料的，应当经过科学评价并由农业部公告列入目录后，方可使用。

136. 申请人隐瞒有关情况或者提供虚假材料申请生产许可的，饲料管理部门不予受理或者不予许可，并给予警告；申请人在1年内不得再次申请生产许可。

137. 饲料、饲料添加剂生产许可证有效期满需要继续生产的，应当在有效期届满6个月前申请续展。

138. 存在安全风险的设备和设施，应当设置警示标志和防护设施。

139. 新设立的饲料、饲料添加剂生产企业凭生产许可证办理工商登记手续。

140. 饲料添加剂、添加剂预混合饲料生产企业为其他饲料、饲料添加剂生产企业生产定制产品的，定制产品可以不办理产品批准文号。

141. 企业应当独立设置厂区，生产区与生活、办公等区域分开。

142. 饲料、饲料添加剂生产企业的生产许可证依法被撤销、撤回或依法被吊销的，由发证机关注销生产许可证。

143. 饲料、饲料添加剂生产企业应当按照国务院农业行政主管部门的规定和有关标准，对采购的原料进行查验或者检验。

144. 饲料生产企业使用限制使用的饲料原料生产饲料的，应当遵守省级饲料管理部门的限制性规定。

145. 添加剂预混合饲料生产企业配备的混合机含混合机缓冲仓，与物料接触部分使用不锈钢制造。

146. 饲料添加剂、添加剂预混合饲料生产企业委托其他企业生产饲料添加剂、添加剂预混合饲料的，应当在产品标签上标明受托方取得的生产该产品的批准文号。

147. 国务院农业行政主管部门没有对单一饲料的使用作出限制性规定。

148. 养殖企业委托饲料生产企业生产饲料的，向所在地省级饲料管理部门备案。

149. 饲料、饲料添加剂进口登记证有效期为6年。

150. 饲料、饲料添加剂生产企业应当如实记录出厂销售的产品的名称、数量、生产日期、生产批次、质量检验信息、购货者名称及其联系方式、销售日期等。

151. 禁止饲料生产企业使用国务院农业行政主管部门公布的饲料原料目录、饲料添加剂品种目录和药物饲料添加剂品种目录以外的任何物质生产饲料。

152. 凡列入《饲料添加剂品种目录》以及农业部公告公布的新饲料添加剂是安全的，企业可以在所有饲料产品中添加和使用。

153. 饲料、饲料添加剂生产企业不依照本条例规定实行采购、生产、销售记录制度的，由县级以上地方人民政府饲料管理部门责令改正，处1万元以上2万元以下罚款。

154. 在饲料行业中，未获国务院农业行政主管部门批准作为饲料、饲料添加剂使用的物质在投入实际应用前，应当申请并获得新饲料、新饲料添加剂证书以及相应的生产许可证明文件。

155. 已经取得生产许可证，但未取得产品批准文号而生产饲料添加剂、添加剂预混合饲料，情节严重的，由发证机关吊销生产许可证。

156. 添加剂预混合饲料生产线应当单独设立，生产线设备不得与配合饲料、浓缩饲料、精料补充料产品共用。

157. 饲料、饲料添加剂生产企业名称变更的，应当在15日内向企业所在地省级饲料管理部门提出变更申请并提交相关证明，由发证机关依法办理变更手续。

158. 饲料、饲料添加剂生产过程中不遵守国务院农业行政主管部门制定的饲料添加剂安全使用规范，情节严重的，责令停止生产，可以由发证机关吊销、撤销相关许可证明文件。

159. 固态和液态添加剂预混合饲料生产车间应当分别设立。

160. 添加剂预混合饲料包括复合预混合饲料、微量元素预混合饲料和维生素预混合饲料。

161. 饲料生产企业使用药物饲料添加剂时，应当遵守国务院农业行政主管部门的限制性规定。

162. 反刍动物添加剂预混合饲料生产线与其他含有动物源性成分的添加剂预混合饲料生产线应当分别设立。

163. 饲料添加剂、添加剂预混合饲料定制企业向其他饲料、饲料添加剂生产企业、经营者和养殖者销售定制产品的，依照《饲料和饲料添加剂管理条例》处罚。

164. 向中国出口的饲料、饲料添加剂，包装和标签不符合要求的，不得入境。

165. 饲料、饲料添加剂生产企业应当如实记录所采购的原料的名称、产地、数量、保质期、许可证明文件编号、质量检验信息、生产企业名称或者供货者名称及其联系方式、进货日期等。

166. 生产许可证有效期届满后未依法续展，继续生产饲料、饲料添加剂的，应当依照《饲料和饲料添加剂管理条例》处罚。

167. 存放维生素、微生物添加剂和酶制剂等热敏物质的贮存间应密闭性能良好，并配备空调。

168. 饲料、饲料添加剂企业生产的饲料、饲料添加剂，经检验合格的，应当附具产品质量检验合格证。

169. 一般饲料添加剂，是指为保证或者改善饲料品质、提高饲料利用率而掺入饲料中的少量或者微量物质。

170. 饲料、饲料添加剂生产企业委托其他饲料、饲料添加剂企业生产的，应当签订委托合同，依法明确双方在委托产品生产技术、质量控制等方面的权利和义务。

171. 生产企业增加饲料添加剂产品品种的，应当按照企业设立程序重新办理生产许可证。

172. 烟酸铬、酵母铬、蛋氨酸铬、吡啶甲酸铬等铬制剂产品作为矿物质元素饲料添加剂，可用于生长肥育猪、肉鸡、肉鸭等肉用畜禽。

173.《饲料标签》标准适用于商品饲料、自用饲料、可饲用原粮和药物饲料添加剂。

174. 单一饲料、饲料添加剂、添加剂预混合饲料生产企业应办理生产许可证和产品批准文号。

175. 向中国出口的饲料、饲料添加剂应当符合中国有关安全、卫生的规定。

176. 国务院农业行政主管部门和县级以上地方人民政府饲料管理部门在监督检查中，可以查阅、复制有关合同、票据、账簿和其他相关资料。

177. 饲料、饲料添加剂生产企业超出许可范围生产饲料、饲料添加剂的，应当依照《饲料和饲料添加剂管理条例》处罚。

178. 安定地西泮等精神药品可以在动物饮用水中使用。

179. 单一饲料不得委托生产。

180. 饲料添加剂、添加剂预混合饲料生产企业在取得国务院农业行政主管部门核发的生产许可证后，即可投入生产并销售产品。

181. 专业加工幼畜禽饲料、种畜禽饲料、水产育苗料、特种饲料、宠物饲料生产企业的设计生产能力不小于2.5t/h。

182. 维生素预混合饲料中的维生素含量应当满足其适用动物特定生理阶段的维生素需求。

183. 饲料、饲料添加剂生产企业委托其他饲料、饲料添加剂企业生产的，委托产品应当在双方的生产许可范围内。

184. 禁止对饲料、饲料添加剂作具有预防或者治疗动物疾病作用的说明或者宣传。但是，饲料中添加药物饲料添加剂的，可以对所添加的药物饲料添加剂的作用加以说明。

185. 亚硒酸钠等按危险化学品管理的饲料添加剂应当有独立的贮存间或贮存柜。

186. 饲料添加剂生产许可证由国务院农业行政主管部门核发。

187. 饲料、饲料添加剂生产许可证的有效期为5年。

188. 国务院农业行政主管部门公布的饲料原料目录、饲料添加剂品种目录和药物饲料添加剂品种目录以外的物质，经饲料生产企业的动物饲喂试验证明安全有效的，即可用于饲料生产。

189. 浓缩饲料、配合饲料、精料补充料生产企业的设计生产能力不小于10t/h。

190. 饲料、饲料添加剂生产企业生产许可证有效期届满未按规定续展的，由发证机关注销生产许可证。

191. 饲料、饲料添加剂生产企业发现其生产的饲料、饲料添加剂对养殖动物、人体健康有害或者存在其他安全隐患的，应当主动召回产品，并记录召回和通知情况。

192. 微量元素预混合饲料生产企业应当配备原子吸收分光光度计配备火焰原子化器和被测项目的元素灯。

193. 生产的饲料、饲料添加剂未经产品质量检验的，由县级以上地方人民政府饲料管理部门责令改正，处1万元以上2万元以下罚款；情节严重的，责令停止生产，可以由发证机关吊销、撤销相关许可证明文件。

194. 提供虚假的资料、样品或者采取其他欺骗方式取得许可证明文件的，由发证机关撤销相关许可证明文件，处5万元以上10万元以下罚款，申请人3年内不得就同一事项申请行政许可。以欺骗方式取得许可证明文件给他人造成损失的，依法承担赔偿责任。

195. 县级以上地方人民政府饲料管理部门应当建立饲料、饲料添加剂监督管理档案，记录日常监督检查、违法行为查处等情况。

196. 药物饲料添加剂可以和含有药物的复合预混合饲料共用一个贮存间。

197. 饲料、饲料添加剂生产企业增加生产线的，应当按照企业设立程序向发证机关重新申报。

198. 已经取得生产许可证，但不再具备《饲料和饲料添加剂管理条例》规定条件而继续生产饲料、饲料添加剂的，由县级以上地方人民政府饲料管理部门责令停止生产、限期改正，并处1万元以上5万元以下罚款。

199. 委托生产饲料添加剂、添加剂预混合饲料的，委托方和受托方均应取得委托产品的产品批准文号。

200. 进口登记证有效期满需要继续向中国出口饲料、饲料添加剂的，应当在有效期届满6个月内申请续展。

二、选择题

1.《饲料原料目录》和《饲料添加剂品种目录》由(　　)制定并公布。

A. 国务院农业行政主管部门

B. 全国饲料评审委员会

C. 全国饲料工作办公室

D. 中国饲料工业协会

2. 乳和乳制品以外的动物源性饲料，还应当标明(　　)字样。

A. 本产品不含牛羊源性成分

B. 本产品含有动物性原料

C. 本产品不得饲喂反刍动物

D. 本产品不得饲喂哺乳动物

3. 饲料添加剂和添加剂预混合饲料产品有(　　)情形的，应当重新办理产品批准文号。

A. 产品名称改变的

B. 产品颜色和粒度改变的

C. 技术标准到期的

D. 产品标签格式更新的

4.《饲料标签》标准规定：产品成分分析保证值必须符合(　　)的要求。

A. 产品检验报告
B. 产品配方
C. 产品生产所执行的标准
D. 经过复核后的生产投料单

5.(　　)是指来源于一种动物、植物、微生物或者矿物质，用于饲料产品生产的饲料。
A. 混合型饲料添加剂
B. 饲料
C. 单一饲料
D. 饲料添加剂

6. 下列物质中不能用作饲料原料的是(　　)。
A. 皮革蛋白粉　　B. 沸石粉
C. 牛骨粉　　D. 猪肉骨粉

7. 委托生产产品的标签应当同时标明(　　)的名称、注册地址、许可证编号。
A. 委托方或受托方
B. 受托方
C. 委托方
D. 委托方和受托方

8.《饲料和饲料添加剂管理条例》所称单一饲料，是指来源于(　　)动物、植物、微生物或者矿物质，用于饲料产品生产的饲料。
A. 一种
B. 两种或两种以上
C. 同一生产工艺生产的
D. 同一生产设备生产的

9.《饲料和饲料添加剂管理条例》所称饲料添加剂，是指在饲料加工、制作、使用过程中添加的(　　)物质。
A. 痕量　　B. 超微量
C. 少量或者微量　　D. 常量

10. 添加剂预混合饲料生产企业的检验化验员，应当取得(　　)颁发的饲料检验化验员职业资格证书。
A. 农业部职业技能鉴定机构
B. 医药行业管理部门
C. 化工行业管理部门
D. 食品行业管理部门

11. 营养性饲料添加剂，是指为补充饲料营养成分而掺入饲料中的少量或者微量物质。下列属于营养性饲料添加剂的是(　　)。
A. 抗氧化剂
B. 矿物质微量元素
C. 酸度调节剂
D. 黏结剂

12. 委托生产饲料添加剂、添加剂预混合饲料的，还应当标明(　　)取得的生产该产品的批准文号。
A. 委托方或受托方
B. 受托方
C. 委托方
D. 委托方和受托方

13.(　　)对企业生产的饲料、饲料添加剂的质量安全负责。
A. 县级饲料管理部门
B. 省级饲料管理部门
C. 省级饲料检验机构
D. 饲料企业

14. 饲料、饲料添加剂的包装上应当附具标签。标签上应当注明的项目是(　　)。
A. 质量认证标志
B. 产品成分分析保证值
C. 企业营业执照注册号
D. 驰名商标、名牌等标识

15. 设立(　　)生产企业，应当符合《饲料生产企业许可条件》。
A. 添加剂预混合饲料
B. 饲料添加剂
C. 单一饲料
D. 饲料原料

16. 委托生产的饲料添加剂产品出现质量安全问题，(　　)承担连带责任。
A. 委托方和受托方
B. 委托方
C. 接受备案的省级饲料管理部门
D. 受托方

17. 饲料、饲料添加剂生产企业有下列(　　)情形的，应当在15日内向企业所在地省级饲料管理部门提出变更申请并提交相关证明，由发证机关依法办理变更手续，变更后的生产许可证证号、有效期不变。
A. 企业名称变更
B. 生产场所迁址的；
C. 增加生产线的
D. 增加产品品种的

18.(　　)属于一般饲料添加剂。
A. 植酸酶　　B. 尿素
C. 大蒜素　　D. 大豆磷脂油

19. 下列物质中未列入农业部《饲料原料目录》的是(　　)。
A. 鱼粉　　B. 发酵豆粕
C. 混合油　　D. 鸡骨粉

20. 饲料、饲料添加剂企业生产条件发生变化，可能影响产品质量安全的，企业应当经所在地(　　)

报告发证机关

A. 省级人民政府

B. 县级人民政府

C. 省级饲料管理部门

D. 县级饲料管理部门

21. 下列物质中(　　)禁止在饲料和动物饮用水中使用。

A. 着色剂　　B. 性激素

C. 药物饲料添加剂　　D. 稳定剂

22.《饲料和饲料添加剂管理条例》所称饲料添加剂包括营养性饲料添加剂和(　　)。

A. 一般饲料添加剂

B. 非蛋白氮饲料添加剂

C. 药物饲料添加剂

D. 矿物质添加剂

23. 饲料、饲料添加剂生产企业(　　)的，由发证机关注销生产许可证。

A. 依法终止

B. 受到10万元以上处罚的

C. 停产3个月到6个月的

D. 受到农业部通报批评的

24. (　　)应当取得农业部职业技能鉴定机构颁发的职业资格证书，并通过现场操作技能考核。

A. 饲料加工设备维修工

B. 饲料检验化验员

C. 饲料厂中央控制室操作工

D. 饲料营销员

25. 饲料、饲料添加剂生产企业应当在每年(　　)月底前填写备案表，将上一年度的生产经营情况报企业所在地省级饲料管理部门备案。

A. 5　　B. 12　　C. 2　　D. 6

26. 饲料、饲料添加剂进口登记证有效期为(　　)年。

A. 6年　　B. 3年　　C. 4年　　D. 5年

27.《饲料生产企业许可条件》规定饲料生产企业的(　　)应当配备专职负责人。

A. 总经办　　B. 质量机构

C. 采购机构　　D. 销售机构

28. 申请人隐瞒有关情况或者提供虚假材料申请生产许可的，申请人在(　　)年内不得再次申请生产许可。

A. 5　　B. 1　　C. 2　　D. 3

29. 向养殖者运送饲料的罐装车应当随车附具(　　)。

A. 车辆清洗记录

B. 车辆消毒证明

C. 不锈钢材质证明

D. 饲料标签

30. 饲料生产企业应当配备(　　)以上专职饲料检验化验员。

A. 1名　　B. 2名

C. 3名　　D. 以上都不是

31. 饲料生产企业召回的产品，应当在(　　)的监督下予以无害化处理或者销毁。

A. 当地工商管理部门

B. 当地饲料管理部门

C. 当地环境管理部门

D. 企业质量机构负责人

32. 定制产品仅限(　　)使用。

A. 养殖企业

B. 定制企业

C. 经营企业

D. 饲料管理部门指定的企业

33. 建立饲料、饲料添加剂(　　)的部门，是县级以上饲料管理部门。

A. 监督管理档案

B. 原料采购记录

C. 留样观察记录

D. 产品销售记录

34. 饲料原料和饲料产品中三聚氰胺限量值为(　　)。

A. 5.0mg/kg　　B. 25mg/kg

C. 2.5mg/kg　　D. 1.0mg/kg

35. 由两种（类）或者两种（类）以上营养性饲料添加剂为主，与载体或者稀释剂按照一定比例配制的饲料称为(　　)。

A. 精料补充料

B. 全混合日粮

C. 添加剂预混合饲料

D. 配合饲料

36. 定制产品应当附具(　　)。

A. 定制合同

B. 饲料标签

C. 当地饲料管理部门的允许定制的批文

D. 定制产品清单

37. 有权限核发新饲料、新饲料添加剂证书的部门是(　　)。

A. 省级农业行政主管部门

B. 县级农业行政主管部门

C. 全国饲料评审委员会

D. 国务院农业行政主管部门

38. 饲料检验化验员应当通过行政许可的现场(　　)考核。

A. 检验管理　　B. 检验基础知识

C. 饲料法规　　　　D. 操作技能

39. 申请设立饲料添加剂、添加剂预混合饲料生产企业，申请人应当向(　　)提出申请。

A. 国务院农业行政主管部门

B. 农业部饲料管理部门

C. 县级人民政府饲料管理部门

D. 省级人民政府饲料管理部门

40. 饲料、饲料添加剂生产企业采购单一饲料，未查验(　　)的，应当依照《饲料和饲料添加剂管理条例》处罚。

A. 相关许可证明文件

B. 原料购销合同

C. 合格供应商名录

D. 购货发票

41. 反映混合机混合性能效果的核心指标是(　　)。

A. 混合机电机功率

B. 混合机重量

C. 混合均匀度变异系数

D. 生产效率

42. 饲料、饲料添加剂在使用过程中被证实对养殖动物、人体健康或者有害的，由国务院农业行政主管部门决定(　　)。

A. 禁用

B. 限制使用

C. 由企业返工并经检验合格后再使用

D. 以上都不对

43. (　　)应当对本行政区域饲料添加剂的质量安全状况进行监测，并根据监测情况发布质量安全预警信息。

A. 省级饲料检验机构

B. 县级饲料管理部门

C. 省级饲料管理部门

D. 省级人民政府

44. (　　)产品执行企业标准的，产品主成分指标检测方法应当经省级饲料管理部门指定的饲料检验机构验证。

A. 混合型饲料添加剂

B. 维生素预混合饲料

C. 配合饲料

D. 复合预混合饲料

45. 定制产品应当附具符合规定的标签，并标明(　　)和定制企业的名称、地址及其生产许可证编号。

A. “定制产品”字样

B. “委托产品”字样

C. “定向产品”字样

D. “合同产品”字样

46. 已经取得生产许可证，但未取得产品批准文号而生产饲料添加剂、添加剂预混合饲料，情节严重的，发证机关还可以采取的处理措施是(　　)。

A. 吊销生产许可证

B. 吊销营业执照

C. 追究刑事责任

D. 没收其生产设备

47. 混合型饲料添加剂是指由(　　)饲料添加剂与载体或稀释剂按一定比例混合，但不属于添加剂预混合饲料的饲料添加剂产品。

A. 一种或一种以上

B. 二种或二种以上

C. 二类或二类以上

48. 营养性饲料添加剂包括饲料级氨基酸、(　　)、矿物质微量元素、酶制剂、非蛋白氮等。

A. 抗氧化剂　　　　B. 防腐剂

C. 着色剂　　　　D. 维生素

49. 以欺骗、贿赂等不正当手段取得生产许可证的，由发证机关撤销生产许可证，申请人在(　　)年内不得再次申请生产许可。

A. 5　　B. 1　　C. 2　　D. 3

50.《饲料和饲料添加剂管理条例》所称浓缩饲料，主要由蛋白质、矿物质和(　　)按照一定比例配制的饲料。

A. 稀释剂　　　　B. 载体

C. 麸皮　　　　D. 饲料添加剂

51. (　　)生产线设备可以与浓缩饲料、精料补充料产品共用。

A. 单一饲料

B. 饲料添加剂

C. 添加剂预混合饲料

D. 配合饲料

52. 饲料添加剂、添加剂预混合饲料生产企业可以为(　　)生产定制产品。

A. 其他饲料和饲料添加剂生产企业

B. 经营企业

C. 养殖户

D. 大型规模化养殖场

53. 对于添加有药物饲料添加剂的饲料产品，其标签上必须标注(　　)字样。

A. 本产品可预防动物疾病

B. 含有药物饲料添加剂

C. 本产品符合饲料标签标准

D. 以上都不对

54.《饲料生产企业许可条件》规定混合机（含混合机缓冲仓）与物料接触部分使用(　　)制造。

A. 碳钢　　B. 不锈钢
C. 搪瓷　　D. 仿不锈钢

55. 在中华人民共和国境内生产的(　　)产品，在生产前应当取得相应的产品批准文号。
A. 配合饲料
B. 浓缩饲料
C. 单一饲料
D. 饲料添加剂、添加剂预混合饲料

56. 生产许可证明文件不包括(　　)。
A. 新饲料添加剂证书
B. 饲料添加剂进口登记证
C. 饲料生产许可证
D. 饲料生产企业审查合格证和动物源性饲料产品生产企业安全卫生合格证

57. 复合预混合饲料生产企业使用的混合机的混合均匀度变异系数不大于(　　)。
A. 1%　　B. 3%　　C. 5%　　D. 7%

58. 饲料、饲料添加剂生产企业有下列(　　)情形的，不必向企业所在地省级饲料管理部门提出变更申请并提交相关证明。
A. 企业名称变更
B. 企业技术负责人变更
C. 企业注册地址或注册地址名称变更
D. 生产地址名称变更

59. 药物饲料添加剂的管理，依照(　　)的规定执行。
A. 《农产品质量安全法》
B. 《兽药管理条例》
C. 《动物防疫法》
D. 《饲料添加剂品种名录》

60. 下列物质中禁止在饲料中使用的是(　　)。
A. 谷氨酸渣
B. 干酒精糟
C. 发酵苹果渣
D. 抗生素滤渣

61. 饲料添加剂，包括一般饲料添加剂和(　　)。
A. 非营养性添加剂
B. 营养性添加剂
C. 药物饲料添加剂
D. 功能性饲料添加剂

62. 为预防、治疗动物疾病而掺入载体或者稀释剂的兽药的预混合物质称为(　　)。
A. 药物饲料添加剂
B. 一般饲料添加剂
C. 营养性饲料添加剂
D. 添加剂预混合饲料

63. 新饲料、新饲料添加剂处于监测期的，不受理其他就该新饲料、新饲料添加剂的生产申请和进口登记申请，但超过(　　)年不投入生产的除外。
A. 2　　B. 5　　C. 3　　D. 6

64. 配合饲料生产许可证(　　)的，应当在15日内向发证机关申请补发。
A. 注销　　B. 吊销
C. 损毁　　D. 届满

65. 在生产、销售的饲料中添加盐酸克仑特罗等禁止在饲料中使用的药品，或者销售明知是添加有该类药品的饲料，情节严重的，以非法经营罪追究(　　)。
A. 刑事责任　　B. 行政责任
C. 民事责任　　D. 法律责任

66. 饲料添加剂、添加剂预混合饲料生产企业取得生产许可证后，核发该产品批准文号的部门是(　　)。
A. 省级饲料检验部门
B. 国务院农业行政主管部门
C. 县级饲料管理部门
D. 省级饲料管理部门

67. 浓缩饲料、(　　)、配合饲料和精料补充料生产许可证由省级饲料管理部门核发。
A. 饲料添加剂
B. 单一饲料
C. 饲料原料
D. 添加剂预混合饲料

68. 为补充草食动物的营养，将多种饲料原料和饲料添加剂按照一定比例配制的饲料称为(　　)。
A. 配合饲料
B. 一般饲料添加剂
C. 营养性饲料添加剂
D. 精料补充料

69. 已经取得生产许可证，但未取得产品批准文号而生产饲料添加剂、添加剂预混合饲料的，情节严重的，由(　　)吊销生产许可证。
A. 发证机关
B. 省级工商行政管理部门
C. 省级饲料管理部门
D. 县级饲料管理部门

70. 委托生产的产品应在(　　)生产许可范围内。
A. 任何一方　　B. 受托方
C. 双方　　D. 委托方

71. 饲料、饲料添加剂生产企业应当如实记录采购的饲料原料、单一饲料、饲料添加剂等的许可证明文件编号等信息，记录保存期限不得少于(　　)年。

A. 2　B. 3　C. 1　D. 5

72. 营养性饲料添加剂，包括饲料级氨基酸、维生素、矿物质微量元素、(　　)、非蛋白氮等。

A. 调味剂　B. 酶制剂

C. 抗氧化剂　D. 着色剂

73. (　　)机构的负责人，应当熟悉饲料法规、动物营养等专业知识，并通过现场考核。

A. 销售　B. 采购

C. 仓储　D. 技术

74. 维生素预混合饲料是指(　　)以上维生素与载体和（或）稀释剂按一定比例配制的均匀混合物。

A. 两种或两种

B. 一类或一类

C. 两类或两类

D. 一种或一种

75. 饲料、饲料添加剂生产企业有(　　)情形之一的，应当按照企业设立程序重新办理生产许可证。

A. 企业法定代表人变更

B. 增加单一饲料、饲料添加剂产品品种的

C. 企业名称变更

D. 企业注册地址或注册地址名称变更

76. 一个标签可以标示(　　)饲料产品

A. 一类　B. 一个

C. 两个以上　D. 多个

77. 省级饲料管理部门设立饲料生产许可证专家审核委员会，负责本行政区域内(　　)生产许可的技术评审工作。

A. 单一饲料

B. 饲料添加剂

C. 添加剂预混合饲料

D. 混合型饲料添加剂

78. 新饲料、新饲料添加剂的监测期为(　　)。

A. 5 年　B. 3 年

C. 2 年　D. 6 年

79. 加入药物饲料添加剂的饲料的标签，应当标明(　　)字样。

A. “加药”

B. “加入药物饲料添加剂”

C. “加药饲料”

D. “预防动物疫病”

80. 混合型饲料添加剂产品执行企业标准的，产品主成分指标检测方法应当经(　　)验证。

A. 省级饲料管理部门指定的饲料检验机构

B. 企业化验室

C. 集团公司的中心实验室

D. 县级产品质量检验所

81. 饲料添加剂在使用过程中被证实对养殖动物、人体健康或者环境有害的，由(　　)决定禁用并予以公布。

A. 省级饲料检验机构

B. 县级饲料管理部门

C. 省级饲料管理部门

D. 国务院农业行政主管部门

82. 饲料、饲料添加剂生产企业委托其他饲料、饲料添加剂企业生产的，应当具备相关条件，并向(　　)备案。

A. 县级饲料管理部门

B. 各自所在地省级饲料管理部门

C. 任何一方所在地省级饲料管理部门

D. 农业部

83. 复合预混合饲料，是指以矿物质微量元素、维生素、氨基酸中任何两类或两类以上的(　　)为主，与其他饲料添加剂、载体和（或）稀释剂按一定比例配制的均匀混合物。

A. 功能性饲料添加剂

B. 一般性饲料添加剂

C. 药物饲料添加剂

D. 营养性饲料添加剂

84. 任何单位和(　　)有权举报生产许可过程中的违法行为，农业部和省级饲料管理部门应当依照权限核实、处理。

A. 团体　B. 组织

C. 个人　D. 法人

85. 根据养殖动物营养需要，将多种饲料原料和饲料添加剂按照一定比例配制的饲料称为(　　)。

A. 精料补充料

B. 添加剂预混合饲料

C. 配合饲料

D. 浓缩饲料

86. (　　)不能作为定制产品生产使用。

A. 单一饲料

B. 饲料添加剂

C. 混合型饲料添加剂

D. 添加剂预混合饲料

87. 在配合饲料、精料补充料或动物饮用水中添加量为(　　)的饲料产品是复合预混合饲料。

A. 0.01%　B. 0.5%

C. 11%　D. 0.05%

88. 饲料、饲料添加剂生产企业停产(　　)以上，由发证机关注销生产许可证。

A. 半年　B. 一年

C. 二年　D. 三年

89. 《饲料标签》标准适用于(　　)。

A. 商品饲料和饲料添加剂

B. 自用饲料

C. 可饲用原粮

D. 药物饲料添加剂

90. 饲料、饲料添加剂生产企业有(　　)情形的，依照《饲料和饲料添加剂管理条例》处罚。

A. 企业名称变更

B. 依法终止的

C. 企业申请注销的

D. 超出许可范围生产饲料的

91. 自核发证书之日起(　　)，对其他申请人未经已取得新饲料、新饲料添加剂证书或者饲料、饲料添加剂进口登记证的申请人同意，使用其数据申请新饲料、新饲料添加剂审定或者饲料、饲料添加剂进口登记的，国务院农业行政主管部门不予审定或者登记；但是，其他申请人提交其自己所取得的数据的除外。

A. 6 年内　　B. 5 年内

C. 10 年内　　D. 无限期

92. 饲料、饲料添加剂生产企业有下列(　　)情形的，不用按照企业设立程序重新办理生产许可证。

A. 更换生产线的

B. 增加单一饲料品种的

C. 生产场所迁址的

D. 生产地址名称变更的

93. 假冒、伪造或者买卖许可证明文件的，由国务院农业行政主管部门或者县级以上地方人民政府饲料管理部门按照职责权限收缴或者吊销、撤销(　　)。

A. 法人机构代码证书

B. 税务登记证

C. 工商营业执照

D. 相关许可证明文件

94. 国务院农业行政主管部门核发(　　)生产许可证。

A. 配合饲料

B. 浓缩饲料

C. 单一饲料

D. 添加剂预混合饲料

95. 液态添加剂预混合饲料生产企业应当有(　　)的灌装间。

A. 独立

B. 相对独立

C. 和生产车间一体

D. 和产品存放一体

96. 申请添加剂预混合饲料产品批准文号的，同一产品类别中，相同适用动物品种和添加比例的不同产品，需要提交(　　)样品。

A. 所有申请产品　　B. 10%

C. 一个产品　　D. 二个产品

97. 核查某生产企业肉牛饲料配方中含有以下 4 种成分，其中被禁止使用的是(　　)。

A. 乙酰氧肟酸　　B. 缩二脲

C. 氯化钠　　D. 维生素 A

98. 饲料添加剂生产企业生产许可证遗失的，应当在(　　)日内向发证机关申请补发。

A. 15　　B. 30　　C. 45　　D. 60

99.《饲料标签》标准不适用于(　　)。

A. 单一饲料

B. 混合型饲料添加剂

C. 可饲用原粮

D. 配合饲料

100. 浓缩饲料、配合饲料、精料补充料生产区使用面积不低于(　　)平方米。

A. 500　　B. 350

C. 400　　D. 1 000

中华人民共和国农业部公告

第 1935 号

为了加强进口鱼粉产品质量安全监管，保障相关贸易顺利开展，根据《饲料和饲料添加剂管理条例》、《进口饲料和饲料添加剂管理办法》、《饲料原料目录》和鱼粉国家标准（GB/T 19164—2003）的有关规定，现公告如下：

一、已登记的高级别进口鱼粉的生产厂家可将登记范围扩展为由低级至高级鱼粉。即登记为一、二级进口鱼粉的，可变更为“三级至一级”或“三级至二级”鱼粉，但不得低于鱼粉国家标准中的三级鱼粉标准。按照《进口饲料和饲料添加剂变更登记材料要求》（农业部公告第 611 号）的有关规定，申请办理鱼粉级别变更。申请事项为变更产品中文或英文商品名称。

二、按照《饲料原料目录》要求，自 2013 年 1 月 1 日起，所有向中国出口的鱼粉必须在其标签中标示挥发性盐基氮等强制性标识指标。

三、各级饲料管理部门应严格按照生产厂家申报的产品质量标准对进口鱼粉产品进行监管。饲料质检机构将采用鱼粉国家标准中的检测方法对其进行监督抽查检测。

农业部

2013 年 5 月 6 日

中华人民共和国农业部公告

第 1954 号

根据《饲料和饲料添加剂生产许可管理办法》规定，为规范饲料和饲料添加剂生产企业年度备案及委托生产备案工作，统一备案要求，我部制定了《饲料和饲料添加剂生产许可证年度备案表》和《饲料和饲料添加剂委托生产备案表》，请遵照执行。

特此公告。

农业部

2013 年 6 月 5 日

附件 1：

饲料和饲料添加剂生产许可证年度备案表

<table>
<tr><td>许可证类别</td><td colspan="3"></td></tr>
<tr><td>许可证号</td><td colspan="3"></td></tr>
<tr><td>企业名称</td><td colspan="3">（公章）</td></tr>
<tr><td>生产地址</td><td colspan="3"></td></tr>
<tr><td>联系人</td><td></td><td>联系方式</td><td></td></tr>
<tr><td>法定代表人</td><td></td><td>注册资本（万元）</td><td></td></tr>
<tr><td>企业类型</td><td></td><td>组织机构代码</td><td></td></tr>
<tr><td>是否进行委托生产</td><td></td><td>是否进行定制生产</td><td></td></tr>
<tr><td>企业确认</td><td colspan="3">本企业提供的材料真实有效；材料中如有虚假不实信息，自愿承担一切后果及法律责任。
法定代表人（签字）：（公章）
年　月　日</td></tr>
<tr><td>企业所在地
饲料管理部门意见</td><td colspan="3">负责人（签字）：（公章）
年　月　日</td></tr>
<tr><td>省级
饲料管理部门意见</td><td colspan="3">负责人（签字）：（公章）
年　月　日</td></tr>
<tr><td>备　注</td><td colspan="3"></td></tr>
</table>

填报日期：　　年　月　日

中华人民共和国农业部　制

附表 1　主要管理技术人员及特有工种人员变更登记表

序号	姓名	职务	职称	学历	所学专业	获证书时间、种类及编号	发证机关
新增人员							
离职人员							

注 1："证书"指与企业签订了全日制用工劳动合同的管理人员、技术人员的职称证书、最高学历证书以及特有工种人员的职业资格证书。特有工种人员已经参加鉴定且成绩合格，但尚未取得农业部职业技能鉴定机构颁发的职业资格证书的，在"获证书时间、种类及编号"一栏填写考试成绩。

注 2：企业的检验化验员还应当在"获证书时间、种类及编号"一栏中填写身份证号码。

附表 2　主要生产设备变更登记表

序号	设备名称	变更前型号及技术性能指标	变更后型号及技术性能指标	变更原因

注 1：设备名称、型号：按照设备说明书或设备铭牌填写。

注 2：技术性能指标：填写反映生产设备主要特征的技术性能参数。

附表 3　主要检验仪器设备变更登记表

序号	仪器名称	变更前型号及技术性能指标	变更后型号及技术性能指标	变更原因

注 1：仪器名称、型号：按照仪器说明书或仪器铭牌填写。

注 2：技术性能指标：填写检验仪器主要技术性能参数。

备案说明：

一、年度备案工作依据企业获得生产许可的情况，按照“一证一备案”的原则进行。

二、备案表中许可证类别一栏分别填写（1）饲料添加剂生产许可证；（2）混合型饲料添加剂生产许可证；（3）添加剂预混合饲料生产许可证；（4）单一饲料生产许可证；（5）浓缩饲料、配合饲料和精料补充料生产许可证。

三、备案表中企业名称、生产地址按照生产许可证填写；联系人、联系方式填写企业办理年度备案人员的姓名、手机和固定电话（含区号）。

四、企业主要管理技术人员及特有工种人员、主要生产设备或主要检验仪器设备有变更的，还应当分别填写附表 1、附表 2 和附表 3 并提供证明材料。其中，企业主要管理技术人员及特有工种人员变更的，需提供：（1）新增的技术、生产和质量机构负责人的毕业证书或职称证书复印件；（2）新增的检验化验员、饲料加工设备维修工、中央控制室操作工等关键岗位人员的职业资格证书复印件；已经参加鉴定且成绩合格，但尚未取得职业资格证书的，可提供省级饲料职业技能鉴定机构出具的鉴定合格证明复印件。

五、企业应提供以下备案材料：

（一）企业生产许可证复印件。

（二）企业营业执照复印件，如企业为非法人机构，还需提供所属法人机构营业执照复印件。

（三）饲料和饲料添加剂生产企业季度和年度统计报表复印件。

附件 2：

饲料和饲料添加剂委托生产备案表

<table>
<tr><td>委托产品类别</td><td colspan="3">□单一饲料 □配合饲料 □浓缩饲料 □精料补充料
□添加剂预混合饲料 □饲料添加剂 □混合型饲料添加剂</td></tr>
<tr><td colspan="4">一、委托企业基本情况</td></tr>
<tr><td>委托企业名称</td><td colspan="3"></td></tr>
<tr><td>生产许可证编号</td><td colspan="3"></td></tr>
<tr><td>工商营业执照注册号</td><td colspan="3"></td></tr>
<tr><td>注册地址</td><td colspan="3"></td></tr>
<tr><td>生产地址</td><td colspan="3"></td></tr>
<tr><td>通讯地址及邮编</td><td colspan="3"></td></tr>
<tr><td>联系人</td><td></td><td>联系电话</td><td></td></tr>
<tr><td colspan="4">二、受托企业基本情况</td></tr>
<tr><td>受托企业名称</td><td colspan="3"></td></tr>
<tr><td>生产许可证编号</td><td colspan="3"></td></tr>
<tr><td>工商营业执照注册号</td><td colspan="3"></td></tr>
<tr><td>注册地址</td><td colspan="3"></td></tr>
<tr><td>生产地址</td><td colspan="3"></td></tr>
<tr><td>通讯地址及邮编</td><td colspan="3"></td></tr>
<tr><td>联系人</td><td></td><td>联系电话</td><td></td></tr>
</table>

三、委托产品情况

委托产品名称	委托方产品标准编号	委托方产品批准文号	受托方产品标准编号	受托方产品批准文号

（续）

四、企业签字	
委托企业	法定代表人（签字）： 年 月 日（公章）
受托企业	法定代表人（签字）： 年 月 日（公章）
五、饲料管理部门意见	
企业所在地 饲料管理部门意见	负责人（签字）： 年 月 日（公章）
省级 饲料管理部门意见	负责人（签字）： 年 月 日（公章）

填报日期： 年 月 日

中华人民共和国农业部 制

备案说明：

一、委托生产备案由委托、受托企业分别向所在地省级饲料管理部门提出。按照委托企业先备案，受托企业后备案的原则进行。

二、当委托生产的产品为配合饲料、浓缩饲料、精料补充料、单一饲料时，不填写备案表中产品批准文号一栏。

三、企业应提供以下备案材料：

（一）委托企业、受托企业营业执照复印件，如企业为非法人机构，还需提供所属法人机构营业执照复印件。

（二）委托企业、受托企业生产许可证复印件。

（三）委托企业、受托企业产品批准文号复印件（仅饲料添加剂、混合型饲料添加剂、添加剂预混合饲料生产企业提供）。

（四）委托加工合同原件。

（五）委托企业、受托企业产品执行标准复印件。

（六）委托产品标签式样。

（七）受托企业备案时，需提供委托企业在所在地省级饲料管理部门的备案表复印件。

农业部办公厅关于饲料添加剂和添加剂预混合饲料生产企业审批下放的工作通知

农办牧［2013］38号

各省、自治区、直辖市畜牧（农牧、农业）厅（局、委、办）：

按照《农业部办公厅关于贯彻落实〈国务院关于取消和下放一批行政审批项目的决定〉的通知》（农办办［2013］50号）要求，“设立饲料添加剂、添加剂预混合饲料生产企业审批”项目自2013年11月8日起下放至省级人民政府饲料管理部门。为落实审批下放工作，现将有关事项通知如下。

一、完善制度依法行政

各省、自治区、直辖市畜牧饲料管理部门（以下简称“省级管理部门”）要高度重视审批下放工作，抓紧制定和发布审批制度、审批规范和办事指南，充实生产许可证专家审核委员会，严格按照我部制定的审核标准和要求开展申报材料审查和企业现场审核工作。要严格按照《饲料和饲料添加剂管理条例》规定的审批权限，由省级管理部门负责审核、发放生产许可证。

二、加强审批监督和企业监管

省级管理部门要进一步健全审批监督制约机制，加强对审批运行过程中的监督管理，及时将审批信息录入饲料和饲料添加剂生产许可信息系统并依法公开。县级以上地方人民政府饲料管理部门要落实获证企业监管职责，切实加强对获证企业的后续监督管理，落实企业日常巡查制度，进一步提高监管工作科学化、规范化水平。

三、做好行政许可审核衔接工作

2013年11月8日前我部受理的许可申请，将按程序组织评审；通过评审的，核发生产许可证；未通过的，做出不予许可的决定，材料退回申请人。2013年11月8日后，相关生产许可的受理、材料审查、现场审核及许可证核发工作由省级管理部门负责。企业的申请符合《饲料和饲料添加剂生产许可管理办法》（农业部令〔2012〕第3号）第十一条、十二条规定的，由省级管理部门重新审核后发放生产许可证；符合第十三条规定的，由省级管理部门换发许可证，证书证号、有效期不变。

四、规范许可证书编号

省级管理部门核发的饲料添加剂证书编号为×饲添（××××）T×××××，混合型饲料添加剂证书编号为×饲添（××××）H×××××，添加剂预混合饲料证书编号为×饲预（××××）×××××；其中×为企业所在省（自治区、直辖市）简称，（××××）为发证年份，×××××为许可证序号（前两位代表地市，后三位代表企业）。

五、落实证书打印和许可信息管理相关要求

饲料添加剂、添加剂预混合饲料生产许可证式样由我部统一制定。许可证应使用饲料和饲料添加剂生产许可信息系统打印，并加盖发证机关印章。我部将通过饲料和饲料添加剂生产许可信息系统将现有获证企业信息分省导入，由省级管理部门负责信息后续管理和维护工作。

农业部办公厅

2013年12月10日

中华人民共和国农业部公告

第2045号

为加强对饲料添加剂的管理，保障饲料和养殖产品质量安全，促进饲料工业持续健康发展，根据《饲料和饲料添加剂管理条例》，现公布《饲料添加剂品种目录（2013）》（以下简称《目录（2013）》），并就有关事宜公告如下。

一、《目录（2013）》是在《饲料添加剂品种目录（2008）》（以下简称《目录（2008）》）的基础上修订的，增加了部分实际生产中需要且公认安全的饲料添加剂品种（或来源）；删除了缩二脲和叶黄素；将麦芽糊精、酿酒酵母培养物、酿酒酵母提取物、酿酒酵母细胞壁4个品种移至《饲料原料目录》；对部分品种的适用范围以及部分饲料添加剂类别名称进行了修订；将20个保护期满的新产品品种正式纳入《附录一》，将《目录（2008）》发布之后获得饲料和饲料添加剂新产品证书的7个产品纳入《附录二》。

二、《目录（2013）》由《附录一》和《附录二》两部分组成。凡生产、经营和使用的营养性饲料添加剂和一般饲料添加剂，均应属于《目录（2013）》中规定的品种。凡《目录（2013）》外的物质拟作为饲料添加剂使用，应按照《新饲料和新饲料添加剂管理办法》的有关规定，申请并获得新产品证书。

三、饲料添加剂的生产企业需办理生产许可证和产品批准文号。其中《附录二》中的饲料添加剂品种仅允许所列申请单位或其授权的单位生产。

四、生产源于转基因动植物、微生物的饲料添加剂，以及含有转基因产品成分的饲料添加剂，应按照《农业转基因生物安全管理条例》的有关规定进行安全评价，获得农业转基因生物安全证书后，再按照《新饲料和新饲料添加剂管理办法》的有关规定进行评审。

五、本公告自2014年2月1日起施行。2008年12月11日公布的《饲料添加剂品种目录（2008）》（农业部公告第1126号）同时废止。

附件：饲料添加剂品种目录（2013）

农业部

2013年12月30日

附件：

《饲料添加剂品种目录（2013）》

附录一

类　别	通用名称	适用范围
氨基酸、氨基酸盐及其类似物	L-赖氨酸、液体L-赖氨酸（L-赖氨酸含量不低于50%）、L-赖氨酸盐酸盐、L-赖氨酸硫酸盐及其发酵副产物（产自谷氨酸棒杆菌、乳糖发酵短杆菌，L-赖氨酸含量不低于51%）、DL-蛋氨酸、L-苏氨酸、L-色氨酸、L-精氨酸、L-精氨酸盐酸盐、甘氨酸、L-酪氨酸、L-丙氨酸、天（门）冬氨酸、L-亮氨酸、异亮氨酸、L-脯氨酸、苯丙氨酸、丝氨酸、L-半胱氨酸、L-组氨酸、谷氨酸、谷氨酰胺、缬氨酸、胱氨酸、牛磺酸	养殖动物
	半胱胺盐酸盐	畜禽
	蛋氨酸羟基类似物、蛋氨酸羟基类似物钙盐	猪、鸡、牛和水产养殖动物
	N-羟甲基蛋氨酸钙	反刍动物
	α-环丙氨酸	鸡
维生素及类维生素	维生素A、维生素A乙酸酯、维生素A棕榈酸酯、β-胡萝卜素、盐酸硫胺（维生素B_1）、硝酸硫胺（维生素B_1）、核黄素（维生素B_2）、盐酸吡哆醇（维生素B_6）、氰钴胺（维生素B_{12}）、L-抗坏血酸（维生素C）、L-抗坏血酸钙、L-抗坏血酸钠、L-抗坏血酸-2-磷酸酯、L-抗坏血酸-6-棕榈酸酯、维生素D_2、维生素D_3、天然维生素E、dl-α-生育酚、dl-α-生育酚乙酸酯、亚硫酸氢钠甲萘醌（维生素K_3）、二甲基嘧啶醇亚硫酸甲萘醌、亚硫酸氢烟酰胺甲萘醌、烟酸、烟酰胺、D-泛醇、D-泛酸钙、DL-泛酸钙、叶酸、D-生物素、氯化胆碱、肌醇、L-肉碱、L-肉碱盐酸盐、甜菜碱、甜菜碱盐酸盐	养殖动物
	25-羟基胆钙化醇（25-羟基维生素D_3）	猪、家禽
	L-肉碱酒石酸盐	宠物
矿物元素及其络（螯）合物[1]	氯化钠、硫酸钠、磷酸二氢钠、磷酸氢二钠、磷酸二氢钾、磷酸氢二钾、轻质碳酸钙、氯化钙、磷酸氢钙、磷酸二氢钙、磷酸三钙、乳酸钙、葡萄糖酸钙、硫酸镁、氧化镁、氯化镁、柠檬酸亚铁、富马酸亚铁、乳酸亚铁、硫酸亚铁、氯化亚铁、氯化铁、碳酸亚铁、氯化铜、硫酸铜、碱式氯化铜、氧化锌、氯化锌、碳酸锌、硫酸锌、乙酸锌、碱式氯化锌、氯化锰、氧化锰、硫酸锰、碳酸锰、磷酸氢锰、碘化钾、碘化钠、碘酸钾、碘酸钙、氯化钴、乙酸钴、硫酸钴、亚硒酸钠、钼酸钠、蛋氨酸铜络（螯）合物、蛋氨酸铁络（螯）合物、蛋氨酸锰络（螯）合物、蛋氨酸锌络（螯）合物、赖氨酸铜络（螯）合物、赖氨酸锌络（螯）合物、甘氨酸铜络（螯）合物、甘氨酸铁络（螯）合物、酵母铜、酵母铁、酵母锰、酵母硒、氨基酸铜络合物（氨基酸来源于水解植物蛋白）、氨基酸铁络合物（氨基酸来源于水解植物蛋白）、氨基酸锰络合物（氨基酸来源于水解植物蛋白）、氨基酸锌络合物（氨基酸来源于水解植物蛋白）	养殖动物

（续）

类　别	通用名称	适用范围
矿物元素及其络（螯）合物[1]	蛋白铜、蛋白铁、蛋白锌、蛋白锰	养殖动物（反刍动物除外）
	羟基蛋氨酸类似物络（螯）合锌、羟基蛋氨酸类似物络（螯）合锰、羟基蛋氨酸类似物络（螯）合铜	奶牛、肉牛、家禽和猪
	烟酸铬、酵母铬、蛋氨酸铬、吡啶甲酸铬	猪
	丙酸铬、甘氨酸锌	猪
	丙酸锌	猪、牛和家禽
	硫酸钾、三氧化二铁、氧化铜	反刍动物
	碳酸钴	反刍动物、猫、狗
	稀土（铈和镧）壳糖胺螯合盐	畜禽、鱼和虾
	乳酸锌（α-羟基丙酸锌）	生长育肥猪、家禽
酶制剂[2]	淀粉酶（产自黑曲霉、解淀粉芽孢杆菌、地衣芽孢杆菌、枯草芽孢杆菌、长柄木霉[3]、米曲霉、大麦芽、酸解支链淀粉芽孢杆菌）	青贮玉米、玉米、玉米蛋白粉、豆粕、小麦、次粉、大麦、高粱、燕麦、豌豆、木薯、小米、大米
	α-半乳糖苷酶（产自黑曲霉）	豆粕
	纤维素酶（产自长柄木霉[3]、黑曲霉、孤独腐质霉、绳状青霉）	玉米、大麦、小麦、麦麸、黑麦、高粱
	β-葡聚糖酶（产自黑曲霉、枯草芽孢杆菌、长柄木霉[3]、绳状青霉、解淀粉芽孢杆菌、棘孢曲霉）	小麦、大麦、菜籽粕、小麦副产物、去壳燕麦、黑麦、黑小麦、高粱
	葡萄糖氧化酶（产自特异青霉、黑曲霉）	葡萄糖
	脂肪酶（产自黑曲霉、米曲霉）	动物或植物源性油脂或脂肪
	麦芽糖酶（产自枯草芽孢杆菌）	麦芽糖
	β-甘露聚糖酶（产自迟缓芽孢杆菌、黑曲霉、长柄木霉[3]）	玉米、豆粕、椰子粕
	果胶酶（产自黑曲霉、棘孢曲霉）	玉米、小麦
	植酸酶（产自黑曲霉、米曲霉、长柄木霉[3]、毕赤酵母）	玉米、豆粕等含有植酸的植物籽实及其加工副产品类饲料原料
	蛋白酶（产自黑曲霉、米曲霉、枯草芽孢杆菌、长柄木霉[3]）	植物和动物蛋白
	角蛋白酶（产自地衣芽孢杆菌）	植物和动物蛋白
	木聚糖酶（产自米曲霉、孤独腐质霉、长柄木霉[3]、枯草芽孢杆菌、绳状青霉、黑曲霉、毕赤酵母）	玉米、大麦、黑麦、小麦、高粱、黑小麦、燕麦

（续）

类　别	通用名称	适用范围
微生物	地衣芽孢杆菌、枯草芽孢杆菌、两歧双歧杆菌、粪肠球菌、屎肠球菌、乳酸肠球菌、嗜酸乳杆菌、干酪乳杆菌、德式乳杆菌乳酸亚种（原名：乳酸乳杆菌）、植物乳杆菌、乳酸片球菌、戊糖片球菌、产朊假丝酵母、酿酒酵母、沼泽红假单胞菌、婴儿双歧杆菌、长双歧杆菌、短双歧杆菌、青春双歧杆菌、嗜热链球菌、罗伊氏乳杆菌、动物双歧杆菌、黑曲霉、米曲霉、迟缓芽孢杆菌、短小芽孢杆菌、纤维二糖乳杆菌、发酵乳杆菌、德氏乳杆菌保加利亚亚种（原名：保加利亚乳杆菌）	养殖动物
	产丙酸丙酸杆菌、布氏乳杆菌	青贮饲料、牛饲料
	副干酪乳杆菌	青贮饲料
	凝结芽孢杆菌	肉鸡、生长育肥猪和水产养殖动物
	侧孢短芽孢杆菌（原名：侧孢芽孢杆菌）	肉鸡、肉鸭、猪、虾
非蛋白氮	尿素、碳酸氢铵、硫酸铵、液氨、磷酸二氢铵、磷酸氢二铵、异丁叉二脲、磷酸脲、氯化铵、氨水	反刍动物
抗氧化剂	乙氧基喹啉、丁基羟基茴香醚（BHA）、二丁基羟基甲苯（BHT）、没食子酸丙酯、特丁基对苯二酚（TBHQ）、茶多酚、维生素E、L-抗坏血酸-6-棕榈酸酯	养殖动物
	迷迭香提取物	宠物
防腐剂、防霉剂和酸度调节剂	甲酸、甲酸铵、甲酸钙、乙酸、双乙酸钠、丙酸、丙酸铵、丙酸钠、丙酸钙、丁酸、丁酸钠、乳酸、苯甲酸、苯甲酸钠、山梨酸、山梨酸钠、山梨酸钾、富马酸、柠檬酸、柠檬酸钾、柠檬酸钠、柠檬酸钙、酒石酸、苹果酸、磷酸、氢氧化钠、碳酸氢钠、氯化钾、碳酸钠	养殖动物
	乙酸钙	畜禽
	焦磷酸钠、三聚磷酸钠、六偏磷酸钠、焦亚硫酸钠、焦磷酸一氢三钠	宠物
	二甲酸钾	猪
	氯化铵	反刍动物
	亚硫酸钠	青贮饲料
着色剂	β-胡萝卜素、辣椒红、β-阿朴-8’-胡萝卜素醛、β-阿朴-8’-胡萝卜素酸乙酯、β，β-胡萝卜素-4，4-二酮（斑蝥黄）	家禽
	天然叶黄素（源自万寿菊）	家禽、水产养殖动物
	虾青素、红法夫酵母	水产养殖动物、观赏鱼
	柠檬黄、日落黄、诱惑红、胭脂红、靛蓝、二氧化钛、焦糖色（亚硫酸铵法）、赤藓红	宠物
	苋菜红、亮蓝	宠物和观赏鱼

（续）

<table>
<tr><th>类 别</th><th colspan="2">通用名称</th><th>适用范围</th></tr>
<tr><td rowspan="4">调味和诱食物质[4]</td><td rowspan="2">甜味物质</td><td>糖精、糖精钙、新甲基橙皮苷二氢查耳酮</td><td>猪</td></tr>
<tr><td>糖精钠、山梨糖醇</td><td></td></tr>
<tr><td>香味物质</td><td>食品用香料[5]、牛至香酚</td><td rowspan="2">养殖动物</td></tr>
<tr><td>其他</td><td>谷氨酸钠、5′-肌苷酸二钠、5′-鸟苷酸二钠、大蒜素</td></tr>
<tr><td rowspan="4">粘结剂、抗结块剂、稳定剂和乳化剂</td><td colspan="2">α-淀粉、三氧化二铝、可食脂肪酸钙盐、可食用脂肪酸单/双甘油酯、硅酸钙、硅铝酸钠、硫酸钙、硬脂酸钙、甘油脂肪酸酯、聚丙烯酸树脂Ⅱ、山梨醇酐单硬脂酸酯、聚氧乙烯 20 山梨醇酐单油酸酯、丙二醇、二氧化硅、卵磷脂、海藻酸钠、海藻酸钾、海藻酸铵、琼脂、瓜尔胶、阿拉伯树胶、黄原胶、甘露糖醇、木质素磺酸盐、羧甲基纤维素钠、聚丙烯酸钠、山梨醇酐脂肪酸酯、蔗糖脂肪酸酯、焦磷酸二钠、单硬脂酸甘油酯、聚乙二醇 400、磷脂、聚乙二醇甘油蓖麻酸酯</td><td>养殖动物</td></tr>
<tr><td colspan="2">丙三醇</td><td>猪、鸡和鱼</td></tr>
<tr><td colspan="2">硬脂酸</td><td>猪、牛和家禽</td></tr>
<tr><td colspan="2">卡拉胶、决明胶、刺槐豆胶、果胶、微晶纤维素</td><td>宠物</td></tr>
<tr><td rowspan="7">多糖和寡糖</td><td colspan="2">低聚木糖（木寡糖）</td><td>鸡、猪、水产养殖动物</td></tr>
<tr><td colspan="2">低聚壳聚糖</td><td>猪、鸡和水产养殖动物</td></tr>
<tr><td colspan="2">半乳甘露寡糖</td><td>猪、肉鸡、兔和水产养殖动物</td></tr>
<tr><td colspan="2">果寡糖、甘露寡糖、低聚半乳糖</td><td>养殖动物</td></tr>
<tr><td colspan="2">壳寡糖（寡聚β-（1-4）-2-氨基-2-脱氧-D-葡萄糖）（n=2～10）</td><td>猪、鸡、肉鸭、虹鳟鱼</td></tr>
<tr><td colspan="2">β-1，3-D-葡聚糖（源自酿酒酵母）</td><td>水产养殖动物</td></tr>
<tr><td colspan="2">N，O-羧甲基壳聚糖</td><td>猪、鸡</td></tr>
<tr><td rowspan="13">其他</td><td colspan="2">天然类固醇萨洒皂角苷（源自丝兰）、天然三萜烯皂角苷（源自可来雅皂角树）、二十二碳六烯酸（DHA）</td><td>养殖动物</td></tr>
<tr><td colspan="2">糖萜素（源自山茶籽饼）</td><td>猪和家禽</td></tr>
<tr><td colspan="2">乙酰氧肟酸</td><td>反刍动物</td></tr>
<tr><td colspan="2">苜蓿提取物（有效成分为苜蓿多糖、苜蓿黄酮、苜蓿皂甙）</td><td>仔猪、生长育肥猪、肉鸡</td></tr>
<tr><td colspan="2">杜仲叶提取物（有效成分为绿原酸、杜仲多糖、杜仲黄酮）</td><td>生长育肥猪、鱼、虾</td></tr>
<tr><td colspan="2">淫羊藿提取物（有效成分为淫羊藿苷）</td><td>鸡、猪、绵羊、奶牛</td></tr>
<tr><td colspan="2">共轭亚油酸</td><td>仔猪、蛋鸡</td></tr>
<tr><td colspan="2">4，7-二羟基异黄酮（大豆黄酮）</td><td>猪、产蛋家禽</td></tr>
<tr><td colspan="2">地顶孢霉培养物</td><td>猪、鸡</td></tr>
<tr><td colspan="2">紫苏籽提取物（有效成分为α-亚油酸、亚麻酸、黄酮）</td><td>猪、肉鸡和鱼</td></tr>
<tr><td colspan="2">硫酸软骨素</td><td>猫、狗</td></tr>
<tr><td colspan="2">植物甾醇（源于大豆油/菜籽油，有效成分为β-谷甾醇、菜油甾醇、豆甾醇）</td><td>家禽、生长育肥猪</td></tr>
</table>

注：1. 所列物质包括无水和结晶水形态；

2. 酶制剂的适用范围为典型底物，仅作为推荐，并不包括所有可用底物；

3. 目录中所列长柄木霉亦可称为长枝木霉或李氏木霉；

4. 以一种或多种调味物质或诱食物质添加载体等复配而成的产品可称为调味剂或诱食剂，其中：以一种或多种甜味物质添加载体等复配而成的产品可称为甜味剂；以一种或多种香味物质添加载体等复配而成的产品可称为香味剂；

5. 食品用香料见《食品安全国家标准 食品添加剂使用卫生标准》（GB 2760）中食品用香料名单。

附录二

监测期内的新饲料和新饲料添加剂品种目录

序号	产品名称	申请单位	适用范围	批准时间
1	藤茶黄酮	北京伟嘉人生物技术有限公司	鸡	2008年12月
2	溶菌酶	上海艾魁英生物科技有限公司	仔猪、肉鸡	2008年12月
3	丁酸梭菌	杭州惠嘉丰牧科技有限公司	断奶仔猪、肉仔鸡	2009年07月
4	苏氨酸锌螯合物	江西民和科技有限公司	猪	2009年12月
5	饲用黄曲霉毒素 B_1 分解酶（产自发光假蜜环菌）	广州科仁生物工程有限公司	肉鸡、仔猪	2010年12月
6	褐藻酸寡糖	大连中科格莱克生物科技有限公司	肉鸡、蛋鸡	2011年12月
7	低聚异麦芽糖	保龄宝生物股份有限公司	蛋鸡	2012年07月

领 导 讲 话

在全国畜禽标准化规模养殖暨秸秆养畜现场会上的讲话

于康震
农业部副部长

（2013 年 8 月 22 日）

同志们：

今天，我们在甘肃召开全国畜禽标准化规模养殖暨秸秆养畜现场会，主要任务是，全面总结全国畜禽标准化规模养殖和秸秆养畜工作取得的成效，进一步剖析存在的主要问题，部署下一阶段的重点工作。下午各位代表将考察康乐县肉牛产业发展现场，明天上午会议还安排了五个单位作典型发言，集中展现规模养殖发展和秸秆饲料化利用的成绩和经验。这两方面工作每年都有新进展，各地都有新突破，是现代畜牧业建设的重点和亮点。

我们在此联合召开畜禽标准化规模养殖和秸秆养畜会议，既精简了会议，又便于推动工作，是落实中央关于加快发展牛羊肉生产一系列指示精神的重要举措。目前，全国牛羊肉消费需求快速增长，价格持续上涨，特别是部分民族地区市场供应偏紧，必须下大力气推进肉牛肉羊标准化规模养殖，确保牛羊肉基本自给。牛羊养殖消耗大量饲草料，开发利用农作物秸秆，推广秸秆养畜模式，是基于我国资源特点的现实选择。本次会议之所以在甘肃省召开，是因为甘肃省肉牛肉羊标准化规模养殖和秸秆养畜相互促进发展，有思路，有实招，有成效，值得学习和借鉴。

下面，我讲两方面意见。

一、坚定不移推进畜禽标准化规模养殖

党的十八大报告明确提出，要加快发展现代农业，增强农业综合生产能力，确保国家粮食安全和重要农产品有效供给。畜牧业要在现代农业建设进程中，率先实现现代化。实现畜产品有效供给的目标，必须以转变发展方式为主线，大力推进畜禽标准化规模养殖。近年来，各级畜牧兽医部门围绕畜牧业发展“保供给、保安全、保生态”三大目标任务，把发展规模化养殖作为加快传统畜牧业向现代畜牧业转变的一项重点工作，畜禽标准化规模养殖迎来了难得的发展黄金期，呈现出强劲的发展势头，取得了显著成效。

在保供给方面，带动了生产稳步增长。在散养户加快退出的情况下，规模养殖快速发展，成为保障畜产品供给的重要支撑力量。2012 年，全国年出栏 500 头以上的生猪规模化比重达 38.5%，比 2007 年提高 16.7%；存栏 2 000 只以上的蛋鸡规模化比重达 65.5%，提高了 17.6%；存栏 100 头以上的奶牛规模化比重达 37.2%，提高了 20.8%。全国肉、蛋、奶产量分别为 8 387 万 t、2 861 万 t、3 743 万 t，同比增长 5.4%、1.8%、1.5%。与此同时，规模养殖的良种化水平、饲料转化效率、饲养管理水平等有较大幅度提高。在保安全方面，为从源头控制畜产品质量安全提供了可能。规模养殖场对养殖全过程监控的水平不断提高，投入品合理使用、生产管理更加规范，有力地保障了畜产品质量安全水平的提高。2012 年，畜产品抽检合格率达 99.97%。2013 年上半年，畜产品抽检合格率达 99.98%。全国经认证的无公害畜产品 10 279 个，比 2007 年增加 6 000 多个；无公害畜产品产量近 2 400 万 t，增长了 69.5%。在保生态方面，促进了畜牧业与草原生态的协调发展。草原牧区以实施草原生态奖补政策为基础，通过实施禁

牧、休牧、轮牧和草畜平衡，支持饲草料基地和棚圈建设，大力发展家庭牧场等多种形式的标准化规模养殖，草原畜牧业转型升级步伐加快，基本实现了禁牧不禁养、减畜不减收的目标任务。2012 年，8 个牧区省份牛羊肉产量 369.9 万 t，同比增长 3.2%；全国草原综合植被覆盖度 53.8%，同比增加近 3%。

纵观这几年规模养殖发展，有三方面经验值得认真总结。一是坚持遵循自然规律和经济规律，紧紧抓住统筹城乡发展和全面建设小康社会的机遇期，合理有效配置畜牧业生产要素，着力培育优势畜产品和优势产区，为畜禽标准化规模养殖发展搭建广阔平台。二是坚持政策扶持和社会投入相结合，近 5 年中央扶持资金共 135 亿元，2013 年 3 月底金融机构对畜牧业贷款余额 3 000 多亿元，建设了一批畜禽标准化规模养殖场（小区），增强了畜牧业综合生产能力。三是坚持中央政府和地方政府共同推动，农业部印发工作指导意见，连续 5 年组织召开现场会，部省联动开展标准化示范创建活动，共创建国家级标准化示范场 3 178 个、省级示范场近 1 万个，营造了坚持不懈推进畜禽标准化规模养殖的良好氛围，充分发挥了中央和地方两个积极性。

当前标准化规模养殖推进力度较大，规模化水平提高较快，但固定投资较大，成本回收较慢，风险相对较高，新建养殖场用地瓶颈进一步加大，中等规模养殖场户贷款问题难破题，规模养殖水平与建设现代畜牧业的要求相比，仍有着相当大的差距。

一是畜种间发展不平衡，肉牛肉羊规模化水平明显滞后。蛋鸡和肉鸡已基本实现了规模化，生猪和奶牛规模化进程推进较快。相比之下，肉牛肉羊饲养周期长、效益比较低，各级政府政策支持力度总体偏弱，肉牛肉羊标准化规模养殖仍处于起步阶段，基础母牛更是以千家万户散养为主，已成为制约肉牛肉羊持续健康发展的重要因素。

二是硬件与软件不同步，精细化管理方面存在较大差距。我国大规模养殖企业普遍采用了自动喂料、自动饮水等设备，个别中小规模养殖场户的圈舍标准基本满足实际需求，但精细化管理方面明显不足，部分规模养殖场片面认为装备现代化，就是生产标准化，在设备设施更新改造上不惜血本，而生产过程疏于管理，不按标准化生产，导致生产水平和养殖效益上不去。

三是生产与生态不协调，畜禽养殖污染问题越来越突出。畜禽养殖污染问题社会关注度日益提高，畜禽粪污处理已纳入地方政府减排目标考核管理。虽然目前已探索出了不少粪污处理模式，但总体来看，从根本上解决环保问题而又适合大范围推广的治污措施仍然少之又少。有的地方为完成减排任务，强行要求养殖场搬迁，把问题和矛盾简单化处理。

四是生产与市场不对接，养殖风险防控机制不健全。畜产品生产、加工、销售各环节利益分配不均衡，风险最大的养殖环节平均利润率较低，产加销一体化的发展模式尚未全面建立。从 2013 年 H7N9 流感疫情流感疫情对家禽业的影响来看，作为大型养殖加工企业的订单客户或生产基地，尽管大企业损失惨重，但养殖场户的利益基本得到了保证，而自产自销的养殖场户损失较大，至今不敢甚至没有能力再补栏。此外，当前畜禽养殖业政策性保险还不健全，银行贷款抵押担保范围受限，“公司＋农户”模式下企业破产引发一系列问题，亟待建立养殖业风险分担机制。

因此，深入推进畜禽标准化规模养殖机遇与挑战并存。当前和今后一个时期，发展畜禽标准化规模养殖的思路是，以加快建设现代畜牧业为根本要求，以市场为导向，以政策扶持为引导，以示范创建为抓手，以破解难点问题为突破口，以狠抓重点环节为着力点，按照“畜禽良种化、养殖设施化、生产规范化、防疫制度化、粪污无害化”的要求，围绕主导畜种，突出肉牛肉羊，强化关键技术研发推广，注重示范带动，全面推进畜牧业规模化、标准化、产业化同步协调发展，为率先实现畜牧业现代化的目标任务提供有力保障。

一要以良种繁育推广为根本，不断提高良种化水平。良种是标准化规模养殖发展的物质基础和先决条件。要认真实施生猪、奶牛、肉牛和蛋鸡遗传改良计划，组织开展生产性能测定等基础性育种工作，稳步提高我国自主育种水平。支持种畜禽场，特别是肉牛、肉羊种畜场基础设施建设，提升良种供应能力。认真落实畜牧良种补贴项目，进一步完善肉牛等基层品种改良技术服务体系，提高优质种畜利用率，加快品种改良进程。要重点扶持母牛、母羊良种繁育，积极争取地方政策扶持，引导鼓励大型屠宰加工企业建立母畜养殖基地，现有扶持政策优先支持饲养基础母畜的规模养殖场户，努力遏制基础母畜存栏连续下滑的势头。

二要以项目建设为抓手，进一步提高设施化水平。近年来，中央和地方支持规模养殖的资金不断加大，各地务必要认真规划，有的放矢，避免重复建设，突出圈舍改造、关键饲养设备、粪污处理等重点环节，通过集中建设一批标准化规模养殖场，不断提升养殖机械化自动化装备水平。当前，各地要按照项目建设的要求，不折不扣地落实好中央支持规模养殖发展的各项扶持政策，确保工作进度，确保建设成效，使项目尽快发挥政策效应。

三要以示范创建为载体，切实发挥示范带动效应。畜禽养殖标准化示范创建活动已成为全行业推进畜禽标准化规模养殖的重要抓手，国家级标准化示范场也已成为标准化规模养殖的一面旗帜。要着力宣传典型、推广典型，把成熟的技术、成功的经验辐射到规模养殖发展的实践中。要在推广饲养模式上下工夫，通过组织地区间互查、互学、互动活动，把基层因地制宜总结出的各种类型的适度规模养殖模式介绍给广大养殖场户；要在推广标准化生产技术上下工夫，重点指导养殖场户科学应用高效适用的关键技术和创新技术；要在推广高效适用粪污处理方法上下工夫，努力做到投入运行成本能为养殖场户接受，处理效果得到社会普遍认可；要在加强示范场监管上下工夫，按照《农业部标准化示范场管理办法》要求，组织开展回头看等活动，对示范场进行动态监管，对不符合要求的示范场要及时清理，坚决摘牌，同时，要探索建立示范场管理运行长效机制，保证创建效果不降低，带动作用不减弱。

四要以肉牛肉羊为重点，增强牛羊肉市场供给能力。《全国牛羊肉生产发展规划》将可望于近期出台，各地要提前谋划，进一步明确牛羊生产发展的思路和措施。要坚持因地制宜、分类指导，结合区域特点和资源禀赋，科学规划规模养殖结构和布局，总结推广不同地区不同饲养阶段肉牛肉羊饲养模式。农区要注重发展肉牛肉羊标准化规模养殖场，着力提高母畜繁殖性能，大力开展牛羊杂交配套生产模式，提高经济效益和养殖积极性；牧区要注重发展现代家庭牧场和农民专业合作社，深入研究推广牛羊舍饲综合配套技术，优化配置草地资源与牛羊存栏规模，推广适度规模经营。不同地区之间可以相互配合，推广牧区繁育、农区育肥的模式。培育壮大以肉牛肉羊为主导的产业化龙头企业，切实发挥龙头企业对产业链的带动作用。

五要以破解难题为突破口，增强标准化规模养殖发展后劲。用地难、贷款难、粪污处理难是近一个时期以来畜禽标准化规模养殖发展面临的“老大难”问题。落实“菜篮子”市长负责制，保障畜产品市场有效供给，责任在地方。解决用地难、贷款难问题关键还是要依靠地方政府。目前，我部“稳定发展‘菜篮子’产品生产”延伸绩效考核已经在部分省区进行试点，各地畜牧兽医部门要以此为契机，积极争取当地国土、金融等有关部门支持，创新工作思路，可借鉴吉林省标准化规模养殖场确权登记管理的做法，推动解决用地和贷款难题。农业部也将继续深化与金融部门的沟通协作，力争推动银行业加大对畜牧业的信贷支持。畜禽粪污处理问题，需要强调的是，《畜禽养殖污染防治条例》即将出台，希望各地畜牧兽医部门要高度重视，加强与相关部门沟通，积极争取地方各级政府支持，积极推行农牧结合、循环农业等养殖模式，加强畜禽废弃物综合利用行业指导与服务，在发展中解决畜禽养殖污染问题，不能简单的一禁了之，避免因环境治理对畜禽规模养殖发展造成大的冲击。

二、大力推进秸秆养畜，促进牛羊产业发展

我国人均耕地资源短缺，种草养畜条件有限，但秸秆资源丰富，适合草食动物消化利用。上世纪 90 年代初，中央从促进资源综合利用、保障畜产品供给、节约粮食资源、保护生态环境的大局出发，作出大力推进秸秆养畜的战略决策。各级畜牧部门以提高秸秆饲用量、改善秸秆饲用品质为核心，20 年来坚持常抓不懈，不断创新工作思路，取得了显著成绩。

——秸秆养畜解决了饲草料不足的问题，有力支撑了牛羊养殖业发展。发展牛羊养殖，饲草料至关重要。2012 年是近年来草原植被生长最好的年份，天然鲜草产量 10.5 亿 t，折合干草 3.24 亿 t，再加上 7 800 万 t 人工草产品，载畜能力约 4 亿羊单位，与全国 9 亿羊单位的草食家畜存栏相比，缺口超过 50%。秸秆养畜工作开展以来，国家农业综合开发资金累计支持 918 个县开展秸秆养畜示范，在粮食主产区形成了连片示范带。年秸秆饲用总量达到 2.2 亿 t，其中经过青贮、氨化微贮加工处理的比例达 48%，有力支撑了农区牛羊养殖业发展。2012 年，全国牛羊肉产量 1 063.6 万 t，是 1992 年的 3.5 倍；占肉类总产量的 12.7%，比 1992 年提高 3.8%；奶产量 33 868.6 万 t，是 1992 年的 6.9 倍。13 个粮食主产省（区）牛羊肉产量 745.6 万 t，占全国总产量的 70.1%，比 1992 年提高 4.1%；牛奶产量 2 908 万 t，占全国总产量的 77.7%，比 1992 年提高 20.5%。

——秸秆养畜减少了饲料粮消耗，有效缓解了粮食安全供给压力。在养殖业刚性增长和加速转型的推动下，我国配合饲料消耗量持续增长，玉米等能量饲料供应趋紧，优质蛋白质饲料原料主要依靠进口。未来粮食安全问题的核心是饲料粮，粮食消费增量大头在饲料、压力也主要在饲料。农作物生产过程中一半以上的能量积累在秸秆中，牛羊等草食动物能够有效利用。全国饲用的 2.2 亿 t 秸秆，按对牛羊的营养价值折算，相当于 6 000 万 t 饲料粮。2012 年，全国反刍动物饲料产量 775 万 t，仅占工业饲料总产量的 4%，而牛羊肉占肉类总产的比例接近 13%，再加上 3 800 多万 t 奶，节粮效果显而易见。

——秸秆养畜实现了变废为宝，同步提升了经济和生态效益。秸秆逐年再生，数量庞大，用则为宝，弃则成害。我国每年秸秆产量约 8 亿 t，秸秆养畜利用的比例达 28%。从经济效益看，普通秸秆按每 t 收购价格 400 元计算，每年增加农业产值 1 000 亿元。

再加上牛羊养殖增收，总体效益超过 1 500 亿元。秸秆养畜还是种养结合的有效途径，每年提供相当于 1 400 万 t 标准化肥的优质有机肥，为农业可持续发展创造了基础条件。从生态效益看，每年农作物倒茬时期，地方政府都要投入大量人财物制止秸秆焚烧。2.2 亿 t 饲用的秸秆如果直接焚烧，将排放 03.6 亿 t 二氧化碳，造成严重的环境污染。在很多大城市郊区和机场、交通干道周边地区，通过大力发展秸秆养畜，很好地解决了秸秆集中焚烧问题。秸秆养畜促进农区牛羊养殖业稳定发展，增加牛羊肉和奶类供给，还为国家实施草原生态保护战略创造了条件。

回顾秸秆养畜工作历程，成绩来之不易，经验弥足珍贵。中央作出以秸秆为基础饲料在农区发展牛羊养殖的战略决策，综合考虑了市场、资源和环境因素，统筹兼顾了经济、社会和生态效益，得到了广大农民群众的衷心拥护和积极参与，这是秸秆养畜工作不断取得成绩的前提和基础。中央财政连续 20 年支持开展试点示范，各地因地制宜出台扶持政策，支持牛羊养殖场户建设秸秆贮存设施，购置加工处理设备，为秸秆养畜工作提供了强有力的政策保障。各级畜牧部门深入基层抓技术推广和指导服务，积极探索适合不同地区、不同主体的发展模式，及时总结推广专业化贮存、工业化加工、种植养殖循环等新型模式，使秸秆养畜工作紧跟现代农业发展步伐，在创新中不断激发出新的活力。这些经验概括起来为：决策科学，措施有力，群众欢迎。

当前，我国正处于全面建成小康社会的决定性阶段，畜产品稳数量、调结构、提质量的任务十分繁重，秸秆养畜工作面临新的机遇、新的任务。从市场层面看，2000 年—2011 年，人均牛羊肉购买量增长 53.2%，是所有肉类中增长最快的，比猪肉增幅高 32%，同期牛羊肉产量仅增长了 33.9%。由于消费增长快，生产发展慢，供求关系趋紧，全国牛羊肉价格已连续 12 年上涨，近两年呈加速上涨态势，市场机制对牛羊养殖的拉动效应在不断增强。从政策层面看，中央高度重视牛羊肉供求关系趋紧的问题，国家发改委牵头起草的《全国牛羊肉生产发展规划（2013—2020 年）》已上报国务院。今后一段时期，努力增强牛羊肉综合生产能力将成为畜牧业保供给的一项重点任务，国家政策和资金对牛羊肉的扶持力度将进一步加大。

我国粮食连续 9 年增产，全国秸秆总产量已达 8 亿 t，大量资源尚未有效利用。已经饲用的秸秆中，还有一半未经处理粗放使用，效率不高。我们要充分认识到，秸秆养畜联结着种养两个产业，随着生产方式的转变和生产结构的调整，秸秆养畜工作出现了新情况、新动向和新要求，还有一些问题亟待解决。一是加工处理条件落后。秸秆收贮仍主要依靠小型农机，时间长、效率低、成本高，不适合集约化规模作业。青贮池等贮存设施体量小，布局散，不适应标准化规模养殖需要；一些设施设备超期使用，需要及时更换。二是技术集成配套不够。青贮、氨化等传统技术相对成熟，气爆、裹包、压块、制粒等新型加工技术应用不足。全混合型日粮发展滞后，以秸秆为单一粗饲料的低水平养殖较多，与其他饲料组合利用不足。三是市场化发展不足。农区家家养牛、户户养羊的传统模式加速解体，秸秆自产自用的比例不断降低，而专业化青贮、工业化加工等市场化利用模式处于起步阶段，没有充分发展。四产业化发展不足。上游专用青贮玉米种植和秸秆收集服务滞后，下游粪污能源化和肥料化利用不足，以秸秆养畜为中间环节、对上下游进行整合集成的一体化模式少，秸秆养畜的综合效益有待进一步提高。

在新的历史时期，我们要充分总结经验，牢牢把握机遇，着力破解难题，力争秸秆养畜工作取得更大的成绩。总体思路是，紧扣中央关于加快推进秸秆综合利用、加快发展牛羊肉生产的总体部署，以大幅提高秸秆处理利用率、稳步增加秸秆饲用量为目标，以技术集成创新为动力，以模式和机制创新为保障，大力推进秸秆收集加工集约化、处理利用标准化、市场流通商品化，充分发挥秸秆养畜的多功能性，推动牛羊增产、农业增效、农民增收、生态改善。

第一，加强统筹规划，突出发展重点。在区域布局上，要综合考虑资源状况、养殖基础和环境压力等因素，把秸秆资源充足、牛羊养殖基础好的地区作为优先发展区，重点支持农牧交错地带和秸秆焚烧严重地区发展秸秆养畜。在扶持对象上，紧紧围绕牛羊标准化规模养殖大趋势，着力推动规模养殖场户改善秸秆处理利用条件，优先扶持新建规模养殖场配套秸秆处理设施。在发展方式上，鼓励秸秆养畜基础好、潜力大的地区创新发展思路，探索发展路径，集中基金进行优势投入，建设精品项目、示范工程。

第二，培育市场主体，创新产业模式。秸秆收集加工要求规模化，与小规模种养矛盾突出，解决的主要途径是市场化和产业化。要鼓励种植或养殖企业牵头组织秸秆收贮，将秸秆饲料化利用纳入其产业链。鼓励养殖企业与农户建立订单生产关系，促进全株青贮玉米专业化种植。大力培育秸秆收贮专业作业队等社会化服务组织，为养殖场户解决收集难的问题。引导饲料企业进入秸秆饲料生产领域，大力发展裹包青贮、颗粒饲料、压块饲料等秸秆商品饲料。

第三，强化科技支撑，提升秸秆利用品质。科技是改善秸秆品质的主要手段，是提高综合效益的重要途径。要加大秸秆养畜技术研发投入，争取在秸秆处理及贮存技术、秸秆营养价值评定及高效利用技术、秸秆饲料工业化生产工艺设备等方面取得新突破。加强对秸秆气爆、微生物发酵、配合制粒等新技术新产品的跟踪评估，及时总结推广。要面向养殖场户加强秸秆养畜技术指导，大力推广秸秆青贮、玉米全株青贮和全混合日粮饲喂等技术，提高秸秆利用效率。

第四，完善扶持政策，加强示范引导。国家农业综合开发资金、各地已出台的补贴资金等现有扶持政策要继续巩固、用好用足，尤其要抓好政策落实，认真遴选符合条件的项目和符合产业发展方向的扶持对象，确保扶持资金用到关键地方，产生最大效应。对于秸秆收集、加工制作等关键环节和秸秆工业化加工等新兴模式，要加强调查研究，争取扶持政策。要加强专项扶持政策与相关政策的集成配套，努力形成合力。

同志们，2013 年上半年畜牧业经受住了生猪价格下跌和 H7N9 流感疫情的双重考验，基础生产能力稳定，生猪价格逐步回升，家禽业恢复发展，为保障国民经济平稳发展做出了积极贡献。当前，全党上下正在如火如荼地开展党的群众路线教育实践活动，各地畜牧部门要认真贯彻中央部署，着力在加强学习教育、深入调查研究、改进工作作风、推动中心工作上下工夫，努力把教育实践活动的成果转化为促进畜牧业发展的强大动力，为加快实现畜牧业现代化做出新的更大的贡献！

全面落实新制度新要求 努力确保饲料质量安全

——在湖北省武汉市饲料质量安全监管工作座谈会上的讲话

王宗礼

农业部畜牧业司副司长

（2013 年 3 月 29 日）

饲料是畜牧业发展的物质基础，加强饲料质量安全监管是从源头保障畜产品质量安全的重要措施。党的十八大以来，中央对进一步做好食品安全工作提出了明确要求，农业部党组继续将努力确保不发生重大农产品质量安全事件作为全系统不动摇的工作目标。各级畜牧饲料管理部门要认真总结工作经验，深入分析形势和问题，全面落实新制度新要求，努力确保饲料质量安全。

一、2012 年工作回顾

2012 年，是饲料行业管理卓有成效的一年。各级畜牧饲料管理部门以贯彻实施新的《饲料和饲料添加剂管理条例》为重点，着力强化饲料质量安全监管，规范饲料生产经营秩序，推动全行业呈现出产量稳定增长、质量稳步提高、素质不断提升的良好态势。据统计，全国工业饲料总产量预计为 19 449 万 t，同比增长 7.7%，为畜牧业发展提供了坚实的物质基础。饲料产品质量卫生指标抽检合格率 95.7%，“瘦肉精”监测合格率 100%，均处于历年最好水平。

一年来，各级畜牧饲料管理部门在做好常规工作的同时，紧紧依靠有关技术支撑机构、监督执法机构和行业协会，集中力量抓好四方面工作：

（一）制定发布《条例》配套规章，健全完善饲料法规体系。根据管理实际需要，将涉及饲料产品审定、登记和生产许可的部门规章归并为 5 个，其中《饲料和饲料添加剂生产许可管理办法》《饲料添加剂和添加剂预混合饲料产品批准文号管理办法》《新饲料和新饲料添加剂管理办法》已经发布实施，《进口饲料和饲料添加剂登记管理办法》和《饲料质量安全管理规范》将在部常务会审议后尽快发布。按照《条例》新增制度要求，制定发布了《饲料原料目录》，与《饲料添加剂品种目录》《药物饲料添加剂使用规范》构成了饲料生产中允许使用的大原料清单。贯彻提高门槛的主旨，制定发布《饲料生产企业许可条件》《混合型饲料添加剂生产企业许可条件》《饲料和饲料添加剂生产许可申报材料要求》《饲料和饲料添加剂生产许可现场审核表》4 个规范性文件，从人员素质、厂房设施、工艺设备、管理制度等方面入手，全面提高企业设立标准。目前，新的饲料法规体系基本健全，《条例》新增制度细化到了操作层面，原有制度中不适应要求的规定得到修正，依法行政的基础更加坚实。

（二）全面开展普法宣传培训，推动全行业学习贯彻饲料法规。4 月在厦门召开全国饲料工作会议，高鸿宾副部长对全面贯彻实施新《条例》进行总动员。6 月至 11 月，先后组织省级和地市级饲料管理人员培训班 4 个，饲料质检和执法人员专题培训班 2 个，集中培训骨干人员 1 500 人次。各地都将饲料法规宣贯作为工作重点，采取“逐级请上来”、“巡回走下去”等多种形式，举办了内容丰富的普法活动，截至 11 月底，共举办法规培训 3 169 场次，培训各级饲料管理人员 2.5 万余人次，企业人员 18 万余人次，发放宣传材料 280 万余册。部属有关事业单位结合业务加强普法，如中国饲料工业协会组织知识竞赛、全国饲料评审委员会办公室和中国农业科学院饲料研究所分别以饲料安全评价、饲料企业管理为主题举办国际交流会，都发挥了重要作用。在各方面的齐心协力下，全行业形成“学条例、抓落实、保安全”的良好氛围，普法工作做到了下到基层、进到厂区、深入人心。

（三）着力推进示范创建等专项工作，为落实饲料法规新要求积累经验。一是开展《饲料质量安全管理规范》示范企业创建，从全国遴选出130家饲料企业，集中培训有关人员，指导企业按照《规范》要求建立运行各项管理制度，在试点示范中收集到大量完善《规范》的建议。二是开展饲料添加剂生产企业跨省检查，从20个省抽取100家饲料添加剂生产企业，现场核查基本条件是否符合要求、内部管理制度是否健全。同时，通过检查实地了解饲料添加剂生产现状，听取企业对《条例》实施的意见和建议，为分类制定饲料添加剂生产许可条件收集基础素材。三是开展饲料经营门市大检查，对经营门市数量进行摸底，对制度要求落实情况进行督促评估。截至10月底，全国共检查饲料经营门店14万余个，查处违规行为3 259件。四是在广泛听取方面意见的基础上，印发《关于贯彻落实饲料行业管理新规推进饲料行政许可工作的通知》，对新旧制度衔接作出妥善安排。

（四）深入开展“瘦肉精”专项整治，对各种违禁行为保持高压态势。为进一步强化“瘦肉精”监管，2011年12月农业部印发《关于深入推进“瘦肉精”专项整治工作的意见》，各地采取了很多措施进一步完善工作机制，强化关键环节监管。浙江等地严格实施入境活畜抽检制度，及时向调出地通报发现的问题；福建和江西两地及时追查到外调生猪所含“瘦肉精”的源头；辽宁等省及时查办注射沙丁胺醇辅助注水的案件，充分体现出着力构建的工作机制有力有效，研究新情况、解决新问题的能力明显提高。国家质检中心、上海饲料兽药检测所等质检机构主动配合公安机关办案，无偿提供检测服务，展现了全系统的优良作风。截至10月底，各地累计出动执法人员266.4万人次，检查各类生产经营主体248.5万个次，抽检各类样品1 040万批次，查处违法案件124起，移送公安机关95起。与2011年相比，做到了日常监管力度不减，关键环节抽检继续加强，案件查处更加有力。

二、当前的形势与任务

近几年来，我们下决心提高准入门槛，以前所未有的力度开展专项整治，饲料质量安全形势总体稳定向好，但企业素质偏低的状况还没有完全改变，违法违规添加等突出问题还没有完全消除，任务依然繁重。尤其是以下几个方面，要高度重视，加深认识。

第一，要深刻领会中央对食品安全工作的要求，进一步提高责任意识。李克强总理3月17日强调“食品安全是天大的事”，充分体现了中央对食品安全问题零容忍的态度。全国人大批准对食品安全监管体制进行大调整，展现了中央治理食品安全问题的决心。2012年6月，国务院印发《关于加强食品安全工作的决定》，明确用3年左右时间使食品安全治理整顿工作取得明显成效，违法犯罪行为得到有效遏制，突出问题得到有效解决，用5年左右时间使食品安全总体水平得到较大幅度提高。为贯彻决定精神，国务院食安办组织开展了对省级政府的食品安全绩效考核，食品安全责任追究制度也将出台。我们务必要进一步提高责任意识，把中央的各项要求落实到位，把本职工作做到位。

第二，要高度重视社会各界对食品安全工作的关切，进一步改进履职方式。过去一年食品安全形势总体保持稳定，但媒体关于食品安全的报道几乎没有间断。食品方面，先后报道了婴幼儿奶粉黄曲霉毒素超标、酒鬼酒含塑化剂等问题；农产品方面，先后报道了套袋苹果、肉鸡药残超标等问题；饲料方面，先后报道了部分企业采购地沟油、水产饲料添加色素等问题。今年“两会”期间，人大代表和政协委员高度关注食品安全，多次议到饲料质量安全问题。这些问题无论是否属实，都是对我们工作的鞭策，都要认真对待。我们一定要充分认识到，社会各界对食品安全工作的监督已经常态化，必须不断改进履职方式，努力做到日常工作依法依规，各类问题系统梳理，回应关切积极主动。

第三，要充分认识饲料质量安全监管工作的复杂性，进一步转换工作思路。当前畜牧业和饲料工业都处于转型提升期，质量安全问题又大都受到利益驱使，老问题短期内很难根治，新问题随时可能出现，形势十分复杂，必须坚持转换工作思路。工作机制能否理顺，条件能否保障，关键看各级政府，要积极争取将饲料质量安全监管工作纳入对下级政府的年度绩效考核指标体系，依靠政府的力量解决难事。治理违禁添加问题，难点在源头，要不断完善与各级公安部门的联动工作机制，把违法案件查处作为突破口。公众评价监管工作成效，不仅看合格率，更看重查办了多少违法案件，要积极主动发布案件查处信息，构建和谐互信的舆论氛围。要树立发现风险隐患有功、查办案件有功的评价观，构建有效的激励机制调动工作积极性和主动性。

三、2013年工作重点

2012年4月召开的全国饲料工作会议明确提出，要以转变发展方式为主线，以推动企业做大做强为核心，坚持“提高门槛，减少数量；加强监管，保证安全；转变方式，增加效益”的基本原则，加强监督管理，强化科技支撑，完善扶持政策，着力构建优质、安全、高效、规范的现代饲料产业体系。2013 年是新一届政府的开局之年，我们要以党的十八大精神为指导，深入贯彻落实新时期饲料行业管理的总体思路，以“抓法规制度落实，抓整治成效巩固，抓重点问题研究”为主题，扎实做好饲料质量安全监管工作。重点有五个方面：

第一，全面落实饲料行政许可新要求。行政许可审核队伍建设是基础，没有省级饲料和饲料添加剂生产许可专家审核委员会的要尽快组建，工作经费要积极争取。现场审查是关键，要严格按照新的条件开展审核工作，坚决淘汰条件不达标和弄虚作假的企业。要督促企业按照新的准入条件加紧准备，让符合条件的企业尽快换证。在严格把关的同时，要深刻领会中央关于转变政府职能的精神，努力改进工作方法，提高审核工作效率。有关质检机构承担产品检验、标准复核等技术支撑任务，要尽量缩短工作时限。

第二，抓好《饲料质量安全管理规范示范》创建。实施《饲料质量安全管理规范》的主要目的，就是要推行生产全过程质量安全管理制度，全面提升饲料企业的管理水平。各地要高度重视实施《规范》对落实各项基本管理制度的带动作用，加强对试点企业管理人员的培训指导，努力将试点企业建成各地的示范企业，为全面实施《规范》树立样板，积累经验。对执行《规范》到位的试点企业，以适当的形式授牌确认。有条件的地区，可以鼓励更多企业参与《规范》创建活动。

第三，督促严格执行《饲料原料目录》制度。农业部公布的《饲料原料目录》列出了 13 大类 577 种可用于饲料生产的原料，其他原料禁止在饲料生产中使用。各地要加强对饲料生产企业的监督检查，重点看是否采购了使用《饲料原料目录》以外的物质，是否建立了原料进厂把关制度。对目录中列出的单一饲料，要督促相关企业申请生产许可证。强制实施《饲料原料目录》制度在国内外都是一个全新的举措，要注意收集企业关于《饲料原料目录》的增补修改建议，及时组织专家评审，及时增补通过评审的原料品种。

第四，继续开展“瘦肉精”专项整治。按照国务院食品安全委员会第五次全体会议部署，农业部近期印发了《2013 年农产品质量安全专项整治方案》，“瘦肉精”专项整治要继续开展。要深入实施《农业部关于深入推进“瘦肉精”专项整治工作的意见》，切实履行各环节监管职责，做到工作力度不减，严打态势不松。要以加强关键环节抽检为重点，推动进一步强化关键环节监管措施。要以案件督查为主要抓手，推动健全跨省案件协查、涉嫌犯罪移送、信息通报发布等工作机制。要充分利用食品安全监管体制调整充实、农产品质量安全监管示范县创建等时机，推动明确基层日常监督执法主体，提升监督执法能力。

第五，扎实做好质量安全监测。饲料产品质量卫生状况监测、饲料安全专项监测、反刍动物饲料中牛羊源性成分监测和养殖环节“瘦肉精“监测等 4 项例行工作要按计划实施，重点在提高工作质量，保证监测结果的真实性、准确性；严格执行异议处理程序，保证监测结果使用的合法性；及时向省级管理部门报送不合格样品检测报告，提高检打联动的时效性。未知添加物筛查等预警检测工作要深入开展，重点在进一步完善技术体系，进一步健全协作机制，进一步培养锻炼人才。同时，要立足法定职责和形势需要全面谋划饲料质量安全监测工作，健全长效工作机制。

饲料行业组织机构

全国各省、区、市、计划单列市饲料工业（工作）办公室组织机构一览表

单位	主任	副主任	编制	级别	成立时间	性质	经费来源	隶属关系	隶属关系变更及时间	办公地址	联系人	电话 传真	邮编
北京市畜牧管理处（畜牧管理办公室）	梅克义	王大山	8	处级	2000.06	行政	—	北京市农业局	2000.06	北京市西城裕民中路6号	王继彤	010-82031928 010-62044607（F）	100029
天津市饲料工业办公室（农业综合处）	李晓东	郭士明	2	处级	1989.03	行政	财政	天津市农村工作委员会	1989.03	天津市河西区黑牛城道177号市农委703室	郭士明	022-88290636 022-88290609（F）	300061
河北省饲料工作办公室	檀苍中	李建国	8	处级	1990.07	具有行政职能事业单位	财政拨款	河北省畜牧兽医局	2005.10	河北省石家庄市裕华东路88号	郭丽鲜	0311-85885036 0311-85885036（F）	050011
山西省饲料奶站办公室	陈宝珠	荆 彪	与畜牧局合署办公	处级	1991.05	行政	—	山西省农业厅	1995.06与省农业厅畜牧兽医局合属	山西省太原市迎泽大街312号	荆 彪	0351-4123478 0351-4129732（F）	030001
内蒙古自治区饲料工作办公室（草原饲料处）	吴宝山 高雪松	—	7	正处	2000.05	行政	财政拨款	内蒙古自治区农牧业厅	2000.05.10由区经委划归区畜牧业厅草原处	内蒙古呼和浩特市乌兰察布东街70号	刘占喜	0471-6652179 0471-6652179（F）	010010
辽宁省饲料工作办公室	柏云江	张 鹏	6	处级	1983.06	行政	财政拨款	辽宁省动物卫生监督管理局	1990年前在省经委，1990年后在农村工作办，2004年5月在省动物卫生监督管理局	辽宁省沈阳市和平区太原北街2号	张 鹏	024-23448298 024-23448222（F）	110001
吉林省饲料工作办公室（草原饲料处）	丁日新	—	5	处级	2000.09	行政	财政拨款	吉林省牧业管理局	2000.09	吉林省长春市人民大街1486号	韩 铁	0431-88906664 0431-82713664（F）	130051

（续）

单位	主任	副主任	编制	级别	成立时间	性质	经费来源	隶属关系	隶属关系变更及时间	办公地址	联系人	电话　传真	邮编
黑龙江饲料工业办公室	朱良坤	—	4	处级	1986.03	行政	省财政	黑龙江省畜牧兽医局	2000.06 由省农委到省畜牧局	黑龙江省哈尔滨市动力区文府街 4-1 号	王向红	0451-82636147 0451-82650907（F）	150040
上海市饲料工作办公室（上海市畜牧办公室）	李建颖	林卫东	2	处级	1986	行政	财政拨款	上海市农业委员会	2001.01 从市商到市农委	上海市大沽路 100 号 3006 室	何麒麟	021-23113098 021-63580987（F）	200003
江苏省饲料工作办公室（畜牧处）	宋晓春	严建刚	8	处级	2000.10	事业	全额拨款	江苏省畜牧兽医局	2000.10 月由省农业厅到省农林厅	江苏省南京市龙江小区月光广场 8 号农林大厦	严建刚	025-86263915 025-86222651（F）	210036
浙江省饲料工作办公室	张火法	范克强	8	处级	2000.09	事业	省财政	浙江省畜牧兽医局	2000.09 归属省农业厅，2004.03 归省畜牧局	浙江省杭州市凤起东路 29 号	葛莉莉	0571-86757937 0571-86757921（F）	310020
安徽省饲料工作办公室	董卫星	沈华理	1	处级	1996	行政	政府拨款	安徽省农业委员会	1995 年前属省粮食局，1996 年后属省农业厅	安徽省合肥市徽州大道 193 号省畜牧局	杨　林	0551-2616494 0551-2669100（F）	230001
福建省饲料工作办公室	兰坪亮	陈贵英	3	处级	1996.06	行政	财政	福建省农业厅	2000.12 月底属省农业厅	福建省福州市华林路 123 号	丘建华	0591-87851058 0591-87832712（F）	350003
江西省饲料工业办公室	王光明 余祥健	刘金根	10	正处	1986	全额事业	财政拨款	江西省农业厅	2002.02 由省计委划归到省农业厅主管	江西省南昌市北京西路省府大院农业厅	—	0791-6217341 0791-6211476（F）	330046
山东省饲料工作办公室（饲料处）	鲍　霞	刘玉珍	—	处级	2000.04	行政	财政拨款	山东省畜牧兽医局	2000.04	山东省济南市槐树街 68 号	边　琨	0531-87198095 0531-87198095（F）	250022
河南省饲料工业办公室	赵化锋	张　雄 张玉霞	4	处级	1995.10	行政	财政拨款	河南省畜牧局	1993 年从省计委转畜牧局	河南省郑州市经三路 91 号	李灵平	0371-65778885 0371-65778981（F）	450008
湖北省饲料工作办公室	董文忠	刘恩勇	3	处级	1985.05	行政	财政拨款	湖北省农业厅	1995.12 从省经委到省农业厅	湖北省武汉市武昌区武珞路 519 号	黄仲才	027-87876982 027-87870641（F）	430070
湖南省饲料工业办公室	陈志军	赵　明 杨建武 欧阳龙	9	正处	1985.10	行政性事业单位	全额拨款	湖南省畜牧水产局	2003 年从省计委变更到省农业厅	长沙市韶山北路 112 号	陈旭高	0731-84423340 0731-84423340（F）	410011
广东省饲料工作办公室	罗道栩	张永发	3	处级	2000	行政	财政拨款	广东省农业厅	2000.08 从省经贸委划归到省农业厅	广州市先烈东路 135 号省农业厅	于秋楠	020-37288189 020-37288284（F）	510500

（续）

单位	主任	副主任	编制	级别	成立时间	性质	经费来源	隶属关系	隶属关系变更及时间	办公地址	联系人	电话 传真	邮编
海南省饲料工作办公室	王杏蕃	黄云青	2	处级	1992	行政	财政拨款	海南省农业厅	—	海口市海府大道省政府大楼11楼海南省农业厅	黎金莲	0898－65350395 0898－65362930（F）	570204
广西壮族自治区饲料工业办公室	闭强	—	—	正厅	2000.04	行政	财政拨款	广西壮族自治区水产畜牧兽医局	2000.08	广西南宁市青山路8－1号1416室	吴晓丹	0771－5829768 0771－2855536（F）	530021
重庆市饲料工业办公室	吕祖德	彭强	7	处级	1986.08	行政	财政拨款	重庆市农业委员会	97年由市农委划归市农业局	重庆市北部新区黄山大道中段186号	曹亚平	023－89133139 023－89133141（F）	401121
四川省饲料工业办公室	张履平	—	4	正处	1987.02	行政	财政拨款	四川省畜牧食品局	1992年变更到省畜牧食品办公室（95年改为省畜牧食品局）	四川省成都市武侯祠大街3号	李宗明	028－85545641 028－85580420（F）	610041
贵州省饲料工作办公室	赵熙贵	向安霞	4	正处	1998	行政	全额拨款	贵州省农业厅（副厅级）	1996年从省经贸委变更到省畜牧局	贵州省贵阳市延安中路62号	廖云华	0851－5286424 0851－5288155（F）	550001
云南省饲料工作办公室	徐祖林	张存焕	6	处级	2000.11	行政	财政拨款	云南省农业厅	2000年11月（云南省饲料办原名为云南省食品饲料工业办公室，成立于1980年9月）	云南省昆明市万华路169号	高婷婷	0871－65749524 0871－65749524（F）	650224
陕西省饲料工业办公室	赵辉文	杨帆 罗新安	17	处级	1986	事业	全额拨款	陕西省畜牧兽医局	2009年	陕西省西安市习武园27号	刘冬霞	029－87343729 029－87343729（F）	710003
甘肃省饲料工业办公室	姜良	周生明	6	正处	1996.06	事业单位行政职能	财政拨款	甘肃省兽医局	1989年前归省计委，1989年后改挂省畜牧厅	兰州市城关区民主东路109号	王秋娟	0931－8418877 0931－8418877（F）	730000
青海省饲料工作办公室	巩爱岐	—	1	处级	1987.05	行政	财政拨款	青海省农牧厅	1995.05由省经贸委挂靠省畜牧厅，2003.05挂靠在省农牧厅	西宁市交通巷4号	唐国盛	0971－6136031 0971－6136031（F）	810008

（续）

单位	主任	副主任	编制	级别	成立时间	性质	经费来源	隶属关系	隶属关系变更及时间	办公地址	联系人	电话　传真	邮编
宁夏回族自治区饲料工业办公室	王　华	姚伯平	5	处级	1986.11	事业	行政拨款	宁夏回族自治区农牧厅	2000年由区畜牧局划归区农牧厅	宁夏银川市金凤区北京中路159号	姚伯平	0951－5169885 0951－5169887（F）	750002
新疆维吾尔自治区饲料工业领导小组办公室	杨建忠	艾克拜尔	5	处级	1989	行政	财政拨款	新疆维吾尔自治区畜牧厅	1992年末改为新疆区饲料工业领导小组办公室	乌鲁木齐市新华南路408号	刘君健	0991－8567730 0991－8567730（F）	830004
青岛市饲料工业办公室	陶明森	刘汉锋	5	正处	1990.02	事业	财政拨款	青岛市畜牧兽医局	2001.05.11主管部门由经委变更市畜牧服务中心后归市农委	青岛市南区东海中路2号环海大厦20楼E区	刘汉锋	0532－85068590 0532－82065211（F）	266071
大连市饲料工作办公室	隋信龙	刘远征	4	处级	2001.12	行政	财政拨款	大连市动物卫生监督管理局	2001.12前属市计委	大连市西岗区新开路87号金福大厦西门	刘成芳	0411－83689265 0411－83689265（F）	116011
宁波市饲料工业办公室	余全法	—	6	正处	—	行政事业	财政拨款	宁波市农业厅	—	宁波市环城西路南段920号	翁宇挺	0574－87483289 0574－87483286（F）	315012
深圳市饲料管理办公室	杨加慎	—	5	处级	2001.11	行政	财政全额	深圳市农业和渔业局	2001.11	深圳市福中三路市民中心西区一楼1075室	张碧华	0755－82001950 0755－82001957（F）	518035
厦门市饲料工业领导小组办公室	陈集生	—	3	正处	1999	行政	市财政局	厦门市农业局	2003年初归市农业局畜牧兽医处	厦门市长青路191号劳动大厦11楼1102房	陈思榕	0592－5351631 0592－5351632（F）	361012

（李大鹏）

全国各省、自治区、直辖市、计划单列市饲料工业协会组织机构一览表

省别	会长	秘书长	副秘书长	成立时间	换届时间	隶属关系	办公地址	邮编	联系人	电话	传真	电子信箱
北京市	谢仲权	汪秀艳	李忠诚	1986.02.26	2014.10.16	北京市农业局	北京市朝阳区安外北苑路甲十五号506	100107	李忠诚	010－63518890	010－63543914	bjslxh@126.com
天津市	莫会松	李晓东	郭士明	1991	2012.09.05	畜牧兽医局	天津市南开区华苑产业园区海泰信息广场A座	300384	张志宏	022－28301388	022－28301388	xmj5788@163.com
河北省	檀苍中	白亮亮	杨　冬 侯玉漂	1997.10.06	2013.03.17	河北省工业经济联合会	河北省石家庄市裕华区兴苑街4号	050021	侯玉漂	0311－85888039	0311－85888039	hbslxhbgs@sohu.com
山西省	雷郭堂	冯京民	荆　彪 张艳梅	1997.04	2012.06	山西省农业厅	山西省太原市迎泽大街312号	030001	吕世秀	0351－4123478	0351－4048087	nytslnb@163.com
内蒙古自治区	靳延平	杨红东	张连义	2000.02	2013.11	内蒙古农牧业厅	内蒙古自治区呼和浩特市赛罕区昭乌达南路	10020	张连义	0471－4961659	0471－4911217	nmgslxh@126.com
辽宁省	朱国兴	刘再胜	吴　浩	1986.11	2010.12.28	辽宁省畜牧兽医局	辽宁省沈阳市和平区南四经街143号	110003	吴　浩	024－23264033	024－23264033	xh23264033@163.com
吉林省	唐志富	丁日新		1991.01.30	2013.01.13	吉林省畜牧业管理局	吉林省长春市人民大街1486号	130051	韩　铁	0431－88906664		ht7220@163.com
黑龙江省		张昭良	周顺来 于洪福 张　祥	1986	2012.12	黑龙江省畜牧兽医局	黑龙江省哈尔滨市香坊区哈平路243号畜牧大厦515室	150069	杨　威	0451－86383711		hljslgyxh@163.com
上海市	成国祥	许有宗	何麒麟	1984.12	2013.11.22	上海市农业委员会	上海市常德路1265号712室	200060	许有宗	021－62770093	021－62980344	972565790@qq.com
江苏省	黄焱	时勇	严建刚 颜京平 贡玉清 庄　苏 周维仁 姚　蕾	1986.03	2013.01	江苏省农委	江苏省南京市草场门大街124号	210036	杨丽娟	025－86263352	025－86263058	jssljd@163.com

（续）

省别	会长	秘书长	副秘书长	成立时间	换届时间	隶属关系	办公地址	邮编	联系人	电话	传真	电子信箱
浙江省	蒋晓岳	任丽	唐国燕	1999.11.07	2011.07.11	农业厅	浙江省杭州市江干区御云路111号	310021	唐国燕	0571－86495189	0571－86490906	ahp2005@126.com
安徽省	季学枫	季学枫	吴皖榕 陈凤敏	1999.09	2012.02.29	安徽省农业委员会	安徽省合肥市庐阳区徽州大道197号省农委皖西南培训中心4楼	230001	吴皖榕	0551－62625491 0551－62618130	0551－6261813	Siliaoxiehui8888@126.com
福建省	曾丽莉	胡春	汤忠民 陈婉如 陈贵英	1994.12	2013.03.15	农业厅	福建省福州市铜盘路6号五楼	350003	陈　兵	0591－87848820 0591－87808486	0591－8785974	fjfeed@163.com
江西省	张忠平	兰永清	刘金根 孙　新 黄　潮	1983.09	2002.08	江西省农业厅	江西省南昌市省府大院省农业厅2号楼4楼	330046	李　丹	0791－86263163	0791－96217341	slb1813@163.com
山东省	黄炳亮	李祥明	李桂华 李相树 张家庭	2013.09		山东省畜牧兽医局	山东省济南市槐村街68号	250022	李相树	0531－87198966	0531－87198588	sdfiamail@163.com
河南省	赵化峰	王鹏	李灵平	1996.01	2012.12	畜牧局	河南省郑州市经三路91号	450008	李灵平	0371－65778589 0371－65778885		65778885@163.com
湖北省	李汉州	姚象超		1985.01	2014.05.12	农业厅	湖北省武汉市武路路519号	430070	彭安强	027－87870641	027－87870641	2365445479@qq.com
湖南省		陈旭高	黄立宏 佘伟民 张丽蓝	1985.01	2010.12.22	湖南省农业厅	湖南省长沙市韶山北路112号电子大厦5楼	410011	熊　宇	0731－84445743		hnsiliao@vip.sina.com
广东省	张国杭	蔡玉珍	周　洪	1992.03	2011.06.19	广东省民政厅	广东省广州市先烈东路135号2号楼604－606房	510500	李　利	020－37288820	020－37288723	Gdfeed@vip.163.com

（续）

省别	会长	秘书长	副秘书长	成立时间	换届时间	隶属关系	办公地址	邮编	联系人	电话	传真	电子信箱
海南省	—	张绍君	莫正群	1998.06	—	农业厅	海南省海口市海府路59号省政府办公大楼11层	570204	莫正群	0898－65343627 0898－65336798	0898－65382968	zsj6529996@163.com
广西壮族自治区	罗广烈	汤建榕	卢玉发	1985.06	2006	广西水产畜牧兽医局	广西自治区青山路8号广西动物安全保障中心1416室	530022	卢丽枝	0771－5829768	0771－5829872	gxslb2800023@163.com
重庆市	刘作华	骆意	郑　群	1986	2007.03.27	重庆市畜牧科学院	重庆市渝中区人民路238－2号（重庆市畜牧科学院）	400015	郑　群	023－68625302	023－68611351	344293588@qq.com
四川省	屈坤宁	周朝华	李宗明 柏　凡 严　华 邹成义 李书伟	1987.09	2013.01.15	四川省农业厅	四川省成都市武侯祠大街3号	610041	吴　岚	028－85545641	028－85580420	393388760@qq.com
贵州省	张剑勇	张华		1991	2009.07.22	贵州省农委	贵州省贵阳市南明区贵惠路130号	550003	肖　序	0851－5664060	0851－5967420	352472849@qq.com
云南省	杜建勋	陶冶	钱朝海	1987.05	2013.07.09	农业厅	云南省昆明市盘龙区万华路169号1幢1单元502室	650224	黄艳芳	0871－65616557	0871－65616557	ty521@126.com
陕西省		赵辉文		1989.		农业厅	陕西省西安市习武园27号	710003	陈亦兵	029－87345955	029－87321764	cyb307@126.com
甘肃省	张月安	张华		1991.12		农牧厅	甘肃省兰州市平凉路106号	730000	王秋娟	13609318102	0931－8179292	921978942@qq.com
青海省	阿旺尖措	白凤奎	刘书杰 武秀云 唐国盛	1987.05	2003.11	省农牧厅	青海省西宁市交通巷4号	810001	唐国盛	13997197306	0971－6136031	nmttgs0366@126.com

（续）

省别	会长	秘书长	副秘书长	成立时间	换届时间	隶属关系	办公地址	邮编	联系人	电话	传真	电子信箱
宁夏回族自治区	郝廷藻	王　华	段克峰	1986.12	2009.12	农牧厅	宁夏银川市金凤区北京中路159号	750002	王　华	0951－5169885	0951－5169887	nxslqylhh@163.com
新疆维吾尔自治区	木日扎别克·木哈什		陈如春		2014.01.13	新疆维吾尔自治区畜牧厅	新疆自治区乌鲁木齐市天山区新华南路408号613室	830002	贾　俊	0991－8567730 13209980300		172566431@qq.com
大连市	刘忠权	马延群		2004	2010.08	大连市农村经济委员会	大连市西岗区新起屯133号	116021	马延群	0411－83689265	0411－83689265	lcf@dl.cn
深圳市	黄邦银	金铁城	董塞新	1988.03	2012.03.26	深圳市民间组织管理局	深圳市福田区深南中路3039号国际文化大厦25楼2508室	518000	董塞新	0755－83252125	0755－83570999	szxm0105@163.com
厦门市		叶根宗	高翠红	2000.12.04	2011.10.20	厦门市农业局	厦门市思明区槟榔西里148号B座16楼	361004	杨　立	0592－5031918	0592－5062631	gch3@sina.com.cn

（余　欣）

专题篇

饲料加工工业概况

2013年，我国饲料行业经受住了2012年末“速成鸡”及3月“黄浦江死猪”、人感染H7N9流感疫情等多重考验，饲料生产情况基本稳定，饲料总产量同比略降。另外，随着新修订《饲料和饲料添加剂管理条例》及配套规章陆续实施，饲料企业规范化、标准化管理与运营得到有效加强，全国饲料质量安全状况保持稳定向好趋势。行业发展基本适应了国家宏观调控和我国畜牧养殖业的发展需要，为实现农业部“两个千方百计、两个努力确保、两个持续提高”的中心工作和“保供给、保安全、保生态”的工作目标作出了积极贡献。

一、2013年饲料生产基本情况

1. 全国商品饲料总产量同比略降 2013年全国商品饲料总产量为19 340万t，同比下降0.6%。其中，配合饲料产量为16 308万t，同比下降0.3%；浓缩饲料产量为2 398万t，同比下降2.8%；添加剂预混合饲料产量为634万t，同比增长2.3%（图2-1）。

从动物类别分，猪饲料产量为8 411万t，同比增长8.9%；蛋禽饲料产量为3 035万t，同比下降6.0%；肉禽饲料产量为4 947万t，同比下降10.3%；水产饲料产量为1 864万t，同比下降1.5%；反刍动物饲料产量为795万t，同比增长2.6%；其他饲料产量为288万t，同比下降9.2%（图2-2、图2-3）。

在配合饲料中，猪配合饲料总产量为6 629万t，同比增长10.6%；蛋禽配合饲料为2 425万t，同比下降6.9%；肉禽配合饲料为4 619万t，同比下降9.7%；水产配合饲料为1 833万t，同比下降1.3%；精料补充料为559万t，同比增长5.1%；其他配合饲料为243万t，同比下降7.9%（图2-4）。

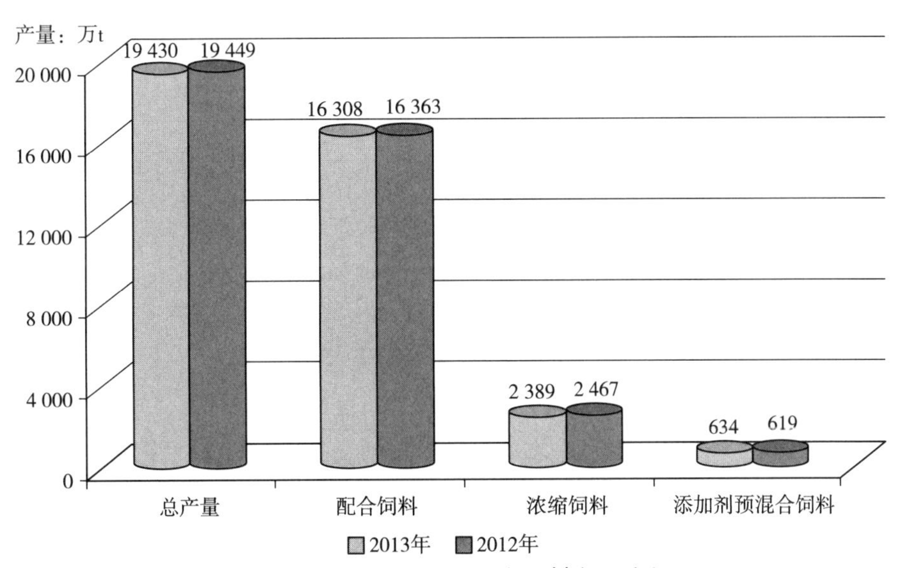

图2-1 2013年和2012年饲料产量对比

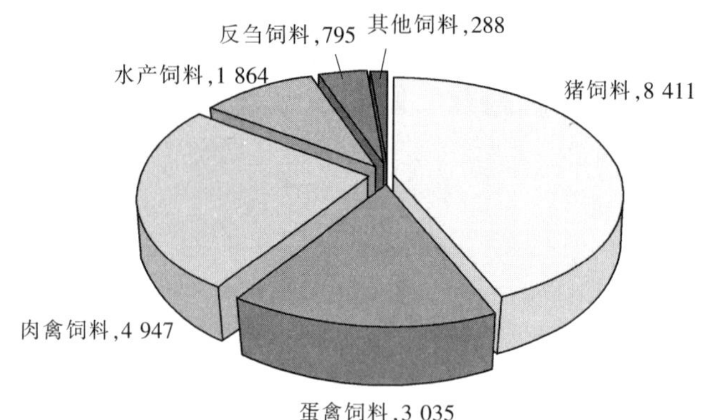

图 2-2　2013 年饲料品种结构图（单位：万 t）

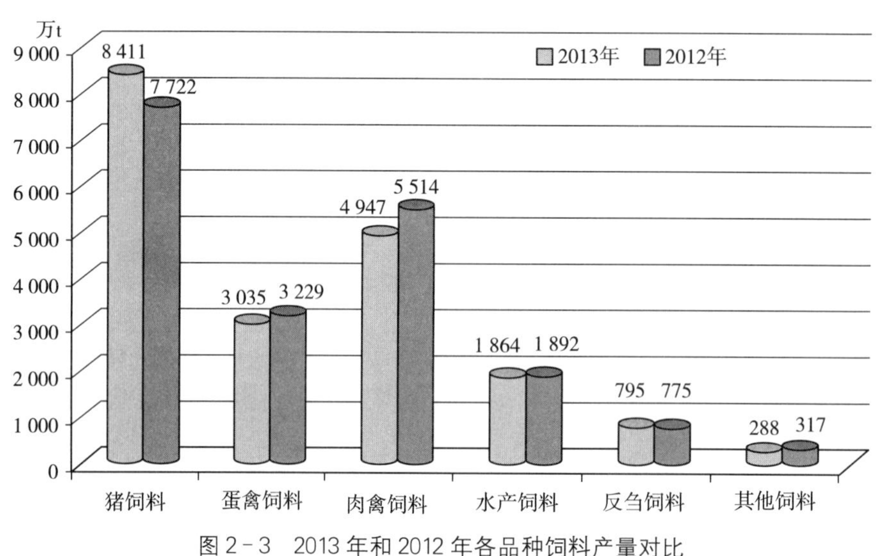

图 2-3　2013 年和 2012 年各品种饲料产量对比

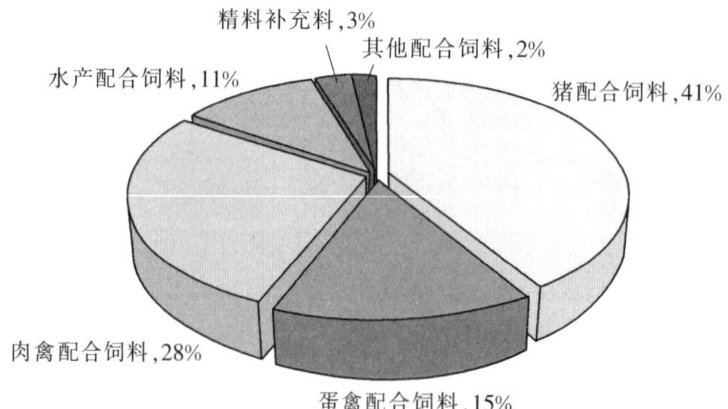

图 2-4　2013 年全国配合饲料结构图

在浓缩饲料中，猪浓缩饲料总产量为 1 407 万 t，同比增长 1.8%；蛋禽浓缩饲料为 470 万 t，同比下降 4.2%；肉禽浓缩饲料为 282 万 t，同比下降 17.8%；水产浓缩饲料为 7.2 万 t，同比下降 26.9%；反刍动物浓缩饲料为 210 万 t，同比下降 2.0%；其他浓缩饲料为 22 万 t，同比下降 16.1%（图 2-5）。

在添加剂预混合饲料中，猪添加剂预混合饲料总产量为 375 万 t，同比增长 7.6%；蛋禽添加剂预混合饲料为 139 万 t，同比增长 3.8%；肉禽添加剂预混合饲料为 46 万 t，同比下降 15.5%；水产添加剂预混合饲料为 24 万 t，同比下降 6.4%；反刍动物添加剂预混合饲料为 26 万 t，同比下降 4.3%；其他添加剂预混合饲料为 22 万 t，同比下降 15.7%（图 2-6）。

2. 各省区市饲料发展情况 2013 年，东部地区（北京、天津、河北、上海、江苏、浙江、福建、山东、广东、海南、辽宁）饲料总产量为 9 943 万 t，占全国饲料总产量的 51.4%；中部地区（山西、安徽、江西、河南、湖北、湖南、黑龙江、吉林）饲料总产量为 5 582 万 t，占全国饲料总产量的 28.9%；西部地区（内蒙古、广西、重庆、四川、贵州、云南、陕西、甘肃、青海、宁夏、新疆）饲料总产量为 3 816 万 t，占全国饲料总产量的 19.7%。与 2012 年相比，全国各地区饲料产量，东部地区下降 2.7%，中部地区增长 1.4%，西部地区增长 2.2%。从增长幅度看，2013 年各省、区、市增幅由大到小的顺序依次为青海、湖北、江西、广西、贵州、江苏、福建、湖南、四川、上海、重庆，同比增幅分别为 28.7%、13.6%、13.4%、11.2%、9.2%、5.1%、4.8%、3.0%、2.6%、0.4%、0.3%。其他 20 个省、区、市饲料产量均呈不同幅度下降。

2013 年，8 个省份的饲料产量超过千万 t。分别为广东（2 251 万 t，同比下降 3.5%）、山东（2 066 万 t，同比下降 4.0%）、河南（1 288 万 t，同比增长 2.4%）、辽宁（1 085 万 t，同比下降 3.1%）、河北（1 145 万 t，同比下降 3.3%）、湖南（1 076 万 t，同比增长 3.07%）、四川（1 028 万 t，同比增长 2.6%）、广西（1 016 万 t，同比增长 11.2%）。以上 8 省饲料总产量达 11 157 万 t，占全国总产量 57.7%，平均增幅同比增长 0.05%，略高于全国总体增长水平（表 2-1）。

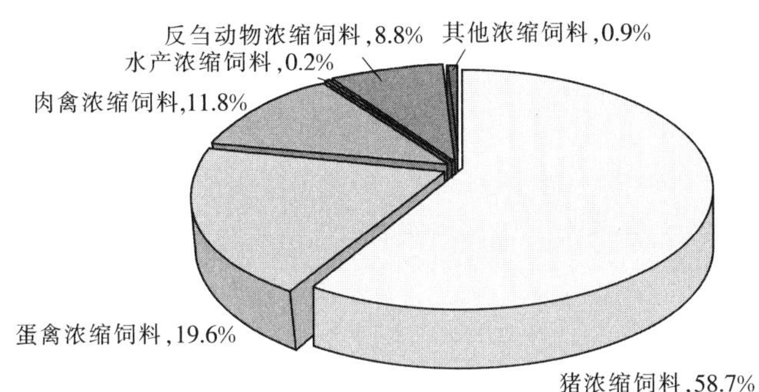

图 2-5 2013 年全国浓缩饲料结构图

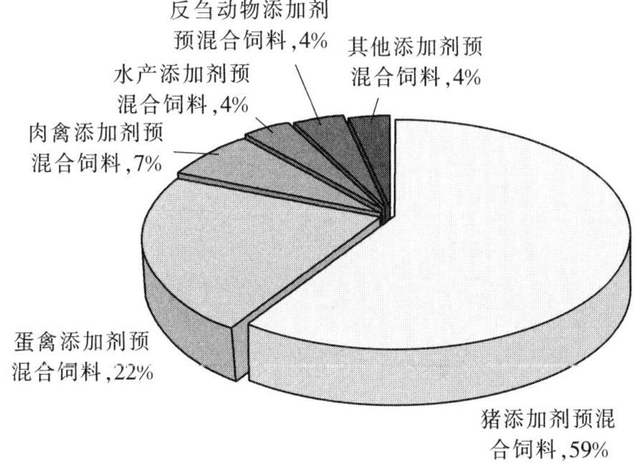

图 2-6 2013 年全国添加剂预混合饲料结构图

表 2-1　2013 年全国饲料加工企业生产综合情况

单位：万元、t

地　区	饲料产品总产值	饲料产品营业收入	总产量	配合饲料	浓缩饲料	添加剂预混合饲料
全国总计	**67 844 248**	**65 873 888**	**193 401 061**	**163 078 955**	**23 984 879**	**6 337 227**
北　京	1 136 528	1 203 167	2 693 564	1 802 425	389 964	501 174
天　津	983 989	992 149	2 607 144	1 685 816	644 234	277 094
河　北	3 761 308	3 427 888	11 453 188	9 323 481	1 981 804	147 903
山　西	931 645	930 393	2 878 637	1 967 312	863 792	47 533
内蒙古	887 086	881 772	2 951 773	2 030 774	874 804	46 196
辽　宁	4 536 655	4 466 138	12 854 079	9 135 518	3 503 616	214 945
吉　林	776 279	776 279	4 656 194	3 121 587	1 487 768	46 839
黑龙江	2 011 300	1 801 500	6 778 306	3 346 600	3 161 000	270 706
上　海	599 429	593 517	1 552 130	1 171 456	146 708	233 967
江　苏	3 867 048	3 482 423	9 766 555	9 136 022	352 136	278 398
浙　江	2 418 377	2 269 136	5 550 000	5 333 930	64 125	151 945
安　徽	1 197 183	1 427 432	4 887 132	4 538 589	226 380	122 162
福　建	2 375 277	2 096 759	7 730 687	7 187 042	249 448	294 197
江　西	2 505 820	2 425 871	6 657 705	5 848 207	235 802	573 696
山　东	9 004 566	8 702 462	20 668 354	18 664 594	1 268 225	735 535
河　南	3 485 614	3 489 664	12 882 791	10 629 255	1 951 865	301 671
湖　北	2 324 318	2 256 214	6 311 740	5 907 312	277 623	126 805
湖　南	4 011 689	3 914 745	10 763 455	9 488 457	644 044	630 955
广　东	7 639 460	7 631 674	22 505 545	21 579 625	355 050	570 870
海　南	664 267	637 696	2 043 897	2 011 315	3 358	29 224
广　西	3 083 355	3 063 036	10 159 324	9 776 456	269 317	113 551
重　庆	708 840	702 274	2 014 995	1 750 488	239 002	25 504
四　川	4 046 360	4 034 282	10 279 081	9 022 033	949 706	307 342
贵　州	355 491	350 825	846 216	524 685	321 028	503
云　南	1 776 437	1 607 579	3 748 515	2 730 869	967 923	49 723
陕　西	1 580 117	1 558 158	4 414 846	2 594 313	1 643 449	177 084
甘　肃	445 000	435 000	1 351 412	855 304	488 900	7 208
青　海	32 148	27 351	129 429	126 452	1 190	1 787
宁　夏	135 009	129 322	706 100	429 647	260 818	15 635
新　疆	563 654	559 182	1 558 266	1 359 392	161 801	37 073

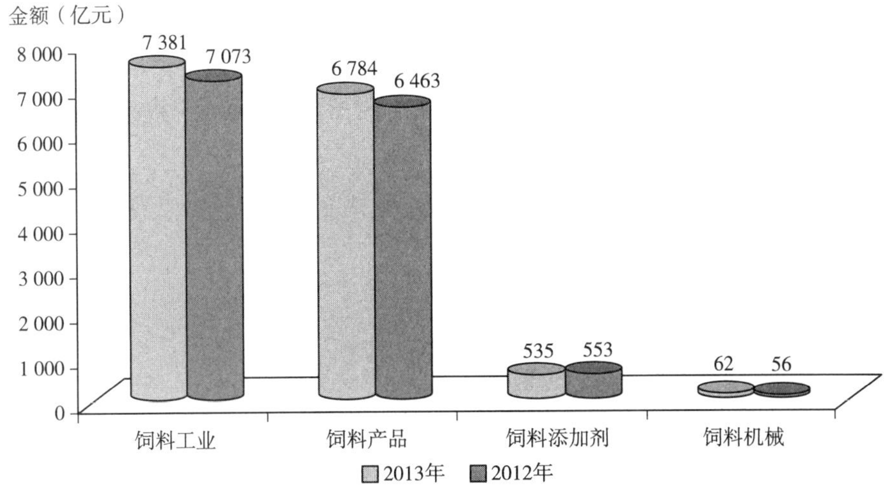

图 2－7　2013 年和 2012 年饲料工业总产值对比

3. 饲料工业产值和营业收入增速放缓　2013 年全国饲料工业总产值和总营业收入分别为 7 381 亿元和 7 158 亿元，同比分别增长 4.4%和 4.2%；2012 年同比增长幅度分别为 11.4%和 11.9%；2011 年增长幅度均为 17.3%。其中，商品饲料工业总产值为 6 784亿元，同比增长 5.0%；饲料添加剂总产值为 535 亿元，同比下降 3.3%；饲料机械设备总产值为 62 亿元，同比增长 9.0%。商品饲料工业总营业收入为 6 587 亿元，同比增长 4.9%；饲料添加剂总营业收入为 507 亿元，同比下降 5.4%；饲料机械设备总营业收入为 64 亿元，同比增长 14.6%（图 2－7、图 2－9）。图 2－8 为 2013 年工业总产值结构示意图。

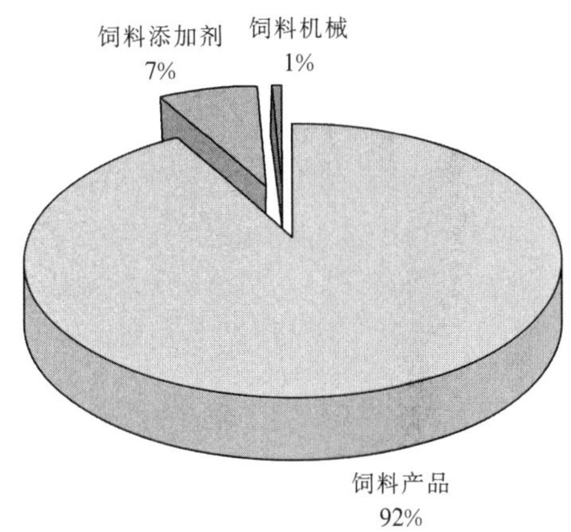

图 2－8　2013 年饲料工业总产值结构图

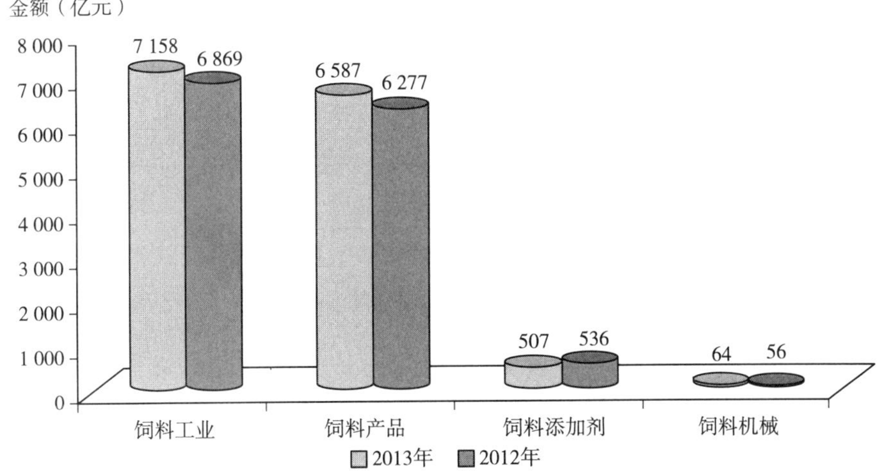

图 2－9　2013 年和 2012 年饲料工业营业收入对比

4. 饲料企业总数量继续减少 表 2－2 显示，2013 年全国各经济类型饲料企业总数为 14 079 家，同比减少 1 228 家，下降幅度为 8.0%。其中，国有企业 194 家，同比减少 24 家，下降幅度为 11.0%；集体企业 74 家，同比减少 32 家，下降幅度为 30.2%；私营企业 7 409 家，同比减少 722 家，下降幅度为 8.9%；联营企业 281 家，同比减少 11 家，下降幅度为 3.8%；股份制企业 5 465 家，同比减少 366 家，下降幅度为 6.3%；港澳台企业 136 家，同比减少 12 家，下降幅度为 8.1%；外商企业 272 家，同比减少 15 家，下降幅度为 5.2%；其他企业 248 家，同比减少 46 家，下降幅度为 15.6%。图 2－10 显示，2013 年全国饲料加工企业结构比例。

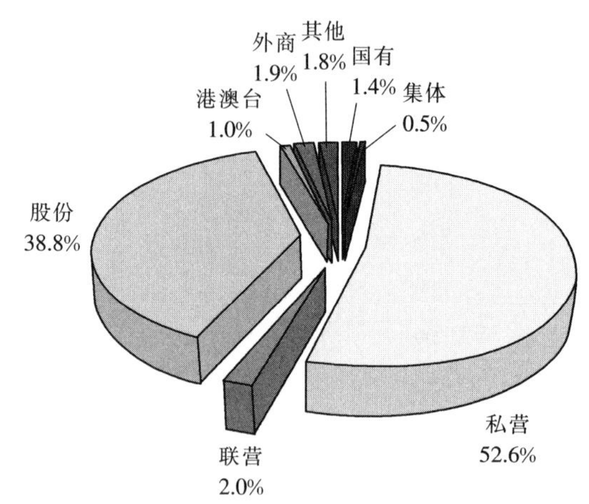

图 2－10 2013 年全国饲料加工企业结构图

表 2－2 2009—2013 年按企业登记类型统计企业数量表

单位：家

年份	登记类型总数	其中					
		国有	集体	私营类	港澳台	外商	其他
2013	14 079	194	74	13 155	136	272	248
2012	15 307	218	106	14 254	148	287	294
2011	15 354	221	122	14 153	173	332	353
2010	15 061	235	185	13 739	178	321	403
2009	14 709	265	203	13 458	154	305	324

注：私营类包括私营企业、联营企业和股份制企业。

2013 年按产品类型统计的企业总数为 16 454 家。其中，饲料加工企业（包含精料补充料生产企业数量）数量 10 113 家，同比减少 745 家，下降 6.9%；预混合饲料企业 2 971 家，同比减少 96 家，下降 3.1%；饲料添加剂企业 1 377 家，同比减少 63 家，下降 4.4%；单一饲料企业 1 941 家，同比减少 73 家，下降 3.6%；饲料机械 52 家，同比减少 11 家，下降幅度为 17.5%。近五年各类企业数量统计见表 2－3。

表 2－3 2009—2013 年按企业产品类型统计企业数量表

单位：家

年 份	企业总数	饲料加工企业	预混合饲料	饲料添加剂	单一饲料	饲料机械
2013	16 454	10 113	2 971	1 377	1 941	52
2012	17 442	10 858	3 067	1 440	2 014	63
2011	18 527	10 915	3 173	1 396	2 000	57
2010	18 296	10 843	3 235	1 425	1 777	66
2009	18 553	12 291	3 316	1 377	1 508	61

注：在统计饲料加工、预混合饲料、饲料添加剂、单一饲料、饲料机械等企业数量时，如果一家企业同时生产 1 种或 1 种以上产品，允许重复计算该企业数量，故按产品类型统计的企业总数量有重复，因此，按产品类型统计的企业总数大于按经济类型饲料企业总数。

5. 饲料企业行政许可情况 饲料生产企业审查合格证：2013 年总数为 9 788 个，同比减少 1 276 个；新发 84 个，同比减少 705 个；换发 105 个，同比增加 6 个；变更 86 个，同比减少 373 个；注销 691 个，同比增加 150 个。

添加剂预混合饲料生产许可证：2013 年总数为 2 416 个，同比减少 318 个；新发 79 个，同比减少 170 个；换发 62 个，同比减少 261 个；变更 21 个，同比减少 42 个；注销 87 个，同比减少 105 个。

饲料添加剂生产许可证：2013 年总数为 1 083 个，同比减少 373 个；新发 59 个，同比减少 110 个；换发 25 个，同比减少 206 个；变更 6 个，同比减少 49 个；注销 26 个，同比减少 90 个。

动物源性饲料产品生产企业安全卫生合格证：2013 年总数为 660 个，同比减少 150；新发 8 个，同比减少 90 个；换发 16 个，同比减少 13 个；变更 0 个，同比持平；注销 61 个，同比减少 6 个。

6. 大型集团企业及规模单产企业情况 2013 年，全国排前 30 位的饲料企业（集团）（包括该企业在国内分公司子公司），总产量为 9 738 万 t，占全国饲料总产量 50%，比 2012 年提高 5 个%。其中，年产百万吨的饲料企业（集团）为 25 家。

2013 年，年产 10 万 t 以上的企业（指单厂）460 家，同比增加 49 家。生产饲料 8 152 万 t，占全国饲料产量 42%，比 2012 年提高 5%。（图 2－11）

7. 饲料添加剂产量小幅增长 2013 年，生产饲料添加剂产品总计 798.9 万 t，同比增长 4.0%。其中，原饲料添加剂Ⅰ型 758.5 万 t，同比增长 7.4%；Ⅱ型 34.8 万 t，同比下降 43.0%。混合型饲料添加剂 5.6 万 t，同比增长 786.7%。

2013 年氨基酸总产量为 150.4 万 t，同比增长 12.8%；其中，蛋氨酸为 4.7 万 t，同比增长 198.6%；赖氨酸 108.5 万 t（含 65%赖氨酸），同比下降 7.2%；苏氨酸 21.2 万 t，同比增长 22.4%；色氨酸 1.9 万 t，同比增长 652.1%，仅宁夏就增长 1.6 万 t。

2013 年累计生产维生素 73.3 万 t，同比下降 7.4%；其中原Ⅰ型 69.1 万 t，同比增长 5.1%；Ⅱ型 4.2 万 t，同比下降 68.5%，其中浙江省准生素产量下降 10.4 万 t。

2013 年矿物元素及其络合物总产量为 460.4 万 t，同比下降 5.7%；其中原Ⅰ型 448.9 万 t，同比下降 2.5%；Ⅱ型 11.5 万 t，同比下降 58.5%。2013 年，生产磷酸氢钙（含磷酸二氢钙）364.0 万 t，同比下降 4.9%；硫酸铜 2.7 万 t，同比下降 27.5%；硫酸亚铁 16.2 万 t，同比下降 10.3%；硫酸锌 14.8 万 t，同比增长 17.7%；硫酸锰 5.3 万 t，同比下降 53.0%。

2013 年酶制剂总产量为 8.2 万 t，同比增长 2.5%；其中原Ⅰ型 5.0 万 t，同比下降 18.0%；Ⅱ型 3.2 万 t，同比增长 68.4%。

2013 年抗氧化剂总产量为 4.5 万 t，同比下降 11.8%；其中原Ⅰ型 3.6 万 t，同比增长 12.5%；Ⅱ型 0.9 万 t，同比下降 55.0%。

2013 年防腐、防霉剂总产量为 22.2 万 t，同比增长 303.6%，只山东增加 17.5 万 t；其中原Ⅰ型 18.6 万 t，同比增长 878.9%；Ⅱ型 3.6 万 t，与 2012 年持平。

2013 年生产微生物制剂总产量为 8.0 万 t，同比下降 21.6%；其中，原Ⅰ型 6.6 万 t，同比下降 1.5%；Ⅱ型 1.4 万 t，同比下降 60%。

2013 年其他类添加剂总产量为 66.2 万 t，同比增长 73.8%；其中，Ⅰ型 56.9 万 t，同比增长 96.2%；Ⅱ型 9.3 万 t，同比增长 1.1%（图 2－12）。

8. 大宗饲料原料消费总量增长 2013 年，消费大宗原料总计 18 720 万 t，同比增长 1.6%；其中，玉米 9 725 万 t，同比增长 6.3%；小麦 2 220 万 t，同比下降 9.2%；豆粕 3 466 万 t，同比增长 0.6%；棉籽粕 679 万 t，同比下降 8.4%；菜籽粕 591 万 t，同比下降 3.0%；其他饼粕 475 万 t，同比增长 9.0%；磷酸氢钙 278 万 t，同比增长 13.8%；其他 1 285万 t，同比增长 28.7%。

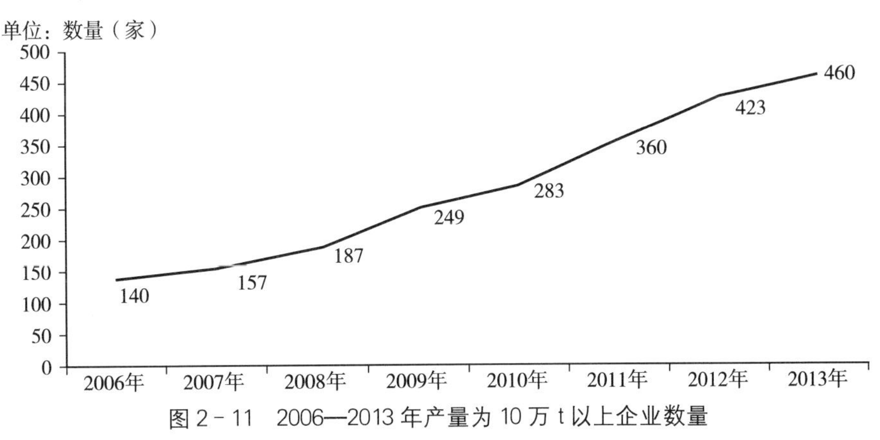

图 2－11 2006—2013 年产量为 10 万 t 以上企业数量

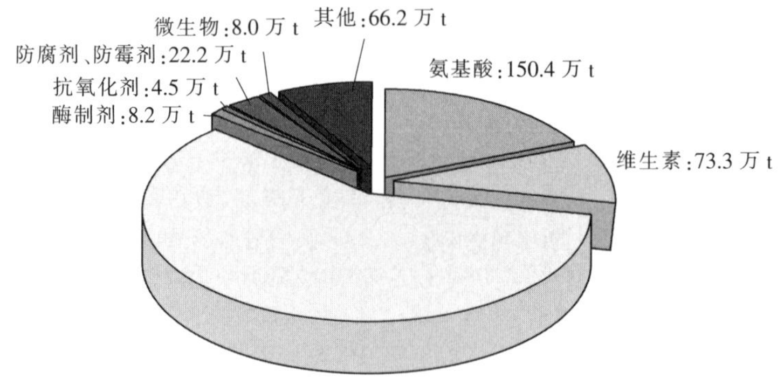

图 2-12　2013 年饲料添加剂产量结构图

9. 饲料机械设备生产总量增长　2013 年，生产饲料加工机械设备生产总计 28 142 台（套），同比增加 1 316 台（套），增长 4.9%；其中，成套机组 1 636台（套），同比减少 270 台（套），下降幅度为 14.2%；单机 26 506 台（套），同比增加 1 586 台（套），增长幅度为 6.4%。

在成套机组中，时产≥10t 设备 1 024 台（套），时产<10t 设备 612 台（套）。

在单机设备中，粉碎机 8 783 台（套），同比增加 244 台（套），增长幅度为 2.9%；混合机 7 468 台（套），同比增加 231 台（套），增长幅度为 3.2%；制粒机 8 080 台（套），同比减少 58 台（套），下降幅度为 0.7%；单机其他 2 175 台（套），增加 1 169 台（套），增长幅度为 116.2%。仅江苏省增加 1 000 台（套）。

10. 饲料行业从业人数继续下降　2013 年，饲料企业年末职工人数为 61.4 万人，同比下降 8.1%。大专以上学历的职工数为 23.4 万人，占职工总人数的 38.1%；其中，博士 1 966 人，同比下降 4.5%；硕士 8 279 人，同比下降 0.3%；大学本科 79 694 人，同比增长 5.0%；大学专科 144 473 人，同比下降 15.4%；其他学历 379 599 人，同比下降 5.7%。技术工种 65 981 人，同比下降 4.6%。

二、行业运行特点分析

1. 饲料产量呈前低后高、总体持平略降态势　据重点跟踪企业近 3 年生产情况显示，从月度总产量走势规律看，2011 和 2012 年产量高峰期出现在 7、8 月，年初和年末则处于相对低谷，整体呈“倒 V”走势。2013 年则不同，呈前低后高走势，8 月之前饲料产量同比下降非常明显，单月同比下降幅度在 10% 以上，进入 9 月以后才有所回升。主要与消费环境和养殖行情密切相关。年初生猪价格持续下跌，猪粮比连续 5 个月跌至盈亏平衡线以下，至 7 月份生猪价格同比才略有回升，8 月起猪粮比重回盈亏平衡线以上，养殖积极性开始恢复，四季度肉类产品消费进入旺季，以及养殖户对春节消费的期待，饲料产量止跌回升。

2. 饲料产品结构出现适应性调整　2013 年，饲料产品类别呈现“一平一降一增长”的特点，表现为配合饲料持平，浓缩饲料下降，添加剂预混合饲料增长。由于 2013 年行情低迷和部分原料价格走低，饲料产品结构和前两年相比略有调整，主要表现在配合饲料产量的涨幅趋缓，而近两年一直处于萎缩之势的浓缩饲料产量下降速度有所缓和，添加剂预混合饲料产量成为亮点。添加剂预混合饲料之所以成为亮点有以下几方面原因，一是畜产品价格持续低迷，从农户手中直接购买原料价格相对较低，散养户为降低成本，更多地选择预混合饲料；二是随着大规模农场的发展，为了提高养殖水平和降低饲料成本，养殖场选择适合度高的自配饲料，直接推动了添加剂预混合饲料产量；三是添加剂利益空间较高，更受到饲料企业青睐；四是部分企业提高预混合饲料比例和调低浓缩饲料配比用量。

3. 禽饲料产量遭受重创　2012 年末“速成鸡”事件后续影响、春节后肉类消费需求下降以及 3 月底爆发 H7N9 流感疫情，使禽饲料遭受重创。据重点跟踪企业统计显示，4～5 月不同规模企业的禽饲料产量全线下跌，H7N9 流感疫情造成禽类产品价格剧降，禽肉大量积压冷冻、部分养殖户退出、父母代鸡大量损失、存栏减少，直至 12 月底禽饲料产量仍然没有恢复。2013 年，蛋禽饲料、肉禽饲料产量累计同比仍然下降；2012 年同期同比增长 0.7%；2011 年同期同比增长 9.1%。

4. 全国饲料质量安全状况保持稳定向好的趋势　农业部数据监测显示，2013 年饲料质量卫生指标合格率处于较高水平，商品饲料产品合格率为 96.0%，比 2012 年提高 0.3%；饲料中禁用物质检出率为 0，没有发现非法使用“瘦肉精”、苏丹红等禁用物质的情况；饲料添加剂使用进一步规范，国产饲料添加剂合格率97.1%；抽检进口饲料添加剂合格率91.0%，不规范使用添加剂问题得到明显遏制。

5. 企业整合升级，战略蓄积与扩张势头不减 行业企业努力寻求并着手进行战略升级。因市场低迷，各企业纷纷借机调整自身发展模式。一批企业着手进行设备改造升级，建立标准化生产方法，来满足新的饲料法规对饲料生产条件的要求，以形成企业发展新的竞争力；一批企业进行联合重组，一般是3～5家小型企业进行联营联合，以达到企业规模化，管理规范化，共同求生存求发展；一批企业进行外延式扩展，尤其是大型企业，从资源节约角度、规模角度以及疾病控制和项目的可操性等综合因素驱动，加大对猪饲料投入力度，并扩大生猪产业链建设，推动了饲料行业的转型和提升。2013年大企业对现代化养猪业投资规模之大为历年之最。

6. 大型企业扩张步伐加快 行业企业一系列的改造、重组、收购、外延，都在助推行业整合速度的提高，形成了有利于行业持续健康发展的竞争格局。9月25日，发改委公布《全国牛羊肉生产发展规划(2013—2020年)》，要求各地培育壮大产业化龙头企业大力发展“公司+农户”等生产模式，推进产业化经营。10月8日，国务院常务会议审议通过《畜禽规模养殖污染防治条例（草案）》，提高了养殖业准入门槛，对推动畜牧业转型升级，推行规模化、标准化养殖具有重要意义。在政府的政策导向及其对农业产业化龙头企业的扶持下，企业全产业链发展、规模化养殖已是大势所趋。

三、中国饲料行业发展趋势

1. 饲料行业适应发展形势，整体寻求新突破 2012年“健美猪”“速成鸡”事件的影响还没完全消除，3月底又发生了“黄浦江死猪”与H7N9流感疫情，畜牧养殖行业严重受创，作为与畜牧业养殖业息息相关的上游产业饲料业也未能幸免，加上我国宏观经济增速放缓，饲料总产量和销售额被动减少，消费者对肉食品消费信心下降，更是对饲料养殖形成了极大压力，使各饲料企业普遍感到了“倒春寒”。而低迷的行情，正是考验企业实力和应对能力的时刻。上市饲料公司纷纷在各自的发展战略框架下，明确定位和及时调整发展战略、战术，有效提升企业发展能力和管理水平。

上市公司是行业的领头军，在它们的带动下，我国饲料行业不断实现新的突破，在有效提升现代化管理和精耕细作中全面寻求并提升新的利润增长点。

2. 整个行业对危机事件理性有效应对，行业成熟度大幅提高 4月7日，农业部印发《动物H7N9流感疫情流感紧急监测方案》，全面加强疫情排查和病毒监测，并及时处置突发情况。同时，各大集团企业多次召开专题会议研究，在技术、管理和销售等方面部署应对措施，并第一时间客观公布事件对企业的不利影响，使投资者更加放心。5月21日，在瑞士日内瓦召开的世界卫生大会专门聚焦H7N9流感疫情，我国对该疫情的应对赢得了各界肯定。建立企业预警机制、成立应急基金，呼吁政府及相关部门出台优惠政策给予适当补助，减少企业亏损，正确、科学看待疫情，培育传递正能量的舆论环境，避免影响市场消费等。这说明我国饲料行业与企业更加成熟，危机处理方式也更加理性及时，全面有效的应对措施让行业危机最小化。

3. 饲料原料价格波动呈常态化，国际、国内市场因素影响更加明显 饲料原料价格波动多年来一直是饲料产品价格变化的主要因素，国际、国内市场化成为决定性因素。如玉米，2009年之前玉米均价稳定在1.72元/kg左右；自2010年开始大幅上涨至2.01元/kg，涨幅16.9%；2011年上涨至2.30元/kg；2012年涨至2.48元/kg；2013年玉米价格虽有所回落，但仍处于高位，2013年玉米均价为2.42元/kg，年均上涨幅度近10%。豆粕方面，2006年以前豆粕年均价稳定在2.4元/kg左右；2007年至2008年豆粕价格开始大幅上涨，达到3.55元/kg，涨幅达47.9%；自2009年到2011年价格在3.36元/kg上下的高位区间呈现波动起伏行情；2012年上涨至3.74元/kg；2013年豆粕价格延续上涨行情，累计均价已涨到4.15元/kg，创下历史高位。豆粕价格波幅比玉米更多了不确定性，这与大豆豆粕主要依赖进口有关。

2013年，我国共进口大豆6 337.5万t，同比增长8.5%。进口豆粕1.7万t，同比下降63.3%。全球大豆供应和需求炒作继续主导市场，杂粕供给减少导致豆粕消费量增长明显，现货价格居高不下，进口量已达历史同期最高水平。

2013年，共出口玉米7.8万t，同比下降69.8%。进口玉米326.6.5万t，同比下降37.3%。由于全年玉米供应充足，饲料、深加工等下游消费较为疲弱，加上受H7N9流感疫情等因素影响，玉米市场行情持续低迷，供大于求等多重因素对玉米市场行情造成了巨大冲击。

在供需、配额、外盘等因素影响下，2013年共进口鱼粉97.6万t，同比下降21.7%。受秘鲁、智利、美国等主产国捕鱼情况的影响，我国进口鱼粉随之骤减。加上国内接连发生暴雨和强台风，鱼粉需求表现疲弱。

2013年国内蛋氨酸、赖氨酸市场供求失衡导致行情持续低迷，价格处于历史低位。整体情况为进口量减少、出口量增加明显。赖氨酸进口0.6万t，同比下降43.9%；赖氨酸出口19.2万t，同比增长11.9%。蛋氨酸进口12.1万t，同比下降9.8%；蛋氨酸出口0.5万t，同比增长86.9%。大宗饲料原料和饲料添加剂市场的持续变化，将给中小型企业的原料采购带来压力和考验，规避原料价格波动的不利影响，以原料风险管理来推动产业进步迫在眉睫。

4. 行业转型升级进入关键性阶段 我国饲料行业转型升级将进入关键性阶段，饲料生产企业以调结构、促转型、提升级为主题。主要表现为：一是与养殖新技术结合的饲料产品研发和饲料产品本身的核心技术开发；二是生产自动化与生产技术信息化的有效结合；三是饲料企业全球国际化视野的进一步拓宽；四是企业融资的有效运作，将助力企业跨越式发展；五是区域性集中布局的核心效应与重点城市品牌效应的再次结合；六是企业横向与纵向产业的扩张、与物流储运的有效链接和降低生产企业与直接消费者间的运行成本，必将带来企业利润新的增长点。

5. 饲料行业整体运行进入相对高成本时代 从用工成本、环保约束、土地成本和社会物价总体升高等因素来看，饲料产品成本继续升高的可能性比较大。一是饲料成本。玉米方面，国家统计局统计2013年玉米产量达到2.15亿t，比2012年增长4.6%，连续第四年增产。但在国家定向收储、进口转基因玉米退货、玉米需求增长（饲用、食用、工业用途）的刺激下，玉米价格震荡运行。豆粕方面，由于受美国种植成本和畜禽存栏水平较高的影响，豆粕价格可能保持高位。二是用人成本。由于人口红利逐渐消失，社会各个行业都面临转型，畜牧业也不例外，用人成本刚性增长的势头不可逆转，熟练技术工人仍比较缺乏。据统计数据显示，一线城市的人工成本升幅8%。其次，受环保约束、社会物价水平等支撑上涨因素影响，虽然美国启动量化宽松政策有可能会有大宗农产品温和下调的期待，但从总体情况看，企业整体运行及产品成本将持续上涨可能性较大。

6. 饲料市场仍然有广阔的发展空间 世界经济处于转型期，我国经济同样面临转型挑战。2013年上半年中国经济发展速度明显放缓，饲料行业面临经济结构调整和发展战略调整问题，饲料产量增速减缓，企业利润进一步挤压。但从行业形势看，随着国家宏观经济结构的调整，从第三季度开始经济逐渐回暖，行业和企业也基本适应了国家经济结构调整的步伐和节奏，纵观当前大环境、大政策、大市场，我国饲料行业仍有很大发展空间和机遇。

从宏观环境看，随着我国经济增长，人们生活水平提高，城市化进程加快，饲料行业仍有广阔的发展空间。随着农村城镇化、大中型城市全面城市化以及人口的增长，对动物蛋白的直接需求和相关动物产品的刚性需求不断加大，给畜牧饲料行业带来了广阔的发展空间。党的十八届三中全会提出“市场在资源配置中起决定性作用”的重大理论突破，将进一步协调处理市场和政府的关系，使市场竞争更加有序充分，优胜劣汰和产业升级调整步伐将进一步加快，行业发展更加健康稳定。

从行业发展政策来看，饲料行业管理相关政策和法规相继出台，既规范了行业行为，也提高了行业准入门槛和行业整体素质，逐步淘汰落后产能，进一步提高企业生产能力和管理水平，利于规模实力较强的大型饲料企业聚集性发展。

从企业发展看，企业是行业发展的主力军。近年来，我国饲料企业已具备了适应形势发展的需要，对突发事件更具有效处置和蓄势而发放眼全球的势头。我国大型饲料企业的产量规模快速提升。

从市场需求变化看，下游养殖规模化进程加快和散养户快速退出必将给饲料行业带来新的格局上的变化。同时，伴随着2013年《畜禽规模养殖污染防治条例》的出台，部分不达标的中小生猪养殖场被拆除关停，而此前已对污染防治投入较多的大型养殖企业的竞争优势将明显提升，必将更有利于大型养殖企业尤其是上市公司的发展壮大。伴随着规模化进程的加快，饲料产品结构的变化，企业的发展格局和战略都将有大幅度的调整。

总之，在农业经济政策调整，行业政策日臻完善，企业战略性发展加快以及市场容量的进一步扩大等四重因素的共同促进下，我国饲料行业必将迎来更大的发展空间。

（闫奎友　陆泳霖）

主要饲料产品概述

猪饲料

一、2013 年我国生猪生产情况

1. 生猪生产基本稳定，猪肉产量再创新高 据国家统计局资料，2013 年全国肉类总产量 8 536 万 t，比 2012 年增长 1.8%。其中，猪肉产量 5 493 万 t，增长 2.8%，占肉类总产量的 64.4%。年末生猪存栏 47 442 万头，同比增加 2.5%；生猪出栏 71 557 万头，比 2012 年增长 2.5%（图 2－13）。

2. 生猪存栏量下滑，能繁母猪存栏量小幅增加 从农业部畜牧司监测数据来看，2013 年年末生猪存栏量为 47 442 万头，同比增加 2.5%。由图 2－14 可知，在 2013 年生猪存栏量中，仅 2 月份生猪存栏量出现下滑，从 1 月份的 46 472 万头，下降到 2 月份的 45 589 万头，下降 1.9%。从 3 月份开始，生猪存栏数量开始回升，到 12 月份，全国生猪存栏量达到最高点，为 47 442 万头，比 2012 年同期增加 2.5%。

2013 年全国能繁母猪存栏量总体趋势以下滑为主，1～7 月出现连续下滑，从 5 148 万头降到 5 076 万头，降幅达 1.4%，8 月份出现短暂的上升趋势，随后 9～12 月继续连续下滑，到 12 月达 5 044 万头，同比降低 3.0%。但 2013 年全年能繁母猪存栏数量总体趋势比 2012 年全年存栏数量有所增加，2013 年全年能繁母猪存栏量为 61 117 万头，增幅达到 1.2%。

3. 猪粮比下降，养殖效益下滑 2013 年猪粮比平均为 6.14，同比下降 1.5%。由图 2－15 可知，3～7月猪粮比价跌破 6：1 盈亏平衡点，处于亏损状态，直到 8 月才有所回升。2013 年饲料用粮价格除玉米与 2012 年一致外，其余均上涨，玉米平均价格 2.45 元/kg，豆粕平均价格 4.32 元/kg，同比增长 11.1%。猪配合饲料平均价格 3.31 元/kg，同比增长 5.1%。由此可知，2013 年的生猪养殖成本较 2012 年增加，养殖效益有所下滑。

二、2013 年我国猪饲料生产情况

1. 2013 年猪饲料产量及比重增长 据统计，2013 年全国猪饲料总产量 8 411 万 t，同比增长 8.9%，占全国饲料总产量的比重 43.5%。其中，猪

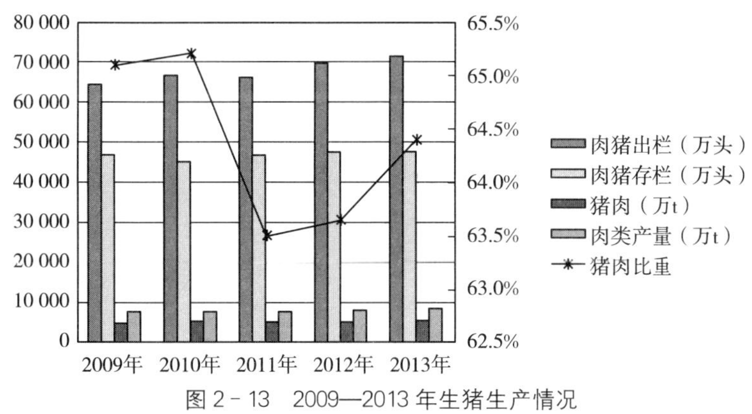

图 2－13 2009—2013 年生猪生产情况

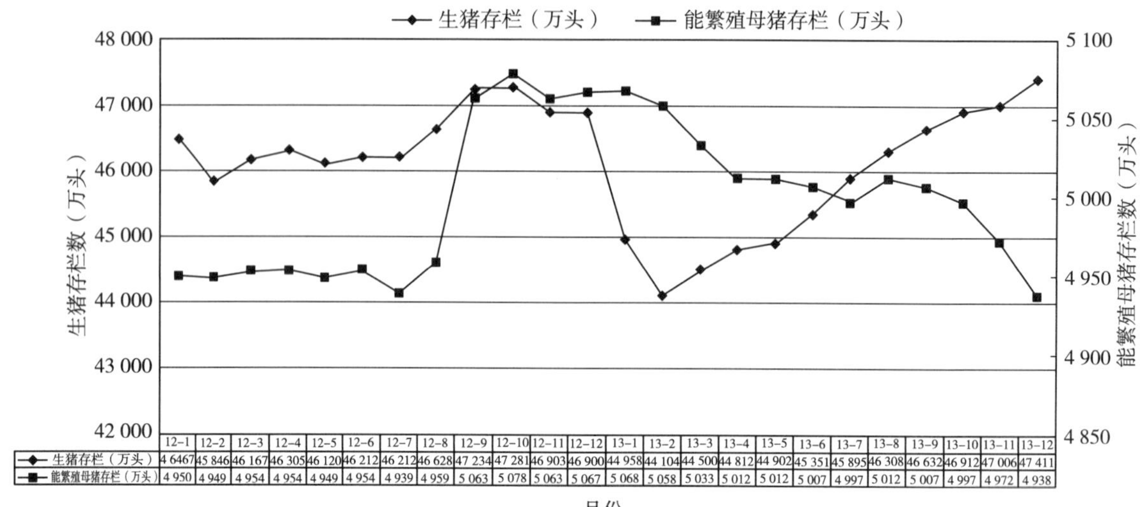

图 2－14　2012—2013 年生猪及能繁母猪存栏情况

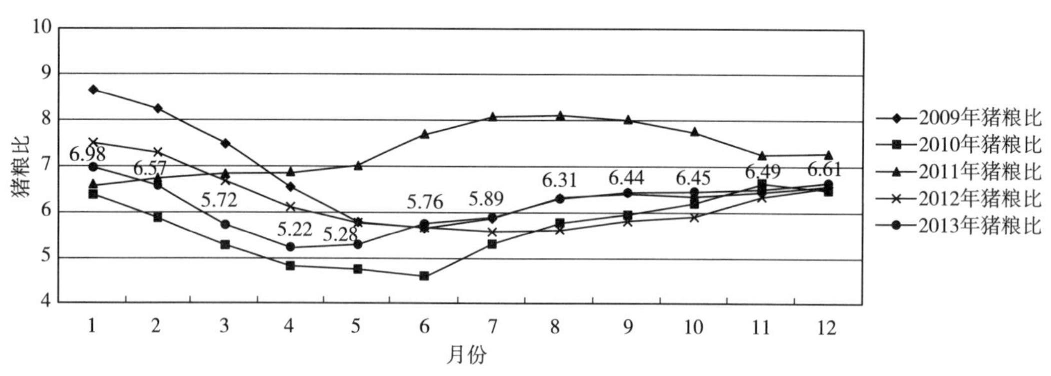

图 2－15　2009—2013 年全国猪粮比情况

表 2－4　2004—2013 年我国猪饲料生产情况

单位：万 t、%

年份	总产量	占饲料总产量比重	猪配合饲料	占猪饲料比重	猪浓缩饲料	占猪饲料比重	猪添加剂预混合饲料	占猪饲料比重
2004	3 793	39.3	2 333	61.5	1 239	32.7	221	5.8
2005	4 250	39.6	2 561	60.4	1 434	33.7	254	6.0
2006	4 015	36.3	2 397	59.7	1 354	33.7	264	6.6
2007	4 001	32.5	2 411	60.3	1 312	32.8	278	6.6
2008	4 577	33.5	2 893	63.2	1 374	30.0	310	6.8
2009	5 243	35.4	3 363	64.2	1 542	29.4	337	6.4
2010	5 947	36.7	4 112	69.1	1 498	25.2	337	5.7
2011	6 830	37.8	5 050	73.9	1 440	21.1	337	4.9
2012	7 722	39.7	5 991	77.6	1 382	17.9	349	4.5
2013	8 411	43.5	6 629	78.8	1 407	16.7	375	4.5

配合饲料总产量 6 629 万 t，同比增长 10.7%，占全国配合饲料比重为 40.7%；猪浓缩饲料总产量 1 407 万 t，同比增长 18.1%，占全国浓缩饲料比重为 58.7%；猪添加剂预混合饲料总产量 375 万 t，同比增长 74.5%，占全国添加剂预混合饲料比重为 59.2%。

2. 生产成本提高，利润空间受到挤压 2013 年猪混合饲料平均价格持续增长，达到 3.31 元/kg，同比增长 5.1%。同时，猪粮比和猪料比分别由 2012 年的 6.23、4.83 下降到 6.14、4.55，同比下降 1.5%、5.8%。随着饲料原料、配合饲料价格的上涨，生猪养殖成本也必然会上涨，从而导致生猪养殖业盈利水平显著下降。

三、2013 年猪饲料主要发展特点

1. 猪饲料产品结构发生较大调整 从近 3 年的统计数据看，2013 年猪配合饲料延续了比重持续提高的势头，从 2012 年的 77.6%上升到 78.8%，同比增长 1.2%。而浓缩料和预混料所占比重持续处于下降趋势，分别由 2012 年的 17.9%和 4.5%下降到 16.7%和 4.5%，同比下降 6.5%和 1.3%。

2. 生猪养殖规模化程度进一步升高 2013 年，国内养猪市场受到养殖成本提高、养殖风险承受能力弱和外出务工收入高等因素影响，散养户养殖积极性下降，纷纷退出养殖行业。而大型养殖企业在养殖成本和抗风险能力等方面比散养户更胜一筹，综合资源节约、规模大小以及疾病控制和项目的可操性，借机调整自身发展模式，加大对生猪养殖业和猪饲料生产的投入力度。另外，由于政府的政策导向和对农业产业化龙头企业的政策扶持，企业全产业链发展和规模化养殖已是大势所趋。

3. 饲料质量安全保持稳定向好趋势 2013 年饲料质量卫生指标合格率处于较高水平，商品饲料产品合格率为 96.0%，比 2012 年提高了 0.3%；饲料中禁用物质检出率为 0，未发现非法使用“瘦肉精”等禁用物质的情况；饲料添加剂使用进一步规范，国产饲料添加剂合格率 97.1%；抽检进口饲料添加剂合格率 91.0%，不规范使用添加剂问题得到明显遏制。

4. 国家采取措施，稳定猪价 2013 年春节后，猪肉市场价格持续低迷，猪粮比连续几周处于 6：1 盈亏平衡点以下，养殖户处于亏损状态。为防止损害养殖户利益，引发猪肉价格周期性暴跌暴涨，国家采取措施启动“冻肉储备”，有效缓解猪肉供给压力，使得生猪价格理性回归。

5. 出台扶持政策，促进养猪业发展 2013 年国家继续支持生猪养殖生产，涉及标准化养殖场建设、国家种猪核心育种场建设、能繁补贴、疾病防控、品种改良及生猪保险等。其中，首次提出对畜牧业的金融支持，鼓励有条件的地方设立畜牧业贷款担保基金、担保公司，为养殖加工龙头企业融资提供服务，扩大生猪调出大县奖励资金规模和范围。各种政策的扶持，为我国生猪规模化养殖场、规模化养殖小区的迅速发展提供良好政策环境。

（刘金波　唐湘方　张宏福）

家禽饲料

2013 年是中国家禽业异常艰难的一年，受 H7N9 流感疫情的影响，禽产品消费低迷，饲料市场需求不旺，禽饲料产量降低明显，为多年首次出现产量降低。2013 年全国商品饲料总产量 19 340 万 t，同比下降 0.6%，其中，蛋禽饲料产量 3 035 万 t，同比下降 6.07%，肉禽饲料 4 947 万 t，同比下降 10.3%；禽料总计 7 982 万 t，占饲料总产量的 41.3%。

一、蛋禽养殖和饲料生产概况

1. 蛋禽养殖业主要事件

（1）鸡蛋期货上市。我国存栏万羽的蛋鸡场占市场份额不足 40%，据国家蛋鸡产业技术体系 2013 年的调查结果，鸡蛋主产区（9 个省份的 18 909 个养殖场户），蛋鸡养殖场平均存栏 5 437 只。虽然有 H7N9 流感疫情等因素的影响，国内首个畜牧期货品种（鸡蛋期货）还是在大连商品交易所正式挂牌交易。

鸡蛋期货上市将有助于鸡蛋市场价格的形成，提供避险工具，服务农户和企业，推动我国鸡蛋产业的规模化、标准化发展，促进产业升级。随着蛋鸡养殖集约化程度的增加，鸡蛋期货必将走进人们的视线，但需要较长的时间。

（2）国产品种振兴。2012 年底农业部发布《全国蛋鸡遗传改良计划（2012—2020）》，提出了下一阶段我国蛋鸡育种工作目标以企业为主体，培育高产蛋鸡和地方特色蛋鸡新品种，打造一批“育（引）繁推一体化”蛋种鸡企业。到 2020 年，培育 8～10 个具有重大应用前景的蛋鸡新品种，使国产品种商品代市场占有率超过 50%，且于 2013 年正式启动。国产蛋鸡主要品种有京红 1 号、京粉 1 号和 2 号、大午粉 1 号和京白 99、农大 3 号和 5 号、新杨系列及苏禽绿壳蛋鸡等。

2. 蛋禽养殖情况 2013 年我国商品代蛋鸡平均存栏 12.5 亿只；蛋鸭存栏 1.93 亿只；禽蛋总产量 2 861 万 t，其中鸡蛋 2 230 万 t（占 77.9%），鸭蛋 312.58 万 t（10.9%），其余为鹅蛋、鹌鹑蛋、鸽子蛋等。

(1) 蛋鸡企业逆势扩张加速蛋鸡规模化。2013年共有18个与蛋鸡产业相关项目开工或投产，总投资超过62亿元，其中日本伊势食品和光明食品在江苏大丰项目规模最大，投资金额达24.8亿元（表2-5)。近年来蛋鸡饲养规模化程度加快，截至2013年我国共公布蛋鸡规模化示范场561个。大规模企业的投资建厂，将促进我国蛋鸡饲养的规模化进程和鸡蛋加工比例。

表2-5 2013年部分与蛋鸡产业相关项目开工或投产

2013年	公司和地址	投资（亿元）	规模
9月	日本伊势食品和光明食品，江苏大丰	24.84	900万只蛋鸡
6月	山西大正伟业农牧有限公司，山西阳泉	15.00	300万只蛋鸡
8月	河北北粮农业股份有限公司，河北唐山	11.76	400万只的蛋鸡
11月	河北华裕家禽育种有限公司，河北邯郸	5.00	75万套蛋种鸡和100万只商品代蛋鸡

(2) 鸡蛋行情回顾。鸡蛋需求的季节性和节日效应明显，春节刚过为鸡蛋市场的淡季，此时期的蛋鸡生产性能较好，鸡蛋供应量增加，蛋价往往出现最低点；5月份（清明、五一、端午节）节日备货需求大、蛋价升高；8、9月份大中院校开学，而且正逢中秋和国庆节，鸡蛋消费明显提升，蛋价往往出现最高；第四季度，节日备货需求过后，价格趋于正常。

2013年的鸡蛋价格基本符合上述规律，年初，因春节备货结束、市场蛋鸡存栏量较高，鸡蛋市场供应过剩、价格低；3月底，因上海和安徽H7N9流感疫情的发酵，部分地区鸡蛋价格急跌；4、5月份随着节假日到来，鸡蛋价格拉升；5月底，恰正逢鸡蛋消费淡季再加上H7N9流感疫情的影响，价格下挫至每500克3元以下；7月中旬，产蛋减少，另外人们对流感疫病担忧减弱，鸡蛋价格修复性反弹；9月份将迎来开学季、中秋节和国庆节，鸡蛋价格快速上行至年初高点，蛋鸡养殖户开始补栏；10月中旬，由于节日效应的失去、存栏蛋鸡多及产蛋率高的影响，价格再度下跌；12月份，迎来传统节日元旦和春节，价格止跌；12月中旬，出现新型流感H10N8病例，但对禽蛋市场的影响有限。

(3) 养殖利润偏低，补栏不积极。养殖利润是中小型养殖户决定养殖规模的重要信号，受疫病影响，2013年蛋鸡养殖风险大，利润低，养殖场户补栏谨慎。淘汰鸡行情较差，养殖企业推迟高龄蛋鸡淘汰进程，而后备蛋鸡较少，2014年鸡蛋供应紧张将不可避免。

3. 蛋禽饲料生产禽蛋价格关系 蛋禽饲料中，配合饲料为2 425万t，同比降低6.9%；浓缩饲料为470万t，同比减少4.2%；添加剂预混合饲料为139万t，同比增加3.8%。按照浓缩饲料和添加剂预混合饲料在配合饲料中添加30%和3%计算，折合配合饲料8 625万t，与2013年禽蛋产量2 876万t相除，蛋禽全程料蛋比约为3。尽管蛋禽饲料产量较低，禽蛋产量同比增加0.5%。

蛋鸡饲料平均价格在3.11元/kg，鸡蛋9.89元/kg；蛋料价比3.18。饲料和雏鸡占养殖成本的90%以上，鸡蛋价格与雏鸡价格关联度为79.4%，与饲料价格的相关度为80.2%。

蛋鸡预混合饲料得益于养殖户的自配饲料，随着生猪、肉鸡等动物的集约化饲养的增加，蛋禽用添加剂预混合饲料的比例可能还会提高。蛋禽饲料的工业化普及率较低，预混合饲料和浓缩饲料产量与鸡蛋价格相关，鸡蛋价格高则当年蛋禽配合饲料增加明显，

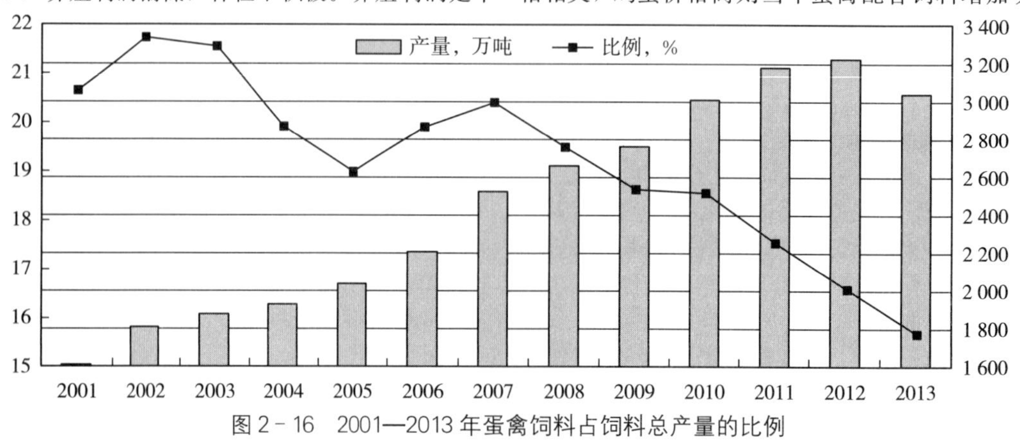

图2-16 2001—2013年蛋禽饲料占饲料总产量的比例

否则蛋鸡养殖户多采用自配饲料，预混合饲料销量大，统计的配合饲料销量低，从而造成统计的蛋禽饲料降低明显。

由图2-14可见，2001年以来蛋禽饲料呈现逐年递增的趋势，2013年同比有所降低；蛋禽饲料占饲料总产量的比例延续了2007年以来的下行趋势，2010年以来呈直线下降，每年降低近1%。

二、肉禽养殖和饲料生产概况

这里的"肉禽"应该包括白羽肉鸡、黄羽肉鸡、白羽肉鸭、番鸭和半番鸭、鹅、鸽子等，尽管统计禽肉包含了淘汰蛋鸡、淘汰种鸡等，但饲料消耗计入相应品种。近年来，白羽肉鸭发展迅速，其产业模式同白羽肉鸡相同，工业化程度高；黄羽肉鸡因为风味、口感、视觉等受到南方消费者的青睐，饲养量一度与白羽肉鸡相当，成为了肉禽工业化生产的生力军。

1. 肉禽养殖业发展趋势

（1）优质鸡肉消费形式变化。近年来黄羽肉鸡生产规模迅速扩大（约40亿只），出栏量略低于白羽肉鸡，其中约85%以活鸡交易。受H7N9流感疫情影响，各界对活鸡消费提出了质疑，"关闭活禽交易市场"的呼声越来越高，上海、广州受影响较为明显。其实，2006年国务院办公厅即下发文件，要求"率先在大城市逐步取消活禽市场的销售和宰杀"。而冷鲜禽是活禽市场关闭的必然产物，在美国、中国香港等地，冷鲜鸡已逐渐替代活鸡和冷冻鸡。

（2）养殖模式创新"公司+家庭农场"，一条龙深入发展。因为之前业内流行的"公司+农户"模式中农户养殖环节难以控制，药残问题凸显。使得人们开始在提高"农户"规模和自律方面做文章，如将所有养殖自有化形成"一体化"模式，聘请饲养员养殖等，以避免养殖过程的不可控，实现饲料、养殖、屠宰、储运的全程可控，生产安全营养的食品。"家庭农场"养殖模式，与传统养殖模式相比，机械化水平有所提高、劳动强度有所降低；生产技术先进且养殖效率得到提高；饲养规模增大、出栏量提高；粪污处理能力增加、环境友好。这必然促进肉禽饲料的增长、禽类食品的安全级别的提升。

2. 肉禽养殖情况 2013年肉类总产量8 373万t（同比增长1.8%），其中禽肉1 798万t，同比下降1.3%。根据中国畜牧业协会家禽业分会预测，2013年我国禽肉产量2 305.27万t（表2-6），相对国家统计局数据，其禽肉产量较少且品种没有分开。肉鸭中，白羽肉鸭出栏30.14亿只，产肉587.55万t；番鸭、半番鸭出栏4亿只，产肉98万t；淘汰蛋鸭1.51亿只，产肉33.98万t。

国家肉鸡产业技术体系调研数据显示，2012和2013年肉仔鸡的成活率分别为93.6%和94.3%，出栏体重2.33kg和2.32kg。

3. 肉禽饲料生产情况 肉鸡和肉鸭饲料工业化程度较高，一般为颗粒饲料，需要规模化饲料厂生产。肉禽饲料消费主要受肉鸡价格、养殖户补栏积极性、肉鸡存栏等因素的影响。2013年，肉禽饲料中，配合饲料4 619万t，同比减少9.7%；浓缩饲料282万t，同比减少17.8%；添加剂预混合饲料46万t，同比减少15.5%。根据2013年禽肉产量（表2-6）数据，计算肉禽配合饲料消耗量为6 519.66万t。

由图2-17可见，2001—2012年肉禽饲料产量逐年递增，受H7N9流感疫情影响，2013年肉禽饲料未能延续递增趋势，相较2012年产量下降明显；肉禽饲料占饲料总产量的比例延续了2008年以来的颓势，2013年更是达到了新低。

表2-6 中国畜牧业协会家禽业分会预测2013年禽肉组成

单位：亿只、万t、%

肉	白羽肉鸡	黄羽肉鸡	肉鸭	淘汰蛋鸡	鹅	817肉鸡	鸽子	合计
出栏	45.06	38.58	35.65	11	6.66	5	4	145.95
产量	780	376	719.53	187	157.85	68.89	16	2 305.27
料/重	2	3.5	2		1	2	3	
全净膛率	75	65	75	75	75	65	65	
饲料	2 080	2 024.62	1 918.75	0	210.47	211.97	73.85	6 519.66

三、家禽饲料工业特点

国家肉鸡和蛋鸡产业技术体系，在调研的基础上提出了家禽规模化界定新标准，即白羽肉鸡年出栏5万羽，黄羽肉鸡年出栏3万羽，产蛋鸡存栏5 000羽。这次对饲养规模的重新定义可有力推动饲料结构变化，饲料加工能力、鸡粪处理能力。

1. 蛋禽饲料工业特点 大资本开始关注蛋禽养

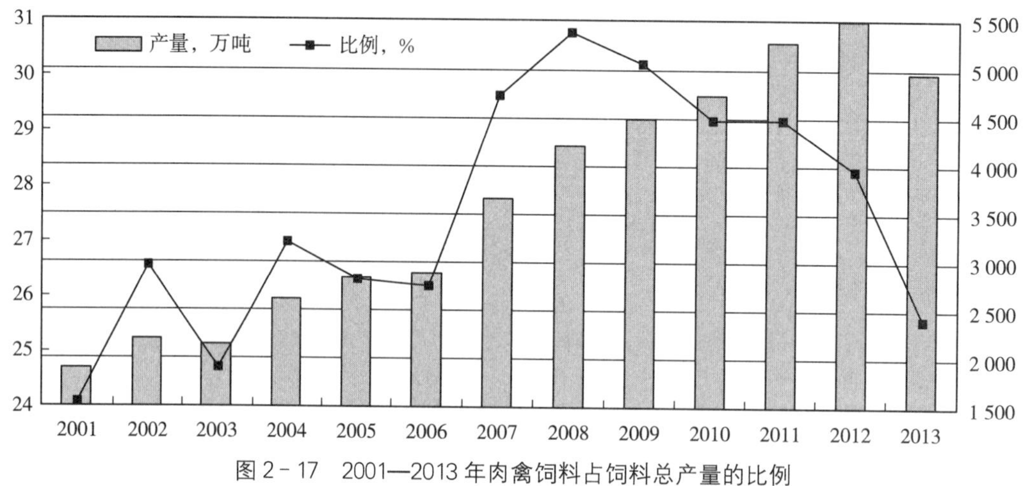

图 2-17 2001—2013 年肉禽饲料占饲料总产量的比例

殖业，必将推动我国的蛋鸡现代化养殖水平，推动我国蛋品加工业的发展，最终推动蛋鸡养殖和禽蛋饲料生产。用工业化的理念谋划蛋鸡产业，利用工业化设施发展蛋鸡养殖业，可提高蛋鸡整体养殖的综合实力。

在农业部的推动下，现代化的蛋鸡标准化养殖成为趋势，低于 5 000 羽存栏规模的养殖户因风险大、利润有限、劳动力成本增加，而会逐渐淡出人们的视线；根据国家蛋鸡产业技术体系的调研，2013 年家庭养殖（2 000～10 000 羽存栏），以及标准化养殖（1 万～5 万羽存栏）养殖户所占比例达到 85.4%，所占蛋鸡存栏 88.3%。新建蛋鸡养殖场，大于 5 万羽存栏的规模养殖企业较多。

设施畜牧业需要考虑到排泄物、废弃物、病死鸡的无害化处理。养殖业的发展必然伴随养殖污染，过去对该问题缺乏警惕，主要精力用于如何加快发展，为市场提供更多更优质的畜禽产品，导致现在养殖环境恶劣，过去季节性流行病的发病已发展成四季均有发病，流行病的发病周期逐渐缩短。且新病（如气囊炎、新母鸡病等）层出不穷，加之治疗手段、治疗价值等影响，使其对养殖业造成较大损失，散养户逐步退出养殖业，中小养殖企业缩减规模。养殖业已进入全面洗牌阶段，许多企业面临艰难抉择。“北蛋南养”发展迅速，新近发展起来的南方蛋鸡养殖场，规模化程度高，充分借鉴了北方养鸡的经验，引进先进智能的设备，企业经营状况好。

2. 肉禽饲料工业特点 大型投资集团纷纷看中肉仔鸡的加工领域，投资新建肉仔鸡养殖和屠宰项目，集约化产能不断扩张；外资企业亦加入了中国市场白羽肉鸡行业，增加了竞争的激烈性，预计 2014 年我国白羽肉鸡市场形势依然严峻。

黄羽肉鸡的发展模式更新，集约化标准化进程加快。中小型养殖场户，因资金、技术限制，经过 H7N9 流感事件的洗礼，逐渐退出养殖行业。

另外，专业生产家禽饲料（或者主要生产家禽饲料的企业增多）以生产某一饲料为主的厂家或生产线逐年增多。因玉米减产和多用途性，使得小麦替代；养殖、饲料、加工一体化经营将成为未来主要发展模式。

（武书庚　齐广海）

水产饲料

一、生产量与行业特点

2013 年全年我国水产品产量为 6 172 万 t，比 2012 年增长 4.5%。其中，养殖水产品产量为 4 547 万 t，增长 6.0%；捕捞水产品产量为 1 625 万 t，增长 3.5%。水产品产量的稳步增长带动了我国水产饲料行业规模的增长。经过 2012 年的快速发展之后，2013 年产业进入自身调整期，加上各区域持续降雨、恶劣气候条件和终端产品价格等多重因素影响，我国水产饲料产量达到 1 864 万 t，相较过去十多年，国内水产饲料的复合增长率保持在 10.6%，2013 同比下降 1.5%，让饲料企业感受到了一定压力。

但我们同时要看到乐观的一面，若按照饵料系数 1.5 计算，2013 年养殖水产品产量 4 547 万 t，水产饲料总量达到 6 820 万 t，实际上 2013 年总量才 1 864 万 t，这样覆盖率为 27%，假设覆盖率为 40%的话需要水产饲料 2 728 万 t，行业增长空间尚有 46%。

总体而言，2013 年水产饲料可以用“整体低迷、两头高中间低、区域发展不平衡”来概括。整体低迷：从全国范围来看，基本所有养殖品种，无论高档或低档，大都存在存塘量不高，养殖户投喂意愿不强，终端价格走弱的局面，严重影响了饲料销量。两头高中间低：从各月销量变化来看，2013 年 1～3 月销量增长明显，4～7 月销量开始大幅度下降，出现典型的旺季不旺局面，但随着存塘量较少，后期的时候鱼价又适当走高，让饲料企业销量有了一定的增长。区域发展不平衡：不同于 2012 年各区域产销量均衡发展的情况，2013 年华南、华东、华中等几大主要地区水产饲料销量增长出现较大差异，总体情况为华中地区增长较好，华东地区基本持平或略有增长，华南地区则出现一定幅度的下降。

从主流水产饲料企业销量看，按照相关上市公司年报和咨询公司调查数据分析，2013 年中国水产饲料前 10 名企业按产销量和毛利率情况大致可划分为三个梯队。第一梯队为 200 万 t 级企业，即通威和海大；第二梯队为 50 万～100 万 t 级企业，即恒兴、正大、新希望六和和粤海；第三梯队为 20 万～30 万 t 级企业，主要有普瑞纳和统一等。统计数据显示，2013 年以来，共有 33 家农林牧渔类上市公司已经实施或正在实施并购重组，占行业上市公司的 42.31%，行业持续整合，产业集中度快速提升。总的来讲，50 万 t 级以上企业将呈现强者恒强的局面，尤其是 200 万 t 级企业将在一段较长时期内呈现胶着局面，但不排除在近 3 年内销量差距存在扩大的可能；10 万～50 万 t 级企业或将出现两极分化，少数企业将脱颖而出、突破百万吨级，而相当一部分企业将维持现状甚至逐渐萎缩；2013 年从主流水产饲料企业销量看，相当一部分规模企业甚至龙头企业的表现没有达到预期，销量同比基本持平或有所下降。2013 年区域特色型企业发展的比较顺畅，他们在自己的细分领域拥有强大的竞争力，别的厂家很难涉足其中。相对来讲，这些企业面临的竞争压力会稍微小一点。10 万 t 级以下和 10 万 t 级左右的企业中，一些区域性强者和特色企业将长期占据一席之地。同时，我们应当充分认识到并承认，每个区域都存在一些区域性强者和特色型企业值得我们去借鉴。

从水产饲料销售品种上看，常规品种在下半年实现了恢复性增长，普通淡水鱼饲料仍是中国市场的主流，水产颗粒饲料销量约占水产饲料总销量的 70%。特种水产饲料出现大幅下滑，其中，国内虾料和海水鱼料下降了大约 20%～25%。过去几年异常火爆的特种膨化料也在 2013 年遇冷，销量下降 15%～20%。在产业大发展背景下，无论是跨国饲料集团、上市公司，或区域性强者，中小饲料企业都将目光投注在了膨化料上。目前膨化料总量已接近 260 万 t，膨化料主要集中在高档名特优品种，在特种水产饲料竞争环境上，四大特种水产料集团（通威、海大、恒兴、粤海）已经占据虾料和高档特种膨化料市场容量 65%左右的市场份额，其中虾料四大集团的销量已经占 75%以上，特种水产饲料比普通水产饲料竞争更加惨烈，同时由于受到养殖效益的影响，名特优产品的养殖在最近几年将持续升温，这势必会增加膨化料总需求量。膨化料正逐渐由名特优品种向普通养殖品种过渡，由沿海区域向内陆区域过渡。目前，全国已上马的膨化线超过 300 条，其中华南地区超过 200 条，全国膨化线产量保守估计已超过 500 万 t，约为全国膨化料销量的一倍以上，呈现供大于求的局面。但少数竞争力较强的企业，膨化料仍存在较大增长空间。

企业在选择经营与否膨化线问题上应当看到：首先区域性和企业产品定位，增设膨化线时应当避开一些竞争特别激烈的区域或品种；其次企业所处区域膨化线是怎样一个饱和状态，最后应注意自身企业所属区域发展形势，及区域市场膨化料产量的一个判断，全面掌握信息，提高自身产品核心竞争力。

粉料依然局限于鳗鱼、甲鱼、河豚，所占市场份额相对较小，且这几个品种有进一步下滑的趋势，整个鳗鱼种苗繁育依然无法解决，主要销售市场为浙江、广东、华中等地区（表 2-7）。

表 2-7 2013 年全国不同省份水产饲料产量统计

单位：t

地区	水产饲料
全国总计	18 642 229.13
广 东	3 911 948.25
江 苏	2 932 318.75
湖 北	1 901 280.04
湖 南	1 145 528.88
浙 江	998 177.06
福 建	983 987.09
四 川	796 434.34
河 北	627 964.30
辽 宁	591 453.00
江 西	562 851.43
山 东	524 232.22
广 西	490 191.12
天 津	471 400.39
河 南	467 312.63
云 南	402 927.00
海 南	394 456.00
陕 西	297 349.00

（续）

地区	水产饲料
安　徽	269 581.91
黑龙江	176 806.00
新　疆	128 477.92
重　庆	126 859.11
北　京	108 512.79
宁　夏	96 157.00
上　海	79 618.13
吉　林	62 978.26
贵　州	60 214.33
内蒙古	17 053.18
甘　肃	13 604.00
山　西	2 555.00

二、各种水产饲料

大部分厂家以常规水产饲料品种为主，因其更容易上量，资金风险和养殖效益波动相对比较小。传统淡水养殖品种中的草鱼、鲤鱼、鲫鱼、罗非、鳊鱼及青鱼依然是使用饲料的主力军，约占据水产料的80%的市场。

2013年大部分养殖品种行情相对低迷一些，其中草鱼整体行情不太理想，且有部分养殖户不愿意卖鱼，导致年底存塘量较大，在北方区域草鱼因为冬天无法投喂，掉膘的现象比较普遍，也直接导致饵料系数更高，部分养殖户效益更差了。华南第一大养殖品种草鱼在下半年价格适当有所回升，但因整体存塘量不多，所以对饲料的刺激不是太明显。

北方鲤鱼市场出现前所未有的低迷，单位产量急剧提升，整个北方市场鲤鱼存塘量较大，随着饲料成本的上涨，在鲤鱼低价位的情况下，大部分养殖户感受到压力。其中也有部分养殖户转变得比较快，及时改变养殖模式，转养其他品种如对虾或者鱼虾混养，在环渤海湾等地，出现亩*产500kg对虾的盛况，反而比南方大部分地区养殖相对成功，北方虾料厂家销量均有不同程度增长。

作为华南特产的常规养殖品种罗非鱼则让大部分养殖户喜忧参半，由于年前持续阴雨天气影响投苗进度，以及受2012年罗非鱼价格低迷影响，华南地区2013年上半年投苗量减少；再加上高温季节养殖户担心鱼发病受损，从而减少投喂量，但随着鱼发病情况降低，让养殖户心有余悸的链球菌病表现得非常平淡，在整体养殖量不大加上外销通畅的情况下鱼价高涨，一度出现有价无市的局面。虽然存塘量不多，但投喂积极性高，加上部分立体养殖转投饲料，故罗非鱼饲料品种总量基本是稳中小涨一点。

由于2013年上半年天气极为恶劣，寒暖交替变化多端，雨水不间断，加上EMS等病害作怪，养殖对虾病害频发，各地排塘严重。这导致对虾饲料企业出现了罕见的饲料销量全面下滑的局面，使2013年成为20世纪以来除2003年以外最为糟糕的一年。2013年对虾养殖难度增大，珠三角对虾养殖成功率不到30%，更是普遍亏损，出现亩产200斤左右，甚至多次排塘的局面。不少浙江经销商及养殖户难以为继，纷纷撤离该行业，导致塘租小幅度降低，对虾饲料企业年底回款难度空前，出现进退两难的局面，粤西排塘率高达70%，广西60%的死亡率，海南只有40%成活率。浙江市场在小棚养殖的带动下总量保持一定的增长，环渤海湾一带养殖空前成功，但因其总量比较小，对对虾市场的供应影响不大，且主要是内销，所以2013年对虾收购企业在采集原料虾的过程中难度较大，不得不抬高价格收购，一度导致东南亚的虾价急剧上升。

一些水产饲料企业结合不同地区的养殖情况研究水质情况，因为严重的有机污染和养殖品种单一而导致生物修复弱化，是造成对虾养殖低质、水质环境日益恶化、对虾发病的主要原因。俗话说养鱼先养水，养水先改底，行业里有一部分优秀企业对推动水产行业的进步作出了巨大奉献，利用健康养殖配套模式，取得了良好的效益，鱼虾混养技术进一步得到快速发展，鱼虾混养由之前的单淡水鱼虾混养演进为海水鱼虾混养，淡水鱼虾混养等多种形式，混养的优势在于养殖周期短，存活率高，风险低；只需投喂鱼料，节约成本；净化调节水质；鱼、虾共存，提高整体利润。

特种养殖品种如黄颡鱼、生鱼、加州鲈、塘虱、白鱼等大多数品种价格基本比较稳定，养殖户的养殖效益较好，市场呈现稳定增长态势，但相比常规养殖品种而言其基数较小，增长对水产饲料的奉献相对较小。可喜的是部分地方企业在这些小品种的发展上做的可圈可点，真正发挥了企业的差异化优势，避开一些集团军的狂轰滥炸，企业经营呈现良好发展态势。

三、区域特点

从全国销售区域看，水产饲料销售主要集中在华南、华中和华东三个区域，这三个区域的水产饲料销量均超过400万t；其次是西南、华北和东北地区，以上六个区域水产饲料总销量突破了1 600万t，占

* 亩为非法定计量单位，1亩≈667平方米。——编者著

2013年全国水产饲料总产量的80%以上。总体来讲，华南、华中和华东竞争压力高于西南、华北和东北地区；而从竞争格局和市场争夺激烈程度来看，华南区域的压力仍高过华东和华中地区，这也是为什么近几年水产饲料企业把华中和华东列为必争之地，由此可以预见水产饲料企业的新一轮竞赛将很快在华东和华中展开。

其中，2013年水产饲料销量前十位的省份为广东、江苏、湖北、湖南、浙江、福建、河南、四川、辽宁和河北，水产饲料销量前十位省份总销量达1 465万t，约占2013年全国水产饲料总产量的78%。相比畜禽饲料而言，水产饲料有更大的发展空间。首先华中市场养殖水面大，部分地区饲料普及率不够，在部分企业引导下，随着养殖模式和技术的提升，单位水面的饲料投喂率仍有较大提升空间；其次广东省、福建省、江苏省等沿海一带有较大的发展空间，还有大量的滩涂可以有效利用，海水鱼和对虾饲料开发空间巨大；而且山东省、河北省、天津市及辽宁省等沿海省市水产饲料普及率较低，无论淡水、海水饲料的开发空间都还很大，但需要时间去培育。

四、技术特点与障碍

2013年的另外一种现象是原料高价位且供应紧张，一度出现主要的原料豆粕、菜粕断货的局面，部分企业在高峰期停止生产，另外大部分时间豆粕和菜粕的价格倒挂，豆粕性价比相对更高的局面。诸多企业在配方革新上做了较多突破，大量使用豆粕也造成一些杂粕填充的蛋白原料供应异常紧张的局面。未来饲料原料波动也许会成为一种常态，全球化采购浪潮汹涌，给水产饲料企业经营提出了较大的挑战。

水产饲料企业需不断进行技术革新，配方技术不仅要结合不同地区的实际养殖模式，还要对不同市场的水产饲料进行细分定位，充分结合不同品种的营养特性和生理特性。对不同原料的筛选和搭配优化也需要做得更加精细，来提高企业技术的竞争力。一些有实力的企业可以自行研发，但大部分水产饲料企业则无法操作，他们可以整合上游资源如与水产预混料方面做的优秀的企业共同合作，以达到增加自己的竞争实力的目的。

水产养殖品种众多，水产育苗技术在不断进步，养殖模式有很大的优化空间，而且微生物制剂，渔业设施方面应用还很不够，对众多养殖品种饲料配方研究还不够深入，技术上还有很大的提升空间，未来真正的竞争也必将是技术的竞争，也更显技术的力量。

五、水产饲料安全

食品安全不容忽视，某种程度上更需要从饲料环节来把控。2013年国家颁布的饲料生产许可法规初衷也是出于食品安全的考虑，抬高门槛，真正让企业对产品质量负责，对饲料安全重视起来。随着新法规颁布以后，部分企业陆续在进行整改。期待在国家的宏观指导下，真正实现饲料行业规范化。

（彭志东　杨勇）

反刍动物饲料

近年来，随着生产基础条件的不断改善，我国畜牧业发展迅速、产值不断提高，在国民经济中占有重要地位。饲料工业在经历了复杂形势的严峻考验下也呈现出了健康的发展态势，逐步成为推动现代养殖业发展的物质基础和重要引擎。由于人们对牛羊肉及乳制品的需求逐步增长，促进了反刍动物生产的可持续发展，同时使反刍动物饲料生产进入了发展的快车道。

一、反刍动物饲料生产情况

对比2006—2013年我国反刍动物饲料产量的数据可以看出，“十一五”和“十二五”期间，反刍动物饲料一直保持稳步的增长。其中2007年和2010年饲料产量分别上升了一个台阶，比2006年和2009年分别增产22.7%和23.2%。截至2013年底，我国反刍饲料总产量已达到795万t（图2-18）。

总体看来，我国反刍动物饲料行业运行平稳，产量稳中有升，保持了良好的发展势头。这主要是由于随着我国经济的持续发展和生活水平的不断提高，人们的消费观念也在逐步改变，对动物性食品的质量和安全性提出了更高的要求，直接推动了奶业和牛羊肉产业的快速发展，相应的促进了反刍饲料产业发展。

二、反刍动物饲料生产特点

1. 反刍动物饲料生产区域性发展明显，产业集中度较高　区域发展方面：西北地区和东北地区饲料企业数量明显增加，中小型饲料企业逐步扩张发展，大型饲料企业加快整体布局；产业结构方面：中小型企业逐步增加对科研的投入，提高产品的科技含量，制定科学、合理、适合自身企业发展的营销模式和战略。大型饲料企业为保证产品质量，从原料的生产地、产品加工和养殖户终端等各个环节都采用了食品安全追溯系统，还引进了国内最先进的饲料加工设备；产业集中程度：反刍动物养殖数量越多，相应的反刍动物饲料的产量也越多，而且反刍动物饲料的产区也进一步向优势产区集中。2013年，内蒙古、黑龙江、河北和北京地区的反刍动物饲料产量已达410万t，超过了全国总产量的50%。

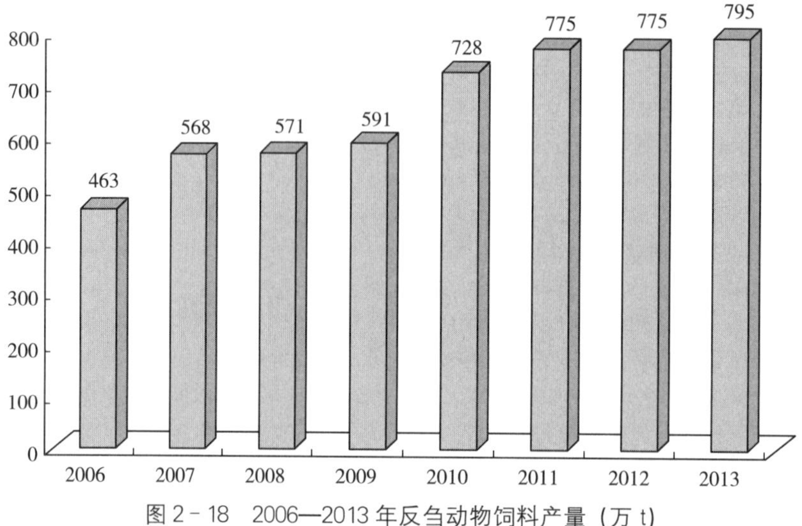

图 2-18　2006—2013 年反刍动物饲料产量（万 t）

2. 反刍动物饲料发展状况　以产品的分类来看，2013 年反刍动物配合饲料产量为 559 万 t，同比增长 5.3%；反刍动物浓缩饲料产量为 210 万 t，同比下降 1.9%，反刍动物添加剂预混合饲料为 26 万 t，同比下降 10.3%。可见，反刍动物配合饲料呈增长趋势，而浓缩饲料和添加剂预混合饲料呈降低趋势。

3. 反刍动物饲料产品质量逐步提高　随着国家饲料工业管理法律法规逐步完善和实施，在查处违禁原料的添加和不符合标准的饲料企业等方面取得了一定的突破，使反刍动物饲料的质量有了显著的提高。国家的科技项目促进了各大科研院所、大学与饲料企业合作，使理论知识与实际生产相结合，有效提高了反刍动物饲料的科技含量和质量安全。农业部数据监测显示，2013 年饲料质量卫生指标合格率处于较高水平，商品饲料产品合格率 96.03%，比 2012 年提高 0.32%；饲料中禁用物质检出率为 0。饲料添加剂使用进一步规范，国产饲料添加剂合格率 97.12%；抽检进口饲料添加剂合格率 91.04%，不规范使用添加剂问题得到明显遏制。

三、反刍动物饲料的发展前景

根据《饲料工业"十五"计划和 2015 年远景目标规划》和《畜牧业"十五"计划和 2015 年远景目标规划》，国家对饲料工业的产业政策进行了调整，提出"要加快发展浓缩饲料、精料补充料和饲料添加剂及其预混合饲料"，并出台了一系列政策进行扶持。这从政策层面为我国反刍动物饲料生产的快速发展提供了支持，使畜产品有效供给得到了有力保障。到 2015 年，我国将实现肉、奶产量分别达到 8 500 万 t 和 5 000 万 t，羊毛产量达到 43 万 t，畜牧业产值占农林牧渔业总产值的比重达到 36%；质量安全水平进一步提升，饲料产品质量合格率达到 95%以上，违禁添加物检出率控制在 0.1%以下，生鲜乳收购站 100%实现持证收购和标准化管理，生鲜乳质量安全保障机制更加健全；饲料工业稳步发展，工业饲料产量达到 2 亿 t，年产 50 万 t 以上的饲料企业或集团达到 50 家，饲料产量占全国总产量的比例达到 50%以上。"十二五"期间，畜牧业生产结构和区域布局进一步优化，综合生产能力显著增强，规模化、标准化、产业化程度进一步提高，更加有力地保障了反刍动物饲料有效供给和产品质量安全，平稳实现发展方式转变和行业转型升级的任务更加艰巨。

大力发展西部地区（括陕西、内蒙古、宁夏、甘肃、青海、新疆、西藏、四川、重庆、云南、贵州、广西等）的人工种草和饲草加工业，加快开发与草食动物舍饲、半舍饲养殖配套的配合饲料、浓缩饲料和精料补充料产品，提高配合饲料使用率，积极推进牧区畜牧业转型发展和南方草山草坡资源合理开发利用。东北三省要立足饲料饲草资源丰富的优势，大力发展饲料原料和饲草产业，稳定发展发酵类饲料添加剂产品和浓缩饲料产品，进一步推进秸秆养畜，提高饲料产品普及率，促进粮食就地转化增值。随着反刍动物产品消费的增长，反刍动物饲料的需求必将在相当长一段时间持续稳步增长，饲料工业应该与教育、科研相互成为一体，增加科技含量构成完备的现代生产体系，为反刍饲料行业的可持续发展提供强有力的保障。

反刍动物饲料工业发展所面临的机遇和挑战并存。发展机遇：饲料工业法律法规逐步完善；发展方式转变面临契机，标准化、规模化、产业化的快速发展，为加快饲料产业发展方式转变创造了良好条件；反刍动物畜产品消费市场潜力较大，为反刍动物饲料的生产提供了有力保障；反刍动物饲料工业的生产技术需要进一步夯实。面临挑战：饲料原料不足，受水资源、土地等资源约束，使我国饲料增产空间有限，能量饲料和蛋白饲料面临“困局”；饲料原料质量安全存在隐患；饲料生产能力有待提高，万余家的饲料生产企业中80%是中小企业，存在产品质量、产业整体素质、市场秩序等一系列问题需要尽快解决。

（孙海洲）

特种动物饲料

目前我国特种动物（如毛皮动物貂、狐、貉、獭兔及梅花鹿和马鹿）养殖已经具有一定产业规模和稳定的市场。貂、狐、貉为肉食动物，其饲料具有特殊性，饲料营养需求及饲料配制加工有其自身的特点，市场需求稳定；梅花鹿和马鹿在东北饲养比较集中，随着规模化和集约化生产的发展，仔鹿及生茸期公鹿全混合日粮饲养逐渐成为市场趋势；獭兔的生产在我国南方广大地区饲养已形成了特色产业，其皮肉兼用型的特点，为饲料产业的发展提供了强大的需求动力，饲料市场在集中饲养区专业化程度逐渐提高；部分珍禽如雉鸡、鹌鹑、肉鸽、野鸭、大雁等，在局部地区形成了养殖的优势产业，但饲料产业还未形成规模和特有市场。

一、特种动物产业发展概况及特点

1. 毛皮动物 2013年毛皮动物貂、狐、貉养殖达6 000万只，其中水貂3 200万只、狐1 600万只、貉1 200万只，主要分布在山东、河北、辽宁、吉林、黑龙江、内蒙古、山西等省区，鲜饲料、干粉及颗粒饲料需求近500万t。毛皮动物饲料企业生产商品饲料不足100万t，市场潜力巨大。

2013年水貂皮市场下滑，价格是2009年来的最低点，不同品种貂皮价格差异较大，如山东本地水貂价格在260元（公）和150元（母）左右，而短毛黑或丹麦貂价格在500元（公）和350元（母）左右。优良品种的水貂价格下降较少，狐、貉皮张市场行情相对稳定，部分优质皮张价格较高。部分水貂皮价格不足以弥补饲料投入的成本，行业利润下滑严重，很多养殖品种较差、繁殖成活低的水貂养殖场面临着资金周转困难等问题，反映到饲料供给上来，提供的饲料原料优质度降低。

貂、狐、貉的养殖需要大量优质动物性饲料原料，如海杂鱼、鲜肉、鱼肉下杂及加工副产品等，同时也需要优质的谷物性饲料及饲料添加剂等。我国动物性饲料资源有限，价格较高，其他饲料也随着粮食价格的攀升而逐渐升高。养殖户为了节约饲料成本，总是尽可能降低动物性饲料的使用量，或购置质量低劣而价格便宜的饲料来饲喂动物，导致动物营养供给不平衡，特别是蛋白质及维生素的供给不足，导致动物生长、繁殖障碍，机体抵抗力下降，营养缺乏性疾病频发，动物难以发挥其生产性能，即使是优良的品种，也生产不出优质的皮张。

獭兔是皮肉兼用的品种，在我国的饲养主要集中在四川、重庆、山东、江苏、福建、浙江、河南、河北、安徽等省市。2013年养殖量3 000万只，皮张价格受国际市场走势的影响略有下行，一般质量皮张价格在40元左右，特级皮价格保持稳定。獭兔的毛皮属中低档产品，市场潜力大，受国际经济走势的影响较小。2013年獭兔专业性精料补充料依然以自配为主，尽管部分形成产业地区有一定的市场，但大型专业型獭兔饲料公司较少，市场约5万t，仅占市场需求的9%左右。

2. 茸鹿 我国人工养鹿历史悠久，养殖品种主要是梅花鹿和马鹿，目前的饲养量约120万头，主要饲养方式为人工圈养，饲养区遍布全国各省，东北三省为主要养殖区，占全国养殖数量的90%。梅花鹿、马鹿饲养的主要产品为鹿茸，每年鹿茸产量约520t，产值达15亿元，带动其产品深加工、制药等相关产业产值达670多亿元，提供就业岗位80万个，在我国农村区域经济的发展中起到了越来越重要的作用。

茸鹿养殖的主要产品为鹿茸，其价格的变化带动着鹿价格的变化。相较2010年以来的鹿茸价格，2013年略有上涨，但仍然不足以支撑养鹿生产的成本费用，养鹿企业如果没有深加工及制药产业的支撑，仅靠养殖难以持续支付饲料成本、人工成本及养殖的其他费用。因为鹿茸是我国茸鹿养殖的主导产品，所以在养殖生产中，对公鹿生茸期饲料的营养供给考虑得最多，特别是饲料中蛋白质，在精料补充料占22%，而且精饲料占到日粮干物质总量的60%，全价日粮蛋白质水平达到16%，最大限度地发挥鹿生茸的营养需求。目前在仔鹿生长期和公鹿的生茸期，人们逐渐接受使用全混合日粮，把精饲料和优质的粗饲料混合甚至制成颗粒来饲养鹿，以达到仔鹿健康快速生长和公鹿产茸的目的。

目前我国茸鹿的饲养主要以农户家庭圈养为主，大型集约化的养殖场较少，饲养方式主要是自配精饲料，在动物关键生产时期开展补饲，如仔鹿的生长期、公鹿生茸期、母鹿妊娠期和泌乳期，集中饲养的吉林省每年公司化生产的全混合饲料和精料补充饲料在10万t左右，已初步形成了一定的市场规模。随着鹿这一特色珍贵资源深加工及高附加值科技成果的推广应用，鹿茸价格的走高，茸鹿饲料产业也将逐步产业化。

3. 珍禽 2013年我国养殖的主要珍禽品种有雉鸡、乌骨鸡、鹌鹑、肉鸽、珍珠鸡、贵妃鸡、火鸡、野鸭、孔雀、鸵鸟、大雁等，其市场售价随着人们选择的偏好略有上升，存栏数达到4.5亿只左右，增长率达10%，养殖的区域非常广泛，在局部地区形成了养殖优势产业，但其饲料产业还未形成特色和规模化，需要多参考家养鸡鸭的营养标准开展自配料饲养。

目前珍禽市场需求较为旺盛，人们的消费习惯和生活需求对珍禽情有独钟，但由于当前存在着市场流通与调控能力不强，健康养殖理念不到位、养殖规模小而散等特性，生产效率不高，未来开展规模化健康养殖、生态观光养殖，控制产业各个环节，提升品牌价值、提高珍禽养殖附加值是必然之路。肉鸽、山鸡等珍禽养殖，在资金、技术、销售信息和渠道上也可以走专业合作社模式，以适应市场需求的新形势，让珍禽养殖产品真正成为人们寻常健康生活必需品。

二、特种动物饲料生产现状及存在的问题

毛皮动物狐貉饲料以干粉饲料为主，主要由膨化玉米、豆粕、鱼粉、肉粉、羽毛粉等组成，占狐貉饲料市场的90%，另外颗粒饲料因其饲喂简单，在一定程度上降低了人工成本，也具有一定的市场，在部分狐貉集中养殖区应用呈现扩大的趋势。对于大型狐貉养殖场，多以鲜饲料如海杂鱼、动物下杂等自配饲料为主，但由于饲料原料的购置、贮藏、加工等程序繁杂，成本很高，加上人工成本的提高，越来越多的大型狐貉养殖场也倾向于部分使用商品化的狐貉干粉饲料。目前狐貉饲料全国生产总量将近80万t，以中小型规模企业居多，年产量超过10万t的企业很少。狐貉属肉食性动物，对饲料的适口性、品质以及饲料的加工工艺及配置技术要求较高。狐貉饲料相对利润比猪鸡饲料高，目前许多大型畜禽饲料生产企业也逐步加入到这个行业，但由于加工技术及饲料配方技术不成熟而难以获得较大的市场份额，加上狐貉产业养殖规模有限，受国际经济起伏变化的影响较大，养殖利润不稳定，养殖户及大中型养殖企业变化快，难以有稳定的客户和市场。

毛皮动物水貂饲料不同于狐貉饲料，水貂是鼬科动物，是更严格的肉食动物，对食物的选择性大，适口性要求高，干粉饲料适口性相对鲜饲料差，而且在蛋白质的利用率上也低，采用完全的干粉饲料饲喂水貂，难以获得较好的生产性能，在体重、皮张大小、毛皮光泽度等方面都略逊一筹。养殖场目前一般都选择自配鲜饲料，部分饲养场选购一部分“伴侣饲料”，其主要组成为膨化玉米、豆粕及部分微量元素和维生素的添加物，减少了养殖场熟化玉米等谷物饲料的麻烦，而且添加了微量元素和维生素及氨基酸、酶制剂等物质，提高了饲料营养的全价性，这种饲料的市场需求在10万t，占不到市场需求的20%。中小型水貂养殖场在进行鲜饲料配制时，在鲜饲料采购的质量控制、鲜饲料的保存以及加工等方面，面临着很多困难，目前，鲜饲料加工配送饲料公司在水貂养殖集中区，如山东威海地区、潍坊地区形成了一定的市场规模，中小型养殖场也逐渐接受这种更加直接、适口性好、新鲜度高、利用率更好的新型饲料开展水貂的养殖。这是潜力巨大的产业，市场需求在200万t左右。目前市场这种鲜饲料配送专业公司生产的饲料不到市场需求的6%。

茸鹿由于养殖分散，大型饲养场较少，分销和运输成本高昂，目前专业性饲料市场很小，仅在茸鹿养殖集中的吉林省有几家专业茸鹿饲料生产公司，但市场规模都不大。茸鹿由于养殖分散，研究成果推广力度有限，每年由微量元素和维生素缺乏导致的生产下降，损失严重，亟须专业的预混料在市场上的推广使用，预混料的市场每年有6 000t左右，利润较为可观，比较容易推销到相对偏远的养殖区域，是茸鹿饲料产业发展需要优先考虑的方向。

珍禽的养殖也相对分散，营养需要量方面专业性的研究很少，国家的支持也相对少，其饲料的配置多参考家禽的营养需求及饲料配方，但专业性不强，不能很好发挥动物的遗传潜力和生产性能。每年珍禽的饲料市场需求在150万t左右，除部分养殖场采用自配饲料外，多数利用家禽饲料代替，未来相对专业性的肉鸽饲料、雉鸡饲料、野鸭饲料在大型珍禽养殖企业将形成一定规模，区域性特色养殖也将是未来珍禽产业发展的必然之路。

三、特种动物饲料产业发展趋势

1. 狐、貉干粉及颗粒饲料市场趋于稳定 欲使毛皮动物生产性能得到有效发挥，营养供给非常关键。近几年毛皮动物饲料成本平均上涨达30%以上，一般养殖户总是希望降低饲料成本，选择价格便宜的饲料原料来配制饲料，而毛皮动物对营养的依赖程度高，便宜的饲料蛋白质水平、能量水平都达不到动物的营养需求，导致了动物的生长与发育受阻、繁殖成活降低，动物难以发挥最大的生产性能。狐貉干粉饲料的广泛应用有力地推动了狐貉养殖业的发展，大型的饲料公司应用现代饲料调制技术，如膨化技术、酶解技术、调味剂应用技术等，提高了饲料的适口性及营养利用率，结合狐貉营养需求研究新技术的应用，实现了干粉（或颗粒）饲料的全程养殖，为科学饲养提供了技术保障，同时也为养殖户节约了人力物力，

降低了饲养成本，减少了资源浪费。目前狐貉干粉或颗粒饲料基本被养殖户及大中型养殖场所接受，仅部分养殖户会在干粉饲料中再添加部分海杂鱼及下杂等鲜饲料，以提高饲料的适口性和营养水平，或以期减低成本。狐貉干粉或颗粒饲料的市场相对平稳。

2. 水貂鲜饲料配送体系将逐步完善，市场将逐渐增加 水貂是严格的肉食性动物，对饲料的适口性及动物性饲料比重要求都很高，其饲料在国外多采用鲜饲料配送来实现，在我国威海、诸城等水貂养殖密集区，大型饲料公司已经开展了鲜饲料配送的有益尝试。饲料公司建成大型的冷冻库，贮藏批量采购的海杂鱼、畜禽下杂等鲜饲料，调配好各类营养物质后，低温配送到饲养场，保证饲料的新鲜、营养全价，每年销售量的增长显著，养殖户也逐渐认识到了这种鲜饲料的优点和便捷，越来越多地尝试着使用鲜饲料来饲喂水貂。这一体系将逐渐成为水貂饲料市场的主体，特别是在养殖集中的区域，市场将逐步扩大。

3. 机械化饲喂技术在毛皮动物生产中的应用促进了鲜饲料配置的标准化进程 随着我国成为皮张第一加工及消费大国，国际毛皮动物养殖逐渐向我国转移，毛皮动物的养殖结构和技术发生了很大变化，很多大型毛皮动物养殖场，在动物饲养的品种、饲养模式、机械化程度、管理模式等方面，引进美国或丹麦生产技术开展养殖生产。在新技术的应用上，机械化自动给食的生产技术大大提高了生产的效益，节省了人工成本。但是，机械化饲喂必须要求饲料均一稳定，鲜饲料干湿合理，饲料能挂网，有利于毛皮动物的自由采食，这就要求饲料配置中原料稳定、水分及黏度适宜等。

4. 全混合日粮、精饲料浓缩饲料及预混合饲料将成为茸鹿及獭兔饲料市场的主要产品 我国茸鹿及獭兔的养殖分布范围广，但对饲料的专业性要求高，饲料远程配送成本较高，高密度建厂市场又有限，这一矛盾需要平衡解决才能有益于特种动物饲料市场。对相对集中的养殖区而言，茸鹿和獭兔饲料全混合日粮比较省事，集中做市场也成为可能，补充以精饲料或浓缩饲料，将会成为市场的主体。对养殖分散的区域而言，浓缩饲料和预混饲料将成为主体。

5. 特种动物饲料市场专业化程度将逐渐加强 狐貉干粉或颗粒饲料技术的广泛应用，以及水貂鲜饲料的专业化配送，促进了产业的分工与专业化。由于特种动物与常规家养动物生理特性及营养要求不同，随着特种动物营养需要及饲料加工配制技术水平的提高，市场的专业化将逐步加强。未来我国特种动物的养殖将从重数量到重质量的方向发展，相应饲料专业化程度必须提升，这样才能最好地发挥动物的生产性能，生产出高质高价的产品。

（李光玉）

饲料原料工业概况

玉米生产、贸易与市场情况

一、总体情况

2013年中国粮食产量出现“十连增”，全国粮食总产量为60 193.5万t，比2012年增加1 235.6万t，增长2.1%，玉米产量再创新高。上半年国内“政策托市”利好玉米市场，但国内经济低迷、因H7N9流感疫情影响养殖业不景气、深加工需求疲弱，国内玉米市场不复“当年风光”。下半年随着新麦上市国内玉米市场走出一波“积弱反弹”中等级别的行情；三季度受国家临储等政策和进口玉米拒收的影响，市场出现明显分化，形成“南跌北涨中稳定”的局势。

二、全球玉米丰产 各地区市场出现两极分化

1. 全球玉米供应再创新高，期货盘面震荡回调 2013年美国玉米播种面积大幅提高，玉米丰产。而受2011年底乙醇补贴政策取消的影响，2013年美国玉米国内需求继续萎缩。同时，乌克兰、俄罗斯等国家的低价玉米挤占了美国玉米的出口市场份额，导致美玉米消费动能严重不足。在供应增加、需求增幅有限的利空因素影响下，2013年美盘玉米价格区间不断下移，全年美玉米价格运行区间为400～700美分/蒲式耳。

2. 国内玉米市场价格震荡走势 2012年全国玉米价格处于最高位，9月份玉米价格达到2 570元/t，为本统计内最高价位；2009年全国玉米价格整体处于最低位，其中1月份玉米价格为1 230元/t，为本统计内最低位。图2-19显示，2013年玉米市场大致出现两个“拐点”。第一个拐点出现在1～2月份，受“双节”影响整体温和上扬态势，但持续时间短；3～4月份国内市场持续笼罩在H7N9流感疫情，影响玉米价格不断下跌，并跌破2012年新粮上市高峰的最低水平。4月中旬后随着疫情影响的继续发酵，东北、华北产区大部分地区玉米价格继续下跌，跌幅20～100元/t；南方销区贸易商压低利润，局部售价

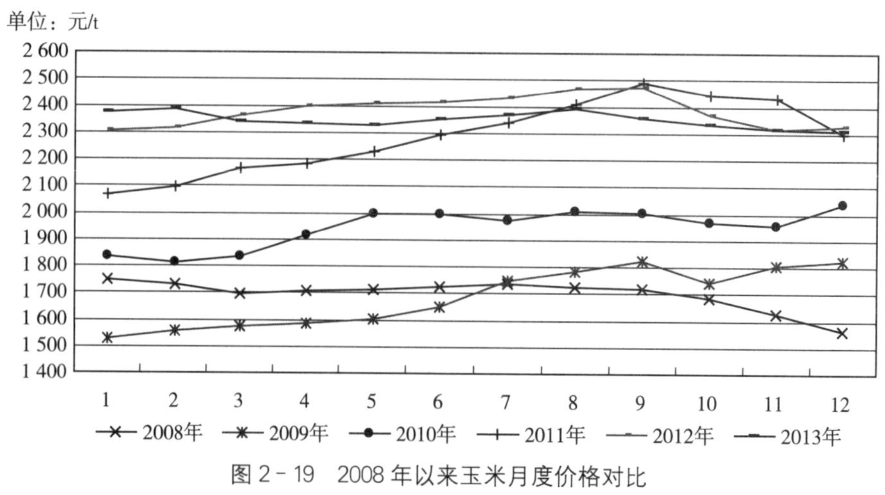

图2-19 2008年以来玉米月度价格对比

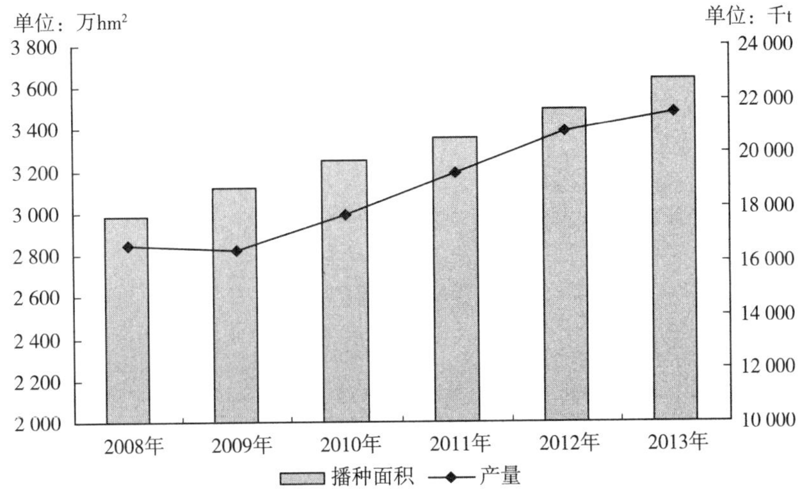

图 2-20　2008 年以来玉米播种面积及产量

下跌 10～30 元/t。第二个拐点在 5～8 月份，受玉米收储价格提升、收储提前加上延长收储时间等众多利好政策影响下，玉米价格震荡上扬。同时，大部分主产区出现严重旱情，玉米产量低于预期及质量大幅下降，国内玉米市场在下半年再次回归上升通道。

三、国内玉米市场供需变化

1. 玉米产量增加但质量下降　2013 年全国玉米播种面积达 3 510 万 hm^2，比 2012 年增加 15.1 万 hm^2，增幅 0.4%；单产比 2012 年增加 58 kg/hm^2，增长 1.0%；玉米总产达 2.14 亿 t，比 2012 年增产 587 万 t，增长幅度达 2.82%。2013 年东北地区玉米种植收益依然高于大豆，玉米种植面积继续扩大；同时，玉米生产机械化程度不断提高，玉米生产中的劳动力投入不断降低。饲料中配合饲料不断提升，饲用玉米的需求刚性增长，从而玉米种植面积在一定时间内将难有萎缩（图 2-20）。

2. 2013 玉米进口量下滑，出口量维持低水平　图 2-21 显示，2013 年玉米进口总量 325.6 万 t，自 2007 年以来进口总量首次出现下滑。玉米从美国进口超过 296 万 t，占比 91.1%。受转基因问题影响美国玉米进口量从 10 月开始下降，当月进口 3.89 万 t，环比增加 319.1%，同比减少 91.3%。由于退订和转运的玉米增加，11 月份和 12 月份我国进口玉米到港总量为 143.4 万 t。中国寻求来自乌克兰和阿根廷的玉米。中国将取代墨西哥和韩国，成为全球第二大玉米进口国，仅次于日本，占全球玉米贸易 10%，并将提振国际价格。

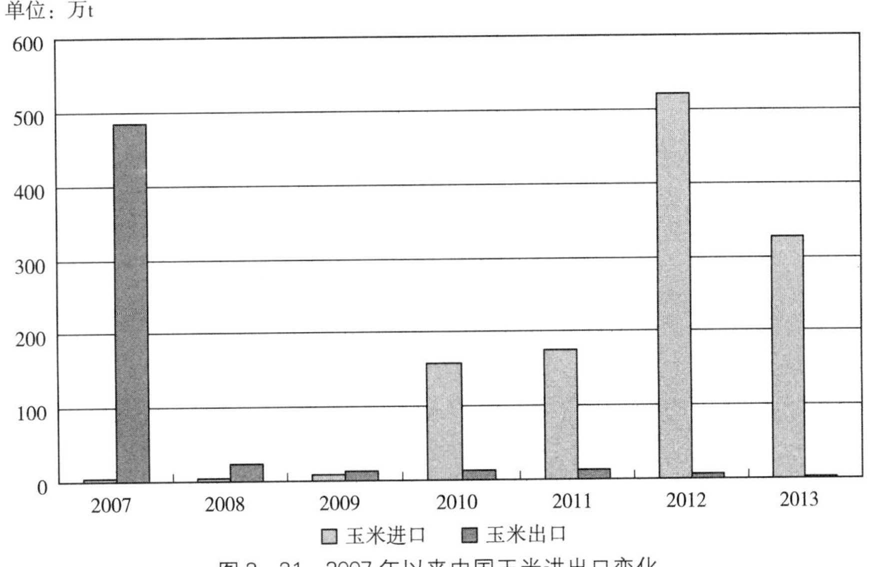

图 2-21　2007 年以来中国玉米进出口变化

3. 2013年小麦替代玉米成为常态，但本年度替代量未出现增幅　国家统计局数据显示，2013年小麦播种面积达24 550万 hm^2，同比增加411万 hm^2，增加1.7%（图2-22）。全年小麦产量为1.227 1亿t，同比增加132.6万t，幅度为1.1%。小麦价格自夏收开始上涨，11月份后涨幅有所缓和。近年来小麦和玉米比价对饲料消费影响较大，从目前比价水平看，2013年小麦饲料消费量将回归正常年景，预计为1 535万t，与2012年相比，替代量减少了565万t，同比下降26.9%。由于2013年小麦价格持续高位，替代成本较高，导致小麦替代玉米量回落较多。

4. DDGS进口略有上升，年末虽降低但总量继续上调　2013年中国DDGS进口量为400.1万t，同比2012年的238.2万t，增加161.9万t，即67.9%，是2008年进口总量的597倍。其中来自美国的DDGS进口量达到400万t，占我国进口总量99.9%。进口均价达363.3美元/t，同比上涨17.4%。国产DDGS产量相对稳定，年供应量360万～380万t（图2-23）。

5. 饲料养殖消费互有增减，猪料需求支撑　2013年全国饲料工业总产量19 340万t，同比下降1.8%。其中，猪饲料8 411万t，同比增长8.9%；蛋禽饲料3 035万t，同比下降6.07%；肉禽饲料4 947万t，同比下降10.3%；水产饲料1 864万t，同比下降1.5%；反刍饲料795万t，同比增长2.6%；其他饲料288万t，同比下降9.2%。统计数据显示，2013年12月份我国能繁母猪数量4 946万头，环比下降1.2%，同比减少1.9%。全年能繁母猪存栏量仍为历史高点，产能充足一定程度上支撑生猪存栏。蛋禽受疫情影响，价格持续低迷，加速淘汰中小散户并继续退出市场，抑制了全年饲用玉米的需求（图2-24、图2-25）。

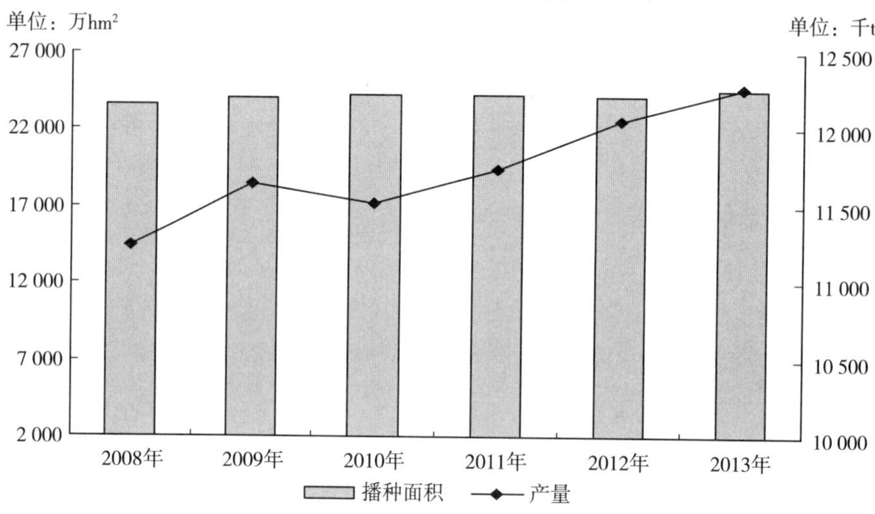

图2-22　2008年以来小麦产量和播种面积对比

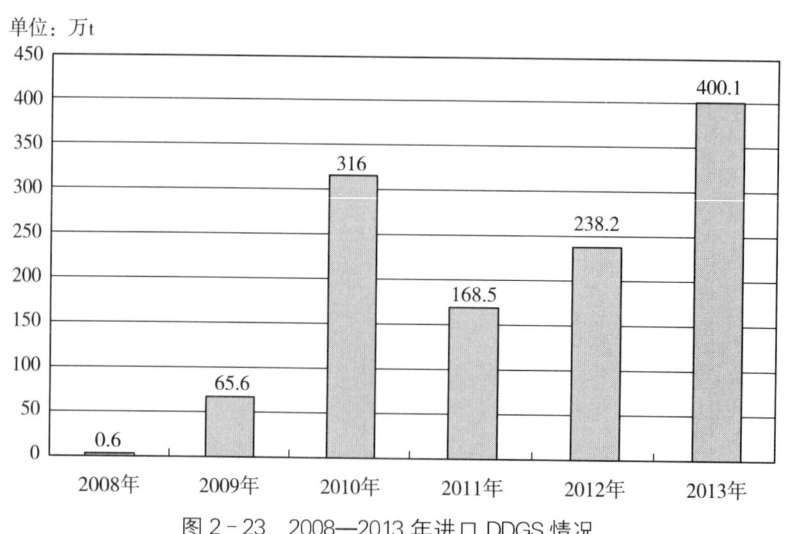

图2-23　2008—2013年进口DDGS情况

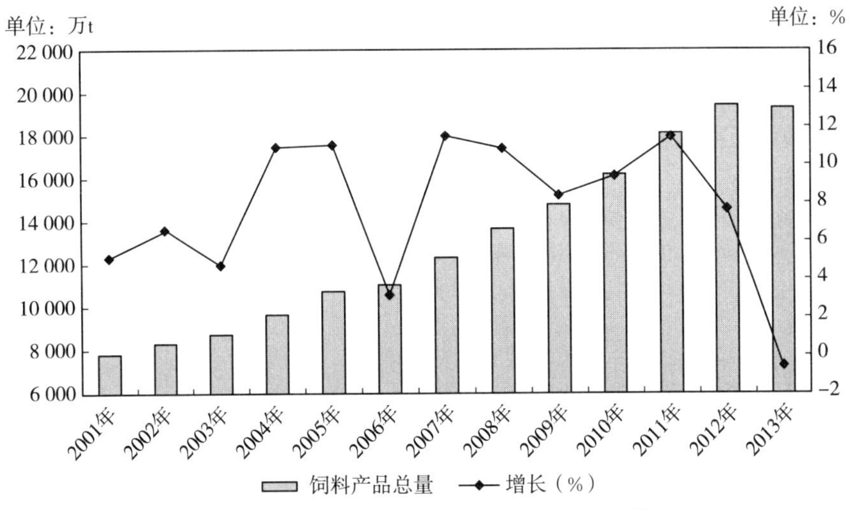

图 2-24　2001 年以来中国饲料产量及增长情况

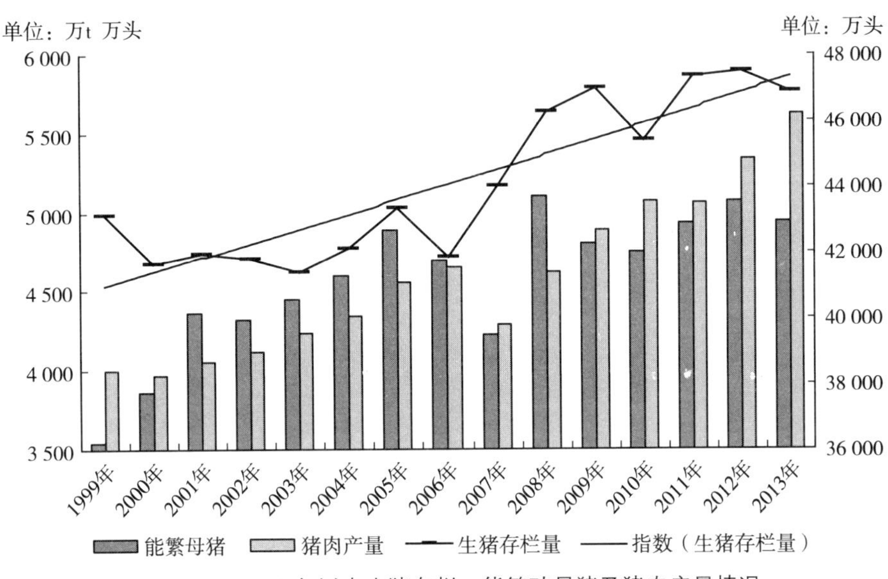

图 2-25　1999 年以来生猪存栏、能繁殖母猪及猪肉产量情况

6. 玉米深加工利润缩水，需求增速放缓　2013 年，我国玉米深加工行业陷入短期困境。国家宏观调控中的“两道门槛”使补贴政策与绝大多数深加工企业“擦肩而过”。政策要求受补贴省份为长江流域以南传统玉米销区省份，而国内多数（尤其大型）玉米深加工企业多分布在东北及华北地区，这就意味着占全国总量 90%以上的北方深加工企业基本不在补贴范围之内；同时，必须“按不低于最低收购价或临时收储价”收购方可获取费用补贴。但实际情况是，深加工企业因对粮质要求低于饲料企业，实际收购价格也相对偏低，尤其用于酒精生产的玉米多为低价差粮，参与临储收购高价东北玉米以获取费用补贴可操作性比较小。图 2-26 显示，2013/2014 年度玉米加工企业消费玉米 5 700 万 t，同比下降 8.7%。目前，全国有 2/3 的玉米深加工企业生产淀粉，而玉米淀粉有 60%以上用来生产淀粉糖，由于白糖价格 4 月后一路走低，淀粉糖的使用量明显下调，产品库存积压严重。深加工企业为控制成本降低对玉米的需求，数据显示，工业消费所占比例为 26.1%，低于 2012 年度 27%的占比。

三、影响玉米走势多种因素分析

1. 饲料养殖需求放缓拖累玉米市场　2013 年饲料养殖连连受创，整体进入寒冷的冬季。饲料行业发展进度受到国家宏观经济增速放缓和政策调整的影响，相应的投资项目减少等使肉类生产下降；同时，受食品安全及公共卫生事件影响，消费者对畜产品质量安全信心下降，饲料养殖形势压力较大；另外，近

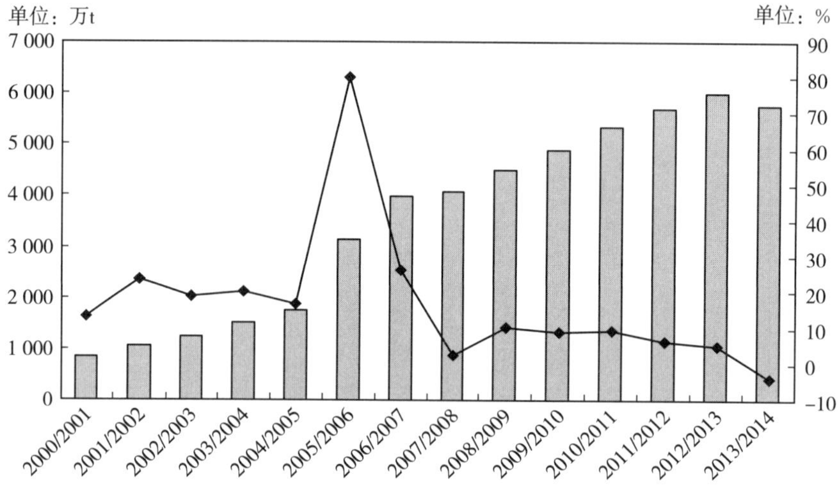

图 2-26　2000 年以来工业玉米消费量及增幅情况

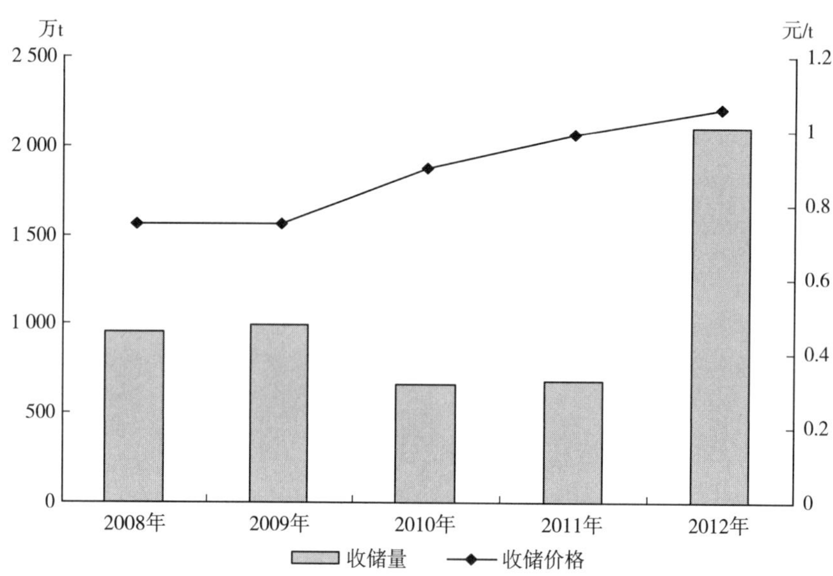

图 2-27　2008 年以来国家临储收购情况

3 年配合饲料比重不断提高而形成的结构性增长，对玉米替代品的需求连年增加。

2. 深加工影响从采购行为转为需求行为　近年来，经过国家对玉米深加工企业的规范整顿，生产规模小、生产线落后、市场竞争力不强的小型企业或按照国家相关政策关闭，或在市场竞争中经济效益欠佳逐步被市场淘汰。目前国内玉米深加工企业已经形成完整的产业链，对玉米需求趋于稳定，深加工企业对玉米价格的影响逐步从采购行为转向需求行为，极大地减少对玉米价格的波动影响。2013 年淀粉类深加工企业开工率为 40%～50%，企业经营利润有所下降，但由于现有淀粉生产企业一般已经与制药等下游生产企业建立了长期合作关系，市场销售环节基本未受到严重影响。

3. 国家产业政策支撑是玉米市场价格上行的“助推器”　2013 年临储玉米收购价格较 2012 年再次提高，直接锁定了新作玉米的价格底部，有利于粮农更好地把握最佳售粮时机，稳定玉米市场。2013 年 7 月 4 日，发改委公布《关于提高 2013/2014 年度玉米临储收购价格的通知》，临储收购政策公布时间远早于往年，这也是历史上第一次还未到收购季节便定下临储收购价。随后，《关于 2013 年国家临时存储玉米和大豆收购等有关问题的通知》指出，此次国家临时存储玉米挂牌收购价格（国标三等质量标准，下同）为：内蒙古、辽宁 2 260 元/t，吉林 2 240 元/t，黑龙江 2 220 元/t，均比 2012 年提高 120 元/t。对实际水分含量高于标准规定的玉米，以标准中规定的指标为基础，每高 0.5%扣量 0.65%；低于或高于不足

0.5%的，不计增扣量。2013 年 12 月份后，国家再次出台放宽临储玉米的收购标准，允许高热损伤的玉米进入国储，新的收储政策增加了高水分玉米烘干入库，同时也提高收购力度，有效地支撑了全年的玉米价格（图 2-27）。

4. 进口玉米仍存在变数，但玉米替代品进口量继续提升 2013 年 12 月份国家对部分进口转基因玉米退运，同时，大部分 DDGS 的原料主要来自玉米，国家也加大了对 DDGS 的进口限制。2013 年/2014 年度美国出口高粱出现了大幅增加，随着 9 月份第一船 6 万 t 高粱的进口，我国开启了进口高粱的闸门。2013 年小麦在饲料中的替代量相对稳定，对玉米需求的抑制作用有限。但考虑到小麦收购指导价仅稍低于现货价，受到收储的支撑后期新小麦上市后价格波动有限，另外小麦与玉米价差过高，替代性优势有限。从中长期粮食结构来看，适量使用小麦有利于玉米价格的理性回归，也有利于稳定麦价。总体来看，只要玉米和稻谷、麦麸、DDGS 等具有合理的价差，在替代使用上必将逐步提升。

四、政策和建议

1. 继续完善收储制度，优化出库制度 我国临储收购玉米政策出台后，玉米价格连年上涨，随着临储玉米收购量的提升，其在市场中的作用越来越大，但收储后玉米能否及时出库、如何将玉米及时销售到终端用户将是未来市场关注的重点。对释放临储玉米不仅影响国内玉米供需格局，也将影响其他粮食品种面积的合理布局，从而引发蝴蝶效应。

2. 玉米库存消费比处于低位，为保证粮食安全提高效益，加大企业深耕精细化投入力度 中央经济工作会议将“切实保障国家粮食安全”放在经济工作任务之首。未来饲料行业的发展模式预期将分为“产业链一体化”和“专业价值链服务”。饲料企业的竞争将是大企业之间从单纯的产品竞争转入价值链竞争，为养殖户提供增值效益。饲料企业在拉动下一轮饲料消费升级中，采购方式、销售模式及研发力度将继续增加，从而推动玉米消费的稳步提升。

3. 多品种替代玉米将成常态 由于《饲料工业“十二五”规划》长期利好支撑，进口玉米和 DDGS 的“退运”风波过后，反思我国玉米市场的供需格局，未来以玉米为核心的能量饲料需求仍继续提升，寻求更多的能量饲料将成为必然，从目前来看，单纯从其他粮食品种转播到玉米的效果来看，虽然玉米的供给量增加了，但长期来看不利于粮食品种生产的均衡发展，会导致部分粮食品种的畸形，如东北大豆面积急剧萎缩。

（王长梅）

大豆和豆粕生产、贸易与市场情况

2013 年，全球大豆供应由紧转松，豆类价格整体趋弱。2013 年我国大豆种植面积和国产大豆产能同时下降，而国内大豆需求的持续增长，对进口大豆依存度高达 80%，大豆价格继续受国际市场因素影响波动明显。2013 年中国豆粕市场走势跌宕起伏，虽然南美和美国大豆产量较 2012 年均大幅增加，但在南美港口阻塞和美国夏季干旱炒作的影响下，中国大豆供应市场依然处于偏紧格局，进口价格居高不下，造成油厂豆粕生产成本较高；同时，豆油市场在库存较高和需求低迷的影响下，现货价格大幅下跌，间接造成油厂对豆粕现货挺价意愿增强，支撑国内豆粕现货价格居高不下。整体来看，2013 年国内豆粕现货均价 4 093 元/t，同比上涨 400 元/t，即 10.9%。

一、2013 年大豆和豆粕市场回顾

1. 国产大豆产量 表 2-8 显示，2013 年，国内大豆产量约为 1 250 万 t，同比下降 4.2%。2013 年中国大豆播种面积预估为 650 万 hm^2，同比减少 2.4%。国产大豆种植面积日渐减少，产量不断下降；但国内大豆需求消费量持续上升，从而进一步加大进口大豆数量。通过国家大豆储蓄政策的实施，东北大豆种植、贸易、加工企业得到了保护，从而国内豆类价格波动较小。黑龙江省是我国最重要的大豆生产基地，其年产量占全国大豆总产量 40%左右。2013 年黑龙江地区大豆种植面积 3 644.7 万亩，增加 7%左右；产量 400 万 t 左右，增加了 30 万 t 左右。

2. 国产大豆价格行情 2013 年国产大豆收购价格波动幅度不是很大，区间在 4 204～4 746 元/t 之间（图 2-28），波动差为 542 元/t，与 2012 年比相差不大。1～9 月国产大豆价格趋势性下降，下跌至全年的最低点 4 204 元/t。由于进口大豆到港完税成本大幅上涨，国储大豆相较进口大豆价格较低，国储大豆成交率和成交价格也在 8 月底开始直线上升。虽然每次国储大豆竞价销售只有 50 万 t，但也在一定程度上降低了国内油厂压榨成本。11 月中旬大豆收储政策出台，收储价格为 4 600 元/t，一定程度上支撑了国产大豆上行。同时，由于进口大豆数量不断增加，国内大豆销售不旺，价格低迷，截至 2013 年 12 月 31 日，国产大豆均价 4 428 元/t，较年初下降 134 元/t。

3. 大豆进出口情况 由于国内种植面积日益减少，产量不断下降，需求增加、进口大豆价格相对较低等因素影响，2013 年国内大豆进口数量较 2012 年大幅增加。海关数据显示，2013 年国内共进口大豆 6 338万 t，接近世界大豆进口总量的 60%，较 2012 年同期的 5 838 万 t 大幅增加 500 万 t，增幅为 8.6%。

表 2-8　2006—2013 年国产大豆种植面积、产量及产量同比增幅

单位：万 hm²、万 t、%

年份	2006	2007	2008	2009	2010	2011	2012	2013
种植面积	928	875.4	912.7	919	851.6	788.9	675	650
产量	1 597	1 273	1 555	1 498	1 508	1 449	1 280	1 250
产量同比增幅	−2.3	−20.3	22.2	−3.7	1.5	−3.9	−11.6	−4.2

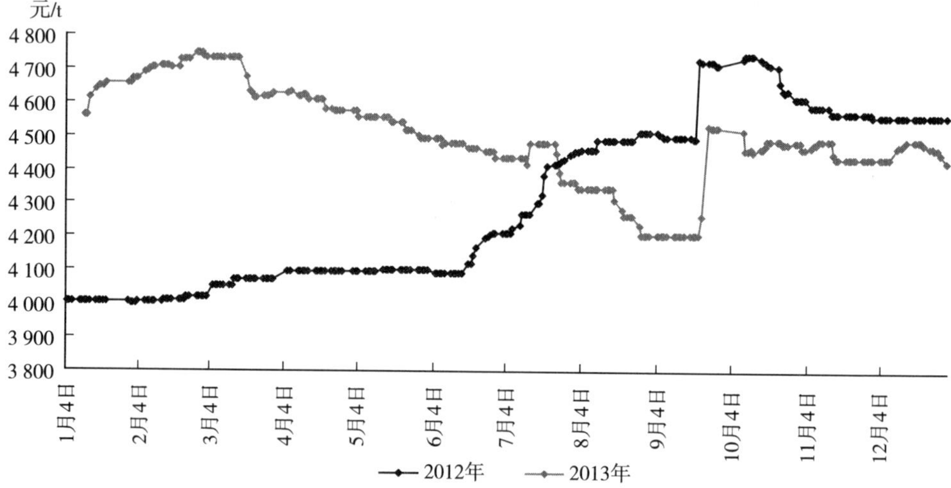

图 2-28　2012 年与 2013 年国产大豆月度价格对比

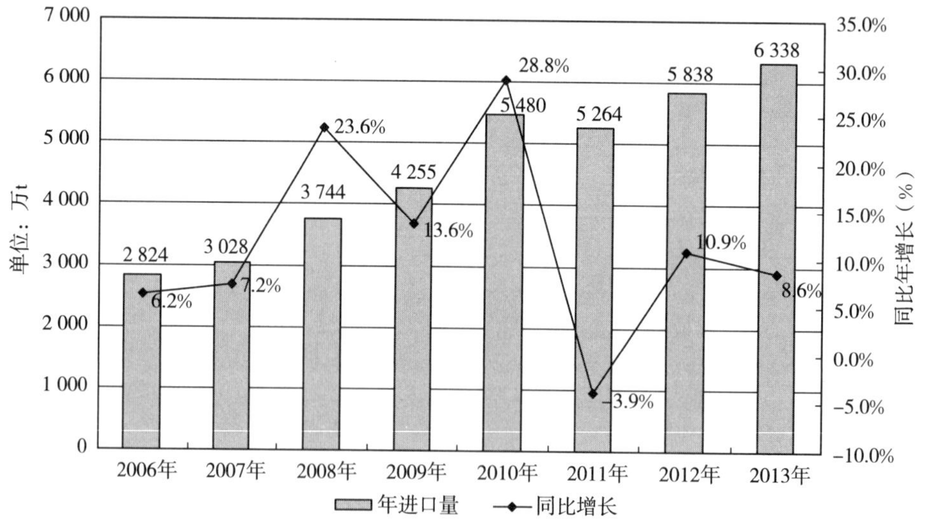

图 2-29　2006—2013 年大豆进出情况

我国大豆进口持续攀升，除 2011 年出现下滑，年增长速度保持在高位（图 2-29）。近年来我国大豆消费对外依存度提高至 83.7%，定价权的缺失致使大豆价格波动幅度扩大，频率也相对偏高。从大豆进口来源看，主要来自美国、巴西、阿根廷，近几年自巴西和阿根廷的南美大豆进口比重呈现递增的趋势（图 2-30）。海关数据显示，2013 年从美国进口大豆数量为 2 223.4 万 t，巴西 3 180.8 万 t，阿根廷 612.4 万 t，分别占总进口量的 35.1%、59.9%和 10.5%，进口大豆来源逐渐向南美转移。

2013 年大豆月度进口量除了 2 月、3 月、4 月、5 月与 9 月低于 2012 年同期外，其余各月进口量均

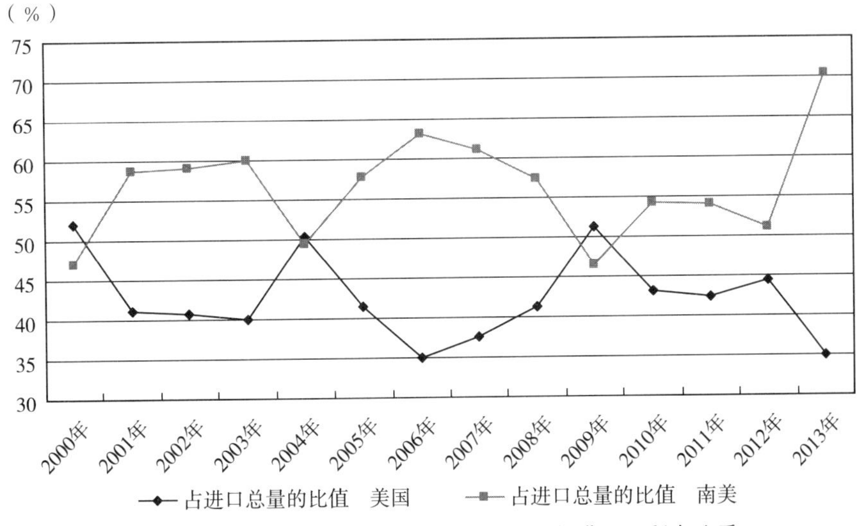

图 2-30 2000—2013 年美国和南美大豆年进口量所占比重

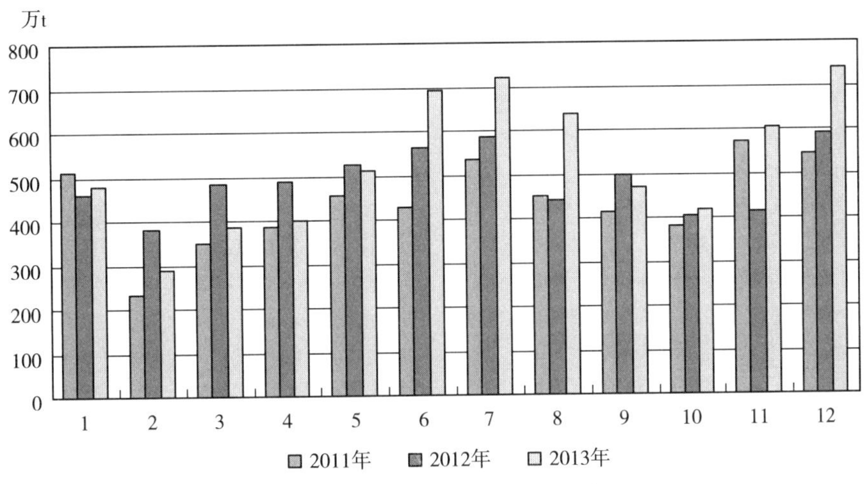

图 2-31 2011—2013 年月度大豆进口量

明显提高，并且大多数月份进口量均超过 400 万 t，12 月份进口 740 万 t，环比上涨了 22.7%，是历年来进口量最多的月份。自 2008 年以后，我国大豆月度进口量就在不断刷新，2013 年进口量增长更为明显(图 2-30)。

(1) 进口大豆库存量和消耗情况。2013 年我国大豆港口库存处在较低的水平，整体库存相对偏紧。从全年来看，除 8～10 月保持在 600 万 t 以上，其余月份都处于 300 万～550 万 t 之间，而过去 3 年的平均月度港口库存水平在 600 万 t。港口库存较低的一个重要原因就是进口压榨企业利润良好，企业开工率高。

(2) 进口大豆成本。从最近 3 年我国大豆进口数量来看，2013 年我国大豆进口数量明显高于 2012 年，主要是因为国内需求加大，以及进口大豆良好的压榨利润。2013 年我国进口大豆到港完税成本大体呈下跌趋势（图 2-32），全年价格有所下降。2013 年我国进口大豆平均到港价格为 4 374.75 元/t，较 2012 年的 4 455 元/t 下跌 80 元/t，跌幅为 1.8%。2013 年 8 月份市场延续对美豆主产区干旱天气炒作，美国农业部顺势在 8 月份和 9 月份供需报告中下调美豆单产和库存，加重了市场对新季美豆减产的担忧，CBOT 大豆价格强势反弹，带动了国内港口大豆分销价格大幅上涨。10 月份达到高点 4 468 元/t 后平稳回落，12 月份价格下跌至 4 278 元/t，较年初下跌 6.3%。随着美豆产量逐步明朗，市场前期建立的天气升水进行回吐，季节性供应性压力占据主导，价格顺势下跌。10 月份美国政府“关门事件”令市场预期利空的美农业部 10 月份供需报告未能如期公布，但市场处于对产量及库存数据提高的利空预期当中，价格偏弱运行，不过美豆旺盛的出口需求抑制了价格的下跌空间。尽管 11 月份美国农业部报告如期调高美豆单产和产量，但市场由于已经对利空消化较长时

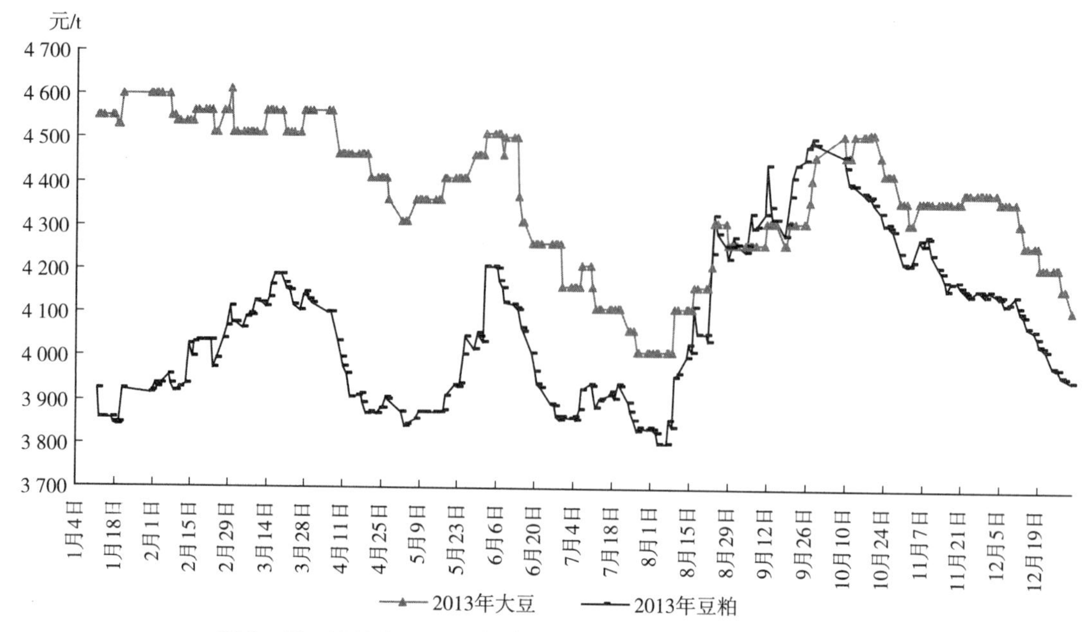

图 2－32　2012 年、2013 年进口大豆到港均价以及国内豆粕均价

间，且 11 月报告大幅调高了美豆需求数据，全球大豆库存数据被意外下调，这份本来预期利空的报告却反向利多，推动美豆价格再次实现反弹。

（3）进口大豆压榨利润、豆油和豆粕比价情况，需求差异主导粕强油弱格局。数据显示，从 2002 年起，豆油消费增速由 40%迅速滑落至 2013 年的 2%附近；而豆粕消费增速从 2008 年超越豆油后，就基本稳定于 5%～15%。由于人口老龄化造成的油脂消费相对下降，而中国豆粕作为饲用消费开始增加。2013/2014 年度，国内豆粕消费量将达到 4 898 万 t，而油脂消费量仅为 1 320 万 t，二者差距超过 3 倍。数据表明，按照我国豆油消费增速进口大豆，则豆粕将出现短缺；而如果按豆粕的增速来进口大豆，则豆油将出现过剩。2013 年，国内油粕市场行情维持了 2012 年的粕强油弱格局，油粕比自年初以来持续走低，6 月中旬跌破 2.0，创历史以来最低水平。进入 11 月份以后，消费需求回暖带动豆油价格小幅反弹，油粕比值略有回升，但仍处于低位。年末，国内油粕比值 1.9，大幅偏离正常区间 2.2～3.0。豆油价格持续偏弱导致大豆加工利润偏低，大豆价格上涨空间受限。图 2－33 显示，2013 年，我国大连地区油

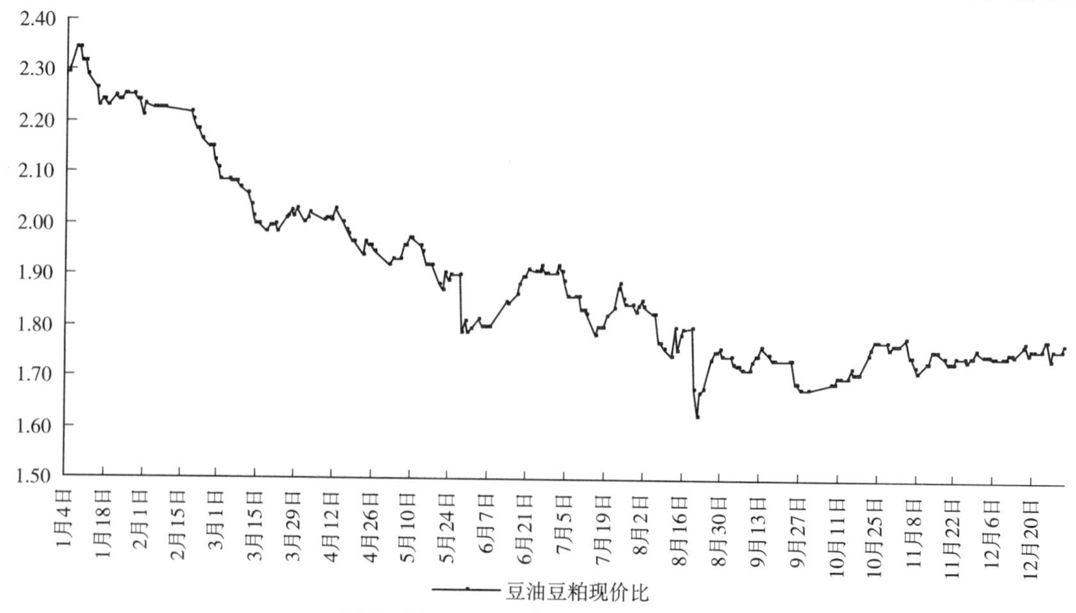

图 2－33　2013 年大连豆油与豆粕比价

粕比价从4月份跌破2.0后就一直徘徊在1.8左右，按照1 t大豆出油0.16 t，出粕0.8 t，可以知道，只有当油粕比价在5.0以上的时候，大豆压榨收入中豆油占比才会超过豆粕占比。由此可知，目前我国油厂压榨收入主要依靠豆粕。

图2-34显示，大连大豆压榨利润与豆粕价格走势呈强相关性，豆粕作为饲料主要原料，所以饲料的需求变化将在一定程度上影响大豆的需求。随着畜禽规模化养殖的发展，使得市场对饲料的需求持续扩大，豆粕作为主要的蛋白质原料，需求将继续增长，预计2014年国内大豆压榨量将继续攀升。

(4) 大豆出口情况。2013年我国大豆出口量20.9万t，同比下降34.84%。主要出口国为韩国、日本。其中对韩国出口5.28万t，同比下降60.4%；对日本出口4.02万t，同比下降5.0%，出口均价966.9美元/t。

4. 国内豆粕供应量和消费量 图2-35显示，国内豆粕供应量从2007年的3 090万t到2012年4 890万t，年均增幅10.1%。2013年国内豆粕供应量5 240万t，同比上涨了6.3%。消费量从2007年2 860万t持续上升到2013年5 240万t，较2012年4 890万t同比增长7.2%，这主要源于下游养殖业的蓬勃发展，从而带动饲料需求的激增。

国内豆粕饲料消费量每年稳速增加。我国2013/2014年度豆粕饲用消费量为5 100万t，比2012/2013年度增加350万t，全年国内豆粕消费量为5 240万t，比2012/2013年度增加350万t。2013/2014年度我国饲用豆粕占总消量比重同比增长0.2%（图2-36）。

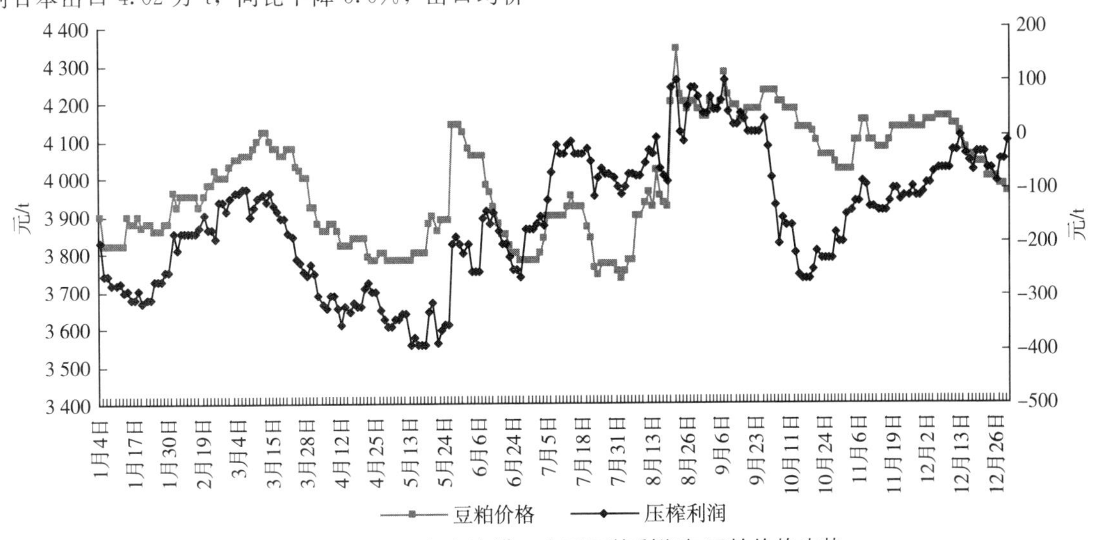

图2-34 2013年大连进口大豆压榨利润与豆粕价格走势

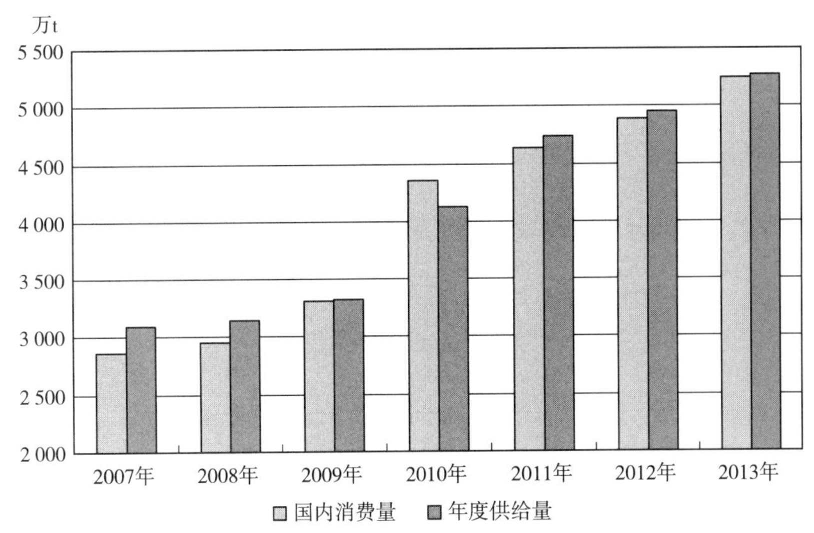

图2-35 2007—2013年国内豆粕供应和消费总量

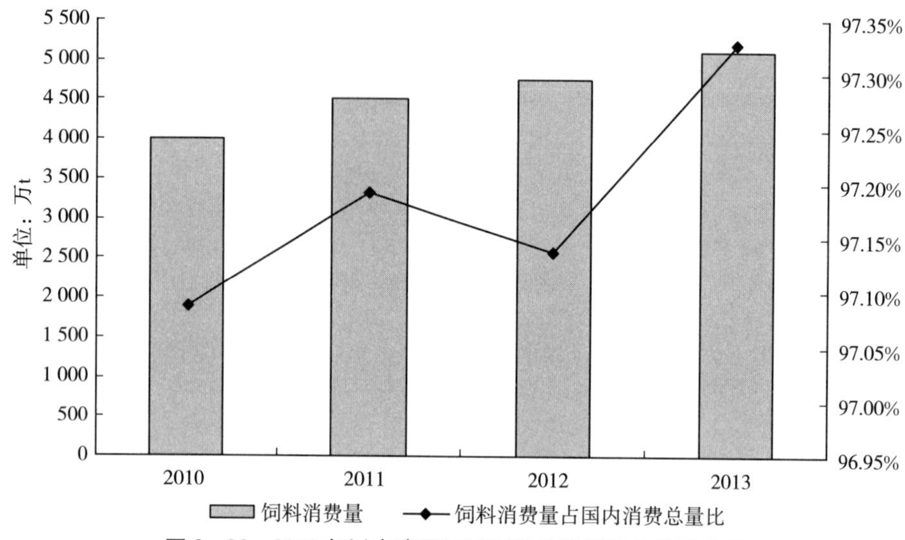

图 2－36　2010 年以来我国饲用豆粕消费量及占总量比重

5. 国内豆粕价格行情　2013 年上半年，国内豆粕现货市场在多空题材炒作下维持区间震荡，价格维持在 3 800～4 200 元/t。但从 8 月初开始，美豆主产区遭遇持续干热天气，新季美豆优良率从 32 周的 64%下调到 38 周的 50%；同时，美国农业部在 8、9 月份供需报告中大幅下调新季美豆单产和产量，提振国内豆粕市场打破区间震荡，走出一段牛市行情，创出年内新高（4 469 元/t），局部地区达到 4 600 元/t。随着新季美豆收割工作展开，美国农业部在 11 月份供需报告中大幅上调新季美豆产量，国内豆粕现货市场承压震荡走低，美豆产量变化继续主导国内豆粕市场走势。整体来看，2013 年我国豆粕现货均价 4 093 元/t，同比上涨 400 元/t 即 10.9%（图 2－37）。

6. 豆粕进出口情况　2013 年，我国豆粕进出口情况与 2012 年相比差异较大，进口量明显回落，出口量有所下降。图 2－38 显示，全年进口豆粕 1.67 万 t，比 2012 年 4.54 万 t 同比下降了 63.2%。主要进口国为印度、阿根廷以及巴西；出口豆粕 107.01 万 t，比 2012 年 123.3 万 t 有所下降，主要出口国为日本和韩国。2013 年国内进口豆粕金额总计 1 403.8 万美元，较 2012 年 2 125.2 万美元同比降低了 33.94%；出口豆粕总计金额 6 3067.12 万美元，较 2012 年 67 080.6 万美元同比降低了 6.0%。

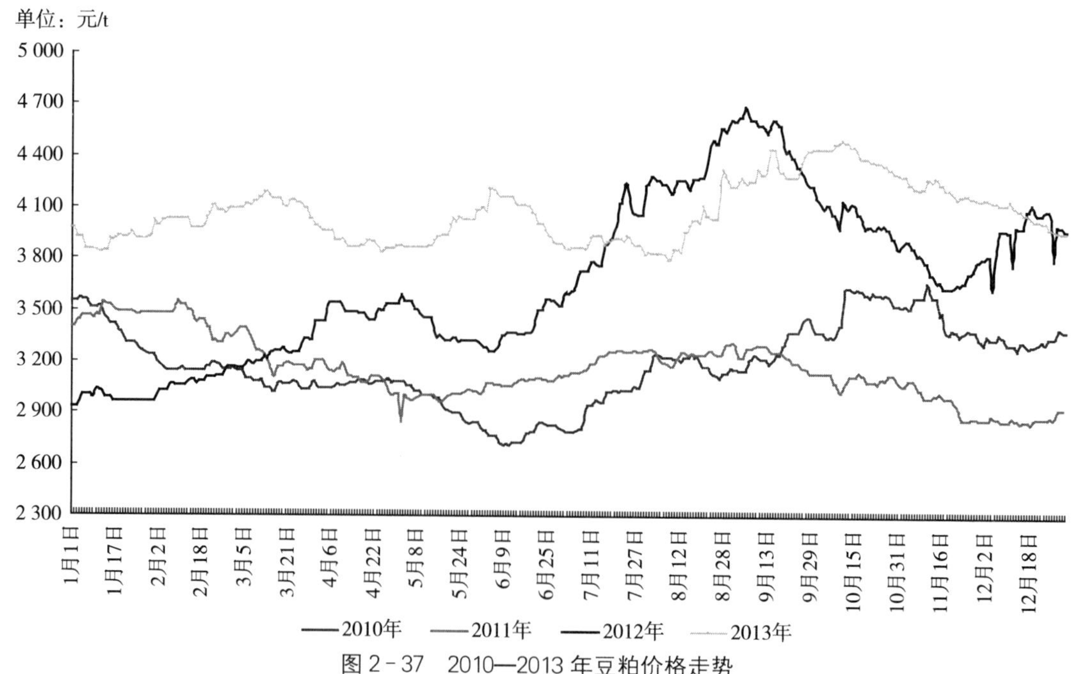

图 2－37　2010—2013 年豆粕价格走势

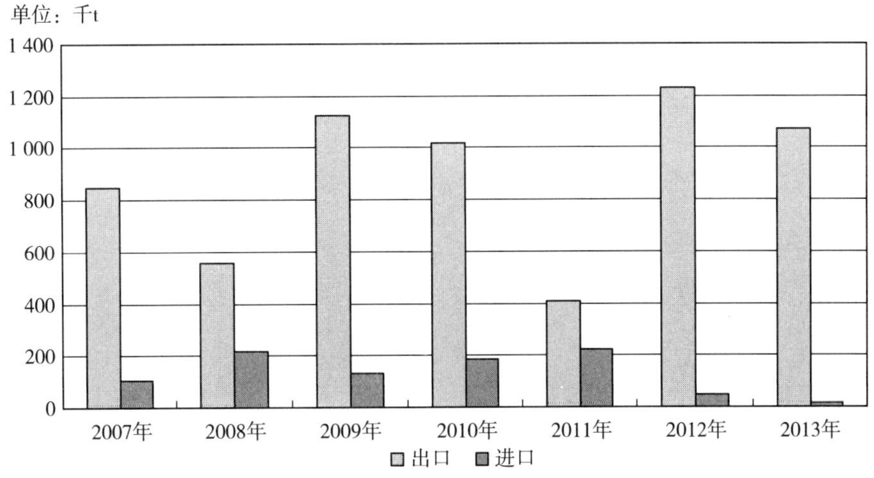

图 2-38 2007—2013 年豆粕进出总量

二、影响 2013 年国内大豆、豆粕市场的主要因素分析

1. 国际市场大豆价格走势对国内市场的传导作用明显 进口大豆对国内市场的冲击仍是影响国内大豆市场的主要因素。国内大豆市场对外依存度接近83.7%，大豆市场走势主要受国际市场指引。一季度因南美大豆丰产预期已有所消化，且巴西港口工人罢工，阻滞丰产的南美大豆运出，豆类整体震荡偏强；4～5 月份豆类市场波动加剧，南美大豆陆续上市，阶段性供给压力凸现。但巴西、阿根廷运输受阻，国际大豆现货库存持续回落，供应紧张，豆类走势先抑后扬；6 月份后，现货方面，南美大豆集中到港，国内大豆供应紧张氛围缓解，油厂开机增加，豆类现货价格回落，美豆现货进入出口淡季，旧作动能缺乏现货亦出现松动。新作方面，美豆产区天气转为良好，新作生长亦较为正常，天气炒作并未得逞，另外出现国储大豆收储将取消改为直补农户的传闻，至此支撑前期盘面的主要因素被瓦解，豆类盘面大幅下挫，尤其连豆盘面彻底崩溃急速下挫寻找需求支撑，国内外豆类期价于 8 月 7 日达到了年内最低点；8～9 月市场炒作美豆产区干旱天气，美豆及国内豆类反弹，其中大豆和豆粕成为领涨品种；9 月份以后，美豆丰产和南美扩种预期强烈，豆类滞涨下跌。进入 12 月份，国内外豆类市场呈现弱势震荡，但连豆由于有收储政策支撑，走势坚挺（图 2-39）。

2. 进口大豆仍主导豆粕价格走势 2013 年上半年，由于南美大豆丰产限制了豆类市场价格上涨空间，但巴西港口阻塞造成出口延迟，以及阿根廷农户惜售意愿较强，南美大豆出口缓慢，缓解了南美大豆

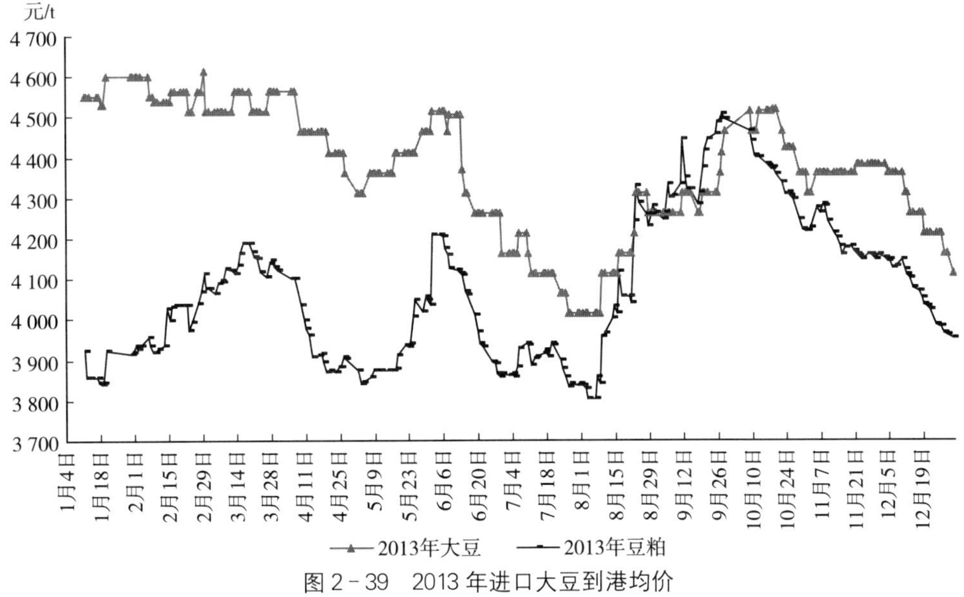

图 2-39 2013 年进口大豆到港均价

集中供应压力，支撑豆粕现货价格底部。第三季度美国主产区干热天气炒作再起，美豆产量和库存大幅下调，美国大豆继续主导国内豆粕市场走势，推动第三季度国内豆粕市场走出一段牛市行情。第四季度美国大豆产量再次意外调高，国内豆粕现货市场承压高位回落，但全球大豆年末库存不断下降，支撑着国内豆粕现货市场。

3. 政策扶持相对偏弱，国内大豆种植面积下滑 国内大豆主产区黑龙江省玉米种植效益是大豆的两倍以上。同时，受积温带上扩影响，弃豆转种玉米的农户将会增加。因此，国内大豆种植面积自 2008 年来连续 5 年下滑，产量也大幅减少，且下滑幅度将会逐渐增大。农业部等机构统计显示，2013 年大豆种植面积及产量仍继续下滑。

4. 抛储政策 自 2013 年 8 月 8 日以来，国家共举行 9 次临储移库大豆竞拍，累计销售 451.1 万 t，实际成交 242.9 万 t，成交率为 53.9%，明显好于 2012 年的 35.4%，尤其是 8 月底开始，成交率直线上升，成交均价为 4 023 元/t。2013 年 8 月份市场延续对美豆主产区干旱天气炒作，间接带动了国内港口大豆分销价格大幅上涨。在进口大豆到港完税成本大幅上涨的情况下，国储拍售大豆在一定程度上降低了国内油厂压榨成本。

5. 收储政策仍未阻止大豆播种面积继续萎缩 收储价不及预期，政策支撑作用逐渐显现。2013 年大豆收储价格与 2012 年（4 600 元/t）持平，并从 11 月 25 日在东北地区全面启动，直至 2014 年 4 月 30 日结束。由于此次大豆收储价格 6 年来首次未提高，低于原来预期，市场反应较为平淡。此外，因为国储大豆受到油厂青睐，再加上 11 月份东北大雪天气导致道路运输受到限制，大豆新粮购销停滞以及临储收购受到影响，12 月份国产大豆现货价格仍低于收储价格。随着临储开仓收储进度恢复正常，政策对价格的支撑作用将逐渐显现，至少延续至 2014 年第一季度末。

6. 生猪存栏量逐月上涨，带动豆粕消费 2014 年 1 月 15 日，农业部公布了 2013 年 12 月份 4 000 个监测点生猪存栏信息数据，12 月份全国生猪存栏量环比下降 2.4%，同比下降 0.5%，能繁母猪存栏环比减少 0.7%，同比减少 2.7%，主要是因为临近春节，生猪集中上市；但截至 2013 年 11 月份，生猪存栏量环比增长已维持 9 个月，对豆粕现货需求强劲，豆粕现货价格较往年大幅上涨。2013 年国内生猪和能繁母猪存栏量保持在较高水平，能繁母猪存栏 4 800 万头，生猪存栏量逐月上涨，预计 2014 年国内生猪存栏量依然保持在较高水平。豆粕在家禽饲养中的使用量大约占总用量的 52%左右，生猪饲料占总用量 29%，肉牛占 7%，奶牛占 6%左右。2013 年我国生猪养殖规模的增长带动了豆粕消费需求的增长。

7. 比价关系 2013 年美国玉米走势疲软，全年价格一路下行，几乎没有明显的反弹出现，需求市场无法跟上供应的增长，致使美玉米库存/消费的比值在上一年度的基础上显著提升。而美国大豆市场因需求旺盛，跌势明显减缓，CBOT 大豆/玉米比值在 2013 年全年走高，CBOT 玉米疲软对于 CBOT 大豆价格构成明显的拖累作用。另一方面，如果大豆/玉米比价仍然居高不下，有望激励 2014 年美国大豆种植面积飙升，来年大豆播种面积增加程度可能远超出市场预期的 400 万～500 万英亩。若如此，对大豆价格的打压力度将较重。从 CBOT 大豆/玉米比值的角度，大豆市场后期受到的牵制力要显著高于玉米。

8. 投资农产品热情减弱，经济复苏缓慢 欧债危机得到控制，欧洲主要经济强国德国、法国、英国经济数据表现较好，经济复苏前景较为乐观。此外，美国政府债务危机暂时得到解决，经济有触底反弹迹象，提振全球市场对蛋白质原料的需求，利好豆类市场。全球商品正在向供过于求的局面转变，有色金属和农产品都呈现明显的这种特征。但从经济复苏的角度而言，工业品将相对农产品更易获得资金青睐，这点从商品持仓量变化中获得验证。2013 年第四季度，大豆、玉米品种的非商业净多持仓大幅下滑，且玉米净多持仓比例 6 年来首次成净空状态，预示着大宗农产品将步入典型的熊途特征。商品尤其是工业品的需求市场将获得提振。同时，经济复苏可能令大部分经济体尤其是新兴市场经济体的通胀有所抬头，对于供过于求的商品市场而言，对其价格的跌势具备一定的缓冲作用。

9. 全球大豆供需谨慎宽松 随着 2013/2014 年度南美大豆播种，受到种植效益利好的影响，巴西和阿根廷大豆新季种植面积均创下历史最高纪录 2 990 万 hm^2 和 2 050 万 hm^2，如果后期天气配合的话，南美大豆丰产将继续加剧大豆宽松格局。对于南美产量的预测，各家机构略有差别，但总体丰产预期不断升温。美国农业部预测巴西产量 8 800 万 t，较上年度的8 200 万 t 增加 7.3%；预测阿根廷产量 5 450 万 t，较上年度的 4 930 万 t 增加 10.5%。巴西私人分析机构 Safras 预测巴西大豆产量将达 9 070 万 t，创历史纪录。《油世界》预计巴西大豆产量可能达到 8 900 万 t；阿根廷大豆产量将达 5 550 万 t，增幅达到 14.0%。按此产量预测，巴西和阿根廷产量年比增幅将达 1 100 万 t，这对于上年度就增产的大豆供应越加施压。

（王长梅）

鱼粉生产、贸易与市场情况

2013年鱼粉市场运行算平稳。从价格来看，2013年鱼粉价格的整体基本呈现一路稳步下行的趋势。受2012年年底秘鲁发布“超低配额——81万t”的影响，2013年初的鱼粉价格较往年同时期为最高，秘鲁普通蒸汽鱼粉为13 000元/t。但是2013年并未持续2012年年底的低配额，第一季和第二季度配额均为历史正常水平，分别为205万t和230万t。经过2012年底“超低配额”的冲击后，人们对于205万t和230万t的配额欣然接受，而且2013年鱼资源良好，幼鱼率较低，这是鱼粉价格一路下行的主要原因。另外，尽管华东地区水产养殖情况较好，但华南地区受多阴雨天气及台风“尤特”和“潭美”的破坏，水产养殖损失惨重；生猪市场同样不乐观，“黄浦江死猪事件”和H7N9流感疫情对鱼粉需求构成不同程度削弱；整体而言2013年鱼粉市场需求不旺。因此，在“供应良好”和“需求不旺”两大因素共同作用下，造成了2013年鱼粉价格一路走低的局面。

一、鱼粉市场供需总体情况

1. 鱼粉进口

（1）2013年鱼粉进口情况。海关数据显示（表2-9），2013年我国进口鱼粉97.6万t，同比下降21.7%。其中进口秘鲁鱼粉约46.0万t，约占进口总量的47%，同比下降35.2%；从美国进口10.9万t，约占进口总量的11%，同比下降36.8%；进口智利鱼粉11.6万t，约占总进口量的12%，同比下降7.4%；从俄罗斯进口鱼粉4.9万t，虽只占进口总量的5%，但同比增长2.9%；从缅甸、朝鲜、马来西亚等其他国家进口约24.2万t，占总进口量的1/4。

由图2-40可以看出，2013年我国鱼粉进口量跌宕起伏，且在9月份达到最高为15.2万t，占全年进口总量的15.6%。秘鲁鱼粉进口量的变化趋势与总进口量一致。其他国家鱼粉各月的进口量除美国在11月份进口量达10.9万t，其余均维持在2万t左右。

（2）2013年与2012年鱼粉进口情况比较。由图2-41和图2-42比较可知，2013年秘鲁鱼粉占我国鱼粉总进口量的比例从2012年的57%下降至47%；美国和智利占各国总进口量的比例也有所下降，分别由2012年的14%和10%下降为11%和12%；俄罗斯略有上升，由2012年的4%上升至5%；其他国家2013年鱼粉进口量占总进口量的比例为25%，相较2012年上升了10%。这说明“杂牌鱼粉”在我国的地位逐步上升。

由图2-42和图2-43可以看出，我国各港口鱼粉进口比例，2013年较2012年变化明显，除福州持平外，上海、天津、大连、广州、黄埔及湛江分别由24%、4%、8%、7%、34%及5%降至20%、3%、5%、6%、27%及1%；其他港口比例大幅增加，增加至25%。

2. 2013年我国鱼粉库存情况 表2-10和图2-43显示了2013年我国港口各周鱼粉库存情况和其变化趋势。2013年，鱼粉各周库存维持在11.3万～14.8万t；库存量最低水平出现在第1周，26周时库存量达全年最高水平14.8万t，且25～28周的库存水平维持在14.7万～14.8万t。图2-45显示，2013年我国港口库存量涨跌互现，各港口变化趋势基本一致。

表2-9 2013年不同国家鱼粉月进口量

单位：t

月份	秘鲁	智利	美国	俄罗斯	总进口量
1月	18 407.0	21 205.1	9 019.4	2 553.7	73 069.3
2月	16 780.9	15 039.1	2 343.4	2 681.8	47 019.6
3月	23 689.3	19 401.3	3 198.1	8 078.3	74 307.9
4月	30 513.9	4 471.4	13 057.6	9 079.4	75 332.4
5月	32 755.3	11 315.0	12 656.8	8 839.9	95 954.8
6月	21 962.0	19 674.9	4 504.6	2 250.6	72 807.4
7月	8 527.5	10 480.5	5 015.4	2 278.2	55 512.4
8月	60 180.9	4 977.9	20 342.2	3 486.0	108 875.8
9月	111 799.3	420.0	17 579.3	2 960.6	151 804.3
10月	61 185.5	0.0	9 815.4	2 424.9	93 149.9
11月	62 986.5	3 971.7	108 815.0	8 212.4	93 116.3
12月	10 812.1	4 979.5	3 070.5	1 875.1	35 005.5

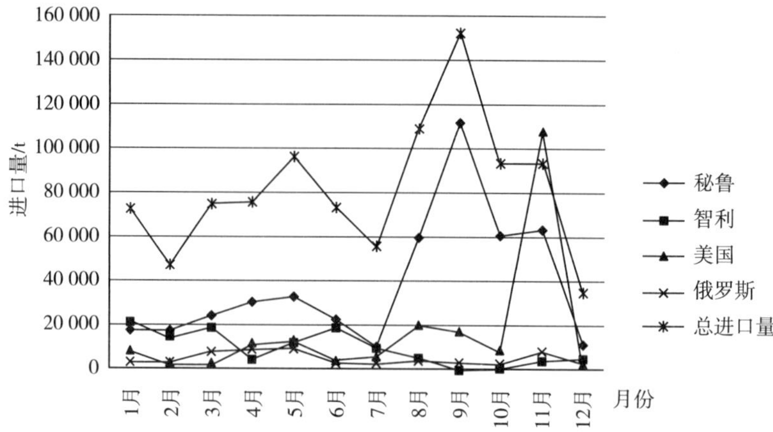

图 2-40　2013 年各国鱼粉月进口量变化趋势图

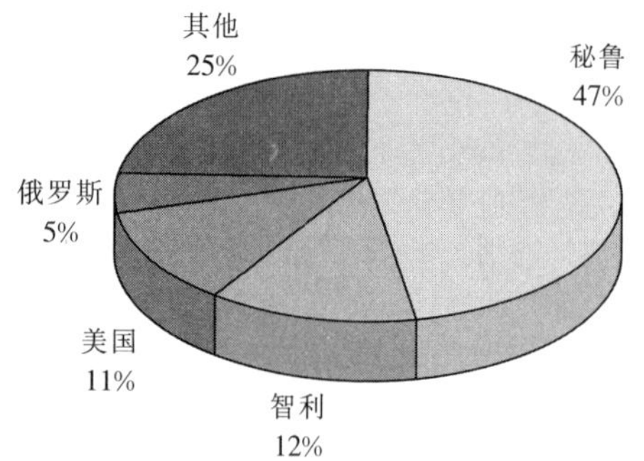

图 2-41　2013 年各国鱼粉进口比例

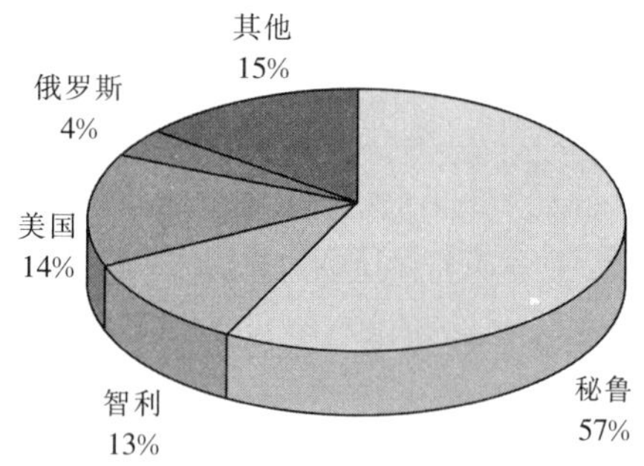

图 2-42　2012 年各国鱼粉进口比例

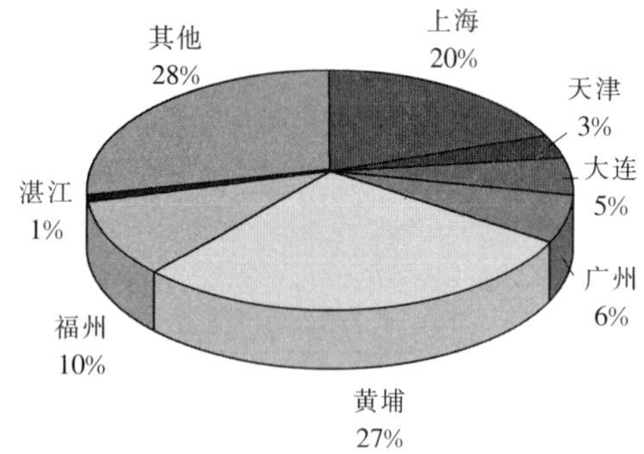

图 2-43　2013 年各港口鱼粉进口比例

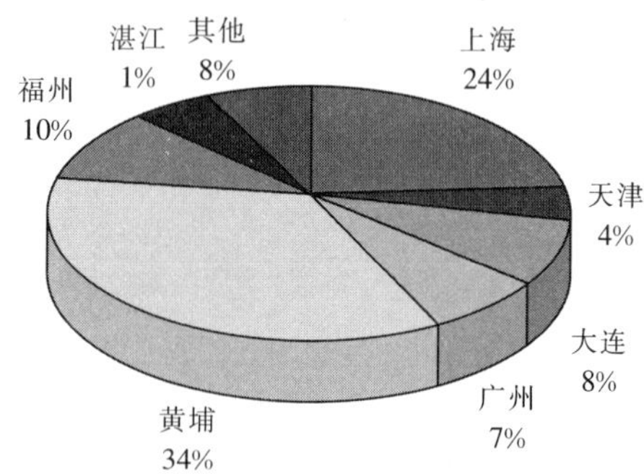

图 2-44　2012 年各港口鱼粉进口比例

表 2-2　2013 年国内港口鱼粉库存量

单位：万 t

周数	黄埔	福州	上海	天津	大连	防城	其他	总库存
1	4.4	1.6	2.4	0.6	1.6	0.4	0.4	11.4
2	4.6	1.7	2.6	0.6	1.5	0.4	0.4	11.8
3	4.7	1.6	2.7	0.6	1.4	0.4	0.4	11.8
4	4.7	1.5	2.8	0.6	1.4	0.4	0.4	11.8
5	4.8	1.4	2.6	0.5	1.4	0.4	0.4	11.5
6	4.9	1.4	2.7	0.5	1.5	0.3	0.4	11.7

（续）

周数	黄埔	福州	上海	天津	大连	防城	其他	总库存
7	4.9	1.4	2.7	0.6	1.5	0.4	0.4	11.9
8	5.1	1.4	3.0	0.6	1.5	0.4	0.4	12.4
9	5.2	1.4	3.1	0.7	1.5	0.3	0.4	12.6
10	5.3	1.4	3.3	0.6	1.5	0.4	0.4	12.9
11	5.3	1.4	3.3	0.6	1.3	0.3	0.4	12.6
12	5.3	1.3	3.3	0.6	1.3	0.3	0.5	12.6
13	5.1	1.2	3.2	0.6	1.2	0.3	0.4	12.0
14	5.1	1.2	3.1	0.5	1.3	0.4	0.4	12.0
15	5.1	1.2	3.1	0.5	1.2	0.3	0.4	11.8
16	5.1	1.2	3.1	0.6	1.1	0.3	0.4	11.8
17	5.1	1.2	3.2	0.6	1.1	0.3	0.4	11.9
18	5.1	1.2	3.2	0.6	1.1	0.3	0.4	11.9
19	5.2	1.2	3.2	0.7	1.0	0.3	0.4	12.0
20	5.3	1.3	3.4	0.7	1.0	0.3	0.4	12.4
21	5.5	1.2	3.6	0.7	1.1	0.3	0.4	12.8
22	5.8	1.2	3.7	0.6	1.0	0.2	0.4	12.9
23	5.8	1.2	3.7	0.6	1.1	0.2	0.4	13.0
24	6.0	1.2	4.0	0.7	1.2	0.2	0.4	13.7
25	6.5	1.2	4.4	0.7	1.3	0.2	0.4	14.7
26	6.6	1.2	4.4	0.7	1.3	0.1	0.4	14.7
27	6.6	1.2	4.3	0.7	1.2	0.2	0.4	14.6
28	6.6	1.1	4.4	0.7	1.1	0.2	0.4	14.5
29	6.3	1.1	4.0	0.7	0.8	0.1	0.4	13.4
30	6.0	1.0	3.7	0.6	0.7	0.1	0.4	12.5
31	5.5	1.0	3.4	0.6	0.7	0.1	0.4	11.7
32	5.1	1.1	3.2	0.6	0.7	0.1	0.4	11.2
33	5.1	1.1	3.0	0.7	0.6	0.1	0.4	11.0
34	5.0	1.1	3.0	0.6	0.9	0.1	0.4	11.1
35	4.9	1.1	3.0	0.7	0.8	0.1	0.4	11.0
36	5.4	1.1	2.9	0.7	0.7	0.1	0.4	11.3
37	5.6	1.1	3.0	0.6	0.7	0.2	0.4	11.6
38	5.6	1.1	3.0	0.6	0.7	0.1	0.4	11.5
39	5.6	1.1	3.0	0.5	0.7	0.1	0.4	11.4
40	5.6	1.1	3.1	0.6	0.8	0.1	0.4	11.7
41	5.6	1.1	3.3	0.7	0.8	0.1	0.4	12.0
42	5.8	1.1	3.3	0.7	0.8	0.1	0.4	12.2
43	6.1	1.3	3.3	0.8	1.0	0.1	0.4	13.0

（续）

周数	黄埔	福州	上海	天津	大连	防城	其他	总库存
44	6.1	1.3	3.1	0.8	1.0	0.1	0.4	12.8
45	6.4	1.2	3.5	0.8	1.1	0.2	0.4	13.6
46	6.6	1.2	3.6	0.9	1.2	0.2	0.4	14.1
47	6.8	1.2	3.7	0.8	1.2	0.2	0.4	14.3
48	6.8	1.2	3.8	0.8	1.2	0.2	0.4	14.4
49	6.9	1.2	3.8	0.7	1.2	0.2	0.4	14.4
50	6.9	1.2	3.8	0.7	1.2	0.2	0.4	14.4
51	6.9	1.3	3.8	0.7	1.2	0.1	0.4	14.4
52	6.8	1.2	3.7	0.7	1.1	0.1	0.4	14.0

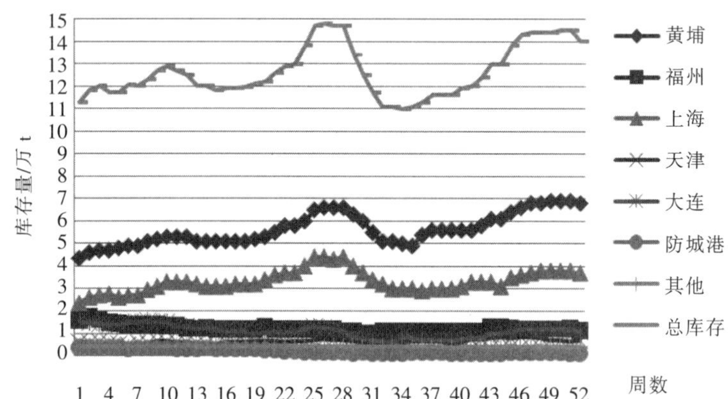

图 2-45 2013 年各港口鱼粉库存量变化趋势图

3. 2013 年鱼粉价格行情

（1）国内鱼粉价格。2013 年各港口各周秘鲁普通蒸汽鱼粉价格统计见表 2-11。图 2-46 显示了 2008—2013 年各周鱼粉价格的走势。由图 2-7 可知，2013 年秘鲁普通蒸汽鱼粉价格整体呈现下行趋势，仅在 13～15 周、31～32 周出现了小幅的上调；普通蒸汽鱼粉价格由年初 13 000 元/t 一路下行至年底的 8 800 元/t；2013 年鱼粉价格在 2008—2013 年中处于中等水平。

表 2-11 2013 年各港口秘鲁普通蒸汽鱼粉价格

单位：元/t

周数	广州港	上海港	天津港	大连港	各港口平均价格
1	13 000	13 000	13 000	13 000	13 000
2	12 600	12 600	12 800	12 800	12 700
3	12 200	12 200	12 600	12 600	12 400
4	12 000	12 000	12 500	12 500	12 250
5	12 000	12 000	12 500	12 500	12 250
6	12 000	12 000	12 500	12 500	12 250
7	12 000	12 000	12 500	12 500	12 250
8	12 000	12 000	12 200	12 200	12 100

（续）

周数	广州港	上海港	天津港	大连港	各港口平均价格
9	12 000	12 000	12 200	12 200	12 100
10	12 000	12 000	12 200	12 200	12 100
11	12 200	12 200	12 200	12 200	12 200
12	12 200	12 200	12 200	12 200	12 200
13	12 500	12 500	12 500	12 500	12 500
14	12 500	12 700	12 500	12 500	12 550
15	12 500	12 700	12 500	12 500	12 550
16	12 300	12 300	12 300	12 300	12 300
17	12 500	12 500	12 500	12 500	12 500
18	12 200	12 200	12 200	12 200	12 200
19	12 200	12 200	12 200	12 200	12 200
20	11 800	11 800	11 800	11 800	11 800
21	11 800	11 800	11 800	11 800	11 800
22	11 600	11 600	11 600	11 600	11 600
23	11 400	11 400	11 400	11 400	11 400
24	11 200	11 200	11 200	11 200	11 200
25	10 800	10 800	11 200	11 200	11 000
26	10 800	10 800	11 000	11 000	10 900
27	10 600	10 600	10 800	10 800	10 700
28	10 400	10 400	10 600	10 600	10 500
29	10 200	10 200	10 600	10 600	10 400
30	10 400	10 400	10 800	10 800	10 600
31	10 400	10 400	10 800	11 000	10 650
32	10 400	10 400	10 800	11 000	10 650
33	10 400	10 400	10 400	10 800	10 500
34	10 200	10 300	10 000	10 800	10 325
35	10 200	10 300	10 000	10 800	10 325
36	9 800	9 800	9 800	10 800	10 050
37	9 200	9 200	9 200	9 400	9 250
38	9 200	9 200	9 400	9 400	9 300
39	9 200	9 200	9 200	9 200	9 200
40	9 000	9 000	9 200	9 200	9 100
41	9 000	9 000	9 200	9 200	9 100
42	9 000	9 000	9 200	9 200	9 100
43	9 000	9 000	9 200	9 200	9 100
44	9 000	9 000	9 200	9 200	9 100
45	9 000	9 000	9 200	9 200	9 100

（续）

周数	广州港	上海港	天津港	大连港	各港口平均价格
46	9 000	9 000	9 200	9 200	9 100
47	9 000	9 000	9 000	9 000	9 000
48	9 000	9 000	9 000	9 000	9 000
49	9 000	9 000	9 000	9 000	9 000
50	8 800	8 800	9 000	8 800	8 850
51	8 800	8 800	8 800	8 800	8 800
52	8 800	8 800	8 800	8 800	8 800

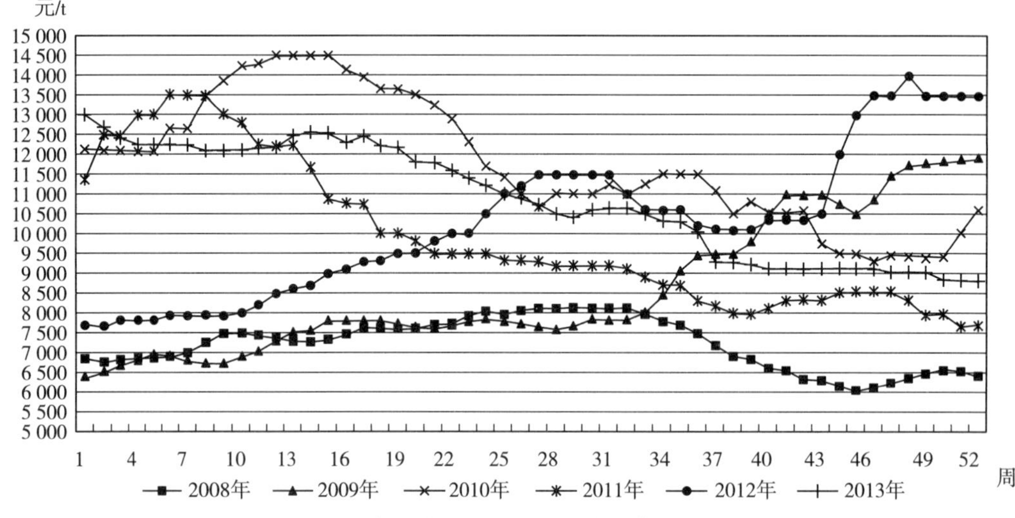

图 2-46　2008—2013 年国内主要港口秘鲁普通蒸汽鱼粉平均价格走势图

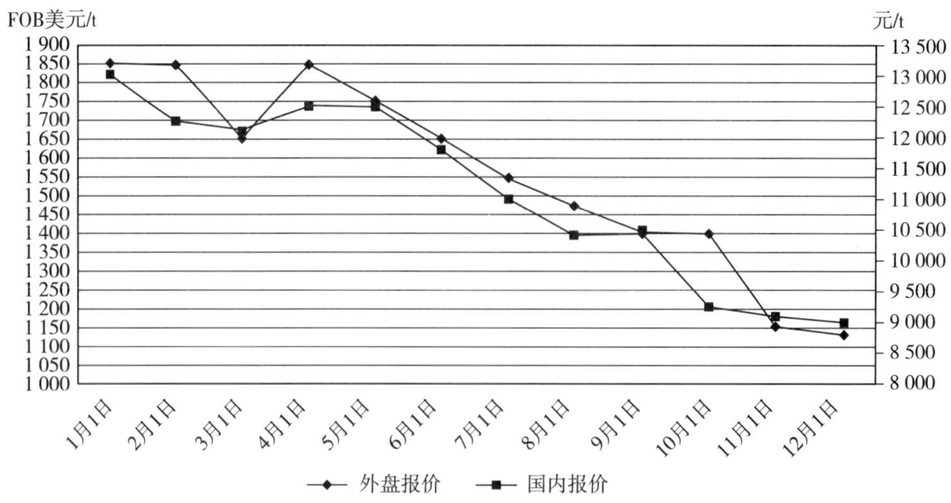

图 2-47　2013 年秘鲁普通蒸汽鱼粉外盘报价和国内报价比较

（2）秘鲁鱼粉外盘报价。由图 2-47 可以看出，秘鲁鱼粉外盘报价走势与国内价格走势基本一致，这表明秘鲁外盘是影响我国鱼粉市场行情的重要因素之一。秘鲁外盘除在 3～4 月出现了短暂的上行之外，整体呈现下降趋势。

二、2013年鱼粉市场解析

2013年，鱼粉价格可谓是起于高位止于低位；鱼粉资源良好，供应充足；国内需求一般，需求旺季呈旺季不旺，主要是由于华南地区天气多阴雨，又连续遭受台风“尤特”和“潭美”袭击，造成水产养殖损失惨重，加之生猪市场同样不乐观，鱼粉市场需求表现清淡。2013年鱼粉市场各月情况及解析具体如下所述。

1～2月，鱼粉价格呈现缓慢下行的趋势。1月初，由于2012年第二季秘鲁微配额81万t的影响，其外盘报价维持在较高水平为FOB1 850美元/t，国内鱼粉价格也为2013全年最高，普通蒸汽鱼粉达13 000元/t，超级蒸汽鱼粉为14 500元/t。而随着中国传统节日春节的不断临近，贸易商进入传统备货阶段，迫于资金限制，而且由于该期为鱼粉需求淡季，大部分贸易商选择降价销售。据不完全统计，1月份港口出货约7.3万t，与进口量持平。

进入2月，秘鲁进入新季鱼粉预售期，而此时市场需求清淡，为吸引买家入场，秘鲁厂商下调报价，2月底秘鲁外盘报价由FOB1 850美元/t降至FOB1 650美元/t。随外盘影响，国内鱼粉报价进一步降低，2月底秘鲁普通蒸汽鱼粉价格为12 100元/t，超级蒸汽鱼粉为14 100元/t。据统计，2月港口出货约4万t，低于到港量。

3月份临近秘鲁第一季配额公布期，秘鲁厂商开始对配额炒作，外盘报价不断上调，3月底秘鲁普通蒸汽鱼粉报价回升至FOB1 850美元/t。受秘鲁外盘影响，国内秘鲁普通蒸汽鱼粉价格也缓慢回升至12 200元/t。3月港口出货约7.3万t，略低于进口量。

4月份，秘鲁2013年第一季配额正式公布，“205万t配额”彻底击粹了“继续微配额”的谣言，秘鲁外盘报价下调，4月底普通蒸汽鱼粉报价约为FOB1 750美元/t。4月港口出货约7.4万t，略低于到港量。

进入5月后，由于华南地区天气多阴雨，水产养殖启动较晚，鱼粉需求迟迟不能上量；加之H7N9流感疫情对生猪和家禽市场的影响，饲料销售量大幅下滑，鱼粉市场持续疲软。另外，秘鲁“205万t配额”的发布，证明了2013年鱼粉供应较为充足的事实。总体而言，5月的鱼粉市场呈现需求疲软、供应充足的状态，这是导致鱼粉价格快速下滑的主要原因。截至5月底，秘鲁外盘普通蒸汽鱼粉报价回落至FOB1 650美元/t，国内报价11 800元/t。5月港口出货总量约在8万t，低于进口量。

6月秘鲁进入第一捕季中期，鱼况良好，幼鱼率低，但国内鱼粉需求继续疲软。因此，不论是秘鲁外盘报价还是国内市场报价继续快速下滑，6月底，秘鲁外盘普通蒸汽鱼粉报价降至FOB1 550美元/t，国内报价为11 000元/t。据不完全统计，2013年1～6月港口约在46万t。

7～9月是我国鱼粉传统销售旺季，但由于需求持续清淡，鱼粉市场表现为旺季不旺的状态。期间，华东水产养殖状况良好，上海港口出货情况良好，日出货平均水平约在900t。华南水产由于天气影响状况不容乐观，而且在8月遭受台风“尤特”和“潭美”的双重袭击，损失惨重，致使鱼粉需求骤降，价格继续下探。9月底，普通蒸汽鱼粉价格为9 250元/t，秘鲁外盘报价为FOB1 200美元/t。

10月一般为秘鲁第二捕季配额公布期，在配额公布前秘鲁厂商少不了炒作一番，但2013年却略显平静，外盘报价继续下行，截至10月底秘鲁普通蒸汽鱼粉报价为FOB1 150美元/t，国内港口平均报价为9 100元/t。由于2013年水产养殖启动较晚，其结束期也相应延迟，因此10月港口鱼粉日出货量水平并未明显下降，而是维持在700t/d左右。

11～12月进入鱼粉传统销售淡季，一般情况下，出货量会明显下滑，但2013年此阶段港口出货情况尚可，日出货量维持在500t/d的水平。11月12日至12月26日，秘鲁第二季累计捕鱼197.7万t，完成配额的86%，鱼资源良好，幼鱼率低。由于需求清淡，秘鲁外盘继续下探，12月底，普通蒸汽鱼粉外盘报价约为FOB1 130美元/t；国内报价9 000元/t，为全年最低水平。

（李剑楠）

饲料添加剂工业概况

中国主要饲料添加剂产量分布与概述

近年中国饲料添加剂产业发生质的变化，主要品种产量快速增长，主流产品基本实现国产化，由进口国转变成为出口国，为饲料工业的发展起到积极的推动作用。截至2013年底，中国已有饲料添加剂生产企业1 377家，在生产种类、产品适用范围等方面都有了明确的规范。农业部最新公布的《饲料添加剂品种目录（2013)》将于2014年2月1日起施行，该目录将添加剂分为13大类，共有通用名称76大项，适用范围包括畜禽、鱼虾、宠物、观赏鱼及兔等多个种类。2013年，受养殖业景气度下行、畜产品行情低迷、部分添加剂品种产能过剩调整等多重因素影响，饲料添加剂产值、营业收入均有下滑。饲料添加剂总产值534.9亿元，占饲料工业总产值的7.2%，较2012年度下降0.6%。饲料添加剂总营业收入507.4亿元，占饲料工业总营业收入的7.1%，较2012年度下降0.7%。

一、主要品种产量有增有降

2013年中国饲料添加剂总产量保持增长。饲料添加剂总产量798.9万t，同比增长4.0%。主要品种中，氨基酸、酶制剂、防腐防霉剂、微生物产量同比增长，维生素、矿物元素及其络合物、抗氧化剂产量同比下降。

从近5年生产情况看，中国饲料添加剂产量快速增长，国际竞争力持续增强，已实现全部氨基酸类、维生素类饲料添加剂国产化。其中，赖氨酸和维生素类饲料添加剂主导国际市场。从2013年出口情况来看，赖氨酸（19.2万t)、蛋氨酸（0.5万t）同比增长11.9%、86.9%，维生素（18.6万t）同比增长22.2%，胆碱及其盐（6.3万t）同比增长59.1%。

从近5年主要品种产量看，防腐防霉剂、饲用微生物制剂、氨基酸平均增幅较高，分别为100.8%、24.5%、20.6%。见表2-12。

表2-12 2009—2013年国内饲料添加剂主要品种产量变化与增幅

单位：万t、%

年 份	氨基酸	维生素	矿物元素及其络合物	酶制剂	抗氧化剂	防腐防霉剂	微生物
2013	150.4	73.9	460.6	9.1	4.6	22.6	10.8
2012	133.4	79.3	488.4	8.0	5.2	5.5	10.2
2011	90.1	72.2	403.8	7.6	5.1	4.8	8.2
2010	71.3	62.5	384.5	8.2	3.9	3.7	7.3
2009	74.8	50.1	358.0	5.3	4.5	2.5	4.7
年均增幅	20.6	10.8	6.9	16.6	2.0	100.8	24.5

从全国分布情况看，东部地区（北京、天津、河北、上海、江苏、浙江、福建、山东、广东、海南、辽宁）饲料添加剂产品总量 221.5 万 t，同比增长 21.3%，占全国总产量的 27.7%；中部地区（山西、安徽、江西、河南、湖北、湖南、黑龙江、吉林）饲料添加剂产品总量 136.2 万 t，同比下降 11.0%，占全国总产量的 17.1%；西部地区（内蒙古、广西、重庆、四川、贵州、云南、陕西、甘肃、青海、宁夏、新疆 西藏）饲料添加剂产品总量 441.2 万 t，同比增长 2.0%，占全国总产量的 55.2%。

二、主要品种产量分布情况

1. 氨基酸 2013 年氨基酸总产量 150.4 万 t，同比增长 12.8%，占添加剂总产量比重为 18.8%，较 2012 年提高 1.5%，其中，蛋氨酸 4.7 万 t，同比增长 198.6%；赖氨酸 108.5 万 t（含 65%赖氨酸），同比下降 7.2%；苏氨酸 21.2 万 t，同比增长 22.4%；色氨酸 1.9 万 t，同比增长 652.1%，仅宁夏增长 1.6 万 t。

从全国分布情况看，东部地区产量 34.2 万 t，同比增长 44.9%，占全国总产量的 22.7%；中部地区产量 70.4 万 t，同比下降 4.5%，占全国总产量的 46.8%；西部地区产量 45.8 万 t，同比增长 27.2%，占全国总产量的 30.4%。产量较大省区依次是吉林（60 万 t，同比下降 7.5%）、内蒙古（22.9 万 t，同比增长 10.3%）、山东（21.8 万 t，同比增长 13.8%）、宁夏（19.9 万 t，同比增长 40%）。见图 2-48、2-49、2-50。

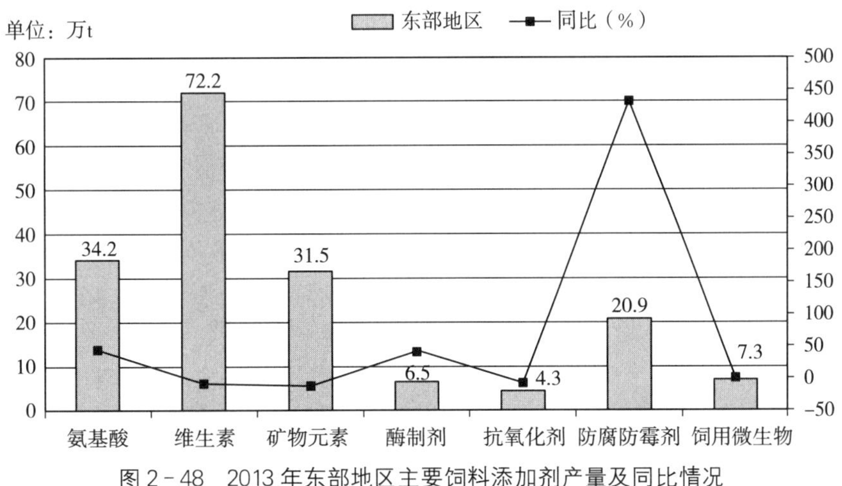

图 2-48 2013 年东部地区主要饲料添加剂产量及同比情况

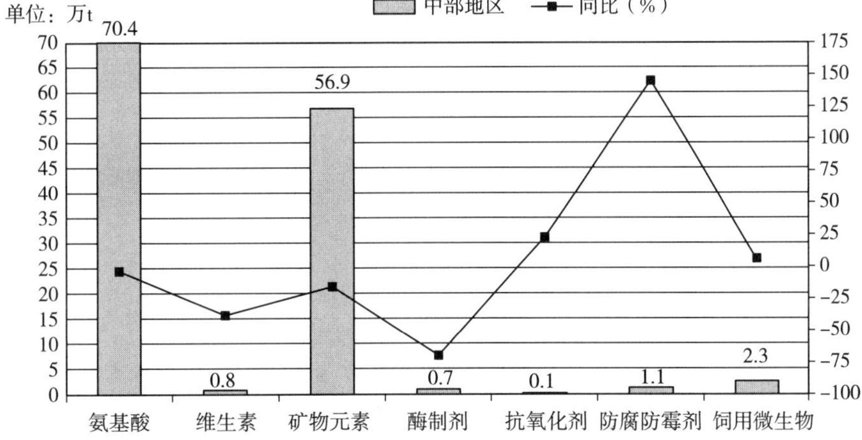

图 2-49 2013 年中部地区主要饲料添加剂产量及同比情况

2. 维生素 2013 年维生素总产量 73.9 万 t，同比下降 6.6%，占添加剂总产量比重为 9.3%，较 2012 年下降 1.0%。

从全国分布情况看，东部地区总产量 72.2 万 t，同比下降 6.1%，占全国总量的 97.6%；中部地区总产量 0.8 万 t，同比下降 39.2%，占全国总量的 1.1%；西部地区总产量 0.9 万 t，同比增长 2.3%，占全国总量的 1.2%。产量大省主要集中在东部地

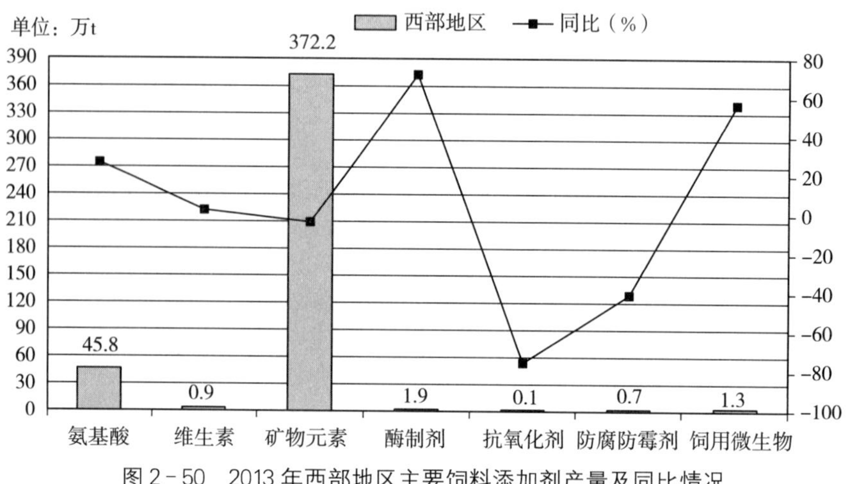

图 2-50　2013 年西部地区主要饲料添加剂产量及同比情况

区，分别为山东（33.5 万 t，同比增长 4.0%）、河北（16.9 万 t，同比下降 4.8%）、浙江（9.6 万 t，同比下降 41.9%）、江苏（4.4 万 t，同比增长 3.2%）。见图 2-48、2-49、2-50。

3. 矿物元素及其络合物　2013 年矿物元素及其络合物总产量 460.6 万 t，同比下降 5.7%，占添加剂总产量比重为 57.7%，较 2012 年下降 5.9%。主要品种中，磷酸氢钙（含磷酸二氢钙）364.0 万 t，同比下降 4.9%；硫酸铜 2.7 万 t，同比下降 27.5%；硫酸亚铁 16.2 万 t，同比下降 10.3%；硫酸锌 14.8 万 t，同比增长 17.7%；硫酸锰 5.3 万 t，同比下降 53.0%。

从全国分布情况看，东部地区总产量 31.5 万 t，同比下降 12.1%，占全国总量的 6.8%；中部地区总产量 56.9 万 t，同比下降 15.4%，占全国总量的 12.3%，西部地区总产量 372.2 万 t，同比下降 3.4%，占全国总量的 80.8%。主导省份为西部地区的云南（170.2 万 t，同比增长 8.7%）、四川（157.5 万 t，同比下降 8.7%）。见图 2-48、2-49、2-50。

4. 酶制剂　2013 年，全国酶制剂总产量 9.1 万 t，同比增长 14.1%，占添加剂总产量比重为 1.1%，较 2012 年提高 0.1%。

从全国分布情况看，东部地区总产量 6.5 万 t，同比增长 42.0%，占全国总量的 71.4%；中部地区总产量 0.7 万 t，同比下降 70.3%，占全国总量的 7.4%，西部地区总产量 1.9 万 t，同比增长 72.3%，占全国总量的 21.2%。主导省份为东部地区的广东（1.1 万 t，同比下降 8.0%）、山东（2.1 万 t，同比增长 41.8%）、江苏（1.0 万 t，同比增长 197.3%）。见图 2-47、2-48、2-49。

5. 抗氧化剂　2013 年，全国抗氧化剂产量 4.6 万 t，同比下降 11.3%，占添加剂总产量比重为 0.6%，较 2012 年下降 0.1%。

从全国分布情况看，东部地区总产量 4.3 万 t，同比下降 6.1%，占全国总量的 94.6%；中部地区总产量 1 450t，同比增长 21.0%，占全国总量的 3.2%；西部地区总产量 1 048t，同比下降 75.7%，占全国总量的 2.3%。主导省份为东部地区的江苏（3.3 万 t，同比下降 6.0%）、上海（0.7 万 t，同比增长 6.2%）。见图 2-47、2-48、2-49。

6. 防腐防霉剂　2013 年防腐防霉剂总产量 22.6 万 t，同比增长 311.5%，占添加剂总产量比重为 2.8%，较 2012 年提高 4.0%。

从全国分布情况看，东部地区总产量 20.9 万 t，同比增长 432.8%，占全国总量的 92.2%；中部地区总产量 1.1 万 t，同比增长 144.4%，占全国总量的 4.8%；西部地区总产量 0.7 万 t，同比下降 40.7%，占全国总量的 3.0%。其中，山东（17.5 万 t,）、湖北（0.5 万 t）2 省份增量明显。见图 2-48、2-49、2-50。

7. 饲用微生物制剂　2013 年微生物产量 10.8 万 t，同比增长 5.8%，占添加剂总产量比重为 1.4%，较 2012 年提高 0.1%。

从全国分布情况看，东部地区总产量 7.3 万 t，同比增长 0.6%，占全国总量的 67.6%；中部地区总产量 2.3 万 t，同比增长 4.3%，占全国总量的 210.8%；西部地区总产量 1.3 万 t，同比增长 56.5%，占全国总量的 11.6%。其中，产量大省主要是山东（4.6 万 t）、湖北（1.7 万 t）、河北（1.2 万 t）。见图 2-48、2-49、2-50。

随着新《饲料和饲料添加剂管理条例》、《饲料质量安全管理规范》相继实施和示范推广，行业监管、企业发展都面临着新的目标与挑战。饲料添加剂作为饲料工业科技进步和饲料安全的核心，产品质量尤为重要。2013年全国饲料质量安全监测结果显示，共抽检国产饲料添加剂139批次，合格率97.12%；抽检进口饲料添加剂201批次，合格率91.04%，饲料添加剂质量安全水平进一步提升，为养殖业和饲料工业的持续健康发展作出了重要贡献。

（陆泳霖　朱海彬）

饲料级氨基酸

我国是饲料级别氨基酸的消费大国，近两年随着我国氨基酸发展成熟，赖氨酸、苏氨酸、色氨酸均面临产能过剩局面，尤其赖氨酸市场已经出现产量下降态势。2013年赖氨酸产量为108.5万t（含65%赖氨酸），同比下降7.2%，为历史比较少有的下降。2013年苏氨酸国内产量为21.2万t，同比增长22.4%。2013年色氨酸国内产量为1.9万t，同比增长652.1%，仅宁夏增长1.6万t。随着技术不断成熟，国产蛋氨酸逐渐进入饲料企业消费市场，2013年蛋氨酸产量为4.7万t，同比增长198.6%。2013年随着大宗原料的不断走高，氨基酸的添加比例有所提升，但氨基酸的产业竞争趋于白热化，未来氨基酸产业进入加速集中整合阶段。

一、赖氨酸

2013年我国赖氨酸市场在供大于求、生猪养殖效益欠佳以及饲料企业批量采购积极性较差等多重不利因素影响下，价格呈现震荡下滑态势。2013年赖氨酸主流厂家缩减产能，全球经济维持低迷态势，但赖氨酸市场供大于求的局面短期内难以扭转。2013年全国有17家企业拥有产能设备，其中12家企业开工，到年底开工的企业仅8～10家。为缓解国内供应压力，2013年赖氨酸出口大幅提升，同时进口量大幅下降。

1. 赖氨酸出口情况　2013年，我国累计出口赖氨酸盐及酯（下同）191 689 t，比2012年的171 312 t增加11.9%。从图2-51可以看出，2013年我国累计出口赖氨酸总量达到近10年最大值。受2008年、2009年世界金融危机影响，我国赖氨酸出口总量较2006年、2007年有所下降，从2010年开始我国赖氨酸出口从低谷中逐步恢复，然而2011年我国赖氨酸出口再次陷入困局，2012年赖氨酸出口量较大，2013年赖氨酸出口量在2012年基础上进一步增加，对缓解国内赖氨酸市场供大于求的局面起到了一定的积极作用。

2013年，我国赖氨酸出口总额30 701万美元，同比下降11.01%，出口均价为1.60美元/kg，同比下降20.46%。2013年赖氨酸月均出口量为15 974 t，同比增加11.87%。从单月出口量来看，2013年除8月、9月、11月、12月赖氨酸出口总量比2012年略低外，其他月份出口量均高于2012年。2013年全年赖氨酸出口总量最高的是1月份，出口数量为21 632t。总体来看，2013年各月份走势和往年基本相似，出口高峰均集中在1、3月份，相比来说，5、6月份出口总量相对较低（图2-52）。

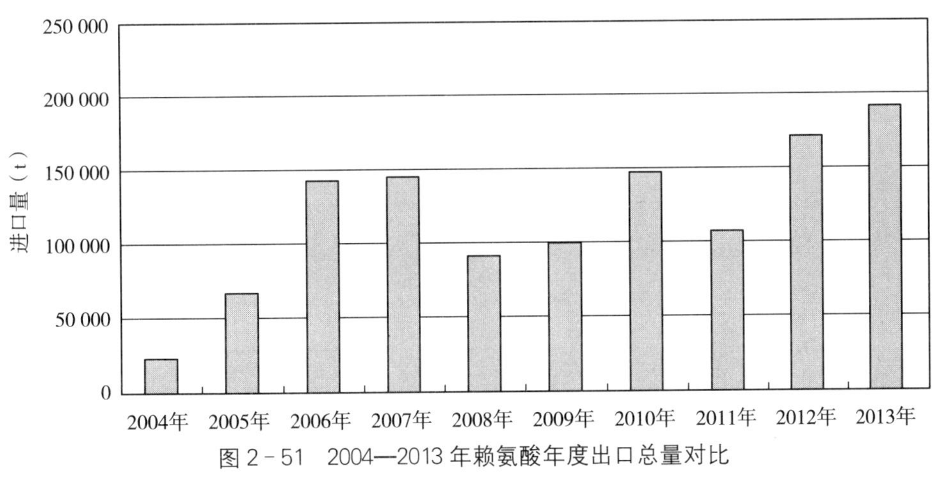

图2-51　2004—2013年赖氨酸年度出口总量对比

2013年我国向俄罗斯、荷兰两个国家出口的赖氨酸总量虽然依旧较大，但较2012年有所回落。向美国、比利时、德国、乌克兰、日本、巴基斯坦、越南、印尼、南非、委内瑞拉等国出口量增加较多，这直接使得2013年我国赖氨酸出口总量大幅增长。2013年我国赖氨酸出口国家主要有俄罗斯（37 596 t）、荷兰（19 028 t）、美国（20 757 t）、德国（11 063 t）、巴基斯坦（6 463 t）、乌克兰（5 598 t）、比利时（7 828 t）、日本（5 047 t）、南非（5 553 t）。2013年我国向俄罗斯出口的赖氨酸数量占出口总量的

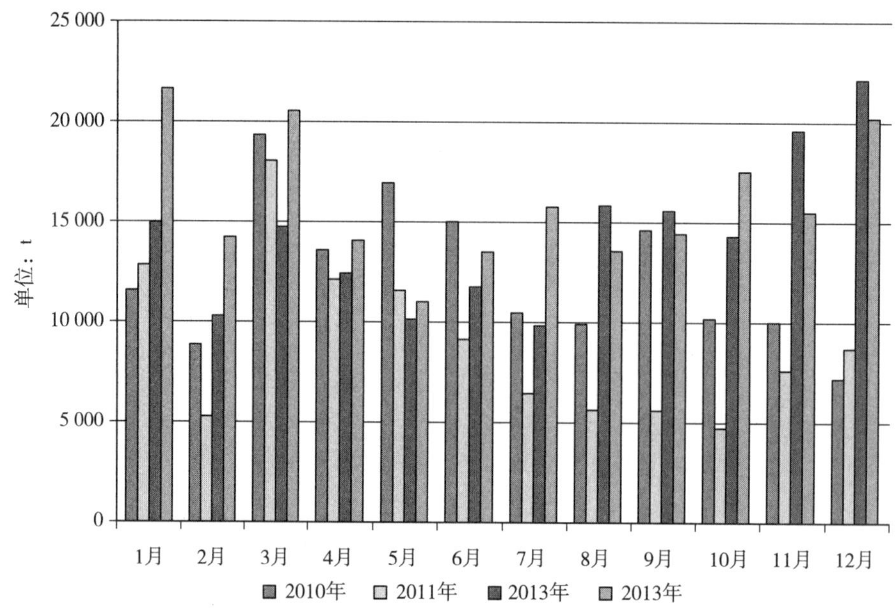

图 2－52　2010—2013 年赖氨酸月度出口数据对比

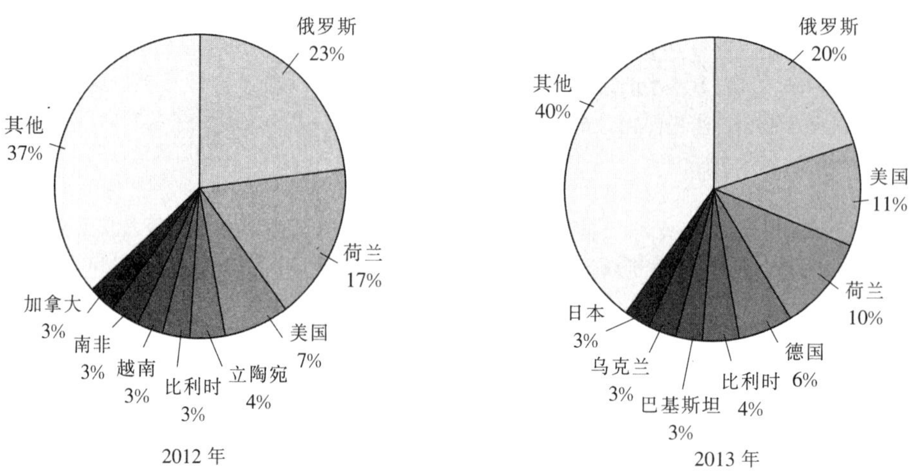

图 2－53　2012 年和 2013 年赖氨酸出口国家及所占比例对比

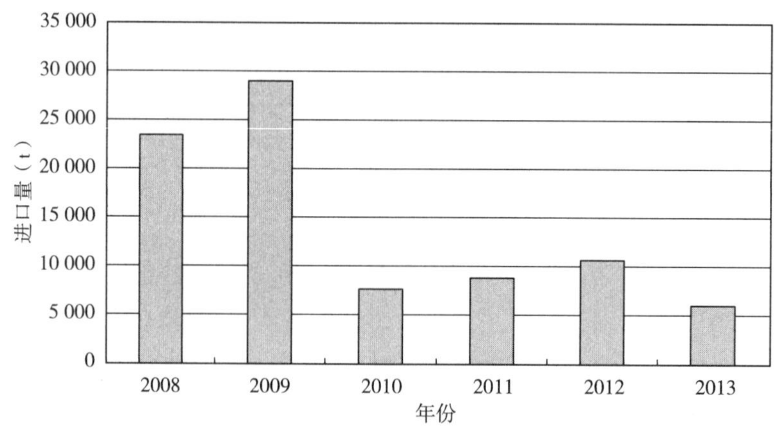

图 2－54　2008—2013 年赖氨酸各年度进口总量

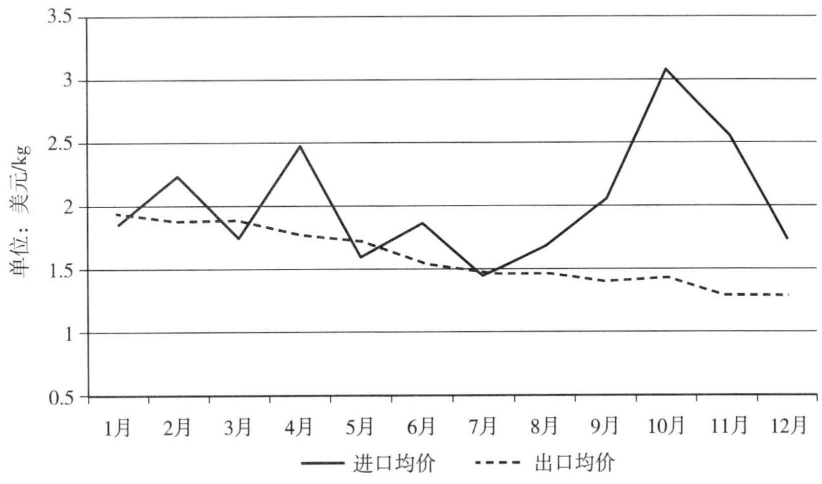

图 2-55 2013 年赖氨酸进出口均价对比

19.61%，同比下降 3%；向美国出口的赖氨酸数量占出口总量的 11%（图 2-53），同比增加 73.74%；向荷兰出口同比下降 33.68%，下降绝对量较大为 9 663 t。连续两年来，在众多的赖氨酸出口国家中，我国向俄罗斯出口的赖氨酸总量位居第一，美国、荷兰位列前 3 位。此外，与 2012 年相比，向比利时、日本、德国、巴基斯坦、乌克兰出口量增加。2013 年我国向巴基斯坦、日本、越南、印度尼西亚、马来西亚为首的亚洲国家以及乌克兰、德国、比利时、丹麦、南非、委内瑞拉等地出口的赖氨酸总量也呈现明显的增加态势。赖氨酸作为重要的饲料添加剂，其需求在亚洲、委内瑞拉、南非等地区呈现逐年持续上升的态势。

2. 赖氨酸进口情况 2013 年我国赖氨酸进口量为 5 966 t（图 2-54），同比下降了 44.16%，进口金额为 1 046 万美元，同比降低 43.93%。2013 年我国进口赖氨酸的主要来源有美国（3 525 t）、泰国（1 782 t），其中 2013 年我国从美国进口的赖氨酸数量同比下降 45.14%；而从泰国进口的赖氨酸数量同比下降 47.57%，从美国、泰国进口赖氨酸量大幅下降。

2013 年我国赖氨酸进口均价为 1.88 美元/kg（图 2-55），较 2012 年同期下降了 11.3%。2013 年我国赖氨酸出口均价呈现持续下跌态势，进口价格呈中间低两边高的震荡态势，其中下半年赖氨酸出口均价呈现明显的回升态势，10 月份赖氨酸的进口价格大幅上升，为 3.07 美元/kg；11 月份出口均价有所下降；1、3、5、7 月份赖氨酸出口价格和进口价格相差无几，其他月份进口均价高于出口均价，下半年尤为明显，价差较大。

3. 主要海关赖氨酸出口情况 2013 年我国赖氨酸出口的主要海关有大连（93 690 t）、天津（41 336 t）、青岛（32 763 t）、南京（10 304 t）、合肥（8 111 t）等，其中从青岛、南京海关出口的赖氨酸较 2012 年有大幅度提高，分别增加 109.7%和 313.0%，合肥海关出口量下跌，下跌量为 31.39%。2013 年赖氨酸出口量大于 2012 年，但是由于产能过剩，厂家之间压价严重，利润降低。

4. 2013 年赖氨酸价格走势情况 2013 年在产能严重供大于求的情况下，我国赖氨酸市场价格以下跌为主。3 月底开始赖氨酸价格震荡下跌，由于节前饲料厂家备货较多，而赖氨酸厂家生产一直持续，库存积压，购销清淡，厂家价格下滑。H7N9 流感疫情对赖氨酸市场也造成了较大影响，让弱势低迷的赖氨酸市场雪上加霜。4 月底饲料厂家在赖氨酸价格低位备货后，赖氨酸厂家库存压力得到缓解，市场行情一度向好，但是由于市场需求不足，赖氨酸产能过剩，赖氨酸价格一路走低，高报低走现象明显。赖氨酸价格不断跌破历史新低，虽然大成在 9、11 月份两度提高赖氨酸价格，但是依然无法遏制赖氨酸价格的颓势。年末，主流生产厂家希杰、伊品宣布缩减产能。11 月底 98.5%赖氨酸报价集中在 8.4 元/kg，较年初报价下调了 5.0 元/kg 左右，下调幅度高达 37.5%（表 2-13、图 2-56）。赖氨酸产能过剩，市场需求不足是导致赖氨酸价格不断下跌的主要原因。与 2013 年年初相比，98.5%赖氨酸平均成交价格从年初 13.6 元/kg 下滑至 11 月底 8.5 元/kg（表 2-13）。2013 年赖氨酸产能不断扩大，导致赖氨酸市场的供需失衡是其价格逐步下跌的最为根本的原因，主流厂家虽然宣布缩减产能，但短期市场效应很难显现。

4. 影响 2013 年赖氨酸市场主要因素。

（1）我国赖氨酸市场产能过剩拉低市场价格，主流厂家缩减产能。由于 2011 年赖氨酸市场的牛市行情，生产企业不断扩大产能，2012 年赖氨酸产能大

表 2-13　2013 年国内各地 98.5%赖氨酸价格走势

单位：元/kg、%

日期	郑州	吉林	北京	广州	上海	成都
2013 年 12 月 29 日	8.5	8.6	8.5	8.6	8.5	8.5
2013 年 06 月 29 日	10.2	10.4	10.6	10.4	10.2	10.6
2013 年 01 月 01 日	13.6	13.5	13.5	13.5	13.5	13.5
跌幅	−37.5	−36.3	−37.04	−36.3	−37.04	−37.04

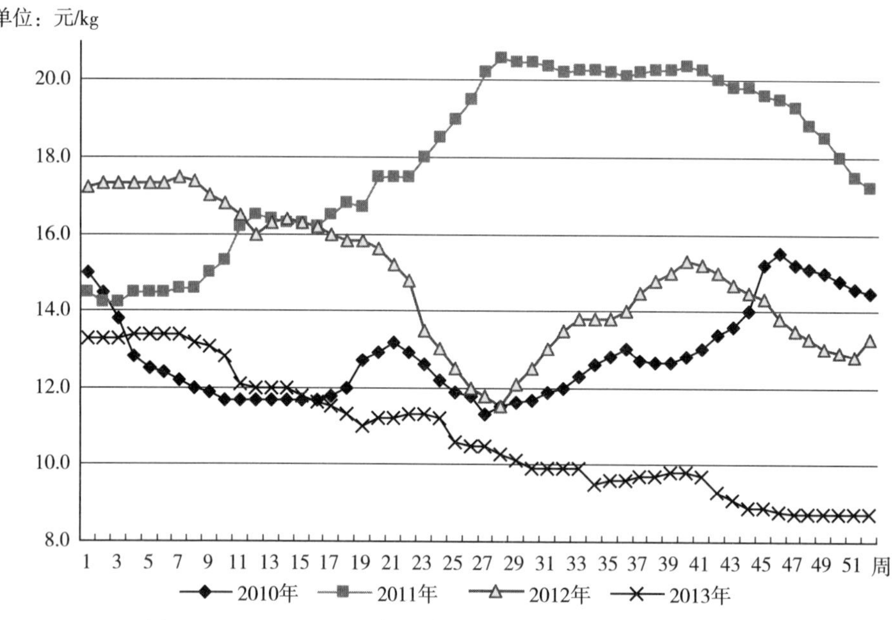

图 2-56　2010—2013 年国产 98.5%赖氨酸国内价格走势

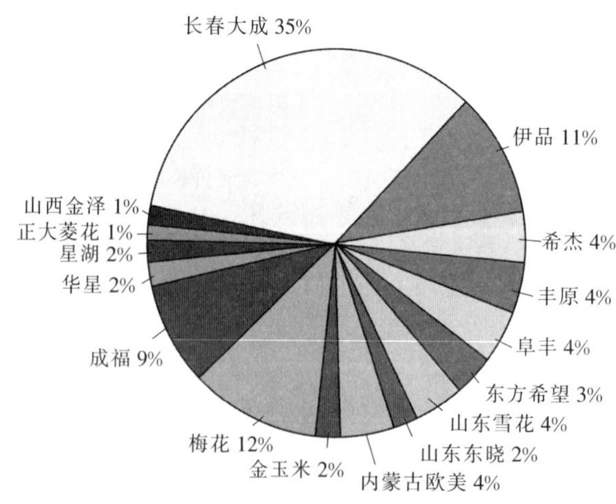

图 2-57　2013 年国内赖氨酸产能分布

幅增加，2013 年国内赖氨酸产能增速放缓。据不完全统计，2013 国内赖氨酸产能 230 万 t，与 2012 年基本持平。2013 年希杰、伊品减产幅度较大，梅花集团及黑龙江成福集团产能扩大较多，大成集团市场占比继续下滑至 35%（图 2-57）。国内企业加大了对国际市场的开发，大成集团与 ADM 合作，开发南美市场；国际赖氨酸生产企业也开始了赖氨酸市场的战略布局，赢创集团与俄罗斯企业合作建厂，开发俄罗斯市场，希杰也在美国建立了年产 10 万 t 的赖氨酸工厂。俄罗斯和美国作为我国赖氨酸主要的出口市场，赢创集团及希杰在当地的合作建厂对我国未来赖氨酸出口造成较大的竞争压力（表 2-14）。2013 年国内赖氨酸主要供应厂家为 16 家，主要生产厂家以大成、伊品、丰原、希杰、金玉米、东方希望和黑龙江成福 7 家为主，其他厂家比较分散且部分厂家还未正常生产。随着《畜禽规模养殖污染防治条例》实施，将提高养殖行业的规模化程度和工业饲料的需求量开发，对于赖氨酸市场行情或有一定的提振作用。

表 2-14　2013 年主流赖氨酸生产厂家的主要动向

厂家动向	时间	具体事件
赢创工业集团	2013 年 1 月	赢创工业集团与俄罗斯 Varshavky 集团组建 DonBioTech 合资公司，该公司拥有约 10 万 t/年氨基酸 Biolys 生产能力，将于 2014 年投运
梅花集团	2013 年	梅花集团新疆氨基酸试生产，赖氨酸由原来的 6 万 t，扩产至 26 万 t
阜丰集团	2013 年 7 月	阜丰 10 万 t 赖氨酸项目在黑龙江扎兰屯实施
希杰	2013 年 11 月	希杰生物美国公司耗资 3.2 亿美元建设的赖氨酸工厂已完工，并已开始生产第一批赖氨酸，该工厂年底就能满负荷生产，计划达到产能 10 万 t
伊品	2013 年 12 月	伊品厂家减少“70%赖氨酸”生产量的 50%
希杰	2013 年 12 月	希杰缩减中国赖氨酸产能，沈阳和聊城均在缩减范围之内，直到需求和市场恢复为止
成福集团	2013 年 12 月	成福集团生产各种饲料级氨基酸，日产量达 400t，年产量约 14 万 t。该企业与江苏长江桂柳生物科技集团合作再上 3 条赖氨酸生产线，成为全球第五大饲料级氨基酸生产商

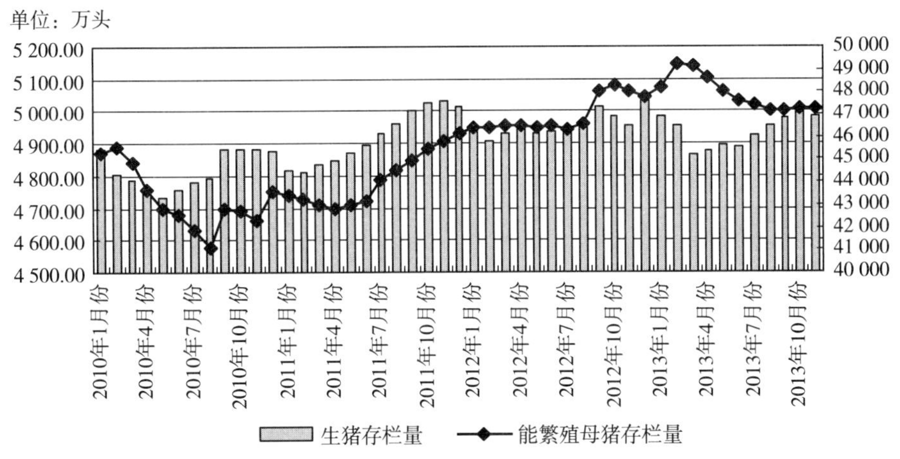

图 2-58　2010—2013 年我国生猪和能繁殖母猪存栏量对比

数据来源：农业部畜牧业司。

（2）生猪出栏增加，养殖效益相对可观。2013 年国内整体生猪与能繁母猪存栏量与 2012 年同期基本持平（图 2-58）。2013 年母猪存栏量呈先增加后降低趋势，上半年母猪存栏量增加，达到历史高位，尽管下半年母猪淘汰量增加，但仍处在近年高位。2013 年生猪养殖行业产能过剩已是不争的事实，且整个宏观经济背景不乐观，消费疲软无力。同时，饲料价格上涨，养猪业持续高成本压力，盈利空间受挤压。上半年生猪养殖持续亏损 3 个月，猪价全年呈现“V”走势，年均微盈利 70 元/头左右。虽然上半年出现短期亏损，但是养殖户仍然乐观看待未来市场，下半年，生猪出栏量进一步增加，养殖企业利润相对客观，猪粮比维持在盈亏线以上，主要是由于玉米价格回落，且流感疫情导致猪肉消费增加。年末生猪行情意外走低，主要是由于生猪存栏处在高位，疫情及市场恐慌情绪打乱了养殖户出栏节奏。此外，母猪存栏数量虽然不断下降，但仍然处于历史较高水平。

(3) 产能削弱赖氨酸出口优势。图 2-1 显示，尽管 2013 年我国赖氨酸出口形势较为乐观，但对缓解我国赖氨酸总体供大于求局面起的作用甚微。据海关统计数据显示，2013 年 1～11 月，我国累计出口赖氨酸盐及酯 171 501 t，是近 10 年中出口量最大的一年，超过了 2012 年全年出口量，出口形势十分乐观，然而出口的大幅增长对国内赖氨酸巨大的供应压力并不能起到根本、有效的缓解作用。

(4) 多数终端饲料厂和贸易商的批量采购积极性欠佳。据了解，国内多数大、中型饲料厂赖氨酸的库存水平偏低，鉴于赖氨酸价格下滑速度过快，贸易商备货积极性不高。2013 年赖氨酸市场跌跌不休，4 月底贸易商厂家有次较大规模备货，此后，由于赖氨酸价格屡创新低，贸易商和饲料厂家批量采购积极性降低，多数采用“即买即用”措施维持安全库存；另外，国内赖氨酸价格长期处于持续下跌状态，为了降低后期风险，手中货源较多的贸易商不得不低价销售。因此，贸易商和终端饲料厂对后期赖氨酸市场的悲观预期也加剧了赖氨酸弱势。

(5) 其他饲料原料的市场行情对赖氨酸的市场的影响。2013 年，玉米市场在供求相对宽松状态下，延续 2012 年度的“波澜不惊”状态，整体处在弱势氛围中。贸易商收购谨慎、加工企业需求相对迟缓都是影响玉米市场走势的主导因素之一。2013 年部分地区玉米均价为 2 349 元/t，远高于 2011 年均价 2 389 元/t，与 5 年均值 1 996 元/t 比上涨了 513 元/t，即 17.7%。玉米是赖氨酸主要生产原料，通常将玉米价格作为赖氨酸价格“风向标”，因而玉米价格的走向直接影响了赖氨酸的生产成本，进而对赖氨酸市场价格起到了一定的底部支撑作用。

2013 年，豆粕均价 4 083 元/t，上半年豆粕价格整体稳定运行，处在近几年高位，市场主要炒作陈豆库存，豆粕价格振荡回升；下半年炒作天气、库存，豆粕价格震荡上行，受南美大豆丰产打压，豆粕价格回落，但仍处在历史高位。总体来看，2013 年在国际天气、种植面积炒作和国内需求的多重作用下，豆粕价格高位振荡。由于豆粕和赖氨酸存在一定的替代关系，豆粕价格的强势也对赖氨酸市场有一定的提振作用。

(6) 主流厂家转移销售地中长期利好赖氨酸市场。近几年来，亚洲以及南非等国家和地区大力发展养殖业使得其赖氨酸需求逐年提升，而我国作为全球重要的赖氨酸生产基地，主流赖氨酸生产厂家，如大成、丰原势必会加大赖氨酸的出口力度。大成集团为了开发南美市场和 ADM 订立分销协议，效果已经显现，2013 年出口委内瑞拉达到 4 000t 以上。此外，希杰在美国，赢创在俄罗斯的新建工厂，也会影响我国对两国赖氨酸出口量。

二、蛋氨酸

2013 年，我国重庆紫光蛋氨酸产能完成从年产 1 万～6 万 t 的突破，全年蛋氨酸产量 4.7 万 t，占国内总消费量的 27%，其中重庆紫光年产达到 2.7 万 t，为蛋氨酸国产化迈出了一大步。蛋氨酸是 2013 年唯一一个增幅较大的氨基酸品种。2013 年全球蛋氨酸厂家主要有赢创德固赛、诺伟司、安迪苏、住友，我国重庆紫光在 2013 年生产量开始增加，冲击国内供应市场，另外，南京蓝星安迪苏、长春大成、大连住友由于少量生产，市场影响力度不大，但国内有不断扩张趋势。2013 年全球蛋氨酸产能预计 135 万 t，远远高于 2011 年的 120 万 t，与 2012 年比提高了 7%，2013 年全球蛋氨酸需求 95 万 t，同比提高 5%，全球蛋氨酸市场供需相对平衡。目前，国外三大主流品牌蛋氨酸（赢创德固赛、安迪苏、住友）在我国市场仍处于主导地位。

1. 蛋氨酸进口情况　2013 年国内的蛋氨酸进口数量为 120 684 t，与 2012 年蛋氨酸进口量 133 733 t 相比下降 9.8%，与 2011 年 118 557 t 的进口量基本持平，相比于近 5 年的平均值增加 9.6%，近 7 年来我国的蛋氨酸进口量基本保持年均 10%增长率，2006 年我国蛋氨酸进口总量为 80 611 t，而 2012 年蛋氨酸的进口总量较 2006 年全年上涨了 65.9%（图 2-59）。

2013 年从单月来看，8、11 月份进口数量均超过 1.2 万 t，其中 11 月份蛋氨酸进口量为 12 300 t，为 2013 年最高值，12 月份蛋氨酸进口量意外回落，仅为 5 866 t；与 2012 年相比，2013 年除 1、5、8、11 月我国进口的蛋氨酸总量高于 2012 年外，其他月份进口量均低于 2013 年（图 2-60），由于 H7N9 流感疫情影响以及对紫光化工复产及对 2014 年蛋氨酸市场行情看空，三季度蛋氨酸进口量大幅降低，同比下降 11.4%，四季度下降达到 17.7%。

2013 年我国蛋氨酸的主要进口国有：比利时（42 600 t）、日本（36 616 t）、法国（13 079 t）及美国（26 480 t），从这 4 个国家进口蛋氨酸的量占进口总量的 98.42%，2013 年从美国进口的蛋氨酸总量较 2012 年增加 35.4%，从比利时、日本、法国、德国等国家进口量较 2012 年分别下降 18.0%、5.91%、20.1%、70.0%，尽管德国进口比例同比下降较大，但由于从德国进口绝对量较小，影响不大，从比利时进口绝对量下降最大，达到 9 340 t（图 2-61）。12 月份进口量同比降幅较大，比利时、日本、法国同比下降 65.1%、41.4%、67.8%，美国同比上涨 15.6%。

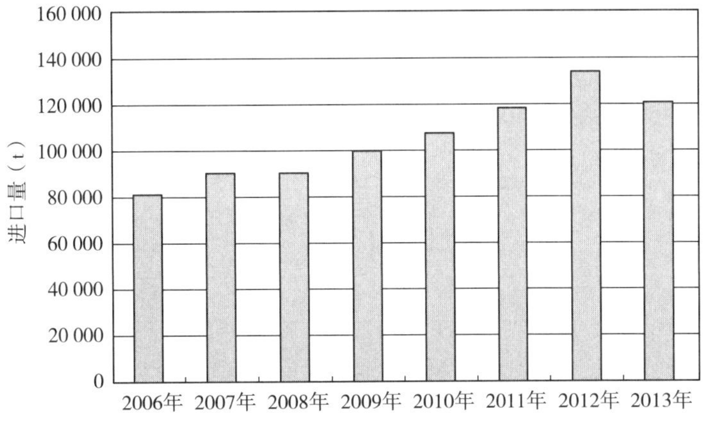

图 2-59　2006—2013 年各年度蛋氨酸进口总量对比

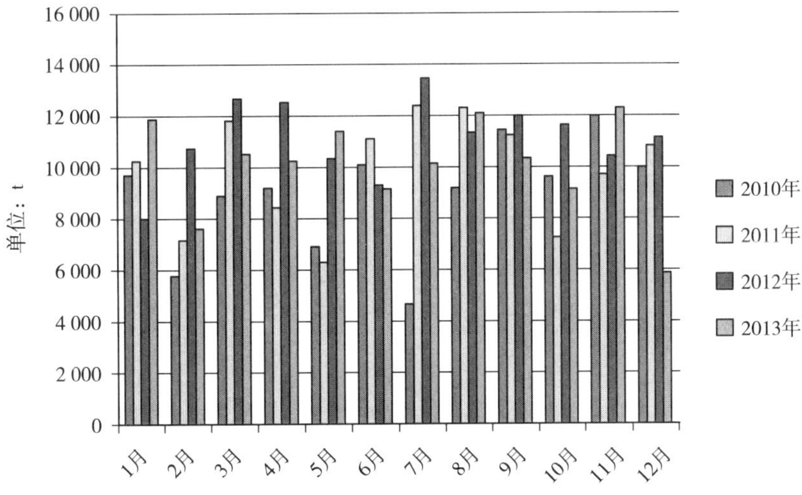

图 2-60　2010—2013 年各年度蛋氨酸月度进口量

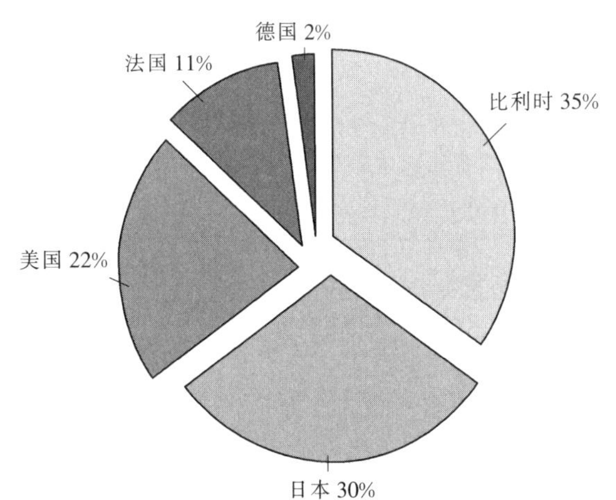

图 2-61　2013 年蛋氨酸进口国别统计

2. 蛋氨酸进口均价下调　2013 年我国蛋氨酸月度进口均价为 3.18 美元/kg，与 2012 年的进口均价 4.02 美元/kg 相比下降了 20.8%，为近 6 年来价格最低值。从单月进口价格来看，上半年各月价格主要以下行为主，价格稍有波动，下半年价格一路走低，且均低于 2012 年蛋氨酸单月进口均价，4 月份蛋氨酸的进口均价最高，为 3.31 美元/kg，最低为 12 月份的 2.99 美元/kg（图 2-62）。

3. 蛋氨酸出口情况　目前我国所出口的蛋氨酸主要是医药级蛋氨酸，目前我国面向出口的主要国家有美国、比利时、韩国和日本。2013 年我国出口蛋氨酸为 5 347t，较 2012 年增加了 86.9%，继去年蛋氨酸出口量翻番后，出口量继续大幅上升。由于 2013 年紫光化工遭遇停产问题，蛋氨酸出口量有所下降。出口金额为 3 155 万美元，比 2012 年全年出口额增加了 39.6%；出口均价为 5.7 美元/kg，较 2012 年出口均价 7.9 美元/kg，下降了 25.3%。

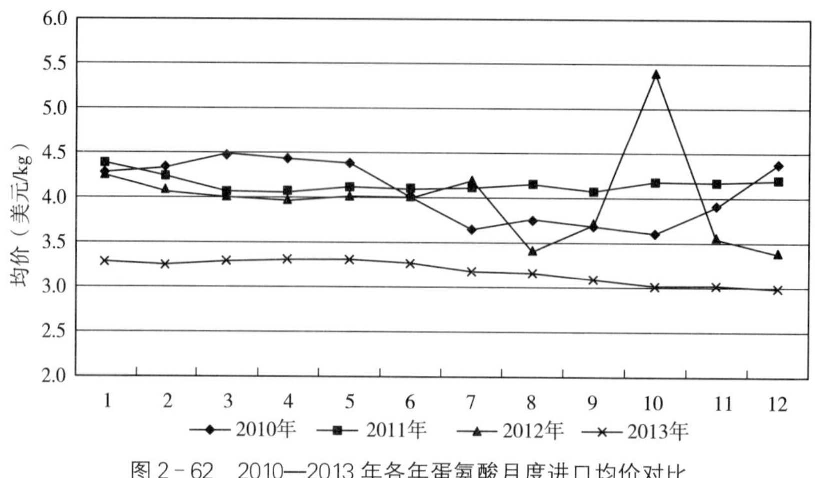

图2-62　2010—2013年各年蛋氨酸月度进口均价对比

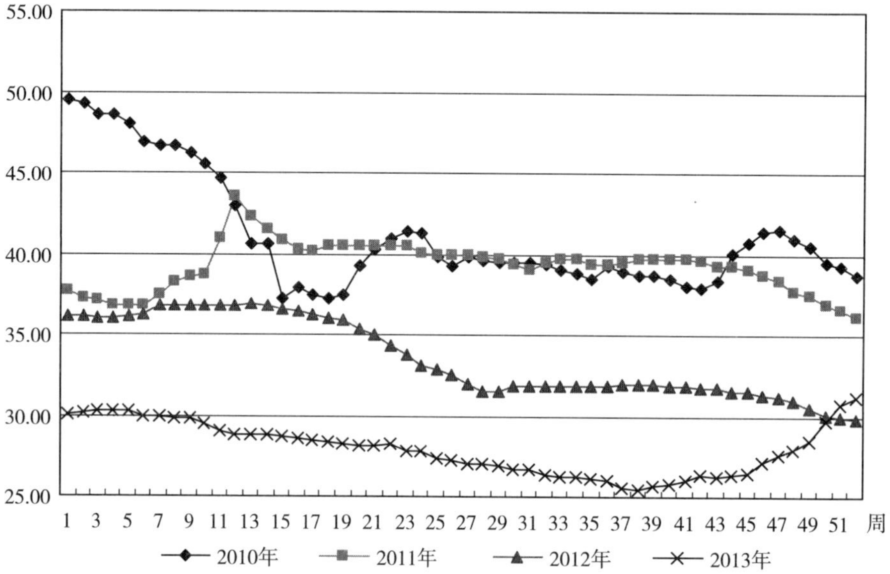

图2-63　2010—2013年各年度蛋氨酸周度价格走势（元/kg）

4. 2013年蛋氨酸价格走势　2013年蛋氨酸延续2012年的价格走势，一路走低，在38周左右达到近几年蛋氨酸最低价，价格由年初的最高值30.25元/kg，下滑到25.4元/kg，下跌16.0%，全年平均价格27.97元/kg。年末价格有所回升，价格回升到年初水平。蛋氨酸产能过剩，市场供应量充足，而市场需求量相对不足是造成蛋氨酸市场低迷的主要原因，与去年相比，尽管各季度蛋氨酸进口量有所滑落，仍未改变市场的供应过剩态势。3、4月份发生的H7N9流感疫情，降低了蛋氨酸需求量，而2013年紫光化工厂产能达到6万t，进一步增加了国内市场蛋氨酸供应量，从而造成蛋氨酸价格一路走低，价格下滑到近年来最低值25.4元/kg。年末紫光化工由于环保问题，被重庆市环保局调查，被迫停产，加上欧洲安迪苏工厂出现技术问题，也加剧了市场供应偏紧，蛋氨酸市场价格止跌回升。

总体来看，近几年来，蛋氨酸市场价格波动幅度越来越小，且2013年蛋氨酸价格是近4年来波动最小的一年（图2-63），同时从价格走势也可侧面反映出2013年蛋氨酸供大于求的局面仍旧较为严峻，尽管年末价格有所回升，2014年蛋氨酸前景依旧不容乐观。

5. 2013年影响蛋氨酸市场因素分析

（1）蛋氨酸进口量降低，年末市场供应偏紧。目前世界上蛋氨酸的生产主要掌握在德固赛、诺伟司、安迪苏、住友等几个生产巨头手中。紫光化工DL-蛋氨酸产品的上市，使国内赖氨酸市场格局产生了较大的转变，市场竞争愈发激烈。继2012年蛋氨酸进口总量超过13万t达到近7年来的最高位后，2013年进口量出现下滑，从三大主流蛋氨酸品牌来看，

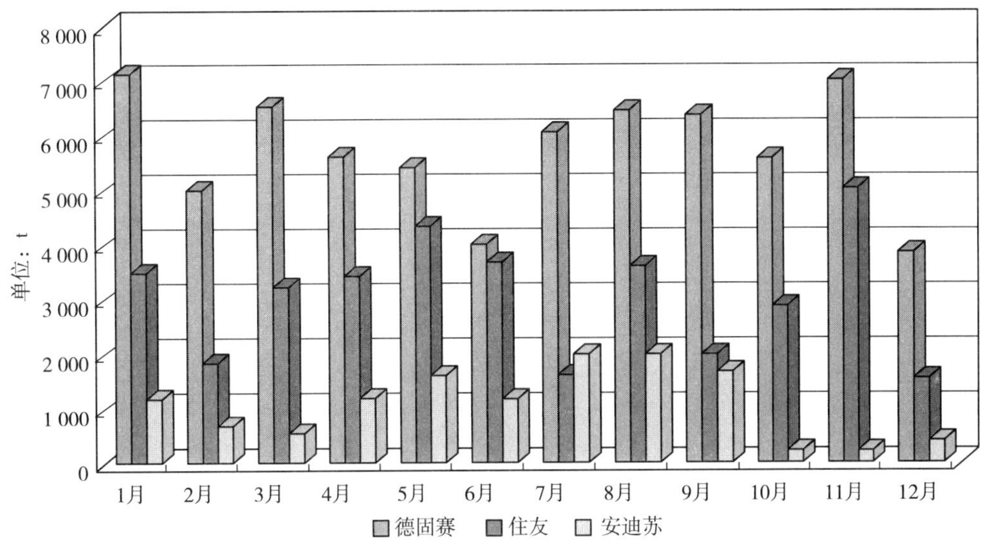

图 2－64　2013 年主流蛋氨酸品牌进口总量对比

2013 年德固赛品牌仍占我国蛋氨酸市场的主导地位，进口德固赛品牌蛋氨酸 69 080t，占进口蛋氨酸总量的 57.2%，同比下降 2.4%；进口住友蛋氨酸 36 616t，占进口总量的 30.3%，同比下降 5.9%；进口安迪苏蛋氨酸 13 079t，占进口总量的 10.8%，同比下降 19.8%（图 2－64）。2013 年蛋氨酸价格延续 2012 年的下滑走势，年末由于紫光化工停产以及法国安迪苏工厂问题，蛋氨酸价格有所回升，总体来看，蛋氨酸市场产能依旧过剩，厂家压力较大。

近几年来随着发酵法利用植物为原料来源生产蛋氨酸的发展，蛋氨酸长期被垄断的格局也将会被逐步打破。自从 2010 年 9 月份紫光化工 DL-蛋氨酸产品上市以来，其销售形势喜人；这对进口蛋氨酸供货商造成了一定的冲击，尽管紫光化工的投产使我国饲料蛋氨酸发展迈出崭新一步，使得我国蛋氨酸市场供应更加充裕，这对今后的中国蛋氨酸市场起到至关重要的影响。多数业内人士认为在未来一段时间内，我国蛋氨酸将可能会出现和赖氨酸一样甚至更加严峻的供过于求的局面。

（2）流感疫情重创家禽养殖业，蛋氨酸需求不旺。2013 年我国禽类饲料总量回落，蛋禽饲料 3 050 万 t，同比下降 5.5%；肉禽饲料 5 050 万 t，同比下降 8.4%；同时蛋禽和肉禽配合饲料、浓缩饲料、预混合饲料的价格上涨。2012 年的“速成鸡”影响还没完全消除，3 月底又发生了人感染 H7N9 流感疫情以及春节后肉类消费需求下降，导致家禽饲料遭受重创。据重点跟踪企业统计数据显示，4～5 月不同规模企业的禽饲料产量全线下跌外，人感染 H7N9 流感疫情造成禽类产品价格剧降，禽肉大量积压、部分养殖户退出、父母代鸡存栏大幅下降，直至 12 月份禽饲料产量仍然没有恢复。2013 年肉禽和蛋禽饲料产量的下降导致蛋氨酸有效需求不足，对蛋氨酸市场需求疲弱，家禽整体存栏的不足严重影响了蛋氨酸的实际需求。

（3）欧洲市场价格对国内市场的影响。由于供应我国市场 60%以上的进口皆来自欧洲两大蛋氨酸品牌，因此欧元对人民币汇率的高低对我国进口代理商的进口成本具有重要影响，2013 年上半年欧元对人民币汇率走势呈逐步走低的态势，下半年逐步走高，整个 2013 年里欧元指数上升了 4.4%，下半年蛋氨酸进口量明显低于 2012 年，除了与国内禽类市场需求不振有关外，与汇率的持续走高也有一定的关系。2013 年欧债危机影响逐渐减弱，欧元区经济逐步走强。2013 年欧洲市场蛋氨酸价格和国内市场走势基本一致，价格逐步走低，创下近几年价格新低，在此情况下，汇率变化在欧洲和国内蛋氨酸价格价差变化中的作用愈发明显。2013 年初欧洲固体蛋氨酸年初报价 3.078 欧元/kg，年末报价为 2.67 欧元/kg，跌幅为 13.3%，全年平均价 2.86 欧元/kg，较 2012 年下跌 11.46%（图 2－65）。欧洲蛋氨酸价格持续走弱的现状，也对 2013 年国内蛋氨酸市场的跌势起到一定的推波助澜的作用。

（4）国际油价对蛋氨酸价格的支撑作用明显减弱。2013 年以来原油期货市场上投机基金的活跃度不断增强，全球经济复杂多变，地缘政治不稳导致国际油价宽幅振荡。投机取代供需成为影响国际油价的主导因素，石油供需基本面相对宽松，全球石油的库存也有所增长，但在投机基金推动下，国际油价长期趋势仍将上涨。2013 年，纽约原油价格上涨了 7%，而布伦特原油价格则下跌了 0.3%。2013 年布伦特油与WTI油价差平均为10.25美元/桶，同比收窄6.83美元/桶。WTI与布伦特价差大幅收窄。8～12月，WTI由于库存问题承压，而同时布伦特由于中东形势问题上涨，两者价差再度缩小。近几年来，原油价格对蛋氨酸市场的影响往往具有一定的滞后性，更大程度上对国内市场起到的则是心理层面的影响。2013年原油价格对蛋氨酸市场影响较小，原油价格的下滑，减少了蛋氨酸生产厂家的亏损，产能过剩依然是导致2013年蛋氨酸价格下滑的主要因素。

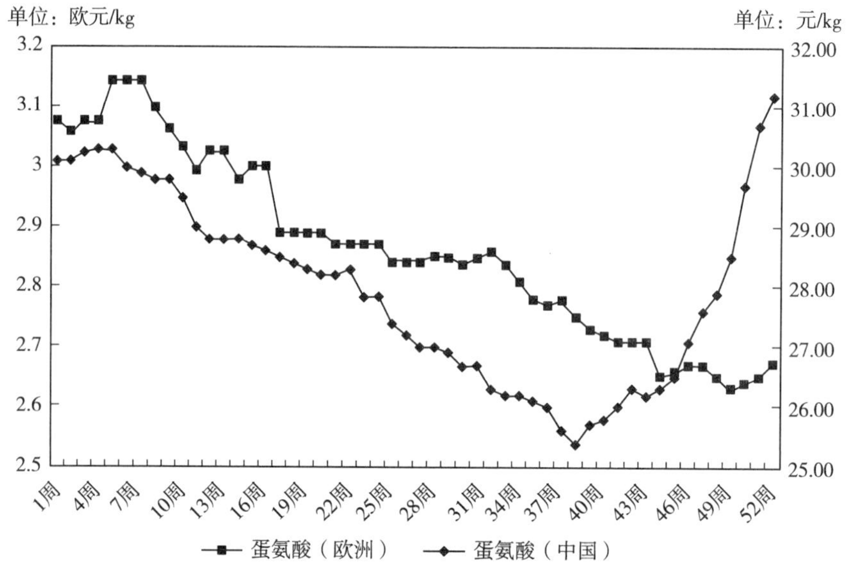

图2-65　2013年欧州蛋氨酸与国内蛋氨酸周价格走势对比

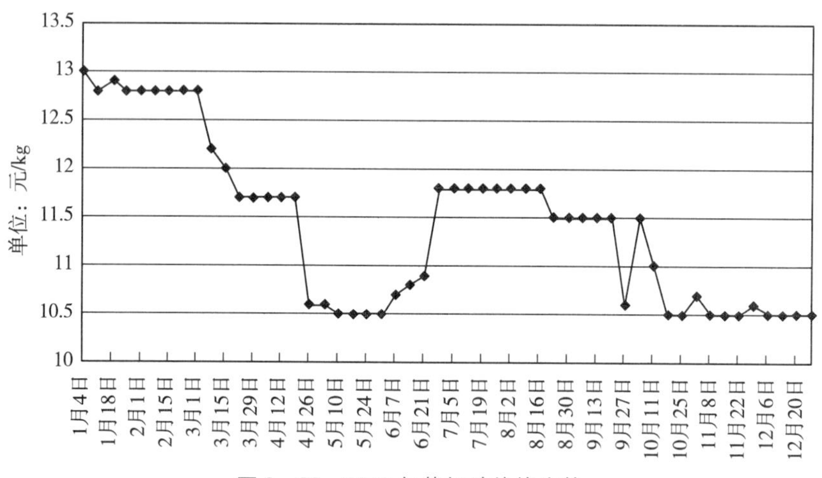

图2-66　2013年苏氨酸价格走势

三、苏氨酸

苏氨酸在畜禽中为第二限制性氨基酸，为提高和改善畜禽消化免疫力，饲料企业使用量连年增加，特别是近两年的消费增速明显。2013年国内苏氨酸产量再创新高，达到21.2万t，同比提高22.3%，2013年我国出口苏氨酸18.6万t，同比增加8.23万t，提高79.3%，占国内生产总量84%。国内供应商主要以希杰、梅花、伊品为主，其他厂家开工率偏低，希杰主要占据出口市场。2013年全球苏氨酸生产厂家主要有梅花、味之素、赢创德固赛、希杰、ADM、大成、广东肇庆星湖、浙江国光生化、山东恩贝、巨龙、宁夏伊品及阜丰集团等，2013年预计全球苏氨酸产能近60万t，再创新高，年底赢创德固赛在德国新增产能1万t，产能主要集中在中国。2013年国内苏氨酸厂家竞争激烈，为了抑制价格进一步下滑，部分厂家如梅花和味之素在年底降低了开工率，以缓解国内供应压力。

2013年，苏氨酸随着厂家竞争白热化，全年单边下降走势，即使在下半年饲料消费旺季，苏氨酸价格也只是在 7 月出现一次小幅反弹但随后再次下调。国产苏氨酸价格从年初的 12.8 元/kg，下降至年底 10.50 元/kg，下降幅度 18%，全年均价为 11.4 元/kg，同比下跌了 9.5%。2013 年国产苏氨酸产量放量创新高；同时，作为苏氨酸的主要生产原料—玉米价格一直居高不下，苏氨酸生产成本偏高加上国内竞争格外激烈，部分厂家选择出口以缓解压力，下半年苏氨酸进口为零，全年苏氨酸出口创出新高（图2-66）。

四、色氨酸

作为继蛋氨酸、赖氨酸之后的第三代饲料添加剂，全球色氨酸产量出现了质的飞跃，我国由于背靠庞大的国内饲料养殖市场，色氨酸在近两年发展迅速，国内市场已经涌现出像浙江升华拜克、巨龙、梅花、山东鲁抗、安徽丰原发酵等国产企业，特别是自 2009 年以来，色氨酸国产化进程加速，众多企业纷纷上马色氨酸。而进口以希杰、味之素、德国迪高沙为主。

2013 年国产色氨酸产量 1.9 万 t，同比提高了 6.5 倍，2013 年色氨酸出口 1 200t，随着国内色氨酸技术日趋成熟，国内色氨酸产量的提升，未来出口将成为常态。2013 年色氨酸价格从年初 200 元/kg，跌至年底 80 元/kg，欧洲色氨酸价格跌至 9.3 欧元/kg，跌幅分别为 60%和 66%。随着色氨酸价格下跌，未来色氨酸的消费量将逐年提升，色氨酸的竞争也更为激烈，国内厂家将寻求更多的出口机会（图 2-67）。

（王长梅）

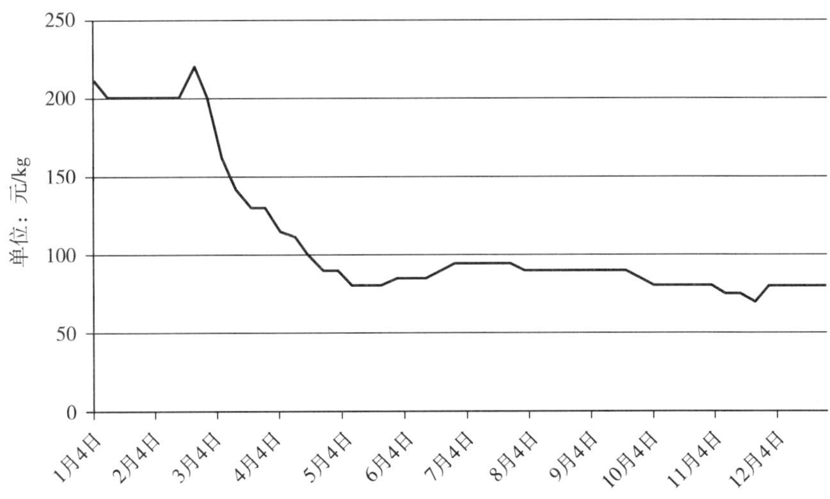

图 2-67　2013 年色氨酸价格走势

饲料级维生素

2013 年年底农业部再次发布公告，对饲料和饲料添加剂生产许可管理办法进行修订，同时根据《饲料和饲料添加剂管理条例》、《饲料添加剂品种目录(2013)》，对于确保高饲料、饲料添加剂企业安全高效的生产尤为重要。而随着《饲料标签》与《饲料卫生标准》两个强制性国家标准的发布，新标准中增加了饲料添加剂、微量元素预混合饲料和维生素预混合饲料应标明推荐用量及注意事项的规定。在规范饲料行业生产经营秩序、提高产品质量和安全水平方面发挥着至关重要的作用。

2013 年是维生素出口最好的一年。在我国大宗原料市场进口如火如荼的时期，2013 年维生素出口显得格外抢眼。目前全球饲料级维生素除少数品种外，主要来自中国市场，2013 年中国维生素厂家逆势大幅出口，占有更多市场份额。2013 年维生素总产量73.9 万 t，同比下降 6.6%。全年出口维生素 19.5 万 t，同比增长 4%，出口金额 18 亿美元，同比下降 5.3%。但在出口量增的背后是价格的下调。2013 年 B 族维生素出口比较抢眼，如维生素 B2、维生素 B12 与泛酸钙等；此外，维生素 A 与维生素 E 的出口量增长“不俗”。但维生素 C 由于受到去年美国“反垄断案”的影响，国内企业被判支付高额赔偿金，致其对北美的出口份额下降，因此年内出口增幅仅 2.3%。

总体来看，2013 年也是维生素产业竞争集中的一年。随着维生素产能不断扩大，我国维生素产业也将面临产能过剩的局面。虽然维生素 A 和维生素 E 是我国维生素出口的主力，但随着 B 族维生素的崛起，未来维生素出口市场格局将会出现维生素 A 和维生素 E 及 B 族维生素三方鼎立的局面。同时，安全生产、环保问题或将成为未来维生素下一个发展阶段的主要面对问题。预计未来我国维生素产品出口市场将集中在欧盟和东南亚地区。

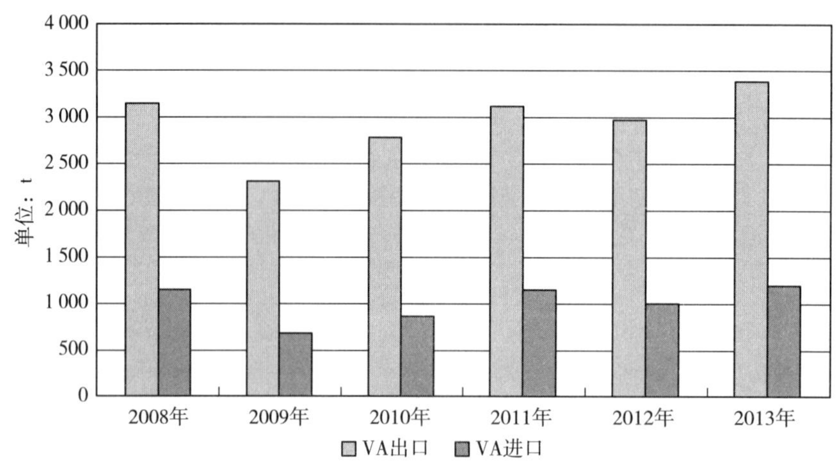

图 2-68　2008—2013 年我国维生素 A 进出口总量对比

一、维生素 A

目前，全球维生素 A 产能主要集中在帝斯曼、巴斯夫、浙江新和成、浙江医药、厦门金达威和安迪苏。2013 年中国维生素 A 产量达到 8 600t，国内供应量达 5 850t（包括进口 1 189t），国内消耗约 5 450t，仍处于供大于求状态。

2013 年，我国维生素 A 及其衍生物累计出口 3 383t（图 2-68），同比上涨了 13.8%，出口金额为 7 117万美元，同比上涨了 6.9%。维生素 A 主要出口的国家有德国（1 435t）和美国（1 110t），占出口总量的 87%。2012 年维生素 A 出口均价为 21.03 美元/kg，同比下降了 6.0%。

2013 年我国维生素 A 及其衍生物累计进口 1 189t，同比上升了 19.2%，进口金额为 1 798 万美元，同比下降了 17.0%，进口均价为 15.12 美元/kg，同比下降了 6 美元/kg，下降幅度高达 30.0%（图 2-69）。

2013 年 1～2 月份，维生素 A 价格区间在 102～106 元/kg；3 月初，随着浙江新和成和浙江医药停签、厦门金达威停报，在之后一周内金达威和巴斯夫分别上调维生素 A 价格，最高涨至 125 元/kg，部分国内厂家最高报价 130 元/kg，但因 H7N9 流感疫情对家禽养殖需求的不断深化，维生素 A 的价格再次回调至 112～115 元/kg；进入 7 月份，不断有厂家开始停产检修，维生素 A 供应量开始下降，饲料需求开始提升，维生素 A 价格再次上涨至 118～125 元/kg，随着年底新一轮的备货完毕，维生素 A 价格再次回归至 115～118 元/kg（图 2-70）。

二、维生素 E

2013 年全球维生素 E 生产厂家主要有帝斯曼、巴斯夫、新和成、浙江医药，西南合成、北大医药以及吉林北沙有少量生产。维生素 E 是全球市场容量最大的维生素类产品之一。全球需求量约 6 万 t，而产能约在 7 万 t 左右，实际产量约 6 万 t，供需基本平衡。

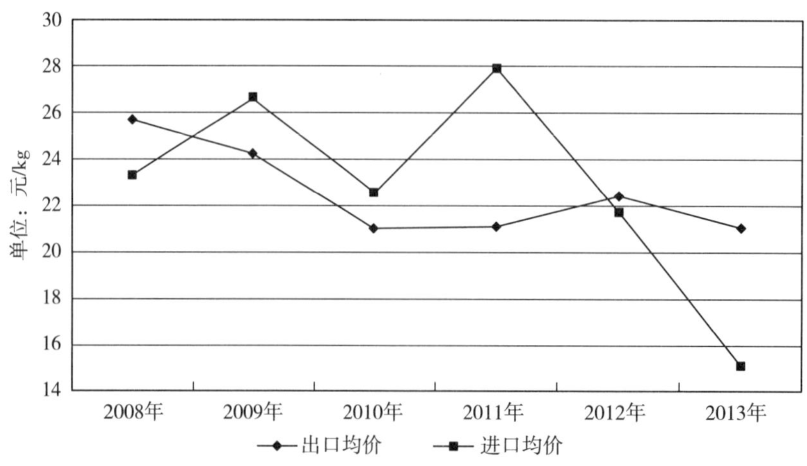

图 2-69　2008—2013 年我国维生素 A 进出口均价对比

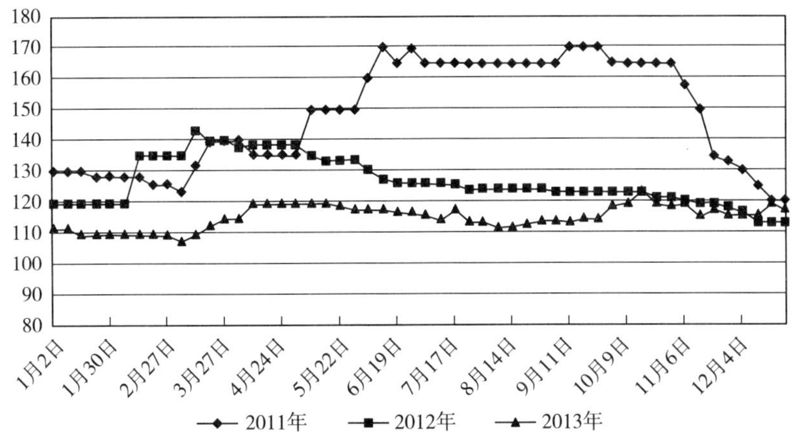

图 2-70　2011—2013 年维生素 A 价格走势

国内维生素 E 产量约 4 万 t，占全球市场份额的 45%。维生素 E 原料 80%以上用于饲料添加剂，20%应用于医药和食品添加剂及化妆品。目前我国出口的维生素 E 主要以饲料添加剂为主，而帝斯曼（DSM）和巴斯夫（BASF）主要生产医药级高端产品，操控着全球维生素 E 的市场话语权。

2013 年中国维生素 E 油供应量继续扩大，浙江医药和新和成的产量保持增长，同时西南合成产量扩大，再加上新进入的南海北沙，估计合成维生素 E 油产量约为 2.9 万 t，国内供应为 10 600t（包括进口 2 600t），国内需求约 9 600t。

2013 年，我国维生素 E 及其衍生物累计出口 46 817t，同比增加 11.01%，出口金额 65 645 万美元，同比下降 9.2%（图 2-71）。我国维生素 E 主要出口的国家有美国（13 309t）、德国（9 491t）、荷兰（5 859t）、日本（3 016t）、比利时（1 736t）、泰国（1 794t）以及巴西（1 332t），其中上述 7 国家出口的维生素 E 占出口总量的 77.9%。

2013 年维生素 E 出口均价同比下降 18.2%。2013 年我国维生素 E 对主要市场出口均有不同程度下滑，对美国的出口均价降幅达 23.2%，对新兴市场出口均价降幅亦在 10%以上。

2013 年我国维生素 E 及其衍生物累计进口 7 557t，同比下降 9.5%，进口金额 17 934 万美元，同比下降 3.3%。进口维生素 E 的主要国家有瑞士（5 542t）、德国（1 209t）以及美国（476t），上述三国占进口总量的 95.3%，而瑞士占 73%以上。

2013 年我国维生素 E 进口均价为 23.7 美元/kg，同比上涨了 9.2%；出口均价为 14.02 美元/kg，同比下降了 20.0%（图 2-72）。

2013 年受全球需求疲弱影响，饲料维生素 E 需求大幅下滑，全年维生素 E 最低下滑至 85 元/kg，与 2012 年最高价格比下跌 30%，与年内最高 102 元/kg比下跌 17%。全年价格集中在 88～102 元/kg。虽然维生素 E 出口数量较 2012 年同期有所上升，但价格的下跌亦抵消了这一趋好的态势。从 3 月初开

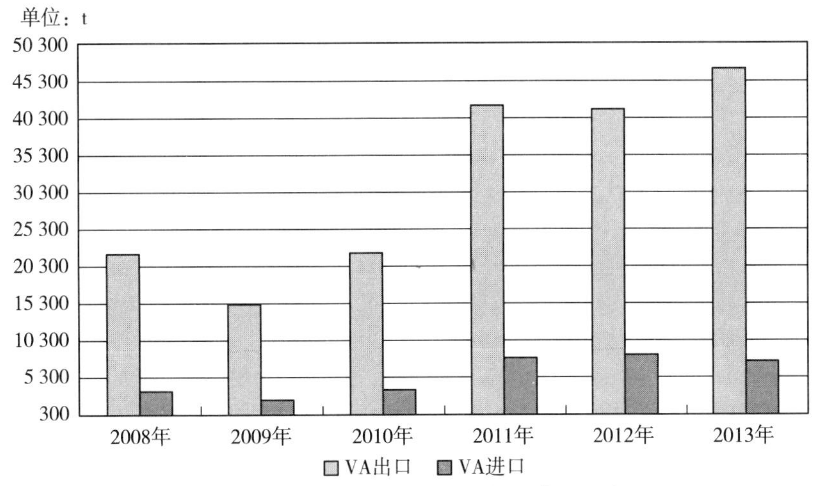

图 2-71　2008—2013 年我国维生素 E 进出口总量对比

始，新和成开始有提价动向，提价 20%至 100 元/kg，帝斯曼紧随其后将全球价格提高 15%，随着市场供应紧张，在 3 月末新和成再次将价格提高至 120 元/kg，自此，维生素 E 价格全面恢复至 100 元/kg 以上，但因需求不理想，二季度价格震荡回调，价格仍为 100～108 元/kg；7 月份后新和成和西南制药分别开始停产检修，复工后西南制药提价销售，但市场观望气氛浓厚，价格仍在 92～95 元/kg。随着 9 月底帝斯曼对瑞士工厂近 40 天的停产检修；同时，10 月 9 日浙江昌海年产 2 万 t 维生素 E 项目试生产，但产品进入市场有限，市场维生素 E 供应充足，价格再次跌至 88～92 元/kg（图 2－73）。

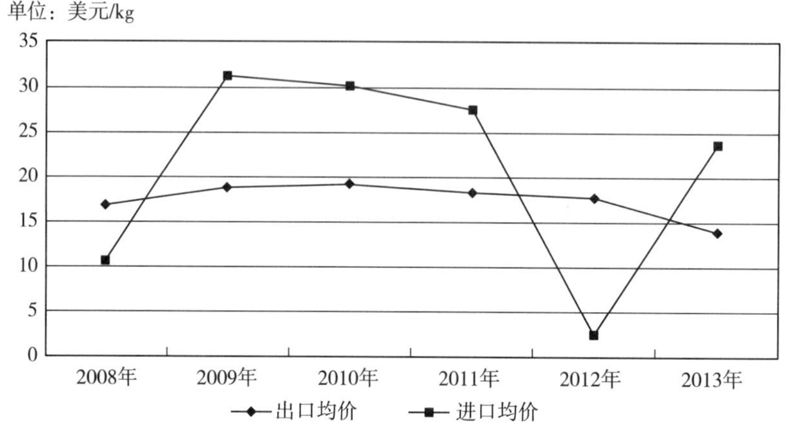

图 2－72　2008—2013 年我国维生素 E 进出口均价对比

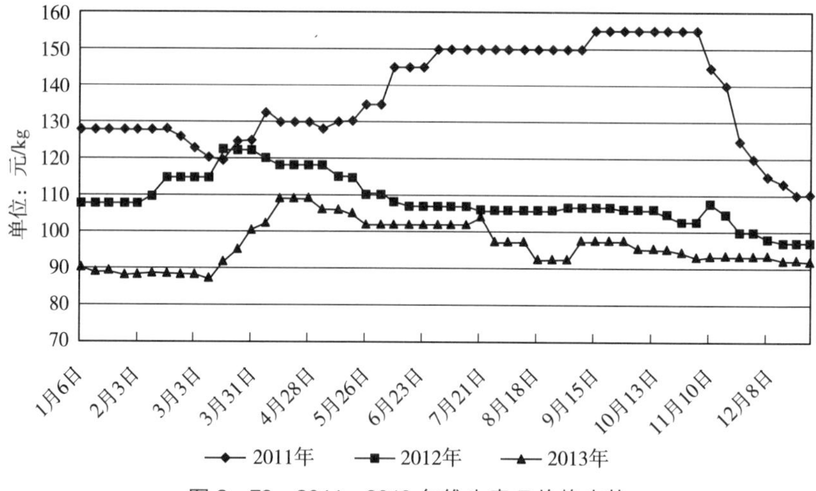

图 2－73　2011—2013 年维生素 E 价格走势

三、维生素 C

维生素 C 是目前全世界产销量最大、应用范围最广泛的维生素产品。全球维生素 C 需求量约为 13 万～14 万 t，中国维生素 C 约占全球产能的 80%以上。除了中国外，荷兰帝斯曼维生素 C 主要用于满足高端客户的需求。从需求结构上来看，食品和医药保健品占维生素 C 消费的 95.2%，饲料占 4.4%，化妆品占 0.8%。因维生素 C 生产技术壁垒不高，进入门槛较低，我国每年维生素 C 产能约为 20 万 t，导致产能严重过剩。

2013 年是维生素 C 市场变化多舛的一年，东北制药、华北制药、石药集团、江山制药和山东鲁维制药仍为国内维生素 C 五大巨头（图 2－74），其总产量占全球总量 90%。2013 年中国维生素 C 产量约 13.5 万 t，出口较 2012 年虽有增加，但出口总额下降。全年出口总量为 108 438t，同比上涨 2.4%，出口总额为 37 626 万美元，同比下降 7.7%。近两年，随着山东天力出口份额扩大，5 大巨头出口份额相应有所降低。中国维生素 C 为全球产量和出口量第一。

2013 年国内饲料级维生素 C 价格处于低位相对稳定的状态，为 22～25 元/kg。上半年因美国起诉反倾销，

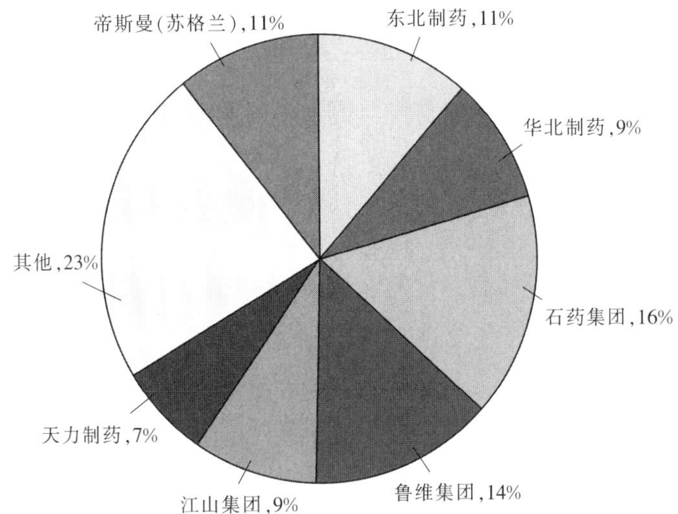

图 2-74　全球维生素 C 产能分布情况

出口受影响，从低价 22 元/kg 上涨至 23 元/kg，随后价格一直稳定。近三年国内维生素 C 价格单边下行，上涨也只是昙花一现，2013 年维生素 C 价格再创历史低位。上游山梨醇价格不断攀升，维生素 C 价格成本上升，加上人民币升值，维生素 C 在上游原材料价格上涨和行业竞争恶劣的情况下基本处于亏损状态，未来维生素 C 行业竞争仍更加激烈，环保风险将成为未来维生素 C 市场行业整合主要外因。

四、维生素 D_3

目前，全球维生素 D_3 主要生产厂家有 7 家，国外上规模的企业有帝斯曼、巴斯夫和印度 ferment 公司。中国企业有浙江花园高科生物、台州海盛药业、厦门金达威和浙江新和成（浙江新维普）。2009 年以来，维生素 D_3 价格居高利润丰厚，部分小企业加入维生素 D_3 的生产行列，这些企业主要有东营天润生物、山东新发药业、山东诺邦特生物及山东同辉生物。生产饲料级维生素 D_3 主要包括新和成、厦门金达威及山东同辉（年产 0.1 万 t）。2013 年维生素 D_3 产量 4 420t，出口 3 060t，国内需求 1 360t。

维生素 D_3 是 2013 年涨幅最大的维生素品种，在经历了 2012 年的深跌行情后终于在 2013 年三季度与四季度得以“翻身”，而导致其行情走出颓势的主要原因是厂家持续收紧货源供应，令市场处于供过于求的格局改变。图 2-75 显示，2013 年年初至 8 月中旬，维生素 D_3 在阶段性底部区域徘徊，市场报价 60～65 元/kg，但 8 月下旬，海盛化工将维生素 D_3 市场报价提高至 110 元/kg。随后，全球第一大维生素 D_3 生产商浙江花园高科的市场报价飙升至 180 元/kg，涨幅 120 元/kg。9 月 9 日，另一大维生素 D_3 行业巨

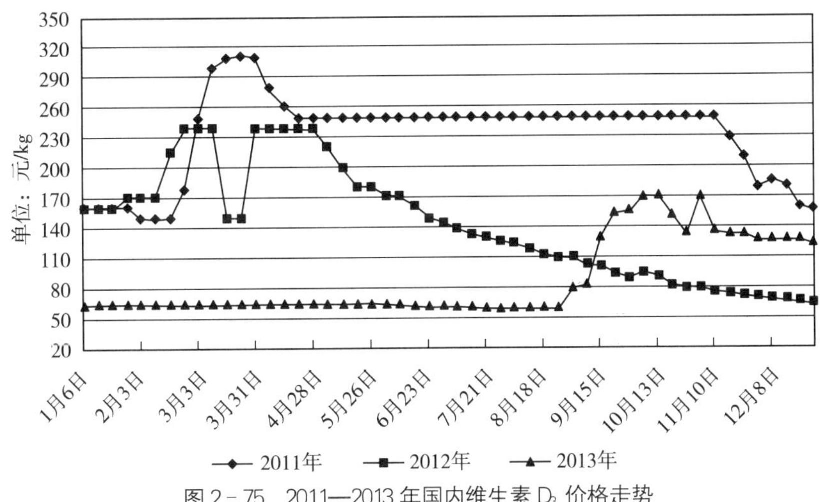

图 2-75　2011—2013 年国内维生素 D_3 价格走势

头新和成又进一步将市场报价提升至 265 元/kg，但是终端市场采购跟盘有限，截至 9 月中旬，市场的普遍报价 180 元/kg，与年初比上涨了 1.76～2 倍。2013 年上半年产品利润低、羊毛脂胆固醇（纯度在 95%以上的羊毛脂胆固醇，生产维生素 D_3 的主要原材料）供应紧张，其他生产商由于成本压力减产或者接近停产检修，中国维生素 D_3 产量下降引发了阶段性供应紧张导致市场价格快速走高，但成交价格范围宽广，集中成交价 85～110 元/kg，偏低价格货源受到青睐。

五、维生素 B_1

2013 年维生素 B_1 全球市场需求 7 500t，产能约为 1 万 t，供应量主要来自国内。我国维生素 B_1 的厂家主要有湖北华中药业、江西天新、兄弟科技，其他多数厂家处于停产。维生素 B_1 出口市场份额比较大，出口总量为 5 726t，同比增加 8.8%，出口金额 100 927 万美元，同比下降 15.0%。

2013 年 1～4 月维生素 B_1 价格区间在 100～110 元/kg，3 月维生素 B_1 上游原材料盐酸乙脒受山东一家工厂停产影响，原料供应紧张导致维生素 B_1 被动上涨，涨幅最高 50%，至 150 元/kg；5 月末天新和兄弟科技再次分别提价至 153 元/kg 和 155 元/kg，但缺少市场跟单，基本处于有价无市的状态，贸易商集中成交价格 130～135 元/kg。下半年随着需求疲弱，6 月中旬天新药业下调价格至 120 元/kg，下调幅度 20%，随后开启大约半年的震荡回调走势，至年底降至 105～118 元/kg。

六、维生素 B_2

全球维生素 B_2 主要用于在饲料和食品添加剂中，其中超过 60%用于饲料中添加。生产企业包括上海海嘉诺、湖北广济、上海迪赛诺、宁夏启元、山东新发、山东恩贝、帝斯曼和巴斯夫。湖北广济出口占绝对优势。2013 年我国维生素 B_2 及其衍生物累计出口 2 109t，同比上涨 34.0%，出口金额 5647 万美元，同比上涨 18.3%。主要出口至美国、德国、荷兰、比利时、阿根廷，相较而言，上述国家需求相对稳定，中东、东南亚国家出口数量有递增的趋势。

2013 年在玉米淀粉原料的成本相对平稳和市场供应比较充足的背景下，维生素 B_2 价格全年走势相对平稳，只有一次上涨行情。3 月初，随着春节后新一波的批量采购开始，上海海嘉诺和湖北广济分别提价 4%和 5%至 133 元/kg 和 136 元/kg；同时，帝斯曼也在全球范围内提高报价 12%，短暂的供应紧张过后，饲料养殖需求低迷，价格再次理性回归至 130 元/kg 附近。下半年维生素 B_2 价格继续单边震荡下调。2013 全年国内维生素 B_2 市场价格在 130～138 元/kg 震荡运行。与 2012 年和 2011 年均价比继续下探（图 2-76）。

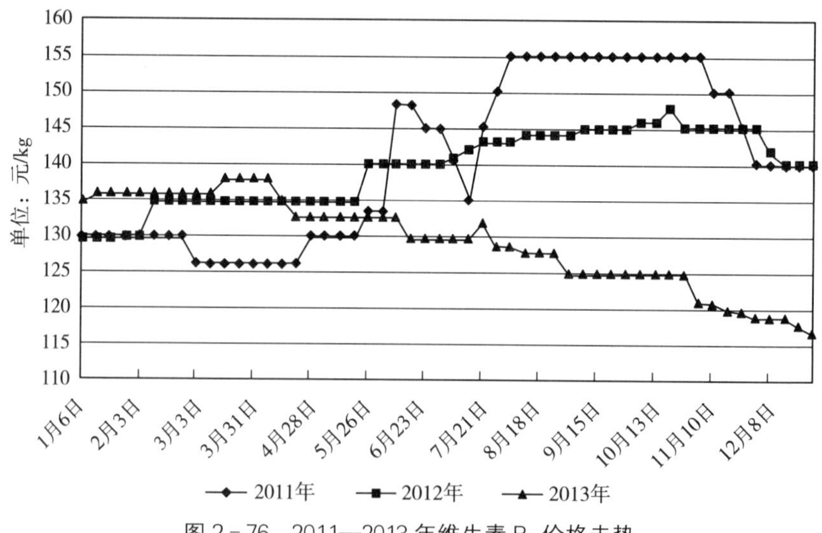

图 2-76 2011—2013 年维生素 B_2 价格走势

七、维生素 B_5（98%泛酸钙）

全球泛酸钙生产厂家主要为杭州鑫富药业、山东新发药业以及国外的厂商帝斯曼和巴斯夫四家企业，总产能约为 1.66 万 t，其中鑫富药业占 51%，出口占比 60%，均位居首位，其他三家产能在伯仲之间。全球泛酸钙需求约 1.6 万 t，

2013 年前三季度泛酸钙市场总体平稳，价格变化不大，因产能过剩导致价格低位徘徊，价格区间为 55～60 元/kg。3 月初维生素厂家纷纷上调报价，国内厂家也上调价格 4～5 元/kg，但无奈终端跟盘有限，下半年价格价格在 58～70 元/kg；11 月初，帝

斯曼和鑫富药业先后对泛酸钙提价，随着供应量下降，饲料企业集体备货提振；12 月下旬国内泛酸钙报价上涨至 110～120 元/kg，基本上涨了一倍。

八、维生素 B_6、维生素 B_{12}

2013 年中国维生素 B_6 产量 5 600t，国内供应 1 150t。国内生产维生素 B_6 的厂家主要有上海罗氏、湖北咸宁第二制药、张家港宏兴、上海晨富、江西森泰等，随着市场分化部分新厂家进入市场，新发药业、广济药业、华中药业等新进入者产量的逐步放大，维生素 B_6 竞争格局重新调整。2013 年维生素 B_6 价格在 145～155 元/kg，趋于稳定，4 月份有一次上调过程，幅度 10 元/kg 即 6.8%，随后因价格集中供货，终端采购节奏缓慢，价格回调。2013 年维生素 B_6 均价 148 元/kg，远远低于去年 168 元/kg，跌幅超过 11.8%。2013 年中国维生素 B6 出口总量为 4 414t，同比下降 1.6%，出口金额 9 982 万美元，同比下降 14.4%。

2013 年中国维生素 B_{12} 产量 48.5t，出口 42 t。其价格全年震荡下行，从年初 133～138 元/kg，降至年底 118～122 元/kg，跌幅 11%，市场竞争比较激烈，不排除后期有厂家调整生产或退出维生素 B_{12} 生产。2011—2013 年，维生素 B_{12} 价格不断走低，处于市场竞争整合阶段。

九、烟酸与烟酰胺（维生素 PP、维生素 B_3）

目前，全球烟酰胺与烟酸生产厂家主要有瑞士龙沙、吉友联、迪高沙等，国内厂家竞争激烈，主要有兄弟科技、崴尼达、广州龙沙、浙江爱迪亚、天津亨天利等。烟酰胺出口量远大于进口量，近年国内产能增长比较快，烟酰胺产业升级过程中价格竞争将更为激烈。2013 年中国烟酰胺产量 1.66 万 t，国内供应 1.04 t，进口 2 500t，消费 8 900t，其中饲料消费约 6 400t，出口 8 300t。

2013 年上半年，受烟酰胺上游原料吡啶反倾销调查影响，吡啶价格自 2013 年年初以来持续上涨。烟酰胺市场逐步活跃，从 3 月份开始，龙沙、吉友联、凡特鲁斯以及崴尼达等厂家先后对烟酰胺与烟酸提价；5～6 月龙沙、吉友联再度轮番提价，但由于供过于求，终端市场对提价反应平平，价格一直维持在 39～44 元/kg，全年价格呈现倒转的“U”走势。

十、生物素（维生素 H）

国内生产生物素的厂家主要有浙江医药、浙江新和成、浙江圣达、安徽泰格、富阳科兴、上海海嘉诺等。2013 年浙江医药产能恢复，安徽泰格新产投入，国内生物素产能再次扩大，市场竞争激烈。近年来，随着生物素产业向中国的转移，中国出口量增长较快，2013 年中国生物素产量 185t，出口 159t，国内需求量 26t。

2%饲料级生物素为饲料企业主要使用品种，2013 年价格震荡走低，虽然 4 月个别厂家控货提价或者停止报价，但收效甚微，全年价格在 74～92 元/kg，价格呈现右肩下跌过程，年底价格较年初下跌 20%；全年均价为 79.5 元/kg，同比下跌了 36.4%，与 2011 年相比下跌超过 40%（图 2－77）。生物素市场容量小，我国产能增长过快是导致价格一路下行的主要原因。

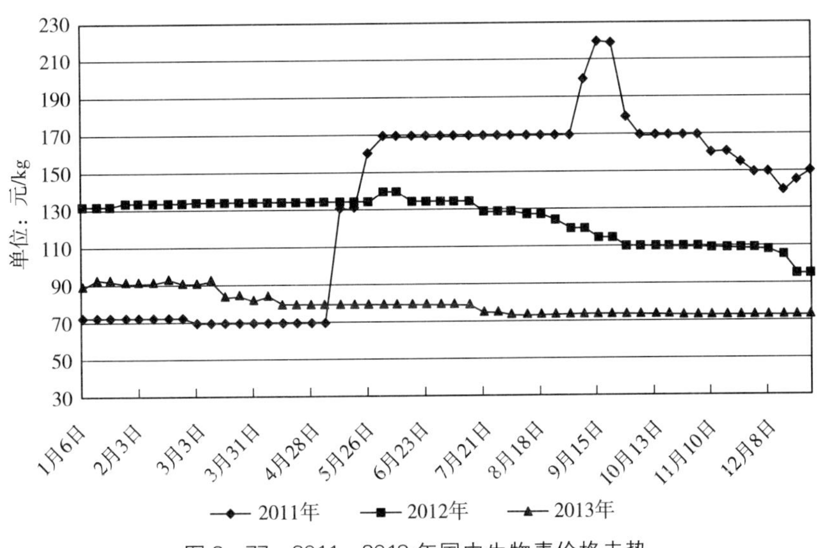

图 2－77　2011—2013 年国内生物素价格走势

十一、叶酸（维生素 B_9）

中国叶酸市场供应厂家主要有牛塘化工、新鸿医药、新发药业、浙江圣达、冀衡药业、康瑞化工。由于环保治理成本增加，市场价格偏低，部分企业逐步退出国内饲料级市场专注于出口。2013 年叶酸产量 1 560t，出口 1 220t，国内供应 340t，实际消耗 320t。2013 年年初，因牛塘被环保部门勒令停产，二季度部分叶酸小幅上涨，随后因加工企业供应充足而需求疲软，价格震荡回调，年底价格跌至 158 元/kg，与年初比下跌了 4 元/kg，跌幅 2.0%，与 2012 年同期比下跌了 8%。

十二、维生素 B_4（50%氯化胆碱）

我国具备氯化胆碱生产能力的厂家约 50 家。主要分布在山东、河北、江苏。中国氯化胆碱产能过剩，氯化胆碱产量完全可以满足本地市场需求，并有大量出口。2013 年氯化胆碱国内产量 38 万 t，国内需求 19 万 t。

2013 年我国氯化胆碱的出口形势良好。2013 年我国胆碱及其盐累计出口 62 681t，同比增加 59.1%，出口金额 4 859 万美元，同比增加 51.4%；2013 年我国胆碱及其盐主要出口的国家有美国（12 656t）、俄罗斯（2 666t）、菲律宾（11 812t）、印度尼西亚（7 289t）等。海关数据显示，2013 年我国出口主要国家没有变化，出口量再次增加，其他东南亚国家出口量总体提升。相对而言，2013 年我国胆碱及其盐的进口量很少，为 365t，与 2012 年比略有涨幅。

2013 年上半年维生素 B_4（50%氯化胆碱）先扬后抑。1 月因奥科特产品车间爆炸，产导致氯化胆碱价格开始小幅上扬；3 月份因全球需求上升，比利时特明科将欧洲 75%含量水剂氯化胆碱报价上调 50%，带动 50%氯化胆碱跟涨至 5 900 元/t，随后因库存居高，终端消费缓慢，买家消极备货导致价格一路走低；到 9 月下降至 4 550 元/t，后期随着库存量下降，环氧乙烷、三甲胺两大主要原料价格高位震荡上扬，厂家因成本压力，国庆后 50%氯化胆碱价格缓慢攀升均值为 4 800 元/t，但远低于 2012 年同期水平，同比下降了 20.6%，2013 年全年均价格 5 155 元/t，同比下跌了 10.8%（图 2－78）。

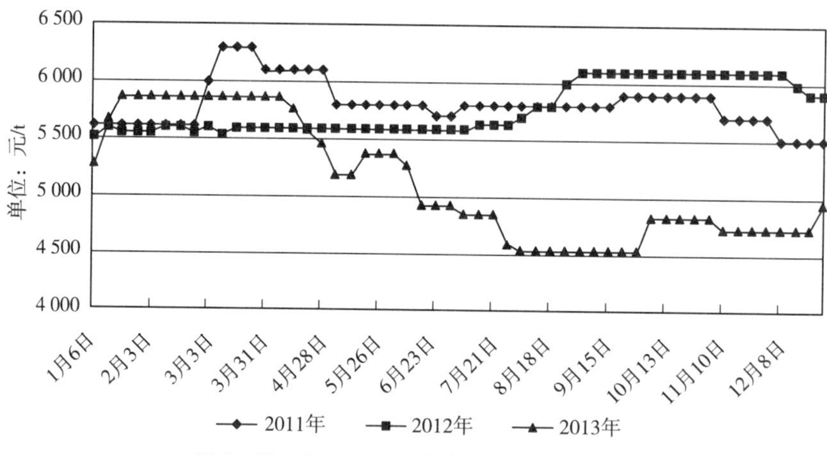

图 2－78　2011—2013 年氯化胆碱价格走势

十三、维生素 K_3

目前，维生素 K_3 的主要生产厂家有兄弟科技、云南省陆良和平、乌拉圭 Dirox、土耳其 Oxyvit。兄弟科技则是全球最大的维生素 K_3 供应商，其中 60%以上用作饲料添加剂，因此受饲料业和畜牧养殖业的影响较大。饲料级维生素 K_3 的全球需求量为 5 500t。2013 年陆良和平产量在逐步恢复，崴尼达的产量也有较大增长，国内产量 4 400t，出口 3 100t，国内供应 1 300t。铬化工企业为平衡铬粉市场，或提高红矾钠利用率，进入维生素 K_3 生产领域。如正在计划投产维生素 K_3 项目的重庆民丰化工有限责任公司和湖北振华化学股份有限公司。未来维生素 K_3 将面临新进入者的挑战和原生产企业份额的重新调整的竞争格局，随着供应厂商数量的增加，市场竞争比较激烈。

2013 年国内维生素 K_3 市场受到多维、单体维生素市场需求回暖的带动，主流厂家在批量出货后，价格稳定。5 月份随着兄弟科技提价，将 MSB96%产品报价 85 元/kg，MNB96%产品报价 105 元/kg，提价幅度 10%以上，云南陆良和四川威尼达跟随上涨。下半年缺少需求支撑震荡回落行情，年末价格跌至 66～69 元/kg，下跌幅度 18%～22%。

（王长梅）

微量元素氨基酸螯合物的应用研究

在动物营养中，微量元素添加剂经历了无机盐类、简单的有机物和微量元素氨基酸螯合物三个发展阶段。微量元素氨基酸螯合物是一种新型有机矿物元素添加剂，被称为第3代微量元素添加剂。我们收集及整理了2013年在我国期刊杂志上公开发表的有关微量元素氨基酸螯合物在家禽、猪、反刍动物、水产养殖、经济动物生产中的应用研究文章，供研究、生产、应用者参考。

一、微量元素氨基酸螯合物在家禽生产中的应用研究

1. 氨基酸螯合物在蛋鸡生产中应用研究

(1) 蛋氨酸锌对蛋鸡的影响。张亚男等（2013）研究硫酸锌和蛋氨酸锌对产蛋后期蛋鸡生产性能、蛋品质及抗氧化性能的影响。该选取504只产蛋率和体重相近、健康的54周海兰灰蛋鸡，随机分成7组，每组6个重复，每个重复12只鸡。预试期4周，正试期6周，预试期饲喂缺乏锌的玉米-豆粕型基础饲粮（锌水平29.07mg/kg），以尽量排除锌的影响；正试期各组分别饲喂基础饲粮和在基础饲粮中分别添加硫酸锌和蛋氨酸锌（锌添加水平分别为35、70和140 mg/kg）的试验饲粮。试验结果是：①锌源未显著影响产蛋率、平均日采食量、料蛋比（P>0.05），但锌添加水平显著影响平均蛋重（P<0.05），锌添加水平为35 mg/kg时平均蛋重显著高于70、140 mg/kg时（P< 0.05）；②锌源和锌添加水平均显著影响蛋壳厚度（P<0.05），140 mg/kg蛋氨酸锌组蛋壳最厚；饲喂3w时70 mg/kg硫酸锌组的鸡蛋蛋白高度和哈夫单位显著高于对照组（饲喂基础饲粮）（P<0.05），而饲喂6周时，各组无显著差异（P>0.05）；锌源未显著影响蛋壳强度和蛋黄颜色（P>0.05）；单因素方差分析显示，70 mg/kg硫酸锌组蛋品质最好；③锌源和锌添加水平显著影响蛋鸡血浆和肝脏内的总超氧化物歧化酶（T-SOD）、铜锌超氧化物歧化酶（Cu，Zn-SOD）活性，总抗氧化能力（T-AOC），抗超氧阴离子能力（抗O-2能力）等抗氧化指标（P<0.05），由各指标及单因素方差分析的结果可得出，70mg/kg硫酸锌组抗氧化性能最佳。由此可见，锌源未显著影响蛋鸡生产性能，但在一定程度上提高鸡蛋品质、改善机体抗氧化状态，本试验条件下，产蛋后期海兰灰蛋鸡饲粮中使用硫酸锌且锌添加水平为70 mg/kg时效果最佳。

(2) 不同锌源对蛋鸡的影响。曲湘勇等（2013）研究了不同锌源对绿壳蛋鸡产蛋性能和蛋黄锌含量的影响。试验选取180只东乡黑羽绿壳蛋鸡随机分成3组，每组6个重复，每个重复10只。A组为对照组，饲喂基础日粮，B组、C组分别在基础日粮基础上添加120mg/kg的羟基蛋氨酸锌和碱式氯化锌（按锌含量计）。预试期7d、正式期28 d。结果是，与对照组相比，日粮中添加羟基蛋氨酸锌可显著提高蛋鸡产蛋率（P<0.05）；碱式氯化锌可极显著提高蛋鸡产蛋率（P<0.01），显著降低料蛋比（P<0.05）；试验各组的蛋壳厚度、蛋形指数、哈氏单位差异均不显著；两种锌源均可极显著提高蛋黄中锌含量，试验第28d时，分别较对照组提高32.8%和32.3%（P<0.01）。

由此可见，日粮中添加羟基蛋氨酸锌和碱式氯化锌均能改善蛋鸡生产性能，提高鸡蛋中锌含量，综合比较，添加碱式氯化锌效果更好。

(3) 甘氨酸亚铁与甘氨酸锌对产蛋鸡生产蛋性能的影响。许甲平等（2013）探讨蛋鸡饲料中添加甘氨酸亚铁和甘氨酸锌对产蛋性能和蛋品质的影响。试验选用体重、产蛋率相近的60周龄海兰褐商品蛋鸡320只，随机分成2个处理组，每组4个重复，每个重复40只，对照组饲喂基础日粮，试验组饲喂在基础日粮中分别添加40 mg/kg的甘氨酸亚铁和40mg/kg的甘氨酸锌，饲喂6周。试验结果是，在蛋鸡产蛋后期添加甘氨酸亚铁和甘氨酸锌，产蛋率能够提高1.85%（P<0.05），破蛋率降低3.2%（P<0.01），平均蛋重提高1.93g/枚（P<0.05），同时提高机体内血红蛋白和红细胞平均压积的数值。由此可见，在蛋鸡产蛋后期额外添加有机微量元素可以改善其生产性能和蛋品质。

(4) 复合的氨基酸螯合物在蛋鸡生产中应用研究。目前在我国研究及应用氨基酸螯合物有单一的也有复合的，下一文阐述复合有机微量元素添加剂对疾病恢复期蛋鸡生产性能、蛋品质及抗体效价的影响。“复合有机微量元素添加剂”的主要成分为甘氨酸铁（Fe≥18%）、甘氨酸锌（Zn≥20%）、甘氨酸锰（Mn≥20%）。陶胜利等（2013）报道，实验在某养殖场选择278d海兰褐蛋鸡720只，该鸡群在245d左右出现流感、新城疫混合感染，造成产蛋率由90%下降到50%左右，使用药物控制住病情后，产蛋率逐渐上升，到试验开始时平均产蛋率在70%左右徘徊不前。预试期为7d，正试期为21d。

试验设计：将720只蛋鸡随机分成4组，每组3个重复，每个重复60只。1，2，3组粮分别添加250，500，1 000 mg/kg“复合有机微量元素添加剂”；4组为对照组，饲喂基础日粮。各组在用药期间均自由采食、自由饮水，光照、温度、免疫程序按该场常规程序进行。

试验的结论：①蛋鸡用复合有机微量元素添加剂

在全价料基础上以 250 mg/kg 添加量可提高蛋鸡产蛋率、蛋重，降低破蛋率、薄壳率的效果最好，而降低砂壳率、白蛋率、畸形率的效果稍差于 500, 1 000 mg/kg高剂量组。综合试验结果和临床实际应用及经济效益，复合有机微量元素的添加量以 250～500 mg/kg 为宜；②有机微量元素在改善新城疫、H9、H5－4、H5－5、EDS-76 抗体方面的总体效果不是很明显，但有一定提高作用；③每次连续添加时间以 14d 1 个疗程为最佳，此后间隔一定时间后再继续使用。

2. 氨基酸螯合物在肉鸡生产中应用研究 郑立鑫等（2013）报道了不同锌源对肉仔鸡肠道形态及金属硫蛋白表达的影响。本项试验选择 4 种锌源，同一添加水平研究对 AA 肉仔鸡小肠形态及金属硫蛋白(MT）表达的影响，试验鸡为 1 日龄 AA 肉仔鸡 480 只，随机分成 4 组，每组 6 个重复，每个重复 20 只鸡。在玉米-豆粕型基础饲粮（含锌 22.68 mg/kg）中分别添加硫酸锌（ZnSO4）、赖氨酸锌（Lys-Zn)、蛋氨酸锌（Met-Zn)、甘氨酸锌（Gly-Zn)，配制成 4 种含锌量均为 90mg/kg 的试验饲粮，$ZnSO_4$ 组为对照组，试验期 21d。试验结果是：4 种锌源对肉仔鸡小肠形态和肝脏 MT 含量均无显著影响（P＞0.05)。Gly-Zn 和 Met-Zn 组小肠 MT mRNA 相对表达量和胰脏 MT 含量显著高于对照组（P＜0.05)，但 Lys-Zn 组与对照组差异不显著（P＞0.05)。在 3 种氨基酸螯合锌中，Lys-Zn 组胰脏 MT 含量、十二指肠 MT mRNA 相对表达量显著低于其他两种螯合锌组(P＜0.05)。由此可见，Gly-Zn 和 Met-Zn 对促进肉仔鸡小肠 MT mRNA 表达，提高胰脏 MT 含量效果较好。

3. 甘氨酸螯合铁在鹌鹑生产中应用研究 祁艳霞等（2013）报道的一项试验，研究不同水平甘氨酸螯合铁（Fe-Gly）对鹌鹑生产性能和蛋品质的影响。以添加不同 Fe-Gly（以亚铁离子计：20、80、140、200 mg/kg）的日粮作为 4 个处理组（处理 1、处理 2、处理 3 和处理 4)，同时设一个对照组。选择 150 只已开产的朝鲜鹌鹑，随机分成 5 组，每组设 3 个重复，每个重复 10 只。预试期 7d，正试期 30d。试验结果是，处理 3 组和处理 4 组鹌鹑的产蛋率和饲料报酬与对照组、处理 1 组和理 2 组差异显著（P＜0.05)；Fe-Gly 对鹌鹑的蛋品质没有显著影响，但 Fe-Gly 添加量为 80～200 mg/kg 时鹌鹑蛋黄、蛋清中铁的沉积量与对照组差异显著，并呈上升趋势。

祁艳霞等（2013）报道的另一项试验，研究不同水平甘氨酸螯合铁（Fe-Gly）对鹌鹑组织器官及蛋中铁沉积量的影响。选用 150 只已开产朝鲜鹌鹑，随机分成 5 组，每组设 3 个重复，每个重复 10 只。对照组饲喂基础日粮，处理 1～5 组分别在基础日粮的基础上添加不同水平的 Fe-Gly，以亚铁离子计含量分别为 0、20、80、140、200mg/kg。预试期 15d，正式期 15d。

试验结果是，随着饲料中 Fe-Gly 添加量的增加，鹌鹑各种组织和蛋中铁含量也逐渐增加，铁在不同组织中的含量差异较大，含量最高的组织是肝脏和肠道，其次是心脏，肌肉组织中含量最低；蛋黄中铁含量显著高于蛋清。

结论是：在饲料中添加 Fe-Gly 可以提高鹌鹑各组织器官。日粮中添加 140mg/kg 的 Fe-Gly 既可以提高鹌鹑蛋中铁的沉积量，又可以提高产蛋率和饲料报酬。

二、微量元素氨基酸螯合物在养猪生产中的应用研究

1. 对生长育肥猪生产性能的影响

（1）不同锌源对生长育肥猪的影响。黄连莹等(2013）研究了不同锌源对生长育肥猪生产性能的影响。试验选用平均体重 28 kg 左右的“杜×长×大三元”杂交生长猪 264 头，随机分为对照组和试验Ⅰ、Ⅱ、Ⅲ、Ⅳ和Ⅴ组，每组 4 个重复共 44 头，进行两阶段饲养试验，对照组饲喂基础饲粮（前期含锌 100mg/kg，后期含锌 70mg/kg，由硫酸锌提供），试验Ⅰ、Ⅱ、Ⅲ、Ⅳ和Ⅴ组分别饲喂饲粮Ⅰ（50%的 2∶1 蛋氨酸锌替代基础饲粮 100% 的无机锌）、饲粮Ⅱ（100% 的 2∶1 蛋氨酸锌替代基础饲粮 100%的无机锌)、饲粮Ⅲ（100%的 1∶1 蛋氨酸锌替代基础饲粮 100%的无机锌)、饲粮Ⅳ（100%甘氨酸锌替代基础饲粮 100%的无机锌）和饲粮Ⅴ（100%富马酸锌替代基础饲粮 100%的无机锌)。结果是，前期日增重各组间差异不显著（P＞0.05)；后期日增重，试验Ⅲ组显著高于对照组和试验Ⅱ组（P＜0.05)。前期饲料增重比，试验Ⅰ、Ⅱ和Ⅲ组分别比对照组降低 3.10%、4.42%和 1.33%（P＞0.05)；后期饲料增重比，试验Ⅰ、Ⅱ、Ⅲ和Ⅳ组分别比对照组降低 7.50%、2.86%、7.86% 和 1.79%（P＞0.05)。全期试验结果是，试验Ⅰ、Ⅱ、Ⅲ和Ⅳ组日增重分别比对照组提高 1.91%、1.80%、7.77%和 4.86%（P＞0.05)，其中试验Ⅲ组显著高于对照组（P＜0.05)；各组间饲料增重比无显著差异（P＞0.05)，但以试验Ⅰ和Ⅲ组饲料增重比较低，饲料利用率较高。由此可见，饲粮中添加蛋氨酸锌和甘氨酸锌替代无机锌可以一定程度提高生长肥育猪的生产性能，增加养猪生产经济效益，且以 100% 的 1∶1 蛋氨酸锌替代 100% 的无机锌组效果最佳。

（2）稀土元素螯合物与有机硒对生长猪的影响。

许甲平等（2013）报道了试验研究稀土元素螯合物（rare earth-amino acid chelate）与有机硒（organic selenium）对生长猪生长性能的影响。试验选择85日龄，体重35 kg左右、体重相近、健康的杜×长×大生长猪176头，按照体重相近、遗传背景一致、公母各半的原则随机分为4组，每组2个重复，每个重复22头猪。Ⅰ组为对照组，饲喂玉米-豆粕型基础日粮，Ⅱ、Ⅲ、Ⅳ组在基础日粮的基础上均添加300g/t的稀土超微螯合包并分别添加0.3 mg/kg的酵母硒、高硒预混料和蛋白硒，试验期31d。试验结果是，在日粮中添加300g/t的稀土超微螯合包和0.3 mg/kg的酵母硒可明显提高生长猪的平均日增重、平均日采食量，降低料重比，有效降低生长猪的腹泻率与死亡率。由结果说明，日粮中添加300 g/t的稀土超微螯合包和0.3 mg/kg的酵母硒可显著改善生长猪的生长性能，提高机体的抗病能力。

（3）蛋氨酸铬与稀土壳糖胺螯合盐对肥育猪的影响。许甲平等（2013）试验探讨蛋氨酸铬与稀土（镧、铈）壳糖胺螯合盐对肥育猪生产性能的影响。该试验选择平均体重（59±1.32）kg的“杜×长×大”三元杂交猪108头，随机分成4个组，每组3个重复，每个重复9头猪。试验组日粮分别在玉米-豆粕型基础日粮中添加不同水平的蛋氨酸铬（以铬计0、0.2、0.4、0.6 mg/kg）与稀土（镧、铈）壳糖胺螯合盐200g/t，对照组饲喂基础日粮。试验期41d。试验结果是，添加0.4 mg/kg蛋氨酸铬+200g/t有机稀土（Ⅱ组）和0.6mg/kg蛋氨酸铬+200 g/t有机稀土（Ⅲ组）显著提高肥育猪的日增重和饲料转化率。试验Ⅱ组、Ⅲ组与对照组相比，屠宰率、滴水损失差异显著（P<0.05）。

2. 甘氨酸铁对母猪和乳猪的影响 刘祥银等（2013）试验研究了母、乳猪日粮中添加甘氨酸铁络合物的应用效果。母猪日粮中添加甘氨酸铁络合物60 mg/kg，乳猪日粮中添加甘氨酸铁络合物100 mg/kg，总产仔数、活仔数、初生窝重和初生均重分别比对照组提高了5.14%（P>0.05）、6.30%（P>0.05）、7.50%（P<0.05）和1.38%（P>0.05）。试验组仔猪日增重比对照组提高8.12%（P<0.05），而成活率则提高了2.52%（P>0.05）。母猪初乳铁含量、胎盘铁含量、乳猪脐带铁含量和乳猪血液铁含量分别比对照组提高了39.09%（P<0.05）、62.35%（P<0.05）、73.93%（P<0.05）和89.37%（P<0.05）。仔猪黄痢、白痢、副伤寒分别下降了84%、78.57%、20%。母猪的采食量提高了6.82%（P>0.05）。试验组的哺乳仔猪注射铁制剂与否，猪的肤色、毛色、可视黏膜的外观表象及增重没有显著性的差异，而对照组则有显著性的差异。

三、微量元素氨基酸螯合物在反刍动物生产中的应用研究

1. 蛋氨酸硒对妊娠前期绒山羊母羊生殖激素分泌的影响 高新中等（2013）报道了蛋氨酸硒对妊娠前期绒山羊母羊生殖激素分泌的影响。选择年龄、体重相近的健康成年经同期发情处理后发情的辽宁绒山羊母羊50只，随机分为5组，其中基础日粮组为对照组，在基础日粮中分别添加0.5 mg/kgDM和1.0 mg/kg DM的亚硒酸钠或蛋氨酸硒作为4个试验组。结果表明，妊娠30d，日粮中分别添加0.5mg/kgDM蛋氨酸硒、1.0mg/kgDM的亚硒酸钠和蛋氨酸硒显著提高了血清FSH含量；妊娠前期日粮添加硒显著提高了血清P4和E2含量，有利于妊娠。从总体效果看，蛋氨酸硒组优于亚硒酸钠组。

2. 氨基酸螯合物在奶牛生产中的应用研究

（1）不同硒源对奶牛日粮营养物质降解率的影响。武霞霞等（2013）利用体外厌氧发酵培养技术研究不同硒源及硒添加水平对奶牛日粮营养物质降解率的影响。试验按照3×4完全随机试验设计，硒源分别是亚硒酸钠、硒代蛋氨酸和酵母硒；硒添加量是每毫升培养液中设0（对照组），0.1，0.2和0.3μg 4个添加水平，共计10个处理组，每个处理3个重复。选择3头健康、体重相近、安装有永久瘤胃瘘管的荷斯坦奶牛作为瘤胃液的供体牛。结果为，3种硒源亚硒酸钠、蛋氨酸硒、酵母硒对奶牛日粮干物质（DM）、粗蛋白（CP）、中性洗涤纤维（NDF）、酸性洗涤纤维（ADF）的降解率无显著的影响（P>0.05），但酵母硒组有增加的趋势，体外培养液中添加0～0.3μg/mL的硒时，随着添加水平的提高，营养物质降解率也呈现增高趋势，其中添加0.2～0.3μg/mL的硒能够显著促进日粮DM、CP、NDF、ADF在瘤胃内的降解，尤以添加0.3μg/mL效果最好。

（2）蛋氨酸锌对奶牛生产性能的影响

①对奶牛生产性能和相关生化指标的影响。麻常胜等（2013）报道了日粮中添加蛋氨酸锌对奶牛生产性能和相关生化指标的影响。该项试验选择16头泌乳期的中国荷斯坦奶牛随机分成4组，其中一组作为对照组，在各试验组奶牛日粮中分别添加250、500、750 mg/kg蛋氨酸锌，研究其对奶牛生产性能和相关生化指标的影响。试验结果是：试验组（250、500、750 mg/kg）比对照组产奶量分别提高17.90%、16.40%和14.81%，均差异显著（P<0.05），但各试验组间无显著差异（P>0.05）；各组间乳脂、乳蛋白含量呈增加趋势，但差异不显著（P>0.05），（250、500、750 mg/kg）组的乳中体细胞数分别比对

照组降低了 66.31%、72.81%和 89.38%（P<0.01）；试验组的平均乳锌含量分别比对照组提高了 18.03%、35.41%和 66.56%，各试验组乳锌含量极显著提高（P<0.01）。

②对奶牛泌乳性能和繁殖性能的影响。马吉锋等（2013）报道了蛋氨酸锌对奶牛泌乳性能和繁殖性能的影响。本试验选择 40 头中国荷斯坦奶牛随机分为 4 组，分别为对照组，试验 1 组、试验 2 组及试验 3 组，对照组饲喂基础日粮，试验 1，2，3 组分别在基础日粮中添加 120，240，360 mg/kg 蛋氨酸锌。研究结果是：试验 1，2，3 组产奶量均高于对照组，但差异不显著（P>0.05）；乳脂率、乳糖、非脂乳固形物含量均差异不显著（P>0.05）；试验 1，2，3 组牛奶中的体细胞数均显著低于对照组（P<0.05）；试验 3 组第 1 次配妊繁殖率比对照组提高了 33.33%，试验 1，2 组与对照组相同；试验 1，2，3 组总受胎率均高于对照组，分别提高了 28.57%、14.29%和 28.57%。说明添加蛋白酸锌可对降低牛奶中的体细胞数及改善奶牛繁殖性能起到较好的效果。

四、有机硒对杂交鳢生长性能

刘新轶等（2013）通过在杂交鳢膨化饲料中补充添加不同水平的有机硒，研究饲料中补充有机硒对杂交鳢生长性能、形体指标及抗氧化能力的影响，结果表明：补充添加有机硒对杂交鳢生长性能及形体指标无显著影响，但补充添加 0.2mg/kg 的有机硒对提高杂交鳢抗氧化能力有显著的促进作用。

五、在经济动物生产中的应用研究

1. 蛋氨酸锌在经济动物生产中的应用研究

（1）对乌苏里貉生产性能的影响。徐逸男等（2013）研究了蛋氨酸锌对乌苏里貉生长性能及皮张长度的影响。试验选用 9 周龄左右的健康乌苏里貉 90 只，随机分成 3 个处理组，每组 30 个重复（每个重复 1 只），A 组（复合有机微量元素）、B 组（蛋氨酸锌）、C 组（无机锌，对照组），3 组日粮中锌的浓度均为 100 mg/kg。试验结果是，蛋氨酸锌组对乌苏里貉阶段增重、平均日增重与其他 2 组差异均显著（P<0.05），该组试验动物取皮后与其他组动物皮张对比发现，蛋氨酸锌组动物皮张长度与其他 2 组差异显著（P<0.05）；表明蛋氨酸锌对乌苏里貉生长性能及皮张长度都有所改善，但鉴于目前有机微量元素市场质量参差不齐，价格高低不一，因此有机微量元素生产企业，要不断地把握客户的需求。不仅要提供有机产品，更多的要提供整套的解决方案，帮客户解决实际的问题。

（2）对冬毛期母貂体重和养分消化代谢的影响。刘进军等（2013）以硫酸锌为对照组，研究了不同蛋氨酸锌水平对冬毛期母貂体重和养分消化代谢的影响。试验选择 84 只母貂作为试验动物，随机分为 7 个处理组，每组 12 只，日粮中分别添加蛋氨酸螯合锌 0mg/kg（A 组）、15mg/kg（B 组）、30mg/kg（C 组）、45mg/kg（D 组）、60mg/kg（E 组）、75mg/kg（F 组）和硫酸锌 60mg/ kg（G 组）。试验结果是，E 组与 G 组母貂的体重、养分消化率和氮平衡没有显著差异（P>0.05），但 B 组脂肪消化率显著高于 G 组；E 组母貂的体重（160d）和平均日增重最高，显著高于 D 组（P<0.05）；D 组母貂蛋白质消化率最高，与 C 组差异显著（P<0.05）；B 组母貂脂肪消化率显著地高于其他各水平组（P<0.05）。由此得出，冬毛期母貂日粮中添加蛋氨酸锌能促进水貂体重增加和养分利用。

（3）在蓝狐生产中的应用研究。

①对育成期蓝狐生产性能及营养物质消化率的影响。何玉华等（2013）试验研究了日粮中添加蛋氨酸锌（Zn-Met）对蓝狐生产性能（日增重、饲料转化率）及营养物质消化率的影响。试验选用 150 只体重相近的育成期蓝狐，随机分为 5 个处理组，每组 30 只。对照组饲喂基础日粮，试验组在基础日粮中分别以 Zn-Met 形式添加 30mg/kg、60mg/kg、90mg/kg、120mg/kg 锌。试验结果是：干物质、粗蛋白、粗脂肪、钙、磷消化率均有所提高，日粮中添加适宜蛋氨酸锌水平能提高蓝狐的平均日增重，降低料重比，其中 30mg/kg 添加水平效果最好，差异显著（P<0.05）。

②对冬毛期蓝狐营养物质利用率的影响。何玉华等（2013）试验研究了日粮中添加蛋氨酸锌（Zn-Met）对冬毛期蓝狐营养物质利用率及粪中微量元素的影响。试验选用 150 只体重相近的冬毛期蓝狐，随机分为 5 组，每组 30 只。对照组饲喂基础日粮，试验组在基础日粮中分别以 Zn-Met 形式添加 30、60、90、120 mg/kg 锌。结果表明：在日粮中添加适量蛋氨酸锌可使粗蛋白、钙、磷的消化率提高，其中 B 组（30 mg/kg）的添加水平效果最佳，差异显著（P<0.05），对干物质、粗脂肪的消化率无显著性影响；蛋氨酸锌减少了微量元素铁、铜、锌、锰的排泄量，减少了环境的污染，与对照组相比，B 组（30 mg/kg）和 C 组（60 mg/kg）效果差异显著（P<0.05）；综上所述，冬毛生长期蓝狐日粮中蛋氨酸锌的最适添加水平为 30～60 mg/kg。

2. 蛋氨酸螯合铜在经济动物生产中的应用研究

（1）对育成期雌性银狐的影响。钟伟等（2013）研究不同铜源对育成期雌性银狐生长性能、营养物质消化率以及血液生化指标的影响，以寻求育成期雌性银狐饲粮中适宜铜源。该试验选取 40 只平均体重为

(3 315±11) g的健康雌性银狐，随机分成4组，每组10个重复，每个重复1只。各组银狐分别饲喂在基础饲粮中添加甘氨酸螯合铜（Ⅰ组）、蛋氨酸螯合铜（Ⅱ组）、硫酸铜（Ⅲ组）、柠檬酸铜（Ⅳ组）的试验饲粮，各试验饲粮中铜源的添加水平以铜计均为30mg/kg。基础饲粮中铜含量为5.47mg/kg。预试期7d，正试期45d。试验结果是：不同铜源对育成期雌性银狐的末重、平均日增重和料重比均有显著影响（$P<0.05$），对平均日采食量无显著影响（$P>0.05$）。Ⅳ组的末重和平均日增重显著高于Ⅲ组（$P<0.05$），Ⅳ组的料重比显著低于Ⅱ组（$P<0.05$）。不同铜源对育成期雌性银狐的干物质、蛋白质和脂肪的消化率无显著影响（$P>0.05$）。血清总蛋白、尿素氮、免疫球蛋白G、免疫球蛋白M、铜蓝蛋白含量及碱性磷酸酶活性各组间差异不显著（$P>0.05$），但Ⅳ组尿素氮含量和碱性磷酸酶活性均略高于其他组。不同铜源对育成期雌性银狐的血清白蛋白含量、超氧化物歧化酶活性有显著影响（$P<0.05$），对血清铜锌超氧化物歧化酶活性有极显著影响（$P<0.01$）。Ⅳ组血清白蛋白含量显著高于其他各组（$P<0.05$），Ⅰ组血清超氧化物歧化酶活性显著高于Ⅱ和Ⅲ组（$P<0.05$），Ⅰ和Ⅲ组血清铜锌超氧化物歧化酶活性极显著高于Ⅱ组（$P<0.01$）。本试验条件下，综合考虑生长性能、营养物质消化率及血液生化指标，得出育成期雌性银狐饲粮适宜铜源为柠檬酸铜。

（2）对冬毛期水貂的影响。崔凯等（2013）探讨饲粮中高铜对冬毛期水貂生长发育及血液生化指标的影响，该试验以蛋氨酸螯合铜为铜源，在7组（每组10只）146日龄雄性美国短毛黑水貂基础饲粮（含铜23.54 mg/kg）中添加不同水平的铜（0、210、220、230、240、250、300 mg/kg），进行50d的饲养试验和消化代谢试验，测定并分析平均日增重、饲料增重比、脂肪消化率、氮代谢率、净蛋白利用率、氮的生物学效价和血清碱式磷酸酶、谷丙转氨酶、铜锌超氧化物歧化酶、总蛋白、铜蓝蛋白指标。试验结果是：当基础饲粮中铜添加量为210～240 mg/kg时，平均日增重和血液生化指标呈升高趋势；在240 mg/kg时，日增重最快，平均日增重最高为8.48 g/d（$P<0.05$）；超过240 mg/kg时，平均日增重和血液生化指标呈降低趋势。结果表明，以蛋氨酸螯合铜为铜源，在146～196日龄雄性水貂基础饲粮（含铜23.54 mg/kg）中添加铜210～240mg/kg，可明显促进水貂的生长发育和血清酶活性，在240 mg/kg时，日增重和平均日增重最高（$P<0.05$）；超过240 mg/kg可明显抑制水貂的生长发育和血清酶活性。

（王　安）

黏结剂

在生产颗粒料和鱼虾饵料的过程中，当生产原料黏结性不好时需要添加一定黏结剂增加饲料的黏结性，使颗粒成形并保证一定的颗粒硬度和耐久性，增加鱼虾饵料在水中的稳定性，并且可减少饲料加工过程中的粉尘。黏结剂主要来源于含淀粉多的植物种籽和块根、块茎类加工物，植物胶，动植物蛋白类，化学合成或半合成物，天然矿产物，油脂类黏结剂。根据我国饲料添加剂标准规定，黏结剂包括α-淀粉、海藻酸钠、海藻酸钾、海藻酸铵、琼脂、瓜尔胶、阿拉伯树胶、黄原胶、甘露糖醇、木质素磺酸盐、羧甲基纤维素钠、聚丙烯酸钠等。宠物饲料中还可使用卡拉胶、决明胶、刺槐豆胶、果胶、微晶纤维素。

羧甲基纤维素钠（CMC）是天然纤维素（常用棉绒或木浆为原料）浸泡在氢氧化钠溶液中制得碱纤维素，再与一氯乙酸发生醚化反应制得，被广泛应用于药品、化妆品、卫生用品及食品领域，具有黏合、助悬、增稠、乳化、缓释等作用，黏度是CMC的重要功能性指标之一。目前，制备羧甲基纤维素钠主要以精制棉短绒、木材浆粕等为原料，原料成本较高。随着食品、医药、日化、印染、石化等需求羧甲基纤维素钠相关行业的迅速发展，羧甲基纤维素钠的消费量也日益增加（李瑞雪等，2013）。

传统生产羧甲基纤维素钠的原料是棉短绒和木浆，随着社会经济的发展，其他领域对棉短绒及木浆的需求量与日俱增，导致二者的价格一直居高不下，限制了CMC产品的生产。研究人员开始尝试以一些富含纤维素的植物根茎、果蔬渣代替棉短绒用于制造羧甲基纤维素钠产品，降低CMC的生产成本。转化和利用废弃农作物中的纤维素制备具有广泛用途的羧甲基纤维素钠产品成为了近些年来国内外的研究热点，包括秸秆、废棉布、橘皮、甘蔗渣、烟草、西米、毛竹壳等（史晋辉等，2013）。2013年我国企业新建羧甲基纤维素钠生产线（表2-15）。

表2-15　我国羧甲基纤维素钠主要生产企业

企业名称	生产能力（t/a）
常熟威怡科技有限公司	25 000
安徽金百化工有限公司	3 000
四川泸州北方化学工业有限公司	20 000

海藻酸钠具有良好的增稠性、成膜性、稳定性、絮凝性和螯合性，因此受到了相当广泛的应用，在饲料加工中是一种优良的黏结剂，对改性黏土絮凝微藻和食品保鲜上也有明显的效果。目前，国际上海藻酸

钠的贸易量达到 2.2 万 t。近年来发现，国际海藻酸钠的需求持续几年稳中有升，伴着生产工艺的改进和日益成熟，下游厂家和消费者对于海藻酸钠品质的要求也越来越高，尤其在国外，高品量的海藻酸钠的价格更是国内市场粗制品的 5 倍之多，统计数字更是显示了在美国需求的海藻酸钠试剂价格达到了国内粗制品的 25 倍（王春霞等，2013）。我国是世界上海藻酸钠的主要生产国，现有企业 20 余家（表 2－16），主要分布在山东、福建、浙江等沿海地带。

表 2－16　我国海藻酸钠主要生产企业的生产情况

企业名称	生产能力（t/a）
青岛黄海海藻工业公司	3 500
青岛胶南明月海藻集团有限责任公司	3 000
青岛海洋海藻工业公司	2 000
青岛鹰飞化工有限公司	2 000
山东日照洁晶（集团）股份有限公司	2 000
山东乳山市黄海化工厂	500
江苏赣榆县七二化工厂	1 500
连云港天天海藻工业有限公司	1 000
达柯拉海藻工业（连云港）有限公司	2 000

根据海藻酸钠的特点，可以由海藻酸钠制备出其他有用的海藻酸盐。例如，先把金属盐 $Pb(NO_3)_2$、$ZnSO_4$、$CaCl_2$、$MnSO_4$ 分别配制成浓度为 1mol/L 的溶液，再配制一定浓度（1%）的海藻酸钠溶液，然后在常温下，边搅拌边往海藻酸钠溶液中分别加入 $Pb(NO_3)_2$、$ZnSO_4$、$CaCl_2$、$MnSO_4$ 溶液，结果生成了白色絮状沉淀。析出的沉淀经过滤，干燥，粉碎即可得相应的海藻酸盐 $Pb(Alg)_2$、$Zn(Alg)_2$、$Ca(Alg)_2$、$Mn(Alg)_2$（王春霞等，2013）。

琼脂（Agar）是从红藻门海洋植物中提取的多糖体，具有优良的凝胶、增稠和稳定性能，可用作增稠剂、凝固剂、悬浮剂、乳化剂、稳定剂、保鲜剂、粘合剂、生物培养基和微生物载体，广泛应用于食品、日用化工、轻工、医药等领域。按最新的食品安全国家标准 GB 1975—2010《食品安全国家标准食品添加剂琼脂（琼胶）》将琼脂分为低、中、高、超高强度琼脂 4 个规格。目前，琼脂产业总体来看呈现利润可观和供不应求的局面，但我国琼脂加工行业的发展却受到原料供应不足和品质相差悬殊的严重制约。江蓠、伊谷草、紫菜都可作为生产琼脂的主要原料（张学勤等，2013）。

聚丙烯酸（钠）(PAA/PAAS) 是一类高分子电解质，是一种新型功能高分子材料，用途广泛，其用途与其分子量有很大关系，一般来说，低分子量（一般在一万以下，以 500～5 000 为优）产品主要用作颜料分散剂、水处理阻垢分散剂等（程终发，2013）；中等分子量（10^4～10^6）主要用作增稠剂、粘结剂、保水剂等，高分子量（10^6 以上）主要用作絮凝剂、增稠剂等（胡长安等，2013）。

黄原胶的外观为淡黄色粉末状固体，无毒副作用，是目前商业化应用程度最高、人类研究最为彻底的一种自然多糖，又名黄胶，是 20 世纪 50 年代美国农业部伊利诺伊州皮奥利尔北部研究室从野油菜黄单孢菌中分离得到的中性水溶性多糖。黄原胶分子是由五糖单元重复组成的结构聚合体，该聚合体的骨架和纤维素比较类似，但又有其独特结构：它的一级结构由 β－(1→4) 键连接的葡萄糖基主链与三糖单位的侧链组成，侧链由 D－甘露糖和 D－葡萄糖醛酸交替连接而成。通过电子显微镜和 X 射线测定，其二级结构是由侧链绕着主链反向缠绕并通过氢键维系形成的双螺旋和多螺旋结构。黄原胶的三级结构是其双螺旋结构之间依靠微弱的非共价键作用力形成的网状螺旋复合体，可以液晶的形式存在于水溶液中。独特的结构决定了黄原胶具有耐酸、碱、盐、热的优良理化性质。黄原胶是目前集悬浮、乳化、稳定、增稠于一体的，性能最为优越的生物胶。由于其网状的三级结构，黄原胶能良好地控制水流动，低质量浓度下就具有很好的增稠性，可达到同浓度明胶的 100 倍（赵岩，2013）。

黄原胶项目属于生物工程高技术产业，技术密度程度高，工程化难度大，主要有美国、法国、澳大利亚、瑞士及中国等少数国家生产。浙江力普粉碎设备有限公司创新研发的 4 条黄原胶专用粉碎生产线在新疆一家著名黄原胶生产企业安装调试成功，投入正常生产。至此，该生产线已被新疆、甘肃、内蒙古、山东、河北、河南、黑龙江、上海、江苏等国内著名的黄原胶生产企业普遍采用，深受好评。用户使用表明，设备运行平稳，粉碎效率高，不用停机即可调节粉体细度，且细粉能全部回收，不污染环境；维修、操作和清理方便，生产能力大，不同规格的产品每小时可达 500kg 至 2t 不等，成为业内的佼佼者（丁文，2013）。

卡拉胶用作天然食品添加剂已有多年的历史，它是一种无毒而又不能被人消化的植物纤维，用途十分广泛。国外的卡拉胶商业性生产是从 20 世纪 20 年代开始的。我国则从 1985 年开始生产商业用卡拉胶，其中 80% 用于食品或与食品有关的工业。卡拉胶 (Carrageen)，又称鹿角菜胶、角叉菜胶、爱尔兰苔菜胶，主要是从红藻的角叉菜属、麒麟菜属、杉藻属及沙菜属等品种海藻中提取的海藻多糖的统称，是由 1，3－β-D－吡喃半乳糖和 1，4－α-D－吡喃半乳糖作为基本骨架交替连接而成的一种线性多糖类硫酸酯的钠、钾、钙、铵盐，是非常重要的阴离子多糖，具有凝胶、增稠、乳化、成膜、稳定分散等良好加工性质。可据半乳糖中是否含有内醚和半乳糖上硫酸基的数量及连接位置不同区分为κ-、μ-、ι-、θ-、λ-、ε-、ν-七种类型。一般常见的卡拉胶多是κ-、λ-和ι-型，在理想的情况下，它们的每个双糖单元中，分别具有一个、二个、三个硫酸基团。目前，国内外对κ-卡拉胶的研究报道很多，它形成的凝胶热可逆，且有抗蛋白凝结性。事实上，ι-卡拉胶在很多方面比κ-卡拉胶更具优势，ι-卡拉胶形成的凝胶柔软且富有弹性、触变性以及抗融稳定性，同时还具有很好的保水性，因此未来会成为具有潜力的食品胶。λ-卡拉胶在食品中主要用作增稠剂，又因其独特的生物活性，在生物医药领域应用广泛。全球卡拉胶年产值约3亿美元，卡拉胶在食品行业中的应用是最主要也是最大的，主要是因为其价格比同是食品添加剂的琼脂等食品胶便宜，并可替代它们，而且不同类型的卡拉胶均具有此功效，因此研究卡拉胶具有深远意义（刘亚丽等，2013）。

我国目前卡拉胶生产厂家主要分布在福建、海南和广东等沿海省份，基本以麒麟菜为生产原料。然而我国麒麟菜养殖业起步晚、发展慢，少量的麒麟菜资源难以满足日益发展的卡拉胶产业。按照改良后的生产工艺计算，提取出1t的卡拉胶需要7～8t晒干的麒麟菜，一个日产量2t的生产厂即每天需要海藻干品16t，每年对藻类干品的需求量可达5 000t。而目前海藻养殖面积远远不能满足生产需要。目前卡拉胶生产的原材料主要依靠从菲律宾和印尼进口，菲律宾的海藻约占世界供应量的80%。最常用的麒麟菜是耳突麒麟菜（Eucheuma cottonii）和异枝麒麟菜（Eucheuma spinosum）两个品种，可提供世界总生产量的四分之三（郭善慧，2013）。

（屠焰　郭峰）

抗结块剂

农业部公告（2045号）中将粘结剂、抗结块剂、稳定剂和乳化剂归为一类。其中抗结块剂又分为：惰性材料（三氧化二铝、二氧化硅、硅酸钙、硅铝酸钠、硫酸钙等），能机械隔离和吸收颗粒表面水分、防止了晶粒间联结点的形成，但是防结块能力欠持久；表面活性剂（十二烷基苯磺酸或其钠盐、胺盐、十二烷基硫酸钠、烷基萘磺酸盐、脂肪醇聚氧乙烯醚、OP-10、HLB值较低的失水山梨醇脂肪酸酯类等），可降低颗粒表面溶液的表面张力、降低毛细管吸附力、从而防结块，也可吸附于晶体表面形成疏水层、阻碍晶体与大气的水分交换，起到防结块作用。高分子-表面活性剂型（聚醋酸乙烯酯-十二烷基苯磺酸钠、十二烷基硫酸钠、丁基萘磺酸钠、油酸），可将水溶性或非水溶性高分子增溶于表面活性剂的浓溶液中形成络合物；惰性物-表面活性剂（烷基苯磺酸盐、烷基硫酸盐等阴离子表面活性剂和膨润土、高岭土复合），将机械隔离和降低表面张力相结合，效果好。疏水性物质（如有机硅类等），可在结晶表面形成一层抗水层，而防结块。

影响饲料结块的因素包括饲料本身和外部因素。内部因素包括饲料粒度越小、比表面积越大、越易吸潮，易结块；饲料颗粒为球形时、单位体积的接触点少、不易结块；粒度分布广的饲料因接触点多，易结块。结块的外部因素包括：湿度、温度、压力及贮存时间等。一般，饲料不宜贮存在湿热环境；叠放贮存时，压力越大，颗粒越紧密接触，则易于架桥，而且贮存时间越长结块现象越严重。

随着我国养殖业迅速发展，饲料添加剂应用越来越广泛，已成为配合饲料中不可缺少的一部分，为防止饲料在加工和贮存中变性和结块，经常在其中添加一些物质预防饲料因水分变化而影响饲料品质，在兽药方面应用也较普遍（晓兰，2013）。目前我国批准使用的抗结块剂有二氧化硅、三氧化二铝、硅酸钙、硅铝酸钠、硫酸钙、硬脂酸钙等。

水合硅铝酸钠钙（HSCAS）可用于吸附饲料中霉菌毒素。有研究证实，生长育肥猪饲料中添加0.25% HSCAS可显著降低后期粗蛋白质和能量的表观消化率，对生长育肥猪的生长和健康无明显影响；添加2.5%可提高料重比和血清尿素氮含量，降低后期生长育肥猪粗蛋白、粗灰分和能量的表观消化率、血清超氧化物歧化酶活性及总抗氧化能力（赵珩伊等，2013）。

（屠焰　郭峰）

乳化剂

乳化剂是一类水油两亲的物质，由亲水基和疏水基两部分组成，能在油和水相互排斥的表面形成分子薄膜，降低表面张力，从而产生乳化、渗透、分散等作用。饲料中添加能提高机体对不饱和脂肪酸、长链脂肪酸和固醇类的利用率；降低动物血清和肌肉内胆固醇含量；提高动物对矿物元素的吸收利用率。

乳化剂是一种可以促进动物体内脂肪消化的饲料添加剂，能显著提高动物饲料中能量的利用率，有利于动物的快速生长。营养和乳化效果好的乳化剂用于畜禽饲料，对畜禽饲喂效果有重要影响。由于动物品种生长速度越来越快，为了更加充分的发挥动物的生产性能，脂肪作为能值较高的物质被大量添加到饲料配方中。随着饲料油脂含量的增加，动物对油脂的消化利用率却在下降，造成了油脂的浪费。对饲料企业和养殖者来讲是巨大损失。

乳化剂通过自身亲油和亲水的特性促进脂肪消化吸收，提高脂肪的利用率，从而减少油脂浪费，为饲料厂节约大量的成本。市场上常见的饲料油脂乳化剂主要有溶血卵磷脂、卵磷脂、大豆磷脂、胆盐、脂肪酸单甘油酯、蔗糖脂肪酸酯等。从市场使用情况来看溶血卵磷脂占据了市场的主导地位，其次是大豆磷脂和胆盐。

某些具有表面活性剂作用的原料（氯化胆碱、甜菜碱、磷脂）增加了体系的乳化作用。蛋白质类原料是世界上存在最广泛的乳化剂，乳化作用将水和脂肪的“溶剂化”作用增强和扩大了。通过乳化剂的应用，改变饲料添加剂的溶解性即将脂溶性物质改变为水溶性，或将水溶性改变为脂溶性，以扩大饲料添加剂的应用范围，增加其使用的方便性。

（武书庚　罗正）

抗氧化剂

饲料及原料的氧化问题一直以来是生产优质饲料的一大挑战，所以抗氧化剂成为饲料工业生产中一种不可缺少一种的添加剂。其作用主要是防止饲料中的油脂酸败、蛋白质氧化产生有毒有害的中间代谢物导致的饲料维生素损失、品质下降、延长饲料储存期并保持美味，改善饲料适口性和采食量的降低、动物机体氧化还原状况失衡和健康受到的影响。

我国饲料添加剂品种目录（2013）中提出适用于养殖动物的抗氧化剂有乙氧基喹啉（EQ）、丁基羟基茴香醚（BHA）、二丁基羟基甲苯（BHT）、没食子酸丙酯、特丁基对苯二酚（TBHQ）、茶多酚、维生素E、L-抗坏血酸-6-棕榈酸酯。目前，国内外使用的饲料抗氧化剂主要是乙氧基喹啉（EQ）和由EQ、BHA等几种抗氧化剂复配而成的复合型抗氧化剂。资料表明，复合型抗氧化剂（包括协同剂、螯合剂），其效果大大超过了单一品种。另外具有抗氧化作用的饲料添加剂（2045号公告中）还有维生素类（VE、VC等）、植物提取物类（茶多酚、苜蓿提取物、杜仲提取物）、共轭亚油酸、大豆异黄酮类等。

高产产蛋鸡、奶牛、肉仔鸡等动物能量代谢旺盛，易产生氧化应激。机体氧化与抗氧化平衡理论逐渐得到认可，研究也越来越多、越来越深入。需氧生物细胞正常代谢会有2%的氧在线粒体内生成活性氧（ROS），多数ROS会被机体抗氧化系统清除，微量ROS作为信号分子参与细胞内信号传导和转录调控；过量ROS积累则可引起细胞脂质过氧化，损伤DNA分子，影响基因转录、信号转导、酶和生物大分子活性，影响细胞增殖、分化、凋亡、坏死等生理、病理过程。机体需要平衡ROS的生成和清除，以有效执行耗氧的生理过程、发挥ROS生理作用，避免其损伤。现代育成动物的生产性能高，易产生氧化应激。我们研究了矿物元素（酵母硒、有机锌、有机锰、有机铜等）多作为酶结构或活性中心的组成成分，通过自身的电子传递性质在机体氧化还原过程中起抗氧化作用；维生素及类维生素，如维生素E、C、β-胡萝卜素、L-肉碱、吡咯喹啉醌（PQQ）等；脂肪酸如n-3/n-6 PUFA、共轭亚油酸（CLA）等；植物提取物及中草药添加剂，如大豆黄酮、茶多酚、寡糖等对动物生产性能和健康状况的影响。

当日粮使用高铜或高锌，以及高温高湿的气候环境下也应适量增加抗氧化剂的添加量，但也不能过量添加，过量的抗氧化剂产生的抗氧化剂自由基不但不抗氧化，反而促进氧化（在实际应用中还必须注意商品抗氧化剂本身的含量，以便折算为实际的添加量）。

抗氧化剂只能阻碍氧化作用，延缓饲料开始氧化的时间，但不能改变已经氧化酸败的后果。因此，使用抗氧化剂时，应注意在饲料未受氧化作用或刚开始氧化时就加入抗氧化剂，以发挥其抗氧化作用。

（武书庚　唐春娟）

防霉剂

饲料富含营养物质，在高温高湿的条件下极易发生霉变，大量生长繁殖的霉菌污染饲料，不仅消耗饲料中的营养物质，使饲料质量下降，而且代谢产物霉菌毒素会引起畜禽中毒，器官病变、免疫抑制等，严重的会造成死亡。作为预饲料防霉变的重要措施之一，防霉剂的使用是非常重要的。

饲料用防霉剂是指能降低饲料中微生物的数量、控制微生物的代谢和生长、抑制霉菌毒素的产生、预防饲料贮存期营养成分的损失、防止饲料发霉变质并延长贮存时间的饲料添加剂。我国饲料添加剂品种目录（2013）中提出可用于养殖动物的防霉剂有丙酸类（丙酸、丙酸铵、丙酸钠、丙酸钙）、乙酸类（乙酸、双乙酸钠）、甲酸类（甲酸、甲酸铵、甲酸钙）、苯甲酸类（苯甲酸、苯甲酸钠）、山梨酸类（山梨酸、山梨酸钠、山梨酸钾）、富马酸等。

不同的有机酸抑制霉菌效力不一，抑制霉菌效力是丙酸>乙酸>甲酸>山梨酸。而抑制细菌的效力是甲酸>乙酸>丙酸。因此，在配合饲料中主要使用丙酸类防霉剂，青贮饲料多用甲酸类和乙酸类，山梨酸类、苯甲酸类、乙酸类等多作为复合型防霉剂的组分来使用。

现在防霉剂产品以从单一型转向复合型，这种复配不是简单地把几种防霉剂混合成一体，而需要经过严格的筛选和科学验证，以取得最佳的防霉效果同时保证人畜安全。

（武书庚　唐春娟）

酸度调节剂

酸度调节剂作为新型饲料添加剂，其作用是保持动物体内的电解质平衡，促进动物的健康生长。应用于反刍动物饲料中可作为保健促进剂，降低消化道pH值，抑制微生物生长；降低肠道pH，提高消化酶活性；在代谢过程中提供能量来源。在禽类中，酸度调节剂还用作抗应激添加剂。有报道证实将甲酸和盐酸应用于犊牛代乳粉中明显提高了犊牛增重效率，并降低犊牛腹泻率。

2000年以后，国内相继出现了酸化剂生产企业，且发展迅速，打破了国内酸化剂市场多年被国外市场垄断的不利局面。不仅使酸化剂产品价格大幅降低，而且促使酸化剂的应用技术得到快速发展和推广，并研制出以无机酸为主、有机酸为辅的保护型酸化剂。这种酸化剂的主要特点是通过特定的加工工艺将酸化剂保护起来，避免酸化剂在饲料加工过程中或是存储过程中与饲料中其他物质反应，确保其能够在机体消化道后段缓慢释放，以期达到最优的酸化效果。

柠檬酸是目前世界上年生产量和消费量最大的有机酸，目前我国的柠檬酸生产已处于世界领先水平，主要用于出口，生产能力完全可以满足我国饲料工业的需要。柠檬酸可提高采食量，促进营养物质消化吸收，日粮中添加柠檬酸，可以改善日粮的适口性，柠檬酸与饲料中的矿物质可发生螯合作用，进而促进肠道对矿物元素的吸收，促进肠道菌群健康，增强机体抗应激和免疫能力（蔡超等，2013）。柠檬酸与微生态制剂联合使用能在一定程度上降低肉仔鸡肠道内乙酸、丙酸、丁酸等挥发性脂肪酸含量，显著降低粪便中吲哚、粪臭素等臭气物质含量，对提高鸡舍空气质量、改善养殖环境有一定作用（蔡超等，2013）。

青贮牧草时添加甲酸可显著增加可溶性糖含量，降低氨态氮浓度，而对牧草的干物质、纤维组分和有机物质体外消化率均没有影响，目前文献报道的青贮包括了多花黑麦草与白三叶混合青贮料（0.3%）（庄苏等，2013）、苜蓿青贮（6mL/kg或9mL/kg）（毛培春等，2013）、马铃薯茎叶青贮（0.5%～1.5%）（林金宝，2013）、麻叶荨麻青贮（6mL/kg）（张晓庆等，2013），在前三者上添加甲酸，青贮品质得到了显著提升。

甲酸钙也称蚁酸钙，目前国内外甲酸钙的合成方法主要分为2大类，即作为主产品的合成方法和作为副产品的合成方法。其中，作为多羟基醇生产的副产品是主要的副产品类合成法，该法由于生产过程中使用氯气、副产盐酸、介质腐蚀严重、产品分离困难而逐渐被淘汰。中和法是主要的主产品类生产方法，该法采用甲酸和甲酸钠做原料，产品成本较高，市场竞争力较低。2013年太原理工大学化学化工学院报道了在半间歇操作方式的高压反应釜中进行氢氧化钙羰基化合成甲酸钙的方法（武向科，2013）。河北鼎威化工设备有限公司在甲酸钙的蒸发浓缩结晶工艺中利用强制循环蒸发结晶器生产甲酸钙结晶（李英等，2013）。

双乙酸钠（sodium diacetate，简称SDA），分子式为$CH_3COONa \cdot CH_3COOH \cdot nH_2O$，是乙酸和乙酸钠由氢键螯合的分子复合化合物。SDA的生产工艺主要包括合成、结晶以及后处理三个过程。合成过程是将酸（醋酐、醋酸）与碱（烧碱、纯碱）在一定的条件下（压力、溶剂、温度等）反应，得到乙酸与乙酸钠的分子缔合体，即双乙酸钠；结晶主要是晶核的形成和生长过程，通过对反应液控制合适的降温速度进行降温，使晶体形成、析出；后处理主要为晶体的分离、干燥、包装以及母液的回收。按原料来源可将SDA的合成方法分为五种，即醋酸-醋酸钠法、醋酐-醋酸钠法、醋酸-醋酐-碳酸钠法、醋酸-碳酸钠法、醋酸-氢氧化钠法（王晓英等，2013）。在猪料的生产中添加SDA，主要作用是提高饲料的利用率，增加蛋白质的消化率，提高猪的生产性能，在反刍动物体内，SDA被消化道吸收后，主要的作用是增加产奶量和提高乳脂率，并在一定程度上能够增加采食量。在家禽日粮中添加SDA能够防止饲料霉变，主要作用是提高家禽的成活率、产蛋量、饲料消化率、日增重等（聂昌林等，2013）。

乳酸，学名为α-羟基丙酸或2-羟基丙酸，分子中有一个不对称碳原子，具有旋光性，因此有L-乳酸与D-乳酸两种旋光异构体。工业生产乳酸主要有发酵法和化学合成法。用发酵法生产时，依所用乳酸菌种及发酵条件，可以得到L-乳酸、D-乳酸光学异构体和一定比例的混合物或外消旋体；化学合成法则生成外消旋乳酸，即DL-乳酸。目前国外工业化生产乳酸主要采用发酵法，发酵法有根霉发酵法和细菌发酵法、基因工程酵母发酵法。现在国内除武藏野在南昌的工厂采用根霉发酵生产L-乳酸外，其他全部采用细菌发酵法，近年来美国对基因工程酵母发酵法生产乳酸进行了大量的研究，主要是在不加中和剂的条件下，利用工程酵母生产乳酸（张鹏等，2013）。

随着全球物质财富的增加，人们的生活水平不断得到提高，作为食品添加剂乳酸的需求量也在大幅度的增长（表2-17）。我国乳酸消费量中饲料占据了5.3%。

表2-17　2008—2013年世界乳酸市场容量

单位：万t

年份	国际市场容量	国内市场容量
2008	38	7
2009	45	8
2010	50	9
2011	57	11
2012	约68	约12
2013	约80	约14

丁酸具有调节动物胃肠道微生态平衡，维持胃肠道完整性，提高动物免疫力，降低腹泻，提高饲料转化率及促进动物生长等功能。因其具有无耐药性、无残留及无污染等特点，成为畜牧业中用以取代抗生素的安全保健促长剂（黄晶等，2013）。生产中常将丁酸制成稳定性更高、气味更小的盐类添加剂应用于畜禽日粮中。丁酸钠（正丁酸钠盐，$C_4H_7O_2Na$）呈白色或类白色、绒毛状粉末，具有独特的奶酪酸败样气味，水溶液pH值呈碱性。丁酸钠有效成分是短链挥发性脂肪酸—丁酸，但由于其游离性和挥发性的特点，畜牧生产中一般将其制成相对稳定的钠盐。丁酸具有水、脂两亲性，在pH为4～6时不易被分解，因而饲喂后部分可避过酸性环境的小肠，直接进入盲肠和结肠。作为肠细胞的快速能量源，丁酸具有调节肠道微生物菌群、促进动物肠道发育、提高机体免疫力和抗氧化力等生理功能，近年来还发现丁酸钠具有抗癌作用。有研究证实，丁酸钠在减少仔猪断奶应激和提高生产性能方面取得了良好的应用效果（魏艳红等，2013）。断奶仔猪试验研究证实，在46～66日龄，丁酸钾可提高各养分的消化率，且当添加量为0.05%和0.10%时效果最佳（郑荷花等，2013）。

（屠焰　郭峰）

药物饲料添加剂

为保证兽医药品质量安全和动物源食品安全，农业部采取了强有力的举措，强化对兽医药品的监管。一是为促进兽医临床合理用药，保障动物产品安全，制定发布了《兽用处方药与非处方药管理办法》，并公布了《兽用处方药品种目录》（第一批）。二是强化执法监督，依法注销了江西智和动物药业有限公司等3家公司取得的182个兽药产品批准文号，并收回相关企业的《兽药GMP证书》。三是明确了新兽药监测评价相关事项，明确新兽药监测期起始计算时间，监测期内的新兽药，每个品种也只能由新兽药注册企业生产且最多不超过3家，产品监测期内生产企业应当收集该新兽药的疗效、不良反应等资料，每满1年向农业部兽药评审中心报送一次监测情况总结报告，直至监测期结束。四是为加强兽药国家标准管理，组织修订了截至2005年12月31日前发布的以及未列入《中国兽药典》（2010年版）一部、二部的兽药质量标准，并编纂发布了《兽药国家标准（化学药品、中药卷）第一册》。五是组织开展了药物中非法添加其他成分检测方法的研究工作，先后发布了氟苯尼考制剂中非法添加磺胺二甲嘧啶、磺胺间甲氧嘧啶粉、氧氟沙星、诺氟沙星、环丙沙星和恩诺沙星等的检查方法，以及乳酸环丙沙星注射液中非法添加对乙酰氨基酚的检查方法。六是为加强兽药产品说明书管理，保障安全用药，组织编制了《中国兽药典》（2010年版）收载品种的说明书范本，并编纂发布为《兽药产品说明书范本（第一册）》、《兽药产品说明书范本（第二册）》和《兽药产品说明书范本（第三册）》。

一、兽医用药物（含药物饲料添加剂）的使用标准及生产概况

按照现有药物饲料添加剂的相关要求，借鉴美国FDA、欧盟对药物饲料添加剂的安全质量要求，农业部启动了药物饲料添加剂再评价工作，对全发酵工艺生产的盐霉素预混剂、莫能菌素预混剂、杆菌肽锌预混剂进行了再评价，并按照现行质量标准要求修订发布了相关产品的质量标准。

1. 盐霉素预混剂　该药品属聚醚类离子载体类抗球虫药是盐霉素全发酵液与碳酸钙制备而成，作用及机理均与莫能菌素相似，对鸡的毒害、柔嫩、巨型、和缓、堆型、布氏等艾美耳球虫均有作用，尤其对巨型及布氏艾美耳球虫效果最强，对鸡球虫的子孢子、第一、二代裂殖子均有明显作用，用于预防鸡球虫病。该药禁与泰妙菌素、竹桃霉素及其他抗球虫药伍用；对成年火鸡和马毒性大，禁用；蛋鸡产蛋期禁用。该产品安全范围较窄，应严格控制混饲浓度，休药期为5 d。浙江升华拜克生物股份有限公司、山东齐发药业有限公司、山东胜利生物工程有限公司及菏泽鲁抗舍里乐药业有限公司申请了该产品全发酵工艺

生产，经再评价获得批准。

2. 莫能菌素预混剂 该药品是单价离子载体类广谱抗球虫药，是莫能菌素全发酵液与碳酸钙制备而成，对鸡的毒害、柔嫩、巨型、变位、堆型、布氏艾美耳球虫等均有很好的杀灭效果；对火鸡腺艾美耳球虫和火鸡艾美耳球虫、鹌鹑的分散和莱泰艾美耳球虫、羔羊雅氏、阿撒地艾美耳球虫亦有效；莫能菌素的作用峰期是在球虫生活周期的最初二天，对子孢子及第一代裂殖体都有抑制作用，在球虫感染后第二天用药效果最好。其杀球虫作用机理是通过干扰球虫细胞内 K^+、Na^+ 的正常渗透，使大量的 Na^+ 和水分进入细胞内，引起肿胀而死亡。莫能菌素对金黄色葡萄球菌、链球菌、产气荚膜梭菌等革兰氏阳性菌亦有较强的抗菌作用，并能促进动物生长发育，增加体重和提高饲料利用率，用于预防鸡球虫病。10w 龄以上火鸡、珍珠鸡及鸟类对本品较敏感，不宜应用；蛋鸡产蛋期禁用；超过 16w 龄鸡禁用；马属动物禁用；禁止与泰妙菌素、竹桃霉素合用，否则有中毒的危险；搅拌配料时，防止与皮肤、眼睛接触，休药期鸡为5d。由浙江升华拜克生物股份有限公司、山东齐发药业有限公司、山东胜利生物工程有限公司申请全发酵工艺生产，经再评价获得批准。

3. 杆菌肽锌预混剂 该药品是多肽类抗生素类药，由杆菌肽发酵液与锌盐反应后的喷雾干燥物与碳酸钙等辅料配制而成。杆菌肽通过非特异性的阻断磷酸化酶反应，抑制细菌的黏肽合成而产生抗菌作用，对大多数革兰氏阳性菌如金黄色葡萄球菌、链球菌、肠球菌、梭状芽孢杆菌和棒状杆菌等具有良好的抗菌活性，对放线菌和螺旋体亦有效；敏感菌对其很少产生耐药现象。该产品与青霉素、链霉素、新霉素和黏菌素等合用有协同作用，与黏菌素组成的复方制剂与土霉素、金霉素、吉他霉素、恩拉霉素、维吉尼霉素和喹乙醇等有拮抗作用。该药禁用于种畜和种禽，可用于促进牛、猪和禽的生长，休药期为 0d。由绿康生化股份有限公司申请的全发酵工艺生产，经再评价获得批准。

此外还批准了以下兽医用治疗药品：

（1）盐酸多西环素注射液 该品属四环素类抗生素。多西环素通过可逆性地与细菌核糖体 30S 亚基上的受体结合，干扰 tRNA 与 mRNA-核糖体复合体上的受体结合，阻止肽链延长而抑制蛋白质合成，从而使细菌的生长繁殖迅速被抑制；对革兰氏阳性菌和阴性菌均有抑制作用，体内、体外抗菌活性均较土霉素、四环素强；其有效血药浓度维持时间长，组织穿透力强，分布广泛，易进入细胞内，蛋白结合率高；用于治疗革兰氏阳性菌、革兰氏阴性菌和支原体引起的感染性疾病，如猪喘气病等；休药期猪为 21d。该品由华南农业大学、洛阳惠中兽药有限公司、挑战（天津）动物药业有限公司、上海公谊兽药厂联合申请并获得批准。

（2）复方阿莫西林乳房注入剂 该品是由阿莫西林三水合物、泼尼松龙等组成的抗生素类复方制剂。阿莫西林是一种广谱抗生素，通过抑制细菌细胞壁合成而发挥杀菌作用，对引起乳房炎的多种革兰氏阳性和革兰氏阴性细菌有杀菌活性，如葡萄球菌、链球菌和大肠杆菌。舒巴坦钠为不可逆性竞争型 β-内酰胺酶抑制剂，可抑制 β-内酰胺酶Ⅱ、Ⅲ、Ⅳ、Ⅴ型对 β-内酰胺类抗生素的破坏，从而提高 β-内酰胺类抗生素的抗菌作用。泼尼松龙具有抗炎作用，有助于减轻炎症和组织肿胀，促进乳房炎的恢复。该品用于治疗革兰氏阳性菌和阴性菌引起的奶牛乳房炎，休药期牛为 28d，弃奶期 60h；由中国农业大学、中国兽医药品监察所、北京中农大动物保健品技术研究所、浙江海正药业股份有限公司、广西容大动物保健品有限公司、佛山市南海东方澳龙制药有限公司、齐鲁动物保健品有限公司、郑州福源动物药业有限公司、河南省兽药监察所、北京中农大动物保健品集团湘潭兽药厂联合申请获得批准。

（3）阿莫西林硫酸黏菌素可溶性粉 该品是由阿莫西林、硫酸黏菌素组成的抗生素复方制剂。阿莫西林为 β-内酰胺类抗生素，对革兰氏阳性菌和阴性菌均有活性，如大肠杆菌、链球菌、猪丹毒、副嗜血杆菌、巴氏杆菌、变形杆菌和沙门氏菌等；通过抑制细胞壁合成而发挥作用，适用于敏感菌所致的呼吸系统、泌尿系统、皮肤及软组织等全身性感染。硫酸黏菌素为多肽类抗生素，是一种碱性阳离子表面活性剂，通过与细菌细胞膜内的磷脂相互作用，渗入细菌细胞膜内，破坏其结构，进而引起膜通透性发生变化，导致细菌死亡，产生杀菌作用；对需氧菌、大肠杆菌、嗜血杆菌、克雷伯氏菌、巴氏杆菌、铜绿假单胞菌、沙门氏菌和志贺氏菌等革兰氏阴性菌有较强的抗菌作用，黏菌素敏感的细菌很少产生耐药性，变形杆菌和大多数沙雷氏菌不受其影响，革兰氏阳性菌对其通常不敏感；与多黏菌素 B 之间有完全交叉耐药性，但与其他抗菌药物之间无交叉耐药性；主要用于治疗革兰氏阴性杆菌引起的肠道感染。阿莫西林与硫酸黏菌素联合使用对大肠杆菌和沙门氏菌等呈现协同或相加作用，用于对阿莫西林和硫酸黏菌素敏感的鸡大肠杆菌和巴氏杆菌感染，休药期鸡为 8d，由山西恒丰强动物药业有限公司、上海恒丰强动物药业有限公司联合申请注册获得批准。

（4）磺胺氯吡嗪钠二甲氧苄啶溶液 该品属磺胺抗球虫药，由磺胺氯吡嗪钠、二甲氧苄啶等组成。磺胺氯吡嗪主要抑制球虫第二代裂殖体的发育，对第一代裂殖体也有作用，作用峰期在感染后的第四天，对鸡的球虫病有良好的防治效果。二甲氧苄啶与磺胺类合用时，可从两个不同环节同时阻断叶酸代谢而起双重阻断作用，使抗菌作用增强，用于治疗鸡球虫病，鸡的休药期为10d。该品由青岛康地恩动物药业有限公司、青岛康地恩药业股份有限公司、潍坊大成生物工程有限公司、潍坊诺达药业有限公司、菏泽普恩药业有限公司、山西康地恩恒远药业有限公司等联合申请获得批准。

（5）癸氧喹酯干混悬剂　该品属喹啉类广谱抗球虫药，主要作用是阻碍球虫子孢子的发育，作用峰期为球虫感染后的第1d；对球虫的子孢子和滋养体有强烈的抑制作用，而且对发育中的第一代裂殖体有杀灭作用，对卵囊的孢子化过程亦有抑制作用；口服不易吸收，口服给药后24h从血液中几乎无法检测到，用于预防鸡的各种球虫病，休药期为5d，蛋鸡产蛋期禁用。该品由瑞普（天津）生物药业有限公司、山西瑞象生物药业有限公司联合申请注册获得批准。

（6）头孢氨苄单硫酸卡那霉素乳房注入剂　该品由头孢氨苄、单硫酸卡那霉素一水合物等组成。头孢菌素为第一代头孢菌素类抗生素，具有抗革兰氏阳性菌活性。卡那霉素属于氨基糖苷类药物，具有抗革兰氏阴性菌和金黄葡萄球菌活性。两者以1.5∶1组方后能扩大抗菌谱并能起到协同作用，与单个成分相比这种组合更大地抑制（抗菌后效应）所有乳腺炎病原菌的生长。复方头孢菌素和卡那霉素显示出对金黄葡萄球菌、无乳链球菌、停乳链球菌、乳房链球菌、大肠杆菌和凝固酶阴性葡萄球菌等抗菌活性；两者混合后的主要效果是时间依赖性，治疗对复方头孢氨苄和卡那霉素敏感菌，如金黄色葡萄球菌、无乳链球菌、停乳链球菌、乳房链球菌、大肠杆菌和凝固酶阴性葡萄球菌等引起的泌乳奶牛（包括怀孕奶牛）的乳房炎；休药期为10d，弃奶期5d。由爱尔兰Univet生产厂申请注册获得批准。

（7）非泼罗尼滴剂　该品苯吡唑类新型杀虫剂，与昆虫中枢神经细胞膜上的γ-氨基丁酸（GABA）受体结合，关闭神经细胞的氯离子通道，从而干扰中枢神经系统的正常功能而导致昆虫死亡；主要通过胃毒和触杀起作用，也具有一定的内吸毒作用，外用用于驱杀猫、犬体表的跳蚤和犬虱。由金坛市凌云动物保健品有限公司、浙江海正药业股份有限公司、上海汉维生物医药科技有限公司申请注册获得批准。

（8）米尔贝肟片　该品属大环内酯类抗体内外抗寄生虫药物，是广谱抗寄生虫药，对体内、外寄生虫特别是线虫和节肢动物均有良好驱杀作用；药物与靶虫细胞上的特异性高亲合力的位点结合，影响了细胞膜对Cl^-的通透性，继而引起线虫的神经细胞及节肢动物的肌细胞抑制性神经递质γ-氨基丁酸（GABA）的释放量增加，打开谷氨酸控制的Cl^-通道，增强神经膜对Cl^-的通透性，从而阻断神经信号的传递，最终使神经麻痹，肌肉细胞失去收缩能力，导致虫体死亡。用于预防犬心丝虫，驱除蛔虫、钩虫和鞭虫。该品由浙江海正药业股份有限公司申请注册获得批准。

（9）托芬那酸片　该品属非甾体类抗炎药，具有非甾体结构，能够发挥抗炎、特别是抗渗出和止痛的效果，同时具有抗高热效果，其作用方式和其他非甾体药物类似，通过抑制环氧化酶来阻断重要的炎性介质类花生酸类物质的合成；已有研究证明犬体内血小板对凝血脂素合成的抑制也是基于上述机理。另有研究显示，无论在体内或体外，在临床相关浓度条件下，托芬那酸都可以抑制由多核白细胞（PMNs）到白三烯（LT）B4的形成，而且托芬那酸还有可能对前列腺素受体有直接对抗性反应。用于治疗猫发热综合征、犬炎症的急性期以及慢性运动系统疾病的疼痛。该品由法国威隆制药股份有限公司申请注册获得批准。

（10）烯啶虫胺片　该品属于新烟碱类药，可结合并抑制昆虫的特异性烟碱乙酰胆碱受体，干扰神经递质传递而导致成年跳蚤死亡。它不抑制乙酰胆碱酯酶。给犬、猫用药15～30min后，6h内可以观测到95%～100%的杀灭效果。烯啶虫胺经犬、猫胃肠道迅速且几乎完全被吸收，喂食不影响其吸收以及其他药理作用和药效，但可稍微推迟药物到达血药浓度峰值的时间。药物在靶动物体内0.5～2h内达到血药浓度峰值，作用后很快排出体外。该品在犬的半衰期为4h，在猫的半衰期为8h。犬在1d内（猫在2d内）90%以上药物经尿液排泄，主要以原形药方式排出；用于杀灭寄生于犬、猫体表的跳蚤。该品由诺华动物保健公司法国生产厂申请注册获得批准。

（11）氢化可的松醋丙酯喷剂　该品属糖皮质激素类药，具有糖皮质激素活性，结构中酯键具有更强的亲脂性，它对皮肤的穿透力增强，血浆利用率降低，因而低剂量就可发挥局部作用；其在皮肤结构内转运，酯键水解失活，释放出氢化可的松；与氢化可的松（或称内源性皮质醇）代谢途径相同，在试验动物体内经过尿液和粪便消除。本品用于犬过敏性和瘙痒性皮肤病的对症治疗，由法国维克有限公司申请注册获得批准。

（12）非泼罗尼甲氧普烯双甲脒滴剂　本品由非泼罗尼、甲氧普烯、双甲脒等组成的杀虫剂。非泼罗尼是一种对多种害虫具有防治效果的广谱杀虫药，可与昆虫中枢神经细胞膜上的γ-氨基丁酸（GABA）受体结合，关闭神经细胞的氯离子通道，从而干扰中枢神经系统的正常功能进而导致昆虫死亡。主要通过胃毒和触杀起作用，也具有一定的内吸作用。甲氧普烯是昆虫的生长调节剂（IGR），与昆虫保幼激素分子结构相似，对未成熟阶段昆虫的发育有抑制作用；这种药物与保幼激素的作用机制相类似，可导致昆虫发育受阻和发育阶段的跳蚤死亡；其对动物体上的卵的作用机制是通过直接渗透作用穿过卵壁进入新生跳蚤卵或者通过跳蚤成虫角质上皮的吸收而进入卵内，对跳蚤幼虫和蛹的发育也有很强的抑制作用。双甲脒是一种广谱杀虫药，对各种螨、蜱、蝇、虱等均有效，主要具有接触毒性，兼有胃毒和内吸毒作用。双甲脒的杀虫作用在某种程度上与其抑制单胺氧化酶有关，而后者是参与蜱、螨等虫体神经系统胺类神经递质的代谢酶；因双甲脒的作用，吸血节肢昆虫过度兴奋，以致不能吸附动物体表而掉落；外用可快速驱杀犬体表的蜱、跳蚤（成虫及幼虫）、虱子、疥螨，可以预防蜱和跳蚤作为媒介的传染性疾病。本品由梅里亚有限公司法国土鲁兹生产厂申请注册获得批准。

（13）连翁颗粒　本品由黄连、白头翁等药味组成，具有清热燥湿、凉血止痢之功能，主治仔猪白痢。该品由青岛康地恩药业股份有限公司、沈阳伟嘉牧业技术有限公司、菏泽普恩药业有限公司、潍坊诺达药业有限公司、青岛康地恩动物药业有限公司、山西康地恩恒远药业有限公司、潍坊大成生物工程有限公司、湖南农大动物药业有限公司等联合申请注册获得批准。

（14）清解颗粒　本品由石膏、金银花、玄参等药味组成，具有清热解毒之功能，主治鸡大肠杆菌引起的热毒症。该品由青岛康地恩药业股份有限公司、菏泽普恩药业有限公司、潍坊诺达药业有限公司、青岛康地恩动物药业有限公司、山西康地恩恒远药业有限公司、潍坊大成生物工程有限公司等联合申请获得批准。

（15）连葛口服液　本品由黄连、黄芩、葛根等药味组成，具有清热燥湿、泻火解毒之功能，主治鸡大肠杆菌病。该品由保定冀中药业有限公司、保定阳光本草药业有限公司申请注册获得批准。

（16）板蓝根颗粒　本品由板蓝根制备而成，具有清热解毒、凉血利咽之功能，主治鸡传染性法氏囊病。该品由北京生泰尔生物科技有限公司、爱迪森（北京）生物科技有限公司、北京普尔路威达兽药有限公司、北京华夏本草中药科技有限公司联合申请获得批准。

（17）藿蜂注射液　本品由淫羊藿、蜂胶制备而成，具有补益正气、增强免疫之功，主治鸡免疫抑制，可提高鸡、猪疫苗的免疫效果。该品由南京农业大学、扬中牧乐药业有限公司、湖南农大动物药业有限公司联合申请获得批准。

（18）柴胡口服液　本品由北柴胡制备而成，具有解热之功能，用于缓解高温引起的发热，食少。该品由北京生泰尔生物科技有限公司，爱迪森（北京）生物科技有限公司、北京普尔路威达兽药有限公司、北京华夏本草中药科技有限公司联合申请获得批准。

（19）黄白双花口服液　本品由黄连、白头翁、金银花等药味组成，具有清热燥湿、涩肠止痢之功能，主治湿热型犊牛腹泻。该品由中国农业科学院兰州畜牧与兽药研究所申请注册获得批准。

（20）益蒲灌注液　本品由益母草、桃仁、蒲黄等药味组成，具有活血散瘀、清热解毒、缩宫排脓、祛瘀生新之功能，主治奶牛子宫内膜炎。该品由中国农业科学院兰州畜牧与兽药研究所申请注册获得批准。

（21）白头翁颗粒　本品由白头翁、黄连、黄柏等药味组成，具有清热解毒、凉血止痢之功能，主治湿热泄泻、下痢脓血、鸡大肠杆菌病。该品由青岛康地恩药业股份有限公司、菏泽普恩药业有限公司、潍坊诺达药业有限公司、青岛康地恩动物药业有限公司、山西康地恩恒远药业有限公司、潍坊大成生物工程有限公司、江西康地恩派尼生物药业有限公司联合申请获得批准。

（22）膏芩口服液　本品由石膏、黄芩、生地等药味组成，具有清热解毒、除湿止渴、凉血清肺、燥湿健脾之功能。该品由成都乾坤动物药业有限公司、齐鲁动物保健品有限公司、四川华蜀动物药业有限公司等联合申请获得批准。

（23）芪藿注射液　本品由黄芪、淫羊藿等药味组成，具有补益正气、增强免疫之功能，主治鸡免疫抑制，可提高鸡、猪疫苗的免疫效果。该品由南京农业大学、扬中牧乐药业有限公司、湖南农大动物药业有限公司联合申请获得批准。

（24）党参多糖口服液　本品由党参制备而成，具有补中益气、健脾益肺之功能，可提高鸡新城疫疫苗免疫效果。该品由江西新世纪民星动物保健品有限公司、江西正邦动物保健品有限公司联合申请注册获得批准。

（25）蟾酥注射液　本品由蟾酥制备而成，具有止痢、增强非特异性免疫之功能，用于仔猪白痢。该品由广西北斗星动物保健品有限公司、广西容大动物保健品有限公司、广西普大动物保健品有限公司等联合申请注册获得批准。

（26）麻杏石甘可溶性粉　本品由麻黄、苦杏仁、石膏等药味组成，具有清热、宣肺、平喘之功能，主治肺热咳喘，用于治疗鸡传染性支气管炎。该品由山东圣旺药业股份有限公司申请注册获得批准。

（27）地锦草颗粒　本品由地锦草制备而成，具有清热解毒、凉血止血之功能，用于治疗鸡由大肠杆菌引起的肠炎、下痢等病症。该品由山东省兽药质量检验所、山东华尔康兽药有限公司联合申请获得批准。

二、药物饲料添加剂应用前景

从国家对兽药监管和产品研制情况可以看出，随着人们对食品安全和抗菌药耐药性的重视，各国都日益强化动物源食品生产的投入品监管，加强对药物饲料添加剂使用的监管，严格其审批，因此近年来用于药物饲料添加剂的药物呈减少趋势。治疗药物研制除研制开发一些新产品外，对老产品研制开发逐渐增多，如开发一些长效制剂、复方制剂或者增加剂型、增加靶动物应用等品种。开发用于犬、猫等经济动物应用也呈增长趋势。同时采用中药药味配伍组成中药复方制剂或从天然中草药中提取有效部位防治动物疾病的热潮不减，新产品申报逐渐增多，剂型也呈多样性发展。近年来开发生化制品治疗动物疾病也呈增多趋势，将会展现其在动物疫病预防与治疗中的独特作用。

（段文龙　冯忠武）

饲料酶制剂

随着饲料工业 30 多年的发展，酶制剂行业也随之发展壮大，饲用酶制剂始终秉着“绿色、环保、节能、高效”的发展方针，为畜牧饲料工业的发展助一臂之力。饲用酶制剂的高速发展，依靠着生物技术的进步，使得酶制剂种类增加，酶的活力大幅提高；随着饲料行业对酶制剂认识的深刻，为饲料企业节约利润，产生更多的经济效益，为畜禽的健康生产保驾护航。饲用酶制剂在今后的饲料工业，乃至整个畜牧行业都将会产生巨大的经济、社会效应，为人类的福祉做出巨大的贡献。

一、2013 年中国饲用酶制剂的产量

随着酶制剂作用及效果得到认可，酶制剂已经在饲料行业中被广泛接受使用。尤其是在饲料主要原料的大幅涨价，原料变化较大的情况下，通过使用酶制剂，降低饲料配方成本，稳定饲料产品品质。特别是在大中型企业对酶制剂使用的示范效应下，酶制剂的产销量大幅提高。据统计，2013 年全国饲料工业总产量 19 340.1 万 t，同比下降 1.8%，其中，配合饲料同比下降 1.2%，浓缩饲料同比下降 6.8%，添加剂预混合饲料同比增长 1.7%。酶制剂产销量逆势上升，2013 年酶制剂产量 12.83 万 t，同比增长 9.47%。

2013 年酶制剂产品的增加的主要因素是玉米原料大幅涨价，小麦又处于比较合理的价位。其次，由于酶制剂在预混合饲料、水产饲料以及反刍动物饲料中的推广使用，酶制剂产销量也相应提升。

二、酶制剂行业发展中的重要事件及其变化

饲用酶制剂属于生物领域产业，是国家“十二五”战略性新兴产业之一。行业的发展备受政府机构、相关行业的支持和青睐。作为国内饲用酶制剂先驱的广东溢多利生物科技股份有限公司，在 2012 年 7 月通过 IPO 后，A 股暂停新股发行 1 年多，年底终于登陆深圳创业板市场，得到了金融资本的支持，成为中国饲用酶制剂第一股。溢多利内蒙古发酵基地的二期工程完工，年产酶制剂产品达到 4 万 t/y，为企业的发展壮大提供充足保障。2013 年康地恩药业与蔚蓝生物合并组建青岛蔚蓝生物股份有限公司，公司主要有酶制剂、微生态、疫苗、动保四大主营业务，形成了科研能力强、生产规模大的生物科技公司。其他公司如挑战生物、新大洋科技在酶制剂方面都有长足的发展。

三、饲用酶制剂新产品的研发及使用

生物技术的迅速发展，基因重组技术在酶制剂领域的运用，使得微生物发酵所产生的酶制剂品种、活力及抗逆性能等理化指标大幅提升，在实际使用中效果也愈加显著。

1. 水产植酸酶产品的研发及运用　在国内多个研发机构的努力下，攻克了植酸酶在水产动物肠道中发挥作用的难题。溢多利公司推出的水产中性植酸酶，具有极高的耐热性能，在沸水浴和 100℃～105℃的制粒条件下，酶活的保存率可以达到 64.6% 和 62.2%。说明该产品完全能够经得住水产饲料高温高压的制粒条件。同时，该水产植酸酶还具有广泛的 pH 值范围 4.5～8.0，保持较高的酶活。通过体外模拟条件下测试，在温度为 25℃，pH 值为 6.5 的条件下，保持非常高的酶活。经过广东省海洋重点实验室的试验表明：该植酸酶添加量为 0.03%时，与草鱼饲料中添加 1.0%的磷酸二氢钙相当；植酸酶添加量为 0.02%时，与黑鲷饲料中添加 1.0%的磷酸二氢钙相当；使用植酸酶不影响草鱼和黑鲷生长、体型及鱼体营养成分；植酸酶部分替代磷酸二氢钙不仅可降低无机磷的添加，同时可提高饲料中磷的利用率、降低磷排放。该产品的推出，解决了植酸酶在水产饲料中的使用，为水产饲料企业节约磷的使用，减少由饲料中磷引起水塘污染的问题，对净化水质、减少鱼病、提高效益提供了坚定的物质基础。

2. 酸性脂肪酶产品的研发及其使用　以往脂肪酶只能在碱性条件下发挥作用，在酸性条件下不能发

挥作用，从而制约了脂肪酶只能在饲料工业中使用，碱性脂肪酶不适用于动物饲料。通过溢多利科研人员的多年技术攻关，通过辛勤努力的工作，于2013年，推出国内第一个酸性脂肪酶产品，该产品较以往脂肪酶大有区别，在酸性条件下依然保持较高的活力，这就保证了该脂肪酶在动物肠道中能够发挥作用。通过大量的试验证明，使用该脂肪酶产品，畜禽对脂肪消化率提高10%以上，大大节约了饲料中脂肪的使用量。四川农业大学的试验表明，通过在草鱼料中添加外源脂肪酶，能促进草鱼的生长，提高饲料效率，增加肌肉蛋白和脂肪含量及维持肠道结构完整性和功能。

3. 半乳糖苷酶产品的规模化生产及其运用 在豆粕、棉粕中含有以棉籽糖、水苏糖为主的α-半乳糖苷类抗营养因子，其具有良好的热稳定性，即使在高温下也不会分解。畜禽体内缺少内源性分解α-半乳糖苷的酶类，α-半乳糖苷不能被降解，而被肠道内微生物发酵生成二氧化碳、氢、和少量甲烷，从而引起肠道胀气、肠鸣、腹痛和腹泻等不良现象。α-半乳糖苷酶能专一水解α-半乳糖苷，从而降低或消除其抗营养作用，提高营养物质利用率。国内已经有酶制剂公司生产销售该产品。

4. 水产养殖用复合酶—淬灭素 该产品通过分子生物学技术融合表达，经深层液体发酵生产的高效复合酶制剂，该产品拥有5项国家发明专利，通过大量水产动物应用效果试验表明淬灭素具有减少水产养殖中疾病的发生、提高养殖经济效益和水产品食品安全性等功能。尤其是对于嗜水气单胞菌造成的主要淡水鱼暴发性流行病，如罗非鱼溃烂病、鳗赤鳍病、甲鱼细菌性败血症、牛蛙红腿病具有特效。

四、饲用酶制剂行业规范化的运作

随着国家对饲料行业的治理，酶制剂行业自身也在不断地发展进步，并逐渐规范。随着酶制剂行业标准逐渐完善、规范化，酶制剂企业也认真贯彻执行国家标准。新的国家标准的实施，规范了饲用酶制剂企业的行为，为饲料企业、畜禽养殖户带来了合格优质的产品。

五、饲用酶制剂研发的新课题及挑战

酶制剂的使用产生了巨大的经济及社会效益，对酶制剂的研究也在不断的深入。

1. 非淀粉多糖酶促生长机理的深入研究 以非淀粉性多糖酶在动物营养学方面的研究比较多，但是非淀粉多糖酶解产物，对畜禽消化道生理环境、血液生化指标、机体内分泌调节、免疫应答、激素调节机制以及外源性酶制剂对机体内消化方面的关系等方面研究的并不深入。

2. 酶制剂使用模型的建立 由于生产酶制剂菌种菌株的差异、生产方式不同，从而导致酶制剂在最终使用过程中产生的效果也有很大差异。因此，酶制剂在使用过程中，应建立完整的酶使用体系或者模型，供饲料企业进行合理的使用。

3. 水产用酶制剂产品的开发 近几年水产饲料产量突飞猛进，水产专用酶制剂产品也相应开发出来。由于水产动物的消化生理及饲料组成与畜禽有很大的差异，对水产动物所使用的酶制剂有着特殊的要求，各科研院校、研究机构都在不断研发水产用酶制剂产品。

4. 酶制剂在畜禽养殖方面新的特点 通过研究表明，某种酶制剂在畜禽养殖过程中能够发挥疾病预防及治疗疾病等方面的功效，这在健康养殖方面大有前途。

（周镇锋　冯新雨）

饲用酵母

自20世纪初德国M. 德尔布吕克用啤酒生产中的酵母泥作为补充饲料，经过100多年的发展，特别是最近10多年，饲用酵母从传统意义上的单细胞蛋白饲料原料基础上开发出功效更好的新型功能性酵母源生物饲料系列产品，且在饲料酵母中扮演越来越重要的角色。

饲料酵母发展至现在，可分为传统意义上的饲料酵母和新型功能性酵母源生物饲料两种，前者亦称为单细胞蛋白，是利用酵母菌体作饲料的优质蛋白质饲料，是解决饲料蛋白质紧缺的重要途径之一；后者为利用现代生物技术对废弃啤酒酵母泥进行深加工或以糖蜜为主要培养基发酵而来专门用于提高饲料品质的功能性生物饲料，此类产品包括活性干酵母、酵母培养物、酵母水解物、酵母细胞壁、酵母硒及酵母微量元素螯合物、海洋红酵母及酵母发酵饲料等。目前应用比较成熟的产品有活性干酵母、酵母培养物、酵母水解物、酵母细胞壁及酵母硒等酵母源生物饲料产品。每种酵母源生物产品具备独特的产品特性及应用方向，比如：具备益生菌功效的活性干酵母主要用于调节动物胃肠道微生态平衡，提高饲料利用率，减小动物腹泻和怀孕母畜便秘等问题；酵母培养物含则多种酵母代谢产物，在提高奶牛泌乳量等方面有很好的效果；酵母细胞壁含有甘露寡糖和β-1，3/1，6葡聚糖，是一种天然无公害的高效免疫增强剂，同时酵母细胞壁多糖还具备良好的霉菌毒素吸附功能，是霉菌毒素吸附剂的主要成分之一；而酵母硒则是动物补充有机硒的最佳来源，对提高动物的繁殖性能和改善畜禽肉质等具有明显的作用。

一、饲料酵母市场需求旺盛，行业发展迅猛

饲料酵母作为优质的饲料原料，近几年越来越受追捧。据中国饲料工业协会信息中心统计，2013 年全国饲料工业总产量为 1.93 亿 t，其中配合饲料为 1.63 亿 t，按照 50%比例的配合饲料中以 1%添加量计算，全国饲料酵母需求量约为 81 万 t。目前饲料酵母主要来源是啤酒企业酿造完啤酒后的废弃酵母干燥而来，其量约占啤酒产量的 0.15%（干固物），2013 年度我国啤酒产量为 5 061 万 t（表 2－18），据此计算，啤酒废酵母干固物的总量为 7.59 万 t。据不完全统计，目前国内啤酒酵母的 50%～55%作为饲料使用，20%～35%用于加工应用于生物医药、食品调味料、休闲食品及生物培养基等领域酵母抽提物；5%～10%被加工成营养功能食品等，如此看来饲料酵母的需求缺口非常大。

2013 年全国啤酒酵母增长了 73.7%，但 2011—2013 年全国啤酒酵母产量基本较为平稳，由此可以预期啤酒消费量基本处于饱和状态。作为单细胞蛋白的饲料酵母基本是从啤酒企业废弃酵母干燥而来，尽管饲料酵母需求力旺盛，但是受制于啤酒工业的发展和饲料酵母市场价格因素，此供需矛盾将持续存在（图 2－79）。

从 2013 年全国啤酒酵母产量月分布图（图2－80）来看，啤酒酵母产量与啤酒消费量相匹配，主要集中在 6～9 月啤酒消费旺季。

由于啤酒企业废弃的酵母泥在常温下长途运输极易变质，所以啤酒酵母生产一般采取就近原则，在啤酒厂附近设立干燥、粉碎、混合系统。据全国啤酒产业产量区域集中度分析报告中预测，全国啤酒酵母最主要产区是华东，占全国总产量 34%（图 2－81）。

表 2－18　近十年全国啤酒酵母总产量统计

单位：万 L、万 t、%

年份	全国啤酒总产量	全国啤酒酵母总产量	增长率（相比上年）
2013	5 061	7.59	＋3.27
2012	4 902	7.35	＋0.00
2011	4 899	7.35	＋9.38
2010	4 483	6.72	＋5.83
2009	4 236	6.35	＋3.25
2008	4 103	6.15	＋4.23
2007	3 931	5.90	＋11.95
2006	3 515	5.27	＋14.81
2005	3 061	4.59	＋5.03
2004	2 910	4.37	—

数据来源：啤酒工业信息网

作为新型功能性酵母源生物饲料，2013 年保持了强劲的增长势头，特别 2013 年 12 月 19 日公布的农业部 2038 号公告《饲料原料目录》修订列表，将酵母水解物、酿酒酵母细胞壁、酿酒酵母提取物、酿酒酵母培养物等列入《单一饲料原料目录》中，以及 2013 年 12 月 30 日公布的农业部 2045 号公告《饲料添加剂品种目录（2013）》中将原来处于保护期的酵母硒产品也正式列入普通饲料添加剂，将带＊号的啤酒酵母培养物、啤酒酵母提取物、啤酒酵母细胞壁从《饲料添加剂目录》中删除，列入《单一饲料原料目录》，使得新型酵母源生物饲料准入门槛大幅度降低。酵母水解物、酿酒酵母细胞壁及酵母硒这三种主要的酵母源生物饲料增幅最明显，市场价格也出现大幅度下降。

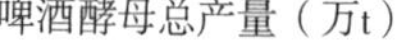

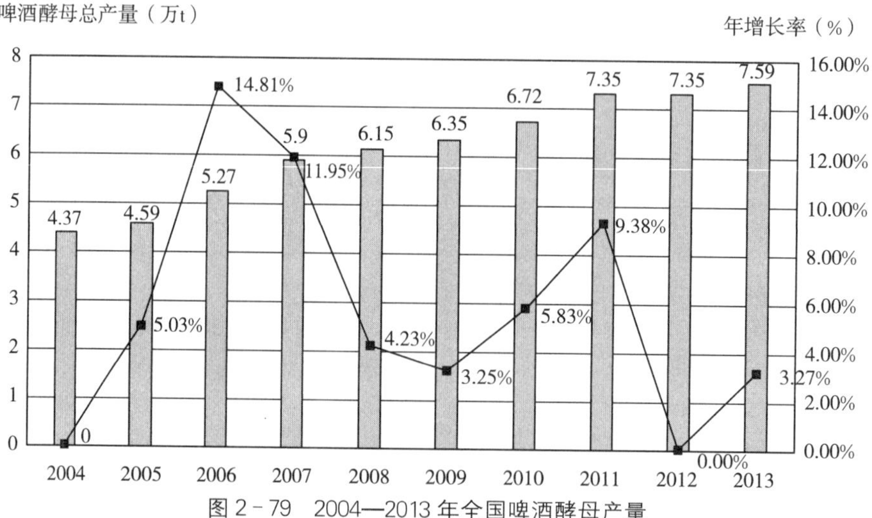

图 2－79　2004—2013 年全国啤酒酵母产量

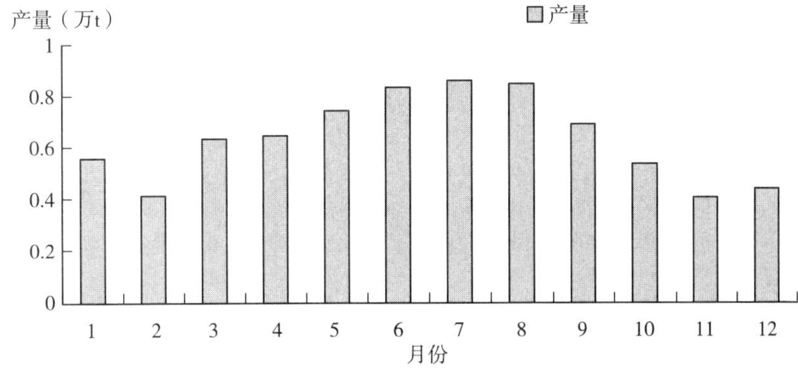

图 2-80　2013 年啤酒酵母月产量

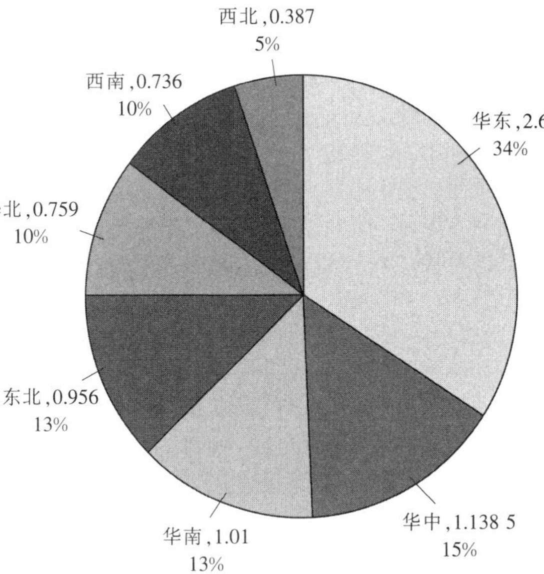

图 2-81　2013 年中国啤酒行业产量区域集中度分析

从表 2-19 可以看出，活性干酵母市场增量不大，但酵母水解物、细胞壁及酵母硒仍然有较大幅度的增加，相信随着准入门槛的降低，这些产品价格仍有下行空间，将会促使酵母类产品的使用量有大幅度增长。新型酵母源生物饲料市场准入门槛降低，使得该类产品进入更加激烈的竞争格局，受益的是饲料生产企业，该类产品的性价比进一步提高。酵母水解物、酵母细胞壁从《饲料添加剂目录》进入《单一饲料原料目录》，也使得一些大型饲料企业将该类产品从添加剂采购目录列入到大宗原料目录，降低了采购门槛，但该类产品生产成本仍是高位运行，所以产品的市场价格仍然较高。大部分饲料企业仍作为饲料添加剂使用，普遍添加量在 1%以下，特别是酵母细胞壁产品，虽是饲料原料，但添加量却只有 0.1%～0.15%，当然会在更多的饲料品种中添加，而作为饲料添加剂的酵母硒产品生产门槛降低，生产技术逐步被掌握，相信酵母硒的市场价格将有更大的下降空间（表 2-20）。

表 2-19　2013 年主要新型酵母源生物饲料产销量统计

单位：t、%

产品名称	2013 年产销量	2012 年产销量	较 2011 年增长
活性干酵母	5 000	4 780	4.6
酵母水解物	12 000	8 590	39.7
酿酒酵母细胞壁	8 500	6 900	23.2
酵母硒	3 500	2 810	24.6
合计	29 000	23 080	25.7

表 2-20　2013 年主要酵母源生物饲料价格

单位：元/kg、%

产品名称	2012 年平均市场价格	2013 年平均市场价格	较 2012 年降低
活性干酵母	25	25	0.0
啤酒酵母水解物	18	16	12.5
面包酵母水解物	26	22	18.2
酿酒酵母细胞壁	18	15	20.0
酵母硒	100	80	25.0

2013 年，我国畜牧业由传统散养生产方式向规模化、集约化、专业化、现代化深入转变，饲料工业已经由数量型转向数量和质量并重型，全行业的“安全、环保”生产意识得到进一步增强，酵母饲料产品由于其高效安全性的优势发展迅猛。

二、行业产能扩大，行业竞争日趋激烈

2013年饲料酵母行业竞争越来越激烈，特别是新型酵母源生物饲料板块，不可避免的价格战在饲料酵母行业开始打响了，原来高利润新型酵母源生物饲料已开始向微利化发展，消费者对新型酵母源生物饲料的认知也慢慢地从高端饲料添加剂转变为普通大宗饲料原料。酵母生产企业也要慢慢转变经营观念，将更多的精力放在提高产品品质，降低生产成本及新产品研发方面，只有这样才能在残酷的市场竞争中立于不败之地。

三、国家出台酵母源生物饲料行业标准，规范市场行为

目前在酵母源生物饲料中，只有饲料酵母和饲用活性干酵母相关的国标或行业标准，其中饲料酵母仍沿用了1994年制定的行业标准QB/T 1940—1994，而饲用活性干酵母则在2008年制定了国家标准；其标准号为：GB/T 22547—2008，其他被广泛应用的如酵母酶解物、酵母硒、酵母细胞壁多糖等产品目前没有制定相关的国家标准，导致此类产品在市场上质量良莠不齐、鱼目混珠。

酵母源生物饲料极需国家政策的支持，加大对对酵母源生物饲料产品的投入与研究，联合有资质高校、科研机构和相关优秀酵母源生物饲料生产企业共同研究并制定相应的国家标准，以进一步规范市场，规避风险，促进整个酵母生物饲料业健康、良性、快速发展，为推动饲料和食品安全做出积极贡献。

（陈训银　董爱华）

益生素应用研究进展

益生素又被称为活菌制剂、微生态制剂或饲用微生物添加剂，是活性微生物及其培养物的总称，其可以直接饲喂给动物并通过调节动物肠道微生态平衡达到预防疾病、促进动物生长和提高饲料利用率的作用。伴随着食品安全问题的日益突出，欧盟和韩国分别于2006年和2007年全面禁止了抗生素在饲料中的添加，我国也相应限制了饲料中抗生素的使用。益生素以其安全无毒、畜产品中无蓄积残留、无抗药性、无环境污染等作用特点，被誉为减少或替代抗生素的理想绿色添加剂，受到广泛关注。2013年，我国关于益生素的使用和研究重点已经从单一益生素制剂转向复合益生素制剂和配伍益生素制剂；在注重研究应用技术的同时，开始关注应用机理研究；研究内容不仅限于传统的猪禽饲养应用，并已拓展到反刍动物、特种经济动物和水产养殖领域。

一、益生素的种类及加工工艺

在畜牧生产中使用的益生素，按其使用目的可分为饲用益生素和药用益生素，按菌种组成可分为单一菌剂和复合菌剂，按其作用机理可分为微生态治疗剂和生长促进剂，按微生物构成的种类可以把益生素分为乳酸菌类、酵母菌类、芽孢杆菌类和光合细菌类。

我国农业部2045号公告《饲料添加剂品种目录（2013）》规定的可以直接饲喂动物的饲料级微生物添加剂菌种共34种，包括地衣芽孢杆菌、枯草芽孢杆菌、两歧双歧杆菌、粪肠球菌、屎肠球菌、乳酸肠球菌、嗜酸乳杆菌、干酪乳杆菌、德式乳杆菌乳酸亚种（原名：乳酸乳杆菌）、植物乳杆菌、乳酸片球菌、戊糖片球菌、产朊假丝酵母、酿酒酵母、沼泽红假单胞菌、婴儿双歧杆菌、长双歧杆菌、短双歧杆菌、青春双歧杆菌、嗜热链球菌、罗伊氏乳杆菌、动物双歧杆菌、黑曲霉、米曲霉、迟缓芽孢杆菌、短小芽孢杆菌、纤维二糖乳杆菌、发酵乳杆菌、德式乳杆菌保加利亚种（原名：保加利亚乳杆菌）、产丙酸丙酸杆菌、布氏乳杆菌、副干酪乳杆菌、凝结芽孢杆菌及测孢短芽孢杆菌（原名：侧孢芽孢杆菌）。

2013年，我国在益生素的新产品开发和生产工艺上的研究取得的新进展，包括微囊化益生素的研究、特定益生素工业化生产条件的摸索、具有特定功能益生素菌种的筛选等。倪敬轩等（2013）通过海藻酸钠-壳聚糖包被技术将益生菌（猪源唾液乳杆菌和两歧双歧杆菌）和其他益生素复合制成微胶囊，为益生素更好地保存和应用提供了新方法。孙红梅（2013）采用玉米的副产物（玉米皮和玉米浆），利用布德拉酵母菌、植物乳杆菌和地衣芽孢杆菌作为益生菌，制备的复合饲料益生素产品，用真空包装技术保藏，活菌数含量达1.0×10^{9}cfu/g以上（cfu，菌落形成单位），为复合益生素的制备提供了新技术。莫海燕等（2013）将粪肠球菌和戊糖片球菌作为研究对象，探索种子工艺、种子培养条件优化和摇瓶发酵工艺、发酵条件优化，确定了粪肠球菌、戊糖球菌最优发酵培养基及其培养条件。徐海军等（2013）研究筛选出能同时降解呕吐毒素、玉米赤霉烯酮和黄曲霉毒素的芽孢杆菌，为进一步开发具有霉菌毒素降解作用的产酶益生素奠定了基础。李松培等（2013）筛选出可以有效降解黄曲霉毒素B1的芽孢杆菌，该芽孢杆菌还可分泌淀粉酶和蛋白酶，有利于进一步将其作为产酶益生素进一步开发。于志会（2013）从传统发酵食品中成功筛选出11株具有降胆固醇功能的植物乳杆菌。此外，2013年有关配伍益生素（益生素与寡糖、酶制剂、酸化剂、中草药、肽等饲料添加剂的配伍使用）的研究和应用报道也有增加。

二、益生素的作用机理

益生素主要通过与机体肠道内正常菌群的共生、栖生、竞争及吞噬等复杂作用，调节畜禽肠道健康。目前，提出较多的机理主要有3种学说，分别为优势菌群学说、菌群屏障学说以及微生物夺氧学说。健康动物肠道内存在着百余种的细菌，这些细菌中99%以上为厌氧菌（优势菌群），他们与宿主维持着动态平衡。当动物受到应激时，其肠道菌群会发生变化，兼性厌氧菌及需氧菌大量繁殖，专性厌氧菌减少，引起机体消化机能紊乱。使用益生素可以提供活的有益微生物，参与肠道内的有害菌营养竞争，消耗大量氧气，减少有害菌的繁殖，最终在肠道内建立优势菌群，维持机体肠道菌群的平衡，这就是优势菌群学说和微生物夺氧学说。此外，益生素可以定植于黏膜、皮肤等表面或细胞之间，形成生物屏障，阻止病原微生物的定植，即菌群屏障学说。

2013年，国内学者对益生素的作用机理研究探讨在继续深化。王平（2013）认为，益生素的作用机理还包括：益生素可产生抑菌物质；可使动物肠道黏膜底层细胞增加，提高机体免疫功能；还可激活机体各类酶的活性，从而提高动物的生产性能。孙笑非等（2013）报道，益生素会改变与机体共计划的微生物群落结构，不仅直接影响微生物组成，也间接地通过复杂的肠道微生物食物链而改变，长期使用可能会导致宿主和肠道菌群间原有进化稳定策略的失调。崔志文（2013）研究了鼠李糖杆菌对仔猪肠道屏障功能的影响，发现不同浓度的鼠李代糖乳杆菌对猪空肠上皮细胞中TLR（toll like receptor）基因表达调控不同，其中活菌浓度达到10^8cfu/ml时，能显著提高TLR2和TLR9基因的表达量，显著降低TLR4基因的表达，暗示了TLR信号通路在李糖杆菌调控肠道黏膜免疫功能中的重要作用。

三、益生素在畜牧生产中的应用

益生素作为抗生素的潜在替代物应用于畜牧生产已经引起广泛重视。2013年国内关于益生素的研究，可查阅的科技刊物文献约145篇，其中在畜牧生产中的应用研究约71篇，包括家禽方面的研究29篇，猪方面的研究21篇，反刍动物方面的研究10篇，水产方面的研究4篇，特种经济动物方面的研究7篇。2013年我国对益生素的研究已经从菌种筛选、保存和饲喂方法，过渡到对其饲喂效果的评价，研究和应用涉及了几乎所有畜牧生产领域，包括家禽、猪、反刍动物、水产以及特种经济动物。以下将着重从这五个领域综述2013年益生素在畜牧生产中的应用。

1. 益生素在家禽生产中的应用 综述2013年国内有关益生素在家禽生产中的应用研究，按家禽种类、益生素组成、添加剂量、最佳饲喂方案、饲喂效果、应用效果等梳理归纳成表2-21。

由表2-20可见，从家禽种类来看，肉鸡方面的研究18篇（AA肉鸡11篇，其他品种肉鸡7篇），蛋鸡方面的研究4篇，鹅上的研究3篇。这些数据说明，2013年国内关于益生素在家禽生产中的应用的研究主要集中在鸡上，且以肉鸡为主；未发现有关鸭方面的研究报道。从益生素的组成来看，使用单一益生素的仅有8篇，且其中2篇使用的还是微囊化益生素，使用复合益生素的有12篇，使用配伍益生素的有5篇。说明2013年国内益生素方面的研究已经不再局限于单一益生素，而是加大了对产酶益生素、复合益生素和配伍益生素的应用研究。此外，从表2-20中还可清晰地看到家禽生产中使用的益生素菌种主要包括芽孢杆菌、乳杆菌、酵母菌和戊糖片球菌。

此外，从表2-20还可发现：复合益生素、产酶益生素和配伍益生素的使用效果往往优于使用单一益生素；肉鸡饲料中添加益生素，一般全程添加效果更好；蛋鸡饲料中添加益生素往往在产蛋期效果较好；鹅在幼龄时期和育肥期饲喂益生素都可以有较好的效果；添加益生素时需注意不同益生素添加剂量不尽相同，并非剂量越高越好。益生素对肉鸡的作用效果较显著，且涉及机体的生长、免疫、抗氧化和肉质，包括提高生长性能、提高饲料转化率、促进免疫器官发育、改善肠道内环境、提高免疫功能、减少应激、提高抗氧化功能和改善肉质。益生素的使用对蛋鸡的影响，主要包括提高产蛋性能（产蛋率、蛋重、料蛋比、蛋壳品质等）、提高养分利用率、提高免疫力、提高种蛋品质。益生素的使用还可以提高鹅的生长性能及其对养分的利用率。

2. 益生素在猪生产中的应用 从猪的生长阶段、益生素组成、添加剂量、饲喂时间、最佳饲喂方案和应用效果等方面，归纳总结2013年国内有关益生素的应用研究报告，见表2-21。

从益生素在猪上的饲喂阶段来看，19篇文献中仅有2篇是关于哺乳仔猪的，1篇是关于生长猪的，3篇是关于育肥猪的，其余13篇文献都是论述益生素在断奶仔猪上的应用，在仔猪断奶这一特殊生长阶段使用益生素来减少腹泻率促生长成为研究应用重点。从益生素组成来看，19篇文献中仅有5篇是关于单一益生素的，其余13篇分别关于加酶益生素（1篇）、复合益生素（7篇）、配伍益生素（4篇）和液体发酵饲料（1篇）。可见，2013年国内关于益生素在仔猪生产上的研究也已从对单一益生素的添加效果转变为对复合益生素、配伍益生素的添加效果评价。

表 2-21 益生素在家禽生产中的应用

家禽种类	益生素组成	添加剂量	饲喂阶段	最佳饲喂方案	应用效果
AA 肉鸡	戊糖片球菌	10^9cfu 或 10^{10}cfu	1～6w 或 4～6w	1～6w 10^{10}cfu	提高生长性能；改善肉品质
AA 肉鸡	芽孢杆菌（产蛋白酶的 P-98 菌株、产纤维素酶的 C-8 菌株和产淀粉酶的 S-4 菌株）	饲料中添加量为 1×10^7cfu/g	1～42d	—	提高免疫器官指数，提高饲料转化率，改善生长性能
AA 肉鸡	芽孢杆菌复合益生素（每克芽孢杆菌类益生素含低聚壳聚糖 10%，地衣芽孢杆菌、纳豆芽孢杆菌、枯草芽孢杆菌含量各为 1×10^{11}个）	饲料中添加量为 200mg/kg 或 400mg/kg	1～42d	添加 200mg/kg	促进免疫器官发育
AA 肉鸡	复合益生素（包括嗜酸乳杆菌、干酪乳杆菌、纤维二糖乳杆菌及蜡样芽孢杆菌、地衣芽孢杆菌，细菌总数≥ 8.0×10^8cfu /g）	饲料中添加量为 8×10^8cfu/kg	1～49d	—	提高生长性能，提高肠道中乳酸菌含量，降低大肠杆菌含量，促进免疫器官发育和免疫球蛋白分泌
AA 肉鸡	复合益生素（芽孢杆菌和乳酸杆菌）	—	1～42d	—	一定程度上提高生长性能、屠宰性能、肠道酶活和免疫器官指数
AA 肉鸡	复合益生素（酵母菌和乳菌，比例为 1∶2，总菌数约 1 亿 cfu/g）	饲料中添加量为 1%	1～42d	—	促进免疫器官发育；提高体液免疫和细胞免疫功能
AA 肉鸡	复合益生素（植物乳杆菌、双歧菌和枯草芽孢杆菌，其活菌总数不低于 5×10^8cfu / g）	饲料中添加量为 0.1%，0.2%或 0.4%	1～42d	—	提高生长性能、增强机体免疫力
AA 肉鸡	复合益生素（乳酸菌和芽孢菌，每种菌活菌数≥ 5×10^8cfu/g）与酸化剂（柠檬酸含量占 50%）配伍	饲料中添加量为 0.05%或 0.1%	1～45d	—	提高生长性能，改善消化道内环境
AA 肉鸡	益生素与酶的配伍（枯草芽孢杆菌、淀粉酶、蛋白酶）	饲料中添加量为 0.05%	1～42d	—	缓解 LPS 对肉仔鸡增重的负面影响和肝脏损伤，促进免疫器官发育
AA 肉鸡	益生素与甘露寡糖、海带多糖配伍添加剂	甘露寡糖 150mg/kg，海带多糖 150mg/kg，益生素 3×10^5cfu/g	1～42d	—	提高肉鸡的特异性免疫和非特异性免疫，提高机体的抗氧化能力，降低机体组织的受损程度

（续）

家禽种类	益生素组成	添加剂量	饲喂阶段	最佳饲喂方案	应用效果
AA 肉鸡	微囊化唾液乳杆菌	—	1～42d	添加 10^8cfu/kg	改善生长性能，提高抗氧化和免疫性能，改善肠道健康
黄羽肉鸡	益生素发酵棉粕（由酵母菌、芽孢杆菌和乳酸菌混合益生菌发酵棉粕而成）	饲料中添加量为 3%，6%或 9%	14～65d	6%和 9%添加效果较好	促进肠道发育，提高肠道有益菌，减少有害菌，提高免疫力
罗斯 308 肉鸡	复合益生素（枯草芽孢杆菌和地衣芽孢杆菌，总菌数大于 300 亿个/g）	饲料中添加量为 0.07%，0.1%或 0.13%	1～42d	最适添加量 0.13%	提高生长性能，促进肠道发育
罗斯 308 肉公鸡	短小芽孢杆菌	饲料中添加量为 9×10^8cfu/t	1～35d	—	促进肠道发育；提高生长性能
杂交肉鸡	地衣芽孢杆菌	饲料中添加量为 2×10^{10}cfu/g	1～21d 22～35d	全期饲喂，后期作用效果显著	提高生长性能；改善肉鸡肠道环境；提高免疫器官指数
“科宝 500”肉仔鸡	益生素与酸化剂的配伍（由多种有机酸、枯草芽孢杆菌、乳酸杆菌及功能性寡糖组成）	饲料中添加量为 0.1%，0.3%或 0.5%	1～42d	0.3%益生素与酸化剂的配伍添加剂	促进肉鸡蛋白质的沉积，提高抗氧化性能
地方鸡种 S（草科鸡）	戊糖片球菌微胶囊	饲料中添加量为 0.1%	1～42d	—	提高饲料利用率，提高生长性能
雏鸡（文中未标明品种）	鸡源芽孢杆菌（1×10^9cfu/ml）	饲料中添加量为 0.1%	1～15d	—	提高肠道消化酶活性，降低肠道内容物 pH 值，促进有益菌的增殖，抑制有害菌的生长，促进营养物质吸收，提高生长性能
海蓝褐蛋鸡	复合益生素（为枯草芽孢杆菌、地衣芽孢杆菌、酵母菌粉、双歧杆菌、乳酸菌及增效剂等，载体为麦芽粉）	饲料中添加量为 0.05%，0.1%，0.15%或 0.2%	25～31w	添加 0.1%	促进免疫器官发育，提高产蛋性能，
海蓝褐蛋鸡	复合益生素（主要成分为芽孢杆菌、酵母菌、酵母菌及其代谢产物，活菌含量为 15 亿 cfu /g）	饲料中添加量为 0.1%或 0.15%	55～63w	—	提高产蛋性能，提高养分利用率，增加抗应激能力
海蓝褐壳蛋鸡	酶、寡糖、益生素配伍添加剂	—	52～56w	0.1%植酸酶、0.1%复合酶、0.05%寡糖和 0.05%益生素	提高产蛋率、平均蛋重、料蛋比和蛋壳品质

（续）

家禽种类	益生素组成	添加剂量	饲喂阶段	最佳饲喂方案	应用效果
蛋鸡	枯草芽孢杆菌	饲料中添加量为 0.05%或 0.1%	产蛋期	产蛋前期添加0.1%效果较好，产蛋后期添加0.05%效果较好，全期来看，添加0.05%经济效益最好	提高产蛋鸡的采食量、蛋重、产蛋率，降低料蛋比；提高种蛋的受精率、健母雏率、全孵率，降低死胚率
朗德鹅	复合益生素（酿酒酵母菌、纳豆枯草芽孢杆菌、乳酸菌）	饲料中添加量为1%	育肥期	—	提高生长性能；促进肠道发育；提高肥肝重、肝屠比
四川白鹅	复合益生素（主要菌种为枯芽孢杆菌、乳链球菌、啤酒酵母菌，含量分别为 10^9,、10^8、10^8cfu/g）	饲料中添加量为0.2%	0～10w	—	提高生长性能和屠宰性能，提高饲料转化率，降低死亡率
扬州鹅	复合益生素（含菌量 1.2×10^{10} cfu /d，其中乳酸杆菌86.5%，酵母菌12.8%，放线菌 0.2%，光合作用菌0.5%）	饲料中添加量为0.2%	0～30d	—	提高仔鹅日增重，降低料肉比，提高营养物质利用率

此外，表2-22信息表明，猪生产上使用的益生素菌种相对于家禽更加丰富，主要包括乳杆菌、芽孢杆菌、酵母菌、屎肠球菌、两歧双歧杆菌、草分枝杆菌、戊糖片球菌等；复合益生素或配伍益生素使用效果往往优于使用单一益生素；哺乳仔猪多以灌服的方式饲喂。益生素对哺乳仔猪具有良好的应用效果，包括提高生长性能、降低腹泻率、提高抗氧化能力。益生素在断奶仔猪上应用，可以降低腹泻率、改善肠道菌群、提高养分利用率、提高免疫力、提高生长性能。在生长猪上使用益生素，可以提高其生长性能和养分消化率，减少粪中氮、磷排放，提高其免疫力。益生素还可提高育肥猪的生长性能和饲料利用率、提高肌肉品质和肌肉抗氧化水平。

表2-22　益生素在猪生产中的作用

猪	益生素组成	添加剂量	饲喂时间	最佳饲喂方案	应用效果
哺乳仔猪	德氏乳杆菌（利用无菌生理盐水稀释成菌液，活菌数≥5×10^8 cfu / mL）	—	在仔猪1（吃初乳前）、4、8、15d分别灌服1、2、3、4ml德氏杆菌菌液	—	改善生长性能、提高免疫力和抗氧化能力

（续）

猪	益生素组成	添加剂量	饲喂时间	最佳饲喂方案	应用效果
哺乳仔猪（杜长大三元杂交）	枯草芽孢杆菌（活菌量为 2×10^{10} cfu/g）与酵母细胞壁多糖（甘露寡糖和β葡萄糖）的配伍	—	仔猪在出生的第2d、7d和14d，分别灌服酵母细胞壁多糖 0.02g/头或0.04g/头，枯草芽孢杆菌 0.01g/头或0.02g/头	哺乳期第 2、7和 14 天，分别灌服酵母壁多糖0.04g，枯草芽孢杆菌0.02g	提高生长性能，降低腹泻率，配伍使用效果优于单一使用
断奶仔猪（杜长大三元杂交）	鼠李糖乳杆菌（5×10^{8} cfu/ml-6×10^{8} cfu/ml）	—	初乳前 2ml/头，之后每隔 2d1 次，2ml/头，断奶前共3次，25d断奶	—	促进肠道微生态平衡，增强肠道屏障功能，减少腹泻（TLR 信号通路）
断奶仔猪（杜长大三元杂交）	加酶益生素	饲料中添加量为 0.1%	35～65d	—	提高日增重和饲料利用率，降低饲养成本
断奶仔猪（杜长大三元杂交）	芽孢杆菌或乳酸杆菌	饲料中活菌数≥10^{6} cfu/g	28～61d	—	均可改善肠道微生物区系，促进蛋白质的消化
断奶仔猪（杜长大三元杂交）	乳酸杆菌	饲料中添加量为 0.1%	体重达到 7.1kg后饲喂 37d	—	改善仔猪肠道菌群
断奶仔猪（杜长大三元杂交）	丁酸梭状芽孢杆菌	饲料中添加量为8×10^{7} cfu/kg	21～70d	—	降低肠道 pH，提高肠道内有益菌含量，降低有害菌含量
断奶仔猪（杜长大三元杂交）	复合益生素（含乳酸菌、地衣芽孢杆菌和酵母菌，产品有效活菌含量为 100 亿个 /g）	饲料中添加量为 0.02%	28～60d	—	提高养分利用率，改善生长性能
断奶仔猪（杜长大三元杂交）	复合益生素（蜡样芽孢杆菌与短乳杆菌按1∶1 比例混合使用，有效活菌数≥1×10^{9} cfu/g）	文中未说明	30～60d	—	促生长和降低腹泻率
断奶仔猪（杜长大三元杂交）	复合益生素（啤酒酵母菌、光合菌、乳酸杆菌、粪链球菌和蜡样芽孢杆菌等，总活菌数为 1.4×10^{10}亿个/g）	饲料中添加量为 0.1%	24～54d	—	提高生长性能、降低腹泻率、提高免疫力

（续）

猪	益生素组成	添加剂量	饲喂时间	最佳饲喂方案	应用效果
断奶仔猪（杜长大三元杂交）	复合益生素（枯草芽孢感、酵母菌和植物乳酸菌）发酵而成的液体饲料	完全替代粉料和颗粒料使用	体重达到7.1kg后饲喂35d	—	降低料重比，提高日增重，降低腹泻率，促进肠道微生态平衡
断奶仔猪（杜长大三元杂交）	枯草芽孢杆菌（活菌量为2×10^{10}cfu/g）与酵母细胞壁多糖（甘露寡糖和β葡萄糖）的配伍	饲料中添加量为0.1%或0.2%酵母细胞壁多糖和0.05%或0.1%枯草芽孢杆菌	25d断奶后饲喂至少10d（具体几天，文中未说明）	—	提高生长性能，降低腹泻率，配伍使用效果优于单一使用
断奶仔猪（杜长大三元杂交）	复合益生素（两歧双歧杆菌唾液乳杆菌含量为1.98×10^{8}cfu/g）和苦豆籽粕配伍	饲料中添加量为0.5%，1%或2%	21～49d	饲料中添加2%效果最优	降低肠道pH，提高小肠消化酶活性
断奶仔猪（杜长大三元杂交）	屎肠球菌	饲料中添加量为0.01%，0.03%或0.05%	35～70d	饲料中添加0.05%效果最佳	促生长、改善肠道微生态平衡、提高养分利用率、提高免疫力
断奶仔猪（定远黑）	复合益生素（由乳酸菌、芽孢杆菌、酵母锌、酵母硒等组成，活菌总数大于5×10^{8}cfu/g）	饲料中添加量为0.2%	断奶后1～7w	—	降低料重比，降低大肠杆菌含量，增加乳酸杆菌含量
生长猪（杜长大三元杂交）	复合益生素（主要含乳酸杆菌、芽孢杆菌和酵母菌，活菌总数大于2×10^{8}cfu/g）	饲料中添加量为0.5%	体重达到29kg后饲喂35d	—	提高生长性能和养分消化率，减少粪中氮、磷排放，增强免疫力
育肥猪（长白×沙子岭二元杂交）	复合益生素（草分枝杆菌、保加利亚乳杆菌）与糖萜素配伍	饲料中添加量为0.4%	体重达65kg开始饲喂60d	—	提高日增重和饲料利用率，对肉质有一定的改良作用
育肥猪（长沙二元杂交猪）	复合益生素（包括草分枝杆菌、保加利亚杆菌和糖萜素等）	饲料中添加量为0.4%	65kg开始饲喂60d	—	改善肉质
育肥猪（杜长大三元杂交）	复合乳酸菌（植物乳杆菌和戊糖片球菌，活菌总浓度≥1×10^{9} cfu/ml）	每天50ml，100ml或150ml	30kg-100kg-	每天100ml效果最佳	提高生长性能、胴体性状、肌肉品质和肌肉抗氧化水平

3. 益生素在反刍动物生产中的应用 将2013年国内有关益生素在反刍动物生产中的应用研究报告，从动物品种、益生素组成、添加剂量、最佳饲喂方案和应用效果等方面总结如表2-23。

从表2-22可以看出，2013年反刍动物中使用的益生素主要为复合益生素；在奶牛上的作用效果主要是提高其产奶性能和乳品质；在肉牛上是提高其免疫力、促进瘤胃发酵；在羔羊上是提高其对养分的利用率，促进肠道营养物质的消化吸收；在育肥羊上的作用为改善瘤胃内环境、降低腹泻率、增加采食量、提高饲料利用率和日增重、缩短育肥周期。

周晗等（2013）采用SWOT分析方法，从优势、劣势、机遇、威胁四个方面分析了益生素作为奶牛泌乳调节剂的研发前景，一方面肯定了益生素的诸多优点，包括补充有益菌，调节奶牛的微生态平衡、提供营养素、提高机体免疫功能、改善环境卫生和提高动物生产性能等方面的作用；另一方面也提出了益生素作为奶牛泌乳调节剂的劣势，包括菌种保存问题、产品标准问题、营养素结构改变、发酵饲料效果不稳定以及微生物发酵饲料使用的安全问题等。

表2-23 益生素在反刍动物生产中的应用

反刍动物	益生素组成	添加剂量	饲喂时间	最佳饲喂方案	应用效果
泌乳奶牛（荷斯坦）	益生素（枯草芽孢杆菌、啤酒酵母菌和植物乳酸菌，活菌总数大于 1.5×10^9 cfu/g）与有机酸配伍	在预混料中使用，文中未表明添加量	泌乳～90d	—	提高产奶性能、改善乳品质
泌乳奶牛（西门塔尔和本地黄牛杂交）	文中未提及	每天添加50g，100g或150g	40d	每天饲喂100g为宜	增加产奶量
肉牛（西杂牛）	益生素发酵饲料（以玉米黄浆液、喷浆玉米纤维、麦麸为底物，添加乳酸菌、枯草芽孢杆菌、酵母菌发酵而成，活性酵母菌大于 4.4×10^7 个/g，芽孢杆菌大于 3.2×10^7 个/g，乳酸菌大于 2.0×10^5 个/g）	全部替代精料补充料使用	58d	—	提高免疫力
锦江黄牛	复合益生素（由产乳酸类肠球菌、酵母菌和芽孢杆菌按一定比例和工艺而成）	基础日粮中添加量为0.02%	—	以酵母菌为主，加适量的乳酸类肠球菌、芽孢杆菌，对瘤胃发酵作用最佳	促进瘤胃发酵
断奶羔羊（小尾寒羊）	产酶益生素（含有枯草芽孢杆菌、地衣芽孢杆菌、乳酸菌、酵母菌和丁酸梭菌等，活菌总数≥1×10^9 cfu/g）	基础日粮中添加量为0.3%	40～120d	—	提高饲料分利用率、促进肠道营养物质的消化吸收
育肥羊（波尔山羊和本地槐山羊的杂交样）	产酶益生素（主要成分为高酶活枯草芽孢杆菌、乳酸菌、酵母菌）	每只2g/d拌料	25d	—	改善瘤胃内环境，降低腹泻率，增加采食量，提高饲料利用率和日增重，缩短育肥周期

4. 益生素在水产生产上的应用 益生素在水产动物养殖上可作为免疫增强剂和促生长剂。李敬伟等（2013）在草鱼饲料中使用壳聚糖、黄芪多糖与益生素（含有乳酸型、地衣芽孢杆菌和枯草芽孢杆菌制成的高效复合微生态制剂）等配比使用的免疫增强剂，发现可以促进草鱼的生长、提高其成活率和增强其非特异性免疫。张德瑞等（2013）研究发现，鱼饲料中添加乳制品-酵母益生素可以提高星斑川鲽鱼的生长性能、饲料利用率、消化酶的活性及非特异性免疫。刘小玲（2013）在饲料中添加噬酸乳酸菌发现，噬酸乳酸菌可在一定程度上促进吉福罗非鱼的生长，提高 SOD 和 AKP 活性，降低肠道中细菌总数，抑制大肠杆菌生长。

任华等（2013）认为，益生素在水产中的使用效果包括，维持正常菌系的微生态平衡、竞争抑制及生物夺氧、屏障作用、促生长作用、增强机体免疫力、生物降解作用、食物链理论。此外，将益生素用于鲟鱼工厂化养殖还可以降低养殖水体中有毒物质的含量、改善水质环境；提高养殖鲟鱼的机体免疫力、减少鱼病发生几率；促进鲟鱼快速生长；调节鲟鱼体内微生态平衡。

5. 益生素在特种经济动物养殖中的应用 有关益生素在特种经济动物养殖中的研究，涉及的动物主要有水貂、獭兔、鹌鹑等。荆祎等（2013）在饲料中分别添加貂源植物乳酸菌和饲用活性干酵母（每只水貂每日添加量为 5×10^{9} CFU），发现饲料中添加植物乳杆菌能有效提高水貂日增重，降低尿氮含量，提高净蛋白质利用率，降低血清胆固醇含量；酵母菌可提高水貂对脂肪的消化率，降低其血液胆固醇含量。肖世兰等（2013）研究发现添加适量的益生素（地衣芽孢杆菌 50%，枯草芽孢杆菌 50%，活性为 200×10^{8} cfu/g）能够提高断奶獭兔平均日增重、营养物质表观消化率，降低腹泻率，且益生素最佳添加水平为 0.25g/kg。柴玉龙（2013）通过獭兔饲喂试验表明，饲料中添加 0.1%的地衣芽孢杆菌 Tu-1 菌剂能调节獭兔肠道微生态，防治腹泻，提高饲料转化率。陈碧娇等（2013）研究发现，在幼兔饲料中添加保生素（含有枯草芽孢杆菌和地衣芽孢杆菌）可提高其采食量、平均日增重和饲料转化率。孙宝丽等（2013）研究发现，为仔兔添加益生菌制剂（果寡糖、低聚木糖、乳酸菌、酵母菌、芽孢杆菌、放线菌、光合细菌等多种有益微生物及其代谢产物组成，有效活菌数≥30 亿/mL），有利于提高其生长速度、降低料肉比、发病率和死亡率，提高经济效益。李丽（2013）研究发现益生素能明显提高鹌鹑产蛋率，增加蛋壳厚度，降低料蛋比、蛋破损率和病死率，提高鹌鹑的生长性能和产蛋品质，且添加益生素可明显降低鹌鹑空肠中大肠杆菌和沙门菌的数量，显著增加乳酸杆菌的数量。

四、小结与展望

2013 年我国对益生素的研究在菌种筛选、保存和饲喂方法的基础上，探讨饲喂效果评价，相关研究和应用涉及了家禽、猪、反刍动物、水产与特种经济动物多种动物，研究已不仅仅局限于单一益生素，而是加大了对产酶益生素、复合益生素和配伍益生素等方面的研究。

尽管目前有关益生素的报道大多集中在研究应用优势上，但理性使用益生素的探讨已经开始，对益生素作用机理研究还有待进一步深入，且需营养学、微生态学、动物生理生化及分子生物学等多学科的协同研究，以推动益生素的科学应用。

（董丽　王恬）

寡糖

寡糖在食品、饲料、农业中的应用已有几十年的历史，关于寡糖的应用研究也取得了诸多进展。寡糖及其衍生物是一类重要的生物活性物质，能促进双歧杆菌生长，激活植物的自我防卫系统，还具有抗菌、抗病毒、抗肿瘤等作用。食品安全问题已经成为当今畜牧业发展必须考虑的问题，同时，养殖业中抗生素产品在饲料中的禁用，也使得寡糖作为绿色添加剂替代抗生素的研究逐渐成为热点。

一、寡糖的分类

到目前为止已发现的寡糖有上千种，由不同的五碳糖和六碳糖通过糖苷键连接形成。科学界对“寡”的数目并没有严格的规定，Jhone（1959）建议将 9 个以下的单糖残基低聚物称为寡糖，而现在普遍接受的定义是 2～10 个单糖通过糖苷键相连形成的低聚糖称之为寡糖。

寡糖按照不同组成、分子特性、可消化性及来源等的不同可有以下几种分类方法：①根据寡糖的单糖组成可分为同寡糖和杂寡糖；②根据寡糖分子中是否存在游离的半缩醛羟基，分为还原性寡糖和非还原性寡糖；③根据生物学功能可分为普通寡糖和功能性寡糖，前者可被机体消化吸收，产生能量，后者具有特殊的生理学功能但不被肠道吸收；④根据来源不同，可分为自然寡糖和合成寡糖等。自然寡糖类物质的分布广泛，多数植物的根茎、果实和种子中均含量丰富（王照波等，王江浪等）。现在研究较多的是功能性寡糖，通过不同寡糖的特殊作用机理，提高动物机体的免疫机能，从而改善动物生产性能。农业部颁布的《饲料添加剂品种目录（2013）》允许使用的寡糖包括低聚木糖、低聚壳寡糖、半乳甘露寡糖、果寡糖、甘露寡糖、低聚半乳糖及壳寡糖。

二、寡糖的作用机理

自寡糖的功能被发现以来就得到了广泛的应用，但是对其功能机理的研究还没有完全清楚，需要进一步的研究。现在已经明确的寡糖的作用机理包括以下几个方面。

1. 调控消化道菌群平衡 不同寡糖对消化道菌群的影响机理不同。如木寡糖不会在胃肠道上段被消化酶水解，而会在消化道后段被肠道微生物发酵（Cummings 等，2001）。木寡糖在肠道内经有益微生物发酵后的主要产物为乳酸、乙酸、丙酸等短链脂肪酸（SCFA）和 CO2 等气体（Okazaki 等，1990；Gibson 等，2000）。这些发酵产生的 SCFA 能为有益菌提供能源物质，促进有益菌增殖，形成益生菌生物屏障，增强有益菌对病原菌的拮抗能力。而甘露寡糖除以上作用外，还可通过对病原微生物的识别、粘附和排除作用来调节非免疫防御系统。许多病原菌的细胞表面含有键合碳水化合物的蛋白质，即外源凝集素，细菌通过这些凝集素与消化道的低聚糖结构的变体结合，如果外源添加甘露寡糖，则可以与肠黏膜上皮细胞中含甘露糖的受体结合，竞争病原微生物，避免病原菌在肠道附着。而低聚壳聚糖则能在革兰氏阴性菌的细胞膜表面形成一层高分子膜，阻止营养物质向细胞内运输，或者直接破坏细菌细胞壁，使细胞细胞内酶外泄，干扰细菌代谢，从而起到抑菌杀菌作用。

2. 改变消化道形态结构 有些寡糖可为宿主细胞提供养分，从而改变消化道形态和结构。木寡糖被肠道微生物降解后的产物 SCFA 是一种有益于宿主肠道健康的物质（Buddington 等，2001），其中丁酸盐被结肠上皮细胞作为首选的能量来源和原料，可以促进结肠上皮细胞的增殖（Roediger，1982；Sakata，1987）。同时木寡糖在肠道内的发酵速度较慢（Smiricky-Tjardes 等，2003），并且持续时间较长，使木寡糖通过消化道的时间相对较长，肠道内容物因此在肠道内长时间停留，从而导致动物肠道组织变厚增生，重量增加，肠壁黏膜变薄，有利于营养物质的吸收。

3. 调节免疫防御系统 动物免疫防御系统分为非特异性免疫系统和特异性免疫系统。非特异性免疫是阻止病原菌侵入机体的第一道防线，在非特异免疫反应初期，巨噬细胞在吞噬抗原和杀死入侵微生物过程中起着重要作用。甘露寡糖抗原通过与肠绒毛免疫细胞表面蛋白质受体相互作用或通过干预存在于淋巴结和黏膜固有层记忆细胞上的信号系统进行免疫调节。

壳寡糖进入人体后，形成阳离子基团，与人体细胞有亲和性，能够通过细胞免疫、体液免疫和非特异性免疫等多条途径全面提高人体免疫力。同时，壳寡糖可直接作用于人体中枢免疫器官造血干细胞，使免疫细胞在分化过程中数量增加、质量提高，从根本上调节人体的免疫功能。

4. 调控养分消化代谢 血液中的尿素是盲肠微生物蛋白质合成最主要的氮源，血液中的尿素转移到动物肠腔中以后被微生物的脲酶水解成为氨而用于其自身蛋白质的合成（Mortensen，1992；Levrat 等，1993）。而微生物对进入肠腔中的血液尿素的大量利用又形成了肠壁血管与肠腔间尿素的浓度差，在渗透效应的作用下血液中的尿素大量向结肠末端和大肠中转移（Younes 等，1995）。由于木寡糖能大量促进动物肠道微生物的增殖，使微生物对尿素需求量的大量增加，从而导致动物血浆尿素氮浓度降低，进而使尿中氮排泄量减少。另一方面，由于最终所有的微生物蛋白都要经粪便排出动物体外，因此这就造成了动物粪氮的增加。木寡糖调控脂肪代谢的机理可能与其增殖肠道有益菌有关，但具体的调控机理并不清楚。

5. 保健机理 很多寡糖能调节机体免疫机能，有防癌、抑制癌细胞转移、调节血脂和血压的功能。这些功能与寡糖的吸附性、不可消化性、调节机体免疫机能是紧密联系的。而壳寡糖与其他寡糖相比，又具有很多特殊功能，因而在保健食品中的应用较为广泛。

壳寡糖是带正电荷的膳食纤维，而癌细胞表面的糖链都是带负电荷的，壳寡糖会在癌细胞表面形成密集的包裹体，并且吸附癌细胞。癌细胞转移的通道是血管，只有在酸性条件下，癌细胞才能与血管壁上的特异分子结合，转移到身体其他器官。而壳寡糖有着比癌细胞更强的附着作用，还可改变癌细胞需要的酸性环境，减少其向周围释放各种酶，避免对周围细胞的腐蚀和催化。另外壳寡糖对血脂的调节作用主要使其可促进脂肪的分解，使血管中的脂肪量降低；壳寡糖的特异性吸附作用也可促使有毒有害物质尽可能多的排出体外。

三、寡糖的应用研究

1. 在养殖业中的应用 寡糖在畜禽和水产以及宠物饲料中的使用越来越广泛，这和寡糖的独特功能息息相关，主要是功能性寡糖均可以调节动物消化道菌群平衡，提高动物的免疫机能，从而改善动物的生产性能。

（1）在猪上的应用。徐露蓉等（2013）在生长猪基础饲料中分别添加了 0.1%、0.2%和 0.3%纤维寡糖，试验 42d 后发现，添加 0.2%纤维寡糖使生长猪平均日增重提高7.51%、料重比降低5.93%、结肠中双歧杆菌和乳酸杆菌数量增加，但0.3%组与0.2%组生产性能差异不显著。

杭苏琴等用果寡糖代替1%的对照组开食料（按照干物质折算），试验期为7～23日龄（23日龄断奶），发现果寡糖组仔猪小肠绒毛高度、绒毛高度与隐窝深度之比均高于对照组；胰腺和十二指肠中淀粉酶活性显著提高；肠道内容物的挥发性脂肪酸浓度和乳酸杆菌菌群的相似性和多样性均提高，同时降低了胃中乳酸浓度，这些均有利于仔猪平稳度过断奶期。

（2）在禽上的应用。冷智贤等研究了低聚木糖（XOS）和低聚壳聚糖（COS）及其复合制剂对肉鸡生产性能、免疫机能和盲肠菌群的影响。结果发现，XOS和COS能改善肉鸡生产性能，低聚木糖组及复合制剂组显著提高了21和42日龄肉鸡体重及1～21日龄肉鸡日增重，提高机体免疫功能；复合制剂组改善了14和28日龄肉鸡胸腺指数和十二指肠、空肠黏膜IgG含量，改善了肉鸡微生物区系，且XOS与COS低剂量复合添加优于单一寡糖，两者具有协同效应，并且在试验条件下，50 mg/kg XOS+10 mg/kg COS复合效果最佳。

许尧研究发现肉仔鸡饲料中添加0.05%甘露寡糖对粗蛋白的表观消化率产生显著影响，但对干物质、有机物、钙、磷的表观代谢率没影响。

赵峰等试验表明添加不同水平果寡糖可显著提高广西黄羽肉种鸡产蛋率、蛋均重、料蛋比、种蛋合格率、合格种蛋受精率和孵化率；同时血清中胆固醇和甘油三酯含量降低，饲料养分的表观代谢率提高。

（3）在水产上的应用。强俊等（2009）在奥尼罗非鱼幼鱼的饲料中添加0.03%低聚木糖，提高了幼鱼的消化酶活性和饲料转化率，促进奥尼罗非鱼幼鱼的生长，但对鱼体的营养成分没有影响。

谭崇桂等（2013）报道了饲料中添加0.4%甘露寡糖可提高凡纳滨对虾增重率12.78%（$P<0.05$），降低饵料系数0.09（$P<0.05$）；在血清非特异性免疫方面，寡糖可提高血清酚氧化酶、超氧化物歧化酶、溶菌酶、碱性磷酸酶、胃蛋白酶、肝胰脏脂肪酶活性（$P<0.05$）。

袁春营等探讨了低聚壳聚糖对中华绒螯蟹免疫功能的影响，在蟹饲料中添加低聚壳聚糖后能显著提高河蟹呼吸爆发活性，同时提高血清酚氧化酶、超氧化物歧化酶、溶菌酶和过氧化氢酶的活性，并且低聚壳聚糖的适宜添加量为0.2‰。

韩丽蓉等在仿刺参饲料中添加了壳寡糖后，刺参体腔细胞的呼吸爆发活力显著提高，添加0.5%的壳寡糖可显著提高刺参体腔细胞的一氧化氮合酶活性，降低细胞内酸性磷酸酶活性。王际英等研究了半乳甘露寡糖对刺参生长、消化、体壁营养组成及免疫力的影响，发现不同浓度半乳甘露寡糖可提高幼参增重率和特定生长率，对体壁及体腔液超氧化物歧化酶、碱性磷酸酶及溶菌酶活性具有显著影响，同时对体腔细胞的溶菌酶活性也有显著影响。

（4）在反刍动物上的应用。潘柯等（2013）研究了复合功能性寡糖对瘤胃微生物体外发酵特性的影响，发现在以稻草为主要粗饲料的日粮中，添加复合功能性寡糖可提高瘤胃内氨氮的利用率，减少氮的浪费，改善瘤胃的发酵特性，但改善状况受寡糖种类及添加水平的影响；在试验条件下，0.8%甘露寡糖+1.2%果寡糖+1.0%大豆寡糖组合对提高瘤胃发酵功能的效果最好。

胡静等发现崂山奶山羊饲料中添加果寡糖的产奶量显著提高，血清免疫球蛋白G、免疫球蛋白M、免疫球蛋白G的含量均显著提高（$P<0.05$），但对乳品质无显著影响。

2. 在农作物上的应用 为防治植物病虫害，从最初的简单无机物农药到现在高效、低毒的氯氰菊酯类农药的使用，虽然取得了有效的成果，但是生态环境的破坏和污染日益严重。而寡糖既可自身抑菌抗病，又可作为诱导子诱导植物体提高抗病性，与此同时还可作为营养成分调节作物生长发育，从而提高农作物的产量及商品性状。许多报道显示，寡糖类物质对多种真菌性病害均有很好的防治作用。研究发现特定浓度壳寡糖液对烟草花叶病毒（TMV）有明显的钝化作用，关于壳寡糖等对农作物的诱导抗病作用和生长条件作用的研究也有报道（杨普云等，2013；刘天赵等，2013；黄小妹和卢行尚）。李堆淑和胡景江（2013）将3种寡糖分别诱导48h后接种杨树溃疡病菌，毛白杨愈伤组织中丙二醛（MDA）含量先略有升高，后缓慢下降，在接种60h急剧升高；愈伤组织中羟脯氨酸糖蛋白及绿原酸含量均增加，说明寡糖可提升毛白杨的抗病性。

寡糖农药具有环境相容性好（环境中易分解，无残留影响，对环境和生态平衡无不良影响）、超高效、安全性好、不会引起抗药性反应等优点。此外寡糖还可用作肥料，如N-乙酰几丁寡糖和壳聚几丁寡糖具有抗菌、抑菌效果，用该类寡糖做的肥料不利于土壤中病菌和细菌的生长，从而有利于作物的生长发育。

3. 寡糖在医疗保健上的应用

（1）降血糖、血脂作用。寡糖降血糖、血脂的生物活性已成为研发的新方向。据报道，地黄寡糖具有降低ALX糖尿病大鼠血糖、增加血清胰岛素浓度及肝糖原含量的作用，昆布寡糖对2型糖尿病大鼠具有明显的治疗作用。试验发现，5～10 ku的甲壳低聚糖对油脂、脱氧胆酸钠、牛磺胆酸钠和胆固醇的吸附率分别为5.3%、90.0%、71.1%和87.5%。

(2) 提高免疫能力。寡糖可通过多种途径提高生物体免疫力，如促进细胞免疫和体液免疫。据报道，甘露寡糖能够提高大西洋鲇嗜中性粒细胞的吞噬活性，对环磷酰胺制造的免疫低下小鼠也有较好的提高免疫力功效。此外，许多寡糖还具有增强造血功能、抗肿瘤、抗抑郁、治疗心血管疾病的功效。

4. 寡糖在果蔬保鲜方面的应用 寡糖类物质在果蔬保鲜上的应用近几年屡见不鲜，其主要的作用机理有以下几点：①在果蔬外形成半透膜，减少蒸腾作用造成的水分损失；②起到类似于气调包装的效果，维持较高的CO_2、较低的O_2和乙烯浓度；③阻止存储果蔬期间糖分和含酸量的下降；④降低存储期间果实的脂氧合酶（LDX）的活力，防止细胞的脂膜过氧化及内容物的渗漏；⑤通过提高果蔬中超氧化物歧化酶（SOD）的活力，延缓细胞衰老；⑥通过诱导一系列防御反应机制阻碍病原菌侵袭，如堵塞皮孔、产生植保素、果实细胞壁加厚等。

5. 寡糖在食品加工方面的应用 某些寡糖具有低甜度，较好的水活性、保湿性、稳定性以及黏度等特点，已被广泛应用于食品和饮料加工。研究表明添加大豆低聚糖可延长点心面包的保质期。在传统酸菜腌渍过程中添加壳寡糖可以有效抑制发酵初期腐败菌的生长并且还能提高酸菜的感官质量。此外，寡糖类物质也多被应用于乳品、新鲜奶酪及保健饮料中。

四、寡糖的国内外现状

美国、日本、欧盟等国家非常重视寡糖产品的研发，日本在寡糖的开发应用方面更是走在了世界的前列，在1991年实施了“糖工程前沿计划”之后，寡糖年产量近4万t。1994年，欧盟启动了“欧洲糖研究开发平台”，研究天然多糖、有机原材料糖、分子识别过程中的糖聚合物、动物来源的糖聚合物、微生物来源的糖聚合物。在过去十年里，亚洲的商品寡糖产量一直在增加，日本的寡糖年产量已10万t以上，欧洲年产量数百万吨，美洲、非洲和其他各洲寡糖产量也猛增。

1. 壳寡糖 早在400年前，《本草纲目》中就有螃蟹壳应用的记载，这是甲壳素最早的应用记录。1811年，法国学者布拉克诺发现甲壳素。1894年，德国人Aoppe-Seuler将甲壳素的降解物命名为壳聚糖。直到20世纪70年代，日本为解决广岛、长崎的核污染问题，开始了大规模的研究应用，引领了世界范围的甲壳素研究热潮。我国于1952年开始研究壳寡糖，20世纪90年代是研究的全盛时期。自壳寡糖研究课题相继列入国家“九五”、“十五”、“十一五”、“十二五”科技攻关项目和“863”计划以来，我国的壳寡糖生物制备技术、生物功能开发水平不断提高，在壳寡糖研究领域的科研成果达到和保持着国际先进水平，壳寡糖产业也从无到有，从小到大。目前，从事相关产品研发推广的企业已达二十多家。

与国际壳寡糖产业的发展规模相比，我国的壳寡糖产业还有较大差距。在国际上，壳寡糖产业已经发展成为一个重要的生物技术产业，市场化品种几十种，正在研发的品种有近百种，年产量多达10万t，并催生了300多亿美元的功能食品市场及100多亿美元的功能饲料市场，而且每年仍以10%的速度增长。2008年我国壳寡糖产量达到580t，2009年我国壳寡糖产量达到637t，同比增长9.83%。截至2010年，我国壳寡糖产量达到681t。2009年我国壳寡糖消费量达到了582t，同比增长11.49%。截止到2010年，我国壳寡糖消费量达到634t。2010年，我国壳寡糖市场规模达到3.81亿元。对于中国而言，壳寡糖研究领域的技术优势是明显的，如何将科技成果转化为产品并加大产品的推广力度，以及迅速扩大产业规模是今后发展的主要问题。

2. 果寡糖 低聚果糖最初由日本研制成功并工业化生产，韩国、中国台湾也有厂家生产。仅日本需求量即达到4万～5万t/y，在欧美许多发达国家对该产品的需求量约为20万～30万t。现在日本已有6家公司生产低聚果糖，开发低聚果糖的竞争非常激烈。目前，日本低聚果糖产量已达了33 300t，市场价格约3 000美元/t，市场规模超过4亿美元，应用范围多达200种食品。除以上的国家和地区外，还有其他生产低聚果糖的厂家，其中有些是利用日本技术生产的，如韩国三星集团的第一制糖厂及与明治制果公司协作的葡萄糖厂、台湾信诚贸易公司也与明治制果公司协作生产销售此种产品。此外，还有台湾糖业公司产品发展部Pull食品分公司生产商品名为TSC Oil-go50的低聚果糖产品。

以菊苣为原料制取的低聚果糖成为欧洲产量最大的功能性低聚糖。2007年，美国市场菊粉和低聚果糖7.6万t，西欧菊粉和低聚果糖8.1万t；到2012年将分别增长10%和12%。比利时Orafti是欧洲最大的菊粉和低聚果糖公司。COSUCRA公司在比利时和法国的菊粉和低聚果糖产能4.5万t。法国Beghin用蔗糖制取低聚果糖及其制品。法国Leroux公司年生产菊粉、低聚果糖以及用菊粉和低聚果糖加工的各种食品总计2万t。

国内研究、开发、生产刚起步，以低聚异麦芽糖为主。国内生产出的产品供不应求，使用单位原料主要从国外进口。其中，广东江门量子高科生物有限公司是目前国内低聚果糖产能最大的公司，其年生产能力达到1万t，其FOS市场份额占到约67%；云南天元健康食品有限责任公司年产能 3 000t；张家港梁丰 1 000t。目前，国内生产的低聚果糖大部分出口到国外，国内食品企业真正把低聚果糖作为基料或食品添加剂进行商业化应用的实例，屈指可数。

3. 低聚木糖 日本 SUNTORY 公司 1989 年将低聚木糖研制成功并推向市场；2003 年，低聚木糖被批准为保健品食品之一。我国 2000 年将低聚木糖研制成功，2002 年被卫生部批准为新资源食品；2007 年被国家公众营养与发展中心批准推荐为“营养健康倡导产品”。

日本市场上销售的低聚木糖产品是 SUNTORY 公司酶法生产的。在我国，山东龙力生物科技股份有限公司是低聚木糖最大的生产厂家，其产品规格有 95%低聚木糖（糖浆、粉末），70%低聚木糖（糖浆、粉末），35%低聚木糖粉末，20%低聚木糖粉末等。经调查统计，2009 年低聚木糖全球市场容量约在 1.5 万 t，且增长速度较快。目前，全球低聚木糖产能仅为 5 000 余 t，市场缺口很大。低聚木糖市场情况如表 2-24 所示。

表 2-24 低聚木糖市场情况

单位：t、%

生产厂家	日本三得利	山东龙力	丰原中科	江苏康维	合计
产能	700	4 000	500	350	5 550
产量	600	2 700	300	300	3 900
市场份额	15.4%	69.3%	7.7%	7.7%	100%

4. 甘露寡糖 美国、日本、澳大利亚以及欧洲等国在甘露聚糖酶的开发及甘露寡糖的功能研究与酶法生产技术等方面投入较大，并取得了不少成果。如通过乳酸细菌的甘露聚酶作用于魔芋多糖，芽孢杆菌的甘露聚酶作用于瓜胶，放线菌的甘露聚糖酶作用于复杂半纤维素等，开发出了甘露寡糖，以曲霉的甘露聚糖酶开发了甘露四糖，以甘露糖苷酶开发出了甘露寡糖等等，并有不少相关专利。

五、结论与展望

随着人们对寡糖各方面性质和生理功能的不断认识，寡糖的应用已在食品、医药、农业、工业等领域取得了一些进展。目前，寡糖的作用机理、提取工艺和方法以及实际应用研究较多也较为深入，为寡糖在更广阔的领域中的应用提供了可能性。但是与发达国家相比，我国对于寡糖的研究还处于初级阶段，随着各种自动化分析仪器、现代医学与糖化学研究的紧密结合，寡糖类物质的研究开发具有广阔的前景。

（唐茂妍 陈旭东）

有机酸对猪生长性能及养分消化率的影响

抗生素作为饲料添加剂已经完全在欧盟禁止，抗生素有关替代品的研究正在不断深入。过去，在断奶保育猪饲料中添加抗生素减少断奶应激预防腹泻促进生长等确实有效，但因人们对食品安全及药物残留以及耐药菌株产生的日益关注，寻找安全有效的抗生素替代物已势在必行。而有机酸及其盐在改善断奶猪和肥育猪的生产性能和提高抗病力等方面作为潜在的替代品越来越受到人们的重视。有机酸及其盐可降低胃酸环境 pH，导致蛋白酶活性增强进而可改善氨基酸和蛋白质消化率，此外有机酸可抑制有害菌如大肠杆菌的增殖，而且可在消化道中作为能源物质而被动物吸收利用，本文主要介绍有机酸对猪养分消化率和生产性能方面的影响。

一、断奶及生长肥育猪消化生理特点

断奶阶段，因仔猪易受环境及生理应激，常导致其采食量下降，生长停滞，某些情况下还可引起腹泻发病甚至死亡。饲料由液态转变为固态引起采食量剧烈变化作为断奶之后的主要应激因素（Aumaitre 等，1995），导致仔猪因胃酸分泌不足，不能维持胃中所需较低的 pH，因此消化酶分泌不足，消化吸收能力有限（Cranwell 和 Titchen，1974），同时日粮中较高的缓冲力也抑制了胃蛋白酶的活性，从而影响到仔猪的生长性能。此外，在肥育期，因消化系统紊乱降低生产性能也是时有发生。

二、有机酸改善生长性能及养分消化率的途径

有机酸的作用源于其酸化效应，即通过降低胃肠道中的 pH，保持最佳的消化环境。当胃内容物 pH 为 2.0 时，胃蛋白酶迅速活化，当 pH 提高到 4.0 时，活化速度缓慢。胃蛋白酶适宜的 pH 为 2.0～3.5，当 pH 大于 3.6 时，活性显著降低，当 pH 大于 6.0 时，胃蛋白酶失活。因此，胃内容物 pH 影响饲料蛋白质的消化。早期断奶仔猪消化系统和免疫系统

发育尚不成熟，当仔猪由母乳提供营养转变为饲料提供营养时，仔猪胃内酸度不足，很难达到成年猪胃内的酸度（pH 为 2.0～3.5）水平。因此，添加有机酸不仅可激活胃蛋白酶源，还可直接刺激消化酶的分泌，进而改善动物生产性能。

三、有机酸对生长性能的影响

有机酸具有促生长、改善日粮消化率抵抗疾病的作用，而其效果依赖于所用酸的类型、添加比例、日粮缓冲力和动物日龄大小。在一般情况下，对于仔猪特别是断奶时消化系统尚不成熟的断奶阶段添加有机酸的效果更加明显。

1. 生长阶段 一般来说，仔猪因其消化生理功能尚不健全，在日粮中添加有机酸对生长性能的改善比育肥猪更加明显。据 Partanen 和 Mroz（1999）年研究报道，饲料中添加富马酸通常会较甲酸或柠檬酸有更好的生产性能，而甲酸添加在肥育猪日粮中更加有效。因此，关于甲酸及其盐、柠檬酸和富马酸，对断奶仔猪的生产性能进行研究已有不少报道（表 2-25）。

表 2-25 有机酸或盐对仔猪和生长肥育猪日均增重和饲料转化率的影响

单位：%、g

生长阶段	有机酸	添加量	日增重	料肉比	Reference
仔猪前期	对照组	0	372	1.32	Roth 等，1996
	甲酸	0.85	432	1.20*	
仔猪	对照组	0	580	1.82	
	甲酸	0.85	613	1.83	
仔猪前期	对照组	0	123	2.49	Giesting 等，1991
	富马酸	3	174*	1.85*	
仔猪前期	对照组	0	336	110	Eidelsburger 等，1992b
	富马酸	1.8	323	112	
仔猪	对照组	0	452	178	
	富马酸	1.8	469	1，69	
仔猪	对照组	0	431	1.70	Kirchgessner 等，1995
	山梨酸	1.2	490*	1.63*	
	山梨酸	1.8	523*	1.60*	
	山梨酸	2.4	546*	1.59*	
仔猪	对照组	0	344	2.24	Boling 等，2000
	柠檬酸	1	371	1.98	
	柠檬酸	2	398*	1.9*	
生长猪	对照	0	752	2.25	Overland 等，2000
	甲酸钠/钙	0.85	758	2.24	
	甲酸钾	0.8	797*	2.17*	
肥育猪	对照组	0	1 118	2.65	
	甲酸钠/钙	0.85	1 099	2.71	
	甲酸钾	0.8	1 130	2.68	
肥育猪	对照组	0	860	3.57	Krause 等，1994
	富马酸	2.5	880	3.45	
生长猪	对照组	0	586	3.74	Grela 和 Lipiec，1991
	柠檬酸	2.5	622*	3.52*	
肥育猪	对照组	0	693	4.49	
	柠檬酸	2.5	714	4.39	

注*：代表与对照组相比差异显著（P<0.05）

断奶仔猪日粮中添加甲酸、富马酸、柠檬酸与未添加酸日粮相比，日增重、饲料转化率等显著改善（P＜0.05）。Eckel 等（1992）报道，断奶仔猪日粮中添加 0.6%～1.2%甲酸，可改善日增重达 22%，饲料转化率达 7%。Ravindran 及 Kornegay（1993）研究指出，尽管不同酸制剂之间改善幅度变化较大，而其原因可能与所用酸的添加量、日粮缓冲力以及动物日龄和原有生产性能有关。

2. 有机酸的适口性影响 某些酸如酒石酸和甲酸具有强烈的气味可能导致动物拒食，Eckel 等（1992）报道，当这些酸达到或超过一定添加量时，可导致饲料采食量下降，日增重降低。因此，这些酸的生长促进效果有赖于其对断奶仔猪适口性的影响，需要对某些酸的最低添加水平进行评估以避免这些问题的发生（Best，2000）。有机酸盐无味不影响采食量，也可代替这些有机酸，因而可解决这些适口性问题。

3. 不同的日粮类型 就促生长效果而言，在植物蛋白及谷物饲料中添加酸制剂比添加在以乳制品为基本原料的日粮更佳，这是由于在胃内乳糖经乳酸杆菌的发酵转变为乳酸，并降低了胃内 pH，但由于日粮较高的缓冲力减弱了有机酸的效益。这些性能表现上的差异也受到日粮缓冲力的影响，谷物及其副产物的缓冲力最低。日粮中添加蛋白质和某些矿物质可提高缓冲力而削弱了有机酸降低 pH 的效果。不同的饲料原料缓冲力不同，其中以矿物质原料为最高，动物性原料次之，植物性原料则较低。

Partanen 和 Mroz（1999）研究结果表明，有机酸改善日增重效益方面甲酸及甲酸盐最佳，其次为富马酸，添加丙酸无效果改善（Thacker 等，1992）。Kirchgessner 等（1997）报道，在断奶仔猪进行的研究中，生长期较肥育期有更明显的效果。表 2-24 数据显示，仔猪生长较肥育猪可显著提高日增重和饲料转化率。

四、有机酸对养分消化率的影响

有机酸及其盐对猪生长过程中的养分消化率及生产性能影响被广泛研究（如 Mroz，2000，2002；Overland，2000；Partanen，2001；Canibe，2005）。日粮添加有机酸对生产性能的改善常可归因于蛋白质和总能表观消化率以及氮存留率的提高。

1. 有机酸或盐对断奶仔猪蛋白质和总能消化率的影响研究 对于有机酸或盐如甲酸及甲酸钠、富马酸及富马酸钠、丙酸及丙酸钙对饲料中蛋白质和总能消化率已进行较多研究，其结果见表 2-26。

表 2-26 有机酸或盐对断奶仔猪蛋白质和总能消化率的影响

有机酸	添加量（%）	生长阶段	粗蛋白质		总能	
			D（%）	ΔD	D（%）	ΔD
甲酸						
Eckel 等 1992	0.6	仔猪前期	86.2	+2.2*	88.4	+0.9
	1.2	仔猪前期	86.2	+2.9*	88.4	+1.4
	1.8	仔猪前期	86.2	+3.8*	88.4	+1.9*
	2.4	仔猪前期	86.2	+3.8*	88.4	+2.2*
	0.6	仔猪	87	+1.1	89.3	+0.7
	1.2	仔猪	87	+1.4	89.3	−0.6
	1.8	仔猪	87	+1.2	89.3	+0.4
	2.4	仔猪	87	+2.6*	89.3	+0.5
甲酸钠						
Eidelsburger 等，1992b	1.8	仔猪前期	87.1	3.1*	88.4	1.5*
		仔猪	86.4	0	87.7	0
富马酸						
Gabert 和 Sauer，1995	1.5	仔猪	89.2	−0.2	86.6	−0.2
	3	仔猪	89.2	−0.8	86.6	−0.9
Eidelsburger 等，1992b	1.8	仔猪前期	87.1	+0.4	88.4	+0.6
	1.8	仔猪	86.4	+1.0	87.7	−0.2

（续）

有机酸	添加量（%）	生长阶段	粗蛋白质		总能	
			D（%）	ΔD	D（%）	ΔD
富马酸钠						
Gabert 和 Sauer，1995	1.5	仔猪	89.2	−1.4	86.6	−0.7
丙酸						
Kirchgessner，1982	1	仔猪前期	84.5	+1.5	81.9	+1.4
	2	仔猪前期	84.5	+1.6	81.9	+2.2*
	1	仔猪	83.0	+0.2	81.5	−0.1
	2	仔猪	83.0	+0.5	81.5	+0.7
丙酸钙						
Kirchgessner，1982	1.8	仔猪前期	83.8	+1.6**	81.2	0.3
	1.8	仔猪	81.3	+1.6**	81.3	0.2

注：D（%）为未加酸对照组的消化率，ΔD 为加酸后比对照组改善的百分比，* 表示（$P<0.05$），** 表示 $P<0.1$

2. 有机酸对生长猪蛋白质和总能消化率及氮存留率的影响 有机酸（甲酸、丙酸、丁酸及富马酸）对蛋白质消化率和氮存留率的研究也有报道，其结果见表 2-26。据 Mroz 等（2000）报道，甲酸、丁酸、富马酸对氮的存留率显著提高，其中甲酸提高率可达 4.9%，结果见表 2-27。

表 2-27 有机酸对生长猪蛋白质和总能消化率及氮存留率的影响

有机酸	添加量（%）	粗蛋白质		总能		氮存留率	
		D（%）	ΔD	D（%）	ΔD	R（%）	ΔR
甲酸							
Mroz 等（2000）	1.4	80.6	+1.4	82.2	+0.7	48.3	+4.9*
丁酸							
Mroz 等（2000）	2.7	80.6	+1.4	82.2	+1.6*	48.3	+4*
富马酸							
Mroz 等（2000）	1.8	80.6	−1.0	82.2	+0.7	48.3	+2.9*
丙酸							
Mosenthin（1992）	2	80.2	+2.3	77.9	+1.4	—	—

注：D（%）为未加酸对照组的消化率，ΔD 为加酸后比对照组改善的百分比，R（%）未加酸氮的存留率，ΔR 为加酸后氮的存留率，* 表示（$P<0.05$）

3. 有机酸对断奶仔猪表观回肠氨基酸消化率的影响 Blank 等（1999）报道早期断奶的仔猪饲喂添加富马酸 1%、2%及 3%的日粮，其氨基酸和蛋白质表观回肠消化率均有升高，其中以 2%富马酸添加量提高最多，蛋白质消化率显著提高达 7%，除蛋氨酸，酪氨酸和半胱氨酸外氨基酸的消化率提高 4.9%～12.8%。在高缓冲力的日粮中添加富马酸，蛋白质和氨基酸的消化率有较小改善。Mosenthin 等（1992）报道，生长猪大麦豆粕日粮中添加 2%丙酸对粗蛋白质干物质粗灰分有机物表观回肠消化率无影响，仅对某些必需氨基酸（精氨酸、组氨酸、亮氨酸、缬氨酸、苯丙氨酸）有所改善。

Mroz 等（2000）报道在缓冲力高的生长猪日粮中分别添加 1.4%甲酸、1.8%富马酸或 2.7%丁酸，蛋白质和某些必需氨基酸和非必需氨基酸的表观回肠消化率显著提高，可高达 6%，而对于低缓冲力的日粮，只有精氨酸、异亮氨酸和亮氨酸的表观回肠消化率有显著改善（$P<0.05$）。

4. 有机酸对矿物元素消化率的影响 Kirchgessner 和 Roth（1980，1988）报道，有机酸可以提高小肠中矿物质如 Ca、P、Mg、Zn 的吸收率。甲酸、富马酸和正丁酸可提高生长猪 Ca 和总 P 的表观消化率，在仔猪饲料中添加 2%富马酸可提高 Ca、P、Mg、Zn 的平衡和存留量。除了生长促进效果，有机酸对断奶和肥育猪肠道中菌群的组成及活性影响也引起人们的关注，有机酸的种类不同也可导致肠道微生物菌落数量的变化，Naughton 和 Jensen（2001）、Knarreborg（2002）研究表明，通过添加有机酸可选择性抑制大肠杆菌，而乳酸菌则不会被抑制，这种效果可能与 pH 降低有关。

五、结论

大量文献研究表明，为提高动物生产性能、动物抗病力，有机酸可作为饲料中抗生素的替代添加剂加以应用，尤其在幼龄动物效果更加显著。有机酸对生产性能和消化率改善的程度依赖于所用有机酸的种类及其添加量以及日粮类型和动物因素等。虽然研究结果各不相同，但有机酸均可提高断奶肥育猪蛋白质和氨基酸的消化率，因而可作为饲料抗生素替代物对促进和提高动物生产性能，有关作用机制研究有待进一步深入开展。

（李　祥）

饲料机械制造工业概况

饲料机械制造工业

2013年，我国饲料行业经受了2012年末“速成鸡”及“黄浦江死猪”、人感染H7N9流感疫情等多重影响，生猪、禽肉等主要畜产品消费低迷，饲料总产量出现小幅下滑，同比下降0.6%。随着饲料行业管理有关政策法规相继出台，提高了行业准入门槛，饲料企业总数进一步减少，同比减少1 228家，下降幅度为8.0%。饲料产业在保持稳定发展的同时，集中度更加明显，企业整合速度加快，饲料生产企业规模与模式进一步调整。饲料机械设备的生产与饲料生产形势、行业管理政策、饲料企业数量的变化息息相关，由饲料加工成套机组数量和单机设备数量的变化可以看出，我国饲料生产企业继续加快进行设备改造升级，以满足新的饲料法规对饲料企业生产条件的要求。同时，随着国内饲料机械制造企业国际化进程不断加快，国际饲料行业的发展也影响着中国饲料机械制造工业的发展方向。

一、饲料加工成套机组生产情况

2013年生产饲料加工成套机组1 636套，与2011年、2012年相比都有明显下降，分别减少了238套和270套，下降幅度分别为12.7%和14.2%。其中，时产10t以上的大型饲料加工成套机组1 024套，与2011年、2012年相比稳定增长，分别增加了155套和58套，增长幅度分别为17.8%和6.0%；生产时产10t以下的饲料加工成套机组612套，与2011年、2012年相比下降显著，分别减少了393套和228套，下降幅度分别为39.10%和27.14%。2013年所生产的饲料加工成套机组虽然与2011年、2012年相比下降明显，但主要是中小型成套设备数量大幅下降，大型成套设备数量还是保持了增长势头，主要与《饲料生产企业许可条件》提高了饲料企业的准入门槛有关，也与饲料行业整合速度加快、生产企业两极分化、向大型化规模化方向发展相适应。近3年饲料加工成套机组生产情况见表2-28。

表2-28　饲料加工成套机组产量

单位：套

年度	≥10t/时	<10t/时		合计
		5～10t/时	1～5t/时	
2011	869	300	705	1 874
2012	966	840		1 906
2013	1 024	612		1 636

二、饲料加工机械生产情况

2013年共生产单机设备26 506台，与2012年相比增加1 586台，增长幅度为6.4%，但与2011年相比减少了1 361台，下降幅度为4.9%。粉碎机、混合机、制粒机等三大主机共生产24 331台，与2012年相比略有增长，增加了417台，增长幅度为1.7%，但与2011年相比显著下降，减少了3 413台，下降幅度为12.3%。其中，粉碎机8 783台，与2012年相比增加244台，增长幅度为2.9%，但与2011年相比显著下降，减少了4 862台，下降幅度为35.6%；混合机7 468台，与2011年、2012年相比都有所增加，分别增加了301台和231台，增长幅度分别为4.2%和3.2%；制粒机8 080台，与2012年相比略有下降，减少了58台，下降幅度为0.7%，但与2011年相比还是大幅增长，增加了1 148台，增长幅度为16.56%；单机其他设备2 175台，与2012年相比大幅增加，增加1 169台，增长幅度为116.2%。与2012年相比，2013年饲料加工机械单机设备生产数量增加、成套机组产量下降，说明饲料加工企业进行技术改造、设备更新换代的速度继续加快。近 4 年饲料加工机械单机设备生产情况见表 2-29。

表 2-29 饲料加工机械单机产量

单位：台

年度	粉碎机	混合机	制粒机	其他	合计		饲料机械出口量
					三大主机	所有设备	
2010	12 528	6 148	5 994	—	24 670	—	6 203
2011	13 645	7 167	6 932	123	27 744	27 867	9 753
2012	8 539	7 237	8 138	1 006	23 914	24 920	12 330
2013	8 783	7 468	8 080	2 175	24 331	26 506	13 778

三、配合饲料加工设备发展特点

中国饲料行业整体运行已进入相对高成本时代，2013 年饲料企业运行成本持续加大，利润空间进一步压缩，努力寻求并着手进行战略升级，在进行设备改造升级的同时，加强企业生产管理技术与管理理念的提升，积极研究加工生产技术及市场变化规律，以形成企业发展新的竞争力，已成为当前饲料生产企业的发展目标。饲料企业的发展需求使 2013 年配合饲料加工设备的发展呈现如下特点：

1. 大型化、智能化饲料加工设备是饲料制造企业产品研发的新亮点 目前我国有多达 1 万余家饲料生产企业，行业集中度还将不断提升，大型饲料企业依靠配方技术和产业链优势，逐步淘汰研发力量薄弱、产品结构单一的小型饲料企业，这意味着饲料加工企业的集团化、大型化脚步加快，机械化、自动化程度需求将进一步提高。饲料机械生产企业需要提供更多大型化、智能化的饲料加工设备，以满足客户高效生产大批量优质饲料产品的需求。

2. 饲料加工设备研发更加关注节能技术和可靠性技术 饲料生产大型化、集约化程度越高，饲料企业生产成本中设备成本与能耗成本的摊比越大，设备使用过程中故障状况对成套设备生产效率的影响就越大，这就要求配合饲料加工设备的研发要注重研究设备工作原理，进行设备工作原理创新，设备的制造技术要精细，从而达到降低设备使用能耗和提高其可靠性。

3. 微量配料秤性能进一步提高，选用企业将越来越多 我国约 95%的饲料厂仍处于人工添加微量组分的加工阶段，配料精度不可控，配料效率低，人力成本高。随着技术进步，微量组分自动配料系统的配料精度可达动态 0.05%、静态 0.03%、单仓配料≤30g 的误差，具有低残留、高精度、智能化控制等特点，基本可以满足饲料企业对小料称量精度的要求，应用企业逐渐增多，将是饲料企业改造升级的一个发展亮点。

4. 水产饲料膨化技术有了长足进步 水产饲料挤压膨化技术工艺复杂、影响因素多，一直处于研究阶段。大型饲料机械设备厂家在挤压膨化机及其自动控制系统研究方面取得了较大进展，通过对配方、工艺参数、膨化机核心螺杆、挤压模具等进行研究，可以有效地控制慢沉料容重区间，不需要附属设备实现慢沉料的生产。在相同条件下，采用慢沉性饲料进行喂养，可有效节约饲料 3%～10%，大大降低了水产养殖企业的饲料成本，实现了水体资源的有效利用。

5. 饲料加工设备的更新换代产品及新产品不断推出 作为我国大型饲料机械生产企业的江苏牧羊集团和江苏正昌集团十分注重产品创新和技术研发，每年都推出一些新产品，并组织专家进行鉴定。2013 年江苏牧羊集团通过鉴定的产品包括 SWFL130F 立式超微粉碎机、SLHSJ16 双轴桨叶式高效混合机、制粒机自动化控制系统、年产 60 万 t 饲料成套设备和 MYRB90 码垛机器人等，江苏正昌集团通过鉴定的饲料机械产品包括 SPHS168F 膨化机、TDTG120/38×3 斗式提升机、TGSS100 刮板机、SPZL338 膨胀器等，部分产品技术达到同类产品国际领先水平。这些新产品的推出，使我国在饲料加工机械设备和工程趋向大型化、在超微粉碎、水产饲料膨化加工、自动化控制等方面的技术水平都有了较大进步。

6. 饲料生产自动化与质量安全管理信息化技术的结合有待进一步提高 随着饲料质量安全管理规范的发布实施，饲料生产线在要求控制自动化的同时，也需要管理信息化。牧羊- WEM4000、布勒 wincos 等生产与管理相结合的控制系统目前在国内饲料生产企业已有应用，但这 2 个系统基本源于国外技术，自主的、适合国情的饲料生产自动化与管理信息化系统的研发与推广是必要的。

7. 专业化教槽料/乳猪料生产线建设越来越多 饲料企业越来越认识到饲料加工工艺和原料处理技术对保证乳猪料品质的重要性，采用大料高效热处理

（高效调质、膨胀、膨化）、低温制粒工艺进行教槽料/乳猪料生产的专业化生产线越来越多。

8. 饲料机械产品的标准化体系建设需要进一步加强 饲料机械产品的标准化及标准化程度越高，走向国际市场才有竞争力，其产品的推广与使用成本才能降低。饲料机械产品及其配套产品的标准化体系建设是行业发展的基础，也是产品国际化进程的基础，应得到足够重视，以利于我国饲料机械产品走向世界。

（李军国 王红英）

牧草机械与秸秆饲料加工机械发展概况

近年来，随着社会食品安全意识的提高，畜牧产品受到市场的青睐，畜牧业在农业产业结构中的地位持续上升，国家和地方大力持续发展草地畜牧业。2013年中央一号文件《中共中央国务院关于加快发展现代农业 进一步增强农村发展活力的若干意见》强调确保国家粮食安全，保障重要农产品有效供给是发展现代农业的首要任务。在农业支持保护制度上，完善畜牧业生产扶持政策，支持发展肉牛、肉羊产业。由此节粮型畜牧业成为发展的主导方向。农业部、财政部下发了《2013年关于做好草原生态保护补助奖励机制政策实施工作的通知》，新疆、内蒙古、甘肃等省和自治区相继贯彻执行，牧草种植面积进一步加大。随着国家工业化和城镇化进程的持续深化，2013年农业劳动力市场价格出现了明显上涨，年轻一代的农民更加偏好体面劳动，牧草和秸秆饲料的传统生产方式正在逐步消亡，牧草和秸秆饲料的机械化生产势在必行，经济适用的牧草机械与秸秆饲料加工机械成为农机市场新的发展热点。

20世纪80年代以来，我国农机化发展一直是以粮食作物为主导的模式，国家对饲料生产加工机械相对支持力度长期不足，使得现有牧草机械生产制造企业的产品质量低，使用故障多、可靠性差。我国牧草收获机械初步形成了散草、方捆、圆捆、压垛作业工艺系统，但每种作业机械多数为单一机型，各作业工序间机具与动力配套性差，机具使用效益不高。2013年国家加大农业补贴力度，农机具购置补贴规模略有增加，重点在优化补贴资金的安排使用。2013年中央财政下发农机购置补贴资金217.3亿元，地方财政28.3亿元，带动单位集体投入16.0亿元和农民个人投入624.6亿元。在全国支持推广的补贴机具目录中，明确单列饲料作物收获机械作为1个小类，包括8个品目，具体为青饲料收获机、牧草收获机、割草机、搂草机、捡拾压捆机、压捆机、饲草裹包机和抓草机。2013年牧草和饲料生产机械的补贴的机具品种和数量都在增加，补贴的总规模也相应增加。

在强劲的市场需求和农机购置补贴的刺激下，越来越多的农机企业开始研发制造牧草机械和秸秆饲料加工机械。2013年几乎所有的国内农机企业都推出了牧草和秸秆饲料相关的机械产品，其他非农机行业的企业也纷纷加入了此行列。世界农机巨头约翰迪尔、凯斯纽荷兰、爱科、克拉斯、赛迈·道依茨-法尔和久保田等企业为取得补贴政策优惠，更倾向于以并购、控股等本土化模式来开拓中国农机市场。2013年7月16日，德国农机生产商克拉斯（CLASS）与山东金亿战略重组，自此世界排名居前的农机巨头已全部扎根中国，中国农机市场合资合作潮流端倪显现。同时牧草机械产品的进口规模在增长。根据2013年1～11月农机行业的进口数据，机械工业进口增幅为1.9%，其中联合收割机累计进口额增加24.0%，采棉机等大型收割机进口增长较快，牧草机械进口额增加最大为36.14%；拖拉机累计出口额负增长12.8%。

随着牧草和秸秆饲料机械市场的供给和需求发展，2013年牧草机械与秸秆饲料加工机械装备规模持续增加，机械化水平稳步提高。2013年全国青饲料收获机保有量约3.3万台，比2012年的保有量（3.0万台）提高10%；牧草收获机保有量16.0万台，比2012年的保有量（15.03万台）提高7%；秸秆捡拾打捆机保有量2.3万台，比2012年的保有量（1.77万台）提高30%；饲草料加工机械保有量587.8万台，比2012年的保有量（573.0万台）提高2.3%。2013年机械播种牧草面积926.9千hm^2，比2012年的面积（83.51万hm^2）提高11%；机械收获牧草数量4 174.0万t，比2012年的数量（2 014.9万t）提高107%；秸秆捡拾打捆面积221.92万hm^2，比2012年的面积（170.62万hm^2）提高30%；机械化饲草料加工数量27 561.0万t，比2012年的数量（21 158.5万t）提高30%，其中机械化生产青贮秸秆9 073.3万t，比2012年（9 156.2万t）降低1%。从以上数据可以看出，2013年的牧草机械化与秸秆饲料加工机械化的发展质量在不断优化，适合饲料产业化发展的牧草收获、打捆机械化水平提高明显，而青贮饲料机械化发展滞后。

牧草质量逐渐得到业界的关注，机械的研发制造质量规范不断出台。2013年3项牧草机械行业标准报批公示，一是牧草收获机械试验方法通则（JB/T 9700—2013），本标准规定了牧草收获机械通用的试验方法，适用于牧草（包括农作物秸秆）收获机械的草场（田间）试验；二是铡草机（B/T 9707—2013），本标准规定了铡草机技术要求、安全要求、试验方法、检验规则、标志、包装、运输与贮存；三是铡草机可靠性考核方法（JB/T 11439—2013），本标准规定了铡草机可靠性考核的故障分类、故障判断原则、试验方法、可靠性评定指标和判定规则，本标准适用于盘式及筒式铡草机的可靠性考核。

苜蓿是奶牛的高标准优质饲草，可以替代部分精饲料，增加产奶量。我国对苜蓿干草需求量很大，国内生产量大约在 80 万 t。中国海关数据统计，2013 年中国进口苜蓿总计 75.6 万 t，同比增加 70.9%。为配合实施“振兴奶业苜蓿发展行动”，提高我国奶业生产和质量安全水平，2013 年 7 月农业部和财政部印发《2013 年高产优质苜蓿示范建设项目实施指导意见》的通知，指导各地做好高产优质苜蓿示范片区建设，提升优质苜蓿生产能力，推进饲草产业发展。中央财政安排一定的补助资金，在苜蓿优势产区和奶牛主产区建设高产优质苜蓿示范片区。项目目标是重点扶持建设一批有一定规模、生产基础好、在增加苜蓿产量和提高苜蓿产品质量方面有示范带动作用的生产基地。项目建成以后，示范片区苜蓿单产水平明显提高，旱作条件下年亩产达到 400kg 以上，灌溉条件下年亩产达到 800kg 以上。苜蓿草产品质量明显提高，达到国家标准 2 级以上，粗蛋白含量达到 18%以上，相对饲用价值达到 125%以上。奶牛饲喂示范片区苜蓿产品后生鲜乳质量明显提高，乳蛋白含量达到 3.0%以上，乳脂肪达到 3.5%以上。项目实施范围选择苜蓿优势产区和奶牛主产区，重点在东北、华北、西北 3 大区域。2013 年，在河北、天津、内蒙古、辽宁、吉林、黑龙江、陕西、甘肃、宁夏、新疆 10 个省（区、市）和新疆生产建设兵团、黑龙江省农垦总局扶持建设 50 万亩高产优质苜蓿示范片区。补助内容之一是实行标准化生产，重点推广应用刈割收获、压扁、田间快速脱水、茎叶同步干燥、收割机械组装配套、田间快速打包、高密度草捆加工等关键设备和技术。补助标准是对集中连片 3 000 亩以上的苜蓿种植按照每亩 600 元的标准给予补助。申报对象为农民饲草专业生产合作社、饲草生产加工企业、奶牛养殖企业（场）和奶农专业生产合作社，优先扶持合作社。

内蒙古自治区作为我国重要的牧草生产与加工地区，牧草产量全国第一，在牧草机械的研发推广上走在了前列。2013 年内蒙古自治区农牧业机械工业发展专项资金支持项目共计 8 项，其中 7 项是关于牧草生产和加工机械，分别为内蒙古华禹农牧机械有限公司年产 1 000 台 9YFC-1.7 侧牵引方草捆捡拾压捆机生产制造技术改造项目；内蒙古华德牧草机械有限责任公司年产 11 400 台套牧草收割机械技术改造项目；呼伦贝尔市蒙力农牧业机械制造有限公司年产 510 台割草机、圆捆机加工建设项目；奈曼旗鼎力通用设备制造有限公司年产 5 000 台铡草粉碎揉搓机建设项目；正镶白旗戴伟农牧机械制造有限公司 9GWD-1.8 型中悬挂割草机技术改造项目；巴彦淖尔市福欣机械设备有限责任公司年产 2 000 台气吸式精播机与年产 500 台复式清选机技改扩建项目；内蒙古欣鑫创新机械有限公司年产 2 500 台农牧业机械（玉米脱粒机、饲草粉碎机、饲料搅拌机等）制造项目。

2013 年 7 月 30 日，由内蒙古农牧业厅主办，内蒙古自治区农牧业机械化技术推广站、锡林郭勒盟农牧业局承办，呼和浩特分院等 17 家支持单位参与的“内蒙古牧草收获机械化现场演示会”于内蒙古锡林郭勒盟毛登牧场成功举办。此次会议规模宏大，参会人员包括内蒙古农机推广站、自治区各盟市及旗县推广站、农机生产和经销企业、草业公司及农机大户等相关单位 400 余人。现场演示的机具涉及牧草割、搂、捆、二次加压、草捆装载等机具，凯斯、纽荷兰、伊诺洛斯、爱科等国外进口设备也参加了演示。呼和浩特分院作为中国畜牧业机械研发制造的领航者，通过设备高效率、低故障率的现场演示，充分展示了国产牧草收获机械的实力。

甘肃省作为全国第二大牧草生产地区，近年在政府部门的大力支持下，牧草机械化的示范推广等工作持续进行。2013 年 7 月 10 日，由酒泉市农业机械管理局主办，肃州区农机局、美国爱科集团中国总公司和甘肃河西吉峰农机有限公司共同承办的酒泉市牧草收获机械现场演示会在酒泉市顺利召开。演示会展示了 MF-DM1358 型割草压扁机、MF9740 型自走式割草压扁机等作业机型。2013 年甘肃省定西市安定区发布和实施《安定区 2013 年农机购置补贴全额购机直接兑付工作实施方案的通知》，全区牧草加工机械购置补贴对象以 2013 年新建养殖场（小区）、牧草收购加工点为主，如定西兴牧养殖场等共 69 家。补贴机械主要是青贮铡草机、青贮揉丝机和饲料（草）粉碎机等畜牧养殖机械，投资共计 138.8 万元，其中农户自筹 114.3 万元、农机补贴 24.5 万元。2013 年新增各类牧草加工机械 72 台（套），包括饲料制备机、捡拾压捆机、铡草机、揉丝机及饲料粉碎机等，各类牧草加工机械保有量达 1.38 万台（套），牧草加工能力达到 80 万 t。

2013 年 5 月 29 日，宁夏回族自治区农牧厅在固原市召开了全区苜蓿机械化生产现场观摩会。相关管理部门的负责人和技术人员，以及川区畜牧养殖大户、山区苜蓿种植大户及当地农民 300 余人参加。观摩会按照作业条件不同分三个作业现场，第一观摩点在彭阳县新集乡马洼村，演示机具以适宜山区坡台地作业的苜蓿撒肥、耕整地、种植、收割、打捆、包膜全程机械化生产机具为主；第二观摩点在原州区头营镇石羊村，演示机具以适宜固定场地作业的苜蓿机械加工、打捆、包膜机具为主，同时展示了打捆包膜、青贮加工后的苜蓿饲草；第三观摩点在原州区黄铎堡乡农科村，演示机具以适宜集中连片作业的苜蓿收割、搂草、打捆、包膜机具为主。该观摩会利用现场演示充分展示了目前适于本地区的先进苜蓿生产装备技术。

全国牧草各种植区从生产实际出发，农机管理部门积极谋划牧草机械化发展。新疆吉木乃县利用国家农机购置补贴资金先后引进了20余台方捆机，用于牧草机械化收获打捆，这是首次引进了国外生产的纽荷兰BC5070型方捆机。宁夏盐池县农机中心将牧草机械化示范园区作为2013年全县农机化发展的重点，充分利用购机补贴政策和盐池县对千亩以上集中连片的牧草种植每亩补助200元的草原生态建设政策，在该园区引进牧草种植机、收割机、打捆机、青贮灌装机等设备14台（套），建立苜蓿机械种植、收割、搂草、打捆全程机械化技术示范面积1 000亩。宁夏彭阳县按照自治区农机化技术推广站和县农牧局的要求，整合各类农业项目资金，将试验示范与辐射推广相结合，首次投入使用先进实用的双圆盘割草机2台，双圆盘割草压扁机1台，搂草机1台，大型捡拾打捆机1台，农用运输车2台，提高了牧草机械化收割水平，起到示范引领作用。

一、牧草种植与管理机械化

我国目前对天然草原的管理主要是退牧还草方式，针对草原退化，草地切根复壮是近年国内科研人员研究的一项草原改良技术。黑龙江省有关部门和中国农业大学分别研制成功了草地点线式破土切根机、盘齿式破土切根机和条式牧草切根机等机械设备。牧草切根机主要由悬挂架、机架、传动链、凸轮机构、切刀驱动机构、限深轮等组成。悬挂架采用典型的三点悬挂机构，悬挂在大于40kW的轮式拖拉机上。当拖拉机在草地上工作时，由拖拉机后动力输出轴经万向节传动轴将动力传送到切根机齿轮变速箱，动力传给工作机构，进而驱动切根刀以加速状态冲击入土，刀齿撕裂板结层土壤，将接触的土壤向两侧和底层压缩，刀齿刃口切断草根。破土切根刀具是牧草机械切根的关键工作部件，直切刀由刀头和工作刀面组成，而盘齿切刀则由刀齿（刀刃、刀身与刀柄）和基座组成。在机体作业时，切刀与土壤的夹角越小，刀刃越锋利，切割土壤时的切割阻力越小，但同时刀刃的强度越低，越容易产生弯曲和折断。中国农业大学承担的“牧草生产与草场生态恢复机械化技术研发与示范”项目已通过专家鉴定，实验成果显示，运用该技术机械化改良后的天然草地增产约110%，人工草场增产近30%。

牧草种类繁多，种子性状各异，多为轻质小粒，对播种机的精密性要求较高。同时人工草地多为多年生，相对于牧草收获机运用时间较小。国内专用的牧草播种机较少，多为小型免耕牧草播种机。国外牧草播种机型大，价格昂贵，对我国多数地区适用性较差。目前我国牧草播种多采用其他小粒种子的播种机，灌溉施肥采用大田的通用机械。近年国内研究人员开始针对牧草的缺苗退化研究牧草施肥补播技术，取得了一定的进展。

二、收获机械化

目前我国苜蓿的收获主要为干草收获方式。收获的干草产品主要有长散草（集垛或堆垛）、碎散草、草捆（方捆或圆捆）和压块等不同形式，从而需要不同的机械化收获工艺和机具系统。散草收获一般为自用，运输距离较短；草捆是目前我国奶业和草业企业需要的草产品，其收获工艺需配置田间捡拾压块机具系统，具体包括割草压扁机、搂草机、打捆机等，草捆搬运与堆垛机械一般被单列为牧草贮藏机械。草块生产有需要增加压块机械。

背负式小型割草机造价低，操作灵活，适用于小地块，在我国甘肃、宁夏等山地丘陵地区仍然广泛使用。该机型生产率一般在0.8亩/h左右，耗油量一般0.7L/h左右，机具重量在10kg左右，价格多为1 200～1 600元。没有压扁功能，劳动强度大。经过几年的实际应用，市场同类产品在安全性、可靠性上得到优化。

目前，我国有多家割草机生产厂家，比如内蒙古华德农业装备有限责任公司、山东高密市益丰机械有限公司、新疆通达牧业机械设备有限公司、定西市三牛农机制造有限公司、新疆机械研究院股份有限公司、酒泉市铸陇机械制造有限责任公司等国内企业都生产割草机，多数为中小型割草机，且大多数割草机没有压扁功能。上海世达尔现代农机有限公司生产的系列产品—MDM1300、MDM 1700、MDM 2400，3款机型均为圆盘式割草机，幅宽分别为1.25M、1.65M、2.35M。盘式旋转割草机具有较高的工作效率，比往复式割草机更适合于切割较高大的作物，但由于没有压扁功能，不适用于苜蓿收割。

2013年国家推广支持的农机产品目录里，有5款割草压扁机，其一是内蒙古华德农业装备有限责任公司生产华德牧机9GBQ-3.0割草压扁机，幅宽为3m，采用剪刀式切割，适合收获高产，多水分的种植牧草和高杆牧草。它可以同时完成切割、压扁、集拢铺条三种工序。这种“三合一”的作业机具不仅可以节省劳动时间降低作业成本，减少土地被压实的次数有利于牧草生长，而且可以促使牧草迅速均匀的干燥，缩短田间晾晒时间，减少花叶损失提高牧草质量。其二是新疆机械研究院股份有限公司生产的牧神9GXY-2.4旋转割草压扁机，为圆盘式，幅宽为2.4m。其余3款均为合资公司生产，分别是中机美诺科技股份有限公司生产的美诺-库恩FC283割草压扁机、凯斯纽荷兰机械（哈尔滨）有限公司生产的H7220割草压扁机和北京国科诚泰农牧设备有限公司生产的司达特9GY－2.85割草压扁机。以上5款机型均为大中型机器，适合规模农场使用。

2013年8月13日，甘肃省农业机械化技术推广总站和定西市农机局在安定区巉口镇赵家铺村举办了小型山地牧草收获样机现场收割展示。本次展出了6个型号的山地牧草收获机械均为省农机总站和定西市三牛农机制造有限公司联合研制。政府相关部门的管理人员和技术人员和草产业企业及协会代表、当地农户代表等近50余人观摩了现场。这组机械是甘肃省农牧厅依据当前本省草产业发展的客观需求，委托省农机推广站针对山地苜蓿收割难的现状而研制的。山地零散种植牧草的收获近年成为农牧民的难题，也是科技人员的一个亟须公关的课题。这组机械的初步展示，证明了因地制宜地研发机械是解决旱地山区牧草收获的有效途径，需要对功能不完善的部分尽快加以改进，尽早投放市场。

中国农业大学和石家庄鑫农机械有限公司联合研制的小型苜蓿刈割压扁机经过多地的试验示范与技术再改进，定型产品9GYZ-1.2型自走式苜蓿刈割压扁机得到河北省农机推广站的鉴定。该机型为圆盘式压扁割草机，整机重量1 650kg，自带动力24kw，割幅1.2m，生产效率0.4～1.0 km^2/h，割茬高度可调，在0～5cm，可实现零割茬，橡胶对辊。该机型为我国首款独立自主研发的技术成熟的自走式小型刈割压扁收割机。

搂草机用于割后牧草的翻晒、并铺及摊铺，以加快牧草的干燥。指盘式搂草机作业效率高，投资成本相对较低。旋转搂耙式搂草机对牧草扰动小，适合苜蓿草的搂集与翻晒作业，但投资比较高。2013年我国搂草机市场发展很快，新增6款搂草机、1款摊草机进入国家推广支持的农机产品目录。

2013年农机市场上热销打捆机，自走式或行走式的打捆机正在逐渐取代固定式打捆机，多功能打捆机可对各种秸秆和牧草均进行打捆作业，受到青睐。2013年国家推广支持的农机产品目录入选了26种圆捆打捆机和包膜机，42种方捆机。国产打捆机的价格相对便宜，但作业性能稳定性较差。2013年福田雷沃推出新型打捆机MF3040，采用德国进口D型打结器，可靠性高；采用电子感应计数器，草捆计数更精确，打结时间0.6s以内完成，成捆率可达99%。整机采用纵轴线对称结构设计，中置牵引，行驶稳定性好，Y型双节牵引梁的设计，转弯半径小，更适合小地块和不规则地块作业。独家采用双凸轮盘技术，保证了弹齿梁和滚轮等零部件受力均匀，提高捡拾器使用寿命。系统优化弹齿强度和线速度，使作物喂入更流畅、不堆积、不漏捡。喂入搅龙增加作物防缠绕装置，喂入效率提高20%以上。

三、青饲料收获处理机械化

2013年5月14日国家发改委、农业部和环境保护部联合发文《关于加强农作物秸秆综合利用和禁烧工作的通知（发改环资［2013］930号》，旨在遏制秸秆焚烧，加强秸秆青（黄）饲料的综合利用。我国牛羊养殖对青贮饲料需求量很大，但青饲料机械化收获是薄弱环节。我国不同地区的社会经济条件差异较大，青贮饲料的收割和加工方式多样化，目前主要有三种方式：一是手工加半机械化作业，收割靠人工，运输车运到青贮窖边，然后手工加铡草机切碎，主要靠人工完成青贮作业全过程；二是采用牵引（悬挂）式收获机作业，可收割、切碎、抛送一次完成，需人工开辟作业道，切碎质量差，损失浪费大，需要人工多，作业效率低；三是自走式青饲料收获机，一般为大中型，分对行和不对行两种形式，收割、切碎、抛送一次完成，作业质量好，辅助人工少，作业效率高，损失小，转移方便。我国作物品种及其种植制度的不尽相同，对青饲料收获机适应性要求高，用对行收割的青饲料收获机收割，容易出现损失大甚至无法收割的情况。

2013年全国各地纷纷加大了青贮收获机的补贴力度，由原来的12万元增加到15万元。在2013年国家推广支持的农机产品目录里，有36款青饲料收获机，比2011年增加近1倍。目前国内生产的青饲料收获机逐渐趋向大型化，有牵引（悬挂）式和自走式，对行和不对行两种形式。2013年青贮收获机械市场需求旺盛，各厂家均出现了供不应求的状态。2013年春季在郑州全国农业机械展览会上，农机会青饲料收获机械备受关注。中农博远、农哈哈推出强制喂入式青饲料收获机，万通机械、顶呱呱推出圆盘式青饲料收获机，这些企业产品的可靠性与价格被广大用户接受。中农博远展出的机型有4YZ-2800和4YZ-8青饲料收获机，其中4YZ-2800型青饲料收获机是广受用户认可的机型。在同类型的产品中，中农博远青饲料收获机无论是动力还是可靠性均有优势，产品生产的速度远跟不上市场的销售。除了传统强项播种机系列产品外，农哈哈青饲料收获机也吸引了不少目光。目前农哈哈青饲料收获机每年的销量稳定在500台左右。由于市场行业很好，河北顶呱呱机械有限公司没有库存，只能借用户的青饲料收获机来参展，所以展品显得有点陈旧少光泽，多了些泥巴和沧桑。

目前中机美诺科技股份有限公司生产的9265和9800两款青贮收获机，是国内马力最大、技术最先进的机型。由于国内青饲料收获机的设计制造相对落后，工作性能仍存在一些问题，国内大型养殖场更加青睐国外大型青饲料收获设备。2013年宁夏贺兰县共有16家规模养殖场采用克拉斯联合青贮收获机，克拉斯收获青贮玉米量超过13万t，占到青贮总量的80%。

四、粗饲料加工机械

在国家加强农作物秸秆综合利用的政策引导下，秸秆饲料化成为一个重要的发展方向，加上畜牧业发展的需要，粗饲料加工的需求和供给发展较快。2013年2月28日～3月1日，杜邦先锋公司在中国奶业协会的支持下，诚邀中国农科院及中国农业大学业内专家，联合爱尔兰赛膜可公司和美国威猛牧草机械公司，在北京举办中国粗饲料大会。会上国内外专家围绕中国和美国青贮玉米育种进展、青贮玉米评价标准和生产管理、苜蓿种子选择与高产生产技术及苜蓿干草和苜蓿青贮收获与加工机械等4个方面进行了研讨。

常用的粗饲料有苜蓿、羊草、秸秆、玉米青贮。按照物理加工法，粗饲料的加工机械包括秸秆铡切机与揉丝机、秸秆粉碎机、饲料颗粒机、青贮取饲机、TMR全日粮搅拌机等。由于我国部分地区秸秆收获仍在沿袭过去的半机械化方式，所以铡草机还占有很大的市场份额，在国家推广支持的农机产品目录里占有数量很大，2013年占到34款机型。饲料粉碎机市场产品很多，但享受国家补贴的产品相对较少，2013年只有5款机型。粗饲料制粒技术在我国发展需求水平较低，制粒机生产也相对较少。随着规模化养殖的发展，饲料搅拌机近年发展很快，2013年国家推广支持的农机产品目录里有16款机型。

近年饲料产业向规模化发展，带动了饲料加工企业的升级发展，涌现了江苏牧羊有限公司、江苏正昌粮机股份有限公司、江苏裕达机械有限公司、江苏联达科技有限公司及河北亚达机械制造有限公司等知名的饲料加工机械企业。这些企业面向大型饲料生产企业，集饲料加工机械产品研发、制造、工程设计与安装为一体，提供工程化解决方案，饲料加工机械还出口到世界多个国家和地区。

近年我国研究人员已经开始研究牧草袋装青贮的新工艺，将收获的鲜牧草装入袋中密封青贮，以保持牧草养分，减少收获损失，提高饲料的适口性。袋装工艺包括大圆草捆直接装袋，小方草捆或散草装袋压紧密封，牧草碎段装袋压实密封等。

五、烘干与储存机械

以牧草和秸秆作为粗饲料，机械烘干的成本较高一直是难以解决的问题。国家目前对烘干机械的支持仅体现在粮食、茶叶和生物质燃料领域，还没有对牧草和粗饲料的干燥机支持，2013年国家推广支持的农机产品目录里的58款烘干机，绝大多数为茶叶烘干机，少数为谷物烘干机和生物质燃料烘干机，还没有牧草等饲料的烘干机。牧草干燥机市场价格昂贵，运行费用高，导致牧草经营者无力购买。常用的滚筒式牧草干燥设备是使牧草在滚筒内接触干燥介质，滚筒内设有叶板以翻动牧草。直流滚筒式牧草干燥设备只有一个滚筒，牧草从一端进入滚筒，从另一端排出，只经过一个干燥行程。回流滚筒式干燥设备是将2～3个不同直径的滚筒套装在一起，牧草先从一端进入内滚筒，到达另一端后再从两个滚筒之间的环形通道回流。如此经过2～3个干燥行程后，从外滚筒的出口端排出。牧草干燥设备多数采用的是回流滚筒式，这种干燥设备效率高，占地面积小，但消耗热量大，干燥成本高。国内多家单位致力于将太阳能、高温热泵等技术作为干燥设备热源。中国农业机械化研究院呼和浩特分院作为国家地方联合太阳能干燥技术工程实验室的依托单位，研制出5TGK-96型太阳能牧草干燥成套设备，主要由太阳能空气集热器、送风系统、草捆干燥箱和控制系统组成。该设备通过太阳能空气集热器将太阳能转换成热能，通过风送系统把热风输送到草捆干燥箱中，控制系统可实现干燥过程自动化，可根据草捆的含水率情况，进行干燥时间长短的控制。该设备草库有效容积540m^3，空气集热器面积250m^2，苜蓿打捆时含水率30%～40%，干燥后含水率可降至20%以下，每批次生产能力96捆，大约1.8～2.0t，配套动力小于等于25kW。永淦节能科技有限公司最早研发高温热泵的专业厂商，专注于拓展高温热泵在高温热泵烘干方面的运用，开发生产了高温热泵烘干机组等系列节能产品。

2013年6月，中华人民共和国国家标准《青饲料牧草烘干机组》被批准发布，该标准自2014年1月1日起施行。

郑州泰达节能干燥设备有限公司2013年推出升级版饲料烘干机，采用国际最新的高温快速烘干技术，使铡切和揉搓后的牧草在干燥机中迅速完成传热传质的干燥过程，较好地保持了鲜牧草的营养成分。该设备以煤作为能源，在烘干系统的高低温管道处分别安装有温度测量传感器和数字显示仪表，干燥过程参数在线显示，随时调整干燥工艺，确保干燥过程稳定；牧草切碎、输送喂料、快速烘干、分离除尘及粉碎等连续化生产，减少人工费用，降低成本；采用沉降式分离出料，旋风式除尘，有效降低牧草干燥后含尘量，获得更洁净的产品。热效率高，使用寿命长。TD300 型号生产效率达到 300 kg/h，烘干后干牧草含水量≤13%；每 t 耗煤 200～300kg 标准煤，耗电 60 度/h。该设备使用回转圆筒烘干机作为烘干系统的主机，结构简单，故障少，维修费用低。使用刮板式上料机，采用无级变速传动，可根据物料水分的高低方便的调节进料量。回转圆筒烘干机采用无级变速传动，可根据物料水分的高低和进料量的多少而方便的调节转筒的转速，以达到最好的烘干效果。

河北华昌机械设备有限公司生产的利君达 HCJZ 系列秸秆捡拾装载机，适用性强，可以对农作物秸秆、牧草、饲料等进行装卸、搬运、堆垛、收集等作业；适用于平原、丘陵、山区等不同环境和地域，可满足农田、农场、牧场、养殖小区等的农机化作业需求；可铲斗和抓草叉两用，适用于散草或者草捆的搬运、堆垛。粗饲料贮藏方式有房式仓和筒式仓，机械包括输送机械、提升机械、叉车等，这些机械可以取用其他领域通用的仓储设施、设备。

（王志琴　王德成）

秸 秆 养 畜

2013年中央财政用于支持秸秆养畜项目建设的资金达到1.45亿元，立项建设示范项目144个，秸秆利用量达2.1亿t，较1992年增长近1倍，其中经青贮、氨化处理的秸秆达

9 800万t（折算干重），处理利用率达46.7%。通过秸秆养畜项目建设，推动牛羊增产、农业增效、农民增收、生态改善，产生了良好的经济效益和社会效益。

一、丰富了饲料来源，为发展牛羊养殖奠定了坚实的基础

我国饲草资源紧缺，很多地方在发展牛羊养殖的过程中，面临“无草可用”的难题；特别是在粮食产区，有限的耕地还承载着粮食生产的重任，很难做到粮、草兼顾。秸秆养畜利用成熟的青贮、氨化等处理技术把农作物秸秆加工成饲料，成功解决了饲草不足的问题，使不用饲草发展牛羊养殖成为现实。

二、减少了饲料粮消费，为建设节粮型畜牧探索出成功的模式

我国粮食安全问题的核心是饲料粮问题，未来粮食消费增量的大头在饲料，缺口也在饲料。近年来玉米在连年增产的情况下，价格上涨，进口增加，主要是由于饲料消费需求的增长。科学研究表明，秸秆中含有植物光合作用所积累的一半以上能量，弃之可惜。利用牛羊等反刍动物生理特性，使用秸秆替代精料投入可以减少饲料粮消耗，对于缓解饲料粮供给压力，保障粮食安全具有重要意义。

三、减少焚烧污染，实现了农民增收和环境保护的双赢

进入新世纪，农业生产实现十连增，秸秆产量也越来越大，一些地方出现了过剩，还有一些地方因为倒茬轮作抢农时来不及处理，往往将秸秆付之一炬，造成污染，影响了人们的正常生产生活。但是在秸秆养畜工作开展较好的地区，秸秆还在田地时就已被养殖场户订购，籽实收获后秸秆立即被收集制成饲料，还有一些种养户直接签订订单专门种植青贮饲料品种，秸秆从需要处理的“废物”变成了农民增加收入的“门路”。

四、稳定牛羊生产，为实施草原保护政策提供了有力支撑

近年来，国家全面实施草原生态补奖政策，落实禁牧休牧和草畜平衡制度。但由于发展基础薄弱，草原生态环境依然十分脆弱，发展、增收与生态保护的矛盾依然突出，未来牛羊生产的增长不可能依赖草原。秸秆养畜，成功的走出了一条草原畜牧业以外的发展道路，保证了牛羊生产的稳定和牛羊肉产品的有效供给，也为国家下决心实施更为严格的草原保护政策创造了必要条件。此外，秸秆饲料经过加工能够实现长距离运输和长时间保存，还可以用于补充牧区冬季饲草不足，应对突发自然灾害。

五、实现了种养有机结合，为促进农业可持续发展注入源源不断的动力

当前，我国种植业可持续发展形势严峻，大量使用化肥等农业投入品带来的问题越来越严重。秸秆养畜、过腹还田，在发展牛羊生产的同时为农业提供大量的优质有机肥。有机肥料的回田，不仅有效减少化肥用量，降低种植业成本，改善土壤结构和肥力，还提高了农作物品质和肥料利用率，为粮食稳定增产创造了基础条件。

（李大鹏）

饲料工业法制建设

随着《饲料质量安全管理规范》和《进口饲料和饲料添加剂管理办法》的颁布实施，加之已经公布的《饲料和饲料添加剂生产许可管理办法》《新饲料和新饲料添加剂管理办法》《饲料添加剂和添加剂预混合饲料产品批准文号管理办法》等3个部门规章和《饲料原料目录》《饲料添加剂品种目录》《饲料添加剂安全使用规范》《饲料生产企业许可条件》《混合型饲料添加剂生产企业许可条件》《饲料添加剂生产许可申报材料要求》《禁止在饲料和动物饮用水中使用的药物品种目录》7个规范性文件，以《饲料和饲料添加剂管理条例》为核心的饲料法规体系基本建立。《饲料质量安全管理规范》示范创建工作稳步推进，各省积极组织专家进行示范创建指导，有力地推动了饲料企业落实饲料行业管理新规。修订公布《饲料添加剂品种目录》和《饲料原料目录》，及时将安全有效的品种增补进目录，修订发布《饲料标签》等强制性标准。饲料添加剂和添加剂预混料生产企业设立许可有序下放至省级饲料管理部门，各地逐步健全行政许可专家审核委员会，按照新的准入条件加快推进生产许可证换证工作。

（李大鹏）

原料专业委员会、宠物饲料专业委员会主要工作

一、组建中国饲料工业协会原料专业委员会并举办 2013 中国饲料行业发展高峰论坛

为帮助广大饲料企业准确判断形势、有效利用资源，构建饲料原料信息交流平台，组建了中国饲料工业协会饲料原料专业委员会。2013 年 4 月 18 日，中国饲料工业协会饲料原料专业委员会在成都正式成立，第一届饲料原料专业委员会共有委员 53 名组成，成员涉及政府部门、研究院所、大型企业、行业协会等多个领域。饲料原料专业委员会的成立对引导企业合理规避原料采购风险，客观反映饲料行业原料诉求，促进饲料行业持续健康发展具有重要意义。同期召开了 2013 中国饲料行业发展高峰论坛，这是饲料原料专业委员会成立后开展的第一次大型活动。论坛邀请了行业领导、权威专家和大型饲料企业负责人，围绕行业形势和企业发展、原料市场供需、期货市场为实体产业服务、原料采购和风险控制等热点、焦点问题与 300 多名与会代表进行了交流，刘永好、刘汉元等行业领袖也就相关问题发表演讲，会议得到了与会代表的好评。

二、举办第六届国际玉米产业发展大会

为帮助相关企业把握宏观经济形势、了解玉米产业政策、研判市场价格走势，搭建一个共享信息、交流合作、洽谈业务的高端市场服务平台，2013 年 9 月 25～26 日，中国饲料工业协会与大连商品交易所联合举办第六届国际玉米产业发展大会。会议邀请行业领导、专家和部分企业相关负责人，就行业形势、原料市场供需、企业持续发展、期货市场服务实体产业、库存采购和风险管理等热点问题进行了深入交流。国际玉米产业大会已经成功举办五届，成为发挥期货市场功能、服务产业的高端市场服务平台，在玉米、饲料及相关产业享有广泛的知名度和影响力，这是协会首次同大连商品交易所联合举办，会议得到了广大玉米、饲料行业从业人员的积极响应，参会人数再创新高，达 700 余位代表，产生了良好的社会效应。

三、举办宠物饲料（食品）国际研讨会暨宠物营养论坛

为积极履行宠物饲料专业委员会的工作职责，引领我国宠物饲料行业健康发展，继 2012 年厦门宠物饲料国际研讨会之后，2013 年 4 月 17 日，在饲料工业展览会期间组织举办了宠物饲料（食品）国际研讨会暨宠物营养论坛。论坛以宠物营养与健康为主题，邀请了美国国家研究委员会（NRC）动物营养学会、欧洲宠物食品行业协会（FEDIAF）、美国宠物食品协会（PFI）等研究机构和行业组织的多位国内外权威宠物营养专家，就 NRC、欧盟和美国的宠物营养标准、宠物特殊营养需求、宠物营养性疾病预防等领域的新进展和新成果进行了全面系统介绍。研讨会已成为国际宠物饲料领域的品牌会议，对于帮助国内宠物饲料行业学习和借鉴发达国家先进管理理念与模式，提升我国宠物饲料生产和管理水平，促进整个宠物饲料行业共同发展具有重要意义。国内外百余名教学科研人员和宠物饲料企业代表参加了论坛。

（王黎文）

饲料添加剂和预混合饲料生产许可证管理

2013年，农业部饲料添加剂和添加剂预混合饲料生产许可证专家审核委员会，经农业部批准，发布公告8个，核发饲料、添加剂预混合饲料、饲料添加剂生产许可证291张。其中，饲料添加剂生产许可证148张，饲料和添加剂预混合饲料生产许可证143张。换发饲料、添加剂预混合饲料、饲料添加剂生产许可证198张。其中，因变更企业名称、法定代表人、企业注册地址或注册地址名称、生产地址名称换发饲料、添加剂预混合饲料及饲料添加剂生产许可证135张，期满换发饲料添加剂和添加剂预混合饲料生产许可证63张。注销饲料添加剂和添加剂预混合饲料生产许可证230张（表2-30～表2-35）。

表2-30　饲料添加剂生产许可证名单

生产许可证编号	企业名称	产品名称
饲添（2013）3265	朝阳瑞得生物科技工程有限公司	着色剂（Ⅰ）：天然叶黄素
饲添（2013）3266	奥格生物技术（六安）有限公司	矿物元素及其络（螯）合物（Ⅰ）：蛋氨酸铜络（螯）合物、蛋氨酸铁络（螯）合物、蛋氨酸锰络（螯）合物、蛋氨酸锌络（螯）合物、赖氨酸铜络（螯）合物、赖氨酸锌络（螯）合物、甘氨酸铜络（螯）合物、甘氨酸铁络（螯）合物
饲添（2013）3267	青岛润达生物科技有限公司	氨基酸（Ⅱ）：牛磺酸　维生素（Ⅱ）：维生素C、维生素E　双乙酸钠（Ⅱ）多糖和寡糖（Ⅱ）：低聚壳聚糖　甜菜碱（Ⅱ）、糖萜素（Ⅱ）
饲添（2013）3268	北京科为博生物科技有限公司	酶制剂（Ⅱ）：淀粉酶、纤维素酶、甘露聚糖酶、植酸酶、蛋白酶、木聚糖酶 微生物（Ⅱ）：枯草芽孢杆菌、粪肠球菌
饲添（2013）3269	山东一飞药业有限公司	甜菜碱（Ⅰ）、甜菜碱盐酸盐（Ⅰ）、大蒜素（Ⅱ）
饲添（2013）3270	泰安汉威化工有限公司	维生素（Ⅰ）：氯化胆碱 矿物元素（Ⅰ）：碘化钾
饲添（2013）3271	长治市金泽生物工程有限公司	氨基酸（Ⅰ）：L-赖氨酸盐酸盐、L-赖氨酸硫酸盐
饲添（2013）3272	中粮佳悦（天津）有限公司	大豆磷脂（Ⅰ）
饲添（2013）3273	江苏八陆生物科技有限公司	酶制剂（Ⅱ）：淀粉酶、纤维素酶、β-葡聚糖酶、甘露聚糖酶、木聚糖酶

（续）

生产许可证编号	企业名称	产品名称
饲添（2013）3274	南通市苏东化工厂	矿物元素（Ⅰ）：富马酸亚铁 大蒜素（Ⅱ）
饲添（2013）3275	湖北吉星化工集团有限责任公司	矿物元素（Ⅰ）：磷酸三钙
饲添（2013）3276	福建康宏股份有限公司	大豆磷脂（Ⅰ）
饲添（2013）3277	福建龙岩精博化工科技有限公司	二氧化硅（Ⅰ）
饲添（2013）3278	广州白云牧之林动物药厂	大蒜素（Ⅱ）
饲添（2013）3279	湖南衡阳新澧化工有限公司	矿物元素（Ⅱ）：硫酸钠
饲添（2013）3280	九三集团哈尔滨大豆制品有限公司	大豆磷脂（Ⅰ）
饲添（2013）3281	哈尔滨一普农牧有限公司	维生素（Ⅱ）：氯化胆碱 酶制剂（Ⅱ）：淀粉酶、蛋白酶、木聚糖酶 微生物（Ⅱ）：枯草芽孢杆菌、产朊假丝酵母 抗氧化剂（Ⅱ）：乙氧基喹啉、丁基羟基茴香醚、二丁基羟基甲苯、没食子酸丙酯
饲添（2013）3282	哈尔滨大江牧业科技有限公司	酶制剂（Ⅱ）：淀粉酶、蛋白酶、木聚糖酶 微生物（Ⅱ）：枯草芽孢杆菌、酿酒酵母
饲添（2013）3283	哈尔滨市南岗区爱牧饲料添加剂制品厂	维生素（Ⅱ）：维生素A、维生素B_1、维生素B_2、维生素C、维生素D_3、维生素E、维生素K_3、氯化胆碱 酶制剂（Ⅱ）：淀粉酶、蛋白酶
饲添（2013）3284	哈尔滨农垦尚益生物技术有限公司	微生物（Ⅱ）：枯草芽孢杆菌、嗜酸乳杆菌、产朊假丝酵母
饲添（2013）3285	黑龙江省九三油脂化工厂	大豆磷脂（Ⅰ）
饲添（2013）3286	潍坊丰象生物科技有限公司	抗氧化剂（Ⅱ）：乙氧基喹啉 防霉剂（Ⅱ）：丙酸 酸度调节剂（Ⅱ）：乳酸 调味剂和香料（Ⅱ）：糖精钠、食品用香料
饲添（2013）3287	保龄宝生物股份有限公司	果寡糖（Ⅰ）、低聚异麦芽糖（Ⅰ）
饲添（2013）3288	湖北华扬科技发展有限公司	维生素（Ⅱ）：维生素C 矿物元素（Ⅱ）：氧化锌 酶制剂（Ⅱ）：淀粉酶、纤维素酶、β-葡聚糖酶、甘露聚糖酶、植酸酶、蛋白酶、木聚糖酶 微生物（Ⅱ）：枯草芽孢杆菌、植物乳杆菌、酿酒酵母 调味剂和香料（Ⅱ）：糖精钠、食品用香料 蔗糖脂肪酸酯（Ⅱ） 半胱胺盐酸盐（Ⅱ）
饲添（2013）3289	山东浩展农牧科技有限公司	大豆磷脂（Ⅱ）
饲添（2013）3290	邢台思倍特生物科技有限公司	微生物（Ⅰ）（Ⅱ）：枯草芽孢杆菌、嗜酸乳杆菌、酿酒酵母
饲添（2013）3291	河北安米诺氨基酸科技股份有限公司	氨基酸（Ⅰ）：苯丙氨酸

（续）

生产许可证编号	企业名称	产品名称
饲添（2013）3292	石家庄维士康生物科技有限公司	维生素（Ⅱ）：维生素C
饲添（2013）3293	柏乡县中柏小苏打制品有限公司	碳酸氢钠（Ⅰ）
饲添（2013）3294	西昌晶康高技术产业开发有限公司	着色剂（Ⅰ）：叶黄素
饲添（2013）3295	沈阳科纳提克生物科技有限公司	酶制剂（Ⅱ）：淀粉酶、α-半乳糖苷酶、纤维素酶、β-葡聚糖酶、脂肪酶、甘露聚糖酶、果胶酶、植酸酶、蛋白酶、木聚糖酶 微生物（Ⅱ）：枯草芽孢杆菌、粪肠球菌 防霉剂（Ⅱ）：丙酸钙、苯甲酸钠 酸度调节剂（Ⅱ）：柠檬酸、酒石酸
饲添（2013）3296	山东宏河圣齐生物工程有限公司	多糖和寡糖（Ⅰ）：甘露寡糖
饲添（2013）3297	广州纳多利生物科技有限公司	酶制剂（Ⅰ）：蛋白酶（产自黑曲霉） 微生物（Ⅰ）（Ⅱ）：枯草芽孢杆菌、酿酒酵母 微生物（Ⅰ）：嗜酸乳杆菌

表 2-31 添加剂预混合饲料生产许可证名单

生产许可证编号	企业名称
饲预（2013）6826	湖北华扬科技发展有限公司
饲预（2013）6827	厦门明格生物科技有限公司
饲预（2013）6828	富阳昊农饲料科技有限公司
饲预（2013）6829	临沂康盛海润德生物科技有限公司
饲预（2013）6830	北京安溢美生物科技有限公司
饲预（2013）6831	广州安优饲料有限公司
饲预（2013）6832	惠州市华宝饲料有限公司
饲预（2013）6833	广州纳多利生物科技有限公司
饲预（2013）6834	河北瑞晖动物药业有限公司
饲预（2013）6835	鸡西市绿源生物制品有限责任公司
饲预（2013）6836	哈尔滨市南岗区爱牧饲料添加剂制品厂
饲预（2013）6837	哈尔滨农垦尚益生物技术有限公司
饲预（2013）6838	青岛格林沃德生物技术有限公司
饲预（2013）6839	潍坊春丰饲料有限公司
饲预（2013）6840	锡林郭勒盟额吉淖尔盐场
饲预（2013）6841	科左后旗绿原饲料研究所
饲预（2013）6842	成都康贝尔饲料有限公司
饲预（2013）6843	赤峰市牧乐饲料有限公司
饲预（2013）6844	安徽四喜生物饲料有限公司

表 2-32 换发饲料添加剂和添加剂预混合饲料生产许可证名单

生产许可证编号	企业名称	变更内容
饲添（2008）1360 饲预（2008）3288	山东蔚蓝生物科技有限公司	原企业名称：山东六和农牧科技园有限公司
饲预（2008）2832	眉山雨泽生物科技有限公司	原企业名称：眉山国凤生物科技有限公司
饲预（2008）3537	萧县新希望六和步强饲料有限公司	原企业名称：安徽省步强饲料有限公司
饲添（2009）2525	西安皓天生物工程技术有限责任公司	企业注册地址变更为：陕西省西安市高新区锦业一路南侧80号第一、第三、第四层
饲添（2009）2534	海南泓缘生物科技股份有限公司	原企业名称：海南泓缘生物科技有限公司
饲添（2009）2562	南通中牧生物科技有限公司	增加产品： 酶制剂（Ⅱ）：淀粉酶、纤维素酶、β-葡聚糖酶、植酸酶、蛋白酶、木聚糖酶
饲添（2009）2585	潍坊普惠生物科技有限公司	原企业名称：潍坊明天生物科技有限公司
饲添（2009）2687	潍坊市伟霖经贸有限公司	原企业名称：潍坊亚欣工贸有限公司
饲添（2010）0001	北京挑战生物技术有限公司	增加产品： 酶制剂（Ⅱ）：淀粉酶、α-半乳糖苷酶、β-葡聚糖酶、葡萄糖氧化酶、甘露聚糖酶、蛋白酶 微生物（Ⅱ）：枯草芽孢杆菌
饲添（2010）0048	上海美农生物科技股份有限公司	增加产品： 防霉剂（Ⅱ）：丁酸钠 酸度调节剂（Ⅱ）：甲酸、山梨酸钾、酒石酸
饲添（2010）0052	上海福达精细材料有限公司	增加产品： 抗氧化剂（Ⅱ）：没食子酸丙酯 防霉剂（Ⅱ）：乙酸、苯甲酸、富马酸、柠檬酸 酸度调节剂（Ⅱ）：甲酸、甲酸铵、丙酸、丙酸铵
饲添（2010）0605	衡阳市中宝饲料科技有限公司	原企业名称：衡阳市西城中宝饲料原料厂
饲添（2010）0723	广东新南都饲料科技有限公司	增加产品： 酶制剂（Ⅱ）：葡萄糖氧化酶 调味剂（Ⅱ）：5’-肌苷酸二钠、5’-鸟苷酸二钠
饲添（2010）1779	山东巨佳胆碱有限公司	原企业名称：山东碧隆巨佳胆碱有限公司
饲添（2010）1799	宁夏金维制药股份有限公司	原企业名称：宁夏金维制药有限公司
饲预（2010）2313 饲添（2011）0826	北京英惠尔生物技术有限公司	企业生产地址名称变更为：北京市通州区漷县镇漷县村南规划五街5号
饲添（2010）2762	烟台恒源生物股份有限公司	原企业名称：烟台恒源生物工程有限公司 企业注册地址变更为：山东省烟台市龙口市兰高生物化工园
饲预（2010）3616	北京万利和科技发展有限责任公司	企业注册地址变更为：北京市海淀区天秀路10号中国农大国际创业园1号楼A506号
饲预（2010）4058	中粮（北京）饲料科技有限公司	原企业名称：中谷集团农牧科技有限公司
饲预（2010）4069	北京英惠尔农牧科技有限公司	企业注册地址名称和生产地址名称变更为：北京市通州区漷县镇漷县村南规划五街5号

（续）

生产许可证编号	企业名称	变更内容
饲预（2010）4078	广州旺大饲料科技有限公司	企业注册地址变更为：广东省广州市白云区竹料镇飞来岭罗岭路51号
饲预（2010）6078	安徽佰斯特生物科技有限公司	原企业名称：安徽联瑞生物科技有限公司
饲预（2011）0004	北京资源益嘉农业科技有限公司	原企业名称：北京资源饲料有限公司
饲添（2011）0866	宜兴市天石饲料有限公司	增加产品： 甜菜碱盐酸盐（Ⅱ）
饲添（2011）1925	浏阳乐佰有机营养有限公司	增加产品： 矿物元素（Ⅰ）：吡啶甲酸铬
饲添（2011）2924	开原亨泰化工有限公司	原企业名称：开原亨泰精细化工厂
饲添（2011）2980	石家庄飞龙饲料有限公司	增加产品： 微生物（Ⅰ）：枯草芽孢杆菌、植物乳杆菌、酿酒酵母
饲预（2011）4106	徐州腾隆中慧饲料有限公司	原企业名称：徐州永隆饲料有限公司
饲预（2011）4693	湖南优久农牧有限公司	原企业名称：长沙恒润生物科技有限公司
饲预（2011）6223	陕西杨凌富仕特农业发展有限公司	原企业名称：陕西杨凌富仕特饲料有限公司
饲添（2012）0071 饲预（2012）0312	浙江民生生物科技有限公司	原企业名称：杭州民生生物科技有限公司 企业注册地址变更为：浙江省湖州市安吉县递铺镇阳光工业园区（健康园区）
饲添（2012）1098	浙江医药股份有限公司新昌制药厂	增加产品： 维生素（Ⅰ）：D-生物素
饲添（2012）1983	山东龙力生物科技股份有限公司	增加产品： 低聚木糖（Ⅱ）
饲添（2012）3067	天津美得生物科技有限公司	原企业名称：天津美得饲料有限公司
饲预（2012）3110	厦门市凤来仪农牧技术有限公司	企业注册地址变更为：福建省厦门市集美区杏林村苑亭路368号
饲添（2012）3146	广州格雷特生物科技有限公司	增加产品： 微生物（Ⅱ）：枯草芽孢杆菌 多糖和寡糖（Ⅱ）：甘露寡糖
饲添（2012）3149	江苏赛奥生化有限公司	增加产品： 半胱胺盐酸盐（Ⅱ）
饲预（2012）3803	辽宁德宝农牧集团有限公司	原企业名称：沈阳华年饲料有限公司
饲预（2012）5017	河南豫人牧业有限公司	原企业名称：河南克郎康地饲料有限公司
饲预（2012）5065	海斯谷润（长沙）饲料有限公司	原企业名称：长沙昂牧饲料有限公司　企业注册地址变更为：湖南省长沙市雨花区黎托乡长托村15组
饲预（2012）6531	徐州市润农饲料有限公司	原企业名称：徐州市天地人饲料科技有限公司
饲预（2012）6627	苏州亚太星原生物科技有限公司	原企业名称：苏州绿康元生物科技有限公司
饲预（2012）6762	西安同丰生物技术有限公司	企业注册地址变更为：陕西省西安市高陵县通远镇

表 2-33 期满换发饲料添加剂生产许可证名单

生产许可证编号	企业名称	产品名称
饲添（2013）0311	长春新成饲料有限公司	矿物元素（Ⅰ）：硫酸铜
饲添（2013）0502	黑龙江省赤牛饲料添加剂有限公司	维生素（Ⅱ）：L-肉碱盐酸盐 矿物元素（Ⅱ）：富马酸亚铁、氧化锌、烟酸铬、吡啶甲酸铬 丁酸钠（Ⅱ）、甘露寡糖（Ⅱ） 大蒜素（Ⅱ）、乙酰氧肟酸（Ⅱ）、半胱胺盐酸盐（Ⅱ）
饲添（2013）1068	沧州欣德威兽药有限公司	维生素（Ⅰ）：氯化胆碱
饲添（2013）1070	沧州市环球药业有限公司	维生素（Ⅰ）：氯化胆碱
饲添（2013）1146	上海华扩达生化科技有限公司	半胱胺盐酸盐（Ⅱ）
饲添（2013）1152	云南康和生物工程股份有限公司	酶制剂（Ⅰ）：植酸酶（产自黑曲霉）
饲添（2013）1171	吉林省亿达生物工程有限公司	维生素（Ⅰ）（Ⅱ）：氯化胆碱
饲添（2013）1178	山东华尔康生物技术有限公司	维生素（Ⅱ）：维生素 B_1、维生素 B_2、维生素 B_{12}、维生素 C、维生素 K_3 酶制剂（Ⅱ）：纤维素酶、β-葡聚糖酶、果胶酶、蛋白酶 微生物（Ⅱ）：枯草芽孢杆菌
饲添（2013）1349	北京百林康源生物技术有限责任公司	微生物（Ⅱ）：粪肠球菌、嗜酸乳杆菌
饲添（2013）1394	贵州川恒化工有限责任公司	矿物元素（Ⅰ）：磷酸氢钙、磷酸二氢钙
饲添（2013）2269	大连华农豆业科技发展有限公司	大豆磷脂（Ⅰ）
饲添（2013）2294	青岛赛特香料有限公司	着色剂（Ⅰ）（Ⅱ）：辣椒红、天然叶黄素
饲添（2013）2328	诸城莲春天然色素提纯有限公司	着色剂（Ⅰ）：辣椒红、天然叶黄素、虾青素
饲添（2013）2346	四川畜科生物发展有限公司	矿物元素（Ⅰ）：烟酸铬、乳酸锌 矿物元素（Ⅱ）：烟酸铬 酸度调节剂（Ⅱ）：乙酸、乳酸、柠檬酸、磷酸 调味剂和香料（Ⅱ）：糖精钠、食品用香料
饲添（2013）2367	张家口迈威饲料开发有限公司	矿物元素（Ⅰ）：磷酸三钙
饲添（2013）2371	江苏春之谷生物制品有限公司	维生素（Ⅰ）：维生素 E 植物甾醇（源于大豆油/菜籽油）（甾醇兴康）（Ⅰ）
饲添（2013）2376	石家庄市康鑫饲料添加剂有限公司	维生素（Ⅰ）：肌醇
饲添（2013）2384	南通鑫旺饲料添加剂厂	矿物元素（Ⅰ）：氧化锌
饲添（2013）2385	山东好利来动物药业有限公司	维生素（Ⅱ）：维生素 B_1
饲添（2013）2409	河北天寅生物技术有限公司	维生素（Ⅰ）：L-抗坏血酸-2-磷酸酯 维生素（Ⅱ）：维生素 C
饲添（2013）2414	鸡西市绿源生物制品有限责任公司	酶制剂（Ⅰ）：纤维素酶（产自长柄木霉） 酶制剂（Ⅱ）：淀粉酶、纤维素酶、果胶酶、蛋白酶
饲添（2013）2437	广州骅儿斯生物科技有限公司	维生素（Ⅱ）：维生素 C、维生素 E、维生素 K_3 防霉剂（Ⅱ）：丙酸、丙酸钠

（续）

生产许可证编号	企业名称	产品名称
饲添（2013）2553	济南新佳和生物工程有限公司	抗氧化剂（Ⅱ）：乙氧基喹啉 调味剂和香料（Ⅱ）：糖精钠、食品用香料 大蒜素（Ⅱ）
饲添（2013）2842	滨州中牧饲料科技有限公司	大豆磷脂（Ⅱ）

表 2-34　期满换发添加剂预混合饲料生产许可证名单

生产许可证编号	企业名称
饲预（2013）0023	北京百思龙达技术开发有限责任公司
饲预（2013）0966	赣州澳德动物营养有限公司
饲预（2013）1004	北京万发佳牧饲料中心
饲预（2013）1254	武汉新农翔饲料有限公司
饲预（2013）1366	漳州吉润饲料科技开发有限公司
饲预（2013）1490	黑龙江省赤牛饲料添加剂有限公司
饲预（2013）1492	哈尔滨大江牧业科技有限公司
饲预（2013）2283	广东金品动物营养有限公司
饲预（2013）2526	广州市罗氏企业有限公司
饲预（2013）2895	昆明田园饲料有限公司
饲预（2013）2964	宜兴市天石饲料有限公司
饲预（2013）3028	青岛玛斯特生物技术有限公司
饲预（2013）3063	广州多可得生物科技有限公司
饲预（2013）3120	诸城市瑞得尔农牧发展有限责任公司
饲预（2013）3180	河北征宇制药有限公司
饲预（2013）3271	武汉农大生物科技有限公司
饲预（2013）3299	大连九伟畜牧业有限公司
饲预（2013）3315	扬州天健生物科技有限公司
饲预（2013）3689	上海华扩达生化科技有限公司
饲预（2013）3882	广州百世腾饲料有限公司
饲预（2013）4122	信宜市金方子生物科技有限公司
饲预（2013）4965	康地饲料（银川）有限公司
饲预（2013）5039	广州飞特饲料有限公司
饲预（2013）5122	上海蓝普生物科技有限公司
饲预（2013）5186	安徽省瑞森生物科技有限责任公司
饲预（2013）5257	广州白云牧之林动物药厂
饲预（2013）5271	农标普瑞纳（新疆）饲料有限公司
饲预（2013）5272	石家庄市金鼎动物药业有限公司
饲预（2013）5274	四川畜科生物发展有限公司
饲预（2013）5275	成都朗迪生物技术有限公司

（续）

生产许可证编号	企业名称
饲预（2013）5277	赤峰德盛牧业有限责任公司
饲预（2013）5300	北京禾嘉牧业有限公司
饲预（2013）5331	成都邦得科技有限公司
饲预（2013）5333	福州闽盛饲料有限公司
饲预（2013）5350	石家庄利德尔动物药业有限公司
饲预（2013）5361	上海百立生物科技有限公司
饲预（2013）5370	石家庄市新华区维多利饲料厂
饲预（2013）5414	广州骅儿斯生物科技有限公司
饲预（2013）5919	石家庄中德佳美动物药业有限公司

表 2-35　注销饲料添加剂和添加剂预混合饲料生产许可证名单

生产许可证号	企业名称	注销原因	所在省市
饲添（2007）0508	滨州市正元畜牧发展有限公司	有效期届满未延续	山东省
饲添（2007）0696	济南温·格林生物工程有限公司	有效期届满未延续	山东省
饲添（2007）0934	济南大华广济畜牧发展有限公司	有效期届满未延续	山东省
饲添（2007）0939	泰安市山农大药业有限公司	有效期届满未延续	山东省
饲添（2007）1193	淄博开发区富生矿物元素厂	有效期届满未延续	山东省
饲添（2007）1254	青岛大福成动物药业有限公司	有效期届满未延续	山东省
饲添（2007）1290	烟台惠发兽药饲料有限公司	有效期届满未延续	山东省
饲添（2007）1291	潍坊市坊子区丰象香味素厂	有效期届满未延续	山东省
饲添（2007）1293	龙口市海盛农牧有限公司	有效期届满未延续	山东省
饲添（2007）1687	武汉华扬动物药业有限责任公司	停产一年以上	湖北省
饲预（2007）1912	诸城市兄弟牧业有限责任公司	有效期届满未延续	山东省
饲添（2007）2125	临沭县康达饲料厂	有效期届满未延续	山东省
饲添（2007）2145	山东新富莱生物科技有限公司	有效期届满未延续	山东省
饲添（2007）2158	新泰市宏泰饲钙科技有限公司	有效期届满未延续	山东省
饲添（2007）2174	济南华鲁中牧化工有限公司	有效期届满未延续	山东省
饲添（2007）2175	诸城诺特天然色素有限公司	有效期届满未延续	山东省
饲添（2007）2177	临沂光宏牧业有限公司	有效期届满未延续	山东省
饲添（2007）2178	威海华源生物工程有限公司	有效期届满未延续	山东省
饲添（2007）2200	淄博宝翠饲料添加剂有限公司	有效期届满未延续	山东省
饲添（2007）2207	济南美诺和晟生物技术有限公司	有效期届满未延续	山东省
饲添（2007）2236	淄博绿丰饲料厂	有效期届满未延续	山东省
饲添（2007）2240	武汉九通王牧业有限公司	企业基本情况发生较大变化，已不具备基本生产条件	湖北省
饲添（2007）2257	山东尚生药业有限公司	有效期届满未延续	山东省
饲添（2007）2259	泰安龙升源生物科技有限公司	有效期届满未延续	山东省

（续）

生产许可证号	企业名称	注销原因	所在省市
饲添（2007）2288	武汉纽科源生物科技有限公司	停产一年以上	湖北省
饲添（2007）2319	山东正航动物药业有限公司	有效期届满未延续	山东省
饲添（2007）2324	青岛康丰特生物保健品有限公司	有效期届满未延续	山东省
饲添（2007）2325	山东大禹动物药业有限公司	有效期届满未延续	山东省
饲添（2007）2326	济南鼎新牧业有限公司	有效期届满未延续	山东省
饲添（2007）2327	山东口福粮油有限公司	有效期届满未延续	山东省
饲添（2007）2354	潍坊腾飞动物保健品有限公司	有效期届满未延续	山东省
饲添（2007）2355	济宁市东方生物工程有限公司	有效期届满未延续	山东省
饲预（2007）2357	诸城市富龙牧业有限责任公司	有效期届满未延续	山东省
饲预（2007）2363	山东祥酒厂	有效期届满未延续	山东省
饲预（2007）2532	泰安大农动物保健品有限公司	有效期届满未延续	山东省
饲预（2007）2535	泰安市山农大药业有限公司	有效期届满未延续	山东省
饲预（2007）2540	山东省农科院聊城市畜禽保健品厂	有效期届满未延续	山东省
饲预（2007）2541	泰安市泰农动物科技有限公司	有效期届满未延续	山东省
饲预（2007）2595	恩施市旭日饲料厂	停产一年以上	湖北省
饲预（2007）2596	十堰市饲料技术研究推广中心预混料厂	停产一年以上	湖北省
饲预（2007）2598	咸丰县亚星饲料有限公司	停产一年以上	湖北省
饲预（2007）2603	恩施自治州兴民饲料有限责任公司	停产一年以上	湖北省
饲预（2007）2680	潍坊腾飞动物保健品有限公司	有效期届满未延续	山东省
饲预（2007）2688	诸城市精诚农牧有限公司	有效期届满未延续	山东省
饲预（2007）2690	诸城市大康牧业有限公司	有效期届满未延续	山东省
饲预（2007）2702	莒南县奥美特饲料有限公司	有效期届满未延续	山东省
饲预（2007）2797	青岛新特瑞饲料科技有限公司	有效期届满未延续	山东省
饲预（2007）2908	诸城市民心农牧有限责任公司	有效期届满未延续	山东省
饲预（2007）2909	诸城市农家乐饲料有限公司	有效期届满未延续	山东省
饲预（2007）2955	济南鼎新牧业有限公司	有效期届满未延续	山东省
饲预（2007）3029	青岛大福成动物药业有限公司	有效期届满未延续	山东省
饲预（2007）3117	诸城市阳光牧业有限公司	有效期届满未延续	山东省
饲预（2007）3128	龙口市海盛农牧有限公司	有效期届满未延续	山东省
饲预（2007）3139	恩施自治州华军饲料有限责任公司	停产一年以上	湖北省
饲预（2007）3144	恩施市兴畜饲料厂	停产一年以上	湖北省
饲预（2007）4942	济南天博饲料有限公司	有效期届满未延续	山东省
饲预（2007）4944	潍坊新家旺饲料有限公司	有效期届满未延续	山东省
饲预（2007）4947	莒南县金兴饲料有限公司	有效期届满未延续	山东省
饲预（2007）4948	莒南县祥龙饲料有限公司	有效期届满未延续	山东省
饲预（2007）5004	武汉九州大地饲料科技有限公司	停产一年以上	湖北省
饲预（2007）5010	济南美诺和晟生物技术有限公司	有效期届满未延续	山东省
饲预（2007）5015	爱科（日照）饲料有限公司	有效期届满未延续	山东省
饲预（2007）5087	烟台市福山区启航预混合饲料厂	有效期届满未延续	山东省

（续）

生产许可证号	企业名称	注销原因	所在省市
饲预（2007）5090	济南坤源天晟生物技术有限公司	有效期届满未延续	山东省
饲预（2007）5093	武汉九通王牧业有限公司	企业基本情况发生较大变化，已不具备基本生产条件	湖北省
饲预（2007）5133	山东瑞普纳斯饲料有限公司	有效期届满未延续	山东省
饲预（2007）5134	菏泽新世纪正虹饲料有限公司	有效期届满未延续	山东省
饲预（2007）5136	山东尚生药业有限公司	有效期届满未延续	山东省
饲预（2007）5137	青岛安特斯国际农牧发展有限公司	有效期届满未延续	山东省
饲预（2007）5240	山东庆丰堂生物制药有限公司	有效期届满未延续	山东省
饲预（2007）5243	潍坊市青山牧业有限公司	有效期届满未延续	山东省
饲预（2007）5246	青岛康丰特生物保健品有限公司	有效期届满未延续	山东省
饲预（2007）5247	山东大禹动物药业有限公司	有效期届满未延续	山东省
饲添（2008）1335	杭州德邦生物科技有限公司	停产一年以上	浙江省
饲预（2008）1702	潍坊昌大饲料有限公司	迁址未通知主管部门	山东省
饲预（2008）2389	黄冈市春晴生物工程有限责任公司	停产一年以上	湖北省
饲添（2008）2425	漳州铨盛生化有限公司	企业申请注销	福建省
饲添（2008）2463	中粮天科生物工程（天津）有限公司	停产一年以上	天津市
饲预（2008）5320	湖北齐岳山农业发展有限公司	停产一年以上	湖北省
饲添（2009）1449	保康尧治河长磷化工有限公司	停产一年以上	湖北省
饲添（2009）1645	青岛科谷生物制品研发有限公司	企业申请注销	山东省
饲添（2009）1897	威海华岳动物保健品有限公司	停产一年以上	山东省
饲添（2009）2548	荆州市正欣生物工程有限公司	停产一年以上	湖北省
饲添（2009）2554	济南三合饲料添加剂有限公司	停产一年以上	山东省
饲添（2009）2567	湖北康博金生物科技有限公司	企业基本情况发生较大变化，已不具备基本生产条件	湖北省
饲添（2009）2570	厦门兴牧威动物保健品有限公司	企业申请注销	福建省
饲添（2009）2662	武汉千湖生物工程有限责任公司	停产一年以上	湖北省
饲预（2009）3816	武汉创亿生物技术有限公司	停产一年以上	湖北省
饲预（2009）4345	威海华岳动物保健品有限公司	停产一年以上	山东省
饲预（2009）5679	湖州天云水产饲料助剂厂	企业申请注销	浙江省
饲预（2009）5736	武汉千湖生物工程有限责任公司	停产一年以上	湖北省
饲预（2010）1942	浙江银冠兽药饲料有限公司	企业申请注销	浙江省
饲添（2010）2755	杭州维特康生物科技有限公司	停产一年以上	浙江省
饲添（2010）2764	厦门百拓生物工程有限公司	企业申请注销	福建省
饲预（2010）6049	济南集牧堂饲料有限公司	企业申请注销	山东省
饲预（2011）0347	义乌市胖胖饲料有限公司	停产一年以上	浙江省
饲添（2011）0942	文登市文峰饲料添加剂厂	企业申请注销	山东省
饲预（2011）2536	文登市文峰饲料添加剂厂	企业申请注销	山东省
饲添（2011）2931	文水春兴钙业科技有限公司	企业申请注销	山西省

（李大鹏）

进口饲料和饲料添加剂管理

根据《进口饲料和饲料添加剂登记管理办法》有关规定，批准保加利亚标伟特股份有限公司等348家公司生产的430种饲料和饲料添加剂产品在我国登记或续展登记，并发给进口登记证（见附件1和附件2）。批准德国罗曼动物保健有限公司等36家企业变更生产厂家或申请单位名称，部分产品变更其商品名称，并换发进口登记证（见附件3）。所登记产品的监督检验按中华人民共和国国家标准或农业部发布的质量标准执行。

附件 1：

进口饲料和饲料添加剂产品登记证目录（2013）

登记证号	通用名称	商品名称	产品类别	使用范围	生产厂家	有效期限	备注
（2013）外饲准字 001 号	内切-1,4-β-木聚糖酶（源自长柄木酶） Endo-1,4-beta-Xylanase (by Trichoderma longibrachiatum)	好特美 X30000 Hostazym X30000	饲料级酶制剂 Enzyme Feed Grade	鸡、猪 Chicken and Swine	保加利亚标伟特股份有限公司 Biovet Joint Stock Company, Bulgaria	2013.01—2018.01	
（2013）外饲准字 002 号	内切-1,4-β-木聚糖酶（源自长柄木酶） Endo-1,4-beta-Xylanase (by Trichoderma longibrachiatum)	好特美 X60000 Hostazym X60000	饲料级酶制剂 Enzyme Feed Grade	鸡、猪 Chicken and Swine	保加利亚标伟特股份有限公司 Biovet Joint Stock Company, Bulgaria	2013.01—2018.01	
（2013）外饲准字 003 号	β-木聚糖酶（源自长柄木酶）， α-淀粉酶（源自地衣芽孢杆菌）， 蛋白酶（源自枯草芽孢杆菌） β-xylanase (by Trichoderma longibrachiatum), α-amylase (by Bacillus licheniformis), Protease (by Bacillus subtilis)	爱特康 TM XAP 101TPT AxtraTM XAP 101TPT	饲料级酶制剂 Enzyme Feed Grade	家禽 Poultry	丹尼斯克（美国）有限公司 Danisco USA Inc., USA	2013.01—2018.01	
（2013）外饲准字 004 号	酿酒酵母 Saccharomyces Cerevisias	明新灵 Mingfix	微生物饲料添加剂 Microbial Feed Additive	畜禽 Livestock and Poultry	美国若斯生物科技公司 Biofeed Ras, USA	2013.01—2018.01	
（2013）外饲准字 005 号	酿酒酵母 Saccharomyces Cerevisias	新生素 Livebios	微生物饲料添加剂 Microbial Feed Additive	畜禽 Livestock and Poultry	美国若斯生物科技公司 Biofeed Ras, USA	2013.01—2018.01	

（续）

登记证号	通用名称	商品名称	产品类别	使用范围	生产厂家	有效期限	备注
（2013）外饲准字 006 号	枯草芽孢杆菌和乳酸杆菌 Bacillus subtilis and Lactobacillus acidophilus	莫克菲德 Mucofeed	微生物饲料添加剂 Microbial Feed Additive	猪、家禽、牛 Swine，Poultry，Cattle	韩国 Genobio 有限公司 Genobio Co.，Ltd，Korea	2013. 01—2018. 01	
（2013）外饲准字 007 号	枯草芽孢杆菌 Bacillus subtillis	益菌素 Soyamix	微生物饲料添加剂 Microbial Feed Additive	畜禽 Livestock and Poultry	台湾信逢股份有限公司 New Well Power Co.，Ltd.	2013. 01—2018. 01	
（2013）外饲准字 008 号	苯甲醇，异戊酸甲酯 Benzyl Alcohol，Methy Isovalerate	饮乐宝 S80 P2 Sa Cristal Mask Amertume ws S 80 P2 Sa	饲料调味剂 Feed Flavoring Agent	养殖动物 All species or categories of animals	法国馥蒂公司 Laboratoires Phode S. A. S.，France	2013. 01—2018. 01	
（2013）外饲准字 009 号	牛至油 Origanum Vulgare Oil	诺必达 预混剂 Ropadiar Powder Plus	饲料调味剂 Feed Flavoring Agent	家禽 Poultry	荷兰罗帕法姆国际有限公司 Ropapharm International B. V.，the Netherlands	2013. 01—2018. 01	
（2013）外饲准字 010 号	食品用香料 Food Flavoring Agent	味合 757 Pigor® 757	饲料调味剂 Feed Flavoring Agent	仔猪 Piglet	潘可士玛法国公司 Pancosma France S. A. S.，France	2013. 01—2018. 01	
（2013）外饲准字 011 号	食品用香料 Food Flavoring Agent	欧蒂菲（虾用）KX83 P1 Optifeed® Shrimp KX83 P1	饲料调味剂 Feed Flavoring Agent	水产动物 Aquaculture	法国馥蒂公司 Laboratores Phode S. A. S.，France	2013. 01—2018. 01	
（2013）外饲准字 012 号	食品用香料 Food Flavoring Agent	欧蒂菲（虾用）加强性 KX83 P2 Optifeed® Shrimp Plus KX83 P2	饲料调味剂 Feed Flavoring Agent	水产动物 Aquaculture	法国馥蒂公司 Laboratores Phode S. A. S.，France	2013. 01—2018. 01	

（续）

登记证号	通用名称	商品名称	产品类别	使用范围	生产厂家	有效期限	备注
（2013）外饲准字 013 号	β-胡萝卜素 10%粉剂 Altratene 10% Feed	β-胡萝卜素 10%粉剂 Altratene 10% Feed	饲料级维生素 Vitamin Feed Grade	家禽 Poultry	台湾立弘生化科技股份有限公司 Allied Biotech Corporation	2013.01—2018.01	
（2013）外饲准字 014 号	叶黄素（万寿菊提取物） Luten（Tagetes Execta）	谐睦 20 XAMACOL 20	饲料着色剂 Feed Coloring Agent	家禽和水产动物 Poultry and Aquaculture	宜可富化学及药品开发有限公司 Incestigaciones Químicas Y Farmacéuticas S. A.，Spain	2013.01—2018.01	
（2013）外饲准字 015 号	多种酸化剂 Multi - acidifiers	沥普汀 Re - Hydra Pro®	饲料酸化剂 Feed Acidifier	养殖动物 All species or categories of animals	西班牙艾迪维特公司 Adiveter SL，Spain	2013.01—2018.01	
（2013）外饲准字 016 号	维生素 B_{12} Vitamin B_{12}	维生素 B_{12} 1%饲料级 VitaminB_{12} 1% Feed Grade	饲料级维生素 Vitamin Feed Grade	养殖动物 All species or categories of animals	法国赛诺菲公司 Sanofi Chimie，France	2013.01—2018.01	
（2013）外饲准字 017 号	啤酒酵母细胞壁 Saccharomyces cerevisiae Yeast Cell Wall	普壮素 Immunowall	饲料添加剂 Feed Additive	养殖动物 All species or categories of animals	巴西 Alcoeste Destilaria Fernand® polis S/A 公司 Alcoeste Destilaria Fernand® polis S/A，Brazil	2013.01—2018.01	
（2013）外饲准字 018 号	灭活啤酒酵母自溶物 Inactive Saccharomyces cerevisiae yeast autolysate	核力素 Hilyses	饲料添加剂 Feed Additive	养殖动物 All species or categories of animals	巴西 Usina Sao Luiz S/A 公司 Usina Sao Luiz S/A，Brazil	2013.01—2018.01	
（2013）外饲准字 019 号	多种矿物质 Multi - minerals	安宁健 Anigane	饲料添加剂 Feed Additive	家禽 Poultry	澳洲农业化学有限公司 Rural Chemical Industries（Aust.）Pty. Ltd.，Australia	2013.01—2018.01	
（2013）外饲准字 020 号	果寡糖 Fructo Oligo Saccharide	奥利康明治 Oligo SI	饲料添加剂 Feed Additive	猪、家禽和牛 Swine，Poultry and Cattle	日本 Nichiku 药品工业株式会社 Nichiku Yakuhin Kogyo Corporation，Japan	2013.01—2018.01	

（续）

登记证号	通用名称	商品名称	产品类别	使用范围	生产厂家	有效期限	备注
（2013）外饲准字021号	苹果酸、L-抗坏血酸和氨基酸 Malic Acid，L-ascorbic Acid，A-mino Acid	百舒泰（液体） Viusid Vet（Liquid）	饲料添加剂 Feed Additive	畜禽、水产 Livestock and Poultry Aquaculture	西班牙Catalysis有限公司 Catalysis，S. L.，Spain	2013.01—2018.01	
（2013）外饲准字022号	苹果酸、L-抗坏血酸和氨基酸 Malic Acid，L-ascorbic Acid，A-mino Acid	百舒泰（粉剂） Viusid Vet（Powder）	饲料添加剂 Feed Additive	畜禽、水产 Livestock and Poultry Aquaculture	西班牙Catalysis有限公司 Catalysis，S. L.，Spain	2013.01—2018.01	
（2013）外饲准字023号	酿酒酵母 Saccharomyces Cerevisiae	百奥宝 Bio-Bond	饲料添加剂 Feed Additive	猪、鸡、牛 Swine，Chicken，Cattle	美国国际生物营养有限公司 Bio-Nutrition International，Inc，USA	2013.01—2018.01	
（2013）外饲准字024号	碳酸钴和烟酰胺 Cobalt carbonate and Nicotinamid	可力可利颗粒 Glyco-line-pellet	添加剂预混合饲料 Additive Premix	牛和绵羊 Cattle and Sheep	法国Vitalac公司 Vitalac，France	2013.01—2018.01	
（2013）外饲准字025号	硫酸钴和烟酰胺 Cobalt Sulphate and Nicotinamid	可力可利液体 Liquid Glyco-line	添加剂预混合饲料 Additive Premix	奶牛 Milk Cattle	法国Vitalac公司 Vitalac，France	2013.01—2018.01	
（2013）外饲准字026号	硫酸亚铁和甘氨酸 Ferrous Sulfate and Glycine	宝矿利-铁S Prochal-Fe S	添加剂预混合饲料 Additive Premix	鸡、猪 Chicken and Swine	中国派斯德股份有限公司 China Bestar Laboratories Ltd.	2013.01—2018.01	
（2013）外饲准字027号	仔猪用复合预混料 Piglets Compound Premix	东鼎一号 Ton-tin®	添加剂预混合饲料 Additive Premix	仔猪 Piglet	台湾佳兴实业股份有限公司 President Health Nutrition Co.，Ltd.	2013.01—2018.01	
（2013）外饲准字028号	酶制剂和果寡糖 Enzyme and Fructo-*oligosaccharide*	菲尔特 Pigiefeed	添加剂预混合饲料 Additive Premix	仔猪 Piglet	日本新水株式会社 Sinsui Inc.，Japan	2013.01—2018.01	

（续）

登记证号	通用名称	商品名称	产品类别	使用范围	生产厂家	有效期限	备注
（2013）外饲准字 029 号	亚麻仁粕、维生素、矿物质 Maren Meal，Vitamin，Minerals	平原农场 O－3 蛋鸡饲料 150 型预混料 P. O. F. O－3 Chicken Layer Supplement 150	添加剂预混合饲料 Additive Premix	蛋鸡 Layer	加拿大雷德利生产有限公司 Ridley Inc，Canada	2013. 01—2018. 01	
（2013）外饲准字 030 号	亚麻仁粕、维生素、矿物质 Maren Meal，Vitamin，Minerals	平原农场 O－3 肉猪饲料 50 型预混料 P. O. F. O－3 Swine Finisher Supplement 50	添加剂预混合饲料 Additive Premix	猪 Swine	加拿大雷德利生产有限公司 Ridley Inc，Canada	2013. 01—2018. 01	
（2013）外饲准字 031 号	亚麻仁粕、维生素、矿物质 Maren Meal，Vitamin，Minerals	平原农场 O－3 肉鸡饲料 100 型预混料 P. O. F. O－3 Broiler Chicken Supplement 50	添加剂预混合饲料 Additive Premix	肉鸡 Broiler	加拿大雷德利生产有限公司 Ridley Inc，Canada	2013. 01—2018. 01	
（2013）外饲准字 032 号	维生素 E、多种矿物质 Vitamin E，Multi－Minerals	KNZ 繁殖型盐添砖 KNZ Tradition Fertility	精料补充料 Concentrate Supplement	奶牛 Dairy Cow	阿克苏诺贝尔功能化学品公司 Akzo Nobel Functional Chemicals B. V.，the Netherlands	2013. 01—2018. 01	
（2013）外饲准字 033 号	含可溶物玉米酒糟 DDGS	蛋白 DP50 Bio－YP50	饲料原料 Feed Material	猪、鸡、牛 Swine，Chicken，Cattle	美国国际生物营养有限公司 Bio－Nutrition International，Inc，USA	2013. 01—2018. 01	
（2013）外饲准字 034 号	红鱼粉 Red Fishmeal	坚雄鱼粉（二级） Kien Fishmeal（Ⅱ）	饲料原料 Feed Material	家禽、猪和水产 Poultry，Swine and Aquaculture	越南坚雄鱼粉厂 Kien Hung Fishmeal Factory，Vietnam	2013. 01—2018. 01	

（续）

登记证号	通用名称	商品名称	产品类别	使用范围	生产厂家	有效期限	备注
（2013）外饲准字 035 号	红鱼粉 Red Fishmeal	红鱼粉（三级） Red Fishmeal（Ⅲ）	饲料原料 Feed Material	家禽、猪和水产 Poultry，Swine and Aquaculture	厄瓜多尔 Borsea 股份有限公司 Borsea S. A.，Ecuador	2013. 01—2018. 01	
（2013）外饲准字 036 号	红鱼粉 Red Fishmeal	红鱼粉（三级） Red Fishmeal（Ⅲ）	饲料原料 Feed Material	家禽、猪和水产 Poultry，Swine and Aquaculture	厄瓜多尔 Manabita de Comercio S. A.，Mancorsacom 份有限公司 Manabita de Comercio S. A. Mancorsacom，Ecuador	2013. 01—2018. 01	
（2013）外饲准字 037 号	红鱼粉 Red Fishmeal	全利高品质蒸汽红鱼粉（三级） Red Fishmeal（Ⅲ）	饲料原料 Feed Material	家禽、猪和水产 Poultry，Swine and Aquaculture	马来西亚全利海产有限公司 QL Marine Products SDN. BHD.，Malaysia	2013. 01—2018. 01	
（2013）外饲准字 038 号	白鱼粉 White Fishmeal	阿拉斯加牌白鱼粉（二级） Alaska Brands White Fishmeal（Ⅱ）	饲料原料 Feed Material	家禽、猪和水产 Poultry，Swine and Aquaculture	美国 Golden 阿拉斯加海鲜有限公司 Golden Alaska Seafoods，LLC.，USA	2013. 01—2018. 01	
（2013）外饲准字 039 号	鱼油 Fish Oil	鱼油（饲料级） Pesquera Pacific Star Brand Fish oil（Feed Grade）	饲料原料 Feed Material	家禽、猪和水产 Poultry，Swine and Aquaculture	智利 Los Glaciares 有限公司 Los Glaciares S. A.，Chile	2013. 01—2018. 01	
（2013）外饲准字 040 号	鱼油 Fish Oil	鲱鱼鱼油 Menhaden Fish Oil	饲料原料 Feed Material	家禽、猪和水产 Poultry，Swine and Aquaculture	美国欧米茄蛋白公司 Omega Protein Inc.，USA	2013. 01—2018. 01	
（2013）外饲准字 041 号	狗干粮 Dry Dog Food	派斯宝成犬粮（小型/中型犬） Legacy Valuing Tradition（Small/Medium Breed Adult）	配合饲料 Compound Feed	狗 Dog	斯派特饲料有限公司 Spectrum Feed Services Ltd.，Canada	2013. 01—2018. 01	

（续）

登记证号	通用名称	商品名称	产品类别	使用范围	生产厂家	有效期限	备注
（2013）外饲准字 042 号	狗干粮 Dry Dog Food	欧冠幼年中型犬粮 Euro - premium Junior & Puppy Medium Dry Dog Food	配合饲料 Compound Feed	狗 Dog	比利时贝依达富有限公司 Beduco N. V.，Belgium	2013.01—2018.01	
（2013）外饲准字 043 号	狗干粮 Dry Dog Food	欧冠幼年小型犬粮 Euro - premium Junior & Puppy Small Dry Dog Food	配合饲料 Compound Feed	狗 Dog	比利时贝依达富有限公司 Beduco N. V.，Belgium	2013.01—2018.01	
（2013）外饲准字 044 号	鱼饲料 Fish Feed	海丰牌锦鲤观赏鱼饲料 Hai Feng Koi Ornamental Fish Food	配合饲料 Compound Feed	鱼 Fish	台湾海丰饲料股份有限公司 Hair Feng Feeds Co.，Ltd.	2013.01—2018.01	
（2013）外饲准字 058 号	二十二碳六烯酸（源自裂壶藻） Common Name DHA（from Sachizochytrium Sp.）	二十二碳六烯酸 DHA goldTM	饲料添加剂 Feed Additive	鸡、猪和水产动物 Chicken，Swine and Aquaculture	帝斯曼营养产品有限公司 DSM Nutrition Products，USA	2013.02—2018.02	
（2013）外饲准字 059 号	灭活酿酒酵母粉 Inactivated *Saccharomyces cervisiae*	宝利肥 Thepax	饲料添加剂 Feed Additive	畜禽 Livestock and Poultry	意大利拓大公司 DOX - AL Italia SPA，Italy	2013.02—2018.02	
（2013）外饲准字 060 号	柠檬酸和山梨酸 Citric Acid and Sorbic Acid 百里香酚和香兰素 Thymol and Vanillin	维肠康 S AviPlus S	饲料添加剂 Feed Additive	仔猪 Piglet	意大利 Vetagro S. P. A. 股份公司 Vetagro S. P. A.，Italy	2013.02—2018.02	
（2013）外饲准字 061 号	柠檬酸和山梨酸 Citric Acid and Sorbic Acid 百里香酚和香兰素 Thymol and Vanillin	维肠康 P AviPlus P	饲料添加剂 Feed Additive	家禽 Poultry	意大利 Vetagro S. P. A. 股份公司 Vetagro S. P. A.，Italy	2013.02—2018.02	

（续）

登记证号	通用名称	商品名称	产品类别	使用范围	生产厂家	有效期限	备注
（2013）外饲准字 062 号	水合硅铝酸钠钙 Hydrated Sodium Calcium Alumino-silicate	阻霉灵 Zeomfeed	饲料添加剂 Feed Additive	牛、猪、家禽、水产动物 Cattle，Swine，Poultry，Aquaculture	美国 LD 佳技术有限公司 LD Techplus LLC，USA	2013.02—2018.02	
（2013）外饲准字 063 号	水合硅铝酸钠钙 Hydrated Sodium Calcium Alumino-silicate	康泰灵 Biotite V	饲料添加剂 Feed Additive	鸡、猪 Chicken and Swine	韩国（株）曙烽生物技术公司 Seobong Biobestech Co.，Ltd，Korea	2013.02—2018.02	
（2013）外饲准字 064 号	丙酸 Propionic Acid 丙酸铵 Ammonium Propionate	巧酸霉（液体） Schaumasil Supra NK flüssig	饲料防霉剂 Feed Mould Inhibitor	鸡、猪 Chicken and Swine	德国里格拉纳有限责任公司 Ligrana GmbH，Germany	2013.02—2018.02	
（2013）外饲准字 065 号	乳酸 Lactic Acid	普拉克 LAFEED80 PURAC LAFEED80	饲料酸化剂 Feed Acidifier	养殖动物 All species or categories of animals	普拉克（泰国）有限公司 PURAC（Thailand）Ltd.，Thailand	2013.02—2018.02	
（2013）外饲准字 066 号	甲萘醌亚硫酸氢钠 Menadione Sodium Bisulfite	维生素 K_3－MSB50 Vitamin K_3－MSB50（Menadione Sodium Bisulfite 50）Feed Grade	饲料级维生素 Vitamin Feed Grade	养殖动物 All species or categories of animals	乌拉圭帝沃斯公司 Dirox S. A.，Uruguay	2013.02—2018.02	
（2013）外饲准字 067 号	鱼油 Fish Oil	鱼油（饲料级） Fish oil（Feed Grade）	饲料原料 Feed Material	猪、鸡和水产动物 Swine，Chicken and Aquaculture	长运国际集团（越南）有限公司 Runlong International Group（Vietnam）Co.，Ltd，Vietnam	2013.02—2018.02	
（2013）外饲准字 068 号	灭活啤酒酵母粉 Inactive Brewers' Yeast Powder	博赛 Brewcell	饲料原料 Feed Material	养殖动物 All species or categories of animals	巴西库塔糖业公司 Acucareira Quata S. A.，Brazil	2013.02—2018.02	

（续）

登记证号	通用名称	商品名称	产品类别	使用范围	生产厂家	有效期限	备注
（2013）外饲准字 069 号	裂壶藻粉 Schizochytrium Powder	裂壶藻粉 Schizochytrium Powder	饲料原料 Feed Material	养殖动物 All species or categories of animals	美国奥特奇公司 Alltech Inc.，USA	2013.02—2018.02	
（2013）外饲准字 070 号	浓缩乳清粉、精炼椰子油和棕榈油 Whey Concentration，Coconut Oil，Palm Oil	赛乳 100 Serolat 15－17	饲料原料 Feed Material	猪 Swine	荷兰纽维德公司 Nutrifeed，the Netherlands	2013.02—2018.02	
（2013）外饲准字 071 号	牛肉骨粉 Meat and Bone Meal（Bovine）	牛肉骨粉 Meat and Bone Meal（Bovine）	饲料原料 Feed Material	家禽、猪和鱼 Poultry，Swine and Fish	澳大利亚 Country Choice 生产厂有限公司 Australian Country Choice Production Pty Ltd，Australia	2013.02—2018.02	
（2013）外饲准字 072 号	禽肉骨粉 Poultry Meal	禽肉骨粉 Poultry Meal	饲料原料 Feed Material	猪和水产动物 Swine and Aquaculture	澳大利亚 A. J. Bush & Sons（生产者）有限公司 A. J. Bush & Sons（Manufactures）Pty. Ltd.，Australia	2013.02—2018.02	
（2013）外饲准字 073 号	肉骨粉 Meat and Bone Meal	牛及绵羊肉骨粉 Bovine and Ovine Meat and Bone Meal	饲料原料 Feed Material	猪 Swine	澳大利亚 Derby Industries Pty Ltd 公司 Derby Industries Pty Ltd，Australia	2013.02—2018.02	
（2013）外饲准字 074 号	肉骨粉 Meat and Bone Meal	TBP 肉骨粉（牛羊） TBP Meat and Bone Meal	饲料原料 Feed Material	猪和家禽 Swine and Poultry	新西兰 TBT 副产品有限公司 Taranaki By Products Ltd，New Zealand	2013.02—2018.02	
（2013）外饲准字 075 号	肉骨粉 Meat and Bone Meal	Imlay 肉骨粉（牛羊） Imlay Meat and Bone Meal	饲料原料 Feed Material	猪和家禽 Swine and Poultry	新西兰 AFFCO 有限公司 AFFCO New Zealand Limited，New Zealand	2013.02—2018.02	

（续）

登记证号	通用名称	商品名称	产品类别	使用范围	生产厂家	有效期限	备注
（2013）外饲准字076号	肉骨粉 Meat and Bone Meal	牛肉骨粉 Bovine Meat and Bone Meal	饲料原料 Feed Material	家禽、猪和鱼 Poultry，Swine and Fish	阿根廷 JBS 公司 JBS Argentina S. A.，Argent	2013.02—2018.02	
（2013）外饲准字077号	肉骨粉 Meat and Bone Meal	猪肉骨粉 Porcine Meat and Bone Meal	饲料原料 Feed Material	家禽、猪和水产动物 Poultry，Swine and Aquaculture	美国 Farmland 食品公司 Farmland Foods，Inc，USA	2013.02—2018.02	
（2013）外饲准字078号	红鱼粉 Red Fishmeal	红鱼粉（三级） Red Fishmeal（Ⅲ）	饲料原料 Feed Material	畜禽和水产 Livestock and Poultry，Aquaculture	泰国班邦鱼粉有限公司 Banbung Fishmeal Company Limited，Thailand	2013.02—2018.02	
（2013）外饲准字079号	红鱼粉 Red Fishmeal	红鱼粉（三级） Red Fishmeal（Ⅲ）	饲料原料 Feed Material	畜禽和水产 Livestock and Poultry，Aquaculture	印度 M/S MUkka Sea Food Industries Pvt. Ltd 公司 M/S MUkka Sea Food Industries Pvt. Ltd，India	2013.02—2018.02	
（2013）外饲准字080号	犬干粮 Dog Dry Food	力派犬用肾病（处方粮） Equilibrio Veterinary Renal - RE（Caes）	配合饲料 Compound Feed	犬 Dog	巴西达拓宠物食品公司 Total Alimentos S/A，Brazil	2013.02—2018.02	
（2013）外饲准字081号	犬干粮 Dog Dry Food	力派犬用心脏病（处方粮） Equilibrio Veterinary Cardiac C/A	配合饲料 Compound Feed	犬 Dog	巴西达拓宠物食品公司 Total Alimentos S/A，Brazil	2013.02—2018.02	
（2013）外饲准字082号	犬干粮 Dog Dry Food	力派犬用抗过敏（处方粮） Equilibrio Veterinary Hypoallergenic - HA	配合饲料 Compound Feed	犬 Dog	巴西达拓宠物食品公司 Total Alimentos S/A，Brazil	2013.02—2018.02	

（续）

登记证号	通用名称	商品名称	产品类别	使用范围	生产厂家	有效期限	备注
（2013）外饲准字 083 号	犬干粮 Dog Dry Food	力派犬用肥胖病和糖尿病（处方粮） Equilibrio Veterinary Obesity & Diabetic O&D（Caes）	配合饲料 Compound Feed	犬 Dog	巴西达拓宠物食品公司 Total Alimentos S/A，Brazil	2013.02—2018.02	
（2013）外饲准字 084 号	猫干粮 Cat Dry Food	力派猫用肥胖病和糖尿病（处方粮） Equilibrio Veterinary Obesity & Diabetic O&D（Gato）	配合饲料 Compound Feed	猫 Cat	巴西达拓宠物食品公司 Total Alimentos S/A，Brazil	2013.02—2018.02	
（2013）外饲准字 085 号	猫干粮 Cat Dry Food	力派猫用肾病（处方粮） Equilibrio Veterinary Renal－RE（Gatos）	配合饲料 Compound Feed	猫 Cat	巴西达拓宠物食品公司 Total Alimentos S/A，Brazil	2013.02—2018.02	
（2013）外饲准字 093 号	玉米酒糟粕 DDGS 啤酒酵母粉 Brewers Dried Yeast 多种微量元素 Microelement	莱福斯 Lifeforce Formula	精料补充料 Concentrate Supplement	马匹 Horse	美国奥特奇公司 Alltech Inc.，USA	2013.04—2018.04	
（2013）外饲准字 094 号	葡聚糖酶（源自长柄木酶） Glucanase（By Trichoderma Longibranchiatum）	卢美斯葡聚糖酶 LumiGlucanase Super L	饲料酶制剂 Enzyme Feed Grade	家禽、猪 Poultry and Swine	印度卢美斯生物科技有限公司 Lumin Biotech Ptv. Ltd.，India	2013.04—2018.04	

（续）

登记证号	通用名称	商品名称	产品类别	使用范围	生产厂家	有效期限	备注
（2013）外饲准字 095 号	甲萘醌亚硫酸氢钠 Menadione Sodium Bisulefite	OXYVIT 牌饲料级维生素 K_3 OXYVIT® MSB Feed Grade	饲料级维生素 Vitamin Feed Grade	养殖动物 All species or categories of animals	土耳其 Oxyvit Kimya San 公司 Oxyvit Kimya San，VE Tic. A. S.，Turkey	2013. 04—2018. 04	
（2013）外饲准字 096 号	植物乳杆菌 L. *plantarum* 屎肠球菌 E. *faecium*	百亿塔 Vital Feed	微生物饲料添加剂 Microbial Feed Additive	牛、猪和家禽 Cattle，Swine and Poultry	韩国 CHEBIGEN 公司 CHEBIGEN Inc.，Korea	2013. 04—2018. 04	
（2013）外饲准字 097 号	多种有机酸 Multi-Organic Acid	凯米拉蓝酸宝 Kemira Protap LF1	饲料酸化剂 Feed Acidifier	猪和家禽 Swine and Poultry	凯米拉化学品有限公司 Kemira Chem Solution BV.，The Netherlands	2013. 04—2018. 04	
（2013）外饲准字 098 号	多种有机酸 Multi-Organic Acid	优酸 BioAcid	饲料酸化剂 Feed Acidifier	猪 Swine 家禽 Poultry 牛 Cattle	韩国 DAEHO 株式会社 DAEHO Co.，Ltd.，Korea	2013. 04—2018. 04	
（2013）外饲准字 099 号	磷酸氢钙 MCHC 椰子油 Coconut Oil 多种维生素 Multi Vitamin	维福 I2 VeyFo Dog-Motio-Mulgat	饲料添加剂 Feed Additive	犬 Dog	德国 Veyx-pharma 股份有限公司 Veyx-pharma GmbH，Germany	2013. 04—2018. 04	
（2013）外饲准字 100 号	干酵母 Dried Yeast 丙酸钠 Sodium Propionate 小麦粉 Wheat Semolina Bran	维福 D2 VeyFo Veyxapron	饲料添加剂 Feed Additive	奶牛 Dairy Cows 母羊 Ewes	德国 Veyx-pharma 股份有限公司 Veyx-pharma GmbH，Germany	2013. 04—2018. 04	

（续）

登记证号	通用名称	商品名称	产品类别	使用范围	生产厂家	有效期限	备注
（2013）外饲准字 101 号	非活性酿酒酵母 Inactivated Yeast 硅酸盐 Silicate	清毒康 ToxicZero	饲料添加剂 Feed Additive	养殖动物 All species or categories of animals	韩国 DAEHO 株式会社 DAEHO Co.，Ltd，Korea	2013.04—2018.04	
（2013）外饲准字 102 号	植物脂肪包被丁酸钠 Sodium Butyrate Coated With Vegetable Fat	谷饲妥 70 Gustor BP 70	饲料添加剂 Feed Additive	养殖动物 All species or categories of animals	西班牙 Norel S. A. 公司 Norel S. A.，Spain	2013.04—2018.04	
（2013）外饲准字 103 号	植物籽油 Plant Oil 纤维素粉 Cellulose meal 多种维生素 Multi - vitamins	维福 E3 VeyFo Yong Animal - Oral Mulgat	饲料添加剂 Feed Additive	仔猪、马、羊、犬 Piglet，Horse，Sheep，Dog	德国 Veyx - pharma 股份有限公司 Veyx - pharma GmbH，Germany	2013.04—2018.04	
（2013）外饲准字 104 号	磷酸二氢钠 Sodium phosphate 氯化钠 Sodium Chloride 葡萄糖 Glucose	维福 D8 VeyFo Veyxol B - Phos	饲料添加剂 Feed Additive	家畜 Livestock 猫 Cat 狗 Dog	德国 Veyx - Pharma 股份有限公司 Veyx - Pharma GmbH，Germany	2013.04—2018.04	
（2013）外饲准字 105 号	氨基酸铜络合物 Copper Amino Acid Complex	氨维乐-铜 170 Availa - Cu 170	矿物质饲料添加剂 Minerals Feed Additive	养殖动物 All species or categories of animals	美国金宝动物营养国际有限公司 Zinpro Animal Nutrition International Inc，USA	2013.04—2018.04	
（2013）外饲准字 106 号	氨基酸锰络合物 Manganese Amino Acid Complex	氨维乐-锰 150 Availa - Mn 150	矿物质饲料添加剂 Minerals Feed Additive	养殖动物 All species or categories of animals	美国金宝动物营养国际有限公司 Zinpro Animal Nutrition International Inc，USA	2013.04—2018.04	
（2013）外饲准字 107 号	鸡蛋粉 Egg Powder	金蛋粉 G - EGG	饲料原料 Feed Material	猪 Swine 水产动物 Aquaculture 家禽 Poultry	美国华达生化科技有限公司 Vitech Bio - Chen Corporation，USA	2013.04—2018.04	

（续）

登记证号	通用名称	商品名称	产品类别	使用范围	生产厂家	有效期限	备注
（2013）外饲准字 108 号	羽毛水解蛋白 Feather Hydrolyzed Protein	羽毛水解蛋白 Feather Hydrolyzed Protein	饲料原料 Feed Material	猪 Swine 水产动物 Aquaculture	A. J. Bush & Sons（生产者）有限公司 A. J. Bush & Sons（Manufactures）Pty. Ltd.，Australia	2013. 04—2018. 04	
（2013）外饲准字 109 号	大豆 Soya 小麦蛋白 Wheat Concentrate 乳化剂 Emulsifier	唯乐美 Volamel Extra	饲料原料 Feed Material	家禽 Poultry	比利时 BEPRO 公司 BEPRO N. V.，Belgium	2013. 04—2018. 04	
（2013）外饲准字 110 号	大豆酶解蛋白 Soy Protein Hydrolyzed	哺泰 S Portide－S	饲料原料 Feed Material	猪 Swine 家禽 Poultry	台湾台菌生技股份有限公司 Taiwan Gene Biotech Co.，Ltd	2013. 04—2018. 04	
（2013）外饲准字 111 号	鸡油 Chicken Oil	鸡油（饲料级） Chicken Feed Grease	饲料原料 Feed Material	畜禽 Livestock and Poultry	美国 JBS 皮尔格林公司 Pilgrim's a Division of JBS，USA	2013. 04—2018. 04	
（2013）外饲准字 112 号	马饲料 Horse Feed	Hygain 赛马马粮 Hy Gain Racing	精料补充料 Concentrate Supplement	马匹 Horse	澳大利亚 Hy Gain Feed Pty Ltd 公司 Hy Gain Feed Pty Ltd，Australia	2013. 04—2018. 04	
（2013）外饲准字 113 号	马饲料 Horse Feed	Hygain 通用马粮 Hy Gain Versatile	精料补充料 Concentrate Supplement	马匹 Horse	澳大利亚 Hy Gain Feed Pty Ltd 公司 Hy Gain Feed Pty Ltd，Australia	2013. 04—2018. 04	
（2013）外饲准字 114 号	马饲料 Horse Feed	Hygain 马术马粮 Hy Gain Equestrian	精料补充料 Concentrate Supplement	马匹 Horse	澳大利亚 Hy Gain Feed Pty Ltd 公司 Hy Gain Feed Pty Ltd，Australia	2013. 04—2018. 04	
（2013）外饲准字 115 号	马饲料 Horse Feed	Hygain 种马马粮 Hy Gain Stud	精料补充料 Concentrate Supplement	马匹 Horse	澳大利亚 Hy Gain Feed Pty Ltd 公司 Hy Gain Feed Pty Ltd，Australia	2013. 04—2018. 04	

（续）

登记证号	通用名称	商品名称	产品类别	使用范围	生产厂家	有效期限	备注
（2013）外饲准字116号	红鱼粉 Red Fishmeal	Lucky 88牌红鱼粉（三级） Lucky 88 Brand Red Fishmeal（Ⅲ）	饲料原料 Feed Material	家禽、猪 水产动物 Poultry，Swine and Aquaculture	新西兰 Sealord 集团有限公司（工船编号L62713） Sealord Group Limited，New Zealand	2013.04—2018.04	
（2013）外饲准字117号	红鱼粉 Red Fishmeal	Lucky 88牌红鱼粉（三级） Lucky 88 Brand Red Fishmeal（Ⅲ）	饲料原料 Feed Material	家禽、猪 水产动物 Poultry，Swine and Aquaculture	新西兰 Sealord 集团有限公司（工船编号L63635） Sealord Group Limited，New Zealand	2013.04—2018.04	
（2013）外饲准字118号	红鱼粉 Red Fishmeal	Lucky 88牌红鱼粉（三级） Lucky 88 Brand Red Fishmeal（Ⅲ）	饲料原料 Feed Material	家禽、猪 水产动物 Poultry，Swine and Aquaculture	新西兰 Sealord 集团有限公司（工船编号L64051） Sealord Group Limited，New Zealand	2013.04—2018.04	
（2013）外饲准字119号	红鱼粉 Red Fishmeal	Lucky 88牌红鱼粉（三级） Lucky 88 Brand Red Fishmeal（Ⅲ）	饲料原料 Feed Material	家禽、猪 水产动物 Poultry，Swine and Aquaculture	新西兰 Sealord 集团有限公司（工船编号L62858） Sealord Group Limited，New Zealand	2013.04—2018.04	
（2013）外饲准字120号	红鱼粉 Red Fishmeal	红鱼粉（三级） Fishmeal（Ⅲ）	饲料原料 Feed Material	家禽、猪 水产动物 Poultry，Swine and Aquaculture	越南 Thanhkhol 责任有限公司 Thanh Khoi Company Limited，Vietnam	2013.04—2018.04	
（2013）外饲准字121号	红鱼粉 Red Fishmeal	秘鲁红鱼粉（三级） Preuvian Red Fishmeal（Ⅲ）	饲料原料 Feed Material	家禽、猪 水产动物 Poultry，Swine and Aquaculture	秘鲁 Nutrifish S. A. C. 公司 Paita 工厂 Nutrifish S. A. C.，Plant Paita，Peru	2013.04—2018.04	

（续）

登记证号	通用名称	商品名称	产品类别	使用范围	生产厂家	有效期限	备注
（2013）外饲准字 122 号	白鱼粉 White Fishmeal	白鱼粉（一级） White Fishmeal（Ⅰ）	饲料原料 Feed Material	家禽、猪 水产动物 Poultry，Swine and Aquaculture	俄罗斯《OKEANRYBFLOT》OJSC 公司，工船名称 F/V “BAYKOVSK” 编号 CH－67G 《OKEANRYBFLOT》OJSC, F/V “BAYKOVSK” CH－67G, Russia	2013.04 2018.04	
（2013）外饲准字 123 号	白鱼粉 White Fishmeal	白鱼粉（一级） White Fishmeal（Ⅰ）	饲料原料 Feed Material	家禽、猪 水产动物 Poultry，Swine and Aquaculture	俄罗斯《OKEANRYBFLOT》OJSC 公司，工船名称 F/V “ALEKSANDR KSENOFONTOV” 编号 CH－36L 《OKEANRYBFLOT》OJSC, F/V “ALEKSANDR KSENOFONTOV” CH－36L, Russia	2013.04 2018.04	
（2013）外饲准字 124 号	白鱼粉 White Fishmeal	白鱼粉（一级） White Fishmeal（Ⅰ）	饲料原料 Feed Material	家禽、猪 水产动物 Poultry，Swine and Aquaculture	俄罗斯《OKEANRYBFLOT》OJSC 公司，工船名称 F/V “MATVEY KUZMIN” 编号 CH－60A 《OKEANRYBFLOT》OJSC, F/V “MATVEY KUZMIN” CH－60A, Russia	2013.04 2018.04	

（续）

登记证号	通用名称	商品名称	产品类别	使用范围	生产厂家	有效期限	备注
（2013）外饲准字125号	白鱼粉 White Fishmeal	白鱼粉（一级） White Fishmeal（Ⅰ）	饲料原料 Feed Material	家禽、猪 水产动物 Poultry，Swine and Aquaculture	俄罗斯《OKEANRYBFLOT》OJSC公司，工船名称F/V "KHOTIN" 编号CH-78G 《OKEANRYBFLOT》OJSC，F/V "KHOTIN" CH-78G，Russia	2013.04 2018.04	
（2013）外饲准字126号	白鱼粉 White Fishmeal	白鱼粉（一级） White Fishmeal（Ⅰ）	饲料原料 Feed Material	家禽、猪 水产动物 Poultry，Swine and Aquaculture	俄罗斯《OKEANRYBFLOT》OJSC公司，工船名称F/V "POLLUKS" 编号CH-16F 《OKEANRYBFLOT》OJSC，F/V "POLLUKS" CH-16F，Russia	2013.04 2018.04	
（2013）外饲准字127号	白鱼粉 White Fishmeal	白鱼粉（一级） White Fishmeal（Ⅰ）	饲料原料 Feed Material	家禽、猪 水产动物 Poultry，Swine and Aquaculture	俄罗斯《OKEANRYBFLOT》OJSC公司，工船名称F/V "MOSKOVSKAYA OLIMPIADA" 编号CH-76G 《OKEANRYBFLOT》OJSC，F/V "MOSKOVSKAYA OLIMPIADA" CH-76G，Russia	2013.04 2018.04	
（2013）外饲准字128号	白鱼粉 White Fishmeal	白鱼粉（一级） White Fishmeal（Ⅰ）	饲料原料 Feed Material	家禽、猪 水产动物 Poultry，Swine and Aquaculture	俄罗斯《OKEANRYBFLOT》OJSC公司，工船名称F/V "XXVII SYEZD KPSS" 编号CH-62A 《OKEANRYBFLOT》OJSC，F/V "XXVII SYEZD KPSS" CH-62A，Russia	2013.04 2018.04	

（续）

登记证号	通用名称	商品名称	产品类别	使用范围	生产厂家	有效期限	备注
（2013）外饲准字 129 号	白鱼粉 White Fishmeal	白鱼粉（一级） White Fishmeal（Ⅰ）	饲料原料 Feed Material	家禽、猪 水产动物 Poultry，Swine and Aquaculture	俄罗斯《OKEANRYBFLOT》OJSC 公司，工船名称 F/V “MINISTR ISHKOV” 编号 CH－11L 《OKEANRYBFLOT》OJSC，F/V “MINISTR ISHKOV” CH－11L，Russia	2013.04 2018.04	
（2013）外饲准字 130 号	白鱼粉 White Fishmeal	白鱼粉（一级） White Fishmeal（Ⅰ）	饲料原料 Feed Material	家禽、猪 水产动物 Poultry，Swine and Aquaculture	俄罗斯《OKEANRYBFLOT》OJSC 公司，工船名称 F/V “BORISOV” 编号 CH－68G 《OKEANRYBFLOT》OJSC，F/V “BORISOV” CH－68G，Russia	2013.04 2018.04	
（2013）外饲准字 131 号	白鱼粉 White Fishmeal	白鱼粉（一级） White Fishmeal（Ⅰ）	饲料原料 Feed Material	家禽、猪 水产动物 Poultry，Swine and Aquaculture	俄罗斯《OKEANRYBFLOT》OJSC 公司，工船名称 F/V “ANATOLIY PONOMAREV” 编号 CH－15F 《OKEANRYBFLOT》OJSC，F/V “ANATOLIY PONOMAREV” CH－15F，Russia	2013.04 2018.04	
（2013）外饲准字 132 号	白鱼粉 White Fishmeal	白鱼粉（一级） White Fishmeal（Ⅰ）	饲料原料 Feed Material	家禽、猪 水产动物 Poultry，Swine and Aquaculture	俄罗斯《OKEANRYBFLOT》OJSC公司，工船名称F/V “XX SYEZN VLKSM” 编号 CH－71G 《OKEANRYBFLOT》OJSC，F/V “XX SYEZN VLKSM” CH－71G，Russia	2013.04 2018.04	

（续）

登记证号	通用名称	商品名称	产品类别	使用范围	生产厂家	有效期限	备注
（2013）外饲准字 133 号	白鱼粉 White Fishmeal	白鱼粉（一级） White Fishmeal（Ⅰ）	饲料原料 Feed Material	家禽、猪 水产动物 Poultry，Swine and Aquaculture	俄罗斯《OKEANRYBFLOT》OJSC 公司，工船名称 F/V "VLADIMIR BABICH" 编号 CH－74G 《OKEANRYBFLOT》OJSC，F/V "VLADIMIR BABICH" CH－74G，Russia	2013.04 2018.04	
（2013）外饲准字 134 号	白鱼粉 White Fishmeal	白鱼粉（一级） White Fishmeal（Ⅰ）	饲料原料 Feed Material	家禽、猪 水产动物 Poultry，Swine and Aquaculture	俄罗斯《OKEANRYBFLOT》OJSC 公司，工船名称 F/V "BAKLANOVO" 编号 CH－12L 《OKEANRYBFLOT》OJSC，F/V "BAKLANOVO" CH－12L，Russia	2013.04 2018.04	
（2013）外饲准字 149 号	多种矿物质 Multi－Minerals	艾力宝 CAD－MATE	矿物质饲料添加剂 Mineral Feed Additive	猪 Swine 牛 Cattle	美国兰科矿物质公司 Granco Minerals Inc.，USA	2013.05—2018.05	
（2013）外饲准字 150 号	氧化锌 Zinc Oxide	维肠宝 S Zincoret Swine	矿物质饲料添加剂 Mineral Feed Additive	猪 Swine	意大利 Vetagro S.P.A. 股份公司 Vetagro S.P.A.，Italy	2013.05—2018.05	
（2013）外饲准字 151 号	屎肠球菌 Enterococcus Faecium	爱益 Arca Bac EF	微生物饲料添加剂 Microbial Feed Additive	家禽 Poultry 猪 Swine 牛 Cattle	意大利阿卡公司 Prodotti Arca S.r.l.，Italy	2013.05—2018.05	
（2013）外饲准字 152 号	酿酒酵母 Saccharomyces Cerevisiae	西方酵母菌 Cel－Con 5	微生物饲料添加剂 Microbial Feed Additive	养殖动物 All species or categories of animals	西方酵母公司 Western Yeast Company，USA	2013.05—2018.05	
（2013）外饲准字 153 号	酿酒酵母 Saccharomyces Cerevisiae	泰富展® PolyEnrich®	微生物饲料添加剂 Microbial Feed Additive	猪 Swine 鸡 Chicken 牛 Cattle	台湾丰展生物科技股份有限公司 Enriching Innovation Biotech Co.，Ltd	2013.05—2018.05	

（续）

登记证号	通用名称	商品名称	产品类别	使用范围	生产厂家	有效期限	备注
（2013）外饲准字154号	木聚糖酶、β-葡聚糖酶和植酸酶（源自李氏木酶） Xylanase，β-glucanase，Phytase（by Trichhyoderma reesei）	超能酶 Enerzyme Super	饲料级酶制剂 Enzyme Feed Grade	仔猪 Piglet	新加坡金朝生物技术私人有限公司 Crown Pacific Biotechnology Pte.，Ltd.，Singapore	2013.05—2018.05	
（2013）外饲准字155号	食品用香料 Food Flavor Enhancement	泰瑞宝-液体 Mix-oil Liquid	饲料调味剂 Feed Flavor Enhancement	养殖动物 All species or categories of animals	意大利A. W. P. s. r. l. 公司 A. W. P. S. R. L.，Italy	2013.05—2018.05	
（2013）外饲准字156号	食品用香料 Food Flavor Enhancement	泰瑞宝-粉体 Mix-oil Powder	饲料调味剂 Feed Flavor Enhancement	养殖动物 All species or categories of animals	意大利A. W. P. s. r. l. 公司 A. W. P. S. R. L.，Italy	2013.05—2018.05	
（2013）外饲准字157号	多种酸化剂 Multi-acidifier	利增宝 Liptosa Hygen Pro	饲料酸化剂 Feed Acidifier	养殖动物 All species or categories of animals	西班牙Lipidos Toledo有限公司 Lipidos Toledo S. A.，Spain	2013.05—2018.05	
（2013）外饲准字158号	裂壶藻粉 Schizochytrium Powder 啤酒酵母粉 Brewers Dried Yeast	奥奇健 Alltech Spi	饲料添加剂 Feed Additive	牛、猪、马、家禽、宠物、水产动物 Cattle，Swine，Horse，Poultry，Pet，Aquaculture	美国奥特奇公司 Alltech Inc.，USA	2013.05—2018.05	
（2013）外饲准字159号	班脱土-蒙脱石 Bentonite-Montmorilonite 海泡石 Sepiolite 灭活酿酒酵母 Inactivated Yeast	纽埃特强霉净剂 TOXY-NIL® PLUS Dry	饲料添加剂 Feed Additive	养殖动物 All species or categories of animals	比利时纽埃特国际营养公司 Nutri-AD International NV，Belgium	2013.05—2018.05	
（2013）外饲准字160号	多种微量元素 Multi-trace Elements	艾依 Iron Pig Plus	饲料添加剂预混料 Feed Additive Premix	猪 Swine	意大利Vetoquinol公司 Vétoquinol Italia S. R. L.，Italy	2013.05—2018.05	

（续）

登记证号	通用名称	商品名称	产品类别	使用范围	生产厂家	有效期限	备注
（2013）外饲准字 161 号	红鱼粉 Red Fishmeal	蒸汽烘干红鱼粉（三级） Steam Dried Sterilized Fishmeal	饲料原料 Feed Material	畜禽 Livestock and Poultry 水产动物 Aquaculture	印度罗杰鱼粉 & 鱼油公司 RAJ Fishmeal & Oil Co.，India	2013.05—2018.05	
（2013）外饲准字 162 号	红鱼粉 Red Fishmeal	红鱼粉（三级）CP55% Red Fishmeal （Ⅲ）	饲料原料 Feed Material	畜禽 Livestock and Poultry 水产动物 Aquaculture	印度 Janatha Fishmeal & Oil Products 公司 Janatha Fishmeal & Oil Products，India	2013.05—2018.05	
（2013）外饲准字 163 号	红鱼粉 Red Fishmeal	红鱼粉（三级）CP65% Red Fishmeal （Ⅲ）	饲料原料 Feed Material	畜禽 Livestock and Poultry 水产动物 Aquaculture	印度 Janatha Fishmeal & Oil Products 公司 Janatha Fishmeal & Oil Products，India	2013.05—2018.05	
（2013）外饲准字 164 号	含可溶物玉米干酒糟 DDGS	鹰眼金质亚瑟 DDGS Hawkeye Gold Arthur DDGS	饲料原料 Feed Material	家禽 Poultry 牛 Cattle 猪 Swine 水产动物 Aquaculture	铂金乙醇有限公司 Platinum Ethanol LLC.，USA	2013.05—2018.05	
（2013）外饲准字 165 号	含可溶物玉米干酒糟 DDGS	鹰眼金质内华达 DDGS Hawkeye Gold Nevada DDGS	饲料原料 Feed Material	家禽 Poultry 牛 Cattle 猪 Swine 水产动物 Aquaculture	铂金乙醇有限公司 Platinum Ethanol LLC.，USA	2013.05—2018.05	
（2013）外饲准字 166 号	含可溶物玉米干酒糟 DDGS	玛吉斯威斯康星 DDGS Marquis Energy - Wisconsin DDGS	饲料原料 Feed Material	家禽 Poultry 牛 Cattle 猪 Swine 水产动物 Aquaculture	玛吉斯能源-威斯康星有限公司 Marquis Energy - Wisconsin LLC.，USA	2013.05—2018.05	

（续）

登记证号	通用名称	商品名称	产品类别	使用范围	生产厂家	有效期限	备注
（2013）外饲准字167号	犬干粮 Dog Dry Food	优卡中型犬高龄犬犬粮 Eukanuba Senior Medium Breed	配合饲料 Compound Feed	犬 Dog	宝洁阿根廷有限公司 Procter & Gamble Argentina S. R. L.，Argentina	2013.05—2018.05	
（2013）外饲准字168号	犬干粮 Dog Dry Food	百娜绮®猪肉红薯味狗粮 By Nature Pork&Sweet Potato Flavor Dog Food	配合饲料 Compound Feed	犬 Dog	美国肯特营养集团肯特宠物集团阿科德工厂 Kent Nutrition Group，Arcada Plant，USA	2013.05—2018.05	
（2013）外饲准字169号	犬干粮 Dog Dry Food	百娜绮®无谷物鸡肉土豆风味狗粮 By Nature Grain - free Chicken & Potato Flavor Dog Food	配合饲料 Compound Feed	犬 Dog	美国肯特营养集团肯特宠物集团阿科德工厂 Kent Nutrition Group，Arcada Plant，USA	2013.05—2018.05	
（2013）外饲准字170号	犬干粮 Dog Dry Food	百娜绮®鸭肉甜豆风味狗粮 By Nature Duck & Sweet Pea Flavor Dog Food	配合饲料 Compound Feed	犬 Dog	美国肯特营养集团肯特宠物集团阿科德工厂 Kent Nutrition Group，Arcada Plant，USA	2013.05—2018.05	
（2013）外饲准字171号	犬干粮 Dog Dry Food	百娜绮®三文鱼 海鱼和酸奶风味狗粮 By Nature Salmon Ocean Fish & Yogurt Dog Food	配合饲料 Compound Feed	犬 Dog	美国肯特营养集团肯特宠物集团阿科德工厂 Kent Nutrition Group，Arcada Plant，USA	2013.05—2018.05	

（续）

登记证号	通用名称	商品名称	产品类别	使用范围	生产厂家	有效期限	备注
（2013）外饲准字 172 号	猫干粮 Cat Dry Food	百娜绮®成猫猫粮 By Nature Adult Cat Formula	配合饲料 Compound Feed	猫 Cat	美国肯特营养集团肯特宠物集团阿科德工厂 Kent Nutrition Group，Arcada Plant，USA	2013.05—2018.05	
（2013）外饲准字 173 号	犬干粮 Dog Dry Food	搏狮®幼犬配方狗粮 Blue Seal Puppy Formula	配合饲料 Compound Feed	犬 Dog	美国肯特营养集团肯特宠物集团阿科德工厂 Kent Nutrition Group，Arcada Plant，USA	2013.05—2018.05	
（2013）外饲准字 174 号	犬干粮 Dog Dry Food	搏狮®成犬配方狗粮 Blue Seal Adult Dog Formula	配合饲料 Compound Feed	犬 Dog	美国肯特营养集团肯特宠物集团阿科德工厂 Kent Nutrition Group，Arcada Plant，USA	2013.05—2018.05	
（2013）外饲准字 175 号	犬干粮 Dog Dry Food	搏狮®活力犬配方狗粮 Blue Seal Active Dog Formula	配合饲料 Compound Feed	犬 Dog	美国肯特营养集团肯特宠物集团阿科德工厂 Kent Nutrition Group，Arcada Plant，USA	2013.05—2018.05	
（2013）外饲准字 176 号	猫干粮 Cat Dry Food	搏狮®成猫配方猫粮 Blue Seal Adult Cat Formula	配合饲料 Compound Feed	猫 Cat	美国肯特营养集团肯特宠物集团阿科德工厂 Kent Nutrition Group，Arcada Plant，USA	2013.05—2018.05	
（2013）外饲准字 177 号	猫干粮 Cat Dry Food	搏狮®幼猫配方猫粮 Blue Seal Kitten Cat Formula	配合饲料 Compound Feed	猫 Cat	美国肯特营养集团肯特宠物集团阿科德工厂 Kent Nutrition Group，Arcada Plant，USA	2013.05—2018.05	

（续）

登记证号	通用名称	商品名称	产品类别	使用范围	生产厂家	有效期限	备注
（2013）外饲准字179号	啤酒酵母粉 Brewers Dried Yeast 轻质碳酸钙 Calcium carbonate 酵母细胞壁 Yeast Cell Wall 水合硅铝酸钠钙 Hydrated Sodium Calcium Aluminosilicate	霉可吸 Mycosorb	饲料添加剂 Feed Additive	养殖动物 All species or categories of animals	美国奥特奇公司 Alltech Inc.，USA	2013.05—2018.05	重新登记
（2013）外饲准字180号	酵母硒 Selenium Yeast 啤酒酵母粉 Brewers Dried Yeast	赛乐硒 2000 Sel－Plex 2000	饲料添加剂 Feed Additive	畜禽、马、宠物、水产动物 Livestock，Horse，Pet，Aquaculture	美国奥特奇公司 Alltech Inc.，USA	2013.05—2018.05	重新登记
（2013）外饲准字181号	酵母提取物 Yeast Extract	新普乐 NUPRO	饲料添加剂 Feed Additive	畜禽、马、宠物、水产动物 Livestock，Horse，Pet，Aquaculture	美国奥特奇公司 Alltech Inc.，USA	2013.05—2018.05	重新登记
（2013）外饲准字182号	复合酸化剂 Compound Acidifier	欧酸肥 Acidofac	饲料添加剂 Feed Additive	育肥猪 Fattening Pig	台湾辉瑞生技股份有限公司（新竹厂）Pfizer Biotech Corporation（Hsin Chu Plant）	2013.06—2018.06	
（2013）外饲准字183号	可来雅皂角树粉末 Quillaja Saponaria Powder	纽福特 Nutrafito	饲料添加剂 Feed Additive	畜禽 Livestock and Poultry	智利天然产品公司 Natural Response S. A.，Chile	2013.06—2018.06	

（续）

登记证号	通用名称	商品名称	产品类别	使用范围	生产厂家	有效期限	备注
（2013）外饲准字 184 号	聚乙二醇甘油蓖麻酸酯 Glyceryl Polyethylenglycol Ricin-oleate	布利多 683 Bredol 683	饲料添加剂 Feed Additive	养殖动物 All species or categories of animals	瑞典阿克苏诺贝尔表面化学有限公司 Akzo Nobel Surface Chemistry AB，Sweden	2013.06—2018.06	
（2013）外饲准字 185 号	聚乙二醇甘油蓖麻酸酯 Glyceryl Polyethylenglycol Ricin-oleate	布利多 693 Bredol 693	饲料添加剂 Feed Additive	养殖动物 All species or categories of animals	瑞典阿克苏诺贝尔表面化学有限公司 Akzo Nobel Surface Chemistry AB，Sweden	2013.06—2018.06	
（2013）外饲准字 186 号	聚乙二醇甘油蓖麻酸酯 Glyceryl Polyethylenglycol Ricin-oleate	布利多 694 Bredol 694	饲料添加剂 Feed Additive	养殖动物 All species or categories of animals	瑞典阿克苏诺贝尔表面化学有限公司 Akzo Nobel Surface Chemistry AB，Sweden	2013.06—2018.06	
（2013）外饲准字 187 号	水合硅铝酸盐 Aluminosilicate	罗达明 Rotamin	饲料添加剂 Feed Additive	养殖动物 All species or categories of animals	土耳其 Rota Madencilik Tarim Hayvancilik Pazarlama Ve Nakliyat Dis Ticaret A. S. 公司 Rota Madencilik Tarim Hayvancilik Pazarlama Ve Nakliyat Dis Ticaret A. S.，Turkey	2013.06—2018.06	
（2013）外饲准字 188 号	枯草芽孢杆菌、乳片球菌、屎肠球菌 Bacillus subtilis，Pediococcus acidilactici，Enterococcus faecium	百苗宝 AquStar® Hatchery	微生物饲料添加剂 Microbial Feed Additive	鱼 Fish 虾 Shrimp	百奥明新加坡私人有限公司 BIOMIN Singapore Pte. Ltd.，Singapore	2013.06—2018.06	

（续）

登记证号	通用名称	商品名称	产品类别	使用范围	生产厂家	有效期限	备注
(2013）外饲准字189号	枯草芽孢杆菌、乳片球菌、屎肠球菌 Bacillus subtilis, Pediococcus acidilactici, Enterococcus faecium	百成宝 AquStar®Growou	微生物饲料添加剂 Microbial Feed Additive	鱼 Fish 虾 Shrimp	百奥明新加坡私人有限公司 BIOMIN Singapore Pte. Ltd., Singapore	2013.06—2018.06	
(2013）外饲准字190号	猪饲料 Pig Feed	裕农牌哺乳猪用补助饲料 UN－C100	浓缩饲料 Concentrated Feed	乳猪 Piglets	台湾农鹤企业有限公司 Nung Ho Enterprise Co., Ltd	2013.06—2018.06	
(2013）外饲准字191号	狗干粮 Dog Dry Food	小型犬幼犬粮 Junior Small Dog	配合饲料 Compound Feed	犬 Dog	比利时联合宠物食品公司 United Petfood Producers Nv, Belgium	2013.06—2018.06	
(2013）外饲准字192号	狗干粮 Dog Dry Food	小型犬成犬粮 Adult Small Dog	配合饲料 Compound Feed	犬 Dog	比利时联合宠物食品公司 United Petfood Producers Nv, Belgium	2013.06—2018.06	
(2013）外饲准字193号	狗干粮 Dog Dry Food	小型犬老年犬粮 Senior Small Dog	配合饲料 Compound Feed	犬 Dog	比利时联合宠物食品公司 United Petfood Producers Nv, Belgium	2013.06—2018.06	
(2013）外饲准字194号	狗干粮 Dog Dry Food	中型犬幼犬粮 Junior Medium Dog	配合饲料 Compound Feed	犬 Dog	比利时联合宠物食品公司 United Petfood Producers Nv, Belgium	2013.06—2018.06	
(2013）外饲准字195号	狗干粮 Dog Dry Food	中型犬成犬粮 Adult Medium Dog	配合饲料 Compound Feed	犬 Dog	比利时联合宠物食品公司 United Petfood Producers Nv, Belgium	2013.06—2018.06	
(2013）外饲准字196号	狗干粮 Dog Dry Food	大型犬幼犬粮 Junior Large Dog	配合饲料 Compound Feed	犬 Dog	比利时联合宠物食品公司 United Petfood Producers Nv, Belgium	2013.06—2018.06	

（续）

登记证号	通用名称	商品名称	产品类别	使用范围	生产厂家	有效期限	备注
(2013）外饲准字 197 号	狗干粮 Dog Dry Food	大型犬成犬粮 Adult Large Dog	配合饲料 Compound Feed	犬 Dog	比利时联合宠物食品公司 United Petfood Producers Nv，Belgium	2013.06—2018.06	
(2013）外饲准字 198 号	猫干粮 Cat Dry Food	幼猫猫粮 Kitten	配合饲料 Compound Feed	猫 Cat	比利时联合宠物食品公司 United Petfood Producers Nv，Belgium	2013.06—2018.06	
(2013）外饲准字 199 号	猫干粮 Cat Dry Food	成猫猫粮 Adult Cat	配合饲料 Compound Feed	猫 Cat	比利时联合宠物食品公司 United Petfood Producers Nv，Belgium	2013.06—2018.06	
(2013）外饲准字 200 号	猫干粮 Cat Dry Food	挑嘴成猫粮 Adult Fussy Cat	配合饲料 Compound Feed	猫 Cat	比利时联合宠物食品公司 United Petfood Producers Nv，Belgium	2013.06—2018.06	
(2013）外饲准字 201 号	狗干粮 Dog Dry Food	犬心脏病处方粮 Veterinary Diet Cardiac Canine	配合饲料 Compound Feed	犬 Dog	法国皇家宠物食品有限公司 Royal Canin SAS，France	2013.06—2018.06	
(2013）外饲准字 202 号	狗干粮 Dog Dry Food	犬肾脏处方粮 Veterinary Diet Renal Canine	配合饲料 Compound Feed	犬 Dog	法国皇家宠物食品有限公司 Royal Canin SAS，France	2013.06—2018.06	
(2013）外饲准字 203 号	狗干粮 Dog Dry Food	犬维持关节灵活性处方粮 Veterinary Diet Mobility Canine	配合饲料 Compound Feed	犬 Dog	法国皇家宠物食品有限公司 Royal Canin SAS，France	2013.06—2018.06	
(2013）外饲准字 204 号	猎干粮 Cat Dry Food	美毛成猫粮 Feline Care Nutrition Hair & Skin	配合饲料 Compound Feed	猫 Cat	法国皇家宠物食品有限公司 Royal Canin SAS，France	2013.06—2018.06	

（续）

登记证号	通用名称	商品名称	产品类别	使用范围	生产厂家	有效期限	备注
（2013）外饲准字 205 号	猫干粮 Cat Dry Food	口腔护理成猫粮 Feline Care Nutrition Oral Sensitive Feline	配合饲料 Compound Feed	猫 Cat	法国皇家宠物食品有限公司 Royal Canin SAS，France	2013. 06—2018. 06	
（2013）外饲准字 206 号	猫干粮 Cat Dry Food	全能优选成猫粮天然香味型 Feline Health Nutrition Exigent Attraction Aromatic	配合饲料 Compound Feed	猫 Cat	法国皇家宠物食品有限公司 Royal Canin SAS，France	2013. 06—2018. 06	
（2013）外饲准字 207 号	猫干粮 Cat Dry Food	猫肾脏处方粮 Veterinary Diet Renal Feline	配合饲料 Compound Feed	猫 Cat	法国皇家宠物食品有限公司 Royal Canin SAS，France	2013. 06—2018. 06	
（2013）外饲准字 208 号	猫干粮 Cat Dry Food	冠能幼猫鸡肉米饭配方猫粮 Pro Plan Kitten Chicken & Rice	配合饲料 Compound Feed	猫 Cat	澳大利亚雀巢普瑞纳宠物食品公司 Nestle Purina Petcare Australia	2013. 06—2018. 06	
（2013）外饲准字 209 号	猫干粮 Cat Dry Food	冠能成猫三文鱼金枪鱼配方猫粮 Pro Plan Adult Cat Salmon & Tuna	配合饲料 Compound Feed	猫 Cat	澳大利亚雀巢普瑞纳宠物食品公司 Nestle Purina Petcare Australia	2013. 06—2018. 06	
（2013）外饲准字 210 号	猫干粮 Cat Dry Food	冠能室内成猫配方猫粮 Pro Plan Adult Indoor	配合饲料 Compound Feed	猫 Cat	澳大利亚雀巢普瑞纳宠物食品公司 Nestle Purina Petcare Australia	2013. 06—2018. 06	

（续）

登记证号	通用名称	商品名称	产品类别	使用范围	生产厂家	有效期限	备注
（2013）外饲准字 211 号	虾苗饲料 Shrimp Feed	海育苗宝特级系列 HAI YU MIAO PAO Superme Product Series	配合饲料 Compound Feed	虾苗 Shrimp	台湾海育企业股份有限公司 Hai－Yu Enterprise Co.，Ltd.	2013.06—2018.06	
（2013）外饲准字 212 号	虾苗饲料 Shrimp Feed	益苗宝黑粒系列 IY MIAO PAO Black Granule Product Series	配合饲料 Compound Feed	虾苗 Shrimp	台湾海育企业股份有限公司 Hai－Yu Enterprise Co.，Ltd.	2013.06—2018.06	
（2013）外饲准字 213 号	虾苗饲料 Shrimp Feed	益苗宝虾片系列 IY MIAO PAO Shrimp Flake Product Series	配合饲料 Compound Feed	虾苗 Shrimp	台湾海育企业股份有限公司 Hai－Yu Enterprise Co.，Ltd.	2013.06—2018.06	
（2013）外饲准字 214 号	棕榈油脂肪粉 Palm Fatty Powder	速速肥 Susfat S 100L	饲料原料 Feed Material	猪 Swine	马来西亚 Ecolex Sdn. Bhd. 公司 Ecolex Sdn. Bhd.，Malaysia	2013.06—2018.06	
（2013）外饲准字 215 号	棕榈油脂肪酸钙 Calcium Soap of Palm Fatty Acid	乳加多 Palmifat Plus	饲料原料 Feed Material	奶牛 Dairy Cows 奶山羊和绵羊 Dairy Goats and Sheep 幼畜 Young Animals	马来西亚 Ecolex Sdn. Bhd. 公司 Ecolex Sdn. Bhd.，Malaysia	2013.06—2018.06	
（2013）外饲准字 216 号	含可溶物干玉米酒糟 DDGS	路易达孚诺福克 DDGS Louis Dreyfus Norfolk DDGS	饲料原料 Feed Material	猪 Swine 牛 Cattle 家禽 Poultry	美国路易达孚诺福克有限公司 Louis Dreyfus Norfolk，LLC.，USA	2013.06—2018.06	
（2013）外饲准字 217 号	含可溶物干玉米酒糟 DDGS	大河资源格瓦 DDGS Big River Resources Galva DDGS	饲料原料 Feed Material	猪 Swine 牛 Cattle 家禽 Poultry	美国大河资源格瓦有限公司 Big River Resources Galva，LLC，USA	2013.06—2018.06	
（2013）外饲准字 218 号	大豆浓缩蛋白 Soy Protein Concentrate	纽崔旺高蛋白 Nutrivance® Protein	饲料原料 Feed Material	猪 Swine 家禽 Poultry 水产动物 Aquaculture	美国蛋白资源有限公司 Protein Resources，Inc.，USA	2013.06—2018.06	

（续）

登记证号	通用名称	商品名称	产品类别	使用范围	生产厂家	有效期限	备注
（2013）外饲准字219号	鱼粉 Fishmeal	红鱼粉（三级） Red Fishmeal（Ⅲ）	饲料原料 Feed Material	畜禽 Livestock and Poultry 水产动物 Aquaculture	秘鲁太平洋深蔷薇公司 Pacific Deep Frozen S. A.，Peru	2013.06—2018.06	
（2013）外饲准字220号	鱼粉 Fishmeal	红鱼粉（三级） Red Fishmeal（Ⅲ）	饲料原料 Feed Material	畜禽 Livestock and Poultry 水产动物 Aquaculture	智利Blumar S. A. 公司（工厂位于Corral） Blumar S. A.（Plant in Corral），Chile	2013.06—2018.06	
（2013）外饲准字221号	鱼粉 Fishmeal	智兴牌红鱼粉（二级） Trihung Red Fishmeal（Ⅱ）	饲料原料 Feed Material	畜禽 Livestock and Poultry 水产动物 Aquaculture	越南智兴生产商贸进出口有限责任公司 Trihung Producing Trading Im－Export Company Limited，Vietnam	2013.06—2018.06	
（2013）外饲准字222号	鱼粉 Fishmeal	白鱼粉（三级） White Fishmeal（Ⅲ）	饲料原料 Feed Material	畜禽 Livestock and Poultry 水产动物 Aquaculture	俄罗斯Limited Liability Company "ROLIZ" 公司（简称LLC "ROLIZ"） Limited Liability Company "ROLIZ"，Russia	2013.06—2018.06	
（2013）外饲准字223号	鱼油 Fish Oil	鱼油（饲料级） Fish Oil（Feed Grade）	饲料原料 Feed Material	畜禽 Livestock and Poultry 水产动物 Aquaculture	智利三文鱼油公司（工厂位于Calbuco） Salmonoil S. A.（Plant in Calbuco），Chile	2013.06—2018.06	

（续）

登记证号	通用名称	商品名称	产品类别	使用范围	生产厂家	有效期限	备注
（2013）外饲准字 224 号	鱼油 Fish Oil	鱼油（饲料级） Fish Oil（Feed Grade）	饲料原料 Feed Material	畜禽 Livestock and Poultry 水产动物 Aquaculture	秘鲁 CFG Investment S. A. C. 公司 PISCO 工厂 CFG Investment S. A. C.，Plant in PISCO，Peru	2013. 06—2018. 06	
（2013）外饲准字 237 号	食品用香料 Food Flavoring Agent	莫兰甜（代号- C61—2025） Molasweet Code C61—2025	饲料香味剂 Feed Flavoring Enhancement	养殖动物 All Species or Categories of Animals	潘可士玛法国公司 Pancosma France S. A. S.，France	2013. 07—2018. 07	
（2013）外饲准字 238 号	植酸酶（产自米曲霉） Phytase（by Aspergillus oryzae）	乐多仙®NP（微粒型） Ronozyme®NP（M）	饲料级酶制剂 Enzyme Feed Grade	家禽 Poultry 猪 Swine	丹麦诺维信公司 Novozymes A/S，Denmark	2013. 07—2018. 07	
（2013）外饲准字 239 号	植酸酶（产自米曲霉） Phytase（by Aspergillus oryzae）	乐多仙®NP（包被颗粒） Ronozyme®NP（CT）	饲料级酶制剂 Enzyme Feed Grade	家禽 Poultry 猪 Swine	丹麦诺维信公司 Novozymes A/S，Denmark	2013. 07—2018. 07	
（2013）外饲准字 240 号	植酸酶（产自米曲霉） Phytase（by Aspergillus oryzae）	乐多仙®NP（液体） Ronozyme®NP（L）	饲料级酶制剂 Enzyme Feed Grade	家禽 Poultry 猪 Swine	丹麦诺维信公司 Novozymes A/S，Denmark	2013. 07—2018. 07	
（2013）外饲准字 241 号	木聚糖酶 （产自长柄木酶） Xylanase（by Trichoderma longibrachiatum）	特威宝 PT （浓缩物） Allzyme PT Concentrate	饲料级酶制剂 Enzyme Feed Grade	家禽 Poultry	美国奥特奇公司 Alltech Inc.，USA	2013. 07—2018. 07	
（2013）外饲准字 242 号	蛋白酶（产自黑曲霉） Protease（by Aspergillus niger） 脂肪酶（产自黑曲霉） Lipase（by Aspergillus niger）	特威宝 FD（浓缩物） Allzyme FD Concentrate	饲料级酶制剂 Enzyme Feed Grade	家禽 Poultry	美国奥特奇公司 Alltech Inc.，USA	2013. 07—2018. 07	
（2013）外饲准字 243 号	L-赖氨酸盐酸盐 L-Lysine HCL	乳美特 Rumaster	饲料级氨基酸 Amino Acid Feed Grade	反刍动物 Ruminant	意大利 Bioscreen Technologies 公司 Bioscreen Technologies，Italy	2013. 07—2018. 07	

（续）

登记证号	通用名称	商品名称	产品类别	使用范围	生产厂家	有效期限	备注
（2013）外饲准字 244 号	DL-蛋氨酸 DL-Methionine	普美特 Pro-Met	饲料级氨基酸 Amino Acid Feed Grade	反刍动物 Ruminant	意大利 Bioscreen Technologies 公司 Bioscreen Technologies，Italy	2013.07—2018.07	
（2013）外饲准字 245 号	蛋氨酸羟基类似物钙盐 Methionine Hydroxy Analogue Calcium	美瑞特 MERATMMET Ca	饲料级氨基酸 Amino Acid Feed Grade	养殖动物 All species or categories of animals	诺伟司国际公司 Novus International Inc.，USA	2013.07—2018.07	
（2013）外饲准字 246 号	干灭活酿酒酵母 Dried Inactived Saccharomyces cerevisiae 干灭活米曲霉/黑曲霉发酵培养物 Dried Inactived Aspergillus Oryzae/Aspergillus Niger Fermentation Product	贝易升 Bioyeast Poultry	饲料添加剂 Feed Additive	家禽 Poultry	意大利贝科瑞化工大药厂 Bioscreen Technologies SRL，Italy	2013.07—2018.07	
（2013）外饲准字 247 号	干灭活酿酒酵母 Dried Inactived Saccharomyces Cerevisiae 干灭活米曲霉/黑曲霉发酵培养物 Dried Inactived Aspergillus Oryzae/Aspergillus Niger Fermentation Product	福尔邦 Fibrase	饲料添加剂 Feed Additive	反刍动物 Ruminant	意大利 Bioscreen Technologies 公司 Bioscreen Technologies，Italy	2013.07—2018.07	
（2013）外饲准字 248 号	苯甲酸钠 Sodium Benzoate 丙酸钠 Sodium Propionate	康富青玉米青贮剂 Maize Kofasil Liquid	饲料添加剂 Feed Additive	反刍动物 Ruminant	德国爱德康欧洲有限公司 Addcon Europe GmbH，Germany	2013.07—2018.07	续展登记
（2013）外饲准字 249 号	枯草芽孢杆菌 Bacillus subtills	酵益密码（液体） Ferment Cryptogram (Liquid)	微生物饲料添加剂 Microbial Feed Additive	养殖动物 All species or categories of animals	台湾歌美时企业股份有限公司 Commex Biotechnology Co.，Ltd.	2013.07—2018.07	

（续）

登记证号	通用名称	商品名称	产品类别	使用范围	生产厂家	有效期限	备注
（2013）外饲准字 250 号	枯草芽孢杆菌 Bacillus subtills	酵益密码（粉末） Ferment Cryptogram (Powder)	微生物饲料添加剂 Microbial Feed Additive	养殖动物 All species or categories of animals	台湾歌美时企业股份有限公司 Commex Biotechnology Co.，Ltd.	2013.07—2018.07	
（2013）外饲准字 251 号	多种氨基酸/维生素/微量元素 Multi - Amino Acid，Vitamin，Mineral	蜜迪诗 Multi - Pass	添加剂预混合饲料 Additive Premix	奶牛 Cow	意大利 Bioscreen Technologies 公司 Bioscreen Technologies Srl，Italy	2013.07—2018.07	
（2013）外饲准字 252 号	多种维生素 Multi - Vitamin 酵母培养物 Yeast Culture	博力特 Promoter L	添加剂预混合料 Additive Premix	养殖动物 All species or categories of Animals	西班牙 Calier 实验室有限公司 Laboratorios Calier S. A.，Spain	2013.07—2018.07	
（2013）外饲准字 253 号	马骨粉 Horse Bone Meal	马骨粉 Horse Bone Meal	饲料原料 Feed Material	畜禽 Livestock and Poultry 水产动物 Aquaculture	蒙古克劳利德有限公司 Crown Leader International Trading Co.，Ltd，Mongolia	2013.07—2018.07	
（2013）外饲准字 254 号	鸡蛋粉 Egg Powder	戈必净 Globigen Egg Powder	饲料原料 Feed Material	猪 Swine	德国 EW Nutrition GmbH 公司 EW Nutrition GmbH，Germany	2013.07—2018.07	
（2013）外饲准字 255 号	鱼粉 Fishmeal	红鱼粉（三级） Red Fishmeal（Ⅲ）	饲料原料 Feed Material	畜禽 Livestock and Poultry 水产动物 Aquaculture	秘鲁农渔业出入口公司 Import Export Pesca Y Agricultura S. R. L.，Peru	2013.07—2018.07	
（2013）外饲准字 256 号	鱼粉 Fishmeal	红鱼粉（三级） Red Fishmeal（Ⅲ）	饲料原料 Feed Material	畜禽 Livestock and Poultry 水产动物 Aquaculture	智利三文鱼油公司（Calbuco 工厂） Salmonoil S. A.，Plant in Calbuco Chile	2013.07—2018.07	

（续）

登记证号	通用名称	商品名称	产品类别	使用范围	生产厂家	有效期限	备注
（2013）外饲准字257号	鱼油 Fish Oil	秘鲁鱼油（饲料级） Peruvian Fish Oil (Feed Grade)	饲料原料 Feed Material	家畜 Livestock 水产动物 Aquaculture	秘鲁 Pesquera Hayduk S. A. 公司 Tambo de Mora 工厂 Pesquera Hayduk S. A., Plant Tambo de Mora，Peru	2013.07—2018.07	
（2013）外饲准字258号	含可溶物干玉米酒糟 DDGS	瓦莱罗林登 DDGS Valero Linden DDGS	饲料原料 Feed Material	畜禽 Livestock and Poultry	瓦莱罗可再生能源有限公司 Valero Renewable Fuels Company，LLC-Linden	2013.07—2018.07	
（2013）外饲准字259号	含可溶物干玉米酒糟 DDGS	瓦莱罗韦尔科姆 DDGS Valero Welcome DDGS	饲料原料 Feed Material	畜禽 Livestock and Poultry	瓦莱罗可再生能源有限公司 Valero Renewable Fuels Company，LLC-Welcome	2013.07—2018.07	
（2013）外饲准字260号	含可溶物干玉米酒糟 DDGS	瓦莱罗道奇堡 DDGS Valero Fort Dodge DDGS	饲料原料 Feed Material	畜禽 Livestock and Poultry	瓦莱罗可再生能源有限公司 Valero Renewable Fuels Company，LLC-Fort Dodge	2013.07—2018.07	
（2013）外饲准字261号	含可溶物干玉米酒糟 DDGS	瓦莱罗布卢明堡 DDGS Valero Bloomingburg DDGS	饲料原料 Feed Material	畜禽 Livestock and Poultry	瓦莱罗可再生能源有限公司 Valero Renewable Fuels Company，LLC-Bloomingburg	2013.07—2018.07	
（2013）外饲准字262号	含可溶物干玉米酒糟 DDGS	瓦莱罗艾伯特市 DDGS Valero Albert City DDGS	饲料原料 Feed Material	畜禽 Livestock and Poultry	瓦莱罗可再生能源有限公司 Valero Renewable Fuels Company，LLC-Albert City	2013.07—2018.07	
（2013）外饲准字263号	含可溶物干玉米酒糟 DDGS	瓦莱罗阿尔比恩 DDGS Valero Albion DDGS	饲料原料 Feed Material	畜禽 Livestock and Poultry	瓦莱罗可再生能源有限公司 Valero Renewable Fuels Company，LLC-Valero Albion	2013.07—2018.07	
（2013）外饲准字264号	含可溶物干玉米酒糟 DDGS	瓦莱罗查尔斯市 DDGS Valero Charles City DDGS	饲料原料 Feed Material	畜禽 Livestock and Poultry	瓦莱罗可再生能源有限公司 Valero Renewable Fuels Company，LLC-Charles City	2013.07—2018.07	

（续）

登记证号	通用名称	商品名称	产品类别	使用范围	生产厂家	有效期限	备注
（2013）外饲准字265号	含可溶物干玉米酒糟 DDGS	瓦莱罗哈特利 DDGS Valero Hartley DDGS	饲料原料 Feed Material	畜禽 Livestock and Poultry	瓦莱罗可再生能源有限公司 Valero Renewable Fuels Company，LLC－Hartley	2013.07—2018.07	
（2013）外饲准字266号	含可溶物干玉米酒糟 DDGS	瓦莱奥罗拉 DDGS Valero Aurora DDGS	饲料原料 Feed Material	畜禽 Livestock and Poultry	瓦莱罗可再生能源有限公司 Valero Renewable Fuels Company，LLC－Aurora	2013.07—2018.07	
（2013）外饲准字269号	酵母提取物 Yeast Extract	新普乐 Nupro	饲料添加剂 Feed Additive	养殖动物 All species or categories of Animals	巴西奥特奇公司（São Pedro do Ivaí 工厂）Alltech do Brasil Agroindustrial Ltda.，Brazil	2013.07—2018.07	重新登记
（2013）外饲准字270号	酿酒酵母粉 Saccharomyces Cerevisiae 酵母细胞壁 Yeast Cell Wall 水合硅铝酸钠钙 Hydrated Sodium Calcium Aluminosilicate	霉可吸 Mycosorb	饲料添加剂 Feed Additive	养殖动物 All species or categories of Animals	巴西奥特奇公司（São Pedro do Ivaí 工厂）Alltech do Brasil Agroindustrial Ltda.，Brazil	2013.07—2018.07	重新登记
（2013）外饲准字271号	酵母硒 Selenium Yeast 啤酒酵母粉 Brewers Dried Yeast	赛乐硒 2000 Sel－Plex 2000	饲料添加剂 Feed Additive	养殖动物 All species or categories of Animals	巴西奥特奇公司（São Pedro do Ivaí 工厂）Alltech do Brasil Agroindustrial Ltda.，Brazil	2013.07—2018.07	重新登记
（2013）外饲准字272号	屎肠球菌（NICMB 11181）Enterococcus faecium（NICMB 11181）	普乐源 Protexin Lifestart	微生物饲料添加剂 Microbial Feed Additive	仔猪 Piglet 犊牛 Calves 羔羊 Lambs	英国普碧欧堤丝国际有限公司 Probiotics International Ltd，UK	2013.08—2018.08	

（续）

登记证号	通用名称	商品名称	产品类别	使用范围	生产厂家	有效期限	备注
（2013）外饲准字 273 号	植物乳杆菌 Lactobacillus plantarum 乳酸片球菌 Pediococcus acidilactici	保时青 Bonsilage Classic	微生物饲料添加剂 Microbial Feed Additive	反刍动物 Ruminant	奥地利力多生有限责任公司 Lactosan GmbH & Co.，KG，Austria	2013.08—2018.08	
（2013）外饲准字 274 号	多种维生素和氨基酸 Mulit－Vitamins Amino Acids	安维福 Amin Vit Forte	添加剂预混合饲料 Premix Additive	畜禽 Livestock and Poultry	意大利 FARMER 股份有限公司 Farmer S. P. A.，Italy	2013.08—2018.08	
（2013）外饲准字 275 号	丁基羟基茴香醚 BHA 二丁基羟基甲苯 BHT 乙氧基喹啉 Ethoxyquin	哈克氧 125 Hadox Dry	饲料抗氧化剂 Feed Antioxidant	猪 Swine 鸡 Chicken 奶牛 Cow	比利时 PMF 制造公司 PMF Productions N. V.，Belgium	2013.08—2018.08	
（2013）外饲准字 276 号	狗干粮 Dry Dog Food	优卡幼犬肠胃处方粮 Eukanuba Veterinary Diets Puppy Intestinal	配合饲料 Compound Feed	犬 Dog	荷兰爱慕斯欧洲有限公司 Iams Europe BV，the Netherlands	2013.08—2018.08	
（2013）外饲准字 277 号	狗干粮 Dry Dog Food	优卡犬用糖尿病控制处方粮 Eukanuba Veterinary Diets Weight/Diabetic Control for Dogs	配合饲料 Compound Feed	犬 Dog	荷兰爱慕斯欧洲有限公司 Iams Europe BV，the Netherlands	2013.08—2018.08	
（2013）外饲准字 278 号	狗干粮 Dry Dog Food	优卡犬用肠胃处方粮 Eukanuba Veterinary Diets Intestinal for dogs	配合饲料 Compound Feed	犬 Dog	荷兰爱慕斯欧洲有限公司 Iams Europe BV，the Netherlands	2013.08—2018.08	
（2013）外饲准字 279 号	狗干粮 Dry Dog Food	优卡肥胖犬/节育犬日常保健粮 Eukanuba Daily Care Overweight，Sterilized	配合饲料 Compound Feed	犬 Dog	荷兰爱慕斯欧洲有限公司 Iams Europe BV，the Netherlands	2013.08—2018.08	

（续）

登记证号	通用名称	商品名称	产品类别	使用范围	生产厂家	有效期限	备注
（2013）外饲准字280号	狗干粮 Dry Dog Food	优卡高龄专用（9＋）日常保健犬粮 Eukanuba Daily Care Senior 9＋	配合饲料 Compound Feed	犬 Dog	荷兰爱慕斯欧洲有限公司 Iams Europe BV，the Netherlands	2013.08—2018.08	
（2013）外饲准字281号	狗干粮 Dry Dog Food	优卡敏感皮肤日常保健犬粮 Eukanuba Daily Care Sensitive Skin	配合饲料 Compound Feed	犬 Dog	荷兰爱慕斯欧洲有限公司 Iams Europe BV，the Netherlands	2013.08—2018.08	
（2013）外饲准字282号	狗干粮 Dry Dog Food	优卡离乳犬专用犬粮 Eukanuba Professional Puppy Start	配合饲料 Compound Feed	犬 Dog	荷兰爱慕斯欧洲有限公司 Iams Europe BV，the Netherlands	2013.08—2018.08	
（2013）外饲准字283号	狗干粮 Dry Dog Food	优卡成犬肾脏处方粮 Eukanuba Veterinary Diets Renal for Dogs	配合饲料 Compound Feed	犬 Dog	荷兰爱慕斯欧洲有限公司 Iams Europe BV，the Netherlands	2013.08—2018.08	
（2013）外饲准字284号	狗干粮 Dry Dog Food	优卡犬用FP皮肤处方粮 Eukanuba Veterinary Diets Dermatosis FP for Dogs	配合饲料 Compound Feed	犬 Dog	荷兰爱慕斯欧洲有限公司 Iams Europe BV，the Netherlands	2013.08—2018.08	
（2013）外饲准字285号	狗干粮 Dry Dog Food	优卡犬用减重处方粮 Eukanuba Veterinary Diets Restricted Calorie for Dog	配合饲料 Compound Feed	犬 Dog	荷兰爱慕斯欧洲有限公司 Iams Europe BV，the Netherlands	2013.08—2018.08	

（续）

登记证号	通用名称	商品名称	产品类别	使用范围	生产厂家	有效期限	备注
（2013）外饲准字 286 号	菜籽粕 Rapeseed Meal	菜籽粕（菜籽来源加拿大） Rapeseed Meal	饲料原料 Feed Material	家禽 Poultry 猪 Swine 水产动物 Aquaculture	巴基斯坦 Pak Agro Oil Mill（pvt.）公司 Pak Agro Oil Mill（pvt.）Ltd.，Pakistan	2013.08—2018.08	
（2013）外饲准字 287 号	菜籽粕 Canola Meal	菜籽粕 Canola Meal	饲料原料 Feed Material	家禽 Poultry 猪 Swine 水产动物 Aquaculture	巴基斯坦 Pak Agro Oil Mill（pvt.）公司 Pak Agro Oil Mill（pvt.）Ltd.，Pakistan	2013.08—2018.08	
（2013）外饲准字 288 号	菜籽粕 Canola Meal	菜籽粕（菜籽来源加拿大） Canola Meal	饲料原料 Feed Material	家禽 Poultry 猪 Swine 水产动物 Aquaculture	巴基斯坦 Sind Feed & Allied Products 公司 Sind Feed & Allied Products，Pakistan	2013.08—2018.08	
（2013）外饲准字 289 号	菜籽粕 Rapeseed Meal	菜籽粕 Rapeseed Meal	饲料原料 Feed Material	家禽 Poultry 猪 Swine 水产动物 Aquaculture	巴基斯坦 Sind Feed & Allied Products 公司 Sind Feed & Allied Products，Pakistan	2013.08—2018.08	
（2013）外饲准字 290 号	白鱼粉 White Fishmeal	广益牌鱼粉（三级白鱼粉） Koueki Fish Meal（Ⅲ White Fishmeal）	饲料原料 Feed Material	家禽 Poultry 猪 Swine 水产动物 Aquaculture	台湾俊昇饲料股份有限公司 Geosis Feeds Corporation	2013.08—2018.08	
（2013）外饲准字 291 号	鱼膏 Fish Paste	海之贝 Perfect Digest TM FPI	饲料原料 Feed Material	鸡 Chicken 猪 Swine 宠物 Pet	厄瓜多尔海洋蛋白公司 Marine Protein Marprot S. A.，Ecuador	2013.08—2018.08	

（续）

登记证号	通用名称	商品名称	产品类别	使用范围	生产厂家	有效期限	备注
（2013）外饲准字 292 号	鱼粉 Fishmeal	红鱼粉（三级） Red Fishmeal（Ⅲ）	饲料原料 Feed Material	家禽 Poultry 猪 Swine 水产动物 Aquaculture	越南旅游资源水产发展有限公司 Travel Investment and Seafood Development Corporation，Vietnam	2013.08—2018.08	
（2013）外饲准字 293 号	鸡肉粉 Poultry By－product Meal	果茂饲料级鸡肉粉 Gro－Mor Feed Grade Poultry By－product Meal	饲料原料 Feed Material	猪、家禽、水产动物和宠物 Swine，Poultry，Aquaculture and Pet	美国中部副产品公司 Central Bi－Products Company，USA	2013.08—2018.08	
（2013）外饲准字 294 号	鸡肉粉 Poultry By－product Meal	果茂宠粮级鸡肉粉 Gro－Mor Pet Grade Poultry By－product Meal	饲料原料 Feed Material	猪、家禽、水产动物和宠物 Swine，Poultry，Aquaculture and Pet	美国中部副产品公司 Central Bi－Products Company，USA	2013.08—2018.08	
（2013）外饲准字 295 号	柠檬酸糟 Extracted Citric Acid Presscake	饲益美 CitriStim ™	饲料原料 Feed Material	畜禽和宠物 Livestock and Poultry，Pet	美国 ADM 联盟营养公司 ADM Allian Nutrition Inc，USA	2013.08—2018.08	
（2013）外饲准字 300 号	酵母培养物 Yeast Culture	达农威 XPC Diamond V Original XPC	饲料添加剂 Feed Additive	猪 Swine 家禽 Poultry 牛 Cattle 羊 Sheep	美国达农威公司 Diamond V Mills，Inc.，USA	2013.08—2018.08	重新登记
（2013）外饲准字 301 号	酵母培养物 Yeast Culture 酵母提取物 Yeast Extract 玉米胚芽粉 Corn Germ Meal 干啤酒酵母 Dried Brewers Yeast 水合硅铝酸钠 Hydrated Sodium Calcium Aluminosilicate	倍吉美 Bg－Max	饲料添加剂 Feed Additive	畜禽 Livestock and Poultry	美国伟克公司 Varied Industries Corporation，USA	2013.09—2018－09	

（续）

登记证号	通用名称	商品名称	产品类别	使用范围	生产厂家	有效期限	备注
（2013）外饲准字 302 号	酵母提取物和酵母培养物 Yeast Extract and Yeast Culture	爱旺达 Aviator	饲料添加剂 Feed Additive	家禽 Poultry	美国伟克公司 Varied Industries Corporation，USA	2013.09—2018-09	
（2013）外饲准字 303 号	酵母提取物和酵母培养物 Yeast Extract and Yeast Culture	爱旺达液体 Aviator Liquid	饲料添加剂 Feed Additive	家禽 Poultry	美国伟克公司 Varied Industries Corporation，USA	2013.09—2018-09	
（2013）外饲准字 304 号	酵母提取物和酵母培养物 Yeast Extract and Yeast Culture	爱旺达 SCP Aviator SCP	饲料添加剂 Feed Additive	家禽 Poultry	美国伟克公司 Varied Industries Corporation，USA	2013.09—2018-09	
（2013）外饲准字 305 号	酵母培养物和酵母提取物 Yeast Culture and Yeast Extract	益宁易 液体 NC Celmanax LIQUID NC	饲料添加剂 Feed Additive	牛 Cow 家禽 Poultry	美国伟克公司 Varied Industries Corporation，USA	2013.09—2018-09	
（2013）外饲准字 306 号	甘油 Glycerin	Superol K 甘油，USP*，FCC Superol K Glycerin USP*，FCC	饲料添加剂 Feed Additive	宠物 Pet	马来西亚 FPG Oleochemicals 私人有限公司 FPG Oleochemicals Sdn. Bhd.，Malaysia	2013.09—2018-09	
（2013）外饲准字 307 号	果寡糖 Fructo Oligosaccharide	优抗 IGY F-1	饲料添加剂 Feed Additive	仔猪 Piglet	韩国三养 ANIPHARM 株式会社 Samyang Anipharm Co. Ltd，Korea	2013.09—2018-09	
（2013）外饲准字 308 号	木聚糖酶和β-葡聚糖酶（源自绳状青霉） Xylanase and β-glucanases（by Penicillium funuculosum)	罗酶宝®优越型复合酶 AP Rovabio®Excel AP	饲料级酶制剂 Enzyme Feed Grade	猪 Swine 家禽 Poultry	法国 INNOV IA 公司 INNOV IA，France	2013.09—2018-09	

（续）

登记证号	通用名称	商品名称	产品类别	使用范围	生产厂家	有效期限	备注
（2013）外饲准字 309 号	丙酸、氢氧化钠、氯化镁、氯化钙 Propionic Acid，Sodium Hydroxide，Magnesium Chloride，Calcium Chloride	达美鲜 DMX－7	饲料防霉剂 Feed Mold Inhibitor	养殖动物 All species or categories of animals	美国达尔斯特有限公司 Delst，Inc.，USA	2013.09—2018－09	
（2013）外饲准字 310 号	姜黄浸膏（姜黄素） Curcuma Longa L（Curcumine）	馥力康（禽）FX 601 P1 FORCE 6 VOLAILLE－FX 601 P1	饲料调味剂 Feed Flavor Agent	家禽 Poultry	法国馥蒂公司 Laboratoires Phode S. A. S.，France	2013.09—2018－09	
（2013）外饲准字 311 号	姜黄浸膏（姜黄素） Curcuma Longa L（Curcumine）	馥力康（猪）FX 602 P1 FORCE 6 PORC－FX 602 P1	饲料调味剂 Feed Flavor Agent	猪 Swine	法国馥蒂公司 Laboratoires Phode S. A. S.，France	2013.09—2018－09	
（2013）外饲准字 312 号	辣椒油树脂 Capsicum Frutescens L 香芹酚 Carvacrol 肉桂醛 Cinnamaldehyde	潘绿能 XTRACT® 6930	饲料调味剂 Feed Flavor Agent	单胃动物 Monogastric Animals 反刍动物前期 Pre－ruminant Animals	瑞士潘可士玛公司 Pancosma S. A.，Switzerland	2013.09—2018－09	
（2013）外饲准字 313 号	鱼饵料 Fish Bait	冠军鲤 Worldchampion Carp	配合饲料 Compound Feed	鱼 Fish	法国 SENSAS SA 公司 SENSAS SA，France	2013.09—2018－09	
（2013）外饲准字 314 号	鱼饵料 Fish Bait	冠军鲫 Worldchampion Crucian Carp	配合饲料 Compound Feed	鱼 Fish	法国 SENSAS SA 公司 SENSAS SA，France	2013.09—2018－09	
（2013）外饲准字 315 号	鱼饵料 Fish Bait	冠军罗非 Worldchampion Tilapia	配合饲料 Compound Feed	鱼 Fish	法国 SENSAS SA 公司 SENSAS SA，France	2013.09—2018－09	

（续）

登记证号	通用名称	商品名称	产品类别	使用范围	生产厂家	有效期限	备注
（2013）外饲准字316号	啤酒酵母粉 Brewer's Yeast	爱世康 BIOTAMIN	饲料原料 Feed Material	猪 Swine 鸡 Chicken 牛 Cow	瑞士凯摩福玛股份有限公司 Chemoforma AG，Switzerland	2013.09—2018-09	
（2013）外饲准字317号	啤酒酵母粉 Brewer's Yeast	永利康 BIOTAMIN AQUA	饲料原料 Feed Material	水产动物 Aquaculture	瑞士凯摩福玛股份有限公司 Chemoforma AG，Switzerland	2013.09—2018-09	
（2013）外饲准字318号	菜籽粕 Canola Meal	菜籽粕 （菜籽来源加拿大） Canola Meal	饲料原料 Feed Material	猪 Swine 家禽 Poultry 鱼 Fish	巴基斯坦 M. M. Oil Mills（私人）有限公司 M. M. Oil Mills（Pvt）Ltd，Pakistan	2013.09—2018-09	
（2013）外饲准字319号	菜籽粕 Canola Meal	菜籽粕 （菜籽来源加拿大） Canola Meal	饲料原料 Feed Material	猪 Swine 家禽 Poultry 鱼 Fish	巴基斯坦 Karachi Grains（私人）有限公司 Karachi Grains（Private）Limited，Pakistan	2013.09—2018-09	
（2013）外饲准字320号	菜籽粕 Rapeseed Meal	菜籽粕 Rapeseed Meal	饲料原料 Feed Material	猪 Swine 家禽 Poultry 鱼 Fish	巴基斯坦 Karachi Grains（私人）有限公司 Karachi Grains（Private）Limited，Pakistan	2013.09—2018-09	
（2013）外饲准字321号	菜籽粕 Rapeseed Meal	菜籽粕 Rapeseed Meal	饲料原料 Feed Material	猪 Swine 家禽 Poultry 鱼 Fish	巴基斯坦 Ahmed Oil Industries（私人）有限公司 Ahmed Oil Industries（Private）Limited，Pakistan	2013.09—2018-09	
（2013）外饲准字322号	菜籽粕 Rapeseed Meal	菜籽粕 Rapeseed Meal	饲料原料 Feed Material	猪 Swine 家禽 Poultry 鱼 Fish	巴基斯坦 Walt Oil Mills（私人）有限公司 Walt Oil Mills（Private）Limited，Pakistan	2013.09—2018-09	

（续）

登记证号	通用名称	商品名称	产品类别	使用范围	生产厂家	有效期限	备注
（2013）外饲准字 323 号	含可溶物干玉米酒糟 Corn Distillers Dried Grains with Soluble（DDGS）	大河联合能源 DDGS Big River United Energy DDGS	饲料原料 Feed Material	猪 Swine 家禽 Poultry 牛 Cow	美国大河联合能源有限公司 Big River United Energy，LLC，USA	2013. 09—2018 - 09	
（2013）外饲准字 324 号	含可溶物干玉米酒糟 Corn Distillers Dried Grains with Soluble（DDGS）	大河资源西伯灵顿 DDGS Big River Resources West Burlington DDGS	饲料原料 Feed Material	猪 Swine 家禽 Poultry 牛 Cow	美国大河资源西伯灵顿有限公司 Big River Resources West Burlington，LLC，USA	2013. 09—2018 - 09	
（2013）外饲准字 325 号	含可溶物干玉米酒糟 Corn Distillers Dried Grains with Soluble（DDGS）	大河资源博伊韦尔 DDGS Big River Resources Boyceville DDGS	饲料原料 Feed Material	猪 Swine 家禽 Poultry 牛 Cow	美国大河资源博伊维尔有限公司 Big River Resources Boyceville，LLC，USA	2013. 09—2018 - 09	
（2013）外饲准字 326 号	含可溶物干玉米酒糟 Corn Distillers Dried Grains with Soluble（DDGS）	ADM 哥伦布 DDGS ADM Columbus DDGS	饲料原料 Feed Material	猪 Swine 家禽 Poultry 牛 Cow	美国阿撒丹尼尔斯米德兰公司（ADM）-哥伦布 Archer Daniels Midland Company（ADM）- Columbus，USA	2013. 09—2018 - 09	
（2013）外饲准字 327 号	含可溶物干玉米酒糟 Corn Distillers Dried Grains with Soluble（DDGS）	ADM 希德拉比兹 DDGS ADM Cedar Rapids DDGS	饲料原料 Feed Material	猪 Swine 家禽 Poultry 牛 Cow	美国阿撒丹尼尔斯米德兰公司（ADM）-希德拉比兹 Archer Daniels Midland Company（ADM）- Cedar Rapids，USA	2013. 09—2018 - 09	
（2013）外饲准字 328 号	含可溶物干玉米酒糟 Corn Distillers Dried Grains with Soluble（DDGS）	獾之州 DDGS Badger State DDGS	饲料原料 Feed Material	猪 Swine 家禽 Poultry 牛 Cow	美国獾之州乙醇有限公司 Badger State Ethanol，LLC，USA	2013. 09—2018 - 09	

（续）

登记证号	通用名称	商品名称	产品类别	使用范围	生产厂家	有效期限	备注
（2013）外饲准字 329 号	鱼粉 Fishmeal	秘鲁红鱼粉（三级）Peruvian Red Fishmeal（Ⅲ）	饲料原料 Feed Material	畜禽 Livestock，Poultry 水产动物 Aquaculture	秘鲁 CFG Investment S. A. C. 公司 PARACAS 工厂 Investment S. A. C.，Plant PARACAS，Peru	2013. 09—2018 - 09	
（2013）外饲准字 330 号	鱼粉 Fishmeal	红鱼粉（三级）Red Fishmeal（Ⅲ）	饲料原料 Feed Material	畜禽 Livestock，Poultry 水产动物 Aquaculture	厄瓜多尔 SIQUALITY 股份公司 SIQUALITY S. A.，Ecuador	2013. 09—2018 - 09	
（2013）外饲准字 331 号	鱼粉 Fishmeal	红鱼粉（三级）Red Fishmeal（Ⅲ）	饲料原料 Feed Material	畜禽 Livestock，Poultry 水产动物 Aquaculture	秘鲁圣莫尼卡渔工业公司 Industrial Pesquera Santa Monica S. A.，Peru	2013. 09—2018 - 09	
（2013）外饲准字 332 号	鱼粉 Fishmeal	红鱼粉（三级）Red Fishmeal（Ⅲ）	饲料原料 Feed Material	畜禽 Livestock，Poultry 水产动物 Aquaculture	毛里塔尼亚 MAH EL TURK - SARL 公司 MAH EL TURK - SARL，Mauritania	2013. 09—2018 - 09	
（2013）外饲准字 333 号	白鱼粉 White Fishmeal	乌拉圭白鱼粉（一级）Uruguayan White Fishmeal（Ⅰ）	饲料原料 Feed Material	畜禽 Livestock，Poultry 水产动物 Aquaculture	乌拉圭富丽普尔有限公司 FRIPUR S. A.，Uruguay	2013. 09—2018 - 09	
（2013）外饲准字 334 号	肉骨粉 Meat and Bone Meal	家禽肉骨粉 Poultry Meal	饲料原料 Feed Material	猪 Swine 家禽 Poultry 水产动物 Aquaculture 宠物 Pet	澳大利亚 Derby Industries Pty Ltd（贸易名称 Talloman）Derby Industries Pty Ltd，Trading as Talloman，Australia	2013. 09—2018 - 09	

（续）

登记证号	通用名称	商品名称	产品类别	使用范围	生产厂家	有效期限	备注
（2013）外饲准字 335 号	羽毛粉 Feather Meal	水解羽毛粉 Hydrolysed Feather Meal	饲料原料 Feed Material	猪 Swine 家禽 Poultry 水产动物 Aquaculture 宠物 Pet	澳大利亚 Derby Industries Pty Ltd（贸易名称 Talloman） Derby Industries Pty Ltd，Trading as Talloman，Australia	2013.09—2018-09	
（2013）外饲准字 336 号	褐藻粉（泡叶藻） Sea Weed Meal（Ascophyllum nodosum）	泰可参 Tilcosam	饲料原料 Feed Material	猪 Swine 家禽 Poultry	德国里格拉纳有限责任公司 Ligrana GmbH，Germany	2013.09—2018-09	
（2013）外饲准字 337 号	饲料级鸡蛋粉 Inedible Egg Powder	兰博 65 Inedible Spray Dried Egg（RSD 65）	饲料原料 Feed Material	猪 Swine 家禽 Poultry 水产动物 Aquaculture 宠物 Pet	美国 Rembrandt Enterprises，Inc. 公司 Rembrandt Enterprises，Inc，USA	2013.09—2018-09	
（2013）外饲准字 345 号	嗜酸乳杆菌、干酪乳杆菌、屎肠球菌 Lactobacillus acidophilus Lactobacillus casei Enterococcus faecium	百猛灵 饲料级 PrimaLac F/G	微生物饲料添加剂 Microbial Feed Additive	养殖动物 All species or categories of animals	美国明星实验室/美国饲料研究公司 Star - Labs / Forage Research，Inc.，USA	2013.10—2018.10	
（2013）外饲准字 346 号	氧化锌 Zinc Oxide	汇锌 HiZox	矿物质饲料添加剂 Mineral Feed Additive	猪 Swine 鸡 Chicken	法国 SILAR 公司 SILAR SAS，France	2013.10—2018.10	
（2013）外饲准字 347 号	酿酒酵母、酵母培养物 酵母提取物 Saccharomyces cerevisiae，Yeast Culture Yeast Extract	利宝康 Bio - Max	饲料添加剂 Feed Additive	猪 Swine 家禽 Poultry 牛 Cattle	美国国际生物营养有限公司 Bio - Nutrition International，Inc.，USA	2013.10—2018.10	

（续）

登记证号	通用名称	商品名称	产品类别	使用范围	生产厂家	有效期限	备注
（2013）外饲准字348号	碳酸钙和氧化镁 Calcium Carbonate, Magnesium Oxide	爱胃宝 Acid Buf	饲料添加剂 Feed Additive	牛 Cattle 羊 Sheep 猪 Swine 家禽 Poultry	爱尔兰马里戈特有限公司 Marigo Ltd.，Ireland	2013.10—2018.10	
（2013）外饲准字349号	葡萄糖、棕榈仁油、椰子油、多种维生素 Glucose, Palm Kernel Oil, Coconut Oil, Multi－Vtamins	维福D3 VeyFo FeVit Mulgat	饲料添加剂 Feed Additive	猪 Swine 牛 Cattle 马 Horse	德国Veyx－pharma股份有限公司 Veyx－Pharma GmbH，Germany	2013.10—2018.10	
（2013）外饲准字350号	葡萄糖、硫酸镁、多种维生素 Glucose, Magnesium Sulphate, Multi－Vitamin	维福D4 VeyFo Jecuplex	饲料添加剂 Feed Additive	畜禽 Livestock and Poultry	德国Veyx－pharma股份有限公司 Veyx－Pharma GmbH，Germany	2013.10—2018.10	
（2013）外饲准字351号	单宁酸 Tannic Acid	丹宁诺 Tannino 50	饲料添加剂 Feed Additive	家禽 Poultry 猪 Swine	意大利贝科瑞化工大药厂 Bioscreen Technologies Srl，Italy	2013.10—2018.10	
（2013）外饲准字352号	豆粕（过瘤胃保护） Soybean Meal（Rumen Bypass Processed）	利乳宝 Bio－Pass	饲料原料 Feed Material	奶牛 Cow	美国国际生物营养有限公司 Bio － Nutrition International，Inc.，USA	2013.10—2018.10	
（2013）外饲准字353号	水解鱼蛋白粉 Powder of Hydrolysis Fish Protein	海之珍 Perfect Digest TM FPI－SD	饲料原料 Feed Material	鸡 Chicken 猪 Swine 宠物 Pet	厄瓜多尔海洋蛋白公司 Marine Protein Marprot S. A.，Ecuador	2013.10—2018.10	
（2013）外饲准字354号	鱼粉 Fishmeal	智利红鱼粉（三级） Chilean Red Fishmeal（Ⅲ）	饲料原料 Feed Material	猪 Swine 家禽 Poultry 水产动物 Aquaculture	智利Camanchaca Pesca Sur S. A.渔业公司（Talcahuano No. 08130）工厂 Camanchaca Pesca Sur S. A.，Talcahuano Plant（No. 08130），Chile	2013.10—2018.10	

（续）

登记证号	通用名称	商品名称	产品类别	使用范围	生产厂家	有效期限	备注
（2013）外饲准字 355 号	鱼粉 Fishmeal	红鱼粉（三级） Red Fishmeal（Ⅲ）	饲料原料 Feed Material	猪 Swine 家禽 Poultry 水产动物 Aquaculture	墨西哥瓜伊马斯海鲜公司 Productos Pesqueros de Guaymas S. A. de C. V.，Mexico，Mexico	2013. 10—2018. 10	
（2013）外饲准字 356 号	鱼粉 Fishmeal	红鱼粉（三级） Red Fishmeal（Ⅲ）	饲料原料 Feed Material	猪 Swine 家禽 Poultry 水产动物 Aquaculture	墨 西 哥 Selecta de Guaymas，S. A. de C. V. 公司 Selecta de Guaymas，S. A. de C. V.，Mexico	2013. 10—2018. 10	
（2013）外饲准字 357 号	鱼粉 Fishmeal	红鱼粉（三级） Red Fishmeal（Ⅲ）	饲料原料 Feed Material	猪 Swine 家禽 Poultry 水产动物 Aquaculture	厄瓜多尔 GALDECUN 公司 GALDECUN S. A.，Ecuador	2013. 10—2018. 10	
（2013）外饲准字 358 号	鱼粉 Fishmeal	红鱼粉（一级） Red Fishmeal（Ⅰ）	饲料原料 Feed Material	猪 Swine 家禽 Poultry 水产动物 Aquaculture	越南青化省越河股份公司 Song Viet Thanh Hoa Joint Stock Company，Vietnam	2013. 10—2018. 10	
（2013）外饲准字 359 号	鱼粉 Fishmeal	双马鱼粉（二级） Double Horse Fishmeal（Ⅱ）	饲料原料 Feed Material	猪 Swine 家禽 Poultry 水产动物 Aquaculture	越南禾瑞康水产物料加工有限公司 Honoroad Vietnam Aquatic Feed Ingredient Processing Co.，Ltd.，Vietnam	2013. 10—2018. 10	
（2013）外饲准字 360 号	鱼粉 Fishmeal	红鱼粉（二级） Red Fishmeal（Ⅱ）	饲料原料 Feed Material	猪 Swine 家禽 Poultry 水产动物 Aquaculture	越南河先鱼粉责任有限公司 HA Tien Fishmeal Co.，Ltd，Vietnam	2013. 10—2018. 10	

（续）

登记证号	通用名称	商品名称	产品类别	使用范围	生产厂家	有效期限	备注
（2013）外饲准字 361 号	白鱼粉 White fishmeal	阿拉斯加白鱼粉（二级） Alaskan White Fishmeal（Ⅱ）	饲料原料 Feed Material	猪 Swine 家禽 Poultry 水产动物 Aquaculture	美国 Kodiak 鱼粉公司 Kodiak 工厂 Kodiak Fishmeal Company，Kodiak Plant，USA	2013.10—2018.10	
（2013）外饲准字 362 号	白鱼粉 White Fishmeal	白鱼粉（一级） White Fishmeal（I）	饲料原料 Feed Material	猪 Swine 家禽 Poultry 水产动物 Aquaculture	俄罗斯“Production Association Sakhalinrybaksoyuz”有限公司（工船加工，工船名 Mys Menshikova，工船号 CH－48A） Production Association Sakhalinrybaksoyuz “ Limited Liability Company，Produced on Board at Vessel ” Mys Menshikova（Official No. CH－48A），Russia	2013.10—2018.10	
（2013）外饲准字 363 号	白鱼粉 White Fishmeal	白鱼粉（一级） White Fishmeal（I）	饲料原料 Feed Material	猪 Swine 家禽 Poultry 水产动物 Aquaculture	俄罗斯“Production Association Sakhalinrybaksoyuz”有限公司（工船加工，工船名 Mys Dokuchaeva，工船号 CH－45A） “Production Association Sakhalinrybaksoyuz” Limited Liability Company，Produced on Board at Vessel “Mys Dokuchaeva”（Official No. CH－45A），Russia	2013.10—2018.10	

（续）

登记证号	通用名称	商品名称	产品类别	使用范围	生产厂家	有效期限	备注
（2013）外饲准字 364 号	白鱼粉 White Fishmeal	白鱼粉（一级） White Fishmeal（I）	饲料原料 Feed Material	猪 Swine 家禽 Poultry 水产动物 Aquaculture	俄罗斯“Production Association Sakhalinrybaksoyuz”有限公司（工船加工，工船名 Mys Levenorna，工船号 CH－46A） “Production Association Sakhalinrybaksoyuz”Limited Liability Company，Produced on Board at Vessel ”Mys Levenorna（Official No. CH－46A），Russia	2013. 10—2018. 10	
（2013）外饲准字 365 号	白鱼粉 White Fishmeal	白鱼粉（一级） White Fishmeal（I）	饲料原料 Feed Material	猪 Swine 家禽 Poultry 水产动物 Aquaculture	俄罗斯 Ostrov Sakhalin 有限公司（工船加工，工船名“Altair”，工船号 CH－69L） Ostrov Sakhalin Closed Joint－stock Company Factory，Produced on Board at Vessel“Altari”（Official No. CH－69L），Russia	2013. 10—2018. 10	
（2013）外饲准字 366 号	白鱼粉 White Fishmeal	白鱼粉（一级） White Fishmeal（I）	饲料原料 Feed Material	猪 Swine 家禽 Poultry 水产动物 Aquaculture	俄罗斯 Poronay 有限公司（工船加工，工船名“Mys Datta”，工船号 CH－47A） Poronay Limited Liability Comapny Factory，Produced on Board at Vessel“Mys Datta”（Official No. CH－47A），Russia	2013. 10—2018. 10	

（续）

登记证号	通用名称	商品名称	产品类别	使用范围	生产厂家	有效期限	备注
（2013）外饲准字 367 号	白鱼粉 White Fishmeal	白鱼粉（一级） White Fishmeal（Ⅰ）	饲料原料 Feed Material	猪 Swine 家禽 Poultry 水产动物 Aquaculture	俄罗斯 Ostrov Sakhalin 有限公司（工船加工，工船名“Ostrov Sakhalin”，工船号 CH－14H） Ostrov Sakhalin Closed Joint－stock Company Factory，Produced on Board at Vessel “Ostrov Sakhalin” （Official No. CH－14H），Russia	2013.10—2018.10	
（2013）外饲准字 368 号	白鱼粉 White Fishmeal	白鱼粉（一级） White Fishmeal（Ⅰ）	饲料原料 Feed Material	猪 Swine 家禽 Poultry 水产动物 Aquaculture	俄罗斯 Ostrov Sakhalin 有限公司（工船加工，工船名“Aniva”，工船号 CH－15H） Ostrov Sakhalin Closed Joint－stock Company Factory，Produced on Board at Vessel “Aniva”（Official No. CH－15H），Russia	2013.10—2018.10	
（2013）外饲准字 369 号	白鱼粉 White Fishmeal	白鱼粉（三级） White Fishmeal（Ⅲ）	饲料原料 Feed Material	猪 Swine 家禽 Poultry 水产动物 Aquaculture	新西兰独立渔业公司（工船加工，工船名 Ivan Golubets，工船号 L70828） Independent. Fisheries Limited，Produced on Board at Vessel “Ivan Golubtes”（Official No. L70828），New Zealand	2013.10—2018.10	

（续）

登记证号	通用名称	商品名称	产品类别	使用范围	生产厂家	有效期限	备注
（2013）外饲准字 370 号	鱼粉 Fishmeal	红鱼粉（三级） Red Fishmeal（Ⅲ）	饲料原料 Feed Material	猪 Swine 家禽 Poultry 水产动物 Aquaculture	新西兰独立渔业公司（工船加工，工船名 Ivan Golubets，工船号 L70828） Independent. Fisheries Limited, Produced on Board at Vessel "Ivan Golubtes"（Official No. L70828），New Zealand	2013.10—2018.10	
（2013）外饲准字 371 号	白鱼粉 White Fishmeal	白鱼粉（三级） White Fishmeal（Ⅲ）	饲料原料 Feed Material	猪 Swine 家禽 Poultry 水产动物 Aquaculture	新西兰独立渔业公司（工船加工，工船名 Mainstream，工船号 L62914） Independent. Fisheries Limited, Produced on Board at Vessel "Mainstream"（Official No. L62914），New Zealand	2013.10—2018.10	
（2013）外饲准字 372 号	鱼粉 Fishmeal	红鱼粉（三级） Red Fishmeal（Ⅲ）	饲料原料 Feed Material	猪 Swine 家禽 Poultry 水产动物 Aquaculture	新西兰独立渔业公司（工船加工，工船名 Mainstream，工船号 L62914） Independent. Fisheries Limited, Produced on Board at Vessel "Mainstream"（Official No. L62914），New Zealand	2013.10—2018.10	

（续）

登记证号	通用名称	商品名称	产品类别	使用范围	生产厂家	有效期限	备注
（2013）外饲准字 373 号	含可溶物干玉米酒糟 Corn Distillers Dried Grains with Soluble	家园能源方案 DDGS Homeland Energy Solutions DDGS	饲料原料 Feed Material	猪 Swine 家禽 Poultry 牛 Cow	美国家园能源解决方案有限公司 Homeland Energy Solutions, LLC，USA	2013. 10—2018. 10	
（2013）外饲准字 374 号	含可溶物干玉米酒糟 Corn Distillers Dried Grains with Soluble	万诺斯 DDGS One Earth DDGS	饲料原料 Feed Material	猪 Swine 家禽 Poultry 牛 Cow	美国万诺斯能源有限公司 One Earth Energy LLC，USA	2013. 10—2018. 10	
（2013）外饲准字 375 号	含可溶物干玉米酒糟 Corn Distillers Dried Grains with Soluble	伊瑞 DDGS IRE DDGS	饲料原料 Feed Material	猪 Swine 家禽 Poultry 牛 Cow	美国伊利诺伊大河能源有限公司 Illinois River Energy LLC，USA	2013. 10—2018. 10	
（2013）外饲准字 376 号	猫干粮 Cat Dry Food	麦可维海鲜味成猫粮 Max Cat Sebores Do Mar SR	配合饲料 Compound Feed	猫 Cat	巴西达拓宠物食品公司 Total Alimentos S. A.，Brazil	2013. 10—2018. 10	
（2013）外饲准字 377 号	猫干粮 Cat Dry Food	麦可维鸡肉味成猫粮 Max Cat Buffet SR	配合饲料 Compound Feed	猫 Cat	巴西达拓宠物食品公司 Total Alimentos S. A.，Brazil	2013. 10—2018. 10	
（2013）外饲准字 378 号	狗干粮 Dog Dry Food	麦可维幼犬粮 Max Filhotes SR	配合饲料 Compound Feed	犬 Dog	巴西达拓宠物食品公司 Total Alimentos S. A.，Brazil	2013. 10—2018. 10	
（2013）外饲准字 379 号	狗干粮 Dog Dry Food	麦可维成犬粮 Max Buffet SR	配合饲料 Compound Feed	犬 Dog	巴西达拓宠物食品公司 Total Alimentos S. A.，Brazil	2013. 10—2018. 10	
（2013）外饲准字 380 号	狗干粮 Dog Dry Food	优卡专业繁殖犬粮（小中型成犬专用） Eukanuba Professional Small / Medium Breed Adult Everyday	配合饲料 Compound Feed	犬 Dog	爱慕思欧洲有限公司 Iams Europe BV，the Netherlands	2013. 10—2018. 10	

（续）

登记证号	通用名称	商品名称	产品类别	使用范围	生产厂家	有效期限	备注
（2013）外饲准字 381 号	狗干粮 Dog Dry Food	优卡专业繁殖犬粮（大型成犬专用） Eukanuba Professional Large Breed Adult Everyday	配合饲料 Compound Feed	犬 Dog	爱慕思欧洲有限公司 Iams Europe BV, the Netherlands	2013. 10—2018. 10	
（2013）外饲准字 382 号	猫干粮 Cat Dry Food	优卡幼猫猫粮（富含鸡肉与鸡肝） Eukanuba Kitten Rich in Chicken with Liver	配合饲料 Compound Feed	猫 Cat	爱慕思欧洲有限公司 Iams Europe BV, the Netherlands	2013. 10—2018. 10	
（2013）外饲准字 383 号	猫干粮 Cat Dry Food	优卡成猫猫粮（富含鸡肉与鸡肝） Eukanuba Cat Adult Rich in Chicken with Liver	配合饲料 Compound Feed	猫 Cat	爱慕思欧洲有限公司 Iams Europe BV, the Netherlands	2013. 10—2018. 10	
（2013）外饲准字 384 号	猫干粮 Cat Dry Food	优卡成猫猫粮（体重控制/绝育猫专用配方） Eukanuba Cat Adult for Overweight / Sterilised Cats	配合饲料 Compound Feed	猫 Cat	爱慕思欧洲有限公司 Iams Europe BV, the Netherlands	2013. 10—2018. 10	
（2013）外饲准字 385 号	猫干粮 Cat Dry Food	优卡成猫猫粮（室内猫专用去毛球配方） Eukanuba Cat Adult Hairball for Indoor Cats	配合饲料 Compound Feed	猫 Cat	爱慕思欧洲有限公司 Iams Europe BV, the Netherlands	2013. 10—2018. 10	

（续）

登记证号	通用名称	商品名称	产品类别	使用范围	生产厂家	有效期限	备注
（2013）外饲准字391号	啤酒酵母粉、啤酒酵母壁 Brewers Dried Yeast，Yeast Cell Wall	奇力素 ACTIGEN	饲料添加剂 Feed Additive	猪 Swine 牛 Cattle 马 Horse 家禽 Poultry 宠物 Pet 水产动物 Aquaculture	美国奥特奇公司 Alltech Inc.，USA	2013.10—2018.10	重新登记
（2013）外饲准字392号	乳酸片球菌 Pediococcus acidilactici	倍特赛 Bactocell	微生物饲料添加剂 Microbial Feed Additive	猪 Swine 家禽 Poultry 水产动物 Aquaculture	法国拉曼股份公司 Lallemand S. A. S.，France	2013.10—2018.10	重新登记
（2013）外饲准字393号	丙酸 Propionic Acid	丙酸 FCC 级别 Propionic Acid，FCC Grade	饲料防腐剂 Feed Preservatives	养殖动物 All species or categories of animals	陶氏化学公司下属联合碳化物公司 Union Carbide Corporation，USA	2013.11—2018.11	
（2013）外饲准字394号	植酸酶（源自黑曲霉） Phytase（by Aspergillus niger）	酶之宝1280 Enzyme 1280	饲料级酶制剂 Enzyme Feed Grade	猪 Swine 家禽 Poultry	菲尼氏营养技术国际有限公司 Pheonix Nutri－Tech International Limited，Hong Kong	2013.11—2018.11	
（2013）外饲准字395号	美国栗树叶提取物 Chestnut Leaves Extract	优可宝 Bypro Bypro	饲料调味剂 Feed Flavoring Agent	牛 Cattle	意大利 Silvachimica Srl 公司 Silvachimica Srl，Italy	2013.11—2018.11	
（2013）外饲准字396号	美国栗树叶提取物 Chestnut Leaves Extract	优可宝 TSP TSP	饲料调味剂 Feed Flavoring Agent	鱼 Fish	意大利 Silvachimica Srl 公司 Silvachimica Srl，Italy	2013.11—2018.11	

（续）

登记证号	通用名称	商品名称	产品类别	使用范围	生产厂家	有效期限	备注
（2013）外饲准字 397 号	肉桂醛和百里香酚 Cinnamaldehyde and Thymol	新德吉（浓缩型） Cinergy（Concentrated）	饲料调味剂 Feed Flavor Agent	猪 Swine	法国普乐维美公司 Provimi France	2013.11—2018.11	
（2013）外饲准字 398 号	可食用脂肪酸单双甘油酯 Mono -/di - glycerides of Edible Fatty Acids	希特力 Fra C12 Dry	饲料添加剂 Feed Additive	猪 Swine 家禽 Poultry 水产动物 Aquaculture	荷兰 Framelco B. V. 公司 Framelco B. V.，the Netherlands	2013.11—2018.11	
（2013）外饲准字 399 号	可食用脂肪酸单双甘油酯 Mono -/di - glycerides of Edible Fatty Acids	艾希托 Fra AC 34 Liquid	饲料添加剂 Feed Additive	猪 Swine 家禽 Poultry	荷兰 Framelco B. V. 公司 Framelco B. V.，the Netherlands	2013.11—2018.11	
（2013）外饲准字 400 号	可食用脂肪酸单双甘油酯 Mono -/di - glycerides of Edible Fatty Acids	莱力舒 Fra Lac 34 Dry	饲料添加剂 Feed Additive	猪 Swine 家禽 Poultry 水产动物 Aquaculture	荷兰 Framelco B. V. 公司 Framelco B. V.，the Netherlands	2013.11—2018.11	
（2013）外饲准字 401 号	斑脱土、蒙脱石 Bentonite，Montmorillonite	脱霉素 TOXO®- MX	饲料添加剂 Feed Additive	养殖动物 All species or categories of animals	荷兰赛尔可公司 Selko B. V.，the Netherlands	2013.11—2018.11	
（2013）外饲准字 402 号	多种有机酸 Multi - organic Acid	维特清＋ Vita - mycotox Plus	饲料添加剂 Feed Additive	养殖动物 All species or categories of animals	比利时 Vitafor N. V. 公司 Vitafor N. V.，Belgium	2013.11—2018.11	
（2013）外饲准字 403 号	斑脱土-蒙脱石，非活性酿酒酵母和酵母提取物 Bentonite - Montmorilonite，Inactived Yeast and Yeast Extracts	纽埃特优立剋 Unike® Plus Dry	饲料添加剂 Feed Additive	养殖动物 All species or categories of animals	比利时纽埃特国际营养公司 NUTRI - AD International N. V.，Belgium	2013.11—2018.11	

（续）

登记证号	通用名称	商品名称	产品类别	使用范围	生产厂家	有效期限	备注
（2013）外饲准字 404 号	蒙脱石、斜发沸石、一水硫酸亚铁 montmorillonite，Clinoptilolite，Iron sulphate monohydrate，	逸可得 Ecopiglet	饲料添加剂 Feed Additive	仔猪 Piglet	法国欧密斯股份有限公司 Olmix SA，France	2013.11—2018.11	
（2013）外饲准字 405 号	多种电解质 Multi－electrolyte	比尔佳矿物液 Belga Blovit	添加剂预混合饲料 Feed Premix	赛鸽 Racing Pigeon	荷兰比尔佳迪威德公司 BELGICA DE WEERD B.V.，the Netherlands	2013.11—2018.11	
（2013）外饲准字 406 号	多种电解质和维生素 Multi－electrolyte and Vitamin	比尔佳之星 Belga Star	添加剂预混合饲料 Feed Premix	赛鸽 Racing Pigeon	荷兰比尔佳迪威德公司 BELGICA DE WEERD B.V.，the Netherlands	2013.11—2018.11	
（2013）外饲准字 407 号	马饲料 Horse Feed	14%混合型马饲料 14% Horse Cooked Mix	配合饲料 Compound Feed	马 Horse	爱尔兰康诺利红磨坊动物饲料有限公司 Connolly's Red Mills，Ireland	2013.11—2018.11	
（2013）外饲准字 408 号	马饲料 Horse Feed	18%马驹及一岁马用混合型马饲料 18% Foal and Yearling Cooked Mix	配合饲料 Compound Feed	马 Horse	爱尔兰康诺利红磨坊动物饲料有限公司 Connolly's Red Mills，Ireland	2013.11—2018.11	
（2013）外饲准字 409 号	兔粮 Rabbit Food	成兔饲料 Adult Rabbit Food	配合饲料 Compound Feed	兔 Rabbit	美国 Hubbard Feeds 有限责任公司 Hubbard Feeds Inc.，USA	2013.11—2018.11	
（2013）外饲准字 410 号	龙猫粮 Chinchilla Food	龙猫饲料 Chinchilla Food	配合饲料 Compound Feed	龙猫 Chinchilla	美国 Hubbard Feeds 有限责任公司 Hubbard Feeds Inc.，USA	2013.11—2018.11	
（2013）外饲准字 411 号	玉米蛋白粉 Corn Gluten Meal	玉米蛋白粉 Corn Gluten Meal	饲料原料 Feed Material	养殖动物 All species or categories of animals	美国谷物加工集团（Muscatine 工厂） Grain Processing Corporation，Muscatine Plant，USA	2013.11—2018.11	

（续）

登记证号	通用名称	商品名称	产品类别	使用范围	生产厂家	有效期限	备注
（2013）外饲准字 412 号	本土菜籽粕 Rapeseed meal	本土菜籽粕 Rapeseed Meal	饲料原料 Feed Material	猪 Swine 家禽 Poultry 水产动物 Aquaculture	巴基斯坦 Shujabad 农业（私人）有限公司 Shujabab Agro Industries（Pvt）Ltd.，Pakistan	2013.11—2018.11	
（2013）外饲准字 413 号	干玉米酒糟粕 DDGS	卫士能源 DDGS Guardian Energy DDGS	饲料原料 Feed Material	猪 Swine 家禽 Poultry 牛 Cattle 水产动物 Aquaculture	美国卫生能源有限公司 Guardian Energy，LLC，USA	2013.11—2018.11	
（2013）外饲准字 414 号	干玉米酒糟粕 DDGS	金谷能源 DDGS Golden Grain Energy DDGS	饲料原料 Feed Material	猪 Swine 家禽 Poultry 牛 Cattle 水产动物 Aquaculture	美国金谷能源有限公司 Golden Grain Energy，LLC，USA	2013.11—2018.11	
（2013）外饲准字 415 号	红鱼粉 Red Fishmeal	秘鲁红鱼粉（三级） Peruvian Red Fishmeal（Ⅲ）	饲料原料 Feed Material	猪 Swine 家禽 Poultry 水产动物 Aquaculture	秘鲁 Pesquera Diamante S. A. 公司 Sechura 工厂 Pesquera Diamante S. A.（Plant in Sechura），Peru	2013.11—2018.11	
（2013）外饲准字 416 号	红鱼粉 Red Fishmeal	红鱼粉（二级） Red Fishmeal（Ⅱ）	饲料原料 Feed Material	猪 Swine 家禽 Poultry 水产动物 Aquaculture	泰国 Siam Precious Feeds 有限公司 HA Siam Precious Feeds Co.，Ltd.，Thailand	2013.11—2018.11	

（续）

登记证号	通用名称	商品名称	产品类别	使用范围	生产厂家	有效期限	备注
（2013）外饲准字417号	白鱼粉 White Fishmeal	白鱼粉（一级） White Fishmeal（Ⅰ）	饲料原料 Feed Material	猪 Swine 家禽 Poultry 水产动物 Aquaculture	俄罗斯 LLC "Baltic Marine Crewing Centre"（工船加工，工船名 F/V "VTCTORIA，工船号 CH－19M） LLC "Baltic Marine Crewing Centre", Produced on Board at Vessel F/V "VTCTORIA（Official No. CH－19M），Russia	2013.11—2018.11	
（2013）外饲准字418号	白鱼粉 White Fishmeal	白鱼粉（一级） White Fishmeal（Ⅰ）	饲料原料 Feed Material	猪 Swine 家禽 Poultry 水产动物 Aquaculture	俄罗斯 Joint Stock Company " "Sakhalin Leasing Flot"（工船加工，工船名F/V "Mys Kruzenshterna"，工船号 CH－37A Joint Stock Company "Sakhalin Leasing Flot" （Produced on Board at Vessel F/V " Mys Kruzenshterna", Official No. CH－37A），Russia	2013.11—2018.11	
（2013）外饲准字419号	白鱼粉 White Fishmeal	白鱼粉（一级） White Fishmeal（Ⅰ）	饲料原料 Feed Material	猪 Swine 家禽 Poultry 水产动物 Aquaculture	俄罗斯国际渔业船队有限责任公司 （工船加工，工船名 F/V "ANTUR"，工船号 CH－549） Interrybflot Co.，Ltd（Produced on Board at Vessel F/V "ANTUR", Official No. CH－549），Russia	2013.11—2018.11	

（续）

登记证号	通用名称	商品名称	产品类别	使用范围	生产厂家	有效期限	备注
（2013）外饲准字 420 号	白鱼粉 White Fishmeal	白鱼粉（一级） White Fishmeal（Ⅰ）	饲料原料 Feed Material	猪 Swine 家禽 Poultry 水产动物 Aquaculture	俄罗斯 CJSC "Pacific Marine" 公司（工船加工，工船名 F/V "Gissar"，工船号 CH－284） CJSC "Pacific Marine"（Produced on Board at Vessel F/V "Gissar"，Official No. CH－284），Russia	2013. 11—2018. 11	
（2013）外饲准字 421 号	白鱼粉 White Fishmeal	白鱼粉（一级） White Fishmeal（Ⅰ）	饲料原料 Feed Material	猪 Swine 家禽 Poultry 水产动物 Aquaculture	俄罗斯 CJSC "Pacific Marine" 公司（工船加工，工船名 F/V "Bagration"，工船号 CH－313） CJSC "Pacific Marine"（Produced on Board at Vessel F/V "Bagration"，Official No. CH－313），Russia	2013. 11—2018. 11	
（2013）外饲准字 422 号	白鱼粉 White Fishmeal	白鱼粉（一级） White Fishmeal（Ⅰ）	饲料原料 Feed Material	猪 Swine 家禽 Poultry 水产动物 Aquaculture	俄罗斯 JSC HC "DALMORE-PRODUCT" 公司（工船加工，工船名 F/V "Novoulyanovsk" 工船号 CH－148） JSC HC "DALMOREPRODUCT"（Produced on Board at Vessel F/V "Novoulyanovsk"，Official No. CH－148），Russia	2013. 11—2018. 11	

（续）

登记证号	通用名称	商品名称	产品类别	使用范围	生产厂家	有效期限	备注
（2013）外饲准字 423 号	白鱼粉 White Fishmeal	白鱼粉（一级） White Fishmeal（Ⅰ）	饲料原料 Feed Material	猪 Swine 家禽 Poultry 水产动物 Aquaculture	俄罗斯 JSC HC "DALMORE-PRODUCT"（工船加工，工船名 F/V "Novoyelnya"，工船号 CH - 150） JSC HC "DALMOREPRODUCT"（Produced on Board at Vessel F/V "Novoyelnya"，Official No. CH - 150），Russia	2013. 11—2018. 11	
（2013）外饲准字 424 号	白鱼粉 White Fishmeal	白鱼粉（一级） White Fishmeal（Ⅰ）	饲料原料 Feed Material	猪 Swine 家禽 Poultry 水产动物 Aquaculture	俄罗斯 CJSC "Pacific Marine" 公司（工船加工，工船名F/V "Prostor"，工船号 CH - 283） CJSC "Pacific Marine"（Produced on Board at Vessel F/V "Prostor"，Official No. CH - 283），Russia	2013. 11—2018. 11	
（2013）外饲准字 425 号	白鱼粉 White Fishmeal	白鱼粉（一级） White Fishmeal（Ⅰ）	饲料原料 Feed Material	猪 Swine 家禽 Poultry 水产动物 Aquaculture	俄罗斯 JSC HC "DALMORE-PRODUCT"（工船加工，工船名 F/V "Sodruzhestvo"，工船号 CH - 121） JSC HC "DALMOREPRODUCT"（Producted on Board at Vessel F/V "Sodruzhestvo"，Official No. CH - 121），Russia	2013. 11—2018. 11	

（续）

登记证号	通用名称	商品名称	产品类别	使用范围	生产厂家	有效期限	备注
（2013）外饲准字 426 号	白鱼粉 White Fishmeal	白鱼粉（一级） White Fishmeal（Ⅰ）	饲料原料 Feed Material	猪 Swine 家禽 Poultry 水产动物 Aquaculture	俄罗斯 JSC HC“DALMORE-PRODUCT”（工船加工，工船名 F/V“Petr Zhitnikov”，工船号 CH－029） JSC HC “DALMOREPROD-UCT”（Producted on Board at Vessel F/V “Petr Zhitnikov”，Official No. CH－029），Russia	2013.11—2018.11	

附件 2：

换发进口饲料和饲料添加剂产品登记证目录（2013—1）

登记证号	产品类别	商品名称	变更内容	原名称	变更名称
（2009）外饲准字 135 号	饲料原料 Feed Material	秘鲁 Pesquera Lila S. A. 公司 Chimbote 工厂 Pesquera Lila S. A.，Peru	商品名称	秘鲁红鱼粉（一级） Peruvian Red Fishmeal（Ⅰ）	秘鲁红鱼粉（三级至一级） Peruvian Red Fishmeal（Ⅲ to Ⅰ）
（2009）外饲准字 135 号	饲料原料 Feed Material	秘鲁 Corporacion Pesquera Inca S. A. C. 公司 Ra-zuri 工厂 Corporacion Pesquera Inca S. A. C.，Plant in Ra-zuri	商品名称	秘鲁红鱼粉（一级） Peruvian Red Fishmeal（Ⅰ）	秘鲁红鱼粉（三级至一级） Peruvian Red Fishmeal（Ⅲ to Ⅰ）
（2009）外饲准字 177 号	饲料级氨基酸 Amino Acid Feed Grade	饲料级 DL－蛋氨酸 DL－Methionine	生产厂家 申请单位 英文名称	美国 Evonik Degussa Corporation 公司 Evonik Degussa Corporation，USA	美国 Evonik Corporation 公司 Evonik Corporation，USA
（2009）外饲准字 203 号	饲料原料 Feed Material	智利 Orizon S. A. 公司 Coronel 工厂 Orizon S. A.，Plant in Coronel，Chile	商品名称	红鱼粉（一级） Red Fishmeal（Ⅰ）	红鱼粉（三级） Red Fishmeal（Ⅲ）

（续）

登记证号	产品类别	商品名称	变更内容	原名称	变更名称
（2010）外饲准字 012 号	饲料原料 Feed Material	智利荀尔贝斯卡股份有限公司- Arica 北厂（智利注册号 No. 01096） Corpesca S. A.，Arica Plant（Chilean Register No. 01096），Chile	商品名称	Corpesca 牌红鱼粉（特级） Corpesca Red Fishmeal（Superfine）	Corpesca 牌红鱼粉（三级至特级） Corpesca Red Fishmeal（Ⅲ to Superfine）
（2010）外饲准字 013 号	饲料原料 Feed Material	智利荀尔贝斯卡股份有限公司- Mejillones 工厂（智利注册号 No. 02092） Corpesca S. A.，Mejillones Plant（Chilean Register No. 02092），Chile	商品名称	Corpesca 牌红鱼粉（特级） Corpesca Red Fishmeal（Superfine）	Corpesca 牌红鱼粉（三级至特级） Corpesca Red Fishmeal（Ⅲ to Superfine）
（2010）外饲准字 014 号	饲料原料 Feed Material	荷兰阿德乐国际动物营养有限公司 Ardol B. V.，the Netherlands	商品名称	利诺 Lianol	利安诺 S Lianol Solapro
（2010）外饲准字 082 号	饲料原料 Feed Material	秘鲁 Pesquera Diamante S. A. 公司 Mollendo 工厂 Pesquera Diamante S. A.，Mollendo Plant，Peru	商品名称	秘鲁红鱼粉（三级） Peruvian Red Fishmeal（Ⅲ）	秘鲁红鱼粉（三级至一级） Peruvian Red Fishmeal（Ⅲ to Ⅰ）
（2010）外饲准字 083 号	饲料原料 Feed Material	秘鲁 Pesquera Diamante S. A. 公司 Supe 工厂 Pesquera Diamante S. A.，Plant Supe,，Peru	商品名称	秘鲁红鱼粉（三级） Peruvian Red Fishmeal（Ⅲ）	秘鲁红鱼粉（三级至一级） Peruvian Red Fishmeal（Ⅲ to Ⅰ）
（2010）外饲准字 085 号	饲料原料 Feed Material	秘鲁 Pesquera Diamante S. A. 公司 Callao 工厂 Pesquera Diamante S. A.，Plant Callao，Callao，Peru	商品名称	秘鲁红鱼粉（三级） Peruvian Red Fishmeal（Ⅲ）	秘鲁红鱼粉（三级至一级） Peruvian Red Fishmeal（Ⅲ to Ⅰ）
（2010）外饲准字 086 号	饲料原料 Feed Material	秘鲁 Pesquera Diamante S. A. 公司 Samanco 工厂 Pesquera Diamante S. A.，Plant Samanco，Peru	商品名称	秘鲁红鱼粉（三级） Peruvian Red Fishmeal（Ⅲ）	秘鲁红鱼粉（三级至一级） Peruvian Red Fishmeal（Ⅲ to Ⅰ）

（续）

登记证号	产品类别	商品名称	变更内容	原名称	变更名称
（2010）外饲准字 091 号	饲料原料 Feed Material	智利苟尔贝斯卡股份有限公司- Iquique 东厂（智利注册号 No. 01101） Corpesca S. A.，Iquique East Plant（Chilean Register No. 01101），Chile	商品名称	红鱼粉（特级） Red Fishmeal（Superfine）	红鱼粉（三级至特级） Red Fishmeal（Ⅲ to Superfine）
（2010）外饲准字 093 号	饲料原料 Feed Material	智利苟尔贝斯卡股份有限公司- Arica 南厂（智利注册号 No. 01095） Corpesca S. A.，Arica South Plant（Chilean Register No. 01095），Chile	商品名称	红鱼粉（特级） Red Fishmeal（Superfine）	红鱼粉（三级至特级） Red Fishmeal（Ⅲ to Superfine）
（2010）外饲准字 095 号	饲料原料 Feed Material	秘鲁 Corporacion Pesquera Inca S. A. C. 公司 ILO 工厂 Corporacion Pesquera Inca S. A. C.，Plant in ILO	商品名称	秘鲁红鱼粉（一级） Peruvian Red Fishmeal（Ⅰ）	秘鲁红鱼粉（三级至一级） Peruvian Red Fishmeal（Ⅲ to Ⅰ）
（2010）外饲准字 096 号	饲料原料 Feed Material	秘鲁 Corporacion Pesquera Inca S. A. C. 公司 Chancay 工厂 Corporacion Pesquera Inca S. A. C.，Plant in Chancay	商品名称	秘鲁红鱼粉（一级） Peruvian Red Fishmeal（Ⅰ）	秘鲁红鱼粉（三级至一级） Peruvian Red Fishmeal（Ⅲ to Ⅰ）
（2010）外饲准字 116 号	能量饲料 Energy Feed	营大哥-长链脂肪酸钙皂（棕榈油） Nutracor - Calcium Salt of Long Chain Fatty Acids（Palm Oil）	生产厂家 申请单位 英文名称	马来西亚万山宝有限公司 Wawasan Tebrau Sdn Bhd	马来西亚万山宝有限公司 Wawasan Agrolipids Sdn Bhd
（2010）外饲准字 267 号	饲料原料 Feed Material	厄瓜多尔 Tadel 有限公司 Tadel S. A.，Ecuador	商品名称	红鱼粉（二级） Red Fishmeal（Ⅱ）	红鱼粉（三级） Red Fishmeal（Ⅲ）
（2010）外饲准字 297 号	饲料级氨基酸 Amino Acid Feed Grade	赖氨酸硫酸盐及其发酵副产物 Biolys	生产厂家 申请单位 英文名称	美国 Evonik Degussa Corporation 公司 Evonik Degussa Corporation，USA	美国 Evonik Corporation 公司 Evonik Corporation，USA

（续）

登记证号	产品类别	商品名称	变更内容	原名称	变更名称
（2010）外饲准字 314 号	饲料原料 Feed Material	智利 Orizon S. A. 公司 Coronel 工厂 Orizon S. A.，Plant in Coronel，Chile	商品名称	红鱼粉（特级） Red Fishmeal（Super）	红鱼粉（三级） Red Fishmeal（Ⅲ）
（2010）外饲准字 317 号	饲料原料 Feed Material	美国欧米茄蛋白公司 Moss Point 工厂 Omega Protein，Inc.，Moss Point Plant，USA	商品名称	红鱼粉（二级） Menhaden Fishmeal（Ⅱ）	红鱼粉（三级至二级） Menhaden Fishmeal（Ⅲ to Ⅱ）
（2010）外饲准字 329 号	饲料添加剂 Feed Additive	台湾生合生物科技股份有限公司 Synbio Tech Inc.	商品中文名称	芯来旺Ⅰ青贮饲料添加物 SYN LAC DRY	芯来旺Ⅰ乳酸菌发酵剂 SYN LAC DRY
（2010）外饲准字 342 号	饲料原料 Feed Material	智利 Camanchaca Pesca Sur S. A. 渔业公司（No. 08351） Camanchaca Pesca Sur S. A.，No. 08351，Chile	商品名称	智利红鱼粉（一级） Red Fishmeal（Ⅰ）	智利红鱼粉（三级至一级） Red Fishmeal（Ⅲ to Ⅰ）
（2010）外饲准字 343 号	饲料原料 Feed Material	智利 Camanchaca S. A. 渔业公司（No. 01075） Camanchaca Pesca Sur S. A.，No. 01075，Chile	商品名称	智利红鱼粉（一级） Red Fishmeal（Ⅰ）	智利红鱼粉（三级至一级） Red Fishmeal（Ⅲ to Ⅰ）
（2010）外饲准字 346 号	饲料原料 Feed Material	美国欧米茄蛋白公司 Abbeville 工厂 Omega Protein，Inc.，Abbeville Plant，USA	商品名称	曼哈顿红鱼粉（二级） Menhaden Fishmeal（Ⅱ）	曼哈顿红鱼粉（三级至二级） Menhaden Fishmeal（Ⅲ to Ⅱ）
（2010）外饲准字 347 号	饲料原料 Feed Material	美国欧米茄蛋白公司 Cameron 工厂 Omega Protein，Inc.，Cameron Plant，USA	商品名称	曼哈顿红鱼粉（二级） Menhaden Fishmeal（Ⅱ）	曼哈顿红鱼粉（三级至二级） Menhaden Fishmeal（Ⅲ to Ⅱ）
（2011）外饲准字 089 号	饲料原料 Feed Material	丹麦 FF Skagen 有限公司 FF Skagen AMBA，Denmark	商品名称	白鱼粉（一级） White Fishmeal（Ⅰ）	白鱼粉（三级） White Fishmeal（Ⅲ）
（2011）外饲准字 092 号	饲料原料 Feed Material	美国彼得潘海鲜公司 King Cove 工厂 Peter Pan Seafoods，Inc，King Cove Plant，USA	商品名称	红鱼粉（一级） Red Fishmeal（Ⅰ）	红鱼粉（三级至一级） Red Fishmeal（Ⅲ to Ⅰ）
（2011）外饲准字 193 号	饲料原料 Feed Material	秘鲁 Corporacion Pesquera Inca S. A. C. 公司 Bayovar 工厂 Corporacion Pesquera Inca S. A. C.，Plant in Bayovar	商品名称	秘鲁红鱼粉（一级） Peruvian Red Fishmeal（Ⅰ）	秘鲁红鱼粉（三级至一级） Peruvian Red Fishmeal（Ⅲ to Ⅰ）

（续）

登记证号	产品类别	商品名称	变更内容	原名称	变更名称
（2011）外饲准字 195 号	饲料原料 Feed Material	秘鲁 Pesquera Centinela S. A. C. 公司 Chancay 工厂 Pesquera Centinela S. A. C.，Peru	商品名称	秘鲁红鱼粉（一级） Peruvian Red Fishmeal（Ⅰ）	秘鲁红鱼粉（三级至一级） Peruvian Red Fishmeal（Ⅲ to Ⅰ）
（2011）外饲准字 216 号	饲料原料 Feed Material	美国三叉海产品公司纽波特工厂 Trident Seafoods Corporation，Plant Newport	商品名称	三叉北极冰牌白鱼粉（一级） Trident Brand White Fishmeal（Ⅰ）	三叉北极冰牌白鱼粉（三级至一级） Trident Brand White Fishmeal（Ⅲ to Ⅰ）
（2011）外饲准字 217 号	饲料原料 Feed Material	美国三叉海产品公司桑德波恩特工厂 Trident Seafoods Corporation，Plant Sand Point	商品名称	三叉品牌白鱼粉（一级） Trident Brand White Fishmeal（Ⅰ）	三叉品牌白鱼粉（三级至一级） Trident Brand White Fishmeal（Ⅲ to Ⅰ）
（2011）外饲准字 218 号	饲料原料 Feed Material	美国三叉海产品公司阿库坦工厂 Trident Seafoods Corporation，Plant Akutan	商品名称	三叉品牌白鱼粉（一级） Trident Brand White Fishmeal（Ⅰ）	三叉品牌白鱼粉（三级至一级） Trident Brand White Fishmeal（Ⅲ to Ⅰ）
（2011）外饲准字 219 号	饲料原料 Feed Material	美国三叉海产品公司工船名 “Island Enterprise” 工船号 610290 Trident Seafoods Corporation，Produced on board at vessel “Island Enterprise”，No. 610290	商品名称	三叉北极冰牌白鱼粉（一级） Trident Brand White Fishmeal（Ⅰ）	三叉北极冰牌白鱼粉（三级至一级） Trident Brand White Fishmeal（Ⅲ to Ⅰ）
（2011）外饲准字 275 号	饲料原料 Feed Material	秘鲁 Pesquera Cantabria S. A. 公司 Coishco 工厂 Pesquera Cantabria S. A.，Plant in Coishco，Peru	商品名称	秘鲁红鱼粉（一级） Peruvian Red Fishmeal（Ⅰ）	秘鲁红鱼粉（三级至一级） Peruvian Red Fishmeal（Ⅲ to Ⅰ）
（2011）外饲准字 301 号	饲料原料 Feed Material	秘鲁 Austral Group S. A. A. 公司 Coishco 工厂 Austral Group S. A. A.，Plant in Coishco，Peru	商品名称	秘鲁红鱼粉（一级） Peruvian Red Fishmeal（Ⅰ）	秘鲁红鱼粉（三级至一级） Peruvian Red Fishmeal（Ⅲ to Ⅰ）
（2011）外饲准字 302 号	饲料原料 Feed Material	秘鲁 Austral Group S. A. A. 公司 Pisco 工厂 Austral Group S. A. A.，Plant in Pisco，Peru	商品名称	秘鲁红鱼粉（一级） Peruvian Red Fishmeal（Ⅰ）	秘鲁红鱼粉（三级至一级） Peruvian Red Fishmeal（Ⅲ to Ⅰ）
（2011）外饲准字 303 号	饲料原料 Feed Material	秘鲁 Austral Group S. A. A. 公司 Huarmey 工厂 Austral Group S. A. A.，Plant in Huarmey，Peru	商品名称	秘鲁红鱼粉（一级） Peruvian Red Fishmeal（Ⅰ）	秘鲁红鱼粉（三级至一级） Peruvian Red Fishmeal（Ⅲ to Ⅰ）

（续）

登记证号	产品类别	商品名称	变更内容	原名称	变更名称
（2011）外饲准字 304 号	饲料原料 Feed Material	秘鲁 Austral Group S. A. A. 公司 Chancay 工厂 Austral Group S. A. A.，Plant in Chancay，Peru	商品名称	秘鲁红鱼粉（一级） Peruvian Red Fishmeal（Ⅰ）	秘鲁红鱼粉（三级至一级） Peruvian Red Fishmeal（Ⅲ to Ⅰ）
（2011）外饲准字 305 号	饲料原料 Feed Material	秘鲁 CFG Investment S. A. C. 公司 Razuri 工厂 CFG Investment S. A. C.，Plant in Razuri，Peru	商品名称	秘鲁红鱼粉（一级） Peruvian Red Fishmeal（Ⅰ）	秘鲁红鱼粉（三级至一级） Peruvian Red Fishmeal（Ⅲ to Ⅰ）
（2011）外饲准字 306 号	饲料原料 Feed Material	秘鲁 CFG Investment S. A. C. 公司 La Planchada 工厂 CFG Investment S. A. C.，Plant in La Planchada，Peru	商品名称	秘鲁红鱼粉（一级） Peruvian Red Fishmeal（Ⅰ）	秘鲁红鱼粉（三级至一级） Peruvian Red Fishmeal（Ⅲ to Ⅰ）
（2011）外饲准字 307 号	饲料原料 Feed Material	秘鲁 CFG Investment S. A. C. 公司 Chancay 工厂 CFG Investment S. A. C.，Plant in Chancay，Peru	商品名称	秘鲁红鱼粉（一级） Peruvian Red Fishmeal（Ⅰ）	秘鲁红鱼粉（三级至一级） Peruvian Red Fishmeal（Ⅲ to Ⅰ）
（2011）外饲准字 308 号	饲料原料 Feed Material	秘鲁 CFG Investment S. A. C. 公司 Chimbote 工厂 CFG Investment S. A. C.，Plant in Chimbote，Peru	商品名称	秘鲁红鱼粉（一级） Peruvian Red Fishmeal（Ⅰ）	秘鲁红鱼粉（三级至一级） Peruvian Red Fishmeal（Ⅲ to Ⅰ）
（2011）外饲准字 354 号	饲料原料 Feed Material	秘鲁 Austral Hayduk S. A. 公司 Vegueta 工厂 Austral Hayduk S. A.，Plant in Vegueta，Peru	商品名称	秘鲁红鱼粉（一级） Peruvian Red Fishmeal（Ⅰ）	秘鲁红鱼粉（三级至一级） Peruvian Red Fishmeal（Ⅲ to Ⅰ）
（2011）外饲准字 352 号	饲料原料 Feed Material	秘鲁 Pesquera Caral S. A. 公司 Chancay 工厂 Pesquera Caral S. A.，Plant in Chancay，Peru	商品名称	秘鲁红鱼粉（一级） Peruvian Red Fishmeal（Ⅰ）	秘鲁红鱼粉（三级至一级） Peruvian Red Fishmeal（Ⅲ to Ⅰ）
（2011）外饲准字 357 号	饲料原料 Feed Material	秘鲁 Austral Hayduk S. A. 公司 Razuri 工厂 Austral Hayduk S. A.，Plant in Razuri，Peru	商品名称	秘鲁红鱼粉（一级） Peruvian Red Fishmeal（Ⅰ）	秘鲁红鱼粉（三级至一级） Peruvian Red Fishmeal（Ⅲ to Ⅰ）
（2011）外饲准字 358 号	饲料原料 Feed Material	智利 La Protada S. A. 渔业公司 La Protada S. A.，Chile	商品名称	智利红鱼粉（二级） Red Fishmeal（Ⅱ）	智利红鱼粉（三级至二级） Red Fishmeal（Ⅲ to Ⅱ）
（2011）外饲准字 362 号	饲料原料 Feed Material	秘鲁 Pesquera Centinela S. A. C. 公司 Tambo de Mora 工厂 Pesquera Centinela S. A. C.，Peru	商品名称	秘鲁红鱼粉（一级） Peruvian Red Fishmeal（Ⅰ）	秘鲁红鱼粉（三级至一级） Peruvian Red Fishmeal（Ⅲ to Ⅰ）
（2011）外饲准字 388 号	饲料原料 Feed Material	厄瓜多尔 Herco Cia. Ltda. 公司 Herco Cia. Ltda.，Ecuador	商品名称	红鱼粉（一级） Red Fishmeal（Ⅰ）	红鱼粉（三级） Red Fishmeal（Ⅲ）

（续）

登记证号	产品类别	商品名称	变更内容	原名称	变更名称
（2011）外饲准字 388 号	饲料原料 Feed Material	秘鲁 Pesquera Rubi S. A. 公司 Ilo 工厂 Pesquera Rubi S. A.，Plant Ilo，Peru	商品名称	秘鲁红鱼粉（三级） Peruvian Red Fishmeal（Ⅲ）	秘鲁红鱼粉（三级至一级） Peruvian Red Fishmeal（Ⅲ to Ⅰ）
（2011）外饲准字 391 号	饲料原料 Feed Material	智利 Isia Quihua S. A. 渔业公司 Isia Quihua S. A.，Chile	商品名称	智利红鱼粉（二级） Red Fishmeal（Ⅱ）	智利红鱼粉（三级至二级） Red Fishmeal（Ⅲ to Ⅱ）
（2012）外饲准字 037 号	饲料原料 Feed Material	秘鲁 CFG Investment S. A. C. 公司 Tambo de Mora 工厂 CFG Investment S. A. C.，Plant in Tambo de Mora，Peru	商品名称	秘鲁红鱼粉（一级） Peruvian Red Fishmeal（Ⅰ）	秘鲁红鱼粉（三级至一级） Peruvian Red Fishmeal（Ⅲ to Ⅰ）
（2012）外饲准字 051 号	饲料原料 Feed Material	美国 UniSea 有限公司 Dutch Harbor 工厂 UniSea，Inc.，Dutch Harbor Plant，USA	商品名称	G. L. S. 牌阿拉斯加低温白鱼粉（一级） G. L. S. Brand Alaskan L/T White Fishmeal（Ⅰ）	G. L. S. 牌阿拉斯加低温白鱼粉（二级至一级） G. L. S. Brand Alaskan L/T White Fishmeal（Ⅱ to Ⅰ）
（2012）外饲准字 055 号	饲料原料 Feed Material	双豚牌红鱼粉（三级） Double Dolphin Brand Red Fishmeal（Ⅲ）	生产厂家申请单位名称	马来西亚新集发鱼粉厂有限公司 SIn Chip Huat Fishmeal Sdn. Bhd，Malaysia	马来西亚全利鱼粉厂有限公司 QL Fishmeal Sdn. Bhd.，Malaysia
（2012）外饲准字 056 号	饲料原料 Feed Material	智利 Foodcorp 渔业公司 Foodcorp Chile S. A.，Chile	商品名称	智利红鱼粉（一级） Red Fishmeal（Ⅰ）	智利红鱼粉（三级至一级） Red Fishmeal（Ⅲ to Ⅰ）
（2012）外饲准字 060 号	饲料调味剂 Feed Flavoring Enhancement	罗曼甜-401 Cuxarom Sweet 401	生产厂家申请单位英文名称	德国罗曼动物保健有限公司 Lohmann Animal Health GmbH & Co. KG，Germany	德国罗曼动物保健有限公司 Lohmann Animal Health GmbH，Germany
（2012）外饲准字 066 号	饲料原料 Feed Material	美国欧米茄蛋白公司 Reedville 工厂 Omega Protein，Inc.，Reedville Plant，USA	商品名称	Special Select TM牌鲱鱼红鱼粉（一级） Special SelectTM Brand Menhaden Red Fishmeal（Ⅰ）	Special Select TM 牌鲱鱼红鱼粉（三级至一级） Special SelectTM Brand Menhaden Red Fishmeal（Ⅲ to Ⅰ）

（续）

登记证号	产品类别	商品名称	变更内容	原名称	变更名称
（2012）外饲准字 067 号	饲料原料 Feed Material	秘鲁 Compania Pesquera del Pacifico Centro S. A. 公司 Chimbote 工厂 Compania Pesquera del Pacifico Centro S. A.，Peru	商品名称	秘鲁红鱼粉（一级） Peruvian Red Fishmeal（Ⅰ）	秘鲁红鱼粉（三级至一级） Peruvian Red Fishmeal（Ⅲ to Ⅰ）
（2012）外饲准字 068 号	饲料原料 Feed Material	秘鲁 Compania Pesquera del Pacifico Centro S. A. 公司 Supe 工厂 Compania Pesquera del Pacifico Centro S. A.，Peru	商品名称	秘鲁红鱼粉（一级） Peruvian Red Fishmeal（Ⅰ）	秘鲁红鱼粉（三级至一级） Peruvian Red Fishmeal（Ⅲ to Ⅰ）
（2012）外饲准字 153 号	饲料原料 Feed Material	美国彼得潘海鲜公司 King Cove 工厂 Peter Pan Seafoods，Inc，King Cove Plant，USA	商品名称	阿拉斯加低温白鱼粉（一级） Alaska L/T White Fishmeal（Ⅰ）	阿拉斯加低温白鱼粉（三级至一级） Alaska L/T White Fishmeal（Ⅲ to Ⅰ）
（2012）外饲准字 154 号	饲料原料 Feed Material	秘鲁 Compania Pesquera del Pacifico Centro S. A. 公司 Tambo de Mora 工厂 Compania Pesquera del Pacifico Centro S. A.，Peru	商品名称	秘鲁红鱼粉（一级） Peruvian Red Fishmeal（Ⅰ）	秘鲁红鱼粉（三级至一级） Peruvian Red Fishmeal（Ⅲ to Ⅰ）
（2012）外饲准字 155 号	饲料原料 Feed Material	秘鲁 Compania Pesquera del Pacifico Centro S. A. 公司 Razuri 工厂 Compania Pesquera del Pacifico Centro S. A.，Peru	商品名称	秘鲁红鱼粉（一级） Peruvian Red Fishmeal（Ⅰ）	秘鲁红鱼粉（三级至一级） Peruvian Red Fishmeal（Ⅲ to Ⅰ）
（2012）外饲准字 240 号	饲料原料 Feed Material	泰国开发鱼粉企业有限公司 Fishmeal Marketing Development Co.，Ltd.，Thailand	商品名称	红鱼粉（二级） Red Fishmeal（Ⅱ）	红鱼粉（三级） Red Fishmeal（Ⅲ t）
（2012）外饲准字 339 号	配合饲料 Compound feed	沛力 优美均衡幼犬食品 Briskii Essential Junior	生产厂家申请单位名称	巴西爱味阿利斯动物营养股份有限公司 Evialis do Brasil Nutrical Animal LTDA	巴西 Incico Nutricao E Saude Animal Ltda 公司 Incico Nutricao E Saude Animal Ltda.
（2012）外饲准字 340 号	配合饲料 Compound feed	沛力 优聪均衡幼犬食品（小型犬） Briskii Junior Small Breed	生产厂家申请单位名称	巴西爱味阿利斯动物营养股份有限公司 Evialis do Brasil Nutrical Animal LTDA	巴西 Incico Nutricao E Saude Animal Ltda 公司 Incico Nutricao E Saude Animal Ltda.

（续）

登记证号	产品类别	商品名称	变更内容	原名称	变更名称
（2012）外饲准字 341 号	配合饲料 Compound feed	沛力 优聪均衡成犬食品（小型犬） Briskii Adults Small Breed	生产厂家申请单位名称	巴西爱味阿利斯动物营养股份有限公司 Evialis do Brasil Nutrical Animal LTDA	巴西 Incico Nutricao E Saude Animal Ltda 公司 Incico Nutricao E Saude Animal Ltda.
（2012）外饲准字 342 号	配合饲料 Compound feed	沛力 优美均衡成犬食品 Briskii Essential Adult	生产厂家申请单位名称	巴西爱味阿利斯动物营养股份有限公司 Evialis do Brasil Nutrical Animal LTDA	巴西 Incico Nutricao E Saude Animal Ltda 公司 Incico Nutricao E Saude Animal Ltda.
（2012）外饲准字 343 号	配合饲料 Compound feed	骏奇 均衡幼犬食品（通用性） Zoukii Adult	生产厂家申请单位名称	巴西爱味阿利斯动物营养股份有限公司 Evialis do Brasil Nutrical Animal LTDA	巴西 Incico Nutricao E Saude Animal Ltda 公司 Incico Nutricao E Saude Animal Ltda.
（2012）外饲准字 344 号	配合饲料 Compound feed	骏奇 均衡成犬食品（通用性） Zoukii Adult	生产厂家申请单位名称	巴西爱味阿利斯动物营养股份有限公司 Evialis do Brasil Nutrical Animal LTDA	巴西 Incico Nutricao E Saude Animal Ltda 公司 Incico Nutricao E Saude Animal Ltda.
（2012）外饲准字 422 号	饲料原料 Feed Material	智利 Orizon S. A. 公司 Coronel 工厂 Orizon S. A.，Plant in Coronel，Chile	商品名称	红鱼粉（一级） Red Fishmeal（Ⅰ）	红鱼粉（三级） Red Fishmeal（Ⅲ）
（2012）外饲准字 450 号	饲料原料 Feed Material	美国 ICICLE 白鱼粉海鲜公司 ICICLE SEAFOODS，INC.，USA	商品名称	ICICLE®白鱼粉（特级） ICICLE® Brand White Fishmeal（Super）	ICICLE®白鱼粉（三级） ICICLE® Brand White Fishmeal（Ⅲ）
（2013）外饲准字 137 号	饲料原料 Feed Material	南非 Oceana Brands Limited 公司 St Helena Bay 工厂 Oceana Brands Limited，South Africa	商品名称	南非红鱼粉（二级） South African Red Fishmeal（Ⅱ）	南非红鱼粉（三级至二级） South African Red Fishmeal（Ⅲ to Ⅱ）
（2013）外饲准字 138 号	饲料原料 Feed Material	南非 Oceana Brands Limited 公司 Hout Bay 工厂 Oceana Brands Limited，South Africa	商品名称	南非红鱼粉（特级） South African Red Fishmeal（Super）	南非红鱼粉（三级至特级） South African Red Fishmeal（Ⅲ to Super）
（2013）外饲准字 224 号	饲料原料 Feed Material	秘鲁鱼油（饲料级） Peruvian Fish Oil（Feed Grade）	生产厂家名称	秘鲁 CFG Investment S. A. C. 公司 Pisco 工厂 CFG Investment S. A. C.，Plant Pisco	秘鲁 CFG Investment S. A. C. 公司 Paracas 工厂 CFG Investment S. A. C.，Plant Paracas

换发进口饲料和饲料添加剂产品登记证目录（2013—2）

登记证号	产品类型	变更内容	原名称	变更名称
（2011）外饲准字 204 号	饲料调味剂 Feed Flavor Enhancement	商品英文名称	恩益 150 IQF Next Enhance 150	恩益 150 Next Enhance 150
		生产厂家名称 申请单位名称	西班牙科泰色素有限公司 Carotenoid Technologies，S. A.，Spain	西班牙诺伟司科泰色素有限公司 Novus Carotenoid Technologies，S. A.，Spain
（2012）外饲准字 025 号	饲料调味剂 Feed Flavor Enhancement	商品英文名称	恩益 300 IQF Next Enhance300	恩益 300 Next Enhance 300
		生产厂家名称 申请单位名称	西班牙科泰色素有限公司 Carotenoid Technologies，S. A.，Spain	西班牙诺伟司科泰色素有限公司 Novus Carotenoid Technologies，S. A.，Spain
（2012）外饲准字 165 号	饲料着色剂 Feed Coloring Agent	商品英文名称	坎特 IQF CANTHACOL	坎特 CANTHACOL
		生产厂家名称 申请单位名称	西班牙科泰色素有限公司 Carotenoid Technologies，S. A.，Spain	西班牙诺伟司科泰色素有限公司 Novus Carotenoid Technologies，S. A.，Spain
（2012）外饲准字 281 号	毒去完 TOXIBAN	生产厂家名称 申请单位名称	西班牙宜可富化学及药品开发有限公司 Applicant Company Name and Manufacturer Name，Spain	西班牙诺伟司科泰色素有限公司 Novus Carotenoid Technologies，S. A.，Spain
（2013）外饲准字 014 号	谐睦 20 XAMACOL 20	生产厂家名称 申请单位名称	西班牙宜可富化学及药品开发有限公司 Applicant Company Name and Manufacturer Name，Spain	西班牙诺伟司科泰色素有限公司 Novus Carotenoid Technologies，S. A.，Spain
（2013）外饲准字 299 号	宜可富迈可 MICOBAN PREMIX	生产厂家名称 申请单位名称	西班牙宜可富化学及药品开发有限公司 Applicant Company Name and Manufacturer Name，Spain	西班牙诺伟司科泰色素有限公司 Novus Carotenoid Technologies，S. A.，Spain

附件3：

进口饲料和饲料添加剂产品续展登记证目录（2013）

登记证号	通用名称	商品名称	产品类别	使用范围	生产厂家	有效期限	备注
（2013）外饲准字045号	大豆磷脂、维生素E和维生素C Soybean Lecithin，VE，VC	圆环克 Circolin	饲料添加剂 Feed Additive	猪 Swine	德国麦尔威股份有限公司 Miavit GmbH，Germany	2013.01—2018.01	续展
（2013）外饲准字046号	牛至香酚 Oregano Carvacrol	好力高5% Orego－Stim 5% Liquid	饲料添加剂 Feed Additive	猪、家禽 Swine and Poultry	英国美力盾动物健康有限公司 Meriden Animal Health Ltd.，UK	2013.01—2018.01	续展
（2013）外饲准字047号	枯草芽孢杆菌 Bacillus subtilis 酿酒酵母 Saccharomyces cerevisiae 淀粉酶（源自枯草芽孢杆菌和黑曲霉）Amylase（By Bacillus subtilis and Aspergillus niger）	超益 Super Dairy	饲料添加剂 Feed Additive	猪和家禽 Swine and Poultry	美国生物系统有限公司 American Biosystems Inc.，USA	2013.01—2018.01	续展
（2013）外饲准字048号	维生素B6 Vitamin B6	罗维素® B6 Rovimix® B6	饲料级维生素 Feed Additive Vitamin	养殖动物 All species or categories of animals	德国帝斯曼营养产品有限公司 DSM Nutritional Products GmbH，Germany	2013.01—2018.01	续展
（2013）外饲准字049号	红鱼粉 Red Fishmeal	红鱼粉（二级） Red Fishmeal（Ⅱ）	饲料原料 Feed Material	家禽、猪和水产 Poultry，Swine and Aquaculture	泰国诚信鱼产有限公司 Sermsin Fish Product Co.，Ltd，Thailand	2013.01—2018.01	续展
（2013）外饲准字050号	红鱼粉 Red Fishmeal	红鱼粉（一级） Pesquera Pacific Star Brand Fishmeal（®）	饲料原料 Feed Material	家禽、猪和水产 Poultry，Swine and Aquaculture	智利Los Glaciares有限公司 Los Glaciares S. A.，Chile	2013.01—2018.01	续展
（2013）外饲准字051号	鱼饲料 Fish Feed	丸九鱼饵（颗粒蛋白） Marukyu Fishing Bait（＃1817 pere Gulu）	配合饲料 Compound Feed	鱼 Fish	日本丸九株式会社 Marukyr Co.，Ltd.，Japan	2013.01—2018.01	续展

（续）

登记证号	通用名称	商品名称	产品类别	使用范围	生产厂家	有效期限	备注
（2013）外饲准字 052 号	鱼饲料 Fish Feed	丸九鱼饵（粉鲫） Marukyu Fishing Bait（＃ 1245 Wataguru）	配合饲料 Compound Feed	鱼 Fish	日本丸九株式会社 Marukyr Co.，Ltd.，Japan	2013.01—2018.01	续展
（2013）外饲准字 053 号	鱼饲料 Fish Feed	丸九鱼饵（天下无双） Marukyu Fishing Bait（＃ 1342 Tenkamusou）	配合饲料 Compound Feed	鱼 Fish	日本丸九株式会社 Marukyr Co.，Ltd.，Japan	2013.01—2018.01	续展
（2013）外饲准字 054 号	鱼饲料 Fish Feed	丸九鱼饵（力作 天下无双） Marukyu Fishing Bait（＃1810 Rikisaku Tenkamusou）	配合饲料 Compound Feed	鱼 Fish	日本丸九株式会社 Marukyr Co.，Ltd.，Japan	2013.01—2018.01	续展
（2013）外饲准字 055 号	鱼饲料 Fish Feed	丸九鱼饵（雾化麦） Marukyu Fishing Bait（＃1812 Barake Mugi）	配合饲料 Compound Feed	鱼 Fish	日本丸九株式会社 Marukyr Co.，Ltd.，Japan	2013.01—2018.01	续展
（2013）外饲准字 056 号	鱼饲料 Fish Feed	丸九鱼饵（荒食） Marukyu Fishing Bait（＃1311 Aragui）	配合饲料 Compound Feed	鱼 Fish	日本丸九株式会社 Marukyr Co.，Ltd.，Japan	2013.01—2018.01	续展
（2013）外饲准字 057 号	鱼饲料 Fish Feed	海丰宝增红增色极品饲料（超细微粒、小粒、中粒） Hai Feng Boh Chern Hong Fish Food（Mini Granules、Small Pellet、Medium Pellet）	配合饲料 Compound Feed	鱼 Fish	台湾海丰饲料股份有限公司 Hai Feng Feeds Co.，Ltd.	2013.01—2018.01	续展

（续）

登记证号	通用名称	商品名称	产品类别	使用范围	生产厂家	有效期限	备注
（2013）外饲准字 086 号	浓缩糖蜜发酵液 Condensed Molasses Fermentation Solubles	浓缩糖蜜发酵液 CMS	饲料添加剂 Feed Additive	牛 Cattle	台湾味丹企业股份有限公司 Vedan Enterprise Corporation	2013.02—2018.02	续展登记
（2013）外饲准字 087 号	乳清粉和酵母粉 Whey and Dried Yeast	百泰 A Grobiotic A	饲料原料 Feed Material	水产动物 Aquaculture	美国国际原料公司 International Ingredient Corp，USA	2013.02—2018.02	续展登记
（2013）外饲准字 088 号	乳清粉，植物油，大豆浓缩蛋白 Whey Concentration，Plant Oil，VA，Soya Protein Concentrate	普利康 Prelac	饲料原料 Feed Material	猪 Swine	荷兰纽维德公司 Nutrifeed，the Netherlands	2013.02—2018.02	续展登记
（2013）外饲准字 089 号	乳清粉和大豆浓缩蛋白 Whey Powder and Soya Protein Concentrate	普利乳 Nutrimac 35	饲料原料 Feed Material	鸡、猪 Chicken and Swine	荷兰纽维德公司 Nutrifeed，the Netherlands	2013.02—2018.02	续展登记
（2013）外饲准字 090 号	乳清粉，植物油和大豆浓缩蛋白 Whey Powder，Plant Oil，Soya protein Concentrate	赛乳 20 Serolat 20	饲料原料 Feed Material	鸡、猪 Chicken and Swine	荷兰纽维德公司 Nutrifeed，the Netherlands	2013.02—2018.02	续展登记
（2013）外饲准字 091 号	乳清粉，植物油，维生素 A，大豆浓缩蛋白 Whey Concentration，Plant Oil，VA，Soya Protein Concentrate	喜利康 Isilac	精料补充料 Concentrate Supplement	牛 Cattle	荷兰纽维德公司 Nutrifeed，the Netherlands	2013.02—2018.02	续展登记
（2013）外饲准字 092 号	虾苗饲料 Shrimp Feed	八虾牌草虾虾片（虾苗饲料） Eight Shrimp Brand Flake for Tiger Prawn (for Shrimp Larve)	配合饲料 Compound Feed	虾 Shrimp	台湾绿奇国际企业有限公司 Richen International Enterprise Co.，Ltd	2013.02—2018.02	续展登记

（续）

登记证号	通用名称	商品名称	产品类别	使用范围	生产厂家	有效期限	备注
（2013）外饲准字135号	红鱼粉 Red Fishmeal	红鱼粉（三级） Red Fishmeal（Ⅲ）	饲料原料 Feed Material	家禽、猪 水产动物 Poultry，Swine and Aquaculture	巴基斯坦凯帕国际销售公司 Kanpa International Sales，Pakistan	2013.04 2018.04	续展登记
（2013）外饲准字136号	红鱼粉 Red Fishmeal	红鱼粉（一级） Red Fishmeal（Ⅰ）	饲料原料 Feed Material	家禽、猪 水产动物 Poultry，Swine and Aquaculture	印度尼西亚 FKS MULTI 农业有限公司 PT. FKS MULTI AGRO TBK.，Indonesia	2013.04 2018.04	续展登记
（2013）外饲准字137号	红鱼粉 Red Fishmeal	南非红鱼粉（二级） South Africa Red Fishmeal（Ⅱ）	饲料原料 Feed Material	家禽、猪 水产动物 Poultry，Swine and Aquaculture	南非 Oceana Brand Limited 公司 St Helena Bay 工厂 Oceana Brand Limited，Plant St Helena Bay，Africa	2013.04 2018.04	续展登记
（2013）外饲准字138号	红鱼粉 Red Fishmeal	南非红鱼粉（特级） South Africa Red Fishmeal（Surperfine）	饲料原料 Feed Material	家禽、猪 水产动物 Poultry，Swine and Aquaculture	南非 Oceana Brand Limited 公司 Hout Bay 工厂 Oceana Brand Limited，Plant Hout Bay，Africa	2013.04 2018.04	续展登记
（2013）外饲准字139号	红鱼粉 Red Fishmeal	红鱼粉（三级） Red Fishmeal（Ⅲ）	饲料原料 Feed Material	家禽、猪 水产动物 Poultry，Swine and Aquaculture	亚洲鱼粉厂有限公司 Syarikat Kilang Serbok Ikan（Asia）Sdn.，Bhd.，Malaysia	2013.04 2018.04	续展登记
（2013）外饲准字140号	肠膜蛋白粉 Animal Digest 大豆粉 Soybean Flour	多福蛋白粉 DPS® 50RD	饲料原料 Feed Material	猪和家禽 Swine and Poultry	美国新多福公司 Nutra - Flo Protein Products，USA	2013.04 2018.04	续展登记

（续）

登记证号	通用名称	商品名称	产品类别	使用范围	生产厂家	有效期限	备注
（2013）外饲准字 141 号	L-赖氨酸盐酸盐 L-Lysine HCL	Sewon 牌饲料级 99% L-赖氨酸盐酸盐 L-Lysine HCL 99% Feed Grade	饲料级氨基酸 Amino Acid Feed Grade	养殖动物 All species or categories of animals	韩国 Paik Kwang 产业株式会社 Paik Kwang Industrial Co.，Ltd.，Korea	2013.04 2018.04	续展登记
（2013）外饲准字 142 号	酵母培养物 Yeast Culture	麦可食超浓缩型 A-Max Yeast Culture XTRA	饲料添加剂 Feed Additive	猪、家禽、牛、马和宠物 Swine，Poultry，Cattle，Horse，Pet	美国伟克公司 Varied Industries Corporation，USA	2013.04 2018.04	续展登记
（2013）外饲准字 143 号	屎肠球菌 Enterococcus faecium	保得益 Protecure	微生物饲料添加剂 Microbial Feed Additive	猪和鸡 Swine and Chicken	奥地利力多生有限公司 Lactosan GmbH & Co.，KG，Austria	2013.04 2018.04	续展登记
（2013）外饲准字 144 号	多种有机酸 Multi-Organic Acid	纽埃特霉净剂 TOXY-NIL® Dry	饲料酸化剂 Feed Acidifier	养殖动物 All species or categories of animals	比利时纽埃特国际营养公司 Nutri-AD International NV，Belgium	2013.04 2018.04	续展登记
（2013）外饲准字 145 号	多种有机酸 Multi-Organic Acid	纽埃特立霉克 MOLD-NIL® Liquid	饲料防霉剂 Feed Mold Inhibitor	养殖动物 All species or categories of animals	比利时纽埃特国际营养公司 Nutri-AD International NV，Belgium	2013.04 2018.04	续展登记
（2013）外饲准字 146 号	多种有机酸 Multi-Organic Acid	纽埃特酸合剂 Ultracid Lac® Dry	饲料酸化剂 Feed Acidifier	养殖动物 All species or categories of animals	比利时纽埃特国际营养公司 Nutri-AD International NV，Belgium	2013.04 2018.04	续展登记
（2013）外饲准字 147 号	生物素 Biotin	罗维素®生物素 HP Rovimix® Biotin HP	饲料级维生素 Vitamin Feed Grade	养殖动物 All species or categories of animals	帝斯曼营养产品法国有限公司 DSM Nutritional Products France SAS，France	2013.04 2018.04	续展登记

（续）

登记证号	通用名称	商品名称	产品类别	使用范围	生产厂家	有效期限	备注
（2013）外饲准字 148 号	DL-蛋氨酸 DL-Methionine	速牧美®-P Sumimet®-P 饲料级氨基酸 Amino Acid Feed Grade	猪和家禽 Swine and Poultry	日本住友化学株式会社 Sumitomo Chemical Co.，Ltd，Japan	2013.04 2018.04	续展 登记	
（2013）外饲准字 178 号	饲料级 L-色氨酸 L-Tryptophan Feed Grade	饲料级 L-色氨酸 L - Tryptophan Feed Grade（TrypAMINO®）	饲料级氨基酸 Amino Acid Feed Grade	养殖动物 All species or categories of animals	斯洛伐克赢创斐尔玛斯公司 EVONIK Fermas S. R. O.，Slovakia	2013.05—2018.05	续展 登记
（2013）外饲准字 225 号	硫酸镁 Magnesium Sulfate 硫酸钾 Potassium Sulfate	得乃美 DYNAMATE	矿物质饲料添加剂 Mineral Feed Additive	养殖动物 All species or categories of animals	美国 Mosaic Potash Carlsbad 公司 Mosaic Potash Carlsbad Inc.，USA	2013.06—2018.06	续展 登记
（2013）外饲准字 226 号	虾苗饲料 Prawn Feed	维仁牌草虾（虾苗前期用）GAP Genchem Brand Artificial Plankton for Prawn in Early	配合饲料 Compound Feed	草虾虾苗 Prawn	台湾维仁化学兴业股份有限公司 Genchem Biotechnology Co.，Ltd.	2013.06—2018.06	续展 登记
（2013）外饲准字 227 号	虾苗饲料 Prawn Feed	八卦牌博尚高级虾片（斑节虾苗前期用） Ba Gua Pai Shrimp Flakes	配合饲料 Compound Feed	草虾虾苗 Prawn	台湾维仁化学兴业股份有限公司 Genchem Biotechnology Co.，Ltd.	2013.06—2018.06	续展 登记
（2013）外饲准字 228 号	棕榈油粉 Palm Oil Powder	百事美乳牛用脂肪粉 Bergafat T 300（Ruminant）	饲料原料 Feed Material	乳牛 Cattle	百事美（马来西亚）有限公司 Permier Oil Industries Sdn Bhd，Malaysia	2013.06—2018.06	续展 登记
（2013）外饲准字 229 号	棕榈油粉 Palm Oil Powder	百事美猪用脂肪粉 Bergafat HTL 306（Monogastric）	饲料原料 Feed Material	猪 Swine	百事美（马来西亚）有限公司 Permier Oil Industries Sdn Bhd，Malaysia	2013.06—2018.06	续展 登记

（续）

登记证号	通用名称	商品名称	产品类别	使用范围	生产厂家	有效期限	备注
（2013）外饲准字 230 号	β-木聚糖酶 （源自长柄木霉） β-Xylanase （by Trichoderma longibrachiatum）	好特美 X15000 微颗粒剂 Hostazym X 15000 Microgranulate	饲料级酶制剂 Enzyme Feed Grade	猪 swine 家禽 Poultry	保加利亚标伟特股份有限公司 Biovet Joint Stock Company，Bulgaria	2013.06—2018.06	续展登记
（2013）外饲准字 231 号	天然类固醇萨洒皂角苷 YUCCA（Yucca Schidigera Extract）	利可 40 DK Sarsaponin 40	饲料添加剂 Feed Additive	猪 Swine 牛 Cattle 禽 Poultry	美国 Desert King 国际有限公司 Desert King International Inc.，USA	2013.06—2018.06	续展登记
（2013）外饲准字 232 号	蛋白酶 （源自枯草芽孢杆菌） Subtillisin（By Bacillus subtilis）	DAN 液体蛋白酶 Danisco Animal Nutrition Liquid Subtilisin	饲料级酶制剂 Enzyme Feed Grade	猪 swine 家禽 Poultry	芬兰饲料国际有限公司 Finnfeeds Oy，Finland	2013.06—2018.06	续展登记
（2013）外饲准字 233 号	α-淀粉酶 （源自解淀粉芽孢杆菌）α-Amylase（By Bacillus amyloliquafaciens）	DAN 液体 α-淀粉酶 Danisco Animal Nutrition Liquid Alpha-Amylase	饲料级酶制剂 Enzyme Feed Grade	猪 swine 家禽 Poultry	芬兰饲料国际有限公司 Finnfeeds Oy，Finland	2013.06—2018.06	续展登记
（2013）外饲准字 234 号	木聚糖酶（源自长柄木霉） Xylanase（By Trichoderma longibrachiatum）	DAN 液体木聚糖酶 Danisco Animal Nutrition Liquid Xylanase	饲料级酶制剂 Enzyme Feed Grade	猪 Swine 家禽 Poultry	芬兰饲料国际有限公司 Finnfeeds Oy，Finland	2013.06—2018.06	续展登记
（2013）外饲准字 235 号	木聚糖酶 （源自长柄木霉） Xylanase（By Trichoderma longibrachiatum）	保安生 93010 Porzyme 93010	饲料级酶制剂 Enzyme Feed Grade	猪 Swine	芬兰饲料国际有限公司 Finnfeeds Oy，Finland	2013.06—2018.06	续展登记

（续）

登记证号	通用名称	商品名称	产品类别	使用范围	生产厂家	有效期限	备注
（2013）外饲准字 236 号	β-木聚糖酶（源自长柄木霉）β-Xylanase（By Trichoderma longibrachiatum） 蛋白酶（源自解淀粉芽孢杆菌）Subtillisin（By Bacillus subtilis） α-淀粉酶（源自解淀粉芽孢杆菌）α-Amylase（By Bacillus amyloliquafaciens）	爱维生 1505 Avizyme 1505	饲料级酶制剂 Enzyme Feed Grade	家禽 Poultry	芬兰饲料国际有限公司 Finnfeeds Oy，Finland	2013.06—2018.06	续展登记
（2013）外饲准字 267 号	多种氨基酸和维生素 Multi-Amino Acids and Vitamins	阿梅诺 Aminovitamin	添加剂预混合饲料 Additive Premix	养殖动物 All species or categories of animals	威龙（意大利）大药厂 Vétoquinol Italia S. R. L.，Italy	2013.07—2018.07	续展登记
（2013）外饲准字 268 号	多种氨基酸和维生素 Multi-Amino Acids and Vitamins	雅士勇 Ascorequil	添加剂预混合饲料 Additive Premix	养殖动物 All species or categories of animals	威龙（意大利）大药厂 Vétoquinol Italia S. R. L.，Italy	2013.07—2018.07	续展登记
（2013）外饲准字 296 号	饲料级烟酰胺 Nicotinamide Feed Grade	饲料级烟酰胺 Nicotinamide Feed Grade	饲料级维生素 Vitamin Feed Additive	养殖动物 All species or categories of animals	美国凡特鲁斯农业及营养特种产品有限公司 Vertellus Agriculture & Nutrition Specialties LLC，USA	2013.08—2018.08	续展登记
（2013）外饲准字 297 号	膨化豆粕 Extruded Soybean Meal	普罗蛋白 Grostim	饲料原料 Feed Material	畜禽和水产动物 Livestock and Poultry，Aquaculture	达邦蛋白股份有限公司 Dabomb Protein Corp.，Taiwan	2013.08—2018.08	续展登记
（2013）外饲准字 298 号	水合硅铝酸钠钙 Hydrated Sodium Calcium Aluminosilicate	霉可脱-DF MYCO-AD DF	饲料添加剂 Feed Additive	养殖动物 All species or categories of animals	美国南方矿产品公司 Southern Clay Products，Inc，USA	2013.08—2018.08	续展登记

（续）

登记证号	通用名称	商品名称	产品类别	使用范围	生产厂家	有效期限	备注
（2013）外饲准字 299 号	丙酸 丙酸胺 Propionic Acid Ammonium Propionate 斑脱土-高岭石 海泡石 Bentonite Montmorillonite Sepiolite	宜可富迈可 Micoban Premix	饲料添加剂 Feed Additive	养殖动物 All species or categories of animals	宜可富化学及药品开发有限公司 Incestigaciones Quimicas Y Farmaceuticas S. A.， Spain	2013. 08—2018. 08	续展登记
（2013）外饲准字 338 号	鱼粉 Fishmeal	红鱼粉（三级） Red Fishmeal（Ⅲ）	饲料原料 Feed Material	猪 Swine 家禽 Poultry 水产动物 Aquaculture	厄瓜多尔 POLAR 渔业公司 Empresa Pesquera Polar S. A.， Ecuador	2013. 09—2018 - 09	续展登记
（2013）外饲准字 339 号	鱼粉 Fishmeal	Las Perlas 牌红鱼粉（三级） Las Perlas Brand Red Fishmeal（Ⅲ）	饲料原料 Feed Material	猪 Swine 家禽 Poultry 水产动物 Aquaculture	巴拿马 Promarina S. A. 公司 Promarina S. A.， Panama	2013. 09—2018 - 09	续展登记
（2013）外饲准字 340 号	浓缩乳清、椰子油（精炼）、棕榈油（软脂部分） Whey Concentration，Coconut Oil (Refined)，Palm Oil Olein Fraction	赛乳 50 Serolat 50	饲料原料 Feed Material	仔猪 Piglet	荷兰纽维德公司 Nutrifeed，the Netherlands	2013. 09—2018 - 09	续展登记
（2013）外饲准字 341 号	肉骨粉 Meat and Bone Meal	牛肉骨粉 Beef Meat and Bone Meal	饲料原料 Feed Material	猪 Swine 家禽 Poultry 水产动物 Aquaculture	乌拉圭 Cardama 公司 Cardama S. A.， Uruguay	2013. 09—2018 - 09	续展登记
（2013）外饲准字 342 号	酵母培养浓缩物 Yeast Culture Concentrate	麦可食浓缩型 A - Max Yeast Culture Concentrate	饲料添加剂 Feed Additive	畜禽 Livestock，Poultry	美国伟克公司 Varied Industries Corporation，USA	2013. 09—2018 - 09	续展登记

（续）

登记证号	通用名称	商品名称	产品类别	使用范围	生产厂家	有效期限	备注
（2013）外饲准字 343 号	干燥的黑曲霉发酵产品 Dried Extracted *Aspergillus niger* Fermentation Product 硫酸亚铁 Ferrous Sulfate	福美多 Fermacto®	饲料添加剂 Feed Additive	猪 Swine 鸡 Chicken 水产动物 Aquaculture	美国 Pet－Ag. Inc 公司 Pet－Ag. Inc，USA	2013.09—2018－09	续展登记
（2013）外饲准字 344 号	干燥的黑曲霉发酵产品 Dried Extracted *Aspergillus niger* Fermentation Product 大豆油 Soybean Oil 碘化钙 Calcium Iodate 硫酸亚铁 Ferrous Sulfate	保增乐 Bospro®	饲料添加剂 Feed Additive	牛 Cow 马 Horse 羊 Shrimp 鹿 Deer 兔 Rabbit	美国 Pet－Ag. Inc 公司 Pet－Ag. Inc，USA	2013.09—2018－09	续展登记
（2013）外饲准字 386 号	啤酒酵母细胞壁 Cell Wall of Saccharomyces Cerevisiae	爱特蒙 Active MOS	饲料添加剂 Feed Additive	猪 Swine 鸡 Chicken	巴西库塔糖业公司 Acucareira Quata，S. A.，Brazil	2013.10—2018.10	续展登记
（2013）外饲准字 387 号	β-阿朴-8′-胡萝卜素乙酸酯 β－Apo－8′－Carotenoic Acid Ethy Ester	加丽素®黄 10％ CAROPHYLL® Yellow 10％	饲料着色剂 Feed Coloring Agent	家禽 Poultry	帝斯曼营养产品法国有限公司 DSM Nutritional Products France SAS，France	2013.10—2018.10	续展登记
（2013）外饲准字 388 号	蛋白酶（源自枯草芽孢杆菌）Protease（By Bacillus subtilis） 淀粉酶（源自解淀粉芽孢杆菌） Amylase（By Bacillus amyloliquefaciens）	纽森特酶 NuScent	微生物饲料添加剂 Microbial Feed Additive	养殖动物 All Species or Categories of Animals	美国生物系统有限公司 American Biosystems，Inc，USA	2013.10—2018.10	续展登记

（续）

登记证号	通用名称	商品名称	产品类别	使用范围	生产厂家	有效期限	备注
（2013）外饲准字 389 号	蛋白酶（源自枯草芽孢杆菌）Protease（By Bacillus subtilis） 淀粉酶（源自解淀粉芽孢杆菌）Amylase（By Bacillus amyloliquefaciens）	得益 LLPAC1B－5000	微生物饲料添加剂 Microbial Feed Additive	养殖动物 All Species or Categories of Animals	美国生物系统有限公司 American Biosystems，Inc，USA	2013.10—2018.10	续展登记
（2013）外饲准字 390 号	鱼粉 Fishmeal	红鱼粉（三级） Red Fishmeal（Ⅲ）	饲料原料 Feed Material	猪 Swine 家禽 Poultry 水产动物 Aquaculture	墨西哥 Maz Industrial S. A. de C. V.，公司 Maz Industrial S. A. de C. V.，Mexico	2013.10—2018.10	续展登记
（2013）外饲准字 427 号	甲酸、乙酸和甲酸铵 Formic Acid，Acetic Acid and Ammonium Formate	赛可新 SELKO－pH	饲料酸化剂 Feed Acidifier	猪 Swine 家禽 Poultry	荷兰赛尔可公司 Selko B. V.，the Netherlands	2013.11—2018.11	续展登记
（2013）外饲准字 428 号	食品用香料 Food Flavor Agent	诱食源 VEO VEO Premium	饲料调味剂 Feed Flavor Enhancement	养殖动物 All species or categories of animals	法国馥蒂公司 Laboratoires Phode S. A. S.，France	2013.11—2018.11	续展登记
（2013）外饲准字 429 号	乳清粉、啤酒酵母粉 Dry Whey Souble Erewers Dried Yeast	百泰 P GroBiotic®－P	饲料原料 Feed Material	家禽 Poultry	美国国际原料公司 International Ingredient Corp.，USA	2013.11—2018.11	续展登记
（2013）外饲准字 430 号	L－苏氨酸 L－Threonine	饲料级 L－苏氨酸 L－Threonine Feed Grade	饲料级氨基酸 Amino Acid Feed Grade	养殖动物 All species or categories of animals	味之素（美国）哈特兰德公司 Ajinomoto Heartland Inc.，USA	2013.11—2018.11	续展登记

（李大鹏）

新饲料和新饲料添加剂评审工作内容

2013年，全国饲料评审委员会（以下简称“评审委”）围绕农业部中心任务和饲料行业重点工作，以“保饲料安全、促行业发展”为宗旨，在完成新饲料和新饲料添加剂评审的基础工作上，着力于行业基础性技术法规修订完善、饲料安全评价及制度建设、行业法规宣贯培训等方面工作，为饲料安全监管工作的开展提供了有力的技术支撑。

一、科学评审新饲料产品，严把行业准入关

评审委秉承“科学、公平、公正”的原则，按照新修订的《饲料和饲料添加剂管理条例》（以下简称《条例》）、《新饲料和新饲料添加剂管理办法》的规定和要求，把好新饲料评审技术关。2013年，共对30余个次新饲料和新饲料添加剂、进口饲料和饲料添加剂产品申报材料进行形式审查；组织召开5次专家评审会，对15个次新产品进行评审；评审通过评审产品2个。

二、着力夯实基础，完善饲料法规制度

1. 完成《饲料添加剂品种目录》修订 在2012年《饲料添加剂品种目录》（修订版）的基础上，再次对《饲料添加剂品种目录》进行了修订，并于2013年12月30日以农业部第2045号公告正式发布。与2008年版《饲料添加剂品种目录》相比，此版目录新增饲料添加剂品种70多个，对10多个品种的适用范围进行了扩增，对部分饲料添加剂类别名称进行了修订，将酿酒酵母培养物、酿酒酵母提取物、酿酒酵母细胞壁等部分具有饲料原料特性的品种从该目录中移至《饲料原料目录》中，同时将该目录“其他”类中的部分添加剂品种根据其功能特性分别调整至目录相应的功能类别中，使目录更加科学和实用。

2. 完成《饲料原料目录》修订 完成了《饲料原料目录》的第二次修订工作，并于2013年12月19日以农业部第2038号公告正式发布。此次修订共增补腐殖酸钠等饲料原料品种7个，修订骨源磷酸氢钙等已有原料品种的特征描述3个，饲料原料品种不断得到完善。

3. 制定第二批《饲料添加剂安全使用规范》（以下简称《规范》） 《规范》是规范饲料添加剂生产和使用行为的基础保障。在2009年正式发布第一批《规范》的基础上，又完成了着色剂类、抗氧化剂类、非蛋白氮类以及部分新增饲料添加剂等共80余个品种的《规范》编制工作，此外酶制剂、粘结剂、抗结块剂和稳定剂等品种的《规范》也正在编制过程中。

三、开展饲料安全评价，构建评价体系

1. 开展饲料添加剂安全再评价 为充分了解和确认获证饲料产品的安全性，组织行业专家开展了有机铬、牛磺酸、硫酸钠、尿素、半胱胺盐酸盐、杜仲素、抗氧化剂等在家禽、猪、奶牛、羊、水产等靶动物上的12个安全性评价试验，为制定《规范》、修订《饲料原料目录》和《饲料添加剂品种目录》提供科学依据。

2. 制定饲料评价技术规范 继饲料和饲料添加剂畜禽靶动物有效性和耐受性评价试验指南、饲料和饲料添加剂水产靶动物有效性和耐受性评价试验指南等多项目饲料评价技术指南出台后，继续组织开展饲用微生物评价技术指南、消费者安全性评价指南等多项目指南的编制工作，以逐步健全我国饲料评价体系。

四、组织培训，加强法规宣传普及

为营造全行业学习贯彻新《条例》及配套规章的

良好氛围，加强饲料企业对法律规章的理解和贯彻落实，在宁波举办进口饲料和饲料添加剂产品在华登记注册培训班，对100余位国内外企业代表进行了培训，帮助外国企业做好新旧制度过渡期内饲料产品在华登记注册工作。

五、开展国际合作，宣传我国饲料行业法规标准

代表协会参加了国际饲料工业联合会（IFIF）组织的饲料原料管理法规比较项目的研究，与巴西、加拿大、欧盟、南非、日本和美国等国家和地区代表一起，共同完成了《饲料原料管理法规、评审要求和风险评估程序的比较研究报告》(*Comparison of Regulatory Management of Authorized Ingredients, Approval Processes, and Risk-Assessment Procedures for Feed Ingredients*)。该项目对上述国家和地区的饲料法规在饲料的定义、饲料经营者（包括饲料生产商、进口商和国内经销商）的法律要求、已批准饲料的管理、新饲料原料（包括饲料添加剂）的管理、新饲料原料（包括饲料添加剂）的评价以及其他方面存在的差异5个方面进行了逐一比对。项目的开展对于帮助饲料管理部门和广大饲料生产企业了解世界主要饲料生产大国的饲料管理法规，促进全球饲料贸易便利化，消除国际贸易障碍具有重要的意义。

（王黎文）

饲料安全监管

2013年，农业部组织各级饲料管理部门全面落实各项新制度新要求，在准入环节提高饲料生产企业设立条件，在生产环节开展饲料质量安全管理规范示范创建，推行生产全过程管理制度，在经营门店和养殖环节加大普法宣传和监督检查力度，认真履行饲料质量安全职责。

一、强化工作指导，着力落实饲料管理新制度

正式出台《饲料质量安全管理规范》和《进口饲料和饲料添加剂登记管理办法》，完成《饲料和饲料添加剂管理条例》配套规章立法。组织召开全国饲料质量安全监管工作座谈会和重点省专题交流会，研究解决重点难点问题，推动各地按照统一标准和步调全面落实饲料管理新制度。组织开展《饲料质量安全管理规范》示范创建，安排专家对130家示范企业进行现场指导，筹备召开示范创建工作现场会，制作教学片供饲料企业学习借鉴。印发《饲料和饲料添加剂生产许可证年度备案表》和《委托生产备案表》，指导各地规范备案管理。督促各省级饲料管理部门健全行政许可专家审核委员会，按照新的准入条件加快推进生产许可证换证工作。修订公布《饲料添加剂品种目录（2013）》，发布《饲料原料目录》修订增补公告，及时将安全有效的品种增补进目录。

二、强化专项整治，着力巩固“瘦肉精”治理成效

制定印发“瘦肉精”专项整治方案，要求各地深入实施《农业部关于深入推进“瘦肉精”专项整治工作的意见》，切实做到工作力度不减，严打态势不松。组织河北、河南等10个养殖大省开展“瘦肉精”交叉拉网监测，对公布禁用的“瘦肉精”类物质进行全面排查，从1 038个养殖场户抽取3 076批次动物尿样，从一批次生猪尿液样品检出莱克多巴胺和氯丙那林。由国家饲料质检中心等4个质检机构组成联队对吉林和黑龙江两个牛羊养殖大省实施突击抽检，从一个肉牛养殖户检出盐酸克伦特罗。综合基层监管和监测发现的线索，协调浙江、福建和江西畜牧兽医部门，会同公安机关查处兽药中非法添加氯丙那林重大案件。各级畜牧兽医部门现场检查饲料、养殖、收购贩运等各类生产经营主体150余万个，立案查处违法问题309起，移送公安机关64起；抽检各类样品941.4万批次，合格率99.95%。

三、强化监测预警，着力防控系统性风险

制定公布2013年全国饲料质量安全监测计划，继续组织开展饲料产品质量卫生状况监测、饲料中禁用物质监测和反刍动物饲料中牛羊源性成分监测。据农业部监测数据显示，2013年饲料质量卫生指标合格率处于较高水平，商品饲料产品合格率为96.03%，比2012年提高0.32%；饲料中禁用物质检出率为0，没有发现非法使用“瘦肉精”、苏丹红等禁用物质的情况；饲料添加剂使用进一步规范，国产饲料添加剂合格率97.12%，抽检进口饲料添加剂合格率91.04%，不规范使用添加剂问题得到明显遏制。针对饲料原料霉菌毒素污染问题，以玉米及其加工副产物、小麦及其加工副产物和饼粕类为重点，部署开展摸底监测，完成对大宗原料霉菌毒素污染风险的首次系统评估。

（李大鹏）

"瘦肉精"专项整治

在前两年工作的基础上，2013 年农业部要求各地深入实施《关于深入推进"瘦肉精"专项整治工作的意见》，确保工作力度不减，严打态势不松。

一、持续加强普法宣传

最高人民法院、最高人民检察院公布《关于办理危害食品安全刑事案件适用法律若干问题的解释》后，及时举办培训班，邀请参与起草的同志进行解读，各地以此为重点组织与"瘦肉精"有关的培训1.2 万场次，通过媒体宣传 4.7 万次，发放宣传材料669 万份。

二、持续加强抽检把关

继续组织实施养殖场户"瘦肉精"专项监测计划，在生猪养殖大省开展"瘦肉精"交叉拉网监测，对肉牛肉羊养殖大省实施突击抽检，对公布禁用的"瘦肉精"类物质进行全面排查。各级畜牧兽医部门争取经费近 5 亿元，抽检各类样品 941.4 万批次。以屠宰环节为重点、各环节统筹兼顾的抽检制度基本形成。

三、加强行政执法与刑事司法衔接，从严查处违法案件

经过连续 3 年持续推动，目前省与省之间、部门之间协调配合渠道基本畅通，跨省案件通报协查、涉嫌犯罪移送等工作机制有效运转。据不完全统计，2013 年各级畜牧兽医部门在"瘦肉精"专项整治中共立案查处违法案件 309 起，向公安机关移送 64 起。据我部监测，2013 年畜产品"瘦肉精"抽检合格率99.7%，养殖环节活畜尿液抽检合格率 99.9%，饲料样品抽检合格率 100%。各级畜牧兽医部门抽检各类样品 941.4 万批次，合格率 99.95%。综合各方面的情况看，目前"瘦肉精"问题总体可控、稳定向好。

（李大鹏）

饲料质量监督与检测

为加强饲料产品质量安全监督管理，提高饲料和养殖产品质量安全水平，根据《农业部办公厅关于下达2013年饲料质量安全监测计划的通知》（农办牧[2013]4号）和《2013年养殖环节"瘦肉精"专项监测计划》（农办牧[2013]3号）的要求，国家饲料质量监督检验中心（北京）等35个饲料质检机构根据农业部统一安排，在畜牧业司的指导下，在各省（区、市）畜牧饲料主管部门的支持下，2013年全年对全国30个省（区、市）、新疆生产建设兵团的饲料生产、经营和使用环节的饲料产品质量、"瘦肉精"和三聚氰胺等违禁添加物、养殖环节"瘦肉精"等进行了监测，并对饲料标签进行了检查。

一、监测计划完成情况

2013年，全年计划监测60 730批次，实际完成了64 551批次，超额完成任务（占全年计划的106.3%）。其中全国饲料产品质量安全监测完成6 193批次，占计划5 720批次的108.3%；养殖环节饲料中违禁添加物监测完成6 690批次，占计划6 600批次的101.4%；养殖环节"瘦肉精"专项监测中监督抽检15 109个养殖场（户）的40 653批次动物尿液，占计划37 500批次动物尿液的108.4%；重点省养殖场（户）β-兴奋剂类违禁物质排查监测完成3 370批次，占计划3 300批次的102.1%；饲料中苯乙醇胺A、可乐定、赛庚啶专项监测完成1 214批次，占计划1 200批次的101.2%；三聚氰胺监测（含奶牛养殖集中区域奶牛饲料和全国蛋白饲料）共完成2 365批次，占计划2 310批次的102.3%。

二、监测结果总体情况

1. 饲料产品质量监测 各级饲料质检机构对全国30个省（区、市）、新疆生产建设兵团的3 299个饲料生产、经营企业的饲料产品进行了抽检，抽查检测6 193批次，5 947批次合格，合格率96.0%。与2012年（95.7%）相比上升0.3%。其中：

（1）配合饲料的合格率为96.2%，与2012年（96.0%）相比，上升了0.2%；浓缩饲料的合格率为96.5%，与2012年（97.0%）相比，下降了0.5%。

（2）3类预混合饲料产品的监测结果。复合预混合饲料的合格率为93.1%，与2012年（90.1%）相比，上升3.0%；微量元素预混合饲料的合格率为89.4%，与2012年（85.1%）相比，上升4.3%；维生素预混合饲料的合格率为93.6%，与2012年（74.6%）相比，上升了19.0%。

（3）国产饲料添加剂的合格率为97.1%，与2012年（97.8%）相比，下降了0.7%。

（4）饲料原料的监测结果显示：动物源性饲料的合格率为96.5%，与2012年（95.3%）相比，上升1.2%；植物性饲料的合格率为98.2%，与2012年（99.3%）相比，下降1.1%。

（5）针对进口饲料产品开展的监测结果表明，进口饲料添加剂的合格率为91.0%，与2012年（95.0%）相比，下降了4.0%。

（6）针对宠物饲料开展的监测结果表明，进口宠物饲料合格率为98.4%，与2012年（100%）相比，下降了1.6%；国产宠物饲料合格率为97.7%，与2012年（66.7%）相比上升31.0%。

不同饲料产品合格率的比较见图2-81。

2. 饲料安全专项监测

（1）饲料使用环节违禁添加物专项监测。对全国30个省（区、市）、新疆生产建设兵团5 902个养殖场（户）的商品饲料和自配饲料进行了抽检，抽查检测6 690批次，违禁添加物检出3批次，检出率为0.04%。与2012年（0.03%）相比，盐酸克仑特罗、苏丹红等违禁添加物检出率上升了0.01%。其中：

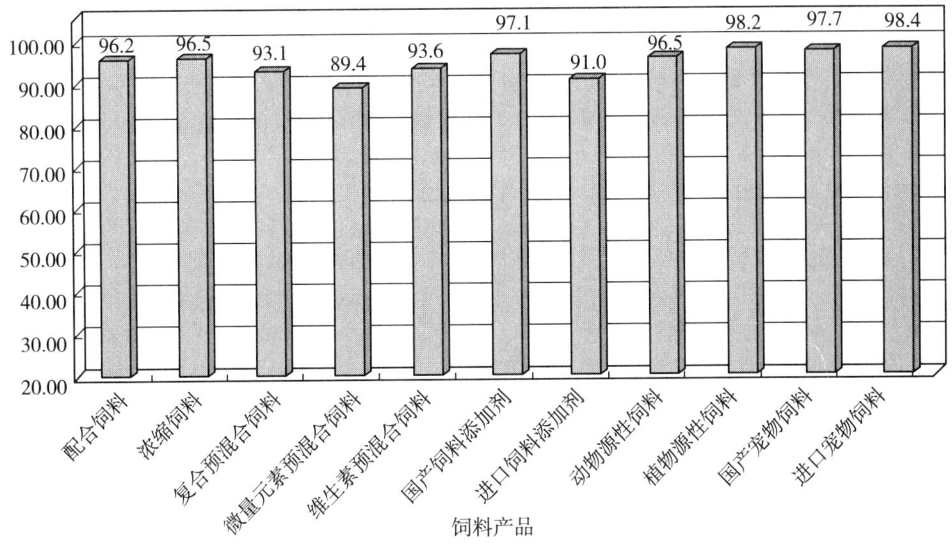

图 2-82 2013 年不同饲料产品合格率（%）

抽检猪用饲料 2 804 批次，家禽饲料 1 563 批次，水产饲料 631 批次，肉牛料 985 批次，肉羊料 364 批次，均未检出违禁添加物，检出率为 0；抽检鱼粉 343 批次，检出率 0.87%，与 2012 年（0.61%）同比上升了 0.26%。

各类饲料产品中违禁添加物的检出率比较见图 2-83。

（2）饲料中苯乙醇胺 A、可乐定、赛庚啶专项监测。2013 年对河北、上海、浙江、安徽、福建、江西、山东、河南、湖北、湖南、广东、四川等 12 省的 919 个饲料生产和使用企业的育肥猪添加剂预混合饲料、浓缩饲料和配合饲料进行苯乙醇胺 A、可乐定、赛庚啶等违禁添加物的专项监测，抽查检测苯乙醇胺 A 等违禁添加物 1 214 批次，未检出上述违禁添加物，好于 2012 年的结果（0.10%）。

（3）饲料中三聚氰胺专项监测

①奶牛养殖集中区域奶牛饲料中三聚氰胺监测。2013 年对北京、河北、内蒙古、黑龙江、山东、河南、陕西、甘肃、新疆 9 省（市、区）570 个奶牛养殖场（户）的奶牛饲料中三聚氰胺进行专项监测。抽检 770 批次奶牛精料补充料、全混合日粮和自配饲料，均未检出三聚氰胺，与 2012 年的结果（0%）相同。

②蛋白饲料中三聚氰胺监测。对全国范围内 1 151个蛋白饲料生产、经营和使用者的蛋白饲料原料中三聚氰胺进行监测。抽检 1 595 批次，未检出三

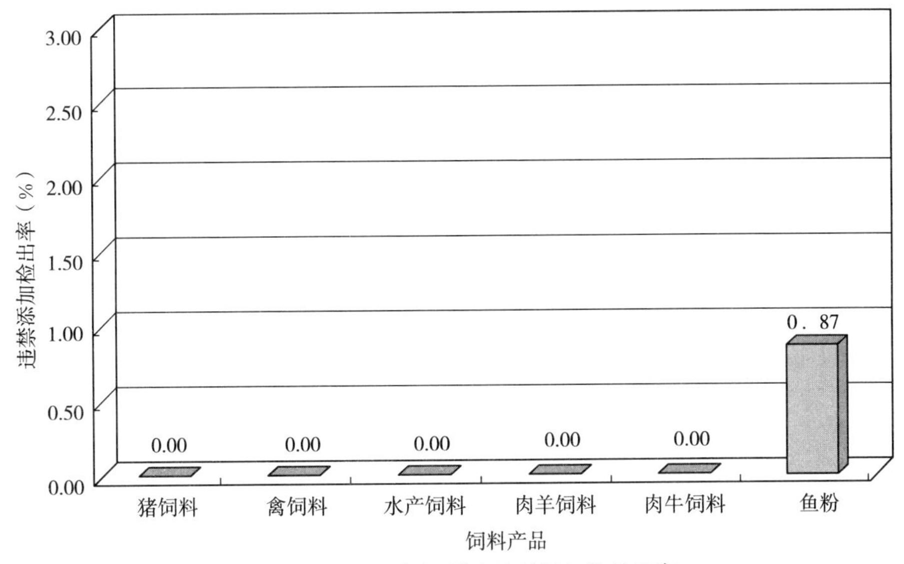

图 2-83 2013 年饲料中违禁添加物检出率

聚氰胺，好于2012年的结果（0.12%）。

3. 养殖环节“瘦肉精”专项监测

（1）养殖场（户）“瘦肉精”监督抽检。对全国30个省（区、市）15 109个养殖场（户）育肥后期的生猪、肉牛和肉羊尿液中克仑特罗、莱克多巴胺和沙丁胺醇进行了抽检，抽查检测40 653批次，均未检出“瘦肉精”，比2012年从肉牛尿液中检出5批次克仑特罗的结果（0.01%）情况向好。

（2）重点省养殖场（户）β-兴奋剂类违禁物质排查监测。2013年，对吉林、黑龙江、河北、辽宁、江苏、浙江、江西、山东、河南、湖北、湖南、四川等12省30县市1 136个养殖场（户）进行监测，抽检生猪、肉牛和肉羊尿液样品3 370批次，浙江省的1批次猪尿样品检出莱克多巴胺（79.5 ng/mL）和氯丙那林（1.5 ng/mL），吉林省的2批次牛尿样品检出克仑特罗（分别为0.79 ng/mL和1.08 ng/mL），检出率为0.09%。其他样品没有检出克仑特罗、莱克多巴胺、沙丁胺醇、齐帕特罗、氯丙那林、特布他林、西马特罗、西布特罗、马布特罗、溴布特罗、班布特罗等11种β-兴奋剂类违禁物质。

4. 饲料标签检查 共抽查饲料产品标签8 063批次，合格7 581批次，标签合格率94.0%，与2012年（94.0%）相比，基本持平，各类产品的具体情况如表2-36：

表2-36 饲料标签检查情况表

单位：批、%

产品类型	批次数	合格率		比较
		2013年	2012年	
配合饲料和浓缩饲料	3 863	95.2	94.3	增加0.9
添加剂预混合饲料	825	96.6	95.8	增加0.8
国产饲料添加剂	139	92.8	97.3	下降4.5
进口饲料添加剂	201	90.6	92.5	下降1.9
进口宠物饲料	122	94.3	100.0	下降5.7
国产宠物饲料	88	100.0	75.0	增加25.0
精料补充料	1 196	98.3	98.3	—
动物源性饲料	1 103	84.2	84.7	下降0.5
植物性饲料	613	93.5	92.3	增加1.2

不同饲料产品的标签合格率见图2-84。

三、监测结果分析

1. 饲料产品质量安全监测结果分析

（1）不同饲料产品质量状况比较。对2013年全国饲料产品质量监测的结果进行分类统计和分析如下：

①配合饲料和浓缩饲料。共监测3 540批次配合饲料和浓缩饲料产品，不合格产品132批次，不合格率为3.7%。

不合格产品中有92批次饲料粗蛋白质不合格，占不合格配合饲料和浓缩饲料产品的69.7%，与2012年（57.3%）相比，上升了12.4%。粗蛋白质不合格是配合饲料和浓缩饲料产品不合格的主要因素，经分析，主要原因有：饲料原料价格上涨，劳动力成本上升，企业生产成本攀升，饲料销售难度加大，部分中小企业生产、经营困难，任意调低配方的粗蛋白等质量指标或使用低质原料，人为降低了饲料产品质量；部分企业生产设备落后，管理不善，质量控制能力较差，原料进厂，产品出厂未检验；部分省（市、区）管理部门对质量指标不合格不处罚或处罚较轻，导致企业对质量问题不重视。

从配合饲料和浓缩饲料的卫生指标检测结果看，主要存在铅、黄曲霉毒素B_1和沙门氏菌超标等问题。配合饲料和浓缩饲料卫生指标的不合格率见图2-85。

②动物源性饲料。共抽查708个生产、经营企业的动物源性饲料产品768批次，其中741批次合格，合格率为96.5%，比2012年全年合格率（95.3%）上升了1.2%。

在27批次不合格的动物源性饲料产品中，其中有19批次是鱼粉（合格率94.8%，2012年合格率94.7%）；5批次是肉骨粉（合格率75.0%，2012年合格率91.3%）；1批次是骨粉（合格率90.0%，2012年合格率85.7%）；1批次是肉粉（合格率96.6%，2012年合格率87.1%）；1批次是血粉（合格率96.6%，2012年合格率96.2%）。

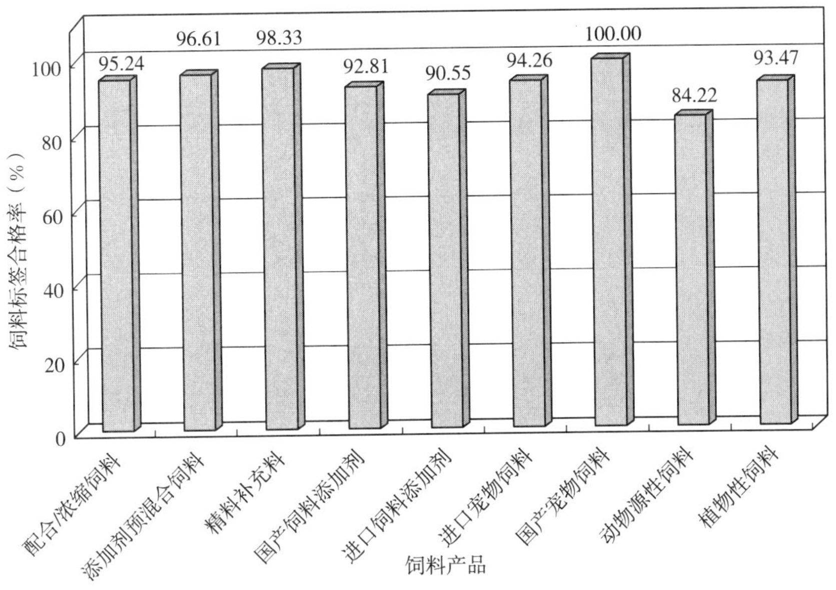

图 2－84　2013 年不同饲料产品的标签合格率

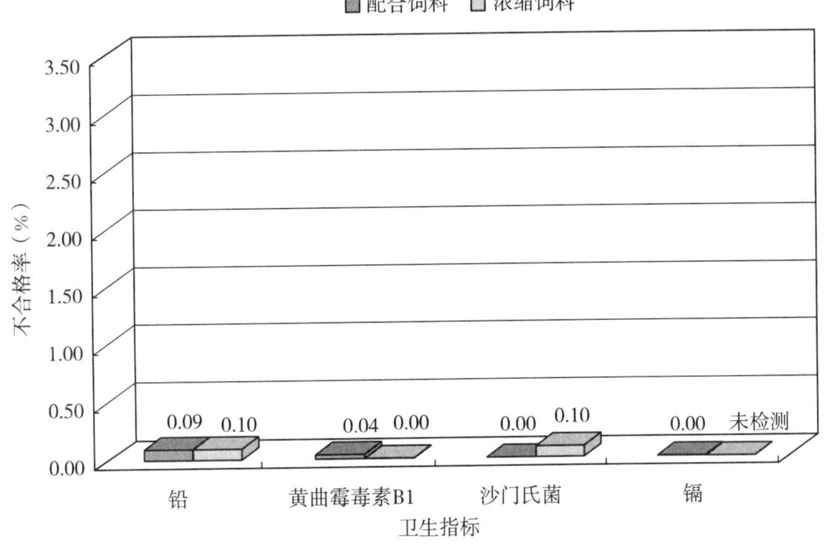

图 2－85　2013 年配合饲料和浓缩饲料主要卫生指标不合格率

从鱼粉的质量指标检测结果看，粗蛋白质和砂分是主要问题（不合格率均为 2.2%），其次是沙门氏菌污染（不合格率均为 1.4%），这与 2012 年砂分是主要问题（不合格率为 3.4%），其次是粗蛋白质不达标（不合格率为 2.0%），再次是铬超标（不合格率 1.41%），最后是沙门氏菌（不合格率为 0.3%）的情形略有不同。对造成粗蛋白质不足和沙门氏菌、砂分超标的主要原因包括生产鱼粉所用原料质量低劣；人为掺杂；鱼粉生产工艺落后、设备简陋、陈旧；企业生产工艺控制不严格及灭菌不彻底。鱼粉的质量指标不合格率见图 2－86。

③添加剂预混合饲料。抽检添加剂预混合饲料 681 批次，632 批次合格，合格率为 92.8%。其中，复合预混合饲料合格率为 93.1%，微量元素预混合饲料合格率为 89.4%，维生素预混合饲料合格率为 93.6%。其中，经营环节的复合预混合饲料、微量元素预混合饲料和维生素预混合饲料合格率分别为 87.4%、68.2%和 84.6%，相对于 2012 年的合格率而言，分别上升 2.2%、下降 4.2%、上升 47.8%。

微量元素预混合饲料：抽检的 66 批次样品中有 7 批次铜、锌的含量不合格，其中 1 批次样品中未检出锌，6 批次样品中未检出铜。

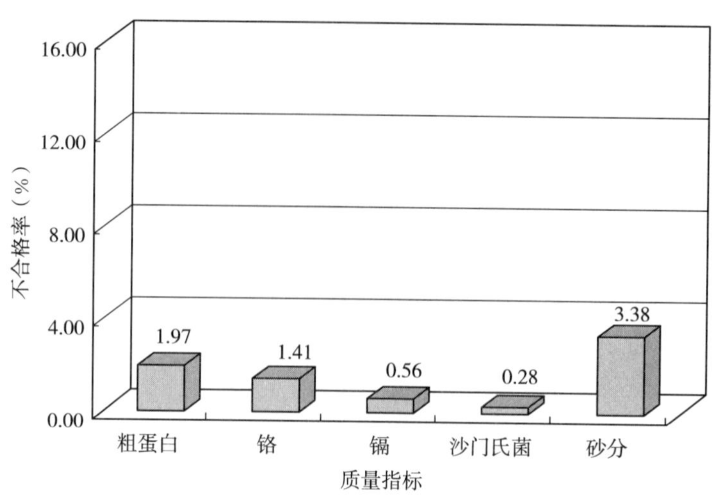

图 2－86　2013 年鱼粉主要质量指标不合格率

维生素预混合饲料：抽检的 47 批次样品中有 3 批次维生素 D_3 不合格，1 批次维生素 A 不合格，1 批次维生素 E 不合格。

复合预混合饲料：抽检的 568 批次样品中有 14 批次铜、锌不合格，其中 1 批次样品中未检出铜；有 20 批次维生素不合格，其中 4 批次样品中未检出维生素；在经营环节抽检的 151 批次样品中，1 批次样品中的铜、2 批次样品中的锌不合格。

④国产饲料添加剂。抽检 139 批次国产饲料添加剂样品，合格 135 批次，合格率为 97.1%。其中：矿物质添加剂合格率为 96.4%，维生素添加剂合格率为 97.8%，其他添加剂合格率为 97.3%。不合格的主要原因是主含量指标不达标，这与生产企业造假存在很大关系。

抽检维生素添加剂 46 批次，其中氯化胆碱 36 批次，合格 35 批次，氯化胆碱合格率 97.2%，与 2012 年（98.4%）相比下降 1.2%；抽检 6 批次甜菜碱，全部合格，合格率为 100%，与 2012 年（94.4%）相比上升 5.6%。

⑤进口饲料添加剂。共抽查来自 25 个国家的进口饲料添加剂 201 批次，183 批次合格，合格率为 91.0%，其中抽查氨基酸类产品 67 批次，64 批次合格，合格率为 95.5%；维生素类产品 23 批次，合格率为 100%；其他添加剂产品 79 批次，合格率为 86.1%；蛋白饲料产品 15 批次，合格率为 80%；能量饲料产品 17 批次，合格率为 94.1%。检查 201 个产品标签，标签合格 182 批次，合格率 90.6%。

⑥进口宠物饲料。共抽查北京、上海、天津、重庆 4 个直辖市的 35 家宠物饲料经销单位的进口宠物饲料产品 122 批次。其中狗、猫干粮 64 批次、罐头 58 批次。通过对粗蛋白质、粗脂肪、沙门氏菌的检测，合格 120 批次，合格率为 98.4%；检查 122 个产品标签，115 批次合格，合格率 94.3%。

（2）主要卫生指标监测结果比较。2013 年，主要对配合饲料、浓缩饲料、添加剂预混合饲料、饲料添加剂和鱼粉等 5 类饲料产品中的主要卫生指标：砷、铅、镉、黄曲霉毒素 B_1 和沙门氏菌等指标进行了监测。监测结果如下：

①砷：砷超标情况较为严重，709 批次样品中有 12 批次不合格，不合格率为 1.7%，其中：622 批次添加剂预混合饲料样品中有 10 批次不合格，超标率为 1.6%；87 批次饲料添加剂样品中有 2 批次不合格，超标率为 2.3%。

②沙门氏菌：在样品中检出了沙门氏菌，3 901 批次样品中有 6 批次检出沙门氏菌，检出率为 0.15%，其中鱼粉超标较严重，362 批次鱼粉样品中有 5 批次检出沙门氏菌，检出率为 1.4%，比 2012 年监测结果（鱼粉中沙门氏菌检出率为 0.28%）情况更严重；另外，在 1 031 批次浓缩饲料中有 1 批次检出沙门氏菌（检出率为 0.1%）；2 508 批次配合饲料样品中未检出沙门氏菌。

③铅：铅超标率为 0.08%，与 2012 年（0.1%）相比下降 0.02%。对 2 312 批次配合饲料、1 031 批次浓缩饲料、545 批次添加剂预混合饲料和 87 批次饲料添加剂样品中的铅进行了监测，其中，2 批次配合饲料和 1 批次浓缩饲料检出铅超标，不合格率分别为 0.09%和 0.10%。总体而言，所监测的 3 975 批次样品中 3 批次不合格，与 2012 年情况略有不同的是 2013 年度添加剂预混合饲料中铅未出现超标情况。

④黄曲霉毒素 B_1：对 2 333 批次配合饲料和 1 028批次浓缩饲料中的黄曲霉毒素 B_1 进行了监测，浓缩饲料中未发现黄曲霉毒素 B_1 超标，从 1 批次配

合饲料中检出黄曲霉毒素 B_1 超标，超标率为 0.04%，3 361 批次样品的总体不合格率为 0.03%。

⑤镉：对 2 262 批次配合饲料和 361 批次鱼粉中的镉进行了监测，监测结果均符合饲料卫生标准的要求，合格率为 100%。

（3）配合饲料中铜、锌监测结果。为进一步了解农业部 1224 号公告的执行情况，2013 年继续对猪、禽和水产配合饲料样品进行铜和锌两项指标的检测。两项指标依据 1224 号公告的限量规定作单项判定，且计入产品综合判定。

共检测 2 470 批次配合饲料样品，其中猪配合饲料 1 366 批，禽配合饲料 857 批，水产配合饲料 247 批。从检测结果看，铜合格率为 99.2%，锌合格率 99.1%，均比 2012 年合格率有所提高（铜、锌合格率分别为 98.7%、98.4%）。

按配合饲料的种类统计，铜合格率最高的是水产配合饲料（99.6%），其次是禽配合饲料（99.3%），猪配合饲料最低，为 99.0%。锌合格率最高的是水产配合饲料，为 100%；其次是禽配合饲料的 99.8%，仍是猪配合饲料的合格率（98.5%）为最低。

（4）生产环节和经营环节的饲料产品质量对比。2013 年共抽查生产环节的配合饲料、浓缩饲料、饲料添加剂、添加剂预混合饲料和动物源性饲料 2 770 批次，2 684 批次合格，合格率 96.9%，与 2012 年（96.6%）相比上升 0.3%。抽查经营环节的配合饲料、浓缩饲料、饲料添加剂、添加剂预混合饲料和动物源性饲料 1 737 批次，合格 1 631 批次，合格率 93.9%，与 2012 年（93.2%）相比下降 0.7%。生产企业产品合格率比经营企业高 6.0%（图 2－87）。

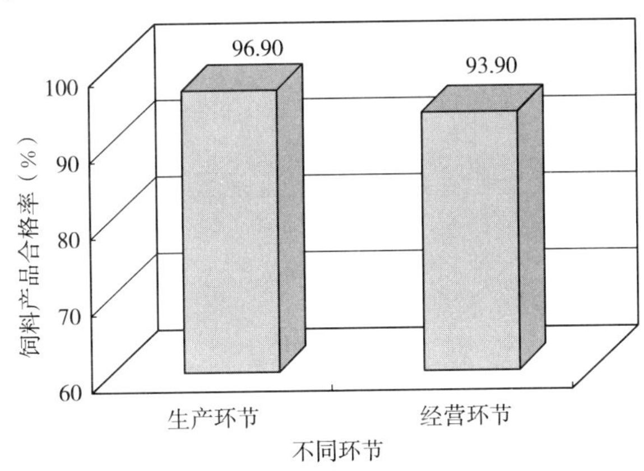

图 2－87　2013 年生产环节和经营环节的饲料产品质量对比

分析经营环节产品质量低于生产环节的原因，主要是由于饲料经营门槛低，投入少，经营主体迅速扩张，在活跃了饲料市场的同时，也存在鱼目混珠、良莠不齐的现象。主要存在的情况有掺假使杂和掺伪，以次充好；仿冒和造假大名牌饲料进行销售；销售“三无”产品；饲料经营企业数量大、分布广，管理难度较大，无法杜绝违法违规经营现象。

2. 饲料安全专项监测结果分析

（1）饲料使用环节违禁添加物监测结果分析。育肥猪饲料、肉牛饲料、肉羊饲料：抽检育肥猪饲料 2 804批次、肉牛饲料 985 批次、肉羊饲料 364 批次，均未检出克仑特罗、莱克多巴胺、沙丁胺醇等违禁药物。

禽饲料：抽检肉禽和蛋禽饲料 1 563 批次，未检出呋喃唑酮、氯霉素和苏丹红。

水产饲料：抽检 49 批次大菱鲆、鳗鱼及甲鱼等特种水产饲料，未检出呋喃唑酮；抽检 293 批次草鱼、鲤鱼、河蟹和罗氏沼虾等水产饲料，未检出氯霉素、己烯雌酚；抽检 289 批次其他水产饲料，均合格。

鱼粉：抽检 343 批次鱼粉，3 批次样品不合格，其中 3 批次样品中检出隐性孔雀石绿，2 批次样品检出孔雀石绿。

（2）饲料中苯乙醇胺 A、可乐定、赛庚啶专项监测。2013 年对河北、上海、浙江、安徽、福建、江西、山东、河南、湖北、湖南、广东及四川等 12 省的 919 个饲料生产和使用企业的育肥猪添加剂预混合饲料、浓缩饲料和配合饲料进行苯乙醇胺 A、可乐定、赛庚啶等违禁添加物的专项监测，抽查 1 214 批次样品，全部未检出苯乙醇胺 A 等违禁添加物。

（3）饲料中三聚氰胺专项监测。

①奶牛养殖集中区域奶牛饲料中三聚氰胺监测。2013 年对北京、河北、内蒙古、黑龙江、山东、河南、陕西、甘肃、新疆等 9 省（市）570 个奶牛养殖场（户）的奶牛饲料中三聚氰胺进行专项监测。抽查检测 770 批次奶牛精料补充料、全混合日粮和自配饲料，均未检出三聚氰胺。

②蛋白饲料中三聚氰胺监测。对全国范围内

1 151个蛋白饲料生产、经营和使用者的蛋白饲料原料中三聚氰胺进行监测，抽检 1 595 批次样品，均未检出三聚氰胺，结果好于 2012 年。

（4）饲料中不同违禁添加物检出情况对比。检测 4 153 批次饲料样品中的克仑特罗、莱克多巴胺和沙丁胺醇，1 206 批次样品中的苏丹红，检出率为 0；检测呋喃唑酮 967 批次、氯霉素 1 549 批次、己烯雌酚 293 批次，检出率为 0；检测隐性孔雀石绿 343 批次，检出 3 批次；检测孔雀石绿 343 批次，检出 2 批次。由此可见，饲料中克仑特罗、莱克多巴胺、苏丹红、呋喃唑酮、地西泮、己烯雌酚、氯霉素等违规使用已经基本得到了抑制。饲料中不同违禁添加物检出率对比见图 2-88。

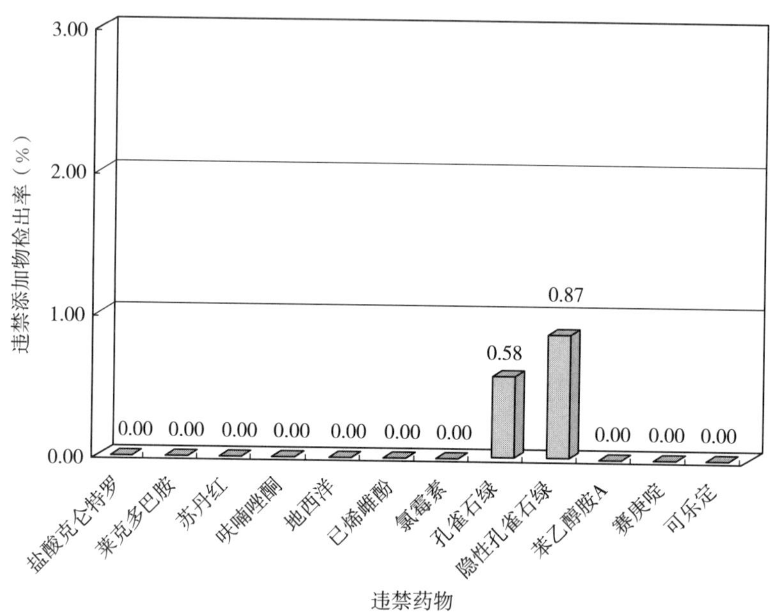

图 2-88　2013 年饲料中不同违禁添加物检出率

3. 养殖环节“瘦肉精”专项监测

（1）养殖场（户）“瘦肉精”监督抽检。对全国 30 个省（区、市）15 109 个养殖场（户）育肥后期的生猪、肉牛和肉羊尿液中的克仑特罗、莱克多巴胺和沙丁胺醇进行了抽检，共抽取 40 653 批次动物尿液样品进行检测，均未检出“瘦肉精”。

（2）重点省养殖场（户）β-兴奋剂类违禁物质排查监测。2013 年，对吉林、黑龙江、河北、辽宁、江苏、浙江、江西、山东、河南、湖北、湖南、四川 12 省 30 县市 1 136 个生猪、肉牛和肉羊养殖场（户）进行监测，现场筛查克仑特罗、莱克多巴胺和沙丁胺醇 3 种 β-兴奋剂类违禁物质。除现场筛查呈阳性的样品外，每个养殖场（户）选 1 份样品，实验室检测克仑特罗、莱克多巴胺、沙丁胺醇、齐帕特罗、氯丙那林、特布他林、西马特罗、西布特罗、马布特罗、溴布特罗、班布特罗等 11 种 β-兴奋剂类违禁物质。抽检生猪、肉牛和肉羊尿液样品 3 370 批次，浙江省的 1 批次猪尿样品检出莱克多巴胺（79.5ng/mL）和氯丙那林（1.5 ng/mL）；吉林省的 2 批次牛尿检出克仑特罗（分别为 0.79ng/mL 和 1.08ng/mL），检出率为 0.09%。

4. 饲料标签专项检查结果分析

除进口饲料添加剂外，2013 年共抽查饲料标签 7 862 批次，7 399 批次合格，合格率为 94.1%。

从饲料标签 20 个单项检查结果看，不合格项主要是“产品成分分析保证值（应标注项目）”、“净重（或净含量）”、“产品标准编号”和“产品成分分析保证值（标准一致性）”。其中，产品成分分析保证值（应标注项目）最为突出，有 203 批次样品原料组成未标明主要原料名称以及添加剂、载体和稀释剂名称，占全部单项指标不合格总数的 13.8%；其次，188 批次产品标准编号的内容未标注齐全、准确，占全部单项指标不合格总数的 12.8%；157 批次产品成分分析保证值（标准一致性）与所执行的标准不一致，占全部单项指标不合格总数的 10.7%。最后，156 批次产品净重（或净含量）未使用法定计量单位标明或标注不准确，占全部单项指标不合格总数的 10.6%。

四、存在的问题

1. 粗蛋白质等质量指标制约饲料合格率的提高

随着近年来饲料监测和处罚力度的加大，质量指标的合格率逐年提高，但合格率平均值仍低于卫生指标合格率。全年共抽检 3 540 批次配合饲料和浓缩饲料产品，不合格产品 132 批次，不合格率为 3.73%。不合格产品中有 92 批次饲料粗蛋白不合格，占不合格配合饲料和浓缩饲料产品的 69.7%。造成饲料粗蛋白质不达标的原因主要是人为因素。少数中小企业人为调低配方中的蛋白原料的用量或选用低质原料，从而降低了饲料产品质量。部分企业缺少必要的检化验设备，生产过程控制能力较差，没有对原料进厂和产品出厂进行有效控制，同时也存在标签上标示质量指标虚高的现象。

2. 微量元素预混合饲料存在严重造假问题 抽检添加剂预混合饲料 681 批次，632 批次合格，合格率为 92.80%。其中复合预混合饲料合格率为 93.13%，微量元素预混合饲料合格率为 89.39%，维生素预混合饲料合格率为 93.62%。其中，经营环节的复合预混合饲料和微量元素预混合饲料分别为 87.42%和 68.18%。添加剂预混合饲料存在造假问题，经营环节微量元素预混合饲料问题尤为严重。预混合饲料通过经营环节销售的主要是小包装产品。这类产品多为小公司生产，加之销售环节多，销售地点多为老少边穷地区，监管难度大，质量难以保证。

3. 部分省养殖环节非法添加违禁添加物问题出现反弹 在对河北等 12 省养殖场（户）β-兴奋剂类违禁物质排查监测中，吉林省的 2 批次牛尿检出克仑特罗；浙江省 1 批次猪尿样品同时检出莱克多巴胺和氯丙那林，两省违禁添加物检出率分别为 1.49%和 0.33%。连续多年开展的β-兴奋剂类违禁物质排查监测取得了明显的成效，非法使用克仑特罗的势头已基本遏制，但非法添加违禁添加物的问题依然存在，且有向克仑特罗以外的违禁添加物和向反刍动物转移的苗头。

4. 数据录入、上报工作有待进一步提高 部分省市的监测实施工作与《农业部办公厅关于下达 2013 年饲料质量安全监测计划的通知》（农办牧[2013] 4 号）和《2013 年养殖环节“瘦肉精”专项监测计划》（农办牧［2013］3 号）的要求有一定的差距，数据上报不及时和上报数据不符合要求，给汇总分析工作带来较大难度。比如，个别承检机构网上上传数据与上报总结所用数据不一致；部分样品的铜、锌未纳入综合判定；部分样品未按规定项目指标要求进行检测，如有个别单位对水分值也进行了判定；部分省区监督执法机构（部门）没有及时报送抽检结果和总结分析报告。

五、对策措施和建议

1. 严格准入条件，规范企业饲料质量安全管理 近年来，随着监测工作的进一步加强，饲料产品的质量安全水平有了很大的提高，但由于饲料行业整体水平不高，受生产条件、管理水平、人员素质、市场因素等方面的影响，部分饲料产品质量不稳定，合格率波动较大，一些潜在安全隐患依然存在。因此，需要严格饲料生产企业，特别是添加剂预混料生产企业的准入条件，加强从业人员的培训和教育，全面实施《饲料质量安全管理规范》。

2. 建立“黑名单”制度，惩戒质量失信企业 要严格按照《饲料和饲料添加剂管理条例》的规定，对不合格产品的企业实施处罚并曝光，使监督检查取得成效。彻底改变部分地区“重查轻处或只查不处”的状况。逐步通过建立“黑名单”制度，定期通过有关媒体公布饲料产品质量指标严重不合格的劣质产品及企业，让市场淘汰制售不合格产品和违法添加违禁添加物的企业。同时，增加对列入黑名单企业的检查频次，并将其产品列为重点监测对象。

3. 加强协调，提高标准制修订的效率和质量 针对现行的卫生标准缺乏一些重要产品、重要指标限量值的问题，建议参照《无公害食品 渔用配合饲料安全限量》（NY 5072），制定水产饲料的卫生标准；制定水禽配合饲料、浓缩饲料和预混料中镉的限量值；制定微量元素预混合饲料铅限量值；增加预混合饲料和浓缩饲料中镉的限量值；制定完善饲料用油标准，以规范饲料企业的用油；制定砷、镉等重金属的形态检测方法标准；逐步完善《禁止在饲料和动物饮水中使用的药物品种目录》（农业部第 176 号公告）中所涉及的违禁药物的检测方法标准。

4. 加强培训和评估，提高饲料质量安全监测工作质量 随着饲料监管工作的深入，各省饲料质检机构承担的任务逐年增加，需要检测的新项目也不断增加，为确保饲料质量安全监测工作质量，应加强抽样人员、检测人员、结果处置和数据录入人员的培训，提高业务水平，增强工作责任心。加强检测技术培训和预警监测技术交流，提高监测技术水平。同时，依据《农业部饲料质量安全监测工作规范（修订）》，逐步对承担抽样任务和检测任务的各省监督执机构及质检机构进行饲料监测工作质量评估，对存在突出问题的单位进行通报。

5. 认真总结，完善网上上报软件系统 根据《农业部饲料质量安全监测工作规范（修订）》和近几年饲料质量安全监测计划和养殖环节“瘦肉精”监测计划的要求和特点，总结近几年的录入工作经验，梳理上报工作中存在的问题，优化工作流程，进一步提高系统的智能性，提高录入准确性和录入效率。

（樊霞　李俊）

科技与推广

2013年是国家科技支撑计划“安全高效饲料产业发展关键技术研究与示范”项目执行的关键之年，各项科技创新工作均取得了明显进展。

课题“饲料资源开发与高效利用关键技术研发与集成示范”完成了木薯渣高效利用关键技术研究、马铃薯渣高效利用关键技术研究、甘薯及其加工副产物发酵工艺的优化、醋糟固态发酵工艺的优化及其应用技术研究、白酒糟固态发酵生产猪用生物饲料及其应用技术研究、柑橘渣固态发酵工艺优化、苹果渣发酵微生物菌种组合筛选及发酵增值效果研究、酶解棉粕的研发、发酵菜粕的研发、发酵棉粕的研发、酶解谷阮的研发、不同发酵工艺对发酵豆粕的影响、高水平玉米脱水酒糟及其可溶物饲粮中添加酶制剂对肉鸡养分利用率的影响等方面的研究。

课题“安全高效饲料添加剂研发与产业化示范”完成了专用饲用抗菌肽产品研制与产业化，包括建立抗菌肽分离纯化工艺，获得了纯度为99.6%以上的纯品；研究获得了两种抗菌肽的热稳定性、酸碱稳定性及酶稳定性参数；完成了天蚕素抗菌肽和枯草菌素抗菌肽的部分抗菌谱和稳定性试验并建立了两种抗菌肽的检测方法。新型酶制剂的研制与产业化主要开展了突变酶制剂的功能和结构研究，建立了重组酵母生产饲料用果胶酶的高细胞密度发酵放大生产工艺及动物验证试验，液态酶颗粒饲料后喷涂工艺技术等研究。生态型饲料添加剂关键技术研究与开发主要开展了果胶寡糖和壳寡糖高效制备中试技术研究、功能寡糖和多糖金属微量元素螯合物饲料添加剂制备技术研究、饲用微生物中活性成分筛选和富集中试技术研究、生态型饲料添加剂饲用评价试验研究等。饲用微生态制剂研制开展了乳酸菌有效性评价研究，完成了乳酸菌分离筛选、鉴定、生长曲线、稳定性研究，乳酸菌发酵后处理工艺研究，乳酸菌配套应用技术研究，乳酸菌标准化检测技术研究等。饲用活性肽和防御肽的研制主要开展了Palustrin-OG2重组菌株诱导表达条件的优化研究，产海藻糖合成酶菌株的筛选，草分枝杆菌对猪生产性能及产品肉质的影响及机理研究，脱毒菌素的筛选以及蜜蜂肽（Apidaecin）的安全性评价研究等。

课题“生态环保饲料生产关键技术研究与集成示范主要开展了肉鸡低排放饲料配制关键技术与产业化示范，包括基于可消化氨基酸的肉鸡饲料配制技术研究，肉鸡低磷排放技术研究，肉鸡专用复合酶制剂研究，肉鸡微量元素减排技术研究。开展了蛋鸡低排放饲料配制关键技术与产业化示范，包括蛋鸡氨基酸需要量研究，标准回肠可消化（SID）氨基酸模式下蛋鸡代谢能和粗蛋白适宜比例研究，蛋鸡磷减排技术研究，蛋鸡微量元素减排技术研究等。开展了猪低排放饲料配制关键技术与产业化示范，主要包括猪低蛋白日粮配置技术，猪低磷排放日粮配置技术等研究。开展了反刍动物减排技术研究，主要包括延胡索酸二钠调控氨化稻草体外培养发酵甲烷及挥发性脂肪酸产量的研究，应用体外发酵法研究了高精料饲粮NSC/NDF与甲烷产量之间的关系，日粮添加维生素E调控体外培养发酵产气指标、挥发性脂肪酸产量、干物质消失率和可利用粗蛋白的研究，开展了稀土元素化合物调控肉牛消化代谢、瘤胃发酵指标、氮沉积、血液生化指标及瘤胃甲烷产量影响的比较研究，开展了γ-氨基丁酸对微生物发酵温室气体排放的调节作用研究等。肉鸭低排放饲料配置技术研究，主要包括肉鸭低蛋白日粮配置技术研究，肉鸭微量元素减排技术研究等。

课题“安全优质饲料生产关键技术研究与集成示范”开展了饲料加工过程质量安全防控技术研究与产业化示范研究，包括饲料加工过程质量安全可追溯体系的研究建立与示范，饲料产品质量稳定一致性控制技术研究，饲料加工过程中药物、微生物污染防控关键技术研究与示范，饲料产品安全储运控制技术研究等。开展了新型饲料熟化工艺技术研究与产业化示范，主要包括新型粉状熟化聚粒饲料加工技术研究及产业化示范，新型颗粒饲料调质工艺技术研究及产业化示范，饲料挤压膨胀加工工艺技术研究及产业化示范等。开展了优质动物产品生产饲料配置关键技术研究与产业化示范，包括养殖动物的抗病饲料配制技术研究与产业化示范，优质禽蛋生产的饲料配制关键技术研究与产业化示范，优质肉品生产的饲料配制关键技术研究与产业化示范等。开展了饲料原料及添加剂品控无损检测新技术研究，主要包括基于饲料原料及添加剂物理化学性质的无损检测技术研究，利用X射线衍射技术进行金属元素无损检测技术研究，基于现代光谱技术进行痕量化学污染物残留的无损检测技术研究等。开展了饲料质量安全快速检测技术研究及设备研发，包括饲料中违禁药物全集成芯片检测系统研究，饲料中赭曲霉毒素A等危害物质荧光偏振快速检测技术研究，饲料中违禁药物表面增强拉曼光谱速测技术研究与设备研发等。

“十二五”饲料科技支撑计划2013年取得了鉴定成果2项，获得奖励3项；取得专利26项，申请专利15项；研制国家/行业标准7项，地方标准3项；研发新产品24项，新工艺1项，新装置4项，计算机软件1项；技术集成5套；开展技术研制13个。建立试验基地26个，中试线11个，生产线6条。饲用天蚕抗菌肽、饲用微生物制剂、蛋鸡低蛋白日粮、粉料调质熟化低温制粒畜禽饲料生产工艺、饲料加工过程药物交叉污染防控技术、饲料指纹图谱真伪鉴别技术、改善肉禽健康的抗氧化调控技术、增加产蛋量和预防脂肪肝综合应用技术、DHA蛋黄粉技术、高效调制器和膨胀器等新技术和新装备实现了推广应用，取得了良好的社会、生态和经济效益。

由南京农业大学动物科技学院承担的“猪利用氮营养素的机制及营养调控”和中国海洋大学承担的“养殖鱼类蛋白质高效利用的调控机制”获得了国家重点基础研究发展计划（973计划）的立项支持。“猪利用氮营养素的机制及营养调控”项目主要针对我国蛋白质饲料资源紧缺和氮排放污染严重的现状，围绕猪机体利用氮营养素的消化与代谢两个关键环节，运用现代营养学、微生物学和系统生物学等理论与技术，揭示胃肠道消化代谢改变氮营养素供给模式的机制，提出实现高效利用氮营养素需求模式，为养猪生产提高氮营养素利用效率、减少氮排放提供理论基础和技术支持。“养殖鱼类蛋白质高效利用的调控机制”项目应用代谢组学等技术，将蛋白质高效利用所涉及的各组织、各代谢调控途径作为一个整体，开展鱼类对蛋白质的营养感知与代谢调控研究，从而为实现饲料要素的适配、提高蛋白利用率、找到替代鱼粉蛋白源的可行途径奠定理论基础，服务于保证水产养殖业可持续发展、保障粮食安全的国家重大需求。

由中国农业科学院饲料研究所姚斌研究员主持完成的“新型饲料用非淀粉多糖酶制剂产品的创制”项目荣获2013年北京市科学技术奖一等奖。项目从酶的分子生物学基础研究入手，解决了木聚糖酶等多种非淀粉多糖水解酶的基因资源高效获取酶的性能、酶的应用性能和高效率生产问题，实现了多种非淀粉多糖酶的廉价生产，其表达水平较初始研究时分别提高了25～81倍，远高于文献报道及其他单位的生产水平，从而系统性地解决了行业发展的知识产权、生产成本等瓶颈问题。存在于饲料中的非淀粉多糖是一类抗营养因子，在饲料中添加非淀粉多糖水解酶可消除其抗营养作用，提高饲料转化效率5%～10%，从而大幅提高了动物的生产性能，继而减轻了动物粪便对环境造成的污染。因此，在饲料中添加非淀粉多糖酶对于提高畜牧业生产效益、降低养殖环境污染有着十分重要的意义。饲料研究所姚斌研究团队的研究在饲料用酶基因的高效筛选上，创立了多种从环境宏基因组或转录组中直接克隆全长功能基因的全新技术体系，成功实现了从特殊环境中克隆到具有高比活、高温、嗜酸、抗蛋白酶等特性的饲料用非淀粉多糖酶编码基因100余个，从而使我国在国际基因资源及知识产权的争夺战中处于有利地位。不仅如此，姚斌研究团队还在饲料用酶结构与功能的基础研究方面有所突破，构建了独有的胞外融合表达突变酶库的筛选技术，完善了酶蛋白结构功能研究和分子改良技术体系，获得了综合性质优越、可应用于实际生产的改良酶。姚斌研究团队还通过对酵母高效表达机制的生物学基础研究，发现了一批新的表达因子及它们的作用机理和功能，并在此基础上，构建、完善了5～25mg/mL级的饲料用酶高效表达技术体系，保障了饲料用酶的规模化廉价生产，最终突破了一系列饲料用酶研发的关键技术。该团队所从事的多种饲料用酶的开发工作始终保持国际领先地位，其创制的4种主要非淀粉多糖酶—木聚糖酶、葡聚糖酶、甘露聚糖酶和α-半乳糖苷酶，均具有优良的性能和低廉的生产成本。“新型饲料用非淀粉多糖酶制剂产品的创制”项目成果无论是在开辟新的饲料资源、提高现有饲料资源的利用率、解决饲料相关产业的环境污染问题方面，还是在提高动物产品的品质等方面都取得了良好的社会效益和生态效益。该研究成果共获得授权发明专利18项，共发表了相关SCI论文65篇，颁布了企业标准5项。从2007年以来，姚斌研究团队先后在我国10余家酶制剂企业对此研究成果进行产业化应用与技术转让，促进了各企业产品创新性和企业竞争力的显著提高，使我国饲料用酶的研发和应用成为具有国际竞争力的生物技术产业。

由中国农业科学院饲料研究所丁宏标研究员主持完成的“新型生物饲料添加剂产业化技术示范与推广”项目获得了2013年全国农牧渔业丰收奖农业技术推广成果奖一等奖。该项目开发出新型饲用酶制剂、饲用益生菌等多种新型生物饲料添加剂，显著提高饲料转化率、动物的生产性能和产品品质，大幅减少污染，合作建立了示范区160余个，近3年来共推广应用生猪2 700余万头、家禽5亿余只、水产620万亩，平均提高养殖收益12%，取得总经济效益近10亿元（表2-37～表2-39）。

表2-37 2013年农业科技成果转化资金立项的饲料项目

序号	项目名称	承担单位
1	畜禽用植物微生态制剂产品的开发与应用	北京康华远景科技有限公司
2	牛磺酸与壳寡糖联合应用肉鸭生产技术中试	河北沁园农业科技有限公司
3	细菌肽饲料添加剂制备技术的中试及应用示范	河北科技大学
4	用于改善奶牛肠道微生态环境乳酸菌制剂的中试生产与产业化	内蒙古和美科盛生物技术有限公司
5	反刍动物新型全混合生物发酵饲料生产技术中试与示范	内蒙古自治区农牧业科学院
6	反刍动物富酶蛋白饲料产业化开发与示范	内蒙古蒙都羊业食品有限公司
7	复合发酵法制备绿色生物饲料关键技术集成与转化	大连工业大学
8	高效绿色肉鸡饲料添加剂中试与示范	吉林农业大学
9	仔猪发酵饲料规模化生产与应用示范	吉林省农业科学院
10	肉鸡无抗饲料关键技术集成与应用	上海高龙生物科技有限公司
11	新型乳猪营养饲料及加工技术的中试与推广	扬州创日动物营养有限公司
12	动物用天然免疫制剂-CPG寡核苷酸中试与产业化开发	浙江皇冠科技有限公司
13	提高鸡肉和鸡蛋品质安全饲料添加剂的生产及其养殖示范	安徽农业大学
14	安全高效仔猪前期料的开发及应用示范与推广	双胞胎（集团）股份有限公司
15	菜籽粕生物改良中试及应用	江西昌丰由由生物科技有限公司
16	畜禽用复方维生素纳米乳口服液中试与示范	河南农业大学
17	畜禽用凝结芽孢杆菌制剂中试及产业化	湖南省微生物研究所
18	微生物发酵无抗生素安全型饲料产业化	湖南创新生物科技有限公司
19	绿色高效饲料添加剂“优乐舒”产品中试与示范	重庆优宝生物技术有限公司
20	猪用抗菌肽新技术成果转化及中试示范	成都市金之源生物技术有限公司
21	猪用环保复合预混合饲料关键技术中试与示范	云南邦格农业集团有限公司
22	蛋鸡复方中草药饲料生产技术中试与示范	陕西未来绿色农牧开发有限公司
23	绿色环保高效复合型微生态制剂示范与推广	宝鸡博迪生物科技有限责任公司
24	微生物制剂在海参健康高效养殖中的推广及应用	大连金砣水产食品有限公司
25	对虾功能型肠道调节制剂中试及应用示范	宁波东风生物科技有限公司
26	绿色环保型饲料添加剂甘露寡糖的中试与示范	中国农业科学院饲料研究所
27	新型安全饲用酶制剂几丁质酶和几丁质氧化水解酶的中试与示范	中国农业科学院饲料研究所
28	草鱼高效环保饲料的中试与应用	中国水产科学研究院长江水产研究所
29	新型绿色霉菌毒素脱毒剂的中试与产业化	南京农业大学

表 2-38 2013 年度国家星火计划立项支持的饲料项目

序号	项目名称	承担单位
1	生物饲料在规模化生猪健康养殖上的示范与推广	北京大北农科技集团股份有限公司
2	一种新型猪用微生态制剂及其制备方法的中试与转化	北京福乐维生物技术有限公司
3	预防球虫病植物提取物饲料添加剂的开发与推广	北京康华远景科技有限公司
4	益生菌固态发酵培养活性代谢产物产业化生产	鼎正动物药业（天津）有限公司
5	马铃薯废渣混合饲料开发	五寨县顺喜强农饲料有限公司
6	年产 30 万吨微生物平衡蛋白饲料技术应用与示范	赤峰市大中高科技饲料有限公司
7	草原肉羊新型生物饲料技术开发与产业化	翁牛特旗绿源养殖有限公司
8	饲用功能性维生素的创新研制与产业化	江苏万瑞达生物科技股份有限公司
9	乳猪免疫球蛋白的研发及产业化	昆山贝瑞康生物科技有限公司
10	健康节粮型育肥猪饲料的创制与产业化	太仓安佑生物科技有限公司
11	提高母猪生产力的营养与饲料供给关键技术集成与应用	宝应县宝丰牧业服务专业合作社
12	微生物技术在高蛋白秸秆生物饲料生产技术中的应用推广	苏州荣基生态生物科技有限公司
13	肉用鸡三期配方饲料的研发与推广	启东市阳大畜牧专业合作社
14	海藻饲料添加剂的研制及其产品应用	盐城工学院
15	资源节约型安全高效饲料的研制与示范推广	扬州市扬大饲料厂
16	乳仔猪肠道营养调控关键技术集成与应用	浙江国茂饲料有限公司
17	新型益生菌饲料的研发与推广	杭州加大生物科技有限公司
18	新型生物溶菌酶在渔用高效饲料中的示范与推广	杭州海皇饲料开发有限公司
19	浮性尿素缓释膨化料研制及应用技术产业化	浙江科盛饲料股份有限公司
20	高产乳猪教槽料的推广应用	浙江省德清县鸿利饲料有限公司
21	安全优质型黄颡鱼专用膨化饲料的开发与产业化	浙江一星实业股份有限公司
22	新型畜禽鱼用复合微生态制剂的中试与应用	合肥华飞生物工程有限公司
23	提高母猪繁殖力的饲料新产品开发与示范	安徽金寨祥堡生态农业科技开发有限公司
24	小麦型环保肉鸭饲料的开发	枣庄学院
25	新型生物饲料添加剂地衣芽孢杆菌生产技术	高唐华农生物工程有限公司
26	绿色环保型肉鸭饲料的研究与推广	山东亚太中慧集团有限公司
27	高效脱霉剂生物饲料应用开发	山东和美华集团有限公司
28	含螯合态微量元素微生物肥料的研制与推广	山东宝源生物有限公司
29	新一代霉菌吸附剂-普力酶	潍坊普力美动物药业有限公司
30	新型活菌饲料添加剂（绿益态）的研究与产业化	武汉回盛生物科技有限公司
31	低值蛋白制备功能肽饲料添加剂的技术及应用	湖南顺信生物科技有限公司
32	高效环保仔猪配合饲料的研制与产业化	广东恒兴饲料实业股份有限公司
33	高效环保罗非鱼浮性饲料的研制与产业化	湛江恒兴特种饲料有限公司
34	复合抗菌肽绿色饲料添加剂的研发和产业化	广州格拉姆生物科技有限公司
35	猪用低排放环保型饲料的研究与应用	佛山科学技术学院
36	缫丝蚕蛹发酵饲料的产业化开发与应用示范	广东省农业科学院蚕业与农产品加工研究所
37	复合微生物发酵剂的研究及在农副产品饲用加工中的应用	湛江师范学院

（续）

序号	项目名称	承担单位
38	新型安全饲料添加剂益长素的产业化示范推广	广东省农业科学院畜牧研究所
39	浒苔发酵功能性饲料的应用开发与示范	宁波大学
40	褐藻多酚作为大黄鱼饲料添加剂的应用与推广	宁波大学
41	大黄鱼配合饲料产业化关键技术集成与示范	宁波大学

表 2-39　2013 年度国家重点新产品计划立项支持的饲料项目

序号	项目名称	承担单位
1	FA 生物发酵无公害饲料	全新农建（北京）科技发展中心
2	劲腾多糖益生素预混合饲料	北京中农劲腾生物技术有限公司
3	XYN1163F 基因高比活木聚糖酶	江苏奕农生物工程有限公司
4	霉必吸	山东宝来利来生物工程股份有限公司
5	碱性果胶酶	青岛蔚蓝生物集团有限公司
6	草食性鱼预混料 1011	广东海大集团股份有限公司
7	普乐肽（浓缩饲料）	广东希普生物科技股份有限公司
8	环保——猪用复合预混合饲料	云南邦格农业集团有限公司
9	反刍动物高效复合生化蛋白质饲料	宁夏九盛牧业科技研究院（有限公司）

（吴子林）

饲料行业职业技能鉴定

农业部畜牧（饲料）行业职业技能鉴定指导站以提高从业者素质、促进饲料行业发展为重点，认真贯彻落实农业部关于农业职业技能开发工作要点，扎实开展工作，2013年饲料行业职业技能鉴定工作取得显著成效。

一、加强技术指导与服务，职业技能鉴定工作稳步开展

指导各地方饲料鉴定站开展培训鉴定91批次，培训12 046人次，经考试合格取得国家职业资格证书11 083人次，鉴定通过率92%，其中初级5 639人次，中级3 383人次，高级2 061人次。

二、贯彻落实法律法规，开展高级检验化验员培训鉴定

随着国家新的《饲料和饲料添加剂管理条例》及其配套技术法规的贯彻实施，对饲料企业检验化验员的技能有更高的要求。为满足饲料企业对高级饲料检验化验员的需求，受部畜牧业司（全国饲料工作办公室）的委托，在部职业技能鉴定指导中心的大力支持下，指导站整合各方面的技术力量，由农业258鉴定站具体承办开展三期高级饲料检验化验员职业技能培训班。来自全国15个省市的86名学员参加培训鉴定，其中76人通过考核取得国家职业资格高级证书。

三、做好基础建设工作，夯实职业技能开发技术基础

一是完成《国家职业分类大典》修订工作。召集有关专家对有关职业和工种的定义、工作任务、从业要求、作业内容等进一步修缮。本次修订对饲料行业4个职业4个工种提出了修订意见，对饲料加工的5个职业进行了合并，新增了饲料配方师职业。二是完成《饲料配方师》国家职业标准制定工作并通过专家评审。

四、加强技能鉴定人员队伍建设，提高鉴定工作质量

考评员队伍建设一直是鉴定的重点工作，举办了两期职业技能鉴定考评人员培训班，对来自行政部门、科研院所和企业等单位的378人进行职业资格证书制度、鉴定工作程序、鉴定质量管理等内容的培训，并通过了考评员资格认证考核。考评员队伍的日益壮大，基本满足了行业职业技能鉴定工作的需求。

（田　莉）

饲料工业标准化

2013年，全国饲料工业标准化技术委员会（以下简称“饲料标委会”）在国家标准化管理委员会和农业部主管部门的领导下，以保安全、促发展为目标，配合《饲料和饲料添加剂管理条例》实施，大力推进饲料标准化工作，重要标准的修订工作取得较大进展，为保障饲料工业健康有序发展提供技术支撑。

一、推动发布实施《饲料标签》标准

《饲料标签》是饲料行业基础性重要强制性国家标准，作为行业管理部门的重要抓手，在规范饲料行业生产经营秩序、提高产品质量和安全水平方面发挥了至关重要的作用。为配合《饲料和饲料添加剂管理条例》的实施，保障《饲料标签》与新修订的条例及《饲料原料目录》等相关法规规章保持协调一致，饲料标委会早动手、早准备，及时组织专家队伍完成了《饲料标签》的修订任务。在主管部门的领导下积极参与推动《饲料标签》的发布实施宣贯工作。配合并参与国家标准化管理委员会组织召开了新闻发布会，宣贯《饲料标签》标准。为促进标准的实施，还专门就新饲料标签的内容撰写解读文章，在网络和行业期刊上发表，宣贯饲料标签标准。目前《饲料标签》已正式顺利实施。

二、完成饲料添加剂重要产品标准研究项目任务

饲料添加剂重要产品标准研究项目是国家质检总局下达中国饲料工业协会的质检公益专项课题研究项目。中国饲料工业协会与协作单位共同努力，集中力量，致力于该项目的研究，开展了目标任务中饲料加剂产品生产工艺调研、国内外标准比较研究、国内代表性样品收集、技术指标及相应检验方法的确定、国家标准立项和编制等工作。通过项目研究，形成了国家标准草案45项，获得国家标准立项33项，形成了28项标准批稿，其中16项生产中大量使用的重要饲料添加剂产品标准系首次提出，及时填补了饲料添加剂产品标准的空白，充分体现了我国饲料添加剂产品实际生产水平，有效规避了监管风险。还通过研究明确了饲料添加剂产品标准的适用范围、技术要求、检验规则等强制性内容，为饲料添加剂产品标准由现行的推荐性标准转化为强制性标准奠定了重要的基础。

三、认真做好饲料标准的申报、审查、报批工作

为做好饲料工业国家标准、行业标准项目的申报工作，饲料标委会秘书处及早研究拟定了饲料工业标准申报项目指南，在网上进行公开征集承担单位。根据国标与行标的申报情况和技术评审结果，最终获得饲料工业标准立项44项，其中国家标准12项、行业标准32项。2013年，饲料标委会共组织召开8次饲料工业标准审查会，共审查报批饲料工业国家标准、行业标准56项，审查通过44项标准，其中国家标准28项，行业标准16项；报批饲料工业标准12项，其中国家标准5项、行业标准7项。重点组织推动完成了饲料标签标准修订发布任务。

（武玉波）

饲料行业质量认证

2013年是中国认证认可行业完善认证认可工作体系、强化认证监管专项检查的一年。国家质量技术监督检验总局要求各地质量管理部门加强对第三方认证机构的管理。各地质量管理部门通过网络查询、现场检查等手段，有效保证了第三方认证机构按照要求完成认证工作，规范了第三方认证市场。国家认证认可监督管理委员会发布了《认证机构认可规则》《质量管理体系认证规则》《良好农业规范认证实施规则》等一批行政规章和技术规范，对145家认证机构的7 289家管理体系获证组织、100家食品农产品认证企业进行了网格化检查，对提升认证质量起到了显著作用。

农业部发布的《饲料原料目录》《饲料添加剂品种目录》，国家颁布的《GB 10648—2013 饲料标签》，为饲料企业建立有效的质量和安全管理体系提供了专业支持。

2013年，饲料行业集中度提高，表现为行业前10家饲料企业总产量占全国产量的36%，比2012年上升了7%，各经济类型饲料企业总数比2012年下降了8%，饲料企业总数在下降，但全国饲料工业总产值和总营业收入同比分别增长4.4%和4.2%；在企业集团及大中型企业技术、资金、品牌等多方面优势压力下，中小型饲料企业生存愈发艰难。企业集团的发展为饲料行业规范管理，开展第三方认证打下了良好的基础。

一、持续开展饲料行业质量及安全管理体系认证及培训工作

2013年，北京华思联认证中心在饲料企业集中的、产量占全国总产量80%以上的东部地区（北京、天津、河北、上海、江苏、浙江、福建、山东、广东、海南、辽宁）、中部地区（山西、安徽、江西、河南、湖北、湖南、黑龙江、吉林）以大型企业集团旗下企业、大中型饲料单厂为主，开展了GB/T19001及GB/T22000认证工作。从企业需求出发，中心以GB/T 19001及GB/T22000为管理工具，结合当年农业部发布的《饲料原料目录》和《饲料添加剂品种目录》，国家颁布的《GB 10648—2013 饲料标签》及其他相关的部门规章，对企业集团、大中型饲料企业开展个性化培训，帮助企业管理人员理解和应用国家法律法规、部门规章、国家强制性标准，促进GB/T19001和GB/T22000与企业经营的有机融合。在巩固传统区域的同时，中心开发了一批位于西部地区（四川、云南、新疆等省份）的企业客户，开展了培训及管理体系认证工作。

二、参与《饲料质量安全管理规范》试点企业的现场检查工作

继2012年北京华思联认证中心的审核专家参与了农业部《饲料质量安全管理规范》编写工作后，2013年，中心多名审核专家作为农业部专家组成员参加了《饲料质量安全管理规范》试点企业的现场检查及指导工作。此项工作体现出北京华思联认证中心在饲料行业开展质量和安全管理体系认证工作的专业性和权威性，加强了企业对管理体系认证的认识。

三、加强审核人员培训工作，提升第三方审核质量

2013年，北京华思联认证中心为提升认证质量，多次组织审核人员进行专业基础知识、审核业务知识的培训，内容涉及动物营养学、饲料原料、饲料加工工艺等专业知识；涉及食品安全管理体系认证机构要求、食品安全管理体系认证实施规则、GB/T19001及GB/T2200专业条款如何审核等审核要求及实践。通过培训，审核员专业素质、审核能力得到提升，保证了认证质量。

四、开展国际合作，引入发达国家成熟的质量安全管理体系

2013 年，北京华思联认证中心继续推进欧盟 FAMI-QS 认证，满足饲料添加剂和添加剂预混合饲料生产企业出口欧盟的需要。为促进行业质量和安全管理能力的不断提升，中心持续关注 FAMI-QS 体系的更新并及时应用，对荷兰 GMP+、英国 FEMAS 等饲料认证标准进行了跟踪研究，拟吸收其成熟有效的管控经验，为中国饲料行业质量和安全管理提供借鉴。

五、饲料行业质量及安全管理体系认证工作中存在的问题

当前，饲料行业对质量及安全管理体系认证工作已有基本认识，特别是大型企业集团、非集团的大中型企业主动按照 GB/T19001 和 GB/T22000 标准的要求建立、运行质量和安全管理体系，并通过第三方认证。通过建立规范的质量和安全管理体系，实现了从原料采购到产品销售的全程质量控制。但质量及安全管理体系认证在饲料行业仍存在一定的问题，特别是在中小型企业，主要有：认识上存在误区，部分企业片面地认为质量安全管理体系只是文件化的体系，按标准要求编好文件，取得证书就完成了全部工作，未按照体系的要求动态的管理日常的经营；部分企业请不熟悉行业的咨询公司建立体系，编写文件，造成管理体系与企业原有管理体系的脱节；中小型企业在经营中更多的考虑经济效益，产品质量和安全的风险控制意识和投入不足。以上原因造成质量和安全管理体系第三方认证工作在饲料行业的中小型企业进展相对较慢。

六、建议

执行《饲料质量安全管理规范》工作与第三方认证工作有机结合，提升饲料行业管理水平，实现从原料采购到产品销售的全程质量安全控制。

《饲料质量安全管理规范》是行政管理部门实施的强制性行业准则，是行业企业从事生产所必须遵从的要求。而第三方认证借助专业性服务机构的技术能力帮助企业建立系统、规范的管理体系，提升管理能力，确保产品质量满足客户要求，是企业自愿性行为。《饲料质量安全管理规范》规定了企业在生产经营中所应注意的关键事项，GB/T19001 和 GB/T22000 认证则以强化过程管控，控制产品安全危害为最终目标，其基于系统的管理理念，覆盖了企业生产经营的各个环节。《饲料质量安全管理规范》工作与第三方质量认证有机结合，可促进企业改变经营思路，摒弃价格竞争，规范日常生产经营，提高产品质量，保障畜产品及饲料产品安全（表 2－40）。

表 2－40 2013 年北京华思联认证中心获证企业名单

序号	企业名称
1	GFC ASIA LTD
2	北大国际医院集团西南合成制药股份有限公司
3	北大医药股份有限公司
4	北海恒兴特种饲料有限公司
5	北京艾微佳生物技术有限公司
6	北京北农大动物科技有限责任公司
7	北京都润科技有限公司
8	北京福乐维生物科技股份有限公司
9	北京富士饲料有限公司
10	北京佳佳美饲料科技有限公司
11	北京金泰得生物科技股份有限公司
12	北京劲能生物科技股份公司
13	北京京牧安合生物技术有限公司
14	北京九州大地生物技术集团股份有限公司
15	北京康华远景科技有限公司
16	北京科为博生物科技有限公司
17	北京科兴大地饲料有限公司
18	北京强大浓缩饲料有限责任公司
19	北京三元禾丰牧业有限公司
20	北京三元种业科技股份有限公司滦平饲料分公司
21	北京桑普生物化学技术有限公司
22	北京市爱德利都饲料科技开发有限公司
23	北京市华都峪口禽业有限责任公司
24	北京四方红饲料科技有限公司
25	北京挑战生物技术有限公司
26	北京同力兴科农业科技有限公司
27	北京伟嘉人生物技术有限公司
28	北京新希望农牧科技有限公司
29	北京益农饲料中心
30	北京英惠尔生物技术有限公司
31	北京中科牧丰生物技术有限公司
32	北京中农博特生物工程技术有限公司
33	滨州六和饲料有限公司
34	博尚生化饲料（湛江）有限公司
35	沧州市圣源生物科技有限公司
36	沧州市天宇牧业有限公司
37	沧州欣德威兽药有限公司
38	昌邑六和欣荣饲料有限公司
39	长春博瑞饲料集团有限公司
40	长春谷实饲料有限公司

（续）

序号	企业名称
41	长沙埃索凯化工有限公司
42	长沙富春科技有限责任公司
43	长沙伟嘉饲料有限公司
44	长沙兴嘉生物工程股份有限公司
45	朝阳华星生物工程有限公司
46	成都枫澜科技有限公司
47	成都海大生物科技有限公司
48	诚达药业股份有限公司
49	大成蓝雷营养科技（天津）有限公司
50	大成生化科技（松原）有限公司
51	大成万达（天津）有限公司
52	大连成三畜牧业有限公司
53	德州六和国力饲料有限公司
54	恩贝集团有限公司
55	肥城阿斯德化工有限公司
56	佛山立达尔生物科技有限公司
57	佛山市海航饲料有限公司
58	佛山市顺德区全兴水产饲料有限公司
59	福建恒兴饲料有限公司
60	福建省三明同晟化工有限公司
61	福建省三明正元化工有限公司
62	富阳科兴生物化工有限公司
63	公主岭禾丰反刍饲料有限责任公司
64	谷实农牧集团股份有限公司
65	广东海大集团股份有限公司
66	广东海大集团股份有限公司广州海因特生物技术分公司
67	广东恒兴饲料实业股份有限公司
68	广东华红饲料科技有限公司
69	广东康达尔农牧科技有限公司
70	广东科邦饲料科技有限公司
71	广东南海中宏饲料厂
72	广东泰峰膨化饲料有限公司
73	广东天邦饲料科技有限公司
74	广东希普生物科技股份有限公司
75	广东新南都饲料科技有限公司
76	广东兴腾科生物科技有限公司
77	广东雅琪生物科技有限公司
78	广东溢多利生物科技股份有限公司
79	广汉隆达饲料有限公司

（续）

序号	企业名称
80	广汉正大饲料科技有限公司
81	广西旺大饲料有限公司
82	广州爱保农饲料有限公司
83	广州保大饲料有限公司
84	广州大台农饲料有限公司
85	广州东荣天然色素有限公司
86	广州海因特生物技术有限公司
87	广州矿威饲料有限公司
88	广州绿安康饲料科技有限公司
89	广州南宝饲料有限公司
90	广州市诚一水产科技有限公司
91	广州市番禺区大川饲料有限公司
92	广州市海维饲料有限公司
93	广州市骏宝饲料有限公司
94	广州市正百饲料科技有限公司
95	广州市正农饲料有限公司
96	广州市众望饲料有限公司
97	广州天科生物科技有限公司
98	广州旺大饲料科技有限公司
99	广州兆华金丰农牧实业有限公司
100	广州中琦硅业有限公司
101	贵阳倍隆化工有限公司
102	贵阳单宁科技有限公司
103	贵州川恒化工有限责任公司
104	哈尔滨东大牧业有限公司
105	哈尔滨市联丰饲料有限公司
106	海南海壹水产饲料有限公司
107	海南恒兴饲料实业有限公司
108	海南中信化工有限公司
109	杭州东楼生物营养有限公司
110	杭州富阳新兴实业有限公司
111	杭州海尔希畜牧科技有限公司
112	杭州亿万饲料科技有限公司
113	河北碧隆化工科技有限公司
114	河北大正饲料科技有限公司
115	河北环球饲料添加剂有限公司
116	河北天寅生物技术有限公司
117	河北玉星生物工程有限公司
118	河南大陆农牧技术有限公司
119	河南泛亚农大饲料科技有限公司

（续）

序号	企业名称
120	河南广安生物科技股份有限公司
121	河南聚丰饲料科技有限公司
122	河南普爱饲料股份有限公司
123	河南通威饲料有限公司
124	河南新乡华星药厂
125	河南雄峰科技有限公司新郑分公司
126	河南阳光饲料有限公司
127	菏泽六和饲料有限责任公司
128	黑龙江成福食品集团有限公司
129	黑龙江省荣耀牧业有限公司
130	湖北老鬼鱼饵有限责任公司
131	湖南大成科技饲料有限公司
132	湖南海大生物饲料有限公司
133	湖南汉清生物技术有限公司
134	湖南鸿鹰祥生物工程股份有限公司
135	湖南旺大生物科技有限公司
136	湖南正虹科技发展股份有限公司
137	华北制药威可达有限公司
138	淮安通威饲料有限公司
139	黄骅市津骅添加剂有限公司
140	吉林北沙制药有限公司
141	济南天天香有限公司
142	嘉吉动物营养（郑州）有限公司
143	江门海大饲料有限公司
144	江门珊瑚饲料有限公司
145	江苏比利美英伟营养饲料有限公司
146	江苏春之谷生物制品有限公司
147	江苏万瑞达生物科技股份有限公司
148	江苏兄弟维生素有限公司
149	江苏雅博动物保健品有限责任公司
150	江苏奕农生物工程有限公司
151	江西部祥实业发展有限公司
152	江西森泰药业有限公司
153	江西天佳实业有限公司
154	江西旺大动物科技有限公司
155	揭阳通威饲料有限公司
156	金朝生物科技（河北）有限公司
157	金朝生物科技（上海）有限公司
158	金钱（湛江）有限公司
159	金泰得恒业（天津）生物科技有限公司

（续）

序号	企业名称
160	康地饲料（银川）有限公司
161	康地饲料（中国）有限公司
162	科菲特饲料（长春）有限公司
163	科菲特饲料（齐齐哈尔）有限公司
164	莱阳六和饲料有限公司
165	乐达（广州）香味剂有限公司
166	联英饲料（天津）有限公司
167	辽宁波尔莱特农牧实业有限公司
168	辽宁华达牧业有限公司
169	辽宁科硕营养科技有限公司
170	辽宁中信生物科技有限公司
171	临沂先锋科技有限公司
172	柳州亿万饲料科技有限公司
173	禄丰天宝磷化工有限公司
174	栾城县瑞新技术开发有限公司
175	内蒙古草原天邦饲料有限公司
176	内蒙古恒兴饲料科技有限公司
177	内蒙古通辽岳泰股份有限公司
178	南昌比利美英伟营养饲料有限公司
179	南京彩虹饲料有限公司
180	南京润楚化工有限公司
181	宁波王龙科技股份有限公司
182	宁夏伊品生物科技股份有限公司
183	钮莱思（上海）国际贸易有限公司
184	农标普瑞纳（新疆）饲料有限公司
185	诺伟司饲料添加剂（上海）有限公司
186	蒲城兴盛饲料有限公司
187	齐齐哈尔谷实农牧科技有限公司
188	潜江永安药业股份有限公司
189	青岛彩虹饲料有限公司
190	青岛根源生物技术集团有限公司
191	青岛和美饲料有限公司
192	青岛六和饲料有限公司
193	青岛赛特香料有限公司
194	青州市北联化工有限公司
195	清远海贝生物技术有限公司
196	庆云六和饲料有限公司
197	全能生物科技（天津）有限公司
198	确成硅化学股份有限公司
199	三明市丰润化工有限公司

（续）

序号	企业名称
200	山东宝源化工股份有限公司
201	山东恩贝科技有限公司
202	山东恩贝生物工程有限公司
203	山东华辰生物化学有限公司
204	山东巨佳胆碱有限公司
205	山东康和畜牧有限公司
206	山东联科卡尔迪克白炭黑有限公司
207	山东鲁抗生物制造有限公司
208	山东鲁维素饲料有限公司
209	山东鲁维制药有限公司
210	山东诺邦特生物工程有限公司
211	山东升索渔用饲料研究中心
212	山东通威饲料有限公司
213	山东仙坛股份有限公司
214	山西汇福科技发展有限公司
215	陕西金冠牧业有限公司
216	陕西农标普瑞纳饲料有限公司
217	陕西石羊（集团）农牧有限公司
218	上海澳斯菲德牧业科技有限公司
219	上海邦成生物科技有限公司
220	上海比瑞吉宠物用品有限公司
221	上海创博生态工程有限公司
222	上海福达精细材料有限公司
223	上海福尔福特种材料科技发展有限公司
224	上海富朗特动物保健有限公司
225	上海光明荷斯坦牧业有限公司
226	上海光明荷斯坦牧业有限公司富裕分公司
227	上海黑马饲料有限公司
228	上海红马饲料有限公司
229	上海华扩达生化科技有限公司
230	上海杰隆生物制品股份有限公司
231	上海励成食品工业有限公司普陀分公司
232	上海美农生物科技股份有限公司
233	上海牧迪饲料有限公司
234	上海农好饲料有限公司
235	上海三维同力生物科技有限公司
236	上海同仁药业有限公司上海兽药厂
237	上海香川饲料有限公司
238	上海湘大新杨兽药有限公司
239	上海新农饲料有限公司
240	上海新农饲料有限公司青浦饲料厂
241	上海新杨饲料工业有限公司

（续）

序号	企业名称
242	上海延华饲料有限公司
243	上海优仕饲料科技有限公司
244	上虞新和成生物化工有限公司
245	深圳比利美英伟营养饲料有限公司
246	深圳东江华瑞科技有限公司
247	深圳康达尔（安徽）饲料有限公司
248	深圳康达尔（邵阳）饲料有限公司
249	深圳康达尔高陵饲料有限公司
250	深圳市裕农科技有限公司
251	沈阳爱特杰牧业有限公司
252	沈阳波音饲料有限公司
253	沈阳谷实饲料有限公司
254	沈阳亿万饲料科技有限公司
255	沈阳正大畜牧有限公司
256	石家庄博瑞正诚饲料有限公司
257	石家庄东华舰氨基酸有限公司
258	石家庄飞龙饲料有限公司
259	石家庄广威农牧有限公司
260	石家庄市谷实鸿发农牧科技有限公司
261	石药集团维生药业（石家庄）有限公司
262	寿光天成饲料有限公司
263	四川普爱饲料有限公司
264	苏州函数集团有限责任公司
265	泰安汉威化工有限公司
266	泰州海大生物饲料有限公司
267	唐人神集团股份有限公司
268	唐人神集团邵阳湘大骆驼饲料有限公司
269	唐山禾丰反刍动物饲料有限公司
270	唐山天康饲料有限公司
271	天津奥特奇生物制品有限公司
272	天津北英伟生物技术饲料有限公司
273	天津彩虹饲料有限公司
274	天津吉亚牧业集团有限公司
275	天津金康宝动物医药保健品有限公司
276	天津牧丰饲料有限公司
277	天津全药动物保健品有限公司
278	天津瑞孚饲料有限公司
279	天津市爱都饲料有限公司
280	天津市大洋饲料有限公司
281	天津市圆鼎饲料有限公司
282	天津通威饲料有限公司
283	天津正大饲料科技有限公司

（续）

序号	企业名称
284	通威（大丰）饲料有限公司
285	通威股份有限公司海南分公司
286	通威股份有限公司茂名分公司
287	通威股份有限公司沈阳分公司
288	通威股份有限公司四川分公司
289	潍坊六和饲料有限公司昌邑分公司
290	潍坊六和饲料有限公司寿光分公司
291	武汉艾立动物营养有限公司
292	武汉艾立美饲料科技有限公司
293	武汉明天生物科技有限公司
294	武汉七因和饲料技术系统有限公司
295	武汉天龙饲料有限公司
296	武汉天元饲料有限公司
297	武汉新华扬生物股份有限公司
298	西安通威饲料有限公司
299	希杰（长沙）饲料有限公司
300	希杰（成都）饲料有限公司
301	希杰（哈尔滨）饲料有限公司
302	希杰（南京）饲料有限公司
303	希杰（青岛）饲料有限公司
304	希杰（沈阳）饲料有限公司
305	希杰（天津）饲料有限公司
306	希杰（郑州）饲料有限公司
307	厦门汇盛生物有限公司
308	厦门正大农牧有限公司
309	湘潭埃索凯生化科技有限公司
310	新希望六和饲料股份有限公司临沂分公司
311	新郑市金利饲料厂
312	信杰（北京）饲料调味剂有限公司
313	兴安盟九州大地饲料有限公司
314	烟台大韩饲料有限公司
315	烟台大乐饲料有限公司
316	扬州通威饲料有限公司
317	阳光国际生物有限公司
318	英联饲料（辽宁）有限公司
319	英联饲料（辽宁）有限公司哈尔滨分公司
320	英联饲料（上海）有限公司
321	英联饲料（上海）有限公司新乡工厂
322	英联饲料（上海）有限公司驻马店厂
323	宇星饲料（德州）有限公司
324	雨润慕德生物科技（连云港）有限公司
325	岳阳市展翔生物科技有限公司

（续）

序号	企业名称
326	云南省陆良和平科技有限公司
327	云南新龙矿物质饲料有限公司
328	云南优耐特动物食品有限公司
329	湛江东腾饲料有限公司
330	湛江国大饲料有限公司
331	湛江恒兴珊瑚饲料有限公司
332	湛江恒兴特种饲料有限公司
333	湛江腾飞实业有限公司
334	湛江粤华水产饲料有限公司
335	张家界奥威科技有限公司
336	浙江爱迪亚营养科技开发有限公司
337	浙江大北农农牧科技有限公司
338	浙江国光生化股份有限公司
339	浙江恒兴饲料有限公司
340	浙江兰博生物科技有限公司
341	浙江梦家园生物科技股份有限公司
342	浙江新和成药业有限公司
343	浙江伊宝馨生物科技股份有限公司
344	正大康地（澄海）有限公司
345	正大康地（蛇口）有限公司
346	正大康地（蛇口）有限公司番禺厂
347	正大康地-汕头有限公司
348	正大康地珠海有限公司
349	中化云龙有限公司
350	中粮（北京）饲料科技有限公司
351	中粮粮油工业（荆州）有限公司
352	中粮生物化学（安徽）股份有限公司
353	中粮饲料（茂名）有限公司
354	中粮饲料（茂名）有限公司呼和浩特分公司
355	中粮饲料（沛县）有限公司
356	中粮饲料（新沂）有限公司
357	中粮天科生物工程（天津）有限公司
358	中山市比克生物科技有限公司
359	中山市大海饲料有限公司
360	中山市泰山饲料有限公司
361	珠海恒兴饲料实业有限公司
362	珠海经济特区大海水产饲料有限公司
363	诸城东荣农业科技有限公司
364	淄博格润恩精细化工有限公司
365	邹平巨佳胆碱有限公司

（王　峰）

国际交流与合作

一、中国饲料工业协会派团赴墨西哥、美国考察饲料工业并参加2013美国大豆全球贸易交流论坛

2013年9月11日至9月18日，全国畜牧总站站长、中国饲料工业协会常务副会长兼秘书长李希荣同志带领中国饲料工业协会高级代表团一行6人，赴墨西哥、美国考察饲料、饲料添加剂及饲料原料生产情况，并参加了2013美国大豆全球贸易交流论坛。随团参加考察的人员有全国畜牧总站、中国饲料工业协会处长苏红田、大连商品交易所总经理助理刘志强、辽宁禾丰牧业股份有限公司董事长金卫东、唐人神集团董事长陶一山、康地恩生物集团董事长黄炳亮。

期间，与墨西哥饲料协会进行了广泛接触，交流了两国饲料生产状况；参观了墨西哥一家饲料生物酶生产公司和两家饲料生产公司，对墨西哥饲料及饲料添加剂生产有了较为直观的印象；在美国参观了诺维斯蛋氨酸生产公司实验室；实地考察了美国饲料原料生产基地及原料收储、转运情况，对2013年美国玉米和大豆的生产形势有了直观的了解；出席了2013美国大豆全球贸易交流论坛，代表中国饲料协会在论坛上做了主旨演讲，传递出全球饲料生产第一大国的饲料工业协会要求改变饲料原料定价机制的声音。

二、全国畜牧总站党委书记、中国饲料工业协会何新天副秘书长率团参加第六届全球饲料监管大会和第四届全球饲料及食品大会

全国畜牧总站党委书记、中国饲料工业协会何新天副秘书长率团参加了2013年4月9～12日在南非召开的第六届全球饲料监管大会和第四届全球饲料及食品大会。此次大会由联合国粮农组织（FAO）支持，国际饲料工业联合会（IFIF）主办，非洲饲料生产商协会（AFMA）承办。

大会主题是：面对日益增长的全球人口，如何满足人们对食物的需求，并实现饲料工业的可持续发展。来自美国、欧盟、加拿大、巴西以及非洲等国饲料管理部门、行业协会、科研单位的60余名代表参加了会议。

全球饲料监管大会每年举办一次，2013年已经是第六届了，已经发展成为各国交流经验、增进了解、相互学习、共同进步的重要平台，尤其是国饲联开展的“饲料工业法律法规比较项目研究”，更是为各个国家提供了相互学习、相互借鉴契机。在这个项目中可以很清晰地了解到各国在饲料监管中存在的差异，对于加强全球饲料工业的监管，促进饲料工业持续健康发展具有重要意义。

何新天副秘书长参加了饲料工业法律法规比较项目研究的工作研讨会，代表中国饲料工业协会介绍了中国饲料工业法律法规体系建设情况。

与会期间，何新天副秘书长一行拜会了国饲联主席马里奥（Mario）先生，并与美国、加拿大、巴西、南非等国饲料协会代表进行了广泛的交流。

三、中国饲料工业协会派团赴巴西、阿根廷饲料和饲料原料开展技术交流活动

应阿根廷农业部、巴西种子协会邀请，全国畜牧总站副站长、中国饲料工业协会副秘书长沙玉圣率团于2013年12月15～22日赴巴西、阿根廷进行了饲料和饲料原料技术交流活动。中国农业科学院饲料研究所所长齐广海随团参加此次技术交流活动。期间，代表团与国际饲料工业联合会主席马里奥先生、巴西农业部转基因管理委员会、玉米种植者协会、饲料工业协会、家禽协会、肉类加工协会、阿根廷农业部国

务秘书劳伦斯、玉米种植者协会、大豆产业链协会、饲料工业协会等进行了会谈交流，参观了两国玉米、大豆种植企业、油脂加工和酒精生产企业、南美地区最大的阿根廷罗塞里奥农产品贸易港口、粮油交易所及检验实验室等。整个访问期间的交流活动时间紧、任务重、内容丰富、针对性强，取得了圆满成功，达到了中国饲料工业与南美饲料工业之间增进了解、促进合作的目的。

（刘晓辉）

地方篇

北京市饲料工业

【发展概况】

全市共有饲料生产企业229家，企业数量进一步减少，其中配合饲料、浓缩饲料和单一饲料生产企业88家，预混合饲料和添加剂企业199家。配合饲料生产能力240万t左右，预混合饲料生产能力300万t左右。2013年，全市实际饲料生产269.4万t，产值117.0亿元，产品质量保持高水准。

【主要特点】

1. 行业特点 全市整个饲料行业呈现出“五高一广”的特点。具体为：

（1）企业人员素质高。饲料从业人员总数达11 887人，其中博士201人，占全国行业从业总数的10.2%，硕士671人，占全国总数的8.1%。

（2）产品科技含量高。依托人才、信息和科研等方面的优势，最新的科研成果转化大多先在北京开展，安全、高效、无污染的新型饲料及添加剂产品成为北京饲料行业亮点。

（3）产品品牌价值高。依靠产品质量过硬及北京市高水平的饲料监管执行力，外埠市场对北京品牌具有较高的认知度，同类产品较其他省市饲料企业产品销售价格高5%～10%。

（4）售后服务水平高。强调售后服务，配备专业服务人员。同比外埠企业，北京市企业配有专门的动物营养和兽医人员，指导养殖场（户）正确、合理使用饲料。

（5）行业管理规范，企业自律意识提高。新修订的《饲料和饲料添加剂管理条例》实施后，随着北京市执法体系不断健全、监测技术不断提高、执法力度不断增强、饲料企业产品第一责任人意识不断增强，保障了饲料行业健康持续发展。

（6）产品销量广。受养殖量影响，产品除小部分供应北京市需求外，大部分面向全国销售，部分添加剂产品远销东南亚等国家。

2. 企业设立类型

（1）集团型企业。大北农等大型饲料企业利用自身产业信息、专业和市场等方面的优势，逐步向种植、养殖、兽药和屠宰加工等领域延伸，形成完整的产业链条，产品质量得到保障。

（2）专业化企业。峪口禽业等饲料企业摒弃了“混业经营、多业经营”的模式，建立“一条生产线只生产一种饲料”的理念，企业的生产设备和营销方式趋于专业化。

（3）示范型企业。结合北京的特殊地理位置，一些外埠知名的饲料企业均在北京设立分厂及科研基地，软硬件水平较高，成为该集团对外展示良好形象的窗口。

（4）科技型企业。依托科研院所及大专院校的优势，近几年，一批“小而精”的饲料添加剂生产企业逐步走向前台。其主要特点为占地小、资源耗费量少、产品新、附加值高。

3. 风险因素

（1）养殖市场低迷。“生猪业跌跌不休、家禽业昏迷不醒、奶业跌宕起伏、牛羊业独领风骚”，业内人士大多认为未来一两年低迷的饲料市场将会持续。内部压力，生猪与家禽产能过剩，对饲料行业影响预估不乐观。外部压力，整体经济运行下行压力大，工厂开工不足，群体性消费需求下降。

（2）原料采购风险大。北京市饲料原料来源除部分添加剂原料外，其他原料特别是蛋白原料（如玉米蛋白、豆粕等）主要依靠外埠或进口（如鱼粉），来源广泛的蛋白原料中重金属和有毒有害物质（如三聚氰胺）的超标等各种安全隐患，给北京市饲料生产和饲料质量安全带来前所未有的压力。

（3）饲料生产进入微利时代。饲料原料市场已经逐步与国际接轨，受自然灾害、资源减少和国际贸易等因素的影响，近两年饲料原料价格居高不下，推动饲料生产成本增加。据统计，猪配合饲料利润在120～150元/t，家禽饲料利润更低，一般在100元/t左右，由于竞争激烈，势必带来单位利润的下降，饲料行业进入微利时代。

【主要工作】

1. 建立北京市饲料评审专家委员会 在现有饲料生产许可证专家审核库的基础上，根据全市企业类型和特点，建立北京市饲料生产许可证专家委员会（后简称“专家委员会”），其成员由生产、管理、科研、教育、检测、监督等方面的科研技术专家和管理专家组成，专业包括饲料加工、饲料机械、动物营养、化工合成、微生物、发酵工程、生物技术、毒理、药理、质量标准和环境保护等学科。专家委员会主任由北京市农业局主管局长担任，专家委员会下设办公室，负责日常事务，办公室设在北京市饲料监察所。

专家委员会主要职责：

（1）组织开展饲料和饲料添加剂生产许可证审核与管理工作的调查研究，提出相关意见和建议。

（2）组织制定饲料添加剂和添加剂预混合饲料生产许可证审核规范和工作原则。

（3）审定许可证审核委员会章程、审核相关技术规范、审核委员会工作制度和程序。

（4）组织申报材料的技术审核工作，提出审核结论。

（5）负责饲料生产安全评估和相关技术规范。

2. 强化饲料产品质量日常监管工作 按照属地管理原则，强化辖区内饲料产品质量监管工作，制定监督制度，量化监督标准，明确监督频率。同时加强宣传，提高企业作为产品质量第一责任人意识，切实强化对饲料生产企业的监管力度。

（1）饲料生产企业监管。一是加强企业原料采购环节监管，督促企业落实原料质量安全监控措施，做到来源明确，防止含“瘦肉精”、三聚氰胺等违禁物的问题原料流入生产环节；重点对企业原料采购合同、蛋白原料检测报告、原料使用记录、供应商资质证明等方面进行检查。二是加强饲料生产过程监管，严格要求企业按照标准开展生产，不得使用《饲料原料目录》《饲料添加剂品种目录》和《药物饲料添加剂品种目录》以外的任何物质生产饲料，杜绝企业不按国家法律法规规定的行为用药；重点对企业生产记录、药品使用记录，配料单、销售记录等方面进行检查。三是加强企业自检环节监管，严格要求企业按照标准进行产品的出厂检验和形式检验；重点对企业留样记录、化验原始记录、人员资质证书、化验室设备、水电路、化学药品和试剂等方面进行检查。四是加强无证企业查处，增加日常巡查力度，取缔无生产许可证、无批准文号、无产品标签的“三无”饲料生产企业。

（2）开展饲料经营企业管理工作。一是掌握辖区监管对象基础信息和现状，结合辖区监管重点，对饲料经营实体店、农资经营店、动物诊疗机构和宠物用品经营店进行分类管理；二是重点打击饲料经营实体店和农资经营店拆包、分装、再加工或再添加等违法行为；三是重点打击动物诊疗机构和宠物用品经营店经营无产品标签、无生产许可证、无产品质量标准、无产品质量检验合格证、无产品批准文号、无进口登记证等饲料和饲料添加剂的违法行为。

（3）强化养殖场（户）饲料使用行为监管。一是加大对养殖场（户）日常检查频率和力度，防止养殖者在饲料、饲料添加剂中随意添加物质；二是对使用自配料的养殖场（户），重点打击违规使用饲料添加剂、在反刍动物饲料中添加初乳和乳制品以外的动物源性成分、添加违禁物质和销售自配料等违法行为；三是对使用配合饲料的养殖场（户），重点打击使用无产品标签、无生产许可证、无产品质量标准、无产品质量检验合格证、无产品批准文号、无进口登记证等饲料和饲料添加剂的违法行为。

3. 强化饲料质量安全监测工作

（1）农业部和北京市下达的饲料质量安全例行监测任务由北京市饲料监察所负责抽样和检测工作，北京市动物卫生监督所负责组织实施执法监督抽样工作，北京区县农业局配合北京市饲料监察所和北京市动物卫生监督所完成以上工作的采样任务。

（2）北京市区县农业局负责该区县农业局辖区内饲料产品的日常监测工作，制定区县级饲料质量安全监测计划，监测计划应覆盖辖区内的所有饲料生产、经营企业和养殖场（户），以饲料中的“瘦肉精”、三聚氰胺等违禁物质的快速检测为重点。

4. 强化饲料违法案件查处工作

（1）北京市动物卫生监督所负责全市饲料日常督查和大案、要案办理。

（2）北京区县农业局负责该区县农业局辖区内饲料案件的处理工作。尤其对于在饲料生产、经营和使用过程中添加“瘦肉精”、三聚氰胺等违禁添加物的行为，要严查狠打，发现一起，查处一起，绝不手软。在监督执法过程中，要高度重视监测与执法联动，检查与执法联动，做到有案必查、追根溯源。

（北京市农业局）

天津市饲料工业

【发展概况】

2013年全市共有各类饲料企业218家，年产2万t以上的企业不足30家，其产量却达到145.3万t，占55.7%。

2013年全国饲料行业受到2012年末“速成鸡”、2013年上半年“黄浦江死猪”、人感染H7N9流感疫情等事件的诸多因素影响，2013年天津饲料工业总产量为260.7万t，同比下降4.6%；产值99.3亿元，同比增长8.3%。其中，配合饲料（含精补充饲料）168.6万t，占总产量64.7%；浓缩饲料64.4万t，占总产量24.7%；预混合饲料27.7万t，占总产量10.6%。

【组织机构】

天津市畜牧兽医局是天津市的饲料行政管理部门。

【主要工作】

2013年天津市饲料质量安全监管工作以新修订的《饲料和饲料添加剂管理条例》及其配套规章制度的颁布实施为契机，遵循农业部“提高门槛，减少数量；转变方式，增加效益；加强监管，保证安全”的基本原则，按照天津市畜牧兽医局“抓规范、增效益、强监管、保安全”的总体思路，着力开展以“精细化、长效化”为主题实施规范年整治行动。

天津市各级饲料管理部门以强化饲料生产企业规范化管理为抓手，非法添加为重点，紧扣“加强宣传、规范管理、强化监测、落实责任”四项重点任务，强化日常监管，深入开展专项整治行动。一是饲料质量安全维持在较高水平。天津市各级饲料管理部门共出动执法人员6 000多人，检查饲料生产经营企业2 500余个；对饲料生产企业和规模场户进行拉网式抽检，对饲料经营环节监督抽检数量不低于5%，增加重金属等监测项目，全年完成监测3 600批次，监测合格率99.2%。根据监测结果，落实检打联动机制，对不合格产品进行了查处。二是生产企业生产许可换证。安排区县管理部门开展饲料条例及其配套规章培训，重点掌握企业设立条件要求，完成了39家企业生产许可证的审核换发，批准了172个添加剂和预混料生产批准文号；根据企业设立要求，举办了1期饲料加工设备中控工和维修工职业技能培训鉴定。

1. 制订方案，召开动员会 按照农业部总体要求和天津市农委的安排部署，在总结2012年整治行动经验的基础上，制定并下发了实施规范年整治行动实施方案，通过“实施规范、强化执法、查处违禁”，提高饲料质量安全水平。2013年4月10日，天津市畜牧兽医局召开全市饲料工作会议，安排部署2013年饲料监管工作。天津区县饲料管理部门分管领导、监管部门负责人、执法机构负责人，天津市兽药饲料监察所、天津市动物卫生监督所、饲料协会等部门负责人和天津市饲料生产企业负责人约350人参加了会议。

2. 签订责任书，严格日常监管 根据天津市畜牧兽医局实施方案要求，天津市各区县饲料管理部门制定了相应的实施方案，成立领导小组，依据属地管理原则，落实每月巡查制度。对辖区内饲料企业的资质、原料采购、生产销售、违禁添加等情况进行重点跟踪检查，督促企业落实记录表和各项管理制度。2013年共出动执法人员6 000人，检查饲料生产经营企业2 500个，签订饲料质量安全监管责任书45套，企业承诺书260套，落实了饲料质量安全监管责任制。通过检查对饲料生产主体进行了清理、整顿和规范，检查中未发现非法添加三聚氰胺、“瘦肉精”等违禁添加物的行为。

3. 认真审查材料，组织年度备案 按照《关于开展 2013 年饲料和饲料添加剂生产企业年度备案工作的通知》要求，组织开展年度备案工作，对 21 家备案不合格企业进行了整改。

4. 有条不紊，推进试点工作 《饲料质量安全管理规范（试行）》是与新条例配套的规章规范，按照农业部的安排部署，天津市遴选了天津正大农牧有限公司、天津通威饲料有限公司、天津海大饲料有限公司、天津雀巢普瑞纳宠物食品有限公司、天津华罗预混合饲料厂 5 家企业为示范企业，严格按照规范和条例开展工作。

5. 全面了解进展，组织督导检查 为贯彻落实天津市 2013 年饲料实施规范年整治行动工作部署、全面了解各区县日常监管情况，进一步加强饲料、饲料添加剂生产企业监督管理，规范企业生产经营，严厉打击非法添加行为。2013 年 7 月中旬至 8 月中旬，天津市畜牧兽医局组成 3 个检查组，组织开展饲料实施规范年整治行动。从检查结果看，企业持证上岗、各项制度和记录落实较好，个别企业存在原料采购合同条款记录不完善、检化验不及时等问题，检查组现场进行了纠正和指导，并责令区县管理部门跟踪整改情况。

6. 依据条例，摸底经营门店 根据农业部和天津市饲料规范年实施方案要求，强化经营环节监管，保证饲料质量安全。有关部门广泛调动各方面力量，对全市经营门店进行摸底调查，初步摸底经营门店 300 余家，根据检查情况，有的经营企业制度及购销台账有待健全，相关部门已对其提出整改要求。

7. 增强行业自律意识，开展法规技术培训 天津各级饲料主管部门充分利用媒体宣传报道饲料相关政策法规。2013 年共举办法规宣传培训 26 场，印发宣传单、书册 8 000 份。6 月下旬，举办了饲料加工设备维修工（初级）职业技能鉴定培训，培训人数 100 余人。

【存在问题】

一是产业整体素质有待提高。天津市对饲料监管力度不断加强，相继注销了 80 余家企业，到 2013 年底还有 210 余家生产企业，小规模生产经营占 2/3，水平参差不齐；管理人员安全意识不强，个别企业仍存在非法代加工现象，需要借助饲料生产许可证换证的机会，淘汰小乱差的饲料企业。二是经营门店监管难度较大。虽然有关部门采取向工商局查询执照、利用村级防疫员巡查等措施对经营门店进行摸底调查，但受人员、业务和经营者素质不高等因素影响，监管存在较大困难。三是执法队伍有待健全。截至 2013 年年底，天津市部分区县的畜牧兽医综合执法工作未整体推进，缺乏饲料执法队伍，监管和执法工作很难落到实处；一些区县虽然指定了专门的监督执法机构，但人员还需进一步充实、业务素质还需进一步提高、工作条件还需进一步改善。

（天津市饲料工业办公室）

河北省饲料工业

【发展概况】

2013年，全省共有饲料及饲料添加剂生产企业1 146家，比2012年减少50家，减少4.2%，其中配合饲料、浓缩饲料、精料补充饲料生产企业862家，饲料添加剂生产企业106家，添加剂预混合饲料生产企业199家，单一饲料生产企业186家。全省饲料生产能力达4 500t/h。饲料产品总产量1 145.3万t，比2012年减少39.6万t，减少3.3%，其中配合饲料932.3万t、浓缩饲料198.2万t、添加剂预混合饲料14.8万t。配合饲料比2012年减少69.9万t，减少7.0%；浓缩饲料比2012年增加29.5万t，增加17.5%；添加剂预混合饲料比2012年增加0.8万t，增加5.7%。饲料工业总产值达394.3亿元，比2012年增加30.2亿元，增幅8.3%。各种饲料添加剂总产量25.8万t，其中维生素类16.9万t、矿物元素及其络合物7.3万t、酶制剂0.2万t、微生物1.2万t、其他类0.1万t。全省共有饲料机械制造专业和兼业厂家3家，共生产饲料机械249台（套）。

【主要工作】

1. 开展宣传培训，提高行业整体水平 2013年，全省各级饲料管理部门共举办各类法规培训班140起，培训行业人员7 000多人次，全行业人员的懂法守法意识明显提高。2013年3月，河北省畜牧兽医局召开了饲料行业法规培训及饲料行业高峰论坛。饲料管理部门负责人和生产企业经理等1 100余人参加了大会，全国饲料行业专家、培训师进行了演讲和培训。会议灵活多样、内容丰富、推陈出新，首次采用远程视频点评和网络电视直播，受到农业部领导的赞扬，得到与会人员的一致好评。

2. 抓整治强监管，保障饲料产品质量安全

（1）加强饲料原料监管。4月20日至5月25日，按照《河北省动物源性饲料专项整治实施方案》，全省开展了动物源性饲料专项整治行动。查处“三无”产品3起，违法动物源性饲料产品4t，全部进行了无害化处理，查处违法生产动物源性饲料企业1家，取缔非法生产企业1家。5月15日至7月20日，在全省范围内开展了饲料原料专项整治行动。对饲料生产企业、单一饲料生产企业进行了拉网式检查，对饲料原料经营企业和自配料养殖场（户）进行了抽查，查处“三无”产品4起，违法饲料产品15t，立案查处违法生产单一饲料企业3起，违法经营饲料原料企业1起，违法使用饲料原料企业1起，处罚金额5.2万元。通过专项整治，进一步加强了河北省饲料原料市场的规范化管理，提升了饲料产品质量安全水平。

（2）切实加强养殖环节饲料和饲料添加剂监管力度。印发了《河北省畜牧兽医局关于加强养殖环节饲料监管的通知》，从规范使用行为、加强自配饲料监管、认真履行监管职责三个方面对监管部门、养殖场（户）首次提出了明确要求。邯郸市印发了《2013年邯郸市养殖环节百日饲料专项治理行动实施方案》，开展了养殖环节百日饲料专项治理行动。全省养殖环节饲料和饲料添加剂采购、使用、记录逐步规范。

（3）加大力度规范宠物饲料生产。4月份，河北省畜牧兽医局下发了《2013年河北省宠物饲料专项整治实施方案》，对所有获证的宠物饲料生产企业进行了拉网式突击检查，对宠物饲料产品进行了抽样检测。整治行动共下发整改通知书18份，罚款15.1万元，没收违法所得1.43万元，没收并销毁不合格产品2t，取缔非法加工厂（点）2个。7月9日，在邢台市南和县召开了河北省宠物饲料生产企业座谈会，学习了有关企业的先进管理经验，讨论了全省宠物饲料产业发展思路，对宠物饲料生产企业化验能力进行了比对，摸清了企业检验水平，组织举办了两期宠物饲料企业检化验员专题培训班，对全省22家宠物饲料生产企业检化验员进行了培训，切实提高了宠物饲料产品企业自我质量保障能力，使河北省宠物饲料产业步入健康有序发展轨道。

（4）严防抗生素药渣流入饲料。针对媒体反映个别企业使用抗生素滤渣问题，河北省畜牧兽医局立即作出部署，通知相关市加强饲料中有害物质监管。石家庄市畜牧水产局高度重视，采取了一系列措施加强监管。石家庄市畜牧水产局、工商行政管理局、质量技术监督局、公安局四个部门联合执法，开展拉网式检查，共出动执法人员 1 811 人次，检查饲料生产企业 336 个，经营企业 217 个，自配料养殖场（区）1 232个，查处案件 1 起，没收违法产品 2t。

3. 落实法律法规，依法强化行政许可工作 为依法做好饲料行政许可和行业监督管理工作，制定下发了《关于全面贯彻落实饲料行业新规强化饲料管理工作的通知》、《河北省饲料生产许可审核工作程序》，制定出台了全省规范饲料管理的具体制度。一是明确了饲料原料生产、经营和使用管理制度及违法行为的处罚办法；二是细化了饲料和饲料添加剂生产许可证申办和换发的具体条件及操作程序，规定了换证企业的原料标签、包装袋使用处理事宜，并做出了依法稳妥换发许可证的进度安排；三是进一步强调了饲料添加剂和添加剂预混合饲料产品批准文号的管理及定制产品的管理；四是明确了添加药物饲料添加剂的饲料生产企业标签、包装标识和休药饲料的生产；五是规定了省级重点监控企业的监管制度，即黑名单制度。这些制度的制定为各级饲料管理部门依法监管提供了依据，为饲料行业管理新规顺利实施奠定了良好的基础。2013 年在河北省各市积极配合下，共审核饲料添加剂和添加剂预混合饲料生产许可证 13 个，核发饲料添加剂批准文号 82 个，添加剂预混合饲料批准文号 537 个，饲料生产许可证 106 个，其中换发 77 个，新发 29 个。饲料生产企业行政许可工作更加规范。

4. 抓服务促发展，推动饲料企业做大做强 一是培育重点企业。对选定的河北兴达饲料集团有限公司、河北凯特饲料集团有限公司等 35 家饲料生产企业予以重点关注，按照年度培育计划，专人负责，随时与企业交流沟通，及时帮助企业解决问题。二是鼓励企业延长产业链条，从饲料供应商逐步发展为产业链整合者。目前，河北兴达饲料集团有限公司、河北凯特饲料集团有限公司、河北旺族集团、河北万雉园农牧科技有限公司等企业正在运行和完善这种模式。三是支持企业开展委托加工，降低投入成本。已有 4 家企业实行了委托加工生产。四是支持饲料协会开展职业技能鉴定工作。全年为企业培养化验员 159 名。各市采取各种措施，为企业做好服务。沧州市率先开通了运输饲料产品的“绿色通道”，先后 8 次协调交通、交警部门，办理“绿色通道特别通行证”6 400 辆次。并组织企业到山东学习，总结出实施 DCS 自动化控制系统等技改措施，破解了氯化胆碱生产的环保瓶颈。邢台市出台了《关于加快全市饲料工业发展的意见》，为饲料行业发展提供了政策支持和资金保障，形成了促进饲料工业发展的良好氛围。

5. 抓品牌促研发，增强企业发展后劲 河北省饲料生产企业积极参与各种宣传活动，品牌意识逐渐增强。2013 年 4～5 月，全省 300 多人参加了在成都和武汉召开的行业展览会，设展位 36 个，多方位宣传企业品牌，展示河北省企业形象。河北省畜牧兽医局主动协调省技术监督局，增加饲料产品名牌品种，并每年进行评选，改变了三年评一次的传统。2013 年，全省 6 家企业的饲料产品入选名牌产品，1 家企业获得质量效益型先进企业称号，4 家企业的产品获得优质产品称号。3 月 20 日，河北省畜牧兽医局与河北省科学技术厅在鹿泉组织召开了河北省饲料产业技术创新战略联盟发展大会，共有 150 人参加了会议，本次大会创建了河北省饲料产业技术创新战略联盟，并与国家创新联盟签订了战略合作框架协议。

（河北省饲料工作办公室）

山西省饲料工业

【发展概况】

2013年受“速成鸡事件”、动物卫生疾病及社会对动物性食品需求低迷等不利因素的影响，山西省的饲料产量有所下降，但效益基本持平，产品质量持续稳定，实现了年内不发生安全卫生事故的预期目标。

1. 饲料产量 2013年全省共生产各类工业饲料287.9万t，其中配合饲料196.7万t，浓缩饲料86.4万t，添加剂预混合饲料4.8万t。饲料总产量同比下降5.7%，配合饲料同比下降3.6%，浓缩饲料同比下降9.7%，添加剂预混合饲料同比下降15.8%。

2. 产值及营业收入 2013年全省饲料工业总产值为93.4亿元，同比增加3.2%；饲料工业总营业收入为93.3亿元，同比增加5.1%。其中商品饲料产品总产值93.2亿元，总营业收入93.0亿元；饲料添加剂总产值1 753万元，总营业收入1 728万元；饲料机械总产值841万元；总营业收入820万元。

3. 企业数量 截至2013年年底全省共有各种类型的饲料和饲料添加剂加工企业255家，比2012年减少15家，减幅为1.9%。其中配合饲料、浓缩饲料、精料补充饲料生产企业194家，单一饲料生产企业23家，添加剂预混合饲料生产企业26家，饲料添加剂企业11家。

4. 产品质量 2013年全省继续进行了饲料产品质量安全监测、饲料安全专项监测、反刍动物中牛羊源性成分例行监测及日常监管中产品抽查检测1 200份，平均合格率达97.5%。未发现“瘦肉精”、三聚氰胺等违禁添加物，超量、超范围使用饲料添加剂的现象也明显减少。

【主要工作】

1. 严格备案审查，淘汰不合格企业 对获证的饲料和饲料添加剂生产企业进行年度备案审查，是行业管理中一项常态化工作，按照新修订的《饲料和饲料添加剂管理条例》（以下简称《条例》）的精神，2013年的年度备案工作，继续坚持提高门槛、减少数量的原则，经县、市、省三级饲料管理部门对全省275家企业的生产要素和遵纪守法情况进行严格审查，依法注销了20个不合格企业。

2. 层层签订饲料安全监管责任状 为全面贯彻落实各负其责的安全责任制度，2013年3月，省级饲料办继续与各市级饲料管理部门签订了《饲料安全监管责任状》，市级与县级饲料管理部门、县级饲料管理部门与辖区内饲料企业也相继签订了《饲料安全管理责任状》。逐级签订的责任状作为年终考核的一项重要内容接受上级、同级乃至社会各界的监督检查。

3. 加大工作力度，确保饲料安全 根据农业部的统一部署，2013年山西省畜牧兽医局继续组织开展《饲料产品质量安全监测》《饲料安全专项监测》及《反刍动物饲料中牛羊源性成分专项监测》三项监测工作。根据扩大监测范围，增加监测频率的要求，在农业部监测计划的基础上，增加了25%的监测量，加上日常监管过程中的抽样检测，年检测样品达到1 200余份。

为了使企业尽快与《条例》及其配套规章确立的生产条件对接，2013年10月15～25日继续开展了饲料和饲料添加剂生产企业监督检查工作，由省、市饲料行业主管和专家组成10个检查组，采取随机抽样、异地检查的方式对50个饲料和饲料添加剂生产企业的生产条件和质量控制两个部分共68个项目进行了现场检查，同时对受查企业所在市、县饲料管理部门履行行业管理的情况进行了督查。

4. 积极推行《饲料质量安全管理规范》 《饲料质量安全管理规范》是《条例》确定的一项基本制度。对此，山西省已通过各种方式向行业做了广泛宣传，2013年对山西汇福科技发展有限公司、太原市潞威动物保健品有限公司、山西大象禽业集团、山西晋龙集团饲料有限公司、山西晋星牧业有限公司5个试点企业加大了跟踪督导的力度，力争通过试点企业的引领作用在行业尽快实现从原料采购到产品出厂的全程安全监管制度。

5. 普及法律知识，提高行业素质 新修订的《条例》及其配套规章发布以来，山西省通过多种形式在行业内进行了广泛的宣传培训，并根据山西省行政审批制度改革工作领导组办公室的要求，调整和完善了行政审批程序，为顺利实现新、老《条例》对接和新老许可证换发起到了积极的推动作用。为帮助基层管理部门和饲料生产企业学习领会各项管理制度的深刻内涵，确保此项工作顺利进行，山西省有关部门将全部法律、法规、规范性文件编印成册发送至各级饲料管理部门和饲料生产企业。2013年5月24日，山西省饲料办公室在晋中市榆次区举办了全省饲料行政许可培训班，详细解读了饲料新规的重点内容，饲料企业申证、换证材料的具体要求、现场检查的全部内容及贯彻新规的时间安排。各市级饲料管理部门也按照山西省饲料工业办公室的要求，对辖区内县级管理部门和饲料生产企业进行了培训。在宣传普及饲料法规和各项管理制度方面基本做到了省不漏市、市不漏县、县不漏企业的全覆盖。

6. 保持高压态势，专项整治常态化 饲料质量安全是一项长期而艰巨的系统工程，因此，山西省按照农业部要求，围绕饲料质量安全的突出问题和薄弱环节继续开展了每年一次的饲料质量安全专项整治行动。整治的重点有以下四方面，一是以企业设立和续展申请为切入点，严格审查饲料生产企业许可条件、行业准入门槛，挡住不达标企业，淘汰不合格企业。二是加强饲料原料查验与检验，禁止使用无生产许可证号的单一饲料产品，禁止使用饲料原料目录、饲料添加剂品种目录和药物添加剂品种目录以外的任何物质生产饲料。三是以规范企业经营行为为重点，对生产企业和经营门店的各项生产和经营要素进行全面督查，督促落实各项质量安全责任制度，特别是对于建立委托生产关系的饲料代加工企业，要追根溯源，明确责任，加强监管。四是养殖者饲喂商品饲料是否严格按照产品使用说明和注意事项使用，自行配制饲料是否遵守自行配制饲料使用规范；严禁非法添加有毒有害物质，严禁对外提供自行配制的饲料；要求属地监管责任人要进村入户，加大宣传力度，对存在安全隐患的重点场（户）强化监管。

【存在问题】

饲料质量检测体系不能满足行业发展的需要。随着全社会质量安全意识的不断提高，行业管理部门和饲料生产经营企业对饲料原料和饲料产品的检验化验频率不断加大，以此掌握生产商品饲料的质量信息。然而在山西全省境内除省级饲料兽药监察所有检验资质外，其他11个市饲料管理部门均无饲料检验能力。

（山西省农业厅饲料奶站管理办公室）

内蒙古自治区饲料工业

【发展概况】

2013年全区饲料总产量为295.2万t，同比减少5.7%。其中，猪饲料47.7万t、蛋禽饲料43.0万t、肉禽饲料27.2万t、反刍动物饲料163.8万t。反刍动物饲料产量占饲料总产量的55.5%。全年饲料工业总营业收入109.3亿元，同比增长13.7%。2013年全区饲料行业发展受全国畜禽产品市场影响，饲料需求量减少，饲料总产量出现了下滑。

【主要工作】

2013年以保障畜产品质量安全为中心，贯彻饲料管理条例、加强行政许可管理和监管能力建设为抓手，以规范饲料生产、经营和使用行为为重点，强化源头管理，扎实做好饲料监管工作，主要完成了以下几项工作。

1. 完成了饲料质量安全监督检测任务 按照2013年度饲料质量安全监督监测的任务计划的要求，完成了3 745批次的饲料质量安全监督检测的计划任务，总体合格率达到95.1%，较2012年提高0.3%。饲料产品质量安全监测合格率88.1%，饲料中违禁添加物监测合格率99.4%，饲料和蛋白饲料原料中三聚氰胺监测合格率100%，养殖场（户）“瘦肉精”专项监测合格率100%。

2. 开展了饲料质量安全大检查行动 按照全区饲料质量安全检查的要求，从5月份开始组织开展了包括能力建设、应急建设、许可备案、企业监管、“瘦肉精”整治等方面的全区饲料质量安全大检查行动，检查范围涉及各级饲料监管机构，饲料生产、经营企业和规模化养殖企业，并从7月份开始组织督查组对全区12个盟市饲料质量安全工作进行全面检查，及时通报属地管理部门对监测发现的不合格饲料生产企业、经销门店和不合格饲料产品进行查处。按照《饲料和饲料添加剂管理条例》（以下简称《条例》），查处了呼和浩特市、赤峰市、包头市三个盟市的13家企业15个产品。

3. 进一步完善了饲料质量安全应急建设机制 根据《内蒙古自治区饲料质量安全突发事件应急预案》，各盟市旗县也相应地完善了饲料质量安全应急机制，并上报饲料质量安全应急预案建档立制，形成了自治区、盟市、旗县三级联动、分级响应的应急网络机制，加强了应急能力建设。

4. 继续开展《条例》和配套法规宣传培训 遵循“提高门槛、减少数量；转变方式，增加效益；加强监管，保证安全”的基本原则，保障了《条例》及其配套法规顺利实施，有利推动了饲料监管执法工作。投入20余万元为全区饲料监管部门和企业印制了《饲料管理法规汇编》3 000余册，并根据农业部的相关要求，成立了内蒙古自治区饲料生产许可证专家审核委员会，制订了《内蒙古自治区饲料生产许可审批程序》，对新设立和换证企业进行了严格地审核。2013年11月中旬采取以会代训形式，在召开饲料工作会的同时邀请农业部专家对全区盟市饲料监管、检测部门和部分饲料企业主要负责人进行了饲料法规、生产许可培训、座谈交流。各盟市旗县开展了不同类型的培训班，参加培训5 600余人，收到了良好效果。

5. 全面推进生产许可证换发工作 按照农业部要求，到2014年6月30日前，饲料生产企业要全部换发生产许可证。为做好换发生产许可证工作，全区饲料监管系统积极组织开展了前期的宣传培训工作，对换发生产许可证工作进行了总动员。各盟市对辖区饲料生产企业进行了摸底、分类，组织符合许可条件的企业分批进行申报。自治区饲料生产许可证专家审核委员会，根据新的生产许可条件，按照饲料生产许可证审批程序和饲料生产许可证专家审核委员会审核程序进行试点推广，以点带面，全面推进饲料生产企业行政许可工作。

6. 继续开展了“瘦肉精”专项整治行动 按照思想认识、组织领导、工作措施、监督检查“四到位”的思路，认真落实《内蒙古自治区 2013 年农畜产品质量安全专项整治方案》(内农质发〔2013〕101 号)，继续开展了“瘦肉精”的监督监测频率。累计出动执法人员 51 159 人次，检查饲料生产经营企业和养殖场户 8 743 个，抽检样品 87 114 个，均未检查出“瘦肉精”等违禁添加物。有关总结材料已上报了农业部。

7. 做好饲料工业信息统计和饲料工业年鉴编写工作 完成了 2013 年年报统计和分析，举办了全区饲料工业统计培训班，邀请农业部专家对新修订的统计报表制度进行了培训，确保了饲料统计工作的及时性、全面性、准确性和有效性。按照农业部要求编写了《内蒙古 2012 年饲料工业年鉴》，内容包括内蒙古饲料行业大事记、年鉴地方篇，推荐 1 家优秀企业、2 家重点饲料企业。

8. 完成了秸秆养畜项目申报工作 通过旗县盟市筛选，从进入项目库的 16 个备选项目中，根据农业部下达的秸秆养畜项目申报任务，经专家初审，组织上报了 2014 年农业综合开发农业部秸秆养畜专项项目 9 个，项目总投资 2 675.3 万元，其中申请财政投资 1 260 万元，完成了项目可研报告编制和上报工作。对 2013 年立项的秸秆养畜项目进行了检查，通过检查项目的财政资金落实是否到位、项目建设进展是否顺利，对于建设中存在的问题提出了限期整改意见，并组织各级项目农口主管部门对在建和新立项项目的建设实施情况进行了全程跟踪监管。

【存在问题】

1. 饲料监管经费不足，监管监测装备薄弱 目前盟市级饲料监管检测机构近一半没有单独设置，旗县级只有个别旗县单独设置了饲料监管机构，兼职过多，上下级业务协调管理不顺畅，监管监测业务能力滞后，且饲料监管正常工作经费未纳入各级财政预算。饲料监管检测经费的投入不足，检测机构检测设备老化，检测队伍业务能力参差不齐，严重制约监管效率的提高和监管力度的加大。尤其是旗县级大部分没有单设饲料监管机构，监管队伍素质参差不齐，监管队伍执法设施和快速监测、取证、信息管理装备一直没有落实，基础条件差，监管手段落后，严重影响监督管理工作的开展。

2. 饲料行政许可工作存在较大风险 内蒙古自治区现有饲料生产企业 500 余家，能够达到生产许可条件的企业约 100 家，经过改建、新建大约还有 50 家能够达到条件要求，拿不到饲料生产许可证的企业可能超过 70%，这些企业可能会影响社会稳定性，各级饲料管理部门需高度重视。

3. 统计工作受生产许可证换发工作影响 全区面临 2/3 的饲料生产企业被淘汰，对饲料统计工作的开展带来很大影响。一是生产许可证和审查合格证并存，统计上不好区分；二是部分企业虽然在册，但明显达不到许可条件，不管是否生产都很难上报统计。

（内蒙古自治区饲料工作办公室）

辽宁省饲料工业

2013年，辽宁省饲料工业克服H7N9流感疫情和猪价周期性波动双重压力影响，饲料工业总产值保持稳步发展态势，饲料质量安全监管能力和饲料产品质量安全水平进一步提升。

【发展概况】

1. 饲料工业 饲料总产量略有回落，饲料工业总产值稳步提升。据统计，2013年饲料产品总产量1 285.4万t，同比下降3.1%。其中配合饲料913.6万t，同比下降3.8%；浓缩饲料350.4万t，同比下降1.9%；添加剂预混合饲料21.5万t，相比增长3.9%。2013年实现饲料工业总产值476.0亿元，同比增长11.0%。

2. 饲料原料业 饲料原料工业稳步发展，据统计，2013年蛋白质原料生产企业127家。饲料原料总产量419.3万t，同比增长16.3%。植物蛋白饲料原料总产量395.3万t，其中，豆粕产量为373.5万t，同比增长23.6%。动物源性饲料原料总产量16.4万t，其中鱼粉产量为10.6万t，同比减少4.5%。实现产值152.3亿元，与2012年基本持平。

3. 饲料添加剂业 饲料添加剂产量增长幅度较大。据统计，2013年饲料添加剂总产量为16.0万t，同比增长102.4%。其中氨基酸10.6万t，同比增长208.7%；维生素3.0万t，同比增长49.4%；微量元素2.3万t，同比增长53.7%。实现产值21.7亿元，同比增长31.4%。

4. 饲料机械业 饲料机械成套设备产量略有减少，据统计，2013年全省饲料机械企业生产饲料加工成套设备为107套，同比减少22.5%。其中时产10t以上成套机组45套，与2012年相比减少10.0%；时产10t以下成套机组62套，与2012年相比增长29.5%。生产单机台数为230台，与2012年相比减少18.1%。其中粉碎机98台，与2012年相比减少17.6%；混合机91台，与2012年相比减少4.2%；制粒机41台，与2012年相比减少38.8%。实现产值6 329万元，与2012年基本持平。

【主要特点】

1. 饲料行业竞争愈加激烈 一是由以前大企业与小企业竞争转变为大企业之间拼杀；二是全国大型饲料企业集团都将辽宁市场作为重点，加大市场开发力度，台湾安佑集团、广东大台农饲料有限公司、福建傲农生物科技集团、黑龙江哈尔滨市富康饲料制造有限公司等纷纷在辽宁投资建厂；三是兼并重组成为企业快速扩张的重要选择。如大北农继2012年收购沈阳英威牧业之后，2013年又收购大连础明饲料厂；四是在市场竞争加剧和国家提高准入门槛双重压力下，中小企业生产设备、技术、人才劣势明显，举步维艰，主动退出市场增多。

2. 饲料行业集中度进一步提高 据统计，2013年全省17家年产10万t以上的饲料企业产量达到267.9万t，占全省产量的20.8%；44家年产5万～10万t的饲料企业产量达到300.8万t，占全省总产量的23.4%，二者合计占总产量的44.2%。491家年产1万t以下的饲料企业饲料总产量仅为152.5万t，占饲料总产量的11.9%。

3. 安全、高效、环保的生物饲料异军突起 酶制剂、微生态制剂得到饲料企业认可，并在饲料产品中广泛应用。

4. 顺应社会发展趋势，新技术、新设备得到广泛应用，饲料工业生产方式发生转变 一是饲料罐装运输，厂　场对接渐成趋势，改变饲料行业传统营销模式，如辽宁大成农牧实业有限公司、铁岭曙光农业发展集团、沈阳华美畜禽有限公司、新希望六和股份有限公司等饲料企业已成功实现饲料罐装运输，其优势是能够很好地节约资源、降低成本、减小劳动强度、实现可持续发展。据统计，不计算减少环境污染的社会效益，仅减少包装袋、标签、劳力的使用，每吨饲料可节约 40～50 元成本。二是码垛机器人代替人工在饲料企业广泛的应用。三是互联网技术在饲料工业崭露头角。从国内看新希望六和股份有限公司与京东集团合作，试水饲料产品网上销售；从省内看，沈阳科丰牧业科技有限公司利用互联网技术实现远程疫病诊断、售后服务。

5. 饲料行业产业化发展的趋势愈加明显 继新希望六和股份有限公司重新布局东北，调整辽宁片区，成立阜新特区；沈阳正大畜牧有限公司全面进入生猪全产业链；沈阳扬翔饲料有限公司的种猪厂在新民投产；辽宁禾丰牧业股份有限公司产业化板块突飞猛进；大连成三畜牧业有限公司、沈阳鸣丰饲料有限公司肉鸡产业化进一步扩张。单一饲料企业无法控制终端的弊端逐渐显现。

6. 企业更加重视科技创新 随着竞争加剧，科技创新成为企业生存与发展的不二选择。饲料兽药企业也加大了科技创新投入。如韩国希杰饲料有限公司将中国总部和研发中心迁至沈阳，沈阳波音饲料有限公司、辽宁禾丰牧业有限公司、辽宁益康生物股份有限公司、大连三仪动物药品有限公司、锦州凯为有限公司等企业成立了高层次的科技研发中心，开展研发工作。目前猪配合饲料的料肉比已达到 2.4～2.6∶1，肉鸡料肉比达到 1.6∶1，有效降低养殖成本，节约饲料资源。

7. 专业化、规模化成为行业发展主题 随着竞争加剧，饲料企业更加注重在专业化、规模化上下功夫，以降低管理成本，发挥专业优势。如大北农集团、双胞胎集团专注猪饲料生产，沈阳双良饲料有限公司专注貂貉等经济动物饲料，辽宁禾丰牧业股份有限公司正在全省重新布局，单厂专做一种动物饲料，发挥专业化优势。

【主要工作】

1. 开展饲料质量安全规范年活动 2013 年，辽宁省畜牧兽医局制定下发《关于印发辽宁省饲料质量安全规范年活动实施方案的通知》，在全省范围内开展饲料质量安全规范年活动。一是规范行政审批工作，对饲料生产许可证申请等 5 项行政审批工作进行梳理，重新制定办事指南，简化办事程序，规范审批行为。对饲料生产企业设立采取材料审查、现场审核、专家评议三位一体的审批制度，2013 年共有 103 家企业通过审批。二是规范监管工作，逐步落实“痕迹管理”制度，完善了饲料监管档案，监督记录制度得到逐步落实，省市县乡四级监管部门日常巡查、监督检查和飞行检查工作实施了“痕迹管理”。三是规范企业生产经营行为，通过对监管人员、从业人员开展法律法规培训，广大从业者的法律意识、责任意识和质量安全意识不断增强，执法人员监督执法水平进一步提高。

2. 规范行政许可，全面开展饲料生产企业换证工作 一是被辽宁省畜牧兽医局先后下发《辽宁省畜牧兽医局关于贯彻落实饲料行业管理新规推进饲料行政许可工作的通知》和《辽宁省畜牧兽医局印发关于辽宁省饲料生产许可证换证工作推进计划的通知》（辽牧发〔2013〕14 号），全面部署规范和推进饲料生产企业换证工作。二是开展饲料评审专家培训。2013 年 4 月份组织召开了全省饲料评审专家培训暨饲料行政许可推进工作会议，对全省的饲料评审专家进行了饲料许可相关培训，对全省的饲料生产企业换证工作进行了具体部署。三是指导各市开展培训工作。辽宁省畜牧兽医局提供师资，指导各市开展饲料生产企业换证培训，目前已对全省 1 200 家饲料生产企业的法人代表、技术经理进行了全员培训。四是编印《饲料和饲料添加剂法规汇编》。为帮助饲料管理、饲料生产经营者更好的学习饲料管理法规，辽宁省畜牧兽医局组织编印了饲料和饲料添加剂管理法规汇编 2 000 册，免费发放到全省的饲料管理人员、饲料生产经营企业。

3. 开展饲料质量安全专项整治 2013 年，辽宁省畜牧兽医局下发《关于印发辽宁省饲料质量安全专项整治实施方案的通知》，继续在全省开展饲料质量安全专项整治活动，严厉查处饲料质量安全违法行为。一是开展饲料生产企业清理行动。以饲料备案为抓手，开展了饲料生产企业清理行动，加大证后监管工作，防止一些企业获取生产许可后放松自身要求，降低生产条件。对生产条件发生重大变化不具备继续生产的，停产两年以上的，破产或被兼并不再生产饲料的，迁址未通知主管部门的，连续两年没有上报备案材料的，一律收回、注销《饲料生产企业审查合格证》。在 2013 年的饲料企业年度备案中，全省共有 976 家饲料生产企业通过备案，有 99 家饲料生产企业未通过年度备案，有 47 家饲料生产企业不具备继续生产的条件，注销了相关的生产许可证件。二是在全省范围内开展了“3·15”饲料质量安全打假月活动。全省共印发宣传材料 35 万份，在市级以上新闻媒体宣传 28 次，开办各种现场咨询活动 36 场次。全省出动执法人员 6 300 人次，累计检查饲料生产企业、经营单位及养殖场（户）8 680 家。对于查处的假劣，辽宁省畜牧兽医局在锦州设立省级集中销毁现场，并邀请媒体给予宣传，扩大“3·15”活动的影响面、覆盖面，有力地震慑了违法分子，增强了宣传效果。三是开展饲料质量安全监管工作督查。集中开展对全省饲料监管工作进行专项督查，现场共检查48家饲料生产企业和18家饲料经营单位，对2家生产条件发生重大变化的饲料企业吊销《饲料生产企业审查合格证》，发现的其他违法行为由当地相关部门依法查处。

4. 强化饲料质量安全监管，加大打假工作力度

2013年，辽宁省畜牧兽医局将落实《饲料质量安全检打联动运行管理制度》作为饲料质量安全监管工作的重点，加大对饲料质量安全违法行为的打击力度。截至2013年年底，全省累计监督检测饲料产品8 128批次，合格8 032批次，合格率为98.8%，比2012年上升了0.2%，饲料质量安全总体水平稳中有升。为保证检测结果与案件查处的时效性，根据《饲料质量安全检打联动运行管理制度》，辽宁省畜产品安检中心每月汇总全省饲料检测中不合格产品信息，辽宁省畜牧兽医局统一发文查处，由辽宁省安全生产监督局督促各市尽早启动执法程序，及时搜集证据和查处违法行为。检测、执法、管理部门三位一体对监督抽检中发现的不合格产品和假劣产品一律予以了查处。根据监督检测结果，全省查处饲料违法案件107起，罚款金额81.9万元。

5. 开展饲料质量安全管理规范示范创建工作

继2012年辽宁省沈阳波音牧业发展有限公司等三家饲料企业率先通过农业部饲料质量管理规范认证后，2013年，辽宁省继续稳步推进饲料质量安全管理规范示范创建工作，农业部饲料质量管理规范认证评估专家组对辽宁省的沈阳正成牧业有限公司、辽宁禾丰牧业股份有限公司、辽宁爱普罗斯饲料有限公司、大连成三畜牧业有限公司、营口双宇饲料有限公司、铁岭东大牧业有限公司六家饲料生产企业进行了饲料生产质量管理规范示范创建（简称饲料GMP）现场验收评审。专家组从企业的原料采购与管理、生产过程控制、产品检验、产品储存及运输、产品追溯与召回、人员与卫生和文件记录管理七个方面130条进行了详细的检查评审。经综合评定，上述六家企业顺利通过评审，成为全国第二批通过农业部饲料质量安全管理规范认证的企业，有力的推动饲料生产企业质量管理规范认证工作，促进全省饲料工业产业升级，加速辽宁饲料工业健康、持续发展。

6. 开展饲料生产企业检验技能大比武活动

2013年，辽宁省畜牧兽医局举办辽宁省饲料生产企业化验员检测能力大比武活动，全省1 080家饲料生产企业踊跃参加，大比武活动采取实际操作考核的形式进行，经过预赛和复赛两个阶段比赛，积极调动了检测技术人员学习检测技术的热情，提升了饲料生产企业检测技术水平和饲料质量安全保障能力。

（辽宁省畜牧兽医局）

吉林省饲料工业

2013年，吉林省饲料工业在确保饲料产品质量安全的前提下，超前谋划，全面部署，重点推进，狠抓落实，收到了稳步发展的显著成效。

【发展概况】

2013年，吉林省共有注册饲料生产企业532家。其中，添加剂预混合饲料生产企业19家，饲料添加剂生产企业5家。全省饲料工业产品总产量465.6万t，同比下降3.3%，其中配合饲料产量312.2万t，浓缩饲料产量148.8万t，添加剂预混合饲料产量4.7万t，饲料添加剂产量61.6万t，同比分别下降3.6%、2.7%、2.8%和7.9%。实现工业总产值152.7亿元，同比增长2.7%。

【组织机构】

吉林省饲料工作办公室隶属于吉林省畜牧业管理局，与草原饲料处合署办公。在全省各市（州）、县（市、区）政府畜牧业管理部门中，都设立了饲料工业行政管理部门。在质量检验上，有3个具有资质的省级饲料质量检验机构，分别隶属于吉林省畜牧业管理部门、吉林省质量监督管理部门和吉林省商检管理部门。全省有12个市级饲料质量检验机构，其中3个隶属于畜牧业管理部门，9个隶属于质量监督管理部门。目前，县级还没有设立饲料质量监督检验机构。

【主要工作】

1. 开展了职业技能培训工作 为深入贯彻落实2013年新修订的《饲料和饲料添加剂管理条例》（以下简称《条例》），进一步提升全省饲料产品质量安全水平，决定在2013年重点开展饲料生产企业特有工种从业人员职业技能培训、鉴定工作，力争做到从业人员全部持证上岗。为此，2013年吉林省共举办各类培训鉴定班5期，培训从业人员400人；同时还举办《条例》培训班4次，培训企业主要负责人600人次，从而有力地保障了饲料产品质量安全。

2. 开展了饲料安全生产大检查活动 为贯彻农业部和吉林省委、省政府有关决策，深刻吸取吉林宝源丰禽业有限公司“6·3”特别重大事故教训，坚决遏制和防范各类伤亡事故，遵照“管行业必须管安全”的原则，下发了在全省饲料生产企业进行安全大检查的通知，在生产企业中，重点对生产企业的机构与人员、厂区布局与设施、工艺与设备，以及质量检验与质量管理制度和相关记录进行详细检查，从而确保饲料安全生产万无一失。

3. 开展了饲料质量安全检测工作 2013年，按照吉林省畜牧业管理局关于切实加强饲料质量安全检测工作的要求，年初即下达了检测任务指标，全年2 500批次检测任务，到10月底即全面完成，安全性指标达到98%以上。

4. 开展了饲料生产许可证的核发工作 在全面完成532家饲料生产企业审查合格证备案的基础上，按照农业部提出的“提高门槛，减少数量；转变方式，增加效益；加强监管，保证安全”的总体要求，吉林省严格按照饲料生产许可证核发的基本工作程序，开展了生产许可证的核发工作。2013年底，全省受理饲料生产企业办理许可证申请65份，办结、发证52家，严格执行了行业准入制度，严格把住了申报进入饲料生产企业的关口。

【存在问题】

1. 养殖行业发展减缓，饲料原料价格过高，企业经营利润下滑 小型饲料企业面临贷款难，回款难的问题，影响正常生产运营，甚至有些企业出现严重亏损。即使是有一定产品销量做支撑的大中型规模企业，也同样面临着饲料市场竞争激烈，利润下滑的压力，严重影响了饲料行业的健康发展。

2. 饲料行业提高准入门槛，小型企业发展堪忧

按照《条例》的规定，到 2014 年 6 月底，不达标的企业将自动失去生产饲料的资格，在这种形势下，小型企业何去何从是一个十分突出的问题。为了实现饲料行业提高准入标准后的平稳过渡，各级饲料行业管理部门，必须组织大、中型企业在饲料企业整合、兼并、重组中发挥重要作用。

（吉林省饲料工作办公室）

黑龙江省饲料工业

【发展概况】

2013年，全省以实施新饲料许可制度和加强企业规范化管理为抓手，以饲料质量安全监管为重点，通过“抓换证、严执法、打禁物、促规范”，进一步提升了饲料产业素质及质量安全水平，为质量效益型现代畜牧产业建设提供了强有力的物质支撑。

2013年黑龙江省饲料行业运行有以下3个特点。

1. 饲料产量略有下降 全省饲料总产量667.8万t，同比下降3.9%，实现饲料工业产值205.4亿元，同比基本持平。配合饲料334.7万t，同比下降6.0%；浓缩饲料316.1万t，同比下降2.1%；添加剂预混合饲料27.1万t，同比增长1.7%。受流感、速生鸡、黄浦江漂猪事件影响，市场消费低迷，猪群结构调整压缩，规模生猪养殖场（户）自配料增加，以降低养殖成本等。

2. 饲料行业效益整体下滑，优胜劣汰突显 大型企业实现产销、效益同步增长，如哈尔滨谷实农牧科技集团、哈尔滨富康牧业有限公司、哈尔滨大北农牧业科技有限公司、正大集团等大型企业饲料产量同比增长5%以上，效益同比增长10%以上。中小型企业产销、效益下滑明显，多数小型企业处于以销定产或半停产状况。主要原因是玉米、豆粕、进口鱼粉等高价位运行；养殖业自身结构调整及其发展环境影响；劳动力成本上升；物流运输成本上升等。

3. 饲料生产企业改造升级步伐加快，表现为“三个一批”

（1）一批企业进行设备工艺改造。如哈尔滨远大牧业有限公司、哈尔滨东大牧业有限公司、富裕阳光有限责任公司等80多个企业改造扩建，饲料企业规模化、标准化生产水平大幅提升。

（2）一批大型企业布局扩张建新厂。如哈尔滨谷实农牧科技集团在齐齐哈尔市、佳木斯市和绥化市；哈尔滨农标普瑞纳饲料在齐齐哈尔市；哈尔滨大北农牧业科技有限公司在佳木斯市和绥化市；哈尔滨大牧人牧业有限公司在五常市；哈尔滨富康牧业有限公司在沈阳市；正邦集团、双胞胎集团、特驱集团在肇东市，新厂年设计产能均在12万t以上。

（3）一批企业延伸产业链。桦南新曙光牧业集团新上了肉鸡养殖场、扩建了屠宰车间和肉食品加工车间；哈尔滨新中旭农民养殖合作社、哈尔滨新胜牧业集团有限公司分别在方正、延寿投资上亿元新建饲料生产、肉鸡养殖和屠宰加工一条龙产业链项目；哈尔滨富康牧业有限公司在哈尔滨新开设了15个绿色肉食店，并在兰西选址建设种猪场；黑河中兴牧业有限公司在建成年产18万t饲料厂的同时，新建一处奶牛场，并从澳大利亚、新西兰引进奶牛6 000头。饲料产业链条的延伸，进一步构建了企业竞争新优势，极大增强了养殖业发展的热情，已经成为全省饲料企业发展的新趋势、新亮点。据统计，2013年全省饲料工业建设、改造资金投入达12亿元以上，年提高加工能力300万t以上，饲料企业规模化、标准化、现代化、产业化、集团化水平有了大幅提升。

【主要工作】

在推进饲料行业发展及饲料质量安全监管方面，全省主要做了以下七项工作。

1. 认真组织开展新饲料条例及配套管理规章宣传贯彻工作 一是组织培训。为进一步做好新饲料法规宣传贯彻暨全省饲料质量安全监管工作，黑龙江省畜牧兽医局于2013年1月15～16日举办了全省饲料法规培训班暨饲料质量安全监管工作会议。各省、市（地）农垦总局畜牧兽医局及其分局畜牧处、县（市）分管饲料工作的局长和饲料管理或执法机构的负责人、饲料质量检验机构负责人及全省大中型饲料生产企业的负责人430多人参加了培训。培训班讲解了

《饲料原料目录》《饲料添加剂安全使用规范》《饲料和饲料添加剂质量安全管理规范》《饲料和饲料添加剂管理法规基本框架和许可换证工作规范》《饲料和饲料添加剂管理条例》《饲料生产企业许可条件》等有关新的饲料管理制度。二是广泛宣传。黑龙江省畜牧兽医局利用《黑龙江畜牧兽医政务网》《东北饲料信息网》《东北饲料信息杂志》等媒体进行刊载新的饲料管理制度，编印发放《饲料法规汇编》800多册，发放宣传资料4.8万余份，进行媒体宣传41次。2013年6月22日与药政处在双城开展了放心饲料兽药下乡进村暨产品质量安全宣传周双城现场活动，包括现场宣传、培训讲座、优质饲料兽药产品展示、入户服务指导等，现场参与人员200多人。三是开展技能鉴定。与东北农业大学、黑龙江省饲料工业协会合作，举办饲料企业化验员、维修工、中控室操作工等特殊工种职业技能培训班各一次，培训人员220人，要求关键工种持证上岗，部分市县畜牧兽医部门也相应组织开展了宣传培训工作。通过省、市、县三级宣传培训联动，使饲料从业者了解了新的法规规章内容，为饲料质量安全和质量效益型现代饲料产业的发展营造了良好的法制环境和社会舆论氛围。

2. 强力推行实施新的饲料许可制度及行政审批机制 为进一步着力推进新许可制度的实施和企业整合提升、创新发展，黑龙江省畜牧兽医局将2013年确定为“饲料许可换证及整合提升年”。一是制订方案。按照农业部《饲料生产企业许可条件》和《关于贯彻落实饲料行业管理新规推进饲料行政许可工作的通知》(农办牧［2012］46号）的有关要求，制定下发了《关于认真贯彻落实饲料行政许可制度依法做好饲料企业换证工作的通知》(黑牧饲［2012］259号)和《关于开展2013年度饲料生产许可证年度备案审查工作的通知》(黑牧饲［2013］18号)，明确了全省新一轮饲料生产企业换证的要求和年度备案审查工作等。规定逾期未提出申请或提出申请但未获得新饲料生产许可证的，原获得的《饲料生产企业审查合格证》同时废止失效，企业不得继续从事饲料生产经营活动。二是启动部署。在2013年1月15～16日举办的全省饲料法规培训班暨饲料质量安全监管工作会议和市地饲料质量安全监管工作座谈会上，黑龙江省畜牧兽医局认真贯彻落实新条例，对新一轮换证工作任务和年度备案工作专门进行了强调部署。三是现场推动。为了进一步加快推进许可换证工作进程，自2013年3月以来，黑龙江省畜牧兽医局成立了由饲料评审委员会专家组成的4个工作组，先后深入哈尔滨市、齐齐哈尔、佳木斯、绥化等地280多家企业进行调研，通过现场办公、现场答复的服务方式，帮助企业确立了设备工艺改造的方案，解决了企业面临的不知如何进行改造和改造后工艺设备能否符合规定条件要求等难题。在行政审批流程上，实行政府网络申报、审批系统，方便企业申报。四是信息公开。利用黑龙江省政府、省畜牧兽医政务网络等平台，及时发布饲料行政审批、饲料质量安全监测结果、备案审查结果、饲料打假电话等，有利于社会和媒体监督。

3. 全面深入开展饲料质量安全专项整治行动 按照农业部农资打假的有关要求，全省成立4个执法督导检查组，对各地专项整治工作进行督导检查。据统计，共出动饲料执法人员2 600多人，检查饲料生产经营使用企业（单位）2万多家，查处问题1 100多个，立案查处11起，罚款10万余元，取缔无证企业1个。

4. 组织开展了《饲料质量安全管理规范》示范创建工作 为深入贯彻落实《饲料和饲料添加剂管理条例》，推动饲料生产企业不断提高质量安全管控水平，按照农业部的统一部署，黑龙江省畜牧兽医局开展了《饲料质量安全管理规范》示范企业创建工作，确定了哈尔滨青禾科技有限公司、哈尔滨富康牧业有限公司、哈尔滨华隆饲料开发有限公司、杜尔伯特伊利饲料有限责任公司4家企业为示范创建试点企业，并通过农业部专家组的现场初审和指导。通过创建示范试点企业，进一步完善饲料企业从原料采购、检化验、生产加工、出厂销售全过程的质量安全和可追溯制度，提高饲料质量安全水平。

5. 开展饲料行业预测预警和指导服务

(1）认真落实农业部新的饲料统计报表制度。按要求将各类饲料企业纳入统计范围，确定管理部门和企业的饲料统计报表人员，认真完成月报、季报。及时对企业报表进行整理分析，对饲料市场和行业形势进行研判、预警，提高饲料管理部门指导行业发展的前瞻性和科学性。

(2）积极帮助企业协调落实产业扶持政策。帮助企业协调落实饲料产品免征增值税政策；积极与财政沟通落实黑龙江省粮油精深加工专项扶持等有关政策。

(3）有效开展和指导饲料行业协会工作。指导饲料协会开展了考察、技术交流、行业展会活动；搭建平台，与中国农业银行黑龙江省分行营业部共同举办了银企对接座谈会，探讨银行与饲料企业互助合作、共同发展新机制，有效解决饲料企业融资难和产业发展资金不足的问题，更好地加快推进全省饲料企业技术改造和产业升级发展步伐；协调企业和养殖场户解决1起质量纠纷案件，受理群众来信、来电、举报20多个。

（黑龙江省饲料工业办公室）

上海市饲料工业

2013年，上海市各级畜牧兽医部门、监督检测机构和行业协会采取各种有效措施，围绕投入食品安全监管和畜产品质量安全，以《饲料和饲料添加剂管理条例》（以下简称《条例》）实施为契机，保障饲料质量安全为目标，严格准入，强化监管，从严执法，努力规范饲料生产、经营和使用行为，构建公平有序的市场环境，促进饲料行业不断向规模化、标准化、集约化方向发展。

【发展概况】

全市饲料工业呈现持续、平稳、优化的发展趋势。2013年共有饲料、饲料添加剂生产企业156家，饲料经营企业43家。2013年饲料总产量155.2万t，同比增长0.5%。其中，配合饲料117.1万t，同比减少0.8%；浓缩饲料14.7万t，同比增长6.5%；添加剂预混合饲料23.4万t，同比增长3.1%；饲料添加剂6.4万t，同比增长1.6%。饲料工业总产值76.6亿元，同比增长3.9%。

【主要工作】

1. 贯彻饲料法规，保障新政实施 随着《条例》的正式实施，农业部相关的配套规章和规范性文件也已制定发布，对进一步加强饲料质量安全监管，提高企业准入门槛，规范生产经营和使用行为，提供了强有力的法律保障。为贯彻实施《条例》及其配套规章的各项要求，全市重点部署实施了以下几项工作措施。一是转发了《农业部办公厅关于贯彻落实饲料行业管理新规推进饲料行政许可工作的通知》，并召开区县畜牧兽医主管部门饲料许可工作研讨会，进一步加强组织领导，强化属地监管职责，督促企业进一步加强生产、经营环节质量安全控制，确保各项饲料新政落实到位；二是根据农业部关于《饲料生产许可证》换发工作的要求，为防止企业集中申报和扎堆验收，对持有《饲料生产企业审查合格证》和《动物源性饲料产品安全卫生合格证》的103家企业分3批开展换证审核工作，鼓励有条件的企业第一批换证，指导有能力的企业按照新规要求改善后参加第二批换证，帮助整改后达到要求的企业完成第三批换证，逾期未完成换证的企业依法予以注销；三是组织上海市各区县畜牧兽医主管部门，通过集中培训、资料发放和告知承诺等方式，对辖区内饲料企业开展饲料新政宣贯施行。上海市、区两级畜牧兽医主管部门累计开办培训班16期，参加人员928人次，制定并发放《饲料法律法规文件资料汇编》500份，对《条例》及其配套规章和许可规范要求等进行了全面的宣传与培训，不断提升饲料从业者的守法意识、安全意识和责任意识。

2. 严格行政许可，强化准入监管 一是成立饲料和饲料添加剂生产许可专家委员会，并制定了《上海市饲料生产许可审核工作程序》和《上海市兽药饲料评审专家委员会和评审专家管理办法》，进一步明确了各项工作程序和专家评审要求，以规范化、制度化的管理来保障饲料生产企业行政许可审核工作的科学性、规范性和公正性。二是严格年度备案审核制度，强化属地化管理职能，对备案企业进行全覆盖的现场审核，组织开展集中审核、评定和现场督查，并将备案审核判定与日常监管情况相结合，全年注销了8张饲料和饲料添加剂生产企业许可证。三是积极推进《饲料质量安全管理规范》，推荐了5家饲料生产企业参与农业部130家标杆示范企业创建工作，并通过农业部专家组的资格评审和复审，示范创建工作得到了农业部的充分肯定。四是按照农业部的饲料和饲料添加剂生产企业许可条件，严把企业资质审核关，严格按照农业部公布的时间期限完成换证工作；完善批准文号监管档案，对有效期内的所有批准文号进行公示，不断提升批准文号审批许可事项的透明与公开程度。

3. 强化监测力度，严格生产监控 为确保畜产品质量安全，全市不断加强源头管理和生产监控，强化监控力度。一是制定了《饲料质量安全监测计划》，不断加强技术创新和标准制定，全年共完成农业部和本市的饲料监测任务 2 920 批次，使全市的饲料安全状况处于可控状态；二是制定了《2013 年上海市地产生猪出栏前“瘦肉精”及其替代品监测计划》，加强对地产生猪的药物残留安全管理，强化源头管理和生产监控，全年共完成生猪出栏前“瘦肉精”等违禁药物监测 67 267 批次，飞行监测 16 461 批，结果均为阴性；三是实施原料安全使用专项整治，以《饲料原料目录》施行为契机，组织开展饲料生产企业原料使用情况的专项检查，禁止使用国务院农业行政主管部门公布的饲料原料目录、饲料添加剂品种目录和药物饲料添加剂品种目录以外的任何物质生产饲料，全年共检查各类饲料生产企业 781 家。

4. 强化执法力度，严格行业规范 为规范行业生产，维护市场秩序，上海市依托行政审批、质量安全监测、案件查处三方联动机制，不断加强获证企业监督检查和日常监管力度，推进饲料生产企业分级管理制度。一是继续推行告知、承诺制度。上海市饲料监督执法机构按照《条例》的要求，向全市饲料生产、经营、养殖企业推行告知和承诺制度，达到全覆盖，督促企业进一步加强生产、经营环节质量安全控制，督促养殖者规范饲料、饲料添加剂的使用；二是继续开展饲料打假专项工作。坚决查扣销毁“三无”饲料产品，严查违禁药物、假劣兽药，严厉打击超剂量、超范围、不执行休药期等滥用抗生素和激素的违法行为，共出动人员 273 人次，检查各类饲料企业 125 家；三是宠物饲料经营行为规范宣传。为规范全市国产、进口宠物饲料经营企业的经营行为，对各宠物用品商店、宠物诊所、花鸟市场、超市等宠物饲料经营者、宠物饲养者进行宣传告知，并指导如何识别合法的国产、进口宠物饲料；四是推行分级管理评级。为加强对获证后饲料企业的监管，促进企业规范生产、守法经营，上海市饲料监督部门制定并发布了《上海市饲料生产企业分级管理指南》，根据原料质量安全、产品质量安全、生产运行、检化验运行、机构与人员、记录和台账、年度备案审核、违规情况等项目完成对企业的评级，并根据不同的级别实行分级管理制度。

（上海市饲料工作办公室）

江苏省饲料工业

【发展概况】

2013年，全省饲料行业受速生鸡、H7N9流感疫情、猪价低迷及原料价格波动等不利因素的考验，饲料产量继续呈现稳定增长态势。2013年，全省工业饲料总产量为976.7万t，比2012年增加47.7万t，增长5.1%。主要原因：一是新建大型企业增加，产能增加；二是猪料保持了快速增长势头，比2012年增长了49.6万t，增长21.4%。截至2013年年底，全省共有各类饲料生产企业688个。其中饲料原料生产企业71个，配合饲料、浓缩饲料、精料补充饲料生产企业474个，添加剂企业90个，添加剂预混合饲料企业210个，其中兼产企业123个。

【主要特点】

1. 产品结构继续调整 配合饲料913.6万t，同比增长5.2%；浓缩饲料35.2万t，同比增长21.4%，主要是猪浓缩饲料增长较多；添加剂预混合饲料27.8万t，同比下降12.6%。按品种分，猪饲料281.5万t，同比增长21.4%；蛋禽饲料132.7万t，同比增长0.8%；肉禽饲料244.7万t，同比下降7.7%；水产饲料293.2万t，同比增长5.8%，反刍动物饲料9.1万t，同比下降17.3%，其他饲料15.4万t，同比增长24.2%，主要是希望集团的兔饲料增加。猪饲料增长较大的因素是江苏基础较低，近两年双胞胎、安佑、温氏、百穗行、六和等大中型企业加大了仔乳猪饲料的开发力度，猪饲料占比从2012年的22.0%提高到28.8%。

2. 饲料添加剂和饲料机械生产稳定增长 2013年饲料添加剂总产量23.5万t，同比增长10.3%，主要增长产品为蛋氨酸、酶制剂。饲料机械成套产量1 054套，同比增长6.1%；单机总计20 849台，增长7.9%。

3. 饲料产值大幅增长 2013年全省饲料工业总产值468.4亿元，同比增长17.3%；其中饲料产品产值386.7亿元，饲料添加剂产值24.4亿元，饲料机械产值57.2亿元，同比增长18.4%。

4. 饲料原料产量稳步增长 2013年对全省所有原料生产企业进行了清理，据全省71家原料生产企业统计，原料总产量939.0万t，同比增长14.0%，总产值354.0亿元，增长21.2%。其中谷物蛋白原料16.5万t，同比下降5.7%，饼粕类896.0万t，同比增长13.8%（其中豆粕865.0万t，增长14.2%）；陆生动物性产品14.2万t，与2012年持平；鱼粉2 365.0t，同比下降30.0%，发酵类产品7 969.0t，主要是发酵豆粕增加。

5. 出口产品情况 2013年全省饲料产品和饲料机械等总出口额约26.3亿元。饲料、饲料添加剂、单一饲料出口量为18.9万t，同比增长42.1%，出口额为11.8亿元，同比增长25.5%。其中出口饲料产品2.1万t，同比增长40.0%；出口饲料添加剂产品5.3万t，同比增长55.9%；出口单一饲料产品11.6万t，增长39.8%。出口饲料机械1.4万台(套)，出口额14.5亿元。

6. 大型企业份额继续增大 饲料产量5万t以上的企业66家，累计产量605.0万t，占全省总产量的58.0%。企业市场重新调整，近两年新建的大型企业市场扩大，天成、天参、百穗行、中粮、长江等企业产量迅速增加。安佑、双胞胎、中慧等企业积极开发猪料，双胞胎连续两年产量增长较快。产业化企业发展迅速增长，温氏在禽业压缩的情况下，加快猪产业链发展，立华、泰森、中粮、益客等产业链企业保持了良好的发展势头。产品结构也顺应产业发展需要，江苏以黄羽肉鸡为主，2013年受流感打击较大，许多企业加大了猪饲料的开发，水产料进入了平稳发展的阶段。

【主要工作】

1. 严格饲料生产准入管理 一是组织现场审核检查员培训。为统一饲料生产企业现场准入标准，规范现场审核行为，2013 年 2 月 19～20 日在南京召开了全省饲料生产企业现场审核检查员培训班，统一饲料生产企业现场准入标准，规范现场审核行为。经培训、考试和审核，共有 183 名同志入选江苏省饲料生产企业现场审核专家库，经省农业委员会发文予以公布。二是严格现场检查。按照《饲料添加剂和添加剂预混合饲料生产许可证管理办法》和现场考核表，从严把关饲料生产企业现场审核。

2. 深入开展“瘦肉精”专项整治行动 近年来，全省继续强化饲料生产、养殖、收购贩运、屠宰等环节的“瘦肉精”监管，加大“瘦肉精”检测力度，进一步严格落实“瘦肉精”监测和自检比例要求、实行“即检即宰”制度、加强牛羊屠宰管理和建立健全飞行检查制度等关键措施，严厉打击饲养环节非法使用和屠宰环节违法添加“瘦肉精”等违法行为。据统计，2013 年全省共安排“瘦肉精”监测经费 4 880 万元，其中农业部安排 91 万元，省财政安排 1 800 万元，市县两级安排 2 989 万元；抽检样品数达 69.5 万份，合格率达 99.99%。养殖环节连续 12 年未发现“瘦肉精”非法添加行为。

3. 加强饲料质量安全监测 2013 年全省共组织开展饲料质量安全监测 584 批次，合格 570 批次，合格率 97.6%，监测项目主要为常规营养指标、重金属、微生物、毒素、违禁添加物、反刍动物饲料中牛羊源性成分等，其中饲料中违禁添加物和反刍动物饲料中牛羊源性成分监测合格率保持 100%。

4. 强化备案审查工作 2013 年，全省共有 683 家企业上报了备案材料，784 个生产许可证、安全卫生合格证、审查合格证参加了年度备案，其中饲料添加剂生产许可证 80 个，添加剂预混合饲料生产许可证 191 个，动物源性饲料产品生产企业安全卫生合格证 21 个，饲料生产企业审查合格证 443 个，饲料生产企业生产许可证 49 个，备案率为 86.78%。针对饲料生产企业人员变动较大的特点，重点加强对企业技术、质量、生产负责人及化验员、中控工、维修工等饲料行业特有工种人员的监控，在原有的饲料行业特有工种人员数据库基础上，新增了企业技术、质量、生产负责人相关信息。

5. 开展全省饲料经营环节调查工作 为进一步加强饲料经营环节监管工作，全面掌握饲料、饲料添加剂经营情况，规范饲料和饲料添加剂经营行为，2013 年 2～3 月，全省组织开展饲料经营环节情况调查，各地成立专门的调查工作小组，认真做好经营环节调查摸底工作，初步建立起饲料经营者监管档案，全省共有 4 958 家饲料经营单位进行了登记。在调查摸底的同时，督促经营者规范经营，进货时查验产品标签、产品质量检验合格证和相应的许可证明文件，建立产品购销台账。

（江苏省饲料工作办公室）

浙江省饲料工业

【发展概况】

2013年，全省饲料产业以加快饲料产业转型升级、保障饲料质量安全为目标，严格准入，强化监管、从严执法，促进了饲料产业向规模化、标准化、集约化方向发展，保障了饲料和饲料添加剂产品质量安全。同时全省饲料产业克服了“黄浦江漂浮死猪事件”、极端高温天气和强台风自然灾害、人感染H7N9流感疫情及生猪主产区饲养量调减等多重不利因素影响，保持了平稳发展态势。

据统计，至2013年底，全省共有饲料和饲料添加剂生产企业512家，其中配合饲料生产企业269家，饲料添加剂和添加剂预混合饲料生产企业168家。饲料总产量555.0万t（不包括单一饲料产量，下同），同比下降3.5%，其中配合饲料533.4万t，同比下降3.6%；浓缩饲料6.4万t，同比增长14.3%；添加剂预混合饲料15.2万t，同比下降9.0%；饲料添加剂产量17.0万t，同比下降27.0%。全省饲料工业总产值331.9万元，同比增长10.8%，单一饲料总产量187.65万t、总产值85.亿元。

【主要工作】

全省各级饲料管理部门继续克服人员少、监管压力大的困难，认真履行饲料行政许可事项管理和监管职责，组织开展监督检查和专项整治工作，维护正常生产经营秩序，保障了全省饲料行业持续健康地发展。

1. 做好饲料生产许可的培训、指导和监管工作 针对全省除饲料添加剂、添加剂预混料外的其他饲料生产企业下放至市级饲料管理部门审批发证情况，省级饲料管理部门及时调整工作思路和监管手段，在饲料生产许可方面主要是做好培训、指导和监管工作。一是进一步加强对各级饲料管理人员法律知识和业务能力的培训。2013年度，浙江省先后举办了《全省饲料行政许可审核工作培训班》和《全省饲料生产许可工作培训班》，对全省各级饲料管理人员和部分企业负责人进行饲料法规和配套规章的再次培训，进一步明确饲料生产企业审核要点和饲料许可工作具体要求，帮助各级饲料管理人员理清工作思路和要求，提升审核把关能力和业务水平。二是加强对各地饲料许可工作的指导。指导各地中小企业进行兼并重组，以提升企业档次，尽快达到许可要求，同时要求各地饲料管理部门严格按照饲料生产企业许可条件的要求，达标一个审批一个，绝不能放松、放低要求。对各地在饲料生产许可工作中碰到的问题和困惑，及时给予解答和指导；对报送备案的申报资料，按1867号公告的要求进行再审查；对企业申报资料中存在的问题及时详细地反馈给各市，要求各市对类似问题在今后审核过程中严格把关并要求企业迅速整改。三是开展对获证企业监督检查。按惯例组织开展了一次全省性的获证企业监督检查活动，通过监督检查，取缔了个别生产条件不符合要求企业，督促企业整改不规范行为，增加企业质量安全意识，同时，也对受检企业如何按新要求整改作了现场指导。

2. 做好饲料质量安全监管工作 饲料质量安全监管工作仍是饲料管理工作的重头戏，饲料质量安全是关乎整个行业健康发展的关键点，围绕饲料质量安全这个永恒主题，2013年主要做了4个方面工作。一是指导组建饲料原料集团采购平台。经过近一年的沟通协调，成立了由两家大型饲料生产企业和41家饲料生产企业参与的合作社组成的饲料原料集团采购平台，实现饲料原料产销对接、统一采购，更好地保证大宗饲料原料的质量安全，从而保障饲料产品的质量安全。二是开展饲料安全风险监测。针对社会上高度关注饲料中的重金属问题，为全面了解掌握饲料中重金属指标情况，从全省11个市的15家饲料生产企业和51个养殖场中抽取配合饲料样品102批次，其中商品饲料26批次，养殖场自配饲料76批次，对所有样品开展了重金属类卫生指标砷、铅、汞、镉、铬共5项参数的风险监测，铅、镉、铬合格率均为100%，有12批次总砷含量超标样品也是因为样品中添加了允许添加的有机砷制剂所致。此监测结果反映出全省饲料质量安全情况良好。三是继续推进散装饲料配送工作。推进散装饲料配送，是实现全省饲料产业转型升级的重要内容，也是有效减少养殖场（户）使用自配料，保证饲料产品质量安全的重要举措。据统计，全省开展散装饲料配送工作的饲料生产企业12家，全年配送总量达28万t。四是探索研究饲料质量安全监管新模式。随着养殖合作社的迅速发展，合作社内部的饲料加工点也应运而生，对养殖合作社内部的饲料加工点如何监管，是一个新课题，因此需积极进行调查研究，探索合法、合理的监管模式。

3. 做好《饲料质量安全管理规范》（以下简称《规范》）企业试点工作 做好《规范》企业试点工作，对《规范》的全面贯彻实施起到模范带动的作用。在推动《规范》实施方面，主要做了以下工作。一是带领试点企业代表参加全国《规范》培训班，使企业对《规范》内容有全面的了解；二是根据农业部专家组对试点企业提出的在《规范》实施过程中存在的问题和不足，督促企业落实整改措施，达到《规范》规定要求；三是组织市级饲料管理人员赴上海考察《规范》试点企业，学习交流经验，为《规范》的全面实施打下基础。

【存在问题】

一是大宗原料价格长期保持上涨且短期波动较大，行情难以把握；二是饲料生产用工成本逐年增加，用工难度加大，要求企业需不断增加投入，提高生产自动化水平；三是中小规模企业技术装备落后，面临生存危机；四是2013年以来，生猪养殖业受黄浦江漂浮死猪事件、“三改一拆”专项整治及罕见高温干旱天气等影响，已拆除养殖场3.9万个，减少生猪饲养量近300万头，对饲料行业影响较大；五是外省大型饲料集团进驻市场，市场竞争加剧。

（浙江省饲料工作办公室）

安徽省饲料工业

【发展概况】

2013年，全省饲料总产量488.7万t，同比下降3.3%。其中配合饲料453.9万t，同比增长1.3%；浓缩饲料22.6万t，同比下降48.2%；添加剂预混合饲料12.2万t，同比下降12.2%。单一饲料产量52万t。全省饲料工业总产值120.0亿元，同比下降8.8%。

【组织机构】

安徽省饲料工作办公室与安徽省畜牧兽医局合署办公，主要负责行政审批工作。安徽省兽药饲料监察所是安徽省农业委员会委属全额拨款事业单位，执行国务院颁布实施的《兽药管理条例》《饲料和饲料添加剂管理条例》（以下简称《条例》）及相关的法律、法规，依据国家标准、行业标准和法定的技术标准，对辖区内兽药、饲料产品质量和畜禽产品中违禁药物及兽药残留进行监督检验。安徽省饲料工业协会挂靠安徽省畜牧技术推广总站，为行业主管部门和企业做好服务工作。

【主要工作】

1. 严格行政审批 2013年新修订的《条例》及配套规章实施以后，在新老饲料企业的换证工作中，广泛宣传、明确条件、严格把关、切实提高行业门槛，对不符合要求的老企业，坚持整改到位后，再予以发证；对于新上马的企业，必须符合条件，才予以审核。为规范审核制度，省级成立了“安徽省饲料行政许可专家审查委员会（简称专委会）”，严格实施专家组现场审核、专委会最终审定制度。2013年，全省共颁发新生产许可证71个，其中配合饲料、浓缩饲料、精料补充料44个，单一饲料25个（其中13家生产动物源性饲料），饲料添加剂1个，混合型饲料添加剂1个。

2. 加强对获证企业的监管 2013年，结合新修订《条例》的实施，安徽省组织对获证企业年度备案进行现场检查，做到获证企业检查全覆盖。2007年至2012年年底，全省共发放饲料审查合格证255个，其中单一饲料55个，配合饲料、浓缩饲料、精料补充饲料200个。动物源性饲料产品安全卫生许可证24个。全省各类饲料生产企业共备案279家，备案通过244家，其中审查合格证企业172家，饲料添加剂、添加剂预混合饲料企业64家，动物源性饲料企业8家。有35家企业未予备案，需要整改，其中9家企业被注销。通过备案，掌握第一手的资料，进一步摸清企业现状，为换证工作做好铺垫。

3. 强化市场监管 2013年完成饲料质量监督抽检192批，合格186批，合格率96.9%，比2012年提高了1.5%，养殖环节饲料违禁添加物监测145批、蛋白类饲料中监测三聚氰胺50批，苯乙醇胺A专项104批，合格100.0%；全年检测畜产品3 274批次，合格率99.88%。赴淮南市、宿州市等多地督办假劣饲料及饲料添加剂事件3起；配合农业部畜产品监督检测中心（南昌）对全省畜产品例行监测4次，共抽取样品400余批，检出“瘦肉精”2批，磺胺类药物残留超标2批，合格率99.0%；配合浙江省兽药饲料监察所对全省饲料及饲料添加剂企业监督检查1次，抽取样品100批次，检测赛庚啶、可乐定、苯乙醇胺A等违禁药物，结果均未检出，合格率100%。受农业部委托对湖北省开展饲料抽检工作，共抽取饲料样品104批次，检测赛庚啶、可乐定、苯乙醇胺A等违禁药物，结果均未检出，合格率100%。2013年全省未发生重大饲料和饲料添加剂以及畜产品质量安全事件。

4. 推行饲料质量安全管理规范 2013年年初，以安徽正大源饲料集团有限公司等4家企业为农业部饲料安全质量规范试点企业，以点带片，逐步推行实施《饲料质量安全管理规范》。在安徽省饲料工作办公室的指导下，省兽药饲料监察所及省饲料协会的共同努力下，逐步建立了饲料安全监管责任体系、饲料安全监管工作体系、饲料安全预警防范体系、饲料产品质量安全信用体系。

5. 充分发挥行业协会桥梁作用 2013 年，安徽省饲料工业协会共举办职业技能培训鉴定会 2 期，培训 225 人，召开标准审定会 17 次，完成 20 家 52 本特殊标准，函审 12 次 124 本标准，完成备案标准 100 家 181 本标准。编辑出版《饲料与饲养》6 期，向 1 300 个单位赠阅 9 000 多册；向会员单位累计发送信息 500 条近 20 余万次。促进 6 家投资企业落户安徽，开展 2013 年度养殖（猪）业社会化服务之星活动，协调、解决饲料维权案件 5 起。在政府与企业之间搭建桥梁，为企业做好服务工作。

【存在问题】

一是饲料市场经过优胜劣汰的洗礼，仍然有鱼目混珠的现象；二是饲料原料价格不断攀高，饲料产品价格上涨幅度较小，饲料生产企业利润空间进一步被压缩；三是饲料生产经营赊欠现象有所抬头；四是一些企业守法成本偏高而违法成本偏低，企业为追求利润，很可能会铤而走险。

（安徽省饲料工作办公室）

福建省饲料工业

【发展概况】

2013年，全省共有饲料和饲料添加剂企业418家。饲料总产量773.1万t，同比增长4.8%，其中配合饲料718.7万t，同比增长4.2%；浓缩饲料24.9万t，同比增长33.9%；添加剂预混料29.4万t，同比减少0.7%。猪饲料417.9万t，蛋禽饲料59.4万t，肉禽饲料184.4万t，水产饲料98.4万t，反刍饲料0.3万t，其他饲料12.6万t。饲料添加剂产量6.4万t，产值6.9亿元，出口1.6亿元，主要饲料添加剂产品有α-淀粉、二氧化硅、维生素A、维生素D_3以及酶制剂等。动物源性饲料产品产量鱼粉1.1万t，鱼油822t。单一饲料产量豆粕208.7万t。

【组织机构】

福建省农业厅和各市、县、区农业局为饲料主管部门，福建省农业厅内设饲料兽药管理处，负责全省饲料行政管理的日常工作，福建省动物卫生监督所承担饲料行政执法职能；福建省农产品质量安全检验检测中心（福建省兽药饲料监察所）负责饲料质量检测工作。

【主要工作】

1. 饲料和饲料添加剂生产企业审核发证　2013年获得福建省农业厅颁发《饲料生产许可证》企业39家；获得农业部颁发《饲料添加剂生产许可证》企业6家；获得农业部颁发《添加剂预混料生产许可证》企业3家。

2. 饲料和饲料添加剂产品批准文号核发　福建省农业厅向12家饲料添加剂生产企业共核发了24个饲料添加剂产品批准文号；向45家添加剂预混合饲料生产企业共核发了353个添加剂预混合饲料产品批准文号。

3. 饲料质量安全监测及饲料违法案件查处　2013年在饲料生产、经营和使用环节共组织抽检了715批次饲料样品，鱼粉企业全部抽检，抽检的品种涵盖生猪和禽类不同生长阶段所需的饲料样品。检测项目为铜、锌、铁、锰、铅、砷和违禁添加物三聚氰胺、莱克多巴胺、苯乙醇胺A等。查处饲料违法案件55个，没收违法所得14.6万元，罚款46.3万元，合计罚没款60.9万元，没收销毁不合格饲料14.5t。

4. 组织开展饲料和饲料添加剂日常监管工作　市、县、区级农业局对辖区内饲料生产企业进行每半年一次的日常巡查和年度备案实地检查，发现问题立即要求企业整改，核实饲料生产企业生产状况是否符合生产要求，对企业厂址、建筑物及设施、现场及环境、生产工艺与设备、人员、质量检验、管理制度和程序控制等基本生产条件进行检查。在市县级农业局对企业监督的基础上，省农业厅开展了饲料生产企业实地抽查工作，组织了4个检查组，对全省86家饲料生产企业进行了年度备案实地检查。

5. 饲料和饲料添加剂生产企业年度备案　全省共有155家饲料添加剂和添加剂预混合饲料生产企业持有农业部颁发的《饲料添加剂生产许可证》或《添加剂预混合饲料生产许可证》。经审查，134家企业共138份饲料添加剂或添加剂预混料生产许可证通过年度备案；18家企业19份饲料添加剂或添加剂预混合饲料生产许可证未通过年度备案；6家企业放弃生产，饲料添加剂或添加剂预混合饲料生产许可证予以收回。

全省共有41家动物源性饲料产品生产企业持有省农业厅颁发的《动物源性饲料产品生产企业安全卫生合格证》。经审查，37家动物源性饲料产品生产企业通过年度备案；4家动物源性饲料产品生产企业未通过年度备案，其中2家动物源性饲料产品生产企业连续两年未上报年度备案材料，予以注销《动物源性饲料产品生产企业安全卫生合格证》。

全省共有 330 家饲料生产企业（配合饲料、浓缩饲料、精料补充料、单一饲料生产企业）持有省农业厅颁发的《饲料生产企业审查合格证》。经审查，285 家饲料生产企业通过年度备案；42 家饲料生产企业未通过年度备案，19 家饲料生产企业连续两年未上报年度备案材料或生产地址迁址，予以注销《饲料生产企业审查合格证》；3 家企业放弃生产，《饲料生产企业审查合格证》予以收回。

6. 实施《饲料质量安全管理规范》试点工作 在 2012 年饲料质量安全管理规范试点工作的基础上，继续推进饲料质量安全管理规范实施工作，对 4 家《饲料质量安全管理规范》试点企业进行现场指导。

7. 开展饲料工业职业技能培训鉴定工作 2013 年举办 1 期饲料厂中央控制室操作工培训鉴定班、1 期饲料加工设备维修工培训鉴定、3 期饲料检化验员培训鉴定班，参加培训和鉴定考核人员约 300 人。

（福建省农业厅饲料兽药管理处）

江西省饲料工业

【发展概况】

2013年江西省饲料企业245家，其中时产10t以上企业130家，占总企业数的53.1%。企业职工总数13 209人，年人均生产饲料产品504.0t，其中具有大专以上学历1 984人（博士54人、硕士175人、本科1 755人），占总职工数的15.0%。

全年饲料总产量665.8万t，同比增长13.4%。其中配合饲料584.8万t，同比增长18.9%；浓缩饲料23.6万t，同比下降54.3%；添加剂预混合饲料57.4万t，同比增长31.1%。

【主要特点】

1. 产品结构发生变化 全年生产配合饲料584.8万t，占总产量的87.8%，同比提高4%以上，浓缩饲料23.6万t，占总产量的3.5%，同比下降5%，添加剂预混合饲料57.4万t，占总产量的8.6%，同比提高1%以上。

2. 猪饲料主体地位明显 全年生产猪饲料486.3万t，占饲料总产量的73.1%，同比提高5%；禽饲料118.9万t，占饲料总产量的17.9%，同比下降3%；水产饲料56.3万t，占饲料总产量的8.5%，同比下降2%。

3. 大型企业加速扩张 大型饲料生产企业抓住时机，不断扩大产能，抢占市场。例如双胞胎集团2013年在江西新建或扩建5个公司，新增产能近180万t，江西傲农股份有限公司运用股份合作方式，提升生产能力。

4. 技术创新步伐加快 江西赣达牧业有限公司成立了“南昌市功能性畜禽饲料研究工程中心”，2013年研发的新产品3项国家发明专利，3个创新型畜禽新产品被评为江西省重点新产品项目。双胞胎集团采用先进的码垛机、自动微量秤、自动缝包机和自动套包机、自动取样机，降低管理成本。

5. 饲料企业产业链延伸成主旋律 受市场、原料、劳动力等诸多因素的影响，为分散经营风险，饲料企业纷纷延伸产业链，饲料企业向养殖、深精加工业方向发展已蔚然成风，有实力的饲料企业兴办了养殖场，正邦集团、南昌正大畜禽有限公司等投资建养猪场和加工厂，形成产加销一体化的经营模式。

【主要工作】

1. 加强饲料质量安全监管 首先加强巡查，全年15次赴南昌、吉安、赣州等设区市巡查饲料生产经营企业（户）和规模养殖场（户）的饲料质量；其次加强抽查。全省共抽查饲料生产、经营企业1568家，抽检饲料产品样品3 136批次，合格率为97.8%，收缴假劣饲料6.5t，其中省级抽查饲料生产经营企业（户）80家，抽检产品121批次，合格率95.9%。再次地方重视。抚州、九江、宜春等设区市饲料管理部门与饲料生产、经营和使用（规模养殖场）企业（户）签订《饲料产品质量安全承诺书》。

2. “瘦肉精”等违禁物监督检查力度大 全省共抽查猪尿样208 000批次，检出阳性尿样5批次，阳性率为0.002 4%，其中省级抽检猪尿样2 000批次，均为阴性；九江市今年市县两级财政拿出200多万元用于“瘦肉精”等监管，抽检猪尿样60 520批次，未检出阳性样品。

3. 严格生产企业年度审查 各级饲料管理部门认真负责，做到认识到位、工作程序到位、组织措施到位，全省饲料生产企业审查工作能顺利开展。参与备案企业279家，其中饲料添加剂和添加剂预混合饲料企业81家，符合备案条件企业268家。

4. 严格行政审批 根据新规定，成立了省级饲料生产许可证专家审核委员会，组织了多次审核专家培训班，明确了审核要点、审核程序和审核纪律等，在现场审核过程中严格把好“八关”。

5. 宣贯《饲料质量安全管理规范》 江西省下发了《2013年饲料质量安全管理规范年活动实施方案的通知》，明确了总体目标、活动安排和实施措施，规范了生产企业质量安全管理内容。

【主要问题】

1. 成本增加 饲料原料价格持续上涨导致成本增加，对饲料和养殖户均有不利影响。玉米全年平均价格2 580元/t，同比增长1.1%；豆粕4 450元/t，同比增长18.7%。

2. 饲料科技投入少 国家和企业对饲料科技投入不足，企业科研开发投入也不到1%，这不利于饲料行业整体科技水平的提高，也不利于安全、绿色、环保饲料添加剂产品的开发和推广，饲料产品科技含量较低。

3. 同质化程度高 饲料产品同质化程度严重，一些企业仍以价格竞争作为主要手段，导致产品质量提升乏力。

4. 饲料监管乏力 受机构、人员、财政经费的制约，在饲料生产、经营、使用环节存在许多监管空白点，给违法者提供了制假、售假的可乘之机。

（江西省饲料工作办公室）

山东省饲料工业

【发展概况】

2013年，国内外总体经济形势依然低迷，畜产品消费拉动不足，养殖形势疲软。山东省饲料总产量10年内首次出现下降，全省全年饲料总产2 066.8万t，较2012年下降4.0%。从饲料产品结构看，配合饲料总产量1 866.5万t，同比下降6.0%；浓缩饲料总产量126.8万t，同比上涨16.9%；添加剂预混合饲料总产量73.6万t，同比上涨22.3%。从畜种来看，全省蛋禽饲料总产量179.5万t，同比上涨4.1%；肉禽饲料1 130.6万t，同比下降8.8%；猪饲料总产量达到613.3万t，同比上涨4.2%。总体来说，肉禽饲料在全省饲料生产结构中所占比重较大，肉禽饲料的下降是导致全省饲料产量下降的重要因素。行业结构进一步优化，产能大于5t/h的企业达到588家，同比上升10.1%。

【组织机构】

根据中共中央、国务院批准的《山东省人民政府机构改革方案》(厅字〔2009〕22号)和《中共山东省委山东省人民政府关于山东省人民政府机构改革的实施意见》(鲁发〔2009〕14号)，设立山东省畜牧兽医局，由山东省农业厅管理。

山东省畜牧兽医局饲料处负责拟定饲料、饲料添加剂管理及草原（场）保护、建设的政策并组织实施；负责饲料、饲料添加剂、草原（场）和草种监督管理工作；负责饲料、饲料添加剂生产企业设立条件审查和动物源性饲料生产企业安全卫生审查；负责饲草资源的保护及开发利用；负责草种生产经营、草原（场）征占用审核审批；按规定负责有关饲料及饲料添加剂、牧草项目的筛选、实施和管理；承担省草场防火办公室的具体工作。以上可使用山东省饲料工业办公室的名义。

【主要工作】

1. 加强宣传培训 组织编印了《饲料法规政策大全》，涵盖了最新的国务院、农业部以及山东省的饲料行业法律法规、规范性文件、饲料标准等78部。2013年8月，山东省饲料办在济南组织召开饲料生产企业现场审核专家培训班，对专家委员会成员在现场审核要求、申报材料把关、规范制度建设、检化验条件要求等方面进行了全方位的培训，从技术层面进一步明确了验收标准，规范了验收程序，为换证工作的按时保质开展奠定了人员队伍基础。2013年，全省各级饲料管理部门共组织人员法规培训200余场次，培训饲料管理人员2 000余人次，培训企业从业人员1万余人次。

2. 做好行政审批 2013年初全省全面启动了许可证换发工作，按照“严格标准、提高门槛、先申先换、梯次推进”的原则，严格贯彻“提质减量、全面提升”的有关精神，积极推进换证工作。组织召开许可审批会9期，全年完成换证企业500余家。结合《饲料原料目录》（以下简称《目录》）的颁布，对原有的单一饲料、动物源性饲料产品发证范围进行了清理，注销了一批不在《目录》范围内或是已经取消行政许可的产品。全年依法注销生产许可109个，核发产品批准文号1 000余个，备案企业1 516家。核发草种生产许可证1个，经营许可证4个，变更经营许可证1个。对现有的饲料生产企业现场审核专家委员会进行了增补，着重吸收了全省各级检测机构人员20余人，着力加强技术支撑。赴潍坊、临沂、威海开展调研10余次，组织起草了膨化羽毛粉、鱼溶浆等单一饲料产品许可条件。配合行业协会开展饲料添加剂、添加剂预混合饲料产品标准审定30余次，审核标准2 000余个。

3. 开展监督抽检 按照农业部、山东省食品安全办公室有关要求，组织制定了2013年《饲料质量安全监督抽检方案》和《养殖环节“瘦肉精”监督抽检方案》，对相关工作进行了安排部署，明确抽检内容、范围、参数、任务，全年抽查养殖场3 000个，抽检尿液样品6 000批，着重检测莱克多巴胺、沙丁胺醇和盐酸克伦特罗，抽检饲料产品600批，涉及生产、经营、使用环节的饲料产品、饲料添加剂、饲料原料等产品质量摸底、违禁物质使用、风险预警等方面，涵盖主成分含量、三聚氰胺、“瘦肉精”及其替代物等30多个参数。为确保监督抽检工作取得实效，山东省积极强化抽检结果运用，强调检打联动，责成属地监管机构认真查处问题企业，促进全省饲料质量安全水平提升。2013年全省饲料抽检合格率为96%，第一次组织了全省草产品质量安全监测方案，计划抽检草种200批次、草产品100批次。

4. 组织交互检查 2013年7～8月，全省开展了饲料执法交互大检查活动，从各市抽调检验、监管人员共30余人，分成8组，跨市区抽检饲料生产企业，抽检企业涉及原料、饲料添加剂和饲料生产企业，全省检查了17个市级、48个县级（市、区）的饲料管理部门的工作，抽查饲料及饲料添加剂生产企业55家、饲料经营企业37家、养殖企业34家。检查重点主要涉及各级饲料监管工作开展情况、饲料生产企业经营情况、饲料经营使用情况，通过此项活动的开展，针对饲料投入品领域进行了全环节督促检查，确保了关键环节不出问题，同时也促进了市与市之间的交流和各级执法监管水平的提升。

5. 强化信息化建设 从2013年初山东省“饲料生产及经营企业管理系统”投入运行，该系统涵盖生产及经营企业信息管理及查询、各级执法部门监管情况查询、企业年度备案、委托生产备案、饲料添加剂和添加剂预混合饲料批准文号管理、生产企业监管档案管理和特有工种任职情况查询七大功能。全省已经可以实现信息查询、网上备案、网上监管，该系统实现了各级监管部门信息共享，为开展执法工作方面提供了极大的便利。同时还积极配合上级部门运行“中国饲料工业统计信息系统”“山东省行政审批系统”“农业部饲料生产企业行政审批系统”“防火信息系统”，该省是少数几个与全国并网运行“防火信息系统”的省份。“山东草业网”也投入运行，走在全省草业宣传的最前沿。

6. 推进《规范》实施 在全省各市选取了条件较好的企业作为试点开放企业，组织专人对其规范试行工作进行专门指导，推动饲料质量安全管理规范试点施行工作。2013年12月中旬，农业部对山东省试点企业进行验收，总体上给予了高度肯定。同时，山东省有关部门积极配合农业部领导，选取了文登六和、文登环山作为全国饲料质量安全规范现场会示范企业，并积极组织当地管理部门和企业做好会议筹备工作。

7. 加强协会建设 2013年9月7日山东省饲料行业协会正式成立，会议选举黄炳亮同志为首任会长，归口畜牧兽医局主管，结束多年归口不清的局面，首批会员企业共计328家，并评选了“山东省十强饲料企业”“山东省肉禽饲料企业十强”“山东省蛋禽饲料企业十强”“山东省生猪饲料企业十强”“山东省饲料添加剂企业十强”五类十强省内优秀饲料企业。

（山东省饲料工作办公室）

河南省饲料工业

【发展概况】

2013年，全省饲料工业受养殖行情持续低迷的影响，进入发展的“严冬”期，特别是前三季度影响较大。全省商品饲料除反刍饲料和水产饲料产量稳中有升外，猪、禽饲料产量总体下降幅度较大，又加之农业部对饲料生产企业行政许可门槛提高，国家对饲料产品质量监管越来越严，饲料生产企业数量日趋下降。据统计，2013年全省共有饲料生产企业989家，同比减少了89家。饲料总产量1 288.3万t，同比下降2.4%，其中配合饲料1 062.9万t，同比下降1.5%；浓缩饲料195.2万t，同比下降4.7%；添加剂预混合饲料30.2万t，同比下降18.2%。从饲料产品品种总量上来看，猪饲料737.5万t，同比增长7.7%；蛋禽饲料185.5万t，同比下降13.7%；肉禽饲料295.6万t，同比下降16.3%；水产饲料46.7万t，同比上升了7.4%；反刍饲料16.1万t，同比下降了3.0%；其他饲料6.8万t，同比下降了6.8%。

【主要工作】

1. 严格饲料生产行政许可 一是按照《饲料和饲料添加剂管理条例》和相关配套法规的要求，组织有关专家认真核查企业申报资料和生产现场，严把行业准入关。全年全省共审核验收98家饲料生产企业，发放配合饲料、浓缩饲料生产许可证63家，发放单一饲料生产许可证8家；上报农业部饲料添加剂、添加剂预混合饲料生产许可证16家，已通过核发了7家。二是严格饲料产品批准文号审批。按照饲料产品审批工作程序，积极向农业申报审核。全年共审核发放饲料添加剂、添加剂预混合饲料生产企业的产品批准文号219个。三是认真开展饲料企业年度备案工作。全年共完成了797家饲料企业的年度备案检查工作，凡是不再具备生产条件的、停产1年以上的、破产的企业，按照审批权限，依法予以注销。注销了41家饲料生产企业审查合格证、6家饲料生产的动物源性安全卫生合格证，作废72家企业因搬迁、拆迁的饲料生产审查合格证，报请农业部注销8家饲料添加剂和添加剂预混合饲料企业的饲料生产许可证。四是开展了饲料企业现场审核的督查工作。对已通过现场审核企业进行了抽查，先后赴洛阳市格雷特饲料有限公司、新乡市云星饲料有限公司等8家饲料企业进行了现场复查，配合农业部抽查6家饲料企业，对发现的违法违纪现象给予了查处；对发现现场审核过程中存在的问题和获证后生产存在的问题，研究了应对措施。五是制定了部分单一饲料的许可条件。按照农业部年初的部署安排，河南省负责完成国家单一饲料（羽毛粉、骨粉）许可生产条件的制订工作，为做好此项工作，组织有关专家多次下企业和去外省调研、召开座谈会和专家认证会，认真对羽毛粉、骨粉生产企业的生产、化验、人员条件进行修订，制定了适用的许可条件，已报农业部审核。

2. 加强饲料质量监督管理 一是修改了饲料行政处罚裁量标准。根据2013年新修订的《饲料和饲料添加剂管理条例》及配套规章制度中处罚条款的变化，及时修改了河南省畜牧系统行政处罚裁量标准（饲料部分）。二是深入开展饲料产品监督抽检。根据农业部的安排要求，共下达了3 300批次省级和市级的饲料产品质量检测计划，对饲料原料、饲料添加剂、预混料等不同的饲料品种设置了不同的检测项目，主要检测维生素、微量元素等质量指标、重金属、霉菌毒素等安全卫生指标及抗生素等违禁物质。河南省重点围绕饲料原料、龙头企业自配料以及大猪料、小猪料内添加违禁物和超量使用饲料添加剂、饲料中添加抗菌药物等，深入开展饲料产品风险检测。2013年，河南省畜牧局共抽检饲料样品1 017批次，抽检合格率94.6%。三是深入开展饲料质量安全交叉检查。抽调省、市级饲料管理、执法、检测部门人员组织人员分7个组对9个市、5个直管县的部分饲料生产企业、饲料经营企业、养殖场户进行了交叉互查。共检查了28个饲料生产企业、30个养殖场户、14个饲料经营企业，抽取24个饲料样品。对检查中发现的问题向相关省辖市（直管县）下发了督查通报，责令对问题企业进行查处。四是深入开展饲料原料专项检查。抽调人员分别对南阳、平顶山等9个省辖市及永城、鹿邑等5个直管县开展了饲料原料专项检查。共检查了52个饲料企业，抽取了60个样品，对检查中发现的问题向相关省辖市（直管县）下发了督查通报，责令对问题企业进行查处。五是积极协调执法总队加强对饲料生产经营企业的监督管理。在监督检查、交叉互查、专项检查和风险检测中发现的违法违纪行为都及时移交执法总队查处，充分发挥了检打联动的作用。

3. 深入开展"瘦肉精"监管整治 2013年共抽检470家生猪养殖场（户）、130家肉牛养殖场（户）和55家肉羊养殖场（户），检测尿样1 934批次，经盐酸克伦特罗、莱克多巴胺、沙丁胺醇3项检测均没有发现阳性样品，合格率为100%。在"瘦肉精"监管整治中，重点采取以下措施。一是认真安排部署，加强科学指导。针对"瘦肉精"案件发案率低、犯罪行为更为隐蔽，收购贩运和屠宰环节加注沙丁胺醇隐患较大等特点，全省将深入推进"瘦肉精"专项整治的重点放在了收购贩运和屠宰环节，先后召开了"瘦肉精"监管和饲料质量安全监管动员会议、"瘦肉精"监管工作视频会议、"瘦肉精"监管工作部门联席会议和屠宰环节添加违禁物质专项治理行动视频会议等，下发了《关于深入推进"瘦肉精"专项整治工作的意见》《2013年上半年养殖环节"瘦肉精"监测计划》《关于开展猪肉生产环节添加违禁物质综合治理行动的通知》等文件，指导推动全省"瘦肉精"监管整治深入开展。二是加强宣传教育，营造浓厚氛围。继续开展以"五个一"为主要内容的宣传教育活动，省、市、县三级分别设立了安全警示短信平台，正常时间每周发一条包括法律法规、监管责任、典型案件等警示短信，重大节日和重大活动期间每周发送两条，全年已发送138万条。建立了有奖举报制度，营造群众参与、社会共治的强大氛围。认真落实"两书两制"制度和主体责任报告制度，开展了"企业主体责任"宣教月活动。全省共刷制警示标语31万条，共公布举报电话328个，签订承诺书6.8万份，举办各层次的培训班5 219场次，参加人员12.2万人次。通过宣教活动，畜牧部门的依法监管意识、企业的主体责任意识和群众参与监督意识明显增强。三是加大监测力度，消除安全隐患。坚持部省两级监测计划结合联动，全年涉及"瘦肉精"监测计划20 000批次；配合农业部监测300批次；坚持日常监测与监督抽检相结合，全省养殖、屠宰、省境检查站"三关"等日常监测192.6万批次，监督抽检40.4万批次；坚持专项监测与风险监测相结合，专项开展了牛羊养殖环节、收购贩运环节和生猪屠宰环节的检测，共抽检样品1 934批次，开展风险预警监测1 328批次；坚持定向抽检与飞行检测相结合，围绕多发、易发地和大型龙头企业以及综合执法体系和检测检验体系不健全的地区，加大对重点地区、重点环节、重点品种等的检测，采取不打招呼、不经过市县的飞行检测形式，随机开展检测。经过持续不断的检测，及时发现了风险隐患，增强了"瘦肉精"监管整治的科学性。四是完善制度建设，创新长效机制。五是建立完善"瘦肉精"监管部门联席会议制度。定期牵头组织由公安、商务、卫生等相关部门参加的"瘦肉精"监管部门联席会议制度，定期通报情况，总结经验，研究解决工作中存在的问题，既做到各尽其责、各司其职，又做到了协作配合，相互支持，形成了监管合力。建立完善检打联动机制。对于在"瘦肉精"监督抽检中发现的阳性样本，各级执法机构立即启动案件查办程序，依法严惩重处。同时，建立了"两法"衔接机制，严厉打击添加使用"瘦肉精"不法分子。

4. 积极开展饲料政策法规培训 2013年，积极以河南省饲料工业协会为依托，按照分片分期分类的原则，对全省饲料企业进行了法律法规的轮训。省级重点培训饲料企业主要负责人和品管人员，省辖市级重点培训生产、技术、销售、采购等部门管理人员，县级重点培训饲料经营和使用环节主要负责人。全年全省仅省级就举办了11期《饲料和饲料添加剂管理条例》及配套规章培训班，共培训饲料企业主要负责人和品管人员2 000多人。同时，对饲料行政许可审核专家进行了两期培训，共培训审核专家62人。

5. 积极创新投融资机制 为帮助饲料企业解决资金瓶颈问题，促进饲料企业转型升级，以河南省饲料工业协会为依托，积极与交通银行、浦发银行和光大银行等进行协商沟通，为企业拓宽融资渠道。成功与光大银行联合推出了"互助金池贷款项目"，采用协会推荐、银行审核的方式，30个饲料企业为一组，互相担保，具有利息低、办理快捷、贷款额度高的特点，受到了广大饲料企业的赞扬，2013年有80多家饲料企业申请。

6. 积极开展饲料行业职业技能鉴定 2013年，全省切实按照职业技能监督服务行业，促进发展的要求，积极开展饲料行业职业技能鉴定。全年共开展了5期饲料行业职业技能鉴定工作，鉴定饲料检验化验人员、饲料厂中心控制室操作工、饲料加工设备维修工共530人，鉴定合格501人，鉴定合格率94.5%，通过鉴定工作开展，不断提高从业人员的素质。

7. 积极开展饲料原料评价 为了严把饲料原料质量关，从源头确保饲料产品质量，全省在全国率先探索实行了饲料原料评价制度。成立了由大型饲料企业品管负责人和河南农业大学、河南工业大学、河南省农业科学院等科研院校相关专家、饲料质量监督机构人员等组成的饲料原料评审委员会。按照企业自愿申报的原则，对进入河南市场的单一饲料、饲料添加剂、药物饲料添加剂等饲料原料开展合法性审核、产品质量评价、社会满意度评价、现场评价和综合评定等，建立合格的饲料原料供应商名录，引导全省饲料生产、经营、使用企业选择质优价廉的饲料原料，从源头上杜绝假冒伪劣饲料原料进行入生产领域，提高饲料产品质量。全年先后共开展了两次评价，分别对自愿申报的326家饲料原料生产企业及其产品进行了资质审验和综合评价，其中183家评价合格并建立合格供应商名录。河南省探索开展的饲料原料评价得到农业部相关部门的认可，国务院门户网站和河南省政府门户网站转发了饲料原料评价的相关信息。

8. 积极开展饲料行业宣传 充分发挥饲料协会舆论宣传的作用，加大宣传力度，为全省饲料业营造一个良好的发展氛围。一是改版了《中原饲料》杂志，合理设置栏目，增加杂志内容，扩大宣传范围，每月一期，同时，2013年年初免费为200多家饲料企业征订了河南日报农村版。加大宣传力度，充分展示河南饲料工业大省形象，宣传报道饲料政策法规、饲料业态势，推广传播饲料科技知识和市场信息，介绍河南省饲料业发展成绩，关注企业改革与发展，努力营造行业发展氛围。二是改版河南省饲料工业信息网，增加网页栏目，提高网络服务功能，设立饲料管理部门和饲料企业沟通联系窗口、供求信息自行发布窗口，搭建信息共享平台、企业形象展示平台等，建立信息报送、更新和发布工作机制，逐步把河南省饲料工业信息网打造成为纵向连接国家农业部、中国饲料工业协会、全国兄弟省市饲料工业协会以及河南省各级饲料监管部门等，横向连接国内外著名企业、省内大中型饲料企业、养殖龙头企业、相关科研院校等的信息共享平台和形象展示平台，全面提升全省饲料业信息化水平和发展形象。三是实施名牌战略，打造行业名牌。继续开展“强企业、树名牌”争先创优活动，充分调动全省饲料企业争先创优的积极性，鼓励和引导饲料企业切实树立品牌意识，不断加大科技创新力度，提高核心竞争力，增强辐射带动能力，做大做强，做出名牌。河南广安集团、河南普爱饲料股份有限公司申报上市前期工作已经完成，河南牧鹤实业集团等饲料生产申报上市正在积极筹备。四是开展多种形式的文体活动，激发职工干事创业的积极性。定期或不定期组织全省饲料企业开展丰富多彩的文体比赛活动，并邀请媒体宣传报道，丰富职工活动，展示行业形象，调动职工工作的积极性，营造浓厚的发展氛围。2013年4月19～21日，在洛阳举办了协会会员单位青年职工春季联谊活动，来自河南牧鹤实业集团、河南宏展农牧集团、正大集团农牧食品企业（中国）河南区、河南雄峰科技有限公司等20多个协会会员单位近60名青年职工参加了活动，展现了饲料行业青年职工健康向上、富有活力的良好风貌，促进了企业的和谐文化建设。

9. 积极开展行业交流 为了提高河南省饲料企业管理水平，积极实施“走出去，请进来”的发展战略，定期或不定期分批分类组织饲料企业走出去考察学习交流，把先进的生产技术、管理理念引进来，提升经营理念和技术水平。一是组织中小型企业到省内大型企业考察学习，克服“小富即安”的思想，走扩大规模、兼并重组之路，做大做强。二是组织大中型企业到全国知名企业集团考察学习，克服“宁做鸡头不做凤尾”的思想，摆脱家族式管理模式，加快产业链条的延伸和强强联合步伐，增强综合竞争力。三是组织有条件的大型企业到国外考察学习，克服“坐井观天”的思想，学习国际上饲料行业领先生产技术、生产工艺和管理理念，增强紧迫感和危机感，促进发展。2013年河南省先后组织大型饲料生产企业赴泰国等地进行了交流考察。

10. 加强行业引导 为促进饲料行业健康发展，突出加强了饲料行业的指导和引导。一是开展了著名商标申报宣传引导工作。及时在《中原饲料》杂志上宣传河南省著名商标申报的意义、条件和申报时间、流程和相关要求等，积极引导企业创名牌。二是积极开展饲料行业形势分析。依托《中原饲料》杂志，每月都向正大、牧鹤、亿万中元等副会长单位约稿，积极开展市场行情分析，全年共刊发市场分析文章29篇，为饲料生产企业在原料采购等方面提供了指导性意见，效果明显。三是开展了饲料原料评价。为从源头上严把饲料产品质量关，在全国率先探索建立了饲料原料评价制度，成立了饲料原料评审委员会。对评价合格的企业建立合格供应商名录，在公告的第一批评价饲料原料合格供应商及其产品名录的基础上，组织饲料原料评价委员会成员，分成五个组并分别赴北京、内蒙古、湖南、湖北、山东、宁夏等地，对评价的饲料原料企业开展了实地考察和现场评价，为下一步商会联合采购优质的饲料原料打下坚实基础。河南省饲料工业协会饲料原料评价制度的成功推行，得到了农业部畜牧业司和河南省畜牧局领导的高度评价，国务院网站和省政府网站分别给予了宣传。四是成功成立了河南省饲料商会。为促使河南省饲料业构建产业联盟，搭建经贸合作平台，积极筹备成立了河南省饲料商会。经过筹备组长时间辛苦的前期筹备，2013年7月，经河南省民政厅批准，在郑州召开了河南省饲料商会成立大会暨第一届会员代表大会。为今后河南省饲料行业构建产业联盟，促进河南省饲料产业做大做强搭建起了一个良好平台。五是开展行业专题调研。针对河南省饲料业发展中的热点、难点问题，积极开展了深入调查研究。通过召开座谈会、到饲料企业现场查看等形式，先后开展了饲料用盐、面对政策调整，饲料企业如何转型、饲料原料评价效果等方面的调查研究，并分别撰写了《关于河南省饲料业用盐情况的分析报告》《关于建立饲料原料评价体系的初探》《我省中小型饲料生产企业发展现状、存在的问题及建议》等调研报告，有力地指导了河南省饲料行业的健康发展。

（河南省饲料工业办公室）

湖北省饲料工业

【发展概况】

2013年湖北省工业饲料总产量为631.2万t，同比增长13.6%。其中，按品种分，猪饲料238.5万t，同比增长1.1%；蛋禽饲料110.6万t，同比增长60.5%；肉禽饲料91.8万t，同比增长41.7%；水产饲料190.1万t，同比增长2.5%。主要呈现出三大特点，一是产业结构变化明显。2013年，全省饲料生产形势有明显变化，猪饲料滞涨、水产饲料增长放缓，蛋禽饲料、肉禽饲料保持高速增长，占据全省工业饲料增量的大头；全省工业饲料中猪饲料、水产饲料、蛋禽肉禽饲料占比分别是37.8%、30.1%、17.5%。二是饲料产能增长较快。随着一批饲料企业集团在湖北布局设厂，规模企业数量增加，产能扩大，2013年新增饲料生产企业51家，新设企业主要是配合饲料和单一饲料，新增配合饲料产能300多万t，随着这些企业的投产达产，推动了湖北省饲料业的调整发展和饲料产量的快速增长。三是产业整体素质不断提升。随着2013年新修订的《饲料和饲料添加剂管理条例》及配套办法、规范的深入贯彻实施，大企业集团和规模企业加快发展，中小企业联合、重组步伐加快，落后企业停产出局，产业整体素质明显提升。

【组织机构】

湖北省饲料工作办公室为省农业厅内设职能处室，列公务员编制6人。全省17个市州和102个农业市区成立了饲料管理机构，分别隶属于农业局或畜牧局，共有专职饲料管理人员243人。湖北省境内饲料检测工作机构有国家饲料质量监督检验中心（武汉）、湖北省饲料监测所、湖北省饲料质量监督检验站。

【主要工作】

1. 开展饲料质量安全监测 根据《农业部办公厅关于下达2013年饲料质量安全监测计划的通知》（农办牧〔[2013] 4号）要求，结合湖北省实际，研究制定了《2013年湖北省饲料产品质量安全监测计划》《2013年湖北省饲料安全专项监测计划》和《2013年湖北省反刍动物饲料中牛羊源性成分例行监测计划》，并组织实施。全省共抽检17个市州生产、经营企业和使用环节的饲料产品763批次，747批次合格，产品合格率97.9%，饲料质量继续保持较高水平，没有发现使用违禁添加物的现象。

2. 加强饲料质量安全执法 全面贯彻《饲料和饲料添加剂管理条例》，继续加大饲料质量安全监管力度，对饲料监测中问题企业（产品）依法严肃查处，全年共立案查处饲料生产、经营环节违法违规案件103件。

3. 全力做好生产许可证和产品批准文号换证换号工作 2013年，我们组织专家按照《饲料和饲料添加剂生产许可管理办法》和《饲料生产企业许可条件》要求，对饲料企业进行现场审核，从企业机构与人员、厂区布局与设施、工艺与设备、质量检验和质量管理制度等方面就企业申报材料与企业现场的一致性进行符合性检查。核发饲料生产许可证56个，核发饲料添加剂和添加剂预混合饲料产品批准文号391个。

4. 实施饲料、饲料添加剂生产企业年度备案 有118家生产饲料添加剂和添加剂预混合饲料企业；271家生产配合饲料、浓缩饲料及单一饲料的企业；4家生产动物源性饲料的企业通过了本年度备案。另外，有9家生产饲料和饲料添加剂的企业因产品质量检验不合格未通过年度备案，有28家生产饲料和饲料添加剂企业未参加年度备案。在此轮备案工作中，因停产等原因，有9家生产饲料的企业审查合格证被注销。

5. 开展饲料行业职业技能鉴定 2013年3月份

开展了2期饲料行业职业技能鉴定工作，培训学员256人（其中检化员153人，中控工54人、维修工49人）。合格人员228人，总合格率为89.06%。11月份，开办了两期饲料行业职业技能培训，其中，培训中控工73人，维修工51人，化验员140人。

6. 开展行业调研 一是关于流感对湖北省饲料加工业影响，帮助企业分析形势，指导企业调整产品结构，较好地提高了企业渡过难关的信心。二是开展了饲料行业发展情况的调研。湖北省饲料工作办公室联合民营企业协会、湖北省饲料工业协会等单位，共同对饲料行业发展现状进行了调研，调研报告被省政府【政府调研】刊发。三是饲料企业规模效益调查，归纳出五条经验，即坚持把市场培育放在第一位；把学习和创新作为企业发展的原动力；建立严格的质量控制程序，确保用户放心；加强人才管理，发挥人才集聚效应；延伸产业链，走多元化发展之路。

7. 举办全省饲料监管知识更新培训 2013年10月12～17日，举办全省饲料监管知识更新培训班，来自各县市区的饲料监管人员共100余人参加了培训。

【存在问题】

全省饲料行业中小企业占绝大多数，还存在低水平经营、低质量生产、低层次竞争等问题，依然存在着较大的质量安全隐患；原料价格和人工费用大幅上涨，饲料生产成本上升，企业利润空间明显压缩，一些中小企业生存十分困难；饲料企业贷款难、征地难、用工难、技改难等问题日益凸显，企业发展受制因素越来越多，面临的压力也越来越大。

（湖北省饲料工作办公室）

湖南省饲料工业

【发展概况】

2013年全省饲料行业克服了饲料原料价格上涨、黄浦江死猪事件形成的猪价下跌和H7N9流感疫情等不利因素的影响，饲料产量产值仍呈双增长态势。2013年各类饲料总产量1 076.3万t，同比增长3.0%，产值401.0亿元，同比增长7.4%。配合饲料948.8万t，同比增长3.6%；浓缩饲料64.4万t，同比减少16.4%；添加剂预混合饲料63.1万t，同比增长19.5%。

【组织机构】

全省饲料工业办公室、全省饲料工业协会两块牌子一套人马，编制14人，正处级，参照公务员法管理事业单位，隶属于湖南省畜牧水产局。

【主要工作】

1. 落实新政，召开主任会议明确工作目标 2013年年初，湖南省饲料工业办公室召开了全省市州饲料办主任工作会议，就如何落实饲料新政，加强安全监管提出了新的要求。针对市州饲料办人员调整，饲料办主任变动较多的情况，5月17日，湖南省饲料工作办公室召开了市州饲料办主任半年度工作会议。会议总结了全省前阶段饲料管理工作，通报了饲料生产形势，传达了农业部饲料监管工作会议精神，对下阶段的各项工作进行了全面部署。

2. 备案检查，掌握全省饲料企业生产动态 2013年2月，湖南省饲料工作办公室会同当地市县饲料办对50余家持证企业进行了年度备案前综合检查。通过检查，下达了40多份整改通知书，所有检查企业都填写了饲料行政执法检查记录表。3月份，对全省814个饲料生产许可证、审查合格证、安全卫生合格证持证企业进行年度备案审查工作。结果显示，有642家通过年度备案审查，99家未进行备案，有73家未通过年度备案审查予以注销。年度备案结果在《湖南饲料》刊物上进行公布。

3. 监督监测，努力营造质量安全高压态势 按照湖南省畜牧水产局《2013年“瘦肉精”专项整治方案》要求，认真落实饲料环节的6项整治措施。湖南省饲料工作办公室全年参与了2次湖南省畜牧水产局统一组织的专项整治行动，重点对株洲县、衡阳县、湘乡市的生猪养殖场（户）开展拉网检查，并在下半年参与省局统一组织的对全省重点养殖场户、饲料经营门店现场督查行动。

2013年完成农业部饲料安检任务696批次，其中饲料质量安全监测抽检189批次、合格188批次，合格率为99.5%；饲料安全专项监测畜禽养殖环节违禁药物监测220批次、合格220批次，合格率100%；蛋白饲料中三聚氰胺60批次、合格60批次，合格率100%；反刍动物饲料中牛羊源性成分监测122批次、合格122批次，合格率100%。完成省级下达的饲料质量安全监测抽样任务863批次，合格率860批次，合格率99.7%。完成饲料产品免征增值税，抽样1 154批次、合格1 151批次，合格率99.7%。完成饲添及预混料产品批准文号样品复核检测260批次，合格255批次，合格率98.1%。以上4种检测其抽检样品2 973批次、合格2 961批次，总合格率99.6%。此外，还完成省内衡阳县、湘乡、鼎城、南县、湘阴县的“瘦肉精”拉网排查抽样1 810个，均未检出阳性，合格率100%。

4. 积极参展参会，引导企业展示对外形象 4月中旬，2013年中国饲料工业展览会在成都召开，全省唐人神、兴嘉、美可达等企业100多人参加了展览。5月31日，第五届中国湖南省畜牧渔业暨饲料工业博览会在长沙举办，湖南省饲料工作办公室组织50余家饲料企业参展，并重点组织了8个企业参加特装展位展示饲料工业的风采，省办及省饲料工业协会被评为优秀组织奖。

5. 严格许可，深入落实饲料换发新证要求 省办按照湖南省行政许可“网上政务”的统一要求，开展网上政务行政许可审批发证工作，按时按质、公正公开，还进一步规范了饲料企业产品批准文号的检验项目与时间要求。2013 年，全省饲料行业在继续学习宣传饲料工业新修订的《饲料和饲料添加剂管理条例》的基础上，抓紧了贯彻实施步伐。共有 100 多家企业申报了配合、浓缩饲料、单一饲料生产许可证材料，已获证企业 85 家，其中浓配精补料 71 家，单一饲料 14 家。还有 10 多家进行了现场评审，正走行政许可程序，等待发证。2012 年试点的九鼎、泰源昇等 4 家持证企业也通过了农业部质量安全规范的初步验收。年内共有 65 家企业申请办理产品批准文号 1 026个。其中饲料添加剂 12 家 89 个，添加剂预混合饲料 53 家 937 个文号。

6. 突出重点，规范饲用油脂安全生产经营 4 月 16 日，湖南省饲料工作办公室召开了有饲用油脂生产企业负责人及所在市州饲料办主任参加的饲用油脂专项整治工作会议，会议就如何落实企业第一责任人职责，如何实施有效的监管等问题进行了座谈和研讨。湖南省饲料工作办公室下发了《关于进一步加强饲用油脂质量安全监管工作的通知》，要求狠抓落实，强化责任，确保饲用油脂不发生重大质量安全事故，并结合日常工作对全省几家换证饲用油脂企业从原料进货、生产过程、品质控制、产品销售进行全方位检查和指导。

7. 培训鉴定，解决企业换证技能人才之需 湖南省饲料行业特有工种职业技能鉴定站精心准备、周密组织，5 月下旬，湖南省饲料工作办公室在省饲料工业特有工种职业技能鉴定站培训基地（湖南农业大学）连续举办了饲料检验化验员、饲料厂中央控制室操作工、饲料机械设备维修工 3 期职业技能培训与鉴定，共有 394 名从业人员通过了理论考试和实际操作考核，其中检验化验员 157 人，中央控制室操作工 132 人，机械设备维修工 105 人。

8. 培育品牌，推荐企业参加名牌商标评选 积极推荐饲料企业参加湖南省名牌产品和省著名商标评选活动，岳阳新宏、湖南湘天、湘佳牧业、三尖农牧等 13 家企业参与禽用饲料和水产饲料湖南名牌的评选和申报，9 月份完成现场评审，12 家企业的产品获此殊荣。年内推荐百宜、浏阳河、九鼎等企业评为省著名商标。

9. 开展调研，完成许可条件地方标准制订 年内湖南省饲料工作办公室承担了农业部下达的单一饲料单一动物油、单一动物油渣（饼）生产许可条件制订项目，通过多次调研，7 月底完成初稿，9 月底召开评审会，10 月份已将该项目许可条件、申报材料要求、现场评审表等 5 个配套文件上报给农业部。为了补充国标和行标的不足，完善某些常用产品的相关技术指标，还组织相关专家和企业，在广泛调研与检测的基础上，制订 33 个地方标准，对饲料原料海泡石、饲料原料膨化大豆、饲料添加剂甘氨酸锌等 3 个地方标准已于 11 月完成初审，将于年底完成终审工作。此外通过调研，完成了湖南省畜牧水产局下达的《湖南省饲料工业发展趋势分析》与《要把发展饲料工业的重点转移到提质增效上来》2 篇调研报告。

10. 培训执法，提升全省行政执法队伍素质 11 月 13～14 日，湖南省饲料工作办公室举办了“全省饲料行政执法培训班”。参加培训的有全省各市、县饲料办负责人共 200 多人，培训班分别就《行政处罚法》《涉农刑事案件的移送流程》《饲料行政许可及其执法》《饲料新标签标准》进行了解读。浏阳市、新化县、云溪区饲料管理部门的同志分别介绍了他们在饲料行政执法中所取得的经验，就执法过程中遇到的具体问题进行了讲解和分析，并各自提出了相应的解决技巧和建议。

11. 其他工作，全面及时准确按质按量完成 答复了湖南省政协十一届一次会议第 0827 号提案和尹务生同志写给徐守盛书记的来信；提出了实施和修订农业部《饲料质量安全管理规范》（草案）的建议；落实全国饲料统计报表制度，开展培训，并启动了与企业签订饲料统计承诺书；与湖南省证监局联合举办了“全省饲料原料期货研讨会”；年内 3 次接受农业部派遣赴河南、安徽、四川、云南检查督导生产许可情况与《饲料质量安全管理规范》示范企业。

【存在问题】

1. 部分中小型企业存有观望心态 全省仍有部分中小型企业仍在观望，期待 2014 年上半年饲料管理部门能将现场审核标准降低，放低准入门槛。

2. 基层饲料管理检测机构运转成本高 基层尤其是县级饲料检测机构检测任务少，检测经费很难维持设备的经常运转，检测工作很难正常开展。

3. 养殖场（户）畜禽水产死亡常与饲料企业产生纠纷 目前尚未有比较好的解决此类纠纷的示范案例，基本上到最后是协商解决。因为检测很难取证畜禽水产死亡是否为饲料质量所致，还未找到一个最佳解决饲养纠纷的解决办法。

4. 企业整体竞争力不强 饲料企业“散、小、差”的问题仍然突出。5 万 t 以上的规模企业还为数不多，从企业集约化、产业链来看，产业化、集约化程度还不足够强大，与新希望集团、双胞胎等全国知名大型饲料、养殖、肉食品加工等产业链集团还有许多需要学习和提高的地方。企业规模过小，容易造成饲料资源浪费和市场竞争无序，影响整个行业的竞争力，同时增加了监管难度，质量安全缺乏保障。

5. 饲料安全隐患仍未消除 主要表现在饲料自配点超量超范围使用药物，甚至使用目录以外的物质生产饲料的现象难以根除，抗生素药物还未从根本上消除，绿色环保饲料全面推广还有一段路要走，自配饲料点多面广，养殖户饲喂过程中任意超剂量或超范围添加药物添加剂的现象还屡禁不止，安全监管难度加大。"瘦肉精"品种达16种之多，目前快速检测的只有4种，说明饲料安全隐患在不断增多。

6. 养殖环境污染问题突出 由于畜禽水产对动物饲料中的蛋白质不能充分利用，致使饲料中有50%～70%的氮以粪氮或尿氮的形式排出体外，污染环境。有些饲料厂家唯利是图，为了刺激养殖动物生长速度，超量超范围使用药物饲料添加剂，超标准添加铜、铁、锰、锌等微量元素，严重污染土壤和水体。特别是规模化养殖场，粪便未经无害化处理，对周边生态环境产生污染。

（湖南省饲料工业办公室）

广东省饲料工业

【发展概况】

2013年，在广东省委、省政府的正确领导下，在农业部的大力支持指导下，全省各级农牧部门认真贯彻落实中央农村工作会议、全国农业工作会议和全省农业农村工作会议精神，以“两个千方百计、两个努力确保、两个持续提高”为中心目标，按照“严审批、强监管、保安全、促发展”的原则，认真贯彻实施饲料行业管理新规，依法行政，强化监管，扎实开展“瘦肉精”专项整治工作，严厉打击违规生产经营行为，积极推进技术创新、管理创新和产业升级，克服了饲料主原料价格高位运行和H7N9流感疫情等不利因素的影响，广东省饲料产业总体素质得到很大的提高，保持平稳健康发展态势，促进了农业农村经济的持续健康发展。

2013年，全省有饲料和饲料添加剂生产企业883家（持证数），其中饲料添加剂企业177家、预混合饲料企业324家。全省饲料总产量2 250.6万t、产值778.8亿元，总产量同比下降3.5%。其中，配合饲料产量2 158.0万t，同比下降3.8%；浓缩饲料产量35.5万t，同比下降1.9%；添加剂预混合饲料产量57.1万t，同比增长10.0%。在配合饲料中，猪饲料产量970.7万t，同比增长10.3%；蛋禽饲料产量122.0万t，同比下降18.2%；肉禽饲料产量664.4万t，同比下降15.2%、水产饲料产量384.4万t同比下降7.4%、反刍饲料产量2.0万t，同比增长5.3%、其他饲料产量14.5万t，同比增长13.3%。饲料添加剂9.8万t，同比增长12.6%。

【组织结构】

广东省畜牧兽医局为广东省农业厅内设副厅级行政管理机构，负责全省畜牧、兽医防疫、饲料、兽药管理工作。内设3个处室：综合处、畜牧处（加挂省饲料工作办公室牌子）、兽医处。广东省饲料工作办公室具体负责饲料管理工作。

【主要特点】

1. 生产趋于平稳、发展增速放缓 受多重不利因素影响，饲料生产增速放缓。猪料产量保持以往增长态势，其他各类饲料产量呈下降态势，尤其禽类饲料产量受H7N9流感疫情影响，降幅较大。

2. 原料价格高位运行、生产成本增加效益下降 主原料玉米价格持续高位，豆粕价格一路走高，饲料生产成本增加，利润下降，中小饲料企业的生存环境较为严峻。

3. 饲料产业规范发展、加快转型升级 实施饲料管理新规以来，饲料企业做大做强规范发展，行业联合、兼并重组进程明显加快，转型升级加速，行业发展主体力量不断壮大，规模化现代化水平进一步提高。2013年全省饲料产量达10万t以上的企业68家，产量占全省饲料总量的61.0%，行业集中度明显提高，竞争力明显增强。

【主要工作】

1. 强化宣传饲料管理新规，推动饲料管理规范化 举办多期培训班、完善省级配套管理制度，修订饲料和饲料添加剂生产许可办事指南、印发饲料行业管理法规文件汇编，完善广东省网上办事大厅饲料和饲料添加剂行政许可审批项目网上办事平台建设等，推动饲料管理规范化。

2. 依法行政许可，严把生产准入关 严格按照《饲料和饲料添加剂管理条例》及配套法规，对饲料和饲料添加剂申证、换证企业按许可条件，把好准入关。2013年按新规审批申请饲料和饲料添加剂生产许可证153家、产品批准文号2 666个，注销饲料和饲料添加剂企业42家。

3. 加强监督管理，规范生产经营和使用行为 加强日常监督检查，落实管理制度，强化企业责任，明确企业是饲料产品质量安全的第一责任人，督导企业按照饲料质量安全管理规范组织生产，提高企业责任意识和管理水平。

4. 强化监督检测，落实监测计划 严格落实饲料质量安全监测计划、“瘦肉精”等违禁添加物专项监测计划和农资市场监管抽检计划，突出抓好“瘦肉精”、三聚氰胺等违禁添加物专项整治及重金属超标整治。

5. 强化监督执法，推进饲料市场监管诚信体系建设 加大监督检查的执法力度，严厉打击制售假劣和非法生产经营使用“瘦肉精”违禁饲料投入品行为，严肃查处违法生产、经营假冒伪劣饲料行为，规范饲料生产经营，推进饲料市场监管诚信体系建设。

6. 强化服务，推进饲料产业转型升级 努力推进饲料产业技术创新、管理创新和产业升级，按照《饲料质量安全管理规范》，督导饲料企业设立健全内部管理制度和体系，做好饲料质量安全管理规范示范创建活动；倡导行业诚信自律，不断增强企业责任意识，规范生产经营行为，提升饲料行业整体素质。

据统计，2013 年，全省累计检查饲料生产企业 1 190个（次）、饲料经营店 5 374 个（次）、例行抽检饲料和饲料添加剂样品 3 537 批（个），合格率为 99.11%，位居农资产品首位，饲料中“瘦肉精”保持“0”检出；检查养殖场 30 327 个（次）、活畜收购贩运企业 1 399 个（次）；检查屠宰企业 1 414 个（次），生猪尿样抽检样品 226 万份，合格率 99.99%；查处饲料类案件 71 起，移送司法机关 16 起，涉案金额 410 万元，取缔无证照企业 2 个。

【存在问题】

一是饲料原料资源制约日益凸现，大宗饲料原料的供求矛盾进一步加剧，饲料生产成本上涨、供求不稳、效益下滑；二是饲料管理新规提高了生产准入门槛，部分饲料企业不重视时限及对照规定条件改造升级，造成申证、换证不及时等问题；三是农业、盐业法规对氯化钠的管理规定不一致，常出现盐业部门查处饲料企业使用氯化钠的情况，急需在国家层面理顺关系；四是混合型饲料添加剂香味剂产品的原料品种多、不同组分的产品多，出现许可管理工作难、检测验证费用高等困难，急需研究如何进一步规范管理；五是产业素质参差不齐，部分养殖者质量安全意识淡薄、守法意识不强，质量安全存在隐患。

（广东省饲料工作办公室）

广西壮族自治区饲料工业

【发展概况】

2013年，广西壮族自治区饲料行业面对原料价格波动、准入门槛提高、人感染H7N9流感疫情等压力，积极应对，继续保持了良好的发展势头。全年饲料和饲料添加剂生产企业327家，同比减少4.1%；饲料产品产量达1 015.9万t，产值315.2亿元，同比分别增长11.2%、8.3%。全区饲料产品合格率98.98%，同比提高0.5%，商品饲料已连续9年未检出违禁药物，生猪尿样中“瘦肉精”等违禁药物检出率为0。

【主要特点】

1. 饲料产量增速较快，产品结构有所调整 2013年散养户逐步萎缩、标准化规模养殖发展加快的养殖业发展模式促进了配合饲料产量的大幅增长，同时“公司+农户”养殖企业均办理饲料生产许可证（审查合格证），其饲料产品纳入统计范畴，全区工业饲料生产发展速度较快，产品结构有所调整，配合饲料、浓缩饲料、预混合饲料产量分别为977.6万t、26.9万t、11.4万t，同比分别增长11.4%、2.7%、12.9%。在水产畜禽品种上，受人感染H7N9流感疫情及广西壮族自治区阴雨天气、台风导致水中溶解氧含量低，水产动物采食量下降的影响，禽饲料和水产饲料产量下降，其中猪饲料572.1万t、蛋禽饲料36.6万t、肉禽饲料358.0万t、水产饲料49.0万t，同比分别增长26.8%、下降29.6%、增长1.0%、下降12.0%。

2. 饲料生产集中度提高，集团企业扩张步伐加快 2013年，广西饲料和饲料添加剂生产企业有327家，同比减少4.1%；全区年产量10万t以上的企业有36家，比2012年增加4家，产量735.5万t，同比增长16.9%，占全区饲料总产量的72.4%，比2012年提高5.5%，大型企业、集团企业所占份额越来越大。全区年产量70万t以上的集团企业有4个，产量590.0万t，占全区饲料总产量的58.1%，比2012年提高5.7%。

3. 准入门槛提高，企业采取相关措施应对 2014年新修订的《饲料和饲料添加剂管理条例》（以下简称《条例》）及配套规章的实施，使生产企业的准入门槛提高，企业对照农业部1849及1867号公告要求，开展生产许可证的换证申请，对现有条件与要求相差不大的，部分企业积极进行设备、技术改造升级，部分企业趋向联合重组，以满足饲料生产许可条件；对确实无法改造的，企业加快回收外部赊账的步伐，计划逐步退出饲料生产领域；但也有部分企业观望等待，希望出现生产许可“前紧后松”的局面。

4. 立足本地资源，向前延伸开发能量、蛋白等饲料原料 长期以来，全区饲料工业面临着依赖调进玉米特别是东北玉米及蛋白原料不足的问题，部分企业立足本地资源，向前延伸开发能量、蛋白等饲料原料。如广西百洋集团、南宁大大饲料有限公司向前延伸或控股生产鱼粉、鱼油、血浆蛋白粉等蛋白和能量原料。南宁正大、广西华港等加大本地饲用玉米的种植，其中南宁正大通过正大种子公司销售玉米种子给农户种植玉米，全年约产饲用玉米48.9万t，其中2.6万t玉米供应本企业使用，占该公司全年玉米使用量的30%，其余玉米销售给养殖户或别的饲料企业。全区豆粕、菜粕生产企业达7家，植物蛋白饲料原料生产再创新高，豆粕、菜粕、大豆浓缩蛋白产量达551.8万t，同比增长15.9%。

5. 受全球经济复苏缓慢的影响，出口受阻，出口量和出口额大幅下降 2013年全区出口的饲料和饲料添加剂产品主要为豆粕、矿物元素添加剂，出口量为4.4万t、出口额1.3亿元，同比分别下降87.3%、88.6%。

【主要工作】

1. 积极争取支持，落实监管资金 2013 年落实饲料质量安全监管经费 370.2 万元（其中自治区财政 321.0 万元、农业部 49.2 万元），用于全区饲料质量监测体系建设，饲料和饲料添加剂生产许可评审，饲料生产、经营、使用环节的监测监管，饲料执法等工作，有效确保了饲料监管等各项任务顺利完成。

2. 加强新《条例》宣传及培训，营造饲料安全监管良好氛围 一是加强执法、质检人员和审核专家的法规培训和教育。举办 1 期饲料法规宣贯培训班，各审核专家、各市饲料管理人员共 120 人参加了培训及闭卷考试，各市也对县区相关人员开展了法规培训和教育。二是通过各种媒体、利用多种形式对辖区内的饲料生产经营企业、养殖企业进行法规培训和宣贯。三是全面落实质量安全承诺制度。各市、县局与辖区内的饲料生产、经销企业及养殖场签订不生产、不销售、不使用含“瘦肉精”等违禁物品并确保产品质量安全的责任状（承诺书）。据统计，全区共印发宣传资料 5 万份，在媒体宣传报道 423 次，签订承诺书、责任状 5 366 份。

3. 抓住关键环节，突出监管重点，确保饲料质量安全 一是严格资格审核，从源头把关，将生产许可评审费和差旅费列入财政预算，充分发挥评审专家作用，确保审核工作的科学、公正、权威，全年共受理 24 家饲料和饲料添加剂生产企业许可申请，获证 21 张；核发 17 家企业的 357 个产品批准文号。二是加大对获证生产企业日常监管，结合年度备案工作，各市对辖区内饲料生产企业实行全覆盖现场检查。三是加大对饲料生产、经营、使用环节的执法及监督力度。共出动执法人员 9 808 人次，检查饲料生产企业 387 家次，饲料经营企业 5 792 家次，养殖场（户）9 430家次，查处问题 65 起，罚没金额 40.4 万元。10 月开展了全区饲料执法交叉监督检查工作，对全区 14 个市 28 个县（区）的 36 家饲料生产企业、52 家饲料经营企业、34 家养殖场（户）进行了突击检查，对检查结果予以通报，落实问题企业的查处。

4. 强化检打联动，落实对不合格产品及企业的追踪溯源 一是规范抽检工作，对百色市饲料监测机构进行了监测工作规范的检查，保证市级质检机构监测结果使用的合法性和及时性；二是加强对不合格产品的追踪溯源，及时组织相关单位查清不合格品的来源和原因；三是将监测不合格及被投诉、被举报企业作为重点监控对象进行认真排查，督促企业质量安全制度的落实。

5. 开展饲料执法指导，认真处理举报案件 对南宁、柳州、隆安、贺州八步、百色等市县饲料执法人员遇到的执法难点及时指导，确保依法查处；对农业部要求调查柳州华源动植宝有限公司涉嫌采取造假欺骗手段取得预混料生产许可证的事项，多次到柳州市法院、自治区土壤肥料管理工作站调查取证，查找案件的关键线索和证据，及时处理；多次协调跨省、跨市的饲料举报及执法案件的查处。

6. 抓好饲料行业的基础性及服务工作 一是抓行业统计，及时上报核实统计数据，分析饲料行业发展形势；二是继续配合南宁等市质监局，做好饲料标准技术指标的审核，全年组织审核企业标准 209 个，修改单 46 份；三是积极主动与国税、粮食、质检部门沟通、联系，做好协调工作，确保饲料企业能公平享受优惠政策，并针对 12 月国家发展和改革委员会发布的《关于做好 2013 年秋粮收购工作的通知》，向自治区人民政府上报紧急请示，将饲料加工企业列为全区执行费用补贴政策到东北地区采购 2013 年新产粳稻和玉米企业名单，最大限度争取了国家政策支持；四是加大饲料特有工种培训鉴定力度，年度全区共开展 5 期 621 人培训鉴定，有 427 人新获职业资格证书。

【存在问题】

1. 企业主体责任仍然难以落实到位 养殖户、饲料和饲料添加剂经营企业生产经营档案仍不规范、不健全，自我管理能力不足，发生产品质量安全问题后难以追溯，养殖环节违规使用违禁物品、流通环节制售假冒伪劣饲料、无证生产饲料等问题依然无法杜绝。

2. 畜牧兽医综合执法工作还没有全部整体推进，执法人员依法监管的能力和水平仍然有待提高 部分市的畜牧兽医综合执法工作还没有全部整体推进，饲料执法仅靠几个行政管理人员，监管工作难以落到实处。一些市虽然将饲料执法委托给动物卫生监督所，但对委托执法情况未加强指导和监管，执法人员仍存在有案不会办、不敢办、不想办的现象。

3. 自配料监管难度大 目前条例对自配料侧重于对违禁品和限制性物质的使用管理，没有出台自配料使用规范，自配料仍是监管难点和薄弱环节。

（广西壮族自治区饲料工业办公室）

海南省饲料工业

【发展概况】

海南省2013年深入贯彻落实《饲料和饲料添加剂管理条例》及相关法规政策，积极应对人感染H7N9流感疫情及农产品高位运行等不利因素影响，全省饲料工业继续稳步发展，全年新增年产10万t饲料生产企业3家，商品饲料总产量204.4万t，总产值66.5亿元，同比分别下降0.4%和1.0%。

【组织机构】

2006年海南省农业厅内设海南省畜牧兽医局，分设畜牧兽医局内设兽医处、畜牧处，海南省饲料工作办公室附属于畜牧处，2009年7月份经海南省编委批准，海南省农业厅增设饲料兽药管理处（加挂“海南省饲料工作办公室”牌子），现定编人员5人，主要承担全省饲料兽药、畜产品质量及饲料兽药行业监督管理职能。

海南省兽药饲料监察所主要承担农业部和省农业厅下达的各类产品抽样监测计划以及全省兽药饲料产品质量安全监督、检验、委托检验、技术仲裁及提供监管技术支撑等工作职能。全省18个市县畜牧兽医局分别负责辖区内的违禁药物查处，兽药饲料生产、经营和使用环节的监督执法管理和配合省饲料检测机构做好各类产品抽样送样等工作。

【主要特点】

1. 配合饲料比重进一步加大 2013年配合饲料占全部商品饲料的比重达到98.4%，较2012年提高0.8%。配合饲料、添加剂预混合饲料继续保持了一升一平的格局。

2. 猪料表现强劲 据大企业上报数据显示，猪料平均增长13.9%，鱼料和禽料均出现下滑趋势。禽料主要是受第一季度流感影响，养殖终端低迷，饲料需求量下降；鱼料主要是市场竞争激烈，风险系数高，销量下降。

3. 大宗饲料原料价格持续上扬 受农产品高位运行影响，玉米、豆粕原料价格一路上涨，最高玉米价格2 500元/t、豆粕4 050元/t，同比分别上涨5.3%和12.0%。

4. 行业利润水平降低 原料和人工成本上涨，导致行业毛利率走低，一些企业出现亏损，特别中小企业在原料采购、管理成本和财务成本方面控制能力弱于大型企业，毛利率水平更低。

【主要工作】

1. 扎实抓好饲料生产企业监管工作 2013年海南省认真执行《饲料和饲料添加剂管理条例》规定和行政许可审批程序，严格行业准入条件，确保全行业的整体素质，全年按照饲料新规要求核发了3家饲料生产企业许可证。同时加强对获证企业的后续管理，2013年3月前印发了《海南省农业厅关于做好2013年饲料生产企业年度备案工作的通知》（琼农办［2013］22号），对全省48家企业备案材料进行认真审查，并按备案企业的30%抽取企业作现场核查，及时发现和纠正企业存在的问题，促进企业加强管理，进一步提高企业素质和竞争力，企业备案率达90%以上。还于11月份制定下发了《海南省农业厅办公室关于做好饲料企业生产许可证换证工作的通知》（琼农办［2013］189号），有序推进饲料企业换证工作。组织恒兴、通威等4家饲料生产企业参加全国《饲料质量管理规范》示范先行创建工作活动，为海南开展示范工作奠定基础。

2. 积极用好政策服务指导行业发展 2013年3月20日，海南省农业厅厅长江华安深入文昌歌颂和海南裕泰两家饲料企业进行考察调研，根据厅领导提出的关于加强引导行业发展、推进企业品牌产品创建的五条措施，组织开展全省饲料企业品牌创建活动，促进饲料企业产业并组转型升级、技术创新驱动、产品绿色安全品牌化发展。6月份制定下发了《海南省农业厅关于印发推进饲料生产企业品牌建设方案的通知》（琼农字［2013］66号），有16家饲料生产企业参加了这项活动，最后有7家完成了活动评选规定要求，有力地推动全省企业品牌建设工作。同时于2月19日获得海南省民政厅批准成立饲料兽药行业协会，并于10月24日召开了饲料兽药行业协会成立大会，架通政府与企业的桥梁，推动饲料兽药生产经营企业自主创新，建立健全企业诚信守法机制，提升企业的社会信誉度和满意度，促进企业壮大发展。

3. 认真做好饲料质量检测工作 2013年先后制定下发了《海南省2013年饲料兽药及畜产品监测计划》（琼农办［2013］30号）、《海南省2013年下半年牛羊及其产品“瘦肉精”专项监测实施方案》（琼农办［2013］158号）等文件，在全省范围内175家饲料生产经营企业、158个生猪养殖场、66个农贸市场共抽查各类饲料522批次，合格率98.8%，同比提高了1.2百分点。

4. 持续抓好“瘦肉精”专项整治 按农业部“瘦肉精”专项整治工作有关要求，结合2013年春秋督导检查，对海口、澄迈、临高等市县“瘦肉精”专项整治进行督查，共检查了94家企业，其中21家规模养猪场、25家饲料经营店、5家饲料生产企业、35家兽药经营店，屠宰点8个，抽检大猪尿136头份，现场快速检测盐酸克伦特罗、莱克多巴胺、沙丁胺醇，均为阴性，合格率100%，进一步推进全省在经营、养殖、收购、屠宰等重要环节开展“瘦肉精”整治工作，严厉打击使用“瘦肉精”违法行为。同时对全省350家生猪规模养殖场（户）进行“瘦肉精”专项监测，均未发现“瘦肉精”，合格率100%。各市县在辖区内持续开展“瘦肉精”专项整治工作，全省“瘦肉精”专项整治取得了良好成效。

5. 强化饲料执法监管 根据农业部农资打假工作部署，推进2013年新修订的《饲料和饲料添加剂管理条例》深入宣传贯彻，注重加强全省饲料执法监管工作力度，从6月起对全省饲料生产企业进行质量安全大检查，为提高全省饲料执法队伍水平，7月在琼海举办1期执法和抽样技术培训班，培训饲料监管执法人员78人，进一步提高全省饲料监管队伍的执法能力。2013年全省共出动执法人员900多人次，共监督检查饲料生产企业40多家、经营门店668家、养殖场（户）280家，查办违法违规行为11起，提出整改意见18条，查封假劣饲料6t，罚金5万元，净化了饲料行业市场环境，排除了企业生产经营安全隐患，提升了饲料质量安全水平。

同时注重加强重点时段重点地区重点环节监督管理工作，12月份制定下发了《海南省农业厅办公室关于做好2014年元旦和春节期间畜产品质量安全监管工作的通知》（琼农字［2013］192号），确保2014年元旦春节期间全省畜产品质量安全，确保全省人民公共消费畜产品卫生质量安全。

【存在问题】

1. 市场不确定因素增多，饲料原料短缺，价格不断上涨，企业提高效益压力增大

2. 饲料监管体制不完善，预警预报能力不强

（海南省饲料工作办公室）

重庆市饲料工业

【发展概况】

2013年，按照“提高门槛，抓大放小；转变方式，增加效益；加强监管，确保安全”的总体思路，全市各级畜牧兽医行政管理部门、监督执法和检测机构采取各种有效措施，强化对饲料生产企业资格审查，强化对市场的整治监管，强化对饲料生产企业的建章立制，严厉查处各种违法违规行为，全市饲料工业得到健康有序发展，有力地保证了饲料产品质量安全。

2013年，全市饲料工业总产值80.4亿元，同比增长13.1%。全市饲料总产量达201.5万t。其中配合饲料175.0万t；浓缩饲料23.9万t；添加剂和添加剂预混合饲料2.6万t。

【组织机构】

重庆市饲料工业办公室于1986年正式成立，挂靠市农办。1996年转到重庆市农业局后改为重庆市农业局内设机构。2000年机构改革时不再是重庆市农业局单独的内设机构，改为挂靠重庆市农业局畜牧兽医处。2005年重庆畜牧兽医体制改革，畜牧兽医处分为畜牧处和兽医处，重庆市饲料工业办公室挂靠在畜牧处。2008年成立重庆市农委后，又挂靠在重庆市农委畜牧业发展处。

【主要工作】

1. 强化准入许可，淘汰落后产能 严格按照农业部制定的饲料添加剂和添加剂预混合饲料申报材料要求以及现场审核表的相关要求，逐条逐项严格审核审查，不符合条件和要求的企业，提出整改意见，指导督促企业落实整改措施，达到申报条件要求。对重庆区县上报的申报材料认真审核，核对材料的真实合理性，对不符合申报条件要求的企业退回申请单位并要求整改到位，确保获证企业符合生产许可条件。2013年，全市新发换发饲料生产许可证79家。同时，重庆市农业委员会成立了专项检查组，对全市饲料生产企业进行了拉网式排查，重点对已获证饲料生产企业的生产条件变化情况进行核查，对超出许可范围生产饲料、饲料添加剂的；对生产许可证有效期届满后，未依法续展继续生产饲料、饲料添加剂等不法行为，严格按照《饲料和饲料添加剂管理条例》的相关规定从严、从重处罚。

2. 全程无缝监管，确保饲料质量安全 2013年2～7月，在全市范围内开展了以查处在饲料中添加“瘦肉精”等违禁添物品的专项整治行动，重点检查饲料生产企业采购的饲料原料、饲料添加剂、药物饲料添加剂等，是否遵守国务院农业行政主管部门有关规定组织生产。同时严厉查处使用饲料原料目录、饲料添加剂品种目录和药物饲料添加剂品种目录以外物质生产的不法行为，从而实现对饲料生产企业从原材料采购到生产、销售过程的全程监管，确保上市销售的饲料产品质量安全。专项整治行动共检查饲料生产企业65家，未发现使用违禁物品生产的行为。

3. 严厉打击饲料经营使用违法行为 重庆市对饲料经营使用进行常态化监管，严厉打击生产、销售和使用问题饲料的违法行为，各级饲料管理部门以打击三聚氰胺源头作为工作的重中之重，加大检查频率和打击违法行为的力度。加强对经营使用“瘦肉精”等违禁药品的相关人员责任追究，构成犯罪的送司法机关依法追究其刑事责任，严厉打击了一批生产和经营不合格饲料和兽药的违法行为。全市共检查饲料经销商6 547家，230家养殖场（户）的678批次的饲料产品，检测违禁添加物678项次，其中“瘦肉精”234项次（抽检盐酸克仑特罗、莱克多巴胺、特布他林、沙丁胺醇各95项次），结果均未检出“瘦肉精”等违禁添加物，畜产品质量安全水平总体良好。

4. 继续抓好饲料统计数据分析使用工作 重庆

市高度重视饲料生产数据统计工作，举办培训班对所有区县饲料管理人员进行培训，同时普及信息统计系统应用，实行专人负责上报，实现数据报送网络化。通过网络上报农业部的生产数据的饲料企业占总企业数的86%，其中包括农业部重点跟踪的企业6家。2013年重庆市农业委员会组织召开了全市饲料行业发展研讨会和统计工作培训会，研讨当前饲料养殖行业发展情况和预测分析，系统学习统计专业基础知识。同时，要求各级加强统计数据分析，深入发掘数据后的行业发展规律，多方收集整理与行业密切相关的各种信息，为管理部门和企业提供科学决策依据。

5. 组织开展饲料法规的宣贯工作，营造良好氛围 2013年，通过发放宣传资料，现场咨询、答疑，播放影像资料等多种形式，大力宣传《农产品质量安全法》《饲料和饲料添加剂管理条例》等法律法规，并张贴《告广大养殖场（户）严禁使用“瘦肉精”书》，宣传确保饲料质量安全的重要性、饲料及畜产品安全知识、饲料及畜产品质量安全生产技术。印发各类宣传资料8.3万份，现场咨询1.9万人次，媒体宣传报道128次，有效地增强了养殖户畜产品生产安全意识，确保了市民吃上放心畜产品。

【存在问题】

1. 管理部门机构设置不健全 缺人、缺经费、缺手段，造成部分地方、部分环节管理“真空”，监督、服务不到位，造成工作主动积极性不高，管理连续性脱节。

2. 工作经费不足，饲料质量监管难以为继 对饲料生产、经营、使用环节的大量产品进行检测，需要的经费巨大，特别是三聚氰胺、“瘦肉精”等化学物质的检测费用特别高。而从目前的情况看，各级财政特别是区县一级对饲料检测的经费投入严重不足，从而影响饲料质量安全监管工作的效果。

3. 投入品监管难度较大 散户和小规模场还占有很大比例，养殖水平普遍不高，认识不到位，投入品质量安全意识薄弱，经营和使用过期兽药、人药兽用、添加违禁药品的现象时有发生，监管难度大。

（重庆市饲料工业办公室）

四川省饲料工业

【发展概况】

2013年全省饲料工业持续稳定增长。总产量1 027.9万t，相比2012年增加26.1万t，增幅2.6%。从饲料种类来看，配合饲料产量902.2万t，同比增长3.5%，配合饲料产量占全省总产量的87.8%，比2012年上升0.8%；浓缩饲料产量95.0万t，同比下降7.0%；添加剂预混合饲料产量30.7万t，同比增长8.5%。从饲料品种来看，2013年全省猪饲料产量631.6万t，同比增长6.6%，猪饲料产量占全省总产量的61.4%，比2012年上升2.2%；蛋禽饲料产量114.2万t，同比下降2.1%，肉禽饲料产量183.0万t，同比下降6.4%；水产饲料产量79.6万t，同比增长1.7%；反刍饲料产量11.8万t，同比增长2.6%。

2013年，全省饲料和饲料添加剂生产企业602家，饲料工业总产值达447.1亿元。全省饲料质量安全形势良好。2013年以来，全省抽检生产、经营环节饲料样品共2 587批，产品质量合格率98.03%，较2012年提高0.05%。其中，生产环节饲料产品2 153批，产品合格率98.24%；经营环节饲料样品434批，合格率97.01%，创历年新高。在生产、经营和养殖环节抽取948批饲料样品，进行违禁物质的专项检测，其阳性结果均未检出。抽检185批牛羊饲料和动物源性饲料原料，牛、羊源性成分检出率为0。

【主要工作】

1. 多措并举，强力保障全省饲料质量安全

(1) 结合四川实际，狠抓落实。为增强《饲料和饲料添加剂管理条例》(以下简称《条例》)贯彻实施的针对性和可操作性，结合四川实际，细化相关规定，制定具体的管理操作办法。

①研究制发了《关于贯彻实施<饲料和饲料添加剂管理条例>及配套规章的通知》(川畜食发［2013］12号)。一是强调了饲料原料的目录制管理要求，公告了不在原料目录中的产品和企业名单、许可证明失效的饲料原料和企业名单，以便企业和管理人员查询。二是明确了饲料和饲料添加剂生产许可及产品批准文号核发过程中的新旧衔接问题，指定了产品批准文号的复核检测和添加剂产品主成分指标检测方法验证工作机构和时限，规范了工作程序。三是规范了饲料和饲料添加剂委托加工备案和定制产品生产。编制了《饲料和饲料添加剂企业委托加工备案申请书》及《饲料和饲料添加剂企业委托加工备案表》，对定制产品的标签样式作出明确规定。四是开创性地提出了加入药物的标识要求和休药饲料生产的规定，要求凡在饲料产品中加入药物饲料添加剂有休药期的，饲料生产企业须配套生产在休药期间饲喂该动物的无药饲料产品供养殖户选择，不得以含有药物饲料变相误导养殖者不执行休药期。五是制定了省级重点企业监控制度，规定了8项列入省级重点监控企业名单的情形、处理措施和解除重点监控的办理程序。

②印发了《关于进一步加强饲料生产企业加工含治疗药物饲料监管工作的通知》(川畜食函［2013］232号)，从兽医处方、企业认定、合同签订、生产管理、含药标示五大关键环节进行把控，确保加入药物的饲料质量安全。

③加大宣传力度。精心编制了《贯彻饲料条例　诚信规范经营》(条例经营部分摘录)和《贯彻饲料条例　规范安全养殖》(条例养殖部分摘录)，对外张贴宣传单，发放到全省每一个饲料生产企业，每一个经营单位和规模以上养殖单位，并要求各单位在显著位置进行张贴，确保《条例》宣传进厂进场入户，行业周知。据统计，全省共发放张贴宣传单共计44 000份。编印《饲料管理规定汇编》、《饲料许可资料汇编》各3 000册，免费赠送给各级饲料管理部门和生

产经营单位，提高管理者和从业者的饲料法规政策水平。

(2) 严格查办违法案件。加大对案件查处工作的指导力度，要求市、县管理部门做到“有案必查，查案必处，有处必报”，力改“重查轻处”的现象和“简单转处”的方式，在交办案件和转办案件时，针对违法行为的不同情况，分别提出处理意见。除依法予以处罚外，形成了不合格饲料产品通报、跟踪抽样监测、书面警示、重点企业监控、免税资格取缔、产品市场限入、行政处罚未结案不受理行政许可等制度措施，强化警示、教育和惩戒力度。2013 年以来，四川省畜牧食品局先后下发 5 个《关于依法查处饲料监测不合格产品的通知》，指导全省各地依法查处生产、经营不合格产品的违法行为。据统计，2013 年四川省畜牧食品局直接组织、安排、指导查处的案件 77 件（其中农业部通报 4 件，省级监督检查监测 64 件，举报投诉 9 件），没收违法所得 10.2 万元，处罚款 98.1 万元，销毁不合格产品 25t。

(3) 高质量推进饲料许可工作。一是分类指导，有序推进许可换证工作。在摸底调查基础上，结合企业意愿，分 4 个阶段对全省饲料生产企业进行许可证审核发放工作。二是严格把关，确保许可质量。成立了四川省饲料生产许可专家审核委员会，印发了《饲料和饲料添加剂生产许可技术评审规程》（川畜食发[2012] 35 号），对生产许可技术评审有关程序、内容、时效等作出明确规定和具体要求。2013 年，全省共受理饲料和饲料添加剂生产企业行政许可申报材料 300 份，其中企业设立 231 份、批准文号 69 份。三是及时推动“两工”鉴定工作。委托成都农业科技职业学院负责开展全省饲料企业“加工设备维修工”和“饲料厂中央控制室操作工”职业技能培训和鉴定工作。据统计，共培训 150 余家饲料企业的 319 名员工，其中 298 人鉴定合格获得上岗资格。

(4) 高度重视饲料安全生产。印发了《关于做好饲料企业安全生产工作的通知》（川畜食函 [2013] 221 号）。要求全省饲料生产企业切实管控好影响安全生产的各个环节。在生产环节认真落实安全防护设施和警示标志，防止粉尘引发的爆炸，排除各项消防隐患；在原料管理环节建立健全管理制度，切实做好强酸、强碱等易腐蚀性物质、亚硝酸钠等剧毒物质、液体香精等易燃易爆物质保管；在检化验环节强化规范操作程序，加强检化验仪器设备和用品的保管使用；在人员方面提高安全意识、责任意识、规范意识，确保不发生饲料安全事故，并于 2013 年 8～9 月集中开展了安全生产的专项检查和督促。

(5) 科学有效处置舆情。2013 年 1 月，有媒体报道称鱼饲料中添加使用叶黄素生产“转色饲料”，针对这一情况，四川省畜牧食品局快速反应，及时下发《关于加强水产饲料安全监管的紧急通知》，并对水产饲料生产企业开展专项检查和监测，未发现有添加违禁药物的现象发生。随后与四川省水产局联合下发了《关于进一步加强水产饲料安全监管的通知》，再次重申禁止在水产饲料中违规添加使用着色剂和药物，强化可追溯体系建设，加大对养殖户使用饲料的安全监管力度，进一步确保水产饲料质量安全。

(6) 严格备案审查，强化动态监管。2013 年完成全省 701 家饲料企业年度备案审查，25 家企业经审查未予备案，48 家企业符合法定注销情形，予以注销。结合饲料企业年度备案审查工作，对照饲料生产企业和经营单位检查记录表相关内容，对全省已获证饲料生产企业进行“全覆盖”检查。对企业场地、人员、设备、制度、原料使用情况等进行逐一检查，对不符合《条例》规定的限期整改，对违法违规行为进行严肃查处。坚决查扣销毁无证、无产品批准文号、无产品标签的“三无”饲料产品，查封取缔生产“三无”产品的企业。

2. 抓好国家级秸秆养畜项目建设 2013 年全省成功争取到 11 个国家级秸秆养畜项目申报名额，为历年之最。通过“竞争立项”的方式，顺利完成了蓬安、邻水、宣汉、梓潼、万源、旺苍、盐源、古蔺、广元市利州区、四川罗城牛肉食品有限公司、四川高歌牧业有限公司的项目申报工作。按照农业部和国家农发办的规定，与四川省农业综合开发办公室、四川省畜牧食品局计财处、监察审计处组成验收组先后对达县、茂县、营山、苍溪、平昌、南江、米易、叙永、峨边、华蓥市、万源市、西昌市 12 个到期项目进行了竣工验收；对筠连、北川、岳池、汶川、渠县、荣县、四川玛思特农业开发有限公司、射洪县超强现代农牧业发展有限公司 8 个在建项目进行了现场专项检查。

3. 发挥协会作用，促进行业健康发展

(1) 召开四川省饲料工业协会第五次会员大会，选举产生了新一届协会理事会理事、常务理事、副会长等。省委原副书记、省政协原主席冯元蔚当选协会终身荣誉会长，四川省畜牧食品局原局长屈坤宁当选新一届协会会长。

(2) 成功协办了 2013 中国饲料工业展览会暨畜牧业科技成果推介会。本次展览会暨成果推介会共有展位 1 800 个，其中省内企业 35 家，展位 159 个。吸引了来自美国、德国、法国、英国及中国台湾、香港等 20 个国家和地区近 500 家企业参展，超过 40 000余人次到场参观。

4. 积极参与“4·20”抗震救灾工作 一是及时

帮助灾区解决畜禽饲料短缺的问题。于2013年4月25～28日，先后组织新希望集团、四川铁骑力士集团、四川特驱集团、成都正大有限公司、眉山万家好饲料有限公司5家企业共捐赠饲料85t。二是响应省委省政府号召，组织动员饲料企业积极参与“农业产业进灾区”活动。在5月20日下午的活动启动仪式上，巨星、隆生、铁骑力士3家企业代表与扶持单位签订了项目投资协议；巨星、铁骑力士、通威、特驱、华侨凤凰5家企业代表参加了物资捐赠举牌仪式；巨星现场捐赠了90t猪饲料、10t鸡饲料。

【存在问题】

2013年，全省饲料行业发展虽然取得了一定成绩，但仍存在一些问题，主要表现在：一是饲料企业存在饲料原料进厂把关不严，查验或检验不到位的情况；二是存在管理制度执行不到位，记录记载不规范的现象；三是部分饲料企业标签不规范。

（四川省饲料工业办公室）

贵州省饲料工业

2013年，全省饲料工作克服原料价格快速上涨、生猪价格下滑、H7N9流感疫情对养禽业大力冲击的影响，大力开展饲料质量安全专项整治，积极宣贯2013年新修订的《饲料和饲料添加剂管理条例》（以下简称《条例》）及配套法规，促进贵州省饲料行业持续、健康发展。行业整体生产技术水平持续提升，为饲料行业进一步发展提供良好的保障。

【发展概况】

全省有配合、浓缩饲料生产企业100余家，但年产万t以上的企业约20余家，有添加剂、添加剂预混合饲料生产企业13家，主要是饲料级磷酸盐，有动物源性饲料生产企业12家，主要产品是肉粉、肉骨粉等。

按照新修订的《条例》及配套法规要求，全省80%左右的饲料生产企业达不到要求，必须在2014年7月1日前整改合格，否则将被取缔。贵州饲料生产企业将面临重大冲击，许多小企业将不复存在，市场将重新洗牌，但对大型企业和贵州饲料工业的发展将是重大机遇。

2013年第一季度受猪价下滑、H7N9流感疫情影响，养殖业受冲击严重，工业饲料使用下滑，禽配合饲料增长12.1%，猪配合饲料增长22.2%，猪浓缩饲料增长3.8%。上半年全省工业饲料产量35万t，比2012年下降10%。进入第三季度后生产形势开始转好，2013年全年饲料产量稳中略有上升，共生产工业饲料84.6万t，比2012年增长9.3%，其中配合饲料52.5万t，增长16.2%，浓缩饲料32.1万t，下降0.3%。生产饲料级磷酸氢钙、磷酸二氢钙21.9万t，同比下降23.7%，推广工业饲料200余万t。

【组织机构】

贵州省饲料工作办公室设在贵州省农业委员会，与草业饲料处合署办公，正处级行政单位，编制5人，现有3人。

贵州省饲料工业协会现由贵州省饲料监察所承担日常工作，经贵州省编制委员会批准、贵州省民政厅注册登记，有3个事业编制和3个社团编制。贵州省饲料行业职业技能鉴定站挂靠贵州省饲料工业协会，与协会合署办公。

【主要工作】

1. 积极开展“学条例、抓落实、保安全”行动

为贯彻执行新修订的《条例》，让饲料从业人员充分理解《条例》制定的目的、意义和内容，掌握饲料行业管理新规定、新变化和新要求，提高饲料管理执法人员行政管理能力和执法能力，由分管畜牧的领导亲自抓，明确由省饲料工作办公室牵头组织开展培训、宣传，并要求各市、州逐级培训，要求宣传到位、培训到位，饲料管理、生产、经营、使用各环节都要求覆盖，并做好过渡期饲料生产企业重组、转产的换证指导工作，切实加强饲料行业管理，保证饲料产品质量安全和畜产品质量安全，维护人民群众身体健康。

贵州省饲料工作办公室在2013年9月6～9日举办了2期饲料法规规章培训班，一期是培训各市、州农业委员会、畜牧局兽医（水产）局分管领导、饲料管理、行政执法部门负责人，饲料生产企业的县、市、区农委、畜牧局分管领导及饲料管理部门负责人。另一期培训全省各饲料和饲料添加剂生产企业负责人。两期培训班共培训330人，印发法规汇编500份。

据不完全统计，全省共举办各级培训班75次，培训行政管理人员600人次，培训企业人员2 690人次，新闻报道8次，发放宣传资料2万余份，受理企业生产许可证4个，注销生产企业2个，现场检查获证企业155个。全省经营门店摸底数8 578个，经营门店现场检查 4 442 个，查处违法行为 51 次。

2. 加强质量安全监管 畜产品质量安全最大的影响因素是投入品安全，要确保畜牧业更好更快发展，必须加强对兽药饲料等投入品检测监管。

根据农业部和省政府通知要求，按照农委《2013 年贵州省农产品质量安全整治工作方案》、《2013 年农产品质量安全例行监测方案》和《农产品质量安全监督抽查方案》，贵州省饲料工作办公室下发了《关于下达 2013 年全省饲料质量安全监测计划的通知》，制定了《2013 年全省饲料产品质量监测实施方案》《2013 年省级饲料质量例行监测实施方案》。

2013 年，检测各类饲料样品 634 批，涉及全省 9 个市（州）的饲料生产、经营企业和养殖场户共 120 家，合格 580 批，合格率 91.2%，与 2012 年同比持平（91.2%），其中，饲料安全抽检 164 批，合格 142 批，合格率 86.6%，与 2012 年（80.5%）同比提高 6.1%；饲料中违禁添加物专项监测 154 批，格率 100%；蛋白饲料三聚氰胺专项监测 42 批，合格率 100%；针对残留超标问题，及时采取措施，追踪饲料样品 5 批，追踪样品中违禁药物的检出率为 0。

3. 积极开展"瘦肉精"专项整治行动 按照农业部《关于开展"瘦肉精"专项整治自查工作的通知》（农牧综便函［2013］第 170 号）要求，为严厉打击饲料生产经营、畜禽养殖环节中使用"瘦肉精"等违禁物质行为，保障畜产品质量安全，下发了《贵州省 2013 年农产品质量安全整治方案》（黔农发［2013］97 号），组织各地相关部门开展了"瘦肉精"专项整治。要求各地根据实际情况，制订详细的工作方案，细化工作任务，明确工作进度和时间安排，确保各项工作目标和任务落到实处，加强对饲料生产和经营环节、牲畜运输和屠宰环节、规模养殖场和养殖小区等养殖环节的监管工作，组织开展重点环节"瘦肉精"快速检测工作，确保畜产品质量安全。

一是开展饲料环节整治。督促饲料生产企业全面贯彻新的饲料法规体系，严格执行原料进厂把关、产品出厂检验、问题产品召回及报告等制度，继续开展《饲料质量安全管理规范》示范创建；加强饲料经营门店大检查，督促建立健全购销台账，严禁销售"三无"饲料产品和拆包、分装饲料；加大"瘦肉精"等禁用物质抽检力度，加强隐患排查和风险预警监测。

二是开展养殖环节整治。督促养殖场（小区）完善养殖档案，建立活畜养殖安全承诺制度和出栏保证制度；加强养殖场日常监督检查和"瘦肉精"抽检，对确证含有"瘦肉精"的涉案线索及时移送公安机关。加强养殖场户宣传教育培训，"瘦肉精"有关法律法规要进村入户，让养殖户深知使用"瘦肉精"就是违法犯罪，提高质量安全责任意识，掌握风险防控方法。

三是开展收购贩运环节整治。会同有关部门加强对收购贩运企业（合作社、经纪人）和活畜交易市场监督管理，督促建立证明材料查验制度和收购贩运牲畜交易记录制度；探索通过备案形式管理活畜收购贩运人员，要求其做出不兜售、不教唆使用"瘦肉精"和不收购贩运含"瘦肉精"活畜的承诺。已办理工商营业执照的收购贩运企业（合作社、经纪人），要及时向有关部门通报监管信息，贵州省际动物卫生监督检查站加强查验过往运载动物活畜的车辆，发现问题及时处理。

四是开展屠宰环节整治。督促生猪定点屠宰企业建立生猪进场查验和"瘦肉精"自检制度，做好进场和自检记录；严格检查屠宰企业"瘦肉精"检测合格记录凭证；加大屠宰环节"瘦肉精"监督抽检力度；经确证含有"瘦肉精"的生猪或生猪产品，涉案线索及时移送公安机关。

全省"瘦肉精"专项整治共出动监督执法人员 18 471 人次，检查生产经企业 17 334 个。其中，饲料生产经营企业 8 997 个；生猪及肉牛、肉羊养殖场（户）7 438 户；活畜收购贩运企业（合作社、经纪人）557 个；屠宰企业（场、点）342 个。发放普法宣传材料 151 217 份；通过媒体宣传 75 次；培训 144 场次，培训 10 263 人次。抽检企业或场户 3 762 个，样品数 158 202 个，疑似阳性样品 6 头份，采用高效液相色谱—质谱联用仪检测，合格率 100%。各级财政落实的工作经费为 190.2 万元。通过全省专项整治工作，未发现"瘦肉精"和含"瘦肉精"饲料。

通过"瘦肉精"专项监管工作的开展，全省畜牧行业从业者和监管部门对"瘦肉精"的危害性认识更加深刻，各级监管部门工作职责得到进一步落实，从业人员责任意识和安全意识明显提高，执行各项生产经营管理制度的自觉性增强。

4. 加强行政监管

（1）严格行政管理，提高企业准入门槛。为严格执行农业部副部长高鸿宾"提高门槛、减少数量"的批示，按照行政审批规定，加强饲料行业行政管理。一是把好企业准入关。为把住饲料生产企业的准入门槛，在企业设立时，全部由省级饲料管理部门组织专家进行现场审核，保证了全省饲料生产企业准入门槛和企业管理、技术水平的一致。而在饲料生产企业日常监管中，则主要是以市、县饲料监管为主。二是把好年度备案关。为保证企业在获证之后能按要求组织生产，每年的年度备案工作，要求各市、县饲料行政管理部门组成现场检查组，统一按照《饲料企业年度备案现场检查表》进行现场检查，不合格的企业一律限时整改，甚至上报注销。

2013 年，全省严格按照行政审批程序，按时完成了贵州万江源农业科技有限公司等 16 家企业《饲料生产许可证》核发；贵州川恒化工有限责任公司等 3 家企业初审合格报农业部核发《饲料添加剂生产许可证》；同意核发贵州大龙汇成新材料有限公司《饲料添加剂生产许可证》；同意核发贵阳神州生态科技有限公司《草种生产许可证》；同意核发贵州川恒化工有限责任公司等 3 个企业 5 个产品批准文号；办理贵州宏杨饲料有限公司等 4 企业委托生产备案手续；同意湖南大北农农业科技有限公司贵州分公司等 4 企业变更企业名称、法定代表人申请；根据企业申请注销贵阳新家旺饲料有限公司等 8 家企业。

（2）认真开展饲料生产企业年度备案现场检查工作。为加强饲料生产企业监管，按照《条例》《饲料生产企业审查办法》《动物源性饲料产品安全卫生管理办法》《饲料添加剂和添加剂预混合饲料生产许可证管理办法》《饲料和饲料添加剂生产许可管理办法》规定和农业部要求，由各市、州饲料管理部门对全省饲料生产企业进行了 2012 年度备案现场审查。贵阳特驱希望农业科技有限公司等 99 家企业备案合格，黔西南州振昌饲料科技有限责任公司等 9 家企业备案不合格或停产，都匀国雄饲料有限公司等 12 家企业因搬迁、停办等原因注销。

（3）积极开展全省饲料监督检查。为切实贯彻落实新修订《条例》及配套规章、规范性文件，进一步加强饲料生产、经营、使用环节监督管理，严厉打击在饲料生产及养殖过程中非法添加、使用违禁药品等违法行为，确保畜牧业健康发展和畜产品质量安全，要求全省各市（州）、县组织饲料行政管理、质量检验、农业执法部门组成检查组，对辖区内饲料生产、经营、养殖企业进行现场检查。对饲料生产企业进行全覆盖现场检查，经营及使用环节每县（市、区）各安排 5～10 个场（户）进行现场检查。

①对照《条例》及配套的《饲料和饲料添加剂生产许可管理办法》（农业部令 2012 年第 3 号）、《饲料生产企业许可条件》（农业部公告第 1849 号）、《饲料原料目录》（农业部公告第 1773 号）等规章规定，认真做好饲料生产、经营、使用环节的监督检查。

②重点检查饲料生产企业是否符合《饲料生产企业许可条件》，是否严格按照《饲料原料目录》使用原料，督促企业尽快按新要求进行整改并申报换发《饲料生产许可证》，确保在 2014 年 7 月 1 日前全面完成换证工作。

③重点检查饲料经营企业是否符合经营条件并规范经营行为，所经营的产品是否符合相关规定。

④重点检查饲料使用环节中养殖场（户）购买的饲料是否符合要求，是否规范使用原料、饲料添加剂及药物添加剂，是否存在自配料外销行为。

⑤组织协调省饲料工业协会开展工作。一是开展职业技能培训及鉴定。根据农业部《饲料工业行业检验化验员等三个职业实行就业准入制度实施方案》要求，为适应贵州省饲料企业生产及换发生产许可证需要，组织协调省饲料工业协会于 2013 年 4 月组织开展了初级、中级“饲料检验化验员”和初级“饲料厂中央控制室操作工”的职业技能培训及鉴定工作。共有 92 人参加鉴定，其中饲料检验化验员初级 23 人，中级 13 人，饲料厂中央控制室操作工初级 56 人。鉴定期间，严格规范鉴定程序，确保考核鉴定质量，现已上报农业部审核并核发资格证书。

二是召开饲料行业发展座谈会。根据贵州省领导指示，为加快畜牧业发展，贵州省农业委员会开展加快畜牧业发展调研工作，找准饲料行业亟待解决的问题，提出发展政策和措施，推动饲料行业发展，并于 5 月 30 日在贵阳市召开了饲料兽药行业发展座谈会。邀请全省有代表性的 20 余家饲料生产企业，针对饲料行业发展存在的主要问题，行业的发展制约因素等进行座谈。

三是做好饲料新法规的行业信息宣传。通过贵州省饲料工业协会网站（贵州省饲料行业信息网）及时发布新修订的《条例》和饲料生产企业设立条件、质量管理规范等配套法规、规定，使全省饲料生产、经营、使用者能及时了解饲料行业的最新政策。

（贵州省饲料工作办公室）

云南省饲料工业

【发展概况】

2013年云南省全力推进饲料工业又好又快发展。一是严把行业准入关，2013年共组织审查发证39家；二是严把标签标准审查关，2013年共组织审查标签2 250份、标准300份；三是严把饲料产品质量关，饲料产品合格率达95%，比2012年提高了1%；四是加大执法力度，2013年立案调查违法企业及养殖户76个，涉案金额420万元。全省共有饲料生产企业443家，从业人员21 885人，经营门店13 257家，经营门店从业人员20 070人。2013年全省饲料工业产品产量达374.9万t，同比下降4.5%，产值达220.0亿元，同比增长9.8%。其中配合饲料总产量达到273.1万t，同比下降5.7%；浓缩饲料总产量达到96.8万t，同比下降1.2%；添加剂预混合饲料总产量达到5.0万t，同比增长2.0%。饲料添加剂优势产品饲料级磷酸氢钙和磷酸二氢钙的总产量达到169.7万t，同比增长8.8%。

【主要工作】

1. 加强领导，落实责任 云南省农业厅负责制定《2013年云南省饲料质量安全专项整治行动方案》并组织实施。云南省动物卫生监督所实施云南省饲料质量安全监督检查及跨地区案件的查处工作，云南省动物疫病预防控制中心实施饲料质量安全的检测工作。根据专项整治的职责分工，各地成立工作机构，进一步建立完善责任追究、安全承诺、人员培训、登记备案等制度，落实监管责任，健全协调机制，切实加强专项整治工作的组织领导和综合协调，将专项整治工作落到实处。

2. 加强监管，严格执法 在巩固监管成果的基础上，全省各级（畜牧）饲料管理部门逐步形成整治合力，采取专项检查与综合治理相结合，法规宣传与执法检查相结合的工作方式，以饲料企业和畜禽养殖基地为重点，对饲料和饲料添加剂生产、经营、使用环节以及规模养殖户等进行全面检查，严厉打击非法企业、非法产品及违规使用饲料原料及饲料添加剂行为，使制售假冒伪劣饲料和饲料添加剂及非法使用饲料原料的违法行为得到有效遏制。2013年在全省饲料专项整治行动中出动检查车辆3 405次，出动执法人员24 761人（次），检查饲料生产经营企业9 671户，规模养殖场4 686个，查处违法饲料产品260t，立案调查违法企业及养殖户78个，涉案金额450万元。

3. 组织抽检，加强监督 2013年饲料质量安全专项整治行动中狠抓饲料产品质量安全监督抽检，并结合抽检情况，采取抽检与执法联动，加强对不合格企业的查处，严厉打击违法违规行为。以饲料和饲料原料中违禁药物、卫生指标等为重点，在全省组织饲料产品抽检1 478批，质量安全抽检合格率96%，比2012年提高1%；抽检猪尿中“瘦肉精”、莱克多巴胺、沙丁胺醇三项指标32 684批，合格率100%；检查饲料标签9 500个，合格率98%，比2012年提高3%。云南省农业厅全年共派出督察组到昆明、大理、临沧、曲靖、昭通五地的饲料生产企业、经营户、规模养殖企业进行核查。一是核查各地落实专项行动工作开展情况；二是检查饲料生产企业获证与实际要求符合情况；三是结合抽检工作，对不合格生产企业、经营不合格产品和养殖企业使用不合格产品的处治及整治情况进行督察。抽查饲料生产企业5家，饲料添加剂及添加剂预混合企业7家，规模养殖场（户）120家。

4. 加大宣传，舆论监督 各级畜牧饲料主管部门进一步加大宣传，利用网络、报刊、印发宣传资料等各种形式，加大对饲料法律法规、饲料安全、饲料配制技术等的宣传及培训力度，提高饲料生产者、经营者和使用者的安全意识和守法意识，并动员全社会参与饲料安全监督，震慑不法行为。2013年全省共发放新修订《饲料和饲料添加剂管理条例》《饲料添加剂安全使用规范》《饲料原料使用目录》《饲料药物添加剂使用规范》《食品动物禁用的兽药及其他化合物清单》《禁止在饲料和动物饮用水中使用的药物品种目录》等宣传资料25 700份，对饲料经营企业和规模养殖场（户）的培训达210期，培训达15 400人次。

5. 实施许可，严格准入 为从生产源头加强对饲料产品质量的控制和监督，云南省进一步加强对饲料和饲料添加剂生产企业的行政许可工作。对申报饲料、饲料添加剂的企业，严格按照农业部《饲料和饲料添加剂生产许可管理办法》《饲料生产企业许可条件》的要求，对企业条件进行逐项审核，达不到要求的坚决不予审批，杜绝达不到条件的企业进入饲料行业，2013年共组织审查发证39家饲料生产企业。引导企业积极参与《饲料质量安全管理规范》示范创建活动，现已启动4家。

6. 建立机制、重在落实 饲料质量安全专项整治以建立日常监管长效机制、完善信息制度建设、层层落实责任、注重时效为目标，要求各县（区、市）认真组织进行饲料日常监管工作，每半年各地饲料管理部门至少对辖区内的饲料生产、经营企业巡查一次，规范填写饲料生产、经营企业日常检查表，由检查单位和被检单位认可签字。对饲料生产环节，要求原料使用必须按《饲料原料品种目录》执行，严格执行原料进厂把关、产品出厂检验、问题产品召回及报告等制度，继续开展《饲料质量安全管理规范》示范创建；对饲料经营门店检查时，督促建立健全购销台账，严禁销售“三无”饲料产品和拆包、分装饲料，加强隐患排查等，对养殖环节，要求养殖场（小区）完善养殖档案，建立活畜养殖安全承诺制度和出栏保证制度等。抓痕迹管理，云南省动物卫生监督所2013年发饲料、饲料添加剂经营检查单3 200本，饲料生产企业检查单1 000本。

【存在问题】

1. 在规定时限内难以完成许可工作 因设备改造厂家产能有限，云南省大部分企业还在排队等待对设备进行改造，导致企业至今未能上报申请资料，有可能会到后期集中申报，造成申报资料过多，现场审核无法在7月1日前完成，给现场审核及发证工作带来一定困难。部分企业也会因拿不到新的生产许可证而停产，从而造成客户流失。

2. 企业申报材料不规范 因生产企业人员素质参差不齐，虽然经过培训，但在填报申报材料时还存在许多问题，给专家在材料及现场审核工作时增加了工作量。

3. 饲料质量安全管理制度落实有待进一步加强 饲料质量安全管理规范虽然正式实施，但要落实到每个企业还要一个过程，绝大部分饲料生产企业还存在生产管理不规范，各项管理制度不落实的问题。

4. 认识还不够到位 部分中小企业对新条例及配套规章认识不足，对新的要求还抱有侥幸心理，按照新条例对生产条件进行整改还持观望态度，给下一步的审核和管理工作带来新的压力。

（云南省饲料工作办公室）

陕西省饲料工业

【发展概况】

2013年陕西省养殖行业总体呈现前低后高态势，主要饲料原料价格整体呈现波动上扬走势。上半年，饲料工业生产成本持续提高，产销不旺。下半年，饲料工业产销稳步增加，全年总产量与上年基本持平，但企业生产成本增加，市场竞争激烈等客观因素依然存在，饲料工业生产仍面临着严峻挑战和压力。

1. 饲料工业生产总体形势基本稳定 2013年全省饲料工业总产量441.5万t，较2012年446.7万t，下降1.2%；总产值162.6亿元，较2012年154.6亿元，增长5.2%。其中配合饲料产量259.4万t，同比增长0.5%，浓缩饲料产量164.3万t，同比下降4.3%，添加剂预混合饲料产量17.7万t，同比增长3.5%。

2. 主要饲料品种四增两降 主要饲料品种中，猪饲料193.4万t，同比增长0.2%；蛋鸡饲料121.3万t，同比增长7.1%；水产饲料29.7万t，同比增长3.1%；反刍饲料46.3万t，同比增长4.3%；肉鸡饲料43.8万t，同比下降18.0%；其他饲料7.0万t，同比下降49.3%。

3. 产品结构跟进调整 按照全省养殖业发展趋势，饲料产品结构跟进调整。在总产量中，猪料比重43.8%，蛋鸡饲料比重27.5%，肉鸡料比重9.9%，水产饲料比重6.7%，反刍饲料比重10.5%，其他饲料比重1.6%。饲料类别中，配合饲料比重58.8%，浓缩饲料比重37.2%，添加剂预混合饲料比重4.0%，浓缩饲料比重持续下降。

4. 产品质量安全水平持续提高 饲料生产企业和经营者、使用者的饲料质量安全意识不断提高，有效地防止了饲料质量安全事件的发生。2013年，全省共抽检饲料样品3 616批次，合格3 589批次，合格率达到99.3%，饲料抽检合格率连续6年保持在96%以上，饲料生产企业的原料和成品双检意识不断增强，饲料中"瘦肉精"连续14年未检出。

5. 企业发展呈现不均衡态势 2013年随着玉米、小麦、豆粕、鱼粉、磷酸氢钙价格行情不断看涨，棉粕、菜粕均创历史最高价位。豆粕、鱼粉、DDGS、玉米蛋白粉年度进厂均价涨幅均在10%以上。饲料原料价格上涨，生产成本增加，特别是新的饲料生产企业许可条件施行后，准入门槛提高，在成本压力下和激烈市场竞争中，部分中小企业失去持续增长动力，运营愈发艰难，发展困局明显，退出行业速度加快。而大型饲料企业依靠配方技术和产业链优势，依靠科学的管理、资金实力、原材料集中采购等优势，抗风险能力和竞争力不断增强。2013年全省27家企业被淘汰出局，根据全省重点企业跟踪调查统计，前40位的企业产销量均突破10 000t以上，总量达208.2万t，占全省总产量的46.1%；前31位的企业产销量均突破1.5万t以上，总量达197.0万t，占全省总产量的43.6%；前15位的企业产销量均突破4万t，总量达160.1万t，占全省总产量的35.5%。纵观全年，这些规模领军企业依托资金、技术和人才支撑，市场份额不断扩大，已成为陕西省饲料行业的排头兵，在带动产业素质提升方面发挥了积极作用。

【组织结构】

陕西省饲料工业办公室成立于1986年，隶属于陕西省农业厅，全额财政拨款事业单位，编制17名。全省10个设区市均有饲料管理工作机构，依照行业管理要求开展监管工作。全省有9个饲料监测机构通过计量认证，负责全省饲料行业质量监测工作。

【主要工作】

1. 全力抓好2013年新修订的《饲料和饲料添加剂管理条例》（以下简称《条例》）落实工作 2013年以来，为贯彻实施好新的行业法规，首先，在全行业开展了饲料法规知识竞赛活动，在全省饲料工业工作会议上继续对新修订《条例》进行深入解读，给每位与会代表发送了《条例》宣传单行本和《饲料行业法律法规汇编》，现场对300多人开展了《条例》的再宣传再培训。其次，2013年4月25日，召开了全省饲料生产企业换证工作启动会，对换证工作进行了安排部署。9月13～14日，组织召开了全省生产许可证企业首批颁证现场观摩暨饲料生产企业形式分析会，会议观摩了9家企业，并对首批获证的32家企业现场颁发了生产许可证。11月8～10日，农业部组成专家组对陕西省已获证6家企业进行了抽查，对陕西省生产许可证换证工作给予了充分肯定。第三，下发了《关于开展全省〈饲料质量安全管理规范〉示范企业创建工作活动的通知》，配合农业部完成了《饲料质量安全管理规范》示范创建工作。

2. 全力抓好产品抽检工作 制定了《2013年全省饲料产品定期检验产品目录》，组织各级饲料检测部门召开了全省定期目录检验工作座谈会，对全年目录抽检工作做了明确的要求和部署，组织全省各级饲料质检部门完成了农业部和陕西省下达的各项抽检工作任务，组织专家组完成了对铜川、汉中和榆林饲料质检机构的资格复审工作。

3. 全力抓好行业监管工作 一是制定了《2013年饲料质量安全专项整治行动实施方案》。继续在全行业开展饲料原料、违禁添加品、企业检化验室、产品标签、执行标准和经营企业6个专项整治工作。对2012年饲料质量安全专项整治工作中表现突出的先进集体和先进个人进行了表彰。2013年5月份，派出督察组，对杨凌市、咸阳市和渭南市落实6个专项整治工作情况进行了抽查。二是各级饲料管理部门对辖区内的饲料生产和饲料经营企业进行了两次拉网式专项检查，对于存在的问题现场指出并要求限期整改，整改合格后方能继续生产。三是在全省饲料工业工作会上与11个市（区）行业管理部门签订了《饲料质量安全监管责任书》，与264家饲料生产企业签订了《饲料生产质量安全责任书》，夯实了属地管理责任和企业法人是产品质量第一责任人的责任。向全省行业管理部门和生产经营企业印发了《致全省饲料生产经营企业的一封信》。四是制定下发了《关于在全省饲料行业集中开展安全生产大检查的通知》，对检查的范围、重点领域和重点内容进行了周密细致的部署，有效地遏制和防范了全省饲料工业各类伤亡事故的发生。五是对未申报年度备案，许可证即将或已经到期的38家饲料添加剂和添加剂预混合饲料生产企业进行了现场检查，对存在的问题进行了限期整改，对于不符合条件的上报农业部予以注销。一年来，全省饲料产品质量安全监管工作共出动执法人员5 868人次，出动督查人员1 744人次，检查饲料企业912个次，检查经营企业3 813个次，检查养殖场（户）6 929个次，查处违法饲料产品69.6t，培训科学养殖和饲料科技方面人员9 072人次，印发宣传单（图册）355 225份，饲料产品市场得到不断净化。

4. 全力抓好行业准入工作 一是组织召开了成立陕西省饲料生产许可证专家审核委员会暨首次专家审核委员会培训班，为41名专家委员颁发了聘任证书。二是对申报《生产许可证》的企业，按照规定进行现场审核，共受理43家生产许可证申报材料，其中34家已完成审核发证。三是强化了产品文号和标签管理。四是组织召开了饲料企业年度备案工作会议，安排部署了全省年度备案工作，2013年《审查合格证》应备案382个，备案合格299个，备案合格率78.3%；《生产许可证》应备案110个，备案合格94个，备案合格率85.5%；《卫生合格证》应备案24个，备案合格18个，备案合格率75%。五是强化了后续监管。对年度备案和各级管理部门日常检查中发现存在不符合生产要求的企业，严格按规定注销生产资质，全年共注销27家饲料生产企业和109个产品批准文号，为生产安全饲料产品提供了基础保证。

5. 全力抓好行业创评工作 制定了《陕西省饲料行业2013年精神文明建设工作要点》，一是继续加强行业诚信建设。下发了《诚信建设实施方案》，组织开展全省饲料行业诚信建设年活动，制定了《关于继续开展饲料行业诚信建设年活动发布“饲料行业诚信宣誓”誓词的通知》，在全省饲料工业工作会议上，由陕西石羊集团农牧有限公司等100家企业代表全省饲料行业在国旗下向全社会进行了庄严宣誓。二是继续加强行业文明示范创建，在全省选择了陕西正大有限公司等50家企业作为2013年全省饲料工业行业文明示范企业。三是在全省饲料生产企业中组织开展了质量信得过企业评选活动。通过企业自愿申报、各市饲料管理部门把关推荐、申报企业投票联评、候选企业上网公示等，对2012年评选出的49家质量信得过企业进行了授牌表彰。

6. 全力抓好宣传培训工作 一是积极宣传饲料行业前沿动态，全年共出版发行《陕西饲料报》24期，饲料宣传材料200余篇。二是加强饲料信息网建设，发布网上信息近20万字，点击量超过10万次。三是组织50家饲料生产企业开展了饲料原料及饲料产品价格调查月报工作，及时发布相关数据，为企业采购提供参考依据。同时对60家饲料企业进行跟踪信息调查，每季度均形成饲料生产情况调查，并对相关数据进行分析，及时掌握了行业发展动态。四是根据农业部办公厅全国饲料质量安全监测结果的通报和陕西省饲料产品定期目录检验结果的通报要求，组织对饲料产品不合格企业进行了整改培训。五是组织18家企业27个展位参加了第五届西部（杨凌）农资交流会暨信息交流会等活动，向社会充分展示了全省饲料工业发展成就。六是开展一次饲料工业职业技能鉴定工作，73人参加了技能鉴定考试。

（陕西省饲料工业办公室）

甘肃省饲料工业

2013年全省饲料工作紧紧围绕“抓监管，保安全，促发展”的总体思路，认真贯彻落实2013年新修订的《饲料和饲料添加剂管理条例》（以下简称《条例》）及配套法规，不断加大监管力度，严厉打击非法添加违禁药物的行为，全省饲料产量稳中有增，产品质量进一步提升，饲料工业继续保持稳定发展势头。

【发展概况】

1. 行业发展势态良好 2013年全省有饲料生产企业172家，其中年产5万t以上的企业26家，年产1万～5万t的企业40家。配合饲料、浓缩饲料生产企业127家，饲料添加剂和添加剂预混合饲料企业26家，单一饲料生产企业19家。饲料生产企业从业人数5 158人，其中博士生8人，硕士生30人，大专以上1 400余人。全省饲料总产量135.1万t，其中配合饲料85.5万t，占总量的63.3%；浓缩饲料48.9万t，占总量36.2%；饲料添加剂和添加剂预混合饲料0.7万t，饲料总产值达44.5亿元。

2. 饲料总量下降 新《条例》颁布实施后，饲料行业准入门槛调高，部分小企业无力技改，已退出生产，致使饲料总产量略有下降。配合饲料85.5万t，比2012年下降7.3%。浓缩饲料48.8万t，比2012年下降10.1%。其中猪饲料65.0万t，同比增长1.7%；蛋禽饲料29.0万t，同比下降13.7%；肉禽饲料14.1万t，同比下降19.0%；水产饲料1.4万t，同比下降44.0%；反刍饲料24.6万t，同比下降10.2%；其他饲料1.1万t，同比下降56.0%（产品主要是獭兔饲料，2012年部分单一饲料统计在“其他”项目中）。

3. 产品质量提高 随着全省饲料质量安全专项整治工作的不断深入，饲料和饲料原料监管和抽样检测力度不断加大，产品质量进一步提高。2013年饲料质量安全监测合格率93.5%，反刍动物饲料中牛羊源性成分例行监测合格率100%，瘦肉精、三聚氰胺等违禁药物专项监测合格率100%，养殖环节“瘦肉精”专项监测合格率100%。全省饲料产品质量明显提高，没有发生畜产品质量安全事故。

4. 行政许可门槛提高 新《条例》颁布实施后，饲料生产企业准入门槛进一步提高，部分设备简陋的企业被淘汰出局。2013年，全省新增配合饲料、单一饲料生产企业5家，因行政许可取消企业28家。全省实际减少23家，行政许可进一步规范。

【主要工作】

1. 开展《条例》宣传培训，提高行业从业人员法律素质 一是制定印发了《甘肃省饲料和饲料添加剂生产从业人员法规考核试题》，组织饲料管理部门和企业人员进行了学习，把法律法规培训纳入饲料检验化验员职业技能鉴定的培训内容，把企业相关部门负责人饲料法规知晓度纳入企业生产许可审核的条件之一，全面强化《条例》宣传。目前饲料企业的技术、生产、质量、销售等部门的负责人饲料法规知识测试合格率达97%。二是编制印刷了《饲料政策法规汇编》300册，把最新发布的饲料行业法律法规文件全部编入，并发放到市州饲料管理部门和部分饲料生产企业从业人员手中，为行业内人人学法、懂法、守法创造了条件。三是开展了行政执法和业务培训。举办了1期全省饲料行政执法培训班，培训市（州）、县（区）饲料行政执法工作人员80人；1期饲料检验化验员培训班，对72名饲料企业化验员，进行了饲料法律法规知识测试，测试合格率为100%。

2. 规范饲料质量安全监管，切实提高行政监管能力 一是成立了甘肃省饲料专家委员会和饲料标准审定专家委员会。二是制定了《甘肃省饲料和饲料添加剂生产许可审核流程》，并在网络上进行了公告，做到了审核标准、审核程序和审核结果的公开。三是制定了《甘肃省“瘦肉精”等违禁药品中毒事件应急预案》，明确了事件分级、组织管理、应急处理办法和保障措施，提高了饲料及畜产品中“瘦肉精”等违禁药品中毒事件的应对能力。四是加大了饲料生产条件审核力度。按照“抬高门槛、严格准入”的要求，根据《条例》及其配套法规，审查配合饲料、浓缩饲料、反刍动物饲料和单一饲料生产企业 11 家，核发饲料生产许可证 7 家。

3. 加强饲料企业生产监管，规范企业生产行为 一是开展饲料生产企业日常监督检查。为将新《条例》及配套法规公布的饲料生产企业设立条件宣传到各个饲料生产企业，甘肃省饲料工业办公室赴兰州、白银、武威、临夏、酒泉、张掖、天水和金昌等市，对 116 家饲料生产企业进行了摸底检查，告知了新的准入条件，督促企业尽快对照新的准入条件进行整改；落实了饲料质量安全承诺制，与 167 家饲料生产企业、2 000 家饲料经营企业签订《饲料质量安全承诺书》，强化了饲料企业主体责任。二是开展养殖场（户）监督检查。检查养殖场（户）20 余家，对自配饲料加工配制和各类添加剂的使用情况进行了检查，并督促养殖场（户）建立各项规章制度，确保畜产品质量的安全。三是组织开展年度备案工作。对全省 195 家饲料生产企业进行年度备案现场检查。其中已备案企业 138 家，未备案企业 29 家，因行政许可取消未备案企业 28 家。并对检查中发现的违法行为进行了依法查处，对不合格项目和存在安全卫生隐患的企业进行了督促整改，进一步提高了企业生产管理水平。

4. 组织开展饲料监督监测，提高饲料产品质量 一是制定下发了《甘肃省 2013 年饲料质量安全监测及监督检查实施方案》，下达农业部饲料监测任务 600 批。完成监测任务 607 批，其中饲料质量安全样品 154 批，合格率为 93.5%；牛羊源性成分例行监测 153 批，合格率 100%；违禁药物监测任务 300 批，合格率 100%。二是制定下发了《2013 年养殖环节“瘦肉精”专项监测计划》，下达农业部抽检养殖场（户）任务 400 个，样品 1 200 批。全年完成了 1 229 批，合格率 100%。三是在抽样过程中紧密结合现场实际，有效开展饲料监督抽检与行政执法联动。对抽检中的不合格产品现场查封，对企业的安全隐患督促整改。四是对未取得生产许可证企业及其产品进行查处，查处违规饲料生产企业 1 家，查封违法饲料产品 180t，进一步净化了饲料市场。

5. 推行饲料质量安全管理规范，提升企业管理水平 一是按照农业部安排，甘肃省饲料工业办公室组织筛选 3 家饲料生产企业作为试点，安排 2 名饲料加工和动物营养专家深入企业，对企业员工进行了《饲料质量安全规范》现场培训。二是接受了农业部专家组的检查指导，对 3 家试点企业规范实施成效进行了评价。三是对检查中发现的问题提出了具体整改建议，企业达到《规范》的各项要求，提高了管理水平，为在全省推行《规范》建立了标杆，积累了经验。

6. 认真开展饲料统计工作，为生产和管理提供服务 一是完成了饲料统计月报、季报和年报的上报工作，并结合饲料行业和养殖业形势，作出了统计分析报告，形成饲料业、畜牧养殖业会商分析机制，进一步指导了饲料和养殖生产。二是召开了全省饲料生产形势分析会，交流了饲料质量安全监管控制工作经验，分析了全省饲料生产、经营情况，研究落实了饲料行业新法规、新要求。三是组织饲料重点跟踪企业统计人员参加了农业部的统计培训班，提升了饲料行业统计人员业务素质。

7. 开展全省饲料安全现状调研，促进行业健康发展 为进一步加强饲料安全监管工作，提高饲料安全监管水平，从 5 月至 10 月底，甘肃省饲料工业办公室赴兰州、白银、武威、临夏、酒泉、张掖、金昌、定西、天水、平凉和天水 11 市州，对全省饲料质量安全现状、面临的挑战和今后监管工作建议等进行了全面调研，并在调研过程中对生产、检验和制度管理等方面进行指导，为企业提出了多项合理化建议。共调研饲料生产企业 75 家，饲料经营部 20 家，养殖场 8 家，基本摸清了全省饲料生产经营和使用情况，撰写了甘肃省饲料安全监管现状调研报告，促进甘肃省饲料工业的健康发展。

（甘肃省饲料工业办公室）

青海省饲料工业

【发展概况】

2013 年，全省采取项目补贴和饲料企业自筹的方式，年内扩建或新建年加工能力 2.5 万 t 以上的饲料加工企业 4 家，其中，年产 2.5 万 t～5 万 t 的企业 2 家，年产 5 万 t 以上的企业 2 家。全省饲料生产企业达到 62 家（包括单一饲料），年单班加工能力达到 53 万 t。2013 年全省实际生产各类饲料产品达到 25.8 万 t，比 2012 年增加 2 万 t，增长 5.6%。其中配合饲料类 12.6 万 t，菜籽饼 7.5 万 t，肉骨粉 1.2 万 t，饲料添加剂 0.8 万 t，饲料工业产值 3.6 亿元。饲料工业已成为推动全省农区规模化养殖、牧区舍饲半舍饲圈养、牧区防灾抗灾工作及羔羊经济的重要物质基础。

【组织机构】

青海省饲料工作办公室隶属于青海省农牧厅，与青海省农牧厅草原处合署办公，草原处处长兼任饲料办主任。

【主要工作】

1. 强化饲料企业监管 根据全国饲料工作会议精神。2013 年年初召开了全省饲料监管及饲料检测工作会议，对全省的饲料监管和监测工作进行了安排布置。青海省各级农牧（饲料）管理部门加强组织领导，建立和完善获证饲料企业日常监督检查工作机制，定期或不定期开展巡查工作，重点检查饲料企业原料采购、生产过程记录、企业内部各项管理制度执行情况及产品的销售去向进行溯源检查，对企业存在的质量安全隐患及时提出整改建议，限期整改。

2. 重视年检备案工作 在青海省市（州）县农牧（饲料）管理部门的大力配合下，省级饲料管理部门采取企业申报资料审查与实地抽查相结合的方法，完成了 65 家饲料生产企业年度审查备案工作，备案合格率为 93.2%，通过年检备案工作，进一步加强饲料企业的监管力度，规范了企业的生产经营行为。

3. 加大“瘦肉精”专项整治力度 按照农业部的安排布置，青海省加强“瘦肉精”的整治工作，及时举办了 4 州（地、市）23 县“瘦肉精”专项整治及样品采集培训班，安排落实“瘦肉精”监管经费 6.6 万元，抽查养殖场（户）169 个，尿样检测 600 批次。同时，组织开展“瘦肉精”整治行动。截止 2013 年 10 月底，全省出动“瘦肉精”专项整治执法人员检查饲料生产企业 139 家（次）；饲料兽药经营门店 239 家（次）；检查养殖企业 258 个（户），检查屠宰场（点）65 个，开展相关培训 568 人次，印制宣传材料 4.3 万份。通过开展整治工作，青海省饲料生产、经营和养殖场（户）从业人员进一步提高了遵纪守法的意识，自觉遵守饲料添加剂和饲料药物添加剂使用规范。

4. 强化饲料质量监测 青海省在全面完成农业部下达的抽检任务的基础上，配套下达饲料产品营养常规监测任务 100 批次，制定下发《关于开展 2013 年青海省饲料产品质量及养殖环节“瘦肉精”专项监测工作的通知》，组织有关部门对省内饲料生产、经营和养殖场（户）开展抽样检测。共完成 7 市（州）19 县 318 家饲料生产、经营企业，养殖企业（户）454 批次抽检任务，完成计划任务的 100.9%，检测合格率为 97.4%，比上年度提高 7.9%。完成青南牧区牲畜越冬饲料监督抽检 95 批次，产品合格率 100%。

5. 创建饲料示范企业 青海省按照有关要求，推荐 3 家饲料企业为饲料质量安全管理规范示范企业。经农业部委派的专家组分别于 2013 年上下半年 2 次现场指导评估审查，全省 2 家企业被确定为省级饲料示范企业。

6. 开展饲料生产许可证换发工作 按照 2013 年

新修订的《饲料和饲料添加剂管理条例》有关规定，成立了青海省饲料行政许可专家审核委员会、制定饲料企业现场审查工作方案和工作程序。及时受理饲料企业行政许可申请，启动了全省饲料企业生产合格证的换发工作。

【存在问题】

1. 检测体系不完善 青海省各市、州及县均未设立饲料质量检测机构，省、市（州）、县三级饲草料监测体系尚未建立。

2. 饲料监管经费无保障 由于青海省各市、州及县农牧部门的饲料监管经费未能列入地方预算，工作经费缺乏。

（青海省饲料工作办公室）

宁夏回族自治区饲料工业

【发展概况】

宁夏饲料工业在厅党组与各市县农牧部门的共同努力下，饲料质量安全监管工作扎实、稳步推进，市场运行秩序良好。饲料产量持续稳定增长、质量安全水平稳居全国前列。2013 年，全区共检测饲料产品 618 批次，合格率 99.5%；检测自配料 214 批次，合格率 99.5%；检测养殖场户 411 户，检测牛羊猪尿液 933 个，未检出“瘦肉精”。全区有各类饲料生产企业 69 家，包括添加剂、添加剂预混合饲料、动物源性、原料型及配合饲料生产企业。年产量 2 万 t 以上的企业 16 家，有国家级龙头企业 2 家，自治区级龙头企业 6 家，有国家级企业技术中心 1 个。全区饲料产量 70.6 万 t，同比下降 0.6%，产值 33.4 亿元，同比增长 6.4%。规模以上的生产企业其产能和产量分别占 60%和 70%。添加剂生产企业迅速崛起和生产规模迅速扩大，新产品不断涌现，赖氨酸、维生素 B_6、酶制剂分别占全国市场份额的 24%、20% 和 25%。

【组织机构】

宁夏回族自治区饲料工业办公室，最早成立于 1986 年 1 月，成立之初隶属于自治区经济委员会，1996 年 3 月划归自治区畜牧局，2000 年合并到农牧厅，为正处级事业单位，经费为全额拨款，人员编制 5 人。2002 年，依照国家公务员制度进行管理。

农牧厅依据国务院 2013 年新修订的《饲料和饲料添加剂管理条例》（以下简称《条例》）属地管理原则，要求宁夏回族自治区各市、县（区）农牧部门明确饲料执法监管机构，指定监管人员，初步建立了全区饲料行政执法监管体系。自 2008 年起，对市县执法监管人员多次进行培训，制定了监管制度、日常监管与执法工作规范、应急预案，建立了突发事件快速反应机制。将饲料市场监管、违禁添加行为的查处，及饲料产品质量合格率等指标纳入考核范围，年底依据考核结果进行表彰奖励。各市县监管机构基本上都能按期完成各项监管任务。

对于市场流通的饲料产品和专项整治所需要的检测，先由各市县监管机构现场进行快速检测，有问题的报送自治区兽医饲料监察所化验确认，确认后有相关市县进行处罚。对于宁夏回族自治区农业部和农牧厅安排的例行检测，由各市县配合药监所抽取检测样品，由药监所负责检测并报告农牧厅和农业部。

【主要工作】

1. 明确重点，全面部署 2013 年初，通过调查研究、广泛征求意见，认真研判饲料市场监管形势与质量安全形势，结合国务院新《条例》和农业部的新规章，以及农业部和厅党组 2013 年的工作部署，按照进一步强化属地监管责任，强化质量安全追溯，强化日常监管的指导思想全面安排部署了 2013 年全区饲料行政执法监管工作。制订了一个既全面、系统，又内容具体、富有操作性工作安排意见和责任目标，并与各市县签订了目标责任书。根据山川不同情况，对 2013 年的责任内容和考核指标进行重大改革。

2. 创新监管手段，强化机制建设

（1）创新机制，严格生产准入。按照新修订的《条例》新规章的要求，一是成立了首届宁夏回族自治区饲料生产许可证专家审核委员会，负责生产企业现场审查和对疑难问题提供技术咨询。二是组织审核专家联系实际学习饲料法规，反复研讨审核中出现的新情况新问题及解决办法。三是制定审核制度和工作流程，明确专家的职责与责任，体现严格程序，严格标准，严把准入关口的原则。四是制定生产许可证申报材料的规范化标准，由专人审查申报材料，大大提升了审核质量和效率。五是按照强化属地监管的要求，所有审核都有所在市县派员参加。

(2) 创新方法，首开自配料质量安全检测。长期以来，自配料质量安全一直是饲料管理部门的棘手问题，全国各地都在积极探索管理办法。2013 年，在宁夏回族自治区农牧厅的高度重视下，全区首开了自配料质量专项检测工作，全年共检测自配料 214 个，合格率达到 99.8%。对维护全区饲料质量安全和饲料市场健康有序运行发挥了强有力的促进作用。

(3) 创新理念，开展饲料生产企业规范化管理试点。生产企业是饲料质量安全的重要源头，对其实行规范化管理是农业部新规章提出的新要求，也是今后的发展方向。为加快规范化管理的推进速度，参照全国试点经验，年初开启了区级规范化管理试点工作。为使试点工作健康、有序的推进，制定了试点工作方案，对参与试点的企业进行了系统培训，要求企业成立试点工作组织，明确专人全力开展试点工作。自治区成立了试点工作指导小组，指导小组多次深入到试点企业进行检查指导。目前，各试点企业高度重视，普遍成立了 3～5 人的工作小组，普遍制定了内部质量管理制度并能很好的执行，发挥了示范带动作用，受到农业部检查指导组的高度评价。通过试点锻炼了一批科技骨干，积累了工作经验，为全面推行规范化管理奠定了基础。

(4) 首开体系建设项目，提升基层执法监管能力。2013 年宁夏回族自治区财政首次安排了饲料执法监管体系建设资金，为市县监管部门配备执法监管装备、培训基层执法监管人员。目前，设备招标采购和培训工作均已完成了项目实施计划。

(5) 首开饲料资源存量调查试点和饲喂习惯调查试点。为全面规划饲料行业发展，有效利用当地特色资源，降低生产成本，促进养殖业快速发展，根据农业部 2013 年饲料工作指导意见，选择了 3 个市县开展了饲料资源存量调查和饲喂习惯调查试点，为全面开展此项工作积累经验。目前，试点工作已按计划顺利完成，取得了预期效果。

(6) 创新信息公开方式。自 2012 年创办饲料办网站以来，不断更新设计、充实内容。2013 年又在网站上开辟了政务信息公开栏，将行政许可、企业年度备案、不合格产品查处信息等及时向社会公布，接受社会各界的监督。

3. 加强质量安全监测，加大违法行为的查处力度

(1) 为确保饲料产品质量安全，年初农牧厅下达了《2013 年饲料质量安全监测计划》，制订了自配料的检测实施方案。目前，已全面完成了各项检测任务。

(2) 根据农业部和宁夏回族自治区兽药饲料监察所《质量安全监测结果通报》，及时组织有关市县对 3 个不合格饲料产品（均属营养成分含量不达标）的生产企业依法进行了严肃处理，将查处结果上报农业部并在饲料办网站上予以公布，有力地震慑了违法违规行为。

4. 加大新《条例》新规章宣传培训力度，营造良好的舆论环境 为使国务院新《条例》和农业部的新规章深入人心，形成良好的执法环境，一是通过宁夏农业信息网饲料子网页和《宁夏饲料通讯》两个信息宣传平台广泛开展宣传。2013 年以来，已在《宁夏饲料通讯》和宁夏饲料子网页上刊登各类信息 167 条（篇），其中自创 119 条，连接 48 条。二是组织全区各饲料生产企业、科研院所和各市县饲料监管部门认真学习新《条例》新规章，参学率达 100%。三是组织各市县对饲料生产、经营企业与养殖场户进行培训。四是举办区级培训班，邀请农业部的处长和全国著名专家来自治区讲课。初步统计，自治区饲料办举办培训班 8 期，参加人员达 1 132 人次；各市县举办培训班 28 期，参加人数达 3 377 人次；各饲料生产企业举办各种培训班、观摩会 598 期，参加人员 51 840 人次。

5. 积极创造条件，全力开展饲料职业技能鉴定工作 为全面贯彻新法规对职业技能的新要求，全面提升饲料行业的整体技术水平。一方面积极争取农业部对职业技能鉴定站的仪器设备投入，另一方面积极寻求适合开展饲料职业技能鉴定的场所，创造条件开展职业技能鉴定。2013 年以来，农业部已陆续给饲料职业技能鉴定站配备鉴定仪器 14 台（件），已完成了安装调试并在鉴定中发挥了效用。经过对宁夏大学等 4 家科研院所实地考察，用 14 项遴选指标确定了饲料行业职业技能鉴定基地。并于 9 月完成了饲料检化验、中央控制、设备维修和制粒粉碎 4 个工种的初、中级工的培训鉴定工作，共有 133 人参加鉴定。

6. 认真开展党的群众路线教育实践活动 按照农牧厅党的群众路线教育实践活动实施方案和下农村送政策促发展活动的安排，一是成立教育实践活动领导小组，制订实施方案和活动计划，组织党员认真学习有关文件和领导讲话。认真查办饲料办存在的形式主义、官僚主义、享乐主义和奢靡之风。在查找问题的过程中，发放征求意见函（表）45 份，召开征求意见座谈会 11 次。饲料办领导班子先后 4 次深入吴忠市、银川市、石嘴山市和固原市，与 9 个市县的监管人员，12 家饲料生产经营企业和 10 个养殖场户的负责人，面对面的听取群众意见和建议。按照边听边改、边查边改，能改的先改起来，能做的先做起来，切实把为民务实清廉标准落到实处的要求，在听取意见的过程中就着手对信息公开渠道不畅和群众投诉举报处理不彻底等问题进行了整改。目前，已全面完成了活动的规定动作和自选动作，召开了民主生活会，制订了整改方案，落实了整改措施。二是开展下农村送政策促发展活动。抽调专人赴同心县下马关镇三山井村和盐池县王乐井乡王乐井村宣传党的惠民政策，了解乡情民意，向县级有关部门反映群众的意见与建议，并就落实情况进行了回访。三是下基层调查研究。调研组还深入到盐池县对非常规饲料资源——柠条的种植、加工利用情况和盐池县滩羊发展情况进行了系统调研，并形成了调研报告上报农牧厅。四是开展饲料质量安全承诺活动。为全面贯彻新法规的要求，树立企业是质量安全第一责任人的意识，组织各市县饲料监管机构与饲料生产企业、经营企业和养殖场户开展“不生产、不经营、不使用”违禁添加物的质量安全承诺，并签订质量安全承诺书。五是积极参与三农大讲堂等活动。

【主要问题】

（1）市县区行政监管工作发展不平衡，饲料行政执法监管人员不足、队伍不稳。

（2）市县监管部门依然缺少必需的执法监管装备和工作经费，虽然宁夏回族自治区财政在2013年部门预算中安排了饲料执法监管体系建设资金，但由于该项目起步迟、资金数量很小，一时只能为少数市县补配部分执法监管装备，执法监管装备缺少的局面一时还难以改观。

（3）饲料质量安全追溯检测经费数量太少，在日趋复杂、隐蔽的违法添加形势下，很多可疑线索还无法全部取样检测，无法进一步深入调查。

（宁夏回族自治区饲料工业办公室）

新疆维吾尔自治区饲料工业

【发展概况】

2013年，新疆有各类饲料生产企业244家，比2012年减少49家（31家企业不在名录，注销18家）。其中饲料添加剂和添加剂预混合饲料生产企业34家；配合饲料、浓缩饲料、精料补充饲料企业86家（其中18家企业取得饲料添加剂或添加剂预混合饲料生产许可证）；单一饲料生产企业143家。2013年25家企业获得《饲料生产许可证》和《饲料添加剂生产许可证》，其中饲料加工企业6家，单一饲料生产企业19家，饲料添加剂企业1家（双证）。2013年注销《饲料生产企业审查合格证》18家，《饲料生产许可证》和《饲料添加剂生产许可证》8家。

2013年全区饲料总产量155.8万t，同比下降0.1%。其中配合饲料135.93万t，同比下降0.3%；浓缩饲料16.2万t，同比下降1.2%；添加剂预混料3.7万t，同比增长15.6%。各类饲料中配合饲料占饲料总量的87.2%，浓缩饲料占10.4%，添加剂预混合饲料占2.4%。饲料工业总产值56.6亿元。

1. 从产品结构看

（1）配合饲料。猪料占14.7%，蛋禽饲料占24.8%，肉禽饲料占27.9%，水产饲料占9.3%，反刍饲料占22.1%，其他饲料占1.0%。

（2）浓缩饲料。猪饲料占50.1%，蛋禽饲料占33.1%，肉禽饲料占9.2%，水产饲料占比例0.1%，反刍饲料占7.5%，其他饲料占0.01%。

（3）预混合饲料。猪饲料占33.3%，蛋禽饲料占16.4%，肉禽饲料占5.7%，水产饲料占4.3%，反刍饲料占36.5%，其他饲料占3.8%。

2. 从畜禽品种看

（1）猪饲料。2013年全区猪饲料产量29.4万t，比2012年增长7.3%。其中猪配合饲料、浓缩饲料、添加剂预混合饲料都有所增长，增长比例分别为4.3%、14.1%和12.6%。

（2）蛋禽饲料。2013年蛋禽饲料产量39.7万t，同比增长4.7%。其中配合饲料33.8万t，浓缩饲料5.4万t，添加剂预混合饲料0.6万t，同比分别增长5.6%、0.7%、2.1%。

（3）肉禽饲料。2013年肉禽饲料产量39.7万t，同比下降7.2%。其中肉禽配合饲料38.0万t，同比下降6.4%；浓缩饲料1.5万t，同比下降21.1%；添加剂预混合饲料0.2万t，同比增长2.5%。

（4）水产饲料。2013年水产料产量12.8万t，同比下降3.8%。其中配合饲料38.0万t，同比下降3.1%；浓缩饲料产量很小，稍有变化增减幅度就较明显；水产添加剂预混合饲料0.2万t，同比下降1.7%。

（5）反刍饲料。2013年反刍料产量32.7万t，同比下降0.01%。其中，反刍动物精料补充饲料30.1万t，同比增长1.3%；浓缩饲料1.2万t，同比下降36.8%；添加剂预混合饲料0.1万t，同比下降31.3%。

【组织机构】

新疆维吾尔自治区饲料工业领导小组办公室（自治区饲料行业管理办公室）挂靠新疆维吾尔自治区畜牧厅，负责饲料行业管理工作，是依照公务员管理的全额拨款的事业单位，定编5人，领导职数2人。全区15个地州（市）均设有饲料管理机构，并能开展正常工作。自治区兽药饲料监察所（加挂新疆饲料质量监督监测站）为国家级监测机构，负责全区饲料质量的监督监测工作。石河子市、阿克苏地区、喀什地区3个地州设有自治区级饲料饲料监（检）测站（所）。全区3所农业院校（新疆农业大学、石河子大学、塔里木大学）均设有动物营养及饲料专业。新疆畜牧科学院设有饲料研究所。

【主要工作】

1. 深入开展饲料行业法律法规宣贯工作 2013年是新的《饲料和饲料添加剂管理条例》(以下简称《条例》)实施的关键之年，根据农业部安排，2013年分别组织地州（市）饲料管理机构及有关企业代表等20多人前往北京、青岛、银川、山西、福州等地参加了农业部举办的饲料法规培训班。3月份，新疆维吾尔自治区饲料工业办公室举办了全区饲料管理业务骨干、饲料生产企业负责人等150多人的饲料法规培训班，并组织参观了新疆天康畜牧生物技术股份有限公司和乌鲁木齐正大畜牧有限公司两家重点企业。2013年全区各级饲料管理部门共举办饲料法规培训班30多期，培训人员近2 000人次，发放各类宣传材料近3万份。

2. 积极开展饲料质量安全监测和专项监测工作 根据《农业部办公厅关于印发2013年饲料质量安全监测计划的通知》和《农业部办公厅关于印发2013年养殖环节“瘦肉精”专项监测计划的通知》，新疆维吾尔自治区畜牧厅下发了《2013年新疆饲料质量安全监测计划实施细则》和《2013年新疆养殖环节“瘦肉精”专项监测计划的通知》，安排部署了饲料安全监测和专项监测工作。2013年完成饲料检测7 537批次，同比增加10.6%。一是饲料质量安全监测样品534批次，合格率100%；二是饲料中违禁添加物专项监测样品1 039批次［农业部任务250批次，蛋白饲料原料中三聚氰胺监测任务50批次，异地（山东）抽检三聚氰胺监测90批次］，总合格率100%；三是完成反刍动物饲料中牛羊源性成分例行监测任务912批次（农业部任务220批次），合格率100%；四是完成饲料报批复核检验样品39批次；免税检验53批次；其他委托检验559批次；五是完成饲料中三聚氰胺专项监测样品912批次，盐酸克伦特罗专项监测样品912批次，莱克多巴胺专项监测样品912批次，合格率100%；按照动物源性饲料产品标签检查内容和判定标准进行判定，共检查饲料标签349个，合格率为100%；六是完成现场监测生猪、肉牛（羊）尿液1 665批次，涉及养殖场（户）600家，其中完成生猪“瘦肉精”检测747头；肉牛“瘦肉精”检测690头；肉羊“瘦肉精”检测228只，监测结果全部合格。

3. 完成了2013年度饲料企业年度备案工作 2013年按照“一证一备”的要求，备案企业244家，备案245个证审查合格证（或饲料生产许可证），17家（证）未备（停产或搬迁）。

4. 统一标准，规范秩序，提高行业管理水平 根据新《条例》的规定，本着“提高门槛、减少数量、转变方式、增加效益、加强监管、保证安全”的原则，严格企业的审核换证条件。2013年对4家饲料添加剂和添加剂预混合饲料生产企业的申证、换证工作进行了前期审核；对24家饲料生产企业审核换发了《饲料生产许可证》；核发75个产品批准文号；对32家饲料生产企业的1 045个产品进行了备案；对68家生产企业的233个产品标准进行了审查备案。

5. 严格执法，查处饲料违法行为 结合新条例及配套法规的实施，强化监管检查，积极开展企业检查和产品抽查，严厉打击在饲料中添加违禁药物，养殖环节中使用“瘦肉精”等违法行为。2013年全区共出动执法人员2 000多人次，检查饲料生产企业575家，饲料经营门店724家，查处违法行为6起，涉案金额4.2万元。

6. 利用资源优势，抓好秸秆养畜示范项目 2013年新疆维吾尔自治区5个县市（于田县、鄯善县、岳普湖县、昌吉市和吉木萨尔县）通过了农业部的秸秆养畜项目评审；对2011年、2012年已执行的7个秸秆养畜示范项目县市进行了督导检查，对巩留县秸秆养畜项目进行了验收，向农业部申报了2014年秸秆养畜示范项目16个县市。

7. 积极开展调研工作，为饲料工业发展提供数据支持 先后4次组织赴南、北疆进行秸秆养畜示范项目、秸秆颗粒饲料生产利用、畜牧业机械利用及补贴情况进行了调研，为全区饲料工业发展，农作物秸秆加工利用，落实自治区秸秆颗粒饲料补贴、畜牧业机械再补贴等工作奠定了基础。

8. 争取畜牧业机械补贴，积极助推现代畜牧业发展 针对畜牧业机械补贴数量少、辐射面窄的情况，积极与自治区农机部门沟通，扩大了农机补贴范围。

9. 将饲料补贴纳入畜牧业发展规划 2013年11月4日，新疆维吾尔自治区人民政府出台了《关于加快肉羊肉牛产业发展的意见》“新政发［2013］94号”，对饲料生产企业生产秸秆颗粒饲料（反刍动物）实行补贴政策。

10. 完成了全区2012年度饲料工业统计综合年报及2013年度季度统计上报工作。

【主要问题】

（1）饲料管理执法机构特别是县一级机构不健全，缺乏强有力的专业执法队伍。

（2）饲料安全监测体系不够健全，地州检测设施、设备差，检测能力、水平较低。

（3）饲料生产企业、经营门店、养殖（场）户等相关人员饲料法规意识有待于加强。

（4）饲料科技创新少，产品研发能力弱，农作物副产品加工饲料利用率低。

（新疆维吾尔自治区饲料行业管理办公室）

大连市饲料工业

2013年，大连市以新修订的《饲料和饲料添加剂管理条例》（以下简称《条例》）实施为契机，以保障饲料质量安全为目标，依据《条例》《饲料和饲料添加剂生产许可管理办法》有关规定，将工作重点转到提高门槛、减少数量，转变方式、增加效益，加强监管、保证安全上来，推进饲料行业行政许可和行业监督工作。在全行业人员的共同努力下，大连市饲料工业进一步发展，行业秩序更加规范，产品质量进一步提高。

【发展概况】

大连市饲料工业经过不断深化企业改革，推进技术进步，调整产业和产品结构，特别是新修订《条例》的实施，构建了公平有序的市场环境，促进了饲料行业向规模化、标准化、集约化方向发展，全面推进了全市饲料工业产业升级。初步形成了以饲料加工业为主体，饲料原料工业、添加剂预混料工业、饲料质量监督检测协调发展的饲料工业体系，饲料工业整体素质全面提高，总体势力显著增强，在国民经济发展中，特别是在促进畜牧业发展，增加农民收入和社会主义新农村建设等方面的作用日益突出。2013年，通过清理整顿，企业数量为125家，其中饲料添加剂生产企业7家，添加剂预混合饲料生产企业14家，动物源性饲料生产企业27家，浓缩饲料、配合饲料和单一饲料生产企业77家，全年饲料产量166.5万t、产值52.9亿元。

【组织机构】

大连市政府对饲料工业发展十分重视，设立了大连市饲料工作办公室，主管全市的饲料工业工作，7个涉农区市县也设立了相应的饲料工作办公室。大连市兽药饲料监察所，编制35人，其中，中、高级以上专业技术人员26人，配有大型检测仪器设备130多台套，其检测资质通过省级认定，承担着全市饲料生产、流通、使用环节的监督检测工作。大连市饲料工业协会为独立的法人社团组织，是联系政府与企业的桥梁与纽带。企业职工总数3 422人，其中博士29人、硕士58人、大学学历569人、大专学历709人，分别从事着企业管理、产品开发、产品生产、产品检验、产品销售及售后技术指导等工作，在饲料行业发展、产品质量提高等方面发挥了重要作用。

【主要工作】

1. 加快推进饲料企业升级改造 为推动全市饲料企业加快换证工作，确保有条件的饲料企业在规定时间内完成换证，共举办了4期饲料生产企业换证工作培训班，对相关法律法规及政策进行宣讲，要求企业按照要求进一步完善基础条件，加速改造步伐，全市100%的饲料生产企业负责人参加了培训；开展了饲料企业调查，形成了《大连市饲料生产企业情况调查报告》，并形成了《关于加大饲料生产企业许可证换证工作扶持的意见》，报市政府。与此同时，积极与大连市财政农业处沟通，争取市财政给予饲料企业换证贷款给予贴息支持，得到了市财政农业处的认同。鉴于大多饲料企业不具有财产抵押、担保等贷款条件，为切实解决贷款困难，积极联系金融部门，取得了金融系统的小微企业贷款支持，并在普湾新区召开了由100多家饲料企业负责人参加的大连市饲料企业与银行贷款对接会，使一些不具备贷款条件的饲料企业获得了金融部门的信用贷款支持。全市已经有50多家饲料企业向相关银行提交了贷款申请，有关银行与这些企业进行贷款手续办理，使全市饲料企业换证工作取得了新的进展。截至2013年年底，全市28家饲料企业向省申报了换证材料，已有19家企业通过换证验收。

2. 积极发挥行业协会作用 结合饲料质量安全规范年活动，高度重视饲料质量安全监管工作，提高饲料产品质量安全意识，全面履行行业协会服务职能。大连市饲料工业协会组织全市饲料生产企业认真学习《条例》等法规规章，加强政策宣传。举办了全市饲料生产企业法人和技术质量负责人培训班，全面贯彻《饲料和饲料添加剂安全使用规范》、饲料产品标准、新标签标准，提高企业依法生产经营意识，规范其生产经营行为。动态掌握会员单位产品质量安全情况，完善了饲料生产企业均7项制度和12种记录，积极组织企业参加职业技能培训，全年共有70人取得了化验员、中控工、维修工等特有工种资格证书，企业普遍达到了特有工种持证上岗的要求。通过引导，不断加强行业自律，杜绝生产企业在饲料中非法添加违禁物质。

3. 加强监督管理 年初制定了《2013年大连市饲料专项整治方案》，下发了《2013年大连市饲料产品质量安全监测方案》，在全市范围内组织开展了《饲料质量安全监督执法规范年》活动。一是按照省局的统一部署，完成了饲料生产企业年度登记备案工作，对32家未达标企业限期整改，不予备案，全市共有125家企业通过年度备案。二是加大对饲料生产企业产品质量控制监管，所有企业按《条例》要求，设立质量控制部门，建立和完善化验室，必须配齐应有的化验设备。部分饲料生产企业建立了化验室，面积超过$40m^2$，分别设有操作室、天平室、精密仪器室和产品留样室（柜）。所有饲料生产企业根据其生产产品的品种购置了必要的化验仪器设备，能够满足企业自检的需要；要求企业对所购进的原料和成品进行批批检测，绝大多数企业能够按要求对原料和成品的营养等八大常规指标进行批批检测，企业对不能自检的指标进行委托检验。三是结合饲料质量安全专项整治暨执法年活动，采取专项整治与日常监管相结合，组织各区市县级饲料办按照属地化管理原则，对全市饲料生产、经营企业进行了全面检查，重点加大对三聚氰胺、瘦肉精等违禁物质及饲料原料的清理检查力度，坚决取缔无生产许可证、无产品批准文号、无产品标签的“三无”饲料生产企业。全年共派出执法人员987人次，检查饲料生产企业463个（次）、饲料经营企业531个（次）、畜禽养殖场479个（次）；全年共立案查处各类违法案件11起，罚没款4.3万元，查获假劣饲料14.9t；结合《2013年大连市饲料产品质量安全监测方案》，组织开展了饲料产品质量安全监测，全年共检测饲料产品527批次，合格率比上年提高了2.1%。

【存在问题】

1. 投入不足 相当一部分饲料生产企业因设备陈旧造成产品质量合格率低，技术装备因资金短缺而无法改造更新，造成技术工艺落后，饲料产品同质化程度高，产品品种单一，长期处于停产或半停产状态，经济效益低下，甚至亏损。

2. 科技落后 企业大多依据经验生产，一个配方几乎不变，产品技术含量低，质量不稳定，检测手段落后，没有自己品牌，市场占有率低，处于不饱和生产状态，产能相对过剩，恶意竞争。

3. 职工素质不高 饲料企业职工尤其生产工人文化水平、技术水平低，整体素质差，高中以下学历2 057人，占60.1%。

4. 资源浪费 由于大型养殖场数量少，养殖分散在千家万户，养殖区域集中度低，而饲料产品是一个附加值很低的商品，运输费用占成本很大一块，大型企业的前提是产量高，如果近处消化不了，只能远距离销售，势必增加成本，所以小企业生存压力较大，很难有更好的发展，在大型企业的挤压下，目前众多小厂开工都不足，设备没有满负荷运转，造成资源浪费。

5. 饲料产品质量安全隐患仍然存在 玉米等原料中霉菌毒素、重金属超标，饲料原料特别是蛋白质原料中掺杂造假等问题普遍存在。

（大连市饲料工作办公室）

青岛市饲料工业

【发展概况】

2013年，青岛市饲料工业积极应对市场形势变化，以“控制企业数量，提高准入门槛、加强监督管理、确保质量安全”为原则，突出加强行业规范化管理，有效克服“12·18白羽鸡”事件、“黄浦江漂猪”事件、H7N9流感疫情等不利因素影响，全市饲料产业保持稳定发展势头，规模化企业逐渐上马，部分弱小企业退出市场。2013年，全市共有饲料生产企业130家，同比减少16家；全年饲料总产量近200万t，同比增长11.1%，总产值达到73.0亿元，同比增加6.2%。

【组织机构】

2012年年底，经青岛市编制委员会办公室批准，青岛市畜牧兽医局撤销原药政药械处和原饲料处，合并成立药政饲料处。

【发展特点】

1. 弱小企业退出市场，新建规模企业迅速上马

全市饲料企业数量为130家，较2012年同期减少16家。一方面，新设立饲料和饲料添加剂企业在快速增加；另一方面，部分生产规模小、失去市场竞争力的企业也在逐渐退出市场。新设立并取得生产许可证企业12家，退出市场企业28家。

2. 企业发展参差不齐，产业素质仍然较低 全市大型饲料企业较少，小型企业偏多，企业发展不平衡，低水平经营、低质量产品、低层次竞争等问题突出。全国重点企业只有5家，只占全市饲料企业的3.4%；年产量超过1万t的共有33家，超过10万t的只有7家，超过100万t的仅有渤海和六和2家。

3. 新建饲料生产企业规模大、起点高 2013年，青岛市先后有青岛宝博生物科技有限公司、青岛中晨康地农牧发展有限公司、青岛丰汇沃农饲料有限公司、青岛环城饲料有限公司、青岛禾丰牧业有限公司等12家企业取得生产许可证，所采用的饲料生产设备都是国内外的名牌产品，年生产能力都在10万t以上，表现出了投资多、规模大、起点高的特点。

4. 不同饲料产品产量均有所下降 受2012年“12·18”事件和2013年“黄浦江漂猪”事件、H7N9流感疫情等事件影响，终端消费需求萎缩严重，禽肉、猪肉价格长期低迷，进而削弱了养户养殖畜禽的积极性、存栏量显著减少，使得饲料需求大幅下降，经统计，绝大部分企业饲料总产量从2013年第一季度与2012年同期相比就开始下降，从第二季度开始有所回升，到第三季度持续回升，但较2012年同期相比仍有下降。

5. 产品质量稳步提高 通过持续深入开展饲料专项整治，强化日常监管和监督检测，全市饲料产品质量稳步提高。2013年全年监督检测饲料产品410批次，合格率为98.5%，飞行抽检100批次，合格率99.0%，抽检合格率较往年均有所提高。

6. 饲料产品结构的变化 一是产品结构变化明显，配合饲料产品快速增长，浓缩饲料急剧萎缩，添加剂预混合饲料相对稳定；二是不同规模或综合经营的添加剂预混合饲料企业产量呈现上升趋势；三是随着未来规模养殖场用户不断增多，猪饲料、水产饲料发展不断扩大等利好因素，促进市场需求增长。

【主要工作】

2013年以来，全市饲料行业管理工作按照“抓规范、保安全、上水平”的工作思路，狠抓“三项”制度的落实，以行政许可、专项整治和案件查处等为抓手，强化属地化监管责任，加强源头治理和市场秩序整治，监管工作扎实有效，饲料产品抽检合格率稳步提升，市场秩序得到规范和净化。

1. 探索建立健全兽药饲料监管长效机制 建立

实施了兽药饲料行业管理“三项”制度，即检打联动制度、“黑名单”制度和有奖举报制度，为行业监管提供了有力的制度保障。

2. 加强饲料企业生产资质清查清理 以企业年度备案和饲料生产行政许可审查为契机，对全市原有146家饲料生产企业的生产资质进行了清查，关停了有效期届满未延续或未通过农业部、省审核验收的生产企业21家，注销不符合生产条件的生产许可证、审查合格证、动物卫生合格证41个，有效规范了行业秩序。

3. 监督执法工作不断加强 全市各级畜牧兽医主管部门严格落实监管责任制，明确职责分工，全面推行网格化监管，划片包干，不漏厂、不漏店、不漏户，达到无缝隙全覆盖监管。在全市组织开展了饲料打假整治行动、饲料质量安全集中整治、“三打一整顿”等专项行动。各区市分别采取组织基层自查、交互检查、飞行检查、监督检测、重点执法、驻厂监督等措施，对重点区域、重点环节、重点企业开展重点整治，重点加大饲料用动物油脂企业监管力度。对发现的违规行为，依法予以处罚，有效地规范了饲料市场秩序。

4. 教育宣传到位，饲料行业遵纪守法意识得到加强 全市各级畜牧兽医局主管部门通过举办培训班、张贴公告、发放资料等媒介宣传、咨询活动，强化对饲料生产、经营和养殖环节的指导，使生产企业、经销商、养殖户都能了解、熟悉、掌握饲料行业有关政策、法律法规。全年平均组织大规模现场宣传4次，张贴及发放各类宣传资料2万多份，宣传告知率达到100%。培训执法人员3期185人次、监管部门同生产、经营企业、养殖场（户）逐个签订责任书、承诺书，签订率达到100%。企业自律意识不断提高，饲料生产、经营和养殖环节能够合法生产、守法经营、规范使用。

5. 依法做好饲料生产行政许可工作 全市紧紧围绕“四个一批”（关闭一批、提升一批、整合一批、新建一批）的指导思想，严把行业准入门槛，加大了对新建企业和续展企业的初审力度，全年完成12家新建饲料生产企业的审查、验收，验收通过率达100%；同时，完成了符合续展条件的67家饲料企业的初审，通过率达98.5%，只有1家未通过。

6. 严格年度备案 备案工作中，结合实际，统筹安排，采取备案工作与换证工作相结合、与日常监管检查相结合、与饲料工业信息统计工作相结合，及时清理了以往备案不通过、因换证不及时被农业部、省局注销的企业以及被列入诚信监管“黑名单”的企业，坚决淘汰生产、检验达不到条件的企业。通过清理，确定将原有146家企业中的137家为备案对象，经严格审查，最终只有116家企业予以备案。

【存在问题】

1. 企业规模化程度较低 全市130家饲料生产企业中名牌企业、大型骨干龙头企业少，抗风险能力差；企业发展不平衡，低水平经营、低质量产品、低层次竞争等问题比较突出。全市饲料生产企业中，全国重点企业只有5家，只占全市饲料企业的3.9%；年产量超过1万t的共有34家，超过10万t的只有8家。全市饲料行业规模化程度不高的现状，难以从根本上确保饲料产品质量，也给日常监督管理工作带来难度。

2. 监管形势不容乐观 通过2012年以来的抽检情况以及案件查办情况来看，全市饲料行业监管形势依然严峻。饲料生产企业非法使用《饲料原料目录》《饲料添加剂目录》以外物质、无证生产、超范围生产行为仍然存在。

3. 行业监管责任有待夯实 全市饲料监管网络还不够健全，监管手段和方式方法难以适应当前监管形势发展的要求，特别是越往基层，监管力量越薄弱，监管措施落实不到位，违规违法行为查处力度还不到位。监管形势和任务要求我们每一名监管人员要进一步加强责任，明确职责，内强素质、外树良好形象。

（青岛市饲料工作办公室）

宁波市饲料工业

【发展概况】

2013年全市各类饲料加工产品产量77.5万t，累计工业产值33.6亿元。其中配合饲料24.0万t，同比下降11.6%；浓缩饲料产量2 528.0t，同比增长14.1%；添加剂预混合饲料产量2 223.0t，同比下降26.4%；鱼粉产量5.6万t，豆粕产量46.7万t。全市共有饲料和饲料添加剂持证生产企业30家，其中配合饲料生产加工企业16家，鱼粉等单一饲料生产企业6家，添加剂和预混料生产企业8家，产品遍及畜禽、水产系列，饲料种类较为齐全。

【组织机构】

2006年年初，在宁波市畜牧兽医总站的基础上，组建宁波市畜牧兽医局，挂宁波市饲料工作办公室牌子，具体负责全市的饲料和饲料添加剂管理工作。

【主要特点】

1. 猪饲料产量稳步增长 2013年全市猪料生产总体稳定，产量10.4万t，同比增长4.0%。其中，配合饲料10.0万t，同比增长4.5%；浓缩饲料2 528.0t，同比增长14.1%；预混合饲料1 958.0t，同比下降24.5%。主要原因，一是生猪生产基本稳定。2013年全年生猪饲养量为291.3万头，与2012年同期基本持平，其中生猪存栏119.8万头，能繁母猪存栏11.5万头，同比分别下降0.4%和2.3%；全年生猪出栏171.5万头，同比增长1.4%。随着近年来新建扩建的规模化猪场已投入生产，母猪自繁自育比例和规模化饲养比例显著提高，2013年全市生猪养殖规模化程度达到98%，肉类自给率已达50%。二是生猪养殖效益呈V形走势。据调查，2013年前三季度猪肉平均价格22.4元/kg，比2013年同期上涨0.9%。受供求关系和季节性因素影响，毛猪价格1月上中旬在17.2元/kg左右，1月下旬短期涨至一季度最高位18.6元/kg，后又逐步下跌，2月中旬跌破16元/kg，春节后跌破14元/kg，3月中旬开始，受“黄浦江死猪”事件影响猪价进一步下滑，4月上旬跌至12.4元/kg左右，后一直在12.8元/kg左右波动，5月下旬猪价迅速反弹，短期上涨至15.6元/kg，后一直在15.4元/kg左右徘徊，7月底开始猪价又逐步上涨，8月份一直稳定在16.2元/kg左右，9月开始，猪价又有所上涨，10月份和11月份保持持续上涨趋势，12月份已保持在17.0元/kg左右。

2. 禽饲料产量大幅下降 全市禽料总产量6.2万t，同比下降65.4%。其中，蛋禽饲料1.2万t，同比下降30.8%；肉禽饲料5.0万t，同比下降35.4%。主要原因，一是家禽饲养总量下降。2013年上半年，受H7N9流感疫情影响，家禽养殖业遭受重创，损失惨重；再加上8月份出现了极端高温干旱天气，造成大量家禽中暑死亡；10月份更是雪上加霜，遭受了超强台风“菲特”的袭击，余姚、奉化、江北、鄞州等养殖主产区大量畜禽场被淹，家禽受灾死亡严重；据统计，2013年年末全市家禽总饲养量3 163.2万只，同比下降15.7%，其中家禽存栏1 142.4万只，出栏2 020.8万只，与2012年同期相比分别下降13.3%和19.2%。二是肉禽价格起伏不定。自流感疫情影响消退以后，5月下旬开始活禽价格逐步上涨，到7月初快长型肉鸡平均销售价格恢复到10.4元/kg左右，优质三黄鸡价格20.0元/kg左右。8～9月份，快长型肉鸡平均销售价格在10.2元/kg左右，优质三黄鸡价格26.0元/kg左右。浙东白鹅平均收购价22.0元/kg，最高达到24.0元/kg，番鸭价格16～26元/kg，草鸡放养鸡收购价30.0元/只，淘汰蛋鸭收购价40.0元/只，同比上涨10.0元/只。10～12月份，快长型肉鸡平均销售价格又保持在10.0元/kg左右，优质三黄鸡在10月份有所回落，在23.0元/kg左右，11月份又上涨达到26.0

元/kg的最高点。

【主要工作】

2013 年主要工作有以下 3 个方面。

1. 深化畜产品质量安全长效监管机制 进一步深化准出工作实施，将准出范围扩大到存栏生猪 500 头、肉牛年出栏 20 头以上规模场。目前，共有 327 家规模场纳入准出范围，全年共自检“瘦肉精”约 3.6 万批次，累计 110 万头生猪通过生产过程自查和“瘦肉精”自检合格后出栏，占全市同期生猪出栏总量的 75%。依托智慧畜牧业平台，整合部、省、市、县四级质量安全监测数据，建立有机联动的“4+1”畜产品质量安全监测网络，构建畜产品质量安全风险收集、分析、评估和预警工作机制，及时发现和消除隐患。以拉网检测、监督抽检、执法专项检查等多种手段开展排查检测。其中仅“瘦肉精”集中检测全市共出动人员 2 612 余人次，排查饲料、养殖场（户）2 833 余户，抽检生猪尿样、饲料等样品 20 200 批次；部、省、市三级例行监测 12 次，抽检样品 1 381 批次，检测合格率均为 100%。

2. 严把饲料生产企业审查关 严格按照《饲料和饲料添加剂管理条例》等法律法规的有关规定，对申请饲料生产许可证的企业进行认真审查、分类指导，严格把好准入审查关。全市共有 23 家浓配、单一饲料生产企业，已有 12 家企业通过审核获得了生产许可证。同时，根据全市无证饲料生产企业清理整顿统计，准备申证企业还有 6 家，其他 5 家关停。

3. 做好饲料和饲料添加剂生产企业年度备案及案卷审查工作 一是按照浙江省饲料办公室开展饲料和饲料添加剂生产企业年度备案工作的要求，宁波市饲料办公室督促生产企业如实、规范填写备案表，并要求企业认真开展自查自纠，对发现的问题要及时进行整改，全市 2013 年度饲料生产企业备案工作有序推进。二是根据市法制办行政许可案卷和行政处罚案卷评审工作要求，对 2 家饲料企业设立初审案卷梳理装订，上报宁波市农业局备查。

【存在问题】

1. 监督监测体系不够完善 只有宁波市本级设有饲料工作办公室，县（市）、区一级没有专门的饲料管理机构，而且管理人员大多数是兼职的，使得饲料安全监管工作处于心有余而力不足的尴尬局面。同时市、县两级畜牧兽医局（站）尚未建立起专门的饲料化验和检测实验室，严重制约了饲料和饲料添加剂监管工作的开展。

2. 饲料产品质量安全风险因素依然存在 由于部分饲料生产企业存在经济实力不足、创新能力不强、经营规模较小、技术水平相对落后、管理方式粗放等原因，使得产品质量仍然有许多不可控因素，在饲料安全上存在不少隐患。

（宁波市饲料工作办公室）

深圳市饲料工业

2013年深圳市饲料管理工作，按照农业部、广东省农业厅的部署，以“打造深圳标准、铸造深圳品牌、树立深圳信誉、提升深圳质量”为指导，狠抓饲料产品质量安全，坚持服务企业，营造良好经营氛围，促进全市饲料行业健康发展。

【发展概况】

2013年，深圳市共有饲料生产企业有28家。生产的饲料类型包括配合饲料、浓缩料和添加剂预混合饲料。饲料品种包括猪饲料、蛋禽饲料、肉禽饲料、水产饲料及其他饲料5种。全市饲料年产值14.8亿元。年产量5万t以上或产值超过亿元的大型饲料生产企业7家，年产量1万～5万t或产值3 000万～1亿元的中型饲料生产企业有5家，年产量1万t以下或产值3 000万元以下的饲料生产企业有16家。全市饲料总产量42.1万t，同比减少5.4万t。其中配合饲料23.7万t，添加剂预混合饲料12.0万t，浓缩料6.3万t。全市饲料生产总体呈现相对平稳，略微下降趋势。

【主要特点】

深圳市饲料企业具有如下特点：一是饲料名牌产品多。深圳饲料企业生产的产品在业内得到认可，产品质量具有良好口碑。比利美伟公司的PS-2－125乳猪浓缩料、PS-0－100B乳猪配合饲料和BS-0－100B乳猪律动源，金新农公司的4%猪用复合预混料、仔猪浓缩料40811、代乳王310以及代乳王311，正大康地的4325怀孕猪复合预混料、4326哺乳母猪复合预混料以及4318强化大猪复合预混料等分别获得广东省名牌产品（农业类）；二是人才聚集。据统计全市28家饲料企业共有27名博士学历人员；三是饲料生产企业科技含量高。饲料企业以生产饲料添加剂和预混合饲料为主。鼓励现代农业生物产业推广，推动产业升级换代，饲料企业从配合饲料等的生产逐步转向科技含量高的饲料添加剂和预混料的生产。

【主要工作】

1. 做好饲料生产企业年度备案工作 按照广东省农业厅的统一部署，印发了《深圳市经贸信息委关于做好2013年饲料和饲料添加剂生产企业年度备案工作的通知》，启动2013年饲料企业年度备案工作。在各区、各企业的大力支持下，全市28家企业完成了2013年年度备案工作，全面完成了省农业厅2013年饲料产品质量安全监督抽样工作。根据省农业厅《2013年广东省饲料产品质量安全监测方案》精神，制定了《2013年深圳市饲料产品质量安全监测方案》，组织开展了全年饲料抽样送样工作，经检测，饲料质量全部合格。做好饲料生产企业换证准备工作。为全面启动《饲料生产企业审查合格证》换发《饲料生产许可证》工作，相关部门组织力量编写并印制了《饲料行业管理法规文件汇编》，方便饲料行政管理工作者和生产经营企业系统学习使用。并于2013年9月25日举办了饲料法规培训暨饲料企业换证工作动员会，邀请省饲料办有关专家讲解饲料法规，换证申报材料要求和饲料企业现场评审工作要点。深圳市饲料办会同省农业厅组织专家对6家饲料企业设立、换证等现场审核，对一批企业申办批准文号、委托加工生产备案进行了初审并呈报省农业厅审定。组织开展农资打假工作，深入饲料企业监督检查。

2. 完成饲料企业换证工作 督促企业对照相关法律法规，进行自检自查，确保持有《饲料生产企业审查合格证》的饲料生产企业于2014年7月1日前完成《饲料生产许可证》换证工作。加强饲料质量安全监督抽查工作，加大监督执法检查力度，严格查处饲料生产企业“三无”产品检查力度，确保饲料产品的质量安全水平，畜禽产品质量安全。加大饲料法规宣传力度，营造企业自觉相关法规培训和学习的良好氛围。继续做好饲料打假工作。

（深圳市饲料管理办公室）

厦门市饲料工业

【发展概况】

2013年，全市共有配合饲料、浓缩饲料、单一饲料生产企业36家，饲料预混合饲料企业29家，饲料添加剂企业8家，动物源性饲料产品生产企业2家。全市2013年饲料和饲料添加剂年总产量达110.3万t，同比增长1.2%；其中配合饲料74.2万t，同比增长1.1%，猪饲料31.1万t，蛋禽饲料7.4万t，肉禽饲料11.0万t，水产饲料24.1万t，其他饲料0.7万t，浓缩饲料6.2万t，添加剂预混合饲料5.0万t，添加剂2.9万t，混合型饲料添加剂0.2万t，单一饲料21.8万t。累计营业收入50.3亿元，同比增长1.2%，工业总产值50.1亿元，同比增长1.2%；总出口量4 215.3t，出口额1.7亿元。

【组织机构】

厦门市饲料工业归口厦门市农业局管理，工作职能由畜牧兽医处承担，日常监管工作由市农产品质量安全检验测试中心及各区动物卫生监督机构具体负责，行业执法工作由市、区农业行政执法部门具体负责。

【主要特点】

大型饲料生产企业继续保持优势，全市总产值上亿元的企业有12家，占全市饲料企业的20%，全年工业总产值为40.1亿元，占了全市饲料工业总产值的80%，说明企业正朝着规模化，集约化发展，在激烈的市场竞争中，强者愈强，企业越规范，发展势头越猛。

【主要工作】

1. 严格饲料生产准入条件 根据《福建省农业厅关于规范省级饲料生产许可有关问题的通知》，受福建省农业厅委托承担了辖区内配合饲料、浓缩饲料、单一饲料及精料补充饲料生产许可的申请受理和审核工作。全市严格按照《饲料和饲料添加剂管理条例》及配套法律法规要求，严把饲料企业准入条件，加强对企业的生产审核，规范饲料生产。由厦门市农业局畜牧兽医处聘任行业专家组成审核验收小组，现场对申报企业的生产条件和生产状况逐个进行审查，及时将符合生产条件的企业材料报送省饲料办审核，对不符合生产条件的企业下达责令限期整改通知书，督促整改。截至2013年12月底，共受理12家饲料生产企业换发新版饲料生产许可证的申请，审核通过8家企业，对3家企业进行整改规范，对1家不符合申报条件的企业进行退件。

2. 做好饲料和饲料添加剂生产企业年度备案工作 以饲料生产企业年度备案工作为契机，严格审查企业的各项条件，对企业的生产设备、检化验设备、制度执行情况、产品情况、特有工种人员等内容进行审查，对不符合备案要求的企业予以警告，要求限期整改，逾期不改的，上报福建省农业厅予以注销。2013年通过市级上报备案企业59家，因企业停产、变更地址等原因，建议省农业厅对13家饲料生产企业不予备案。

3. 强化监测力度，严格生产监控 为加强饲料质量安全监管，提高动物产品质量安全水平，制定了《厦门市2013年饲料监管工作方案》《厦门市饲料生产经营企业专项清理整顿行动实施方案》，积极开展饲料质量安全专项整治工作，以严厉打击“瘦肉精”、三聚氰胺等违禁添加物为重点，全面强化饲料和畜产品质量安全监管。2013年累计监督检查饲料企业57家，监督抽检各类饲料样品130批次，抽检合格率达到100%。

4. 强化服务意识 认真按照饲料产品免税政策要求，组织对企业进行产品抽检，及时为符合条件的生产企业办理免税手续，2013年全年共有51家企业获得国税部门免征增值税的优惠政策。

5. 加强宣传培训 一是针对《新饲料和饲料添加剂管理条例》实施后大量企业面临换发新版许可证的情况，有针对性地举办了一期全市饲料生产企业换发新证辅导培训班，对饲料企业生产、技术、质量负责人及各区饲料监管人员进行系统培训。二是为规范饲料市场，确保饲料产品质量安全，增强饲料从业人员的法律责任与质量安全意识，从源头把好产品质量关，举办了一期全市饲料从业人员培训班，对饲料生产经营所涉相关法律法规进行解读。除集中培训外，还通过各种现场宣传咨询活动，发放各类宣传材料、播放案件警示片，多层次、多样化宣传饲料法律法规，使饲料企业依法生产经营的意识不断增强，质量控制水平不断提高。

【存在问题】

1. 饲料管理体系不够健全 市、区两级没有设立专门管理机构，管理人员大多数是兼职的，使得饲料安全监管工作无法处于常态化。

2. 企业管理不够规范 创新能力不强，技术水平相对落后，市场竞争能力较低。

3. 有些饲料生产企业和养殖场对产品质量和安全重视不够 实验室形同虚设，使得产品质量出现许多不可控因素，存在一定的隐患。

（厦门市农产品质量安全检验测试中心）

企业篇

重点企业经验介绍

资源整合和创新驱动 大北农迎来高速发展时代

——北京大北农科技集团股份有限公司

大北农集团于1994年10月28日在北京正式注册成立，现已经发展成为以饲料、动保、种业、植保、生物饲料、种猪六大产业为主体的科技企业，拥有30 000余名员工、1 200多人的核心研发团队、100多家生产基地和190多家子公司及10 000多家养猪服务中心的农业科技企业。2010年4月9日，大北农在深圳证券交易所挂牌上市，成功登陆资本市场，成为中国农业行业市值较高的农牧企业之一。

大北农的文化——共同发展

在大北农，邵根伙博士率先垂范，成为企业文化强力的推进者。以“报国兴农”为使命，形成了全体员工的使命共同体；以“创建世界级农业科技企业”为目标，搭建充分信任、充分授权的创业平台，形成事业共同体；以“共同发展”为核心，通过股权激励凝聚核心人才，形成利益共同体。在企业文化的感召下，大北农决策层和高管队伍稳定、领导有力，员工高度敬业，充满激情与朝气，形成了强大的凝聚力和战斗力。

大北农的发展模式也自成体系。大北农通过与国内权威农业机构的合作，组成了强大的专家团队，掌握和转化了尖端的农业科技成果，成为大北农在与各地农业高校进行人才培养合作中的一个最大亮点。大北农始终秉承学院战略，与各地农业高校建立长期合作关系，并成立了“大北农学院”“大北农班”。通过大北农的教育培训，开拓了大北农的发展空间，也创造了不断成长的企业体系。

专家、院校、莘莘学子与大北农形成一个奇妙的结合体，在合作中，大北农既提高了品牌影响力，也在人才竞争中抢先一步，加速了各个农业院校与农业产业实践的结合。

大北农的创新——科技创新驱动

在邵根伙博士的积极倡导下，大北农始终以科技创新驱动发展，致力于推动我国现代农业发展，获得了大量科研成果。以教槽料产品为代表的猪早期营养技术荣获国家科技进步大奖，自主研发的“猪圆环病毒Ⅱ型灭活疫苗”荣获国家科技进步一等奖。大北农以饲料为主，在动保、疫苗、生物饲料、种猪等产业的共同辅助下，保障中国养殖业的健康发展。

大北农不仅分享成功的果实，而且再次开创先河，以财富分享为激励，实施“十百千工程”和“百千万”工程等共同奖励机制，自2013年度大北农事业伙伴年会以后，大北农已陆续为第一批获得共同奖励的事业伙伴、英雄员工举行共同奖励兑现仪式，并启动“3 000创业者9 800万股共同发展计划”，激发了更多的事业伙伴和大北农人的创业热情；大北农以转型升级为目标，通过建立经销服务和养猪的事业财富共同体，将优秀的事业伙伴整合在一起，强强联合，实施“2211”工程、“2220”工程，提供品牌、技术、产品、人才、管理、金融、信息等全方位的优势资源，在全国的养猪服务中心开展“六化建设”，全面推进了事业伙伴的发展及养殖行业的转型升级。

随着信息技术的迅猛发展，互联网快速渗透到农业生产的各个环节，甚至推动农业生产方式快速转变。邵根伙博士凭借多年创业的敏锐，牢牢把握时代的发展脉搏，提出了“智慧大北农”战略，即运用互联网、物联网等“后互联网时代”的先进技术，将大北农与事业伙伴融合在一张巨大的“网上”，通过智能化、网络化、终端化的手段颠覆公司、客户及行业的传统管理、运营及商业模式，推动大北农业务线上线下高度融合，建立基于农村的人、信息和商务三者系统发展的PIB模式，将大北农打造成一个高科技、互联网化和类金融的现代农业创业服务平台。

大北农在传统业务之外，组建了一支由IT、金融学、农学等专业人才组成的创新团队。通过对大数据的处理、加工，为整个“网”上的事业伙伴提供品牌、技术、产品、人才、管理、金融、信息等全方位的优势资源。

大北农的责任——报国兴农

大北农在自身发展强大的同时，时刻不忘“报国兴农”的使命，在过去20年的发展历程中，在各方面履行着自身的社会责任。于1999年开始，设立大北农科技奖，每两年一届，每届拿出120万元作为奖励基金，2011年拿出200万元作为奖励基金，2013年拿出1 000万元作为奖励基金，累计发放1 751万元，用于奖励在农业科技领域作出突出贡献的人员，以推进中国农业科技的进一步发展；自1994年创立以来，设立大北农励志助学金，发放院校由最初的5所农业高等院校发展到现在的70多所，发放金额增至每年200万元，10多年来，大北农励志助学金累计发放金额2 100多万元，有20 000余名学生从中受益。2013年发放总额240多万元；设立大北农“金榜题名”奖，大北农“金榜题名”奖50万元/年，对养殖户、农民的子女教育进行资助与鼓励；2011年邵根伙同志个人捐资5 000万元设立中国农业大学大北农教育基金，分5年完成，每年捐赠1 000万元，基金主要用于资助创新型人才培养、高水平人才队伍建设以及重点支持动物科学、动物医学、农学、生物技术、植物保护等学科的发展和建设；与北京农学院进行合作，每年提供120万元，5年共计600万元，用于北京农学院的科研经费；每年资助中国畜牧兽医学会100万元用于畜牧兽医领域科研与发展，5年共计500万元。

21世纪以来，中国农业面对全球化、信息化、产业化和生物技术革命的挑战。大北农始终坚信有社会各界领导、专家的关注与支持，有广大农民的厚爱与肯定，大北农创建世界级农业科技企业的目标一定会实现，也一定能够实现。

创新管理模式　做实产业链

——北京九州大地生物技术集团股份有限公司

北京九州大地生物技术集团股份有限公司是以饲料生产加工为主，并涉足动物保健领域的农业科技型上市公司。2013年，集团拥有1名博士后、4名博士、20余名硕士组成的研发队伍及1 500余名员工，在全国拥有20余家控股子公司的农业高科技上市公司。2008年，北京九州大地股份在深圳证券交易所新三板挂牌上市，成功登陆资本市场，一举成为中国农牧业最具发展潜力的企业之一。

一、扎根技术，做大做强全产业链

北京九州大地核心团队潜心于产品的研发和客户服务，集团始终秉持“根植大地、共享成长、加盟大地、共享财富”的企业理念，认真履行“振兴民族饲料工业，服务中国广大农民”的基本职能，努力实现帮客户创造效益，让员工体现价值，使公司得到发展，为社会积累财富的价值观，大力弘扬“滋育生命、厚德载物”的企业精神。按照集团发展的总体战略规划，探索和构建具有特色的经营管理模式，在我国饲料工业现代化的道路上辛勤耕耘，走出了一条独特的发展道路，为该集团进一步做强做大奠定了坚实的基础。

2013年，集团已成为“北京市农业产业化重点龙头企业”“北京市高新技术企业”“中国饲料工业协会常务理事单位”“中国动物保健品协会常务理事单位”“中关村科技园区瞪羚企业”“全国百强饲料企业”等。2003年通过ISO 9001标准质量管理体系，2005年通过HACCP 22000食品安全管理体系认证，2011年成为国内首家通过GMP＋认证的饲料企业。

集团产品销售形成了以内蒙古中部和京津冀地区为核心市场，河南、山东、陕西为重点市场，辐射区域遍布全国各地。饲料产品年产销量超过20万t，销售收入达到6.4亿元。可消化15万t以上的农产品及农副产品，直接带动种植业农户和规模化农场10 000余家，农牧民专业养殖户和规模化养殖场、养殖小区100 000余户。同时集团拥有800余人的专业化技术服务团队以及客户管理团队，为养殖户提供全方位的服务。

集团坚持饲料作为主业的战略，扎扎实实地把现有企业的经营规模做强做大，在坚持主业不变的同时适当向饲料产业的下游延伸，主要参与乌兰察布市200万头生猪产业化项目和鄂尔多斯市、锡林郭勒盟的高端肉牛育肥繁育的产业化工作。2011年公司已在乌兰察布市投资600余万元参与建设了一家存栏达20 000头生猪、2 000头祖代种猪的规模化种猪企业，并计划在鄂尔多斯投资近3 000万元参与建设乌审旗草原和牛的育肥基地和繁育基地的建设工作，到2014年争取达到种猪年出栏4 000头，高端肉牛年出栏30 000头的规模。

二、创新管理模式，延伸并推动产业发展

九州大地始终将客户作为公司发展的第一资源，并与战略合作伙伴分享成长、成果、品牌、模式、财富、成功6个理念。集团在倡导企业文化的同时，深谙联合才能共赢的道理，把大地集团事业发展成为九州大地、战略伙伴、集团员工共同的事业。

2013年4月，北京九州大地生物技术集团股份有限公司倡议发起北京同心惠农养殖专业合作社，为从事养殖产业链经营的农民提供专业的种畜繁育、饲料配送、畜禽养殖、管理咨询、技术服务、技术培训等服务。合作社致力于搭建一个一体化的社员服务平台，帮助社员，系统化提高入社规模养殖场和饲料经销商的经营管理水平、提升盈利能力，最终对于农民增收、保障食品安全作出贡献，从而真正实现科技兴农的梦想。2013年，该集团已经有近700家规模牧场、规模猪场、养殖专业合作社和饲料经销商加入了惠农合作社并成为大地事业战略合作伙伴。同心惠农合作社由此一跃成为北京市规模较大、社员数量较多的农民专业合作社。

2013年，北京九州大地股份与鄂托克前旗、乌审旗人民政府合作，在内蒙古鄂尔多斯市全面启动草原和牛产业化项目，开启新的全产业链模式。“中国牛谷”是大地股份全力打造的高端牛业“硅谷”，也是大地打造中国反刍饲料第一品牌、中国高端牛肉第一品牌的全产业链支点，包括产业牛谷、资本牛谷、科研牛谷、创意牛谷、智慧牛谷、文化牛谷六大部分。主要包括种牛繁育、饲料配送、肉牛养殖、肉牛收购、冷鲜肉销售、高端牛肉礼品卡销售、休闲食品销售等全产业链经营，覆盖了从养殖源头到销售终端的各个链点，实现了高端牛肉的从牧场到餐桌，从源头确保食品安全。大力提升了产品的品质，在业内起到了很好的示范作用，增强了市场竞争力。

面对传统养殖产业难以实现现代企业制度和其他类型的企业平等竞争的格局，中大型奶牛养殖企业客观上存在着联合发展的市场需求，产业链的经营改革已经迫在眉睫。面对牛奶和牛肉价格及当前市场形势，奶牛场效益的提升及机遇，乳肉兼用经营模式时代已经到来。

北京九州大地股份将链接3 000个家庭牧场、1 000个连锁专卖店，将为战略合作伙伴的财富倍增提供源源不断的动力。“十二五”期间，大地股份不断践行“根植大地，共享成长”的企业理念，正在向创新型的全产业链企业转型，致力于打造中国反刍饲料第一品牌，打造高端牛肉第一品牌，实现“南猪北牛”战略大发展，成为一家具备较高创新能力的农业高科技企业集团，并最终创建成为一家世界一流的中国农牧企业。

不断创新　勇于进取

——大成万达（天津）有限公司

大成万达（天津）有限公司是香港上市公司大成食品亚洲有限公司旗下全资子公司。公司占地面积9万 m^2，建筑面积1.6万 m^2，拥有畜禽配合饲料、浓缩饲料、预混合饲料多条现代化饲料生产线，在保证高效率生产的同时确保饲料品质稳定。大成万达（天津）拥有独立的家禽配合饲料生产线、预混合饲料生产线，有效地杜绝了猪饲料对家禽饲料的污染。中大猪饲料与仔猪饲料采用不同生产线生产，在保证仔猪饲料品质的同时，也避免了仔猪饲料中的药物对中大猪饲料的影响。生产一线工人及关键岗位员工全部经过岗位培训，考核合格后上岗，具有良好的专业素质和岗位技能，为保证产品质量提供了有利条件。

大成万达经过稳步发展成为资产过亿，生产、品管、化验等设备完善的天津乃至华北大型综合性饲料企业。为华北畜牧业及食品产业的健康发展提供保障，特别是在畜产品食品安全方面作出了很大贡献。

大成万达（天津）不断进行产品研发升级，依靠母公司强大的研发能力与资源，结合不同养殖场条件及畜禽品种的改良状况，开发了规模养殖场用料与普通养殖场用料两大系列。利用有效氨基酸技术，净能体系及MPT预消化技术等，提高饲料的消化利用率，降低畜禽粪便中氮、磷等物质排放量，对环境保护起到了重大作用。公司多次对产品及畜禽饲养模式进行创新，提升饲料养殖市场整体水平，如“猪大保育饲养模式”对养殖场及饲料界产品升级起到了引导作用。

大成万达（天津）于2005年在饲料行业率先启动并通过ISO 9001：2000国际质量管理体系规范，2008年通过HACCP（ISO 2000：2005食品安全管理体系）认证，2008年通过ISO 9001：2008国际质量管理体系认证。该公司在生产全环节严格执行各项质量认证体系要求。定期聘请外部专家审核并执行严格的内审制度，将ISO认证要求落实。

饲料品质是养殖业成功的核心也是畜产品食品安全的基础。强大、全面、准确的化验能力是饲料品质保证和品质控制的基础，也是开展饲料研发、不断升级产品的必备。大成万达（天津）先后投入近3 000万元，建立了饲料和食品检验中心。检验中心设备齐全，重点设备全部选用国际知名品牌，性能优良可靠，可满足饲料行业的各种化验需求。拥有高端设备

包括高效液相色谱仪、气相色谱仪、原子吸收分光光度计、原子荧光吸收、能量测定仪、NIR近红外等。可以准确检验氨基酸、多种抗生素、三聚氰胺、乳糖、霉菌毒素、维生素、微量元素、重金属等，涉及原料成品能量、淀粉糊化度及饲料酶的活性单位等。检验中心现有检验人员10名，包括硕士2名，全部接受过正规高等教育与培训。公司定期组织有关检验人员到机械设备厂家及国家有关部门交流学习，与检验技术的发展保持同步。检验中心以“公正性声明”的形式对外做出不干预的承诺，防止各级管理人员、技术人员及检测人员受到来自外部和内部的商业行为、财务和其他方面的不良压力而影响检测活动的公正性，并制定《公正性和诚实性控制程序》来约束全体员工履行职责。

大成万达（天津）对原料实行每批每车必检的原则，保证了所有进入生产流程的原料均为合格原料。NIR的使用使得每种饲料在打包前就可以完成品控化验，保证所有出厂饲料成品检验合格。检验中心还帮助供应商购置基本的原料检验设备并培训其使用设备，提高供货商原料鉴别能力，降低供货商因原料不合格退货的费用，达到共赢的效果。

为减轻员工劳动强度，改善工作环境，大成万达不断进行设备改造与升级。在天津市饲料企业中率先使用自动翻板卸玉米，机器人码垛，所有原料、成品搬运均采用叉车作业。

大成万达（天津）实行世界先进水平的SAP软件系统化管理，这一技术覆盖了采购部、仓储部、品管部、研发部、生产部、财务部等各大部门。2013年公司已实现了采购原料配方下达、配料、成品检验、成品入库、开票、付货等全面自动化，此种先进的技术能够即时整合优化企业资讯与资源，对瞬息万变的行业环境与挑战作出正确的反应，迅速适应客户新的需求并掌握新的市场商机，大大提升了经营效率和竞争优势，从而使企业始终保持蓬勃而强大的生命力。

未来，大成万达（天津）有限公司将继续秉承集团“诚信、谦和、前瞻”的经营理念，以“高质量、高技术、优信誉、优服务”的宗旨为广大养殖客户提供安全放心的产品以及更满意的服务。为不断提升我国的食品安全、造福大众而努力。

以技术为核心　以人才为战略
不断发展壮大

——河北大午农牧集团饲料有限公司

河北大午农牧集团饲料有限公司始建于1985年，至今近30年的饲料生产历史，占地10万m^2，固定资产1亿元，员工300余人，下设配合饲料事业部、预混料事业部、定兴饲料分公司、海南大午农牧有限公司、河北大午先锋饲料有限公司及5个饲料原料贸易部。大午集团饲料公司是河北省饲料行业三十强企业、十大明星企业，大午牌饲料是中国饲料产业著名品牌，并连续4次被评为河北省名牌产品。公司设备先进，拥有年产10万t的机组两套，新建一套30万t机组，并设有检测中心，配备了先进的检、化验设备，对原料入厂及产品出厂做到了批批化验，层层把关。

2012年初公司成立了饲料研发中心，分设蛋鸡饲料、肉鸡饲料、猪饲料、反刍饲料等4个课题组，每个课题组由专家或博士5～8人组成，高薪聘请技术总监，专门致力于饲料技术的专项研究开发工作。

2004年起，公司开始从事肉鸡饲料“非常理想蛋白”日粮的设计推广工作，该技术核心是在原有技术基础上进行氨基酸平衡模式和净能参数的优化和配套应用技术研究。鸡“非常理想蛋白”饲料实质是低蛋白饲料，指将鸡全价饲料中蛋白质水平按NRC标准降低2%，通过添加价格适宜的合成氨基酸，并利用生物工程菌的合成诱导表达技术，使氨基酸在消化道指定位置吸收，达到氨基酸有效平衡，降低蛋白原料用量来满足动物对氨基酸需求的一种日粮。使用该日粮肉鸡料肉比1.6～1.8：1；45d商品肉鸡出栏，体重3.2kg以上；成活率提高5%，胴体屠宰率提高2%以上，与常规日粮相比达相同体重提前2～3d出栏。此技术的推广应用可节省蛋白质资源，将肉鸡饲料中的蛋白质水平降低2%，每吨饲料可节约5%豆粕，每年以生产1亿t饲料计，可节约至少相当于55万t豆粕。应用“非常理想蛋白日粮”配方技术可以降低氮源污染，饲料降低2%的粗蛋白，在不影响肉鸡生长性能前提下，可以减少氮排放20%左右，能大幅度地减轻养殖业造成的环境污染，因而非常理想蛋白日粮具有巨大的环保意义。使用此技术的配方成本与常规饲料相比，肉鸡全价饲料可节省配方成本50～100元/t，加上因鸡舍氨气小呼吸道发病率降低，养殖户至少多赚1元/只。按照年出栏50万只的鸡场计算，每年可多赚50万元，该技术的推广和应用可大幅提高养殖户的经济效益。

在此基础上，公司继续在营销方面实施“大人才”战略，各事业部聘请了营销总监，摒弃传统的营销模式，实施差异化的营销手段，根据不同的市场特点，变换营销手段，争取最大市场份额。

公司是农业部《饲料质量安全管理规范》示范企业，2013年4月25日，保定市《饲料质量安全管理规范》培训班在大午饲料公司举办。5月初，大午饲料公司重新申请了新的生产许可证。

2013 年 7 月公司投资 120 万元引进码垛机械手 2 套，机械手可连续 24h 作业，减少了人工成本，大大提高了工作效率，不但每年可节省人工费用 40 多万元，而且使工作自动化程度上了一个新台阶。

2013 年 9 月 10 日，河北大午农牧集团饲料有限公司与石家庄先锋饲料有限公司正式签署了合作协议。双方以共同投资形式在河北省正定县（现先锋饲料公司处）成立“河北大午先锋饲料有限公司”，注册资金 1 000 万元，其中河北大午农牧集团饲料有限公司占股份的 80%，石家庄先锋饲料有限公司占股份的 20%。此次合作是饲料公司发展战略上的又一大举措，对开发石家庄及周边市场有非常重要的意义。海南大午农牧有限公司于 2013 年 6 月建成投产，至此 20 万 t 饲料厂和存栏 20 万只蛋鸡场都正式投入运营；海南大午农牧有限公司占地 150 亩，投资 1.6 亿元，是海南省畜牧业协会副会长单位、海南省饲料兽药协会常务理事、琼海市农业产业化重点龙头企业。

河北大午农牧集团饲料有限公司 2013 年产销量 30 万 t，产值 9 亿，公司将继续严格执行《饲料质量安全管理规范》，不断适应市场变化、不断整合创新，以“追求终端客户利益最大化”为理念，坚持“不以赢利为目的，而以发展为目标，以共同富裕为归宿”的企业指导思想，以雄厚的技术和生产实力为依托，不断发展壮大，争取 3～5 年内实现年销量突破 100 万 t，为建设绿色、安全、可持续发展的饲料企业而努力工作，为饲料行业的健康发展做出更大的贡献。

变废为宝　专注酵母产业十四载

——唐山拓普生物科技有限公司

唐山拓普生物科技有限公司是一家专业从事酵母及酵母衍生物的生产制造企业，也是一家集生产、销售、研发、技术应用为一体的高新技术企业，是中国饲料协会会员单位，河北省饲料工业协会副会长单位。

公司成立于 2000 年，前身为唐山绿仙生物科技有限公司，新厂建于 2009 年，注册资金 8 000 万元，占地面积 180km^2，总投资 6.5 亿元，现已实现投资 3.6 亿元，年产能 1.5 亿 t，Ⅰ期工程配备行业顶尖的大型喷雾干燥机、高压均质机、膜过滤等生产设备，正在建设的Ⅱ期工程，将是Ⅰ期工程产能的 1.5 倍。

唐山拓普生物以新鲜啤酒酵母为主要原料，生产啤酒酵母粉、酵母水解物、酿酒酵母提取物、酿酒酵母细胞壁等系列酵母源产品，产品应用领域涉及动物营养、食品配料、营养保健、生物发酵等。

迄今十余载，得益于行业的健康快速发展，更得益于行业对酵母产品的认可，经拓普人协同奋进，使公司得到了快速的成长。2010 年 5 月公司荣获中央投资项目；2011 年 5 月公司通过 ISO 9001：2008 质量管理体系认证、HACCP 食品安全管理体系认证。2011 年公司申请成立了唐山市生物工程技术研究中心；2012 年与中科院微生物研究所及中科院唐山高新技术研究与转化中心联合成立功能酵母产品联合研发中心；2013 年公司成功申请博士后工作站；12 月份农业部 2038 号公告发布后，在酵母行业国家产品标准及甘露聚糖检测标准欠缺的情况下，公司技术人员研究制定了相应的企业标准，并通过专家组的评审，使得公司在国内率先办理了酵母源类饲用单一饲料生产许可证。

一、原料变废为宝，高品质、绿色、无污染、健康酵母饲料带动行业进步

啤酒酵母泥是啤酒生产的主要副产物，约占啤酒产量的 0.15%（2013 年国内啤酒的产量达 4 902 万 t）。据推算，2013 年国内啤酒酵母的（干态）总量约为 7.35 万 t。其处理方式一般是直接干燥加工成饲料，直接排放，不仅污染环境，而且造成资源的浪费。公司依托“10 万 t 啤酒废酵母的综合利用”的建设项目，经过自主研发，通过对细胞进行酶解破壁、分离、提取等先进的生物技术，开发了一系列高附加值，富含核酸、小肽、氨基酸等高品质、绿色、无污染、健康的酵母类系列产品，可广泛应用于生物医药、食品调味料、休闲食品及生物培养基等领域；从而提高原料的综合利用率，同时也减少了原料排放对环境造成的污染。

二、坚持质量是企业的生命

质量是产品的生命线。公司始终以质量为中心，求生存，谋发展，严格的遵守质量管理体系标准，确保公司产品的高品质。公司设置了专门的质量保证部门，并建立了质量保证人员考核体系，从而保证了人员的质量保证能力。公司还配备了高效液相色谱仪、酶标仪、近红外分析仪器等高端检测设备，以保证检测的准确性和有效性；同时，公司依据 ISO 9001：2008 质量管理体系的要求建立了完善的质量控制体系，从供应商的选择，原辅料包材入厂检验，生产过程质量控制，成品的出厂检验的每个环节均进行监控和双重把控。依据 HACCP 管理体系要求对产品生产的每个环节均进行了物理、化学和生物的危害分析，对显著危害进行了关键控制并建立了关键限值，从而

保证了产品的安全性能。公司始终坚持“顾客至上，质量是企业生命”的发展理念，通过不断的内部审核、外部监督审核、管理评审、持续改进管理过程中的不足，以保证产品质量。

三、技术力量雄厚，坚持自主创新，走产学研结合道路

公司设有技术部及技术服务部，具有生物、食品、发酵、畜牧专业技术人员超过 50 人，其中研究生以上人员 25 人，工程师以上职称人员 20 人，技术力量雄厚。公司拥有发明专利 1 项，使用新型专利 12 项，在各种刊物发表文章十几篇，在各种国家、省市级展会作技术报告十几次。公司的专业水平已经达到国内先进水平，并先后完成了“10 万 t 啤酒废酵母的综合利用”的建设项目。承担了唐山市科技计划项目——利用啤酒废酵母生产酵母抽提物、细胞壁多糖的关键技术与产业化，并已通过专家评定达到国内先进水平；河北省科技支撑计划项目——细胞壁多糖（β-葡聚糖、甘露寡糖）高效清洁生产工艺研究与产业化示范（结题过程中）；国家国际科技合作专项项目——生物酵母抽提物食品添加剂联合研发。并与中国科学院微生物研究所、中国农业大学、四川农业大学、河北联合大学、唐山师范学院等多家科研机构展开了长期的合作关系，始终致力于高品质、高性价比的酵母源产品的研究开发工作。

四、坚持以客户为上帝，不断变革，取得进步

自唐山拓普生物成立以来，持续不断地为众多客户提供优质的饲料原料。2013 年，公司为了能满足客户不断提升的要求，不断地进行组织管理和营销战略的调整。在营销战略的变革中，公司推出了“1＋1＋1”的营销模式改革。第一个“1”是以一些小型的养殖场为客户群体，建立稳定而密切的联系；第二个“1”是强化渠道（代理商）的建设和管理，充分利用渠道的分销能力来扩大公司产品的市场份额占有率；第三个“1”是从战略高度重点发展“大客户”的直销模式，用专业的服务来提升销售业绩持续增长。

五、坚持推进绿色健康养殖为主导

2010 年以来，基于国内蛋白原料的匮乏和对大量进口的依赖，公司以产品品质为依托加大了国际和国内市场的开发力度。在国内，销售范围已囊括东北、华北、山东、四川、广西、广东、福建等地区。在国外，易饲特系列产品得到了南美、东南亚、欧洲等客户的一致好评，外贸市场得到了进一步的发展。公司采用农户和公司并行的推销手段，以点带面，进行全方位的渗透和突围。

作为一家饲料原料企业，唐山拓普生物科技有限公司将始终坚持“用我们做好饲料”的理念，以保证饲料安全、食品安全为己任，将在实践中为振兴畜牧业注入活力，使人类更健康！公司将始终倡导并努力实现现代化企业经营理念，以人为本，努力进取，力争建成一个技术先进，管理科学，人才一流的现代化企业。以优质的产品，真诚的服务，推动行业健康发展，与各界朋友共同携手打造世界先进民族企业。

通力合作　打造高品质服务

——山西大象农牧集团有限公司

山西大象农牧集团有限公司前身为山西省文水县大象禽业有限公司，创建于 1998 年，现有员工 7 000 余人，是农业产业化国家级重点龙头企业，入选山西省“513”工程省级梯次重点龙头企业。2007 年，公司与山东六和集团股权合作，加入四川新希望农牧体系。2013 年公司销售饲料 58 万 t，销售收入实现 54 亿元。

公司先后荣获全国农产品加工业示范企业、国家级守合同重信用企业、全国新农村建设百强示范企业等荣誉称号，并获得 ISO 22000：2005 食品安全质量管理体系认证。

公司通过“公司＋基地＋农场”的经营模式，以肉鸡、肉鸭宰杀为龙头，配套饲料、种禽、养殖服务为主体的全封闭式产业链发展模式，全力打造成为中国中西部最大鸡鸭肉供应商。公司下辖 70 余处生产基地，35 个分（子）公司，基本形成吕梁聚落、雁北聚落、临汾聚落、长治聚落、晋城聚落、运城聚落 6 个生产基地新格局。2013 年年可孵化鸡鸭苗 1.2 亿余羽，年生产鸡鸭猪牛等百余种系列饲料 100 万 t，年屠宰肉鸡、肉鸭 1.2 亿只，年生产 26 万 t 鸡、鸭肉分割制品。“象丰”牌饲料和“金牧”牌鲜鸡肉被多次认定为山西省著名商标，“金牧”牌鲜鸡肉成为供应肯德基、麦当劳、双汇、铭基等著名企业的优质产品。

一、种禽事业部概况

该事业部下辖肉种鸡一公司、肉种鸡二公司、文水县绿农养殖有限公司、闻喜县象丰农牧科技有限公司养殖分公司、怀仁县象丰猪业科技有限公司、大同市南郊区象丰禽业有限责任公司、怀仁县象丰禽业有限公司和武乡县绿农农牧科技有限公司养殖分公司。

从 1989 年开始从事种鸡养殖，积累了丰富的种鸡繁育经验、积蓄了充足的人才。年可存栏父母代蛋种鸡和父母代肉种鸡 110 万套，孵化商品肉鸡鸭苗、

蛋鸡苗1.2亿羽。

优良的品种、来源可靠的种群、规模化的生产、全封闭的场舍、标准化的管理确保了公司向养殖户提供的雏鸡品种一致、健康水平一致、大小一致、母源抗体一致，从而使“大象雏鸡”成为山西省周边省市广大养鸡户心目中的知名品牌。

二、饲料事业部概况

该事业部下辖文水县大象禽业象丰饲料有限公司、大同市象丰饲料有限公司、文水猪料公司、孝义市大象农牧食品有限公司饲料分公司、闻喜县象丰农牧科技有限公司饲料分公司和汾西县朝阳农牧有限责任公司。

文水县大象禽业象丰饲料公司成立于1998年，现有两个生产厂，共有3条现代化饲料生产线，年共可生产饲料24万t；大同市象丰饲料有限公司位于大同市经济开发区，年可生产饲料20万t，是晋北地区规模最大的饲料加工企业；汾西县朝农牧有限责任公司，2010年投产，年可生产饲料20万t；孝义市大象农牧食品有限公司饲料分公司，2012年投产，年可生产饲料18万t；闻喜县象丰农牧科技有限公司饲料分公司，2013年投产，年可生产饲料18万t。

饲料事业部聚集了业内最精干的管理团队、高素质的技术队伍和熟练的操作人员。事业部各生产厂的生产过程全部由计算机控制，实现了生产自动化、程序化和规范化。事业部还从“配方设计、原料进厂、生产品控、成品出厂、售后服务”等方面严格把关，确保饲料产品品质。公司产品涉及种鸡、蛋鸡、肉鸡、猪、奶牛、肉牛、鸭、羊八大系列100余个品种。在传统的动物营养知识的基础上，提出了以“动态标准、精准营养、阶段饲养”为核心的蛋鸡最佳性价比饲料配制技术，经实践证明成效显著。同时，不断加大对功能性饲料添加剂的开发与应用。“象丰”牌产蛋鸡配合饲料从2001年以来连续4次被评定为山西省名牌产品，注册的“象丰”商标于2006年被认定为山西省著名商标。

三、食品事业部概况

该事业部是专业从事肉鸡（鸭）回收、屠宰、销售的公司，现下设6个分公司，7条肉鸡（鸭）屠宰线，分别为大象农牧集团有限公司食品分公司（文水）、孝义市大象农牧食品有限公司、闻喜县象丰农牧科技有限公司、汾西县朝阳食品有限责仕公司、武乡绿农农牧科技有限公司以及长治市双龙食品有限公司。事业部现有员工3 800余人，设计生产能力为日屠宰加工肉鸡（鸭）46.5万只，年屠宰加工1.4亿只，向社会提供白条鸡及肉鸡分割产品30余万t，居该省首位。注册的“金牧”商标于2006年被认定为山西省著名商标。

食品事业部下设的文水食品分公司也是山西省内最大的清真食品生产企业之一，被列入少数民族特需商品定点生产企业，孝义市大象农牧食品有限公司于2013年10月取得了清真食品生产经营许可证。

另外，从2012年2月份起，该事业部开始与百盛集团（肯德基）合作，在两年时间内，食品事业部以诚信的合作态度、稳定的产品质量，供货量从每月50t增加到每月700t。同时，食品事业部与深圳铭基公司、双汇集团等均保持着稳定的合作关系。

四、基地事业部概况

该事业部通过引进新品种、免费培训养殖户和不断引进新的养殖技术等方式，并制定了一系列优惠政策，如五统一，统一提供鸡雏、统一提供饲料、统一提供药品、统一制订防疫程序、统一回收；三固定，鸡雏价格固定、饲料价格固定、回收价格固定；合同鸡政策，一只鸡从鸡苗到出栏时需成本为19元左右，养殖户只需付3元/只，剩余16元左右由公司投资，这样公司承担了市场风险，同时也保证了养殖户利润；另外，公司还免费为养殖户提供鸡场选址、鸡场修建的设计规划以及肉鸡饲养管理、防疫用药等技术服务，同时为养殖先进户设立了养殖奖励金，为建棚户设立了建棚补助金等。公司在山西带动了3 000余户肉鸡养殖户走上了快速致富的道路。

五、养猪板块

朔州象丰农牧发展有限公司投资1亿元，占地1 500km^2，主要品种为PIC、长白、大白、杜洛克等优种猪。存栏祖代核心场存栏母猪1 500头，配套的商品育肥场存栏母猪9 000头，年可出栏种猪10 000头，商品育肥猪20万头。公司计划在2年的时间内选育出繁育率高，生长速度快，瘦肉率高和适宜当地自然条件的PIC生猪生产群体。采用“五统一”的方式发展养殖小区、养殖经济合作社，并且带动周边1 000户农户发家致富。公司靠科技闯市场、靠规模争市场、靠环保占市场、靠效益赢市场、靠和谐稳市场的经营办法，实现企业集约化生产、规模化发展、清洁化运营、市场化管理、拉长产业链、拓宽产品面，优势互补、资源共享、和谐稳定的滚动发展，成为当地畜牧业龙头企业骨干和发展亮点。

多年来，大象农牧集团始终坚持立足于基地建设，放眼与科技创新，运用全新的企业发展理念找生机，创新路，在日益激烈的市场竞争中站稳脚跟，在业内树立了良好的信誉，逐渐形成蛋鸡产业、肉鸡产业和饲料加工三大产业链，公司也从养殖场变为全国旗舰式农业产业化优秀龙头企业。截至2013年年底，集团带动山西及周边（省、市）10万余户农户致富，直接安排农村剩余劳动力7 000余人，带动肉鸡、肉鸭养殖户3 000余户，带动玉米等农作物种植户10万余户，带动运输、包装、服务、维修等相关行业2 000余户，农户年增收达20亿元以上，社会效益非常显著，走出了一条政府满意、公司发展、农户致富、生态和谐的循环经济产业链经营之路。

未来5年将是大象公司乘势而上、快速发展的时期。公司将紧紧抓住山西省掀起的新一轮跨越发展，转型发展的历史极好机遇，充分利用全省丰富的农业资源，以规模化、集约化和组织化程度的提升为手段，以加强基地建设、撬动金融投资、强化自主创新、完善营销服务、建立信息网络为途径，以带动农业发展、吸纳农民就业、促进农民增收为目标，大力发展产业集群，加大资源整合和战略重组，在现有基础上继续完善五大板块产业链。

通过5年的建设，将公司打造成为全国名牌骨干企业，成为引导山西农业结构调整，带动地方经济繁荣的领军力量。到2016年末，将大象农牧集团建设成为一个员工达2万人以上，年销售收入突破100亿元，直接带动农户超过60万户，具有核心竞争力的全国一流的现代化畜禽业航母企业。

打造“科技大象、创新大象、信用大象”是大象发展的基石、源泉。下一步大象公司将进一步规范管理、提高效率、融合资源、稳健发展，继续坚持阳光、正向、正气的公司精神，创造更大的社会经济效益回报社会、造福乡邻。

完善基地布点　加快产业布局

——山西汇福科技发展有限公司

山西汇福科技发展有限公司是由农业科技人员创建的高科技企业，经过20年的发展，立足山西，辐射周边，现已发展成为以饲料为主、大型种苗基地点线到面、蛋品加工以及养殖技术服务为辅的一条龙产业化服务龙头企业。相继发展建立5个生产基地，设立山西省农业科学院动物营养研究基金，在山西省农牧院校设立多项奖（助）学金；建成了新威科饲料研究所、动物营养检测实验室、龙城农牧科技园（在建）、祁县牛场与种鸡场及达益园英系PIC种猪示范养殖场、祁县蛋品加工基地、武乡百草坡、怀仁海北头肉羊养殖示范基地等相关延伸服务机构，形成了优势互补，产业紧密联系支持，多类别开花共同服务三晋农牧业发展的具有较为齐全的现代化农业产业链。

汇福科技是农业产业化国家重点龙头企业，中国饲料百强企业、全国食品工业优秀食品龙头企业、全国农林水利系统和谐企业、山西省“513”工程重点农业产业化龙头企业、山西省农业产业化重点龙头企业、山西省创名牌先进企业、太原市企业技术中心、太原市服务业三十强企业、太原市农业对外经济工作先进企业，山西农业大学研究生实验基地。汇福科技是ISO 9001质量管理体系、HACCP安全管理体系和22000食品安全管理体系双认证企业；“新威科”是山西省著名商标，“新威科”饲料是山西省名牌产品，“新威科”小鸡颗粒料是全国信得过产品；汇福科技新威科饲料是服务农牧业的拳头产品和主要载体。

汇福科技采用国际先进的瑞士布勒全套生产设备和美国Brill配方软件，在该省率先应用了国际领先的瑞典波通近红外仪检测设备，通过CMA资质认证。引进AJX、新中大等先进软件系统，具有强大的创新及持续发展能力，是全国农科院系统最大最好的科技成果转化企业；是国内同行业中唯一具有深刻农科院背景企业；是山西畜牧企业中最了解省情、最有针对性的品牌之一。经过近20年的深耕，名牌产品、著名商标、信用企业、优秀龙头以及覆盖该省的网络、精诚合作的事业伙伴一直是汇福科技前进的基石。市场开发上，以参与、建立养殖合作社和养殖小区为工作突破点，通过树立标杆户、实证户，以大型养殖户为产业带动单元，推进养殖理念及养殖方式的改变，使农民通过养殖致富，取得了良好的效果。企业内部管理上，加快了以“责任、敢当、伙伴、成长”为主导发展思想，以“全力以赴帮助养殖户成长成功”为工作重心，围绕企业文化的新诠释“全力以赴帮助员工和客户成长成功”为基点，树立“有财有业有地位”的企业与员工共同富裕的远大目标，凝聚企业内部力量，吸收企业外部能量，共同成长。明确20个独立核算单元，实行扁平化管理的基础上坚持线性管理和分支机构互动发展与支撑服务的理念，内部市场化层层推进，外部“二八”工作支撑鼎力，2011年以来相继建立直属开发团队、销售与维护团队、市场服务专家团队等针对性工作，不断拓宽市场的宽度，不断提升服务的深度与精度。市场开发理念上，在该省内率先实现了团队营销模式的建立，进行“阵地战”，干部和员工“同吃同住同劳动”，提升了工作的质量和水平；研发推广钉尖产品，完善“520200”营养套餐模式，相继推出“40701233”营养理念，继续推广猪颗粒饲料，以“做熟了的好猪料”及“将生产基地定位为养殖场的饲料车间”为理念。通过统一比价采购，保证产品质量，稳定经销商利益，提升散养户收益。

当前，随着产业化一条龙产业链的发展与深入，能征善战的队伍保障和经营理念的不断更新提高，汇福科技不断带动并推动山西养殖业发展壮大，将“为民造福，厚重生威”的核心理念得到推进和落实。

一、生产基地建设规模

为加快一条龙产业化发展，加快山西省畜牧产业转型跨越发展，汇福科技 2010 年以来专注于各类基地的建设和发展，产业布局进一步合理。

1. 扩大现有基地生产能力 在不断扩大销量的同时，分别在太原生产基地建设猪颗粒饲料生产线、扩大祁县基础母猪头数、在怀仁建设肉羊饲料生产、更新青贮料储存设施等方式进一步扩大现有生产基地产能，提升服务农民的能力。建立膨化车间和散料生产设备，不断提升产品品质和服务能力。

2. 加快产业布局 在原有的 5 个饲料生产基地的基础上，汇福科技在该省内加强了晋东南地区的生产基地建设，建立闻喜特种养殖基地，打造武乡特色养殖基地，建设长治新威科，设立晋城办事处、陕北办事处，继续建设太原龙城农牧市场，建成朔州海北头肉羊养殖示范基地。在雁北以“公司＋农户”的方式，形成加强青贮饲料的收购和储存，加快了当地秸秆利用等相关项目。

3. 完善基地布点 汇福科技通过建设武乡百草坡生态养殖园区、与山西省农业科学院果树研究所建设太谷西崖沟风情养殖园区（在建）、太原晋阳湖区天龙山生态养殖园区（筹建）、榆次东阳示范基地、阳曲现代化生产基地（筹建）等，逐步实现了在该省各地市的布局布点，在产业链继续延伸的同时也降低成本并扩大了养殖带动区域和方式。

二、企业发展带动农民增收

汇福科技以“为民造福，厚重生威”为发展理念和价值观，专注于惠农、兴农，崇尚厚道做人，细致做事。厚重的文化来源于对形势的把握、对畜牧业的认识、对目标的执著、对利益相关者的责任、对事业的热爱，是公司不断取得胜利前进的重要保障。

汇福科技基于员工和用户与企业共创、共享、共赢，继续推进发展，围绕让养殖户“好卖多赚”做文章，将“全力以赴帮助养殖户成长成功”的理念作为公司上下共同的奋斗目标，将公司目标与养殖户的发展意愿相结合，极大地解放了各方面的生产力。主导实施的“公司（饲料）＋养殖基地＋养殖农户＋蛋品加工基地＋消费市场”模式，通过养殖和生产加工基地交叉布局，逐步完善“威科畜牧服务网”，建立“威科村”，主导或参与各地养殖协会、养殖合作社、养殖小区等组织，与农户签订购销合同，引导农户有计划地开展规模养殖，形成企业承担市场风险，农民承当养殖风险的有机联结形式，有效地保证了产、供、销、服务方面的利益。通过原料、饲料、种苗、服务带动养殖户 15 万，按每年每户农民增加收入 2 000元的保守计算，则每年可让农民增收 3 亿元以上，人均增收 500 余元，每年直接保障就业 500 人，并通过间接的方式带动上下游万人以上各行业人员就业。

汇福科技通过发挥产业链的作用，在广大农村开辟了新的就业途径，提高了农业生产率，提高农村居民生活水平和生活质量，促进农村社会和谐发展，争做产业化带动的排头兵。

三、生产经营和完善的服务

汇福科技在发展过程中，始终坚持以“饲料为拳头，以服务为核心”的理念，公司专注饲料生产 20 年，专注服务 20 年。汇福科技在不断加强内部建设，成立产业链接部，通过与农户签订养殖协议，以出厂价为其供应饲料，并针对市场波动给予养殖户一定的补贴，降低市场应激，保障养殖户利益。2012—2013 年，汇福科技先后派出专家 1 311 人次，服务养殖户 2 万余人次，举办养殖培训 2 200 多场（次），召开各类养殖讲座 1 400 余场，培训相关人员近 4 万人，新增经销商和用户 200 多名，实现了企业效益和社会效益的双增长。

四、以质量安全为社会责任

自公司成立以来，始终关注产品质量，将产品质量视为公司生存的根本。1998 年汇福科技在山西省农牧行业率先通过 ISO 9001 质量体系认证后，又于 2005 年通过 HACCP 安全管理体系认证，2010 年在实现体系换版的同时再次通过 22000 食品安全体系认证。2013 年作为国家新规范实施的示范企业及山西省畜牧业的代表，得到了国家相关部门的表扬和赞赏。汇福科技引进的瑞士波通静红外检测系统，目前各项原料成品检测实现了从原料到成品的 5～10min 出数据，做到了快捷、准确和及时，使产品质量保证再上新台阶。汇福科技始终以无抗鸡全价饲料引领山西蛋鸡养殖业，得到广大养殖户的认可，2013 年推出的全新保育王经过反复及大面积的推广使用，使养殖变得简单并更安全，体现了企业的社会责任。

汇福科技始终以“让畜禽奉献更多”为服务宗旨，专注饲料和养殖服务，专注于惠农、富农的基础上，共同发展，实现企业目标。公司深知自己的社会责任，只有与养殖户一起发展，共同壮大才能保证公司的持续前进，而企业的壮大将会带动更多的农民走上养殖致富之路。在每年响应参加山西省科技厅、农业厅等部门组织的下乡活动的同时，公司组织中青年专家到一线，通过技术讲座、技能培训、疫病诊断、现场管理、点点服务、资料发放等多种方式，提升该省养殖户的养殖观念和水平。汇福科技先后在山西农业大学、山西省畜牧兽医学校、榆次农校设立“新威科”奖学金、助学金，先后在各基地所在地中学资助困难学生。在山西省农科院设立科研基金支持科研等相关事项，体现了汇福人的社会责任感和汇福科技的社会责任。

确保安全　争做一流品质的饲料

——内蒙古正大有限公司

内蒙古正大有限公司为中泰合作企业，注册成立于1994年，于1995年8月正式投产。总投资超过6亿元，现拥有2座年设计生产能力40万t的大型饲料厂、1座年生产100万羽产蛋育成鸡标准化场和2座存栏36万羽的现代化蛋鸡养殖场，员工438人。

公司主要生产、销售各种畜禽、水产饲料，并开展各种畜禽疫病防治、配种技术咨询及售前、售中、售后服务等；同时为延伸产业链，实施多元化经营，公司于2012年开始，成功托管了蒙牛第六牧场、蒙德隆牧场，截至2013年正式托管的牧场已达10余家。公司投资规模与累计产销量均为自治区同行企业首位。产品有奶牛饲料、肉牛饲料、羊饲料、猪饲料、蛋鸡饲料、肉鸡饲料、种鸡饲料、鸭饲料、鱼饲料等9大系列，70多个品种，4种规格。

内蒙古正大成立以来，始终坚持“利国、利民、利企业”的企业经营准则，追求“顾客、企业、社会”三满意；始终坚持为农牧民提供科技领先品质卓越的饲料，以增加农牧民收入和丰富人民生活为使命，通过推广科学技术帮助农牧民提升养殖水平，提高养殖业的经济效益。企业管理科学高效，生产技术先进，销售渠道畅通，实现了企业的持续快速发展，已成为内蒙古自治区饲料工业的龙头企业。企业的发展提升了自治区饲料工业的科技水平，推动了内蒙古自治区畜牧养殖业的发展。帮助农牧民走上致富之路，为自治区的经济和社会发展作出了积极的贡献，并取得了经济效益和社会效益的双丰收。

公司曾多次被行业、内蒙古自治区、市授予先进技术企业、年度全市工业经济快速发展显著成绩奖、农牧产业化重点龙头企业、农牧企业十强、农牧业产业化先进集体、自治区民营企业50强评选暨排行榜活动中名列第26位。猪饲料被授予中国名牌产品荣誉称号，内蒙古自治区诚信联盟诚信单位、自治区公益事业优秀单位、连续多年被评为用户满意产品称号、连续荣获年度纳税先进企业和环境保护工作先进单位、自治区重点人才培养基地、自治区扶贫重点龙头企业等荣誉。

一、争做一流品质的饲料

自成立以来，内蒙古正大的发展依靠的是国际领先技术和生产设备、现代化的经营管理模式和专业化的精英团队，重视质量管理，完善售后服务，并不断加强产品质量，赢得了广大客户的信任与支持。

为确保向农牧民提供一流的产品，内蒙正大的饲料生产线全部由美国豪孚公司设计，选用了世界上最先进的WEM的F-3000自动配料系统，原料清理、粉碎以及半成品制粒的设备全部采用CPM公司生产的先进设备，先进的设备为生产高质量的产品提供了保证。公司化验室从美国、德国、日本等国家引进先进的检测设备，对进厂原料进行100%抽检，严把原料质量关，对生产的全过程实施监控，实施全面质量管理，顺利通过HACCP及ISO 9001管理体系认证和评审工作。

公司聘请多位知名专家组成专家组，研发出了适合当地家畜生长发育和能充分发挥其生产性能的多种饲料配方。公司自成立以来共为社会提供优质饲料150余万t，产品历年抽检合格，并多次在全国及内蒙古自治区农业博览会获奖。良好的产品质量保证了家畜高生产能力的发挥，提高了农牧民的养殖收益，内蒙古正大依托饲料产品和强大的技术支撑，正成为农牧民致富的好帮手。

二、科技先行，努力加强产业化服务体系建设

农牧民渴望富裕，但传统落后的生产经营理念和粗放的饲养方式，束缚家畜生产能力的正常发挥，养殖业效益低下，农牧民养殖积极性不高，产业化发展速度缓慢。公司坚持“利国、利民、利企业”的宗旨，提出了“网络先行、服务制胜”的经营理念，推出服务营销、顾问式营销方式。公司充分利用正大的人才、技术、资金优势，投入大量的人力、物力、财力，营销人员不辞辛苦地深入田间、地头、农牧户、养殖场，为农牧民无偿举办养殖技术讲座、发放配套的产品养殖技术指南，传授科学饲养技术、进行现场疫病诊断防治，针对疾病及时给予手术、输液、开置处方等治疗；把重点养殖户作为传授实用饲养技术和疫病防治技术服务体系的网点，推广规模化、标准化养殖示范。

自成立以来，公司累计举办奶牛、猪、鸡、羊、鱼各类养殖培训班接近2万期，培训人数达到100万余人次。公司在有条件的乡村建立正大养殖服务中心，进行全方位的售后服务和技术培训，并开通客户

服务咨询热线，社会化服务体系逐步成网，系统的服务和养殖技术培训，极大地提高了养殖户饲养水平，降低养殖风险，真正帮助农牧民解决“三农”问题。

三、延伸产业链，构建现代养殖体系

内蒙古正大着眼未来，致力于做世界一流农牧食品企业，为传统养殖业提供全方位改造方案，同时推广现代标准化蛋鸡、生猪养殖场，做国家需要、人民需要的事业。公司投资1亿元的年产100万只现代蛋鸡育成鸡生产线已经投入使用，投资3 000万元建设的1 200头祖代种猪将在3月份投入运营，投资3亿元建设的世界最先进，中国北方地区单体规模最大年出栏15万头的养猪项目年初破土动工。内蒙古正大以大量现代化、标准化养殖项目的成功案例得到了地方各级政府以及合作伙伴的首肯。

四、全产业链经营，确保食品安全

内蒙古正大创立并践行新食品全产业链系统战略模式，以同源引种、分段饲养、同进同出、四良配套（良种、良舍、良法、良料）的标准化生产保证养殖环节的技术先进性；用信息系统构建全程可追踪的安全食品体系；以现代物流及电子商务保证食品的可追溯性，运输成本降低并严格达到防疫要求；以新营销、新网络、新物流创新食品营销模式，用大数据管理实现大市场整合。

关于产业链整合模式，公司以“公司＋基地＋企业/农场”模式整合产业资源，企业/农场在政府产业政策、项目补贴、土地及银行贷款等优惠条件的支持下与公司合作共同发展现代养殖业，由公司设计并主导建设种猪养殖基地，建成后由正大租赁经营，合作企业不承担养殖与市场风险。正大负责经营技术密集、高度专业化、投资高、风险大的种猪基地，为下游“公司＋农户”模式发展标准化养殖的“家庭牧场”提供优质仔猪。真正实现国际专业化大公司为投资者和农民合作者打工的合作模式。

公司的新食品全产业链的做法实现了全产业链环境友好、可追溯、技术研发及示范带动，不仅将农牧产业做大、做强，更致力于将事业做细、做精，承担了农牧食品龙头企业的社会责任。

公司预计在未来5年内打造青年鸡年出栏500万只，蛋鸡养殖存栏300万只；育肥猪年出栏50万头，肉羊出栏30万只。未来五年，公司新项目投资总额累计14亿元人民币，到2022年，公司将发展成为年产值100亿元，利润1亿美元的现代化综合性农牧食品龙头企业。

夯实基础　突出产业

——内蒙古蒙泰大地生物技术发展有限责任公司

内蒙古蒙泰大地生物技术发展有限责任公司是由北京九州大地生物技术集团股份有限公司与内蒙古农牧业科学院共同投资兴建，是一家专业化生产和经营反刍动物复合预混合饲料、畜禽、水产复合预混合饲料及反刍动物精料补充料、浓缩饲料的现代化高科技企业。公司于1997年1月8日在呼和浩特注册成立，2009年迁址于和林格尔县盛乐经济园区，并建成6万t反刍动物精料补充料、浓缩饲料专业化生产线及1万t反刍动物复合预混料、1万t畜禽复合预混合饲料生产线各一条。

16年来，公司始终秉持“根植大地、共享成长”的企业理念，认真履行“振兴民族饲料工业，服务广大农牧民”的基本理念，努力实现“帮客户创造效益，让员工体现价值，为社会积累财富”的价值观，大力弘扬“滋育生命、厚德载物”的企业精神。按照集团发展的总体战略规划，探索和建构具有自身特色的经营管理模式，走出了一条独特的发展道路，为公司进一步做强做大蓄积了强大的发展后劲。

立足当代国内外动物营养科学最新成果，针对目前国内养殖业现状，公司致力于开发、生产及推广更适合畜牧业发展需要、更具时效性的系列产品，以确保畜禽优质的健康状况和生产性能。

公司拥有专业化的人才团队，完善的管理流程及完备的饲料检测设备，产品涉及反刍动物精料补充料、浓缩饲料，反刍动物、猪、鸡复合预混合饲料5大系列约100个品种，畅销河北、山西、内蒙古、宁夏、陕西、甘肃、青海等省份。

追踪当前国内外最新养殖技术、吸纳动物营养最新研究成果，公司建立了企业自有原料数据库和不同畜种、不同生理阶段的企业内控产品技术参数，推出了反刍动物、畜禽、水产预混合饲料，反刍动物精料补充料、蛋白浓缩料等系列产品。公司投入大量经费主要用于产品升级换代的基础研发，开展物理、化学及生物学评价以及承担政府部门的专项科研项目等。研发中心跟踪探索前沿技术的发展，为新产品提供核心的技术支持，并致力于攻克技术难点，实现公司的核心技术储备，为公司挖掘新的利润增长点。

公司是农业部《饲料质量安全管理规范》试点、示范企业之一。在原料购入、产品生产、品质控制、销售过程中全面执行《饲料质量安全管理规范》《饲料和饲料添加剂管理条例》《饲料原料目录》等国家相关法规、条例的要求，所使用的原料及生产的产品均有可追溯性。

公司是中国饲料工业协会团体会员（理事单位）、内蒙古自治区饲料工业协会副会长单位、内蒙古自治区农牧业产业化重点龙头企业，优良“饲料质量跟踪服务产品”企业。公司始终坚持“滋育生命、厚德载物”的大地精神，奉行“根植大地、共享成长”的理念，为广大养殖户提供优良的饲料产品、便捷的服务及整体的饲养方案，为内蒙古自治区饲料业的发展及畜牧业的繁荣努力。

2000年后我国奶牛养殖业进入了高速发展阶段。公司集中投资在科研、技术、生产、市场开发的优势力量研发出了奶牛精料补充料及浓缩饲料系列产品并成功地推向市场，开创了自治区奶牛精料补充料及浓缩饲料产品的系列专业化研发、生产、销售及售后技术服务“一条龙”的产业化模式。随后根据精料补充料及浓缩饲料生产、运输辐射半径的规律，为最大程度降低广大养殖户的饲料成本，公司于2001年分别在包头市和乌兰察布市集宁区成立了蒙泰大地包头分公司和宏泰大地饲料科技有限公司两家分公司。随着市场的拓展和销量的增长及集团整体战略发展规划的需求，两家分公司分别于2003年和2004年成为集团的子公司。

2009年，公司迎来了新的发展契机。通过多年的不断努力奋斗和积累，内蒙古蒙泰大地生物技术发展有限责任公司在和林格尔县盛乐经济园区斥资兴建了6万t反刍动物精料补充料浓缩饲料、1万t反刍动物复合预混料、1万t畜禽复合预混料专业化生产线各一条。现代化的先进生产线，专业化的管理、生产运行模式，集市场调研开发、产品售前、售中、售后全方位多功能技术服务于一体的营销模式，加之秉承“帮客户创造效益，让员工体现价值，使公司得到发展，为社会积累财富”的价值观，内蒙古蒙泰大地生物技术发展有限责任公司将会迎来一个更美好的明天。

公司注重引进技术的同时，在实用技术开发、自主技术创新方面做了很多扎实性的工作。坚持自主研发、创新为主、引进为辅的产品发展战略，不断加快企业技术进步，提升企业的核心竞争力。目前公司承担着呼和浩特市重大科技专项《犊牛早期断奶关键技术-膨化代乳产品的研制与产业化生产》及《反刍动物功能性饲料-奶牛围产期功能性产品的研制与产业化生产》的研发项目。该项目是根据我国著名反刍动物营养专家内蒙古农牧业科学院卢德勋博士提出的“反刍动物系统整体营养调控理论和技术”作为研发的技术依托，并结合公司在饲料生产研发方面所积累的技术参数加以熟化，针对我国奶牛业发展趋势和犊牛早期断奶及奶牛围产期饲养管理的实际情况，在大量实证的基础上开发的。

公司自成立以来一直贯彻在强有力的执行力推动下科学化、规范化、精细化的开展各项管理工作方针。“方案营销”的执行使得整个公司的销售模式得到统一，并在销售的各个环节有据可依。

公司坚持“根植大地，共享成长”的理念，逐步培育形成了优秀的企业文化。在蒙泰大地公司，所有员工都认可而且高度赞同“只有从基层做起，踏踏实实做事，实实在在做人，这样才能把事情做成功，才能使自身得到提高”。目前公司核心员工的平均在职年限不断增长，为企业长远、稳定、持续发展奠定了良好的基础。

未来，公司将秉承夯实基础、突出主业、实业扩张、做强做大的原则，致力于将公司发展成为科技含量高、产品附加值高、市场占有率高、具有强大竞争力的一流饲料企业，以“滋育生命、厚德载物”的大地精神，实践“根植大地、共享成长”的理念。

立足国内　布局全球

——辽宁禾丰牧业股份有限公司

辽宁禾丰牧业股份有限公司（以下简称禾丰牧业）成立于1995年，是国家级农业产业化重点龙头企业，是中国饲料工业协会副会长单位，是中国最早通过ISO 9001国际质量管理体系和HACCP食品安全管理体系双认证的饲料企业之一，“禾丰”商标是中国驰名商标。经过19年的快速发展，禾丰牧业已成长为中国驰名、实力雄厚、技术先进、产品一流、在全球饲料工业舞台上极具影响的大型民营股份制企业，和丰牧业以饲料研发、生产、销售为主营业务，同时涉足饲料原料贸易、生物技术、饲料机械、畜禽机械，畜禽食品加工等多个领域。截至2013年年底，禾丰牧业在国内外已拥有80余家全资或控股分（子）公司，产品覆盖25个省市，并已出口到朝鲜、尼泊尔、越南、伊朗、俄罗斯等国家。2006年10月，禾丰牧业吸纳专业饲料跨国集团—荷兰德赫斯公司成为新股东，荷兰德赫斯公司厚积百年的强大技术研发实力与禾丰自身技术积累碰撞融合，相得益彰，使禾丰牧业的整体技术水平在短时间内跃入世界顶尖之列。

一、技术及产品优势突出，助推企业超速发展

2006年以来，禾丰牧业加强了国际间合作，以技术引进、联合开发、合作建厂等多种方式从国外引进和吸收了大量先进技术，使主要产品的技术水平

得到迅速提升。禾丰牧业已有多项饲料技术，打破外资企业垄断，为我国畜牧业发展做出巨大贡献，并获多项国家、部、省、市科技进步奖励和其他奖项。

为鼓励创新，公司很早就制定了《技术创新评估和奖励办法》，每年对技术创新过程中做出突出贡献的团队和个人给予相应的荣誉和奖励，这种创新能力得到了政府权威部门的认可，禾丰牧业技术中心陆续被评为国家农产品研发中心饲料加工专业分中心、国家生猪产业技术体系试验站单位、辽宁省首批民营企业博士后科研基地、辽宁省工程技术研究中心、本公司和4家分公司相继被认定为国家级高新技术企业，2012年被认定为国家火炬高新技术企业，2013年被评为“国家认定企业技术中心”。

二、优势营销与客户共同发展

禾丰牧业始终坚持“使禾丰业务发展的最佳方法，就是帮助客户的业务率先发展起来”，并在不同发展阶段针对客户需求特点提出了有针对性的营销理念。在成立之初，经营预混合饲料业务阶段，提出了“百分之一的加入，百分之百的成功”，不仅彰显了公司的核心技术优势，更将原料服务、配方制定、管理培训带给了千家万户。“禾丰饲料、营养专家”的营销理念，不仅为客户提供了合理的高品质产品，更将高效的可信赖的专家化服务送到客户面前。而在“拥有科技、拥有成功”的理念下创办的《禾丰科技》月刊深受行业人士好评。公司实行的价值营销，不仅为客户提供产品，同时还为客户提供解决问题的方案，为社会培养了大批的专业人才。

三、继续发挥农业产业化优势，提升社会效益和经济效益

禾丰牧业始终以服务农民、全方位带动农民致富为己任，有强烈的责任感和紧迫感，致力于为农民客户提供高品质的产品，提供无偿的全方位系统培训和高质量服务，每年直接或间接带动100万养殖户走上致富道路，积极发挥了农业产业化重点龙头企业的带动作用，创造了经济效益与社会效益的同步良性增长，为国民经济发展及畜牧业发展作出了突出贡献。

禾丰牧业作为国家、省、市三级农业产业化重点龙头企业，有强烈的服务农民的责任感和紧迫感，禾丰公司将主导产业锁定在畜牧饲料业上，逐步完成一体化的系统整合，将产业链向下游养殖业和食品加工业，向上游原料生产和贸易等领域全面延伸，从一个主营饲料业务的集团化公司，升级为一家集饲料、原料贸易、兽药和生物制剂、饲料机械、养殖设备、养殖及畜禽屠宰深加工、农产品深加工直至进入食品领域的大型农牧综合性企业集团。通过产业化经营，直接或间接带动种植及养殖农民22万户以上。2012—2013年，饲料等相关产业累计带动农民增加农业总产值近240亿元。

禾丰牧业在努力做大做强企业的同时，以社会发展为己任，坚持工业反哺农业。2013年，禾丰牧业已经在全国20多个省市自治区投资建厂，每投资一地，就会完善当地农业产业化服务，增强就业，促进增收，带动地方经济发展。通过订单合同，为扶持集团所属生产基地和原料供应区域的农民创造更多的收入。同时，禾丰牧业每年招聘大学生超过2 000名，且大多出自农民家庭，为各地消化并解决大学生就业难题作出自身的贡献。原料的采购是企业经营中的一项重要环节，在企业周边建设原料生产基地不仅可以保证原料的质量，为企业减少运输成本，更为当地的农民增加收入。禾丰一直重视原料生产基地的建设，在公主岭建立了公主岭玉米收储基地，在当地与多户农民建立订单式生产基地，在彰武建立了苜蓿草种植基地，通过合同联结制带动当地农户致富；在彰武、西丰，和丰牧业建立了菊花粕、万寿菊的生产基地，与当地农户签订订单和合同；在黑龙江双鸭山，和丰牧业建立了大豆种植基地等等。通过原料基地建设，使整个集团的采购工作更加顺畅，采购成本更为合理，同时为当地的农户创收作出了贡献。

四、继续加强人才优势

创业伊始，公司就非常重视技术团队的建设，7名创始人中有1名博士，3名硕士，3名大学生，均具有动物科学的专业背景，多人都曾在国内重点大学任教或在省部级单位从事技术研发工作。2013年公司5名核心技术人才中，有4名具有博士学位，1名资深专家。在公司核心技术人才的带领下，800多名优秀的技术人才共同组成了禾丰牧业高度专业化的技术团队，公司还将不断壮大该队伍，继续引进国内外技术人才。

在“加盟禾丰，共襄盛举”的人才理念感召下，公司逐渐拥有了一大批优秀精干的人才。专业化的营销队伍是禾丰牧业人才资源的又一大优势，目前，公司拥有超过千人的市场服务和产品推广方面的专业团队，大部分营销人员拥有畜牧兽医技术背景，并接受了公司给予的全方位培训，长期活跃在县、乡、村等终端市场，为经销商、养殖户提供技术服务，成为公司市场份额不断扩大的主要推动力量。采购贸易、财务、生产、人力资源等各类专业人才也在公司的发展中发挥重要作用。

培训是帮助人才成长进步的重要方法，公司自成立之日起就建立了培训中心，专门致力于积极心态的建立和业务能力的提升。禾丰牧业每年招聘200余名

应届本科生与硕士研究生，实行“禾苗培训”；针对年轻骨干人才，本公司又开展“向日葵”培养项目，发现有潜质的管理者，使之成为禾丰牧业未来发展的中坚力量；面对中高层管理者，则实施了 EDP（高层管理者发展项目）培训计划，现已有 300 余名管理者接受过系统的 MBA 核心课程的学习。2010 年公司培训中心启动了网上学习模式，建立了禾丰牧业网络学院。

在人员激励方面，除差异性薪酬、人性化福利、个性化职业规划外，禾丰牧业在股权激励方面也有大胆尝试。2002 年 18 名优秀管理者成为了公司的新股东，同时还有相当一批杰出人才在禾丰下属企业成为股东，以共享事业成果。平等、分享的激励方式吸引了更多人才加盟禾丰，共享精神已成为公司核心企业文化之一。公司坚持“按绩取酬”，设有 360°考核体系，既当面评核又独立评估，使员工了解自己工作中的优点与不足，以利于持续改进。

禾丰牧业成立之时，就把“创造价值，实业兴邦”作为公司的发展目标，把“以先进技术、完善服务、优秀产品推动中国畜牧业发展，节省资源，保障食品安全，造福人类社会”作为企业宗旨而严格遵守，努力承担民营饲料企业应尽的社会责任。公司恪守禾丰宣言：永远从客户的需要出发，不断开发新产品，绝不因循守旧；永远诚实经营；永远以服务社会为宗旨，靠科学技术和创造性劳动来发展自己，不做社会的寄生虫。无论是在残酷的市场竞争中还是与他人的合资合作中均秉承不移。禾丰牧业将以科学技术、优质产品、真诚态度来服务社会，继续秉承创业初衷，为行业、为国家不断做出新的贡献。

整合资源　优化产业链

——铁岭东大集团

铁岭东大集团成立于 1997 年，坐落于全国重点粮食生产基地辽宁省昌图县境内，是一家以饲料工业为主，集粮食贸易、肥料工业、种猪繁育、房地产开发、金融服务于一体的综合性集团企业。集团员工总数 600 余人，拥有一流的管理团队，其中大专以上学历 208 人，专业技术人员 33 名，总占地面积30 万 m^2，固定资产近 2.5 亿元，年销售饲料近 30 万 t，实现粮食贸易近 20 万 t，产值 15 亿元。

2013 年经历了饲料原料持续涨价，部分大宗原料阶段性短缺；养殖业疫病频发，养殖户获利水平降低；终端肉类产品需求和消费下降；饲料企业间整合加速、竞争日趋激烈等诸多困难。部分饲料企业销量下滑，利润水平明显下降，中小型饲料企业面临着严重的生存危机。在这种情况下，集团却在逆势中稳步增长。

一、及时调整发展战略，确保销量稳定增长

集团在充分认识行业发展趋势的情况下，克服了盲目乐观，高速扩张的错误思想，明确了“在稳步中求发展”的战略方针，坚持贯彻“以文化塑造品牌，以服务赢取市场，以特色成就卓越”的经营策略。立足现有品牌，把主要精力专注在对市场的研究，产品的质量管理，自身品牌的研发创新以及特色服务体系的建设上面；把客户的问题作为集团的攻关课题，把客户的需求作为企业的追求；坚决不参与市场的恶性竞争，合理调整集团产品结构布局，适时推出市场需求的新品种；在专业做好猪料的前提下，加大了对牛羊料的市场开发力度，为集团的饲料销售增加了新的亮点。2013 年下半年整体销量出现快速增长，同时集团旗下的粮食贸易、肥料企业、北方猪厂也保持了较快的增长势头，集团销售收入突破 15 亿元，实现了东大集团的稳步发展战略。

二、加大科技研发投入，核心竞争力大幅提高

集团进一步提高了科技创新意识，加大了科技研发投入力度，有 4 项发明专利、6 项实用新型获得国家知识产权局颁发的专利证书。其中 4 项发明专利分别为 1 种乳猪教槽饲料、1 种无抗生素仔猪保育料、1 种育肥牛精料补充料、1 种育肥猪的养殖方法。6 项实用新型专利分别为 1 种刮板分级筛、1 种手推叉车、1 种饲料成品筛、1 种永磁筒、1 种配合饲料生产线、1 种打号机。这些专利的发明为集团的发展提供了可靠的技术保障。

集团继 2012 年猪全价配合饲料、浓缩饲料成功打造成为市场一流王牌产品后，2013 年集团推出的乳猪教槽料再次成为东北知名产品。在市场保育料精细划分的背景下，集团先后开发出两款仔猪保育后期料，并推出适合吉林、黑龙江市场的新产品中档仔猪前期配合饲料。同时对东大牧业的部分产品进行了质量升级和价格调整，使集团的产品结构更趋合理，最大限度地满足了低迷市场情况下的客户需求，增加了产品竞争力。集团在全国养殖业行情空前低迷的外部环境下，依然保持了稳中有升的增长势头，成功跨入东北地区生猪饲料企业的第一军团行列。

三、整合优势资源，整体产业链进一步优化

自 2013 年以来，集团针对全国饲料行业竞争激

烈、整合加速的严峻局面，本着“先做强，后做大”的发展原则，对集团的上下游产业链进行了全面的整合和改造。扩建了粮食储备库，增强了粮食储备能力。铁岭丰农粮贸有限公司10万t粮食储备库已全部投入使用，粮食储备能力大幅提升，饲料原料供应也将有了更可靠的保证。现代化万头种猪厂的建设全面开工，该项目投产后将为集团的整个产业链描金绣彩。

四、坚持以销售为中心，饲料销量持续增长

2013年，在集团全体员工的共同努力下，饲料销量在逆境中保持了稳定的增长态势，同比去年销量增长了23%。

1. 让利客户，稳定客户 在市场低迷的时期，集团在“看市场、保稳定、求发展”的总体工作思路上，坚决采取“要市场，不要利润，主动让利于民”的营销策略，主动让利给客户，极大程度上稳定了集团的客户群体。

2. 准确把握市场方向 在保证专业做好猪料的前提下，逐步加大了牛、羊料的市场开发力度。集团在原有育肥羊浓缩料的基础上，研发出羔羊奶粉料、羔羊全价配合饲料、母羊浓缩饲料等，完善了肉羊料系列产品结构，为集团的饲料销售增添了新的亮点。

3. 全面整合客户资源，建立了系统完善的营销网络 一方面集团对现有商户资源进行全面的分析和整合，完善客户管理系统，建立完备的商户信息库，扩展系统对商户分析和评价功能。对客户实行分级管理。另一方面，从挖掘内部销售潜力入手，积极探索建立包括销售计划管理、业务员行动过程管理、员工奖惩机制、客户服务机制在内的销售管理体系。全面开展了“打造样板市场，树立样板经销商，培养精英业务员”的活动；倡导市场低迷时，注重学习，积累经验，为市场回暖时的快速突破积蓄力量的理念，着重培养业务员驾驭经销商的能力和管理市场的能力。

五、加强设备改造，提升整体生产能力进一步提高

集团在继2012年投入3 000万元新建全价料生产线之后，于2013年再次投入了2 000万元，把原有旧设备改造成时产50t浓缩饲料的自动化电脑配料生产线。改造后的浓缩料生产车间，实现了生产过程的自动化和智能化，大大提高了配料精度与准度，减少人工操作的失误和误差，使生产能力达到月单班粉料3万t，颗粒料月单班4万t，总产能达到月单班7万t以上。

六、全面贯彻饲料法规，继续稳定产品质量

2013年年初以来，铁岭东大牧业有限公司抓住创建“国家质量安全管理示范企业”的契机，对员工的质量安全意识，岗位操作规程进行了全面的培训，对公司的质量安全管理体系进行彻底的完善，制订了一整套包括原料采购、生产过程控制、产品检验、贮存、运输、销售及人员培训等方面的管理制度和操作规程，并根据《饲料质量安全管理规范》的要求，编制了一套科学合理、操作性强的《质量安全管理手册》。公司顺利通过了国家农业部专家组的检查和验收，被评定为农业部“饲料质量安全管理A级示范企业”，同时被辽宁省饲料办确定为省饲料企业许可换证免检单位。

做好示范企业，集团在东北地区乃至国内饲料行业中的知名度大幅提升，提高了饲料产品全过程的可追塑性，全面带动了集团产品的质量安全管理水平，使集团饲料产品的质量有了更加可靠的保证。

七、加强企业文化建设，企业形象全面提升

集团全面加强了企业文化建设。首先是继续深入开展了“创建学习型企业，培养职业化员工”的活动，通过企业文化宣讲、员工在职培训、岗位技能竞赛、网站征文宣传、每月一句销售名言等活动，提高员工的思想觉悟和业务素质，增强了企业的核心竞争能力。其次是把责任意识作为企业建设的灵魂，着力打造最具社会责任企业。在努力创造更多的物质财富的同时，积极承担社会责任，主动参与社会慈善事业、公益活动、关心员工疾苦。

集团先后被辽宁省饲料工业协会评为“辽宁三十强饲料企业”；旗下铁岭东大牧业有限公司被评为农业部“饲料质量安全管理A级示范企业”，在饲料企业换证过程中成为辽宁省免检单位；集团旗下铁岭东大牧业有限公司及铁岭市大北农饲料有限责任公司同时被辽宁省工商行政管理局分别公示为“守合同重信用企业”、辽宁省“农业产业化优秀龙头企业”等。

未来几年，全球经济逐渐回暖，随着全国饲料企业许可执照核发工作的全面完成，饲料行业必定经历一次地震式的重新洗牌，饲料企业也必将迎来新的春天，步入新一轮黄金发展周期。对集团来说，这是一个千载难逢的发展机遇，也是一次前所未有的挑战。集团继续全面贯彻“以文化塑造品牌、以服务赢取市场、以特色成就卓越”的发展战略，坚持不懈地走“东大特色的专业化品牌发展道路”，专心、专注、专业做好猪料品牌，加大科技创新投入力度，加快产品

结构调整，加速资源整合步伐，稳步推动整体产业的共同发展。为打造一流的农牧企业不断作出新的更大的贡献。

定制“健康”与“财富”

——辽宁华达牧业有限公司

辽宁华达牧业有限公司位于风景秀丽、有着“鹤乡”美誉的沈阳市胡台经济开发区，公司占地面积超过2万 m^2，是一家集规模化、现代化、产业化为一体的大型农牧高科技企业。

公司拥有一整套先进的生产设备：东北第一套完全膨化饲料生产线、自动化浓缩饲料生产线、高科技的预混料生产机组、国际先进的计算机监控系统等。一流的操作人员保证了产品的顶级品质，严格按照ISO 9001：2000国际质量体系、HACCP食品安全质量管理体系生产运营，是东北饲料行业的典范。

华达自创立伊始便立志打造饲料行业的“高定”级品牌与服务，为养殖业提供高档、高端、高效的饲料与先进的技术支持，为振兴中国畜牧业注力。华达无时无刻不忘专注于提高产品的科技含量、严把质量关和为客户提供优质的服务。自创建以来，华达一直执着于以科学技术创新为根本的发展理念。公司聘用博士后等数名饲料产品研究领域的专业精英组成了一支强大的科技创新研发队伍，采用国际先进技术，经多年探索，精心研发了猪、鸡、牛、羊等各大系列饲料产品数十个品种，其技术均达到行业领先水平。

2007年，公司与大连工业大学建立了校企合作平台，通过合作不断充实着公司的研发队伍，双方共同致力于研发微生态饲料添加剂和合生素制剂等课题。其目标由单纯关注动物生产指标扩展到关注安全、健康、环保等多个环节，该项技术已取得了阶段性的可喜进展。

华达重视学术研究和新品开发，在取得良好的经济效益和社会效益的同时，更获得了众多权威部门的认可，如“沈阳市龙头企业”“有机产品认证”“饲料行业星锐企业”“辽宁三农科学发展奖”“沈阳市经济成长型企业”“辽宁省农业产业化重点龙头企业”“国家级星火计划项目”等。

一、严把质量关

华达始终坚持以质量为中心、把饲料质量安全视为生命，严把质量关，从原料选择、物流、生产到检验层层把关，以确保将科学的配方转变成优质的产品。华达严格遵照饲料卫生标准，对饲料原料中农药残留、有毒有害物质、霉菌毒素等严重影响质量安全指标的进行严格检验，坚决杜绝不合格饲料原料入厂，并严格执行《饲料和饲料添加剂管理条例》，严禁超量超范围使用；在储藏过程中尽量避免阳光直射，原料按类堆放，严禁相互掺混而发生交叉污染，保证先进先出，且定期对原料及饲料进行品质检测；在生产加工方面，采用国内最先进的饲料生产工艺设备，在粉碎、配料、混合、制粒、包装等整个生产流程均使用计算机自动控制系统，确保了生产效率和产品质量。

公司先后获得了众多认证：ISO 9001国际质量体系认证、ISO 22000食品安全管理体系认证和有机产品认证。公司拥有先进的检测设备、制订了严格的质量监控和检测体系，确保华达产品的出厂合格率达到99%以上，被评为辽宁省饲料企业三十强单位，旗下多个产品被评为“辽宁省名牌产品”“沈阳市名牌产品”。

二、提供优质服务

在提供优质产品的同时，华达人更致力于为广大客户提供各种服务与技术咨询。华达配有多年从业经验的畜牧师和高级技术人员。在售前华达会通过开展技术研讨会、小型座谈会、技术培训班、现场观摩交流、印发技术资料、专家巡访等活动让客户充分了解新产品的特点、技术优势以及正确使用产品的技术指标和操作要点。对于有特殊要求的客户华达会为其量身定做产品、设计更加实用的饲料配方。华达对待客户一视同仁，与华达长期合作的客户中有蒙牛集团、伊利集团这样的国企、央企，也有偏远农村地区的小型养殖场。在售后华达的业务员、技术服务人员和客服专员会定期对客户进行回访，及时了解产品使用情况和客户经营情况，了解客户的相关需求，征求客户的意见和建议，调动公司所有资源帮助其解决在养殖过程中遇到的实际问题，尽力帮助养殖户减少养殖风险，从品种、营养、环境、管理和保健方面提供科学的建议和方法。

华达致力于不断发现和满足客户的需求，为客户提供全方位售前与售后服务的同时，华达更通过开通信息服务平台，为广大客户提供最新的原料和畜禽的行情信息相关技术资料，提供从饲养管理到疾病防治等全方位的技术指导；通过与客户签订保价合同帮助客户实现养殖利润的最大化。

“科技领先、品质卓越、服务完美”是华达赖以生存和发展的三大基石。华达将始终如一的致力于为养殖业提供优质的产品与先进的技术支持，做“绿色、安全、健康”饲料的领跑者，做广大养殖户创业致富的护航人。在报国兴农的同时，感恩之情一直在影响着华达的企业文化。“华夏同致富、普天共腾达”

是华达的美好愿景，华达十几年来从未间断的以各种方式在关注着社会公益事业：华达资助过贫困地区的学龄少年；为贫困地区的学校购买过新的桌椅、办公用品以及学生的生活用品等；汶川大地震之后华达也在第一时间向灾区伸出了援手。一直以来，华达人致力于回报社会，获得了“辽宁省社会公益事业贡献者”的称号。

从当初种下一粒梦想的种子，到如今绚丽地绽放，“华达”必将成为行业中的标杆，引领行业的发展，真正成为饲料行业的“高定”级品牌，在中国畜牧行业发展史上书写一段健康与财富的传奇。

采用前沿技术 推行独特企业文化

——吉林正大实业有限公司

吉林正大实业有限公司是泰国正大集团与吉林省粮食集团于1984年合资兴建的“中国饲料行业第一家中外合资企业”“吉林省第一家中外合资企业”，其生产的饲料产品曾获中国最早的“全国十大名牌饲料”殊荣。

吉林正大预混料事业线是吉林正大的一个专业预混料生产厂，于1997年正式建成投产，占地面积16 000m^2，总投资3 800万元人民币，设计年生产能力3万t。是正大集团在东北地区唯一授权允许生产和销售正大预混合饲料的指定厂家，规模居全国前列。公司采用瑞士布勒（BUHLER）公司专门设计的专业生产预混料设备，由三部五级之生产系统组成，全程电脑自动调控。是世界上顶级的预混料生产设备，变异系数控制在1%以内，远远超过国家要求的标准5%以内。公司有空调保存的原料库和目前国内比较先进的饲料化验室，先进的品管系统、精密的检测仪器，专业的检测手段和高超的检测技能，确保了原料和产品的品质可靠。公司生产猪、肉种鸡、肉鸡、蛋种鸡、蛋鸡、鹅、牛、羊、鱼、经济动物等各种畜禽预混合饲料。

2013年虽然受流感和生猪市场价格持续低迷不利因素的影响，但经全体员工的共同努力，预混料销售总量为2万t，其中肉鸡料13 000t，猪料4 000t，蛋鸡料2 300t，牛羊料500t，其他200t。销售额达到1亿元，比2012年同期比增长17%。

一、采用前沿的技术配方

正大集团拥有高标准的技术研发队伍，集美国、欧洲、中国等世界级专家，对畜禽的品种变化、营养需求进行严格的追踪及研究，随时推出适宜畜禽发挥最大生产效益的预混合饲料添加剂配方，使公司的产品永远站在前沿，在市场上受广大用户的欢迎。

二、推行独具特色的企业文化

公司秉承客户赚钱我发展，客户发展我受益，科技领先，创新发展，质量第一，服务至上，以德执业，以能立本的经营理念。牢记正大集团“利国、利民、利企业”的“三利”思想，在员工队伍中建立“今天工作不努力，明天努力找工作”“把产品卖给我们的客户，仅仅是我们合作的开始”“我们要时刻关注、关心、关照我们的客户，让他们感受到真诚、友爱和温暖，并切实在合作中让客户获得利益”的思想，充分调动每个员工工作的自主性、积极性和创造性。在销售过程中，注重各种服务，“想客户之所想，急客户之所急”，帮助客户采购原料销售产品，提供技术服务支持，积极帮助客户解决生产、生活中遇到的各种困难，与客户之间既是商业伙伴又是知心朋友，使销售工作做的深入扎实。

三、生产适合市场的主要产品

吉林正大预混料事业线主要生产猪用SB系列配合饲料4%预混合饲料，猪用SP系列配合饲料1%预混合料，猪用SS-2系列浓缩饲料2%预混合饲料，奶牛泌乳期用AC-65，奶牛干乳期用AC-55，肉牛用AB系列配合饲料5%预混合饲料，肉种鸡用RC系列，肉鸡用SBO系列，蛋种鸡用SLBR系列，蛋鸡用SLR系列配合饲料4%、5%、6%的预混合饲料，并为中小型饲料厂提供核心料。公司产品充分考虑养殖场户的实际情况（采购、搅拌、饲养环境、畜禽健康状况等），高维生素水平添加，平衡的氨基酸营养，使产品具有较高的“抗逆性”，确保畜禽的营养平衡。关键营养元素采用包被技术和小肽螯合技术，载体实行纳米微孔防静电技术，确保营养元素的保质期和有效利用。产品标签内外各半，既方便客户查询，又确保出厂日期真实可靠。产品不断推陈出新，升级换代，猪、牛、羊、鸡、鸭等畜禽预混合饲料，销量逐年递增，深受用户好评。

四、开展深入的售后技术服务

公司设立技术服务部，免费为客户提供产前、产中、和产后全程的技术服务。技术服务部有专业技术人员8人，分别负责禽饲料技术、猪饲料技术、牛羊饲料的技术。技术人员均为大学本科以上学历，同时具有5年以上畜禽饲养场工作经验。技术人员每年都由公司统一安排参加2～3次全国的大型学术会议，及时掌握畜禽饲养和疾病防治方面的前沿技术，更新知识，更好地为客户提供技术服务。技术部帮助客户提高饲养和管理水平，提高客户养殖的经济效益，提高公司产品的附加值，提高了产品的知名度，扩大了市场占有率，提高了产品的销量。

吉林正大公司于2003年经过ISO 9001：2000国际质量治理系统认证，是农业产业化省级重点龙头企业、长春市高新技能企业、长春市外商投资进步前辈技能企业。2001—2008年连续8年被评为长春经济技能开拓区50强企业和优异企业，被国家工商行政治理总局认定为国家级"守合同、重信誉"企业，连续15年被认定为吉林省"守合同重信誉"AAA级企业。2005年11月吉林正大中被选为中国饲料工业协会优秀会员、第五届理事会常务理事会员，2006年11月，该公司被吉林省人民政府授予"吉林省质量治理进步先进企业"荣誉称号，吉林正大系列饲料先后荣获吉林名牌。

强化采购优势　提升生产效率

——长春谷实饲料有限公司

长春谷实饲料有限公司隶属于谷实集团，是吉林省饲料工业协会副会长单位是吉林省饲料工业20强企业之一。

2013年，由于养殖效益急剧下滑，企业的饲料销量及效益一度降至谷底。对此，公司从发掘内部潜能入手，严格把控产品质量，努力提升工作效率，使企业的经济效益不降反升走出被动局面。

一、掌控优质的饲料原料

原料入厂是饲料生产的第一关，设计严谨的原料采购流程，有助于采购优质的饲料原料，提高采购工作效率，减少灰色交易的滋生和蔓延，是修炼内功必不可少的一课。

采购流程中实行三权分立原则。

1. 技术部确定原料的等级和标准，行使"立法权"；品管部根据标准对原料进行鉴定，行使"司法权"；采购部具体实施操作，行使"行政权"　"三权分立"极大地提高了原料质量及采购过程的透明度，降低了采购价格，为生产出质优价廉的饲料产品奠定了坚实的基础。

2. 建立合格供应商评审制度　一是选择合格的供应商，并保持长期稳定，形成伙伴关系；二是淘汰不合格供应商以确保供应商队伍的竞争机制和品质；三是确定品管部对原料质量的一票否决权；四是明确让步接收和紧急接收制度；五是采购完成后采购部要向总经理提交采购报告。以上一系列制度使供应商队伍稳定，饲料原料更加优质。

3. 发挥集团采购优势　2013年前，集团各公司采购部门采购的原料产品，不仅价格高，质量也难以保证，标准更是难以统一。为了降低成本保证质量，集团将大宗原料采购统一拿到集团总部来进行，由集团总部寻找合作伙伴。由于每批次采购量剧增，为此主动权完全掌握在买方手中，既保证了质量又降低了价格。

二、着力于提升产品质量及性价比

公司在困境期加强饲料技术和养殖技术的研发，提高研发效率，加快新产品新技术的应用，逐步布局产品升级。公司注重产品稳定，在保证产品质量的前提下通过优化配方，控制生产流程与改良提升企业竞争力。通过开发新产品、新技术、新工艺来满足不同消费者的需要。

为加强服务体系的升级建设，在主要核心区域开始建立专业服务点，提高对养殖户的服务覆盖面，并提高服务效率，服务方案更加标准和规范。公司继续大力安排培训和技术推广的专题会议，为养殖户在行情困难时提供多种养殖模式及销售策略，以保证养殖户盈利广度及幅度，提高了集团和养殖户的相互信赖，也进一步扩大了养殖客户群体。

三、大力提升生产效率　降低生产成本

公司生产中心努力致力于提高操作人员的操作水平，制定安全操作规程。提高操作人员的理论和实际操作水平，做好人机配合，提高设备利用率，为操作人员提供同行业之间交流的机会与平台，发现和培养对饲料生产有兴趣的高素质员工。

及时有效的沟通以提高生产效率。生产前的沟通与协调，便于达成共识，统一目标。生产过程中的沟通与协调，便于解决生产过程中因突发事件对原定目标造成的偏差。生产过后的沟通与协调，便于总体目标的达成。

生产全员大练兵，用集中培训与个别指导相结合的办法，提高生产员工的理论素质与操作技能。采取以老带新和师徒制的方式，把优异的技能传承下去，使比武练兵呈如火如荼之势，使比学赶帮超活动空前高涨。技术纯熟了，产品质量自然有了可靠的保障。

四、绩效管理给企业带来前进的动力

绩效管理除去考核员工的工作结果外，还能提升员工的工作积极性。公司对部门、员工进行关键指标设计，明确工作目标，既提高了员工的工作积极性，又极大地提升了企业以及员工的工作效率，给企业持续发展带来了动力。

公司稳扎稳打，步步为营，既保证了产品质量的

不断提升，又保证了经济效益的稳步增长，为饲料行业如何渡过难关和前进发展交上了一份满意的答卷。

扬帆起锚　开启特种养殖航程

——哈尔滨华隆饲料开发有限公司

哈尔滨华隆饲料开发有限公司始创于1997年，是我国最早的毛皮动物饲料专业生产厂家—主要推广蓝狐配合饲料。公司于1987年在国内率先进行毛皮经济动物狐、貉、水貂饲料营养和生产技术研究，先后完成省部级《蓝狐饲养技术研究》《乌苏里貂饲料生产技术研究》和所立项目《水貂配合饲料生产技术研究》等，并获得部级科技进步二等奖等多种奖项。随着近20年的发展，哈尔滨华隆饲料开发有限公司现有员工300多人，固定资产3亿元，用户5万余个，累计创造社会效益100亿元。

一、两次转变，助推华隆华丽转身

从1987年研发毛皮动物配合饲料，到1997年哈尔滨华隆饲料开发有限公司的成立，公司的技术团队始终没有放慢追逐梦想的脚步，到2000年，黑龙江地区部分养殖户逐渐认可并使用配合饲料，掀起了我国毛皮动物养殖业由自配料向配合饲料的第一次转变。

2011年，华隆逐渐将狐、貉、水貂配合饲料和预混合饲料产品推广到东北三省、内蒙古、山东、河北、宁夏、新疆、河南等地区。2007年在哈尔滨市新建具有国内先进水平的现代化饲料加工厂，占地面积约4万 m^2，总投资8 000万元。车间安装国内最先进的生产设备，投产的2条生产线年产量可达到20万t。原料库总面积6 000 m^2，可容纳近2万t的原料仓储，玉米大豆仓储能力达3 000t的钢板仓6套。成品库面积约3 500 m^2。综合楼总建筑面积近3 000 m^2，拥有先进的检化验设备，已实现办公自动化、员工住宿公寓化管理。

2009年，华隆在山东海阳市建成国内第一条水貂鲜料生产厂——海阳华隆饲料有限公司。总投资6 000万元，年生产能力达到10万t。用水貂鲜配合饲料每人可饲养600～1 000只种水貂，人工效率可提高4倍以上，解决了用工难的问题，从而掀起了我国毛皮动物水貂配合饲料的第二次转变。

两次转变，对公司的发展影响巨大，在技术研发方面的优势使其确立了我国毛皮动物饲料的开拓者和奠基人的地位。截至2013年，华隆已相继成立了哈尔滨华隆成业饲料有限公司、山东海阳华隆饲料有限公司、山东潍坊恒德祥饲料有限公司、山东威海恒德祥饲料有限公司、山东巨野华隆饲料有限公司、哈尔滨华隆成业饲料有限公司，每年生产能力达到50万t。华隆已进入集团化发展的新阶段。

二、技术销售服务“一个都不能少”

要想在激烈的市场竞争中站稳脚跟，实现较快发展，技术、销售、服务是3个不可或缺的关键环节，这3个环节浑然一体，是公司发展的重中之重。

从成立之初，华隆就十分重视技术研发和人才队伍建设，先后和东北农业大学、东北林业大学等黑龙江省内外高校建立了产、学、研的对接共建关系，聘请专家、学者到公司培训讲课。不仅如此，华隆还积极引入人才，并广泛开展各种培训，人才梯队建设初具规模。

华隆经过多年探索和技术研发，对传统的饲养方法进行了根本性的改革。此种经过冷加工的生食饲料与传统的熟食饲料相比，具有适口性好、维生素不被破坏、加工简便成本低的特点。华隆技术研发团队先后对水貂饲料、笼舍、防疫进行改革，收效显著。

一直以来，华隆在饲料研发方面不断进行技术的提升和创新，对传统饲料品系不断优化，包括88系列与99系列在内的同品系饲料，质量更加稳定；同时在原材料采购与成品质量方面严格把关，从而降低了养殖场的劳动强度，养殖量不断扩大，水貂保鲜饲料、狐貂貉基础料等在经过生产加工后，在短期内就可配送至养殖户，直接贴笼饲喂，使养殖场用工减少、养殖量提升、养殖技术变得简单而有效。不仅如此，华隆还为每一个有要求的养殖场做配套的饲料配方、数据采集储存，进行全天候、全年跟踪。

自2012年开始，华隆先后在全国特种毛皮养殖区域建立了约100个华隆饲料示范户与实证户，有效地拉近了公司与养殖户的距离，使公司与养殖户联系更加方便、快捷，并在第一时间了解到养殖场需求、评价问题及华隆饲料使用状况。

公司以客户为中心、以技术为先导、以艰苦奋斗顽强拼搏为动力的经营理念，同时，这也是公司能够获得巨大进步的根本原因。

三、追求卓越　打造品牌　推动行业发展

由于国内皮张产能过剩和国外行情的低迷，2013年皮张价格持续下滑，此种状况预计将持续到2015年，毛皮动物养殖已进入一个漫长而又寒冷的“冬天”。作为国内著名的毛皮动物饲料企业，市场上的任何一个细小的变化都会对企业发展产生影响，面对不利的市场形势，华隆迅速作出反应，对貉子、银黑狐、蓝狐的留种量适时调整，将市场的影响降到最低。虽然现在毛皮市场不景气，但从长期来看，毛皮

动物养殖仍然可以获得丰厚的利润，并蕴含巨大商机。公司利用在技术方面的优势，积极从国外引种扩群。种群组成的多样化和种群数量的上升，既可以促进毛皮动物养殖业的发展，又使产品规范，从而使毛皮质量得以保证，在激烈的市场竞争中具有一定优势。

华隆还根据毛皮动物养殖的不同时期调整不同的营养配方，将产品质量做到精细化，并为广大养殖户提供一条龙服务。从饲料的采购到养殖经验的推广；从市场动态分析到优质皮张的选购；从优质品种的引进到优良种群的组建，让养殖程序化、规模化、科学化、合理化。

四、技术先导　产业延伸　开启新航程

“朴实无华，才望兼隆”是华隆的企业精神和境界，也是华隆二字应有之义。作为国内毛皮动物饲料行业发展的一面旗帜，在新的发展阶段，华隆坚持“以客户为中心，以技术创新为先导，以艰苦奋斗不断拼搏进取为动力”。公司不断研发用户需要的新产品，通过为用户服务来提高产品价值，为用户创造利益最大化。

公司未来将建立饲料生产、特种养殖、毛皮深加工一体化发展体系，以饲料为主，并进行产业链延伸。未来3年内将公司建成拥有一流设备的现代化毛皮动物育种基地，推动国内特种养殖种源质的飞跃。公司将在特养产业的浩瀚大海中，拔起锚、扬起帆、开启特种养殖事业的新航程。

学习、创新、提升企业竞争力

——金富康农牧企业集团

金富康农牧企业集团是一家集饲料、动保、养殖、肉业等产业于一体的大型现代化民营股份制高新技术企业集团，公司成立于1996年，由东北农业大学的五位学子所创立。集团总部位于哈尔滨高新技术开发区，现有员工近800人，其中博士2人，硕士20人，大专及本科以上学历占60%；下属分（子）公司5家，分别是哈尔滨富康牧业有限公司、哈尔滨亿阳饲料有限公司、哈尔滨福康肉业有限公司、黑龙江康源牧场养殖有限公司、沈阳福康农牧科技有限公司。集团业务范围覆盖东北、华北地区及内蒙古自治区、山东等，公司是饲料行业中率先通过ISO 9001国际质量体系和HACCP食品安全国际管理体系双认证的企业。

金富康集团以科技引领未来，以专业赢得信赖，始终以造福社会为己任，以诚信经营、全面服务求发展，志在成为世界一流的农牧企业集团。公司为中国饲料行业百强企业、东北三省农牧行业龙头企业之一，连续多年被国家权威机构评为省、市级十强企业，中国饲料工业协会会员单位，黑龙江省饲料协会常务副会长级单位，获得“商业信用合格单位”和“哈尔滨市名牌产品”等多项荣誉称号。

金富康集团始终秉承“善根福果，德正业兴”的理念，致力于发展高科技的中国现代农牧产业。2013年发展成为以饲料、动保、养殖、肉业为主体的多元化发展的农牧企业集团，实现了养殖、饲料、动保、肉业、连锁销售5大产业一条龙经营的全产业链运营模式。

2005年10月在哈尔滨平房经济开发区建立的哈尔滨富康牧业有限公司生产基地，占地面积2.5万m^2，总投资5 000万元，年单班生产能力20万t；2012年组建了哈尔滨福康肉业有限公司，公司各个环节严格把关，全程运用可追溯管理软件进行监控，实现“哼哼笨”高品质猪肉可全程追溯，味道香且无药物残留，使老百姓真正吃上健康、绿色、安全的放心肉。

2013年在沈阳沈北新区建立沈阳福康农牧科技有限公司，占地3万m^2，总投资近亿元，对于公司实现南拓北跃跨越性经营具有战略意义；2013年组建了黑龙江康源牧场养殖有限公司，是集育种扩繁、动物营养研究、人员培训、技术推广于一体的养殖示范企业。既解决了客户对优秀种猪的需求，又实现了对福康肉业优良生猪的供给，从源头上控制了“哼哼笨”品牌肉的品质。

金富康集团在经营管理上始终将学习与创新作为提升企业核心竞争力的关键要素，将学习与创新的企业文化作为精细化管理的主线，推行管理模式、营销模式、技术研发3个系统的创新。

一、学习与创新是企业文化的灵魂

金富康集团是一个学习型组织，公司倡导终身学习，持续学习与创新，永远保持最强的竞争力，树立高标准的取胜意愿和艰苦奋斗的价值观，提倡全局意识和内向思维是金富康企业文化的灵魂，员工保持全力以赴和愈挫愈勇的精神是企业文化的外在表现。公司一贯重视企业文化的建设，不断深化提升企业文化，逐步形成了企业的经营哲学、企业核心价值观、企业使命、企业宗旨等企业文化系统。

金富康集团提倡公司是军队的文化，注重打造一流的管理团队，强调全局意识与团队意识；同时金富康集团更是一所学校，注重对员工的培训，强调培训是员工最大的福利，将内训与外出学习有机地结合起来。金富康集团的企业文化建设具备与时俱进的理论

品质，并且不断深化、提升与创新，以适应形势的变化要求。

二、技术创新为市场开发护航

研发市场化、技术营销化始终是金富康技术研发的工作原则，公司拥有一流的技术研发团队，规范产品内质，突破技术薄弱环节，打造竞争优势，寻找更多的市场增长点，始终是技术研发的方向。与国内外科研机构强强联合，将科研成果转化并形成竞争优势是金富康技术团队的工作准则。

三、管理体系建设提升战略运营能力

金富康集团在深化、提升企业文化的同时强化了管理体系建设，建立一套公平、公正、科学的评估管理系统和管理流程。公司在科学、系统、高效的管理流程的基础上重点完善了战略、营销、人才、信息、质量、财务、人资、产品、会议等管理系统，形成了公司各职能部门的管理体系，提升了公司对各事业单元的管控能力和公司的战略运营能力。

集团化发展创造性地运用矩阵式管理理念，提出了总经理负责制的线性管理模式，解决了分公司之间存在的管理交叉性问题，逐步完善了管理专业化、规范化、组织结构扁平化，提高了管理水平。这是集团管理方式的重大转变，是提高企业运营能力的重大举措。其目的在于从根本上提升集团创新能力、风险防范能力、市场竞争能力。

金富康集团也不断提升完善财务防控管理体系，从营销成本、产品最低毛利、四项费用预算、客户促销、产品结构5个方面进行管控。通过财务管控规范财务管理，通过法务与审计规避财务风险，将管理与审计密切结合。

四、营销模式创新激发市场潜能

金富康集团践行人才、质量、服务、创新、集团化、国际化六大战略，倡导赢在团队、赢在模式、赢在学习、赢在管理、赢在执行力的五赢文化；秉承建点布局，推动力量的开发策略，实现了饲料销量连续多年快速增长的好成绩。

金富康集团在经营中解决了文化导向与流程管控的关系，管理从“个人管控”转向“流程管控”；解决了盈利和增长的关系，推行销量增长带动企业盈利和企业盈利支持销量增长；营销工作从满足需求转向引导需求，利用低成本战略与差异化战略锁定了对两类市场的开发方向；创造性地运用会议营销模式开发猪场高端市场，取得了良好的成果。

推行服务营销，实现“三个转变”，一是由以单纯经销商开发转变为提升对养殖场服务；二是重点产品以猪饲料为主转向猪饲料与牛精料补充料、狐貉料三重发展；三是考核评估重心由量化公司转变到量化到个人。

实现对客户的分类管理，提升计划管理水平，并且组建了“客户之声”强化对客户的服务意识和服务能力。解决了客户实际困难，改善了公司与客户的关系，提升了工作效率。

五、展望未来

金富康集团以更高远的历史使命来思考百年富康的伟大事业，努力打造成为世界一流的农牧企业集团，将解决“三农”问题作为金富康人的使命，将服务社会作为金富康人的宗旨。打造全产业链运营模式，推行变革与创新，践行科学发展观，向着金富康梦想出发。

务实、创新　管理体系严谨高效

——谷实农牧集团股份有限公司

谷实农牧集团股份有限公司地处黑龙江省哈尔滨市高新技术产业开发区，是以饲料研发、生产、销售及种猪繁育为一体的大型农牧企业，集团现有10余家子公司，分布在黑龙江、吉林、辽宁、河北等地区，年产能100万t，年种猪销售量近5 000头，商品肉猪出栏量2.8万头，产品覆盖黑龙江、吉林、辽辽、内蒙古、河北、北京、天津等省、市、自治区。

谷实农牧集团股份有限公司以诚信守法为本，2013年谷实饲料年销售量达30多万t，同比增长10%，2013年谷实农牧集团实现销售收入近10亿元。公司为高新开发区重点纳税企业，2010年被评为纳税先进企业。公司自成立以来，先后被评为国家高新技术企业，中国饲料工业协会理事单位，中国饲料工业协会大型企业联谊会会员单位，省级、市级企业研发中心，并获得专利10余项，通过ISO 22000食品安全管理体系认证，ISO 9001质量管理体系认证，生产的谷实牌饲料是东北地区著名品牌，黑龙江省著名商标，深受社会各界的信赖和好评。

公司历经15年，以坚韧不拔、勤劳奋进的精神，使集团由小变大，由弱变强，建立了子公司，打造成一个黑龙江省的龙头企业和饲料标杆企业。公司始终认为质量是企业的第一生命力，保证产品的质量是企业的第一要务，并把食品安全管理体系及质量管理体系规范实施到企业日常生产工作中，实现产品质量可全程追溯。公司在保证产品质量的同时也重视产品研发，公司的技术研发中心为黑龙江省级研发中心，拥有多位对猪、牛、禽等进行深入研究的技术、营养、兽医专家，并配备了先进的科研设施、设备。公司建立不同动物品种，不同阶段的动物营养模型，结合动物饲养环境，饲养技术及生物技术，深入研究蛋白、能量饲料在动物体内消化吸收的最大潜能，不断推出适合养殖需求的饲料产品，使科技成为企业真正的生产力。

公司营销及服务团队借助企业的技术研发优势，举办各种技术学习活动，由养殖专家授课，与养殖经营者共同探讨动物品种知识、环境改善技术、饲喂程序，保健措施等，为企业与用户、用户与用户搭建了相互交流学习的平台，使养殖技术得以逐步改进，逐步推动黑龙江省养殖技术稳步前进，公司被评为黑龙江省农村建设著名支农品牌。

谷实农牧集团已发展为黑龙江省重点龙头企业，具有持续盈利能力、财务状况良好，自 2011 年以来，销售年均复合增长 5%，销量逐年递增，销售收入年均增长 0.5 亿元。此外，谷实农牧集团不仅在市场地位上占有行业优势，在商业运营模式领域同样具备广泛优势。

一、规模优势

集团现有 11 个子公司，员工约 1 200 人，主要分布在东北三省和石家庄地区，具有较大的规模效应和完善的市场网络布局，从体系上展现集团的综合优势。

二、专业研发优势

集团以研发、饲养、销售为总体战略方针，具有专业化的采购、研发、营销和基础的管理战略团队。谷实禽饲料、猪饲料、反刍饲料和添加剂预混合饲料生产线采用德国布勒全不锈钢生产系统，把多种维生素、微量元素、氨基酸及促生长因子等通过载体和稀释剂进行合理搭配、混合均匀的高科技产品。

三、管理优势

公司坚持以员工为本，让员工与企业一起分享成长的快乐。公司营销方式以“工厂—经销商—养殖户”模式，“工厂—规模农场”模式，“工厂—肉联加工企业”模式，“繁育基地—规模猪场”模式。公司以“谷实与您共同分享”为企业理念，在采购中利用期货这一现代金融手段，采用套期保值的方式，实现规模采购，把成本降到最低，从而让利给养殖户；在营销上，根据战略目标聚焦市场开发，做好性价比最优的数据营销和增值服务，不断实现营销创新；在研发上，根据市场需求制定研发战略，完善研发基础管理工作，提高未来研发系统规划能力，实现技术创新；在基础管理上，加强战略管理，建立完善人力资源管理、财务管理，建立健全职能部门管理制度与流程，实现专业化的团队管理创新。

四、人才优势

公司拥有一支高素质的核心管理团队，有一支艰苦奋斗、勤奋敬业，具有坚韧不拔精神的团队基层员工，拥有领先的企业文化和强大的企业凝聚力。2012 年公司成立谷实网络学院，培养员工整体素质，加快新人成长，使谷实集团的员工能力得到提升，找到自己开创事业的舞台。同时，集团先后与东北农业大学、黑龙江八一农业大学、黑龙江生物科技技术学院等权威高校和科研机构建立了长期稳定的合作关系，公司加强与国内外先进的养殖、动物营销方面专家交流，并采取“走出去请进来”的方式，引入世界先进水平的动物营养理念指导公司的科技创新，每年投入大量的人力、物力、财力开展科技项目研发。

谷实团队本着沟通、务实、学习、创新的精神及“谷实与您共同分享”的核心理念，使企业文化健康向上，管理体系严谨高效。经过多年的发展，谷实集团已跃居行业前列，成为推动饲料行业发展，养殖技术进步的积极参与者。相信凭借优秀的人才，完备的管理体系及适合市场的营销战略，集团会不断发展壮大，通过续建生产基地，扩大市场覆盖，不断为用户提供更优质的产品和更完善的服务。

精于营养　让动物更健康
食品更安全

——上海富朗特动物保健有限公司

上海富朗特动物保健有限公司于 2004 年由中澳合资创建，是一家专业从事动物营养与动物保健产品研发、制造与经营的现代型企业。公司位于上海市金山枫泾工业园区，占地近 20 000m^2，拥有总建筑面积 11 000 m^2 的生产车间、质检研发与办公大楼，总投资 6 000 多万元。

公司拥有一条现代化全自动的复合维生素生产线，全套工艺设备由瑞士布勒公司设计、制造和安装，采用全球领先的自动配料、混合以及中央控制系统。主车间层高 34m，生产流程采取从上至下垂直递进、全程从原料筒仓开始直到制成品出流水线为止，采取封闭的自动化生产管路，由中控室进行自动化操作，仅有原料进入筒仓和成品出流水线为人工介入操作点。所有维生素均进入独立料仓，工艺流程设计上充分消除任何交叉污染风险，该线年设计产能高达 15 000t 复合维生素。动物保健产品线是兽药车间，拥有十万级洁净车间、二级反渗透纯水制造和分配系统，以及温控搅拌反应罐和全自动罐装系统，每条生产线配置中央空调送风系统进行温度与湿度控制。另有饲料添加剂生产线独立车间。

公司率先采用先进的无线射频识别技术（RFID），并将该技术和生产软件系统以及ERP管理系统相结合，为产品的过程追溯性提供可靠的技术保证。

2005年，富朗特通过了HACCP国际安全质量体系认证；2008年又通过了ISO 22000：2005食品安全体系认证；2012年年底，通过了兽药GMP的认证；2013年，通过首批“农业部饲料质量安全管理规范示范创建企业”的评定、获得高新技术企业证书、评定为“2013年度金山区企业技术中心”。

一、设备先进，采用先进的管理技术

公司拥有独立的质检研发大楼、超洁净级微生物检测实验室，配备了Waters（沃特世）高效液相色谱仪、岛津高压液相色谱仪、原子吸收分光光度计、紫外-可见分光光度计等先进的检测设备。在维生素检测方面，采用液相色谱仪不仅可以检测单维，同时Waters高效液相色谱仪配备二极管整列检测器，采用全波段扫描，精确检测多维中的不同维生素含量，从而保证富朗特复合维生素产品的质量稳定与精确性。原子吸收分光光度计与氢化物发生器的组合，既保证矿物微量元素的检测，同时能兼顾卫生指标的监控。在兽药检测方面，不仅可以进行常规的理化检测，更能进行微生物检测及中药的检测。

二、高端人才做后盾，提升服务意识

富朗特的核心产品是复合维生素（标准配方包括通用、畜、禽、水产和宠物用等5大系列）。富朗特多维是公司动物营养专家充分考虑当今国内外养殖业的发展趋势，根据动物的不同品种和生长阶段对维生素营养水平的需要而精心设计的不同系列配方，2012年公司销售总额1.4亿元，2013年增长至1.7亿元。

公司拥有以美国MBA为后盾的现代管理人才，以及动物营养、畜牧兽医等专业背景的博士、硕士等高素质创新型人才，是一支富有团结协作和开拓创新精神的优秀团队。与国内外大中院校及研究机构建立技术合作渠道，公司积极参与国内外展会，并在相关论坛上发表重要讲话。公司积极组织准备进出口业务，并与国外同行企业建立产品合作关系；未来的几年，将投资建立独立的技术研发中心。

经过不断地创新拓展，公司已在全国范围内建立了完善的销售和服务网络。富朗特以中国经济发达的上海为中心，通过现代化的物流途径，快速准确地为客户提供优质新鲜的富朗特产品和服务。

三、自主研发全程可追溯软件控制系统

作为饲料加工企业，产品质量是企业能否真正为客户着想并且也是能否得到客户认可的关键，为了从根本上解决生产加工企业在过程控制过程中的短板，富朗特自主研发了一套全程可追溯软件控制系统。

富朗特可追溯软件控制系统又称SCT，它的主要功能包括数据采集、工艺连锁、工厂生产、智能纠错、报表系统和核心数据库。

SCT有5个特性，与ERP自动对接；专为复合维生素生产定制的软件；所有维生素全部进料仓；原料在工厂内全部采用RFID；数据统筹管理。

与ERP自动对接主要是需要解决由于订单的生产加工数据和实际使用情况的系统交互，在以往由人工传输过程中存在不足的问题，为了防止重复输入带来的误差，SCT中引入了一个新的概念，一个工厂的数据只能来自于一个源，即数据源统一，使用者只要在ERP端做数据的校对，就能保证之后工厂的所有加工数据都是准确的。

SCT在设计之初，就本着实用、够用的理念，最大化地提高了运行效率，是一款专为复合维生素生产加工定制的软件。在此理念下，所有的维生素全部进仓，由于部分维生素的剂型特别容易潮解，从而导致结块，这就造成了维生素一旦进仓后，会在仓内结块而影响产品质量。公司在考虑SCT在控制过程中，通过和常州布勒有限公司的共同努力，解决了这一问题。通过分析各种情况下设备的表现，让软件程序合理地判断何时启动安装在各个设备相应位置的震动器，实时地防止物料可能的积拱和黏附。

在数据采集方面，SCT采用的是RFID（无线射频技术）识别系统，RFID最重要的优点是非接触识别，它能穿透条形码无法使用的恶劣环境阅读标签，并且阅读速度极快，大多数情况下不到100ms。RFID也称为电子标签技术，所有进入工厂的并且合格的原料，每一个包装都被赋予一张智能卡，卡中包含原料代码、品名、质保期等信息。而原料包装上的智能卡会被设立在工厂各个节点上的RFID天线获取，SCT系统又通过各个点上所获取到的不同的原料信息来驱动设备完成相应的功能。由此从操作员工到硬件设备都能感知到从原料、加工过程中的中间体、直至最终的成品在整个生产过程中的物流走向。计算机在获取到相应的信息后，会将获取到的信息与相应的理论值作比对，来判断当前的工作是否正确，不断提高了工作。

在SCT系统中，RFID识别系统的应用，是自动化控制中提高工作效率的一个典型案例。由于获取数据的过程，无需人工参与，因此，当员工操作正确

时，操作者是感觉不到系统存在的。

在SCT控制的整个生产加工过程中，RFID随时实时捕获数据，形成系统控制设备加工的指令来源。由于实时获取的数据最终均由计算机统一分类统筹保存，对最终产品的所有加工原料的信息有了一个详尽的描述。详细资料在计算机数据库的支持下，可以快速地正、反向追踪。为快速、有效、可行的可追溯体系的建立提供了依据。

公司坚持“精于营养，让动物更健康”的经营理念；秉承“尊重、积极、奉献”的企业精神；坚定“诚信、守法、安全”的价值观；为股东创造利润、为员工创造利益，更为社会创造价值；专业执着，勇于创新，致力于成为全球化发展的动物营养与保健公司。

严格质量管理　打造卓越产品

——帝斯曼维生素（上海）有限公司

帝斯曼维生素（上海）有限公司，位于上海浦东星火开发区，总投资8 000多万美元，是按照国际标准兴建的生产维生素单体、复合维生素和预混料的工厂。拥有现代化的生产设备，世界领先的生产工艺和操作系统，实行科学高效的管理，确保一流的产品质量。公司先后获得“海关信任企业”“上海市高新技术企业”“上海市工业技改项目先进企业”等荣誉称号，并通过国际著名认证机构SGS和SQS的ISO 22000认证。

添加剂预混合饲料是帝斯曼业务的重要组成部分，帝斯曼也是世界最大的畜禽添加剂和预混合饲料供应商之一，在全球拥有38家预混合饲料厂，销售网络遍及世界各地。

帝斯曼在中国生产和销售各种规格的，以罗维素为品牌的饲料添加剂维生素E50和维生素A500以及家禽、家畜、水产动物及宠物预混合饲料。

罗维素·预混合饲料生产的原则是，卓越的产品＝高效安全的配方＋优质稳定的原料＋先进的设备＋科学合理的工艺流程＋严格的质量管理＋完善的服务。

一、高效安全的配方

帝斯曼在设计配方时，不仅参考国际知名的育种公司的营养推荐标准——NRC标准以及帝斯曼公司的OVN——优选维生素营养标准，并且遵照中国国家标准，同时汇集全球最新的动物营养及保健科研成果，结合中国不同地区的饲料原料及养殖的状况，设计和生产出符合中国养殖情况的系列产品。所有的配方经帝斯曼总部的EHS系统统一管理，包括各种营养成分和药物的添加，标签样张合规性的检查等，每批生产标签的实时打印，从源头上确保了每一配方符合动物营养需求，符合中国法律法规的要求。

二、优质稳定的原料

帝斯曼营养产品部生产预混合饲料所用的各种维生素部分由本公司生产或由公司审核通过的合格供应商供应，从根本上保证了产品卓越的稳定性，生物利用率、可操作性和混合均匀度。所有新原料需经过供应商资质、质量和安全的评估后由中国区质量部门批准，最终经帝斯曼总部批准后才能成为SAP系统中合格的供应商，才能下单采购。当原料到仓库时，需经包装、物理外观的检查合格后，放置于待验区，并将收货信息输入SAP系统。质量保证部取样、检验合格后，打印出PCS条形码，贴于每个物料包装上，物料在SAP系统中存在于待发使用状态。

三、先进的设备

先进的设备是生产优质产品的硬件保证。公司使用的是成套进口的一流设备。混合机采用全球专业生产商美国豪乎公司提供的卧式双桨不锈钢搅拌机，维生素等营养物质通过载体在混合机内柔和而均匀地混合分散；同时，按照总部和饲料法规的要求每年进行两次产品混合均匀度的测试，确保产品的均匀度。

四、科学合理的工艺流程

生产订单由帝斯曼上海总部的SAP系统自动传送到各生产厂的PCS系统中——工艺控制系统。PCS系统会根据配方的不同，安排到不同的生产线并进行排序和系统检查，以防止批与批之间的交叉污染。

PCS系统将订单自动分成两部分——大宗料和小宗料。大宗料直接由计算机控制自动称量，经条形码检验后统一投入料仓；小宗料、维生素和其他添加量少的原料则由手工通过PCS和条形码配料，以确保其精确度。手工称量所用的电子秤在称量后打印结果，并附有条形码，每批配好的料放在同一块铲板上。投料时，操作人员根据屏幕上提示选择对应批次，同时扫描正确后，投料锁才会打开并允许投料。产品的混合时间是经过科学的验证而定的，在生产时严格控制，确保混合均匀度。

包装前，每批产品都会由系统打印出不同的标签，操作员扫描标签条形码，系统确认无误后才会打开料仓进行包装操作。预混料使用自动定量称重。电子秤用于定量复核，如果重量有差异，则可以通过触摸式屏幕随时进行修正。产品装入纸塑料袋通过缝纫封口，贴上标签。包装时，工作人员会按SOP（标准操作流程）取样，样品送到品控部，一部分用来检验，一部分作为留样，以备将来回溯。成品运入成品仓库的待验区，检验合格后置于木质托盘上，用缠绕膜包裹后置于货架上。由公司的指定物流运输商装箱，及时发送到客户手中。

五、严格的质量管理

帝斯曼营养产品部的生产技术及管理模式符合ISO 9001、ISO 14000以及HACCP的要求，在安全、健康、环保方面严格遵守中国相关标准和帝斯曼集团的要求。公司在企业管理上采用SAP系统，实现了从配方、订单输入、原料采购、计划、生产、包装、发货和产品放行的全过程控制，使公司的运作流程和管理科学合理。在生产过程中整合PCS系统，实现所有配方和订单的自动转换，全方位监控生产的每一个步骤，确保配料、投料、混合、包装的正确性和准确性，杜绝人为操作误差。其独有的防交叉污染功能，能有效防止批之间的交叉污染，保证产品的安全。

条形码系统，强化了PCS系统的功能，使每一个人工操作点得到更为严格地控制，同时条形码的应用，使产品及其生产过程具有可追溯性，符合现代农业发展需要和食品安全的要求。同时我们还按照帝斯曼总部和中国法律法规的要求每年进行一次产品模拟召回的演习，以验证公司的可追溯系统。

帝斯曼营养产品部的质量检验部门配备全球领先的检验仪器，通过科学合理、通过验证的分析方法，以及经验丰富、严谨认真的检验人员，确保每批成品和原料都能符合生产要求、达到国家相关标准。

六、完善的服务

帝斯曼营养产品部的市场推广人员将其专业知识、饲养概念传授给客户，建立一种合作的伙伴关系。他们经常深入现场，为客户提供跟踪服务，同时集中各种问题或建议进行讨论、分析，为客户提供及时、有效的解决方案。公司在中国市场推出的罗维素®预混合饲料，营销网络遍及全中国。

七、饲料标准化工作的开展

公司为保障从农场到餐桌的食物链安全，提高饲料产品质量，严格遵照相关法律法规要求，积极组织和开展标准化工作。同时，公司还配合饲料工业协会开展各种活动——宣传和推广表标准化工作，为了促进测试工作与国际接轨，公司在相关测试中心制订测试标准时，积极配合测试中心工作，提供样品、标准品、文献等。

帝斯曼营养产品部给客户提供高质量的产品和服务以及高质量的物流。公司能满足客户的需求，同时作为食品链和饲料行业的组成部分，公司还建立和总部联网的CCR客户投诉系统，记录每个客户投诉的调查，采取的行动措施等，此系统也作为公司持续改进的工具。

帝斯曼秉承客户至上、优质产品和完善技术服务的宗旨，不断地为中国畜牧业和饲料工业的发展做出贡献。

踏实　专业　忠诚　创新

——上海新农饲料股份有限公司

上海新农饲料股份有限公司成立于1994年，地处上海市松江工业区，是一家针对规模化猪场研究、开发、生产、销售高档教槽料、乳猪饲料、预混合饲料、高档原料、功能性饲料添加剂，并提供优质种猪和规模化猪场全方位技术及管理服务的上海市农业产业化重点龙头企业和高新技术企业。现拥有5家配合饲料厂和3条高档膨化教槽料生产线，1家预混合饲料厂，1家功能性饲料添加剂厂，2家优质饲料原料生产厂，10个标准化养猪场，2家祖代原种猪场和1家进口原料贸易公司。

公司采用一流生产工艺设备，严格遵循ISO 9001和HACCP质量管理体系，先后取得“上海市农业产业化重点龙头企业”“上海市高新技术企业”“上海市百强私营企业”“上海市著名商标”“中国商业名牌企业”“中国饲料行业百强企业”“中国饲料工业科技进步先进企业”“中国饲料行业信得过产品”“上海市名牌产品”“上海市科学技术成果奖（新农810）”及多次科技进步奖。公司以“和谐、合作、共赢”为文化理念，打造公司与员工利益共同体。以“专业、合作、诚信、创新”的经营理念，努力为客户创造价值，走共同发展之路。

一、企业自主创新能力

公司拥有以国外畜牧专业资深博士为核心的技术开发人员，共计135名，其中博士7名、硕士25名。公司每年投入销售收入的3%～5%进行技术研发，在原料加工工艺和优选、成套产品开发、技术服务体系方面已取得6项授权技术发明专利，15项实审技术发明专利，17项研发成果专有技术，并成功将高档乳化均衡脂肪粉、优质全溶性肠膜蛋白粉、粉粒状高档教槽料、高档颗粒教槽料、功能性饲料添加剂制粒肠溶包衣、谷物熟化共6项科技成果产业化。公司投资800万元建立先进的饲料化验室、动物疾病诊断中心、12套美国奥斯本FIRE全自动生产性能测定系统。公司的技术中心与江南大学食品科学院、上海交通大学、中国科学院亚热带农业生态研究所、四川农业大学、南京农业大学、中国农业大学紧密合作，不断推动科技创新和成果产业化。

二、企业三层产业链战略

为创新驱动，经济转型发展，优化产业结构，公司以国际原料贸易、原料研究及生产、高端饲料产品、种猪及商品猪饲养、品牌肉深加工形成互补性三层产业链。保证主业新农乳猪教槽料的发展，向上游原料产业延伸，逐渐实现产业化，同时向下游种猪、商品猪高端养殖业延伸扩展。

三层产业链实现战略目标：饲料板块，2017 年教槽料年销量 20 万 t，年利润 2.5 亿元，教槽料销量占市场总容量大于 20%。

中国教槽料市场占有率第一名；养猪事业板块，2017 年达到年出栏 50 万头，利润 1.5 亿元，生产管理指标国内一流；上海和畅实业公司原料板块，战略优势根本显现，2017 年实现利润超 1.0 亿元，关键高端原料实现产业化和关键资源垄断。

三、企业管理状况

公司建立了完善的现代企业管理制度，经营管理和资金运作处于良好状态。发展贯彻执行“聚焦教槽料，做行业内受人尊敬的全产业链互补型专业化集团公司”的战略。2010 年公司开发出新一代教槽料，迅速拥有整个行业最高端的客户群体，是国内最早单月教槽料突破 1 万 t 的饲料企业。2010—2013 年，新农教槽料销量保持着 100%复合增长，2013 年全年销售收入 6.2 亿元，年利税增长率在 10%以上，其中技术性收入与新技术新产品销售收入占总收入的 70%以上。

四、2013 年发展基本情况

2013 年，公司总部注册资金 9 750 万元，资产总额近 4.2 亿元，资产负债率 32.0%，销售收入 6.2 亿元，净利润 4 050 万元，上缴税收 933 万元。公司近 3 年销售收入平均增长率 34.6%，净利润平均增长率 92.7%，总资产平均增长率 27.766%，净资产平均增长率 36.2%，税收平均增长率 27.2%。研发费用占产品销售总额比例 5.7%，主要产品市场占有率 15.0%，猪场经营规模从年 8 万头商品猪增加到 40 万头，为产业链的规模化经营打下了坚实的基础。2010 年年初，公司决定走向资本市场，以 2011 年、2012 年、2013 年作为企业上市辅导期，2013 年中期改制设立股份公司。

五、2013 年发展亮点与特色

1. 形成企业战略模式，企业发展动力充分释放

公司顶层设计企业战略模式，制定五年战略目标方向、三层业务链战略。公司实施人心凝聚战略，成立股份制公司，确立分配机制、晋升淘汰机制和 PK 机制。以运管模式、盈利模式、大服务模式、军魂模式、绩效飞轮、财务管控、TTT 为核心培训体系，以流程、模式、执行、成果、系统、团队、服务、价值为核心竞争力，聚焦执行力，打造新农团队超强执行力文化。公司不断统一思想，打造“企业发展、成就员工”的团队核心竞争能力。形成企业战略模式，商业模式，企业发展动力充分释放。

2. 新农商学院打造独特的价值服务体系促进企业技术服务战略转型 随着配方技术公开透明化，在持续科技创新的强大推动力下，摒弃“价格战”恶性竞争模式，公司通过“7030 赢计划”“种猪关怀计划”“配种流程”等成套服务方案。采用“稳定质量＋增值服务＋客户健康发展”的价值营销模式，超强客户价值增值服务体系，打造“持续盈利、快速增长”模式，让销售变成简单的营销创新，促进企业从简单销售到技术服务的战略转型和跨越式增长。

3. 科技创新成果和产业化结合，顶层设计未来大研发模式 公司在饲料产品高端原料国产化、原料预处理和组合应用、配方技术、加工工艺、饲喂模式、成套服务、节约饲粮、降低排放和饲料安全等核心技术方面已经取得了丰硕的成果。2013 年公司共投入 3 500 万元，占年销售收入的 5.72%，开展 7 个自主科研项目，承担 3 个政府项目，包括上海市科技小巨人、上海市企业技术中心、上海市科技兴农项目。2013 年，公司在高端教槽料谷物原料预处理和饲料加工研发方面取得了突破性进展。通过试验表明，对比乳猪采食量提升 12.5%，谷物原料能耗成本减少 70.8%，45 日龄前仔猪腹泻率明显降低。

为实现优质进口原料脂肪粉、肠膜蛋白粉的国产化和产业化，2013 年公司分别投产高端乳化均衡脂肪粉和全溶性肠膜小肽蛋白粉，从原料贸易型企业转为原料生产型企业迈出了关键一步。为始终保持“国内领先、国际一流”技术水准，公司通过顶层设计，制定了未来大研发模式，计划投资 1.2 亿元建立具有猪场数据信息化处理和共享平台，产品质量和安全系统测试共享平台，高档原料精加工工艺设备研发，产业化中试和工厂设计，集团信息化管理五大功能的新农集团技术研发中心，打造中国畜牧产业链典范和肉制品食品安全的“上海名片”。

努力成为全球幼畜料及低碳农牧产业领导品牌

——安佑生物科技集团有限公司

安佑生物科技集团有限公司（以下简称“安佑集团”或“安佑”）于1992年在中国台湾创立。经过22年的不懈努力，2013年已发展成为集科研、生产、销售和服务为一体的高科技生物饲料集团企业。

品质成就品牌。公司成立之初所定下的宗旨便是品质、科技、服务—永远争先，公司的品牌定为“安佑”，是内心期待保佑最大的美好“平安”，公司英文名字为Animal Nutrition Specialities，简称ANS，取其Answer之意，代表公司专门为客户提供满意的答案与结果。从原料进口加工到产品生产均采用统一标准作业，严格控制各环节品质，降低生产成本，增强市场竞争力。

教槽料的引领者。1992年在台湾开始生产断奶专用教槽料，并持续推动乳猪断奶专用料的新理念，以及全面性猪只饲养管理技术，为中国养猪带来变革，并作出了巨大贡献。从2011年起安佑猪料产量以每年50%的速度成长。2013年，安佑饲料销量约100万t，其中乳猪教槽料约16万t，每年为6 500万头以上小猪提供早期断奶日粮，约占全国市场份额的10%以上。安佑乳猪教槽料已成为亚洲第一品牌。

科技安佑，科研突出。安佑广揽科研人才，投入巨资成立研究院。安佑研究院现已发展成集科技创新、产品研发、国际交流于一体的专门研发机构。下设猪营养研究所、微生物研究所、副产品研究所、低碳农业研究所、检测中心、国际交流中心、专家服务中心和知识产权管理部等部门，主要从事现代农业领域畜牧行业的新技术研究，研究方向涵盖了猪的饲料与营养、饲料加工工艺、猪生产与管理技术、微生物发酵技术、生物工程技术和检化验技术等。研究院现已拥有一支由52名专业人才（其中博士7人、硕士32人）组成的专职研发团队，并在湖北武汉和安徽宣城设立两个中试试验基地，同时，安佑研究院还与国家饲料工程中心、南京农业大学，苏州大学等建立了密切的产学研合作关系，设立企业研究生工作站、大学生实习基地等。经过多年的研发与创新，安佑研究院已拥有58项知识产权，其中27项发明专利、7项实用新型专利、10项外观设计专利及14项著作权，知识产权数量在行业内处于领先地位。

安佑的科技创新得到政府的认可和支持，2010年以来，安佑集团荣获“中国饲料行业最具成长性企业”“低碳氮排放的高效环保饲料配方技术研究”“中国饲料重大技术进步奖”“中国驰名商标”“中国饲料行业十年持续成长综合创新奖”“最受欢迎的乳猪料品牌”“高新技术企业”“江苏省外资研发机构”“江苏省企业研究生工作站”“江苏省农业科技型企业”“江苏省引进国外智力成果示范推广基地”“苏州市动物营养与免疫工程技术研究中心”“苏州市农业产业化龙头企业”“苏州先锋企业”“苏州企业技术中心”等荣誉称号。

科技安佑的主导理念是高效、环保、健康养猪。安佑是高效养猪的推动者，采用独特日粮配方，科学的饲养管理模式，提高猪只成活率，实现瘦肉日增量最大化，达成高效养猪目标。安佑推出的肉猪最高利润计划，160日龄达110kg，料肉比2.4以下，瘦肉率提升3.0%～6.0%，粪便、氮、磷排泄物降低20%～40%。安佑是环保养猪的开创者，20世纪90年代即是向中国香港供应生猪企业的主要饲料供应商。安佑通过环保三段论，环保配方体内减量、猪舍设计体外减量和功能性有机肥计划猪粪变绿金，同时达到优化环境、降低成本的环保目标。

安佑是健康养猪的引领者。致力于降低抗生素、重金属残留，通过微生物研发，采用绿色添加剂免疫营养，为新鲜、安全、美味、健康的优质猪肉提供保障。

安佑的高效环保健康养猪理念蕴含着巨大的经济意义。2012年开发的超母奶及奶妈房技术，可以实现弱小仔猪的人工哺育，提升育成率仔猪10%，降低母猪饲养10%。再加上安佑先进的净能体系配制的生长猪饲料，可以将料肉比从2.8降到2.4以下；种猪挑战30饲养模式可使每头母猪每年提供上市肉猪头数由18头提高至25头以上，可以大大减少每头生猪所消耗的饲料量。若推广至全国，全国母猪可减少饲养2 000万头，节省2 000万t粮食；每头肉猪减少消耗40kg饲料，全国可再节约2 400万t粮食，其经济意义是不言而喻的。

“爱与感恩”文化。安佑倡导“爱与感恩”，以爱心回报社会，为社会做有益的事情。公司建立猪文化博物馆，创办内刊《安佑人》，举办各种员工活动和扶贫助学活动，有效提升企业文化在管理中的作用。目的是希望大众关注猪、爱护猪、了解猪，让21世纪中国养猪技术领先全球，让中华民族成为最懂猪的民族。公司自成立以来，已接待养猪经营者、合作伙伴、国际友人、中小学生和社会各界朋友万余人前来参观，为弘扬中国养猪文化作出贡献。2013年，安佑猪文化博物馆已经是太仓市沙溪镇第一小学、岳王小学的德育基地。

安佑的未来—增值型生态产业链。2014年及未来几年，安佑的生产工厂每年增加5家以上。人工乳、乳猪教保料、预混合饲料、乳猪全价料、育肥猪全价料、种猪全价料等全生产线产品将以30%以上的速度增长。

安佑的愿景是“全球幼畜料及低碳农牧产业领导品牌”，以先进的产品研发为向导，以不断的科技创新为保证，以安佑在农牧行业的科技优势为依托，打造增值型生态产业链，加快由饲料产业向现代低碳农牧产业链的转变。在养猪产业链的每个环节，安佑都对环保和低碳进行了深入的研究和探索，目标就是为产业链上各个节点提供全面的环保技术支持和一揽子解决方案。在饲料原料选择、饲料配方选择和饲料生产都有详细的计划，并开始逐步实施，最终方向是通过先进的3A（Available 效率 Accurate 正确 A-head 领先）配方技术，最大化提高猪只生产效率和达到环保效果。在饲料生产方面联合国际有关机构进行绿色工厂认证，确保饲料生产过程的环保标准。在养猪过程中，饲养管理的升级、猪场环境和设备的技改与环保结合。在排污方面开始猪粪尿液养藻、沼气净化分离、高效发酵功能性有机肥的开发，致力于把排污这个成本中心变成利润中心，变粪污为绿金，为绿色地球做贡献。

质量驱动　科技助推
促进企业健康快速发展

——江苏天成科技集团有限公司

江苏天成科技集团有限公司创建于1989年，总部位于国家级经济开发区—江苏海安经济开发区。经过20多年的不懈努力，现已成长为集饲料、生化、兽药、农业科技园（养殖）、省级工程技术研究中心五大板块为一体的综合性企业。集团是“国家级农业综合开发重点龙头项目企业”“江苏省农业产业化重点龙头企业”“江苏省高新技术企业”，是江苏省新型饲料产业技术创新战略联盟理事长单位、连续10年资信等级为AAA级。集团现有员工1 000多人，总资产10亿元，集团2013年度实现销售收入20.3亿元。

江苏天成科技集团有限公司现建有两个饲料工厂和一个农业科技园，总占地88hm^2，饲料工厂分别位于南通市海安县和盐城市建湖县，农业科技园位于南通市海安县滨海新区，主要从事优质蛋鸡繁育、规模化标准化蛋鸡养殖示范等业务。饲料产品包括复合预混合饲料、浓缩饲料、畜禽配合饲料、淡水鱼配合饲料、虾蟹等特种水产配合饲料。各类饲料总生产能力70万t/年。2013年生产销售畜禽水产饲料总计32.5万t，其中家禽配合饲料11.7万t，水产配合饲料19.5万t，其他品种1.2万t，饲料销售额12.3亿元，利润2 461.5万元。

一、强化质量管理，实施品牌战略，提升企业核心竞争力

公司始终把产品质量作为工作的重点，从原料选用、配方管理、生产工艺制定和生产过程管理等方面严把质量关。

公司采购原料坚持质量优先的原则，所有原料均需经过严格的检验方可入库，建有专职质量管理机构，配备万分之一电子天秤、自动粗蛋白测定仪、自动粗纤维测定仪、紫外可见分光光度计、高效液相色谱仪、原子吸收分光光度计、自动水分测定仪、氨基酸分析仪等较为先进的检验设施。公司同时注重软件管理，建有相对完整的质量管理体系，从原料进厂验收、储存到生产使用制定了各种管理制度与措施，确保原料质量的安全与稳定。

公司严格配方管理，每一个新配方的使用均在一定范围内进行饲养试验验证，投放市场后由服务人员持续跟踪使用效果，及时反馈信息，以便进一步优化；生产过程中配方的使用，实行计算机管理，自动调用配方文件，避免人为因素出现配方差错。

公司选用国内一流水平的先进设备，采用国内领先的生产工艺。针对不同饲喂对象的消化吸收特点，采用专门的工艺，最大限度地提高产品的转化率。采用自动配料系统、自动液体添加系统、酶制剂等热敏原料后喷涂系统，配料精度达到国内先进水平，确保产品的稳定；大宗原料进厂均采用散装方式，大大减少装卸作业工人劳动强度。生产包装线安装有自动码垛智能机器人，集团自动化程度达到了国内先进水平。

公司生产过程中建有规范的作业流程和完善的作业指导书，同时实行车间主任与现场品管交叉检查机制，降低生产环节的差错率和质量事故的发生率，成品实行严格的库位管理，确保先进先出；从原料进厂到生产到成品出厂销售采用先进的ERP管理系统，采用数据管理，流程清晰，确保产品质量可追溯。集团继2005年率先在江苏同行中通过HACCP食品安全管理体系认证后，又先后通过江苏出入境检验检疫局出口动物饲料备案登记、江苏省质量技术监督局定量包装商品C标识认证、计量保证能力确认、ISO 9001（2008）质量管理体系认证，产品获得江苏名牌产品称号。

公司建厂以来未发生过产品质量安全事故，产品质量稳定可靠，赢得用户的信赖与好评，企业核心竞争力不断增强，产品销量逐年攀升。

二、重视科技创新，开展产学研合作，提高产品科技含量

公司重视科技创新。现有江苏省新兽药与饲料添加剂工程技术研究中心和天成现代家禽产业技术研究院，设立了刘秀梵院士工作站、南京农业大学研究生工作站、扬州大学研究生工作站。

1. 坚持产品创新 公司和南京农业大学、扬州大学等农业类高等学校开展了多项产学研合作，重点围绕生物安全、食品安全等问题研究饲料配方技术，共同开发了能动态修改养殖水体的安全高效环保型水产配合饲料和消除药物及重金属残留的高效蛋鸡产蛋期配合饲料，产品的创新，降低了养殖成本，大大提高了养殖户的经济效益，产品深受养殖户的信赖。南京农业大学获得国家技术发明二等奖，并将该技术产业化，有效解决了规模化蛋鸡养殖场鸡粪污染问题，实现了鸡粪资源化处理。

2. 坚持服务创新 集团根据市场需求，建立了业务员、技术员、专家三级服务机制。加强业务员技术培训，使其能够为客户提供养殖环境、养殖模式、饲料选用等方面的指导，也能对动物常见疾病进行初步诊断；公司从高校招收相关专业大学生担任技术人员，采取定期巡访的方式进行深度的交流，在疾病预防、养殖水平提升等方面为养殖户提供专业的技术指导；公司聘请了实战经验丰富的资深专家和高校教授组成专家团队以处理疑难杂症。通过三级服务的养殖户能够尽快掌握养殖技术、提高养殖水平，养殖效益得到充分的保证。

3. 坚持管理创新 公司在人才队伍建设上实行以人为本，人尽其才的制度，让有能力的人有展示自己能力的舞台，快速成长；在营销模式上，集团联合商业银行创新了委托贷款的方法，为信用良好的客户提供资金支持，扩大养殖规模，帮助客户实现利益最大化。2013 年共为 2 100 客户提供 1.5 亿元资金支持。

三、完善产业链，实施产业化经营，带动农户共同致富

海安县是全国闻名的“禽蛋之乡”，全年蛋鸡年存栏超过 4 000 万羽。公司是江苏省优秀农业产业化重点龙头企业，经过几年的努力，采用“公司＋基地＋农户”的模式在当地蛋鸡养殖产业方面形成了完善的产业链。集团建有占地 66.7hm^2 的现代农业科技园，现存栏父母代种蛋鸡 10 万套、商品代蛋鸡 100 万羽，孵化场年生产能力达到 1 000 万羽。公司选用世界一流水平的养殖和孵化设备，通过严格的生物安全控制技术，培育出抗病能力强、生产性能高的优质蛋鸡苗。每年为当地养殖农户和规模化养殖场提供优质蛋鸡苗 1 000 万羽，同时提供优质蛋鸡饲料 10 万 t，通过养殖示范场的效应和服务人员的培训推广，年带动农户超过 5 000 个；在农业科技园内还建有大连商品交易所鸡蛋交割库，对稳定蛋鸡养殖效益起到了积极的作用。

公司始终坚持狠抓产品质量、坚持科技创新的原则，以满足客户需求为目标，以提供安全健康饲料产品为己任，公司的产品得到广大客户的青睐和支持，年销量增速超过 30%，企业得到健康快速的发展。公司将一如既往地坚持“以品质赢市场、以质量求生存，建一流企业、创卓越品牌”的理念，努力发挥农业龙头企业的作用，在发展壮大企业的同时带动当地农民共同致富，为当地“三农”事业的发展作出更大的贡献。

中粮饲料梦　江苏启航

——中粮东海粮油工业（张家港）有限公司

中粮东海粮油工业（张家港）有限公司（下简称中粮东海）、中粮饲料（东台）有限公司（下简称中粮东台）、中粮饲料（新沂）有限公司（下简称中粮新沂）、中粮饲料（沛县）有限公司（下简称中粮沛县）均归属于中粮饲料有限公司（下简称中粮饲料）管理。其中中粮东海成立最早，于 1993 年成立，通过 20 年的发展，产销量一直位居江苏省前列。在中粮饲料发展战略目标推动下，自 2008 年起，先后成立中粮东台、中粮新沂、中粮沛县等 3 家企业，基本完成在江苏省的战略布局，2013 年实现销量 40 万 t。

秉承中粮饲料“安全・可靠・专业・高效”的产品理念，江苏区域公司多年坚持“优质、优价、优效”三优原则，以“聚焦市场、聚焦产品、聚焦人员”的三聚焦思维与“坚持优质开发，坚持优质服务，坚持优质实证”的三坚持工作方法，建立起了“诚信、专业、互助、成长”的团队成长模式。

一、以“三聚”为指导思想，打造“三优”专业形象

市场拓展坚持“零死角摸排、优质化开发、专业化服务”，即对养殖户/场、经销商进行无遗漏式摸排、建立信息档案、评估遴选优质养殖户/场、经销商，通过对客户专业化的服务以实现市场的优质开发，2013 年江苏区域公司实现新增养殖户千余名。

1. 聚焦市场 结合江苏市场养殖分布与公司内部各项资源匹配性，畜、禽、水三品分类聚焦于不同

市场。通过持续重点开发大丰、宜兴、武进、溧阳、常熟等市场，2013年公司在上述市场销量均居行业前三，销售数量较2012年增长率高达20%。

2. 聚焦产品 2012年中粮饲料研发上市“五福·四喜”新品猪饲料，通过两年市场拓展，核心市场树立了“中粮五福猪料，全程好才是真的好”的产品形象和“五谷丰登好，中粮饲料造”的品牌形象；“四海”鱼饲料品质多年如一、长期优质稳定的良好口碑；“四海”蛋鸡饲料料蛋比低、蛋品好；“喜盈盈”肉鸡饲料长势快、料比低等良好产品形象。

3. 聚焦人员 人不在多而在精，以“专业、敬业”为用人标准，每个员工在工作上都能独当一面，且核心市场组织团队式市场开发与服务，市场销售数量增幅显著，猪饲料增长12%，水产料增长17%。

二、以“三坚持”推动市场工作落到实处

1. 优质开发 公司长期坚持客户优质化发展，已初步打造了一群发展潜力空间较大、可持续成长性较强的经销商与养殖户群体。中粮新沂、中粮沛县两公司均是2013年投产，实现销量12余万t。

2. 优质服务 销售团队长期深入养殖一线，保障了服务质量的及时性、实效性，实现了客户尤其是经销商群体的稳定。同时，通过开展各种档次的科普讲座近100场，提升了养殖户养殖管理水平。

3. 优质实证 公司坚持以“数据”为基础、以事实说话进行产品实证建设。2013年长期跟进养殖户有400余个，2013年实现产品实证信息收集近300份。

三、以质量安全为先，建立技术创新体系建设

坚持“大研发”，与国内外数家知名大学、科研单位进行科技攻关、知识产权联合。2006年开始聘请行业水产专家为公司水产饲料技术顾问，2007年11月正式与荷兰Schothorst饲料研究所“联姻”，进行饲料原料与配方数据库、动物营养领域等方面的科技攻关协作，在国内率先运用“净能”体系，保障产品安全的同时提升产品品质。

承载着中粮饲料“333”，即3年30家工厂、300万销量的梦想，江苏区域公司重新启航。

打造绿色健康包膜

——杭州康德权科技有限公司

杭州康德权科技有限公司成立于1999年7月，拥有15年智能微囊包膜专利技术（IM技术），已成长为全球四大专业包膜企业之一，在行业内素有“全球包膜专家”的美誉。生产基地坐落于杭州市余杭区国家级高新农业示范园区，建成国家工程实验室生物包膜工程中试基地，拥有亚洲最大的生物包膜车间，国家级高新技术企业。核心包膜产品覆盖全国各省市并远销世界46个国家和地区，深得国内外同行的认可。公司已逐步成长为一家发展前景好、值得信赖的企业。

公司坚持“以德立人，以品做事，绿色健康，共赢发展”的经营理念，坚持理论上成立，高校和科研机构有科学的试验数据，客户能体验到产品带来的好处、安全、成分明确、可检测的四个标准，专注于包膜技术的研究开发和包膜产品质量的提升，致力于成为全球最优秀的包膜饲料添加剂和动物保健品供应商。

一、专注包膜，做专做精

公司采用公共基础平台和独立核算单位相结合的管理模式，在“细分市场、贴近养殖、精耕细作、做专做精”的经营理念下，先后成立了畜禽包膜添加剂事业部、水产包膜添加剂事业部、猪场包膜动物保健品事业部、反刍动物专用过瘤胃添加剂事业部、海外市场开发事业部等独立核算单位，为企业员工创造更多的平台，打造更完善的学习型组织。

康德权肩负“包膜技术，营养全球”的企业使命，针对不同动物的生理特点成立了相应的产品研发团队，专注于适合各种动物生理结构的包膜产品的研发，让包膜产品发挥最大的效用。2013年，畜禽包膜添加剂事业部与美国德州农工大学、美国肯塔基大学、法国养猪研究院、浙江大学、浙江省农业科学院、中国农业大学、山东农业大学等大专院校建立产学研合作；水产包膜添加剂事业部与挪威三文鱼研究所、中国海洋大学、中国农业科学院等建立产学研合作；猪场包膜动物保健品事业部与浙江大学药学院、南京农业大学、扬州大学等高校建立产学研合作；反刍动物专用过瘤胃添加剂事业部与世界粮农组织、美国康奈尔大学等机构建立产学研合作。康德权生物包膜研发中心被认定为浙江省农业企业科技研发中心，杭州市企业技术中心和杭州市高新技术科技研发中心。包膜缓释丁酸盐全球客户使用量名列前茅；优普丁科研数据和用户验证占全球包膜丁酸盐科研报告的90%。包膜缓释氨基酸全国客户使用量名列前茅；过瘤胃胆碱品质功效欧盟认可；包膜半胱胺体内体外稳定释放质量第一。

二、产品质量与安全可追溯

康德权坚持执行国际最高标准。公司极其重视生产过程中的质量管控，一方面，整个生产区都按照欧

盟标准建造与运营；另一方面，设立了专业的质检中心，利用溶出度测定仪、原子分光光度计、红外分析仪、近红外分析仪、气象色谱仪和高效液相色谱仪等先进检测仪器分析和检测产品的性能与质量，实施严格的质量标准。公司以 ISO 9001 质量管理体系为基础，2008 年和 2011 年分别获得了欧盟 FAMI-QS 和荷兰 GMP＋两大管理体系认证，同时完成了美国 FDA 注册，质检中心于 2012 年通过了国家 17025 实验室资格认证，从而也凭借优质的产品质量，打开了国际市场尤其是欧洲和美洲市场的大门。公司处处执行最高标准，努力打造精益求精的产品质量。

三、用户思维，价值营销

公司坚持“我们的存在就是为了帮到客户”的客户理念，包膜产品以用户的需求为导向，围绕改善肠道健康，关注造肉成本，提高动物消化、吸收和转化能力，坚持走“还原养殖成本”的道路，运用 IM 技术，把包膜产品的应用价值传递给客户。让客户能够享受到康德权的服务，体验到产品本身的附加值和内在价值，最终让客户认可康德权的产品和品牌。

四、规范市场，精耕细作

康德权坚持“市场是企业唯一的口粮田，培育市场，精心呵护，长远规划，精耕细作”，力争做到与市场零距离，与客户心贴心，直接接触终端客户，并提供相应的售后与技术服务。对国际市场做长远规划的核心就是康德权紧紧围绕“规范好市场，控制好价格，培训好经销商，锤炼好技术服务”。这一宗旨不断自我修炼。

五、培育人才，团队成长

人才是一个企业最宝贵的财富，公司坚持“人才＝能干＋埋头苦干”的人才观，因才适用，注重员工能力和素质的提升，在“学习、互助、规范、实干”的企业风格带动下，团队成长迅速，2013 年员工平均年龄 34.2 岁，30～45 岁中坚力量员工占 46%，拥有大学本科以上学历人员占 62%，技术部门全部为研究生以上学历，品控实验室精益求精打造高规格的品质管控团队；技术服务部门坚持“广深高速，融会贯通，读懂行业，解决问题”的目标打造星级技术服务团队；年轻的“90 后”简单积极，打造拥有无限正能量的“90 后”青年一线团队。

随着国内外市场的开拓，康德权站在全球化思维，在全球建立服务欧洲市场（波兰）、美洲市场（美国圣地亚哥）和东南亚市场（中国杭州）的 3 个中心。坚持以品牌为导向，坚持“政府放心，客户满意，员工增值，企业发展”的核心价值观，坚持以人为本，追求食品安全、环境友好、动物健康下的企业良性发展，用技术和智慧让饲料添加剂和动物保健品更加安全、优质、高效；用努力和爱心让生活更加美好，用诚信和责任让社会更加和谐。

科学管理　服务万民

——浙江科盛饲料股份有限公司

浙江科盛饲料股份有限公司是一家以研发、生产和销售饲料为主营业务的企业，下设衢州科盛饲料有限公司、绍兴县科盛生物技术有限公司、南通科盛海辰饲料有限公司、江苏科盛富邦饲料有限公司、吉林科盛粮油有限公司和上虞科强水产养殖有限公司。

公司是国家高新技术企业，是生物饲料安全与污染防控国家工程实验室水产养殖示范基地。“科盛”为浙江省知名商号，“科盛”牌配合饲料为浙江名牌产品。自 2000 年国有转制民营以来，公司发展迅速。2013 年公司实现销售收入 8.0 亿元（包括绍兴县科盛生物技术有限公司），缴税 504.0 万元，公司现有总资产 45 229.0 万元，同比增长 33.8%，固定资产 3 988.0 万元，饲料产销率为 96.0%，成效显著。

一、公司农业产业化发展情况

多年来，公司立足创新，大力推行现代企业制度和农业产业化经营模式，严把产品质量关，实现了企业效益和农民收入同步增长的良好态势，使经济效益、社会效益和生态效益获得三丰收。

1. 重研发，增强企业产品竞争力　公司自成立以来，着眼于创建科技型企业，成立了浙江科盛饲料科技研发中心。公司的科技研发中心被评为“浙江省农业企业科技研发中心”“浙江省饲料产业科技创新服务平台科盛饲料技术中心”。2013 年，公司聘请浙江大学、上海海洋大学、上海交通大学、苏州大学和江南大学的教授、博士成立企业专家委员会；同年与浙江大学合作创办了天然动物产品安全与品质研发中心，共同致力于开发研究安全高效的禽畜水产饲料，以不断增强企业产品的竞争力。多项科研成果丰富了公司的产品种类，提高了产品的附加值，增加了客户资源，为公司带来了良好的经济效益和社会效益。

2. 定位服务型，提高企业档次　养殖行业是高度依赖技术的行业，而广大养殖户缺少养殖技术，公司深刻了解这一核心需求，定位服务型企业。2013 年，公司为养殖户进行疾病诊断与防治 200 多次，水质检测与评估服务 260 多次，同时不定期进行市场走访，协助经销商开拓新客户、新产品，并对产品质量进行跟踪 300 余次，全年对养殖户开展 20 次养殖技术培训工作，培训人数达 1 600 多人，并对使用“科盛”产品的其中 500 户用户提供了 1 000 批次的产品检测服务，200 批次的配方及成本核算。

公司通过提供系列化服务，与省内外养殖户建立了稳定、可靠的利益联结机制，带动农户 2.5 万户，联结生猪养殖基地 150 万头，家禽养殖基地 1 200 万羽，水产养殖基地 18 666.7hm²，为促进农业产业化的发展，带动农民致富，发挥了积极的龙头企业作用。

3. 与合作社合作，推广饲料厂场直挂、散料配送模式 公司在营销模式上大胆开拓创新，在浙江省重点推广饲料厂场直挂、散料配送模式，发挥规模优势，降低养殖成本，有助于生猪标准化养殖的饲料安全控制问题。

4. 以饲料产业为起点，拓展产业链 公司以饲料产业为起点，向上拓展饲料的原材料市场，向下进入水产品养殖环节。通过吉林科盛粮油有限公司对玉米和杂粮的收购与加工，既保证公司当前 15 万 t 优质饲料玉米的供应和 5 万 t 贸易玉米的需求，又能满足未来随着规模猪场配送模式的不断推广而大幅增加的优质玉米需求，形成南北资源与市场的紧密对接。公司通过与浙江亿丰海洋生物制品有限公司的战略合作，收购与加工高品质鱼粉，保证饲料中最关键的动物蛋白资源品质的纯正性；为向专业化、集团化的抱团采购转变，降低采购成本。2013 年 10 月 28 日，公司作为发起人之一出资 750 万元在杭州成立了浙江良牧饲料原料采购专业合作社联合社。涵盖全省 11 个地市的 41 家大中型畜禽养殖专业合作社和 2 家大型饲料企业，是浙江省最大的饲料原料联合采购平台，饲料原料市场总量达 400 万 t。

发挥上虞科强水产养殖有限公司 1 866.7hm² 养殖基地优势，积极创建浙江省现代农业园区。2012 年，上虞市科强省级渔业主导产业示范园区成功通过验收，示范园区的成功建设不仅给绍兴及周边地区提供新鲜、优质的南美白对虾，丰富市民的菜篮子，而且也有利于当地对虾基地的建设，带动 400 多户养殖户稳定增收，为上虞市的南美白对虾养殖和该省的南美白对虾养殖起到示范推动作用，促进当地农业结构的进一步调整。

5. 加快产能布局，为企业未来发展奠定基础 近几年，公司加快了产能布局建设。公司投资 3 000 万元新建衢州科盛饲料有限公司，重点完成浙江省及江西、福建、安徽三省交界区域畜禽饲料生产基地的部署；投资 6 000 万元分别在江苏连云港、南通两地建立江苏科盛富邦饲料有限公司和南通科盛海辰饲料有限公司，完成对江苏、上海、山东等周边地区市场网络覆盖。

2013 年，公司分设了绍兴县科盛生物技术有限公司，浙江科盛饲料股份有限公司本级的全部畜禽饲料业务全部转移至绍兴县科盛生物技术有限公司，为公司做大做强畜禽饲料业务以及推广饲料厂场直挂、散料配送模式提供了保障。同年，公司在绍兴滨海征地 205 亩，投资建设 52 万 t 级绿色环保生物科技饲料加工项目，预计在 2015 年全部竣工。

新增产能释放将持续提升公司饲料产品的市场份额，为公司未来饲料业务高速增长打下扎实的基础。

6. 加强质量安全管理，勇于承担社会责任 公司一直坚持“科盛饲料、粒粒高效、安全可靠”的质量方针，坚持清洁化生产，使公司先后通过 ISO 9001：2000 的质量管理体系认证和 ISO 14001：2004 环境管理体系认证；2008 年，公司又全面推行企业资源计划系统（ERP 系统）。通过这些制度的强力推行，对提高员工积极性、节约成本、提高管理层次起到决定性作用，实行产品质量全过程控制，饲料加工过程中产品合格率达 99.8%，检测率和上级抽检合格率均为 100%。

在安全上建立考核机制，落实安全责任。每个班组设置安全生产第一责任人，安全奖惩与安全责任人的考核结果直接挂钩，安全责任的落实保障了公司近几年无重大安全事故。

公司在发展中不忘承担社会责任，针对水产饲料加工过程中产生鱼腥味这一行业难题，累计投资 1 200 万元，整体设备年运营成本为 250 万元左右（仅包括电力和煤炭耗用）的环保设备获得良好效果。同时，公司积极参与社会公益事业，从 2008 年开始，认捐 400 万元参与慈善救助基金；2010 年开始在浙江大学成立“科盛奖学金”，奖励优秀农牧专业学子；2012 年开始慈善冠名捐款等；截至 2013 年，公司累计捐款达 600 多万元。

三、今后发展方向

公司坚持“诚信、勤奋、坚韧、敬业、协作、创新”的经营理念，大力实施“定位科学化，管理精细化，结构最优化，行业龙头化，营销品牌化，效益最大化”的战略，按照“龙头企业+农户”的农业产业化发展模式，实现饲料原料采购规模化，产品销售订单化产品质量绿色化。努力争取把公司推向上市，获取更大的发展空间。

立足“六”字理念 促进企业发展

——安徽广通生物科技有限公司

安徽广通生物科技有限公司是一家集研发、生产和销售绿色、高效畜禽、反刍动物预混料为主营业务的高科技农牧企业。2010 年来，公司取得了长足的发展，预混合饲料产量在安徽省同行业中首屈一指，在河南、湖北、江苏、山东等省份拥有多家销售子公司，产品销售到全国 11 个省份。公司发展连上多个台阶，合作建立了多个合资公司，产量连年递增，其中保健型蛋鸡饲料、肉牛预混合饲料大幅度增长，成为行业内区域市场拓展速度最快、市场占有率最高的企业之一。公司通过了 ISO 9001 国际质量管理体系认证和中国饲料产品认证，获得出口食用动物饲用饲料生产企业资格认证。公司被评为“农业产业龙头企业”“质量信得过企业”等荣誉称号。公司自创建以来，一直坚持和执行企业的“精、专、特、合、和、久”六字理念，保证企业快速健康的发展。

一、打造精品——“精”

打造“精品”企业，是公司对自己的定位。公司坚持“精品”战略，用精心的态度、精干的人员、精湛的技术、精良的工艺、精准的服务，打造预混合饲料行业“精品”企业。

1. 质量是“精品”战略的根本 公司深知饲料产品的质量与食品安全有密切联系，始终以优质的原料、先进的工艺打造精品。公司严格贯彻 ISO 9001 国际质量管理体系标准要求和饲料产品认证实施规则组织生产，公司的产品必须是合格的、优质的、安全的、高效的，绝不参与劣质产品的低价竞争。

2. 创新是“精品”战略的保障 公司的创新型战略就是要做到思维创新、模式创新、技术创新、产品创新、服务创新。公司与国内知名院校和科研院所以及知名动物营养专家建立长期合作关系，建立博士工作站，为公司提供有力的新产品研发和学术支持。公司拥有多项成果专利，其中“一种提高蛋禽产蛋率的中草药发酵饲料及其制备方法”获得国家专利，并使专利产业化。合资的子公司先后参与承担了国家科技人员服务企业行动专项“健康高效蛋白饲料研制及产业化开发”和安徽省长三角科技联合攻关项目“高效微生物发酵饲料研制及其产业化技术开发”等。在长期实践中，总结出“肉牛育肥综合配套技术”，正向国家积极申报科技成果。

3. 精细化管理是“精品”战略的措施 精细化是一种意识、一种观念、一种认真的态度、一种精益求精的文化。2010 年来，公司大力倡导精细化管理，制订和完善了各项管理制度和办法，强化管理队伍执行力与责任心建设，完善管理者考核问责制等。

二、专心致志——“专”

专心致志做好预混料，公司致力于把主要资源集中于公司的主营产业上。首先突出产品专业化，围绕畜禽和反刍动物饲料，加大科技投入，把最先进的动物营养技术融于预混合饲料产品研发中，不断提升产品价值，提高产品性价比。其次突出生产专业化，公司吸取国内外最先进的生产工艺技术，采用“多级预混合处理，多点控制配料精度，多点原料过滤处理，多点脉冲除尘控制”的生产工艺，目前公司有三条专业生产线，畜、禽、反刍动物预混合饲料分线生产，防止交叉污染。最后，突出组织机构专业化，公司设立了猪饲料开发事业部、禽饲料开发事业部、反刍动物饲料事业部的专业管理者和营销人员组建成专业化事业部，各事业部更加有针对性地为客户提供产品服务。

三、突出特色——“特”

饲料行业竞争越来越激烈，产品同质化程度越来越高，公司需在强手如林的市场中占有一席之地困难重重。公司根据自身的资源条件和在行业内的排位，坚持打造“特色”产品，走产品差异化道路。

公司在产品设计上从 3 个方面体现特色。一是特色的核心产品。这也是特色的核心组成部分，在产品的功效上下功夫，不做同质化的“大路货”。二是特色的有形产品。主要在包装、商标、色调、风格等方面体现特色，做出自己特色的包装、商标、风格等。三是特色的附加产品。公司充分利用现有资源，调动全员力量，实施全员服务市场，企业各部门结合本职工作对客户进行不同侧重的服务，各级服务有机结合，相互补充，相互支持，形成完整的体系。

四、广泛合作——“合”

公司积极参与企业间的合作。通过合作提高自身的竞争能力，从合作中获取新的技术和技能，并通过自身创新和企业优势，达到发展和壮大的目的。通过合作丰富了产品，延伸了产品线。公司与欧洲知名企业进行乳猪教槽料技术和产品合作，利用各自的优势，共同开发了国内乳猪料市场，通过合作加快了产品的开发和投入市场进程。公司要加快产品开发的步伐，除了本身努力，重要的一点就是合作。公司与国内知名院校合作，开发出“发酵蛋白饲料”和畜禽粪便无害化处理的有机物料腐熟剂、肉牛育肥综合配套技术推广等。并及时将产品投入市场，深受规模养殖场的欢迎。

五、共建和谐——“和”

公司若想成为一个和谐企业，就要符合企业和全体员工的根本利益。同时，和谐企业作为和谐社会的一个重要组成部分，它的价值取向与和谐社会有着密不可分的联系。公司在建设和谐企业的进程中，着力构建3个方面的和谐。一是企业和社会关系的和谐。在产品设计理念上，把“有机、无公害、环保”作为重要考量，促进生态养殖，建设优美的生态环境。在市场竞争中，公司切实维护企业与客户、企业与竞争者的和谐，积极为客户提供优良的产品、优质的服务，并通过与竞争企业以及各级政府、社会各界建立良性的合作关系，努力形成经营有序、互惠互利、共同发展、多方共赢的和谐局面。二是企业与职工关系的和谐。着力打造“和谐团队”，公司通过建立健康和谐的企业文化、正确的价值观和行为导向、公平有序的竞争机制体系，努力将职工良好的意愿融入公司的发展目标中，形成企业尊重职工、职工乐于奉献企业的团队精神。三是职工与职工人际关系的和谐。公司坚持以人为本，不断提高职工的综合素质，通过组织集体旅游、学习培训、技术培训、市场帮扶等活动，吸引职工自觉陶冶道德情操，增强集体荣誉感和团队精神，融洽人际关系，促进团结和谐，使职工之间真正形成互尊互爱、坦诚相处的良好氛围。

六、长治久安——“久”

现代企业其核心问题就是如何才能在市场竞争中立于不败之地，使公司实现可持续发展。公司从战略、制度和文化三方面，构筑事业的基石。公司自创建之日始，制定了明确的“三步走”发展规划，把“服务于三农发展，满足人们对健康优质食品的需求”作为企业的崇高使命，把“饲料当食品做”作为产品的标准要求。这也是企业实现可持续发展的根本，同时，建立核心制度，公司制定了一套执行系统、规范的管理制度，使公司始终处于有序健康的发展中。最后，塑造优秀文化，建立“事业同创，成就共享”的文化理念，以文化统领人。公司把企业文化作为一种最高层次的企业管理方法、手段以至管理体系来加以建设和完善。在公司发展进程中，不断地导入社会主义核心价值观。

饲料企业发展在农村、植根在农业、动力在农民。公司将紧紧围绕“六”字理念，用公司高科技含量的产品、最专业的技术去服务农民，为促进中国饲料工业的发展，推动健康养殖和食品安全，提高国民健康水平而不懈努力。

科技为本　合作共赢

——安徽华亿科技发展有限公司

安徽华亿农牧科技发展有限公司是一家从事水产良种、水产养殖、饲料及饲料添加剂、生物酶制剂、微生态制剂、绿色水产品生产加工、现代农业示范的涉农科技型公司。是“国家级高新技术企业”“安徽省农业产业化重点龙头企业”“合肥市科技创新型企业”。

公司与国家饲料工程技术研究中心、农业部饲料工业中心、中国农业大学、中国水产水科院淡水渔业中心、上海海洋大学、江南大学等多个科研院所建立了长期的产学研合作关系。多年来承担了国家、省、市多项重点科研及产业化项目。拥有一批国际、国内领先的专利及成果。

公司总部位于安徽省合肥市包河工业园区，拥有年产20万t的绿色特种水产颗粒饲料生产线，8万t膨化饲料生产线，8 000t液态发酵酶制剂及微生态制剂生产线以及安徽省唯一的生物饲料工程技术研究中心。

公司在安徽省安庆市望江县拥有年产10万t的水产饲料生产线、水产良种及养殖基地，并在安庆、池州、有合作及协作的大水面养殖基地、水产品加工基地、水产品交易市场等。在肥东建有占地133.3hm^{2}的国家级现代农业示范园。

一、汇聚科研力量

公司为安徽生物饲料工程技术中心、安徽“115产业创新团队”及合肥市“228产业创新团队”的承担单位，国家工业酶制剂产业创新联盟成员单位，并承担了一系列的科研项目。

二、独特的经营模式

1. 公司秉承“服务于行业，可持续发展”的宗旨　加大资金投入并获得政府支持，与省内外专家团队一起探讨水产养殖及饲料关键技术，在合作的水产养殖合作社进行试点示范，成功后通过各级水产推广部门将新技术新产品推广给养殖企业（户）。

2. 公司产品以特种水产饲料、膨化饲料为基础　特别推出以生物发酵原料为基础的生物发酵饲料。公司拥有强大的专业团队，针对不同的养殖模式，不同企业情况，制定有针对性的养殖方案。并且与养殖户、经销商共同成长，将公司视为其饲料生产车间和后勤保障基地，及时提供各项针对性的服务。

3. 四大经营项目　包括产量效益倍增计划、星火计划重大项目、出口鮰鱼产业链整合、伙伴成长计划等。

三、产业链延伸

公司在做水产饲料的过程中，扩大经营范围，与育苗场合作生产优质鱼种，建立标准化养殖基地，并生产微生态制剂提高养殖效率，和大的水产公司合作建立水产品交易市场，促进成鱼销售，并涉足水产品加工行业，促进水产品的消费。公司在望江县漳湖镇建设望江县现代渔业科技园，项目占地 666.7 hm^2 左右，总投资 6 000 万元，建设内容包括水产研发中心、渔业良种繁育基地、标准化养殖示范基地及水产品交易市场。

公司秉承“以人为本，科技至上，质量第一”的原则，致力于水产产业科技发展。公司将继续打造一条较为完整的产业链，形成以“龙头企业＋农民专业合作组织＋基地＋农户”的一条龙运作模式。

技术领先　打造局域市场

——漳州日高饲料有限公司

漳州日高饲料有限公司是安佑集团公司的全资子公司，其前身为创建于 1999 年的安佑（漳州）饲料科技有限公司。公司集饲料科研、生产、销售与服务为一体的高科技生物饲料生产企业，位于福建省漳州市芗城区石亭产业园，拥有年产 30 万 t 的饲料生产加工能力。专业生产猪用复合预混合饲料、教槽断奶料、浓缩饲料、配合饲料、水产和禽类系列的饲料及水产膨化饲料。

公司全部采用电脑配方，自动化控制，严格按照 ISO 9001 国际标准生产管理。产品覆盖赣南、潮汕地区，公司自成立之初，就提出乳猪断奶专用饲料的观念，并配合提供全面的生猪饲养管理技术。

一、品质、科技、服务—永远争先的经营宗旨

公司以品质成就品牌，执行严格的品质管理体系（CWQC），为品质提供有力保障，从精密配方、精选原料到精细加工，成就精良品质。公司拥有自己独有的一套 3S 服务体系即环境监控、饲养分析、诊断改善，帮助养猪户实现成功养猪的梦想。2013 年，为了更好地服务于客户，公司成立了专家服务中心，在动物营养、畜产经营、猪病、预防、猪舍设计、饲养管理等方面为客户提升养殖品质。

二、注重科技成果的转化

近 3 年来完成科技成果转化项目 18 项，已申请及受让专利 20 项，其中受让发明专利 1 项，自行申请发明专利 2 项，授权的专利 17 项，申报科技攻关计划 1 项，漳州市技术创新研发中心计划 1 项，多种系列产品在品质、科技含量、售后服务方面均具有强势竞争力。

三、依托安佑集团的研发团队

安佑集团研究成果在中国饲料业界处于领先水平，2013 年已拥有 58 项知识产权，其中 27 项发明专利、7 项实用新型专利、10 项外观专利及 14 项著作权，知识产权数量居行业之首。未来安佑研究院还将以每年申请不低于 6 项发明专利的速度不断创新。这些专利和技术应用不断为公司提供发展创新的原动力，同时，以公司的实力与文化吸引了众多精英人才的加入，组成了一支具有较强竞争力的中高层管理团队，成为企业的发展中具备行业竞争力的坚实力量。

公司是高效养猪推动者。采用独特日粮配方，科学的饲养管理模式，提高猪只成活率，实现瘦肉日增量最大化，达到高效养猪的目标。公司推出的“安佑”品牌肉猪最高利润计划，160 日龄达 110kg，料肉比 2.4∶1 以下，瘦肉率提升 3.0%～6.0%，粪便、氮、磷排泄物降低 20%～40%。

公司是环保养猪的开创者。公司通过环保三段论，环保配方体内减量、猪舍设计体外减量、配合功能性有机肥计划猪粪变绿金，同时达到优化环境、降低成本的环保目标。

公司是健康养猪的引领者。致力于减少抗生素，降低重金属残留，通过微生物研发，采用绿色添加剂免疫营养，为新鲜、安全、美味、健康的优质猪肉提供保障。

科技日高，幸福中国，低碳地球。日高以“爱与感恩”的文化，致力为中国的养猪事业作贡献。

探索饲料企业服务猪场的新模式大北农（沙县）模式

——三明大北农农牧科技有限公司

三明大北农农牧科技有限公司是大北农集团旗下福建地区分公司之一，是一家集研发、生产、示范、培训为一体的现代化综合性的农业高科技企业。其生产基地沙县科技园坐落于沙县金古经济开发区东区，是一家猪配合料的生产基地，于 2012 年 8 月正式投入生产，总投资 1.2 亿元，年生产配合饲料 18 万 t，占地面积 44hm^2，现有员工 150 人，生产设备均采用国际先进的布勒进口设备，配合高压蒸汽膨化制粒工艺，分两条生产线，年产量达到 18 万 t，高标准的硬件设施为提供优良产品奠定了坚实基础。生产的产品涵盖生猪生长的各个阶段，产品销售区域覆盖三明、南平等地区。

公司地处福建省级农业示范园规划范围内，而沙县又是作为福建省规模化养猪的密集区，福建省唯一的农村金融改革试点县。与公司深度合作的已有 5 家养猪企业。拥有养猪设备、动保疫苗配套供应企业，疾病检测、猪管网、技术、金融等服务平台。人才、

区位、品牌和综合服务优势，为成功推广规模猪场开发模式—沙县模式奠定了基础。

一、大北农（沙县）模式

沙县模式是指大北农发挥自身强大的优势，通过整合生猪行业最优势资源，在模式运作的第一阶段以提高规模猪场效益和解决人员发展为目的，以搭建高效养猪促进会平台为手段，围绕服务项目和猪场人员培训与流通，培养职业化的养猪专家与养猪企业家；在第二阶段打通生猪全产业链，打造绿色安全的高端猪肉品牌；第三阶段结合种植业，实行种养互补的立体生态农业，架构农村互联网平台，提升新时代新农民的素养，使农业可持续循环的一种多方共赢的发展模式。

二、模式的实施步骤

第一阶段：平台搭建阶段——构建高效养猪促进会。对于规模猪场而言，需要服务的内容很多，如何全面提供综合性的服务是饲料行业要解决的难题。但要有效整合并运用资源，却不是单一饲料企业或养殖企业所能解决的。沙县模式在第一阶段平台搭建的运作上，采用组建“高效养猪促进会”的形式，在平台上可进行人才、资源共享，为企业提供全方位保障；依托平台，资源优势集中体现，服务效率有效提升。

第二阶段：肉食品品牌打造阶段——形成特有的安全肉类品牌。通过第一阶段发展的会员单位，生猪产销链条形成，这为打造大北农安全肉类品牌奠定了原料基础，保证了产品供应量。在第二阶段的发展期，整合会员企业打造安全肉类品牌，集生产资料供应、生猪调运、销售渠道、肉类加工于一体，形成较为完善的产业链条，扩展会员企业的市场竞争力，使生猪养殖不仅停留在单纯出售商品猪的层面，进一步推进了生猪养殖产业化、市场化进程。

第三阶段：种养生态系统阶段——养猪业可持续循环发展模式的雏形。在模式运作的第三阶段，会员单位具备按环评要求建好的环保及无公害处理系统，在生猪养殖过程中，将处理产物再利用，发展种养殖结合的生态农业项目，从源头把控种养产品绿色安全无公害，从而实现资源循环利用和生态农业的可持续发展。沙县模式的第三阶段，为探索养猪业的可持续循环发展提供了思路，从猪场粪污系统处理到生态农田产业和绿色健康食品这一生产链条，很有可能会成为未来养猪业发展的趋势。

三、目标

1. 提高养猪企业效益　沙县模式不仅可以有效解决养猪企业的技术人才流失、资金与资源缺乏、环境污染等问题，通过技术与管理手段，降低猪场保本点，增强养猪企业抵御市场行情变化的能力，形成特有食品品牌，又可以增加产品附加值，进一步提高企业的盈利能力，使企业得以稳定发展。

2. 提供绿色安全无公害的肉食品　在管理组织化的养殖群体时，高效养猪促进会的组织优势便会彰显，可以从源头来把控猪肉的品质，从而可以提供安全健康美味的肉食品。

3. 环境和谐的种养生态系统　猪场的粪污和死猪进行无公害化处理之后，处理产物反哺种植业，实现种养生态循环。解决了猪场的环境污染问题，推进了国家的新农村建设，同时也为种植业和养殖业的有机结合提供了方向。

4. 培养职业化的养猪专家和养猪企业家　高效养猪促进会的平台交流功能，使培养职业化的养猪专家和养猪企业家成为可能，同时更为提升新时代农民的素养提供了土壤。

5. 推动养猪企业现代化与产业化　猪肉价格的持续低迷，使生猪养殖产业加快淘汰产能落后的中小型猪场。因此未来养猪行业是规模猪场的舞台。而推广沙县模式的目标就是实现猪企的现代化与产业化即集约化、规模化与智能化，打造养猪生态化的全产业链，提升产业价值。

打造全产业链　实现“千亿工程”

——江西正邦集团有限公司

正邦集团有限公司是农业产业化国家重点龙头企业、中国饲料工业协会副会长单位、中国畜牧业协会副会长单位、江西省最大的现代农业企业。公司旗下有农牧、种植、金融三大产业集团，在全国 27 个省、市、自治区拥有 315 家分子公司，35 800 名员工。是中国企业 500 强、中国制造业 500 强、中国民营企业 500 强、中国上市公司 100 强。在中国饲料工业、种猪繁育、生猪养殖、种鸭繁育行业名列前茅。

集团致力于打造集农牧现代化、种植现代化、金融现代化于一体的农业企业，全方位、全球化整合各种要素与资源，推动产业升级，推行转轨变型，推进发展提速，做中国现代农业的组织者和领导者，做负责任的绿色食品的生产者和供应者，2013 年实现总产值 360.0 亿元。

一、逆市而上，顺势而为，启动“千亿工程”

2013 年是深入学习贯彻党的十八大精神的开局之年，是江西省“发展升级、小康提速、绿色崛起、实干兴赣”的起步之年，也是正邦集团冲刺千亿、绿色崛起的首秀之年。这一年，集团积极应对世界经济回暖乏力、国内经济转轨变型步伐加快、畜禽市场长期低迷以及由于集团快速扩张所带来的人才紧张、资金短缺等困难，在投资发展上，逆市而上，在生产经营中，顺势而为，变危机为生机，正邦集团启动“千亿工程”——力争 2014 年冲刺 500 亿元，2015 年跨过 600 亿元，2016 年超越 800 亿元，在 2017 年突破 1 000 亿元。集团被列为江西省委省政府重点帮扶的千亿企业，在省市全力协调下，正邦千亿工程形成政企携手、全面推进的强劲态势，正邦全体员工以实干精神推进千亿工程，取得了可喜成绩，实现了阶段性工作目标。2013 年全年集团实现产值 360 亿元，人均产值 10 多万元。

二、科学规划产业发展布局，抓实项目

集团全面推进由单一的农业制造业向集种植、养殖、加工、流通、金融为一体的现代农业企业转型，通过科学规划构建“二链三网”产业格局，打造以生猪养殖为中心的农牧产业链、以粮油生产加工为重点的种植产业链，构建农资网、农产品网和肉食品网。集中优势资源，重点投资产业链“两端”和抓准关键的“两翼”。“两端”即投资上游育种、基因和生物技术类企业以获取核心竞争力；投资下端渠道、贸易及品牌，以掌控渠道终端市场优势；“两翼”即整合人才和资本，打造农业产业资本平台和行业精英创业平台。同时，基于产融结合，运用投资和金融手段带动和发展中间制造业企业，快速形成有竞争力的产业规模，做行业的组织者和领导者。集团的产业链清晰完整，从种植、养殖、农产品加工、品牌、产品生产、分销、零售全程把控农产品领域产业链的每一个环节。

集团的产业发展迅速，增长质量更高，产品载誉而来。2013 年新增投资项目 40 个，新增投资额 20 多亿元。农牧、种植、金融三大产业集团，按照计划做强专业化公司、完善产业化布局、推进生态化建设，攻坚克难，圆满实现了生产经营目标。2013 年，集团将 100 多家饲料生产公司从其他产业集团中分离出来，新成立了饲料产业集团，进行专业化运作，大大提高了管理效率，降低了生产成本。通过新建、并购、合作等模式，在江西、广东、湖南、山东、浙江、河南等省新增设立了 10 多家饲料公司，新增产能 200 万 t/年，2013 年实现产销量 703.0 万 t。

正邦科技承担了国家“863”项目福利养猪。与国外企业达成了合作生产种猪、疫苗的意向；年产 5.5 亿瓶兽药水针剂医药产业园项目被列为全省重大项目；与吉林省白城市政府签订 600 万只肉羊全产业链项目框架协议；2013 年，非洲 15 个国家的政府官员分别前来正邦洽谈合作事项；集团在俄罗斯的种植产业发展态势喜人。

“正邦”被列为中国驰名商标，正邦科技被誉为中国农牧行业人才最佳成长平台，正邦生化被评为江西农药工程技术中心，7 个分子公司成为农业产业化省级龙头企业；另外裕民银行的申办、正邦生化的上市进入实质阶段。

集团狠抓食品安全，积极向社会提供绿色、安全、高品质食品，建立了食品可溯源体系，赢得了社会好评和消费者信任。正邦饲料被评为“中国十大最具潜力乳猪料品牌”，江南香大米荣获十一届中国国际农产品交易会大米类产品唯一金奖。

三、科技强企，科研创新成果丰硕

集团与中国农业大学、国家农业生物技术重点实验室、江西农业大学、南昌大学、江西省农业科学院、江西省科学院、江西省中药研究所、江西省林业科研所、南京农业大学、华东农业大学、云南农业大学、广西农业科学院等院校建立了技术合作关系。与中国农业大学合作承担的国家“948”育种项目“双肌臀大白猪的引进和推广”获得成功，并广泛推广应用，为建立江西省首家种猪核心育种场奠定了基础；与江西农业大学共同承担了国家农业科技成果转化项目“抗仔猪断奶前腹泻种猪配套系培育与示范”，将为培育我国乃至世界上第一个抗仔猪断奶前腹泻种猪配套系作出贡献；与南昌大学合作承担的自动化饲养种猪研究将为我国由传统生猪养殖走向现代化、自动化和科学化生猪饲养提供科学方法和科学依据。通过强强联合，国家大专院校的科技成果在企业得到了广泛推广，企业又可在短期时间内获得较好的经济效益。

同时，正邦集团通过建立的企业博士后工作站、省级技术中心等研发和创新机构，为科研人员搭建了科研平台，近三年先后引进有专业学术水平的博士 3 人（其中海外博士 1 人），引进科技及产业化项目 5 个。在饲料、兽药、农药产品中，被评定了 1 个国家级重点新产品、7 个省级重点新产品，获得 5 个国家发明专利。

四、企业文化建设硕果累累、集团上下精气神大为提升

集团在长期的发展过程中，形成了优秀的企业文化理念体系，树立了“以人为本，以正兴邦”的经营哲学，“把小公司做成大公司，把大公司做成大家的公司”的核心价值观，“情系三农，造福社会，以正兴邦；实现每一个人的生命价值，为中华民族的伟大复兴而奋斗”的企业使命和“在农业产业化的道路

上，成就正邦伟业，在国际化的平台上，圆梦百年正邦”的企业愿景。

集团不断深化“把小公司做成大公司，把大公司做成大家的公司”的创业文化，基于文化理念的共鸣、价值观的认同，正邦有效整合全国各地的优秀人才、行业精英，上千名大学生加盟正邦，共谋发展，共创大业。给平台，给股份，实现共创、共建、共享的机制，充分信任和授权，有效地发挥了他们了解当地情况、熟悉资源和市场的优势，使公司的活力、后劲和发展速度远远优于同行。2013 年来，企业文化建设成为行业典范，集团荣获全国企业文化建设突出贡献人才奖，企业文化工作被评为中国中部地区十大企业文化品牌、江西省企业文化建设示范单位。全年在省级以上媒体发稿 300 多篇，在 20 多次全国性展览会、研讨会上做了专题发言。

全年共获得国家级荣誉 11 个、省部级荣誉 15 个。主要有全国人大代表、全国五一劳动奖章、2013 紫荆花杯杰出企业家奖等；集团连续 5 年被评为江西省非公经济先进党组织。

集团的产业从田头到餐桌，一头连着广大农民生产致富，一头连着城镇居民的食品安全，是利国利民的民生工程。正邦深感社会责任重大，始终坚持保障农产品食品安全、促进生态文明建设、推进农业产业化发展、推动产业转型升级、参与社会管理和建设等方面，走科学发展、快速发展之路，推进正邦集团物质文明、精神文明、政治文明、社会文明和生态文明协调发展。正邦集团决心走科学发展、快速发展之路，再创辉煌，在江西打造一个千亿级农业现代化企业。

厚积薄发　不断进取

——潍坊中基饲料有限公司

潍坊中基饲料有限公司是由潍坊中基集团有限公司与美国 ADM 公司合资兴办的现代化专业饲料生产企业，是山东省第一家专业饲料生产合资企业。母公司潍坊中基集团有限公司成立于 1984 年，为农业产业化国家重点龙头企业，是集饲料生产、良种繁育、禽类养殖、果蔬加工、禽肉加工、动物保健、彩印包装、国际贸易等为一体的农牧食品集团，下设潍坊中基饲料有限公司、潍坊美城食品有限公司、潍坊山美动物保健品有限公司等十几家分、子公司，产品出口日本、欧盟、美国、韩国等国家和中国香港地区，并销往国内十几个省、市、自治区。公司是全国 35 家对日出口禽肉熟制品注册企业之一、9 家对欧盟出口注册企业之一、11 家对加拿大出口注册企业之一，公司拥有行业领先的出口竞争优势；公司及下属企业先后被授予中国畜牧行业百强优秀企业、中国饲料行业履行社会责任先进企业、中国食品工业优秀龙头企业、山东省外贸出口先进单位、山东省质量管理先进单位等荣誉称号，并被认定为农业部农产品加工企业技术创新机构，中心化验室通过国家实验室认可委员会认可。

公司拥有山东名牌产品 3 项、著名商标 1 项、专利 6 项，引进美国先进的机械设备和生产配方，生产适合鸡、猪、鸭、牛、羊、鹌鹑、水产等使用的各种预混合饲料、浓缩饲料、配合饲料、复合多维四大系列产品，除少量供应集团内部鸡场外，主要销往外部市场。潍坊中基建厂 20 多年来，以优秀的企业文化为引导，坚持以人为本，关注产品安全，以质取胜，不断创新，走品牌化路线，饮水思源、积极践行社会责任，现在已逐步成长为发展战略清晰，管理规范，质量过硬的饲料生产企业。

一、实施人才战略，以优秀的企业文化凝聚动力

20 多年来，公司始终坚持“以人为本”和“培育人、创财富，促进企业文明进步”的发展理念，注重人才引进与培养，多年来培养了一大批素质高、能力强、有闯劲的高级人才，使公司成为仁人志士成长和实现自我价值的沃土和舞台。2013 年公司人力储备充足，一批年富力强的新生代人员走上管理岗位，成为带领集团发展的领导者，并形成了高学历、高素质的新一代科研、销售队伍，包含兽医、动物营养、动物育种的专家服务团队。

经过 20 多年的积累沉淀，公司逐渐形成了以“优质、高效、真诚、创新”为核心的企业文化。中基文化已经贯穿于企业所有部门，并在经营管理中逐渐形成“以人才为中心”“永恒品质”“合作共赢”“用创新的思维解决发展中遇到的问题”“不推脱，不抱怨，勇于承担”等重要的理念和工作作风，成为企业发展的先导和凝聚集团力量的内在动力。

二、关注产品安全，以优质的产品赢得客户

20 多年来，公司秉承“为人们提供健康、安全的食品”的宗旨，持续关注食品安全，依法经营、诚信自律，并以为消费者创造良好的食品消费环境为己任。作为中国饲料工业协会和潍坊饲料协会常务理事单位，公司发挥带动示范作用，积极响应中国饲料工业协会组织发起的《饲料安全共同宣言》《全国饲料和饲料添加剂骨干企业确保饲料安全承诺书》等各项行业自律活动，并履行承诺，在饲料生产、销售过程

中，将质量作为企业的第一生命。在管理上，公司通过了 ISO 9001 国际质量体系认证、HACCP 管理体系认证。

经过多年的不懈努力，公司产品安全建设取得优异成绩。“为人们提供健康、安全的食品”的宗旨已经贯穿到公司所有经营环节中，“安全、健康、高品质”已经成为“中基”的名片。中基牌产品被认定为山东省名牌产品和山东省著名商标，公司先后被中国饲料工业协会认定为重承诺、守信用单位，全国饲料工业标准化工作先进集体，中国饲料工业协会常务理事单位，饲料安全承诺单位。

三、不断进取，以创新推动持续发展

以科技创新为先导。为强化创新发展能力，确保企业的可持续发展，公司一方面不断加强技术硬件建设和大力实施人才战略，吸引并激励人才发挥更大的作用；另一方面，与国内外多所大专院校、科研院所以及世界知名厂商建立了长期、稳定的协作关系，不断改进饲料配方技术，并自主开发 80 多种产品，使公司产品达 100 多个品种，充分满足了各种需求，确保了畜牧业的健康发展，其中奶牛精补料项目于 2003 年成功申报国家“863 星火计划项目”并获项目科研经费，使公司整体技术水平和核心竞争能力不断提高。饲料检验中心被评为“潍坊市十佳畜牧检测中心”。2005 年 12 月，集团被认定为农业部农产品加工企业技术创新机构；2009 年研究的“饲料制粒过程中的蒸气冷凝水回收装置”通过国家知识产权局审核，获得国家专利证书。

以机制创新为保障。为了不断提高产品质量和更好地服务客户，公司不断完善相关管理机制和服务体系。质量管理方面，在相关管理体系的基础上形成“三自一控”“三检制”“三工序活动”“三按”等完善的质量管理机制；客户服务方面，在山东省内第一家提出“二十四小时技术服务”承诺的饲料企业，并形成了以富有经验的兽医、动物营养、动物育种的专家为主的服务团队和“专场培训＋现场服务＋电话咨询”的服务机制；创新管理方面，专门设立“创新奖”，奖励每年为公司科技创新做出贡献的工作者。

四、践行企业社会责任，积极回报社会

企业的发展，是基于履行社会责任的前提下的可持续发展，为社会提供绿色安全的产品，是农牧食品企业最根本的社会责任，也是公司的社会责任观和发展观。中基集团在多年的发展过程中，始终将企业的发展和企业社会责任相结合，以成为受政府信任、消费者信赖、员工热爱、行业尊敬的企业为追求。

公司在经营中严于律己、依法经营，持续关注食品安全，在自身发展的同时，自觉维护行业公平交易秩序，并发挥带动示范作用，积极响应中国饲料工业协会组织发起各类活动，支持和协助《潍坊市饲料行业发展规划》、《潍坊市饲料行业行规行约》的制定和实施，为潍坊乃至全国的饲料行业发展起到积极的促进作用；充分发挥龙头企业的带动作用，以“公司＋基地＋农户”模式带动种植、养殖和饲料经销点的发展；饮水思源、产业报国，积极参与社会公益事业，多年来坚持参加慈善总会组织的“爱心一日捐”活动，在高校设立奖学金帮助贫困学子完成学业，参加各类助寡扶贫和抗震救灾等公益活动。2010 年 9 月份，公司被评为中国饲料行业履行社会责任先进单位。来源于社会，奉献于社会，对中基集团来说，这不仅是爱心之举，更是一种义不容辞、责无旁贷的责任和使命。

农牧行业作为关系国计民生的一项基础行业，农牧企业应该将企业的发展和社会发展相结合，中基饲料愿意和行业同仁一起为消费者创造良好的消费环境，为消费者提供优质、安全的产品而努力。

立足猪料　扬帆起航

——山东华有农牧科技有限公司

山东华有农牧科技有限公司成立于 2012 年 12 月，注册资金 1 亿元（拟增至 2 亿元），现总资产 3.6 亿元，是北京大北农科技集团股份有限公司投资兴办，集专业化猪料研发、生产、贸易、服务为一体的大型农牧科技（集团）公司。

公司下辖六大区域三大事业部，即鲁南片、潍坊、胶东、江苏、鲁西北、鲁北区域，预混料事业部、蛋鸡料事业部、反刍动物料事业部；2013 年已经有 13 家子公司顺利投产，包括莒县华有饲料有限公司、莒南华有饲料有限公司、临朐华有饲料有限公司、沂水华有饲料有限公司、昌邑华有饲料有限公司、龙口华有饲料有限公司、海阳华有奕和饲料有限公司、无棣华有饲料有限公司、夏津华有饲料有限公司、济南华有饲料有限公司、莘县华有宏昊饲料有限公司、淮安华有饲料有限公司、盐城华有饲料有限公司等。公司以雄厚的资金、技术、品牌、信息、文化及管理的强大支撑，凭借过硬的产品质量，高水平的技术服务和良好的市场信誉，成为中国猪料最具竞争力猪料品牌。

华有饲料——中国猪饲料技术领导者、专业猪饲料制造商。山东华有农牧科技有限公司，2013 年 9 月当选为“山东省饲料工业协会副会长单位”并被评为“山东省生猪饲料企业十强”。

山东华有秉承“诚信赢得天下、品质赢得市场、服务赢得客户”的企业精神，踏踏实实为每一位顾客、用户提供最具价值的产品和最具竞争力的服务。

山东华有成立之初就确立了“华有事业是大家事业的核心价值观”，激励着每一位华有事业合作伙伴、每一位华有员工。公司推行财富共享机制，截至2013年年底已有多位优秀华有事业合作伙伴获得华有股权。未来将会有更多优秀的事业合作伙伴、更多优秀的员工获得华有股权，共同创造华有新的辉煌，共同迈向华有大家事业的成功！

公司自成立以来，始终坚持将猪饲料作为食品生产，品质是华有人的生命。山东华有集团整合全球领先的猪饲料研发成果，在产品设计、原料采购、生产工艺、品质控制等方面处于国际领先地位，配方具有国际权威性。集团一贯坚持只有优质的原料才能生产出优良的猪饲料，采用进口玉米、膨化脱皮豆粕、膨化大豆、发酵豆粕、膨化玉米、进口奶粉、进口肠膜蛋白、食用植物油、食用白砂糖等优质原料，拥有国际领先的中心控制室、进口玉米脱皮机、韩国进口机器人、荷兰进口冷却器、法国进口熟化器，采用超微粉碎、膨化技术，二次制粒，加酶技术等，采取产前、产中、产后化验，严格把控进厂原料和出厂产品。

山东华有视客户为事业伙伴，致力于为客户提供优质服务。公司要求员工一切以为客户为中心，尽可能利用各种工具为客户提供超值服务。公司推出的养猪热线成为养猪户身边的养猪服务专家；华有农牧的微信公众平台，让客户可以随时随地查猪价、了解养猪资讯、分析行情信息及远程猪病诊断等；养猪服务中心为客户提供全程的养猪服务跟踪。

华有公司感恩客户，公司将一如既往地坚持做最好的猪饲料，坚持推广增值养猪服务和建设养猪服务中心，努力打造年销量超百万吨级的猪料专业化大型公司，服务全球养猪业，成为绿色、安全、卓越的专业猪料制造商，为人类的饮食健康作贡献。

专注于生物饲料系列产品的研发与推广

——河南牧鹤实业集团

牧鹤集团注册于2005年（集团母公司河南牧鹤［集团］饲料有限公司成立于2000年）。集团主要生产经营畜、禽、鱼等配合饲料、浓缩饲料、添加剂预混合饲料等产品，2013年年产能为浓缩饲料160万t、颗粒饲料100万t、添加剂预混合饲料10万t；是集产、供、销、研发、贸易于一体的现代化农牧企业集团。集团现已拥有独立实业公司12家，其中饲料投产公司在河南布局8个，总资产近10亿元，在职员工800余人，其中技术研发、行政管理类硕士20余名，同时，牧鹤集团在郑州经济技术开发区的年产120万t高端饲料工业园项目也于2012年3月30日正式奠基开工，该项目为2013年度河南省重点集群核心企业项目，总投资4.5亿元，建成后将成为全国单产能最大、现代化水平达到欧美国家标准的高端饲料工业园区。

牧鹤集团是ISO 9001质量管理体系、ISO 22000食品安全管理体系、ISO 14001环境安全管理体系三体系认证企业，河南省农业产业化重点龙头企业、河南省高新技术企业、省级企业技术中心、河南省著名商标、河南省名牌。集团国内贸易伙伴遍及十多个省市自治区，已成为广大客户所认可和盛誉的知名品牌，是中原乃至全国饲料品牌的佼佼者。

一、生产、质控

集团建立了适应现代化市场经济发展的运行机制和企业治理结构，管理层次、机构设置合理，管理制度科学完善。在生产质控上，公司为确保饲料产品质量，选择国内外质量过硬、实力雄厚、信誉可靠的原料厂家为合作伙伴，加上集团一流的生产设备和生产工艺，并拥有国内先进的原料、饲料成品检测设备和一大批优秀的技术质控人才，从生产硬件到软件都保证了产品质量。集团具备原料快速检测设备，脂肪、水分、灰分、蛋白质、氨基酸检测只需30s，既有高效的工作效率，又确保了原料质量的合格率，加上集团成品100%批次检测的有效保障，使公司产品一直成为质优、高效、安全、绿色的品牌代表。

二、技术研发

集团在饲料品牌的技术创新上投入了巨大的资金、人力和物力，自2005年至今，集团每年的技术投入费用基本占销售收入的12%以上，并与中国农业科学院畜牧研究所、南京农业大学、北京农业大学等科研院校及国外几家机构签订了多项技术合作协议，在技术研发方面走到了国内同行的前列。

集团以更加专业化、科技化、市场化的经营理念，以适度规模与产业链延伸的低成本战略迅速扩张，加大产品科技投入，充分发挥饲料技术中心的人才科技优势，把最新生物技术与动物营养、生理、药理、遗传、中药、环保等多学科高科技融会渗透，不断开发出现代高科技生物饲料产品，保证畜禽稳定、高效、低成本、无污染、无残留的生长，满足了人们对安全、绿色食品的需求和对健康生活的渴望。

三、为用户创造价值

集团专门组建了一支由专家、技术人员为主体的专业化服务队伍，通过万余人次的现场培训、疾病诊断、客户短信交流平台和集团网络资源，将科学饲喂方法，养殖场管理模式，经济效益核算办法等知识播撒到大江南北。

2005 年至今，牧鹤畜牧学院已培训养殖户和经销商 100 万人次，十几年来，公司每年免费赠送的《养殖手册》《牧鹤人》等相关资料和书籍都在 6 万份以上，为客户的发展带来了科技的食粮，把为农排忧、为耕者谋利、为食者谋福真正落到实处。也真正实现了办好企业，为用户创造价值，服务社会，报效祖国的企业理想。

四、为食品安全做出巨大贡献

2013 年，集团每年用牧鹤饲料产出的鸡蛋约 250 000kg；出栏育肥猪约 350 万头；出栏肉鸡约 30 万只。每年实现饲料粮加工转化及节约转化 70 万 t，节约饲粮约 5 万 t。

五、未来规划

5 年后，集团可实现每年为社会产出鸡蛋1 000t；出栏育肥猪 800 万头；出栏肉鸡约 90 万只的规划。牧鹤未来 10 年年饲料销售量将达到 300 万～380 万 t，销售额突破 100 亿元，届时将成为全国排名前十位的大型饲料集团公司。

做好猪饲料　雄峰天下

——河南雄峰科技有限公司

河南雄峰科技有限公司成立于 1998 年，是国家高新技术企业、河南省省级技术中心、河南省名牌产品、中国规模化猪场服务示范企业、农牧行业最佳人才成长平台。作为中国饲料行业一家专业从事猪料预混合饲料生产的企业，河南雄峰开创了以“猪场管家系统”为核心的“雄峰模式”，成为中部地区猪用预混合饲料第一品牌。

一、品牌雄峰

作为“猪场管家”概念的缔造者与实践的先行者，雄峰企业突破了以往饲料企业单纯的饲料交易的经营模式，构建了国内最庞大的由国内外专家、流动服务人员与驻厂技术人员所组成的专业化服务团队，成为业内能提供猪场管理全面解决方案并有效付诸实施的企业，并以优质的服务帮助每一个客户。

二、人文雄峰

雄峰坚持“激情成长，和谐伙伴”企业文化核心理念，以“品格财富，智慧英雄”为企业精神。雄峰企业是良好企业文化与品牌建设的受益者，也是不遗余力的传播者。经过长期地坚持与推动，公司已成长为一个拥有良好企业文化、强大的市场运营力和服务支撑力的企业，公司的价值观与处世哲学不断碰撞、认同、升华，逐步形成了雄峰独有的企业文化，“伙伴关系”正是此种文化的核心所在。

三、科技雄峰

雄峰每年拿出产值的 1%作为研发费用，十多年的沉淀，打造超强科研团队，由四川农业大学动物营养研究所、雄峰企业科学研究院、中国农业大学、北京农业科学院、华中农业大学、河南农业大学的各原料企业专家博士团队；建设了世界先进的布勒预混料自动生产线、河南省级技术中心、3 000 头母猪群体的试验基地等。

公司从顾客咨询、产品设计、供方选择到原料采购与质量检验，从工艺设计、设备选择、生产过程控制到最终产品投放市场乃至产品最后的使用指导，始终严格遵照 ISO 9001 质量管理体系与 ISO 22000 食品管理体系的管理规范执行，实现了产品零缺陷。

雄峰秉承“成长与成功的伙伴”这一核心价值观，始终将合作伙伴的利益与需求作为关注焦点，公司的系统化服务随着行业的发展与客户的成长而不断进步，现在已成功地从“业务能力、解决问题能力”转型为“推动合作伙伴成长与成功的系统能力”，一个涵盖动物营养、生物安全、经营管理以及品牌文化建设等诸多领域的系统平台正在平稳运行，成功地帮助众多合作伙伴从猪场向现代化养殖企业转型。在不断帮助合作伙伴成长成功的过程中，公司也逐步成为行业内少有的能够运用品牌影响力与企业文化感召力赢得客户、赢得竞争的企业。

创新带动发展　科技改变未来

——武汉新华扬生物集团公司

武汉新华扬生物集团公司是应用现代生物工程技术，研制、生产饲料酶制剂、工业酶制剂、化工饲料添加剂和功能性饲料添加剂的高新技术企业，是全国唯一一家荣登《福布斯》最具潜力企业榜的酶制剂生产企业。

公司根据企业战略规划和发展，深入实施新跨越战略创新，以产品研发为龙头，以核心产品规模化为基础，以营销网络和品牌建设为保障，以科学先进的管理模式为基础，做强做大饲料酶制剂主业；积极拓展工业酶事业新领域，发挥协同效应，创新增长方式。加快建设创新型企业，提升自主创新能力，增强企业在产业链高端上的竞争优势；积极拓展国际市场，探索和培育国际经营能力，提高国际竞争力；积极承担社会责任，加强资源节约和环境保护，深入推动合作共赢；以制度建设为纲，以企业文化建设为要，以人才战略为保证，以管理信息系统为工具全面提升企业综合实力，实现公司持续健康发展。

技术创新是企业发展的立足之本。自成立以来，公司围绕“集成尖端技术、不断整合创新”的创新观念，积极自主研发。不断进行新产品开发和技术改造，提高产品科技含量，凭借雄厚的技术力量和技术积累，取得了较多的科研成果，并进行了有效的转化。2013 年公司承担国家、省市级科技项目 20 余项；获得国家科技进步奖二等奖 2 项，省市科技奖 7 项；获得国家专利 38 项（其中发明专利 28 项），申请受理发明专利 19 项；完成省级成果鉴定 13 项；获得国家火炬计划项目 3 项；参与了 4 项国家“863”计划项目；参与制定了 7 项国家标准，6 项行业标准。为酶制剂行业的持续健康发展做出了巨大的贡献。公司为了提高技术创新研发水平，在大力开展自主创新的同时，还与复旦大学、江南大学、华南理工大学、华中农业大学、中国科学院天津工业生物技术研究所等高等院校建立长期的战略合作关系。成立了饲料酶技术研发中心、纺织酶技术研发中心、食品酶技术研发中心、造纸酶技术研发中心、固态发酵技术研发中心、表达体系技术研发中心等，涵盖分子生物学、生物工程、发酵工艺优化、理化性质评定和酶制剂应用技术等多个方面，成为公司内部研发体系的有益补充。

生产创新是企业的生存之基。公司严格依据国家标准和企业质量管理标准，在设计开发、生产和服务等过程中实施标准化管理和控制，逐步建立了一套较为完善的企业标准和企业制度，使质量管理体系得到持续不断的改进。公司已通过了 ISO 9001 质量管理体系认证、ISO 22000 食品安全管理体系认证和 FAMI-QS 欧洲饲料添加剂与预混合饲料质量体系认证。生产严格执行质量体系及 6S 现场管理标准，狠抓质量与安全，提高一线工人的素质，创造良好的工作环境、生活环境和人文环境。产品分线运作，分为基础产品、品牌产品、高端产品，确保各条线路的产品有良好的互补性。生产中心在现有生产基地上，建立酶制剂产品安全能力检测系统、原料仓库和产品仓库冷藏立体化，完善产品安全质量管理体系。并建立了快速产业化转化的制度体系；建有饲料酶制剂、食品酶制剂、纺织酶制剂 3 个中试车间平台；具有高素质的产业化转化技术团队；形成了规范的科技成果转化产品制度；对自身研发品种及接受委托工程产业化品种进行工艺技术工程化验证，形成稳定技术，向公司或行业其他企业的转移，且确保技术在公司或行业内其他企业的顺利转化生产。

营销创新是企业的动力之源。企业的最终目的是创造更多的剩余价值，而剩余价值又是由营销所带来的，在这个竞争日趋激烈的时代，一成不变的营销思想最终将被社会淘汰。公司顺应时代潮流，2013 年已经形成了完善的五套营销网络：以全国大型饲料企业为目标客户的大客户直销网络、以全国中小饲料企业为目标客户的代理商经销网络、以全国大型养殖企业为目标客户的终端直销网络、其他领域工业用酶销售网络、国际销售网络；实现优势互补。产品出口全球 43 个国家和地区，直接用户达 6 000 多家，建立了境外参展、境外考察国际学术交流等管理制度；公司与越南胡志明农林大学合作成立酶制剂检测实验室，是越南历史上第一个专业酶制剂检测机构，并为越南制定酶制剂国家标准。公司产品完成了欧盟出口注册，是全国拥有欧盟出口许可的酶制剂企业之一。通过建立中、高端产品配套全方位、系统的应用技术解决方案；对目标市场及大客户进行分级管理和差异化营销。“技术跟踪与服务”是公司产品核心价值的体现和延伸，由多名专家教授组成的技术服务队伍，为客户定制个性化的产品方案，并在产品应用处理、企业管理与文化等方面开展广泛的服务与跟踪。

文化创新是企业的发展之魂。俗话说：“企业一年获利靠机遇，三年不败靠领导，五年成功靠制度，百年发展靠文化”。企业文化是一家企业的灵魂，是决定企业核心竞争力最重要的因素，先进的企业文化是企业持续发展的根本保证。而“善行学成”是公司多年来深入人心的核心文化价值观，“以善为本，以行为实，以学致用，已成为真”的文化理念已化为员工的行为准则和企业的运营管理制度。公司先后在华中农业大学、江南大学、湖南农业大学、南京农业大学等全国 20 多所高校设立了新华扬奖学金，每年奖学金支出达 100 余万元。为了倡导感恩文化，体现以善为本的企业核心理念，公司还成立了新华扬“爱心基金会”，每位员工定期向基金会存入爱心基金，为需要帮助的人排忧解难。

展望未来，新华扬将深入实施“新发展、新跨越”的企业创新战略，不断整合资源，积极拓展国际国内市场，提高国际竞争力，力争成为全球一流的生物技术及解决方案服务商，为我国的酶制剂行业的可持续发展做出更大的贡献。

百姓襄大　百年襄大

——宜城市襄大农牧有限公司

宜城市襄大农牧有限公司，成立于2001年2月，是一家集畜禽良种繁育、饲料加工、畜禽屠宰、肉制品深加工为一体的农业产业化国家级重点龙头企业。公司现有资产30亿元，员工4 500余人，主要从事种畜禽繁育、畜禽养殖、放养、屠宰分割、饲料加工、仓储物流、沼气发电及生物肥制造等。2013年集团公司实现产值87.0亿元，创利税1.7亿元。宜城市襄大农牧有限公司以宜城（襄大）为依托，2013年投资兴建松滋（襄大）、武穴（襄大），形成领先湖北、辐射全国的农牧业企业航母集团规模。新建的连锁企业具备或超越襄阳襄大现有规模，同样配套建立全国技术和设备均较为领先的饲料厂、种猪厂、育肥厂、屠宰厂和畜禽加工产业园，全部投产达产后，届时将取得巨大的经济效益、社会效益。

一、全产业链

公司是襄阳乃至鄂西北地区唯一一家全产业链企业。2006年，襄大农牧扩展成为年生产猪、鸡、鱼系列饲料30万t、优质商品鸡苗达1 000万只的大型现代化畜牧产业龙头企业，成为湖北省最大的良种鸡、科技预混料生产基地。2008年成立畜禽放养公司，为湖北省养殖规模较大、鄂西北地区的一家从国外引进曾祖代种猪进行原种猪生产经营的大型现代化原种猪场。2011年年产150万头生猪、5 000万羽家禽屠宰加工食品工业园竣工投产。自此，公司建成了从种畜禽繁育、饲料生产销售、畜禽养殖示范、放养回收到肉食（熟食）品加工销售一个完整、配套的畜禽全产业链条。2013年公司年产饲料65万t，孵化鸡苗7 000万羽，成品鸡5 000万只，出栏种猪10万头、商品猪50万头和年生猪屠宰150万头，肉鸡屠宰5 000万只及熟食加工50 000t。除了畜禽生物医药领域，企业涵盖了农牧业所有的产业链条。由于襄大农牧建成了从源头做起的全产业链，使得公司抗风险能力增强，面对几次重大流感疫情也有序应对，产业链各个环节可根据市场行情有效把控，不仅保证了产品质量，也提高了竞争力。下一步，公司将在湖北省内外建1 000个以上“襄大”牌畜禽产品直销网点，力争把襄大冷鲜肉及肉食品，做成全国同类企业前五强。

二、科研实力

公司为鄂西北地区规模最大的畜禽养殖加工企业之一，经营管理通过中国质量认证中心以下认证：生产经营体系通过ISO 9001：2000质量管理体系认证，猪肉加工通过HACCP食品卫生安全认证，环境保护通过ISO 14001环境体系认证。公司现发展成为中国主要生猪产销基地。公司高级管理和技术人员主要从正大集团、希望集团等大型企业引进，并与湖北省农业科学院、华中农业大学、广东省科学院、中国农业科学院进行技术合作，生产工艺按饲料行业最新标准设计，并采用国内先进的生产、检测设备，实行无偿提供技术培训、技术资料、技术咨询，具有标准高、质量优、品种全、服务周的保障体系。

公司现有180多名大中专毕业生，其中108名拥有国家技术权威部门颁发的高中级技术职称。公司一线工人和技术管理人员具有多年从事养殖行业生产和管理经验，为项目的实施提供可靠的科研技术后盾。公司建有自己的研发中心、化验检验中心。公司下属板桥英系猪场配备有一栋3 000m^2的种猪测定站，自2008年开始，公司先后进行3次大规模的技术改造，累计投资5亿元，先后引进具有国际国内先进水平的瑞士布勒机械有限公司及国内牧羊饲料机械制造有限公司饲料生产线各一条，引进德国伴斯有限公司生产的全自动屠宰分割生产线一条，同时公司从国际知名的JSR育种公司引进英系曾祖代“杜、洛、克”原种猪、美国“爱维茵”种鸡和现代化的养殖设备，建立农产品加工研发中心，并与科研院校等单位联姻，研发了20多种适应市场需求、具有高附加值和科技含量的饲料新品种。

此外，公司还在武汉高农集团设立办事处，主要由研发和招聘中心组成，借助国家级农业科技园技术实力，研制符合中国国情和民众需求的畜禽新品种和深加工产品，从而有力的推动农业科技成果研发转化、科技示范与推广，更有效地促进农业结构调整、农业增效和农民增收。招聘中心则将广纳全国畜牧良才，为企业成长储备各类专业人才，与全球畜牧产业脉搏共振，助推企业实现可持续发展，成就“百姓襄大、百年襄大”的企业梦。

创新健康生活

——安琪酵母股份有限公司

安琪酵母股份有限公司是专业从事酵母类生物技术产品生产、经营及相关技术服务的国家重点高新技术企业、国内酵母行业龙头企业、全球第三大酵母公司。始创于1986年，位于湖北宜昌，在北京、上海、成都、武汉、沈阳设有地区总部，在湖北、新疆、广西、内蒙古、山东、河南等地拥有8家控股子公司，在埃及投资建有第1家海外工厂。公司主导产品包括面包酵母、酿酒酵母、酵母抽提物、保健食品、食品原料、生物饲料添加剂、乳制品等，产品广泛应用于烘焙、发酵面食、酿酒、风味改良、医药保健、生物化工、动物营养等领域。2013年公司实现主营业务收入31亿元，产品出口到140多个国家和地区。

公司系列产品生产线吸收了世界发酵工业领域的新技术成果，以先进的集散控制系统为支撑，采用了西门子过程控制系统，实现全集成自动化。公司通过ISO 9001、ISO 22000、GMP、Kosher、HALAL等多项认证，确保为用户提供高质量的系列产品。

公司拥有国家级企业技术中心、博士后科研工作站、国家认可实验室（CNAS）等高层次研发平台。公司80%以上的员工为专业技术人员，同时外聘5名国外专家、36名国内专家为技术顾问。高效、灵活的研发机制，崇尚科技、尊重知识的科研氛围，成为公司持续、快速、健康发展的支撑系统。

公司在国内省会城市、重要地级城市设有50多个销售机构，在全球五大洲的140多个国家建立市场渠道，形成了面向全球、信息灵敏、反应迅速、渠道畅通、控制有力的营销与市场服务网络。

2002年“ANGEL”商标被认定为中国驰名商标，2007年“安琪牌高活性酵母”被认定为中国名牌产品，目前“ANGEL”商标已在100多个国家注册。

公司从2001年开始进行福邦牌生物饲料的研发工作，先后开发成功饲用高活性干酵母、酵母细胞壁多糖、酵母金属元素螯合物、酵母硒、酵母水解物等一系列生物饲料产品。其中酵母细胞壁多糖、酵母金属元素螯合物通过了湖北省科技厅组织的成果鉴定，被认定为先进产品。饲用高活性干酵母产品的企业标准被上升为农业部颁发的国家标准；酵母硒的企业标准被上升为农业部认定的行业标准。

经过多年的市场开拓，饲用高活性干酵母、酵母细胞壁多糖、酵母硒和酵母水解物等已经广泛应用于猪、禽、反刍和各种水产动物的养殖以及饲料加工行业。其“优质、安全、高效”的品牌形象得到了广大业界人士的认可。在各年度、各级主管机关例行的抽样检测中，福邦系列生物饲料的抽样合格率达到100%，并先后荣膺饲料工业协会颁发的“2004年度饲料工业协会信得过产品”、湖北省工商局“湖北省著名商标”。安琪酵母股份有限公司也先后被饲料工业协会评为 2002年和2006年饲料工业科技进步奖等。福邦系列生物饲料产品还走出国门，远销欧洲、美国、日本等国外市场，并获得一致好评。

“十二五”期间，公司将贯彻“创新健康生活”的企业使命，立足以酵母为主导的生物产业，坚持以酵母产品为基础，持续扩大酵母生产销售规模，大力拓展国际市场；充分发挥酵母技术与产品优势，加快发展YE食品调味、生物饲料、食品配料、营养保健食品、生物技术等已有的新兴产业，继续延伸发展塑印包装、制糖等上游产业，着力发展新型酶制剂等生物新领域，全面实现“做国际化、专业化酵母大公司”的战略目标，向“做国际化、专业化生物技术大公司”的发展愿景迈进。

合作联盟、共图大业，至诚至信、一言九鼎

——湖南九鼎科技（集团）有限公司

2013年，是九鼎集团第4个五年规划的收官年，也是集团“以营销转型，促进全面管理提升”的效率年。在行业平均增长率仅为5%的背景下，公司克服重重困难，按照年初制定的各项工作目标，以市场开拓为龙头，以强化内部管理为主线，在去年的基础上保持了35%的增长率，销量突破150万t，实现“四五”规划的完美收官，步入健康发展的新轨道，为2014年集团创业20周年庆以及“五五”规划的顺利实施奠定了坚实的基础。

盘点2013，公司秉承着“合作联盟、共图大业，至诚至信、一言九鼎”的核心价值观，九鼎用心为养殖户服务，经营与管理踏上更新更大平台。

一、重构远景规划九鼎、新湘农比翼双飞

面对新的行业发展大背景，在2013年年初，公司对九鼎的发展愿景作出了新的规划，提出了“专业发展、两线分立”，为此2013年公司组建了“新湘农板块”，加快新型生猪产业化推进工作，将九鼎集团现有的新湘农生态科技公司、深圳市润农科技公司、兽药分公司、养猪服务中心、养猪学校等有机地结合，构建成饲料、服务、养猪三线互动的模式。九鼎科技致力于饲料业的发展，新湘农科技致力于养猪服务的发展，从饲料与养猪服务两线独立到两线专业化，比翼双飞、共同促进中国养猪业的发展。

二、重视科技研发，品牌信誉度进一步提升

继2012年12月公司被认定为“省级企业技术中心”后，2013年公司在科技创新领域不断创新，品牌信誉度不断提升。

（1）2013年9月，公司“围产期母猪饲料围产保的研制和应用”项目通过了鉴定。该项目填补了国内围产期母猪饲料的空白，技术居国内同类研究领先

水平，为公司产品差异化战略的构建进一步提供了支撑，为公司快速发展起到重要的引领作用。

(2) 2013 年 9 月，公司获批设立博士后科研工作站，开展博士后工作。此次成功获批博士后科研工作站，将为公司加快科技成果转化、提高科研实力、吸引高层次人才等起到积极的助推作用。公司将充分利用该平台，推进科技创新体系建设，全面提升公司的科研水平。

(3) 2013 年 10 月，作为湖南省高新技术企业的九鼎荣升为国家火炬计划重点高新技术企业，这也是我国级别最高的企业高新技术认定资质，是对九鼎历年来在科技创新领域的肯定。

三、积极开拓市场，全国七大区发展成型

在集团 2013 年年初设定的战略布局下，公司先后与根源集团、武汉中博等签署了战略合作协议，快速扩展企业规模，吉安九鼎、九源生物等公司相继成立；同时四平九鼎的成立也标志着九鼎集团正式吹响了进军东北市场的号角，全国七大区的发展成型成势。

四、集团 20 周年庆暨“五五”规划启动

2013 年 10 月 18 日，是九鼎成立的第 20 个年头，九鼎集团“因为用心　所以百亿”20 周年庆暨“五五”规划顺利启动。公司对未来 5 年九鼎的发展思路和目标做出了指引：未来 5 年，九鼎将怀着一颗“德心”，倡导道德，让大利给客户，朝着全国猪料前三强的目标用心奋斗。

五、畅想新营销战略　满怀“德心”让利客户

汇集近 20 年的产品研发的营销成果，公司提出“1+1”“2+5”极致化营销战术，并将其上升到战略的高度，以套餐形式推出经济适用的“救护宝套餐 1+1，简化版仔猪三段宝”，让利于用户，实实在在帮助养猪业降成本、增效益。

六、推进信息化建设，提高日常工作效率

在 2012 年的基础上，2013 年公司继续加大信息化项目的建设，对 EHR 绩效模块进行了建设与应用、对 BQ 系统进行了重建、对总部新办公楼项目进行了建设，保障了 OA、EHR、阿佳希等常用办公软件的管理与开发，为集团日常工作效率的提高提供了管理工具。

七、集团总部与母公司正式分开，组织迈向专业化

为使集团总部更加的专业化，以保障集团 20 周年销售百亿的目标及“五五规划”的落地，集团将总部与母公司正式分开，公司总部入驻长沙标志性建筑华晨世纪广场，这一重大事件标志着九鼎集团的发展已经步入一个新起点、新时期、新局面，为集团吸引专业化、高技术创新人才提供了广阔的平台。

2014 年是九鼎集团创业 20 周年以及“五五规划”的开端年，集团确定以“20 周年司庆搭台，营销 1+1 唱戏”的策略主题。为此，公司确定了畅销百亿的工作目标。对内，公司将开展各线的技能大比武活动；对外，将实施“九鼎 1+1 战略”，开展“喜迎九鼎 20 年　畅享 1+1 大礼包”主题活动，以实现全国猪料总销量前三强的目标。未来，在引领中国养猪事业由优秀走向卓越的康庄大道上，“九鼎”人将一如既往，高举诚信的大旗，秉承“用心、创新、真诚、卓越”的企业精神，力争把“九鼎”品牌打造成社会责任的风向标杆！

合作创新　厚积薄发

——湖南百宜饲料科技有限公司

湖南百宜成立于 2001 年，前身是始建于 1982 年的国有饲料企业——浏阳市饲料厂，位于湖南省浏阳市制造产业基地，公司以饲料研发与产销服务、种猪养殖为主要业务的农业产业化集团公司，是湖南省认定的农业产业化经营龙头企业、国家高新技术企业。

10 余年来，湖南百宜秉持“立足农业、服务农村、致富农民”的经营理念，始终坚持从源头上严控原料质量，践行“安全肉品源于安全饲料”的理念，坚持“百宜饲料好，百宜人更好”的服务意识，创新“安全、绿色、低碳”的生态养殖，努力打造安全肉品供应链。

一、质量先行，一切才有可能

10 余年来，百宜饲料一直遵循“质量第一，供货第二，成本第三”的经营原则，在 2004 年就已在公司内推行 ISO 9001 质量管理体系，为质量保驾护航。基于公司良好的质量管理基础，2012 年被农业部选定为《饲料质量安全管理规范》示范企业。在湖南省饲料工业办公室的多次培训和指导下，结合企业的实际情况，百宜切实地通过《规范》的试运行来提升质量管理水平。

二、开启 PSY（每头母猪出栏的生猪数量）提升项目和 60/45 项目，着眼于养殖效益的提升

2013 年，公司同时启动了两大重大项目，一是

生猪养殖 PSY 提升项目，即将现有 PSY 处在 20 左右的水平提升到 25 的水平；二是 60/45 项目，60 天长到 22.5kg 项目，此项目的终极目标是 2.5 元/kg 的猪肉成本。公司通过骨干人员在国内外参观，从发展模式、养殖技术、工厂设计等多角度进行学习，公司立项建设全国首条教乳料生产线和全自动化系统的金盆猪场，现均已全面建成投产。2013 年 8 月，金盆猪场的胎均健仔数是 12，也就是 PSY 可以达到了 26 头，而第一批保育猪 60 天 23kg，第二批是 24kg，养殖效益得到显著提升。

三、大胆走出去，加强合作和学习

2011 年与康地饲料有限公司签订合作协议成立康地百宜饲料（湖南）有限公司。康地的 200 年技术和管理经验与百宜特色快速融合，2013 年，康地百宜月销量为 5 000t。通过与康地的合作，百宜饲料成功地借鉴了康地技术与管理经验，公司的研发技术和质量得到了长足发展。

四、应用金融期货工具，采购成为利润单位

2013 年，原料价格暴涨使饲料厂生产经营步入困境，成本控制成为企业实现利润最大化的重要环节，百宜的采购概念已经延伸到了金融期货、国际贸易的视角。2013 年，公司利用金融工具，通过基差交易、套期保值交易取得了成本上的极大优势，按照市场行情核算，采购创日平均盈利 2.2 万元，单日最高盈利 30 万元的记录，让采购成为利润单位，全年实现 300 多万的采购利润。

五、开启饲料行业的电商时代，建立 62111 矩阵式电商平台

从 2013 年开始，公司就着手云商事业部的筹建，通过建立 62111（6 个网上店铺：一个淘宝店零售直销＋一个阿里店批发店＋4 个加盟店；2 个农村信息服务站；1 个官方网站；1 个微信平台；1 个 APP 软件）矩阵式的电商平台，开启饲料行业的电商时代。目前云商事业部销售的产品主要是猪用前期饲料和预混合饲料、浓缩饲料、种猪等。通过 62111 矩阵式平台的运作，截至 2013 年 8 月销售额已经超过 200 万元，种猪销售已经达到 208 头，产品已经辐射到东北三省一区，华北、华东、华南、华中、西南、西北市场，下一步公司将精耕区域市场。

六、流程为王，提升信息化建设

企业信息化管理成为企业生存的保障。“十年磨一剑”，近 10 年来，公司不断引入信息化管理系统，有机地将信息化与工业化进行融合，推动企业在市场竞争中获得快速的发展，成为湖南饲料和养殖行业的信息化先行者。2006 年起百宜成功引入 ERP（企业资源计划）管理系统，经过多次的优化，尤其是 2013 年电子仓库的启用，从根本上解决先进先出、数据管理等难题。ERP 系统化管理，为企业决策层及员工提供决策运行手段的管理平台，从而实现供应链上下游资源的优化配置和生产中及时控制的需求，有利于打造联合销售代理、客户和供应商在内的利益共享的合作整体。

共筑平台　赢在战略

——湖南帝亿生物科技有限公司

湖南帝亿生物科技有限公司成立于 2009 年，为长沙招商引资重点农业企业，现有员工近 400 人，年销售收入近 10 亿元。

公司是由归国博士、国内一流学者、农牧行业的资深专家和一群意气风发的青年创业者发起和组建的一家大型生物饲料企业。是先进的管理理念和领先的科学技术的强强联合，是数十年的从业经验和优秀企业的具体实践的强强联合，是追求境界的企业与崇尚专业的团队的强强联合。公司初始投资 5 000 多万元，占地 3.3hm²，采用瑞士“布勒”整套全新设备，年产饲料规模 40 万 t，坐落在长沙经济开发区安沙工业小区，位于 107 国道旁，盘踞在京珠高速、京广铁路旁，邻近霞宁港，地理位置优越，交通四通八达，是目前湖南省单厂规模最大、设备最先进的专业化猪料生产企业之一。公司拥有一流的厂房、设备、检测手段、技术水平、经营理念、产品品质、人员素质、管理、服务。公司是国家高新技术企业、农业产业化龙头企业、“湖南名牌”企业，ISO 9001 国际质量管理体系认证企业、HACCP 食品安全管理体系认证企业、湖南省保护消费者合法权益先进单位，“帝亿”为湖南省著名商标。

近 4 年来，公司从无到有，从小到大，以每年翻番的发展速度创造了湖南饲料届发展的纪录。公司的快速发展，得益于以人为本搭平台，产品战略创天下，价值营销走天涯三个方面。

一、以人为本搭平台

“共筑平台，同创事业”是帝亿的事业理念，从创立之初，公司就定位为是一个事业平台，帝亿从体制、机制等各个方面进行了有效设计，确保每个人都能在帝亿这个平台上来创建自己的事业。帝亿建立了“以人为本，追求卓越，和谐共生，创造伟大”为核

心价值观的帝亿文化，视员工为公司之本。与帝亿合作的每一个合作者都是公司的事业伙伴，公司包容差异，在合作中实现多赢和价值共享。公司汇聚了一大批优秀的人才，凝聚了大批追求共赢客户的人心，为帝亿的快速发展奠定了良好的基础。

公司通过股权员工化、股权激励制、股权发展计划等方式让每个优秀的员工都有机会融入进公司的事业，融入进公司的发展，并分享公司发展的成果。公司也通过建立增量激励制、利润分享制等机制，让每一个人都竭尽全力去做业绩、做增量，快速促进公司的发展。

帝亿是每个人的事业舞台，每一个帝亿人竭力创造自己的事业舞台，做大帝亿的平台。

二、产品战略创天下

帝亿自创立以来，就始终坚持打造以产品为核心的战略，做好产品，用优质好饲料、好产品来赢得客户的信赖，为客户创造养殖效益。

创业之初，公司就本着以产品为核心的战略，作出了帝亿专业化发展的思路，即专业、专心、专门做好猪饲料，把产品定位为“专而精，精而全”。从根本上杜绝了交叉感染的源头；秉着“一心一意出精品”的原则，严格把关饲料生产过程中的每一个环节。公司产品类别囊括猪生长发育的全过程，产品分浓缩饲料、预混合饲料、配合饲料三大类，教、保、小、中、大等多个品种，实现了任何猪场任何猪龄的猪种全覆盖。

公司崇尚科学，依托先进技术来做优质产品。公司聘请中国工程院院士、教授为公司技术把关，同时，公司同中国科学院、中国农业大学、华中农业大学等高校和科研院所的众多专家、学者开展了广泛的技术交流与合作，确保公司产品技术的先进性。公司现有2项发明专利，是多个省、市技术的依托单位。依托中国科学院的科研成果，公司研发了无抗生素生物饲料，成功解决生猪抗病能力差、生长速度慢的难题，且利用率与可转化率可提高50%以上，获得了用户的一致好评。

在工艺设备方面，为做精品，公司选择了全套布勒公司的设备，教乳料建专线来保证帝亿每年稳定的提供40万t优质生物饲料；并投资480万元，选择了上两条膨化料机组，同时，在湖南率先采用微粉碎、多层调质、熟化等工艺技术提高饲料的营养价值；此外，还独创了7次除杂工艺，清除原料中的各种杂质，确保了产品的精度和纯度。公司实现了从订单接收、原料采购、车间生产到成品控制、仓储财务的全过程信息化管理，力求每一个环节都细致、可控。公司建立了一整套从供应商的筛选到原料质量的检验，从原料入厂到库存管理以及生产过程的较为完善的检验、管理体系，成为农业部首批质量安全管理规范试点企业。

帝亿始终坚持用好配方、好原料、好工艺、好态度铸就帝亿好品质，一直在努力建立以产品为核心的战略，做好产品，用优质产品赢得口碑，赢得市场。

三、价值营销走天涯

为客户创造价值是帝亿经营之核心，为此，公司建立了“传播养殖科学，创造更高价值”的营销理念，并在经营的各个方面进行落实。

1. 推广先进养殖模式，为客户创造价值 帝亿不仅仅提供安全、健康的饲料，同样专注于传播养殖科学，公司会针对客户的需求提供个性化的养殖保健服务，包括分享科学养殖知识、提供养殖护理等来提高客户养殖效益。公司研究开发了“861发”“4045”等高效养殖模式，充分发挥帝亿饲料优化组合的特点，从教槽料到乳猪料、小猪料再到帝亿强化中猪料，整个过程和猪的生长周期完美融合，不仅能让猪又快又好的成长，更重要的是能为养殖户带来实际的养殖效益。

2. 提升服务能力，为客户排忧解难 公司不断加强与科研院所的合作与开发，为客户传授先进的养殖观念，及时的资讯信息，让每一个帝亿用户都赢在起跑线上。同时，努力提高业务团队及公司的技术服务能力，传播小挑花技术、猪病防治等知识，为客户解决实际存在的问题，确保养殖户的养殖效益。

3. 薄利多销，微利经营 用公司规模为客户创效益，与客户一起共同分享发展价值。帝亿定位为“做1 000万养殖户的饲料加工厂”，依托40万t的单厂规模优势，整合经销商、供应商资源，通过公司的规模效益，人员效率等方面的努力，把成本做到最低，将用户价值放到最大，通过“10包送1包”“5包送1包”等活动，为客户带去近亿元的让利效益。

帝亿的快速发展，是在每一个帝亿人尽心尽力、竭尽全力的基础上，本着做好产品、做优质产品的产品战略，用户至上的价值思想，为每一个养殖户创造养殖效益的目标。在广大人民群众的支持下，湖南帝亿用户至上的价值思想定将不断绽放光芒。

“技术＋服务”——不断创新型的商业模式

——广东海大集团股份有限公司

广东海大集团股份有限公司（下称海大集团）是

全球第一规模的水产饲料企业，是一家全国排名前列的集研发、生产和销售水产饲料、畜禽饲料和水产预混合饲料以及优质水产苗种、动保产品、养殖业务为主营业务的民营高科技综合性饲料企业。公司创立于1998年，2009年在深圳证券交易所上市（股票代码：02311）。

经过16年的高速发展，海大集团已取得良好的市场规模和社会效益。2013年，在全国15个省市以及东南亚等地区拥有120多家分子公司、1个研究中心、1个研究院、6个中试基地，员工逾万人。其中，博士40多名，硕士350多名。

海大集团作为农业产业化国家重点龙头企业、广东省农业龙头企业，积极参加饲料行业组织，分别担任中国饲料工业协会副会长单位、广东省饲料行业协会副会长单位、广州市饲料行业协会常务副会长单位、广州市农业龙头企业协会会长单位等职务，为行业发展作出了应有贡献。自成立以来，海大集团技术中心先后被国家发改委、广东省经信委等部委认定为“国家认定企业技术中心”“省级企业技术中心”等。同时，经国家人事部批准，设立了番禺节能科技园企业博士后科研工作站分站。海大集团及旗下10余家子公司先后被认定为高新技术企业，2012年海大集团被科技部评为“国家火炬计划重点高新技术企业”。海大集团先后荣获“中国名牌”“广东省著名商标”“广东省名牌产品”“广东省创新型企业”等殊荣。因良好的成长性、现金流、资产质量和经营管理水平，海大集团获得中国农业发展银行、中国银行、中诚信证券评估有限公司等多家合作银行和中介机构AA或AAA以上的信用等级评定。

一、发展历程

海大集团取名自“海纳百川，有容乃大”，寓意汇聚人才，成就伟业。1998年，海大集团成立之初，从水产饲料的核心——水产预混料起步，并在三年内在全国名列前茅；2001年，海大集团进入水产配合饲料领域，淡水鱼料快速成为行业第二；2002年，海大集团在行业内第一个推出高档膨化鱼料，推动了淡水鱼颗粒料向膨化料的升级；2003年，海大集团进军虾料板块，历经10年的发展，海大虾料市场占有率第一，在珠三角、长三角占据绝对优势；2003—2005年，海大集团加快在全国市场的布局，从华中区、华南区向华东区、西南区快速发展，平均以每年近5家公司的速度增长。2009年11月27日，海大集团在深圳证券交易所上市，股票代码002311。资本平台让海大集团如虎添翼，开启了持续多年高速增长模式，被业界称为“跨越式”“几何式”的跃进。

二、“技术+服务”——创新型的商业模式

“技术是核心，服务是根基”，这便是海大集团独有发展模式的最好概括。

海大集团长期以来将科技创新作为企业发展的命脉和动力。近三年，投入科研经费4.2亿元。旗下科研机构先后已被认定为“国家级企业技术中心”“国家农产品加工分中心”“广东省企业技术中心”“广东省农业科技创新中心”“广东省海大集团院士工作站”等，具有研发专用实验室和10多个大型养殖试验场、中试基地等相关配套科研试验基地。公司近5年累计完成研发项目1 000多项，每年有80多项研发成果获得推广应用，形成了大批具有自主知识产权的核心技术。海大集团已成为国内同行业研发力量最强、科研经费投入最大、技术水平最高、科研成果最多的企业之一。

2009年海大集团重申了“服务”在海大集团未来发展战略中的重要地位。多年来，海大集团水产饲料销量增速持续领先行业，关键在于其完善的养殖服务体系：“销售经理→片区负责人→业务员→经销商→养殖户”，为养殖户适时提供“苗种—放养模式—水质控制—疫病防治—饲料选择”的全过程指导。公司最终目标是要实现“卖饲料到卖服务”的转型，用苗种、制剂的超额利润弥补饲料业务因让利养殖户、经销商而减少的利润，通过提升整条产业链的价值实现“客户黏性”，进而增强公司核心竞争力。

三、“全球第一”——向宏伟目标进发

海大集团已跻身于国内饲料行业的前列，在水产饲料市场，一直处于领先地位。2011年，全国市场占有率接近10%，其中水产添加剂预混合饲料位居行业第一，水产配合饲料位居行业第二，鸡饲料和鸭饲料分别为广东省第一和第二。

2012年末，公司总资产61余亿元，营业收入155.0亿元，利润总额5.6亿元，被广东省政府列入“2020年千亿产值企业培养对象”之列。

2013年，海大集团公司营业收入179.0亿元，同期增长16%，饲料销量479.0万t。在全国工商联公布的“2013中国民营企业500强”榜和财富中文网发布的“2013年度中国企业500强”排行榜中，海大集团分别位居206位和278位。

海大集团成为近年来水产饲料行业中发展速度最快、技术水平最好、服务能力最强的饲料企业之一，正从“水产饲料全球第一”朝着“全球第一饲料集团”目标进发。

四、“科技兴农，热心公益”——回馈社会

海大集团在快速发展的同时，也积极履行社会责任，交出了一份优秀的企业社会责任成绩单。

1. 支持教育 海大集团每年出资数万元，分别在华中农业大学、华南农业大学、中山大学、中国科学院水生生物研究所、南京农业大学、四川农业大学等高校设立“海大奖学金”和“教育基金”，为优秀学生提供奖励，让贫困学生能顺利完成学业；同时，在华中农业大学、中山大学、厦门海洋职业技术学院等高校设立“海大奖教金”支持教学、科研建设。

2. 创造就业 海大集团于2008年启动“海之星”应届生培养计划，每年投入大笔经费培养学员，已有数千名应届生成为海大业务骨干和走上管理岗位。2013年12月成立海大学院，而且海大集团应届生培养模式逐渐走向成熟，为应届生树立正确的就业观、创业观启蒙领航。

3. 热心慈善 海大集团积极赞助大型慈善、公益活动，被评为“广州市光彩事业促进会副会长单位”。为希望小学、受灾地区等捐款近300万元、为各项社会公益活动捐款逾百万元。其中，海大集团每年无偿对各子公司驻地农民进行科技知识培训达500多次，并对较困难的养殖户给予资金及技术上的支持。汶川地震、玉树地震、南方冰雪等灾难发生时，组织员工捐款，捐物逾800万元。据不完全统计，10余年时间公司无偿支农的物资达近1 000万元。

4. 技术辐射 海大集团不仅将研发成果应用于自己的产品中，还非常注重将技术向行业内辐射。从2005年起，海大集团每年举行“海因特鱼虾营养与饲料技术研讨会”，已分别在武汉、厦门、沈阳、广州、成都等地连续9年举办过27场会议，分享182个报告，10 104位行业朋友参加会议。研讨会已经成为水产饲料行业同行交流的重要平台，会议规模和影响力不断扩大，得到了同行的高度赞誉。

5. 纳税贡献 作为诚实守信、依法经营的农业产业化国家重点龙头企业，近年来，公司业绩迅速增长，累计纳税数亿元，实现了经济效益和社会效益的共同增长。

自主创新　努力开拓　面向全球

——广州巨元生化有限公司

广州巨元生化有限公司是一家民营企业，成立于2003年2月，2005年4月正式生产。2006年3月通过ISO 9000认证，2006年5月通过欧盟FAMI-QS认证，2010年通过高新企业认证。公司成立以来一直专注于类胡萝卜素产品的研发、生产及销售，目标是成为全球类胡萝卜素产品的主要供应商。2010年公司类胡萝卜素新的生产基地肇庆巨元生化有限公司建成投产，现有员工200余人。公司成立以来，采用全化学合成技术陆续成功将β-胡萝卜素、斑蝥黄、β-阿朴-8′-胡萝卜素酸乙酯、虾青素、番茄红素等主要类胡萝卜素产品研发上市，主要产品“天丽红”“天丽黄”实现年销售收入2.5亿元，其中65%～70%产品销往国外市场，取得了较好的社会与经济效益，同时提升了公司在类胡萝卜素产品的市场地位和影响力。

一、注重培育企业自主创新能力，使企业真正成为独立创新主体

目前，国内很多行业（包括饲料及饲料添加剂行业）的环境与现状并不具备培育创新型企业的条件。其主要原因：一是行业内大量同质化产品的恶性竞争使行业利润降至很低水平，不足以满足创新活动对人才和资金的需求；二是对创新活动获得的知识产权保护力度不足，导致创新型企业无法从创新成果中获得合适的收益预期，即创新活动的风险与收益严重不对称。但对企业来说，有效的创新活动是赖以生存长期和发展的关键要素。

在这种大环境下，对新产品研发，公司选择了2种途径同步进行的方法。一是组建自身研发队伍独立开展研发工作，要求涵盖到目标研发产品的全过程，重点在目标产品的中试及大生产；二是与科研院校（所）合作研发，利用科研院校良好的实验室条件和多学科人才优势，重点则放在确定研发产品的工艺技术路线、实验室小量合成的工艺条件及建立分析方法等。两种途径相互结合、补充及优化，通过这种模式，陆续将上述5种主要类胡萝卜素成功研发并产业化。其中β-阿朴-8′-胡萝卜素酸乙酯与番茄红素的工业化化学合成技术为国内首创。

公司持续将有限的资源倾斜投放到研发活动上，每年的研发经费投入占销售收入的4%～5%，个别年份比例更高。近3年来，围绕类胡萝卜素产品立项的大小研发项目有30多项，投入的研发费用3 000多万元，研发活动取得的专利有15项，包括4项发明专利和11项实用新型专利。此外，更多未申请专利的创新技术（成果）在生产过程中得到有效应用。学而知不足，公司不断进行研发创新的学习过程使上下员工时刻意识到别人的长处和自己的不足，更加尊重领先的竞争对手。

二、注重开发海外市场，建立通畅的全球市场销售渠道

公司坚持以为“顾客创造价值”为核心的宗旨，并将此价值理念实践在市场培育上。通过建设并实施良好的生产及质量管理体系，确保生产稳定的高品质产品，从而满足客户需求；同时公司持续的创新能力可陆续向客户提供其他有价值和竞争力的类胡萝卜素新产品。公司以良好的合作精神，在互利的基础上与客户保持并不断深化合作关系，在合作过程中，将其中部分客户变为公司销售渠道的重要组成部分。

有效的市场渠道，还体现在能协助公司消除或跨越一些区域型的法律法规障碍及贸易保护壁垒。以欧盟为例，早年类胡萝卜素产品进入欧盟市场要求通过欧盟的FAMI-QS认证。2007年6月1日欧盟开始对进入欧盟的所有化学品正式实施REACH制度（欧盟《化学的注册、评估、许可和限制制度》），如不能在规定的最后期限内完成注册并获得许可，产品将不能进入欧盟销售。企业要独立完成该项注册，许可难度与耗资都很大，公司在欧盟的合作伙伴协助下，在规定期限内完成了斑蝥黄、β-胡萝卜素、β-阿朴酯与虾青素等主要类胡萝卜素在欧盟化学署的注册评估许可工作，确保了公司产品能顺利进入欧盟市场。

争做全国无抗生素安全饲料的排头兵

——金银卡（广州）生物科技有限公司

金银卡（广州）生物科技有限公司（总厂）是一家专业生产人工乳猪饲料和猪用添加剂预混合饲料的大型专业化企业，位于国家级开发区的广州经济技术开发区内，是国家级高新技术企业，广东省“产业升级转型20强企业”。公司全面实施ISO 9001：2000国际质量管理体系和HACCP安全饲料管理体系。

公司全面研发和推广绿色、安全、无公害饲料，全面实行欧盟标准，全面推广无抗生素安全饲料，是港澳台地区和供港猪养殖企业的重要饲料供应商，是国内率先研发无抗饲料并能够产业化推广的领头羊企业。

金银卡总厂占地3.3hm^2，注册1.2亿元，主机设备从美国和中国台湾地区引进，产能35万t，产值15亿元，按照国际先进水准设计和建造。截至2013年，公司在全国各地已经建成了15家工厂。公司实行集团化管理、规模化经营，建立完善了重要原料和添加剂的生产基地，将研发成果投入产业化生产，有效缓解了国内重要原料和添加剂依赖进口的局面。

公司享有全国知名商标“金卡牌”，还有全国知名产品“金卡人工乳”和无抗生素安全型“猪预混合饲料”等产品，产品远销到柬埔寨、菲律宾等周边国家以及我国港澳台地区。公司还被中国好猪料“乐斯福”杯评选为“中国十大最受欢迎乳猪料品牌”。

多年来，公司一直致力于“替代抗生素的无公害生物免疫技术”以及“高效节粮型技术”两大领域的10多个系列的研究，运用发酵技术和分子化学等多学科技术，取得重大突破，先后注册了10多项发明专利。

公司与华南农业大学、中国农业大学、湛江海洋大学、佛山科技大学等多所科研院所合作，还于2002年与美国普度大学、美国温洛克农业发展中心结为技术合作伙伴，先后获得国家科学技术二等奖、广东省科学技术一等奖、湛江市科学技术三等奖。金银卡总厂成为“省部产学研重大科技项目”乳猪教槽料示范生产基地。

公司还先后获得了中国国际农业博览会名牌产品奖、广东省名牌产品奖、广州市农业名优产品奖、广东省名优产品奖、中国质量信用AAA级企业等荣誉奖项，多次受到国家、省、市行业领导的荣誉表彰。

展望将来，公司将一如既往、坚持不懈的研发和推广无公害、安全饲料，积极响应国家号召，发展安全饲料和安全畜产品，争做全国无抗生素安全饲料的排头兵，为中国畜牧业的健康发展提供更多更好更安全的畜产品。

携手农户　共同富裕

——广西扬翔饲料有限公司

广西扬翔饲料有限公司成立于1998年4月28日，是农业产业化自治区和国家级重点龙头企业、广西重点扶贫龙头企业、广西农产品加工重点龙头企业、广西水产畜牧行业重点龙头企业，注册资金2.4亿元。公司始终奉行“以农为本、以猪为业、以猪富农”的经营理念，以“降低养殖户总拥有成本”为己任，采用“公司+农户”模式，从猪种改良到提供优质种猪、猪精配送、技术服务、养殖培训、饲料生产配送、组织生猪流通及品牌猪肉加工销售一系列服务，使农户与公司互相依存，带动农民实现养猪增收，企业增利，农户、企业双赢的战略目标。

一、2013年度经济运行情况

2013年扬翔公司自有基地出栏生猪30万头，配送良种猪精790万份，生产加工配送饲料200多万t，全年实现销售收入55.6亿元，实现利润1 144万元，上缴税费2 812.0万元。公司已成为集育种、养殖、

加工、全产业链产业化龙头企业，主要涉及生猪、肉鸭等产业。

二、建设原料生产基地情况

2013年，公司投入巨资在广西实施年出栏50万头商品猪标准化养殖项目，建成7个大型标准化种猪生产基地及1个饲料加工车间，公司拥有17个饲料加工车间和23个规模化养殖基地，其中存栏能繁种母猪2.2万头、种公猪5 000多头，各类猪群15万头；公司种鸭存栏200万羽。

三、企业与农户的利益联结方式

公司的畜禽产业化采用“公司+农户”模式，有两种产业化模式供农户选择，即订单养殖与合作养殖模式。

订单养殖模式是实施生猪产业化过程中，由企业向农户提供猪种及饲料配送，猪精、兽医服务等配套服务，指导农户科学养猪，并遵循统一规划、统一供种、统一供料、统一防疫、统一饲养管理、统一品牌销售的“六个统一”产业化运作思路。

2013年以来公司开始实施新的产业化养殖模式，公司在生猪、鸡鸭产业化运作中，采用公司从供种到食品加工实现封闭式产业链运作。2013年加盟公司产业化运作的养殖户，商品猪养殖利润达120元/头以上，肉鸡肉鸭养殖利润达到2元/羽左右，有效地保障了农户养殖增收。

四、加强质量安全管理

公司在开展农业产业化经营中，注重加强产品质量安全管理。公司在企业内部建立了现场质量巡查制度，根据产品质量标准对出厂产品进行检验，并保存检验记录和检验报告；公司积极推行健康养殖模式，加强饲料安全管理，从源头上把好养殖产品质量安全关；针对饲料生产容易出现问题环节严防死守，提高饲料质量安全水平，从源头上杜绝不安全因素进入餐桌，2013年公司与华中农业大学、中山大学校企合作成立了企业研究院，为公司产品质量安全加了一道科技防线。

五、节约资源保护环境与清洁养殖

为全面贯彻落实十八届三中全会关于大力推进生态文明建设精神和自治区党委、人民政府关于开展“美丽广西、清洁乡村”活动的工作部署。2013年公司在广西发起开展的“清洁养殖；助农增收”大行动，在自治区“美丽广西、清洁乡村”活动领导办公室的指导下，公司将4 500多万元资金在进行乡镇、村、屯、户四级联动，开展清洁养殖、科学养猪大培训，旨在让广大养殖场户真正成为“美丽广西、清洁乡村”活动的主体，从污染源头治理上建立起“清洁家园、清洁水源、清洁田园”的长效机制，宣传“清洁养殖、生态养猪”的文明理念，培训农民进一步学习和掌握科学养猪方法，养成清洁生产习惯。

六、科技创新与体系建设

（1）“龙宝1号”猪通过国家畜禽资源委员会鉴定。“龙宝1号”猪是公司与中山大学等科研单位，历经10多年时间，以中国八大地方优良品种之一的陆川猪为育种素材，培育完成的具有自主知识产权的龙宝1号猪配套系，2013年通过了国家畜禽资源委员会鉴定（证书编号：农01新品种证字第21号）。该配套系商品猪具有一致性好、生产性能较高、肉质优良等特点，公司通过地方猪配套系的培育和推广，为生猪产业发展做出微薄贡献。

（2）公司开发的“喜扬扬”系列高档猪料，是继承“扬翔猪料，高档高回报”的理念，历经十多年潜心研发，顺应当今农牧行业新形势，为建设养猪价值链而隆重推出的最新产品。“喜扬扬”系列高档猪料集合了让猪长得快、长得好、抗病强、出栏早、省料等一系列优点，为猪养殖全过程配套高档优质猪料，实现全程高档次、高回报，为广大养殖户提供整体解决方案，实现养殖户纯收入的增长。

（3）2013年10月公司运行的质量管理体系、环境管理体系、HACCP再次通过认证。

七、下一步的发展思路

1. 完成两广（广西、广东）的产业规划布局
立足广西面向珠三角，规划整个产业布局。因广西具有得天独厚的地理环境、自然环境优势，已逐渐成为广东、港澳地区的“菜篮子”后院，肩负向广东、港澳地区供应肉食品的重任。公司将建成一家屠宰加工食品基地、在广西新建15家饲料厂，自建种畜、种禽场30个，联合大型农牧龙头企业发展培育合作中小规模养殖户10 000户；组建生猪流通企业，打通珠三角的流通渠道，同时建立扬翔猪肉品牌营销网络。

2. 要把养猪产业链站在新台阶　公司2013年已经建立了包括地方猪猪种改良、配套饲料生产与销售、生猪养殖与销售、地方猪品牌猪肉销售、地方猪创新研发为一体的产业链经营模式。在2014年公司将重点投入生猪、鸭的产业链规模养殖生产、扬翔新食记品牌专营店的建设，形成整个产业链的封闭运营，使公司产业链真正踏上一个新台阶，为公司的“从农场到餐桌、老百姓的特供菜”做安全生态供给基地。实现“自家的农场”“自家的屠宰场”“自家的分割车间”“自家的中央厨房”“自家的物流”，从农场到餐桌都是自己的，源头可追溯，过程可控制，完善产业链体系，使食品美味得到保障。

公司将坚持产业链发展战略，运用扬翔模式，2015 年实现饲料销售 500.0 万 t，猪精销售 3 000 万头份，生猪出栏 250 万头，并带动 300 万户农民养猪增收，真正实现“母猪发情找扬翔、养猪用料找扬翔、要吃好肉还是找扬翔”的产业化经营目标；在激烈的市场浪潮中，公司将以新的市场布局和战略规划，充分挖掘社会资源，加快产业链运行步伐，为促进农业产业化健康发展、促进农民养猪增收，发挥龙头企业应有的作用。

以创新谋发展，实现新的腾飞

——南宁漓源粮油饲料有限公司

南宁漓源粮油饲料有限公司创建于 2003 年，由荣获农业产业化国家重点龙头企业、全国饲料企业前 50 强企业的桂林力源粮油食品集团有限公司投资 7 468 万人民币兴建而成。公司位于南宁经济技术开发区，占地面积 5.9hm^2，年设计加工猪、鸡、鸭系列配合饲料及浓缩饲料 50.0 万 t，生产的产品有猪、鸡、鸭系列配合饲料及猪、鸡浓缩饲料。2013 年猪饲料占销售市场 33%，鸡饲料占 31%，鸭饲料占 36%。

公司拥有健全的企业文化和经营机制，并拥有雄厚的人力资源、先进的生产设备。拥有数十名企业管理优秀人才和高级技术专业人才，几十名大、中专以上学历的高素质员工；饲料生产线均为美国 CPM 公司的成套设备以及江苏牧羊集团的饲料加工设备。公司采用现代化企业管理，建立完善的质量保证体系，并不断提升老产品，开发新产品，现有“漓源”“金漓源”“金凯福”“山水”牌猪、鸡、鸭系列 100 多个品种。产品品质优良，具有生长快、肉质好、抗病能力强、性价比高等特点，产品深受广大客户的欢迎和好评。

一、2013 年经营状况

2013 年实现销售收入 20.0 亿元，同比增长 20.0%；工业产值 20.0 亿元，同比增长 18.0%；实现利税 5771.0 万元；利润总额 5686.9 万元；2013 年平均资本收益率 65.0 %；净资产收益率 15.0%；固定资产收益率 91.0%。2013 年共销售饲料 62.6 万 t，同比增长 12.0%。

二、加快科技队伍建设，提高企业整体素质

公司站在企业生存与发展的高度，视人才为企业最大的财富，积极引进高科技人才并加强企业现有职工素质教育，不断深化和加强企业理念教育，不但使员工牢牢树立“合作、创造、共赢”的经营理念，还要在公司供应商、经销商中宣扬并建立上述理念，从而提高整个体系抗风险的能力，减低体系运营成本，增强公司产品的竞争能力。

人才是企业得以发展壮大的基础和保证。对于人才的培养和选拔，公司打破常规，不怕搞特殊，创造条件给予员工更多锻炼成长的机会，每年员工都有参加丰田精益生产管理培训的机会；在不断完善员工福利待遇的基础上，加大劳动分配比重，员工工资水平每年均以 12%比例提高；根据企业自身实际，采取调动大家积极性的办法，激励大家多干、实干、好好干；加大对员工的培训再教育工作，使其不断保持发展的新动力；对于企业所急需的人才，做到一事一办、特事特办；招聘时敢于给予特别待遇，工作中给予更多的机会，促进其尽快成长。

三、抓内部管理　向管理要效益

（1）对生产质量控制的管理职责进行重新定位。从直接检查到间接监控，从质量监督到意识培训，从一味处罚到帮助找出问题。并与生产部门密切配合，对生产车间的质量监控进行总体筹划，重新明确控制点。对不适宜的管理办法进行调整，研究新问题的解决办法。

（2）把对车间质量意识，尤其是车间质检员专业技能及意识的培训列为工作重点。针对生产质量控制的关键检查点严格检查，检查方法严格执行。

四、学习先进模式　更新营销观念

（1）为适应市场的发展，营销部门重新健全营销战略规划，健全以“责任明确、待遇合理、奖惩分明、规范运作、提高效率”为目标的现代企业营销体系。根据日益扩大的市场，在西南各地设地区分支机构，由此建立起一个上下贯通、纵横协调、渗透基层的营销网络。每一位营销员既是销售员、宣传员，又是信息员和售后服务员。公司注入网络营销，加上高素质营销员的培养和使用，完善售后服务，市场占有率迅速上升，实现月度销量 5.9 万 t。

（2）广泛地进行实证对比、沟通和促销、基层推广会议，初步统计全年共做实证推广试验近百次，召开 80 多场各类会议。

五、优化产品质量　提高品牌价值

坚持“以质量求生存，以科技为先导”的宗旨，追求“品牌就是信誉，质量是信誉”的保证。公司狠抓质量管理，2013 年执行国家《饲料质量安全管理规范》，建立健全全面质量管理规章制度和质量保证

体系，使企业的全面质量管理纳入了科学而规范的管理轨道。

六、围绕68万t饲料目标，狠抓项目筹建奠定发展基础

2013年，在项目建设工作中，因产能已不能满足现有销量，“三车间”工程在2013年末开建。在新的历史时期，面对新的挑战，公司深信“依靠科技，立足市场，全面实施，产品开发”的发展战略、“以科技为先导，以市场为契机”的科学营销机制将会使企业再创辉煌，实现新的腾飞。

加强质量安全管理 实现企业稳步发展

——广西华港农牧发展有限公司

广西华港农牧发展有限公司成立于1995年，是福建华港农牧集团在广西投资的第一家公司，现位于南宁市江南区江南工业园内，是集专业研发、生产和销售猪、鸡、鸭、鱼、鹌鹑、鸽子等畜禽、水产配合饲料、浓缩饲料、添加剂预混合饲料，以及向广大养殖户提供畜禽、水产养殖全过程的技术服务和推广养殖新技术于一体的广西壮族自治区农业产业化重点龙头企业。公司自成立以来，一直奉行“客户成功、员工进步、企业发展”的经营理念和“精诚合作、学习创新、敬业奉献”的企业精神，坚持科技进步和管理创新，不断加强产品研发和质量控制，不断提升技术服务水平，实现了企业的跨越式发展。公司生产的“华港”“万港”“华港龙”等品牌饲料一直以稳定的产品质量，高性价比的优势，保持了良好的销售业绩，深受广大养殖户的喜爱，形成了明显的品牌优势，在产品质量和安全方面保持了良好的市场口碑，2013年产品销量超22.0万t，创造了企业建厂以来最好经营业绩。

2013年，公司始终坚持“安全、稳定、高效”的质量安全战略方针，视质量安全为企业的生命，严格开展质量安全管理规范工作，打造优秀的企业形象。

一、开展宣传培训，加强队伍建设

公司作为农业部在广西壮族自治区创建《饲料质量安全管理规范》(以下简称《规范》)示范的首批试点企业之一，成立了由总经理为首、各部门负责人为成员的规范创建领导小组，通过在全厂范围内挂横幅标语、制作主题宣传栏、发放规范要求资料、每月不定期组织《饲料和饲料添加剂管理条例》及配套规章学习等方式，在全体员工中贯宣《规范》知识，组织各级人员进行饲料安全法律法规学习，并通过发放培训资料、试题考核、知识竞赛等方式巩固学习效果，使全体员工进一步增强质量安全管理意识使员工重学习、懂技术、保安全。

二、主抓技术岗位，提升技术水平

公司建立一套完整的饲料质量安全教育体系，对岗位技术性较强、服务质量要求较高的采购员、保管员、品管员、生产班组长、制粒工、膨化工、小料工、锅炉工等工种人员以及直接关系到饲料的安全生产的饲料检验化验员、饲料厂中心控制室操作工、饲料加工设备维修工岗位实行“特岗培训”和“就业准入制度”，对要求从事这些工作的人员经过多次岗位业务、操作技能等培训，通过考核或取得职业资格证书后方可就业上岗。通过“以点带面”的培训方式，让员工充分认识自身的重要性，提高使命感和责任感，努力提高自身技术水平，确保了公司质量安全管理规范工作的有效开展。

三、建立健全制度，科学规范管理

公司根据《规范》规定的原料采购与管理、生产过程控制、产品质量控制、产品投诉与召回、培训、卫生和记录管理等5方面、44条具体要求，逐一进行核查对照，特别对原料采购与管理、生产过程控制、产品质量控制等项目进行重点关注；在日常管理方面，公司还引入危害分析关键控制点（HACCP）管理，即通过对饲料加工的每一步骤进行危害因素分析，确定关键控制点，确立符合每个关键控制点的临界值，控制可能出现的危害；同时根据《饲料质量安全管理规范现场指导情况记录表》中的要求开展和落实了各项工作，确保了《规范》顺利实施。

四、加强跟踪检查，不断完善工作

公司规范创建领导小组每月对《规范》实施工作进行检查，通过听取汇报、查看现场、审查制度、核对记录、询问人员等方式，对存在的问题和不足及时解决或限期整改并跟踪落实。通过不断地检查、整改、完善，公司的《规范》示范创建工作得到了很大的改进。

通过《规范》示范企业创建活动，公司进一步完善了质量安全管理各项工作，具体表现为：

(1) 厂区布局规划更为合理，生产、工作、生活区域划分明确，工厂环境优美，生产现场干净、整洁、有序，仓储区域分库明确、标识清晰，员工能以愉悦心情投入到工作中。

(2) 建立健全了公司原料采购与管理、生产过程

控制、产品质量控制、产品储存及运输、产品投诉与召回、培训、卫生和记录管理等方面的管理制度、操作规程和工作流程，严把原料进厂关、生产管理关、产品出厂检验关、产品销售记录关、产品留样观察登记关和各项管理制度执行关，做到从饲料原料购进到产品售后服务的每个环节都有人负责，确保产品可追溯。

（3）建立并完善了各项表格记录，各个环节的记录都详细、规范，信息完整，客观真实，表单齐全。

（4）对直接关系到饲料安全生产的饲料检验化验员、饲料厂中心控制室操作工、饲料加工设备维修工等岗位实行就业准入制度，持证上岗；所有特种设备、检验仪器设备全部按国家法律法规要求进行登记和年检；所有特种设备操作人员全部通过相关监管部门的考核持证上岗等。

通过《规范》的实施，公司在规范化管理、程序化操作、记录化生产、全过程追溯等方面有较大的提高，在完善企业生产条件、提高企业经营管理水平、确保饲料产品质量安全等方面有了很大的改进，公司发展水平和综合竞争力获得巨大提高。

提升服务　让利农户

——海口双胞胎饲料有限公司

海口双胞胎饲料有限公司成立于2007年12月6日，是一家集饲料研发、生产、销售及技术服务为一体的具有独立法人的大型企业，公司拥有一支掌握先进动物营养知识和丰富养殖经验的研发团队，2013专门从事研究开发的人员有26人，占职工总数的18.44%。公司与国内外著名动物营养学家有广泛的交流合作，并长期深入大型猪场开展技术研究。

2013年，面对行业饲料销量下降7%的困境，公司依靠科技创新、提升技术服务、产品升级、让利给客户的办法，实现了年销售饲料33万t，年销售收入达到10.8亿元，比2012年净增6 772万元，增幅达6.7%，为海南的经济发展做出了积极的贡献，2013年主要做了如下工作。

一、加强技术创新，提升产品竞争力

2013年公司荣获两项国家自主发明专利，并将专利技术进行了转化，极大地提升了产品的性能和性价比；2013年公司开展的“具有除臭效果的仔猪全价料的应用研究”荣获海南省高新技术项目证书。项目的开展促进了公司的技术创新，提升了产品的市场竞争力。

二、建立市场服务站，提升技术服务深度和广度

贴心的售后服务是企业可持续发展的动力。2013年为更好地服务养殖户，公司成立技术服务站，将服务站建到乡、镇、村，及时为养殖户提供专业的技术服务；同时建立了养殖服务网，让养殖户将碰到的问题上传至服务网，公司专业技术人员针对养殖户的问题给出解决方法。公司以一流的养猪管理技术、养猪防疫知识，为客户提供养猪全程解决方案，真正做到服务养殖。

三、实现了产品和饲养模式的升级

2013年，我国养猪业正逐步从散养型向适度规模型转变，养猪的集中度不断提升，使得病原传播距离缩短，传播更直接，病原的传播种类更多、更复杂，交叉感染呈放大趋势。2013年公司将养猪模式进行全面升级，即对乳猪和小猪的饲养模式由“4201”升级为“62040”。与此同时，产品也进行了相应的优化升级，将小猪料升级为更适于保育猪营养需求的双胞胎仔猪料。

四、让利客户，给养殖户送去实实在在的实惠

2013年由于猪价持续低迷，3月份就跌破了猪粮盈亏平衡点，养殖户普遍处于亏损状态。作为猪饲料销量全国第一的双胞胎集团十分关注养殖户的养殖收益，提出“让利亿元，与养猪户共渡难关”的号召，公司第一时间作出响应，及时降低饲料价格，让利于养猪户，帮养猪户渡过了难关，同时也增加了自己的饲料销量。

总之，公司奉行“服务养殖，共赢未来”的宗旨，使广大养殖户通过使用双胞胎饲料养猪，享受增值服务，公司与客户同甘共苦，得到了客户的支持。

重长效　严管理
打造远洋新特色

——海南远生渔业有限公司

一、高起点，谋长远

海南远生渔业有限公司于2007年8月在海南省工商行政管理局注册成立，公司注册资金1.0亿元，是海南翔泰渔业股份有限公司的全资子公司，经营范围为水产品、禽畜产品的收购及销售、速冻食品的生产及销售，以及各产品包装物的生产及销售、生产用

冰的生产及销售、饲料生产及销售。

公司总占地 6.2hm^2，公司发展至今已形成以罗非鱼产品为主，养殖、捕捞、加工、运输、销售一体化的经营运作流程。公司拥有职工 600 多人，设有人事行政部、业务部、原料管理部、生产部、品管部、财务部六大部门及 HACCP 领导小组，形成完善的企业运作体系和质量管理体系。公司按照《出口食品生产企业卫生注册登记管理规定》及 SSOP、HACCP 法规有关规定建立卫生质量管理体系，在生产全过程严格按照各体系规定及国际通行的卫生质量标准实施品质控制，先后通过国家检验检疫局出口食品卫生注册、输美水产品 HACCP 认证，是农业产业化省级重点龙头企业。作为农业产业化国家重点龙头企业，公司一直坚持以市场需求为导向，依托海南优质的水域资源和丰富的大客户资源（即“市场＋资源”），打造“海南岛水产精品”的商业模式。

公司拥有罗非鱼生产线 5 条，双螺旋冻结设备 3 台，平板机 4 台，金属探测仪 1 台；配置有 300 m^2 的化验室，化验室除常用检验仪器、设备外，还配备了业内领先的水产品检测设施—液相色谱仪、液质联仪，借助先进的仪器设备分析检测与 CIQ、USFDA 及 EU 规定的微生物和氯霉素、呋喃代谢物、孔雀石绿、三聚氰胺、四环素等抗生素，实现了从原料到成品的微生物及各类抗生素的自检自控，为客户提供质量稳定的高品质产品。

公司通过自建养殖基地，发挥农业龙头企业的示范带动效应，以规模养殖户为基础，让更多的农户加入到罗非鱼养殖产业中；推行标准化养殖，促进罗非鱼养殖业良性发展，为公司获得稳定、优质的原料鱼做保障。

为了完善产业链，提高市场的竞争力，公司于 2012 年下半年进入饲料行业，建成年产 20 万 t 以上的饲料生产线，共有 5 条水产饲料生产线，2 条沉料罗非鱼生产线，2 条浮性罗非鱼饲料生产线和 1 条虾料生产线，生产区域项目用地面积 2 万 m^2。

生产设备使用先进原装配套生产线，该生产线工艺居国内领先水平，采用全自动监控系统，保障了产品过程的可控性、稳定性、安全性。2013 年，公司生产的主要产品有罗非鱼沉性配合饲料、罗非鱼膨化配合饲料、海水鱼膨化配合饲料、金鋁鱼配合饲料、南美白对虾配合饲料等。产品通过海南省技术检验主管部门多次质量抽检中均符合国标、省级质量标准要求。

二、严管理，重质量

在 2013 年总销量达到海南省罗非鱼配合饲料销量第一。公司产品从投产以来，产品通过实验效果及养殖户的使用效果、养殖效益，均得到了客户的认可。公司严格控制原料的品质，保证产品的质量；生产过程全程监控，确保产品的稳定性。

公司充分发挥农业产业化国家重点龙头企业的示范带动效应，联结上游养殖户，大力推广无公害养殖标准，深化海南罗非鱼精养模式，为消费者提供优质的水产品。高效利用海南岛优质的水土资源，在大力发展养殖业的同时加强对生态环境的保护。公司秉承“以品质为生命，以真诚为桥梁，竭诚为客户提供最优质的产品”的经营宗旨，以国家产业政策为导向，依托海南岛优质淡水和海水资源，打造具有海南岛地理标识的水产精品，从而不断满足国内和国际市场的需求，保持业绩的持续增长。在为自身创造价值的同时，公司不忘自身承担的社会责任和生态责任，力图达到经济效益、社会效益、生态效益三者的和谐统一。

以品质成就品牌，执行严格的品质管理体系

——广汉安佑饲料有限公司

广汉安佑饲料有限公司成立于 2011 年 7 月，隶属于安佑集团在四川投资的第二家生产型外商企业，坐落于广汉市工业黄金走廊北端的小汉镇，108 国道、宝成铁路、成绵高速公路、成绵乐城际铁路横贯全境，地理交通极其便利。

工厂于 2012 年 3 月正式动工筹建，于 2012 年 10 月正式投产，厂区占地规模 4.7hm^2，主要生产乳猪教槽料、猪配合饲料、猪用浓缩饲料、猪用复合预混合饲料等产品。该工厂设计年产能为 12 万 t，采用正昌成套设备，生产线 2 条，其中教槽料配备专用线，粉碎机采用全国技术领先的“冠军王粉碎机”，混合机采用“新型双轴高效混合机”，制粒工段采用全国一流的正昌 420D 型制粒机，成品采用电子计量及自动打包。

品质成就品牌，公司建立 CWQC 全面品管控制流程体系，配备了原子吸收分光光度计、液相色谱仪、近红外光谱仪等精密仪器，利用液相色谱仪对产品、原料中的维生素进行检测；利用原子吸收分光光度计对产品、原料中的微量元素进行分析；近红外光谱仪利用已建模型对原料、成品中的常规指标、氨基酸等进行快速检测和精准分析，确保产品质量。

公司以安佑集团雄厚的研发实力为支撑，具有雄厚的研发实力，组建了一支囊括猪营养、反刍动物营养、饲料加工、微生物等多个专业领域的 30 多名专业人才、专职技术研发团队。

安佑集团根据我国养猪业的现状，创造了“3S”成功养猪服务体系，提出了2599大乳猪计划等五大计划及其配套产品，又推出安佑“乳猪630”“肉猪123”“种猪1”等三大全价料喂饲模式，引领养猪业的科技创新。近年来安佑集团专注于养猪产业链的技术深耕和生态增值，已经形成了涵盖整个养猪环节的完整产品结构。

公司始终坚持“品质、科技、服务——永远争先”的经营理念，以品质成就品牌，执行严格的品质管理体系，为品质提供有力保障，从精密配方、精选原料到精细加工，成就精良品质。以引领世界幼畜饲料领域的先进科技，开创了乳猪教槽料产品生产和喂饲标准，成为华人在世界养猪界的骄傲。

今天，安佑站在一个新的历史起点，携手共进，放眼未来，为实现“全球幼畜料及低碳农牧产业领导品牌”的美好愿景而不懈努力，科技安佑，幸福中国，低碳地球！

依托新技术　快速发展

——重庆民泰香料化工有限责任公司

重庆民泰香料化工有限责任公司成立于1996年，注册资金200万元，现有员工100多人，厂房占地面积2.3hm²，办公及生产建筑面积1万m²。公司主要生产销售饲料添加剂和添加剂预混合饲料，秉承“科技创新，造福于民”的经营宗旨，以“厚德载物，自强致远”为经营理念，经过多年努力，现已成为中国著名的专业化饲料品质改良剂生产厂家。

一、企业定位

重庆民泰以“帮助畜牧行业健康安全地发展，帮助各饲料企业提升饲料品质，改善动物肉质风味，帮助优秀员工实现财富增长”为存在的社会价值，树立“敬畏、感恩、助人、诚信、学习”的企业文化，立志做饲料品质改良的101年企业。

二、技术优势

公司以饲料品质改良和动物营养为主要研究方向，组成了防霉剂、香精香料、甜味剂、水产复合预混合饲料四大技术团队，拥有先进的生产、检测设备以及中国事业部、海外事业部两支强大的营销团队，被认定为重庆市中小企业技术研发中心、重庆市创新型试点企业和重庆市知识产权试点单位。公司通过了ISO 9001国际质量体系认证，并成为重庆市第一批开展知识产权贯标工作的单位。从2000年开始，就与美国、日本、德国、新西兰等国家和中国台湾地区开展技术、管理方面的合作，并与中国农业大学、浙江大学、华南师范大学、常熟理工学院、江南大学、西南大学、华南农业大学等高等院校建立了长期的产学研合作关系。2002年，公司成立民泰生物技术研究所，使民泰产品从精细化学领域拓展到生物化学领域，带给客户全新的动物生产和保健观念。公司现拥有5项发明专利、2项实用新型专利及1项外观设计专利。

三、新产品开发能力

公司每年都会设定专项研发资金，用于研发高科技含量的各类新型的添加剂产品，并以其高品质和高效赢得了市场的认同。公司产品主要包括防霉剂、香味剂、甜味剂、水产复合预混合饲料四大类别，生产能力可达2万t/年，其中，防霉剂已经连续10年中国销量第一。在防霉剂领域，重庆民泰是国内唯一拥有国家发明专利的生产厂家，甜味剂也名列全国三甲。五百克饲料防霉剂、莫高甜饲料甜味剂被评为重庆名牌产品，优力甜饲料甜味剂被评为重庆知名产品，五百克、甘蔗甜和装藏香是重庆市重点新产品和高新技术产品，并与黄曲霉毒素B_1快速检测试剂盒的研制及艾益补水产复合预混合饲料一起被列入重庆市技术创新项目及产学研合作技术创新指导性计划中。甘蔗甜还获得2011年度国家科技部农业成果转化项目资金支持。公司“基于分子模拟技术的饲用甜味剂研究和开发”被列入2011年重庆市第一批科技项目计划。“基于电子鼻的食品和饲料品质快速检测新技术与产业化”项目获得“2012年度中国商业联合会科学技术奖一等奖”。“新型猪用饲料风味剂研制与产业化”被列为2013年重庆市集成示范项目。

提升技术水平　增强硬实力

——重庆开洲九鼎牧业科技开发有限公司

重庆开洲九鼎牧业科技开发有限公司位于重庆市开县工业园区赵家轻工食品产业园，成立于2012年11月，注册资本2 000万元，为湖南九鼎科技（集团）有限公司和重庆开洲牧业科技开发有限公司合资组建的一家集猪（水产）用系列饲料研发、生产、销售于一体的科技型饲料生产企业。

公司现有员工113人，设有技术部、生产部、质量部、销售部、采购部、财务部、行政部7个部门，建有浓缩、配合饲料和添加剂预混合饲料两条生产线，具有年加工2万t浓缩、配合饲料和1万t添加剂预混合饲料生产能力。

公司还成立省（市）级产品技术研究中心，配备有动物营养、畜牧水产、食品工程、生物医药以及畜牧兽医等方面的专业技术人员8人，其中硕士以上学历5人。公司拥有发明专利17项，新型实用专利14项，外观设计专利16项。为了确保产品质量安全、稳定，公司投入100多万元配备检验、化验室、原料（产品）留样室和高配置的理化室、生化室，按照ISO 9000质量体系的要求，建立了一套完整的生产作业流程，检验、化验人员及中控人员全部持证上岗。公司自成立以来，一直全面推行九鼎集团6S现场管理、六西格玛质量管理，做到产品质量遵循“指标有依据、设计有规范、验证有标准、过程零缺陷”的原则。

公司在3个方面严抓质量关，一是严把原料质量关，对每一批进厂的原料都进行抽查检验，要求原料使用合格率要求达到100%；二是严把生产过程质量关，严格按照饲料配比标准和生产工艺流程，要求成品生产合格率到达96%以上；三是严把成品质量关，对每批次的产品进行抽样检测，绝不让不合格的产品出厂销售，确保公司生产的产品质量安全、稳定。

公司以专业的队伍，严谨的管理，先进的技术设备，着力打造“九鼎”、“渝洲”饲料品牌，公司产品中使用了益品素、植酸酶、微量元素氨基酸螯合物等绿色环保饲料添加剂，为社会提供了绿色、环保、健康的安全食品；同时提高了饲料利用率，也为养殖户提供了新的效益增长点。

公司致力于打造“养猪业主的综合服务商”，始终以满足客户需求为出发点和落脚点，加强与上下游企业的交流与合作，不断向同行业先进企业学习，提高自身的实力，以质量求生存，以创新谋发展，追求卓越，与各方合作打造“多赢”局面。“一手抓产品研发，一手抓技术服务，给客户提供极致化的产品服务价值”，一直是公司追求的经营理念。公司已在广大区域树立起“模式化养猪专家”的良好品牌形象。专业服务团队大力推广经九鼎集团多年实践反复探索出九鼎五段肥育肥模式、九鼎核心三阶段养猪模式和九鼎种猪饲养模式，并以此汇编成“养猪指南”“九鼎核心三阶段养猪模式”“猪场保健程序”等资料，为促进客户的事业发展带来了更多技术支持。同时，公司打破饲料厂传统的“你买我卖”的买卖关系，建立起“饲养互动”的新关系，将开洲九鼎打造成为养殖户自己的饲料车间和技术服务专家。公司为养殖户提供试验室诊断服务，确保了养猪户的防疫安全性、疾病治疗针对性。深入市场帮助养殖户挖掘养殖潜能，提升养殖效益，深受养殖户的好评。

公司在发展的过程中，把加强硬件建设、技术改造、增强硬实力作为企业长远发展的保障，公司自成立以来，产品覆盖了国内近10多个省、市、自治区，产品远销川、渝、陕等省市，实现了农民增收和企业增效双赢的局面，为饲料工业发展提供了强有力的产业支撑。公司规划通过5～10年的发展，将企业做大做强，将公司发展成西南地区的饲料产业公司。

作为一家植根于猪场市场的负责任的企业，公司始终坚持以提供品质优、性价比高的安全、绿色、环保有机饲料为己任，不断地创新经营，专注行业发展，发挥区域优势，加大产业化进程。公司立足开县、面向重庆，服务全国，致力于推动重庆饲料行业安全、无公害畜牧禽饲料产品的生产建设和发展。

为养殖户创造价值，为社会创造财富

——贵阳双胞胎饲料有限公司

贵阳双胞胎饲料有限公司位于贵州省贵阳市白云区粑粑坳，成立于2008年，厂房总建筑面积13 260m²，职工100余人，各类科技人员18人，是一家集饲料研发、生产、销售、技术咨询服务为一体的大型饲料制造企业，是双胞胎集团下属子公司之一。2013年公司实现产能10万t，在建项目年产能18万t，拥有科学的工艺、现代化的生产设备、先进的检测设备，雄厚的人才储备。长期以来，公司与高等院校有着稳定的合作，致力产品研发，为企业的发展注入新的活力，走出了一条产学研结合的成功之路。2013年营业收入突破4亿元，是贵阳市最大的饲料企业生产基地之一。

公司以双胞胎集团为核心，秉承着“为养殖户创造价值，为社会创造财富，为员工创造机会，为股东创造利益”的核心价值观，专业打造乳猪奶粉、乳猪饲料、仔猪饲料、浓缩饲料等产品。公司秉承“质量是双胞胎人的品格和自尊”的理念，建立了各项严格的质量责任管理制度和质量控制体系，全力打造中国猪饲料第一品牌，已成为深受广大养殖户青睐的名牌产品。

一、平台战略

公司员工“550创富计划”，即到2020年公司要打造5名百万富人，50名年收入不低于10万元，建立起双胞胎集团事业财富共同体的统一战线，实现与员工、经销商、养殖户共同富裕的目标，创造价值、分享财富，为广大事业伙伴搭建更高更全面的支撑服务平台，致力成为事业伙伴成功创业的孵化器，为事业伙伴提供品牌、技术、产品、人才、资金、信息等全方位的支撑。面对当前饲料行业的快速整合期、升级期，公司将事业伙伴团结到一起，形成“以公司为核心、以经销商倍增计划为中心、以建立养猪服务平台为重心，以员工合作伙伴共同创富为圆心”的体系建设，进一步统筹落实涵盖品牌建设、技术研发、人才培养、金融服务、信息化建设等资源的有效整合，以每年递增的速度，建立完善市场服务体系，逐步形成“形象一体化、运作高效化、养殖户组织化、网络信息化、服务多元化”服务站模式，建立集优质产品、增值服务、一流信息、高效管理、金融体系、推广服务为一体的360°的养猪综合服务平台。

二、服务战略

通过信息化、智能化，全方位、立体式服务，形成了高科技、互联网化、类金融的现代农业综合服务企业公司，让公司获得更好的发展。

1. 产品服务 产品升级由小保育升级为大保育，以乳猪奶粉、乳猪饲料、仔猪饲料、母猪饲料前端产品为钻头，集中精力重点推广猪饲料中高技术含量的功能性产品。让养殖户养殖效益最大化，经销商销量倍增，收入倍增，即利用现有技术、网络、资金、服务强大优势，提高市场占有率的同时，形成双胞胎前端功能性产品绝对优势的市场占有率地位。

2. 金融服务 公司做好服务三农，每年结合市场需求，与金融机构合作，向经销商、养殖户提供的资金支持达到3 000万元，经销商通过公司财务人员、营销人员做准确的信用评估，通过移动互联网运行建立客户网，进销财网、猪管网，降低内部管理成本，提升综合服务能力，为更多的经销商、养殖户提供快捷、方便的优质服务。

3. 信息化服务 为通畅科技信息服务渠道公司不断加快推进信息化建设，提高科技信息服务能力，将依托OA系统、经销商、养殖户服务网、双胞胎养猪管家宝等辅助工具，紧紧围绕养猪产业链，将双胞胎高效体系融入到信息化服务体系，充分发挥互联网、物联网、信息技术的优势，促进传统服务模式改造升级，以领先行业信息化技术更好地服务于事业伙伴。

4. 综合服务 通过移动互联网，建立独立、去层级化的组织。对员工，通过移动互联网，形成尊重、分享、友爱的员工关系；对经销商，通过移动互联网，及时提供信息，无限接近客户；对产品，通过移动互联网，推出富有体验的产品体系。

三、创新战略

1. 科技创新 公司凭借积累的行业实战经验，依托集团深厚的科技研发技术背景，不断创新完善信息化建设，以互联网、移动网络新工具创新的支付手段，通过数据贷款超过2 000万元，已经有100多家经销商进入进销财网络。

2. 服务创新 公司通过在各大销售区域建立服务站，提供养猪服务人员，首创贵州模式化养猪、增值服务、性价比高的产品、综合性养猪服务平台，为整个养猪产业链上的客户、养猪户、合作伙伴构建最专业、最专注、最权威、最全面、最及时的养猪服务平台；公司积极对养殖户进行科学的培训，改变贵州传统、落后的养殖方式，为养殖户带去真正的实惠。

公司始终牢记“服务养殖，共赢未来”的使命，树立“做中国饲料行业典范”的目标，崇尚“创新为上善，诚信若厚德”的经营之道，致力于打造学习型双胞胎、创新型双胞胎和诚信型双胞胎，以“打造中国猪饲料第一品牌”“打造世界著名农牧企业”为美好愿景，致力于为广大养殖户创造最大价值。

营造正向文化氛围
提升质量管理水平

——贵阳新希望农业科技有限公司

贵阳新希望农业科技有限公司（以下简称“公司”）是新希望六和股份有限公司借西部大开发东风，为满足贵州广大养殖户的需求，投资3 000万元在贵州兴建的饲料生产及农业开发的综合型现代化企业，于2002年4月13日正式建成投产。公司位于贵阳市观山湖区金华镇998号，总共占地2.7hm²，环境优雅，设备一流，具有年产30万t优质畜、禽、鱼饲料生产能力。

公司遵循建设“百年新希望”的目标，秉承“与员工共求发展，与客户共享成功，与社会共同进步”的经营之道；始终坚持“质量第一、服务第一”的经营理念，对经销商、合作者和用户以诚相待、讲求信誉，在产品与管理上博采众家之长，努力为客户提供优质的产品和服务。不懈追求“农业创造价值，农民分享价值、价值留在农村、城乡和谐发展”的社会目标，以农牧产业龙头企业优势带动农村经济发展，带领广大农民增收致富，在企业发展同时，致力于产业提升，促进企业持续发展。

公司秉承“依靠政策，发展事业，服务人民，回馈社会，报效祖国”的企业宗旨，竭诚与各级有关部门、经销商和养殖户建立长期的、可持续发展的真诚合作关系，在企业取得发展的同时为“兴黔富民”做贡献。

近几年来，公司在外部宏观经济环境不甚乐观，大宗原料的价格剧烈波动，养殖行情持续低迷，饲料企业之间的竞争越来越激烈的情况，围绕“专线生产、保质提效率”“新产品推广、调整市场开发模式”“强化内部管理考核机制”“整合资源，调整结构”4

条经营方针紧密开展各项工作，在贵州省业界内仍然牢牢地巩固了新希望乃“第一信得过品牌”的龙头地位。2013年总销售饲料12.7万t，完成销售收入4.7亿元，为大学生、农民工等各类社会群体提供了20多个新的工作岗位。

在企业内部治理方面，公司加强团队建设，积极倡导和营造“阳光、正向、规范、创新”的企业文化，通过表彰爱岗敬业、任劳任怨的优秀员工，树立先锋模范典型；持续做好“温暖工程建设”，为员工办好事，办实事；工会定期开展文娱活动，在各班组、各部门、公司层面开展民主生活会，倾听基层员工心声，增强了团队的凝聚力；公司加强质量体系建设，营造了注重质量管理的氛围，进一步提升公司的产品质量整体管控水平；在生产技术方面采用先进的生产工艺，投入专项资金进行设备技改，公司投入600余万对原料的仓储及运输进行改进，新建9个仓容量共4 400t的圆筒钢板仓，购置吨装袋、捆绑袋、托盘的应用，极大地提高了工作效率，减轻了工人劳动强度；2013年公司投入110余万元引进全自动机械手进行成品托盘码包，向饲料自动化集成生产控制迈进。

为适应新形势下企业转型升级发展，公司调整产品结构、优化资源、打造高性价比的产品。公司通过产业化合作方式，与贵州省重点企业好一多牧业、大发养殖、长生源等公司合作，实现共生互赢；根据2012年的养殖行情和饲料原料价格急剧上涨等因素，结合养殖户对饲料性价比的追求，重视饲养动物的毛色、适口性、抗拉稀等生长性能的需求，积极调整产品结构，优化产品配方。通过优质科学的配方、精细的生产工艺和规范用料模式，公司产品较好地迎合了市场需求，成为贵州大地养殖户致富的好帮手。

专业致力于磷矿生产

——贵州川恒化工有限责任公司

贵州川恒化工有限责任公司是四川川恒化工股份有限公司的全资子公司，是一家专业从事磷矿开发和磷资源精深加工的民营企业。公司注册资本3亿元、总资产近10亿元、年销售收入逾12亿元、占地66.7hm^2、员工800多人的贵州省100强企业。

公司非常重视技术创新，建有贵州省级技术研发中心，黔南州重点实验室，专业研发团队常年从事磷化工研发，现已申报各项发明专利40余项，并获得授权20多项。公司先后荣获“国家科技支撑计划承担单位”“贵州省优秀专利单位”“黔南州科技进步一等奖”等。

公司依托瓮福地区丰富优质的磷矿资源，经过10余年的发展，已经形成饲料级磷酸盐、肥料级磷酸盐、工业级磷酸盐、食品级磷酸盐四大系列十余个产品，产能总规模已达到45万t/年。

“小太子”牌饲料级磷酸盐属于基础性产品，包括磷酸二氢钙和磷酸氢钙，产能规模已经达到40万t/年。公司生产全过程符合ISO 9001：2008质量管理体系标准，并已通过FAMI—QS认证（欧洲饲料添加剂和预混合饲料质量体系），GMP+（饲料生产行业产品质量与安全保障体系）认证。“小太子”牌饲料级磷酸二氢钙、磷酸氢钙为贵州省名牌产品，“小太子”商标为贵州省著名商标。“小太子”牌饲料级磷酸二氢钙已成为业界第一品牌，该产品出口全球多个国家，也是中国截至2013年唯一能出口到欧盟的饲料磷酸二氢钙产品。据研究证实，磷酸二氢钙已成为动物饲料最佳的磷源添加剂，公司致力于“做天下最好的磷酸二氢钙”，让所有动物都能享用磷酸二氢钙。

公司重视商品磷酸和精细磷酸盐事业的发展，尤其是采用更加节能的技术，生产出更加物美价廉和低碳的产品，商品磷酸和精细磷酸盐的产能规模已经达到10万t/年，主要包括工业级磷酸、磷酸二氢钾、磷酸二氢铵等产品。今后公司将进一步扩大精细磷酸盐的产业链，以丰富川恒磷酸盐的品牌内涵。

另外，公司正在大力发展“新型高效”肥料事业，正在构建中国水溶性肥料及原料的生产基地，发展包括磷酸一铵、磷酸二氢钾、磷酸脲等多种水溶性肥料及原料。公司致力于改善肥料品质，大幅提高肥料利用率，为发展新型农业作贡献。

公司以“磷·关爱·生活”为企业理念，致力于成为创新型磷化工专家，让磷元素以更环保、更高效的方式服务于人类。公司将持续地专注于磷化工，致力于成为中国“高性能”矿物质饲料的领军企业，成为中国商品磷酸及水溶性肥料生产基地。

专注反刍动物饲料　走特色之路

——云南龙谷生物科技有限公司

云南龙谷生物科技有限公司位于昆明市官渡区大板桥工业园，公司创建于2012年，是云南省首家通过农业部新法规获得预混料生产许可证的生产企业。公司是一家集畜、禽、鱼复合预混合饲料、动物添加剂、微生态制剂等研发与生产和综合服务的新兴高科技企业。

公司抓住这一市场机遇，自2013年以来，通过不断的整合资源，与科研院所，组建专家组，结合国内反刍动物养殖现状以及各阶段的营养需要特点和生产性能水平、饲养管理水平，成功研发出处于国内领先水平的龙谷“催牛”系列反刍动物专用复合预混合饲料，形成了公司的拳头产品及核心竞争力。

公司根据行业养殖现状和制约因素，整合各方面优势资源从产业链入手来解决行业发展瓶颈，公司从牛、羊品种改良，优质牧草推广及加工，饲养管理技术，人员培训和环境保护等方面为养殖户提供全面的服务，从根本上解决品种不良、饲草单一、技术缺乏、牧草产量低、营养不平衡、综合效益差、对环境影响大等问题。公司在技术方面开展了上百场反刍动物规范化饲养技术推广培训会，推动把适应力和效益差的品种改为西门塔尔、云岭牛等优良品种，并且推广三叶草、黄竹草、鸭茅等优质牧草，品种改良近万头，牧草改良上万亩。公司通过上百家专业合作社和上万名用户做公司产品的对比饲喂试验，日增重效果增加10%，养殖效益得到了极大提高，获得了养殖户的认可和肯定。

公司倡导绿色饲料，追求健康环保，一直强调公司的社会责任感。公司秉承“绿色养殖，健康养殖”的经营理念，致力于发展绿色饲料。公司利用云南的生物多样性结合国内的成熟工艺，经过合作，研发出了生态、安全的龙谷微生态制剂。该产品在饲料中的运用不但能改善动物肠道微生物平衡，促进动物健康，提高养殖效益，还能有效避免了添加药物添加剂而形成的药物残留。

公司已获国家8项实用新型专利。公司快速发展不但得益于人才、科研的大力投入，还在于对未来的行业发展有着清醒的认识。2013年，公司整合市场资源及行业精英，先后成立了武汉龙谷、荆门龙谷、四川龙谷、贵州龙谷，公司立足于西南市场，面向国内市场，开拓东盟市场。公司在未来的发展过程中，将本着“予人玫瑰，手留余香”的做人做事原则，秉承“绿色养殖，健康养殖”的经营理念，坚持技术科研领先化，质量品控一流化，生产设备精良化，认定“绿色、环保”的发展方向，誓将“绿色、健康”进行到底。

龙谷生物科技是将社会的需求与公司的发展方向完美结合，不仅解决了消费者对牛羊肉的各种诉求，还带动了反刍行业的发展。“致力成为反刍动物营养及全面服务的专业提供商”的企业愿景为公司的发展奠定了一条特色之路，也为云南省乃至全国树立了一面反刍动物饲料的绿色旗帜！

新技术　新成果　扎根高原农业

——云南云岭广大农牧集团有限公司

云南省云南云岭广大农牧集团有限公司是集种禽生产、饲料生产、鲜蛋生产、商品蛋鸡及优质肉鸡生产、食品加工畜禽科技开发和技术咨询服务为一体的现代化大型农牧生产经营企业。公司地处昆明市东郊白沙河，占地66.7hm^2，已建成良种繁育、饲料加工、食物加工技术推广应用、相关产品贸易的产业链，是目前云南省较大的种禽良种繁育基地之一。公司现有员工300余人，其中中专以上学历200多人，高、中、初级职称50多人，有5个种禽繁育基地，饲养优质蛋、肉种禽50多万套，每年向农户提供4 000余万羽雏鸡，拥有一个云南省较大的禽蛋物流配送及禽蛋深加工中心、一个6万只国家级的蛋鸡标准化示范场以及两条合计24万t级饲料生产线，辐射带动农户20 000多户。2011年以来获国家专利9项。“云岭香”普洱茶香松花蛋和“云岭广大”产蛋鸡配合饲料被认定为昆明名牌、“蛋品食品安全技术体系建设”项目获昆明市盘龙区2012/2013年度科学技术奖二等奖等荣誉，并获得著作权3项、获得实用型发明专利1项、获得外观专利3项，获得国家商标注册46个，在全国及省级主要刊物发表论文20余篇，出版专著两部。

公司自改制以来不断引入新技术、新成果，在管理上、技术上创新，不断地引入、培养科技人才，改造和提升企业的产品结构和技术含量。先后主持国家科技部、农业部项目各一项，省级项目8项，其中省科技厅重点项目2项，市级项目10余项，从而加快企业产业化、集约化、规模化、品牌化的发展。

公司建立食品安全技术体系，成立企业技术中心，进行动物疾病监测、饲料品质检验，畜禽产品检验，保证产品质量，确保食品安全。鸡苗和饲料产品通过ISO 9001国际质量认证，食品通过QS认证。“云岭广大”品牌鲜蛋获无公害产品认证；“新鲜鸡蛋”“蛋之初鸡蛋”“富贵鸡蛋”“天麻鸡蛋”获得中国绿色食品产品认证；同时公司有21个饲料产品通过国家绿色发展中心绿色食品生产资料认证，成为云南省为数不多通过绿色食品生产资料认证的饲料企业之一。

公司紧紧围绕“三农”问题和高原特色农业产业发展，扎根高原农业，利用自身优势，研究和引进产品。公司通过龙头企业示范带头作用，推广科学养殖和疫病防治技术培训，提高全省养殖业的养殖水平和突发疫病的综合控制水平，实现“公司＋基地＋农户”产业化运作和产、供、销一体化的经营模式。通过扩大良种繁育规模、绿色安全优质饲料生产、养殖新技术推广应用，相关产业链的延伸，不遗余力致力于云南省农业产业化发展，倡导畜牧业良性循环、安全、环保、健康、带领更多的农户走上富裕路。

公司为获得长远的发展，坚持做到以下几点：

一、做好市场销售调查工作

通过大量的拜访终端客户，与经销商交流，全面了解当地的饲养品种、养殖水平、用料模式、经销商动态、市场格局等情况。并在交流的过程中寻找共同观点，把握时机，获得信息。根据养殖户饲养品种、营养需要、产品性能差异来进行产品定位；同时根据当地养殖模式，划分出其不同阶段用料的特点及不同阶段的生产水平，结合用料模式分析出其养殖习惯和一些竞争产品畅销的原因及其内在本质。

二、全面了解市场，形成一个初步的市场开发方案

在完成经销商的前期筛选工作后，根据市场情况进行布局设点，列出备选经销商名单，通过养殖户、经销商、同行人士等进行了解，列出各项指标进行横向的综合对比，选择最适合发展的经销商。

三、完成市场开发的产品定位工作

结合当地的品种、用料模式、客户对各阶段产品的需求，竞争产品等做好产品定位工作。确定在市场上所销售各阶段产品的档次、定价。选择具备优势的产品作为拳头型进攻产品。

四、选择具有代表性和影响力的养殖户（场）作为示范户

选择具有代表性和影响力的养殖户（场）作为示范户，让其成为公司的原创客户，这类客户的优势在于他拥有良好的人脉关系和一定的规模生产水平。

五、初步形成技术服务跟进方案

由于养殖模式、规模的不同需要技术服务的水平略有差异，所以需要形成全方位的技术服务体系。

六、发挥经销商的平台优势

充分利用经销商的客户资源，建立一个好的合作平台，是公司进行全方位市场开发的重要支持。

公司加强文化建设，为企业健康发展注入持久的文化推动力。不断培养和激发员工的主人翁精神，增强责任感和危机感。树立正确的职业道德观念、价值观念、优秀团队精神和诚信经营形象，丰富员工精神文化生活，激发员工的创造力，推进企业民主管理，建立和谐的劳动关系，不断改善员工生活、工作环境和福利待遇，增强企业凝聚力和向心力，使员工与企业同生存共忧患，为企业发展竭尽全力，实现自我价值和企业价值的双赢。

依托科技创新
努力打造高质产品

——安康阳晨生物饲料科技有限公司

安康阳晨现代农业集团有限公司是一家集种猪繁育、商品猪饲养、饲料研发生产、生物质能源开发和生态农业示范为一体的科技型龙头企业，拥有 11 个子公司，2 个控股公司，5 个直属养殖基地，93 个托管生猪产业联盟企业，总资产达 6.5 亿元。公司属阳晨集团旗下子公司，成立于 2007 年，是一家年生产规模达 20 万 t，产值达 7.5 亿元的大型饲料生产企业。公司与甘肃农业大学、华中农业大学、西北农林科技大学、安康学院共同建设了“陕西省农业科技专家大院”“安康市现代养猪工程技术研发中心”。公司拥有饲料分析、猪病检测、富硒饲料研发 3 个专业实验室、专利 10 项。研发生产的富硒饲料和富硒猪肉，其关键技术先后获得了陕西省科技一等奖和安康市科技特等奖殊荣。2011 年，公司启动建设了年发电 2MW 沼气发电厂和规划占地 1 013.3hm^2 省级现代农业示范园和 5 个阳晨富硒猪肉和放心肉专卖店，2013 年公司已形成种猪繁育、生猪养殖、生物质能源开发利用、现代农业示范、屠宰和肉产品深加工、终端销售为一体的全产业链运营模式。公司为国家级扶贫龙头企业、省市农业产业化龙头企业、省级原种猪场、省级储备肉活畜储备基地、全国养猪百强企业，国家生猪核心育种场。公司现有员工 850 人，其中专业技术和管理人员 210 人。

为了把公司建设成科技型、创新型企业，公司充分利用安康的富硒资源，高薪聘请国内配方技术实力强、经验丰富的动物营养学、微生物发酵生物工程技术转化方面等方面的专业人才，并携手与农业部饲料技术工程中心、安康学院、西北农林科技大学等国内知名院校建立长期合作关系。成立阳晨富硒饲料研发中心，研发出三大品系的饲料。一是富硒饲料，用于生产富硒猪肉；二是中草药饲料，用于生产风味猪肉；三是无抗生素饲料，以高活性微生物发酵饲料来替代抗生素，降低抗生素对动物健康的危害。

为保证产品质量，公司在原料选择和产品质量控制方面，严格按《饲料质量安全管理规范》要求，实施原料供应商评价机制，制定供应商的选择、评价和重新评价制度，与供应商签订原料采购合同，制定饲料原料质量标准和验收标准，采购与验收程序。同时每一种、每一批次的原料都要求供应商随货提供有效的产品质量检验报告，对每一种原料分类储存，明确标识，保存留样观察记录。建立了原料进货台账，详

细记录每一种原料的相关信息，对原料的存储、使用都制定相关制度，监控原料质量。

在整个生产过程中公司根据各关键控制点制定了各种操作程序并严格执行，完善各种相关记录，各岗位之间互相配合，互相监督，要求现场品控员对生产过程中的原料验收、使用，中间产品和成品的质量状况、工艺规程执行情况进行全过程巡查，并记录和保存检查记录，做到发现问题及时解决，保证出厂产品质量。

在产品质量控制及检验方面，公司专家团队制定了科学的、完善的、合理的、具有阳晨特色的产品企业标准，用微生态制剂或微生物发酵螯合代谢产物来替代抗生素，同时利用当地富硒资源地方特色，使公司的饲料品质有了质的飞越。公司建立了完善的质量管理制度，购进先进的检验设备控制产品质量，公司拥有进口 Model680 型酶标仪、进口 PCR 扩增仪、原子荧光仪、752N 紫外分光光度计等先进的饲料检测设备。质检部门建立健全了各种检验制度及各种检验记录，检验项目不仅可检测蛋白质、钙、磷等常规项目，而且还建立了“瘦肉精”、三聚氰胺、有毒重金属、维生素、黄曲霉素等项目的检测。对每一种进厂原料严格按公司制定的《饲料原料入库流程》进行验收和检测。每一批产品在生产过程中都严格按照 ISO 9001 及 ISO 22000 的要求控制并留有完整的生产记录、生产质量巡检记录，严格按配方和生产工艺及程序要求操作。对每个批次的产品都严格执行产品留样观察制度进行留样，观察产品质量情况，确保产品质量上乘、品质稳定。

公司建立了产品追溯制度，对每一批产品，从原料采购到产品销售的所有环节都可进行有效追溯；同时公司拥有一支专业的售后服务团队，及时、准确、专业的指导客户在使用公司产品中的一些技术性问题，及时、认真地对待和处理客户的投诉现象，周期性的跟踪产品质量情况，确保产品品质；为了更好地服务客户，公司还建立了猪病检测实验室，检测不同猪病病毒的抗体、抗原，及早诊断、及时治疗。降低农户的经济损失，提高养殖户的经济效益。

公司以其卓越的品质，以一流的信誉、一流的质量、一流的技术、一流的服务向市场提供高品质专业化生产的产品，赢得了广大用户的好评和社会的承认，创造了良好的经济效益和社会效益。

加强技术合作　增强整体竞争力

——西安禾丰饲料科技有限公司

西安禾丰饲料科技有限公司是西安市农业产业化重点龙头企业、西安市劳动关系和谐企业、质量管理达标企业、高新技术企业，“禾丰”商标是中国驰名商标。公司于 1997 年 7 月 18 日成立，是全国超大型农牧集团—辽宁禾丰牧业股份有限公司在陕西投资的旗舰型企业，地处风景秀丽的临潼新丰工业园。经过公司全体员工坚持不懈地努力，禾丰品牌在西北的饲料行业崭露头角，随着企业的不断发展，公司从一家“孵化”成多家，先后在甘肃的武威、陕西的韩城及杨凌设立分公司。2013 年是成立的第 17 个年头，17 年间品牌在西北大地广泛传播。企业管理规范，深受社会好评。

截至 2013 年，西北区 4 家饲料生产企业，员工 300 余名，年销售额 5 亿元。市场辐射陕、甘、宁、新、晋、豫等地，产品涵盖鸡、猪二大系列的预混合饲料、浓缩饲料、全价配合饲料和颗粒料等 100 余个品种。西安禾丰现有专业技术人员 50 余人，其中 90%为大专以上学历，拥有高、中级以上职称技术人员 10 余人。为确保使用合格原料和生产合格产品，公司在重要岗位人员和检测设备方面予以充分的重视，化验人员、中控人员、制粒操作工、维修工、锅炉工均取得了国家机关颁发的上岗证书。化验中心除配备常规检测仪器凯氏定氮仪、索氏抽提器、恒温箱、马弗炉等基础设备外，还配有 T6 新世纪紫外可见分光光度计、FA1004 及梅特勒 AL204 电子分析天平。为保证原料使用的安全性，针对近几年毒素、三聚氰胺、“瘦肉精”等食品安全事件，公司投资近 4 万元购进美国热电进口酶标仪，专门检测霉菌毒素、三聚氰胺及“瘦肉精”。2013 年为了进一步提高原料初检及成品出厂检验的效率，公司专门购进德国布鲁克的近红外光谱仪，扫描样品结果仅需要 2min。

2006 年 10 月，禾丰集团与欧洲第三、荷兰第一的拥有百年历史的饲料企业集团荷兰德赫斯公司合资（德赫斯占禾丰 15%股份）。德赫斯公司深厚的历史底蕴、国际化的管理水平、强大的技术研发实力显著增强了禾丰的整体竞争力。

为保证技术领先，禾丰集团非常重视同国内外大学和企业在技术与管理上的交流。在国内，同中国饲料研究所、中国科学院生态研究所、西北农林科技大学、沈阳农业大学、中国海洋大学、黑龙江八一农垦大学、东北农业大学等均有经常性技术合作与交流；在国际领域，每年都派技术及相关人员出国考察，同美国谷物协会、美国动物蛋白与油脂提炼协会、美国大豆协会、美国普渡大学等机构共同举办各种研讨会并进行技术切磋，同美国辉瑞公司、法国安迪苏公司、德国 Degussa、BASF 公司等国际著名供应商保持着密切的业务往来。先进的配方技术，完善的品控系统，强大的研发能力，保证了禾丰集团始终处于行业技术领先地位，进而成为中国饲料界公认的最具活力和发展潜力的科技型饲料企业集团。公司依托集团强大的技术力量，在陕西省饲料行业通过ISO 9001质量管理体系和ISO 22000食品安全管理体系认证。2012年参与国家《饲料质量安全管理规范》试点企业，通过了农业部2次验收。产品一贯秉承高安全性、高有效性、高稳定性、高适口性、高适应性、高平衡性六大特点，经过十几年的市场检验，深受广大客户的推崇和信赖。2013年公司的数千名合作伙伴已经形成坚实、广泛的市场销售网络。公司始终坚持知识就是力量，团结就是力量，时刻倾听客户的需求并全力以赴，努力实现与所有合作伙伴共赢的经营目标。

在未来的道路上，公司仍会始终坚持永远不采用不合格原料、永远不使用不正常设备、永远不允许不规范操作、永远不生产不达标产品、永远不忽视不满意顾客；永远不容忍不完善服务的六大质量方针及追求出厂产品合格率100%、库存成品抽样合格率100%；承诺服务项目的顾客满意率100%的3个质量目标为己任，以专业化、规范化、科学化的管理，努力打造西北饲料市场中的第一品牌。用全体禾丰人共同的努力为企业的快速、健康、协调发展奠定坚实的基础，并以傲然的姿态在我国版图的西北角连出越来越大的范围。

夯实品牌优势 做大做强区域企业

——兰州正大有限公司

兰州正大有限公司是泰国正大集团与甘肃省农牧厅合作兴办的大型现代化农牧食品企业。公司成立于1991年7月15日，1993年8月28日正式投产开业，经过20年的艰苦奋斗和持续发展，先后建成年产24万t优质畜禽水产饲料的饲料厂1个，年生产5万头优良商品仔猪的猪产业标准化示范场2个，年生产100万羽优质产蛋育成鸡的标准化鸡场1个，在平凉新建20万t饲料厂。特别是2009年建成投产的12万只规模现代化蛋鸡场，其全自动化的工艺流程和环保设施完全达到国家食品安全的高标准，对甘肃省养禽业产业化发展起到很好的示范作用，这些实体形成了企业发展的坚实基础；同时，公司大力培植市场，在甘录、宁夏、青海建立农村养殖技术服务和饲料专销网络2 000多个，发展骨干客户2.5万个，饲料市场占有率达到40%以上。2003年公司通过了ISO 9001国际质量管理体系认证，2010年通过HACCP食品安全管理体系认证，2011年通过ISO 14001环境管理体系认证和GB/T 28001职业、健康、安全管理体系认证，2005年获国家质量技术监督局颁发的“饲料质量免检”称号，2007年正大饲料荣获“中国名牌产品”称号。

2013年，公司销售各种饲料24.5万t，销售优良种猪、良种商品仔猪近3万头，销售优质青年蛋鸡120万只，向社会提供安全优质猪肉2 300t，鲜鸡蛋6 800t，全年实现主营产品销售收入达到10亿多元，同比增长25%，税后利润、上缴税额均比2012年度有较大幅度增长。

公司经历长期的艰苦创业与持续发展，已由单一的饲料企业发展成为集饲料制造、畜禽养殖、食品经营为一体的一条龙现代化食品企业，具备十分显著的成长潜力，立于行业的强势领先地位，为今后发展奠定了坚实的基础。公司将在国家产业政策的指导下，学习和实践科学发展观，紧紧围绕“三农”问题，以甘肃为重点，立足兰州，辐射邻近省、自治区，充分发挥国家级农业产业化重点龙头企业在产品、技术和服务上的优势，扩大综合服务能力，大力推动农村标准化养殖模式和园区建设，积极参与社会主义新农村建设，以“发展现代农业，按照高产、优质、高效、生态、安全的要求”为目标，加大工作力度，争取企业更好的成绩，回报社会。新形势下公司以“发展安全食品，保障健康消费，促进社会进步”为宗旨，真正做到“利国、利民、利企业”。

加快农牧业产业化发展 实现企业持续成长

——青海乐都恒源饲料有限公司

青海乐都恒源饲料有限公司创建于1997年，公司以生产和销售各类饲料产品为主，注册资金800万元，总资产5 600余万元，占地面积2.7hm^2。现有员工40余人，其中具有大中专院校毕业学历占60%，专业技术人员占40%。

公司自成立以来始终遵循“求实创新，服务三农”的经营理念，为青海省农牧业的发展作出了积极的贡献。公司先后被认定为“海东地区农业产业化重点龙头企业”“青海省产业化扶贫龙头企业”“青海省农牧业产业化省级重点龙头企业”。

公司主要生产猪、牛、羊、鸡配合饲料、浓缩饲料等系列产品，产品销售至西宁、海东、海北州、海南藏族自治区、海西蒙古族藏族自治州、黄南州、果洛州、玉树州等地区，并辐射甘肃省兰州、张掖、武威等市县，逐步形成了产品的生产、销售、服务为一体的质量管理体系。为提升产品的核心竞争力，公司开始逐步实施品牌发展战略，强化品牌建设，建立和完善了科学的管理模式。

一、市场开拓是公司发展的首要任务

青海畜牧养殖业由于受农牧民文化素质及家畜传统养殖方式的影响和制约，家畜养殖水平相对落后，公司为了提高优质饲料产品入户率，开拓经营市场。多年来，邀请青海省内外专家，深入各个地区的乡镇，向农牧民集中授课、免费发放养殖技术资料，引导广大农牧民科学使用家畜养殖技术，有效地提高了农牧民的科学养殖水平，促进了农村剩余劳力从事畜牧养殖业。扩大了优质产品的销售，也赢得了市场的认可。

二、标准化生产管理是公司产品质量的保证

随着市场扩大、产销量的增加，公司引进国内先进生产设备的同时，不断完善标准化生产管理流程。通过制定和实施各项管理制度和工作标准，使公司能够科学、合理、有秩序地开展生产经营活动，提高了公司的管理水平，建立了规范的生产管理体系，为公司的产品质量提供了有力的保证。

三、技术创新是企业发展的动力

公司自成立以来，以青海大学农牧学院、甘肃农业大学等专业院校科研力量为技术依托，与美国康地有限公司建立长期合作关系，与国内外优秀饲料企业形成密切的协作关系。充分利用公司拥有国内先进的配合饲料和浓缩饲料自动化生产线和省内一流的质量检测设备，为公司发展过程中的技术创新提供了广阔的平台。公司总结出一套适合青海畜牧业发展的饲料配方和适合青海饲料加工特点的生产工艺流程，产品开发推陈出新，科技含量不断提高。

四、树立品牌是公司发展的手段

树立品牌是不可忽视的板块，它将在一定程度上直接影响市场份额。品牌是引领产业发展的无形动力，在未来市场竞争中，品牌力将成为产品销售的主要拉动力量，品牌建设势在必行。为此，公司通过参与各有关部门组织的“青洽会”“西洽会”等推介会，积极推介公司产品，广泛宣传产品的优势，树立公司品牌意识，打造用户信得过的优质品牌，推动企业长足发展。

五、规模化经营是公司发展的有效途径

在政府出台的优惠政策引导下，公司充分利用当地的资源，狠抓产品质量和市场开拓，产品销售的市场份额逐年增长，产品供不应求，发展前景非常看好。为此，公司计划于 2014 年 10 月开工新建年产 20 万 t 饲料生产线，引进国内一流的生产设备和最先进的生产工艺，采用微粉、膨化饲料生产技术生产各种绿色饲料产品，满足客户需求。公司将充分发挥省级农牧业产业化重点龙头企业的引领带动作用，进一步提高公司的竞争力，坚定不移走规模化经营之路。

保障清真品牌　做好做大产业

——宁夏杨哈吉清真农牧产业发展有限公司

宁夏杨哈吉清真农牧产业发展有限公司成立于 2006 年，公司位于宁夏回族自治区同心县羊绒工业园区，占地面积 24 000 m^2，建筑面积 9 000m^2。公司是一家集研发、生产、销售为一体的大型清真牛羊肉奶专用饲料生产企业。现有员工 60 人，其中回族 54 人，汉族 6 人，员工结构合理；外聘博士 4 名，教授 1 名，专职工作人员硕士研究生 2 名，本科生 7 名，大专生 15 名。产区布局合理，环境优美，设备精良。

公司严格按照清真食品生产规范，在原料采购、组织生产、质量管理、现场管理等方面完全符合清真产品的要求，从饲料源头上确保了清真牛羊肉奶的纯正特色。既尊重广大穆斯林群众的饮食习惯，又做大做强宁夏清真食品产业链，推动饲料产业、奶牛、肉牛、肉羊养殖业、清真肉奶食品加工业等上下游产业的全面协调发展，形成独特的清真产业链，大大提升清真牛羊肉产业和奶制品在国内、国际市场上的知名度和美誉度。

一、生产产品及能力

公司设有 3 条生产线。1 条微机自动控制 40 型成套流水生产线，设备生产能力为单机时产 10t 清真肉食专用饲料；1 条预混合饲料生产线，设备单机时产 5t 复合预混合饲料，公司所用预混合饲料通过自主研发、配制并使用；1 条膨化生产线，膨化制品有膨化大豆与膨化玉米，除供给公司正常使用外，还可对外加工销售。生产工艺均采用国内先进的生产流程。公司生产清真牛羊肉奶专用浓缩饲料和全价配合颗粒饲料系列产品，饲料配方采用国内先进的技术，由国内动物营养学专家组成的研发团队根据动物各生产阶段的生理特点，经电脑筛选后确定最优方案。公司一如既往坚持质量取胜的原则，并进一步依托科技、立足未来，争创省名牌产品。

二、技术水平

公司引入 ISO 9001：2008 及 HACCP 管理理念并按其标准建立了相应的质量安全体系。主生产线采用微机自动控制，各部门职能分配合理，职责分工明确，安全运行有效，相互之间的沟通、协调良好，达到 GMP 管理要求。公司委托宁夏回族自治区计量测试院对生产的检验设备和公司的检测设备进行校正，并保留原始记录，确保各项检化验数据准确无误。公司技术力量雄厚，拥有从事动物营养、畜禽兽医、分析化验、经营管理等专业技术人员 20 多名，并聘请业内动物营养专家作技术指导，建成国内首家清真肉食专用饲料研发基地。

公司设备由江西大创集团、江苏牧羊、江苏溧阳饲料机械有限公司、西门子机电公司提供，该设备生产工艺流程合理，极大地满足了生产要求，确保生产出一流的饲料。

三、品质保障

一是公司由总经理牵头成立原料采购监察小组，对所采购原料进行逐一审核，必要时进行成分检测，确定原料不含穆斯林禁忌成分时方可下单采购，并在原料进厂前进行二次检化验，从源头控制进厂原料100%符合穆斯林食用标准；二是公司聘请百余座清真寺教长和清真寺寺管人员组成监督团队，实时对公司所采购原材料及生产工艺进行抽查和监督，确保生产产品绝不含穆斯林禁忌成分，保证了清真肉食品从饲养到餐桌的清真标准；三是成立了同心清真产业发展商会，吸收牛、羊养殖大户和清真牛羊肉加工企业会员，通过清真牛羊标准化养殖模式的推广从源头上确保清真肉食从繁育、饲养、屠宰、加工各个环节达到真正意义上的清真。杨哈吉清真肉食专用饲料作为清真肉食的源头，对改善清真肉食的品质起到举足轻重的作用。

四、产业商会建立

公司成立同心清真产业商会和同心清真产业发展基金会，为会员提供养殖培训、融资担保等服务，并利用同心清真产业发展基金会撬动同心县清真产业向规模化、标准化发展。商会帮助养殖户从“分户单干”走向“抱团发展”，从“散兵游勇”走向“集团作战”。

依托同心清真产业发展基金会，由宁夏杨哈吉清真农牧产业发展有限公司董事长杨坚捐赠原始基金200万元成立，履行“帮、扶、济、救”义务，重点为创业户和企业提供融资担保，为清真畜禽养殖户和清真肉食品加工企业提供科学养殖、加工技能培训，对困难养殖户和企业进行无偿救助。

产业商会与基金会的建立，旨在为清真产业企业及养殖户服务，从而带动清真产业升级、企业发展、农民增收，形成多赢的发展模式。

五、ERP 管理系统

公司委托长春市吉成科技有限公司根据业务流程、管理特点、使用习惯、功能需求等，量身开发、设计的 ERP 管理系统完全满足公司的信息化管理需要。该 ERP 系统以进销存管理系统为主线，以库存管理为中心，连接采购管理、生产管理、销售管理、财务管理、老板桌面，将整体控制与环节管理融为一体，系统实现了从采购订单、到原料入库及检化验、生产领料、成品入库及检测、成品销售出库等各个环节的全方位监控，实现各管理模块数据自动传接，减少手动操作的出错率，同时提高了开单速度，提高了相应的工作效率，提升了企业形象。系统高效满足企业对物流、信息流、资金流、办公自动化等系列信息化管理需求，真正协助企业洞察管理漏洞，推动企业良性发展及风险控制，规范企业流程及操作准则，建立“术业有专攻”的核心竞争优势，打造与时俱进的信息化管理平台。

六、饲料身份证

长春市吉成科技有限公司根据公司的经营理念和管理办法，为公司量身订制了“饲料身份证”系统。在公司的 ERP 系统中，仓管员根据生产计划单的数量，手动添加并且生成唯一身份识别的条形码，采取一包一码制，将生成的条形码打印并且粘贴到饲料标签上面，条形码直观标明生产日期、批次等信息。在生产结束时，生产成品入库直接按照条码数据入库，销售出库时同样使用条码数据实时出库。在 ERP 系统中，可以根据条码扫码数据或手动输入条码数据两种方式对公司生产的每一包产品进行追踪，条码的唯一性可以直观地显示对应产品销售地、生产批次、生产日期、检验信息、生产配方等信息，从而实现每一包产品的可追溯性，确保了饲料产品质量安全。

七、经济效益

“质量为本、客户至上、诚实守誉、追求卓越”是公司长期的质量方针；杨哈吉人志存高远，未来将会以更加矫健的步伐前进，以期实现“企业发展、造福员工、回报社会”的崇高理想；公司的成立将带动周边养殖场（户）降低市场成本，为养殖场（户）踏上科学致富之路做坚强的后盾。

服务生态养殖　造福人类健康

——宁夏正旺农牧科技有限公司

宁夏正旺农牧科技有限公司成立于1998年，是集饲料产品的生产、研发、生物技术开发的科技型农牧企业，主导产品有畜、禽、水产复合添加剂预混合饲料、浓缩饲料、高档配合饲料、高活性饲用复合酶及生物蛋白质饲料等五大系列100多个品种，注册有“正旺”“隆丰”等18个商标，产品畅销宁夏、陕西、甘肃、内蒙古、青海五省区。经过16年的不断发展，现已拥有三个生产厂区，占地面积8hm²，建筑面积20 000 m²，初步形成了集生产、销售、研制和开发为一体的集团化经营格局和管理模式，拥有预混合饲料生产线2条、畜禽饲料生产线1条、反刍饲料生产线1条，具备年产各类饲料20万t的生产能力，是宁夏回族自治区认定的农业产业化重点龙头企业、自治区饲料行业重点骨干企业，也是宁夏回族自治区中小企业协会常务理事单位。

一、推动企业发展，做规模典范

2010年在中卫工业园区建设的无抗饲料项目，极大改善了企业的生产条件，提高了企业的整体形象和竞争力，年生产能力也从2万t提高到了20万t，资产规模由几百万元提高到了现在的7 000万元，配置了国内先进的饲料生产设备和检测检验设备，吸纳了近100名包括大中专学生在内的城乡劳动力就业，累计上缴税金485万，先后为中卫市迎水桥镇夹道小学捐助电脑30台，为汶川、玉树、舟曲和黄河善谷、残疾人等慈善事业捐款达50万元。

二、注重技术研发，走创新之路

公司始终秉承“服务生态养殖、造福人类健康”的企业宗旨，组建了专业的科研机构——宁夏正旺畜牧饲料研究所。拥有一支技术雄厚的研发队伍，长期与中国农业大学、宁夏大学等国内著名科研院校合作和交流。以技术合作、技术创新提升企业核心竞争力，先后承担实施了“动物保健添加剂预混合饲料、浓缩饲料、颗粒饲料”国家星火计划项目，“高活性饲用复合酶生产技术”和“高活性生物蛋白质”国家创新基金项目，“高活性饲用复合酶产业化生产”国家火炬计划项目，“无抗饲料技术改造”国家中小企业技术改造项目等国家级项目5项，自治区、中卫市各类科技攻关计划项目6项，申请获得国家专利10项，公司起草实施的《猪、鸡浓缩饲料》(Q/WZW 002—2007）和《牛、羊精料补充料》(Q/NZW 009—2010）两项产品标准荣获“宁夏标准创新贡献奖”三等奖。公司还先后被中国民营科技促进会授予“民营科技发展贡献奖”，被自治区科技厅授予“科技创新先进单位”荣誉称号。

三、严格质量管理，创名牌产品

公司推行全面质量管理，建立实施并通过了ISO 9001国际质量管理体系、ISO 22000国际食品安全管理体系和ISO 14001环境管理体系认证。建立了标准化体系，顺利通过国家标准化AAA级确认。严格按照《饲料质量安全管理规范》等有关法规的要求，建立了饲料质量安全管理规范体系，并将各体系融会贯通，形成了公司独有的、完善的、标准化、规范化管理体系，建立健全了各类技术标准、管理标准、工作标准，完善了从原料采购、生产过程、产品销售及售后服务等一系列操作规程和管理制度，并建立了严谨的监督检查和考核制度，确保各项工作严格按照规定执行。将质量管理理念渗透人心，贯穿于整个生产过程中，加强对每道工序的控制，确保不合格产品在市场“零”投放。对产品质量的严格控制和不懈追求，使得“正旺”“隆丰”牌系列饲料得到了行业和社会的一致广泛认可，

四、强化教育培训，建一流团队

公司在发展中十分注重团队建设，近年来公司投入100多万元，与国内知名农牧科研院校和北京东方管理咨询中心、北京海蓝蓝管理咨询中心等机构合作，引进先进的管理理念和科学的管理模式，把学习工作化，把工作学习化，努力创建学习型企业，建一流团队。一是加强中高层管理人员的组织领导水平的培训，增强思维能力和综合协调处理问题的能力，提升管理绩效和部门工作绩效。二是加强生产一线员工的操作技能、专业知识、安全知识及执行力的培训，提高员工的业务技能和操作水平，强化执行力的打造。三是加强对营销一线员工的实战培训，使营销团队由单纯销售型向技术服务型转变，倡导客户至上的服务理念，把销售的重点放在服务上，立足点放在养殖户上，倾力打造企业与经销商、养殖户三位一体的利益共赢平台，形成了覆盖产品销售领域的售后服务网络。公司通过不断地培训形成了具有公司特色的核心班底和一流的专业化团队。

公司在发展壮大的过程中，满怀感恩之心，继续发扬“爱岗、敬业、协作、共赢”的正旺精神，激发正能量，释放正能量，传播正能量，以正能量促进企业快速健康持续发展，致力于构建一流的专业化科技型农牧企业的宏伟目标，为我国畜牧业的持续、健康发展作出更大的贡献。

走健康创新发展之路

——昌吉市昌鼎工贸有限公司

昌吉市昌鼎工贸有限公司坐落在昌吉市健康西路昌鼎大街，始建于1982年，前身为“昌吉市粮食局饲料公司”属国有企业，饲料厂是昌鼎公司发展的根基，是新疆生产饲料历史最长的厂家之一，1983年在粮食局的引领下新建了年生产能力1万t的油脂生产线，先后经历了独立创业、兴旺、发展及竞争4个阶段。1998年，公司响应政府经济体制改革的号召进行了改制，成立了昌吉市昌鼎工贸有限公司，公司成立初总资产只有1 560万元，拥有1个年产2万t级饲料厂，1个年产1万t级油脂厂。

经过多年的发展，公司现有总资产近2亿元，本部占地面积达8.7hm^2。拥有6家分子公司，现有职工220余人，技术中心人员39名，其中研究生3名，高级职称7名，中级职称者20余人。

公司根据自身经营发展成立了3条事业线：饲料事业线、油脂事业线、贸易事业线。公司油脂和饲料生产线技术水平都已达到国内领先水平。公司现有油脂年加工能力18万t，饲料年加工能力30万t。

昌鼎牌饲料主要产品有肉鸡、蛋鸡、猪、鱼、牛羊等系列配合饲料、精料补充饲料、浓缩饲料、预混料及各种粕类。昌鼎饲料在市场的历练下不断成长，现如今的饲料公司已是目前新疆最大的牛羊饲料生产厂家之一；是集科研开发、生产经营、技术服务于一体的高科技饲料公司，技术力量雄厚，产品质量控制体系完善，拥有先进的生产和检测设备，采用电脑配方控制系统和先进的饲料制粒设备，生产的饲料产品达到和超过国内领先水平，现年生产能力达6万t，公司以动物复合预混合饲料和畜禽高档浓缩饲料为主要产品，并根据国内外养殖科技的最新进展，结合中国现阶段养殖特点，推出了适合客户需要、性价比最佳的各种畜、禽、水产、反刍动物、精料补充料、配合饲料，成为新疆饲料行业知名度颇高的品牌。

一、指导思想

以推进社会主义新农村建设为主要任务，坚持以科学发展观统领发展全局，以建立安全优质高效的饲料生产和监管体系为目标，以走新型工业化发展道路为主线，坚持以人为本，统筹产业发展和质量安全。广辟饲料资源，不断提高饲料资源的利用效率，为发展节粮型畜牧业、推进畜牧业现代化建设提供优质安全的饲料保障。

二、发展目标

逐步实现安全、优质、高效、协调发展，确保饲料产品供求平衡和质量安全，实现结构进一步优化，提高科技贡献率。将企业做大做强，从战略高度上，既要树立长远目标，又要苦练内功，比速度，比适应能力，比学习，比创新。

三、发展重点

一是增强饲料原料供应能力；二是开发利用秸秆饲料资源，发展农村循环经济；三是强化饲料科技创新与推广，增强饲料工业发展后劲；四是构建饲料质量安全体系，提高饲料质量安全水平。

四、推进措施

1. 走集团化发展之路 利用产供销一条龙的优势，发展“公司＋农户”的模式，从饲料生产、销售、畜禽饲养、生产管理、深加工走集团化的道路，从纵向发展提高竞争力，辅以横向拓展，饲料企业才有出路。

2. 以健康为根本 饲料产业要发展，必须重视社会效益，随着人们生活水平的提高，对消费品的要求也随之提高，作为生产企业应重视消费者的利益，同时也要加强环境保护意识。

3. 以创新为动力 饲料企业要想立于不败之地，首先要有创新精神，要有不变革就会灭亡的紧迫感。在此基础上创新观念、制度、管理、文化战略。例如人文管理、知识管理、危机管理等创新观念，创造市场、以服务引导市场，重视员工的沟通和个人能力的发挥等。

4. 提升核心竞争力 核心竞争力是企业的生命，它本身具有独特性，会令同行望而却步，加大在同行业中的竞争力度。

5. 科研开发与市场营销紧密结合 科研开发必须紧紧围绕市场，市场营销部门需要更主动的向科研开发部门提供各种信息，以使企业发展步入良性循环。

6. 提高营销队伍的素质 从传统的推销向服务营销、技术营销转变，营销人员将扮演更多、更重要的角色，公司将更加注重对营销人员的培训，不断提升营销人员的素质。

7. 走科普之路 面对数以亿计平均文化不到初中的农民，接受实用的一看就懂，一学就会的科技推广还要假以时日，公司有责任肩负科技扶农的任务。

饲料业是一个朝阳产业，孕育出了无数农业企业家，同时逐渐改写了中国饲料业的发展历史。昌鼎饲料将以“生产一流产品、提供一流服务、争创一流效益”为奋斗目标，通过自己的奋斗矢志为农牧业发展作出贡献，在中国畜牧饲料业乃至世界畜牧饲料业打造一颗璀璨的明珠。

强强合作　助推区域全球经济发展

——乌鲁木齐正大畜牧有限公司

乌鲁木齐正大畜牧有限公司是泰国正大集团与新疆生产建设兵团于1992年合作兴办的大型现代化高科技农牧企业，1994年8月29日正式运营投产。公司实行董事会领导下的总经理负责制，下设阿克苏分公司。注册资本3 425万元，累计投资7 000余万元，年生产能力达30万t，其中乌鲁木齐公司24万t，阿克苏分公司6万t。公司全套引进美国豪孚公司的先进生产设备，并陆续引进布勒、正昌的先进生产设备，采用泰国正大集团提供的优良配方，实行电脑控制生产工艺流程，严格质量管理，全程品质监测。按照畜禽不同生产时期的营养需求，生产猪、鸡、鱼、牛、羊等系列饲料品种，严格执行国家和集团的质量标准，生产过程实行全程质量控制与管理，确保饲料品质优良。

20年来，公司一直以饲料生产销售为主业，充分利用新疆畜牧业大省的资源优势，公司将国际先进科技成果和先进养殖技术植入新疆养殖业。适时引进了畜牧产业标准化养殖模式，并对广大的农民养殖户进行培训。标准化养殖采用国外先进的养殖技术和管理经验，按照“良种、良料、良舍、良法”的四良配套原则，全程为畜禽提供最佳的生长环境和营养标准，从而达到生产效益最大化，养殖成本最小化的养殖目的，提高养殖户收入。公司的推广为新疆畜牧产业升级换代、加快农畜业发展作出了积极的贡献。

公司将继续以高质量的产品和完善的服务为广大用户的共同富裕和新疆畜牧业的发展和繁荣贡献自己的力量。

在中国新一轮经济发展和大力推进新农村建设的重要历史时期，党中央提出了建立现代农业必须按照“高产、优质、高效、生态、安全”的总体要求，新疆生产建设兵团与正大集团强强联手，充分结合新疆生产建设兵团发展集约化、规模化和现代化农业的资源优势以及正大集团多年以来所积累的养殖技术经验、广泛的销售网络以及非常完善的经营管理模式，双方优势互补。2009年2月由新疆生产建设兵团与正大集团合作建设了现代新型农牧产业综合示范项目。该项目于2009—2012年在五家渠共青团农场现代农业示范园区合作建设年产3 000万只肉鸡，150万只蛋鸡、20万头生猪以及配套6 666.7hm^{2}大田种植的一条龙产业化项目，该项目的建设将成为生产效率达到国际先进水平、产品品质达到国际标准的现代化食品生产基地。该项目与2009年7月开工，于2010年9月陆续建成投产，2013年，已建成投产的项目有现代化种猪繁育示范场、现代化蛋鸡示范场、现代化蛋鸡育成示范场、蛋种鸡繁育场、肉种青年鸡场、肉种产蛋鸡场、孵化中心等。

2012年公司取得了由中国认证中心颁发的质量管理体系（ISO 9001：2008）、HACCP体系、良好农业规范认证体系（GAP）的认证证书。

以上所有项目全套引进了世界一流的生产工艺技术和设备，100%实现生产和环境的电脑自动化控制和远程监控，是目前国内最现代化的农牧示范项目。通过项目的建成投产，将会形成从良种繁育、饲料生产、畜禽养殖、屠宰加工、食品深加工、绿色安全品牌食品营销，最终到达消费者餐桌的产业链经营模式。

严守质量　加强创新整合资源　服务提升

——新疆天康饲料科技有限公司

新疆天康饲料科技有限公司（以下简称天康饲料）隶属于新疆天康畜牧生物技术股份有限公司（以下简称天康公司），天康公司是首批农业产业化国家重点龙头企业，成立于1993年，历经20年倾心打造，实现了现代畜牧业畜禽良种繁育、饲料与饲养管理、动物药品及疫病防治—畜产品加工配售4个关键环节的完整闭合。天康公司业务涉及生物制药、饲料、蛋白质、油脂、食品养殖五大板块。目前已成为拥有30万头生猪繁育基地、200万t饲料加工基地、60亿ml（头份）兽用生物疫苗生产基地、100万头生猪屠宰及肉食品加工基地、60多个天康放心肉连锁及专卖店（柜）、50万t油脂与植物蛋白质生产线的大型现代化农牧企业集团。

公司以高新生物技术改造和提升传统畜牧业，实现畜牧业现代化为目标，以服务“三农”造福社会为己任，取得了良好的社会效益和经济效益。天康公司是全国饲料工业30强企业、新疆优秀高新技术企业、新疆重点支持30家成长型企业。

作为天康畜牧生物技术股份公司下属的全资子公司，新疆天康饲料科技有限公司现下属饲料企业9个，分别是新疆天康饲料科技有限公司预混料分公司、新疆天康饲料科技有限公司石河子分公司、新疆天康饲料科技有限公司武威分公司、新疆天康饲料科技公司乌鲁木齐分公司、新疆天康畜牧生物技术股份有限公司生物添加剂公司、伊犁天康畜牧科技有限公司、库尔勒天康饲料科技有限公司、阿克苏天康畜牧有限责任公司、喀什天康饲料有限公司，新疆北泉天康饲料科技有限公司。主要业务布局新疆全境及甘肃，拥有年产 100 万 t 的生产能力，2013 年产销实现 50 万 t，是新疆最大的饲料生产企业。

一、高度重视产品质量，建立健全质量管理体系

天康公司向来视质量为企业的生命，一直奉行“如果产品质量无法保证，营销就是在行骗”的质量理念，自觉遵守国家和行业的相关政策法规，并且参照国家相关法律法规制定了严格的企业标准，保证向社会提供优质安全的饲料产品。在公司内部管理上，对上游供应商严格把关，中间生产流程严格监控，产品出厂前 100% 检验，从原料采购、原料存储、生产加工直至出厂销售各个环节，全面严格质量监控管理贯穿全程。

天康公司与国内和国际知名原料供应商达成战略合作关系，共同把控原料质量和共享信息资源；本着“以产品质量为中心”的理念专门建立了中心化验室，配备先进的设备，广招高素质的富有经验的化验人员，坚持对原料和产品的严格把关；公司经常组织生产及品管人员进行培训，提高检化验能力；同时，天康饲料各分公司使用先进的生产设备配备及检化验设备，提高生产过程的自动化和稳定性，减少产品交叉污染的风险；1999 年在新疆饲料行业内率先通过 ISO 9000 国际质量体系认证；2002 年通过 ISO 9001：2000 国际质量体系审核，成功换版。

二、加强科技人才队伍建设，注重产品，专业研发创新

天康饲料依托天康公司强大的技术团队，在原有资深动物营养学博士、硕士等组成的队伍基础上，采用“走出去引进来”的方式，持续开展产品研发攻关。2013 年公司已先后开发或改进了蛋鸡七阶段饲料、乳仔猪饲料、哺乳母猪饲料、奶牛饲料等多种优质饲料产品。

天康饲料向来十分重视高素质的人才队伍建设，与国际专业公司机构和国内大专院校、科研院所合作，共同开展研发试验工作，不定期开展技术培训班或举办技术研讨会，提升专业技术人员的综合素质与专业技术水平。

三、坚持与客户共同成长的理念，资源整合，以服务提升客户效益，带动新疆畜牧行业不断发展

天康饲料的销售人员绝大多数毕业于国内各大院校，具备良好的专业基础，公司也吸纳具备农场技术管理经验的人才在第一线与养殖户交流，分享天康在各畜种养殖的经验和心得，同时提供饲养、防疫防病等方面的贴心服务。

在蛋鸡业务方面，天康饲料拥有 60 余人的蛋鸡服务队伍，通过蛋鸡七阶段饲喂模式的推广，技术服务的加强，大大提高了蛋鸡生产成绩，将合作客户的蛋鸡平均生产成绩从以前的 15～16kg 提高到 17～18kg，更有养殖条件较好的标准化蛋鸡场实现 19～20kg 的优异生产成绩，每只蛋鸡增收 15 元以上。为持续推动新疆蛋鸡养殖水平不断提高，天康饲料牵头成立新疆蛋鸡联盟，为新疆蛋鸡养殖场打造持续学习和发展的平台。为解决蛋鸡养殖场卖蛋难，卖淘汰鸡难的困境，天康饲料积极寻找投资方成立新疆联富涛食品公司，开展品牌鸡蛋和淘汰鸡销售业务，提高蛋鸡养殖场的养殖效益，解决未来发展的后顾之忧。

在奶牛业务方面，在 2013 年成立专业奶牛服务销售团队，拥有博士 1 人，硕士 2 人及奶牛专业技术人员 50 余人，为新疆规模化奶牛养殖场提供专业的技术服务，团队成立之初就提出“消灭单产 25kg 以下的牛场”。通过精确的奶牛标准化饲喂流程和管理的导入，技术团队的驻场服务，和天康饲料合作的奶牛场绝大多数泌乳牛日单产提升到了 25kg 以上，日单产 30kg 以上的牛场更是比比皆是。为了更好地服务于牛场，天康饲料斥资 50 万元购进世界先进的奶牛修蹄机一台，组建新疆唯一的一支专业化奶牛肢蹄保健服务队，为奶牛场开展专业修蹄服务，使合作客户奶牛淘汰率大幅降低。同时天康饲料还将自己的单产 36kg 的试验奶牛场开放给广大奶牛场，为合作的各个奶牛场提供牛场厂长培训、育种员培训、兽医培训、饲养管理及奶厅的培训，带动新疆奶业走向良性发展的快车道。

在生猪业务方面，依托天康公司年出栏 30 万头生猪和年屠宰 100 万头的生猪产业链，服务于新疆广大养猪客户，利用天康公司丰富的养猪经验，上百人的销售服务团队，不断提高生猪客户的产仔数、成活率以及料肉比，提高养猪的经济效益。

在水产养殖方面，引进疆外先进的养鱼技术和理念，针对新疆的气候和水资源情况，试验整理出适合新疆的水产养殖高产模式，可使养鱼亩均增收 1 000 元以上，饵料系数控制在 1.5：1 以内。

在肉黄鸡业务、育肥牛羊业务、设施养羊业务

上，天康饲料也取得了良好的业绩。展望未来，天康饲料将秉承“为客户创造价值，带动新疆畜牧业发展”的理念，一如既往地服务养殖户，服务社会，为中国畜牧业现代化进程继续贡献力量。

服务客户　加速发展

——嘉吉饲料（新疆）有限公司

嘉吉饲料（新疆）有限公司隶属于美国嘉吉集团公司动物营养部，成立于1884年，100年来，嘉吉动物营养部以追求卓越的产品品质和推行科学的饲养程序，已经发展成为全球一流的动物营养部公司。随着我国饲料市场的迅速发展，为了降低养殖的成本，促进新疆及周边地区的畜牧业发展，公司美国总部于2006年3月和2013年10月先后分别投资300万元和350万美元在新疆维吾尔自治区昌吉市建厂和扩建，并按照饲料法规要求将反刍饲料单独分线，畜禽、反刍饲料年生产能力达11万t，年销售额达到1.5亿元。公司位于昌吉市榆树沟工业开发区，交通方便，主要为客户提供奶牛、肉牛、羊、禽等畜禽饲料，公司利用一流的技术和服务，为新疆及西北地区的养殖户提供完善的养殖技术服务。

一、企业责任

公司要稳健经营，划清企业的管理红线并严格执行。食品安全是立业之本，公司保证生产和销售产品的安全性，并将这一承诺贯穿业务运营的每一个环节，使责任感文化推动企业不断地创新，不断进步，致力于与公私合作伙伴合作，一起改善食品安全。

成为负责任的供应商开展业务，尊重他人和保护环境，公司通过与客户、政府、非政府机构和社区紧密合作，在整个供应链范围内促进经济可持续发展以及开展负责任的商业行为，怀揣着促进中国农业的可持续发展和食品安全供应的信念，公司自2006年开始应用食品行业的标准HACCP验证体系，坚持“今天的饲料就是明天的食品”的口号。公司在注重食品安全的同时，也一样重视公司员工、客户、服务人员的安全，公司的安全理念是“让每一位员工每天都能回到亲爱的人身边”，公司为每一位人员配备了安全防护用品，进行安全培训，提供安全的生产环境，使员工能够安心。

二、成熟的团队

公司拥有一流的人才队伍，包括众多的博士、硕士等高级专业人才，公司人员每年被指派到嘉吉动物营养中国培训中心或其他兄弟工厂学习各种全方位技能，同时，根据需要每年选送优秀的员工去美国、韩国、菲律宾等国家进行培训学习。

公司采用韩国韩太公司和美国Repeat公司提供的生产加工工艺，主要选用国内、外先进饲料生产设备，并采用Repeat操作控制系统，全部工艺设备实现自动化控制以及整个生产过程的全自动平衡调节，实现了现代化加工工艺，公司设备先进，生产率高，产品质量稳定。

三、质量保证和控制

公司先后获得新疆维吾尔自治区畜牧厅批准的《饲料生产许可证》，国家质量检疫检验总局认证的出口企业《卫生注册证书》。为了确保对各个生产过程做到有效的控制、彻底消除生产中的卫生质量隐患，公司先后通过了HACCP食品安全体系认证、ISO 9001：2008质量管理体系，提升了公司的质量管理水平。

公司从领导层到每一位员工均具有很强的质量意识，为保证产品质量，公司从国外引进了NIR近红外检测仪、毒素检测仪、纯水仪等先进的检测设备，并对所有设备定期在质检所进行仪器检定及校准，确保检测数据的准确性。检验人员都具备大中专以上学历，公司对原料、生产工艺、成品、销售和售后服务系列等流程进行及时有效的检测、控制；所有的检验记录和质量记录进行严格的审核，并定期存档，以便溯源。公司投产至今，在国家、省、市等各级质量监督部门的历次监督检测中产品出厂检验合格率达100%。品质改善是一个持续的过程，公司的全体员工始终遵循持续改进，不断发展。

四、周到的服务

公司完善的售后服务体系，利用在普瑞纳饲料农场管理的全球经验和资源，根据农场实际情况提供定制化产品及高端综合解决方案，包括农场的设计与建设、经营管理、财务风险管理等，致力于成为中国畜牧行业综合解决方案的领导者。

未来，公司将继续向着维护名牌、巩固名牌和提高名牌的指导思想，秉承“确保安全、持续发展、客户满意，提供优质、稳定的饲料，成为新疆畜牧业首选合作伙伴”的指导方针，继续坚持嘉吉总部的战略目标：在农业、食品和风险管理领域，努力成为业界首选的合作伙伴，以拥有最优秀的人才和提供最有创意的解决方案的发展策略，充分利用资金、人才、技术及集团网络的优势，用心经营，为实现这一战略目标努力奋进。

以质量求生存 以信誉求发展

——青岛江大饲料开发有限公司

青岛江大饲料开发有限公司，成立于2003年8月，系中日合资企业，总资产3 000多万元。公司位于青岛即墨市蓝村镇东部工业园，交通便利。

公司主要生产畜禽饲料，厂内共有3条生产线：配合饲料、浓缩饲料生产线，精料补充料生产线，动物源性单一饲料生产线。年产饲料15万t，总产值上亿元；公司引进日本先进的生产技术、科学的管理经验。公司化验室配备了样品粉碎机、多用定氮仪等检测设备，满足了饲料原料和常规产品的检测，非常规项目都委托有资质的检验机构进行检测；公司引进的420型饲料机组，主要生产设备包括双轴高效混粉机、自动定量打包称、脉冲除尘器等，公司为确保产品质量、卫生安全，从原材料采购到产品销售各个环节，各个工艺流程都制定了一系列科学完整的管理制度和岗位责任制，并严格付诸实施。虽然面临着全球经济不稳定，市场竞争加剧，饲料成本不断加大等困难，但仍积极致力于从危机中寻找机遇并取得了可喜的成绩。

一、面对困难，迎难而上

2013年，全球经济仍处于金融危机引发的调整阶段，公司的发展既存在难得机遇，也面临着前所未有的挑战，一方面粮食价格不断上涨，导致原料成本的加大；另一方面养殖业因结构调整对饲料需求减少，整个行业利润减少，面临着全国饲料行业的大调整、大改革。公司主动出击积极拓宽市场，围绕客户至上的工作思想，充分尊重客户，做到互赢互利，共谋发展。

二、增加客户的吸引力，狠抓服务质量

公司的服务理念是诚信、满意优良的服务，2013年公司在国内外的销售工作中，始终坚持“销售就是服务，服务就是销售”，紧紧围绕客户与市场，建立行业最完美的服务网络。公司以客户为根本，坚持以市场为导向，搜集市场行情和信息。国内、国际2个业务部门，举行不定时的会议，了解市场行情，发现问题及时沟通解决，特别遇到客户的一些难点困难，第一时间帮助寻找解决办法，避免客户不必要的损失。公司还主动跟踪回访客户，了解产品的使用情况和服务需求，通过这些服务措施，提高产品的销售。

三、加大部门之间协作与配合

公司要发展，企业要做大做强，也离不开各个部门之间的相互支持，相互配合。在不同的工作岗位上发挥各自聪明才智。特别在2013年10月的山东省饲料行业验收工作中，公司各部门相互支持，相互配合，精心准备，使验收工作顺利通过。

四、加强管理，确保产品质量不断提升

公司围绕市场和销售的业务抓好企业生产管理，在提高产品数量中加大产品质量的监管力度。不合格产品一律不出厂，保证客户使产品安心、放心，使公司获得更多用户的青睐。公司坚持以市场为导向，以效益为目标，争取低成本扩张。公司的宗旨是以质量求生存，抓好产品质量，从思想上重视，行动上管质量，监督上促质量，以产品质量优劣作为衡量每一位员工价值与自身价值的标准，确保生产过程中一直处于受控状态。

五、用制度规范企业生产

公司不断完善了各项规章制度，用制度规范企业生产，用制度调动广大职工的生产积极性。俗话说“没有规矩，不成方圆”，规矩就是制度，一个成功的企业背后必定有一套规范与创新型的企业管理制度，公司在不断完善各项规章制度的同时，继续抓好职工的学习和培训工作。

六、树立安全意识，提高思维能力

节能降耗和设备管理作为一项重要工作，对各种机械的日常使用，公司加大管理力度，特别对设备管理和维护，做到了责任到人。公司全体员工树立安全发展理念，安全生产是企业的生命线，安全生产职责明确，使每位员工有安全意识和安全生产防护意识，及时对新老员工进行安全生产教育，继续完善制度，抓落实，坚定不移地深化目标责任制，明确管理、保质增效。及时组织全体员工学习与培训，努力提高业务水平和政治素质，增强职工的事业心责任感。提高领导干部和各部门负责人的政治素质和业务水平。

公司秉承“以质量求生存，以信誉求发展”的企业宗旨，在不断研发新产品，提高产品质量的同时，为广大客户提供竭诚服务，以满足市场的需求，以获得更大的社会效益。

品质立足 谋永续经营

——青岛统一饲料农牧有限公司

青岛统一饲料农牧有限公司位于青岛平度市白沙河街道办事处，由我国台湾省统一企业集团于1998年独资设立，注册资本1 500万美元，年设计生产能

力40万t，占地6hm²。公司主要生产畜禽各生长阶段的配合饲料、浓缩饲料、复合预混合饲料、水产配合饵料等中高档饲料，共计100多个品种。凭借母公司40余年饲料生产经验、先进的进口生产设备及严格的品质管理制度，公司产品自2000年投放市场以来，屡创佳绩。

2013年，在养殖、饲料双重低迷的情况下，公司依托强大的研发及质量优势，新增生产线，研发新产品，提供更加优质全面的服务，创造了辉煌的佳绩。

一、严选优质原料，加强检测，确保产品品质稳定

严格控制原料霉变率，选用优质原料。2013年7月的，持续阴雨导致原料霉变率普遍偏高，公司改用单价较高但毒素含量较低的原料。同时，为确保质量安全公司对相关原料及成品以批检方式进行质量检测，加强监控，检测费用亦较2012年增加约20%。

二、研发新产品，帮助养殖户提高养殖效益

1. 研发奶牛混合日粮TMR精补料及奶牛高能量精料补充料 针对我国奶牛养殖的特点年单产奶量低和原料奶质量欠佳等问题，公司借鉴台湾先进配方技术，投入奶牛混合日粮TMR精补料的研究。经过1年多的研究及试验，公司正式于2013年初推出TMR精补料，由于其具有提高产奶量、提高牛奶质量、降低奶牛疾病发生率及节省饲料成本等诸多优点，许多奶牛养殖户纷纷转用TMR饲料。由于购买TMR设备投入大，公司先后投入100多万元购买6台TMR设备，提供给牧场使用。

公司还研发推出奶牛高能量补充料，有效解决了奶牛养殖过程中出现的体况差、产奶性能弱、繁殖率差、冷热应激等问题，不但节约了养殖成本，对奶牛体况的改善也大有帮助。

2. 新建乳猪料生产线，提升产品品质 2013年，公司投入100万元建立了专业乳猪料生产线，引入德国冷制粒技术，使乳猪料品质更稳定、风味更佳、适口性更好、性价比更高。新乳猪料生产线采用国内饲料机械行业高精端机械设备，配置预混合饲料生产级别的江苏牧羊集团最新不锈钢高精度配料秤、不锈钢双轴桨叶式混合机、高效筛选系统、绞龙式供料包装机等多种先进机械设备，从工艺流程和设备性能上确保了产品质量稳定。

三、举办专题讲座及巡回下乡义诊活动，普及饲养管理技术

2013年对养殖业而言，也是处境较为困难的一年。养殖户处于亏损状态，部分养殖户纷纷淘汰母猪、处理育肥猪，育肥猪存栏较2012年同期减少约30%。同时随着畜禽养殖集约化和规模化的发展，口蹄疫、猪瘟、蓝耳病、流感等疫病呈扩散蔓延之势，更增加了养殖户的饲养管理难度。公司为帮助养殖户更新饲养管理观念，提高饲养管理水平，2013年定期举办巡回下乡义诊活动，致力于养殖技术及最新养殖观念的宣导与服务，为养殖户提供可靠的技术支持及解决养殖过程中遇到的各种疑难问题。公司还特聘请经验丰富的技术顾问，以举办专题讲座的形式，为养殖户讲授饲养管理及疾病防治等专业知识。2013年公司举办义诊及技术讲座50余场，将科学的饲养管理知识带给2 000余养殖户，为养殖业的健康、可持续发展贡献了自己的力量。

四、配备先进技术仪器，全方位服务用户

公司购进多台乳品品质测定仪及兽用B超仪，可快速、准确、安全地对猪、牛进行早期妊娠检测及子宫疾病的检查。2013年，公司投资5万元购入十几台背膘仪，可科学指导用户调整饲养模式，改善猪只体况。为改善乳品品质，提升牧场养殖效益，提高管理水平，公司还组建专业TMR服务团队，从原料检测、调制配方到驻场服务等方面全方位服务客户。

五、推广绿色无公害饲料，引导健康养殖

公司提倡提高猪只机体自身的免疫功能和抗病能力，养殖过程中少用药，并不断加大此产品推广力度，继续引导养殖户的健康养殖观念。

统一人将始终秉持品质为先的原则，严把质量关，将优质、放心的饲料产品提供给养殖朋友，谋求企业永续经营，造福社会。

科技立业　致力于打造天然生物产品

——大连赛姆生物工程技术有限公司

大连赛姆生物工程技术有限公司成立于2001年1月，公司总部位于美丽的海滨城市大连，是以海归学者为核心，集生物技术产品研发、生产和销售为一体的产学研相结合的高科技企业。公司主要从事动物生物技术产品研发和生产，包括兽药、多重保险终生保健型饲料、抗生素替代品（特异性卵黄抗体、噬菌体、植物天然活性物质）、海洋生物制品环保型绿色饲料添加剂等。公司坐落于双D港生物医药产业园区，现拥有13 000m²研究中心、6 000 m²的标准厂房、3条GMP药品生产线，终生保健型饲料生产线。

公司早在2002年就已通过ISO 9001：2000标准质量管理体系认证。产品已行销到全国22个省和自治区，深受广大养殖企业（户）欢迎。

一、公司研发团队、研发投入及平台

公司发展的速度与公司对产品科技含量的重视是密不可分的，公司现拥有专职研发人员28人（博士9人，硕士10人，学士9人），其中归国学者4人，另有3位外籍科学家每年定期来公司进行技术交流与产品研发。公司每年应用于研发的投入占总销售额10%以上。2002年经由人事部全国博士后管委会批准，公司设立了博士后科研工作站，进一步推动了企业的技术进步和创新，加快了科技成果转化。2013年，在站博士后11人共开展项目13个，其中省部级重点项目3个。

公司以保证畜产品安全为前提，先后与大连理工大学进行产学研联动合作，分别于2005年经大连市发改委批准设立了“大连市畜产品安全保障技术工程中心”，2007年经教育部批准设立了“动物性食品安全保障技术教育部工程研究中心”，2011年研发中心大楼开工建设。中心以绿色生物制品、终生保健饲料添加剂的开发及工程化、动物性食品安全评估体系的建立与快速检测技术的研究为主要方向；以建设动物性食品安全技术创新基地、科研成果孵化和产业化基地、产品研发基地、高级研究和管理人才培养基地和面向行业开放服务基地为主要任务。在引领行业发展、带动地方经济建设和服务农业发展等方面具有重大的现实意义。

二、承担研发项目、科技成果及自主知识产权

公司先后承担了国际重大合作项目、国家科技部“863”计划项目、国家自然科学基金项目、国家杰出青年科学基金项目、辽宁省科技成果转化项目、辽宁省海外学子创业工程专项计划、辽宁省海外研发团队项目、辽宁省中小企业创新基金项目、大连市产业技术创新资金项目、金州新区现代农业计划项目等40余项国家、省市级科研课题。其中，公司承担的“特异性卵黄免疫球蛋白的产业化”于2004年已经被国家发改委列为“振兴东北老工业基地高技术产业化示范项目”，其产业化产品“特异性卵黄免疫球蛋白”于2005年被国家科技部、商务部、质检总局和环保总局联合授予国家重点新产品，卵黄抗体咀嚼片于2007年先后荣获“大连市科技进步二等奖”和“辽宁省优秀新产品二等奖”荣誉称号，公司于2007年被辽宁省科技创新工作领导小组授予“辽宁省留学回国人员优秀创业项目”称号。截至2013年，公司拥有包括“一种用于植物有效成分提取方法”“刺五加饲料添加剂和制备方法”在内的专利33项。此外，公司拥有的6余项技术成果分别进行了技术鉴定和成果鉴定，其中有3项国际领先水平和3项国际先进水平。

三、特色成果及产业化

公司依靠自身强大的自主研发能力和以海外归国学者为主的高素质研发队伍的共同努力完成了“特异性卵黄免疫球蛋白”的产业化建设。此项目在“现代人对抗生素的过度使用，从而危害人类的健康，寻找抗生素添加剂的替代品越来越成为世界各地科研机构研发的方向和重点”的大背景下提出运作并完成的，这不仅为公司带来了经济效益，同时增强了我国畜产品的出口竞争力，对于我国食品安全和无公害畜产品生产源头产品应用具有重要意义。由于“特异性卵黄免疫球蛋白（EYIg）的产业化”项目的完成并产业化，不仅拓宽了鸡蛋的销售渠道，使鸡蛋大大增值，更主要的是它开辟了一条不用抗生素也能抗病的途径，为绿色畜产品的生产奠定了坚实基础。

公司首创的面向21世纪的全新动物营养保健技术——“终生保健（TLC）饲料技术”是公司的核心技术之一，采用该技术生产的终生保健预混料、终生保健型浓缩料、终生保健全价颗粒料等产品在饲料和养殖界内享有盛誉。终生保健产品已经在京津唐、珠江三角洲、长江三角洲等经济发达地区和以出口为导向的规模化养殖企业广受赞誉。公司已在山东、河北、辽宁、河南、内蒙古、吉林、黑龙江、湖南、湖北等22个养殖业省份建立了销售办事处。这些产品的推出不仅为公司带来了可观的经济效益，同时也减少了抗生素的使用，促进了行业的技术进步，保障了动物食品的安全，增强了我国畜产品的国际竞争力。

四、核心技术与产品

公司始终坚持以保障动物性食品安全为主题、服务“三农”为对象、天然植物药效营养品替代抗生素为途径，以亚微米级生物天然活性成分全效释放和卵黄抗体集成为核心技术，现已成功开发出以药效营养保健品、饲料和新剂型兽药为主的三大门类、六大系列、200余个品种的产品。公司产品大量填补了国内相关领域产品的空白，品牌声誉享誉全国，赢得了社会的认可和用户的口碑，更赢得了广阔的市场。

五、公司荣誉

公司于2005年、2006年通过了兽药GMP认证和ISO 9000质量管理体系认证，于2010年以全优的成绩通过了GMP复检及ISO 9000质量管理体系认证

年审。

公司在过去多年发展中取得了一定的成绩，市场产品深入人心，产品品牌知名度和美誉度日渐凸显，但赛姆人并不会就此止步。未来公司将继续秉承“学术立企、科研立业”的创业精神，以保障动物性食品安全和人类健康为主题，依托自身强大的自主创新能力和市场拓展能力，将赛姆打造成全球知名的生物高科技百年企业。

生产安全饲料　打造放心食品

——大连成三畜牧业有限公司

大连成三畜牧业有限公司坐落于大连普湾新区炮台镇长岭工业园区，于2007年4月创立。注册资本1 000余万元，拥有员工400余人，其中各类专业技术人员150余人，公司下属饲料加工厂、种鸡场和孵化场。公司统一供给根据肉食鸡生长需要而配制的优质饲料，统一提供饲养技术指导，派专业兽医驻地服务，统一进行防疫防病处理，最后公司以保证农民固定收益的价格回收肉鸡，公司承担原料和鸡肉的市场价格波动风险，以保障养殖户有稳定的利润。

饲料厂于2007年建成投产，引进国内最先进的饲料加工设备，通过与沈阳禾丰集团合作，全套引进禾丰的先进管理体系，拥有完整的粉料及颗粒料生产线，年生产能力24万t。公司采用国内先进、精密的检验设备，严格监控生产过程、质量，为周边肉鸡养殖户提供安全绿色高效的优质饲料。种鸡场在2007年9月建成投产，可一次性饲养种鸡12万套，年可提供种蛋1 500万枚。场内实行封闭式管理，采用严格的净化、消毒措施，坚持全进全出制度，自动饲养设备全程监控鸡舍环境。孵化场于2008年4月投产，引进国内最先进全自动19200型孵化机及出雏机，每年可为农户提供优质鸡雏1 800万只。

2013年，公司实现销售收入12亿元，上市肉鸡5 000万只。并在2013年年初被评为辽宁省农业产业化重点龙头企业。饲料厂新增机器人码垛系统，进一步提高了公司机械化进程提高。完成了ISO 9001国际质量体系和HACCP质量管理体系的年审。饲料化验室增加霉菌检测和高效液相色谱仪等先进检测设备，进一步确保饲料的安全。为了确保饲料安全，提高客户效益，公司预计将于2015年再新增3套先进制粒系统，进一步提高饲料品质。

企业以“公司+农户”为生产经营模式，以“成就三农、实现梦想、诚信合作、互利共赢”为企业宗旨，把“诚信如山，德行天下”作为企业的核心价值观，带领广大农民共同致富。

以服务求发展　打造优质品牌

——艾地盟动物保健及营养（大连）有限公司

艾地盟动物保健及营养（大连）有限公司是美国ADM公司在中国的独资企业，专业生产预混料和浓缩饲料。1995年在中国大连投资建厂，1996年正式投产，几年来秉承ADM的优良技术优势，现已成为中国境内最有影响力的专业饲料企业之一。其生产的猪、蛋鸡、肉鸡、种鸡、肉牛及奶牛饲料以其优秀的品质正被越来越多的饲料厂家和养殖户所认可。

公司借助于ADM100技术多年来致力于农业发展成果，不断地将更合理的营养科学转换成客户更丰厚的利润。我们不断探索各种原料的特性，掌握生产优秀饲料的技术，还精心研究各种畜禽日新月异的营养需要。公司的优势集中体现在配方技术水平高、设备先进、原料考究等多个方面。

公司的全套生产设备均由美国引进，为国际一流水准，保证了精确的计量、精密的加工，其设施规模和生产能力也是中国最大的预混料生产企业之一。ADM是全球最大的私营动物营养研究机构之一，将最有效的生产技术应用到世界饲料和养殖行业中，公司的产品全部由国际知名的动物营养学博士设计并主持生产。

ADM不仅生产赖氨酸、苏氨酸两种主要的必需氨基酸，同时生产维生素C、维生素E、维生素B_2、维生素B_{12}及生物素等，还生产大豆浓缩蛋白、卵磷脂及多种植物蛋白在内的50多种饲料原料。丰富的饲料原料产品使得我们在饲料行业中拥有得天独厚的优势。

公司追求产品质量，拥有一整套全面的质量管理体系，以科学而苛刻的态度监控着从原料到成品的每一个环节，确保及时发现问题并加以处理，实现产品出厂的零缺陷。

作为动物营养学的先驱及饲料行业的翘楚，ADM在全球已拥有了20家大型预混料厂。公司凭借ADM的国际声望，产品畅销海外，已经与日本、越南建立了长期的业务合作关系，其生产的饲料品牌得到国际认可。先进配方技术、良好的信誉度使公司与广大用户合作得到有力保证。

公司建厂20年一直坚持用企业文化提升企业核心竞争力，使企业在发展中树立起良好的社会形象。“行远必自迩、追求无止境”，公司时刻做到以人为本，全面维护员工的合法权益，提供给员工良好的工作环境，缴纳各项员工保险，提供给员工良好的福利待遇。公司每年向社会招聘大量畜牧人才，并花费人力、物力对新员工进行培训，每年会定期安排员工培训。

公司以提供适合消费者的产品并达到客户需要为目标，通过与客户的共同努力，提供客户所需的，高附加值的产品，使客户获得更大的利润。公司的科研队伍根据客户的需要设计有效的、增值的配方，赢得了很多大型饲料厂和养殖场的赞誉。公司的团队中还包括很多具有专长的技术服务人员，他们致力于为客户分忧解难，每年帮助客户解决了数百例动物疾病问题，并推荐给客户合理的养殖程序和疾病预防机制，为客户挽回了大量的经济损失。

公司拥有强大的客户服务部门，致力于为客户提供周到的服务，保证客户订货的及时运输。公司的业务人员遍及全国多个省份，形成强大的服务网络。

公司以良好的商业信誉与很多大宗原料的供应商建立了长期的合作伙伴关系，在合作中，公司依靠良好、健全的流通模式，被供应商内部评定为重点合作伙伴。依靠雄厚的资金实力公司可从原料生产商那里拿到相对优惠的价格，并将这些优惠也转移给客户。

2013年，在全国养殖行情低迷的情况下，公司排除万难，取得了较好的成绩。ADM公司的饲料销售工作取得了突破性进展，年增长率达到10%，特别在种鸡预混料的开发上尤为突出，已在东北地区市场上成为最有影响力的品牌之一，致力于打造中国种鸡预混料的品牌，深得养殖户青睐。猪预混合饲料、鹅鸭预混合饲料、鱼料、狐貉料等在市场上都占有一席地位，市场影响力日益突出。

公司取得的成绩得益于管理模式和团队精神，在原料行情上涨的环境下，尽可能降低管理成本和固定财产折旧成本。原料上涨的费用公司尽可能自行消化，绝不转嫁到客户手中，从而赢得了客户的赞誉。

在未来的发展中，公司将顺应中国饲料行业的发展方向，抓住机遇、迎接挑战，全心全意为客户服务。

企 业 简 介

北京市

北京市爱德利都饲料科技开发有限公司

北京市爱德利都饲料科技开发有限公司隶属于北京市营养源研究所，是专门从事饲料研究、生产、开发与销售的高科技实体企业，位于北京市大兴区，占地面积 3.3 万多 m^2，建有占地 800m^2 的预混料生产车间和 1 000 m^2 的浓缩料生产加工车间，以及 6 000 m^2 的原料、成品贮存车间。为提高生产能力，公司引入国际先进水平的生产设备，为产品质量的整体提升提供了坚实的保障。

公司引进现代化管理理念，遵循“制度健全化、决策明晰化、运营流程化、质量标准化”的原则，严格执行 ISO 9001：2008 质量管理和 ISO 22000 食品安全管理标准建立安全和管理体系，并被认定为北京市高新技术企业。公司几年来已申请“一种狐貉貂复合添加剂”和“一种母猪用复合添加剂”等多项专利。

公司现有“爱德利都”“都宝”两大品牌畜禽、水产、反刍、特种毛皮动物用系列预混合饲料、浓缩饲料、配合饲料产品，自投放市场以来，凭借精准市场定位、优良的性价比和良好的稳定性，深得用户青睐。销售网络覆盖全国 20 多个省市、自治区。

公司始终坚持诚信为本，以平等、互利的原则与客户建立长期稳定的伙伴关系，走共同成长的健康之路。爱德利都正以开放的态势，诚招四海客、广纳天下才，并愿与您一道去追求卓越、追求领先、追求成功。

北京科为博生物科技有限公司

北京科为博生物科技有限公司是一家立足生物科技，致力规模发酵，专业研发生产酶制剂、微生物制剂、生物原料等产品的高新技术企业。

公司以打造科为博人“成长，创业，梦想”之平台，倡导“事业之家”文化；“成就他人，实现自我”为核心理念；以“是否创造价值”为一切工作准则，立志成为国内领先、国际一流的酶制剂和微生物供应商，国际知名的动物营养品与保健品服务商！

公司总部位于中国的科技硅谷—北京中关村的核心地带。公司在多个省市投资下属企业，目前投资的公司有北京科为博生物科技有限公司、内蒙古科为博生物科技有限公司、齐齐哈尔市科为博生物科技有限公司、北京中农邦吉生物科技有限公司及科为博（香港）有限公司等。2013 年 1 月，公司在内蒙古赤峰征地 10.7 万建设公司自主的核心发酵基地，注册成立“内蒙古科为博生物科技有限公司”，总投资 3.5 亿元，在内蒙古赤峰打造一个在国内规模与成本领先的酶制剂生产企业。

公司注重研发，倡导“实验室比办公室大，技术人员比管理人员多”，成立“科为博生物技术研究院”，聘请高校多名学术界权威专家为特约教授。

公司主打产品酶制剂、微生物制剂深得国内合作客户的认同，同时在国外同步进行销售，已在美国、韩国、巴西等全球 20 多个国家布局发展，为科为博的未来的国际化道路奠定了坚实的基础。

北京英惠尔生物技术有限公司

诞生于中国农业科学院饲料研究所的北京英惠尔生物技术有限公司，至 2000 年成立之日起，公司紧密围绕动物营养技术，倾力开发预混料、酵母培养物、稳定化 VC 等动物营养品，是中国一流的动物营养企业，现已拥有 2 个生产基地，按专业化运作模式形成 5 个事业部。

英惠尔以动物营养与健康需求为导向，搭建应用型研究平台，下设4个研究室，水产营养研究室、畜禽营养研究室、微生态研究室和精益生产研究室。公司聚集了一批动物营养与饲料科学、生物技术等国内外享有盛名的专家，专注于动物营养品的研发，科研人员比例达到11%，科研投入占公司收入的3%～4%。自2000年成立以来，每年研发出1～2个新产品，有力地促进了养殖业的健康发展，得到业内广泛的认可和支持。

英惠尔在行业内率先引入精益生产，对产品质量、成本和交货期持续改善，开创性实施条码系统，实现产品全程可追溯。公司先后获得北京市高新技术企业、北京市饲料工业协会先进企业、北京市饲料工业二十强、北京市饲料工业著名产品、全国饲料添加剂科技创新优秀企业、全国《饲料质量安全管理规范》示范企业等称号，并通过了ISO 9001、ISO 22000、FAMI-QS论证。公司的合作伙伴遍及全球，产品远销到欧洲、非洲、大洋洲、美洲、东南亚的70多个国家和地区。

英惠尔秉承“精益求精，为合作伙伴创造快乐”的理念，构建了“好产品+好方法”的双引擎合作模式，成为动物营养类企业的标杆之一。英惠尔将全身心致力于动物营养技术的研究和新产品的推广，为推动健康养殖、改善人类生活品质努力。

北京康华远景科技股份有限公司

北京康华远景科技股份有限公司是国内率先利用现代生物技术及精细化工等高科技手段，结合动物营养和现代中医药理论，从事植物提取物在动物饲料、养殖中的应用研究、生产和销售的国家高新技术企业。

公司与中国农业科学院、中国农业大学、中国医学科学院、北京同仁堂等著名院校及科研机构建立了长期稳定的合作关系，以此为依托组建了由20余名专家组成的天然饲料专家委员会，形成了强大的外围技术支撑组织，并组建了一支高素质科研队伍。现有博士后、博士及硕士研究生共30余人，经过10余年的潜心研究及2 000余项科学试验，从多种植物中筛选出220余种有效成分，成功开发出康华安、免力特、康华素、鱼虾康等20多种环保型植物提取物饲料添加剂。产品已被广泛应用于畜禽、水产领域，具有提高动物免疫力，改善肉蛋奶风味品质，提高生产性能等功效，实现了在饲料及养殖过程中替代抗生素的目的。公司已获得13项发明专利，1项北京市自主创新产品，2项中关村国家自主创新示范区新技术新产品。公司按照ISO 9001、ISO 22000及FAMI-QS的有关要求对产品进行严格控制，所有产品均建立了严格的企业标准和相应的定性定量检测方法，在同类产品中率先获得出口资质。

位于北京密云经济开发区的安全饲料添加剂及动物保健品核心技术产业化示范基地，已成为行业的“天然物风向标”。康华远景成为将天然植物运用于畜牧业解决无抗饲料、无抗保健和健康养殖食品安全核心技术产业标杆企业。

天津市

天津通威饲料有限公司

天津通威饲料有限公司，是通威股份在宝坻区投资兴建的一家大型现代化饲料生产经营企业，成立于2001年11月，总投资5 000万元，占地5.3万余m^2，年计划生产能力30万t。公司拥有从美国、德国等国进口的先进饲料生产设备和完善的计算机网络管理系统；拥有加工工艺极优的虾料生产线。公司主要生产、销售鱼、虾和畜禽共5大系列100多个饲料产品，生产规模和能力居于华北领先地位。2011年饲料产量达到14万t，实现销售收入4.2亿元。

公司现有员工200余人，大专以上学历占总人数的60%以上。公司严格遵守国家药物和卫生标准，于2005年初获得北京华思联认证中心审核通过的ISO9001：2000、HACCP及产品认证证书，标志着天津通威的质量管理水平迈向一个新台阶。

公司始终坚持“诚信正一”的经营理念，奉行“追求卓越，奉献社会”的经营宗旨，肩负“丰富社会物质财富，提高全民生活质量”的社会使命。在广大养殖户的支持下，发奋图强，努力工作，为华北经济的繁荣和养殖业的发展做出贡献。

天津瑞孚饲料有限公司

天津瑞孚饲料有限公司成立于2003年，经过11年的发展，公司逐步明确了专业化、品质化、精细化的饲料发展方向。公司主要生产猪浓缩饲料、配合饲料和添加剂预混合饲料。

在全国浓缩饲料逐年较大比例下降的大背景下，公司生产的猪浓缩饲料每年仍以20%的速度增长，在华北地区独树一帜。2013年猪浓缩饲料产量超过5万t。保育猪浓缩饲料更是国内首个开发的30%乳猪浓缩饲料，教保饲料和母猪饲料的比例占到公司销量比例的近50%。

公司现有2条颗粒料生产线，1条浓缩饲料生产线，浓缩饲料和配合饲料年生产能力12万t。2012年公司重新投建的添加剂预混合饲料生产车间，实现了添加剂预混合饲料自动配料，年生产添加剂预混合饲料可以满足120万t配合饲料的核心添加剂预混合饲料需求。瑞孚与布勒（常州）有限公司签订了2条教保料生产线合同。

截至2013年，公司建成投产或正在建设的饲料公司有江苏瑞孚饲料有限公司、济宁瑞孚饲料有限公司、潍坊瑞孚饲料有限公司、天津汇银科技有限公司4家分公司。完全建成投产后，全公司年饲料生产能力预计可达50万t。

公司秉持“瑞孚营养，与时俱进”的经营理念，在“团结、诚实、开放、共赢”的文化指引下，以跑马拉松的心态努力前行。

天津牧丰饲料有限公司

天津牧丰饲料有限公司建于1998年9月，是由中国牧工商集团总公司（中牧集团）与天津市水产集团共同投资兴建的从事饲料研发、生产、销售的现代化国有企业。占地1.3万m^2，总资产1 800万元，拥有年生产能力8万t的全自动浓缩料生产线、年产2万t的颗粒配合饲料生产线和年产1万t的预混合饲料生产线。公司成功打造了“牧冠”“华冠”“双冠”3大品牌饲料产品，2003年“牧冠”饲料荣获天津市名牌农产品。公司年销售量逐年增长至5万t，年产值可达1.4亿元，产品覆盖北京、天津、河北、山东、山西、内蒙古自治区等地区。公司荣获天津市优秀企业、中国饲料工业协会常务理事单位经营理念，于2005年通过ISO 9001质量管理体系和HACCP安全管理体系双认证。

公司现有员工90人，大专以上学历占36%。公司坚持“人才为核心”的理念，注重专业人才队伍的建设和发展。公司多年来坚持走专业化道路，始终与中国农业大学动物科技学院营养研究室保持密切合作，走产学研相结合的产品研发之路，设计性价比较高的畜禽饲料。并通过细化产品，优化工艺，使得蛋鸡浓缩饲料、断奶仔猪饲料和生长育肥猪浓缩饲料深得用户信赖。

天津牧丰以“安全高效、以人为本、客户为中心”作为企业的发展方向；以推广安全、环保饲料理念为己任；以提供高效、绿色饲料为使命。

天津昌农科技有限责任公司

天津昌农科技有限责任公司是北京大北农科技集团股份有限公司投资兴建的高科技智能化饲料生产企业，位于大北农（天津）科技园，是大北农华北集团产业总部。

天津昌农总投资3.5亿元，注册资金3 000万元，占地6.3万m^2。一期工程已于2011年4月正式投产运营，年生产能力可达20万t；二期工程预计2014年8月投产，累计年生产能力达40万t。

天津昌农积极推进科技创新，申请专利20项，发明专利4项，使用新型专利8项，外观专利12项，授权专利12项，极大提升了昌农饲料产品的科技水平。

天津昌农拥有员工600余人，建立了专业化、职业化的生产、品管、采购、财务、客服、人力、行政队伍，形成了完善的组织架构。以“100%质量、100%供给、100%安全、100%服务”为核心的科学管理系统。公司全套引进国内先进的高科技饲料生产设备，以雄厚的技术实力为依托，采用先进的饲料生产工艺和管理技术，积极推进智能化工厂建设，全面推动区域发展。

天津华罗预混饲料厂

中牧股份天津华罗预混饲料厂成立于2005年3月，于2006年4月正式投产。位于天津市武清区，拥有员工127人，大专以上学历占30%。天津华罗厂除天津本部外，还下辖南通华罗、郑州华罗两个分厂。公司拥有先进的预混合饲料生产工艺和生产设备，是专门从事“华罗”牌高档复合预混合饲料及高品质浓缩饲料生产的企业。产品涵盖猪、肉鸡、蛋鸡、水产、反刍动物等多个系列共100多个品种，“华罗”产品销售范围覆盖全国。

公司建立了严格和完善的产品质量控制和检验体系，并于2006年11月通过了ISO9000质量管理体系认证。在产品品质保证和质量控制中，公司一直追求精益求精。于2008年被天津市无公害饲料管理办公室认定为无公害饲料企业，预混合饲料产品被认定为无公害饲料。

公司多年来坚持倡导“友爱、协作、奉献”，鼓励员工在生活中见证友爱、在工作中体现协作、在个人价值追求上践行奉献。在全体员工的团结协作和共同努力下，公司将勇往直前。

河北省

河北旺族集团

河北旺族集团创建于2005年5月，位于邢台市开发区，是一家集饲料生产、良种猪繁育、养猪设备生产为一体的现代化畜牧业企业。公司拥有员工560多人，其中大专以上学历占32%。拥有饲料厂2座，先进饲料生产线3条，年产饲料30万t。

公司以“质量求优、科技为先、信誉为上”的服务理念，为客户创造价值，生产的“邢禽”“旺族”“唯强”系列饲料产品畅销河北、山西、山东、河南、京津等地。“十二五”期间，努力推进“20·100·

400 猪产业链工程”，即筹建种猪繁育基地年出栏种猪 20 万头、年产饲料 100 万 t、建设 400 万头生猪屠宰加工生产线。实现统一供应种猪、饲料、防疫、管理、回收育肥猪、屠宰加工、统一品牌销售，实现畜禽“从饲养到餐桌”的质量与安全。

公司坚持“产品市场化、技术现代化、生产标准化、营销品牌化、联结紧密化、效益规模化”的经营战略，以饲料加工生产为基础，打造成国内现代产业化发展示范基地。

河北远大动物药业有限公司

河北远大动物药业有限公司是一家以微量元素饲料添加剂及副产品为主的集科研、开发、生产、销售、服务为一体的现代化综合性股份制民营企业，年生产饲料级一水硫酸锌 15 000t，其他微量元素饲料添加剂 3 000t，年销售收入 1 亿元。

公司产品销往北京、天津、河南、山东、山西、四川、辽宁、海南等地。在内部严格实行全面质量管理，产品质量好、信誉佳，连续 7 年被河北省工商局评为“守合同，重信誉”企业，注册商标“远大”被河北省工商局评为“河北省著名商标”，被河北省畜牧兽医局评为河北省饲料行业三十强企业荣誉称号，公司产品“一水硫酸锌”被河北省质量技术监督局评为河北省优质产品，于 2002 年通过了 ISO9001：2000 国际质量管理体系认证。

公司始终坚持“团结、勤奋、求实、创新”的企业精神，致力与畜牧业的同仁结成业务伙伴关系，共同发展，为畜牧业的发展做出更大的贡献。

河北玉星生物工程有限公司

河北玉星生物工程有限公司始建于 2004 年，坐落于河北省宁晋县西城区。年生产饲料添加剂维生素 B_{12} 2 000t。公司自成立以来，注重技术进步，不断提高生产技术。以省级企业技术中心为依托，进行新产品、技术的研发，使公司的发酵单位、提取收率、产品质量稳步提高。公司作为高新技术企业，每年有数十项新产品、新技术投入生产，拥有不同规格、不同载体的维生素 B_{12} 饲料添加剂生产技术多项；拥有发明专利 2 项，实用新型专利 39 项。

公司注重质量体系的建立、运行和产品质量的提高，以文件化的质量管理体系保证各工序生产在监控下进行。公司通过了 ISO9001：2008 质量管理体系认证，欧盟有关饲料添加剂法规的 FAMI-QS 认证。

公司秉持“科学管理，质量争先”的经营理念，以做大、做强维生素 B_{12} 系列产品为目的，以优异的产品质量和管理体系赢得饲料添加剂使用商的信赖。

山西省

山西晋星牧业有限公司

山西晋星牧业有限公司成立于 2004 年，位于山西夏县，拥有 4 家子公司，占地面积 13 万 m^2，是一家专业从事猪、鸡等系列饲料研发、生产，以三黄肉鸡养殖、屠宰、加工和销售为一体的综合性民营企业。公司拥有员工 300 余人，总资产 1.5 亿元。拥有年产 20 万 t 的肉鸡专用颗粒饲料生产线；年产 10 万 t 的猪、鸡浓缩饲料、配合饲料生产线；年屠宰 1 000 万只的肉鸡生产线；年出栏 600 万只肉鸡的自动化养殖基地。公司是山西省农业产业化龙头企业，晋星品牌被评为山西名牌产品，晋星商标被评为山西省著名商标。

公司依托山西农业大学、西北农林科技大学等知名院校的先进技术优势，应用国内外科研最新成果，依靠以动物营养学博士为核心的高新技术人才，将猪、鸡的营养需求和饲料技术相结合，创立良好的企业品牌形象。

公司恪守“以质量求生存，向管理要效益”的企业理念，遵循“开拓进取，务实创新”的企业精神。公司以建成集饲料生产、肉鸡孵化、肉鸡养殖、肉鸡屠宰、熟食加工和销售为一体的集团公司，打造山西省最大的三黄鸡产业基地为目标。

山西金粮饲料有限公司

山西金粮饲料有限公司成立于 2012 年 2 月，是一家集饲料研发、生产、销售、原料销售为一体的饲料企业，公司占地 6.7 万 m^2，总建筑面积 16 000m^2，投资总额 1.2 亿元，年产 56 万 t 鸡猪全价饲料，年产值达 16 亿元。

为保证产品从原料进入到成品出库全过程的质量安全，公司引进国际最先进的饲料生产设备和精良的高科技检测设备，拥有瑞士布勒粉碎机、超微粉碎机、混合机、制粒机、打包机、配料秤、除尘设备等 100 余台，拥有德国布勒原装进口、日处理 500 余 t 的粮食烘干设备。公司依靠先进、完整的生产加工设备和强大的仓储能力，实现了全自动、高标准、高效率、低能耗和无污染操作，达到了公司一直倡导的“绿色、清洁、安全”的饲料加工理念。2013 年 3 月，公司的 56 万 t 全价鸡猪饲料项目被评定为 2013 年山西省发改委农牧行业重点工程。

公司将秉承“为消费者提供安全健康的食品”的服务宗旨，为客户提供更好的产品与服务，与广大合作伙伴携手合作，坚持走可持续发展之路，努力打造成饲料行业的标杆企业。

沁水县源通饲料有限公司

沁水县源通饲料有限公司位于山西省沁水县龙港镇辛家河村，成立于2002年3月，是沁水县唯一一家集饲料生产、技术服务、原料贸易为一体的畜牧民营科技企业，也是晋城市唯一的预混合饲料生产企业。公司有员工50人，其中大专以上技术人员18人，拥有一支高水准的动物营养和动物疫疾病防治专家团队、两套规范的产品质量检测体系和动物疫疾病检测体系、四条国内先进的原料膨化、浓缩饲料、颗粒饲料、预混合饲料生产线。2013年公司投资150余万元，对原有生产设备和设施进行技术改造，不断调优产品结构，在稳定猪鸡浓缩饲料生产的基础上，重点开发生产高端猪系列配合饲料和猪鸡系列预混合饲料，全面提升了企业生产能力和产品质量，并获得了山西省农业厅颁发的饲料生产许可证。

公司以“质量、诚信求生存，创新效益求发展”为企业宗旨，以“做强、做精、永不止步”为企业理念，大力打造山西省著名商标—“祥牛”。公司将竭诚为新老用户提供最优质的服务和标准化的产品，愿与同仁一道共创畜牧业的美好明天。

长治亨通饲料厂

长治市亨通饲料厂位于长治市二环路，成立于1998年，经过16年的发展，凭借专业水平和过硬的技术，亨通饲料厂悄然崛起，已经成为规模成熟的饲料企业。

亨通饲料秉承“促进科学养殖，服务双赢农业”的企业理念，为广大客户提供专业、环保、安全、高效性猪、鸡用系列饲料。公司注重科技研发，严格生产管理。产品安全可靠，大部分客户从建厂之初开始合作。亨通不敢懈怠，力求以更好的技术服务客户，2013年引进先进的生产设备，随着新车间的试车运行，完成了保质提量的华丽转型，为市场需求提供更强有力的保障。

公司以技术为核心，视质量为生命，致力于生产科学配方与高营养为一体的产品，满足客户的发展需求。

内蒙古自治区

农标普瑞纳（内蒙古）有限公司

农标普瑞纳（内蒙古）有限公司成立于2007年7月，系美国独资公司，为美国嘉吉公司的子公司。位于包头市稀土高新技术产业开发区劳动路101号，占地面积约2.7万m^2。拥有员工110人，专科以上学历60余人，各类专业技术人员40余人。

公司主要生产和销售猪、牛、羊等家畜的浓缩饲料、配合饲料及精料补充料。公司年生产量可达10万t，月销售量在6 000t左右，2013年公司总产值达1.64亿元，公司年营业收入达1.6亿元。产品主要销往内蒙古的巴盟、伊盟、包头、呼市、乌盟、锡林郭勒盟及陕北、宁夏等地，奶牛饲料主要销往蒙牛或伊利牧场。

公司要求所有饲料工厂必须通过食品安全体系认证。包头普瑞纳于2010年5月26～27日正式通过SGS公司的HACCP审计，并获得SGS公司颁发的“HACCP食品安全体系认证”证书；并于2013年5月29～30日正式通过SGS公司HACCP体系验证审核。

内蒙古正大五原分公司

内蒙古正大五原分公司为世界五百强跨国企业正大集团旗下分公司，经营业务范围为生产及销售牛羊专业饲料，年生产能力20万t，占地70 667m^2。一期总投资9 200万元，固定资产投资8 000万元，建筑面积15 000m^2。

公司采用正大集团生产的自动化、智能化设备。饲料配方由正大集团的顶尖科学家联合研制，使用先进的美国进口WEM-4000全自动配料系统，保证配料精准度。为牛羊饲料特别研制的糖蜜混合机，不仅高效，而且在添加量和均匀度方面都比较出色。CPM美国进口技术的制粒机、配以全自动触摸屏控制界面，使得调制和产能均达到最佳效果。先进的包装系统和智能化的码垛机器人，确保成品入库、出库更整洁高效。同时，公司还拥有品质检测仪，不仅对进厂原料进行100%抽样化验，还对整个生产过程实施全程监控，以保证每批次饲料的高品质。

公司拥有科学、营养、安全的正大配方技术，高质量的工艺设备及领先的企业管理水平，为畜牧养殖业提供安全、优质、高效的饲料产品，带动内蒙古中西部地区养殖业更高效快速地发展，将会成为生产牛羊饲料的领跑者。

内蒙古赤峰市大中高科技饲料有限公司

内蒙古赤峰市大中高科技饲料有限公司坐落于内蒙古赤峰市红山农产品产业园，占地3.7万m^2，总投资1.18亿元。公司拥有预混合饲料、浓缩饲料、配合颗粒（全价）饲料、非反刍料、反刍料、精料补充料全自动生产线4条，年生产能力达30万t，是国家农业部质量安全管理规范国家级示范企业，国家科技部国家级星火计划项目，内蒙古自治区重点龙头企业，中国AAA级质量诚信企业，并获得ISO9001国际质量体系认证，ISO22000国际食品安全认证。

公司设有生产部、技术部、质检中心、营销中心、客服中心、生物工程技术研究所等高效组织架构，由3名博士、12名硕士组成的科研团队。以“高科技、高起点、高质量、高效率”为企业理念，生产微生态、绿色、安全、环保的产品为核心。

公司以先进的生产设备，科学的生产工艺，完善的检测手段，独有的知识产权，形成了大中高科技饲料的核心特色。

内蒙古华富饲料有限责任公司

内蒙古华富饲料有限责任公司创建于1999年，是一家专业生产和销售反刍动物、畜禽、水产等配合饲料、浓缩饲料为主的高科技民营饲料企业。公司拥有员工132人，其中具有中高级职称的30人。公司注册资金1 500万元，占地面积4.7万m^2，年设计饲料产能24万t，下设2条专业生产线，其中反刍动物饲料生产线年设计产能18万t，单位动物、水产饲料生产线年设计产能6万t，1座玉米烘干塔，日烘干玉米可达150t。

公司还设有饲料原料贸易中心、质检中心、产品研发中心和兽药经营服务部。公司生产的反刍动物、畜禽、水产系列饲料品种达100多种，产品销售网络覆盖山西雁北、太原地区，张家口地区，锡林郭勒盟、乌兰察布市、呼市、包头、巴彦淖尔、鄂尔多斯、乌海市等地区。

公司秉承“科技先导、博采众长、诚实做人、诚信做事”的经营理念，坚持“顾客至上、诚信第一、品质优先、真诚合作”的经营原则，全心全意为用户提供最优性价比的产品和满意的服务。

辽宁省

鞍山市仟佰禾牧业发展有限公司

鞍山市仟佰禾牧业发展有限公司创立于2003年，是集品牌化、产业化、集团化于一身的大型饲料企业，总投资1.5亿元，年产销量高达20万t，是饲料业、养殖业、农牧产品加工、农牧产品销售、饲料进出口贸易等农牧全产业链的生产和供应商。公司囊括了国内众多专家级饲料和畜禽养殖技术人才，在集团中层和销售团队人员中，畜牧兽医专业占90%，硕士学历6人，本科学历占到60%。公司拥有先进的“混合王饲料搅拌机组、原料精细粉碎机组”等饲料加工一体化装备。在国内多个地区拥有原料的优先采购权，并以年合同方式直接采购，而重要的饲料添加剂则直接从德国、法国、日本等国家采用“国际直线采购”，保证了仟佰禾卓越、过硬的产品品质。

公司建立了符合国际标准的科学、完整的数据库，引进了国际上最先进的FORMAT和BRILL配方系统，营养专家对不同育种的营养需求进行权威性研究，并且在自己的试验农场进行广泛而深入的科学试验与研究，为企业的技术创新奠定了坚实的基础。在生产过程中所用原料都必须经过仔细筛选分析，生产过程的每一道工艺都经过可跟踪控制系统的全面检验，确保产品具有优良品质。企业已通过ISO9001：2000质量管理体系认证，是辽宁省饲料工业协会理事会理事单位，中国辽宁无公害产品产地认证单位，中国林牧渔业经济学会饲料经济专业委员会团体会员单位，并连续多年获得辽宁省信誉知名企业、AAAA级单位、农业产业化重点龙头企业等荣誉称号。公司产品销往辽宁、吉林、黑龙江、河北、河南、山东、内蒙古等地，以其稳定高品质受到用户普遍赞誉。

公司以先进的科技实力求发展，以优质的产品求生存，以热情周到的售后服务赢得信誉，奉行“集众益、速成大业，创品牌、扬名四方”的企业理念，坚持“品质领先，服务领先，客户效益最大化”的原则，创造了良好的社会效益。

盘锦六和农牧有限公司饲料分公司

盘锦六和农牧有限公司饲料分公司于2009年12月17日注册成立，拥有职工近100人，是一家以生产加工、经营畜禽及水产配合饲料、浓缩饲料为主的现代化饲料加工企业，年生产饲料量可达30万t（时产20t）。六和集团以“为耕者谋利，为食者造福”为目标，通过突破边界，聚合成长，迅速向世界级农牧企业靠拢。

公司目前主要生产猪料、鸭料和肉鸡料，设计生产能力为年产全价配合饲料、浓缩饲料30万t，实现了专业化生产线路，打造了专业品牌。公司秉承六和集团“点滴做起，追求完善”的企业精神，“善、干、学、和”的企业文化理念，“微利经营，服务营销，植根农户，融入行业”的经营管理理念，在“用户价值最大化”的经营原则下，通过一流的产品质量和全方位的服务，帮助广大养殖户走上致富之路。

公司依靠山东新希望六和集团的技术优势，拥有了自己的科学院、实验场、中心化验室，有100多位留学博士及硕士研究生，近1 000名专业本科生等高级科技人才进行产品研发和销售服务，承担多项国家科研项目，并多次获奖。公司的核心料全部由通过HACCP认证的青岛和美公司进行生产，并由中心化验室进行检测，合格后发到各公司进行生产。

辽宁众友饲料有限公司

辽宁众友饲料有限公司位于新民市胡台新城，是国家高新技术企业、省级农业产业化重点龙头企业、省饲料工业协会副会长单位，是较早通过ISO9001国际质量管理体系认证的饲料企业之一。公司成立于2003年3月，经过11年的不懈努力，已由一个弱小的企业成长为东北著名、在辽宁省饲料工业舞台上颇具影响力的公司之一。

公司产品覆盖辽宁、吉林、黑龙江、河北、山东及内蒙古等地区，市场占有率逐年递增，企业影响力不断扩大。企业现有职工400余人，拥有本科、硕士、博士学历及高级畜牧师、高级工程师等专业技术研发人员87人。多年来，公司始终坚持以“科技为先导”的理念，根据地区环境、原料季节特点、农户饲养水平、动物在应激状态下的营养需要，以及市场变化等因素，采用国际先进的配方技术，精心设计、研制、开发了众友鸡、猪饲料等高新技术产品，其主要技术指标均达到了国内同行业领先水平。公司拥有先进的检测设备，制定了严格的质量检验程序和品控制度，从原料的采购到成品出厂，实施全过程的质量安全监控，遵循国家饲料质量安全管理规范要求，产品的出厂合格率和抽检合格率始终稳定在100%。公司计划2014年饲料产量达到30万t以上，实现销售收入10亿元。

营口嘉禾饲料有限公司

营口嘉禾饲料有限公司成立于2010年，以生产销售畜禽、水产饲料为主。公司下设3个先进化养殖基地。公司总资产2 500万元，占地3.3万m^2，总建筑面积20 000m^2。拥有先进的生产设备，年生产能力20万t，可实现产值3.5亿元。拥有员工200多人，其中大专以上学历占80%，拥有先进的科研开发、生产检测设备和严格健全的质量保证体系，一批由动物营养学、动物医学和养猪专家、教授组成的科研人员，以及一支开拓进取、思想品德过硬的营销服务队伍。

公司在2011年被评为市级农业产业化龙头企业、营口市名牌产品，“诺迩”饲料2012年被评为营口市著名商标和辽宁省著名商标，2013年获得营口十佳农业科技龙头企业称号，使“诺迩”饲料在饲料行业家喻户晓。过硬的产品质量和周到的服务不仅为企业带来了荣誉，也赢得了客户的信任与好评。

公司始终坚持“以人为本，科技领先”的原则，以“诚信赢得客户，服务创造价值”为企业经营理念，以科技开发为核心，紧跟当代高科技步伐，不断挖掘饲料生产领域与养猪领域的最新生产潜力，向社会不断推出最新高科技系列饲料。通过引进和培养高级人才，严格把控原料进货渠道，完善生产管理体系和质量保障体系等多重方法来保证为客户提供可靠的产品。

锦州市麟达饲料有限公司

锦州市麟达饲料有限公司创建于 2006年12月，位于辽宁省锦州市黑山县，是一家现代化的民营企业。公司总投资6 000万元，占地面积20 000m^2，建筑面积6 000 m^2，是一家专业从事配合饲料、浓缩饲料等产品研发、生产及销售的企业，年生产能力10万t。公司为保证产品质量，实行超微粉碎、原料计量、原料混合、熟化、喷油、制粒等工艺的全程电脑监控，以全新的管理模式，完善的技术服务客户。公司推行新的惠民合作社模式—新民发养殖专业合作社，让百姓科学养猪，规范管理，使养猪户获得最大养殖利润。

公司以“责任、服务、创新”为企业的核心价值观，秉承“良心+科技是麟达产品的唯一配方、责任+服务是麟达营销的根本宗旨”的经营理念，宣扬“精细扎实、雷厉风行、诚实守信、永不自满”的企业作风，贯彻“选择源于信任源于沟通源于品质”的服务理念，实行规范化、程序化、标准化、数据化的管理模式，始终坚持管理以人为本，“志同道合，忠诚实干，持续发展”的人才观，把员工的成长视为企业最大的财富，不断强化员工培训，鼓励员工学习，给予员工更大的发展空间。

吉林省

吉林傲龙饲料有限公司

吉林傲龙饲料科技有限公司始创于1996年，10余年来始终秉承“诚信为本，服务社会”的经营理念。2012年在长春市合隆经济开发区投资8 000余万元，建成了集饲料加工、科研、养殖为一体的现代化企业。

公司拥有吉林龙升饲料有限公司和农安县龙升养殖场两个子公司。吉林傲龙占地1.5万m^2，投资1 000万元，拥有全自动电脑配料的预混合饲料添加剂生产车间，年生产畜禽预混合饲料3万t；吉林龙升占地3万m^2，投资5 000万元，拥有畜禽浓缩饲料、配合饲料及膨化颗粒饲料3条生产线，年生产能力18万t；农安县龙升养殖场占地2.5万m^2，蛋种鸡、商品蛋鸡存栏6万套/只。

公司是吉林省饲料工业协会常务理事单位，被评为吉林省饲料行业诚信企业、吉林省饲料工业二十强，产品被评为吉林省饲料工业协会推荐产品。

吉林傲龙以独特的配方、稳定的质量，打造东北禽料第一品牌，并且以优质的售后服务，保持了良好的销售业绩，深受广大用户喜爱。

吉林省来兴饲料有限公司

吉林省来兴饲料有限公司创建于1978年8月，是吉林省饲料行业的龙头企业，吉林省饲料工业协会副会长单位。公司坐落于吉林省长春市乐山工业园，占地10万 m^2，其中生产车间8 000 m^2，拥有员工500多人。公司下设4个分公司和长春市银桥种猪场，是一个集科研、生产、销售、养殖、技术服务于一体的现代化饲料企业。

公司依托国内多所大专院校和科研院所，建有一支高素质、高学历、高职称、高知名度的专业技术团队，拥有3条饲料生产线，年生产能力达50万t。生产猪、肉牛、奶牛、肉鸡、蛋鸡、鸭、鹅、貂、狐、貉、鹿、兔、鱼、蝌蚪等各种畜禽、水产及特种动物的预混合饲料、浓缩饲料、配合饲料以及颗粒饲料等10大系列200多个品种。公司研发力量雄厚，检、化验设备先进，质量管理严格，是国家级AAA企业，已通过ISO9001：2008国际质量管理体系认证，是吉林省为唯一的饲料出口企业。

公司秉承“全心全意为客户服务”的宗旨，把客户满意度作为公司的追求，不断梳理生产经营中存在的不足，逐步完善，力争做到完美，使企业在今后的持续发展中，与客户牵手与行业同行不断谱写和谐共赢的新篇章，共创新辉煌！

扶余金禾饲料有限责任公司

扶余金禾饲料有限公司始建于1999年，位于吉林省扶余市陶赖昭工业园区，占地10 000 m^2，总投资2 000余万元，交通便利，相临长春、哈尔滨两大省会城市，具有得天独厚的经济发展优势。

公司拥有先进的饲料加工机组，年可生产畜禽饲料10万t。公司拥有自主的研发队伍，与东北农业大学、八一农垦大学等多家院校及科研单位建立了长期的交流与合作，研制生产的金禾惠宝、福尔司特两个品牌6大畜禽系列饲料，品质均达到了国际先进水平，自投放市场以来，深受广大养殖户的青睐。

公司是吉林省饲料工业协会团体会员单位，吉林省饲料工业大企业联谊会成员之一，被评为诚信企业、防伪保真企业，产品获得诚信产品、防伪保真产品、吉林省饲料工业协会推荐产品、吉林省重点推介名优产品等荣誉称号，通过ISO9001：2000国际质量管理体系认证。公司被吉林省认定为名牌企业，产品被认定为名牌农产品。

公主岭市阳光牧业有限公司

公主岭市阳光牧业有限公司坐落于吉林省公主岭市东郊张家街，创建于2002年，自成立以来，先后与中国农业科学院、吉林农业大学合作。公司生产的畜禽浓缩饲料、配合饲料，深受广大用户喜爱。尤其是经过采用“以植物提取物替代抗生素”的技术，生产的浓缩饲料、配合饲料，品种优良、安全环保、营养均衡。现已畅销黑、吉、辽三省。公司于2005年被吉林省技术监督局评为吉林省质量诚信企业，2006年公司通过了ISO9001国际质量管理体系认证。

公司2013年投入资金，先后对设备进行改造，上马了电脑中控的成套机组，使公司的时产量达到10t，大大提高了市场的供应能力。为保证产品质量，公司严格按照企业产品标准要求，对所有入库原料、生产过程均建立了规范的操作流程和关键控制点，并设立现场品控小组，负责监督现场执行情况，建立健全各种质量责任管理制度和质量控制体系，确保产品质量安全万无一失。在激烈的市场竞争环境下，公司的生产经营仍得到了不断地发展。

黑龙江省

黑龙江大牧人牧业有限公司

黑龙江大牧人牧业有限公司成立于2005年1月，是全资股份制企业，有1家子公司，注册资产5 000万元，合作伙伴500余家，是专业化从事功能型猪饲料研发、生产、销售的企业，产品覆盖东北三省和内蒙古地区。

2012年公司投资4 500万元在哈尔滨牛家工业园区建成饲料现代化生产线，采用国内先进的自动化设备和检验设备，通过全体员工的不懈努力，公司已成为东北三省高档饲料领域重要的供应商。

公司自2009年起每年拿出70万～100万元用于新产品研发和升级工作，在黑龙江省内各大猪场进行了上百次应用技术研发试验，取得了满意的成绩，这些工作使大牧人的产品对于猪场而言独具特色，并能解决养猪过程中由于营养引发的各种实际问题，公司在猪营养方面应用技术研发水平处于东北领先地位。

哈尔滨东大牧业有限公司

哈尔滨东大牧业有限公司成立于1996年，为股份制企业，位于哈尔滨平房开发区，占地面积2万 m^2。为哈尔滨第一家进入开发区的饲料企业，公司自成立以来，总投资4 000余万元。

公司拥有员工136名，其中大专以上学历占

30%以上。组织框架总经理下设常务副总、营销副总，包括8个部门，技术部、品控部、采购部、生产部、财务部、后勤部、人力行政部和销售部。

公司的生产设备包括三套半自动牧羊设备，其中一套0.5t/批次预混合饲料设备，一套1t/批次浓缩料设备，一套350型颗粒料。一套全自动电脑配料牧羊设备，2条600型生产线，产能20～30t/h。总产能单班13 000t/月。质量控制系统完善，人员和检化验设备配备齐全，连续多年在省、市、国家检验中合格率达99%。产品销售覆盖黑龙江、吉林、辽宁和内蒙古地区，以猪、牛浓缩饲料和禽预混合饲料为主。

公司拥有精湛雄厚的技术力量，以高科技为依托，本着"生产一代、试制一代、研究一代、构思一代"的新产品研发宗旨，广泛采用国内外最新的科技成果，不断研发更适合国内养殖现状和需求的高质量产品。公司开发研制了肉猪、蛋鸡、肉鸡、鸭、鹅、奶牛、肉牛及鹌鹑等8大系列饲料。在品控方面做到了全过程、全方位的监督与控制，从原料的采购、化验、物流管理到生产工艺，制定了严格的管理流程。落实质量管理岗位责任制，做到质量到岗，责任到人，从源头上保证了产品质量的稳定性，赢得市场美誉。

哈尔滨普凡饲料有限公司

哈尔滨普凡饲料有限公司成立于2001年，致力于通过膨化等加工手段，改进饲料原料的利用效率，为合作伙伴提供质量稳定、易消化吸收的膨化原料。公司现有4个生产厂，年生产各种膨化原料10余万t，在东北市场占有率达80%，是国内领先的专业生产膨化饲料原料企业。

公司始终秉持质量第一的经营理念，严控采购原料质量。每年进行脲酶检测1 500余次，保证出厂产品全部合格，得到了广大用户的认可。产品在市场上根基稳固，确保公司的成功运转，公司在技术上紧跟最新的动物营养研究进展，并与国内外科研机构、协会合作交流。

"普凡"致力于成为膨化类原料加工质量最稳定、最优质的制造者。

黑龙江成福食品集团有限公司

黑龙江成福食品集团有限公司坐落于肇东，是一家以玉米深加工为主的农业产业化国家级重点龙头企业，资产总额5.2亿元，主营产品为赖氨酸、谷氨酸等氨基酸产品。

企业性质为有限责任公司，公司占地面积30万m^2，建筑面积18万m^2，拥有员工560名，科研人员180名。公司年加工玉米30万t，年产氨基酸10万t。

公司连续4年被国家农业部等8部委，评为国家级农业产业化重点龙头企业，被国家绿色食品发展中心，评为国家级绿色食品标准化生产基地，被黑龙江省农业产业化领导小组评为省级重点龙头企业，被黑龙江质量管理协会，评为黑龙江省质量效益型先进企业，并获得了ISO9001：2008的质量管理体系认证，FAMI-QS环境认证以及欧洲环境认证。

哈尔滨远大牧业有限公司

哈尔滨远大牧业有限公司是由一大批优秀学子们创建的专家智能型高新技术企业，是以饲料研发与推广、种猪繁育、养殖新技术推广为主的专业化公司。公司始创于1996年9月，现已发展成拥有资产1.28亿元和年产值逾4亿元的中国畜牧行业知名企业，现为中国饲料工业协会常务理事单位、黑龙江省饲料行业协会常务副会长单位、农业产业化市级重点龙头企业。2006年12月通过ISO9001：2008及食品安全管理体系ISO22000：2005认证。

公司自创立以来，始终坚持以"发展民族饲料工业、志创龙江第一畜牧品牌"为己任，注重实效，不断创新，追求卓越。2004年3月，哈尔滨远大牧业有限公司与深圳市金新农饲料有限公司集优质资产及优秀人才于一体，共同组建深圳市金新农饲料股份有限公司的子公司，远大牧业现为金新农股份核心企业。

公司致力于追求社会、员工、公司、客户四位一体的利益最大化，在不断发展的同时，始终坚持守法经营，诚信为本的理念。基于公司多年的发展及在饲料行业所做的突出贡献，公司荣获高新技术企业证书、高新技术产品证书、黑龙江省饲料行业十强企业、中国市场知名品牌、东北三省先进民营科技企业、质量放心产品多项荣誉。

公司将秉承"伙伴天下，共同成长"的核心价值观，"全情投入，持续卓越"的企业精神，"科技为本，行业典范"的企业使命，为农民富裕和幸福、推动农牧企业产业化进程做出自己的贡献。

上海市

上海杰隆生物制品股份有限公司

上海杰隆生物制品股份有限公司自2005年成立至今，坚持以做生物资源永续利用最专业的公司，以创造更安全健康的生活为企业愿景，不断创新，积极进取，逐步成为国内动物源性蛋白与活性肽行业的龙头企业。2013年公司销售突破5亿元，全国分布了26个全资子公司（生产基地）。

公司先后成为国家火炬计划重点高新技术企业、上海市科技小巨人培育企业、上海市创新型企业、上海市优秀饲料工业企业、浦东新区企业研发机构、浦东新区农业产业化重点龙头企业，是《饲料用喷雾干燥血球粉》国家标准主要起草单位并荣获上海市著名商标称号。

公司在近10年的发展历程中先后研发了一系列动物源性蛋白与活性肽产品，其中公司利用自有专利技术（专利号：ZL00115309.9）自主开发生产的高端优质动物源性蛋白产品包括血浆蛋白粉系列、血球蛋白粉系列、水解猪血球蛋白粉系列被认定为上海市高新技术成果优秀转化项目，产品生产工艺处于国内领先水平。公司严格按照农业部《饲料和饲料添加剂管理条例》，建立了相应的设施、工艺流程和操作规程，并获得了ISO22000食品安全管理体系认证。

上海美农生物科技股份有限公司

上海美农生物科技股份有限公司成立于1997年，位于上海市嘉定区，占地面积26 519m²，拥有150余人的高素质专业化团队，其中大专以上文化程度员工占55%（博士2人，硕士24人）。公司是上海市高新技术企业、创新型企业、上海市著名商标、嘉定区小巨人企业、嘉定区企业技术中心，拥有良好的社会信誉。

公司致力于研发优质、安全的饲料调味剂、酸化剂和肠道保健剂系列产品，拥有先进的添加剂生产线，检验中心配备有气质谱联用仪、液相色谱、原子吸收仪等仪器。严格的质量管理体系及一流的设备设施，确保为客户持续提供值得信赖的产品。

2013年公司重点加强组织能力、研发体系和营销体系建设，在“技术驱动价值”总体战略指导下，建立了基于IPD的研发体系，根据“分品分种、全程技术”技术战略，在做强猪用产品基础上，积极拓展家禽、反刍等领域添加剂产品，获得专利授权3项，并与科研院校开展合作。根据“分层分级、立体服务”的营销策略，与客户开展“互动研发”，帮助客户提升产品竞争力，提升客户价值。

公司坚持科技创新，诚信经营。营销网络覆盖全国和东南亚，并积极拓展南美、欧洲等市场，销售业绩在国内同行处于领先地位。公司2013年实现营收1.41亿元，为上海市嘉定区农牧企业首位，出口创汇600多万美元，是上海市出口量最大的饲料添加剂企业，创造了良好的经济效益和社会效益。

东方希望包头生物工程有限公司上海分公司

东方希望包头生物工程有限公司上海分公司是中国知名的民营企业家刘永行先生创办的东方希望集团旗下的农业板块饲料分公司之一，主要生产经营添加剂预混合饲料和配合饲料产品。

公司通过了ISO9001质量管理体系认证和ISO22000食品安全管理体系认证，从配方设计制作、原材料决策与采购、原料成品检测、生产过程质量控制、产品储运、质量追溯等各方面进行科学有效的管理，并于2012年获得农业部首批饲料质量安全管理规范示范创建单位。

公司运用现代化的生产工艺流程，使一种原料对应一个投料口、一台提升机、一台除尘器、一个料仓，有效地防止了生产过程中原料的交叉污染。质量是企业的生命，每年在质量管控方面投入了大量的人力、物力和财力。质检中心拥有先进的检测设备，包括杜马斯氮元素分析仪、耶拿连续光源原子吸收、近红外分析仪、氨基酸分析仪、超高效液相色谱仪，实现了检测的快速、准确、环保的目标，有效地保证了从原料到成品的质量管控。

公司拥有一批专业的、高度敬业的化验、生产、技术及管理优秀人才。以标准管理、服务营销、精益求精、持续增长为管理方针，在劳动效率、精益求精、节能减排等方面走在行业前列。

上海东辰粮油有限公司

上海东辰粮油有限公司隶属于上海良友（集团）有限公司，是一家国有企业，前身是上海油脂一厂。公司依托上海良友（集团）有限公司外高桥工业园区5万t级码头、32万t立筒库的资源优势，投资近2亿元，建设了一套大豆加工设施，并引进了国际先进设备。拥有国内一流的预处理、浸出、炼油等全套设备，是一家集植物油料、饲料加工、销售一体化的现代企业。日加工植物油料（大豆）能力达3 700t，2012年销售额达30亿元。

上海东辰粮油有限公司注重品质管理，以“科学管理，质量第一，顾客满意，持续改进”的质量方针，积极推行“生产满负荷、经营规模化、管理科学化、效益最大化”的现代管理模式，奉行“公司依存于顾客”的经营理念，连续多年进入上海市工业企业销售收入500强企业。

公司注重品牌管理，“友益”牌大豆粕荣获2010年度和2012年度上海名牌产品荣誉称号，同时“友益”牌商标于2011年荣获了上海著名商标。

上海禾丰饲料有限公司

上海禾丰饲料有限公司成立于2003年，由禾丰牧业和上海美农合资兴建。公司是上海市备案的三家出口猪饲用饲料生产企业之一，2010年成为上海市高新技术企业，2011年度获得上海市名优产品称号。公司本着“专业专注、安全环保”的企业定位，专注于生产和销售高档猪用预混合饲料、浓缩饲料和配合饲料，致力于成为华东区规模化猪场顶级饲料服务商。

2013年上海禾丰新厂竣工投产，配备了2条全新的生产线，年生产能力超过4万t。化验室装备了高效液相色谱仪和原子吸收仪，提高了对原料和成品的检测能力，保证产品质量始终如一。

公司秉承禾丰集团一贯的高品质与专业精神，产品不断优化升级。奶黄金满足了客户乳猪教槽阶段的营养需求，适口性极佳；溢奶宝显著改善了哺乳母猪采食量，并成功申请了国家发明专利。公司重视人才的引进和培养，人才队伍逐步壮大，拥有1名副教授、1名博士和6名硕士，大专及以上学历的员工占全部员工70%。公司将不断研发新产品，时刻倾听客户心声，努力为客户提供持续、有效、有利的动物营养和技术服务。

江苏省

泰州海大生物饲料有限公司

泰州海大生物饲料有限公司是广东海大集团全资子公司，位于江苏省兴化经济开发区城南路3号，总投资8 000万元，自建水运码头。公司于2006年6月正式投产，拥有7条水产颗粒配合饲料生产线，依托海大集团研究院强大的技术力量，专业从事淡水鱼养殖模式的研究、饲料研发、生产、销售及苗种供应、养殖环境改良、养殖过程管理等技术服务。

公司自成立以来秉承海大集团“科技兴农，改变中国农村现状”的经营理念，始终坚持“以科技为先导，以质量求生存，以服务促发展”的宗旨，全心全意为养殖户服务。8年来，共举办各类技术培训班500多场，培训21 000多人次，发放各类技术资料40多万份，组织现场技术服务1 200多场次，每年用于员工和用户的培训费达100万元，使养殖户每亩收益在原有基础增加800～1 000元，带动当地农民人均增收3 000多元，精品养殖基地让越来越多的农民富了起来。

公司经过不断沉淀和发展，2013年水产配合饲料产销均突破10万t，营业收入近5亿元，逐步发展成为江苏省水产饲料行业销量领先、服务能力最强的企业。公司先后获得江苏省民营科技企业、江苏省质量信得过企业、兴化市十强企业等殊荣，并通过ISO9001质量管理体系和HACCP食品安全管理体系认证。公司将继续依托海大研究院强大的研发能力，不断提升产品质量和技术服务，为广大养殖户提供全方位的养殖解决方案，帮助广大养殖户实现致富梦想。

溧阳市久和饲料有限公司

溧阳市久和饲料有限公司是由江苏正昌集团有限公司投资兴建的有限责任公司，注册资金880万元，是一家集科研、饲料为一体的现代化农牧企业。公司拥有强大的技术阵容，长期与南京农业大学、扬州农业大学等高校合作。

公司累计投资6 800万元，固定资产3 600万元，占地面积53 333余m^2，拥有2条畜禽、1条特水饲料生产线，年设计产能达到30万t；拥有鱼、虾、蟹等多条专业饲料生产线。2007年斥资3 200万元对生产工艺进行大规模改造，包括将原有厂区面积扩大一倍，新建1座18万t级水产专用饲料车间，采用集团公司先进的超微粉碎、混合设备，全面提高了公司水产饲料产品竞争力。公司主要产品为“久和”“正昌”牌系列配合饲料，是华东地区规模最大、技术最先进的饲料生产基地之一。2013年总产量近16万t，肉禽饲料12.3万t，水产饲料2.8万t，其余少量为猪饲料，总产值为6.27亿元。

公司凭借一流的设备，先进的工艺和严格的管理，使得“正昌”“久和”系列产品投放市场不久便畅销华东地区，深受养殖户的喜爱。公司现有职员180余人，技术人员占职工总数的40%以上。公司自成立以来，一直将人才引进和培养作为一项重要的工作，从各大饲料集团引进专业技术人才，从大专院校招聘优秀毕业生。公司每年分批次派员工参加全国知名管理技术培训和业内技术交流博览会；企业内部定期举行管理和操作技能培训。

公司坚持以“为客户创造价值”为努力方向，以稳定的质量和优秀的性价比赢得客户满意，力争为整个社会经济和养殖行业的发展作出更大的贡献。

淮安天参农牧水产有限公司

淮安天参农牧水产有限公司坐落于淮安市大运河畔，是一家以水产膨化饲料研发和制造、苗种繁育和水产养殖为一体的农业产业化企业。获得农业部颁发的全国农产品加工创业基地、农业部首批饲料质量安全管理规范试点示范单位、江苏省农业科技型企业、江苏省两化融合示范单位。公司拥有“淮大江”和“天参”两个品牌，同时“天参”水产饲料是江苏省名牌产品，天参商标是江苏省著名商标。

公司占地面积25.3万m^2，拥有15条制粒、膨化饲料生产线，其中膨化生产线主要设备以丹麦安德里茨时产40t膨化生产线和瑞士布勒时产10t膨化机组为主，产品以淡水、海水水产养殖膨化饲料为主。2013年产品销售总量达24万t，销售收入总额10亿元，年平均增长率达到30%。

天参以“做良心产品、服务零距离”为经营理念，通过“天参模式”的实施为客户创造价值，并为实现客户价值最大化，提供了放养布局、现代程序式管理、资本金优化以及商品信息化模式。公司将ISO9001质量管理体系和ISO22000食品安全管理体系与推行TOC和PDCA管理法则进行有机结合，把传统的商业模式与新兴的商业模式有机融合，创造了以科技创新、客户需求、客户价值体现为主要内容的零距离服务模式。

公司积极开展产学研结合，先后与中国水产科学院南海水产研究所、南京农业大学和苏州大学等各大科研院校开展多种形式的战略合作，引进最新科技并将其产业化。公司与中国科学院合作，在公司建设曹文宣院士工作站，和以桂建芳院士领衔的科研团队联合攻关科技部支撑计划（“中科3号”异育银鲫的研发和产业化）和江苏省重大科技成果转化工程，加速推进公司科技与产品发展。实践证明，把服务、科技创新和优质产品理念融汇到公司发展中去，是公司快速发展的捷径。

浙江省

浙江大北农农牧科技有限公司

浙江大北农农牧科技有限公司包含北京大北农科技集团股份有限公司在浙江省投资的所有饲料与养猪企业，包括金华、嘉兴、龙游、江山等多个生产基地，专业从事预混合饲料、高档猪用配合饲料与生猪的生产、销售。

大北农（金华）科技园　（浙江大北农农牧科技有限公司）一期工程于2008年5月完成，二期工程于2012年11月建成投产，固定资产超过8 500万元，饲料总产能可达30万t，年产值近10亿元。基于“不是一流的产品就是废品”的产品理念，公司全部采用国内一流的牧羊成套饲料生产设备、进口机器人和先进的生产控制系统，以确保所提供的饲料产品质量最优。在大北农集团总部的支持下，公司以卓越的产品质量和良好的技术服务，赢得顾客的青睐，并在2013年达到了超过45 000万元的销售额。

大北农（嘉兴）科技园（浙江绿色巨农生物科技有限公司）成立于2012年3月，位于嘉兴市平湖经济技术开发区内，占地1.6万m^2，总投资6 000万元，专业生产猪用配合饲料，年产能达15万t。

龙游分公司位于龙游县模环乡士元村，占地4万m^2，总投资1 000多万元，能繁母猪可达500头；经大北农投资维修与改造之后，相关养猪设施齐备，可为事业合作伙伴、公司员工提供专业的养殖技术培训。

大北农（江山）科技园位于江山市经济开发区莲华山工业园区，占地27万m^2，总投资过8 100万元，主要生产高档猪用配合饲料和浓缩饲料，于2014年第四季度投产，建成后饲料年产能达30万t；另外，绍兴饲料生产基地已列入浙江特区发展规划之中。

浙江大北农农牧科技有限公司现有员工600余人，其中大中专院校以上毕业的员工500多人，有极强的产品研发和服务能力。2009年金华科技园顺利通过食品安全管理体系认证和质量管理体系认证及后续的多次监督评审，并获得金华市农业龙头企业、浙江省诚信农资示范企业、金华市养猪协会副会长单位、金华市高新技术企业、金华市企业技术中心、金华市高新园区创新型企业、金华市开发区经济密度十强企业多项荣誉称号。

浙江民生生物科技有限公司

浙江民生生物科技有限公司是一家集饲料添加剂及预混合饲料产品研发、生产、销售于一体的有限责任公司，前身是杭州民生添加剂厂，为国家大型医药工业骨干企业—杭州民生医药控股集团的直属企业。

1985年，公司利用制药技术和设备优势，成立了杭州民生添加剂厂，是国内最早专业生产饲料添加剂的厂家之一。2001年，更名为杭州民生生物科技有限公司，经过多年努力，公司已进入了一个快速发展时期，产销量大幅增长。2012年公司因发展需要将萧山生产基地搬迁至湖州市安吉县递铺镇阳光工业园区（健康园区）。

公司的基础设施完善，综合实力雄厚，建立了多方位质量保证体系，主要产品有“民生”牌畜禽水产系列维生素和微量元素预混料、复合预混料及饲料添加剂金维西（稳定型VC）、金维安（VC-磷酸酯）、维生素E粉和微生物饲料添加剂等。产品以配方科学、质量稳定、饲养效果显著而形成了广大市场，赢得了良好的声誉，不仅畅销国内，还远销东南亚、美国及欧洲等国家和地区。

公司本着“以民为本，以质取胜”的宗旨，顺应市场需要，开发绿色环保型产品，为民族饲料工业的发展作出更大的贡献。

浙江拳王宠物食品有限公司

浙江拳王宠物食品有限公司成立于2012年，是浙江拳王实业有限公司与香港荣誉宠物用品有限公司合作成立的。公司占地1.8万m^2，总投资1.2亿元，拥有国内顶尖的年产宠物食品3万t的全自动流水线。

2013年，公司与国内外科研院校合作成立了“动物（营养）食品研发中心”，聘请国内外知名专家共同研发新型保健动物食品，引进国内外高端专业检测设备，打造中国最安全的动物食品。公司产品有犬、猫、观赏鱼、宠物兔、实验动物、赛马专用粮等，主打产品是“拳王养生粮”。公司结合地域生态环境、气候因素的演绎及差异性，适时升级更新营养配方，并通过对产品适口性、消化安全性的重点环境把控，提升拳王宠物食品的营养附加值。

公司自建厂初期，始终坚持使用科学的营养配方，高标准、高起点的工艺流程，主动申报QS体系认证，采用HACCP（危险分析和关键控制点）监测，对每个生产阶段进行监控。整个生产过程的控制均由训练有素的专业团队实施，执行严格的质量把控标准。

严选原材料、优化合作商，公司对所有的供应商进行定期检查，监测其在各个生产流程中的食品安全、产品可回溯性及质量标准是否达到相应要求。拳王的专家组织通过与供应商建立良好的合作关系，让产品达到最高的质量标准。未来“拳王”将引领养生粮新时代。

安徽省

合肥华仁农牧集团有限公司

合肥华仁农牧集团有限公司成立于2002年6月，经过10余年的发展，拥有安徽百信饲料有限公司、安徽华诚饲料科技有限公司、合肥华盟生物技术有限公司、宿州华仁饲料科技有限公司、六安华仁现代牧场、安徽新华鸭业开发有限公司、六安天业新华食品有限公司、合肥华泉饲料有限公司、合肥华仁农牧集团有限公司巢湖、郎溪分公司等十一家核心企业，是一家专门从事动物营养保健、畜禽水产饲料和饲料添加剂生产销售以及畜禽养殖和技术服务的大型农牧企业。拥有职工1 000余人，饲料生产能力达60余万t，产业覆盖肉鸡、种鸭、种鹅饲养、家禽屠宰、原料贸易等。资产总额达2亿元，年销售收入超过12亿元。

公司先后荣获重合同守信用企业、产品质量国家免检企业、安徽省高新技术企业、安徽省名牌产品、安徽省粮食产业化龙头企业、安徽省农业产业化龙头企业、合肥市科技创新型企业称号，是中国饲料工业协会常务理事单位、安徽省饲料工业协会副会长单位、安徽省渔业协会副会长单位；2012年被评为安徽省饲料创新型企业荣誉称号。

公司正在打造一个积极进取的团队，努力实现既定的产业化发展目标，为安徽省现代农业发展做出应有的贡献。

安徽省大北农农牧科技有限公司

安徽省大北农农牧科技有限公司成立于1999年3月，隶属于北京大北农科技集团股份有限公司，坐落于合肥肥东经济开发区。公司自成立以来，始终秉承“报国兴农、争创第一、共同发展”的企业理念，以提高养殖户养殖水平为己任，带领广大农民走上科技致富之路。

公司是专门从事预混合饲料、动保、微生态产品销售，浓缩饲料、配合饲料生产及农业技术推广的农牧科技企业。公司目前主推产品为大北农猪禽系列预混合饲料、动保、微生态产品和猪高档教槽料、乳猪料、浓缩饲料。公司于2006年在合肥肥东经济开发区征地3.3万多m^2，建立了大北农集团在安徽省投资建设的第一家大型饲料生产基地，总投资达4 260余万元，采用目前国内一流的成套设备，具备年产24万t畜禽水产饲料的生产能力。

公司成功打造了一支650余人的精英型科普服务团队，他们坚持公司“厂、商、户”共赢的原则，全面推行顾问式服务，为养殖户提供全方位解决问题的方案，形成独一无二的竞争优势。

年轻的安徽大北农、充满朝气的安徽大北农人，正吸引众多行业人士的目光，期待更多的合作伙伴和精英人士加盟，共同走进我们的创业之旅。

正大集团安徽区

正大集团自1992年投资安徽以来，先后在合肥、滁州、芜湖、长丰、六安、颍上等地兴建了多家饲料企业及畜禽养殖企业。目前在安徽投资兴建的企业共7家：合肥正大有限公司、滁州正大有限公司、正大（芜湖）有限公司、卜蜂莲花超市、安徽卜蜂畜禽有限公司、滁州正大猪业有限公司、合肥正大畜禽有限公司。其中合肥正大、滁州正大、正大（芜湖）是全省最大的三家现代化农牧饲料企业，年生产能力达66万t，生产“正大”牌猪、鸡、鸭、水产四大系列饲料，该饲料配方科学、营养全面、适口性好、生长速度快、料肉比低，受到用户一致好评，产品畅销江淮大地。

在发展饲料事业的同时，正大集团结合安徽省的新农村建设，大力发展100万头生猪产业化和300万只蛋鸡产业化项目，同时通过推广“政府＋企业＋银行＋农民（合作社）”的“四位一体”模式，将饲料业、养殖业、屠宰业、食品加工业以及销售网络统合发展，建设城乡一体化、上下游一条龙、产供销相配套的正大集团安徽产业链，逐步实现正大集团“做世界的厨房，人类能源的供应者”的战略目标。

中纺农业蚌埠有限公司饲料分公司

中纺农业蚌埠有限公司饲料分公司是由中国中纺集团投资兴建中纺集团蚌埠产业园内的子项目之一，集饲料生产、销售、科研于一体的专业化饲料生产运营单位，也是中纺集团饲料产业在华东地区的饲料项目之一。中纺集团蚌埠产业园位于安徽省蚌埠市淮上区沫河口工业园区，项目总投资30亿元，园区分为粮贸、油脂、配合饲料、发酵饲料等项目，饲料生产生产线投资3 000多万元。

公司全套引进牧羊集团最新自动化畜禽配合饲料生产流水线，设计产能18万t，依托集团上游贸易、加工优势，向周边区域养殖企业和养殖户提供优质的产品和服务，综合利用园区物流、粮贸、油脂加工、生物发酵等产业循环优势，为客户提供猪、鸡、鸭等系列畜禽散装、袋装配合饲料，推进标准化养殖，提高养殖效益，为畜产品安全提供保障。目前产品主要市场覆盖安徽、江苏、山东、河南等省市。

公司将秉承集团“衣食天下、造福民生”的宗旨，发挥中纺集团60余年产业发展历史和遍布全球主要国家的资源优势，通过与各区域养殖服务机构、贸易伙伴合作，为广大养殖企业和养殖户共同创造安全、稳定、长久的客户价值和效益。

福建省

三明市丰润化工有限公司

三明市丰润化工有限公司是一家专业从事生产和销售白炭黑（二氧化硅）的民营股份制企业，主要生产饲料级、医药级、食品级、橡胶级、硅橡胶级、轮胎级等6大系列产品，是集生产、研发、销售及出口贸易于一体的专业化公司，拥有4条独立的白炭黑生产线，具备年生产9.5万t白炭黑能力，企业规模在全国同行名列前茅。

公司始终坚持“质量第一、用户至上”的经营思想，严格控制生产工艺条件，以高标准把好产品质量关。公司于2006年成功导入ISO9001：2008质量管理体系，于2008年通过FAMI-QS欧洲饲料添加剂与预混合饲料质量体系认证；于2009年通过ISO22000：2005食品安全管理体系认证；于2013年9月通过欧盟化学品管理署REACH注册；是《饲料添加剂　二氧化硅——DB35/T1208—2011》福建省地方标准起草者，是福建省名牌产品企业、福建省著名商标企业、福建省守合同重信用企业、福建省捐资助学献爱心企业，是战略合作伙伴心目中优秀供应商。

公司秉承“诚信、正直、创新、共赢”的价值观，肩负着专注二氧化硅研发应用，以卓越品质满足客户需要的使命，实现以人为本、创富共赢的企业目标，打造最具国际竞争力的二氧化硅企业。

福建省漳州市华龙饲料有限公司

福建省漳州市华龙饲料有限公司是华龙集团所属子公司之一，成立于2011年12月，是目前集团生产规模最大的子公司。公司位于芗城区石亭镇南山工业园，地理位置优越，占地面积3.2万m^2，其中生产车间建筑面积3 500m^2，原料仓库4 100 m^2，立筒仓8座，储存能力达8 000t，成品仓库4 700 m^2。公司配备2套全自动码垛机器人、4套机械装卸设备及标准化实验室，硬件设施完备。

公司总结多年的生产实践经验，应用独到前瞻的设计理念，安装国内一流的饲料生产设备，配置4条自动化颗粒饲料生产线、2条膨化生产线，生产采用先进的工艺流程，全程计算机自动控制，年生产能力可达30万t，逐步形成饲料生产专业化、标准化、精细化、规模化与科技创新型的发展格局。公司遵循“思路决定出路、品质成就未来”的工作作风、质量理念，严把原料、成品质量关。公司利用集团良好的发展平台，定期与华龙集团专家咨询委员会、福建省农科院、厦门大学、福建农林大学等科研院所和高等院校开展“产、学、研、用”合作与交流，不断提高生产技术水平。公司产品经受了市场的检验，获得用户好评，在闽南地区享有较高的声誉。

公司发扬“团结、拼搏、求实、创新”的华龙企业精神，倡导“拥有梦想、追求卓越、常怀感恩、乐于奉献”的企业文化理念，建成一支与时俱进、和谐创新的员工队伍，为企业竞争不断创新发展，增强企业核心技术能力，奠定人力资源保证。

福建恒兴饲料有限公司

福建恒兴饲料有限公司是广东恒兴饲料实业股份有限公司（简称恒兴股份）子公司。恒兴股份公司创立于1998年，是一家集饲料生产、种苗繁育、动物保健、进出口贸易于一体的大型民营企业。公司在广东、广西、海南、江苏、浙江、福建、越南等地建有十多家特种水产、畜禽饲料加工企业，连续十年位居全国特种水产饲料销量首位。恒兴是农业产业化国家重点龙头企业、国家火炬计划重点高新技术企业、中国民营企业500强企业、全国饲料企业50强企业，多个产品及品牌荣获中国名牌和中国驰名商标称号。

公司于2012年取得饲料生产许可证，2013年通过了ISO9001质量管理体系及ISO22000食品安全管理体系认证，公司内部管理严格按照《饲料质量安全管理规范》要求执行。公司致力于农业发展，始终坚持“以市场为导向、以科技为动力、以客户为根本、以员工为基础、以服务为核心”的经营理念，积极推进“苗＋料＋药＋专业化服务”的联动运作模式，为用户创造价值，提供安全、营养、健康的食品，改善人类生活品质。

福建省邵武市华龙饲料有限公司

福建省华龙集团饲料有限公司在农业部科技司牵头组建下于1988年3月成立，当年12月，作为华龙集团成立后创办的第一家子公司——福建省邵武市华龙饲料有限公司也顺利建成投产。25年来，公司秉承“科技创造绿色，诚信铸就品牌”的经营理念，发扬“团结、拼搏、求实、创新”的华龙精神，倡导“拥有梦想、追求卓越、常怀感恩、乐于奉献”的企业文化，搭建起了短、平、快的饲料科技成果转化平台，并拥有了一套成功的华龙经营模式，拥有了华龙、昭宇二大支柱品牌。

2010年，公司投资3 500万元在邵武市养马洲食品工业园新建了一座集科研、生产、仓储、贸易、办公于一体的现代化饲料生产企业，采用国内先进的饲料加工机械设备及工艺技术，以全屏微电脑自动控制技术控制整个生产过程，具有自动化程度高、电耗低、劳动强度低的特色，可生产各类畜禽、水产系列配合饲料。

公司产品销售已覆盖到广东、江西、浙江、江苏、上海、安徽、河南、湖北、山东及福建省等地，产品在历次抽检中合格率均达100%。2011—2013年畜禽、水产配合饲料的销量分别为90 910t、81 000t和91 000t，销售额分别达到25 455万元、25 910万元和27 400万元。

公司将一如既往地致力于饲料研发与创新，并不断超越，成就自我，奉献社会，立志以崭新的姿态，以生产安全饲料、安全食品造福社会为己任，致力创八闽大地饲料的第一品牌。

福建省华港农牧集团

福建省华港农牧集团成立于1990年，注册资金8 000万元，以生产畜禽饲料、乳制品和大豆加工为主业，集塑料包装、贸易为一体的大型现代化集团企业。在福建、广西、云南、湖南、贵州、辽宁、四川等地设有分公司28家。

公司坚持“以人为本、科技驱动”的宗旨，善抓机遇，诚信经营，规模不断扩大，取得了较好的社会效益和经济效益，2013年年产饲料182万t，总产值73亿元，位居福建省十大民营企业前列。2007年3月被评为福建省私营企业100强，连续多年被授予福建省农业产业化重点龙头企业，2009年9月被评为全国饲料五十强。公司连续多年被莆田市政府授予重合同守信用单位。“华港”“莆港”分别被授予福建省著名商标和福建名牌产品。公司20多年来，先后为奖学助教、修桥铺路、抗洪救灾、建希望小学等社会福利捐资2 000多万元。

公司本着“以质量求生存，以信誉求发展”的宗旨，充分利用集团饲料配方先进技术、集团化采购以及“产业链”的优势，坚持以市场为导向，竭诚服务社会，为养殖业的发展贡献力量，共创美好的明天。

江西省

江西华达牧业有限公司

江西华达牧业有限公司成立于2002年2月，是一家集各种畜禽水产饲料产品、饲料添加剂、饲料原料、生猪生产与销售的民营企业，位于南昌市经济技术开发区。公司现有下属企业6家，其中饲料厂3家，累计年生产能力达70万t。

公司年销售猪饲料24万t，禽饲料12万t，鱼饲料6万t，猪料“华达猪二宝”系列产品于2012年8月投放市场以来，深受养猪用户好评，单月销量突破12 000t。其中仔猪壮膨化小猪料单月销量达7 000t，成为广大养殖用户的称心产品；201系列肉鸡饲料获得用户信得过产品；精品635系列混养鱼饲料以饵料比低、产品质量稳定，享誉水产用户。

公司先后获得江西省农业产业化龙头企业、江西省著名商标、南昌市名牌产品、绿色无公害产品、江西省“3A”级重合同守信用企业。公司多年来以公司带户的形式，积极带动和扶持本地区农户大力发展养殖业，为加快江西省养殖业的发展和农业产业化结构调整，发挥企业的龙头作用。

公司本着“以人为本，共同发展，质量第一，诚信至上”的宗旨，坚持“做好料，做良心料，做好人，做诚实人”的价值观，竭诚为广大农民朋友服务，为江西省“三农”事业做出应尽贡献。

江西宝宝仔饲料有限公司

江西宝宝仔饲料有限公司是宝宝仔集团的控股母公司。宝宝仔集团组成企业有江西宝宝仔饲料有限公司、赣南金利饲料有限公司、樟树市宝宝仔实业有限公司、赣州宝宝仔畜牧科技有限公司、广州宝宝仔饲料有限公司、海南宝宝仔饲料畜牧科技有限公司和江西宝宝乐畜牧有限公司等。公司拥有员工800多人，其中技术人员100多人，业务人员200多人，生产工人300多人，是一家现代化农牧企业集团，位于赣州经济技术开发区工业园。主要生产猪、鸡、鸭、鱼四大种类的系列饲料产品，同时经营数家大型养殖企业。产品销往广东、福建、江西、湖南、广西及海南等多个省份。

公司占地面积近4万m^2，厂房建筑面积2.6万多m^2，总投资约1亿元。采用的全套饲料生产线设备自动化程度高、工艺先进、配料准确、混合均匀、环保密封，可生产畜禽、水产、特种动物所需的各类饲料，设计年生产能力为24万t。2007年10月公司通过ISO9001质量管理体系认证；2009年公司办理出口食用动物饲用饲料生产企业登记备案；2010年“宝宝仔”商标被认定为江西省著名商标；2013年公司获农业产业化经营省级龙头企业称号。

公司本着“以科技为依托，以质量求生存，以管理促效益，以创新促发展”的经营理念，规范管理，做大做强。

江西赣达牧业有限公司

江西赣达牧业有限公司成立于1994年10月，总投资达1.5亿元，是集养殖与畜禽饲料生产销售为一体的科技股份制民营企业，位于南昌市南昌县银三角开发区银三角大道278号。主要生产猪用配合饲料、禽用配合饲料、赣达牌饲料，畅销江西、浙江等周边省市，深受广大用户青睐。

公司引进国际先进水平的布勒全自动化生产设备，通过采用先进的饲料配方技术和科学的管理方法，饲料年销量突破16万t，年产值达4亿元。

公司拥有专业技术人才30%以上，通过自主研发及与院校的交流平台，研发产品20个，专利产品3个。特别是“赣达牌蛋禽料产品”为绿色无抗产品，产蛋率高，蛋壳质量好。公司狠抓质量管理，企业通过了ISO9001：2008质量体系认证，严格按国家颁布的质量安全管理条例开展工作。公司历年被评定为江西省农业产业化龙头企业、中国著名品牌、南昌市功能性畜禽饲料工程技术研究中心、国家级高新技术企业。

公司以“报国兴农、协作创业、共同发展”为企业理念、以“质量为本、科技领先”为质量理念谋求企业长足发展。在未来的企业发展道路上，公司致力于为社会作出更大贡献。

华农恒青实业有限公司

华农恒青实业有限公司是华农骏通（集团）的实体企业，于2010年底创办，位于江西省共青城市全国青年创业基地，是一家集研发、生产、养殖、销售于一体的大型拟上市农牧企业。公司专注于猪饲料产业的经营与发展，旨在通过全国饲料生产基地的布局，推动猪的科学饲养和营养管理，打造从种猪到猪饲料的价值链服务体系及核心竞争力，提升专业养猪户的经济效益。

公司下属企业包括江西华农恒青农牧有限公司、江西华农恒青生物科技有限公司、万年华农恒青农牧有限公司、九江海通农牧有限公司、驻马店海通农牧有限公司和浙江嘉兴恒青农牧有限公司。3年来，公司始终秉承“成就客户、艰苦创业、团队协作、共创共享、开放进取、终身学习”的精神，以“良心、真心、专心”做最好的猪饲料，华农恒青饲料以优良的品质、超高的性价比和过硬的技术服务赢得了广大养猪户的认同。公司创新商业模式和管理模式，加快发展步伐。

赣州朱师傅预混饲料事业有限公司

赣州朱师傅预混饲料事业有限公司创立于1998年，是猪用添加剂预混合饲料专业供应商，2006年落户于江西省赣州开发区。拥有员工700人，其中技术人员占80%。2013年公司所经营的猪用添加剂预混合饲料销量实现同比增长36%，猪用添加剂预混合饲料销量中国排名前5名。

好乳真经是公司的特色产品，在行业内享有盛名。朱师傅有机动力（Organic Power）营养标准、无抗生物技术、重金属零排放技术、roo system双线分包工艺，引领行业的发展方向。朱师傅商标于2008年被评为著名商标。

公司在中国的渠道建设已基本完成，包括14个销售分公司，1 800个经销商，服务终端客户约3万家。朱师傅与全球10多家动物营养专业领先供应商，建立长期合作关系，保持原料品质稳定。公司致力于在中国永续经营，并成为员工、客户、供应商和社区的最佳合作伙伴。

山东省

济南深蓝动物保健品有限公司

济南深蓝动物保健品有限公司专业为客户提供优质混合型饲料添加剂、添加剂预混合饲料等动物保健品。公司商标“深蓝动保”被山东省工商行政管理局认定为山东省著名商标。

2013年公司在原饲料生产车间的基础上，按农业部2012版《饲料和饲料添加剂管理条例》新规定改扩建了固、液态添加剂预混合饲料、混合型饲料添加剂3条饲料生产线并通过验收。公司专业致力于动物微生态制品、动物用酸化剂、动物饲用中草药制剂、酶制剂、动物用液态维生素、畜禽复合预混合饲料、新型兽药等产品的研发、生产和销售。公司近年来在与规模化、标准化养殖场合作中，开发了一系列适用当前动物疾病控制，提高动物卫生保健的高效、低毒、无残留可替代抗生素的饲料产品，赢得了规模化、标准化养殖场的肯定和支持。

公司拥有完善的质量控制体系和措施，从生产的全过程保证产品质量，以质量提高经营效益，公司注重新产品的研发和质量控制，具有独立的产品研发能力，研发中心先后承担了省、市多项科技攻关项目并获奖。

山东万事兴农牧集团有限公司集团

山东万事兴农牧集团有限公司成立于2009年，位于山东省临沂市，下设20多家分公司，主要发展区域涉及山东省、江苏省、河南省、安徽省等地区，拥有员工近3 000人。

公司拥有饲料、养殖服务、商贸等多个板块，其中饲料产品主要有配合饲料、浓缩饲料、添加剂预混合饲料三大类，涵盖了畜禽、水产等100多个品种。拥有国际先进的生产工艺和科学技术水平，生产的畜禽饲料绿色、环保、无药物残留。选用优质东北玉米和大豆作膨化原料，采用二次制粒工艺，生产的乳猪料适口性好、营养高、抗拉稀。另外母猪料为养猪朋友们解决了母猪奶水不足、产仔出生重小、教槽成活率低等问题，提高了养殖户效益，是养猪朋友们首选的绿色放心猪饲料产品。2013年被授予山东省十强饲料企业和山东省生猪饲料企业十强荣誉称号。

公司始终坚持“万家兴旺，社会贡献”的企业宗旨，把产品和技术送到用户家门口，帮扶贫困家庭通过养殖脱贫致富。山东万事兴农牧集团，根植中国大地，服务亿万农民，正以其饱满的热情，高昂的斗志，锐意进取，繁荣农牧，兴旺万家。

河南省

河南联合英伟饲料有限公司

河南联合英伟饲料有限公司成立于2006年9月，是河南后羿企业集团旗下以猪系列饲料及相关业务为主的综合性农牧企业，位于郑州航空港区。

2012年3月，以驻马店联合英伟饲料公司项目的动工兴建为标志，公司掀开了发展史上新的篇章。项目以河南联合英伟为投资主体，设计年生产能力18万t，已于2013年9月底通过验收，投产运行。2012年7月，济源市联合英伟金裕饲料有限公司开始运营，公司拓展省内市场布局又向前迈出了坚实的一步。济源联合英伟总投资逾2 500万元，设计年产优质饲料12万t。2013年11月，鹤壁市联合英伟饲料有限公司在古城淇县北阳镇举行了隆重的庆典仪式，标志着联合英伟在河南省内的第四家工厂正式进入筹备生产阶段。鹤壁联合英伟的成立，完善了公司“饲料厂＋养殖场”合作建厂的创新模式，也为公司未来的发展注入了充足的活力。

公司以源自欧美的技术和服务，立志为动物饲养提供先进的解决方案，努力向社会提供绿色安全的高技术产品。这是联合英伟的使命，也是联合英伟人孜孜不倦的追求。

河南亿万中元生物技术有限公司

河南亿万中元生物技术有限公司成立于1996年，位于河南郑州新郑龙湖开发区，拥有郑州、商丘、荥阳（在建）3个生产基地，总占地面积20万 m^2，拥有员工300多名，是一家集饲料、生物制品、兽药生产销售于一体的现代化民营企业。公司拥有饲料生产线8条，其中1条膨化饲料生产线，2条预混料生产线，年可生产各类畜禽、反刍饲料76万t，另外拥有1座生物发酵车间，用于新型霉菌毒素降解剂“霉立解”产品的生产，年生产能力3 000t。

公司生产的教保料采用国际通行的二次粉碎、高温膨化、低温制粒的生产工艺，既提高了原料的熟化度和吸收利用率，又避免了氨基酸、维生素、益生菌、酶制剂等营养成分被高温破坏，使产品具有适口性好、生长速度快、抗拉稀强等优点。公司品管部建立了从原料进厂到成品出厂的完整的质量保证体系，关键质量控制点有人监督，原料成品批批检验，确保了产品质量的稳定。

2010年，公司独家转让中国农业大学研发的具有国际领先性的生物降解霉菌毒素的国家专利，能够高效降解黄曲霉毒素、玉米赤霉烯酮、呕吐毒素等多种霉菌毒素，特异性强（一株菌发酵产生一种酶、降解一种毒素，只降解相应的霉菌毒素，不影响饲料的营养价值）、降解率高（用高效液相色谱仪对样品体外模拟试验，检测降解前后的霉菌毒素含量，可直观地看到毒素的降解率在85%以上）、同时具有益生作用增强动物免疫力、降解产物不污染环境等优点。霉立解的问世对解决长期困扰行业的饲料霉变的问题，无疑是一场革命性的历史突破，具有划时代的意义。

河南广安生物科技股份有限公司

河南广安生物科技股份有限公司成立于1996年6月，位于郑州市高新技术产业开发区，2001年10

月经省政府批准成为河南省畜牧行业第一家民营股份制企业，2005 年 12 月，注册成立集团公司。

经过 17 年的发展，公司形成了以高科技安全饲料和绿色养殖为核心业务，以动物保健品、猪肉屠宰深加工为重点业务的河南省饲料行业第一家农业产业化国家重点龙头企业。公司在该省设立了郑州、焦作、周口四大生产基地，拥有 30 多个销售分（子）公司。饲料销售网络遍布河南、河北、山东、山西、江苏、安徽、湖北、北京等 20 多个省市。在养猪事业发展上，在河南焦作、漯河、周口、驻马店等地市拥有 40 多个万头猪场。广安动保分公司于 2011 年 7 月份通过了国家农业部兽药 GMP 认证。2012 年底，河南广安集团与中国科学院绿色农业技术集成与发展中心、中国科学院亚热带农业生态研究所、大连化学物理研究所、动物研究所、微生物研究所等单位联合攻关，研发出了中科·广安安全风味猪肉，并成立了食品公司，以推广和经营广安安全风味猪肉项目。

目前公司设有博士后科研工作分站、省级企业技术中心，省级工程技术研究中心，承担了国家火炬计划、国家农业科技成果转化、农业部行业公益专项、省级科技攻关和重点高技术产业化、市级重点攻关等科研项目。公司与农业部饲料工业中心、中国农业大学、河南农业大学、河南工业大学、中国农科院饲料研究所、河南农科院等高等院校和科研机构合作，自主或联合研制开发了生物活性复合预混料、中草药浓缩饲料、猪繁殖与呼吸综合征防制模式、猪附红细胞体病综合防制体系、规模化猪场规范化饲养管理关键技术研究及猪鸡高效低排放饲料产业化关键技术研究与示范等专项技术，获得了省市科技进步奖 9 项，目前公司共拥有 9 项国家专利，国内领先科研成果 15 项，高新技术产品 8 项。

未来公司将在郑州、焦作、漯河、周口、驻马店等河南省畜牧重点县市，全面推进“双百”工程建设，打造“年产饲料 100 万 t，年出栏生猪 100 万头”的产业链一体化食品安全工程项目。

湖北省

湖北晨科投资管理有限公司

湖北晨科投资管理有限公司是以浠水四方饲料有限公司为主体进行股份制改造，于 2012 年 5 月成立的以饲料生产研发为主，兼营禽蛋加工、种鸡生产、孵化、蛋鸡养殖为一体的大型集团公司。

公司地处浠水县清泉镇工业集中园区，葛洲坝大道人口旁。在产及投资 6 个饲料公司，包括浠水县四方饲料有限公司、蕲春四方饲料科技有限公司、湖北鑫成生物饲料有限公司、浠水晨科农牧科技有限公司、团风开源饲料科技有限公司、黄石晨科饲料科技有限公司，4 个养殖基地，包括黄冈四方种禽有限公司浠水壕地养殖基地种鸡场和孵化场、浠水梅河养殖基地育雏场、蕲春八里湖养殖基地种鸡场、湖北禹山畜牧业有限公司散花商品蛋鸡场。拥有员工 810 人，其中各类专业技术人员 152 人，安排下岗职工和农民工630 人。现有固定资产 2.1 亿元，自有土地 30 万 m^2，租赁土地 2.3 万 m^2。

2012 年，公司实现总产值 16.4 亿元，实现利润 4 300 万元。公司先后被评为湖北省农业产业化龙头企业、黄冈市农业产业化优秀龙头企业、湖北省重合同守信用企业、第五届武汉农博会金奖、湖北名牌、湖北省消费者满意产品、湖北十佳饲料品牌、黄冈市知名商标、黄冈食品饮料工业企业十强、浠水县工业企业十强、湖北省粮油加工产业先进单位、湖北省农业产业化重点龙头企业、2012 黄冈工业企业 100 强、湖北省著名商标。公司现已注册有“白石山”“裕德”“金莲子”三大品牌商标，公司产品均通过国家 ISO9001 质量管理体系认证。

公司从 2007 年来累计带动农民增收过 9 亿元，为浠水县畜牧业的发展和农民增收致富做出了较大贡献，浠水县是粮油生产大县，全县 90%以上粮油加工副产品都由该公司进行转化生产畜禽饲料，促进了浠水县农产品加工企业的发展。

公司以科学发展观为指导，以质量安全为宗旨，以服务养殖业为核心，以饲料生产和蛋品加工为重点，使公司得到突破性发展。

武汉新科谷技术发展有限公司

武汉新科谷技术发展有限公司坐落于湖北省武汉市，成立于 2012 年，由原武汉科谷自动化技术有限公司、武汉森谷机械技术发展有限公司、武汉博谷机械技术有限公司整合而成，是专业从事工业机电一体化设备生产开发的现代高新技术企业，集科、工、贸一体的新型科技实体。公司多年来遵循现代企业管理理念，加工能力充足、工艺精良，测试设备先进，产品品质优良，主要承接国内外饲料、粮油、面粉等工业机电一体化设备的研制、生产、安装、调试。

在伴随中国饲料行业高速发展的 10 多年来，公司从一家小公司成长为饲料行业自动化控制领域知名企业，公司秉承着高效，务实的原则。以高校科研机构为理论依托，研发出针对不同客户要求的自动控制产品；高效热忱的服务团队，提供 24 小时服务热线，迅速的应对各种客户需求；全心致力于饲料工业计算机自控系统的改进升级。

公司拥有员工 120 人，其中本科以上学历占

60%，拥有一支由多名教授级高工带领的专业化技术研发团队。公司自成立以来，以其先进的技术、过硬的质量、优质的售后服务赢得了广大用户的信赖和认可，产品遍布全国及世界。微量液体喷涂设备及粮油、饲料、成套生产线的自动控制、计算机系统出口到新加坡、俄罗斯、沙特、巴西、泰国、越南等国家。公司开发和研制出的 PLW、PTW 计算机配料控制系统以其稳定、操作简便等优势一直处于同行领先水平，随后开发研制的微量液体添加设备，油脂后喷、液体蛋氨酸添加、微量秤添加等系列产品也凭借着可靠的性能及领先的技术主导国内市场，与湖北大学共同研发的 PMA 制粒机自动控制系统面向市场后其节能减耗的效果也得到用户一致好评。

公司想客户之所想，利用专业技术与知识引导客户，更好的服务客户为目标，力争为社会经济和饲料工业的发展做出更大贡献。

湖南省

长沙兴嘉生物工程股份有限公司

长沙兴嘉生物工程股份有限公司 10 多年来持续专注于新型、安全、环保、高效的微量元素研发与推广，始终坚持以安全环保与自主创新为核心来打造企业的市场竞争力，经过多年在行业中的沉淀和发展，通过新产品研发、持续不断的产品改进、检测技术开发、国家标准制订以及连续举办微量元素国际论坛，引领和推动着饲料微量元素行业的发展与进步。

公司搭建了氨基酸螯合物、新型无机微量元素、复合微量元素三大产品体系，参与制订多个国家标准，拥有和申请了 60 多项微量元素领域的国家发明专利，通过 ISO9001、HACCP、FAMI-QS 认证和“CNAS 认可检测实验室”认证，建立了微量元素动物应用研究中心、中国饲料原料微量元素数据库以及年产 5 万 t 全球自动化程度和智能化程度先进的多矿生产线，为饲料企业提供微量元素的整体解决方案。公司已成为产品线齐全，销售网络完善、销售规模较大的专业化微量元素领军企业。

随着国家对食品安全和环境保护的关注，作为国内饲料级微量元素研发的创新型领先企业，公司通过技术体系的搭建、产品系列的开发、微量元素营养添加模式的研究，将金属化工、精细化工及微量元素营养技术深度结合，成为安全、稳定、值得信赖的微量元素添加剂全球供应者。

公司用责任和使命引领行业，用正知、正行、正念带动行业，期待与您携手，共创微量元素行业新文明，构建人、动物、环境间的和谐，为子孙后代留下一片碧水蓝天。

湖南伟业动物营养集团

湖南伟业动物营养集团成立于 2002 年，注册资金 5 080 万元，坐落于湖南长沙国家高新技术开发区，主要从事畜牧产业产品开发与技术推广。营销网络遍布华中、华南、华东、西南等地区的 15 个省市，员工总人数 1 000 余人，年销售额过 2 亿元。

公司拥有一支以归国动物营养专家为首的高素质研发队伍，始终立足动物营养与生物科技前沿，自主研发的 350G 粒粒乳教槽料系列产品、发酵苎麻产品获准国家专利称号，并先后荣获重质量、守信誉单位、无公害农产品认定企业、高新技术企业、ISO9001 国际质量管理体系认证企业、最畅销产品奖、湖南省自主品牌奖、湖南省著名商标、湖南省名牌产品称号等多项殊荣，得到了养殖用户朋友的认可与信赖。

公司自成立以来，先后投资近亿元打造无公害生物饲料加工生产基地 3 个，分别拥有布勒全套自动化控制生产线、牧羊全套自动化控制生产线（含计量、打包、装卸等），达到年生产全价料、浓缩料 80 万 t、添加剂预混合饲料 18 万 t 规模。

公司以“务实高效、追求卓越”为核心价值观，以“同心同德、共创伟业”为使命，以“事业常青、生活美好”为远景目标，秉承“诚信、敬业、团队、创新”的企业精神，以高度的社会责任心为我国畜牧养殖事业的可持续、健康发展做出更大的贡献。

湖南浏阳河饲料有限公司

湖南浏阳河饲料有限公司为集饲料、种猪生产、销售、养殖技术服务、商品猪运销为一体的湖南农业产业化龙头企业、湖南高新技术企业，旗下有饲料生产、种猪公司 10 家公司，饲料总年产能达 88 万 t。

公司主要产品为育肥猪分阶段全价系列饲料和母猪分阶段全价系列饲料，具有绿色环保、高效低耗、猪生长速度快、耗料低、养猪成本低、头平利润高等特点。

公司服务项目主要有八大基础技术服务、母猪管理技术服务和高端商务管理服务。公司特别成立了市场服务中心，配备百名技术服务人员、免费 400 客服电话及 6 位专业客服人员，定期上门进行技术服务，给核心、重点客户进行电话满意度回访，及时为客户解答疑难问题并满足客户需求，不断提高公司服务水平。

2013 年，公司安装了 1 台自动码垛机，提高自动化生产程度，在衡阳新建 2 万头生猪养殖基地，开发了产房母猪饲料新产品，并率先在湖南省内开展生物安全抗体检测免费服务项目，带动农民对生猪养殖的生物安全体系的建设需求，提高生物安全防范措施意识，减少90%的化学药物使用，减少药物残留，提高肉食品安全。

公司致力于做中小规模养猪场的全方位服务商，用产品、技术、服务不断为客户创造价值。以促进猪肉食品安全，让百姓吃上有机生态猪肉为使命。帮助客户建造和运营全自动化、无疫病风险的高产、高收益、有机生态的专业猪场；与员工、客户共同成长、发展、致富，共同成就百万、千万的富裕，共同体会和谐、真诚、互助、成功与幸福。

衡阳市泰源昇科技农业发展有限公司

衡阳市泰源昇科技农业发展有限公司是一家集科研、生产、销售于一体的以猪用全价饲料为主的现代化饲料民营企业，位于衡阳市珠晖区茶山坳镇，投资5 000万元，占地2.3万m^2，年生产能力30万t，是目前国内生产规模较大、生产工艺较先进的全价饲料生产基地，主要生产“泰源”牌猪、鸡、鸭、鱼用全价饲料。

近年来，公司不断完善，科学管理，在严把产品质量前提下，先后获得湖南省著名商标、湖南省名牌产品、湖南省龙头企业等荣誉，得到用户的认可与好评。

公司本着“共生共荣，服务社会”的宗旨，全力推进“五化”建设，继续发扬企业、员工、客户价值的高度统一，以打造共荣共存的现代化企业新格局。

岳阳市新宏饲料有限公司

岳阳市新宏饲料有限公司创建于1999年3月，是国内大型水产膨化饲料生产厂家之一，产品畅销湖南、湖北等10多个省区。公司通过了ISO9001国际质量管理体系认证，是中国饲料工业协会理事单位、湖南省级龙头企业、湖南省饲料企业二十强和湖南省出口食用动物饲用饲料生产企业。“新宏”商标荣获中国驰名商标。

公司始终秉承“健康”理念，专注于无公害水产饲料和“低蛋、净能”猪用饲料的研发，产品以“低污染、低疾病、低成本、高效益”的特点在市场上独领风骚。“新宏”鱼饲料诱食性强、饵料系数低，饲养出的青鱼、黄颡、翘白、鲟鱼、黄鳝、泥鳅、龙虾、河蟹、甲鱼等水产品不仅体形、色泽自然，而且肉质鲜美，耐长途运输，是绿色健康的完美体现。曾被央视七套《每日农经》节目作专题报道的湖北洪湖魏昌品，多年来一直全程用“新宏”饲料进行虾、蟹混养。公司在湖南、湖北、贵州等地建有多个养殖基地，其中，岳阳新宏生态养殖场获得了无公害农产品产品认定和产地认证，被农业部评为水产健康养殖示范场。

公司秉承“诚实做人，踏实做事”的原则，坚持“关注人类健康、倡导绿色消费”的方向，以“减少资源浪费，让养殖更健康”为使命，致力于企业的科技创新与发展。

广东省

广东旺大集团有限公司

广东旺大集团有限公司2000年成立，是一家以预混料为核心业务，全价料为增长业务，种猪为配套服务业务，推进产业资本整合，打造区域产业链的高新科技企业集团。至2013年，集团下属企业13家、控股企业2家，销售网络遍布全国23个省市。

公司拥有“旺大”“旺得福”“保健乳”等品牌，具有“生物快大、免疫增强、植物保健”三大独特技术。公司坚持“品牌传播加服务营销”理念，肩负“安全产品创造美好生活”使命，通过了ISO国际质量管理体系认证和HACCP食品安全体系认证，被评为中国名优产品、中国饲料行业信得过好产品、广东省名牌产品、广东省著名商标、广东省高新技术企业、广州市农业龙头企业，获得了中国饲料行业最具成长性企业、全国饲料行业履行社会责任先进企业等荣誉。

公司秉承“务实敬业、合作创新、从心沟通、伙伴成长”的核心价值观，坚持“团结、务实、求精、创新”的企业精神，践行“用户赚钱、经销得利、员工成长、企业发展，社会和谐”的五赢模式，创造价值、服务社会，努力打造中国一流的农牧科技企业集团。

广东溢多利生物科技股份有限公司

广东溢多利生物科技股份有限公司是应用现代生物工程技术和植物提取技术，致力于以饲用酶制剂为主导的生物酶制剂研究、开发、生产与服务的高科技企业，产品被广泛应用于饲料、造纸、纺织等多个领域，是行业内首批国家高新技术企业和首家上市企业。

公司创办于1991年，总部位于广东省珠海市，拥有集科研、信息、生产、生活于一体的现代化工业园，在发展中积累了雄厚的技术资源，形成了独特的技术创新优势。公司拥有一批高工及博士、硕士等高素质技术人才，建有完善的自主研发机构，包括两个省级工程中心，配有国内一流水平的检测中心和技术服务中心。

公司现有省级著名商标、省级名牌产品和国家级新产品等多项荣誉。拥有的基因工程、液体发酵、固体发酵、复合酶协同、制剂剂型、饲用酶产品应用、造纸酶、纺织酶产品应用等多项核心技术处于国内领先、国际先进水平。产品包括复合酶、植酸酶和木聚糖酶等，共计 9 大系列，70 余种。

公司以零距离贴近市场服务客户，销售服务网络覆盖全国各地及海外多个国家和地区。溢多利为成为创世界一流的酶制剂及无公害饲料添加剂企业而不懈努力。

广州市江丰实业股份有限公司

广州市江丰实业股份有限公司是一家从事家禽繁育、饲养、饲料、饲料添加剂、兽药添加剂生产、家禽屠宰深加工和家禽批发市场经营的综合性企业，是农业产业化国家重点龙头企业，广州市鲜活农产品主要生产出口基地。

公司始建于 1975 年，目前总资产 3 亿多元，员工 700 多人，其中专业技术人员 300 多人。年销售收入达 8 亿多元，实现工农业生产总值近 6 亿元，纳税近 1 000 万元。公司是闻名全国的江高体系的龙头单位，秉承“为农民增收致富服务，为民众提供健康食品”的宗旨，生产经营以家禽繁育为龙头，饲料和饲料添加剂业并重发展，建立了从“农场到餐桌”完善的生产体系。

粤江丰饲料厂、浓缩剂厂是公司的骨干企业，也是公司实行现代化管理的先进单位，创建于 1991 年，目前拥有三条饲料生产线，一条复合维生素预混料生产线，全年可生产配合饲料 20 万 t、复合维生素5 000t。该厂采用智能化生产经营管理，拥有国际最为先进的生产工艺及设备，全程采用 WinCos 质量控制系统，电脑自动化配料，产品销往全国多个省市。

公司一直坚持标准化生产和管理，大力推行 ISO9001、HACCP 等先进的经营管理体系。公司自主生产的江村黄鸡、“粤江丰”牌饲料、“粤江丰”牌复合维生素等产品屡次获得“中国名牌农产品”“广东省名牌产品”“国家无公害农产品”等荣誉称号。

公司将承秉“拓展创新、弘扬四海”的精神，一如既往全心全意为广大客户提供优质的产品和服务。让我们携手合作，共创美好的明天。

金钱饲料（东莞）有限公司

金钱饲料（东莞）有限公司源自金钱香港控股有限公司投资 1 亿多元人民币兴建，于 2011 年 1 月创建于广东省东莞市麻涌镇新沙工业园，拥有全套装配 BUHLER 畜禽料生产设备和 ANDRITZ 水产膨化生产设备，年生产能力达 70 万 t 以上。

公司作为国际知名饲料制造企业，自 1983 年以来，一直以“质量稳定、信誉第一”著称。经过 20 余年的潜心经营与成功管理，金钱饲料广获社会各界认可，获得广东省饲料工业质量信得过产品、全国饲料行业百强企业、重承诺信用企业等称号。此外，还多次获得全国先进外资企业、全国外商投资双优企业等称号。

公司注重人才培养，着力饲料产品的研发与创新。拥有一批包括动物营养、畜牧兽医、饲料加工工艺等方面的博士、硕士组成的人才队伍，此外，公司拥有设备齐全的实验室，建立并完善了全面的质量管理体系，进行反复的科学实验和持续的配方研发，以确保产品的性能与质量。

公司将秉承多年的成功管理经验和经营理念，竭诚服务于农民，服务于社会，为中国农业现代化的进一步发展贡献力量。

深圳比利美英伟营养饲料有限公司

深圳比利美英伟营养饲料有限公司成立于 2000 年，原是欧洲英伟（INVE）集团的在华企业，2009 年由李职先生全资收购，并取得了在中国大陆包括知识产权在内的完整控制权。比利美英伟是以生产猪的预混料、浓缩料、配合料（高科技含量的仔猪教槽料、公猪料）为主要产品的高科技农业企业，专注猪饲料中关键营养、关键组分和关键日粮的研发、生产和销售，致力做猪关键营养的领跑者。公司拥有比利美英伟、三启 2 个品牌，产品达 70 多个，销售遍布全国各省、市，具有相当的市场认知度，深获用户好评。

比利美英伟目前拥有 5 个子公司、1 个三启研究院和 1 个恩平试验中心。其中，三启研究院拥有强大的产品研发能力，聚集了相关的国内外顶尖人才，拥有了一支由多名资深养猪专家、教授、博士带领的强有力的研发团队；同时与国内畜牧业顶尖的研究所、院校进行密切合作。英伟恩平试验中心拥有 300 头母猪规模的试验猪场，可供外来科研人员及学生使用的培训大楼，试验中心猪场引进荷兰进口的 velos 智能化母猪群养管理系统，能容纳 200 头怀孕母猪；具有 22 套独立电子称重和全程录像监控的自动记录系统的产栏和 4 套 GX-1 智能型种猪测定系统。

比利美英伟是国家生猪产业技术创新战略联盟生猪生产技术指导中心（华南）在华南的唯一承担单位。2013 年比利美英伟被认定为广东省院士企业专家工作站，成为深圳市仅有的两家院士企业专家工作站之一。

广西壮族自治区

广西普乐维美动物营养有限公司

广西普乐维美动物营养有限公司是美国嘉吉公司旗下专业化生产畜禽水产添加剂预混合饲料、浓缩饲料、配合饲料的企业，前身为广西彼得汉预混饲料有限公司。随着公司业务不断扩大，客户越来越多，原来的广西彼得汉预混饲料有限公司的生产场地、生产能力已不能满足现有客户需要，因此公司投资 5 700 万元兴建了新的现代化厂房，面积达 7 000 多 m^2，占地 2 万 m^2。具有年单班生产 6 万 t 添加剂预混合饲料、2 万 t 配合饲料和浓缩饲料的能力。公司现有员工 118 人，其中高级工程师 10 人，专科以上学历 50 人，专业技术人员 73 人（含技工）。生产设备从法国等引进，采用世界上最先进的工艺，整个生产过程均由电脑自动化操作，最大限度降低了人为操作引起的错误。新建化验室面积达 320m^2，化验设备共投资了 120 多万元，从美国等购置原子吸收分光光度计、高效液相色谱仪、近红外分析仪等大型检测仪器。

公司所产销的“普乐维美”牌畜禽、水产添加剂预混合饲料、浓缩饲料、配合饲料因技术含量高、使用效果好而深受客户信赖。产品销往国内 18 个省和东南亚国家，所生产的产品经上级有关部门抽检全部合格。

公司将利用更先进的设备、更优化的生产条件生产出更多优质产品，为更多的客户服务，为饲料工业和畜牧业的发展作出更大的贡献。

广西商大科技有限公司

广西商大科技有限公司是一家专门从事畜禽复合预混合饲料研发、生产、销售的专业企业，在广西东盟经济技术开发区拥有占地 2 万多 m^2 的研发生产基地，该基地年生产能力达 15 万 t。

公司技术力量雄厚，拥有一支由动物营养、畜牧兽医等专业的博士、硕士组成的技术团队。公司以四川农业大学动物营养研究所-广西商大科技有限公司博士工作站的专业研究为基础，同四川农业大学、中国农业大学、华南农业大学、广西大学等多所著名高校及科研单位的专家开展广泛的交流与合作，不断提升产品研发技术水平和服务水准，以其优秀的产品和服务，赢得了广大客户及行业同仁的褒扬。商大公司致力于种猪系统营养的研究和推广，2013 年公司广西种猪营养工程技术研究中心（省部级）获广西科技厅批准建设，为饲料质量安全管理规范全国首批示范试点企业之一。

公司坚持“科技领先，品质第一”的经营理念，以客户为中心，不断创新，为畜牧业的发展提供更有力的支持与帮助。

广西南宁骏威饲料有限公司

广西南宁骏威饲料有限公司是一家专业生产各种优质的饲料级单项微量元素添加剂及畜、禽、水产类复合矿物元素添加剂和复合预混料的企业，拥有自主进出口权。公司生产工艺先进、技术力量雄厚、检验仪器齐全、管理体系完善，于 2005 年通过 ISO9001 质量管理体系认证，2012 年通过欧盟 FAMI-QS 认证。

公司实施科、工、贸一体化的发展战略，旗下拥有广西南宁益维饲料科技有限公司和广西南宁市杰威贸易有限公司 2 个全资子公司，主要生产饲料级硫酸铜、硫酸亚铁、硫酸锌、硫酸锰、硫酸镁、氧化锌等单项微量元素产品，同时也生产碘酸钙、亚硒酸钠、硫酸钴等稀释剂产品及畜、禽、水产类复合多矿、复合预混料等产品，每年总产量 3 万多 t。

公司生产的微量元素系列产品除了占广西地区 70%以上的市场份额外，还远销广东、福建、浙江、江苏、辽宁、河南、河北、山东、海南等 20 多个省市，与国内多家大型饲料企业都建立了长期稳定的合作关系。同时，公司生产的产品还出口到美国、越南、泰国、韩国、巴基斯坦、丹麦、印尼、斯里兰卡、土耳其、智利、新加坡、新西兰等国家及中国台湾地区，产品质量得到国内外用户的广泛认可。

“以质量求生存，以信誉求发展”是公司的宗旨。凭着过硬的产品质量和良好的信誉，产品销售量年年攀升，企业影响力不断扩大，公司投资 2 000 多万元的广西南宁益维饲料科技有限公司位于南宁六景工业园内，是广西目前本行业规模最大、软硬设施最完备的现代化花园式工厂之一。2004 年公司被中国饲料工业协会评为饲料行业信得过产品称号企业，还获得了广西优秀饲料添加剂生产企业、广西科技进步明星企业、重合同守信用企业等荣誉称号，2008 年以来，“骏威”商标连续被评为广西著名商标、广西名牌产品。

未来，公司将再接再厉，以稳定的产品质量和更优质的服务力争为世界的饲料科技及畜牧业发展作出更大的贡献。

南宁市泽威尔饲料有限责任公司

南宁市泽威尔饲料有限责任公司坐落在广西壮族自治区首府南宁市良庆经济开发区，是以螯合营养为核心技术的专业化生产厂家。自 2002 年成立以来，专注、专长、专心于螯合物的研发。近3年来，公司正式研发并投入市场的高纯产品达到10多个，如富马酸亚铁、复合有机铁、柠檬酸钙、甘氨酸铁、蛋氨酸螯合微量元素等，产品畅销全国各地，出口日本、韩国、美国等国家。新希望、温氏、通威、华港等公司已成为泽威尔长期合作伙伴。

公司是中国饲料工业协会理事单位，2010年通过ISO 9001体系认证，2012年被评定为高新技术企业。拥有员工62人，专门从事产品研发人员达13人，拥有自主知识产权的国家发明专利4项。承担省市级科技项目多个，提出并制定了国家标准《饲料添加剂 富马酸亚铁》《饲料添加剂 柠檬酸钙》参与国家标准《饲料添加剂 蛋氨酸锰》《饲料添加剂 蛋氨酸锌》的修制。

公司站在饲料添加剂行业发展前沿，加大先进的生产设备投入，建立了有机微量元素检测重点实验室，坚持螯合产品的纯化生产工艺，严格按ISO9001质量体系生产，确保产品质量。公司将全面创领螯合物高纯时代的到来，努力打造成全国乃至全球高纯度、高螯合率的有机微量元素专业生产厂家和研发基地。

海南省

文昌琼文歌颂饲料厂

文昌琼文歌颂饲料厂隶属于文昌市歌颂畜禽发展有限公司，于2008年5月筹建，位于文昌市东路镇东侧琼文公路41km处，总投资7 000多万元，设计年生产各种饲料30万t。公司注重人才引进和管理，高管均为本科以上学历，拥有十几年的饲料生产、营销的经验，并建立了一套先进的管理机制和架构，拥有完备的企业管理信息系统，使原料、成品、质量检验等情况随时可以在信息系统中查询，极大地提高工作效率，并最大限度地为生产提供保障。

公司采用世界一流工艺技术，选用瑞士布勒（常州）公司的成套饲料生产线，设备技术达到世界先进水平，自动化水平高，全过程电脑监控，为公司生产高质量的产品提供硬件上的保证；同时公司招聘有多年饲料生产经验的操作工人，并由布勒公司进行上岗培训，确保公司产品质量符合配方设计及产品标准。公司自有养殖基地对公司产品先行试验，保证数据科学准确，使公司产品配方最优化。

公司将利用“歌颂”的品牌优势，立足本地，服务本地养殖户，采用“公司＋专业户＋农户”的营销模式，满足本地区及周边市县养殖市场需求，节省流通成本，让利于养殖户，提高养殖户的养殖利润，带动养殖户共同发展，推动本地经济发展。公司已有13个经济合作伙伴，扶持50多个经销商，带动8 000多个养殖户发展，增加就业人员达2万多人次，达到互利互惠、双赢的目的。

海南澄迈新希望农牧有限公司

海南澄迈新希望农牧有限公司是新希望集团旗下新希望六和股份有限公司在海南投资兴建的第二家大型饲料生产和销售企业。

公司于2007年投资建成，占地面积46 667余m^2，总投资7 000余万元，位于海南澄迈县老城经济开发区，拥有员工120余人，饲料技术管理人员30余人。多年以来，公司通过ISO9001：2008国际质量管理体系认证，获得质量信得过企业、产品质量国家免检、海南省农业重点龙头企业等称号。公司生产的猪、鸡、鸭、鱼、畜禽饲料直接服务于农民，长期派出30多人的畜禽技术专业队伍与农户交流养殖技术，防病治病技术知识，提供鸡鸭苗苗源，提供市场价格信息，帮助农民科学致富。

公司一直秉持“为股东创造价值，与客户共享利益，为员工创造机会，与社会共同进步”的企业理念立志于建“百年老店”；坚持“依法兴饲倡导行业风范，技术创新推动牧业发展，品质卓越追求顾客满意，产业经营实现社会效益”的质量方针。采用国内先进的生产设备、全电脑自动控制系统，配套最新防潮通风设施，运用先进的生产技术工艺，独特的营养配方，向海南的养殖户提供通过ISO9001国际质量管理体系认证及获得国家免检产品认证的“希望”“南国”牌高性价比的畜禽、水产饲料和优质服务。

公司将继续“立足中国大农业，创建百年新希望”的创业宗旨，顺应社会发展潮流，持续为加速农业产业化进程，服务于农民养殖朋友，帮助农民增加收益，推动海南养殖业科学发展，为社会进步做出自己的贡献。

通威股份有限公司海南分公司

通威股份有限公司海南分公司系通威股份公司下属分公司，成立于2004年11月，占地近46 667m^2，投资5 000万元，年产饲料30万t。2011年公司生产经营持续增长，产销两旺，供不应求，为缓解供需矛盾，2011年8月新建年产12万t生产车间，并于2012年7月正式投入使用。公司集饲料生产、销售、饲料原料、添加剂、水产养殖及技术咨询服务为一体。拥有国内先进的生产设备和工艺技术，其核心设备均由英国UMT、施耐德和美国AB等公司进口。生产技术水平为国内饲料行业先进之列，公司产品现有“通威”牌鸡、鸭、鱼饲料，销售网络遍布海南省，深受广大用户好评。

公司始终以“追求卓越、奉献社会”为企业宗旨，奉行“诚、信、正、一”的经营理念，坚持“以质量为基础，以管理为保障，以市场为中心”的经营原则。向广大养殖户提供优质高效的饲料，推广先进的养殖技术，提供优质的养殖服务，促进水产、畜牧业更大发展，支撑菜篮子工程，促进地区经济的发展与繁荣。

公司凭借海南罗非鱼行业的特殊情况和优势，以维护广大养殖户利益为根本，于 2012 年启动通威海南罗非鱼产业链战略，着力保障养殖户利益，提升海南罗非鱼价值，打造国际旅游岛罗非鱼著名品牌，实现养殖户、经销商、厂家的共赢。

海南恒兴饲料实业有限公司

海南恒兴饲料实业有限公司成立于 1997 年，主要从事禽畜、水产饲料加工销售、饲料产品研发等生产经营活动。公司目前配备多条畜禽料生产线、虾饲料生产线、水产膨化饲料生产线和原料膨化生产线，年生产能力 30 万 t，主要产品有水产类的虾饲料、鱼饲料（部分为膨化饲料）、蛙饲料以及家禽类的鸡饲料、鸭饲料及猪饲料等。

公司生产的“恒兴”牌饲料及其他产品已覆盖海南省，产销量连续多年来位居海南饲料前列。公司一贯坚持“质量第一，顾客至上”的宗旨，先后获得海南省质量管理先进单位、海南省 50 强工业企业、海南省企业 30 强、中国饲料工业协会优秀团体会员、信得过产品、海南省农发行信用等级 3A 企业、海南省发改厅优秀民营企业等荣誉。

海南裕泰科技饲料有限公司

海南裕泰科技饲料有限公司是一家集饲料科研、生产销售、综合养殖及农业开发为一体的大中型民营企业，崛起于中国美丽的海南岛。

公司自 1998 年创办以来，一直坚持以“立足农业、面向农村，服务百姓、共同富裕”的双赢经营理念，利用企业的技术及人才优势，抓管理、促效益，经营规模日益扩大，取得了可喜的成绩。2002 年 11 月被海南省政府评定为海南省农业产业化重点龙头企业，同年 12 月被国家九个部委联合评定为国家农业产业化重点龙头企业，2003 年被农业部评为全国饲料行业先进企业。

公司拥有国内先进的 3 条饲料生产线，可年加工各种畜禽、水产饲料 22 万 t。公司生产的“誉泰”牌饲料，现已开发猪、鸡、鸭、鱼、鸽五大系列配合饲料 100 多个品种。同时拥有 1 个饲料研究所和多个猪、鸭、鹅、鱼养殖试验基地，每年可向社会提供 3.2 万头瘦肉型生猪、400 万只“樱桃谷”SM3 良种鸭苗、50 万 kg 罗非鱼、1 亿尾罗非鱼种苗等。公司现有员工 280 名，其中专科以上学历 168 名，技术力量雄厚。公司与华中农业大学、中山大学长期合作，为公司的发展奠定了坚实的基础。

公司不断学习、吸收国内外先进科学技术知识和卓越的管理经验，为民族饲料行业的明天奋斗。

重庆市

重庆通威饲料有限公司

重庆通威饲料有限公司系通威股份下属全资子公司，位于重庆市永川区一环路青峰路口 168 号。总投资近 1 亿元，年生产饲料能力 60 万 t，是西南地区规模最大、设备最先进的企业之一。

重庆通威采用先进的生产工艺，生产线的核心设备是从欧盟瑞士布勒公司进口的一流产品，专业生产水产、畜禽饲料；生产控制系统采用美国的元器件和技术；水产料膨化机选用丹麦安德里茨公司的产品。公司研发生产的“通威”牌水产、畜、禽三大系列膨化、颗粒饲料畅销重庆、四川、贵州等西南市场，深受养殖户、经销商的好评。

重庆通威 1997 年在西南地区率先通过 ISO9002 国际质量体系认证和国家产品质量认证，2006 年又在行业内率先通过了 HACCP 食品安全管理体系认证，标志着公司产品质量控制水平和质量体系保证水平已达到国际标准，成为重庆乃至西南地区饲料行业的一面旗帜。

重庆通威将以实施通威“全国万户重点用户共同成长计划”，带动更多用户致富为契机，坚持以立足饲料研发，促进养殖事业持续、健康发展，满足消费者食品安全需求为己任，实现“通威为了生活更美好”的宏伟愿景，为行业健康发展及地方经济的繁荣做出更大努力。

梁平大北农饲料科技有限责任公司

梁平大北农饲料科技有限责任公司位于重庆市梁平工业园区 A 区，是大北农集团在重庆投资的一家集科研、生产、培训、办公为一体的新型高科技农牧企业。总投资近亿元，固定资产达 8 000 多万元。全套采用江苏牧羊集团生产设备，设计合理、工艺先进，拥有精确度可达万分之二的微量秤和严格的品控系统，保证了产品的优质高效，出料系统配备全自动机械手设备，大大提高了生产效率，目前工厂单班产能可达 300t，年产 24 万 t 高端高档猪饲料。同时，科技园还建立了客户体验中心，该中心整合了进销财、猪管网、行情宝、猪病通、养猪学院等现代信息技术与传统农业产业相结合的、对养殖户非常实用的新型互联网功能，客户通过体验中心可以全方位学习养猪知识，了解最新的猪价和原料行情，解决科学养猪和猪病防控等问题。

公司拥有优秀的技术研发服务团队，其中博士 2 名，硕士 7 名，具有高级职称专家 18 人，29 支专业养猪服务队伍，专业从事高档高端猪料的研发、生产、推广与服务。梁平大北农秉承集团“报国兴农、争创第一、共同发展”的企业理念，依托集团优势资源和高效的信息平台、强大的科研实力与技术创新能力，立志成为重庆及川东高效养猪服务的领导者，推动重庆及川东地区养猪业大跨越发展。

重庆福斯特饲料股份有限公司

重庆福斯特饲料股份有限公司是集研发、生产、服务为一体的现代化农牧企业。公司成立于 2008 年 4 月，地处工业园区核心区，交通便利，环境优美。

公司在发展的过程中，十分重视产品质量和先进技术的研发应用，先后引进多套国际国内先进生产设备，吸引数位优秀的行业技术人才加入公司研发队伍，同时不断加强与国内外多位动物营养学专家合作，运用国际国内先进技术对西南地区的畜禽养殖进行专项研究，结合西南地区的养殖习惯、饲养环境、气候等特点，专门设计新型配方，先后研制出了猪、鸡、鸭、鱼、兔、鹌鹑等全价配合饲料及浓缩饲料，很好地保证了西南地区畜禽不同生长阶段的营养需求。公司十分重视绿色无公害饲养技术的推广应用，成功申报了绿色无公害育肥猪饲料及无公害草鱼饲料发明专利。未来几年里公司将运用发明专利大力打造绿色无公害猪肉的产业链。

目前公司年设计产能 10 万 t，实现年销售额 3 亿～5 亿元，2013 年公司已实现销售收入 1.9 亿元。公司现有员工 126 人，其中动物营养学博士 1 人，研究生 5 人，本科、大专生 32 人，高、初中 88 人。

公司建立健全了质量管理体系，从原材料进厂到产品出厂，每个环节都实施严格的质量管理制度，严格遵循中华人民共和国国家标准，做到不合格原料不进厂，不合格产品不出厂。产品经重庆市饲料检测所、重庆市技术监督局多次抽检，合格率均达 100%，公司于 2013 年 4 月获得铜梁县农业产业化龙头企业称号。

公司始终坚持“质量为先、客户至上”的理念，不但向客户提供优质、高效、安全的产品，还向客户提供科学先进的养殖技术，最大限度地降低养殖成本，使我们的用户达到养殖效益最大化，从而实现共同发展，共创辉煌的企业目标。

北大医药股份有限公司

北大医药股份有限公司成立于 1965 年，1997 年 6 月上市，2003 年 7 月加入北大方正集团。公司位于重庆市，是中国西部最大的化学合成药物生产、研制和出口基地。占地面积约为 95 万 m^2，建筑面积约为 62 万 m^2。公司拥有员工约 2 300 人，其中工程技术人员约 600 人，其中，高级工程师约 30 人，工程师约 180 人。

作为重庆市两江新区重点项目，北大方正集团的重大项目—北大医药股份有限公司医药制造基地位于重庆市北碚区水土镇方正大道 22 号，该项目于 2010 年 7 月 15 日开工建设，总投资达到 50 亿元，占地 100 万 m^2，其中一期项目占地约 5.3 万 m^2，一期总投资约 20 亿元，2012 年底建成投产。该项目一、二期建成后将实现年总产值超 100 亿元。

公司生产的饲料添加剂产品有维生素 E 和维生素 E 粉，其作为牲畜家禽的饲料添加剂，可以提高饲料的利用率，促进畜禽的生长，改善动物的生殖机能，提高动物的抗病能力。维生素 E 和维生素 E 粉设计年产能均为 5 000t，该产品主要销往国内、欧洲、美国。

四川省

四川通旺农牧集团有限公司

四川通旺农牧集团有限公司成立于 2009 年 11 月，位于四川省营山县城南镇三星工业经济区，注册资金 4 100 万元，固定资产 11 455 万元。公司拥有员工 216 人，其中大专以上学历 24 人，中、高级职称 8 人，技术力量雄厚。集团下辖五个子公司，即通旺饲料公司、通鸿猪业公司、通鸿牛业公司、通旺水产公司、通宝食品公司，是一家集饲料加工、畜牧养殖、水产养殖、食品加工为一体的省级农业产业化重点农头企业。饲料业年生产能力 25 万 t，主要生产猪、鸡、鸭、鱼饲料，产品畅销四川、重庆、贵州、湖北等省 52 个县市，在川东北地区饲料行业中占有举足轻重的地位。食品业主要包括牛肉食品的生产和加工，通过了 ISO9001：2008 质量管理体系和 ISO22000：2005 食品安全管理体系认证，生产销售鲜牛肉分割制品、牛杂副产品及“通宝”牌休闲牛肉、牛骨豆干、豆腐干、营山板鸭、营山红油。养殖业：饲养母猪 3 000 头，年出栏肥猪 5 万多头；有万头肉牛育肥场，年出栏肉牛 1 万头。水产业：有特种鱼类繁殖区 4 万 m^2、高产示范养殖区 42 万 m^2、休闲渔业区 2 万 m^2、公司＋农户合作养殖区 20 万 m^2、水产技术培训中心 860m²。

公司始终坚持以“服务三农，助农增收”为宗旨，以实现“农企双赢”为目标，采用“企业+村委会+合作社+农户+信用社”模式，以农产品加工带动种植业、养殖业发展为理念，推动农业产业化升级；坚持食品安全为己任，为人民提供放心食品；坚持“以人为本、科技领先、质量第一”的理念，不断改进创新产品，满足客户日益增长的需求。

贵州省

贵阳富源饲料有限公司

贵阳富源饲料有限公司位于贵阳市修文工业园区，年生产能力 30 万 t，是贵州省投资规模最大、设备先进、技术一流、品质上乘的专业猪饲料生产企业。公司获得了贵州省“农业产业化经营重点龙头企业”“扶贫龙头企业”“践行科学发展观优秀企业”；贵州省饲料工业协会“优秀会员单位”；贵阳市“农业产业化经营重点龙头企业”“扶贫龙头企业”“重合同守信用单位”等称号，并通过了 ISO9001—2000 国际质量管理体系认证。

公司与中国农业科学院、四川农业大学等科研院校建立战略合作关系，聘请国家科技进步奖获得者、享受国务院政府津贴的著名动物营养专家、博士生导师周小秋教授为公司总顾问，运用国际领先的“动物健康营养理论和技术”引领产品的研发，实现猪只快速生长，获得更高的养殖效益，产品和技术竞争力处于行业领先地位。

无论是技术、人才还是服务，公司都极具资源、价值优势。公司采用电脑自动化控制生产，建立了严格而科学的质量保证监督体系，优质高效的产品畅销贵州省内外各地区，被广大养殖户赞誉为“值得用户信赖”的饲料精品。公司立足贵州，大力推广“公司+家庭农场”养殖发展新模式，并在贵阳建立了两个现代化、集约化种猪场和一个养猪专业化培训基地，与国内知名的种猪检验检测中心建立了合作关系。公司种猪的生产成绩和猪场的管理水平贵州领先，国内一流。

公司一直恪守“不断超越自我，变革决定未来”的企业宗旨，秉承“诚信做人、诚信育人、诚信经营”的理念，整合人才、技术和配套等方面的优势，为客户提供优质产品及服务，提高养殖户（场）、经销商的经营效益。

贵阳特驱希望农业科技有限公司

贵阳特驱希望农业科技有限公司是华西希望四川特驱投资集团有限公司于 2007 年投资人民币 5 000 万元在贵州兴建的一家现代化饲料生产企业。公司位于贵阳市观山湖区金华镇三甫村，占地面积 50 余亩，南紧邻 321 国道和贵黄高速公路，东距贵阳市区 15km，西到清镇市 10km，林东铁路货运站距公司仅 2 公里，交通十分便利，地理位置优越。

公司现有配合饲料和浓缩饲料生产线各 1 条，该生产线拥有计算机自动化控制配料系统、批混合量 1 500kg、1 000kg 的双轴桨叶高效混合机各 1 台，年设计生产能力 10 万 t，并具有与生产能力相匹配的仓储设施，现在每月生产 5 000t 左右。公司生产的特驱、万千、华奥等系列饲料，应用了国内外饲料行业的最新研究成果，结合贵州养殖环境，通过电脑精细准确配料，推出的新品牌。产品具有适口性好，生长速度快，饲料转化率高，肉质细嫩，绿色环保安全等特点，是养殖致富的好产品。

公司依托特驱集团技术质管体系实施平台，结合公司机构设置、生产工艺流程、产品的实际情况，建立了检化验室并配备先进的检化验设备，检化验室能开展常规成分的分析，对于氨基酸、霉菌毒素、三聚氰胺等指标也能独立开展检测，为品质控制提供最强有力的保障。公司按照饲料法规相关要求建立了原料采购、生产过程控制、产品质量控制等方面的质量管理制度，按 ISO9001 质量管理体系要求建立了本企业的质量控制体系，并通过 ISO9001 质量管理体系认证。从原料进厂到产品出厂整个产品实现过程中，通过质量控制体系的有效运行和质量管理制度的有效实施，能确保影响产品质量的人、机、料、法、环、测六大因素处于受控状态，生产出优质高效的饲料产品。尤其是在质量管理中实施“质量一票否决权”制度，做到不合格原料不投入使用、不合格过程产品不转序、不合格成品不出厂，确保产品质量持续稳定提高。

公司以“推动畜牧业发展，建设贵州新农村”为目标，奉行“质量第一、信誉第一、服务第一”的企业宗旨，实行“创新、高效、速度、规范、廉洁、活力”的经营理念，以“普及中华，为中国老百姓做点实实在在的事情”为己任，为广大养殖户和经销商朋友营造一个发展的共赢平台。

贵阳正邦畜牧有限公司

正邦集团是全国第一批农业产业化国家重点龙头企业，2012 年中国企业 500 强，中国制造业 500 强，中国上市公司 100 强，全国创先争优先进基层党组织。2012 年 10 月正邦科技成为贵州省农委国家级核心原种场的合作伙伴。贵阳正邦畜牧有限公司是正邦集团在贵州投资兴建的一家绿色无公害饲料生产企业，位于贵阳市花溪区小孟工业园。2006 年公司系经贵州省商务厅批准，由江西正邦科技股份有限公司、成信（香港）有限公司、贵阳楚才投资咨询服务有限公司共同出资成立的外商投资企业，现有注册资本 1 000 万元，经营范围包括饲料生产加工及销售、畜禽养殖、畜禽产品加工销售（凭相关许可证经营）。公司一期投资 2 000 万元，年产饲料 10 万 t；二期投资 2 000 万元，年产量可达 20 万 t，是贵州两家 20 万 t级饲料企业之一。2011 年贵阳正邦畜牧有限公司的饲料业务位列贵州十强第二名。公司拥有贵州省最先进的膨化乳猪料生产线，针对贵州高原气候，水土环境、养殖结构和消费习惯，专业研制生产销售畜禽绿色安全饲料。

公司设立了饲料研究开发的技术部，拥有大专以上学历科技人员 22 人，公司开发研究人员 16 人。公司开展全新的企业品质管理，并以不断开拓，勇于创新的精神，引进国外先进技术，不断研制开发高品质，高效益的科技创新产品。近三年围绕产品技术开展研发项目 15 项，形成成果转化 15 项，以五年以上独占许可证的方式对接发明专利 1 项。2010 年 12 月 7 日取得省科学技术厅颁发“高新技术企业证书”。

贵阳正邦先后荣获贵州省高新技术企业、贵阳市知识产权试点企业；贵州省饲料协会副会长单位；贵阳市饲料协会副会长单位；外商投资企业工作优秀奖；和谐花溪促进会常务理事；贵阳市花溪区工商联执委。近年来，贵阳正邦先后与开阳县人民政府，三都县人民政府，长顺县农业局，花溪区农业局等单位共建养殖小区 200 余家，出栏安全可溯源生猪 30 万头，带动当地养殖户 3 000 余户，当年为农民直接增收 2 400 余万元。

为响应国家西部大开发战略及贵州建立工业强省、畜牧大省号召，未来 5 年贵阳正邦在做强做大主业的同时，立足打造从农田到餐桌的食品产业链工程，成为贵州农业产业化领军企业。

黔西通威饲料有限公司

通威集团是以农业、新能源为双主业，并在化工、宠物食品、建筑与房地产等行业快速发展的大型民营科技型企业，系农业产业化国家重点龙头企业。集团现拥有遍布全国各地及东南亚地区的 110 余家分、子公司，员工 2 万余人，其中通威股份上市公司（2004 年上市，股票代码 600438）年饲料生产能力逾 900 万 t，是全球最大的水产饲料生产企业及主要的畜禽饲料生产企业之一，系四川首家年度销售收入过百亿的农业上市公司，也是我国农、林、牧、渔板块销售规模最大的农业上市公司之一，水产饲料全国市场占有率已达到 25%，连续 22 年位居全国第一。

公司是通威股份的全资子公司，经民建中央引荐，落户于贵州省毕节试验区黔西承接产业转移基地，是毕节市唯一一家高科技现代化大型饲料生产企业，公司总投资 6 000 万元，2010 年 8 月建成投产，年生产能力 12 万 t。2012 年解决了 300 多人就业，先后带动当地近万户农民增收致富，公司荣获毕节市“农业产业化经营重点龙头企业”殊荣，实现年产值 4.5 亿元。公司主要生产“通威”系列水产、畜禽饲料，产品畅销贵州全省，深受广大养殖户的喜爱和好评。

黔西通威严格秉承集团“诚、信、正、一”的经营理念，遵循“追求卓越、奉献社会”的企业宗旨，按照集团上下一体，先进、成熟的经营管理模式，全面实现规范化、标准化、现代化管理，为广大养殖用户提供优质高效的饲料产品和养殖技术服务。根据民建中央“思源·同心”工程的统一部署和要求，黔西通威提出了“思源同心，科技兴农，黔西通威在行动”的发展理念，利用自身强大的技术储备和研发优势，在广大农村大力推广科学养殖技术和先进的水产、畜禽养殖模式，全力做好当地扶贫开发工作，并致力于促进“三农“问题的有效解决和新农村建设，帮助当地农民脱贫致富奔小康，促进了贵州水产和畜牧业的快速发展，为贵州农业和经济、社会发展做出了应有的贡献。

云南省

昆明三正生物科技（集团）有限公司

昆明三正生物科技（集团）有限公司，系中国老一辈动物营养学家和一批优秀农牧业青年知识分子共同创立的动物营养科技型企业。公司主要服务于饲料企业及大型养殖企业，为客户提供复合维生素、预混合饲料定制生产，饲料企业相关技术支持和培训，饲料原料信息和贸易等服务。

公司复合预混合饲料、维生素等产品销量持续多年保持云南省前列，生产设备及管理系统也属于云南省领先水平。公司拥有布勒全套预混料设备以及惠和生产管理系统，实现了从原料入库到成品出库的全过程条形码管理；同时，公司还安装了远程视频监控系统，对生产仓储的各关键点实施监控；另外根据云南的气候特点，还配备了大容量的冷藏保鲜仓库，低温存储面积近 400m^2。

通过与云南师范大学微生物所、云南农业大学动物营养所等外部技术资源的合作以及公司内部技术资源的培养，公司在动物营养及饲用生物技术领域取得了一定的创新和突破，分别取得市级技术中心、云南省创新型试点企业，云南省民营科技型企业等称号。未来，公司将立足动物营养技术并结合云南生物资源优势为饲料行业提供更具价值的产品和服务。

中化云龙有限公司

中化云龙有限公司前身为寻甸龙蟒磷化工有限责任公司，2012 年 1 月由中化化肥 100%股权收购，公司集磷矿开采、选矿、磷酸盐生产、销售为一体，是目前中化化肥在国内唯一的饲料磷酸盐生产基地。

公司成立于 2004 年 8 月，注册资金 5 亿元，总资产近 10 亿元，位于云南省昆明市金所工业园区，距昆明市 70km。

公司主要产品为出口级饲料磷酸氢钙（Ⅲ型）、饲料级磷酸二氢钙、肥料级磷酸氢钙、工业级氟硅酸钠以及硫酸。公司已形成 30 万 t/年饲料磷酸盐、33 万 t/年硫磺制酸、2 万 t/年氟硅酸钠和 100 万 t/年磷矿浮选装置的生产能力，采用国际先进工艺的饲料磷酸盐生产装置，产品质量均达到国际领先水平，并取得了 ISO 和 FAMI-QS（欧洲饲料添加剂和预混料生产商操作规范）质量体系双认证。公司的饲料磷酸盐产品不仅畅销国内，还大量出口东亚、东南亚和欧美市场，已成为国内名牌和国际有影响力的知名品牌。公司还拥有 3 亿 t 高品位磷矿资源，其中 2 项采矿权、4 项探矿权。

公司秉承“创造价值·追求卓越”的价值理念，坚持走“矿化结合、盐肥联产、分级利用、硫磷循环”的现代磷化工循环经济发展道路，本着“科学发展、和谐发展、绿色发展”的原则，致力于将公司打造成具有世界竞争力的磷化工基地和高端复肥基地。

陕西省

陕西正大有限公司

陕西正大有限公司是由泰国正大集团与陕西省牧工商总公司联合兴办的大型现代化农牧食品企业，位于陕西省三原县周肖工业区，总资产 1.8 亿元人民币，业务涉及饲料、现代畜禽产业化养殖技术推广等方面。

公司拥有年产量 45 万 t 的现代化饲料厂一座，其中，2013 年在省内率先建成年产 9 万 t 的牛羊料专业生产线。公司通过 ISO 9001 质量管理体系认证和 ISO 22000 食品安全管理体系认证，主要生产销售“正大”牌鸡、猪、鱼、奶牛等优质配合饲料和浓缩饲料。公司先后荣获“陕西省农业产业化重点龙头企业”“全国食品工业优秀龙头食品企业”全省饲料行业“质量信得过企业”“咸阳市优秀企业”等称号，正大现代农业园区被评为“陕西省现代农业园区”。

陕西正大有限公司顺应产业发展潮流，以“发展安全食品、保障健康消费、促进社会进步”为使命，“以客户价值最大化为中心的技术服务体系平台的构建”为经营理念，推出了新型畜牧产业模式，积极倡导和实践“政府＋公司＋银行＋职业农民”四位一体的产业共赢模式，建立起了多方参与，优势互补，利益分享、风险分担、共同发展的合作架构和规范化、标准化、专业化的产业体系，为解决“三农”问题及国家食品安全体系建设做出积极贡献。

宁强恩彼饲料有限公司

宁强恩彼饲料有限公司是天津宝迪农业科技股份有限公司投资建立的高科技企业，是陕西省招商引资项目落户宁强县循环经济产业园的国家级高科技型企业。公司坐落在汉中市宁强县宝迪工业园区内，占地面积 2 万多 m^2。公司注册资金 200 万元，年产 800t 血浆蛋白粉和 2 800t 血球蛋白粉。2011 年 12 月 12 日正式投产运营。

公司以屠宰后的新鲜猪血为原料，以国际领先技术为手段，采用原血收集、冷藏运输、分离灭菌和喷雾干燥等专有技术和先进工艺流程，使目前利用率极低的和污染环境的动物血液得以充分综合利用，并形成商品化、规模化和产业化。年加工原血能力达到 5 万 t，可年产 NP-90 喷雾干燥血球蛋白粉 2800t 和 NP-2002 喷雾干燥血浆蛋白粉 800t。公司管理规范，设有专门质量检验控制机构，并配置有装备先进的化验室，分析电子天平、体视显微镜、分光光度计等检化验设备齐全，常规必检项目完全能够自检，定期不能自检的项目已委托陕西省饲料检验所检测。原料采集、运输、储藏和产品生产过程中有科学严谨的监控制度，关键控制点严格控制，确保产品质量始终处于国内同类产品的领先地位。

恩彼牌血浆蛋白粉和血球蛋白粉一直以来占据国内领先品牌的位置，在国际市场上，是售价仅次于美国 APC 的产品品牌，而产品销量连续三年在国内市场超越 APC 成为第一品牌。创新挑战无限，勤敏开创未来，宝迪集团以高度的社会责任感，严谨科学的管理手段，致力于将“宝迪”“恩彼”打造成一个家喻户晓的民族品牌，走出一条网络全国化，产品多样化，产业专业化，资本市场化，人才全球化，企业品牌化的独具特色的发展之路。

丹凤县嘉翔饲料有限公司

丹凤县嘉翔饲料有限公司隶属于丹凤县华茂牧业科技发展有限责任公司，建于 2013 年，可年产三黄鸡等畜禽全价配合饲料和其他畜禽饲料 20 万 t，是目前商洛地区最大的一家现代化饲料生产企业。

公司占地面积4.7万多 m^2，主体工程1.2万 m^2，其中原料库3 000 m^2，成品库2 000 m^2，车间面积2 000 m^2，办公楼等附属设施2 000 m^2，建有储存能力2 000t的圆筒仓3个，配有检测设备完善的标准化化验室一个，60t地磅一台，锅炉房、办公等其他配套设施一应俱全。厂区内部硬化面积1万 m^2，绿化面积1 000多 m^2。位于秦岭东南麓丹凤县工业精深加工区沪陕高速丹凤高速出口处，紧邻312国道和西合铁路，距离西安150km，处于商洛地区山阳、洛南、商县和商南的中心地带，与多数邻县相距不足100km，地理位置优越，交通便利。

公司以西北农林科技大学等院校和科研单位为依托，有一支曾在希望集团、六合集团和山东金鸡饲料等企业从事饲料生产、质量控制和技术方面工作富有经验的管理团队，在三黄鸡饲料和其他畜禽饲料生产、研发方面取得了卓越的成绩。

公司引进国内先进的布勒（常州）机械有限公司饲料成套设备，其中高精度SHSJ4双轴桨叶高效混合机一台，SZLH420/350高档制粒机机组各一套，全面实现生产高度自动化控制，保证了饲料产品的质量。饲料原料成品的转运以机械为主，提高了劳动生产率，降低生产成本。针对目前部分养殖企业配有自动饲料线、料塔，公司建有专用散装料车间，颗粒饲料的运输用散装饲料罐车运送，有力地保证了饲料的质量和安全性。

陕西华秦农牧科技有限公司

陕西华秦农牧科技有限公司是杨凌示范区直属的国有独资企业、农业产业化国家级重点龙头企业。公司于1990年6月23日建成投产，历经20多年建设发展，形成以华秦、劲达为标志的多实体、双品牌运营体制机制，总资产达2.3亿元。公司以饲料为主业，形成了以鸡猪牛鱼饲料为主导，“研发一代、贮备一代、推广一代”的产品体系。产品畅销陕、甘、宁、晋、川、豫、渝、粤等省区，构建起以陕西饲料工程技术研究中心、省级企业技术中心、陕西省高新技术企业、陕西省创新型企业为载体的“四大创新平台”，获得9项产品发明和外观专利。

近年来，公司实现了跨越式发展。2013年公司总销量14万t、产值5亿元，位居西北饲料行业前列。公司荣获并保持陕西名牌产品、陕西著名商标、全国饲料行业十大名牌、全国饲料工业百强企业、农业产业化国家重点龙头企业、全国守合同重信用单位等数十项殊荣，被誉为“西北饲料工业一面旗”。

公司以“振兴饲料工业、发展农牧经济，服务养殖产业、营养健康国民”为宗旨，以“建一流农牧企业，铸百年华秦劲达”为愿景目标，坚持做专业化饲料生产企业，走集团化发展道路，实施科技强企战略，加快产业链延伸，为实现员工“快乐工作，美好生活”的“华秦梦”和推动中国饲料工业与畜牧业的健康发展做出新的更大贡献。

甘肃省

武威铁骑力士饲料有限公司

铁骑力士集团是国家级农业产业化重点龙头企业，创建十九年来已发展成为在全国建有51家分（子）公司、员工5 000余人的高科技企业集团，荣获中国驰名商标、中国饲料行业具有竞争力十大品牌、全国优秀畜牧企业、全国食品行业优秀龙头企业等荣誉。

公司是铁骑力士集团在甘肃设立的一家独资分公司。位于甘肃省武威市黄羊食品工业园区，属武威市重点招商引资企业。公司占地近百亩，投资近6 000万元，是西北地区规模最大的集科研、生产、销售、服务为一体的现代化大型饲料企业。公司采用国内最先进的生产设备和电脑全自动配料系统，年生产能力18万t。公司配备一流的质量检测设备并严格按照ISO.9001：2008国际质量认证标准生产，同时以集团冯光德实验室为技术依托，专门针对西北地域的养殖环境，研制出完全适合本地区的猪、鸡、牛、羊系列饲料。产品已覆盖甘肃、青海、新疆维吾尔自治区、宁夏回族自治区。

公司自2007年成立以来，始终秉承“用科技造福大众、把真情还给人民”的经营理念，先后获得工业强区先进企业、新型劳动关系和谐企业、劳动保障守法诚信单位、先进基层党组织、A级信用企业等荣誉称号。同时，公司生产的产品在2011年取得了甘肃省名牌产品荣誉称号。2013年产量5.4万t，产值1.2亿元，销售收入1.25亿元。

公司始终坚持以“产品就是人品”的质量方针，将用优质的产品和完善的技术服务帮助广大用户提高养殖水平和经济收入，客户满意是我们最神圣的使命和工作。

武威市智慧农业科技有限责任公司

武威市智慧农业科技有限责任公司成立于2002年10月份，是陕西汉中智慧农业科技有限责任公司的合资公司，是武威生产规模较大的民营饲料生产企业之一，共同投资1 000万元。公司拥有2条年生产能力万吨以上的颗粒、浓缩饲料生产线，年生产能力为4万t。2013年饲料产量16 000t，产值4 200万元，主要生产慧旺、智能两个品牌的猪、鸡、牛、羊等系列饲料。公司借西部大开发的机遇，本着发展畜牧业，带动一方经济的原则，以武威为中心，已经成功开拓了甘肃、宁夏、青海等市场。公司与上海帝斯曼集团、西北农林科技大学、陕西汉中智慧农业科技有限责任公司建立了长期的合作关系，在有关专家的指导下不断优化产品配方，提高产品质量，完善生产加工工艺，以保证产品质量的稳定和提高。在对市场的不断探索中运用现代化企业管理制度，建立完善的质量监控体系，实行严格质量把关，为进一步加快本市畜牧产业的发展做贡献。

公司以“科技发展农业”的企业宗旨，“科技领先、质量为本、诚实守信、互利互惠、共同发展”的经营理念，用感恩、敬业、执行、学习、创新的企业精神，立足甘肃，放眼西北，争创名牌产品，为当地畜牧业的发展做出应有的贡献。

临夏州小康村饲料有限责任公司

临夏州小康村饲料有限责任公司位于甘肃省临夏回族自治州临夏县北塬农业经济开发区，是按照股份制形式筹资 1 600 多万元，于 2006 年 10 月兴建的临夏地区的一家集饲料研发、加工、生产、销售、技术服务于一体的专业饲料生产企业。公司注册资金 475 万元，占地 1.4 万 m^2，现有职工 60 多人，其中具有中高级专业技术职称的人员 11 人；拥有授权专销商 30 多个，销售商 300 多个。公司生产销售猪、蛋鸡、肉鸡、牛、羊五大系列各阶段的全价料、浓缩料等 50 多个品种，年设计生产能力达 6 万 t。公司于 2010 年 6 月份被农行临夏县支行评定为“AA＋”级信用企业，2011 年通过了 ISO9001：2008 国际质量管理体系认证；2011 年 10 月份被评为甘肃省第六批农业产业化重点龙头企业。2013 年生产销售各类饲料 3 万 t，产值达 8 000 多万元。产品销往兰州、武威、张掖、白银、甘南、定西及青海省各市。

青海省

青海鲁青饲料科技有限公司

青海鲁青饲料科技有限公司是民和县委、县政府于 2009 年通过招商引资方式从山东莱州市引进的一家民营企业，也是民和县唯一一家专门从事以农作物秸秆加工利用，牛羊、鸡鸭等畜禽饲料研发、加工、销售为一体的专业公司。

公司 2010 年 6 月依法登记注册，注册资金 200 万元，占地面积 3.3 万多 m^2，总资产 3 100.04 万元，其中，固定资产 2 008.52 万元。公司设立有技术部、市场部、财务部和培训部等部门，拥有中高级专业人员及员工 36 人，其中高级职称 2 人，中级职称 4 人，管理人员 3 名，技术工人 27 名。公司建立了多个饲料销售网点，饲料产品销售量逐年增加，赢得了省内外广大用户的信赖与肯定。公司 2011 年成功注册“鲁青饲料”商标；2013 年被省农牧厅认定为农牧业产业化省级重点龙头企业。

近 3 年来，公司不断加大资金投入，新建加工车间 1600 平方米、原料库房和成品库房 1 500m^2、办公及检测化验室 900 m^2、青贮池 1 5000 m^3。建成年产 10 万 t 全价配合饲料生产线 1 条和年产 10 万 t 秸秆颗粒饲草生产线各 1 条，年产 10 万 t 青黄贮饲草生产设施 1 处。

公司与北京大北农科技集团股份有限公司合作，依托大北农集团拥有一大批高级专家组成的研发队伍，有效提升公司生产加工能力和产品档次，增加产品科技含量，打造品牌优质，进一步提高产品市场竞争能力；力争到 2015 年建成海东市最大的配合饲料、浓缩饲料和饲草产品生产加工生产基地，满足农区畜牧养殖业需求。

刚察县鲁援生态饲料有限公司

刚察县鲁援生态饲料有限公司是山东省援建方式新建的一家综合性饲草、饲料生产加工基地。公司占地面积 30 亩，总投资 3 000 万元。公司内设采购营销、生产、仓储安检、财务部 4 个部门，拥有员工 36 人。公司依托青海大学农牧学院为技术支撑单位，签订饲料研发合作协议，先后研发了母羊、羔羊等各类饲草、饲料 16 种。各类产品产销两旺，深受广大牧民群众的欢迎和好评。公司采用“政府＋企业＋农户”运营模式，即通过政府部门的产业化扶持，有效提升公司的龙头带动作用，促进公司向专业化、规模化、标准化方向发展，实现公司增效、农牧民增收的双赢局面。公司将以全新的经营理念，致力于饲草、饲料新产品的开发和技术进步，以精良的产品、优质的服务、诚信的合作服务于社会和广大农牧户。

宁夏回族自治区

宁夏大北农科技实业有限公司

宁夏大北农科技实业有限公司是中国饲料工业协会理事级会员单位，是西北地区实力雄厚、管理规范、设备先进、技术一流的现代化农业高科技企业，现有宁夏大北农科技园和清真牛羊肉奶专用饲料科研生产基地两个饲料生产厂区，占地 11.3 万 m^2，装备具有国际一流水平的中外合资瑞士常州布勒生产线工艺设备。企业遵照“健康养殖、养殖健康”的发展理念，年产60万t清真牛羊专用饲料生产线、年产19万t高档水产饲料和禽料生产线、年产15万t高档猪料生产线实行专业化生产运营，全力助推西北地区畜牧水产养殖业向科学化、规模化、产业化、高效化方向发展。截止2013年底，公司资产总额24 402万元，其中固定资产净值12 589万元，实现销售收入47 852万元，利润总额2 303万元，净利润1 958万元。

公司拥有“大北农”和“泽光”两大品牌，包含清真牛羊专用饲料、水产、猪和禽四大系列饲料产品，销售服务网络辐射宁夏、内蒙古、甘肃、陕西、青海等省区。目前分布在宁、蒙、甘、陕、青等省区的43家养殖服务中心和37家养殖服务站，充分利用和发挥宁夏大北农在产品、信息、人才、技术服务、信息、管理、资金等方面的优势资源，为当地畜牧养殖业的发展和农民的增收致富助力护航；同时，覆盖牛羊、水产、猪和禽四大养殖领域，遍及宁、蒙、甘、陕、青等省区重点养殖区域的193家养殖示范基地，立足健康科学高效的养殖理念，全面推进落实宁夏大北农所倡导的养殖模式、技术模式和管理模式，从养殖源头确保畜产品、水产品、乳制品、蛋制品的质量安全。

在20年的企业发展历程中，宁夏大北农始终秉持“报国兴农、争创第一、共同发展”的企业核心发展理念，致力于为中国农业发展、农村繁荣、农民致富而不懈努力，为西北地区农牧业的健康发展和食品安全事业做出了积极贡献。企业先后被授予国家农业产业化重点龙头企业、中国驰名商标企业、国家级高新技术企业、中国商业名牌企业、全国农产品加工示范企业、全国乡镇企业创名牌重点企业、自治区30家非公有制重点骨干企业、自治区百强企业、自治区企业技术中心、宁夏（银川）饲料技术创新中心、自治区守合同重信用企业、宁夏名牌产品、宁夏著名商标、宁夏质量奖、自治区科技创新团队等荣誉称号。

青铜峡国雄饲料有限公司

青铜峡国雄饲料有限公司是新希望集团于1998年为开发大西北投资兴建的第一家“光彩事业”企业，坐落于具有“塞上江南”美誉之称的宁夏回族自治区中心地带、交通十分便利的青铜峡市，是一家设计、管理科学的现代化饲料生产企业。

公司在集团雄厚的技术力量支持下，综合多年的成功经验，根据西北地区气候、土壤、水质和原料营养成分特点，结合当地养殖习惯，研制开发出了具有生产性能高、抗病能力强的“国雄”牌各类高中档饲料，并专门设计出适合西北养殖特点的奶牛、肉牛及肉羊饲料。公司通过了ISO9001：2008国际质量管理体系认证，从原料进厂到产品成形，均经严格的质量验收、监控，坚决做到“不合格原料不入库，不合格产品不出厂”，保证将优质产品推向市场。多年来产品经多级技术监督部门抽检，合格率达100%，销往“宁夏、内蒙古、陕西、甘肃、青海”等省市区市场，赢得了广大养殖户良好口碑。

“阳光、正向、规范、创新”是企业的基本价值观念；像家庭、像学校、像军队是新希望集团一直以来塑造的企业形象，是新希望企业文化的三个层次；秉承“与员工共求发展，与客户共享成功，与社会共同进步”是新希望集团的经营之道；把“为耕者谋利、为食者造福”作为集团企业的经营宗旨；不懈追求“农业创造价值，农民分享价值、价值留在农村，城乡和谐发展”的社会目标；以农牧产业龙头企业优势带动农村经济发展，带领广大农民增收致富。

康地饲料（银川）有限公司

康地饲料（银川）有限公司是美国康地谷物公司（Continental Grain Company）在华独资建立的大型饲料生产企业，隶属康地饲料（中国）集团，在业界被誉称为“中国饲料行业的黄埔军校”。公司成立于2005年12月，位于宁夏银川市金凤工业园，引进全套具有国际先进水平的加工设备，采用康地多年来自主创新的生产工艺和管理模式，向西北地区的广大养殖户提供高品质的配合饲料、浓缩饲料、预混合饲料等一系列产品。

公司生产经营的产品包括畜、禽、水产预混合饲料、浓缩饲料、配合饲料等。公司的产品有100多个品种，可以满足不同用户的需要。为保证产品品质，所有产品均采用高品质的原料生产，并对原料采购、生产控制、成品采取科学和严格的管理，公司以雄厚的技术做后盾，以精益求精的工作态度为基础，生产出高品质的产品，以满足客户不断增长的需求，确立“技术之所在”的企业形象。同时，公司设有专业的技术服务队伍，可根据各地区的饲料资源特点，为客户提供个性化的服务。

公司秉承美国康地谷物公司200余年的优质服务传统，竭诚为中国用户提供安全可靠、环保、高品质的产品，广泛发展区域合作卫星企业，与中国饲料工业的全体同仁一道，面对新形势，迎接新挑战，再创新的辉煌。

宁夏银川通威饲料有限公司

宁夏银川通威饲料有限公司于2012年11月13日，在宁夏回族自治区银川市贺兰县工商局注册成立，位于银川市贺兰县暖泉农场，占地 2 万 m^2，为通威股份有限公司独资子公司，注册资本 3 000 万元。

宁夏通威专注于水产料、奶牛料、肉牛料、肉羊料生产，现有水产料、反刍料先进生产线各一条，真正做到专料专线生产。同时宁夏公司投资 200 余万修建化验室，并配备先进检化验设备，能快速、准确检验饲料各项指标。公司为有效服务于养殖户朋友，特设立光合菌、乳酸菌生产车间，并配置专业的水产服务团队，为水产养殖户朋友提供水质调节、精准组合投喂、均衡增氧、藻菌调控、鱼病防疫等系统解决方案。宁夏通威奶牛料、肉牛肉羊料高质优价，品种系齐全。

宁夏通威秉承通威“诚信正一”经营理念，以产品质量谋生存，饲料入库成品抽检合格率 100%，为宁夏乃至西北市场提供高性价比、优质的成品饲料。

优质高效的产品和完善的服务体系是通威决胜于市场的两大利器，它也必将助推通威实现“水产料西北强势品牌、牛羊饲料西北优势品牌”的宏伟目标，全面展现通威股份的核心竞争力。

新疆维吾尔自治区

新疆承天农牧业发展股份有限公司油脂厂

新疆承天农牧业发展股份有限公司油脂厂成立于 2009 年 7 月，是新疆承天农牧业发展股份有限公司的分公司，位于巴州库尔勒市经济技术开发区西尼尔工业区，占地 197.34 亩，有 6 个生产车间，建筑面积近 7 000 ㎡；主要生产和销售棉短绒、脱酚棉籽蛋白、棉壳、棉籽油等。

公司自成立以来，不断引进高级管理人才，构建现代化企业管理体系，不断优化和完善企业内部管理，并配套先进的 OA 办公及审批流程管理和集团化的视频会议交流器材等。油脂厂管理人员及员工 60 余人，其中管理人员 4 人、饲料行业技术人员 6 人、专业饲料化验员 2 人。公司本着“质量第一，信誉至上，严格管理，安全保障，为员工创造最佳环境，为客户提供优质产品源服务”的方针，同内地多家饲料、食用油企业建立了良好信誉关系。“承天”牌棉籽蛋白、棉籽精炼油销往辽宁、大连、北京、河南、四川等地，得到了客户的一致好评。

油脂厂生产采用具有自主知识产权国家发明专利技术的“液-液-固”三相萃取脱酚棉蛋白生产新工艺成套设备，并配套完整的脱酚棉蛋白检测设备和设施。年加工棉籽达 10 万 t，年产 1.5 万 t 精炼棉籽油、脱酚棉蛋白 4.5 万 t。

2010 年公司荣获巴州地区龙头企业称号；2011 年公司荣获自治区级最具成长力百强企业称号。

新疆阜丰生物科技有限公司

新疆阜丰生物科技有限公司坐落在新疆乌鲁木齐经济技术开发区（头屯河区）甘泉堡工业园，总投资 40 亿元，占地面积 120 万 m^2，2012 年 4 月开工建设，2012 年 10 月部分项目投产运营，至 2014 年将完成全部投资，实现全产能运营。

目前，主要产品有饲料用喷浆玉米皮、玉米蛋白粉，饲料添加剂亮氨酸、异亮氨酸、缬氨酸、谷氨酰胺等。年产单一饲料 1.5 万 t，各类饲料添加剂氨基酸 3 000 多 t。

公司拥有从事生产研发的专业技术人员 100 多名，并与国内多家科研院校合作，有着成熟的单一饲料和饲料添加剂生产工艺设备。公司饲料添加剂采用发酵法生产，生产设备先进，后处理烘干粉碎包装工序皆为不锈钢设备，厂房设计参照 GMP 要求进行设计。公司还购置了陶瓷膜、超滤膜、不锈钢全自动双锥烘干机等先进设备，生产车间配备了完善的监控设备，可以实时监控流水线的产品指标，根据检测数据调控生产方法。

公司设置检测技术中心，现有专职检化验员 30 多人，皆具有生物技术、化学检验等相关大专以上学历，部分已取得农业部职业技能鉴定资格证书，具备生产产品的质量检化验能力。中心配有近红外分析仪、电位滴定仪、旋光仪、分光光度计等常规检验设备，还配备气象色谱仪、液相色谱仪、氨基酸分析仪、原子吸收光谱仪等高精尖设备，有力保证了生产产品的所有项目检测。

公司已经通过 ISO 9001、ISO 22000、HALAL 等管理体系论证，检测技术中心正在申请 CNAS 国家实验室认可。

新疆泰昆集团股份有限公司

新疆泰昆集团创建于 1996 年，于 2010 年 2 月整体变更为股份有限公司，是依托新疆特色农业资源、立足新疆、辐射中亚的农业产业化国家重点龙头企业。泰昆集团拥有饲料、油脂（植物油）、畜禽养殖及鸡肉食品加工等三条相互关联的产业线，拥有中国农牧行业最完整的产业链结构，在全疆建立了 25 家全资或绝对控股子公司，职工 2 200 多人。近年来，公司产品质量优质而稳定，覆盖全疆及甘肃等地，面对日益激烈的市场竞争，公司对内强化管理，深挖潜力，加大新产品研发，对外积极开拓市场，做好市场服务，全力以赴谋发展。2013 年加工生产油料

29万t、饲料46万t、禽肉1.97万t、鸡肉出口2 000t，实现年销售收入28亿元。

泰昆集团分别在昌吉市、五家渠市、石河子市、伊犁哈萨克自治州、库尔勒市、阿克苏市、喀什市建有7家饲料加工厂，产品有猪饲料、禽饲料、水产饲料、反刍饲料四大系列，100多个品种，拥有销售网点1 500个，终端养殖户3万多家，市场占有率达到30%，基本覆盖全疆各地州，并销往西北其他地区。

2013年投资8 000万元新建的西北单厂，拥有1座36万t饲料厂和1座单班年产1万t预混料厂，设计标准严格按照国家有关饲料法律法规要求执行，饲料厂具备反刍饲料、水产饲料、畜禽饲料、预混合饲料4条独立的专业生产线，采用国内最先进的成套加工设备，配备了进口机械手码垛机，配置了16个饲料品种的散装仓储、物流系统。全程电脑模拟控制，工艺流程可实现从原材料到产品加工，再到终端养殖户各环节的全程追溯。

公司分别在昌吉市、奎屯市、巩留县、巴楚县、麦盖提县、阿拉尔市等地建有六家油脂加工厂。2013年与兵团农一师三团合作投资1亿元，重组了阿拉尔瑞泰油脂公司，产能提升25万t，年产能达到65万t以上。公司在全国率先突破油料加工工艺瓶颈、实现产业升级，生产出蛋白含量48%的葵仁粕和50%～52%的棉籽粕。

泰昆集团打造形成了集种鸡饲养、商品鸡养殖和食品加工的完整食品产业链，是西北乃至中亚地区最大的、也是食品安全控制最严格的肉鸡一条龙企业，拥有现代化种鸡场7个、孵化中心2个、商品鸡场9个，以及符合欧盟标准的食品加工厂1个。年产出鸡苗2 000万羽、商品鸡1 000万羽、鸡肉3万t。在全疆设有1 000多家品牌专营店、专柜或专销点，白羽肉鸡在新疆市场占有率达到70%，乌昌地区达到80%以上，年出口鸡肉2 000t，打开了潜力巨大的中亚市场。

泰昆集团依托全产业链优势，带动区域畜禽养殖业转型升级，向规模化、现代化、产业化方向发展，在新疆昌吉周边打造聚落式肉鸡产业带，实现玉米、棉粕等农业资源就地转化，加快农业产业结构调整，带动农牧民增收致富，最终实现农牧产业从田间到餐桌的一体化发展模式。

新疆天物生物科技股份有限公司

新疆天物生物科技股份有限公司成立于1999年，注册资金3 950万元，公司饲料厂位于乌鲁木齐新市区安宁渠，占地6.7万m^2，拥有年单班生产1万t添加剂预混合饲料加工车间和年单班生产6万t配合饲料生产车间各1座，10t微生物发酵车间1座。

公司拥有员工78人，其中硕士3人，高工5人。先后被自治区有关部门评为科技进步先进集体、民营科技型企业、全疆唯一推荐产品等荣誉称号。公司拥有3项自主知识产权，先后获得国家、自治区、乌鲁木齐等科技成果项目支持10个。

公司通过多种形式，与美国威斯康星大学、中国农业大学、新疆农业大学、石河子大学等科研机构建立了紧密的技术合作关系，取得了一些属于公司所有的具有国内领先水平的知识产权项目。公司利用中美奶业研究中心、农业部饲料工业中心等技术合作平台，集国际、国内知名专家的最新研究成果和专利技术，以优质高效的产品为保障，以现代行销策略为手段，以完善的技术服务为纽带，致力于反刍家畜生物饲料的开发。

公司已形成牛羊套餐系列饲料产品，包括牛羊营养舔块、微量元素盐砖、牛羊预混料、浓缩饲料、高产奶牛、肉牛营养补充料、M81棉粕脱毒剂、FP4秸秆青贮剂等系列产品，现拥有一批高素质的专业人员和完善的营销网络，已发展成集科研、生产、销售、服务一体的科技型企业。

新疆天泽饲料有限公司

新疆天泽饲料有限公司成立于2012年3月，由乌鲁木齐天泽生物技术有限责任公司和新疆生产建设兵团第五师国有资产经营有限公司组建。位于第五师（博乐）工业园区五环路南35区，占地5.5万m^2。拥有高级管理人员7名，行政人员15人，生产工人30名，销售人员及技术服务50名，共计人员100名，其中博士2名，研究生6名，大专本科以上人员占60%以上。

公司拥有全电脑控制、自动化程度较高的现代化生产设备，主要饲料加工设备有508制粒机组、高档膨化设备机组及超微粉碎机组，这些饲料设备均为江苏省、天津市等机械有限公司生产，是目前国内先进的饲料加工设备。公司主要涉及畜禽配合饲料、浓缩饲料等，年单班生产饲料6万t，是一家集科研、生产、加工、销售、服务为一体的现代化饲料加工企业，拟发展酶化蛋白饲料、饲料添加剂、添加剂预混合饲料及饲料原料的生产和经营。

青岛市

平度六和饲料有限公司

平度六和饲料有限公司隶属于新希望六和集团，公司拥有3条配合饲料生产线，设备设施行业领先，设计产能24万t，产品主要有肉鸡、肉鸭、蛋鸡、种禽、猪配合饲料和浓缩饲料，产品辐射平度、昌邑、高密等周边区域。

公司秉承新希望六和饲料安全质量管理理念，面对日趋激烈的市场竞争环境，严格贯彻落实《饲料和饲料添加剂管理条例》及《饲料质量安全管理规范》的要求，自我规范和约束，2013 年顺利通过了饲料生产许可证的换证工作，取得了合法经营的手续。

“让客户满意和创造更高价值”是公司一贯的宗旨。公司坚持以“客户满意”为服务宗旨，不断拓展对用户的服务渠道，通过布局卫星动保服务中心，建立多级客服体系，为客户带去方便、快捷的服务，提供安全、高效、稳定的产品，2013 年公司产销量实现 21 万 t，产值 6.4 亿元，继续在区域内保持饲料行业领头羊的优势。

公司在发展的同时，也积极响应集团公司“暖心工程”，即从软、硬件等方面，对广大员工的工作、生活、生产条件进行改善，使员工保持良好状态，感受到公司的关怀，能够更好地工作和生活，并于 2013 年通过了 OHSAS 18001 职业健康安全管理体系认证。

公司将继续秉承“情系父老乡亲”的情怀，坚持走精益化与创新化发展之路，以变应变，顺应行业发展，和社会各界共创灿烂美好的明天。

青岛康大六和饲料有限公司

青岛康大六和饲料有限公司隶属于青岛康大集团的食品产业，为康大集团控股公司，由康大集团公司管理经营。公司成立于 2008 年 2 月份，以生产配合饲料、浓缩饲料为主，时产 35t，现有规模设计年产能力可达 25 万 t。公司引入瑞士布勒成套饲料设备，设计产能为 3 条生产线，各项指标均符合国家标准，且该设备具有噪声小，灰尘少，安全和便于操作等优点。公司可以生产粉料、颗粒料、破碎料，能够满足广大养殖户的养殖需要。

自 2004 年以来，康大集团投资过亿元建设了肉兔良种繁育基地。经过了 6 年的发展，康大已拥有了领先国内同行业的肉兔良种繁育基地、国际最先进的标准化养殖模式以及标准化的生产加工车间，形成了饲料加工、育种、养殖、生产加工、出口销售于一体的产业化运作模式。康大六和饲料年销售在 20 万 t。产品主要销往山东、河北、四川、重庆、江苏、福建、广西、江西等地，受到广大养殖户高度认可。

在质量管理方面，公司秉承“产品源人品，质量源细节”的产品质量理念，通过推行 ISO9000 和 HACCP 质量管理体系，对原料供应商评选、原料验收、过程控制、成品检验、成品出库管理等各环节进行层层把关，定期对品控、检验人员进行专业培训，提高检化验人员的专业水平，确保产品质量一直处于行业领先水平。同时，公司还有严格的产品留样观察制度，保证了产品质量的可追溯性。

饲料配方借鉴了欧洲先进技术，结合国内养殖的特点。根据当地原料实际情况进行科学的设计及合理的搭配，使产品营养更加全面，更加安全。在料肉比、成活率、适口性等方面均走在同行业的前列。公司每批新原料、每次配方的更改都先在康大自属养殖场进行试验，试验安全的情况下才会投入正式的生产，以确保产品质量安全。

公司始终坚持“秉承康大精神，致力共赢发展”的行为宗旨，采用先进的生产设备、质量上乘的原料、科学的配方优化、严格的质量管理、优质的产品和售后服务，真正做到“客户、员工、企业、社会”的共赢，深受广大养殖业户的广泛赞誉。

青岛科奈尔饲料有限公司

青岛科奈尔饲料有限公司是一家集饲料研发、生产、贸易为一体的加拿大独资企业，注册资金 100 万美元，坐落于美丽的海滨城市—青岛，占地 2 万 m^2，东邻烟青一级公路，靠近青岛港和烟台港，占据地理优势，交通便利。公司总部成立于 1983 年，位于加拿大温哥华，主要从事农产品及饲料产品的种植、加工及出口贸易。

公司成立于 2004 年。主导产品为植物源性食品原料、宠物食品原料、畜产品原料、动保产品和犊牛生长后期全价草颗粒、肉牛、羊育肥期全价草颗粒、奶牛休闲功能性颗粒、生物发酵饲料等。公司结合日、韩、以色列等专业技术，在山东半岛、吉林等地区正在开展奶牛、奶山羊 TMR 饲料的专业生产和商业化运作。

公司依托与北美、欧洲、日、韩等多地知名农业企业、宠物食品企业的良好沟通协作关系，以较强的技术优势、过硬的产品品质、丰富的产品系列和卓然的服务水准，实现国外优质食品、农产品、畜产品和宠物食品原料等优势产品的互通，为国内畜、农产品市场提供快速优质的交流服务。

公司以“挑战、提升、协力”为企业理念，“绿色生态、安全健康”的为产品理念，秉承“为员工谋福利，为客户送惠利”的经营理念，以发展循环经济，构建环境友好型植物源性食品、宠物食品、饲料原料企业为己任，保持高度企业责任，致力于成为全球植物源性原料供应的首选合作伙伴。

青岛玛斯特生物技术有限公司

青岛玛斯特生物技术有限公司成立于 2002 年，

是以中国海洋大学和广东海洋大学为主要技术依托，专注于水产营养与饲料添加剂研究、开发、应用的专业化高新技术企业。公司立足于高技术、高起点、高效率，以产品为先导、以技术为后盾、以质量为根本、以服务为特长，为饲料工业和水产养殖业提供全方位、高质量的产品和服务。

公司研发中心拥有一批学术成就卓著、实践经验丰富的知名专家，其中3位教授、3名博士和10多名硕士，专业背景涵盖了养殖学、微生物营养学、生理学、免疫学、生物化学、分子生物学等多个学科。公司在青岛、湛江、宁波、莱州等地拥有独立或与知名科研机构或企业合作的研发设施设备，并常年持续开展研究开发工作，为产品的持续改进、不断完善、更新换代和精益求精注入源源不断的活力，是实现业务稳定增长和长久发展的坚实基础和强大后盾。公司依托强大的科技创新团队、完善的研究设施、先进的仪器设备和规范的产品中试基地，在多年研究成果的基础上充分借鉴吸收国内外的最新数据资料，精心研制开发出了包括诱食、促长、免疫调节等功能性添加剂、复合预混料、复合维生素和复合矿物质等在内的一系列适用于水产饲料的绿色、环保、优质、高效的科技型产品，其中虾乐333、鱼虾味素、复免剂、参益好、宝鲍乐等产品应用了国家发明专利技术，参益好被评为青岛市名牌产品。

2010年底，公司与国内酶制剂和微生态领域龙头企业青岛康地恩生物集团（青岛蔚蓝生物）实现战略合作，为公司高速发展迎来新的契机。近年来公司发展十分迅速，在国内专业化水产添加剂和预混料企业中，玛斯特已稳居前三甲。公司的愿景目标是在水产营养与饲料添加剂领域成为国内的领导者，并形成具有一定国际影响力的品牌。

2013年玛斯特年产3万t预混合饲料的胶州工厂建成投产，新工厂采用全新的自动化生产线，在国内预混料行业较早引入了以条形码为基础的可追溯体系，实现了从原料进入公司仓库到成品进入客户仓库的全程可追溯管理，最大限度地保障了产品质量和安全，深受广大用户的信赖和欢迎。

公司将一如既往地秉承“诚信、尽责、学习、创新”的发展理念，与广大饲料业和水产养殖业的同仁通力合作，为进一步提高我国水产饲料的质量、提升水产养殖产品的品质、促进饲料工业和水产养殖业的健康发展做出更大贡献。

大连市

大连大北农牧业科技有限责任公司

大连大北农牧业科技有限责任公司是大北农集团在大连投资建设的专业猪饲料研发加工企业，并配套世界先进的猪营养技术和养殖技术服务，是大连地区最大的专业猪饲料加工和养猪综合服务企业。

公司进行了生产线和生产车间的改造，一期投资5 000万元，增加了超微粉碎系统，增加1条制粒生产线，改进了自动配料系统，使猪饲料年生产能力达到20万t，生产工艺到达国内一流水平。

大连地区养猪业养殖水平相对落后，缺乏养猪高新技术的应用和龙头企业的拉动，每年由于饲料转换率低和品种改良程度差造成的经济损失超过2亿元，公司建成达产后，每年可使用玉米16万t、豆粕3万t，以优质、环保、安全的全价配合料和浓缩料为主，可带动当地农户5 000户，建设以环保养猪技术、高科技养猪技术为基础的联合户3 000户，年出栏优质生猪150万头，为大连市建设优质、安全商品猪生产基地作出了贡献。

公司的运营模式以自有的先进营养和加工技术为基础，以互联网为媒介，生产和销售优质全价配合饲料、浓缩饲料，并对养殖户的猪群进行品种优化，配套技术服务，推广高效、环保、安全饲养技术，确保养猪户的养殖收益，打造最有效益的联合体养猪模式，达到提高大连市养猪综合效益的长远目标。

大连伟达牧业发展有限公司

大连伟达牧业发展有限公司成立于2006年，位于瓦房店市西杨乡乡政府所在地，占地面积达24 000m²，注册资金1 000万元。

公司主要生产经营肉鸡全价颗粒饲料和肉鸡浓缩饲料，使用正昌集团整套制粒设备，生产工艺先进，采用BRILL配方软件设计，年产能力达6万t颗粒饲料。公司拥有员工100余人，其中专业技术人员30人，大专以上学历占30%。公司从原料入厂到生产制作及成品储存已制定严格的品控制度，确保所有进出厂原料及成品全部合格。

公司投产8年以来，凭借高质量的产品质量赢得客户认可，生产的颗粒饲料享誉辽南地区。公司销量连年递增，年销售肉鸡饲料5万t左右，销售额达15 000万元，带动了当地养殖业的发展。

统计资料

中国饲料工业年鉴

中国饲料工业统计资料

2013 年全国饲料产量

单位：t

地 区	总产量	配合饲料	浓缩饲料	添加剂预混合饲料
全国总计	192 554 843	163 078 956	23 984 880	6 337 225
北 京	2 693 564	1 802 425	389 964	501 174
天 津	2 607 144	1 685 816	644 234	277 094
河 北	11 453 188	9 323 481	1 981 804	147 903
山 西	2 878 637	1 967 312	863 792	47 533
内蒙古	2 951 773	2 030 774	874 804	46 196
辽 宁	12 854 079	9 135 518	3 503 616	214 945
吉 林	4 656 194	3 121 587	1 487 768	46 839
黑龙江	6 778 306	3 346 600	3 161 000	270 706
上 海	1 552 130	1 171 456	146 708	233 967
江 苏	9 766 555	9 136 022	352 136	278 398
浙 江	5 550 000	5 333 930	64 125	151 945
安 徽	4 887 132	4 538 589	226 380	122 162
福 建	7 730 687	7 187 042	249 448	294 197
江 西	6 657 705	5 848 207	235 802	573 696
山 东	20 668 354	18 664 594	1 268 225	735 535
河 南	12 882 791	10 629 255	1 951 865	301 671
湖 北	6 311 740	5 907 312	277 623	126 805
湖 南	10 763 455	9 488 457	644 044	630 955
广 东	22 505 545	21 579 625	355 050	570 870
海 南	2 043 897	2 011 315	3 358	29 224
广 西	10 159 324	9 776 456	269 317	113 551
重 庆	2 014 994	1 750 488	239 002	25 504
四 川	10 279 081	9 022 033	949 706	307 342
贵 州	846 216	524 685	321 028	503
云 南	3 748 515	2 730 869	967 923	49 723
陕 西	4 414 846	2 594 313	1 643 449	177 084
甘 肃	1 351 412	855 304	488 900	7 208
青 海	129 429	126 452	1 190	1 787
宁 夏	706 100	429 647	260 818	15 635
新 疆	1 558 266	1 359 392	161 801	37 073

2013年全国配合饲料产量

单位：t

地　区	小　计	猪饲料	蛋禽饲料	肉禽饲料	水产饲料	精料补充料	其他饲料
全国总计	163 078 955	66 292 868	24 252 353	46 186 464	18 328 047	5 591 173	2 428 050
北　京	1 802 427	394 701	219 700	665 048	89141	302 992	130 845
天　津	1 685 816	461 846	120 075	335 408	467 624	239 156	61 707
河　北	9 323 482	2 079 457	4 755 233	1 067 551	626 256	692 435	102 550
山　西	1 967 312	543 679	600 187	607 958	2 161	212 136	1 191
内蒙古	2 030 774	207 019	313 648	251 812	17 053	1 142 584	98 658
辽　宁	9 135 519	2 027 880	3 121 852	2 718 123	586 564	400 548	280 552
吉　林	3 121 587	660 629	1 205 245	892 757	43 139	131 405	188 412
黑龙江	3 346 600	1 113 200	651 400	497 000	176 000	631 000	278 000
上　海	1 171 455	348 116	379 254	305 159	76 009	57 494	5 423
江　苏	9 1360 22	2 340 876	1 212 229	2 425 367	2 925 552	85 277	146 721
浙　江	5 333 930	2 701 247	530 294	990 105	986 853	12 926	112 505
安　徽	4 538 588	1 244 849	644 180	2 331 859	268 448	6 731	42 521
福　建	7 187 042	3 654 959	588 180	1 841 823	976 589	742	124 749
江　西	5 848 207	4 216 537	476 966	571 915	552 661	11 885	18 243
山　东	18 664 594	4 822 237	1 309 060	11 178 360	518 371	432 174	404 392
河　南	10 629 254	5 792 737	1 401 940	2 811 455	466 450	97 541	59 131
湖　北	5 907 312	2 094 830	1 046 700	879 149	1 885 575	681	377
湖　南	9 488 457	6 510 464	866 571	935 746	1 141 314	1 448	32 914
广　东	21 579 624	9 706 576	1 220 324	6 643 885	3 844 199	20 077	144 563
海　南	2 011 315	792 146	164 732	671 412	378 213	—	4 812
广　西	9 776 456	5 405 348	355 006	3 526 479	489 071	—	552
重　庆	1 750 489	930 513	221 375	408 539	126 297	45 870	17 895
四　川	9 022 033	5 203 651	1 097 377	1 812 330	734 007	103 819	70 849
贵　州	524 685	206 509	60 599	162 001	60 214	25 032	10 330
云　南	2 730 869	833 632	590 675	872 513	401 463	17 375	15 211
陕　西	2 594 313	1 294 920	544 844	254 444	283 801	170 788	45 516
甘　肃	855 304	392 373	168 735	100 272	13 520	170 226	10 178
青　海	126 452	47 677	—	5	—	73 169	5 601
宁　夏	429 647	63 833	48 211	48 213	64 713	204 677	—
新　疆	1 359 392	200 428	337 761	379 778	126 788	300 984	13 653

2013年全国浓缩饲料产量

单位：t

地区	小计	猪饲料	蛋禽饲料	肉禽饲料	水产饲料	反刍饲料	其他饲料
全国总计	23 984 880	14 069 482	4 702 275	2 820 498	71 584	2 097 564	223 477
北京	389 964	314 296	11 737	—	2 590	53 471	7 870
天津	644 234	494 248	46 336	16 585	339	84 596	2 130
河北	1 981 804	691 986	904 454	171 808	—	185 163	28 393
山西	863 792	513 665	255 012	40 312	250	54 433	120
内蒙古	874 803	261 698	114 410	18 561		471 683	8 451
辽宁	3 503 616	1 364 543	899 283	1 119 604	365	99 229	20 592
吉林	1 487 769	832 135	249 429	268 794	19 839	116 622	950
黑龙江	3 161 000	1 181 000	758 000	617 000	—	503 000	102 000
上海	146 707	137 392	60	201	—	4 242	4 812
江苏	352 136	340 318	4 207	2 281	321	1 863	3 146
浙江	64 125	58 161	483	564	4 907	—	10
安徽	226 381	219 193	1 605	3 052	889	35	1 607
福建	249 448	246 759	20	—	69	2 600	—
江西	235 802	195 802	20 000	20 000	—	—	—
山东	1 268 225	1 108 139	99 247	26 697	18	33 826	298
河南	1 951 865	1 397 850	382 073	125 346	—	38 091	8 505
湖北	277 623	216 331	27 220	31 060	3 012	—	—
湖南	644 044	631 738	4 646	5 748	—	760	1 152
广东	355 049	324 565	804	11 036	5 162	150	13 332
海南	3 358	1 051	807	1 500	—	—	—
广西	269 317	235 291	6 167	27 708	59	92	—
重庆	239 002	181 965	50 041	697	354	5 945	—
四川	949 706	920 879	20 634	1 168	—	6 574	451
贵州	321 029	307 357	5 716	5 915	—	70	1 971
云南	967 923	904 350	18 842	40 774	975	2 195	787
陕西	1 643 449	581 422	605 148	164 324	801	275 729	16 025
甘肃	488 900	254 707	121 127	40 183	84	71 951	848
青海	1 190	5	—	—	—	1 185	—
宁夏	260 818	71 601	41 151	44 711	31 444	71 911	—
新疆	161 801	81 035	53 616	14 869	106	12 148	27

2013 年全国添加剂预混合饲料产量

单位：t

地 区	小 计	猪饲料	蛋禽饲料	肉禽饲料	水产饲料	反刍饲料	其他饲料
全国总计	6 337 226	3 750 942	1 394 544	463 865	242 597	261 748	223 530
北 京	501 174	260 630	156 631	10 651	16 782	42 222	14 258
天 津	277 095	134 906	100 894	7 299	3 438	27 514	3 044
河 北	147 903	56 115	61 647	9 718	1 708	12 721	5 994
山 西	47 533	20 653	18 780	3 033	144	4 912	11
内蒙古	46 196	7 930	1 467	2 069	—	23 495	11 235
辽 宁	214 945	103 489	68 530	16 542	4 524	3 023	18 837
吉 林	46 839	19 679	13 810	13 350	—	—	—
黑龙江	270 706	118 000	61 300	43 100	806	34 700	12 800
上 海	233 967	138 206	38 857	12 079	3 609	16 358	24 858
江 苏	278 398	134 180	110 728	19 101	6 445	3 403	4 541
浙 江	151 946	109 157	15 941	11 875	6 417	8	8 548
安 徽	122 162	73 618	31 583	7 837	245	4 921	3 958
福 建	294 198	277 573	6 259	2 166	7 329	28	843
江 西	573 696	450 986	50 300	50 220	10 190	2 000	10 000
山 东	735 535	202 585	386 337	101 370	5 843	10 772	28 628
河 南	301 671	184 809	71 157	19 037	862	25 726	80
湖 北	126 805	74 000	32 101	8 011	12 693	—	—
湖 南	630 955	581 982	26 233	9 030	4 215	652	8 843
广 东	570 870	402 138	20 674	45 732	62 587	109	39 630
海 南	29 224	4 240	4 223	4 518	16 243	—	—
广 西	113 550	80 261	5 178	25 982	1 061	93	975
重 庆	25 504	24 018	291	407	208	578	2
四 川	307 342	191 693	23 925	16 186	62 428	7 581	5 529
贵 州	503	503	—	—	—	—	—
云 南	49 723	20 854	15 135	1 491	489	534	11 220
陕 西	177 084	57 511	63 169	18 782	12 747	16 580	8 295
甘 肃	7 208	3 404	225	50	—	3 529	—
青 海	1 787	147	—	1	—	1 639	—
宁 夏	15 635	5 313	3 100	2 111	—	5 111	—
新 疆	37 072	12 362	6 069	2 117	1 584	13 539	1 401

2013 年全国饲料工业总产值和营业收入基本情况

单位：万元

地区	饲料工业		饲料产品	
	总产值	营业收入	总产值	营业收入
全国总计	73 808 763	71 584 265	67 844 249	65 873 888
北京	1 169 939	1 247 765	1 136 528	1 203 167
天津	993 252	1 001 184	983 989	992 149
河北	3 942 889	3 607 538	3 761 308	3 427 888
山西	934 239	932 941	931 645	930 393
内蒙古	1 100 277	1 093 176	887 086	881 772
辽宁	4 759 922	4 680 968	4 536 655	4 466 138
吉林	1 527 239	1 527 239	776 279	776 279
黑龙江	2 053 995	1 842 350	2 011 300	1 801 500
上海	765 651	766 249	599 429	593 517
江苏	4 683 685	4 286 801	3 867 048	3 482 423
浙江	3 319 467	3 115 278	2 418 377	2 269 136
安徽	1 199 793	1 430 362	1 197 183	1 427 432
福建	2 444 562	2 163 318	2 375 277	2 096 759
江西	2 545 709	2 463 728	2 505 820	2 425 871
山东	9 591 314	9 226 054	9 004 566	8 702 462
河南	3 552 644	3 558 750	3 485 614	3 489 664
湖北	2 591 960	2 515 059	2 324 318	2 256 214
湖南	4 131 418	4 032 398	4 011 689	3 914 745
广东	7 788 146	7 776 798	7 639 460	7 631 674
海南	664 828	638 239	664 267	637 696
广西	3 152 164	3 129 326	3 083 355	3 063 036
重庆	803 780	794 595	708 840	702 274
四川	4 471 168	4 435 856	4 046 360	4 034 282
贵州	412 793	407 103	355 491	350 825
云南	2 200 241	2 001 746	1 776 437	1 607 579
陕西	1 625 841	1 602 974	1 580 117	1 558 158
甘肃	445 140	435 140	445 000	435 000
青海	36 426	31 568	32 148	27 351
宁夏	333 822	277 679	135 009	129 322
新疆	566 459	562 083	563 654	559 182

2013 年全国饲料加工企业基本情况

单位：个

地　区	总数	企业经济类型							
		国有	集体	私营	联营	股份	港澳台	外商	其他
全国总计	14 079	194	74	7 409	281	5 465	136	272	248
北　京	229	7	5	99	1	92	1	4	20
天　津	218	8	1	141	—	40	4	19	5
河　北	1 146	6	3	711	6	399	6	8	7
山　西	255	3	2	71	13	162	—	4	—
内蒙古	492	6	2	318	8	149	1	5	3
辽　宁	1 088	7	—	567	8	476	6	12	12
吉　林	532	—	—	432	14	78	1	7	—
黑龙江	822	22	4	177	82	518	1	18	—
上　海	156	5	2	76	2	56	3	9	3
江　苏	688	11	3	444	4	179	13	24	10
浙　江	512	4	5	290	4	199	3	5	2
安　徽	384	6	—	65	2	300	3	5	3
福　建	418	4	4	266	6	102	14	14	8
江　西	245	1	—	109	12	114	3	6	—
山　东	1 305	25	7	765	26	404	15	37	26
河　南	989	7	10	382	30	522	5	7	26
湖　北	386	6	—	286	1	83	3	4	3
湖　南	497	7	1	255	4	214	2	8	6
广　东	883	10	10	451	16	277	38	30	51
海　南	68	—	2	23	16	18	—	4	5
广　西	327	6	—	169	3	126	3	12	8
重　庆	218	4	—	80	—	129	—	5	—
四　川	602	3	2	438	2	129	5	14	9
贵　州	132	2	1	80	8	37	1	1	2
云　南	443	5	1	231	3	184	4	3	12
陕　西	497	7	5	120	9	339	1	4	12
甘　肃	172	—	—	171	—	1	—	—	—
青　海	62	4	—	50	—	8	—	—	—
宁　夏	69	—	—	18	—	51	—	—	—
新　疆	244	18	4	124	1	79	—	3	15

2013 年全国饲料加工企业职工情况

单位：人

地区	职工总数	其中职工学历构成					其中技术工种人员构成			
		博士	硕士	大学本科	大学专科	其他	小计	检化验员	中控工	维修工
全国总计	614 011	1 966	8 279	79 694	144 473	379 599	65 981	29 853	17 007	19 121
北京	11 887	201	671	2 273	3 042	5 703	1 030	580	179	271
天津	8 942	44	351	1 851	2 225	4 471	919	458	185	276
河北	35 708	66	238	3 855	7 790	23 759	5 053	2 397	932	1 724
山西	11 503	11	47	2 130	2 734	6 581	3 260	2 032	680	548
内蒙古	14 130	42	204	2 525	4 340	7 019	2 101	904	455	742
辽宁	21 585	86	435	2 991	4 588	13 485	4 347	2 290	920	1 137
吉林	18 175	26	142	1 082	1 544	15 381	2 830	1 192	801	837
黑龙江	9 804	25	53	322	465	8 939	1 771	1 325	96	350
上海	10 057	50	194	1 522	2 344	5 947	1 500	570	522	408
江苏	38 951	147	701	6 720	8 761	22 622	3 046	1 345	905	796
浙江	24 961	73	410	2 886	3 866	17 726	3 119	1 323	795	1 001
安徽	30 355	59	70	4 845	21 412	3 969	715	302	254	159
福建	15 766	57	185	1 877	2 701	10 943	1 691	653	512	526
江西	13 209	54	175	1 755	2 885	8 340	1 481	516	573	392
山东	74 469	212	1 219	8 672	15 700	48 666	7 781	2 989	2 771	2 021
河南	33 286	130	452	4 020	8 755	19 929	3 140	1 234	1 061	845
湖北	29 861	68	326	4 182	6 585	18 700	1 966	887	544	535
湖南	21 931	72	221	2 809	6 015	12 814	2 717	1 326	749	642
广东	41 555	238	943	5 915	7 427	27 032	4 291	1 742	1 123	1 426
海南	3 492	2	20	340	581	2 549	209	82	58	69
广西	15 759	32	169	1 885	3 194	10 479	1 707	737	374	596
重庆	7 058	18	71	769	1 562	4 638	822	327	220	275
四川	47 208	143	424	4 624	8 422	33 595	3 939	1 679	679	1 581
贵州	2 180	6	14	186	665	1 309	385	204	85	96
云南	21 885	29	130	1 875	3 280	16 571	2 173	845	696	632
陕西	29 365	56	293	4 705	9 326	14 985	1 625	869	283	473
甘肃	5 158	8	30	960	510	3 650	665	395	50	220
青海	893		2	89	148	654	192	57	25	110
宁夏	3 805	1	14	559	1 065	2 166	179	100	52	27
新疆	11 073	10	75	1 470	2 541	6 977	1 327	493	428	406

（陆泳霖）

主要饲料原料进出口情况

2013 年主要饲料原料进出口情况

（数量单位：万 t，金额单位：万美元）

原料类别	出口数量	同比（%）	进口数量	同比（%）	出口金额	同比（%）	进口金额	同比（%）
玉米	7.8	−69.8	326.6	−37.3	3318.6	−67.2	93749.6	−44.5
大豆	20.9	−34.8	6337.5	8.5	20233.1	−27.8	3798510.4	8.6
豆粕	107.0	−13.2	1.7	−63.3	63067.1	−6.0	1403.8	−33.9
饲料用鱼粉	0.0	−38.2	97.6	−21.7	27.0	−5.8	167200.3	−1.1
蛋氨酸	0.5	86.9	12.1	−9.8	3155.3	39.5	38429.7	−24.0
赖氨酸	19.2	11.9	0.6	−43.9	30701.8	−11.0	1120.0	−50.3

2013 年各月度玉米进出口情况

（数量单位：t，金额单位：万美元）

月份	出口数量	同比（%）	进口数量	同比（%）	出口金额	同比（%）	进口金额	同比（%）
1 月	540.2	−76.6	397059.3	−47.1	22.8	−70.1	11753.5	−53.1
2 月	5275.2	1215.5	394150.8	−24.3	200.4	1606.2	11402.4	−34.6
3 月	5624.1	140.9	237164.5	−49.8	203.3	104.9	7166.1	−53.3
4 月	2591.1	−86.0	419585.9	2452.0	102.1	−86.1	12298.3	2394.4
5 月	1778.4	−50.8	66653.4	—	66.6	−48.3	1988.6	−51.5
6 月	1876.0	−44.4	7845.0	−98.5	69.4	−46.4	265.4	−98.5
7 月	1168.5	−72.9	72734.6	−89.9	41.9	−71.6	2177.9	−90.9
8 月	1910.0	−61.7	10678.7	−98.2	74.3	−58.7	378.3	−98.1
9 月	50641.1	729.3	1617.5	−99.6	2237.5	899.5	122.9	−99.0
10 月	466.7	−71.4	39062.7	−91.2	52.4	−24.2	1222.3	−91.0
11 月	2607.6	22.9	797952.3	107.7	124.9	59.3	22506.4	100.7
12 月	3161.3	−36.9	821109.5	208.8	123.1	−38.7	22457.8	190.8

2013年各月度大豆进出口情况

（数量单位：t，金额单位：万美元）

月份	出口数量	同比（%）	进口数量	同比（%）	出口金额	同比（%）	进口金额	同比（%）
1月	20481.5	59.5	4782865.4	3.8	2079.7	83.3	302012.4	24.6
2月	17897.1	102.6	2898592.2	−24.3	1749.2	105.4	179056.6	−9.5
3月	22913.2	−9.8	3841461.5	−20.4	2119.7	−1.8	236573.4	−8.1
4月	25243.1	−29.6	3976523.9	−18.6	2739.2	−17.5	242411.8	−10.2
5月	18314.4	−30.5	5097501.3	—	1761.7	−25.8	300587.8	−2.1
6月	15783.4	−12.4	6925736.3	23.1	1449.5	−1.4	408181.2	23.4
7月	18440.2	11.8	7196624.7	22.7	1690.5	27.3	434405.2	25.2
8月	17634.9	−60.0	6367035.3	44.1	1566.9	−53.8	387915.5	42.0
9月	13576.3	−63.4	4698848.1	−5.4	1209.2	−58.7	283513.4	−12.2
10月	14264.4	11.8	4186887.0	3.9	1298.2	8.3	257144.4	−7.9
11月	15118.6	−70.1	6030395.0	45.0	1548.6	−67.7	349618.9	24.0
12月	9567.3	−71.0	7402449.2	25.7	1011.8	−67.3	421990.2	10.1

2013年各月度豆粕进出口情况

（数量单位：t，金额单位：万美元）

月份	出口数量	同比（%）	进口数量	同比（%）	出口金额	同比（%）	进口金额	同比（%）
1月	175814.6	474.8	1316.0	−95.8	10383.9	545.3	115.5	−90.2
2月	70305.0	116.8	2614.8	40.8	4214.3	176.7	203.1	245.8
3月	111937.3	293.3	3415.0	123.4	6423.5	333.6	250.5	284.0
4月	93358.0	131.5	1193.8	311.6	5507.5	179.0	96.2	395.8
5月	96305.4	−2.7	2047.5	−51.3	5479.2	11.3	162.1	−36.9
6月	132326.1	11.5	681.3	−35.6	7536.2	25.0	62.8	−19.4
7月	122729.0	−32.5	815.0	−39.4	7099.9	−22.0	70.6	−15.1
8月	82357.8	−47.0	800.0	−24.4	4850.0	−40.3	81.0	−13.5
9月	71078.4	−60.3	500.0	53.8	4196.4	−59.8	50.0	64.5
10月	38220.2	−75.2	803.0	147.1	2490.7	−72.8	80.3	164.1
11月	25260.7	−75.0	1233.0	−15.6	1638.2	−73.3	115.3	−20.6
12月	50415.0	−55.0	1262.5	57.8	3246.2	−50.8	116.4	39.7

2013 年各月度饲料用鱼粉进出口情况

（数量单位：t，金额单位：万美元）

月份	出口数量	同比（%）	进口数量	同比（%）	出口金额	同比（%）	进口金额	同比（%）
1 月	19.9	−72.4	73069.3	41.0	2.8	−56.7	12124.7	80.9
2 月	0.0	−100.0	47019.6	−49.1	0.0	−100.0	8585.1	−28.0
3 月	18.0	−72.9	74307.9	−46.7	1.6	−47.6	13464.4	−23.8
4 月	5.0	—	75332.4	−41.7	0.6	—	14465.9	−12.6
5 月	11.1	—	95954.8	—	1.3	—	18105.6	—
6 月	0.0	−100.0	72807.4	−5.8	0.0	−100.0	14061.3	46.0
7 月	102.9	736.8	55512.4	−47.4	12.8	1054.8	9729.2	−30.3
8 月	22.0	175.0	108875.8	−37.4	3.2	102.5	18773.6	−20.6
9 月	5.0	−74.6	151804.3	−3.3	0.7	−65.1	24401.4	7.1
10 月	20.0	—	93149.9	103.2	4.0	—	14817.8	105.6
11 月	0.0	−100.0	93116.3	23.5	0.0	−100.0	13865.1	25.9
12 月	0.0	−100.0	35005.5	−59.2	0.0	−100.0	4761.7	−63.9

2013 年各月度蛋氨酸进出口情况

（数量单位：t，金额单位：万美元）

月份	出口数量	同比（%）	进口数量	同比（%）	出口金额	同比（%）	进口金额	同比（%）
1 月	255.0	133.3	11862.5	47.9	258.2	105.3	3888.4	13.7
2 月	249.1	238.7	7619.0	−28.9	144.6	44.9	2475.4	−43.9
3 月	499.1	96.0	10542.6	−16.7	320.6	15.8	3474.6	−31.8
4 月	488.7	319.2	10264.5	−17.9	327.2	195.9	3395.3	−32.1
5 月	653.4	65.8	11364.5	—	352.7	20.4	3755.4	−9.8
6 月	791.9	165.9	9140.0	−1.5	357.7	67.3	2983.8	−19.5
7 月	425.2	74.4	10166.4	−24.2	239.7	30.9	3228.5	−38.2
8 月	381.9	106.4	12077.4	6.4	181.5	−4.4	3818.3	−9.0
9 月	554.5	42.8	10330.0	−13.8	315.2	39.7	3196.4	−23.6
10 月	476.6	128.8	9150.6	−21.4	238.1	57.1	2755.7	−29.6
11 月	440.3	55.5	12300.9	18.1	235.1	39.1	3705.7	7.3
12 月	131.3	−57.2	5866.4	−47.4	184.6	−16.8	1752.3	−52.2

2013 年各月度赖氨酸进出口情况

（数量单位：t，金额单位：万美元）

月份	出口数量	同比（%）	进口数量	同比（%）	出口金额	同比（%）	进口金额	同比（%）
1月	21632.4	44.7	778.6	30.7	4203.3	21.9	144.5	11.5
2月	14225.1	38.5	485.3	−59.0	2696.0	13.4	108.8	−63.5
3月	20535.8	39.8	1022.0	20.1	3874.3	17.6	179.2	−15.3
4月	14059.4	13.2	478.9	−32.9	2500.7	−9.5	118.7	−24.8
5月	11009.1	9.3	640.3	—	1888.8	−13.9	103.1	−53.9
6月	13503.6	14.7	311.4	−73.6	2108.6	−14.8	58.0	−75.5
7月	15716.3	60.1	539.7	−41.9	2317.5	23.1	77.8	−58.3
8月	13466.3	−14.6	681.7	−26.7	1986.4	−28.4	114.9	−32.0
9月	14347.1	−7.7	358.2	−63.9	2021.2	−25.2	73.8	−65.7
10月	17452.5	22.5	85.5	−90.0	2487.3	−1.8	26.3	−83.4
11月	15495.2	−21.0	162.5	−75.2	2017.7	−45.7	41.7	−67.9
12月	20187.3	−8.6	422.1	−40.7	2590.6	−40.1	73.2	−47.0

（齐蓓蓓）

大事记

农业部畜牧业司

（全国饲料工作办公室）

2013年1月，农业部畜牧业司组织开展“瘦肉精”免疫速测产品评价工作，解决市场上“瘦肉精”免疫速测试剂盒（试剂卡）产品种类繁多、质量参差不齐、增加日常监管和现场执法难度的问题，产生的评价结果通报至各省（区、市）相关单位，供采购使用相关产品时参考。

2013年1月11日，农业部畜牧业司举办技术培训班，部署饲料原料中霉菌毒素摸底调查及有关防控技术评价工作。2013年，农业部畜牧业司将对玉米及其副产物、小麦及其副产物和饼粕等大宗饲料原料开展霉菌毒素污染情况监测，研究制定饲料中霉菌毒素防控产品有效性评价规程。

2013年1月17日，农业部畜牧业司印发《2013年全国饲料产品质量安全监测计划》《2013年饲料安全专项监测计划》和《2013年反刍动物饲料中牛羊源性成分例行监测计划》，部署安排饲料质量安全监测工作，全年共抽检19 630批次。

2013年1月17日，农业部畜牧业司印发《2013年养殖环节“瘦肉精”专项监测计划》，以中小养殖场（户）为重点，在全国抽检养殖场（户）15 000个，并针对重点省抽检3 300批次，对已公布禁用的β-兴奋剂类物质进行排查监测。

2013年1月17日，农业部畜牧业司制定《饲料和饲料添加剂生产企业从业人员法规考核试题》，并予以公布，为各省级饲料管理部门开展饲料和饲料添加剂生产许可管理考核工作提供依据。

2013年1月22日，农业部畜牧业司举办饲料和饲料添加剂生产许可工作培训班，解答各地生产许可审核标准有关问题，统一认识和审核尺度，并进行饲料行政许可管理信息系统培训，推进生产许可信息化管理工作。

2013年1月24日，农业部草原监理中心主任马有祥兼任畜牧业司副司长。

2013年2月4日，农业部畜牧业司印发《2013年畜牧业工作要点》，将牢牢把握加快发展现代农业，率先实现畜牧业现代化的重大任务，以“两个千方百计、两个努力确保、两个持续提高”为中心目标，发展生产保供给，严格监管保安全，综合施策保生态，为农业农村经济发展作出新贡献。

2013年2月22日，农业部畜牧业司召开春节返乡调研座谈会，交流春节期间的所见、所闻、所思、所想。

2013年3月29日，农业部畜牧业司在湖北省武汉市召开饲料质量安全监管工作座谈会，要求各级畜牧饲料管理部门深入贯彻实施新的饲料法规体系，全面落实新制度新要求，扎实做好行政许可审核、质量安全监测、《饲料质量安全管理规范》示范创建、“瘦肉精”专项整治等重点工作，努力确保饲料质量安全。

2013年4月1日，农业部畜牧业司组织全国饲料评审委员会对《饲料原料目录》修订建议进行评审，决定将大豆磷脂油粉等4种饲料原料增补进目录，对豆饼等5种原料的名称或特征描述进行修订。

2013年4月2日，针对人感染H7N9流感病例发布后对家禽产业冲击巨大的情况，畜牧业司启动家禽产品价格和销售情况日报，以加强生产形势研判，及时评估产业损失。

2013年4月8日，农业部畜牧业司组织有关畜牧企业向受“9·7”地震的彝良灾民无偿捐赠价值110多万元的生猪、羊等种畜，帮助当地畜牧业发展和农民增收。四川、重庆和云南3省市畜牧兽医部门和有关畜牧企业参与。

2013年4月11日，王锋任农业部畜牧业司副巡视员、农业部奶业管理办公室主任；免去王俊勋农业部奶业管理办公室主任职务。

2013年4月15日～5月8日，农业部畜牧业司组织对河北、辽宁、浙江、湖南和四川等重点省开展“瘦肉精”拉网监测，共从523个养殖场（户）抽取尿样1 528批次，对公布禁用的“瘦肉精”类物质进行全面排查，有一批次生猪尿液样品检出莱克多巴胺和氯丙那林，有关省进行了溯源查处。

2013年5月22～23日，农业部畜牧业司组织河北、内蒙古等13个省市的饲料管理部门进行座谈，讨论饲料和饲料添加剂生产企业年度备案及委托生产管理工作，通报单一饲料生产企业设立条件制定工作进展，进一步推动饲料法规新体系的贯彻实施。

2013年6月3日，农业部畜牧业司组织调研组分赴内蒙古、黑龙江、山东、湖南、甘肃等地，重点调查生猪、家禽和肉牛肉羊生产面临的主要困难，各地已出台的政策措施及解决这些问题的意见和建议。

2013年6月4日，农业部畜牧业司下发通知，对2013年畜牧业建设项目专线检查工作进行部署，采取部省联合督查的方式组织检查组赴10个省（市、区）开展专项抽查。

2013年6月7日，农业部畜牧业司在辽宁召开振兴奶业苜蓿发展行动现场会，总结项目实施以来的成效和经验，研究苜蓿发展中的突出问题，安排部署今年的苜蓿示范创建工作。

2013年6月18日，农业部畜牧业司召开2013年上半年饲料生产形势分析会，分析上半年我国饲料工业形势、大宗饲料原料市场趋势以及饲料产业变化与供求关系，对下半年行业走势进行研判。

2013年7月，农业部畜牧业司启动2013年监测数据质量集中核查工作，派出15个工作组分赴15个省30个县，进村入户实地核查生产数据和工作补贴落实情况，提高畜牧业生产监测数据质量，了解生产形势变化。

2013年7月2日，农业部畜牧业司根据《饲料和饲料添加剂管理条例》的有关规定，公开向全社会就《饲料添加剂品种目录（2013）》征求意见。

2013年7月25日，农业部畜牧业司组织召开上半年饲料质量安全监测结果分析会，会商上半年饲料安全监测结果，开展风险评价研判，部署下半年监测工作。

2013年7月26日，农业部畜牧业司召开党的群众路线实践教育活动征求意见座谈会，邀请了有关协会、产业技术体系、科研院所、事业单位和宣传单位代表，广泛听取意见，以找准问题，进一步加强作风建设，提高解决实际问题能力，着力推进畜牧业持续健康发展。

2013年8月22日，国家发展改革委、财政部和农业部三部委联合印发《全国牛羊肉生产发展规划（2013—2020）》。

2013年8月26～28日，农业部畜牧业司组织专家组赴山东对文登六和饲料有限公司、文登环山饲料有限公司两家《饲料质量安全管理规范》示范创建企业进行现场指导，指导企业建立完善规范的质量安全管理体系，为行业提供示范标准。

2013年9月4～5日，农业部畜牧业司举办秸秆养畜项目培训班，就秸秆养畜项目申报、实施、验收等进行专题培训，进一步理清工作思路，推动秸秆养畜工作快速发展，各省区负责项目实施具体工作的人员参加了培训。

2013年9月24日，农业部畜牧业司部署开展"瘦肉精"专项整治自查工作，要求各地就"瘦肉精"监管工作机制建立完善情况和关键环节监管措施落实到位情况进行自查，并按要求对2013年查办的"瘦肉精"案件进行梳理。

2013年10月9～11日，农业部畜牧业司举办饲料质量安全预警技术交流活动，提升饲料质检系统排查新风险、新问题的能力。

2013年10月10日，新版饲料标签《饲料标签（GB 10648—2013）》标准发布，新标准将于2014年7月1日起实施。

2013年10月21～23日，农业部畜牧业司赴吉林和黑龙江两省开展"瘦肉精"专项整治工作督导调研，以肉牛、肉羊为重点，在每省重点选择3个养殖大县作为调研和拉网监测区域。

2013年11月，农业部畜牧业司组织对全国16个省、直辖市的100家饲料和饲料添加剂生产企业进行监督检查。

2013年11月11日，农业部畜牧业司组织召开宣传工作座谈会，谈畜牧业重点工作和突出亮点，听取加强宣传工作的意见和建议。人民日报、新华社、中央电视台、中央广播电台、经济日报以及部属有关新闻单位记者，办公厅有关同志和部分畜牧业产业技术体系首席专家应邀参加了座谈会。

2013年11月28日，农业部畜牧业司组织开展饲料质量安全管理规范示范创建试点专题培训，解读饲料质量安全管理规范，研究部署2013年规范示范创建试点企业现场指导工作。

2013年12月上旬，农业部畜牧业司派出专家组赴各省试点企业开展落实《饲料质量安全管理规范》现场指导工作，对试点企业的管理制度和规范实际执行情况进行现场检查指导，并对检查中发现的问题向企业提出具体整改建议。

2013年12月18日，农业部畜牧业司举办饲料添加剂和添加剂预混合饲料生产许可审核培训班，进一步做好"设立饲料添加剂、添加剂预混合饲料生产企业审批"下放工作的落实和衔接工作，各省区市饲料管理部门有关人员参加了培训。

2013年12月19日，农业部畜牧业司召开全国饲料行业形势分析会，分析2013年全国饲料工业生产情况，研判2014年饲料工业发展形势，交流饲料质量安全监管工作和饲料生产企业监管工作。

2013年12月25日，农业部畜牧业司召开"畜禽规模养殖界定标准"调研课题汇报会。生猪、蛋鸡、肉鸡、肉羊、肉牛、奶牛6个子课题负责人围绕调研开展、调研情况和结论建议等几个方面进行了汇报。

2013年12月10日，农业部畜牧业司印发《关于饲料添加剂和添加剂预混合饲料生产企业审批下放工作的通知》（农办牧2013第38号），对各省承接相关许可作出具体部署，并于12月18日对各省具体负责行政许可的人员进行培训，为审批工作平稳过渡作出周密部署。

2013年12月27日，农业部畜牧业司公开通报2013年全国饲料质量安全监测结果，要求各地畜牧饲料管理部门进行查处并作为2014年监管重点。

2013年12月27日，农业部第11次常务会审议通过《进口饲料和饲料添加剂登记管理办法》和《饲料质量安全管理规范》。12月30日，农业部畜牧业司正式发布《饲料添加剂品种目录（2013）》并于

2014年2月1日起施行，《饲料添加剂品种目录(2008)》同时废止，历时5年的目录修订工作宣告完成。

中国饲料工业协会

2013年4月19～20日，由中国饲料工业协会、全国畜牧总站主办的2013中国饲料工业展览会暨畜牧业科技成果推介会在成都举行。展会期间，中国饲料工业协会、全国畜牧总站举办了中国饲料工业协会饲料原料专业委员会成立会议暨2013中国饲料行业发展高峰论坛、2013宠物饲料（食品）国际研讨会暨宠物营养论坛、2013畜牧业科技成果推介会、饲用调味剂品种目录及标准研讨会等形式多样、内容丰富的主题活动。通威股份有限公司、中国人民大学中国畜牧饲料产业研究中心等相关单位也同期举办了多场专题论坛、技术讲座和产品推介会。

2013年4月20日，“健康养猪增效行业”启动仪式在四川成都市举办，全国畜牧总站党委书记、中国饲料工业协会副秘书长何新天、四川省畜牧食品局副局长兰明建、四川农业大学原校长文心田、国家生猪产业技术体系首席科学家陈瑶生等领导、专家及360多个猪场的场长、技术人员出席了启动仪式。

2013年9月11～18日，全国畜牧总站站长、中国饲料工业协会常务副会长兼秘书长李希荣等人赴墨西哥考察，参观了当地饲料企业，与墨西哥饲料工业协会领导深入交流，交换合作意见。随后，赴美国参观美国饲料添加剂生产基地，了解美国大豆作物的种植、生产、产品质量管理技术措施。参加全球大豆贸易交流论坛暨谷物出口、运输大会，李希荣秘书长在大会中发言。

2013年9月26日，2013第六届国际玉米产业大会在江西南昌召开。大会以“新形势下饲料原料风险管理之道”为主题，就宏观经济、产业政策以及玉米供需状况、贸易、深加工和饲料等多个主题作了专题报告；开设了2013/2014中国饲料及养殖业发展展望和期货市场与玉米产业发展两个专题论坛，就近期行业形势、企业持续发展、期货市场服务实体产业、库存采购和风险管理等热点问题进行深入交流。来自玉米深加工、饲料和贸易产业链企业以及相关政府部门、行业协会、金融及信息机构等700余名代表参加了本次大会。

2013年11月19日，在沈阳召开了2015中国饲料工业展览会暨畜牧业科技成果推介会联络员工作会及行业媒体通气会。全国畜牧总站、中国饲料工业协会总畜牧师石有龙、辽宁省畜牧兽医局副局长翟国海、辽宁省饲料工业协会会长朱国兴以及北京、辽宁、上海、江苏、浙江、山东、福建、广东8省市饲料工业秘书长、联络员、饲料行业媒体40余人参加了会议。会上研究部署了2014年展会招展工作及相关配套活动安排。

2013年12月13～20日，全国畜牧总站、中国饲料工业协会副站长、副秘书长沙玉圣一行出访巴西、阿根廷，执行饲料原料进口商贸洽谈和技术交流任务。考察团考察了两国大豆和玉米产区，了解了生产管理技术，贸易出国运营情况，以及质量控制措施，探讨了国家间商业合作途径及相关技术控制手段。

天津市

2013年4月10日，天津市畜牧兽医局召开全市饲料工作会议，安排部署2013年饲料主要工作。

2013年6月20～22日，天津市畜牧兽医局、天津市特有工种职业技能鉴定站举办了饲料加工设备维修工（初级）职业技能鉴定培训。培训内容涉及职业道德、法律法规、机械加工、电工、工艺、安全等基础知识和饲料清理与输送设备、粉碎、混合、制粒、包装等设备维修技能，培训效果良好。

2013年7月10日，天津市畜牧兽医局召开2013年饲料质量安全整治行动中期推动会，总结上半年工作，部署下半年重点工作，推动企业生产许可证换发。

2013年11月19—20日，由天津市兽药饲料监察所承办的第三届京津冀地区饲料质量安全检测技术交流会在天津召开。

河北省

2013年3月17～19日，河北省饲料行业法规培训暨饲料行业高峰论坛在石家庄举行。全国饲料行业专家、培训师进行了主持和讲座，首次采用远程视频点评和网络电视直播方式。

2013年3月20日，河北省畜牧兽医局与省科技厅在石家庄召开了“河北省中兽药与饲料产业技术创新战略联盟发展大会”。大会创建了河北省饲料产业技术创新战略联盟。河北省的创新联盟与国家创新联盟签订了战略合作框架协议。

2013年4月21日，大连商品交易所和中粮期货主办，河北凯特饲料集团和河北省蛋鸡产业技术创新战略联盟承办的“鸡蛋期货上市推介会暨河北省蛋鸡产业技术创新战略联盟签约仪式”在石家庄举行。会议就鸡蛋期货的合约设计、交易规则以及宏观经济形势、饲料原料价格走势等进行了讲解和交流。6家养殖、饲料生产企业与省蛋鸡产业技术创新战略联盟正式签约，成为联盟 2012 年 11 月 27 日成立以来的第二批会员单位。

2013 年 9 月 5 日，农业部 2014 年秸秆养畜项目申报培训班在石家庄举办。

2013 年 7 月 9 日，河北省畜牧兽医局在邢台市举办了河北省宠物饲料生产企业座谈会，旨在对标先进、交流经验、沟通信息、研究问题、谋划发展，加快河北省宠物饲料现代产业体系建设步伐。

内蒙古自治区

2013 年 5 月，为了加强对饲料添加剂和添加剂预混合饲料产品的管理，按照农业部要求，下发《关于执行饲料添加剂和添加剂预混合饲料产品批准文号管理办法有关事宜的通知》。

2013 年 5 月，为了加强全区饲料质量监督管理工作和饲料生产企业产品质量的监管，下发了《关于开展全区饲料质量安全检查的通知》。

2013 年 7 月，内蒙古农牧业厅饲料处发布《关于上报内蒙古自治区饲料质量安全保障工程项目建议书的报告》。

2013 年 8 月 8 日，举办内蒙古自治区饲料统计培训班，培训班聘请了全国畜牧总站、中国饲料工业协会信息中心的专家讲课，授课方式以讲课与座谈相结合。

黑龙江省

2013 年 1 月 15 日，黑龙江省饲料法规培训班暨饲料质量安全监管工作会议召开。

2013 年 1 月 15～21 日，农业部《饲料质量安全管理规范》(以下简称〈规范〉) 示范企业现场指导组一行 3 人赴黑龙江省开展《规范》试点企业现场指导工作。指导工作组在黑龙江省工作期间，依据《规范》要求，对哈尔滨青禾科技有限公司、哈尔滨华隆饲料开发有限公司、哈尔滨富康牧业有限公司、杜尔伯特伊利饲料有限责任公司 4 家试点企业，在管理制度设计、制定和实际情况方面进行了现场检查指导。

2013 年 1 月 16 日，黑龙江省饲料工业协会第四届四次理事会议在哈尔滨召开。

2013 年 4 月 2 日，全国畜牧总站（中国饲料工业协会）饲料评审处处长王黎文携农业部饲料评审委员会的 4 位专家考察了英联集团哈尔滨马利酵母公司。专家组一行重点考察该企业酵母糖蜜浓缩液（暂定名）生产流程与质量控制关键点，并听取哈尔滨马利酵母公司运营副总经理贾运林及英联集团有关人员关于产品生产工艺、标准、安全生产等方面的情况介绍。

2013 年 6 月 22 日，黑龙江省畜牧兽医局开展了“2013 年放心饲料兽药下乡进村暨质量安全宣传周双城现场活动”（以下简称“宣传周活动”）。宣传周现场活动紧密围绕着以下四项内容展开，一是现场宣传咨询；二是举办培训讲座；三是优质饲料兽药产品展销推介；四是深入养殖场户及企业进行指导服务。

2013 年 7 月 28～29 日，为起草制定全国统一的有机微量元素饲料添加剂生产企业许可条件，全国畜牧总站（中国饲料工业协会）饲料行业指导处处长胡广东与中国农业科学院北京畜牧兽医研究所矿物元素研究室主任罗绪刚、中国农业大学教授张建云两位专家一行，对哈尔滨德邦鼎立生物科技有限公司进行考察调研。

调研考察期间，专家还提议将与德邦公司共同制定几种有机微量元素国标的检测方法，同时共同探讨几种有机微量的国家标准制定。同时表示将把德邦公司推荐为有机微量元素的生产标杆企业，以此来对国内有机微量元素的生产企业进行规范及严格审查。

上海市

2013 年 1 月，与上海市所有饲料生产企业签订质量安全承诺书，要求企业作为质量安全的第一责任人，自觉遵守国家的相关法规要求。

2013 年 1 月，根据农业部畜牧业司开展《饲料质量安全管理规范》示范创建工作要求，配合农业部专家组完成本市 5 家标杆示范饲料生产企业的试点评审工作。12 月，配合农业部专家组完成本市 5 家标杆示范饲料生产企业的复评审和现场指导工作。

2013 年 1 月，开展《上海市志・农业分卷・畜牧业卷》饲料篇资料长编的起草编撰工作。

2013 年 1 月，成立了上海市饲料和饲料添加剂专家审核委员会，并制定《上海市饲料生产许可审核工作程序》和《上海市兽药饲料评审专家委员会和评审专家管理办法》。

2013 年 2 月，召开 2013 年全市畜牧兽医工作会议，各区县农委、市有关单位、部分畜禽标准化规模养殖示范场、兽药、饲料生产经营负责人，共 150 余人参加会议。

2013 年 2 月，印发了《2013 年上海市地产生猪出栏前“瘦肉精”及其替代品监测计划》，全年布置了“瘦肉精”等违禁药物出栏前监测 36 100 批任务；制订了 2013 年度上海市饲料质量安全监测计划，全年计划完成饲料质量安全监测总数 2 920 批次。

2013 年 2 月，根据 2013 年饲料生产企业年度备案工作要求，组织对上海市所有获证企业进行年度备案审核，并对其中15%的企业开展了现场审查。

2013年3月，组织上海市及部分外省市饲料企业参加了2013年亚洲国际集约化畜牧展览会（VIV Asia）。

2013年4月，组织参加2013年中国饲料工业展览会暨畜牧业科技成果推介会，参展企业47家，展位200个，展位数量名列前茅。

2013年5月，根据《关于编纂〈中国饲料工业年鉴〉（2013）有关事宜的函》，完成了上海市3家优秀企业、5家重点企业的推荐和《中国饲料工业年鉴（2013）》地方篇和大事记的编写工作。

2013年10月，制定并印发了上海市编制的《饲料法律法规汇编》。

2013年10月，组织上海市5家全国重点饲料跟踪企业，参加了农业部畜牧业司举办的2013年全国饲料工业统计培训班。

2013年11月，完成《喷雾干燥血浆蛋白粉》和《喷雾干燥血球蛋白粉》两个农业部动物源性饲料生产许可条件的编写和上报工作。

2013年11月，举办了2013年上海市饲料生产企业管理人员培训班，全市各饲料生产企业负责人、质量负责人共200余人参加了培训和闭卷考试；举办了2013年度上海市饲料生产企业统计人员培训班，相关饲料生产企业统计人员共30余人参加了培训。

2013年11月，召开了上海市饲料兽药行业协会第六届第一次会员大会，会议通过了《协会会员管理办法》，并选举产生了协会第六届理事会理事名单和新一届理事会领导班子。

河南省

2013年1月12～19日，农业部抽调湖南省饲料工业办公室的副主任杨建武、西南大学的教授苏军、北京思华联的高级审核员李兰芬组成专家组，对河南省参加示范创建的6家企业进行了现场验收。

2013年4月12日，河南省畜牧局在郑州召开全省畜产品质量安全监管工作会议。

2013年6月22日，由河南省饲料工业协会主办，河南饲料商会筹备组、《中原饲料》编辑部承办“2013年河南省第二届饲料原料质量安全暨产业对接高层论坛”在郑州成功举办。申请饲料原料评价的饲料原料企业负责人，河南省饲料工业协会副会长、常务理事单位负责人，河南省饲料原料评价委员会成员，各省辖市畜牧局饲料科长等400多人参加论坛。

2013年7月23日，河南省饲料商会成立。河南省饲料商会成立大会暨第一届会员代表大会在郑州召开。河南省饲料商会是由河南牧鹤实业集团、河南广安集团等企业联合发起成立的行业商会，根据企业自愿报名和相关入会条件，第一届确定会员68名。会议审议通过了《河南省饲料商会章程（草案）》《河南省饲料商会第一届理事会选举办法》，选举产生了河南省饲料商会第一届理事、常务理事、副会长、常务副会长、会长和秘书长。河南牧鹤实业集团董事长高翔当选为会长，联合英伟董事长吴红云当选为常副会长兼秘书长，河南广安集团董事长高天增等13位企业主要负责人当选为副会长。

2013年7月25～27日，农业部畜牧业司副司长王宗礼调研河南饲料产业发展，先后对河南六和饲料有限公司、河南亿万中元生产技术有限公司等进行了调研。

2013年9月24日，河南省饲料工业协会、河南省饲料商会和河南省养殖行业协会在郑州联合举办了“2013年饲料业、养殖业合作对接洽谈会”，河南省饲料工业协会常务理事单位、养殖行业协会理事单位、部分饲料原料、饲料机械和化验设备等80多家企业100多名代表参加了会议。

2013年11月15日，河南省畜牧局召开全省推行饲料兽药二维码追溯管理工作视频会议，会议对全面推行饲料兽药二维码工作进行安排部署。

2013年9月24日，河南省饲料工业协会会员单位的13个龙头企业近30名品管业务主管参加在开封正大有限公司举行的协会会员企业品管交流会。

湖南省

2013年4月16日，湖南省饲料工业办公室召开由饲用油脂生产企业负责人参加的饲用油脂专项整治工作会议，下发《关于进一步加强饲用油脂质量安全监管工作的通知》。

2013年5月17日，湖南省长沙市创建《饲料质量安全管理规范》活动现场会在浏阳市永安制造产业基地举行，共130多人参加会议。

2013年5月18～23日，湖南省饲料行业特有工种职业技能鉴定站连续举办“饲料检验化验员”“饲料厂中央控制室操作工”“饲料机械设备维修工”3期职业技能培训与鉴定，共有394名从业人员通过理论考试和实际操作考核。

2013年5月31日，第五届中国湖南省畜牧渔业暨饲料工业博览会在长沙成功举办。

2013年6月22日，由湖南省饲料工业办公室、湖南省证监局与大连交易所联合主办，湖南省饲料工业协会与湖南省期货协会承办，中信建设期货证券公司协办的“把握市场行情，成就企业未来”湖南省饲料企业期货研讨会在长沙成功举办，160 多人参加会议。

2013 年 8 月 25 日，由环球时报主办的激励中国·激励千名企业领袖活动在北京·钓鱼台隆重举行，CBG 昌业科技董事长邱军华先生荣获十大管理创新企业家称号。

2013 年 8 月 29 日，全国工商联在北京发布“2013 中国名企 500 强”名单，唐人神集团名列第 204 位，是湖南省入选的农业类典型民营企业，也是集团连续 3 年入选。

2013 年 10 月，湖南省饲料工业协会办公室完成了农业部下达的单一饲料单一动物油、单一动物油渣（饼）生产许可条件制订项目。制订饲料原料海泡石、饲料原料膨化大豆、饲料添加剂甘氨酸锌 3 个地方标准。通过调研，撰写《湖南省饲料工业发展趋势分析》《要把发展饲料工业的重点转移到提质增效上来》两篇调研报告，前者获全省农业系统优秀调研报告评选“一等奖”。

2013 年 11 月 14 日，湖南省饲料行政执法培训班在长沙召开，共 200 多人参加培训。

2013 年 11 月 27 日，国家科技“富民强县”专项行动—优秀抗病湘虹猪品系繁育与推广项目启动会在正虹总部大楼召开。标志着具有品系优良、抗病强、易繁育、易养殖的“正虹湘虹猪”成为国家生物育种高技术产业化推广项目之一。

2013 年年内，农业部先后 5 次派专家组来湖南省开展《饲料质量安全管理规范》示范企业的督查指导、饲料生产企业检查指导以及生产许可证申证企业的实地复核，并 3 次选派湖南专家赴外省检查指导。

2013 年 12 月底，岳阳新宏、湖南湘天、湘佳牧业、三尖农牧等 12 家企业的水产饲料或禽用饲料被评为湖南省名牌产品，百宜、浏阳河、九鼎等企业被评为省著名商标。

广东省

2013 年 3 月 26～28 日，农业部在广州组织召开现代畜牧业产业技术体系建设工作座谈会，畜牧业司、科技教育司、部分省区畜牧兽医局的有关领导，11 个现代畜牧业产业技术体系首席科学家和部分岗位科学家、试验站站长代表，担任体系岗位科学家的 5 位院士，共 100 余人参加会议。会议总结交流现代畜牧业产业技术体系启动实施 5 年来的经验和启示，研讨加快推进我国畜牧科技进步的思路和重点工作。

2013 年 10 月 9 日，广东省农业厅举办全省饲料执法检查培训班，培训饲料行业管理新规及执法检查、饲料抽样、残留检测抽样与生猪“瘦肉精”快速检测技术。全省各地级以上市饲料管理、检测部门共 90 人参加会议。

2013 年 11 月 20 日，广东省农业厅举办全省饲料生产许可现场审核专家培训班，培训饲料和饲料添加剂生产许可条件、申报材料要求和现场审核要点。全省各地级以上市饲料管理部门及现场审核专家 100 多人参加。

2013 年 12 月 14 日，广东省饲料行业协会主办 2013 年广东省饲料行业年会。以“关注经济转型，加快科技进步”为主题，包括行业论坛、商务酒会、行业展示、年会晚会四个主要板块的活动。行业有关领导和高校、科研院所、行业的专家学者、饲料业界精英等出席了年会，会员单位、饲料及饲料添加剂生产企业、饲料机械设备生产企业、畜禽水产养殖企业、有关省（市）同行以及新闻单位等代表逾 1 500 人参加年会。

海南省

2013 年 3 月 20 日，海南省农业厅厅长江华安带领工作组一行 8 人到文昌琼文歌颂饲料厂和海南裕泰科技饲料有限公司两家饲料生产企业进行工作调研，提出了要做好饲料产业规划工作、饲料产品一体化、饲料质量与环保、饲料品牌创建、创新工作方法 5 个方面意见，进一步促进海南省饲料工业稳步发展。

2013 年 2 月 19 日，海南省民政厅正式批复成立海南省饲料兽药行业协会。2013 年 10 月 24 日海南省饲料兽药行业协会成立。

图书在版编目（CIP）数据

2014 中国饲料工业年鉴 / 全国饲料工作办公室，中国饲料工业协会编．—北京：中国农业出版社，2016.8
ISBN 978-7-109-21897-0

Ⅰ.①2… Ⅱ.①全… ②中… Ⅲ.①饲料工业－中国－2014－年鉴 Ⅳ.①F326.3-54

中国版本图书馆 CIP 数据核字（2016）第 177672 号

中国农业出版社出版
（北京市朝阳区麦子店街 18 号楼）
（邮政编码 100125）
责任编辑 刘博浩 程 燕

中国农业出版社印刷厂印刷 新华书店北京发行所发行
2016 年 8 月第 1 版 2016 年 8 月北京第 1 次印刷

开本：787mm×1092mm 1/16 印张：31.25 插页：18
字数：1168 千字
定价：150.00 元